Энциклопедия русской культуры

ロシア文化事典

［編集代表］
沼野充義
望月哲男
池田嘉郎

［編集委員］
井上まどか
金山浩司
熊野谷葉子
鴻野わか菜
坂庭淳史
楯岡求美
乗松亨平

丸善出版

モスクワのクレムリン．（上）城壁前の赤の広場．左側に壁に接して建てられたレーニン廟．（下左）アルハンゲリスキー大聖堂．（下右）聖ワシーリー大聖堂

サンクト・ペテルブルグ．（上）市内を流れるフォンタンカ運河．（下左）聖イサーク大聖堂［ともに坂庭淳史撮影］．（下右）エルミタージュ美術館とナポレオン戦争の記念碑「アレクサンドルの円柱」

（上）ウラジオストク駅のシベリア鉄道［藤原浩撮影］．（中左）モスクワの地下鉄コムソモーリスカヤ駅．（中右）モスクワ・ビジネスセンター駅のプラットホーム，一面緑色のアクリル板で囲まれている［鳩山紀一郎撮影］．（下左）パンツィリーS1防空システム［小泉悠撮影，2016年，ロシア国防省イベントにて］．（下右）ウラジオストク港

（上）バラライカを弾く女性［ウラジーミル・ユーリエフ撮影，リペツク市にて］．（中左）モスクワ郊外のダーチャ［沼野充義撮影］．（中右）サモワール．（下左）マトリョーシカ．（下右）木造家屋の窓飾り［熊野谷葉子撮影］

（左上）スメタナを添えたボルシチ．（右上）結婚式などで振舞われる儀礼パンと塩．（中左）イクラとキャビア［photolibrary］．（中右）キノコの前菜［沼野充義撮影］．（下左）グジェリ．（下右）ベレスタ［ともに有信優子撮影］

(上左) 大コーカサス (カフカス) 山脈, グルジア最高峰シハラ山 [児島康宏撮影]. (上右) レナ川の柱群 [Afro]. (中左) カルムィキアの塩湖 [望月哲男撮影]. (中右) 凍結したバイカル湖 [Afro]. (下) 「チェブラーシカ」[©2010 CMP/CP]

(上)イワン・クラムスコイ〈忘れえぬ人〉.(下)イワン・シーシキン〈松林の朝〉[いずれもトレチヤコフ美術館蔵,Afro]

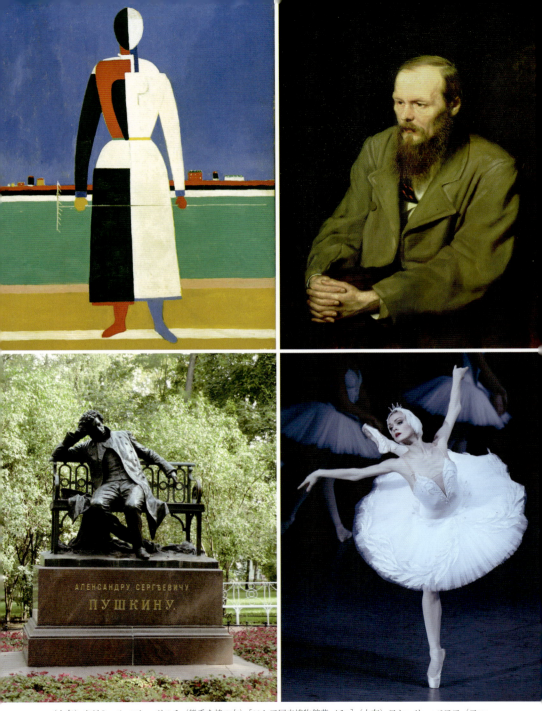

（上左）カジミール・マレーヴィチ〈熊手を持つ女〉［ロシア国立博物館蔵，Afro］（上右）ワシーリー・ペロフ〈フョードル・ドストエフスキーの肖像画〉［トレチヤコフ美術館蔵，Afro］（下左）アレクサンドル・プーシキンが通っていた寄宿学校にたてられたプーシキン像［坂庭淳史撮影，サンクト・ペテルブルグ周辺］．（下右）ピョートル・チャイコフスキー《白鳥の湖》の一場面［瀬戸秀美撮影，マリインスキー劇場にて］

刊行にあたって

　ロシアはいまだに大いなる謎であり続けている．日本人にとって，ロシアは第一に，重要な隣人だ．しかし隣人であるというのに，その素顔はあまり知られていない．そのためどうしても，実態に必ずしも即していないさまざまなイメージが一人歩きすることになる．しかもそのイメージはしばしば互いに相容れないような，極端から極端へとわたる．ロシアは一方では，偉大な芸術の国である．文学，音楽，絵画，演劇，バレエ，映画——どの分野を見ても，ロシア人は世界最高レベルの天才を気前よく人類に贈り続けてきた．他方，ロシアは革命や大粛清といった血なまぐさい事件に彩られた，厳しい歴史的宿命を背負った国でもある．甘く切ないロシア民謡の調べに日本人の心はとろけそうになるが，独裁的な権力者や残忍な秘密警察の話を聞くと背筋が凍る．

　本事典はこのような対極的なイメージによって引き裂かれたロシアに文化の観点から迫ろうとするものだが，それは究極的には，「ロシアとはいったい何か？」という問いに答えようとすることになるだろう．これまで日本ではロシアについて読み切れないほど多くの書物が書かれてきたのだが，普通のロシア人がどのような暮らしをし，何を食べ，何を愛しているか——要するに，どのような文化の中で生きているか——については，驚くほど知られていない．本事典はそういった知の空白を埋める，おそらく日本で初めてのロシア文化事典である．

　文化といっても，それが具体的に何を意味するかについては，さまざまな見方があり得る．人間の精神が生み出した文学，芸術，学問などの高度な達成をまず思い描く向きも多いだろう．そういったいわゆるハイ・カルチャーがロシア文化の華であることは間違いないので，本事典でも重点的に取り上げている．しかし，私たちは文化をもっと広い視野からとらえ，ロシアで人々によってつくり出され，共有され，受け継がれてきた生活全般に関わるもの，として考えたい．それゆえ，風俗習慣も，言葉も，宗教も，食生活も，さらには政治も経済も，およそ人間の生活に関わるものはすべて本事典の射程に入ってくる．

　とはいえ，相手は巨大である．そう簡単には把握しきれない．なにしろ地球の

陸地全体の約8分の1（旧ソ連時代には6分の1）を占める，世界最大の国なのだ．日本人の目には，ロシアは国土も，そこに住む人の心も広すぎるように見える．しかもそこには，他者には理解し難い異質な要素が詰まっている．だからこそ，19世紀ロシアの詩人フョードル・チュッチェフは，「ロシアは頭では理解できない」と言ったのだった．しかし私たちは，この事典であえて「頭で理解する」ための土台を提供したいと思う．無謀な試みかもしれない．しかし頭から心へと道が通じ，大いなる謎はやがて大いなる魅惑に変容するに違いない．周知のように日本とロシアの間には，隣人であるがゆえに生じた不幸な歴史的経緯があり，この序文を書いている時点では平和条約さえ結ばれていない．つまり，公式には戦争がまだ終結していないということだ．この異常な状況を打開するのは容易ではないが，ただ一つ確実に言えるのは，互いの文化をよく知ることこそが問題の根本的な解決への一歩になるということである．

　第一線のロシア研究者たちが気持ちと力を合わせてつくったこの事典には，単に専門家として情報を正確に提供するという使命を超えて，文化の役割についてのこのような思いも込められている．ロシア専門家というととかく「オブローモフの徒」（極度の怠け者）と見られがちだが，集中的な事典編纂の作業に協力を惜しまず，偏見を跳ね返した執筆者の皆さんに千回，そして，いつまでたっても完成しそうになかった事典を緻密で粘り強い仕事ぶりによって完成まで見事に導いた丸善出版㈱編集部の佐藤日登美さんと鈴木晶子さんに一万回，「スパシーバ」と申し上げたい．

　2019年9月

編集代表　沼　野　充　義

編集委員一覧

編集代表

沼　野　充　義　東京大学教授

望　月　哲　男　中央学院大学教授・北海道大学名誉教授

池　田　嘉　郎　東京大学准教授

編集委員　（五十音順）

井　上　まどか　清泉女子大学准教授

金　山　浩　司　九州大学准教授

熊野谷　葉　子　慶應義塾大学准教授

鴻　野　わか菜　早稲田大学教授

坂　庭　淳　史　早稲田大学教授

楯　岡　求　美　東京大学准教授

乗　松　亨　平　東京大学准教授

＊所属・肩書は2019年9月現在

執筆者一覧 (五十音順)

青 木 明 子	ロシア文学・ロシアフォークロア研究者
青 島 陽 子	神戸大学
赤 尾 雄 人	ロシア文化およびバレエ研究
秋 草 俊一郎	日本大学
麻 田 雅 文	岩手大学
安 達 大 輔	北海道大学
天 野 尚 樹	山形大学
荒 井 幸 康	北海道大学
有 信 優 子	同志社大学嘱託講師
有 宗 昌 子	大阪大学非常勤講師
アレクサンドル・メシェリャコフ	ロシア国立研究大学経済高等学院主任研究員
伊賀上 菜 穂	中央大学
五十嵐 徳 子	天理大学
生 田 美智子	大阪大学名誉教授
生 熊 源 一	北海道大学大学院博士課程
池 田 雅 史	コーナーストーン
池 田 嘉 郎	東京大学
池 本 今日子	大東文化大学
諫 早 勇 一	同志社大学名誉教授
石 川 あい子	国際日本語普及協会
市 川 浩	広島大学
伊 藤 愉	北海道大学非常勤研究員
伊 東 一 郎	早稲田大学名誉教授
井 上 徹	エイゼンシュテイン・シネクラブ
井 上 まどか	清泉女子大学
井 上 幸 義	上智大学名誉教授
岩 田 貴	ロシア演劇研究家
岩 本 和 久	札幌大学

ヴァレリー・グレチュコ	東京大学非常勤講師
ヴェヴュルコ (坂上)陽子	国際交流基金モスクワ日本文化センター
上 田 洋 子	ゲンロン
上 野 理 恵	早稲田大学非常勤講師
臼 山 利 信	筑波大学
内 田 健 介	千葉大学非常勤講師
梅 津 紀 雄	工学院大学
宇 山 智 彦	北海道大学
江 村 公	大阪市立大学特任講師
扇 千 恵	研究家
大 石 雅 彦	早稲田大学
大 串 敦	慶應義塾大学
大 島 幹 雄	作 家
大須賀 史 和	横浜国立大学
大 谷 実	金沢大学
大 平 陽 一	天理大学
大 森 雅 子	千葉大学
岡 田 譲	三菱商事RtMジャパン
小 川 佐和子	北海道大学
小 椋 彩	東洋大学
尾 子 洋一郎	神奈川大学非常勤講師
小 澤 裕 之	関東学院大学非常勤講師
小 俣 智 史	日本学術振興会
尾 松 亮	関西学院大学
貝 澤 哉	早稲田大学
梶 山 祐 治	東京福祉大学
片 桐 俊 浩	旧ソ連非核化協力技術事務局
加 藤 百 合	筑波大学
金 山 浩 司	九州大学

執筆者一覧

金子　晃　東京大学・お茶の水女子大学 名誉教授

加納　格　ロシア史研究者

神岡　理恵子　早稲田大学非常勤講師

亀田　真澄　マサチューセッツ工科大学

亀山　郁夫　名古屋外国語大学

河村　彩　東京工業大学

喜多　千草　関西大学

北井　聡子　大阪大学

北見　諭　神戸市外国語大学

木村　崇　京都大学名誉教授

久野　康彦　青山学院大学非常勤講師

熊野谷　葉子　慶應義塾大学

栗生沢　猛夫　北海道大学名誉教授

クリメント 北原 史門　ライター

桑野　隆　ロシア文化学者

小泉　悠　東京大学

鴻野　わか菜　早稲田大学

郡　伸哉　中京大学

古賀　義顕　東海大学

越野　剛　東京大学

児島　康宏　東京外国語大学

小林　潔　木二会

小林　清美　植物民俗研究家

小林　俊哉　九州大学

斎藤　慶子　北海道大学

斎藤　祥平　広島市立大学

齋藤　大輔　ロシアNIS貿易会

斉藤　毅　大妻女子大学非常勤講師

齋藤　宏文　東京工業大学

坂庭　淳史　早稲田大学

阪本　秀昭　天理大学名誉教授

笹山　啓　筑波大学非常勤研究員

佐藤　公治　北海道大学名誉教授

佐藤　千登勢　法政大学

佐藤　友徳　北海道大学

佐藤　正則　九州大学

佐藤　雄亮　モスクワ大学非常勤講師

沢田　和彦　埼玉大学名誉教授

塩川　伸明　東京大学名誉教授

渋谷　謙次郎　神戸大学

清水　俊行　神戸市外国語大学

下里　俊行　上越教育大学

白井　聡　京都精華大学

白岩　孝行　北海道大学

スヴェトラーナ・ フョードロヴァ　ジャーナリスト

鈴木　健夫　早稲田大学名誉教授

鈴木　正美　新潟大学

鈴木　佑也　東京外国語大学非常勤講師

鈴木　義一　東京外国語大学

関　啓子　一橋大学名誉教授

高尾　千津子　東京医科歯科大学

高橋　一彦　神戸市外国語大学

高橋　健一郎　札幌大学

高橋　沙奈美　九州大学

高橋　知之　東京大学

高橋　英樹　北海道大学

高柳　聡子　早稲田大学非常勤講師

瀧口　順也　龍谷大学

巽　由樹子　東京外国語大学

立石　洋子　成蹊大学

楯岡　求美　東京大学

田中　まさき　早稲田大学招聘研究員

田中　良英　宮城教育大学

田畑　伸一郎　北海道大学

地田　徹朗　名古屋外国語大学

千葉　潤　札幌大谷大学

執筆者一覧

塚崎 今日子	北海道科学大学	
土屋 好古	日本大学	
鶴見 太郎	東京大学	
土居 伸彰	ニューディアー	
所 伸一	札幌保健医療大学	
富田 武	成蹊大学名誉教授	
豊川 浩一	明治大学	
鳥山 祐介	東京大学	
直野 洋子	国際基督教大学非常勤講師	
中澤 敦夫	富山大学名誉教授	
永田 靖	大阪大学	
長友 謙治	農林水産政策研究所	
中野 幸男	同志社大学	
中堀 正洋	慶應義塾大学	
中村 唯史	京都大学	
奈倉 有里	東京大学非常勤講師	
西 周成	アルトアーツ	
沼野 恭子	東京外国語大学	
沼野 充義	東京大学	
沼辺 信一	編集者	
野中 進	埼玉大学	
野部 公一	専修大学	
乗松 亨平	東京大学	
鳩山 紀一郎	長岡技術科学大学	
浜 由樹子	静岡県立大学	
坂内 徳明	一橋大学名誉教授	
坂内 知子	朝日カルチャーセンター	
半谷 史郎	愛知県立大学	
一柳 富美子	昭和音楽大学	
平野 恵美子	東京大学研究員	
平松 潤奈	金沢大学	
福間 加容	大分市教育委員会	
藤岡 毅	同志社大学嘱託講師	
藤原 潤子	神戸市外国語大学	

藤原 浩	著述家	
麓 慎一	佛教大学	
堀江 新二	大阪大学名誉教授	
堀江 広行	ロシア思想史研究者	
堀口 大樹	岩手大学	
本田 晃子	岡山大学	
前田 和泉	東京外国語大学	
前田 しほ	島根大学	
松井 康浩	九州大学	
松川 直子	通訳・翻訳家	
松里 公孝	東京大学	
松下 隆志	京都大学非常勤講師	
松戸 清裕	北海学園大学	
丸山 由紀子	外務省研修所非常勤講師	
三浦 清美	早稲田大学	
三浦 良子	食文化史研究家	
御子柴 道夫	千葉大学名誉教授	
水上 則子	新潟県立大学	
三谷 惠子	東京大学	
宮風 耕治	ロシアSF研究家	
宮崎 衣澄	富山高等専門学校	
宮澤 淳一	青山学院大学	
宮野 裕	岐阜聖徳学園大学	
村田 真一	上智大学	
村田 優樹	東京大学	
村山 久美子	舞踊史家	
毛利 公美	一橋大学非常勤講師	
望月 哲男	中央学院大学	
籾山 昌夫	神奈川県立近代美術館	
森永 貴子	立命館大学	
森本 頼子	名古屋音楽大学非常勤講師	
守屋 愛	慶應義塾大学非常勤講師	
八木 君人	早稲田大学	
矢沢 英一	富山大学名誉教授	

執筆者一覧

安 岡 治 子	東京大学	
山 田 徹 也	慶應義塾大学非常勤講師	
山 本 健 三	島根県立大学	
ヤロスラヴァ・グラディシェワ	東海大学	
柚 木 かおり	関西外国語大学非常勤講師	
吉 岡 ゆ き	通 訳	
吉 田 睦	千葉大学	
吉 村 貴 之	東京大学学術研究員	

若 島 正	京都大学名誉教授	
ワシーリー・モロジャコフ	拓殖大学	
渡 辺 圭	島根県立大学	
渡 辺 悌 二	北海道大学	
渡 邊 日 日	東京大学	
渡 辺 裕	東京音楽大学	
藁 谷 浩 一	サンボ史研究家	

＊所属は 2019 年 4 月現在

目　　次

＊見出し語五十音索引は目次の後に掲載

1章　歴　史　［担当編集委員：池田嘉郎］

ロシアという国の成立 ——— 2	プーチン ——— 32
タタールのくびき ——— 4	官僚制 ——— 34
ロマノフ朝 ——— 6	勲章とメダル ——— 36
蜂　起 ——— 8	指導者（皇帝）崇拝 ——— 38
19世紀のロシア帝国 ——— 10	農　民 ——— 40
農奴解放 ——— 12	コサック ——— 42
ロシア革命 ——— 14	決闘と舞踏会 ——— 44
戦　争 ——— 16	社会主義・共産主義 ——— 46
レーニン ——— 18	流　刑 ——— 48
スターリン ——— 20	収容所 ——— 50
大テロル ——— 22	軍隊・準軍隊・警察・保安機関 ——— 52
冷　戦 ——— 24	◆コラム
雪どけ ——— 26	ピョートル大帝 ——— 54
停　滞 ——— 28	エカチェリーナ2世 ——— 55
ペレストロイカからソ連の解体へ ——— 30	ニコライ2世 ——— 56

2章　大地と人　［担当編集委員：望月哲男］

気候・気象 ——— 58	地域・民族・文化①
水　域 ——— 60	ヨーロッパ・ロシア中部 ——— 78
森 ——— 62	地域・民族・文化②
植　物 ——— 64	北ロシア ——— 80
動　物 ——— 66	地域・民族・文化③
農　業 ——— 68	シベリア・極東 ——— 82
村落—農民文化の揺籃 ——— 70	地域・民族・文化④
狩猟・漁労・牧畜 ——— 72	沿ヴォルガ ——— 84
ロシア的狩猟の今昔 ——— 74	地域・民族・文化⑤
住　民 ——— 76	コーカサス・黒海沿岸 ——— 86

極地の探検と開発 ——————— 88	記念碑 ————————————— 104
モスクワ ——————————— 90	祝典とパレード ——————— 106
クレムリン・赤の広場・レーニ	聖地・世界遺産 ——————— 108
ン廟 ———————————— 92	環境問題 ———————————— 110
サンクト・ペテルブルグ ——— 94	チェルノブイリ ——————— 112
道 ————————————— 96	ロシアの空間的自己イメージ —— 114
シベリア鉄道 ————————— 98	白樺と熊 ———————————— 116
都市と交通の空間 —————— 100	◆コラム
公共交通 ———————————— 102	サハリン島 ————————— 118

3章 信 仰 ［担当編集委員：井上まどか］

スラヴの神々 ————————— 120	聖遺物崇敬 ————————— 138
ロシア正教会 ————————— 122	ラスプーチン ————————— 140
正教会とその習慣 —————— 124	救世主キリスト大聖堂 ——— 142
ロシア正教会の聖歌 ————— 126	現代のロシア正教会と信者 —— 144
教会建築 ———————————— 128	古儀式派とセクト ————— 146
修道院 ————————————— 130	世界主要宗教諸派 —————— 148
歴史的な聖堂 ————————— 132	◆コラム
巡 礼 ————————————— 134	イースターエッグ（パスハの卵）—— 150
聖人・聖愚者 ————————— 136	

4章 民衆文化 ［担当編集委員：熊野谷葉子］

「民衆」とフォークロア ——— 152	木工芸の伝統 ————————— 172
農村の暮らし ————————— 154	マトリョーシカとその他民芸品 —— 174
伝統的な遊びと踊り ————— 156	ブィリーナと歌物語 ————— 176
マースレニツァと春迎え ——— 158	昔 話 ————————————— 178
トロイカと馬 ————————— 160	ことわざ ———————————— 180
神々と悪魔 —————————— 162	アネクドート（小咄）————— 182
呪術と占い —————————— 164	チャストゥーシカ（小唄）——— 184
魔 女 ————————————— 166	◆コラム
女性の装い —————————— 168	バラライカ ————————— 186
男性の装い —————————— 170	

5章　生　活　［担当編集委員：熊野谷葉子］

憲法とロシア人の法意識————188
世論調査にみるロシア人の
　　価値観————190
新聞・雑誌とテレビ————192
年金制度————194
エチケット————196
友達付き合い————198
住　居————200
蒸風呂（バーニャ）と
　　暖炉（ペーチ）————202
別荘（ダーチャ）と菜園の恵み——204
医療制度————206
民間療法————208
ジェンダーとセクシャリティ——210
恋愛・結婚・離婚————212

結婚儀礼————214
家庭生活・子育て————216
葬儀と墓地————218
度量衡と世界観————220
カレンダー————222
切手と貨幣————224
冬の暮らし————226
毛　皮————228
現代ファッション————230
◆コラム
　行列と日用品の欠乏————232
　読書と「書き取り検定」————233
　ニヒリストとスチリャーギ—
　　　ロシアのカウンターカルチャー——234

6章　食　［担当編集委員：熊野谷葉子］

食文化—飽食と粗食の大きな振
　　れ幅————236
家庭料理と外食————238
伝統的食材————240
パンとカーシャ（粥）————242
ボルシチとピロシキ————244
肉と魚の料理あれこれ————246
スメタナとクリーム————248
ベリーとキノコ————250

ウォトカとビール————252
お茶とクワスとジュース————254
サモワール————256
キャビアと前菜（ザクースカ）——258
スイーツいろいろ————260
斎戒期の食事————262
◆コラム
　ロシアの寿司ブームと村上春樹
　　の人気————264

7章　娯楽とスポーツ　［担当編集委員：望月哲男・熊野谷葉子］

笑いと芸能————266
テレビドラマと人気番組————268
サーカス————270

観光・保養————272
博覧会————274
オリンピックとパラリンピック——276

伝統的遊戯と運動 ——— 278	サッカーとアイスホッケー ——— 286
チェス ——— 280	サンボ ——— 288
シンクロナイズドスイミング（アーティスティックスイミング） ——— 282	◆コラム
	遊園地・子供の遊び場 ——— 290
新体操とフィギュアスケート ——— 284	

8章 言 葉 ［担当編集委員：沼野充義］

ロシア語の歴史 ——— 292	ロシア連邦内のさまざまな
古教会スラヴ語 ——— 294	民族語 ——— 312
スラヴ語としてのロシア語 ——— 296	世界の中のロシア語 ——— 314
ロシア語の特徴 ——— 298	日本語に入ったロシア語 ——— 316
ロシア語の文字 ——— 300	◆コラム
ロシア人の名前 ——— 302	ロシア人と外国語 ——— 318
ロシアの地名 ——— 304	世相や国際情勢を反映した
挨 拶 ——— 306	現代語 ——— 319
マート―卑猥な言葉・表現 ——— 308	「翼の生えた言葉」―日常的に
方 言 ——— 310	使われる名句 ——— 320

9章 文 学 ［担当編集委員：乗松亨平］

読書文化・出版文化 ——— 322	亡命文学 ——— 350
詩の伝統 ——— 324	多民族的なロシア文学 ——— 352
中世文学 ——— 326	詩の20世紀 ——— 354
イーゴリ軍記 ——— 328	歴史・ノンフィクション文学 ——— 356
18世紀文学 ——— 330	SF・幻想文学 ——— 358
文学と国民性・国民文学 ——— 332	現代文学 ——— 360
自伝文学 ——— 334	児童文学 ——— 362
ロマン主義 ——— 336	言葉の力と文学の権威 ——— 364
リアリズム文学 ——— 338	余計者 ——— 366
象徴主義 ——— 340	検閲・イソップの言葉 ——— 368
未来派 ——— 342	戦争と文学 ——— 370
ユーモア・風刺文学 ——— 344	女性と文学 ——— 372
大衆文学 ——— 346	都市と文学 ——— 374
ソ連文学 ——— 348	農村と文学 ——— 376

文学と教育	378	文学賞	394
吟遊詩人	380	旅行記	396
プーシキン	382	◆コラム	
ゴーゴリ	384	ロシア文学とエロス	398
ドストエフスキー	386	ブルガーコフ	399
トルストイ	388	プラトーノフ	400
ナボコフ	390	パステルナーク	401
ソルジェニーツィン	392	ロシアにおける外国文学の翻訳	402

10章　舞踏・演劇 ［担当編集委員：楯岡求美］

近代ロシアバレエ	404	劇作家オストロフスキー	432
チャイコフスキーの三大バレエ	406	スタニスラフスキー	434
バレエ・リュス	408	モスクワ芸術座とその系譜	436
ロシア革命後のソ連・		メイエルホリド	438
現代ロシアバレエ	410	実験劇場の系譜	440
モイセーエフ・バレエ団	412	タガンカ劇場とリュビーモフ	442
名バレリーナ・バレエダンサー	414	ソ連時代の劇作家たち	444
バレエ教育と劇場システム	416	児童演劇	446
オペラ・バレエ劇場	418	俳優列伝	448
パフォーマンス・アート	420	現代ロシア演劇のさまざまな様相	450
民衆演劇	422	◆コラム	
近代演劇の勃興	424	クシェシンスカヤとニコライ	
ドラマ劇場	426	皇太子の恋	452
近代戯曲の名作①ロマン主義から		ペレストロイカと文化	453
リアリズムへ	428	キャバレー	454
近代戯曲の名作②チェーホフと			
20世紀初頭の演劇	430		

11章　映　画 ［担当編集委員：楯岡求美］

ロシア映画の黎明—		文芸映画	462
サイレント映画	456	「雪どけ」期の映画—	
エイゼンシュテインとヴェルトフ	458	ソ連のニューウェーヴ	464
スターリン時代の映画	460	ミハルコフとタルコフスキー	466

パラジャーノフとレンフィルム
　の鬼才たち——————468
多民族的ソ連・ロシアの映画の
　世界——————470

娯楽映画——————472
アニメ——————474
ノルシュテインとチェブラーシカ——476
映画の名台詞——————478

12章　美術・建築　［担当編集委員：鴻野わか菜］

イコン・宗教美術——————482
美術アカデミーと近代絵画——————484
移動派とリアリズム絵画——————486
モデルンとヴルーベリ——————488
森と海——————490
越境する美術——カンディンスキー
　とシャガール——————492
エルミタージュ美術館——————494
トレチヤコフ美術館——————496
芸術家たちの同盟組織——————498
ロシア・アヴァンギャルド芸術——500
アヴァンギャルドと建築——————502
ポスター——————504
社会主義リアリズム芸術——————506

スターリン時代の建築と
　都市計画——————508
ソ連期のアンダーグラウンド
　芸術——————510
現代美術——————512
モスクワの地下鉄駅——————514
現代建築の諸相——————516
現代美術のシステム——————518
絵　本——————520
アーティスト・ブック——————522
写　真——————524
彫　刻——————526
ウサージバ・庭園——————528
◆コラム
　女性芸術家たち——————530

13章　音　楽　［担当編集委員：鴻野わか菜・沼野充義］

民族音楽・民謡——————532
近代音楽の勃興とグリンカ——————534
ロシア五人組——————536
チャイコフスキー——————538
スクリャービンとラフマニノフ——540
ストラヴィンスキーと
　プロコフィエフ——————542
ショスタコーヴィチ——————544
音楽教育——————546
ソ連・ロシアの大衆歌謡——————548

名指揮者・名演奏家たち——————550
ロシア・ピアニズム——————552
ロシア・オペラの世界——————554
ジャズとロック——————556
テルミン——————558
ロシア周辺出身の多民族的な
　現代作曲家たち——————560
◆コラム
　国　歌——————562

14章　思　想　[担当編集委員：坂庭淳史]

母なるロシア，母なる大地————564
終末論————566
ナショナリズム，ショーヴィ
　ニズム————568
フリーメイソン————570
デカブリストと自由思想————572
西欧派————574
スラヴ派————576
ナロードニキ————578
アナーキズム————580
ソボールノスチ（霊的共同性）————582
コスミズム————584
神智学・神秘思想————586
女性解放思想————588
ユダヤ人問題————590

建神主義————592
名の哲学・賛名派————594
フォルマリズム・記号論————596
亡命ロシア哲学————598
ユーラシア主義————600
異論派（ディシデント）————602
現代思想————604
ソロヴィヨフ————606
ベルジャーエフ————608
バフチン————610
マルクス＝レーニン主義————612
◆コラム
　モスクワ第三ローマ説————614
　インテリゲンツィア————615
　弁証法的唯物論————616

15章　学術・技術　[担当編集委員：金山浩司]

物理学————618
生物学————620
数　学————622
ロケット工学・宇宙開発————624
核開発————626
科学アカデミー————628
科学都市————630
ソ連崩壊以降（90年代）の科学技
　術体制————632
理数系教育————634
インターネット文化————636
権力と科学者たち————638
科学主義・科学技術信奉————640
心理学————642
歴史学————644

民族学————646
言語学————648
教育・学校制度————650
博物館————652
図書館————654
メイドインUSSR————656
武器・兵器————658
◆コラム
　メンデレーエフ————660
　コワレフスカヤ————661
　パヴロフ————662
　ガガーリンとテレシコワ————663
　テトリス————664
　コンピュータ・サイエンス————665

16章 ロシアと世界 ［担当編集委員：池田嘉郎］

ロシアの謎と魅力	668	ルーシの歴史とウクライナ	680
ロシアとヨーロッパ	670	ロシアとスラヴ諸国	682
ロシアと東洋 (学)	672	亡 命	684
ロシアとユダヤ	674	ロシア人と時間	686
ロシアと旧帝国周辺民族①		◆コラム	
中央アジア	676	世界で活躍するロシア人	688
ロシアと旧帝国周辺民族②			
コーカサス	678		

17章 ロシアと日本 ［担当編集委員：池田嘉郎］

ロシアの日本学	690	日露領土の境界	708
日露交流史	692	ロシアの日本趣味	
漂流民	694	（ジャポニズム）	710
ニコライと日本における正教会	696	日本におけるロシア文学の受容	712
大津事件	698	現代日本文化のロシアにおける	
日露戦争	700	受容	714
シベリア出兵	702	演劇における日露交流	716
白系ロシア人	704	◆コラム	
シベリア抑留	706	日本におけるロシア民謡	718

付　録

　［付録1］国旗と国章 —————————————— 720

　［付録2］社会・政治・文化 年表 —————————— 725

　見出し語五十音索引 ————————————————— xvii

　引用・参照文献 —————————————————— 744

　事項索引 ————————————————————— 792

　人名索引 ————————————————————— 824

見出し語五十音索引

■数字・A〜Z

18世紀文学　330

19世紀のロシア帝国　10

20世紀, 詩の　354

SF・幻想文学　358

■あ

アーティスティックスイミング, シンク
　ロナイズドスイミング　282

アーティスト・ブック　522

挨　拶　306

アイスホッケー, サッカーと　286

アヴァンギャルドと建築　502

赤の広場・レーニン廟, クレムリン　92

悪魔, 神々と　162

遊びと踊り, 伝統的な　156

アナーキズム　580

アニメ　474

アネクドート（小咄）　182

アンダーグラウンド芸術, ソ連期の　510

イーゴリ軍記　328

イースターエッグ（パスハの卵）　150

イコン, 宗教美術　482

イソップの言葉, 検閲　368

移動派とリアリズム絵画　486

医療制度　206

異論派（ディシデント）　602

インターネット文化　636

インテリゲンツィア　615

ヴェルトフ, エイゼンシュテインと　458

ウォトカ（ウォッカ）とビール　252

ウクライナ, ルーシの歴史　680

ウサージバ, 庭園　528

歌物語, ビリーナと　176

宇宙開発, ロケット工学　624

馬, トロイカと　160

海, 森と　490

占い, 呪術と　164

ヴルーベリ, モデルンと　488

運動, 伝統的遊戯と　278

映画, スターリン時代の　460

映画, 雪解け期の, ソ連のニューウェー
　ヴ　464

映画の世界, 多民族的ソ連・ロシアの　470

映画の名台詞　478

エイゼンシュテインとヴェルトフ　458

エカチェリーナ2世　55

エチケット　196

越境する美術——カンディンスキーと
　シャガール　492

絵　本　520

エルミタージュ美術館　494

エロス, ロシア文学と　398

沿ヴォルガ, 地域・民族・文化④　84

演劇における日露交流　716

大津事件　698

オストロフスキー, 劇作家　432

お茶とクワスとジュース　254

踊り，伝統的な遊びと　156
オペラ・バレエ劇場　418
オリンピックとパラリンピック　276
音楽教育　546

■か

カーシャ（粥），パンと　242
外国語，ロシア人と　318
外国文学の翻訳，ロシアにおける　402
外食，家庭料理と　238
開発，極地の探検と　88
カウンターカルチャー，ロシアの，ニヒ
　リストとスチリャーギ　234
ガガーリンとテレシコワ　663
科学アカデミー　628
科学技術信奉，科学主義　640
科学技術体制，ソ連崩壊以降（90年代）の
　632
科学者たち，権力と　638
科学主義・科学技術信奉　640
科学都市　630
「書き取り検定」，読書と　233
核開発　626
価値観，世論調査にみるロシア人の　190
学校制度，教育　650
家庭生活・子育て　216
家庭料理と外食　238
貨幣，切手と　224
神々，スラヴの　120
神々と悪魔　162
粥，パンとカーシャ　242
カレンダー　222
環境問題　110
観光・保養　272
カンディンスキーとシャガール，越境す

る美術　492
官僚制　34
気候・気象　58
記号論，フォルマリズム　596
鬼才たち，パラジャーノフとレンフィル
　ムの　468
気象，気候　58
北ロシア，地域・民族・文化②　80
切手と貨幣　224
記念碑　104
キノコとベリー　250
キャバレー　454
キャビアと前菜（ザクースカ）　258
救世主キリスト大聖堂　142
教育，文学と　378
教育・学校制度　650
境界，日露領土の　708
教会建築　128
共産主義，社会主義　46
行列と日用品の欠乏　232
極地の探検と開発　88
漁労・牧畜，狩猟　72
近代演劇の勃興　424
近代音楽の勃興とグリンカ　534
近代絵画，美術アカデミーと　484
近代戯曲の名作①ロマン主義からリアリ
　ズムへ　428
近代戯曲の名作②チェーホフと20世紀初
　頭の演劇　430
近代ロシアバレエ　404
吟遊詩人──詩と音楽の出会い　380
空間，都市と交通の　100
空間的自己イメージ，ロシアの　114
クシェシンスカヤとニコライ皇太子の恋
　452
国の成立，ロシアという　2

見出し語五十音索引　xix

くびき，タタールの　4
熊，白樺と　116
暮らし，農村の　154
暮らし，冬の　226
クリーム，スメタナと　248
グリンカ，近代音楽の勃興と　534
クレムリン・赤の広場・レーニン廟　92
クワスとジュース，お茶と　254
勲章とメダル　36
軍隊・準軍隊・警察・保安機関　52
警察・保安機関，軍隊・準軍隊　52
芸能，笑いと　266
系譜，実験劇場の　440
毛　皮　228
劇作家オストロフスキー　432
劇作家たち，ソ連時代の　444
劇場システム，バレエ教育と　416
結婚・離婚，恋愛　212
結婚儀礼　214
決闘と舞踏会　44
欠乏，行列と日用品の　232
検閲・イソップの言葉　368
言語学　648
幻想文学，SF　358
現代建築の諸相　516
現代語，世相や国際情勢を反映した　319
現代作曲家たち，ロシア周辺出身の多民
　族的な　560
現代思想　604
現代日本文化のロシアにおける受容　714
現代のロシア正教会と信者　144
現代美術　512
現代美術のシステム　518
現代ファッション　230
現代文学　360
現代ロシア演劇のさまざまな様相　450

現代ロシアバレエ，ロシア革命後のソ連
　410
建築，アヴァンギャルドと　502
建築と都市計画，スターリン時代の　508
憲法とロシア人の法意識　188
権力と科学者たち　638
公共交通　102
小唄，チャストゥーシカ　184
交通の空間，都市と　100
コーカサス（カフカス），ロシアと旧帝国
　周辺民族②　678
コーカサス（カフカス）・黒海沿岸，地域・
　民族・文化⑤　86
ゴーゴリ　384
古儀式派とセクト　146
古教会スラヴ語　294
国際情勢を反映した現代語，世相や　319
国民性・国民文学，文学と　332
国民文学，文学と国民性　332
コサック　42
コスミズム　584
子育て，家庭生活　216
国　歌　562
言葉の力と文学の権威　364
子供の遊び場，遊園地　290
ことわざ　180
小咄，アネクドート　182
娯楽映画　472
コワレフスカヤ　661
コンピュータ・サイエンス　665

■さ

サーカス　270
菜園の恵み，別荘（ダーチャ）と　204
斎戒期の食事　262

サイレント映画，ロシア映画の黎明　456
魚の料理あれこれ，肉と　246
ザクースカ，キャビアと前菜　258
サッカーとアイスホッケー　286
雑誌とテレビ，新聞　192
サハリン島　118
サモワール　256
サンクト・ペテルブルグ　94
三大バレエ，チャイコフスキーの　406
サンボ　288
賛名派，名の哲学　594
ジェンダーとセクシャリティ　210
時間，ロシア人と　686
システム，現代美術の　518
実験劇場の系譜　440
自伝文学　334
児童演劇　446
指導者（皇帝）崇拝　38
児童文学　362
詩と音楽の出会い，吟遊詩人　380
詩の20世紀　354
詩の伝統　324
シベリア・極東，地域・民族・文化③　82
シベリア出兵　702
シベリア鉄道　98
シベリア抑留　706
社会主義・共産主義　46
社会主義リアリズム芸術　506
写真　524
ジャズとロック　556
ジャポニズム，ロシアの日本趣味　710
住居　200
宗教美術，イコン　482
自由思想，デカブリストと　572
ジュース，お茶とクワスと　254
修道院　130

終末論　566
住民　76
収容所　50
祝典とパレード　106
呪術と占い　164
出版文化，読書文化　322
受容，現代日本文化のロシアにおける　714
受容，日本におけるロシア文学の　712
狩猟・漁労・牧畜　72
準軍隊・警察・保安機関，軍隊　52
巡礼　134
象徴主義　340
ショーヴィニズム，ナショナリズム　568
食事，斎戒期の　262
植物　64
食文化——飽食と粗食の大きな振れ幅　236
ショスタコーヴィチ　544
女性解放思想　588
女性芸術家たち　530
女性と文学　372
女性の装い　168
白樺と熊　116
白系ロシア人　704
シンクロナイズドスイミング（アーティスティックスイミング）　282
信者，現代のロシア正教会と　144
新体操とフィギュアスケート　284
神智学・神秘思想　586
神秘思想，神智学　586
新聞・雑誌とテレビ　192
心理学　642
水域　60
スイーツいろいろ　260
数学　622
スクリャービンとラフマニノフ　540

スターリン　20
スターリン時代の映画　460
スターリン時代の建築と都市計画　508
スタニスラフスキー　434
スチリャーギ, ニヒリストと——ロシア
　　のカウンターカルチャー　234
ストラヴィンスキーとプロコフィエフ　542
スメタナとクリーム　248
スラヴ語としてのロシア語　296
スラヴ諸国, ロシアと　682
スラヴの神々　120
スラヴ派　576
聖遺物崇敬　138
西欧派　574
聖歌, ロシア正教会の　126
正教会とその習慣　124
正教会, ニコライと日本における　696
聖愚者, 聖人　136
聖人・聖愚者　136
聖地・世界遺産　108
聖堂, 歴史的な　132
生物学　620
世界, ロシア・オペラの　554
世界遺産, 聖地　108
世界観, 度量衡と　220
世界主要宗教諸派　148
世界で活躍するロシア人　688
世界の中のロシア語　314
セクシャリティ, ジェンダーと　210
セクト, 古儀式派と　146
世相や国際情勢を反映した現代語　319
前菜 (ザクースカ) キャビアと　258
戦　争　16
戦争と文学　370
葬儀と墓地　218
創作家の同盟　498

その系譜, モスクワ芸術座と　436
その習慣, 正教会と　124
その他民芸品, マトリョーシカと　174
ソボールノスチ (霊的共同性)　582
ソルジェニーツィン　392
ソ連期のアンダーグラウンド芸術　510
ソ連時代の劇作家たち　444
ソ連の解体へ, ペレストロイカから　30
ソ連のニューウェーヴ, 「雪どけ」期の
　　映画　464
ソ連文学　348
ソ連崩壊以降 (90年代) の科学技術体制
　　632
ソ連・ロシアの大衆歌謡　548
ソロヴィヨフ　606
村落—農民文化の揺籃　70

■た

大衆歌謡, ソ連・ロシアの　548
大衆文学　346
大テロル　22
建神主義　592
タガンカ劇場とリュビーモフ　442
タタールのくびき　4
ダーチャ, 別荘と菜園の恵み　204
多民族的ソ連・ロシアの映画の世界　470
多民族的な現代作曲家たち, ロシア周辺
　　出身の　560
多民族的なロシア文学　352
タルコフスキー, ミハルコフと　466
探検と開発, 極地の　88
男性の装い　170
暖炉 (ペーチ), 蒸風呂 (バーニャ) と　202
地域・民族・文化①ヨーロッパ・ロシア
　　中部　78

地域・民族・文化②北ロシア　80

地域・民族・文化③シベリア・極東　82

地域・民族・文化④沿ヴォルガ　84

地域・民族・文化⑤コーカサス・黒海沿
岸　86

チェーホフと20世紀初頭の演劇，近代戯
曲の名作②　430

チェス　280

チェブラーシカ，ノルシュテインと　476

チェルノブイリ　112

地下鉄駅，モスクワの　514

地名，ロシアの　304

チャイコフスキー　538

チャイコフスキーの三大バレエ　406

チャストゥーシカ（小唄）　184

中央アジア，ロシアと旧帝国周辺民族①
676

中世文学　326

彫　刻　526

「翼の生えた言葉」——日常的に使われる
名句　320

庭園・ウサージバ　528

ディシデント，異論派　602

停　滞　28

デカブリストと自由思想　572

テトリス　664

テルミン　558

テレシコワ，ガガーリンと　663

テレビ，新聞・雑誌と　192

テレビドラマと人気番組　268

伝統，木工芸の　172

伝統的食材　240

伝統的な遊びと踊り　156

伝統的遊戯と運動　278

動　物　66

同盟，創作家の　498

東洋（学），ロシアと　672

読書と「書き取り検定」　233

読書文化・出版文化　322

都市計画，スターリン時代の建築と　508

都市と交通の空間　100

都市と文学　374

図書館　654

ドストエフスキー　386

友達付き合い　198

ドラマ劇場　426

度量衡と世界観　220

トルストイ　388

トレチヤコフ美術館　496

トロイカと馬　160

■な

ナショナリズム，ショーヴィニズム　568

謎と魅力，ロシアの　668

名の哲学・賛名派　594

ナボコフ　390

名前，ロシア人の　302

ナロードニキ　578

肉と魚の料理あれこれ　246

ニコライ2世　56

ニコライ皇太子の恋，クシェシンスカヤと
452

ニコライと日本における正教会　696

日常的に使われる名句，「翼の生えた言
葉」　320

日用品の欠乏，行列と　232

日露交流，演劇における　716

日露交流史　692

日露戦争　700

日露領土の境界　708

ニヒリストとスチリャーギ——ロシアの

カウンターカルチャー　234
日本学，ロシアの　690
日本語に入ったロシア語　316
日本における正教会，ニコライと　696
日本におけるロシア文学の受容　712
日本におけるロシア民謡　718
人気番組，テレビドラマと　268
年金制度　194
農　業　68
農村と文学　376
農村の暮らし　154
農奴解放　12
農　民　40
農民文化の揺籃，村落　70
ノルシュテインとチェブラーシカ　476
ノンフィクション文学，歴史　356

■は

俳優列伝　448
パヴロフ　662
博物館　652
博覧会　274
パステルナーク　401
パスハの卵，イースターエッグ　150
バーニャ，蒸風呂と，暖炉（ペーチ）　202
母なるロシア，母なる大地　564
パフォーマンス・アート　420
バフチン　610
パラジャーノフとレンフィルムの鬼才たち　468
バラライカ　186
パラリンピック，オリンピックと　276
春迎え，マースレニツァと　158
バレエ・リュス　408
バレエ教育と劇場システム　416

バレエダンサー，名バレリーナ　414
パレード，祝典と　106
パンとカーシャ（粥）　242
ビール，ウォトカと　252
美術アカデミーと近代絵画　484
漂流民　694
ピョートル大帝　54
ピロシキ，ボルシチと　244
卑猥な言葉・表現，マート　308
フィギュアスケート，新体操と　284
ブィリーナと歌物語　176
プーシキン　382
風刺文学，ユーモア　344
プーチン　32
フォークロア，「民衆」と　152
フォルマリズム・記号論　596
武器・兵器　658
物理学　618
舞踏会，決闘と　44
冬の暮らし　226
プラトーノフ　400
フリーメイソン　570
ブルガーコフ　399
プロコフィエフ，ストラヴィンスキーと　542
文化，ペレストロイカと　453
文学，女性と　372
文学，戦争と　370
文学，都市と　374
文学，農村と　376
文学賞　394
文学と教育　378
文学と国民性・国民文学　332
文学の権威，言葉の力と　364
文芸映画　462
兵器，武器　658

ペーチ，暖炉，蒸風呂（バーニャ）と　202

別荘（ダーチャ）と菜園の恵み　204

ベリー，キノコと　250

ベルジャーエフ　608

ペレストロイカからソ連の解体へ　30

ペレストロイカと文化　453

弁証法的唯物論　616

保安機関，軍隊・準軍隊・警察　52

法意識，憲法とロシア人の　188

蜂　起　8

方　言　310

亡　命　684

亡命文学　350

亡命ロシア哲学　598

牧畜，狩猟・漁労　72

ポスター　504

墓地，葬儀と　218

保養，観光　272

ボルシチとピロシキ　244

翻訳，ロシアにおける外国文学の　402

■ま

マースレニツァと春迎え　158

マート──卑猥な言葉・表現　308

魔　女　166

マトリョーシカとその他民芸品　174

マルクス＝レーニン主義　612

道　96

ミハルコフとタルコフスキー　466

未来派　342

民間療法　208

民衆演劇　422

「民衆」とフォークロア　152

民族音楽・民謡　532

民族学　646

民族語，ロシア連邦内の　450

民謡，民族音楽　532

昔　話　178

蒸風呂（バーニャ）と暖炉（ペーチ）　202

村上春樹の人気，ロシアの寿司ブームと　264

メイエルホリド　438

名演奏家たち，名指揮者　550

名指揮者・名演奏家たち　550

名台詞，映画の　478

メイドインUSSR　656

名バレリーナ・バレエダンサー　414

メダル，勲章と　36

メンデレーエフ　660

モイセーエフ・バレエ団　412

文字，ロシア語の　300

モスクワ　90

モスクワ芸術座とその系譜　436

モスクワ第三ローマ説　614

モスクワの地下鉄駅　514

木工芸の伝統　172

モデルンとヴルーベリ　488

森　62

森と海　490

■や

遊園地・子供の遊び場　290

ユーモア・風刺文学　344

ユーラシア主義　600

雪どけ　26

「雪どけ」期の映画──ソ連のニューウェーヴ　464

ユダヤ，ロシアと　674

ユダヤ人問題　590

ヨーロッパ，ロシアと　670

ヨーロッパ・ロシア中部, 地域・民族・
　文化① 78
余計者 366
装い, 女性の 168
装い, 男性の 170
世論調査にみるロシア人の価値観 190

■ら

ラスプーチン 140
ラフマニノフ, スクリャービンと 540
リアリズム絵画, 移動派と 486
リアリズム文学 338
離婚, 恋愛・結婚 212
理数系教育 634
リュビーモフ, タガンカ劇場と 442
料理あれこれ, 肉と魚の 246
旅行記 396
ルーシの歴史とウクライナ 680
流　刑 48
冷　戦 24
霊的共同性, ソボールノスチ 582
レーニン 18
レーニン廟, クレムリン・赤の広場 92
歴史, ロシア語の 292
歴史・ノンフィクション文学 356
歴史学 644
歴史的な聖堂 132
恋愛・結婚・離婚 212
レンフィルムの鬼才たち, パラジャーノ
　フと 468
ロケット工学・宇宙開発 624
ロシア・アヴァンギャルド芸術 500
ロシア・オペラの世界 554
ロシア・ピアニズム 552
ロシア5人組 536

ロシア映画の黎明——サイレント映画
　456
ロシア革命 14
ロシア革命後のソ連・現代ロシアバレエ
　410
ロシア語, スラヴ語としての 296
ロシア語, 世界の中の 314
ロシア語, 日本語に入った 316
ロシア語の特徴 298
ロシア語の文字 300
ロシア語の歴史 292
ロシア周辺出身の多民族的な現代作曲家
　たち 560
ロシア人, 世界で活躍する 688
ロシア人と外国語 318
ロシア人と時間 686
ロシア人の価値観, 世論調査にみる 190
ロシア人の名前 302
ロシア人の法意識, 憲法と 188
ロシア正教会 122
ロシア正教会と信者, 現代の 144
ロシア正教会の聖歌 126
ロシア帝国, 19世紀の 10
ロシア的狩猟の今昔 74
ロシアという国の成立 2
ロシアと旧帝国周辺民族　①中央アジア
　676
ロシアと旧帝国周辺民族　②コーカサス
　678
ロシアとスラヴ諸国 682
ロシアと東洋（学） 672
ロシアとユダヤ 674
ロシアとヨーロッパ 670
ロシアにおける外国文学の翻訳 402
ロシアにおける受容, 現代日本文化の
　714

ロシアのカウンターカルチャー，ニヒリストとスチリャーギ　234
ロシアの空間的自己イメージ　114
ロシアの寿司ブームと村上春樹の人気　264
ロシアの地名　304
ロシアの謎と魅力　668
ロシアの日本学　690
ロシアの日本趣味（ジャポニズム）　710
ロシア文学，多民族的な　352
ロシア文学とエロス　398
ロシア文学の受容，日本における　712

ロシア民謡，日本における　718
ロシア連邦内のさまざまな民族語　312
ロック，ジャズと　556
ロマノフ朝　6
ロマン主義　336
ロマン主義からリアリズムへ，近代戯曲の名作①　428

■わ

笑いと芸能　266

1. 歴　史

　ロシアの歴史は何度も地殻変動を経験してきた．17世紀はじめの大動乱，18世紀はじめのピョートル大帝による上からの近代化，20世紀はじめの相次ぐ革命と帝国の崩壊，続いてスターリンによる上からの革命，それに20世紀終わりのソ連崩壊．こうした幾回もの激変の中で，数多くの犠牲と喪失を出しながらも，ロシアはそのたびに姿を変えて，再び立ち直った．度重なる転変は，ロシア史の流れや社会の仕組み，それに文化のあり方に深い屈曲を与えるとともに，人々の記憶にも大きな痕跡を残した．

　新たな激変が起こるたびに，歴史は現実と交差し，記憶の層が積み重なっていく．それゆえロシアでは，過去はなかなか過去にならない．都市の形や農村の風景，それに町や通りや地域の名前にも，さまざまな時代がひしめいている．それらの声はときにいさかい，ときにばらばらで，ときに唱和している．響き合うさまざまな時代の声のかたまり，それがロシアなのである．　　　　　　［池田嘉郎］

ロシアという国の成立

　6～8世紀頃にスラヴ人の「大分散」が生じ，東スラヴ族が現在のロシア・ウクライナ・ベラルーシに跨がる地域に定着した．彼らはここで先住のフィン系やバルト系諸族と混住していくが，この時期はスカンジナヴィアのヴァリャーギ（バイキング）の活動が活発化した時期でもあった．彼らは北からドニエプル水系などを伝って東スラヴ地域にも到達し，この地の諸族に貢納を課した．

❋キエフ・ルーシ国の成立　このヴァリャーギ中の一団がルーシ国家の支配王朝（リューリク朝）を樹立し，彼らの名称（ルーシ族）からこの地に「ルーシ」という名称が発生する．年代記によれば，9世紀末にノヴゴロドからリューリク一族のオレーグ，そしてリューリクの子イーゴリが南に軍を進め，キエフを占領するに至った．それまでの南部では，定着農耕を中心的生業とした東スラヴ諸族が東方のハザール国家により貢税を課されていたが，9世紀頃にその支配から脱した．ここにヴァリャーギが北方より到来して支配権を樹立し，この地に居を構えた．こうして南北に延びるキエフ・ルーシ国家が成立した．キエフ公は周辺の東スラヴ諸族を貢納関係の下に置き，これを次第にキエフによる諸族支配へと変えた．

　10世紀にはウラジーミル公が，自身およびルーシ国家のキリスト教への改宗を行った．その結果，ルーシはビザンツ帝国および教会の影響下に置かれることになった．ルーシは他のキリスト教国家と理念的には同等の地位になり，ヨーロッパ世界の辺境に位置することになった．

❋北東ルーシの発展　12世紀になると国内の諸地域は遠心的な傾向を帯び始める．ルーシは全体として①北西のノヴゴロド，②北東のウラジーミル・スズダリ地方，③南西のガーリチ・ヴォルィニ地方に分かれたが，現在のロシアを考える上で重要なのが北東ルーシの興隆である．アンドレイ・ボゴリュプスキーやフセヴォロド大巣公は北のスズダリそしてウラジーミルに居を定め，最早キエフの支配を望まずに己の北東世襲地の発展に尽力した．フセヴォロドはウラジーミル大公を名乗り始め，キエフの大公権からの自立を表明する．

❋モンゴル支配下のルーシ　1223年にはモンゴル軍がルーシに到来し，南ルーシの諸公軍をカルカ川で破った．さらに37年には，バトゥ率いるモンゴル軍が北東ルーシを襲った．さらに39年には南ルーシを攻略し，40年にはキエフが陥落した．

　ルーシに多くの損害をもたらしたモンゴルは，服従やその具体的一部としてのタタール税の支払いを条件として，ルーシの伝統的統治機構の存続を多くの場合に認めた．つまり諸公を服従させるかたちでルーシを間接統治下に置いたのである．

　この時期，ウラジーミル大公を含むルーシ諸公の所領の相続や安堵は，基本的

には伝統的な年長制原理に基づくものの，最終的にはモンゴルのカンの意向に左右された．カンは「ツァーリ（皇帝）」と呼ばれ，まさしくルーシ諸公の宗主だった．したがってカンと結び付き，カンをみずからの側に付けることでルーシ諸公は勢力を拡大できた．こうしたやり方でウラジーミル大公位を獲得したのがすでに40年代にスウェーデンおよびドイツ騎士団に対する勝利で名をはせていたアレクサンドル・ネフスキーである．彼は50年代以降，カンから軍を引き出すことで国内の政治的ライバルを蹴散らし，強大な権力を手に入れる．

❋モスクワ大公国からロシア国家へ モスクワは競合するトヴェリ公国に競り勝つことで北東ルーシの諸公国の中心となったが，それには，その地理的な優位性や14世紀のモスクワ公イワン（1世）・カリタの活躍，正教会の支持などの要因があった．ただ，まず重視すべきはカリタの兄ユーリーが当時のカン，ウズベクの妹を妃に迎え，それによりカンの後ろ盾を得たことだろう．正統性に乏しい彼がカンから大公として承認されることで，モスクワはみずからにウラジーミル大公位を定着させる足がかりを築いた．弟イワンはこれを引き継ぎ，やはりカンの後ろ盾を得てトヴェリの反タタール蜂起を鎮定し，その功績を認められて大公位とこれに付随する徴税権をモスクワ公国に確保し，その資金力を活用して領土を拡大し，他の諸公国に対して圧倒的優位に立った．だが，北東ルーシにおける地位の最終的な確定はカリタの孫のドミートリー・ドンスコイ時代のものだった．モスクワは西の隣国リトアニアの3度の侵攻に耐え，最終的にウラジーミル大公国がモスクワの世襲物であると認めさせた．そしてこの対リトアニア戦争のなかで，モスクワは他の北東ルーシ諸公国と相互援助的な軍事同盟を締結していった．これがまさに1380年のクリコヴォにて力を発揮する．この戦いで，モスクワはカンを傀儡としたモンゴルの将軍ママイを討ち破った．こうして北東ルーシにはモスクワの大公国を中心とした諸公国体制が成立する．

　モスクワの興隆の一因として，14世紀以来の府主教のモスクワ支持が，そしてモスクワへの府主教館の移転があげられる．またフェラーラ・フィレンツェ公会議で決議された東西教会の「合同」（1439）の結果，合同に反対するモスクワ大公ワシーリー2世は府主教を投獄し，最終的に48年，教会会議で新府主教ヨナを独自に選出させた．これによりモスクワの府主座教会は事実上ビザンツ教会から独立し，単純にモスクワの支配領域を管轄とする教会となる．ここでモスクワの国家教会としての特徴を色濃く有するロシア正教会が成立したのである．

　ロシアの成立において最も重要なのはモンゴル支配からの離脱である．80年にウグラ川でモンゴル軍を退けたことで，モスクワは独立国家としての意識を強め，以後独立国家としての基盤を固めていく．他方で，15世紀前半の内戦，国内統合の進展，60〜80年代の国内諸公国の併合の結果，モスクワ大公国を中心とした諸公国体制はモスクワを中心とするロシア統一国家に転じていく．　　［宮野　裕］

タタールのくびき

タタールのくびきとは，モンゴルのロシア支配（1240年代〜1480年頃）を過酷で抑圧的とみる立場から表現した語である．ただしこの語が現れるのは支配終焉後の近代になってからで，今のところ17世紀以前の用例は確認されていない．ロシアの年代記はモンゴルを通常「タタール」と呼んだが，やがてテュルク系諸族もこの語で呼び表されるようになった．今日の歴史家や現タタール自治共和国住民の中には，「タタール」の語を避け「モンゴルのくびき」と表記するよう求める動きもある．また支配の「くびき」性を否定する見かたもある．

❋**支配の始まり** モンゴルのロシア支配は，西方大遠征を敢行した（1236〜41）チンギス・カンの孫バトゥが，その後ヴォルガ川下流域のサライを拠点にキプチャク・カン国（ジョチ・ウルス）を樹立したときに始まる（1242年頃）．この国はロシアでは通常「オルダー」，16世紀以降は時に「黄金のオルダー」とも呼ばれた．「オルダー」は本来カンの天幕や本営を意味する語（オルド）に由来する．

❋**支配の構造** モンゴル人は北方森林地帯に移住することはなく，ロシアに対する支配は間接的になされた．ロシア諸公は，初期にはカラコルムへ，その後カン国がモンゴル本国から分離独立するとサライへ赴いて，カンから勅許状（ヤルルィク）を得て，各公国に対する支配権を認めてもらった．ロシア諸公のカン国詣ではそのほかにもさまざまな理由から（例えば，国内のライバルを叩くための援軍を求めて）15世紀前半に至るまで行われた．モンゴルはロシア諸公に対する一種の目付け役であるバスカクを派遣して徴税を基本とする支配の貫徹を図った（初期には徴兵も行われた）．時に懲罰や略奪のための遠征を仕掛けたり，ロシア諸公間の対立をあおって強力な統一政権の形成を阻止することも行われた．

❋**抵抗から独立へ** ロシア人の抵抗と独立を目指す運動は早くみられたが，特にモスクワ大公国の成長とともに強化される．画期となったのは14世紀後半の大公ドミートリー・イワノヴィチ治世である．1378年ロシア軍はヴォジャ河畔で最初の成功を収め，2年後の80年には，ドミートリー大公下のロシア軍がドン河畔のクリコヴォの野でアミール（軍指導者）のママイ率いるタタールの大軍に初めて本格的な勝利を博する．ドミートリーはこの後「ドンスコイ」（ドンの英雄）と称えられる．その直後の82年にトクタムィシ・カンにより，カン国支配は再建されるが，「クリコヴォ」はロシア人にモンゴルが無敵でないことを気付かせ，その後独立への気運は急速に高まった．

❋**支配の終焉** モンゴル支配はモスクワ大公イワン3世治世の「ウゴールシチナ（ウグラ河畔の対峙）」（1480）をもって終了したとみることができる．このとき

モスクワ軍と「大オルダー」のアフマト・カンの軍がウグラ河畔で対峙し，決定的な会戦に至らぬまま，大オルダー軍は撤退した．当時カン国は分裂状態に陥っており（大オルダー，クリミア，カザン，アストラハン，ノガイなどの諸カン国が並び立っていた），国内をほぼ統一し火器など西方技術を導入して強化していたモスクワを従前どおり押さえ付けておくことは不可能になっていた．

❋支配の影響と意味をめぐる問題　モンゴル支配がロシアに与えた影響をめぐっては，論者によって見解が大きく分かれる．広く認められるのは，支配が過酷でロシアに甚大な損害をもたらしたとする主張である．「くびき」性を強調する見かたである．なかにはロシアが西欧諸国と比較して「後進的」であることの最大の原因をここに求める者もいる．一方，モンゴル支配を肯定的に評価する立場もある．それによるとモンゴル支配はロシア史家が主張するほどには破壊的ではなく，むしろロシアはモンゴルから多くを学んだという．分裂にあえぐロシアが強力な統一国家を築き上げたのはモンゴルの「専制」のおかげであり，軍事技術や行財政・交通システム，また外交慣習や儀礼などにおいて顕著な影響を受けたとする．こうした見かたは，ロシア革命後一部亡命知識人が唱えた「ユーラシア主義」の思想に特に強く認められる．以上に対し影響をほとんど認めない立場もある．というよりロシアの研究者は通常こちらの立場を取る．それは，歴史は内在的に発展しその主体は国民であるとする見かたからきている．すでに**S.M.**ソロヴィヨフら「国家学派」や，**V.O.**クリュチェーフスキーなど帝政期の代表的歴史家がこの立場に立っていた．彼らはモンゴル支配がロシアにとって外在的な要因にすぎず，ロシア史の合法則的な歴史発展を根本的に変えることはなかったと考えた．この点ではソヴィエトの歴史家も同様であった．ロシアでモンゴル支配に関する研究は必ずしも低調であったわけではないが，多くの歴史家はそこで得られた知見をロシア史に有機的に組み込むことを怠った，あるいは拒否したといえる．

　ソヴィエト崩壊後の今日のロシアでは，以上のごときさまざまな立場がそれぞれ奔放に表明され，やや混乱した状況にあるが，近年は，いわば「ユーラシア主義」の復活傾向が目に付く．ユーラシア派はロシアを「ヨーロッパ」とは異なる，アジア的要素を併せ持つ「ユーラシア」とみる．モンゴルはロシアにとって敵だったわけではなく，ロシアを過酷に支配したのでもなかった．むしろロシアはモンゴルの助力を得て，西方カトリック勢力の侵略に効果的に対峙しえた．モンゴル支配は異民族による支配ではあったが，ロシアにとっては幸運であった．モンゴル人は宗教的に寛容であったからである．もしそれが「西欧」による支配であったなら，ロシアはその「霊魂」を奪われていたであろうとする．かれらのこうした考え方が，欧米の圧倒的な覇権に対抗すべく，民族主義的な風潮を強めつつある今日のロシアに適合的な土壌を見いだしていることは確かであると考えられる．

［栗生沢猛夫］

ロマノフ朝

ロマノフ朝は1613年から1917年までロシアを支配した王朝である（図1）．建国以来リューリクの末裔を君主としてきたロシア国家では，1598年にツァーリ・フョードルが子女を残さずに死去し，その弟ドミートリーもすでに夭逝していたため王朝が断絶する．フョードルの妃の兄ボリス・ゴドゥノフが即位したものの，1601年以降の「大飢饉」，ドミートリーの名を騙る僭称者の登場，ポーランド貴族の支援による彼の決起を通じ，「スムータ（動乱）」と呼ばれる政治的混乱が招来した．05年のボリスの病死直後，モスクワに入城した偽ドミートリーによるツァーリへの即位，06年のロシア貴族ワシーリー・シュイスキーらによるドミートリー殺害とシュイスキーの即位，さらなる僭称者や民衆蜂起の発生など国内の情勢に加え，バルト海の覇権を争っていたポーランドやスウェーデンの介入も混乱を長期化させた．しかし12年，国民軍と呼ばれる義勇軍の活躍により一定の政治的安定が確保され，翌年，諸身分の代表を招いた全国会議はロマノフ家の当主ミハイルを新君主に選出する．ただし同家は16世紀半ばにツァーリの皇妃を輩出したとはいえ，当時16歳のミハイル自身には秩序回復の功績も明確な政治的才覚も存在せず，彼の選出はむしろ君主権力の弱体化を意図した試みともされる．その意味では，20世紀初頭にはヨーロッパ最強ともされたロマノフ朝の権力がいかにして確立されたかはきわめて興味深い問題でもある．

❋ **18世紀王朝の混乱**　またロマノフ家によるその後のロシア君主位の継承にお

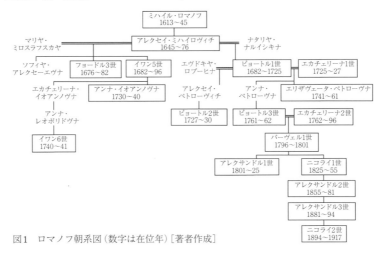

図1　ロマノフ朝系図（数字は在位年）［著者作成］

いても，危機的な状況がなかったわけではない．ミハイルからフョードル3世までの「初期ロマノフ朝」の時代は，少なくとも最年長の皇子が後継者となる伝統的慣習が機能したが，フョードルが1682年に子女なく死去し，同腹・異腹の弟たちのいずれをツァーリとするか議論が生じた状況を契機として，17世紀末から19世紀初頭には皇位をめぐる権力闘争が頻出する．こうした不安定化の要因としては，この時期にロマノフ家の男子が少数だった点，そしてピョートル1世が1722年にロシア史上初めて法文化した帝位継承法の影響が考えられる．同法は在位のロシア君主に対し，出自や性別を問わず後継者を指名し得る権利を認めたが，これにより伝統的な原則が廃棄されたことで，血統以外に，前任者の指名，個人的力量，人民による支持が，即位や支配を正当性する根拠として機能するようになったとされる．ロマノフ家と直接の血縁を持たない者を含め，ピョートル死後に4名の女帝が誕生したのも，これら二つの要因によるだろう．

❈ロマノフ朝君主の国際化 エカチェリーナ2世の皇子パーヴェル1世については，名君とされた母との対立，狂人とも称された彼の個性などもあって否定的な評価が強いが，彼が多くの子女を残した点，そして1797年に新たな帝位継承法を制定し帝位継承順位を明文化した点によって，王朝の安定性を強化する役割を果たしたことも確かである．その一方でパーヴェルが，ロマノフ家の血筋でありながら皇后エカチェリーナに宮廷クーデタで廃位された前々帝ピョートル3世の実子ではないとする見解も根強い．もしそうであれば，エカチェリーナ2世以降のロマノフ朝の諸帝はロマノフ家との血統的なつながりを持たないことになるが，この点はその後のロマノフ朝に対する評価には必ずしも影響していない．偉大なるエカチェリーナを始祖としつつ，新継承法によって血統を唯一の継承原理とされた新たなロマノフ朝が成立したととらえられるかもしれない．加えてピョートル1世による皇族の婚姻政策の転換もあり，彼以降のロシア皇帝は独身の者を除き，全員が外国君主の親族と結婚することになった．こうした方針もまた，ロマノフ家を他のロシア貴族と異なる特別な存在とする上で有効に機能したと考えられる．

　この婚姻相手はロシア帝国の強大化に伴い，次第にヨーロッパの大国の中から迎えられる傾向が強まった．このような姻戚関係は，ヨーロッパ諸大国の君主が19世紀以降親族的ネットワークを構築するのに寄与する一方，最後のロシア皇帝ニコライ2世の皇太子アレクセイが，母アレクサンドラ皇后を介し曽祖母ヴィクトリア英女王から血友病の遺伝子を受け継ぐことになるなどの皮肉な結果も生んだ．またナショナリズムの高まりを背景に排外的気運が強まると，とりわけ第1次世界大戦の勃発に伴い，敵国となったドイツの出身であるアレクサンドラ皇后への非難が強まり，ロマノフ朝に対する民衆の支持を大きく動揺させた点からは，ロマノフ朝の在り方を通じ，ヨーロッパ近現代国家における国家の統合や統治の原理の変化を読みとることもできるように思われる．　　　　［田中良英］

蜂　起

❊暴動から蜂起, そして「社会」の参加　自然発生的な暴動はその地域に固有の
ものではあるが, 17世紀以降に発生した蜂起には政権をも揺るがしかねない大
規模な叛乱も見られた. そのうち最たるものはイワン・ボロトニコフ (1606～
07), ステンカ・ラージン (1667～71), コンドラーティ・ブラーヴィン (1707～
08), そしてエメリヤン・プガチョフ (1773～75) が指導した叛乱である. 旧ソ
連史学はそれらを社会に反対する農民が中心となった「農民戦争」で内乱と規
定した.
　ロシアにおける蜂起の第一の特徴は, 社会全体が叛乱に参加したという点であ
る. 零細カザークを含み, 政府役人や富裕なカザーク, ロシア人農民がその伝統
的生活様式への国家の干渉に対して立ち上がった場合が多かった. ロシア人以外
に多くの非ロシア人が参加したのがロシアの民衆蜂起の特徴である. モルドヴァ
人, マリ人, バシキール人, タタール人, そしてカルムイク人がラージンの軍に加
わった. ブラーヴィンの乱にはモルドヴァ人が参加した. プガチョフの乱には,
バシキール人, タタール人, カザーフ人, およびカルムイク人が加わった. また
零細化した労働者と市民も叛乱側に立った. ヴォルガの船曳人夫たちはラージン
の乱やブラーヴィンの乱に加わり, プガチョフ軍はウラルの工場で働く不満を抱
く労働者 (もとは農奴であったり, 国有地農民であったりした) を引き付けた.
また古儀式派教徒もわずかながらラージンの乱に参加し, ブラーヴィンの乱には
かなりの数, そしてプガチョフ叛乱ではさらに多くが参加した. 特に最後のプガ
チョフ叛乱においてはバシキール人, タタール人, カザーフ人などのムスリム,
カルムィク人のような仏教徒さえも参加している. 以上の点から, 最近では「農
民戦争」という規定そのものが揺らいでいるのが現状である.
❊ロシアの蜂起のイデオロギー的特徴　第二の特徴として,「ツァーリ幻想」との
関係があげられる. すなわち叛乱には必ずといってよいほどツァーリ僭称者が出
現している. もし国家が間違った政策を遂行していると感じると, ツァーリは神
に祝福されずに玉座に着いた偽者と見なされた. こうした考えから, 16世紀末の
イワン雷帝の死後, 多くの僭称者がロシアに現れ, 彼らと蜂起は関係を持った.
例えばプガチョフはエカチェリーナ2世によって殺害されたピョートル3世を僭
称したが, プガチョフ以前にも多くの人がピョートル3世を名乗った. そうした
僭称者は蜂起の際によく現れたのである.
　第三に, 蜂起における目標についても特徴がある. 立ち上がった農民 (特に農
奴) は人頭税や領主による圧力からの解放を, 古儀式派教徒は信仰の自由を, カ

ザークはかつて保持していた自由と自治を，また諸民族はロシア帝国の植民的政策からの解放を目指した．近世ロシアに現れた蜂起は以上の特徴を併せ持っていたのである．

第四に，民衆の意識がより先鋭的なかたちをとって現れたことが最大の特徴である．研究者によると，古儀式派の存在や外国から流入した文化・技術とならんで，蜂起がモスクワ国家崩壊の原因であった．さらに農民や市民の暴力的な叛乱が繰り返し起こったために，モスクワ大公国の社会機構の基盤と結束力の掘り崩しが進展した．ステンカ・ラージンの乱は，伝統的な社会的紐帯の多くが破壊されていたといわないまでも衰えていたことの証拠だった．それはまた社会の幾つかの周縁的な集団（例えば，ドンやヴォルガのカザーク，南西部ステップ地域の先住民，前線の守備隊などである．逃亡中の農奴や犯罪人は言うまでもない）の間で一般的となっていた興奮した状態を露わにした．そうした蜂起を押さえつけるために政府が払った軍事的努力は支出の増大という結果を招き，それが担税民に重い負担を強いることとなった．

他方，蜂起に対する政治的，イデオロギー的抑圧という措置は，ツァーリの実現しようとする「正義」に疑問を生じかねず，また統治エリートや人民大衆も同じ政治文化を共有しているとの感情に対しても疑問を投げかけることになった．以上の点はピョートル1世以前の17世紀のモスクワ国家についてであるが，その後の時代についても当てはまるであろう．

蜂起はその時代の国家機構や社会の問題と不可分の関係にあった．その点，18世紀の民衆運動は新たに創設されようとした近代的な国家制度に対する明確な反対運動である．研究者によると次のような見かたも提出されている．プガチョフ叛乱はペテルブルグのつくり出した秩序に反対する蜂起，とりわけそうした統治の方法や形態に反対する叛乱であり，外国のモデルをそっくり模倣した集中化・制度化・画一化に反対する叛乱だった．この指摘の詳細についてはここで論じる余裕はないが，叛乱は民衆を取り巻く当時の国家や社会環境の影響を受け，それに強く反発していた点は間違いないであろう．しかも特徴的なことに，ロシア社会のすべての層が蜂起に参加したのである．

プガチョフ叛乱鎮圧後のエカチェリーナ2世政府は，県制改革にみられるように地方における治安維持へと向かった．またカザーク社会への取締りもいっそう強化された．そのことはかえってロシア国家や社会の問題点をより明確にしたともいえる．民衆はこうした政府の動きに強く抵抗することになる．すなわち19世紀に入ると，地方の蜂起は農奴制反対をより鮮明にしながらも，同時にロシア帝国の支配下にあるポーランド人やフィンランド人に代表される諸民族の独立や自立を目指すナショナリズムの動きが激しさを増すのである．　　　　［豊川浩一］

19世紀のロシア帝国

19世紀を通じてロシア帝国は，隣接する異質な地域を吸収しながら支配領域を拡大し，北ユーラシアの大帝国へと発展した．近代的な統治機構や共通のアイデンティティ形成以前に，あるいはその創出の試みと並行して，異質な世界を次々と吸収したために，多元的な社会を合理的に統治するシステムを構築することは容易ではなかった．そのため，ロシア帝国の住民は身分・階級・言語・宗教・地域などの多様な基準で複雑に分類され続けた．政府の最優先課題は帝国の統合維持であったが，何が住民の忠誠心を担保し得るのかは常にその時々の状況判断に左右された．こうした流動的でダイナミックな体制の核として，ロシア帝国は専制権力の維持に固執した．

✻拡大する領域　18世紀にロシア帝国は，バルト沿岸地域（エストニア，ラトヴィア），クリミア半島と「新ロシア」（ウクライナ南部）を併合し，ポーランド分割で，ユダヤ人居住地区を含め，およそ現在のポーランド，リトアニア，ベラルーシ，ウクライナを帝国内に吸収し，すでに多民族帝国をつくり上げていた．19世紀初頭，皇帝アレクサンドル1世は，国民主権を謳ったフランス革命の継承者ナポレオンと対峙し勝利した．この過程で，ロシア帝国はフィンランドを併合し，ポーランドを奪還した．この勝利は，後に「祖国戦争」と呼ばれるが，国民主権につながる発想は乏しく，あくまで旧体制の勝利であった．皇帝自身がヨーロッパの指導者を自任し，併合した両地域に憲法と議会など先進的な権利を保障した．しかしこれも，ロシア帝国がナショナルな国家へ変化する布石というより，差異に基づく帝国的統治の一例であり，君主制の正当性の証明であった．

同時期に南コーカサス（カフカス）へも向かい，ペルシアとオスマンというイスラーム帝国の支配下にあるキリスト教徒の保護者として地域情勢に介入し，概ね住民に歓迎されつつ，当地を併合した．さらにスーフィズムの影響が強い北コーカサスの山岳地帯にも手を伸ばした．凄惨な戦いが1860年代半ばまで続いた後，統治の安定化のために多くの山岳民をオスマン帝国領に追い立て，コサックを植民させた．コーカサスがほぼ平定されると，インドとアフガニスタンに権益を持つイギリスに対抗し，中央アジアに侵攻した．1865年にタシュケントを攻略し，続いてコーカンド・ハン国を滅ぼし，ブハラ・アミール国とヒヴァ・ハン国を保護国とした．極東の国境も画定し，ロシア帝国の領域はほぼ定まった．

✻専制と「大改革」　1856年クリミア戦争の敗北でヨーロッパの指導的大国としての地位が揺らぐと，新帝アレクサンドル2世は国力の刷新のために，貴族が農民を所有・支配する悪しき農奴制を改め，農民に臣民としての権利を与えて国家

活動に参加させようとした．この61年の「農奴解放」を皮切りに，新しい地方
自治制度（ゼムストヴォ）や司法制度を導入し，地域の教育・医療・インフラ整
備やトラブル解決に，農民を含む諸身分を参加させた．こうした諸改革は多様な
社会集団を国力増強に動員するものであり，平等な個人を基礎とする自由主義的
な社会構築を目指したものではない．また多様な社会集団の利害を公正に調停す
るために専制権力が必要だと考えられ，議会や憲法で専制を制限する試みは拒絶
された．他方で，西欧的知性を持つ専門官僚や社会活動家は増加し，公共的空間
は拡大した．鉄道建設を梃子に経済振興が図られ，特に90年以降には国家の積
極的な介入によって急激に工業化が進んだ．それに伴って労働者という分類も生
まれ，カール・マルクスなどの西欧思想の流入も手伝って，身分以外に階級とい
う新しい集団認識も加わった．

❀臣民の忠誠心を高める　ロシア帝国は，多様な臣民集団の忠誠心をつなぎとめ
ることに苦心した．概して帝国政府は，西方では併合地域の文明度の方が高いと
認識して脅威を感じたが，東方ではみずからの優越性を確信して文明化の使命を
かかげたといわれる．とはいえ，併合の事情や手法も時々で異なり，併合地域の社
会では言語・宗教が複雑に混交し，身分や階級の分断線とも重なり合ったために，
統治戦略は状況次第で変化した．例えば，2度の蜂起を起こしたポーランド人には
懲罰的対応を取ったが，バルト沿岸地域のドイツ人に対しては警戒と信頼の間を
揺れ動いた．エストニア・ラトヴィア人などの地域の被支配民族には，支配民族
ドイツ人への対抗から民族文化の保護を試みる場合もあった．ウクライナ・ベラ
ルーシ人はロシア人と認識して独自の言語や宗派の存在を認めなかった．アルメ
ニア人からはイスラーム国家からの保護と商業特権を与えて忠誠心を取り付け
た．中央アジアでは，概ね地域の世俗・宗教的権力を温存しつつ，それを介して住
民統治を図った．正教普及のために母語での宗教教育を認める場合もあれば，ロ
シア語普及のために現地宗教にロシア語祈祷の導入を試みる場合もあった．東方・
南方の非ロシア系住民には「異族人」として特殊な法的地位が割り当てられた．

❀帝国の統合　臣民を統合するアイデンティティも模索されたが，多元的な住民
集団すべてを満足させるものを見つけるのは困難であった．19世紀初頭のコスモ
ポリタンな君主と貴族の同盟体制は，ナショナリズムの時代にロシア帝国固有の
アイデンティティを模索して正教とロシア語の優位性を高めようとしたが，他方
で民族地域の安定のために多様な宗教・地域言語を許容し続けた．「大改革」で
農民を臣民集団に加えると，民衆にロシア性の根源を見いだす傾向も生まれた．
民族地域の支配層を帝国貴族に組み込む統治手法も見直され，被支配層の民族文
化の保護やロシア文化の浸透も目指されたが，地域の安定化のために貴族との同
盟という選択肢も残された．多様な社会工学が試みられるなか，改革の源泉，安
定の機軸としてのロマノフ王朝の専制権力は揺るがなかった．　　　[青島陽子]

農奴解放

　日本に開国を求めて外国船が到来し国内が騒然としていた1850〜60年代，ロシアも大変な時期にあった．中近東やバルカン半島への進出を志すイギリスやフランスはトルコを味方にしようとし，南下政策を続けていたロシアと衝突，1854年にクリミア戦争が勃発した．当初はロシアがトルコ相手に有利であったが，その後西欧諸国の軍事力がロシアを圧倒し，55年8月末にはロシアの要塞セヴァストポリが激戦の後に陥落，戦争の勝敗が決定的となった．従軍したレフ・トルストイは体験を後に作品化し，彼の非暴力主義の素地が生まれた（☞項目「トルストイ」）．イギリスのフローレンス・ナイチンゲールが戦傷兵の看護に奔走したのもこのときである．この要塞陥落の直前にニコライ1世が病没，長男がアレクサンドル2世として即位，彼は早速，西欧諸国の強大な国力を前にして，自国の立て直しを計った．彼は，開明的な官僚と一緒になって，農村，地方，都市，裁判，教育，軍隊・兵役などの諸制度について国家的な改革を実施，その最初が農民改革である．ロシア帝国の最大身分である農民は，当時ヨーロッパ・ロシアだけで男女合わせて約2,000万人，それぞれ国有地と貴族領に農民総人口の半々ずつぐらいが，それに皇族領に若干が生活していたが，彼らの地位と生活を大きく変えようとする改革は，農奴といわれる貴族領農民には61年に，皇族領農民には63年に，国有地農民には66年に，ほぼ同じ基本的条件で実施された．知識人の間にはロシアの将来をめぐって激しい議論（☞項目「スラヴ派」「西欧派」）が行われており，他方，農業生産が停滞し，生活に苦しむ農民の不満が噴出していた時期であった．

✸農奴解放の条件　政府はすでに1857年末に農奴解放の準備を開始し，各県に貴族の委員会を設け，それぞれで解放案を作成させ，それらを長年かけて中央の法典編纂委員会で審議し，61年2月19日に農奴解放令が発布された．改革の中心問題は大きく三つあり，いずれも将来の国の発展の方向を左右する大問題であり，議論の対立もあった．

　①農民の人格的身分について：それまで農奴は，分与地利用に対して領主への貢租や賦役などの過度の義務を強いられ，裁判なども領主権の配下にあったが，そうした領主への人格的隷属から農民は解放された．

　②農民の土地に対する権利について：それまで農奴は一定の広さの土地の利用を許されていたが，時に他の領主に譲渡・売却されることもあり，農民は土地に対して，所有権はもちろん利用権さえ持っていなかった．しかし解放によって農民に土地の利用権が認められ，そして所有権を獲得する道筋が示された．だがそ

こには非常に困難な条件が付された．農民は分与される土地の地代を償却して初めて所有権を獲得できるのだが，この償却額がきわめて高く設定され，その75～80％は政府が立て替えて領主に信用証書で支払う．農民はそれに対して政府にその貸付額の返済を49年間の年額で行う，とされた．この償却操作に着手した時点で農民は「土地所

図1 〈農奴解放令を読んでもらう農民〉（グリゴリー・ミャソエードフ作，1873）［トレチヤコフ美術館蔵］

有者」と呼ばれるが，政府への貸付金返済の負担が続き，彼らの「所有権」は長いこと完全自由な権利からはほど遠かった．

　③村の共同体秩序について：村にはそれまで共同体が伝統的に存在し，農民の生活に重要な役割を果していた．共同体は国や領主から課される義務を連帯責任で果し，土地に対しては，西部ロシアでは農戸ごとの相続利用が見られたが，中央ロシアでは広く定期割替が行われていた．共同体は，村で利用できるすべての土地を，そして同時に上記の一人一人の義務の全体を，成人男性や夫婦を単位として各家族に均等に配分し，定期的に労働力の推移に応じて再配分を行っていた．この共同体は農奴解放の際に存続し，土地に対する機能や責任を維持し，さらには従前の領主権のうちの徴兵や裁判の一部をも担うことになった．そして，それまでの共同体は村団と名称変えし，村団の幾つかから成る郷が行政的責任を担い，県の行政の配下に入った．こうして村の共同体秩序はツァーリ帝国の支配機構に組み込まれることになった．

❋農奴解放の結果および歴史的評価　政府が近代化のために体制を強化しようとして実施された農奴解放により，農民は旧領主への人格的隷属から解放され，経済的にも，旧領主側からの制約（旧領主直営地での労働による借地など）があったものの，自立の道を歩み始めることができた．しかしながら共同体が存続し，土地利用の秩序は以前のままであり，そして諸税のほか政府への貸付金返済は共同体の連帯責任であり，政府への農民の負担がより直接的となった．他方，個々の農民が外の世界に出ていくには共同体の承認が必要とされた．それでも工業が発達するなかで，それを支えたのは共同体農民の都市の工場への出稼ぎ労働であり，同時にそうした出稼ぎ労働者によって村には新しい文化が持ち込まれていった．以上のような農奴解放は1860年代の他の諸改革と一緒に，ロシア革命前の自由主義者によって「大改革」と称揚されたが，共産主義に向かうソ連においてはそれほどの評価は得られなかった．しかしソ連崩壊後になって，農奴解放および解放後の農村社会について新たな積極的再評価が現れている（☞項目「農民」）．

［鈴木健夫］

ロシア革命

　ロシア革命とは，1917年の二つの革命，二月革命と十月革命のそれぞれを指す場合もあれば，それらを総称する場合もある．また，十月革命後の内戦期（1918〜21年）もロシア革命の一部と見なすことができる．ここでは1917年とその前史を取り上げ，内戦期の説明は「レーニン」の項に譲る．

❋1905年革命から第1次世界大戦へ　ロシアでは20世紀を迎えても専制体制が維持された．これに対して上層階層のうちでも改革を志向する人々——自由業者（法律家，大学教員，医者など），企業家，改革派貴族など——は，憲法制定，国会開設，身分や信仰に基づく差別の撤廃といった自由主義的要望をかかげた．日露戦争で苦戦するなか，1905年に専制への抗議が全国で高まると，ニコライ2世は憲法制定と国会開設を認めた．この達成から，1905年革命を「ロシア立憲革命」と呼ぶこともできよう．だがニコライ2世は国会を軽視し，第1次世界大戦の開始後はその傾向はいっそう強まった．自由主義者は皇帝に改革を求め続けたが，民衆層が反乱すれば統御できなくなるとのおそれから，革命路線は取らなかった．

❋二月革命　1917年3月（露暦2月．以下カッコ内は露暦），その民衆層の反乱が起こった．戦争により困窮していた労働者，次いで彼らに同調した首都守備隊が決起して，3月15日（2日）にはニコライ2世が退位し，ロマノフ朝が終わった．ゲオルギー・リヴォフ公爵を首班とする，自由主義者中心の臨時政府は，身分・信仰・民族に基づく差別を廃止するなど，自由主義的な一連の改革に着手した．女性選挙権も認め，憲法制定会議の招集も約束した．

　だが，民衆層は臨時政府を信頼せず，工場や軍部隊の代表から成るソヴィエト（評議会）を各都市につくった．ソヴィエトを主導するエスエルやメンシェヴィキといった社会主義者は，臨時政府を支持しつつ，無併合・無償金・民族自決の原則に基づく早期講和に向けて，臨時政府に圧力をかける路線を取った．英仏との関係を考えれば，即時講和を唱えることは難しかった．ボリシェヴィキ（後の共産党）の指導者ウラジーミル・レーニンなど，社会主義者の最左派に属するわずかな人だけが，即時講和を訴えた．

　5月にはエスエル・メンシェヴィキが入閣して連立政権をつくり，臨時政府の威信を高めようとした．二月革命後に司法大臣として唯一の社会主義大臣となり，連立政権では軍事大臣となったアレクサンドル・ケレンスキーは，社会各層で広範な支持を得た（図1）．その一方で，労働者は著しい賃上げを求め，工場経営にも介入した．兵士は前線から大量に脱走した．土地不足に苦しむ農民は，地主を襲撃し，その広大な土地を奪取した．民衆層の行動を是認し，臨時政府打

倒を唱えるボリシェヴィキの人気も，各地のソヴィエトで徐々に上がり始めた．

　政治的意識と規律を備えた市民＝兵士こそが，革命ロシアの担い手となるべきという信念のもと，ケレンスキーは夏期攻勢を敢行したが，兵士の戦意は低く失敗に終わった．7月に首都の兵士が武装蜂起の動きを見せると，ケレンスキーはこれを鎮圧し，ボリシェヴィキも弾圧し，みずからは首相となった．しかし，8月末にケレンスキーとの確執をへて，最高総司令官ラヴル・コルニーロフが反乱を起こすと，その鎮圧に活躍したボリシェヴィキの勢いが再度増した．「すべての権力をソヴィエトに」というボリシェヴィキの主張が現実味を強めた．

図1　〈ア・エフ・ケレンスキー：革命の高揚した詩情〉一時はケレンスキー崇拝が高まったことを物語る，1917年の石膏像［モスクワ，現代史博物館蔵］

❋**十月革命**　レーニンとレフ・トロツキーの指導のもと，11月7日（10月25日），第2回全ロシア労働者・兵士代表ソヴィエト大会に合わせて，兵士・水兵・労働者が首都で蜂起した．世界戦争は資本主義が断末魔を迎えた証である，ロシアで革命が起こればヨーロッパでも社会主義革命が起こるはずだという確信がレーニンにはあった．ケレンスキーは逃げたが，臨時政府の大臣たちは逮捕され，ソヴィエトに立脚する新政権が成立した．これが十月革命である．レーニンを首班とするソヴィエト政権は，「土地についての布告」により土地の私有を廃し，農民による地主地の奪取を認めた．また「平和についての布告」で，各国に即時講和を呼びかけた．これらの施策は民衆層の大きな支持を得た．だが，臨時政府が準備してきた憲法制定会議の選挙が11月に実施されると，農民が伝統的に支持してきたエスエル党が第一党となった．1918年1月，憲法制定会議は1日だけ開かれ，レーニンによって閉鎖された．

❋**評価**　資本主義から社会主義へと発展する「歴史の法則」に従って，ロシア革命は人類史における社会主義の幕開けとなったという考え方が，マルクス主義の影響力が強かった第2次世界大戦後から1970年代頃までは広く見られた．その後，こうした見かたは後退したが，ロシア革命とは何だったのかについて，今日あらたに定まった見解があるわけではない．世界戦争への抵抗として始まった革命が，逆説的に最も世界戦争に適応した体制を生み出すことになったという和田春樹の議論は，有力なものの一つである．二月革命は社会秩序の崩壊の始まりである．臨時政府は自由主義的秩序のための制度的基礎（議会など）を確立できず，十月革命によってロシアは反自由主義的な秩序の確立へと踏み出したというのが，筆者の基本的な展望である．これは帝政期からソ連へと，非自由主義的・非西欧的な秩序が再生産されたということでもある．　　　　　　［池田嘉郎］

戦　争

　中世から近代初期にかけての西欧では，各地の自律的な領主・領民関係が，社会の成長の基盤となった．ロシアではそうした自律的な勢力は弱く，君主権力とその官吏団としての国家が社会の成長を率いた．一般に戦争は，徴税・徴兵の整備をうながすことで，国家機構の確立を進める．君主権力が強いロシアの場合，戦争によって，国家の主導権はなおいっそう強まった．軍事力と戦勝がもたらす武威と光輝も，君主権力および国家の強化に大いに貢献した．

❋国家統一と戦争　中世のロシアに一体的な国家はなかったが，この時期に諸公国が行った戦争の幾つかは，ロシア統一の里程標として，後付け的に意義付けられた．ノヴゴロド公国がドイツ騎士団を打破した「氷上の戦い」(1242)，モスクワ大公国がママイ・ハンの軍勢を打破し，「タタールの軛」脱却の大きな一歩となったクリコヴォの戦い (1380) がそうである．統一ロシア国家として浮上したモスクワ大公国の歩みも，戦争と切り離せなかった．イワン4世（雷帝）によるカザン・ハン国征服 (1552) は，本格的な多民族国家化の端緒となった．バルト海沿岸の獲得を目指したリヴォニア戦争 (1558～83) では，雷帝はスウェーデン，ポーランドに敗北した．その後ロシアは内乱となり，外国の干渉も受けるが，1612年に義勇軍がポーランド軍からモスクワを解放した．2005年，この出来事を記念して11月4日が祝日「国民統一の日」に定められた．

❋ロシア帝国の戦争　ピョートル1世（大帝）は近代的なヨーロッパの大国とならんとの自負を込めて，ロシア帝国の名乗りを上げた．スウェーデンとの大北方戦争 (1700～21) に勝利したことで，ロシアはバルト海の覇権を得た．対プロイセンの七年戦争 (1756～63) では，戦争中に即位したプロイセンびいきのピョートル3世が勝ち戦を放棄したため，宮廷クーデタの原因となった．強い戦争指導者として振る舞えぬロシア皇帝は，時に命を失うのである．彼を殺害して即位したエカチェリーナ2世（大帝）は，ポーランド分割を進め，オスマン帝国との2次の戦争 (1768～74, 1787～91) に勝つことで黒海沿岸・クリミア半島を手に入れた．名将アレクサンドル・スヴォーロフがロシア軍の勝利に貢献した．ナポレオンが台頭すると，アレクサンドル1世はアウステルリッツの三帝会戦 (1805) で敗北したが，1812年に

図1　ペテルブルグの勝利広場にある大祖戦争の記念碑
［松本祐生子撮影］

フランス軍がロシアに侵攻するに及び，名将ミハイル・クトゥーゾフ麾下(きか)のロシア軍はこれをはね返した（「祖国戦争」）．「祖国戦争」は，後述の「大祖国戦争」に次ぐ，ロシア人の自意識にとっての重要な戦争となった．

　ナポレオンに勝ってロシアの国際的な地位は上がったが，反自由主義的なニコライ1世のもと，農奴制改革などは進まず，西欧諸国との距離が開いた．クリミア戦争（1853〜56）では，オスマン帝国の側にイギリス・フランスがつき，ロシアは大敗した．近年ではオホーツク海や北太平洋など，極東もクリミア戦争の舞台であったことが注目されている．また，19世紀前半のロシアでは，コーカサス（カフカス）を併合し，抵抗するチェチェン人などを鎮圧するためのカフカース戦争（1817〜61）がずっと続いた．

　積年のライバル・オスマン帝国との新たな戦争（露土戦争，1877〜78）は，ロシアの勝利に終わった．だが，イギリス，フランス，ドイツの介入で，ロシアはバルカン半島に勢力圏を広げることに失敗した．クリミア戦争の敗北と露土戦争後の外交的失敗は，ロシアの眼を東方へと向けた．しかし，朝鮮半島と満州をめぐる新興国日本との日露戦争（1904〜05）でロシアは敗れ，再度その関心をバルカンに戻した．サライェヴォ事件が起こると，大国の威信を損なわぬためにも，正教の兄弟国セルビアを見捨てることはできなかった．かくしてロシアは連合国の一員として，ドイツ，オーストリア，オスマン帝国を相手に第1次世界大戦（1914〜18）に参戦したが，総力戦の負担は大きく，1917年の革命となった．続く内戦（1918〜20），シベリア出兵（1918〜22），ソヴィエト・ポーランド戦争（1920）は，第1次世界大戦の延長と見なすべきものである．

✹ソ連，そして現代ロシアの戦争　1931年の満州事変以後，極東情勢は緊張し，張鼓峰事件（1938），ノモンハン事件（1939）と日ソの軍事衝突が続いた．第2次世界大戦（1939〜45）が始まると，ソ連はフィンランドに「冬戦争」をしかけ，カレリアを併合した．続く独ソ戦（1941〜45）は「大祖国戦争」と名付けられ，2,000万人以上の犠牲者を出しながらもソ連が勝利した．「大祖国戦争」は今日のロシア人のナショナル・アイデンティティの最重要の基盤である．大戦末期にヨシフ・スターリンは日本に宣戦し，千島列島を占領した（日ソ戦争）．

　冷戦初期，スターリンのソ連は朝鮮戦争（1950〜53）において，中国とともに北朝鮮を支援した．スターリン死後に起こった中国との対立は，ダマンスキー島での軍事衝突（1969）を引き起こした．1979年にはブレジネフ指導部はアフガニスタンに侵攻した（1989年にソ連軍撤収）．現代ロシアの指導者にとっても，戦争はみずからの武威を高める機会である．第1次チェチェン戦争（1994〜96）収束後，ウラジーミル・プーチンは第2次チェチェン戦争（1999〜2009）に踏み切って，「強い指導者」としてのイメージを確立した．2008年にはグルジア，2014年にはウクライナと，プーチンのロシアは軍事紛争を起こした．　　　[池田嘉郎]

レーニン

レーニンの本名はウラジーミル・イリイチ・ウリヤーノフといい，ヴォルガ河畔シンビルスク（1924年からウリヤノフスク）で1870年に生まれた．父方の祖父は農奴出身で，仕立屋となることで町人身分になった．父は勉学に励み，レーニン出生時は県の視学官，後に県国民学校局長になり，82年に世襲貴族身分を得た（86年死去）．4歳上の兄アレクサンドルが87年に皇帝暗殺未遂事件に連座して処刑されたことが，レーニンの生涯に深い影響を与えた．国事犯の弟であるレーニンを放校処置から守った校長は，後の臨時政府首相アレクサンドル・ケレンスキーの父である．カザン大学法学部に入学するが学生運動に関わり退学処分となった．勉学を重ね，ペテルブルグ大学法学部の卒業検定試験を受ける資格を得て合格，1892年に弁護士補

図1 レーニンが弁護士補として働いていた管区裁判所の建物にかかげられた記念板（サマーラ）［著者撮影］

となった．この職は1年半でやめ，革命運動に身を投じた．母（1916年死去）や姉・弟・妹，それに1898年に結婚した妻ナジェージダ・クループスカヤ（1869〜1939）が彼を支えた．この夫妻には子供はなかった．

❊**民族的出自** ウリヤーノフ家の民族的出自はソ連時代にはタブーであった．スターリン時代にロシア・ナショナリズムが復活すると，レーニン＝ロシア人説がしばしば唱えられた．1930年代からこの問題に粘り強く取り組んだアルメニア人小説家マリエッタ・シャギニャンによれば，レーニンの父イリヤの母は，正教に改宗したカルムィク人の出自である．ただし，彼女が典拠にした史料はその後封印された．イリヤの父については明確なことはいえない．レーニンの母マリヤは旧姓をブランクといい，その父は正教に改宗したユダヤ人である．マリヤの母はドイツ人と，おそらくスウェーデン人の血をひく．レーニン自身はロシア人的な環境で育ったことから，民族を問われたときにはロシア人と答えた．レーニンのルーツの包括的な研究はミハイル・シュテイン『ウリヤーノフ家とレーニン家—家系と偽名の秘密』（ペテルブルグ，1997）であり，この節の叙述はそれに基づく．

❊**偽名の由来** ウラジーミル・ウリヤーノフは「エヌ・レーニン」という偽名を1901年に初めて使った．その由来についてはレナ河をはじめ諸説あったが，シュテインによれば，ウラジーミル・ウリヤーノフとクループスカヤの知人である

レーニンという姓の一家がいた．この一家，すなわち夜間学校の先生である姉と，農業・国有財産省と司法省にそれぞれ勤める2人の弟が，ウラジーミルの亡命を助けるために，父親ニコライ・レーニンのパスポートを彼に渡した．ここから「エヌ・レーニン」という偽名が生れたのである．この説は，農業・国有財産省官史であった前述の人物（セルゲイ・レーニン）の子孫がシュテインに証言したものであり，信憑性が高い．

❀政治的経歴　レーニンは1897年から3年間シベリア流刑となり，その後ヨーロッパに亡命した．1903年，ロシア社会民主労働党第2回大会で，職業的革命家のみから党をつくることを主張し，大衆政党を目指す同志たちと対立した．ここから党はレーニン率いるボリシェヴィキと，ユーリー・マルトフらのメンシェヴィキとに分裂した．05年革命時には短期間の帰国にとどまった．12年からオーストリア帝国のクラクフを拠点とし，この頃から同志であるイネッサ・アルマンドとの関係が親密になった．第1次世界大戦が始まると，オーストリア当局により収監された後，スイスに移った．現状を究明し打破するための知的努力の成果が，世界戦争により資本主義は最終段階に入ったとする『帝国主義論』である（1916年執筆）．二月革命後の17年4月，ドイツ経由でロシアに帰国し，臨時政府打倒を唱えた．国家の消滅を展望した『国家と革命』も，17年の革命中に書かれた．10月に武装蜂起を成功させ，ソヴィエト政府の人民委員会議議長（首相）になった．このとき47歳であった．ロシアで労働者権力ができれば，ヨーロッパ各国でも呼応して社会主義革命が起こるという確信が，レーニンを突き動かしていた．

ソヴィエト政府は18年1月，エスエル党が第1党となった憲法制定会議を閉鎖し，3月にはブレスト＝リトフスク講和により大戦から離脱した．しかし十月革命に始まる一連の強硬な措置は内戦を引き起こした．内戦中にレーニンは共産党（ボリシェヴィキが18年3月に改称）以外の諸政党を弾圧した．ソヴィエト政府を支持する小政党も共産党に吸収された．レーニンは統制体制を敷き，穀物徴発に抵抗する農民に対しては人質をとり，銃殺も辞さなかった．内戦は20年末までに終わったが，統制体制への民衆の不満が噴出した．レーニンは農民反乱やクロンシタット要塞の水兵反乱は過酷に鎮圧しつつ，市場経済の許容に踏み切った（新経済政策）．十月革命以来の激務により，21年末から健康が悪化し，23年3月の発作で再起不能となり，24年1月に脳髄血管の硬化症で死去した．享年53歳．

暴力による独裁権力の維持という点では，ヨシフ・スターリンはレーニンの忠実な弟子であった．より大きな展望の中で見るならば，レーニンは従来なかった統治システムをつくりだした．それはイデオロギー統制を本質的な要素とする，集権的な一党制である．これを20世紀史，またロシア史の中でどう評価するのかは，今後さらなる議論が必要であろう．　　　　　　　　　　　　［池田嘉郎］

スターリン

　現在のロシアで，史上最も偉大な政治家との評価を享受するヨシフ・スターリン（1878～1953；公式の生年は1879とされていた）は，今なお各種の論評や学術研究の対象でもあり続けている．近年では，スターリンのさまざまな相貌，例えば若き日に詩作で示した豊かな才能，別荘の庭で樹木を剪定する個人的趣向，他の指導者を招いて催す深夜のパーティでの様子など，知られざる一面も明らかになっている．このように，スターリンが各種の顔を持つユニークな人物であったことは間違いない．しかし，スターリンをソ連という国家やその時代の文脈から切り離された一人の個人としてとらえるのでは不十分である．また，ソ連を支配した独裁者と理解するのでも足りない．真偽のほどは定かではないが，スターリン姓を悪用した息子ワシーリーを叱責した折に発したスターリンの次の言葉は示唆的である．「お前はスターリンではない．そして私もスターリンではない．スターリンとはソヴィエト権力そのものなのだ」．すなわち，ソ連を率いた独裁者というにとどまらず，スターリンはソヴィエト権力・国家と分かち難く一体化し，それを具現化した存在だったのである．

✳1929年＝偉大なる転換の年　スターリンがソヴィエト権力とイコールで結ばれる起点は1929年である．トロツキー，ジノヴィエフらの合同反対派（1927）に続き，ブハーリン，ルイコフらから成る右派指導者との党内闘争に勝利し，最高指導者の地位を不動にした29年11月，スターリンは「偉大な転換の年」と題する論文を発表した．すでに進められていた第1次五カ年計画による急進的な工業化に加え，その工業化の推進に不可欠な穀物輸出のために強行した農業集団化を正当化したものである．また，抵抗する農民や反対者には容赦なくテロルを加え，強制収容所に送るシステムもこの時期に確立した．つまり，恐るべき抑圧体制下での膨大な人的犠牲との引き換えとはいえ，工業化と軍事力の整備に成功して41年6月に始まる独ソ戦に勝利し，米国と並ぶ超大国の地位を戦後に獲得するに至ったソ連の「偉業」の起点は1929年だったのである．

✳スターリン個人崇拝と英雄崇拝の広がり　社会主義的近代化を遂行したソヴィエト権力をスターリンが率いたのは間違いないが，それだけでは両者が一体的にとらえられるまでには至らない．スターリンがソヴィエト権力を体現するには，さらなる仕かけやメカニズムを要した．前に触れたスターリンの発言には次のような言葉が続いた．「スターリンとは新聞や肖像画の中にあるものであり，お前ではないし，私ですらない」．

　ソヴィエト権力・国家を体現するスターリン表象がつくり上げられる始点も

1929年だった．生誕50年に当たる29年12月21日，新聞各紙は一斉にスターリンを称揚する特集を組んだ．共産党中央機関紙『プラウダ』は8頁に及ぶ紙面を使って，他の指導者が寄せるスターリン称賛の文章を連ねた．スターリン個人崇拝の始まりである．この現象にスターリン自身が深く関わったことは言うまでもない．スターリンに関わる叙述，絵画や映画の中での描写などにはスターリン本人が意見を差し挟み，時に企画を却下し，あるいは推進した．

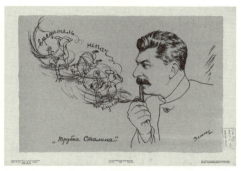

図1 〈スターリンのパイプ〉（ヴィクトル・デニ作，1930）．破壊活動分子や富農などが吹き飛ばされている［レーニン図書館蔵］

　他方で，他の指導者と切り離してスターリン一人の英雄的役割を突出させることを忌避する態度をスターリンが示すこともあった．「なぜ，君は私だけを褒めたたえるのか？　一人の人間がすべてを決めているかのように」と，側近のカガノーヴィチをスターリンが叱責したシーンを同じく側近だったミコヤンは回想している．そこで，スターリンとともに，社会主義建設事業をそれぞれの場でリードする他の指導者，あるいは北極圏探検，無着陸長距離飛行などの偉業を達成した人物，さらにはノルマを超過達成するスタハーノフ運動家や生産現場や公共活動で功績をあげた女性などを合わせて称揚する営みも広がった．つまりスターリン崇拝は，各分野で活躍する個人の英雄化の推進とも結び付いて行われたのである．したがってこれらは，国家建設への大衆動員を狙いとし，ソヴィエト体制の権威や正統性を高める戦略的なプロジェクトだったと理解されよう．

❋**神格化されるスターリン**　赤の広場やそのほかの演壇に立つスターリンを見て高揚感を抱いた人々が多くいたように，スターリン崇拝は人々をエンパワーメントする効果も発揮し，その意味でスターリンの自己誇大宣伝欲をはるかに超える現象であったが，時を経るごとに，スターリンの神格化も進んだ．レーニンの弟子としての存在から，レーニンをも超える指導者像の確立である．こうして，マルクス・レーニンの正統な後継者としてソヴィエト権力を体現したスターリンなしに，ソ連国家は立ち行かないとの意識や感覚が人々に植え付けられた．1953年3月にスターリンが死去したとき，彼の体制下で抑圧の憂き目にあった人も含めて多くのソ連人がその死を嘆き，涙し，かつ大いに不安を覚えたのはおそらくそのためであった．現在のロシアで今なおスターリンが偉大な指導者として理解されている理由の一端にも，ソ連の記憶，とりわけ大戦の記憶とスターリンが一体的に結び合わされた歴史的経緯があることは疑いない．　　　　　［松井康浩］

大テロル

「大テロル」とはヨシフ・スターリン統治下のソ連で，主に1937〜38年に展開した大量弾圧をさす．オレーグ・フレヴニューク『主人─スターリンとスターリン独裁の確立』（モスクワ，2010）によれば，この2年間に内務人民委員部により157万5259人が逮捕され，うち68万1692人が銃殺判決を受けた．逮捕の87％はドイツか日本のスパイなどの政治的罪状によるが，大半は無実であった．かつては「大粛清」と呼ばれたが，ソ連で「粛清」とは要件を満たさぬ共産党員の除名をさし，一般市民の弾圧を意味しない．そのため近年では「大テロル」と呼ばれることが多い．ただし，内戦期における反革命派への弾圧が，ソヴィエト政権によって公然と「赤色テロル」と呼ばれたのに対し，1937〜38年の大量弾圧は「テロル」と公称されたわけではない．各級指導者への見世物裁判はあったが，一般市民の逮捕は秘密裏に進められた．「大テロル」という名称はあくまで歴史学の用語である．

✳要因　大テロルはソ連史上最大の出来事の一つだが，その原因をめぐってはいまだに議論が続いている．アーカイヴの公開によって政策決定の実態の解明は飛躍的に進んだが，大テロルの単一ないし少数の決定的な原因を挙げることは難しい．それは諸要因が絡み合った複合的な出来事であったと見るべきであろう．

1920年代から30年代前半のソ連は，種々の不安定要因を抱えていた．第一に，敵対的な資本主義諸国によって包囲されていたことである．特に1931年に日本が満州侵略を本格的に開始し，33年にドイツでナチス政権が成立すると，日独による挟撃のおそれが高まり，スパイ恐怖症がスターリン指導部をとらえた．

第二に，農業中心の脆弱な経済構造を，急激に改造したことである．工業化の原資を捻出するため，また都市の食糧供給を安定化させるため，スターリン指導部は1920年代末から30年代初頭にかけて農民の抵抗を暴力的に排して，農村社会を集団農場に再編した．その過程で大量の農民が農村を捨て，身元を偽って都市に流入した．また，集団化に抵抗した農民が遠隔地に追放されたことで，多くの浮浪児が発生した．これらのことから都市では身元の曖昧な分子が増加した．他方，急激に進められた工業化は，ずさんな事故を多く発生させたが，これもまた後に破壊活動によると見なされることになった．

第三に，共産党自体が内部に構造的問題を抱えていたことである．内戦期に一党独裁体制が成立する過程で，古くからの活動歴を持つ古参党員が，各級の指導的部署を独占することになった．市場経済を維持する1920年代のソ連では，彼らは将来の社会主義を体現する，少数の「前衛」であった．しかし，スターリン

のもとで工業化が急激に進展すると，作業現場の青年男女が，社会主義建設の熱狂の中で大量に入党した．彼らから見れば，少数の古参党員だけが「前衛」として指導的地位を独占する状態は，正当化されるものではなかった．かくして歴史学者の石井規衛が指摘するように，1930年代前半の共産党組織では，古参党員と一般党員の関係が，潜在的に対立的なものとなった．

　共産党組織の抱える問題は，世代対立だけではなかった．1920年代末までにスターリンは，レフ・トロツキー（1929年に国外追放）やグリゴリー・ジノヴィエフたち左派，ニコライ・ブハーリンたち右派を打倒し，指導権を確立した．敗北した側の指導者や一般党員の多くは，みずからの過ちを認め，30年代前半には党の内外で仕事についていた．このことは，ひとたび政治的空気が緊張すると，至る所に「隠れた敵」がいるという疑念をスターリン指導部に持たせることとなった．懸念を生んだのは旧反対派だけではない．スターリン派の有力な一員である各地方の党幹部は，部下との間に恩顧主義的な人間関係を構築して，それぞれの閥を形成していた．スターリンにとってはこうした閥もまた，党の団結や自身の権力にとっての危険要因であった．

❉過程　1934年12月にレニングラードの指導者セルゲイ・キーロフの暗殺事件が起こり，ソ連の政治的空気は緊張した．スターリンのスパイ恐怖症に裏付けが得られたかたちになり，大量弾圧への途が開かれた．1936年，37年，38年と3次の「モスクワ裁判」により，旧反対派指導者は銃殺された．主に37〜39年にかけて，スターリン派の中央と地方の幹部の多くも，その庇護下の人々も弾圧された．これらの弾圧によって各級の指導的な部署が空くと，現場の若手が大量に登用された．かくして党内部の問題（世代対立，旧反対派の遍在，閥の形成）はかなりの程度解消された．赤軍指導部も同時期に大量弾圧を被った．

　他方，内務人民委員ニコライ・エジョフは1937年7月に命令00447号を出し，社会的有害分子の一掃に取り掛かった．8月には命令00485号により，ソ連内のポーランド人が強制移住や逮捕・処刑などの弾圧を受けた．ドイツ人や朝鮮人など，外国と通じるおそれのあるそのほかの少数民族も同じ運命をたどった．大テロルは1938年中盤にはピークを過ぎ，同年末にはエジョフ自身が失脚し，1940年に処刑された．　　　　［池田嘉郎］

図1　「卑劣さの天秤」第2次モスクワ裁判の戯画．左側にトロツキー（肖像），ソコーリニコフ，ラデック，ピャタコフ．右側に反革命勢力（ユーリー・ガンフ作）［Крокодил『クロコジール（わに）』1937年2号］

冷　戦

　第2次世界大戦は，老舗の議会制国家であるイギリス，新興の議会制国家であるアメリカ合衆国，それに共産党独裁制のソ連という三者が手を組んで，ファシズム体制を打倒した戦争であった．終戦前後の時期には，この三者が協力してあらたな国際秩序を築くという展望が，あながち幻想には見えなかった．ヨシフ・スターリンは当初，第2次世界大戦の結果，勢力圏とした東欧に自国型の体制を植え付けることまでは構想していなかった．西欧との緩衝地帯として，親ソ的な政府ができればひとまず十分と考えていた．だが，早くも1946年には米外交官ジョージ・ケナンが，ソ連の勢力拡張を「封じ込め」る必要があると提言した．47年には二つの陣営の対立が，はっきりとしたものとなった．大戦で疲弊したイギリスに代わってアメリカが，ヨーロッパにおける共産党勢力の拡大を阻止することに，本格的に乗り出したのである．アメリカはまず，王党派と共産党派が争うギリシア内戦に前者の側で介入し，共産化を防いだ．さらに，ヨーロッパ復興の財政支援計画マーシャルプランを実行した．米のこの「封じ込め」政策に対してヨシフ・スターリンは反発を強め，東欧諸国に対する支配をより厳格なものとしていった．この年，アメリカのジャーナリストであるウォルター・リップマンが，自著の題名を『冷戦』としたことで，米ソ両陣営の戦火を交えぬ対立は，広くこの言葉で呼ばれるようになった．

✸冷戦という物語　冷戦は，社会主義と資本主義の対立というイデオロギー的要因を根底に持っていたが，それが二つの超大国の対峙というかたちをとったのはどうしてなのか．確かにソ連は第2次大戦中に東欧を支配下に入れ，勢力圏を拡大した．とはいえ，アメリカの武器貸与がソ連の勝利に貢献したことからもわかるように，米ソの力は決して対等ではなかった．だが，アメリカ指導部には，あらたな敵としてのソ連の力を強調する必要があった．そうしなければ，第1次大戦後のように国内世論が孤立主義を強め，ヨーロッパにこれ以上関わる必要はないという圧力が高まるおそれがあった．荒廃したヨーロッパを放置すれば，共産党勢力が伸張するであろうし，それにまた，ドイツが再び復讐心を抱いて復活するかもしれない．こうした考慮がはたらいて，アメリカ指導部は積極的に，ソ連共産主義の脅威をあおり，米ソ2大陣営の対立という構図を描き出したのである．

　善悪二元論にのっとったこの構図は，きわめてわかりやすかったから，米国内だけではなく，世界各地で受け入れられた．ソ連もまた，例外ではなかったであろう．この世界観を受容したのは，二次の大戦の惨禍をへて，自分たちこそが社会の主人公だという意識を強く持つに至った大衆であった．彼らには「人類の将

来は資本主義と社会主義のいずれに掛かっているのか」というシナリオは魅力的に映った．いずれの側に肩入れするにせよ，みずからを大きな政治の参加者に擬することができたからである．

そうしたシナリオはナショナリズムのような，個別の集団・地域を対象にした理念によっても提供できる．だが，まさに「人類の将来」という普遍的な舞台を設定していた点に，冷戦の「近代」的な

図1 「僕らの間ではこの氷だけが溶けないでほしいね」米ソ平和共存の気運を伝える漫画（ボリス・エフィーモフ作）[Крокодил（『クロコジール（わに）』）1959年36号]

性格が現れていた．理性や進歩，それに大文字の「人類」のような，「普遍的な」範疇が力を持っていた時代の晩期が冷戦なのである．ソ連崩壊後もしばらくは，そうした時代が続いた（ポスト冷戦）．だが，おそらくは2014年のロシアによるクリミア侵攻を一つの転機として，地域のエゴが前景化する新時代が到来したといえよう．

❀冷戦とソ連　冷戦はソ連にとって皮肉な現象であった．社会主義と資本主義は対立し，いずれは最終決戦が避けられないという筋書きは，ほかでもないソ連が建国以来唱えてきたものであった．第2次大戦後，アメリカがこの筋書きを受け入れることで冷戦が始まった．だが，アメリカと対等な超大国の役をあてがわれたことは，ソ連に大変な負担を強いた．その際に，ソ連の命運に両義的な意味を持ったのが核兵器である．1949年にソ連は原爆を開発し，米国による核の独占を崩した．核武装した米ソが対峙することは，社会主義と資本主義の最終決戦が延々と先送りされることを意味した．先送りが続く限り，ソ連指導部は「最終決戦は不可避であり，必ず社会主義が勝利する」というお題目を唱えていればよかった．

だが，核開発は，緩慢に引き伸ばされた「われらの最後の，決定的な戦い」（「インターナショナル」）でもあった．アメリカと軍拡を競った結果，ただでさえ非効率なソ連経済は1970年代にはゼロ成長に陥った．軍拡競争から逃れるため，ミハイル・ゴルバチョフは東欧を手放すことにした．だがこれは，ソ連の存在意義を支える，「社会主義と資本主義の最終決戦は不可避である」「社会主義は資本主義よりも優れている」という物語を否定する一歩を，共産党書記長自身が踏み出したということであった．これはまた，冷戦という物語の語り手自身が，この物語を否定し始めたということでもあった．そこから先は，ソ連崩壊という物語の終焉まで，論理の糸はまっすぐに伸びていたのである．　　　　　［池田嘉郎］

雪どけ

　「雪どけ」とは，ヨシフ・スターリンが1953年3月5日に死去した後のソ連で政権による統制と抑圧が緩和され，文化芸術活動などの自由が相対的に拡大し，市民が恐怖を感じずに暮らせるようになった状況と当時の雰囲気を指す．54年に連載が始まったイリヤ・エレンブルグの小説『雪どけ』にちなむ．アメリカ合衆国との平和共存など各国との関係改善を模索し始めたこの時期のソ連の対外政策と，これにより一定の改善を見た国際環境を指して用いられることもある．

　第2次世界大戦後のソ連では抑圧が強化され，テロルの発動さえ予感される状況だったが，スターリン死後の新指導部は緊張緩和に向い始めた．首相となったゲオルギー・マレンコフはスターリンの葬儀演説で，生活水準向上に努め，平和を求める方針を語った．53年3月27日付で多くの囚人の大赦が定められ，過度に懲罰的な刑法を見直す必要性も認められた．やがて大赦の対象外とされた「政治犯」の釈放と名誉回復も始められ，適法性の遵守，形骸化が進んでいたソヴィエトの役割の強化と大衆との結び付きの強化も訴えられた．こうした政権側の動きが「雪どけ」につながったのは確かだが，「雪どけ」は「上から」の動きだけによって生じたのではない．スターリン死後，囚人，作家，芸術家，歴史家，科学者などがそれぞれのやり方で変化を求め始め，こうした「下から」の動きが政権側を動かしていった面もあった．スターリン期に厳しく統制されていた文学・芸術・学問が少しずつ息を吹き返し，人々に「雪どけ」の到来を感じさせたのである．

図1　マヤコフスキー広場に建てられたマヤコフスキーの銅像の下に人々が集う様子
［Парфенов, Л. Г., 2015］

❋「雪どけ」とスターリン批判　1956年2月のソ連共産党第20回大会で中央委員会第一書記ニキータ・フルシチョフがスターリン期の不法な弾圧を指摘したスターリン批判は，政権の態度の変化を明確にし「雪どけ」の本格化につながった．56年10月の「ハンガリー事件」を経てフルシチョフがスターリン批判にブレーキをかけると「雪どけ」も停滞したが，フルシチョフ解任を試みた57年6月の「反党グループ」事件に勝利したフルシチョフは再び非スターリン化へ向かい，「雪どけ」も進んだ．作家や芸術家はより自由に活動し，一般の市民もアパートや広場に集って詩を朗読し，小説について語り，政治を論じるようになった．

このように「雪どけ」の進展とスターリン批判には連関があり、このため一般に「雪どけ」はフルシチョフの名と結び付けられている。フルシチョフは「雪どけ」においても時に重要な役割を果たした。しかし、フルシチョフは非スターリン化の必要性を感じていたが、「雪どけ」を支持していたわけではなく、むしろ「雪どけ」が行き過ぎて「洪水」となることを警戒しており、十月革命と社会主義建設を正しいものとする党の路線に背かない限りで許容していたにすぎなかった。このため、十月革命を否定的に描いた『ドクトル・ジヴァゴ』を国外で出版したボリス・パステルナークへのノーベル文学賞授与が58年10月に決まると、政権はパステルナークとこの作品を厳しく批判して受賞辞退に追い込んだ。

この頃フルシチョフが共産主義建設を現実の課題にかかげたことも、「雪どけ」を制約する方向に働いた。作家や芸術家も含めてすべての国民が共産主義建設に積極的に参加することが求められ、共産主義の精神で人々を教育することがイデオロギー活動の主要な任務とされた。芸術はイデオロギー活動の強力な武器と位置づけられ、党綱領に示された文学と芸術の分野における任務をすべての創造的活動家が正しく理解し、遂行しなければならないとされたのである。

それでも、61年10月の第22回党大会で公然の「第2次スターリン批判」が行われ、非スターリン化の勢いが増したことは、「雪どけ」の進展につながった。62年11月には、スターリン時代の収容所での生活を描いたアレクサンドル・ソルジェニーツィンの「イワン・デニーソヴィチの一日」がフルシチョフの決断によって発表された。この頃が「雪どけ」のピークとされる。同年12月にはフルシチョフが抽象芸術を批判し、これをきっかけに芸術や文学への介入が強められたのである。直接批判されたのは絵画の「抽象主義」や文学の「形式主義」だったが、実際に問題とされたのは、党の路線に従わずに自由に作品をつくり上げる行為だった。政権は、行き過ぎを犯した作家や芸術家を批判し、態度を改めなければ作品の出版や展覧を禁止し、外国旅行の許可を取り消すという警告を発した。

❋「雪どけ」の終わり 1964年10月にフルシチョフが失脚すると非スターリン化は後退し、作家や芸術家への締め付けはいっそう強まった。66年2月には、アンドレイ・シニャフスキーとユーリー・ダニエルが国外での出版を理由に「反国家宣伝」の罪で刑事告発され、有罪判決が下された。今や文学や芸術の活動が、公の批判や行政処分だけでなく刑事罰によって抑圧され得ることが示されたのである。

それでも、この「シニャフスキー・ダニエル事件」に対しては知識人らの抗議行動が起こり、「雪どけ」がまだ完全には凍てついてはいないことが示された。しかし、68年にチェコスロヴァキアで起こった「プラハの春」を契機として、ソ連の政権は文化芸術活動への統制をいっそう強化し、抗議行動への抑圧も強化されて、ソ連の「雪どけ」は「春」に至らぬまま「冬」へと押し戻された。

[松戸清裕]

停　滞

　レオニード・ブレジネフは，1964年10月の「宮廷クーデタ」でフルシチョフを追い落として党第1書記になった後，82年11月に死去するまで，18年もの間その地位を保ち続けた（第1書記は66年に書記長と改称）．ブレジネフ時代は，幹部人事の安定を特徴とする．党・国家機構に大きな変化がなく，ソ連社会に初めて安定したパターンが出来上がった．しかし官僚機構が肥大化する中の安定は停滞と背中合わせであり，特に治世後半になると内政の保守化と経済の低迷が際立つ．また汚職や腐敗も蔓延した．このためペレストロイカ以降（☞項目「ペレストロイカからソ連解体」），「停滞の時代」の烙印を押されている．

❀「雪どけ」から「凍てつき」へ　国外での作品発表が反ソ宣伝と見なされて有罪判決を受けた1966年2月のダニエル＝シニャフスキー裁判は，人々に「雪どけ」の終わりを印象付けた．これをきっかけに，言論統制に抗議する異論派の動きが活発になる（☞項目「反体制活動家」）．68年8月には，チェコスロヴァキアの改革運動を軍事介入で押しつぶす「チェコ事件」が起きた．改革のスローガンが「人間の顔をした社会主義」だっただけに，社会の閉塞感が強まり，社会主義の理念そのものへの幻滅も広がった．だが，ユーリー・アンドロポフ率いる国家保安委員会（KGB）の巧妙な対応もあって（異論派の精神病院への隔離など），体制批判の声は孤立した存在にとどまった．

　経済分野では，アレクセイ・コスイギン首相が音頭を取って，65年9月から改革が試みられた（コスイギン改革）．スターリン時代に形づくられた中央指令型の計画経済が，複雑化する社会・経済構造に対応できず頭打ちになる中，従来の量的指標に代えて〈利潤〉を計画達成の梃子にするものだった．だが，チェコ事件以降の政治の保守化で，改革は頓挫する．五カ年計画の達成は第8次（1966～70年）が最後で，以後，経済成長は鈍化し，70年代後半から実質ゼロ成長に陥った．農業も不振続きで，73年からは不足分の穴埋めに穀物の大量輸入も始まった．折からの石油ショックが産油国ソ連に臨時収入をもたらして一時しのぎを可能にしたが，欧米や日本が省資源の必要性から技術革新を成し遂げて経済体質を一新させると，ソ連経済の立ち遅れは決定的になった．

❀安定＝成熟　その一方で，ブレジネフ時代がソ連史では数少ない平和で安定した時代だったことを忘れてはならない．もともと最低限の生活は保障されていたが，この時代に住宅・道路の建設や電化ガス化といった社会基盤の整備が進んだ．健全な余暇が奨励され（例えば，レストランでの食事や国内外の観光旅行），1967年からは週休二日制が始まる．職場で無料旅行券（プチョフカ）をもらって保養

地で夏の長期休暇を過ごす習慣も広まった．このように一定水準の生活が保障され向上が期待できたからこそ国民は政権に従順だったのである．この関係を，アメリカのソ連研究者は「暗黙の社会契約」と呼んだ．

だが70年代に入って社会の閉塞感が強まると，労働規律が弛緩し，飲酒などの目に余る社会病理が蔓延する．バイカル湖の汚染やアラル海の消失といった公害・環境問題も同じ頃表面化した（核・原子力開発に伴う放射能汚染の実態が明るみに出るのはソ連末期，☞項目「環境問題」）．戦後ずっと上昇していた平均寿命が65年をピークに頭打ちとなり，70年代に入ると下落傾向を示している．党政治局員の平均年齢は80年代初めに70歳に近付き，「老人支配」の限界は誰の目にも明らかだった．

❋静かな変化　ブレジネフ時代には，なし崩し的に起きた些細な変化の蓄積が後の社会変動を準備した例が幾つも見られる．

ソ連の宗教政策は，かつての攻撃的な反宗教闘争が影を潜め，この時代から学術志向を持つ科学的無神論が主流となる．宗教は依然として日陰の存在だったものの，全ロシア史跡・文化財保護協会（1966年設立）に集う人を中心に教会やイコンなどをロシアの伝統文化と位置付ける見かたが打ち出されたことで，〈無神論社会〉で次第に確たる地位を獲得していく．こうした積み重ねの帰結が，1988年の「ルーシ受洗千年祭」であり，90年代の宗教復興だった．

独ソ戦の記憶が，革命と並ぶソ連社会の精神的支柱の地位を獲得したのもこの時期の特徴である．戦勝20周年の65年に，戦勝記念日の5月9日が祝日になり，赤の広場での軍事パレードや戦没者追悼の「1分間の黙祷」が行われた（戦勝記念日の軍事パレードはその後85年と90年に実施）．また67年にはクレムリン横に「無名戦士の墓」が設けられ，これに倣って各地に類似の追悼施設の建設が相次いだ．恒例化した5月9日の諸行事は，ソ連解体後の現代ロシアに脈々と受け継がれている．

図1　「無名戦士の墓」に永遠の火を灯すブレジネフ（1967年5月）

❋ユルチャク　「停滞の時代」というブレジネフ時代の否定的な語りは，2005年に出たアレクセイ・ユルチャクの *"Everything Was Forever, Until It Was No More"* （邦訳は2017年）で大きく見直しを迫られている．硬直したイデオロギーのもとで人々がそれなりの自由を謳歌し，創造的で自分らしい生活を送っていたという主張は，数多くの新たな研究を刺激している．　　　　　　　　　　　　　　　　　　　　［半谷史郎］

ペレストロイカからソ連の解体へ

　「ペレストロイカ」とはロシア語で「建て直し」「改革」といった意味の普通名詞だが，ソ連時代末期のゴルバチョフ政権下で特殊なニュアンスのこもった流行語となり，その時代を象徴する言葉となった．もっとも，具体的にどのような改革を目指すのかという点については時期による変化が大きく，単一の定義をすることはできない．大まかに言えば，最初のうちは限定的な体制内改良が念頭に置かれていたのに対し，時間の経過とともに「改革」の内容がエスカレートし，実質的な体制転換を射程に入れるようになった．最終的には，体制ばかりか国家そのものが解体することでペレストロイカは終わりを告げた．

❀ペレストロイカの始まりとエスカレート　ミハイル・ゴルバチョフがソ連共産党書記長となった1985年3月以降，新指導部は徐々に幾つかの新機軸を出し始めた．「ペレストロイカ」という言葉は最初から最重要スローガンとされたわけではないが，86年春頃からキャッチフレーズ化した．その一つの契機はチェルノブイリ事件の衝撃である．同年夏にゴルバチョフは「ペレストロイカは革命である」と述べた．ゴルバチョフ政権初期に重視されたのは，指導部の世代交代，情報公開の拡大（グラスノスチ），経済の活性化などだったが，次第に政治改革を求める声も高まりだした．これに伴い，言論の活性化，自発的な社会運動の登場，歴史の見直しなどが進行した．いわゆる「新思考外交」による対外緊張緩和も進められ，これはやがて冷戦の終焉につながった．

　政治制度改革が具体化したのは，88年から89年にかけてのことである．複数候補による競争選挙，最高会議の常設議会化などの変化が進行した．「グラスノスチ」の意味も拡大し，統制された情報流通の拡大という当初の意味を超えて，本格的な言論の自由につながるようになった．経済面では，当初はシステムに手を付けないままでの「加速」政策が中心だったが，やがて市場導入論が広まった．もっとも，市場型改革は価格上昇，失業発生，所得格差拡大といった副作用を伴うことが明らかであるため，その実施は難航した．

❀ペレストロイカと体制転換　ペレストロイカは1989〜90年に引き続きエスカレートし，体制内改革の枠を超えるようになった．言論の多様化は社会主義そのものを疑問にさらす発言も生み出した．東欧諸国における89年の激動はそれに拍車をかけた．各共和国ごとの選挙制度は全連邦レベルのそれよりも本格的な自由選挙となり，90年の共和国選挙はそれぞれの共和国ごとに独自の政権を成立させた．バルト三国，グルジア（ジョージア），アルメニア，モルドヴァでは独立派が主導権を取り，またロシア共和国では，ソ連中央に反抗的な態度を取るボリス・エ

リツィンの率いる政権が成立した．そのほかの共和国も一斉に主権宣言を採択し，連邦体制の遠心化を生み出した．そうした状況の中でゴルバチョフは新しい同盟条約の締結による危機突破を目指したが，そのための交渉は難航した．

政治改革の頂点として，90年3月のソ連憲法改正は複数政党制を容認し，また大統領制を導入して，統治の中心を共産党から大統領へと移行させた．社会団体法，出版・マスメディア法，宗教団体法なども相次いで採択された．もっとも，このような法制度上の改革は必ずしも円滑に定着したわけではなく，むしろ履行上の混乱を生み落とした．経済改革に関しては，非国有化（私有化）を含む市場経済化が大目標としてほぼ確定したが，市場経済移行プログラム策定は連邦と共和国の権限争いともからんで激しい政治争点となり，なかなか結論をもたらさなかった．部分的な経済改革への着手はかえって経済実態を混乱させ，国民生活の低下が始まった．

❋ **ペレストロイカの困難から国家の解体へ**　1990〜91年のソ連では政治的分極化が進行し，権力闘争が激化した．ゴルバチョフ指導部はカタストロフを避けつつ漸進的な手法での体制転換（＝脱社会主義化）を進めようとしたが，現実にはカタストロフが迫っていた．その頂点が91年8月のクーデタである．

8月クーデタへの抵抗の中心となったのはエリツィンの率いるロシア政権だったが，彼らの勝利はクーデタ以前への原状復帰ではなく新たな革命を生み落とした．ゴルバチョフとエリツィンの力関係は後者優位へと逆転し，共産党は解散に追い込まれた．連邦体制再編を目指す同盟条約交渉はこの後もしばらく続いたが，ゴルバチョフとエリツィンの主導権争いにウクライナにおける独立論高揚もからんで，11月には行き詰まりを迎えた．そうした中で，12月8日にロシア，ウクライナ，ベラルーシ3共和国の首脳会談でソ連国家の解体と独立国家共同体（CIS）の創設が宣言された．この会合に招かれなかった他の共和国の多くは若干の躊躇いの後にこれに合流し，21日のアルマアタ会議でソ連解体を正式に確認した．ゴルバチョフは25日に辞任を表明し，ペレストロイカは幕を閉じた．

❋ **ペレストロイカと文化**　何よりも大きな変化は，言論統制の緩和によってもたらされた．ペレストロイカ初期に目立ったのは，スターリン時代の抑圧の暴露や社会主義刷新を目指す議論だったが，やがてその枠を超えた多様で自由な言論や表現が噴出した．そのことは，しばらくのあいだ一種の知的興奮状態をもたらしたが，やがて飽和感覚に取って代わられた．

ペレストロイカ末期に始まる社会経済状態の混乱はソ連解体後にいっそう深まり，一部には「文化などにかまっている余裕はない」という雰囲気を生み出した．野放図な自由は引き続き拡大したが，文化が商業主義に翻弄される傾向も生まれた．ペレストロイカとソ連解体が文化に与えた影響は正負とも大きなものがあり，その落ち着く先はまだ見通すことができない．　　　　　　　　［塩川伸明］

プーチン

　ウラジーミル・プーチンは，1952年レニングラード市に生まれた．大学卒業後KGB（国家保安委員会）に就職し，89年のベルリンの壁崩壊時には，**KGB職員と**して東ドイツで体制の崩壊を目の当たりにした．90年にレニングラードに戻り，後にサンクト・ペテルブルグ市長になるアナトーリー・ソプチャクのもとで働き，第一副市長も経験した．ソプチャクが96年の市長選挙に敗れた後，モスクワに移り，ボリス・エリツィンの大統領府での勤務を開始した．大統領府内で頭角を現し，99年8月には首相に就任した．同年12月のエリツィン大統領の辞任により，大統領代行を務め，2000年3月の大統領選挙に勝利し，ロシア大統領に就任した．

❈プーチン第1期（2000〜08年）　プーチン大統領の功績として，1990年代の混乱に終止符を打ったことは広く認知されている．その施策として第一に中央集権化をあげられる．1999年の国家院（下院）選挙で，クレムリン主導の「統一」を率い，有力地方知事を糾合した「祖国・全ロシア」との対立を制したプーチンは，中央集権化策を打ち出した．2000年には連邦管区を導入，さらに連邦院（上院）改革により，地方知事と地方議会議長が上院議員を兼ねる仕組みを廃した．04年には地方知事は大統領による事実上の直接任命制に変更された．こうして，1990年代に見られた自律的な地方権力と実行力のない中央権力といった状況は変化した．ただし，この集権化の中でも，有力地方知事は任命制のもとでも再任命され，一定の自律性を保持した．第二の施策として，強力な与党を建設した．2001年12月に，「祖国・全ロシア」と「統一」を統合するかたちで「統一ロシア」党が創設されたが，政党と距離を置いたエリツィンと異なり，プーチンは，統一ロシアを強く支持した．さらに，与党建設の環境も整えた．政党法の制定により政党は全国的な組織を必要とされた上，比例代表を必要とするように地方選挙制度改革を行い，さらに07年の下院選挙では全議席を比例代表で行うこととした．このような知事任命制に代表される中央集権化，統一ロシアへの明確な支持，全国政党形成圧力が相まって，地方知事は統一ロシアに急速に合流した．こうして，統一ロシア党という巨大与党が誕生し，1990年代にしばしば見られた大統領と議会の対立も沈静化し，執行権力の優位のもとでの立法活動が円滑になった．

　以上のような中央集権化と与党形成を可能した大きな要因の一つは，好調な経済情勢であった．1998年の通貨危機を受けたルーブルの切り下げと油価の高騰が相まって，1990年代の破滅的な経済状況から脱し，2000年から08年までロシア経済は年平均7％（実質GDP）の高成長を記録した．好調な経済がプーチンの支持率を後押しし，その施策は概ね受け入れられていった．

❋**タンデム期(2008~12年)の政治経済動向**　三選禁止の憲法規定を変更する意思を示さなかったプーチンは,2008年大統領選挙では,ドミートリー・メドヴェージェフを後継者として推薦し,自身は首相の座に就任した.この二人の指導者がいる体制は「タンデム体制」と呼ばれた.このタンデム期はプーチン第1期の安定が一定程度揺らいだ時期であった.外因的な要因として重要だったのは,世界金融危機の影響が08年終わり頃からロシアに及び,経済状況が急激に悪化したことである.積極的な経済対策により,危機からは脱出したが,以前ほど堅調な成長ではなくなった.さらに,プーチン第1期の集権化の中でも自律性を保持していた有力地方知事も解任された.タタールスタン共和国,モスクワ市,バシコルトスタン共和国で首長が10年に交代したほか,多くの地方で知事が新人に交代した.11年の下院選挙と12年大統領選挙に際し,プーチンの大統領選挙への出馬が宣言されたが,不安定な経済状況と地方知事の動員力の低下,さらに長期政権への飽和感が相まって,11年の下院選挙(全面比例区)では,統一ロシアの得票は49.32%と5割を割り込んだ.この直後,不正選挙の疑いからモスクワなど大都市を中心に大規模な抗議デモが繰り広げられた.翌年の大統領選挙でも,プーチンの得票率は63.6%で7割を下回った.

❋**プーチン第2期(2012~18年6月現在)の政治経済動向**　大統領復帰後も,レヴァダセンターの調査によると,プーチンの支持率はかつてと異なり7割を下回るようになった.この状況を大幅に変えたのは,2014年3月のロシアによるクリミア併合である.この措置は国内では強く支持され,プーチンの支持率は8割台に回復した.その後,他の政治組織(政府や与党)などへの支持は漸減していったが,プーチンの支持は高止まりしたまま18年の大統領選挙では得票率76.69%で圧勝し,再選を果たした.

❋**プーチンの文化的表象**　変動はあるものの,プーチンは大統領就任後,一貫して人気の高い指導者であり続けた.彼の人気は,プーチンのシンボルが政治とは異なる分野でもしばしば活用されていうことに示されている.釣りで大きな魚を釣り上げたり,柔道をしたり,アイスホッケーをしている姿はロシアのテレビなどで頻繁に見ることができる(図1).こうした「強い指導者」像は,プーチンへの国民的支持の背景として欠くことのできない要素である.　　　［大串 敦］

図1　アイスホッケーをするプーチン大統領(2017年12月)
［kremlin.ru］

官僚制

　国家における政策の立案や日常的行政の遂行を担う機構を官僚制と呼ぶのであれば，それはロシア国家においても古くから存在していた．ただしピョートル1世の治世（1682〜1725）は，ヨーロッパ諸国の制度に倣いつつ，従来の諸官職・機関を組織化・合理化の方向で全面的に再編し，その後ロシア革命まで続くロシア帝国の基本構造を形成した時期といえる．まず中央の行政機構については1717年以降，スウェーデンの制度に範を得た参議会（コレギヤ）が陸軍・海軍・外務・工業・商業・鉱業・歳入・歳出・監査の諸部門を所管するかたちで設立され，すでに1711年に設立されていた元老院（セナート）には諸参議会を統括する機能が与えられた．なお参議会は19世紀初頭に省に改組され，おのおのを主導する大臣が大臣会議を構成する形態に変化するが，中央行政機関を部門別に編成する構造については以後も継承されている．また地方についても，ピョートル1世は1708年に新たな行政区分として県を導入し，県知事を頂点とする地方行政機構を整備した．当初8県に区分されたロシア帝国は急速な領土拡大もあり，エカチェリーナ2世期の1775年には50県に再分割されるなど面積や領域は時期に応じて変化したものの，ヨーロッパ＝ロシア地域において県を単位とする地方行政制度は革命期まで存続する．

❀人材運用システムの整備　これら行政機関に登用される官僚の序列については，1722年にピョートル1世がやはりスウェーデンの影響下に制定した官等表で明示された（表1）．武官・文官・宮内官の多くが14等級に区分され，たとえ貴族であっても最下級から勤務を開始し一つずつ昇進することが求められたのである．ただし実際には官等表の下位に位置する官職（官等外官）や官等表に記載のない官職も存在した．一定の官等の到達に際しては貴族身分が認められ，文官・宮内官は14等官で一代貴族（当人のみ），8等官で世襲貴族（以降に生まれた子女も対象）となる一方，武官は14等官の時点で世襲貴族身分を認められるなど優遇されていた．とはいえ公教育制度が依然未発達であった18世紀において，実際に官僚となり得たのは武官勤務から転出した貴族，以前から中下級の官吏を輩出してきた伝統的な勤務層，そして外国人であ

表1　官等表における代表的官職［著者作成］

官等	武官	文官
1	元帥	宰相
2	大将	現任枢密参事官
3	中将	検事総長
4	少将	参議会議長，枢密参事官
5	准将	参議会副議長，警視総監
6	大佐	参議会参事官，参議会検察官
7	中佐	上級監察官
8	少佐	参議会参事官補佐，地方長官
9	大尉	アカデミー教授，医師
10	大尉補	参議会秘書官
11	艦隊秘書官	
12	中尉	参議会会計官，県秘書官
13	少尉	参議会翻訳官，地方秘書官
14	少尉補	参議会ユンカー

り，官僚への登用に伴う社会的流動性は必ずしも高くなかったとされる．その一方で，国家勤務上の官等をこそ当人の社会的地位を表わす指標として定着させようとしたピョートルの意図は，ニコライ・ゴーゴリの『外套』など19世紀文学における官吏の描写などから判断するに，一定の成功を収めたといえる．

　なお19世紀以降の教育拡充に伴い官僚の供給源が拡大する反面，1856年に文官について一代貴族が9等官以上，世襲貴族が4等官以上と貴族化の条件が厳格化された．ただしこうした拡充を経てもロシア帝国の官僚数は他国との人口比では相対的に少数であり，とりわけ地方行政においてはその傾向が顕著であった．そのため18世紀後半には地方在住の貴族領主，19世紀後半にはゼムストヴォなどの自治機関に依拠せざるを得なかったことも確かである．

✹ソ連期の官僚制　1917年の十月革命とその後の内戦の結果，共産党の指導的役割を前提とするソ連が成立すると，官僚制機構も党と国家の双方において構築されることになった．政策の立案を共産党中央委員会や政治局などの党の指導機関が進め，日常的な行政については省庁などの国家機関が担う構図が生じたが，実際には特に上層部において双方の人員が重複していたこともあって，相互間の関係はソ連末期まで必ずしも明確には体系化されなかった．なお地方においては，代表機関たる地方ソヴィエトの代議員のうちから，行政を担う執行委員会の選出が求められるなど，国家機関自体が発達せず，党組織の影響力は一層強かった．

　こうした共産党の指導性は，官僚の人事を党が掌握するノーメンクラトゥーラ制度によっても支えられた．ノーメンクラトゥーラとは本来，各レベルの共産党組織が人事権を持つ官職のリストを意味するが，それら組織の指導者は党外の機関に対しても推薦・承認のかたちで人事を決定する力を有していた．その際の基準として候補者の専門性や個人的能力ではなく，党への忠誠心や任命者との庇護関係が重視されたことは，人材運用の偏りや行政の非効率化の要因ともなった．

✹現代の官僚制　1990年に共産党の指導的役割が否定され，翌91年のソ連解体後に成立したロシア連邦では，官僚制機構は国家機関に一元化されることになった．ただしその人員の多くはソ連期より連続しており，職務遂行に必要な専門的能力や公僕意識は必ずしも向上しなかったとされる．こうした状況に対し第1次プーチン政権下の2003年に国家勤務職組織法，04年に連邦文官職法が制定され，国家官僚が五つのカテゴリーに区分されるなど組織化も試みられた．特に04年法では一部の例外こそあれ，文官の任用に際し専門的能力の到達度を図る競争試験の実施が要求された．とはいえ，こうした法整備が根本的な改善を生んだとはいいがたい．とりわけ一般の住民には依然官僚不信の傾向が強く，国営テレビにおける大統領と国民との直接対話でも，行政官僚の不正や怠慢が非難されることが多い．官僚のような中間エリートを攻撃することで指導者と民衆が心理的紐帯を深める政治的伝統は，いまだロシアに根強いといえよう．　　　　　[田中良英]

勲章とメダル

　勲章もメダルも，国が設けた栄典である．栄典は国家が社会を統制する手段の一つで，それゆえ常に政治性を持つ．ポーランド11月蜂起（1830）を鎮圧した帝政ロシアは，ポーランド王国の勲章（白鷲勲章と聖スタニスラフ勲章）を自国の下位の勲章として取り込んだ（1831）．ソ連解体後の新生ロシアも，新憲法を定める前に，大統領令で今後の栄典制度のあり方を示した（1992）．実際，栄典の名称，意匠あるいは栄典対象者のリストからは，その時々に国家が戴く価値の序列やジェンダー観が透けて見える．例えば，ソヴィエト時代の栄典制度を集大成したソ連邦栄典一般規程（1979）は，「社会主義の祖国」の防衛，諸民族の友好の促進，世界平和の推進といった分野における功績と並んで，「多くの子を持つ母親」や「子の育児に尽くした母親」を叙勲対象と定めている．

　新生ロシアの栄典制度を定めたのは，先の大統領令を受けた1994年の国家栄典規程，そしてこれに代わった2010年の新栄典規程である（いずれも大統領令）．この新規程は国の栄典として，最高称号，勲章，功労記章，メダル，名誉称号の五つを置く．各種の称号は呼称という無形の手段で国家が栄誉を与える方法，残る三つは形ある物を介して栄誉を与える方法である．18年現在，最高称号とされているのは「ロシア連邦英雄」と「ロシア連邦労働英雄」の二つ，また名誉称号は56ある．

　物で媒介するとはいっても，勲章はメダルや記章と異なる歴史を持っている．ロシア語にいうОрден（勲章）は英・仏・独語のorder, ordre, Ordenに当たり，十字軍参加の騎士団が原義で，転じて騎士団団員章をこのように呼んだ．これに対してメダルや記章はdecoration, décoration, Ehrenzeichenに分類され，騎士団への所属とは関係がない．社団の伝統を持たないから，アメリカにorderと名の付く勲章はなく，国家の最高勲章は，Medal of Honorの名で呼ばれる．対照的にフランスのレジオンドヌール勲章（Ordre national de la Légion d'honneur, 1802年創設）は，中間団体を廃止したフランス革命後の産物ながら騎士団時代の伝統を引き，「名誉の軍団」（レジオンドヌール）への入団式を経なければその佩用が認められない．一方，同じОрденという名称でも，ロシアの勲章は沿革的にはdecorationの系譜に属し（日本の勲章も同じくdecorationである），メダルは勲章より低い功績に付与される栄典という位置付けである．

�֍帝政期　帝政ロシアの勲章はピョートル1世が制定した聖アンドレイ勲章（最高勲章）に端を発し，帝政が倒れるまで8種20等級の勲章があった．聖アンドレイ勲章（1698），聖エカチェリーナ勲章（1714），聖アレクサンドル・ネフス

キー勲章（1725），聖ゲオルギー勲章（1769），聖ウラジーミル勲章（1782），聖アンナ勲章（1797），白鷲勲章（1831），聖スタニスラフ勲章（1831）である．聖エカチェリーナ勲章は女性を対象とする勲章，また聖ゲオルギー勲章は個人の軍功に報いるもので，年功重視の他の勲章とは性格が異なる．勲章間の序列など制度の整備が進むのは18世紀末のことで，特に聖アンナ勲章の制定によって，勲章のインフレ化が急速に進んだ．アントン・チェーホフの掌編「勲章」（1884）は，パーティーに出るため聖スタニスラフ勲章を借り受けた男が，出席していた同僚の胸にやはり借り物の聖アンナ勲章を認めて大笑いする話である．

❀ソ連時代　帝政期の栄典は，十月革命で廃止となった．ソヴィエト政権最初の勲章は，軍人を対象とする1918年の赤旗勲章である．その後は労働赤旗勲章（1928），レーニン勲章（1930．最高勲章）と続くものの，「制度」と呼べるほどではない．様変わりするのは第2次世界大戦期で，祖国戦争勲章（1942．死後叙勲）に始まり，母親英雄勲章（1944）と母性栄誉勲章（1944）に至る11種類の勲章が生まれた．初期の勲章の多くが革命での功績，労働の分野での功績を顕彰するのに対し，この時期の勲章群は戦場での武功を対象とするものが多い．またスヴォーロフ勲章（1942），クトゥーゾフ勲章（1942, 1943），ボグダン・フメリニツキー勲章（1943），ウシャコフ勲章（1944），ナヒーモフ勲章（1944）といったように，ロシア史の「英雄」の名を冠した復古調の勲章も目立つ．流れに乗って，帝政期のアレクサンドル・ネフスキー勲章も復活した（1942）．

　次の画期はブレジネフ時代で，革命50年を記念した十月革命勲章（1967），民族友好勲章（1972），労働栄誉勲章（1974），軍務報国勲章（1974）が新設された．受勲者に対する年金の割増し，住宅の優先的給付といった特典も，この時期に整備されてくる（栄典に伴う特権の授与は，日本では憲法が禁じている）．栄典の飽和化が進む中で，改めて制度を見直したのが先の栄典一般規程（1979）ということになる．特に軍人に手厚いこと（これは帝政期とも共通する），隠れたそして選別的な社会保障制度となっていることが，ソ連の栄典の特徴だろう．

❀現代ロシア　過去との断絶から出発したソ連時代の栄典と異なり，現代ロシアの栄典は過去の選択的継承から始まっている．1992年の大統領令は，スヴォーロフ勲章，ウシャコフ勲章，クトゥーゾフ勲章，ナヒーモフ勲章，アレクサンドル・ネフスキー勲章，友好勲章（民族友好勲章を改称）などの存続を決めた．復古色もまた顕著で，94年栄典規程がジューコフ勲章を新設したほか，帝政時代の聖アンドレイ勲章（1998）と聖ゲオルギー勲章（2000）が復活した．さらに名誉称号を見ると，90年代末以降，諜報，治安，外交，税務，検察といった，国の権力行政を担う人々を対象にした新称号が続いている．

　栄典は，国家の価値観を映す鏡である．ロシアの栄典も，この例に漏れない．

［高橋一彦］

指導者（皇帝）崇拝

　近代以降の世俗化された統治体制においても，統治者や権力者が崇拝の対象となるケースは少なくない．統治者自身が崇高な存在と表象され，崇拝の対象となることで統治権力（者）と社会の一体化が企図されてきたのである．近代以降のロシア／ソ連においては，革命や国家の解体など，大規模な統治システムの転換が繰り返されてきたが，臣民／市民と権力者が崇拝／被崇拝という関係で結ばれていた時期は短くない．ここでは権力者側の自己表象の変遷を中心に，19世紀以降のロシア／ソ連における指導者崇拝の様相を概観する．

❀ロシア帝国の時代（〜1917）　ツァーリの称号を用いたロシア帝国の皇帝は，帝国臣民にとっての全能の神にも近い崇拝の対象として表象された．ピョートル1世以降のツァーリは，戴冠式を始めとした儀礼的場面の演出を駆使することで，権威を効果的に表象し，帝国臣民にとっての崇拝対象となっていた．19世紀後半以降になると，出版メディアの多様化と拡大によって，ツァーリが人間的に描かれる事例も表れたが，超人的な存在として描かれる傾向も残っており，畏怖され崇敬されるべき対象であり続けた．帝国最後のツァーリとなったニコライ2世には復古主義的な側面があり，再び「聖なるツァーリ」像を提示することで帝国の統合が試みられた．

❀ソ連時代（1917〜91）　1917年10月にボリシェヴィキが政権を掌握すると，新たなイデオロギーのもとで国家システムが刷新され，統治権力と市民との関係にも変化が生じた．マルクス主義者である革命政権の指導者たちは，表向きには宗教的信仰や儀礼を忌避したものの，フランス革命にならって，「革命」やソヴィエト権力を象徴化する事柄や人々（国旗，国歌，労働者大衆など）を崇拝対象とすることで革命権力の正統化を試みた．その中心にいたウラジーミル・レーニンは，自分自身が崇拝の対象となることに強い反対を示していたが，彼の側近らは「偉大なる指導者」としてのレーニンを巧みに形象化し，そのカリスマ性と求心力を用いることを通じて体制と社会を接近させようとしていた．

　ソヴィエト体制の初期段階における指導者像の表象は，24年1月のレーニンの死去によって変化し始める．レーニン死後に残された党の指導部は，死去したレーニンをソヴィエト権力のシンボルとして祀ることで，革命と国家の正統性や輝かしい未来を体現させた．「レーニン・カルト」の形成に向けて大規模なキャンペーンが展開され，「偉大なるレーニン」のイメージが流布されることとなった．また，死去したレーニンの遺体を保存し展示することで，革命とソヴィエト体制の永続性を投影したのである．

レーニンの死去後，党内の権力闘争期を経て，指導的地位に就いたのはヨシフ・スターリンだった．権力基盤が安定した1930年代半ばになると，スターリンは，自身を絶対的な指導者であり崇拝の対象として描く表象を導入し始めた．また，グルジア人のスターリンが「ロシア的」に描かれるようになり，ロシア人を中心としたソ連社会の統合が進められた．「大祖国戦争」に勝利した

図1 〈偉大なスターリンに栄光あれ〉(1950) [国立ロシア美術館蔵]

後には，スターリン権力は絶頂を迎え，同時にスターリン崇拝も頂点を迎えることとなる (図1)．1953年の死去後には，スターリンの遺体もレーニンと並んで展示された．

56年の第20回党大会でニキータ・フルシチョフは，「個人崇拝とその諸結果について」と題する演説を行い，スターリン体制下での粛清や飢饉の実態を暴露し，個人崇拝を非難した．その後は「脱スターリン化」が進められ，スターリンの遺体は廟から取り除かれ埋葬された (1961)．64年に失脚したフルシチョフに続いて指導者となったレオニード・ブレジネフは，1970年代に個人崇拝を促す権力の演出に乗り出した．しかし，この時期になると，若い世代を中心とした多くのソ連市民は，政治空間とは一定の距離を置いた世界観を確保しており，スターリン時代のような指導者崇拝は再現されなかった．ペレストロイカを開始したミハイル・ゴルバチョフは，冷戦を終結させたことで西側からの高い評価を受けたが，国内での人気は改革の進展とともに衰え始め，最終的にはソ連の解体を導くこととなった．

❋ロシア連邦の時代 (1991〜)　ソ連解体局面からカリスマ的な新リーダーとして登場したボリス・エリツィンだったが，ロシア連邦の初代大統領に就任して以降，国内外の混乱のなかで個人的権力を誇示することはできなかった．しかし，エリツィンを引き継いだウラジーミル・プーチンが大統領に就任した後，ロシアにおける指導者崇拝は復興しているかのようである．プーチンは，新旧のメディアを通じて強い国民の指導者として形象化され，そのイメージは国中に溢れている．超大国だったソ連時代への郷愁や，国民の求める「強くて逞しい指導者」のイメージとも重なり，プーチンは崇拝にも似た国民的支持を維持してきた．しかし，2018年の大統領選挙で噴出した反プーチン運動は，長期にわたる権力体制への支持の翳りを表面化させる契機となった．

[瀧口順也]

農 民

　ロシアの歴史を紐解くと，9世紀末から11世紀にかけてキエフに公国が生ま
れ，モンゴル軍の支配の後にモスクワ大公国が興隆，1613年にはロマノフ朝が創
始され，18世紀になるとピョートル大帝のもとで近代化の道が始まるが，1917年
2月に帝政が崩壊，そしてソ連の社会主義，さらに91年のソ連邦崩壊と続いてき
たが，ロシアは長いあいだ巨大な農民の国であった．本項ではロシアの農民につ
いて，今日までの歴史の展開に即して特に鍵となる問題から考えてみたい．

✾農奴制　ロシアの中世はモスクワ大公国の時代，近世はピョートル大帝から
19世紀前半のニコライ1世の時代までとすると，この中世・近世の農民は，領地
が国有地領・皇族領であれ貴族領であれ移動の自由をもたず，土地に緊縛されて
おり，その意味においてすべての農民は「農奴」といってよいが，通常は，主人
への隷属が最も厳しい貴族領農民だけを「農奴」といっている．農民の移動を禁
止する農奴制は，領地経済の状況の推移を背景に，15世紀末から17世紀にかけ
て政府の立法化によって確立，その後，西欧諸国では衰退に向かうのと対照的に，
強化された．

　ピョートル大帝の導入した人頭税などの農奴の支払いが国の近代化の財源とな
り，また農奴の領主への賦役と貢租の義務が領地経済を支えた．賦役の主体は領
主直営地での労働であり，貢租は現物と貨幣支払いで納められたが，肥沃なロシ
ア南部では賦役が，土地の貧しい北部では貢租が支配的であった．良心的な領
主・領地管理人がいなかったわけではないが，農奴は領主に人身的に隷属し，領
主の命ずる仕事は何でもしなければならず，時に笞刑の罰を受け，また領主に
よって譲渡・売却されることがあった．こうした事情を背景にステンカ・ラージ
ン（17世紀末）やプガチョフ（18世紀末）の大規模な農民反乱が起きた．

✾共同体的秩序　農奴制の農村では，西欧諸国と同じように，ロシアでも村の共
同体（ミール，オプシチナ）が重要な役割を果した．土地の相続利用が見られた
西部ロシアでも共同体は機能したが，ロシアに特徴的な共同体は広く中央ロシア
で見られた．共同体は各家長による集会を開き，役員を選出，村の諸問題を解決
した．人頭税や貢租・賦役の義務の遂行には連帯責任を負ったが，共同体は一人
当たりに課される義務を村全体の義務として引き受け，その総額や総量を改めて
各農家に，成人男性や夫婦といった労働力を単位として均等に配分，労働力の変
化に応じて定期的に再配分した．そして同時に共同体は土地についても同じ手続
きで各農家に均等に配分した．共同体は土地の共同耕作を始め，成員からの資金
による土地の賃借や購入なども行った．農民には共同体意識が培われ，火災や貧

窮などの際の相互扶助も見られ，時に領主に対する蜂起の拠点にもなった．共同体は農民の利益を守る連帯の場であったが，他方，自治性が逆用され，領主の領地管理を補佐・代行した．しかし，均等原則が見られたロシアの共同体的秩序は19世紀に西欧諸国の，旧秩序維持派および共産主義派いずれの知識人にも注目され，それは明治期の社会主義者にも大きな関心事となった．共同体は1860年代初頭の農民改革で存置され，その秩序は20世紀の社会主義時代にまで生き続けた．(☞項目「農奴解放」)

図1　ヴォルガ地方の農民（1885年頃）[Obolensky, C., 1979]

❀**家内工業と出稼ぎ労働**　農奴制期にも農民が貢租支払いのために農家内などで工業活動（クスターリ）に従事することはあったが，農奴解放後のロシアの本格的な工業化は農民の労働に支えられた．モスクワ周辺には以前から繊維工業が発達していたが，例えば織布業では，共同体農民は，工場主や商人を織元として農閑期に農家内で，あるいは期限付き旅券を持って工場に出稼ぎに出て，働いた．前者はもちろん後者の場合でも，工場敷地内の集団生活（アルテリ）などに共同体的秩序が見られ，また工場主も，農民が村に納める税金を賃金から差し引いて直接村役場に送った．サンクト・ペテルブルグ周辺には機械工業が，南ロシアには石炭・鉄鋼・石油業が発展したが，そうした産業の労働力も共同体農民の出稼ぎ労働に負うところが大きく，そうした状況は20世紀に入っても続いた．

❀**コルホーズ**　20世紀初頭の激動の時期，ニコライ2世政府は，体制維持のために，共同体を廃止して西欧的な私的土地所有制を導入（ストルイピン改革）しようとしたが，共同体農民の抵抗は強く，私有地に移行したのは農民利用地の2割程度にしかならず，共同体は，1917年の帝政崩壊，社会主義革命の後にも生き続け，内戦や飢饉のなかで政府に強制される穀物供出に対応した．しかし，20年代末に始まったスターリンの農業集団化によって，「富農（クラーク）」は収奪・追放され，それまでの共同体は解体し，農民は新たにつくられる集団的農場のコルホーズ，ソフホーズの一員となった．ただし，この新しい秩序とそこに生きる農民の意識はそれまでの共同体的秩序とまったく無縁というわけではなかった．

❀**ソ連邦崩壊後の農民**　ソ連邦が崩壊して市場経済に移行したロシアにあって，それまでのコルホーズ，ソフホーズは独立自営農（フェルメル）や集団農場の諸企業（株式会社，有限会社，生産協同組合）などに再編され，各農民はそれぞれの私有農場の一員として農業に従事することになった．　　　　　　　[鈴木健夫]

コサック

コサックとは，ロシア南部のステップに定住した軍事集団である．14〜16世紀にわたって過酷な領主支配や宗教弾圧から逃れた農奴農民や旧教徒が，ドン，ヴォルガ，ドニプロなどの大河流域に大規模なコサック社会を形成した．「コサック」の呼称は，自由民を意味するトルコ語の単語に由来する．

コサック社会はスタニーツァと呼ばれる村を最小単位とし，最高の権威は成年男子全員が参加する総会である．軍を束ねる頭目アタマンは選挙で選出された．狩猟，漁労，牧畜，略奪などによって生計を立てた．乗馬技術に優れ，シベリアや極東方面への探検でも活躍した．ニコライ・ゴーゴリ，タラス・シェフチェンコ，レフ・トルストイ，ミハイル・ショーロホフらの作家たちが，コサックの独立心や軍事身分としての矜持を描き出している．

❉反乱と紀律化 16世紀頃からモスクワ国家はコサックの辺境防備部隊としての組織化に着手したが，国内での農奴制強化は逃亡したホロープや農奴によるコサック人口の増加をもたらし，ステパン・ラージンやエメリヤン・プガチョフの反乱にはこれらのコサックが多く加わった．ウクライナではポーランド政府がコサックを公式に登録して辺境防備に従事させていたが，ザポロージェ・コサックの首領（ヘトマン）であったボグダン・フメリニツキーは反乱を起こし，ヘトマンを君主とする国家を創出した．このヘトマン領は17世紀半ばにモスクワ大公に従属し，西欧の思想や制度がロシアに持ち込まれる主要な回路となった．

反乱が鎮圧され，コサック地域が併合されると，政府による本格的な紀律化が始まった．各コサック軍団は陸軍省に従属し，アタマンは任命制となった．ウクライナでもイワン・マゼッパの反乱の後にヘトマン領の自治が廃止され，ザポロージェ・コサックは解体された．以降，コサックは過去の自由の象徴として，ロシアからの自立をうったえるウクライナ・ナショナリストにとっての重要な資源となる．他方，シベリアなどの辺境地域には新たなコサック軍団が上から創出され，帝政末期には計10軍団が存在した．コサックは20年間の軍事勤務の義務と引き換えに土地分与や人頭税免除などの特権を享受する，特殊な軍事身分となった（図1）．軍事身分であるコサックでは

図1 ドン・コサックの下士官と将軍
［Пиратский, К.К., 1862］

男性的な価値が重んじられ，初期のコサック社会は実際に女性に排他的であったが，19世紀にコサックの土地所有が拡大すると，軍事勤務で不在の男性に代わって女性が領地経営を支えた．

❋**解体と復活** 19世紀から20世紀初頭にわたり，日露戦争を含む主要な戦争のすべてにコサックは参加した．さらに，革命運動や農民騒擾の鎮圧にもコサックが動員され，このような役割は反動的な帝政の手先というコサックのイメージを形成した．十月革命後には大多数のコサックが白軍側について戦い，ソヴィエト政府の勝利に際し数万人が亡命した．貧しい勤労コサックはソヴィエト政府を支持したが，コサックは身分全体が敵性集団として認定され，20年代前半に過酷なコサック解体政策が実行された．第2次世界大戦直前に赤軍からのコサックの排除が撤廃され，幾つかのコサック部隊がドイツと戦った．他方，亡命コサックの中にはナチス・ドイツと協力し，赤軍と戦った者もいた．

ソ連が崩壊すると，コサックの名誉回復と復活の機運が高まった．大統領府にはコサック局が設置され，南部ロシアを中心に10万人以上がコサックとして登録されている．この登録コサックは警備や災害救助などで活躍するほか，チェチェンやウクライナの紛争に義勇軍として赴いている．ロシア政府の側も，愛国者としてのコサックのイメージを利用し，復興運動を支援している．ウクライナでは，特徴的な髪型チューブなど，ウクライナ・コサックの文化と歴史がナショナル・イメージの主要な構成要素となっている（図2）．

図2　19世紀初頭に描かれたウクライナ・コサックの理想像，コサック・ママイ．髪はチューブ，バンドゥーラを弾き，愛馬を携える［ウクライナ国立美術館蔵］

❋**コサックとロシア文化**　コサックはロシア人，ウクライナ人，タタール人などのさまざまな民族の集合体だが，彼らを結び付ける最も重要なアイデンティティは正教信仰である．辺境地域で異教徒と対峙した歴史的経験が，正教の守護者としての自意識を育てた．また，コサック自体が独自の民族だという主張もあるが，内戦期に白軍に属したコサックがロシアの守護者を自任して国際主義者のボリシェヴィキと対峙したように，自意識がロシア・ナショナリズムと結び付く傾向も強い．言語は，主にロシア語とウクライナ語が話される．

コサック独自の文化として今日まで継承されているのが，歌謡と舞踊である．歌謡はポリフォニーでの歌唱法が特徴的で，今日でも音源が発売されている．日本では「コサック・ダンス」として知られるホパークは，伝統楽器バンドゥーラの音色とともに披露される．ウクライナの国民的な舞踊である．　　　　　［村田優樹］

決闘と舞踏会

　　かたや峻厳かつ残酷非情，かたや華麗で甘美な時空．決闘が男同士の殺し合いであるのに対し，舞踏会は男女の出会いの場である．ともに西ヨーロッパ発祥の貴族文化だが，ロシアでは独自の発展を遂げて，文学・音楽・絵画など多岐にわたる芸術ジャンルに影響を及ぼした．

✹決闘の歴史　現在は決闘を禁じている国が大部分だが，ロシアではナボコフやロトマンが『エヴゲーニー・オネーギン』への注釈で決闘に言及し，「決闘法典集」が何種類も出版されるなど，今でも注目されている．最初期の決闘法の出現は1410年のイタリアにさかのぼる．15世紀末にはフランクフルトでも決闘の規則が成文化された．1547年にはフランス国王アンリ2世みずからが決闘に立ち会った記録もある．あまりの決闘の横行に1681年に神聖ローマ帝国皇帝レオポルド1世が禁止令を出した一方で，翌82年にはロシアの皇女ソフィヤが使用人へ個人の武器所持を許可し，ロシアの本格的な決闘時代の幕開けとなる．1787年，エカチェリーナ2世が「規則に反した決闘は罪」と告知したが，1918年に一般市民の武器所持が禁止されるまで，ロシアでは決闘が野放し状態だった．

✹決闘の規則と使用武器　法典によっては500近くまで細目化されている規則の概要は次の通り．①決闘duellmはduo，すなわち数字の2に由来し，二人の人物間で行われる闘いを意味する．②決闘は同じ身分階級間でのみ許される．つまり貴族と商人とは決闘できない．③他人に侮辱されたと解釈できるなら，決闘を申し込むサインを相手に送る．時代によっては手袋を相手の足下に投げ，拾ったら受諾を意味した．④各陣営は同身分の介添人を選び，介添人たちにも一定の役割が課せられている．⑤武器は公平に選択され，闘いに至るまでの一挙手一投足が規定通りに実行される．⑥銃なら一発発砲，刀剣ならどちらかが血を流したら終了とする，など．決闘の武器は古くは片刃の軍刀が用いられ，その後，諸刃の長剣が西欧では一般的だった．しかし刀や剣では名手が有利となったので，ロシアではより公平な銃が使用された．ただし19世紀の銃は性能が悪く命中率が極めて低かったので，狙い通りに銃弾が当たることは滅多になく，それゆえ，ロシアの決闘は半ば「運」の要素もあった．同じ人物が何度も決闘に臨むことができたのも，西部劇のように振り向きざまに撃つのではなく一定距離をおいて徐々に近付いて行くかたちをとったのも，命中率の低い銃だったからである．

✹芸術作品の中の決闘　実際に決闘を行ったロシアの著名人は多い．最も有名なのはプーシキンで，妻の浮気沙汰を巡る1837年のダンテスとの決闘で命を落とした彼には生涯を通して決闘沙汰が20件以上あった．その他，レールモントフ，

ルイレーエフ，グリボエードフ，グミリョーフなどの決闘が知られている．芸術作品にも決闘は重要な要素としてしばしば登場する．プーシキン『エヴゲーニー・オネーギン』『大尉の娘』，レールモントフ『現代の英雄』，トゥルゲーネフ『父と子』，トルストイ『戦争と平和』，ドストエフスキー『悪霊』『カラマーゾフの兄弟』と枚挙に暇がない．特にオネーギン対レンスキーの決闘シーンはチャイコフスキーの歌劇でもレーピンの絵画でも詳細に描写されており，世界中で最も有名な決闘である．

❋舞踏会の始まり　17世紀に西欧宮廷で誕生した舞踏会は，民衆暦の祭事に開かれるフォークダンスとは異なり，社交界で一定の役目を持った貴族の行事であり，舞踏会では男女とも燕尾服・イヴニングドレスなどの正装を求められた．

　17世紀以前のロシア貴族社会では，男女は同じ部屋に座ることすら許されていなかったので，手をつないで踊ることはあり得なかった．男女の在り方を大きく変えたのは外遊後に西欧化政策を推進したピョートル1世だった．彼の命令で1718年に「男女のアンサンブル」と称する集いが設けられ，「椅子を用意せよ．照明を設置せよ．すべての貴族・著名な商人・船主・官吏が妻子とともに参加できる.」などの細目が告知された．これがロシアにおける舞踏会文化の始まりとされ，以降徐々に体裁が整い，皇族や大貴族たちはみずからの邸宅で舞踏会を開き，この慣習は革命前まで続いた．

❋舞踏会の展開　19世紀後半の舞踏会は貴族や富裕商人が主催する各種慈善団体の資金集めと連動していることが多く，募金は貧民層や戦争孤児らのために使われた．この行為は主催者たる貴族の名誉にもなったので，こぞって舞踏会を開催するようになり，1850年代初めには，組織ごとに主催できる舞踏会は一年に一度と法律で規制されるほどだった．慈善行為のみならず，舞踏会は大きなビジネスチャンスを産む金の卵でもあった．女性の衣装にはドレス・装飾品・扇・靴・鬘と費用が掛かるし，飲食，室内装飾・照明，園芸や花束，画家に写真撮影など，舞踏会文化はさまざまな分野に計り知れない経済効果を波及させた．

　舞踏会といえば音楽と踊り．自前の音楽家が少なかった19世紀前半までは，外国人音楽家や農奴劇場楽団員たちが日銭稼ぎをした．プログラムにも特徴があり，開幕は壮麗なポロネーズ，続いて大ワルツ．その後はカドリール，ポルカ，小ワルツ，コティヨン，マズルカなどが続いた．エコセーズのように19世紀前半に大流行した後で衰退した舞曲もある．

　一方，参加者にとって舞踏会は男女の出会いの場．ここから幾多の恋愛が誕生したので，舞踏会は格好の文学素材となった．『エヴゲーニー・オネーギン』『戦争と平和』『幼年時代』『アンナ・カレーニナ』といった大作から，アレクセイ・トルストイの「舞踏会のざわめきの中で」，ツヴェターエワ「初めての舞踏会」といった傑作詩の数々まで生まれている．　　　　　　　　　　　　［一柳富美子］

社会主義・共産主義

ソ連において社会主義や共産主義というとき，出発点にあるのはカール・マルクスの思想であり，彼の信奉者によって体系化されたマルクス主義である．確かにマルクスの思想とマルクス主義は同じではないし，マルクス主義といっても解釈者によってさまざまである．それでも，消費ではなく生産の重視，生産関係に焦点を当てた階級闘争論，ヨーロッパ中心主義，進歩の称揚，発展段階論（封建制から資本主義を経て社会主義，さらに共産主義へ）といった基本的な要素は，マルクス本人の思想においてすでに明らかである．科学と工業化の時代であった19世紀半ばのヨーロッパの時代精神が，これらの要素には刻印されていた．

❋ロシアとマルクス主義　1870年代にゲオルギー・プレハーノフがナロードニキからマルクス主義に乗り換えたのを皮切りに，ロシアの革命家のあいだではマルクスの思想が信奉者を増やしていった．ヨーロッパと比べての自国の政治的・経済的な遅れを痛感していた彼らにとって，マルクス主義はこの遅れの克服を可能にしてくれるものであった．工場が立ち並び，労働者が大群を成し，進歩を体現する国家が計画化を進め，生産力が上昇し，文明の最先端にいるヨーロッパに追いつき，追い越す．19世紀半ばのヨーロッパ社会を下敷きにするマルクス主義のビジョンは，ロシアの革命家に自国の未来の姿を見せてくれたのである．皮肉にも19世紀末までに当のヨーロッパでは，産業の伸長によって労働者も相対的に豊かになり，社会主義革命を無限に先延ばししようという「修正主義」が社会主義者のあいだで広まりつつあった．

❋レーニンとマルクス主義　もとよりロシアのマルクス主義者は，いつまでも19世紀半ばのヨーロッパのビジョンにのみすがっていたわけではない．第1次世界大戦の訪れは，石炭・蒸気ではなく石油・電気，単なる工業ではなく重化学工業という，産業の新たな趨勢を極限的なかたちで表現した．階級闘争や発展段階論といった19世紀半ばに由来する旧来の土台の上に，この新しい趨勢を受けとめるような枠組みを増築したのが，後にソ連の初代指導者となるウラジーミル・レーニンであった．『帝国主義論』（1916年執筆）と『国家と革命』（1917年執筆）の中で，彼は次のように主張した．

ヨーロッパの現代工業社会は，過剰な生産力に見合う市場を求めて，世界分割に突き進んだ．この「帝国主義」は，世界戦争をもたらすことで，資本主義そのものが最終段階に入ったことを明らかにした．総力戦遂行のために高度に組織化された国家資本主義（大戦中のドイツがモデル）は，社会主義に移行するための直接の前提を成す．後はただ，革命による労働者の権力奪取が必要なだけだ．そう

すれば，私的所有とエゴに基づく，本質において無秩序な資本主義の時代は終わり，社会主義の時代が始まる．つまり，生産手段（企業・土地）に対して，国家や自治体などを主体とする社会的所有がうちたてられ，計画経済が実施される．無秩序は克服され，生産性は飛躍的に増大する．するとさらに，マルクスが「ゴータ綱領批判」(1875)で素描した，社会主義から共産主義への移行も徐々に進む．「各人が能力に応じて働き，労働に応じて受け取る」社会主義から，「各人が能力に応じて働き，必要に応じて受け取る」共産主義へと．

図1 〈工場労働者と集団農場女性労働者〉像（ヴェーラ・ムーヒナ作，1937）社会主義の基礎をなす「友好的な」二つの階級，労働者と農民を象徴する［著者撮影］

また，財産の剝奪，あるいは肉体的殲滅によって，旧支配階級が消滅するにつれ，社会の諸階級への分裂や，階級間の対立もなくなり，階級自体も消滅へと向かう．ここで国家とは，軍・警察や法律を通じて，支配階級が被支配階級を抑圧するための装置であるから，階級が消滅に向かうにつれ，国家も死滅する．社会主義ではまだ旧支配階級を抑圧したり，依然残る不平等（「労働に応じて受け取る」）を調整したりするために国家は残るが，共産主義では国家は死滅する．

❋レーニンの後継者たち　このような世界観が，ソ連のマルクス主義の基本となった．1917年10月の革命後，現実につくられたのは強大な国家機構が全社会生活を統御する体制であったが，レーニンとその後継者は皆，この世界観を規範とし続けた．ヨシフ・スターリンは，重化学工業中心の工業化を成し遂げ，ソ連では社会主義が実現されたと1936年に宣言した．確かに旧支配階級はこのときまでに殲滅されていた．なお敵がいるとすれば，それは「外国の手先」なのであった．後継のニキータ・フルシチョフは1961年，今後20年で共産主義社会を建設すると唱えた．『国家と革命』の国家死滅論さながらに，住民を防犯活動などに動員することで，国家機構の役割の軽減も図られた．

　計画経済はイノヴェーションには向かず，ソ連経済は1960年代には頭打ちとなった．レオニード・ブレジネフは1966年，前任者フルシチョフが打ち出した共産主義への移行を遠い将来に先延ばしし，ソ連は現在「発達した社会主義」の段階にあると提起した．オイルマネーを頼りにこの段階をできるだけ引き延ばすことで，ブレジネフはなおソ連マルクス主義の世界観の破綻を回避していた．だが，1985年に原油価格は暴落した．19世紀半ばから20世紀初頭の工業社会を土台にしたソ連マルクス主義の世界観では，西側で進むコンピュータ化にも対応できなかった．1990年，ミハイル・ゴルバチョフはヨーロッパの社会民主主義――修正主義の後継者――に賛意を示すことで，ソ連マルクス主義の世界観を放棄したのだった．　　　　　　　　　　　　　　　　　　　　　　　　　［池田嘉郎］

流　刑

　流刑は追放刑の一形態で，系譜的にはローマのプロスクリプティオや中世ドイツのアハト刑に連なる，社会からの隔離あるいは排除を本質とする刑罰である．ロシアの場合，起源はイワン雷帝期にさかのぼるが，普及するのは17世紀で，続くピョートル1世期に最初の転機を迎えた．ピョートルは重罪犯をヨーロッパ・ロシアに留め置き，労役に就かせる措置を推進したのである．矯正を通じて，受刑者を再度社会に包摂していくためではない．単なる労働力としてその再利用を図る狙いで，そこに西欧近世・近代の自由刑へとつながる回路を見るのは難しい．

※**ピョートル死後**　ピョートルの死後，政府は流刑の再開と抑制の間で揺れ動いた．しかし農奴制の深化に伴い，領主による追放あるいは村の決議による追放といった裁判によらない流刑が日常化したから，18世紀はシベリア流刑が無秩序に拡大していく時代となった．刑政の方向が定まらず，現場が混乱を続ける中で，改めて刑罰としての追放刑を意味付けたのが，1845年の刑事刑・矯正刑法典である．

　法典はそれまでのさまざまな刑罰を体系化し，これを受刑者の肉体的または社会的な抹殺を内容とする刑事刑とその更生を目的とする矯正刑に大別して，死刑と2種類の追放刑を刑事刑として一括した．労役を伴う追放刑を徒刑（каторга）と称し（鉱山徒刑，要塞徒刑，工場徒刑の三種），伴わないものを入植流刑（ссылка на поселение，狭義の流刑）と呼ぶ．付加刑として，いずれの場合も受刑者は身分に基づくすべての権利を剥奪され，法律上は死亡したものとみなされる（民事死亡制度）．法典は矯正刑（各種の自由刑が中心）を刑罰の基軸に据えた上で，法共同体からの排除をいう追放刑を，例外的な刑罰として定めたのである．

　続く「大改革」期には，この方向での追放刑のさらなる見直しが展開した．要塞徒刑は64年に廃止され，鉱山徒刑と工場徒刑も漸次消滅していった．69年には，シベリアにおける徒刑に換えてヨーロッパ・ロシアの監獄に収容する，換刑措置が制度化された（徒刑監獄制度）．追放刑から自由刑への，排除から社会復帰への，なし崩し的転換である．追放刑（＝刑事刑）を国家犯罪と宗教犯罪の二つに限り，一般刑法犯に対しては有期自由刑（＝矯正刑）を科すことにした1900年の行刑改革はその帰結で，追放刑の限定は03年の新刑法典でも継承された．徒刑囚の島だったサハリン島への徒刑・流刑も，06年に廃止となった．ただ1900年改革でも，裁判外の追放制度（村団などの身分団体の決議による追放，および1881年の非常事態法に基づく行政流刑）は手付かずである．

　内務省監獄総局が集計した，98年1月時点の刑務資料が残っている．徒刑囚1

万688人，流刑囚29万8577人，合計30万9265人で，流刑囚の間では裁判外の手続で追放処分を受けた者が半数を占めた（14万8418人）．その大部分（98.8％）は，身分団体（主に村団）の決議によって追放された人々である．政治犯の比率は低く，徒刑囚の1.7％，徒・流刑囚の全体ではその1％にも満たない．また最大の流刑先は，人口が相対的には稠密な，西シベリアのトボリスク県である．囚人とりわけ政治犯が開いた地として，シベリアをイメージするのは誤りだろう．

✸ソ連時代　帝政の崩壊後，徒刑・流刑は臨時政府により廃止されたが，20世紀の刑政史はここからの逆流の歴史となった．実定法上，追放刑の復活を告げたのは1922年のロシア共和国刑法典で，刑種に国外追放が登場している．同年，内務人民委員部は，反革命活動の参加者を行政手続により放逐することを認められた．24年には，統合国家保安部にも同様の権限が与えられた．放逐（высылка）はソヴィエト法に固有の刑種で，受刑者に居住先を義務付ける流刑と異なり，一定地域への居住を禁ずる刑罰をいう（刑の加重として居住先を指定の上で放逐する場合は，流刑との差はない）．流刑（ссылка）の字句が正式に刑法典に登場するのは1958年の「連邦刑事立法の基礎」が最初で，60年のロシア共和国刑法典はこれを承け流刑と放逐の二種の追放刑を設けている．

　だがソヴィエト期を特徴付けるのは，刑罰としての追放よりも，裁判外の手続によって夥しい数の人々が住む場を逐われたことにあった．追放されたのは，1920年代初頭にはソヴィエト政権に同調しなかった人々だが，20年代半ばになると投機や密貿易の従事者もその対象者となる．20年代末には党内反対派も追放され，「階級としてのクラークの絶滅」がいわれた30年代初めには，集団化に抗った数百万の農民が特別居住区（спецпоселение）へと逐われていった．これを「クラークの流刑（кулацкая ссылка）」と呼ぶ．さらに第2次大戦が始まると，特定の民族全体が故地を逐われて特別流刑者（спецпоселенцы）となった．ソ連軍占領下のポーランドでポーランド人やユダヤ人が，独ソ戦が始まってからはドイツ人が，1943～44年には北コーカサス（カフカス）のカルムイク人やチェチェン人が，といった具合である．追放の波は戦後も続き，今度は併合されたバルト三国の「反ソ分子」，あるいはヴラーソフ軍やウクライナ民族主義者組織（OYH）に関与した者が特別居住区へと送られた．1949年1月の時点で，1930～40年代の特別流刑者は230万人に上る．規模においても，また追放の対象となった人々の多様性の点でも，これは帝政期の追放刑の比ではない．

　ソ連社会は，異質な他者を排除し隔離する社会だった．特別居住区の農民は，追放を解かれて1940年代後半～50年代前半に帰村する．雪どけ期には，追放された民族も名誉を回復されて帰還した．しかし60年代からは，今度は異論派の追放が始まる．刑罰としての放逐や流刑が刑法典から姿を消すのは，1996年のロシア連邦刑法典においてである．　　　　　　　　　　　　　　　　　　[高橋一彦]

収容所

収容所は政治犯・刑事犯用の収容所と戦時の捕虜収容所に大別されるが，本項では前者を扱う．前者は帝政期には監獄と呼ばれたが，政治犯は流刑される場合が多く，流刑地（シベリアなど）では比較的拘束がゆるく，脱走も頻繁だった．

❋ソロフキから収容所群島へ ロシア革命の直後ボリシェヴィキは「共産主義近し」の信念から，犯罪は間もなく無くなると考えたが，内戦開始とともに反対勢力を厳しく弾圧し，現場で銃殺する者以外の「危険分子」を強制収容所に収容した．最も有名なのが，1920年白海ソロヴェツキー島の修道院に設置された収容所である．政治犯は当初一定の自由と自治が許されたが，やがて刑事犯並みとされ，農業集団化が始まると白海・バルト海矯正労働収容所に改称された（1931）．

「矯正労働」は，犯罪者を労働によって更生させるという社会主義的な刑罰観に基づくもので，5カ年計画期の大規模プロジェクト建設を安上がりに進めるのに好都合であった．白海・バルト海運河，モスクワ・ヴォルガ運河，バイカル・アムール鉄道などインフラ整備や石炭・金などの採掘部門には，技術を持たない囚人労働者が大量に投入された．これを管轄したのは合同国家保安部であり，1934年以降は内務人民委員部の収容所（ラーゲリ）管理総局（その略称がグラーグ）となった．40年に約160万人の囚人（刑期が短い者対象の矯正労働コロニーも含め）が使役され，国民経済に占める比重は10〜15%にも及んだという．

❋苛酷な強制労働と抵抗 無論「矯正労働」は実際には強制労働に他ならなかった．8時間労働の建前は守られず，賃金も支払われず，粗末な食事しか与えられず，収容所のバラックは不潔極まりなく，囚人は栄養失調症とチフスなどの伝染病でバタバタと死んでいった．大飢饉の1933年における囚人死亡率は15%を超えるに至った．それでも熱心に働き，作業ノルマを超過達成した者は給食を増配され，刑期を短縮され，釈放・表彰さえされた．

当時世界恐慌に苦しんでいた資本主義諸国が，「囚人労働に基づくダンピング」を非難するキャンペーンを展開したため，ソ連はこれに対抗して「囚人の労働による更生」を逆宣伝した．作家のマクシム・ゴーリキーは白海・バルト海運河に関するプロパガンダ書籍（1934）の編集長にさせられた．

他方で，囚人たちの抵抗もあった．36年冬ウスチ・ペチョーラ収容所では非人間的な生活・労働条件に抗議するもとトロツキスト中心のハンガー・ストライキが200人を上回る規模で5カ月間も続けられたが，首謀者は逮捕，銃殺された．こうした抵抗が少なかった理由の一つは，囚人が肉体的・精神的に衰弱して無力化されていたこと，古参の刑事犯（やくざ者）が政治犯を暴力的に支配し，当局

と通じている場合が多かったことである.

❋体験した作家たちの告発　作家ヴァルラム・シャラーモフは1929年にいったんラーゲリに収容された後,大テロルの頂点37年からスターリン死去の53年まで金鉱のある極東のコルィマで収容所生活を送った.その体験は釈放直後から7年間に書かれたシリーズ『コルィマ物語』に記されている.そこで描かれたのは,生き残るためには他人を蹴落とし,刑事犯に屈従する囚人の「精神的堕落」である.

　陸軍大尉として独ソ戦を戦ったアレクサンドル・ソルジェニーツィンは45年2月に逮捕され,8年間のラーゲリ生活を経てスターリン批判後に『イワン・デニーソヴィチの一日』を発表し,大きな反響を呼んだ.これに続く大作『収容所群島』(1973年パリ)は227人もの聴き取り記録をもとにしているが,内戦期の非常委員会による反革命派弾圧が出発点であることを喝破したものである.

　日本人で矯正労働収容所を経験した者もいる.戦後に捕虜中の「戦犯」として矯正労働収容所に移された者は除くと,数少ない共産主義者である.勝野金政は『凍土地帯』(1977),寺島儀蔵は『長い旅の記録』(1992)を残した.なお,フランス人ジャック・ロッシにも『ラーゲリ註解事典』『さまざまな生の断片―ソ連強制収容所の20年』(ともに邦訳,1996)がある.

❋囚人労働の貢献と廃止　ロシアの歴史家オレーグ・フレヴニュークは,囚人労働が経済的に成立する条件を以下のようにあげている.①遠隔地で一般労働者を就業させるにはコストが掛かること,②国家の必要に応じて容易に移動できること,③完全に消耗するまで利用できること,④一般労働者を脅して規律に従わせる存在であること,⑤消費財や住宅の不足を緩和する存在であること,である.

　言い換えれば,ラーゲリ経済は,広大なソ連の中で資源採掘やインフラなど大規模建設を高テンポで進める手段として,1930年代と戦後復興期には有効だったが,多くの犠牲を伴い,この国の経済運営に負の遺産を残すことになった.ラヴレンチー・ベリヤなど「ラーゲリ経済」指導部は,収容所の「水増し報告」や囚人の「トゥフタ(見せかけの労働)」にも気付いたようで,詳細はなおヴェールに包まれているが,48年頃にはラーゲリ経済の順次縮小を考え始めていた.53年3月のヨシフ・スターリン死去をきっかけに,約250万人の囚人が56年にかけて釈放された.

　釈放された囚人は収容所の恐るべき実態を語り始め,このクチコミ情報は次第にソ連全土に広がっていった.極北のヴォルクタ,ノリリスク,カザフスタン・ケンギルの囚人,そしてハバロフスクの日本人「戦犯」がストライキに立ち,出動した内務省軍と激しく戦った.56年2月のフルシチョフ秘密報告におけるスターリン支配下のテロルの告発は,かなりの程度まで意外に平静に受け止められたようである.
[富田　武]

軍隊・準軍隊・警察・保安機関

　ロシア連邦の軍隊は国防省の管轄するロシア連邦軍（以下，ロシア軍）であり，1992年5月7日に設立された．最高司令官はロシア連邦大統領である．

　ロシア軍は軍種，独立兵科，国防省傘下のそのほかの軍事部隊から構成される．軍種に分類されるのは陸軍（SV），海軍（VMF），航空宇宙軍（VKS）の三つである．一方，独立兵科とは，軍種を構成する兵科の一部が戦略的重要性に鑑みて独立組織とされているものであり，空挺部隊（VDV）と戦略ロケット部隊（RVSN）の二つがこれに該当する．このほかには，国防省が直轄する特別部隊と呼ばれる軍事部隊が設置されており，兵站，電子戦，放射能・化学・生物防護などの特定任務を担当する．参謀本部もごく少数の精鋭特殊部隊である特殊作戦軍（SSO）を有する．

　ロシア軍の総兵力は，2017年11月17日の大統領令第555号「ロシア連邦軍の定数の設定について」によって190万2758人とされているが，このうち軍人は101万3628人であり，残りは文民である．実勢は公式発表がないため明らかでないが，2016年末の国防省拡大幹部評議会における発表では，常時即応部隊の充足率が93％とされていることから，90万人前後であると推測される．

　ロシア軍に勤務する軍人は主に三つのカテゴリーに分類される．その第一は将校であり，国防省の教育機関における課程を修了した後に任官する職業軍人である．将校の定数は約22万人とされるが，実勢は明らかでない．第二のカテゴリーとしては徴兵があり，18歳から27歳までのロシア国民男子に12カ月間（2007年までは24カ月間）の勤務が義務付けられている．徴兵は春季と秋季の2回に分けて実施され，具体的な招集人数は毎回，大統領令によって定められる．2017年には春季徴兵14万2000人，秋季徴兵13万4000人の合計27万6000人が招集されたが，その一部は後述する準軍事組織にも配属される．第三に，契約勤務と呼ばれる勤務形態がある．基本的に無給の徴兵とは異なり，契約勤務は有給であり，3年間を1任期として勤務する．勤務期間の短い徴兵に比べてより高度な技能が期待できることから，ロシア軍は2010年代に入ってから契約勤務を増加させる方針を採っており，2017年末の時点では38万4000人がこのカテゴリーで勤務していた．契約勤務の軍人は兵士または下士官として任務に就き，特に艦艇や戦闘車両の乗員らの技術職，空挺部隊や特殊部隊といった精鋭部隊に優先的に配属される．

❋多様な準軍事組織　ロシアには複数の準軍事組織が存在，国防の基礎について規定した1996年度ロシア連邦法第61号『国防について』では，ロシア軍とともにロシア連邦の軍事力を構成するとされている．

図1 左から，Tu-95MS戦略爆撃機，パンツィリ-S1短距離防空システム［2016年，ロシア国防省イベントで撮影］，ロシア海軍の兵士たち［2017年，ウラジオストクで撮影］

　このうち，国家親衛軍庁は2016年に設置されたものであり，従来は内務省に所属していた国内治安部隊（チェチェンなどにおける対テロ戦争も担当した）である国内軍（**VV**），対テロ特殊部隊，機動隊などを傘下に置く．総人員は34万人とされるが，このうち軍事組織としての資格を有するのは旧国内軍部隊のみである．旧国内軍部隊は装甲車などの重装備を保有し，その人員は軍人としての資格と階級を有するが，対テロ特殊部隊や機動隊の人員は特別職の警察職員とされる．

　民間防衛・非常事態・災害対処省（非常事態省と通称される）は，その傘下に民間防衛部隊（**GO**）を有する．民間防衛部隊は戦時における民間人の被害極限を目的としてソ連国防省内に設置されていた軍事部隊であり，ソ連崩壊後に非常事態省の傘下に移管された．民間防衛部隊は現在も戦時の民間人保護任務を負っているが，重武装は有さず，その規模も現在では数千人程度とされている．一方，2003年には内務省傘下の消防が非常事態省へと移管されたことで，現在の非常事態省は防災組織としての性格をより強く有するようになった．

❋警察組織と保安機関　内務省は警察組織を管轄する．ロシアの警察組織は2011年まで民警（ミリツィヤ）と呼ばれていたが，同年の法律改正で警察（ポリツィヤ）と改称された．これと併せて，武器取引の監視およびテロ対策が警察の本体任務に追加されたほか，連邦政府直轄の刑事警察と各連邦構成主体管轄の治安警察が統合されるなど，連邦政府の権限が強化された．16年には国家親衛軍庁が独立するのと入れ替わりに連邦麻薬取締庁（**FSKN**）および連邦移民局（**FMA**）が内務省に吸収された．

　旧国家保安委員会（**KGB**）から独立した保安機関もロシア連邦の軍事力を構成する機関と位置付けられる．最も大規模なのは連邦保安庁（**FSB**）であり，国境警備隊（沿岸警備隊のほか，一部地域に重武装部隊を配備している），対テロ特殊部隊，通信傍受組織などを傘下に有する．このほかには，外国に対する諜報・情報工作・サイバー戦などを担当する対外情報庁（**SVR**），要人・重要施設防護などを担当する連邦警護庁（**FSO**），戦時動員の指揮や地下施設の造営を担当する特別プログラム総局（**GUSP**）などが主な機関としてあげられる．

［小泉　悠］

ピョートル大帝

ピョートル大帝の名と彼の改革政策については日本の高等学校世界史教科書でも扱われることが多いが，彼の改革への志向を準備した幼少期の境遇については十分に知られていないかもしれない．異母兄フョードル3世の後継者として1682年にツァーリに選出された当時9歳のピョートルは，直後に異母姉ソフィヤが指嗾したクーデタにより，共同ツァーリとしての地位は保たれたもののクレムリンを追われ，実権を回復する89年まで，通例はモスクワ郊外の離宮プレオブラジェンスコエでの閑居を余儀なくされた．しかしながらこうした境遇はピョートルの自由な成長にとってはむしろ好適だったといえる．離宮で発見したイタリア製ボートを介しての船と海への関心，近隣の外国人居留地「新ドイツ人村」への出入り，そして同世代の仲間たちとともに組織した「遊戯連隊」と軍事教練などの経験は，ロシア初の艦隊の創設，外国人専門家の重用，ヨーロッパ式軍隊の整備といった後の国家政策に結実することになる．1697～98年にヨーロッパ諸国を歴訪した大使節団に偽名でみずから参加した点も，ピョートルの自由な行動ぶりを象徴している．ただしこの「お忍び」は，彼が身長2mを超す巨漢であったことから，即座に「公然の秘密」と化すことになったが……．

図1　ピョートル大帝（1世）［エルミタージュ美術館蔵］

ピョートル大帝による改革，通称ピョートル改革の先駆性については，例えばヨーロッパ文化への関心についても父アレクセイの宮廷が先行していた点が指摘されるなど，近年の研究では異議も呈されている．その一方で当時のロシア社会においてピョートルが従来の君主とは異質な存在ととらえられていたことも確かである．伝統的慣習に反するものと見なされがちであった彼の施策や行動様式は，彼が真のツァーリではなく，何らかの機会に「すり替えられたドイツ人」であるとの言説，あるいは彼をアンチキリストとして断罪する風潮を生んだとされる．とはいえピョートル当人は無神論者などではなく，彼の公布した諸法令には指示を正当化する根拠として，ビザンツ帝国やロシアの故事と並び，聖書のエピソードが引用されるケースも多い．

ピョートル改革にしても，最初から最終的な形態を想定して準備されたというよりは，試行錯誤の過程で刻々と変化した性格が強い．有名な人頭税の導入も，もともとは世帯を課税単位とする従来の税制を継続するため実施された人口調査の過程で，彼が臣民の「隠蔽」の可能性を危惧したことから生じた．なおこの点に象徴されるように，彼の精神には幼少期の経験を一因とする人間不信の傾向が色濃いことも事実だろう．それ故か違反者に対する厳罰の予告など，彼の法令には強圧的な性格が顕著である．その一方で，古儀式派に対し追加税の支払いの代償に顎髭など外観の維持を認めるといった現実主義者の一面も持ち合わせており，その複雑かつ巨大な個性は後世の理解・評価を難しくしてもいる．

［田中良英］

エカチェリーナ2世

　エカチェリーナ2世は法典編纂委員会への大訓令でシャルル゠ルイ・ド・モンテスキューを借用し，啓蒙主義者と文通し，美術品を収集してエルミタージュ美術館の基礎を築いた．ロシアの西欧化の進展とともに，西欧での評判を上げることに心を砕いた．領土を大いに拡大させ，プガチョフの乱を契機として本格的に地方統治を開始した．西欧を意識した団体と特権状を貴族に与え，その心を掴むだけでなく，彼らに自信と安心，地方への関心を植え付けて地方統治の助けとした．それはやがて，彼女が必ずしも意図しないところで，貴族の政治意識の向上と文化活動の活発化，さらには政府に対する批判精神の成長をうながすことになる．

　彼女はドイツの小領邦君主の娘で，ロシア正教へ改宗し，ロシア語を学び，皇太子妃となった．夫ピョートル（3世）はピョートル大帝の血筋だが，ドイツ生まれで，フリードリヒ大王を崇敬し，ロシアに馴染まなかった．大人の男性として振る舞える人でもなかった．彼は，女帝エリザヴェータが崩御するやいなや，七年戦争で危機に陥っていたプロイセンと休戦し，戦勝間近と期待された戦から手を引き，貴族の不評を買った．

　ロシアは専制体制で議会がないとはいえ，貴族の考えや感情を無視することは帝位に関わる危険となる．ピョートル3世はエカチェリーナを皇妃の座から追おうともした．彼女は近衛兵の支持を得てクーデタに立ち上がった．さらに，息子のパーヴェルを帝位に即けるのではなく，みずからが即位した．野心家であったことは間違いない．

　彼女は冬宮殿の隣に，それと渡り廊下で結ばれるエルミタージュを建築し，そこに極少数のお気に入りを集めて，私的な時間を過ごした．ツァールスコエ・セローの離宮で過ごす夏も好きで，こうしたときには，廷臣のためにみずから椅子を運ぶような親しみやすさを見せた．人の気を逸らさない女性で，宮廷では厚い信頼を得ていた．

　彼女は愛人遍歴でも知られている．だが，クーデタで夫は亡くなっており，グリゴーリー・ポチョムキンとは真実の愛であった．とはいえ，だから許されるという議論は，市民的価値観の発展と，とりわけ，19世紀イギリスのヴィクトリア女王夫妻の仲むつまじさが君主の手本となっていった時代以降の価値基準によるであろう．それまでは，ルイ14世がそうであったように，君主にとって美しい愛人の存在には権力を誇示する効果があった．エカチェリーナには性別を越えようとする意識もあった．また，身近な武官の存在は心強かったであろう．ポーランド分割でロシアへの仕官を余儀なくされたポーランドの大貴族アダム・チャルトリスキ公は，女帝最晩年の色事と，彼女の関心を惹くために近衛士官たちがいかに着飾って宮廷へ参内したかについて苦々しく回想したが，彼女の色事が宮廷でおおよそ受け入れられていたこともまた，この回想からわかるのである．

[池本今日子]

ニコライ2世

ロシア帝国最後の皇帝ニコライ2世（1868〜1918）は，専制護持の考えに首までつかっていた．国家と社会に関わるすべての問題は，皇帝のみが最終決定権を持つ．行政の実務も，皇帝が任命した大臣や官僚だけに任せる．これがニコライの考えであった．地方自治体の活動家のような在野の自由主義者は，政治参加の機会をより広げてほしいと願った．だが，1894年の即位以来，ニコライはそうした声を退け続けた．日露戦争の負け戦と1905年革命という危機の中で，いやいや憲法と議会を容認したものの，隙あらば旧状に戻そうという構えを崩さなかった．

図1 「10年前」と「現在」．「彼はどのように人民の代表と話したか／話しているか」[Петроградский листок『ペトログラード新聞』1917年4月30日]

ニコライの人格形成を考えれば，それも無理のないことであったのかもしれない．改革に努め，憲法制定の手前までいった祖父アレクサンドル2世は，テロリストに暗殺された．当時13歳のニコライは，祖父の統治を失敗だったと感じたのではなかろうか．父アレクサンドル3世は専制の立て直しに努め，ロシアの民は幼い子どものようなものだから，政治参加などさせずに庇護してやらねばならないと息子に示した．保守派官僚の長老コンスタンチン・ポベドノスツェフも教育係として，専制体制の正しさをニコライに伝えた．1894年に結婚したアレクサンドラ（1872〜1918）も，実家のヘッセン大公国や，少女時代を送ったイギリスの立憲制に窮屈さを感じていたのか，専制君主として振舞うよう夫に強く求めた．

ロシアとは無縁の立憲制に憧れる，教養ある在野の人々を信頼するわけにはいかない．素朴な民衆こそが真の「ロシアの民」であり，専制君主たる自分を父のように思慕している．これがニコライの信念であった．この信念を裏付けるために，ニコライは農民や兵卒と直接に接する機会を大事にした．1883年に没した修道士で，民間崇拝の対象であったサロフのセラフィムの列聖も，そうした機会を得るためにニコライの肩入れで決められたことであった．1903年の列聖式当日，皇帝夫妻が訪れたサロフにはロシア中から15万人が集まった．皇帝を一目見ようと群衆が押し寄せ，ニコライも兵隊による人間の鎖をすり抜けて人波の中に入っていった．二人の随員が必死でついていったが，動くのもままならない．そこで彼らは思い切って皇帝に頼んで，彼を肩にかつぎ上げて，その姿が人々に見えるようにした．人海の中に現れた皇帝の姿に，万歳(ウラー)の声が轟き渡った．この経験は人民との結び付きという確信を，皇帝の中で堅固にしたようである．君民一体の幻想にロシアで誰よりも囚われていたのは，ニコライ自身であった．

[池田嘉郎]

2. 大地と人

　ユーラシアの大国ロシアは，その広大な国土を丸ごとイメージすることも難しければ，地域単位の情報を積み重ねていくことも容易ではない.「ロシアはどんな国か？」というのは，必ずしも外国人だけが抱く関心ではなく，近代のロシア人たち自身が発してきた，自己認識のための問いだった.

　ロシアにはどんな川が流れ，どんな森や野があり，どんな動物たちがいるのか？　西側のヨーロッパ部分と東側のアジア部分には，それぞれどんな町や村があり，どんな人々がどんな生業を営んでいるのか？　人々はどんな道を歩き，どんな乗り物に乗るのか？　自然環境と人間社会の間に，どんな新しい関係が生まれているのか？

　サンクト・ペテルブルグからサハリンまで，北極海岸からコーカサスや南シベリアまで，空間を思い切り広くとらえたうえで，各地域の自然環境の特性や民族的・歴史的背景に注意を払い，さらには現代社会に特有の諸問題にも目を向けながら，多民族国家ロシアの大地と人を描き出してみたい——それが本章の狙いである.

[望月哲男]

気候・気象

※気候の分類 ロシアはユーラシア大陸の中・高緯度に位置しているため，国土の大部分が亜寒帯（冷帯とも呼ばれる）に属している．亜寒帯は，最も寒い月の平均気温がマイナス3℃未満で，冬の厳しい寒さが特徴であるが，最暖月の平均気温は10℃以上であり，気温の季節変化が大きい（図1）．亜寒帯の中でもロシアの東部と西部では気候が大きく異なる．モスクワを含む西部は湿潤大陸性気候（大陸性混合林気候）で，夏の気温がかなり高い．一方，国土の中央から東部は亜寒帯気候（針葉樹林気候）に分類され，針葉樹林が，広く分布している．ヤクーツクでは，7月の平均気温が20℃近くまで上昇するが1月の平均気温はマイナス35℃以下であり，夏と冬の気温差がきわめて大きい．一方，ウラジオストクやハバロフスクなど大陸の東部は亜寒帯冬季少雨気候に分類され，降水は夏に多く冬に少ない．北極海に面したロシアの最北端は寒帯に属し，気候区分としてはツンドラ気候に分類される．夏でも月平均気温は10℃未満であるため亜寒帯林が成立せず，低木や草本，蘚苔・地衣類からなるツンドラ植生が広がる．

※近年の気候の傾向 一般的な気候区分は，図1に示した月ごとの気温と降水量の平年値，すなわち数十年程度の平均値を用いて分類される．気温や降水量の明瞭な季節変化がロシアの気候の特色であるが，日々の気象はさらに変化に富んでいる．2010年の夏には偏西風の蛇行によりロシアの西部と東部に高気圧が居座った．モスクワでは最高気温が連日30℃以上を記録するなど異常な高温が長期間持続する熱波が発生し，多くの犠牲者を出した．

暑い夏とは対照的に，冬の寒冷な気象イベントも近年発生している．人類が定住している地域の中で最も寒い場所として有名なサハ共和国のオイミャコンでは，18年1月に過去の最低気温記録に匹敵するマイナス67℃を記録した．この数値の信頼性については検討の余地があるものの，地球温暖化の進行に反して，近年寒い冬が多いことは複数のデータで確認されている．シベリアの寒気が強い年には日本も寒冬になりやすいため，地球規模の温暖化と逆行する地域的な寒冷化

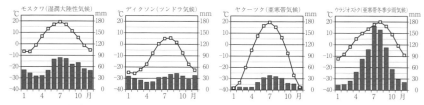

図1　ロシアの4都市における気温（線）と降水量（棒）の平年値［ClimatView月統計値をもとに著者作成］

に日本の研究者も注目している．人工衛星の観測によると北極海の一部，バレンツ海やカラ海の海氷面積が顕著に減少しており，これが大気の循環を変化させ，中緯度の冬に厳しい寒さをもたらすという説が提唱されている．

❀森林と気候　ロシアの国土は広く森林に覆われており，暖候期になると一斉に植物の生長が活発化する．植物は光合成によって大気中の二酸化炭素を吸収する際に水分を放出（蒸散）する．放出された水蒸気は，上空の西風に流されて東へと移動しながら雲を形成し，再び降水として大地を潤す．仮に広大な森林が存在しなければ，大気は乾燥し，内陸の降水量は大きく減少するといわれている．

　暖候期には永久凍土の上に分布する活動層の氷が融解し，森林の生長に不可欠な土壌水を供給する．一方，森林内では日射が遮られるため，夏の地温上昇が緩和され，凍土の過剰な融解は起こりにくい．このような森林と凍土の共生関係が気候の成立には重要である．連続永久凍土とタイガ林の南限にあたるロシア-モンゴル国境付近では，日射が比較的弱い北向きの斜面にのみ永久凍土と森林の両方が存在していることが確認されている．この森林や永久凍土が一度消失すると，その回復には途方もない時間を要する．したがって，地球温暖化による気温上昇が続くと凍土分布が縮小し，陸上生態系にも影響することが危惧されている．また，永久凍土の融解に伴って強い温室効果気体であるメタンが放出され温暖化を加速することも懸念されている．ロシアの森林は地域気候の特色を反映した景観であると同時に，グローバルな気候に対しても重要な役割を果たしている．

❀ロシアと日本をつなぐ風と水の流れ　暖候期には，火の不始末や落雷に端を発して，しばしば森林火災が発生する．特に春の融雪が早い年や初夏の降水量が少ない年には土壌が乾燥し，火災の規模が拡大しやすい．この地域の森林火災は，樹木の燃焼に加えて林床下の泥炭層を経由して炎が水平方向に拡大するため，消火が困難である．延焼を防ぐ対策として，土壌に溝を掘って泥炭層を分断した防火帯を設けるなどの工夫が施されている．泥炭層は長い年月をかけて堆積したバイオマスから成っており，火災による燃焼は陸域に貯留された炭素を一気に大量の二酸化炭素として大気へ放出してしまうことになる．また，森林火災の煙が市街地を覆うと健康被害を生じることもある．発生場所と気圧配置の条件次第では，シベリアの森林火災の煙が数千キロ離れた日本にまで達し，越境大気汚染を引き起こす．これまでにも日本でPM2.5の環境基準値を上回る事例があった．

　アムール川流域の森林を潤す降水は，河川を流下する際に鉄を含んだ豊富な栄養分をオホーツク海に運ぶ．これが海洋の循環や流氷の南下を経て，日本近海まで到達することで海洋生態系を育み，豊かな水産資源をわれわれに提供してくれる．このように，ロシアからは風の流れが大気汚染物質を，川や海の水の流れが海洋資源の恩恵を運んでいる．ロシアの気候は日本の環境とも密接な関係があり，これが今後どのように変化するのか，われわれは注視する必要がある．[佐藤友徳]

水　域

　太った商人の女房みたいな川魚を捕獲しようと，二人の大工，羊飼い，果樹園の旦那が悪戦苦闘するアントン・チェーホフの短編小説「カワメンタイ」は，川とともに生き，水をみると飛び込まずにはいられないロシアの友人たちを思い出させてくれる．水域は，ロシアという国の歴史と文化の舞台として，重要な役割を担ってきた．

❋**河川**　ロシアの河川といえば，まずはユーラシア大陸の内陸部に源を持ち，北流して北極海に注ぐ三大河川（オビ川，エニセイ川，レナ川）から始めたい．世界の中でも十指に入る流域面積を有するこれらの河川は，ユーラシア大陸の中央に位置する西シベリア低地と中央シベリア高原と呼ばれる古い時代につくられた大地を流れている．ロシアの天然資源である石油・天然ガスなどのエネルギー資源，鉄鉱石・石炭・金・ダイヤモンド・プラチナ・ニッケルなどの金属資源は，多くがこの地域に集中している．冬期に完全結氷するこれらの大河川は，春になると南部の上流部から融解が始まるため，まだ凍結している河川下流部では，毎年のように氷が川をせき止め，洪水が発生する．

　ロシアの東端，中国との国境を流れるアムール川は，世界で9番目に大きな流域を持つ大河である（図1）．源流域をモンゴル，南岸を中国，北岸をロシアによって占められるこの川は，19～20世紀にかけての中露国境をめぐる紛争を経て，21世紀の現在，このアジアの二大国をつなげる舞台として急激にその存在感を増している．これまでアムール川には中露二国間を結ぶ橋は存在しなかったが，最近，上流域の洛古河とポグラフカ間，中流域の同江とニジュネレニ

図1　アムール川下流で行われている秋サケ漁の光景［著者撮影，2012年9月27日］

ンスコエ間，黒河とブラゴヴェシチェンスク間に，それぞれ橋の建設が始まった．今後，中露両国はアムール川を介してさらに密接な関係を深めていくだろう．

　規模でこそ前述した四大河川に及ばないが，ロシアの母なるヴォルガ川も忘れるわけにはいかない．モスクワの北西に位置する標高わずか225 mの湿原に源を持ち，3,530 km南流してカスピ海に注ぐこの川は，上流では黄金の環と呼ばれるロシアの古い都市群を潤し，中流のニジニ・ノヴゴロド付近では古くから水運の要衝として中央アジアとロシア文化の接点であった．また，下流域では水資源としてロシア農業の中心地域である黒土地帯を養っている．20世紀の中頃以降は，

ヴォルガ・ドン川運河とヴォルガ・バルト水路を通じて，バルト海・白海・黒海・カスピ海を結ぶ河川輸送の大動脈としても機能している．

❀ 湖沼　ロシアと周辺国を見渡すと，対照的な二つの巨大湖がある．ロシア南東部，ブリヤート共和国とイルクーツク州に接するバイカル湖と，カザフスタンとウズベキスタンに接するアラル海である．バイカル湖は面積3万1500 km^{2}を有し，平均水深は740 m，最大水深が1,741 mに達する．その貯水量は膨大で，世界の湖沼水の20%を占める．3,000万年前にできた構造性の湖であり，1,000種を超える水生生物の固有種を有するために，1997年にユネスコによって世界遺産に認定された．一方のアラル海は，1960年には6万7499 m^{2}という世界第4位の面積を誇ったものの，ソ連邦が進めた綿花栽培を目的としたシルダリア川とアムダリア川の取水のために，20世紀の中頃以降，湖への河川流入量が激減し，2007年には1万3958 km^{2}と急速に面積を縮小した．これにより，かつては盛んであったアラル海の漁業はほぼ壊滅した．ソ連邦の末期には，アラル海の縮小を緩和すべく，オビ川の水を運河によって約2,500 km南のシルダリア・アムダリア両河川に供給するという「北方・シベリア河川転流計画」が計画されたが，こちらは環境に与える甚大な影響が危惧され，最終的に撤回された．

❀ 海　ロシアの海といえば，やはり北極海を取り上げねばならない．ほぼ通年にわたって海氷に覆われた北極海は，かつては利用価値の低い海であった．しかし，近年の温暖化は，北極海の海氷を減少させ，夏期には開水面が広がることも多くなってきた．ロシアを始めとする北極海に面する国々は，将来利用が可能となる海底資源探査と航行をめぐって活発な外交を始めている．とりわけ，ヨーロッパからロシアの北極海沿岸を通ってベーリング海峡に至る航路は，アジアとヨーロッパを結ぶ貿易の輸送経路として多くの期待を集めており，ロシア沿岸の北極海の海氷動向は，北極海に臨む国だけでなく，国際的な関心事となっている．

北極海に比べると，はるかに規模の小さい海ではあるものの，ロシアの水産資源の多くを産するオホーツク海は，北半球において最も低緯度まで冬期に結氷する海である．オホーツク海の結氷は，北太平洋中層水と呼ばれる低温・中塩分の特異な水塊を形成し，この水が北太平洋に広がることによって，北太平洋全域の海洋・物質循環に大きく貢献している．地球の気候変動，とりわけ温暖化により，オホーツク海の海氷生産量が減少し，北太平洋の海洋循環が弱化する可能性が危惧されている．

ロシアと周辺国に広がるさまざまな形態の水域は，ロシア人の生活の基盤であり，その文化を育む基礎であった．人為的な攪乱や，地球規模の気候変動のもと，ロシアの水域はさまざまな変化を遂げ，それは国内的にも国際的にも大きな影響を持っている．21世紀はこれらの変化を緩和しつつ，それに適応することが大きな課題となるであろう．

[白岩孝行]

森

広大な面積を占めるロシアは,世界の中でも圧倒的な存在感を誇る森林の景観で特徴付けられるといってもよい.国土面積では世界第1位であるロシアの大地（1,700万 km²）のうち,770万 2000 km² を森林が覆っていることになる（図1, Минприроды России, 2018）.これは,全世界の森林面積4,000万 km²の約2割（針葉樹林面積では6割以上）に相当する.あるいは,日本の国土面積の20倍以上を占めていることになる.ロシアの森林の広がりを,いわゆるタイガと呼ばれる針葉樹を中心とした森林の東西方向の距離でみると,西端のバルト海沿岸から東端のオホーツク海沿岸まで,約1万km（すなわち,地球表面の約4分の1）にも及ぶ.ロシアの森林を代表するタイガの成立には,永久凍土（2年以上0℃以下の状態に置かれた土地）の存在が大きな役割を果たしているとされている.

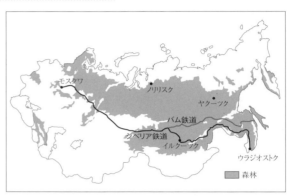

図1 ロシアの森林の広がり［著者作成］

これだけの広さ・長さを誇るのだから,ロシアの森林は,ロシアにとって重要であるばかりか,地球全体にとってさえ重要な意味を持つ.このためロシアの森林は,しばしば「地球の肺」といわれる.

✽資源としてのロシアの森 世界最大の森林は,当然,世界トップレベルの木材資源としての価値を有する.国別木材輸出量ではロシアは世界第1位（2015）である.また,同年の国別木材伐採量では,米国,インド,中国,ブラジルに次いで世界第5位となる（針葉樹では世界第2位）.

もちろんこうした木材資源としての森林の価値は,ソ連時代に国土の開発が進んだことによってもたらされるようになった.国土開発が進む前は,多くの人が深い森林に立ち入ることさえ困難であった.ソ連時代の国土開発で特筆すべきシベリア鉄道とバム鉄道の開発は,永久凍土地帯を通るためきわめて困難で,その完成には長い年月を要した.これらの鉄道によって,天然鉱物資源と同様に大量の木材の運搬が可能になったのである.また,乾燥地域における自然改造計画の

遂行時には，大規模な植林が行われ，その困難な状況での植林事業を称えるため，ドミートリー・ショスタコーヴィチは，1949年に楽曲《森の歌》作品81を発表している．

❋ **ロシア人にとっての森** ロシアのことわざ「森に住めば飢え知らず」にあるように，多くのロシア人にとって，森林は生活に必要な糧を得る場所でもあった．また，ロシア文学の世界でもしばしば森林が登場することは，ロシアの専門家でなくても聞いたことがあるだろう．例えばレオニード・レオーノフの『ロシアの森』やミハイル・プリーシヴィンの『森のしずく』である．黒澤明監督の映画「デルス・ウザーラ」でも，シベリア沿海地方の森林が中心舞台となっている．

ところが，最近，ロシアの森林は，タイガを中心に森林火災による甚大な被害を受けている．タイガの約3分の2は永久凍土帯にあり，森林火災は永久凍土の融解を進めるため，一度火災が生じると森林の復活は難しい．極東ロシアでは，森林火災に加えて森林の過剰伐採が大きな社会問題となっている．

❋ **ロシアの森が抱える問題** 日本にとっても，最近，ロシアの森林は大きな意味を持つようになってきている．東南アジアで1970年代から90年代に丸太輸出制限・禁止が進んだ後は，極東ロシアと東シベリアから大量の木材が日本に輸出されるようになった（2015年時点で，日本の木材の輸入先は，カナダ，米国に次いでロシアが第3位である）．

極東ロシアから日本に輸出される木材のかなりの割合（世界自然保護基金WWFのデータでは約4割）が違法伐採によるとみられている．現在では，極東ロシアの木材の多くは，陸路を使って中国および韓国に輸出されていて，特に中国への輸出量は最近急激に増加している．

ロシアの森林の中でも極東ロシアの森林を生息地とする動植物の種類は多い．そこは，例えばアムールヒョウやシベリアトラのような生態系の頂点に立つ種の生息地でもある．このため極東ロシアの森林の保護・保全は，国際的にも注目を集め，とても重要な課題となっている．森林資源の消費に関わってきた日本としては，ロシアの森林

図2 極東ロシアの森林で伐採された木材が運搬される様子［著者撮影］

の保護・保全にもっと目を向けるべきであろう．現在は，日本向けの木材輸出量が減少し，中国への輸出量が増加しているが，中国に輸出された木材がそこで家具などになり，それが日本にも輸入されている．もしも自宅に中国製の家具があったら，それは極東ロシアの森で育った木でできているのかもしれない．

［渡辺悌二］

植物

　ロシアの陸上植生を概観すると，大部分は北方針葉樹林（タイガ）に覆われ，西半分は主にドイツトウヒなど常緑樹から成る「暗いタイガ」，東半分はグイマツなど冬季に葉を落とす落葉樹からなる「明るいタイガ」である．高木の生育が制限される極地や山岳地には寒地荒原（ツンドラ）が発達する．それでも東西の端では冷温帯性気候を反映した落葉広葉樹が加わり，針広混交林となる．

　野生の維管束植物（シダ植物以上）はロシア全体で約2万2000種，日本全体で約5,000種とみなされる．ロシアの面積は日本の約45倍と見積もられるので，ロシアの面積当たりの植物種多様度は，日本の約10分の1と貧弱である．これは多くの維管束植物種の生育にとってロシアの気候が厳しいこと，氷河時代にロシア北西部の広範囲が氷床に覆われて植物が全滅したことなどを反映している．

　本項では植物分類学の立場から，日ロ間にまつわる三つの話題を提供しよう．

❊ 植物分類学史　日本の野生植物に学名を付け始めたのはヨーロッパの研究者たちだった．江戸時代の長崎出島にやってきたケンペルやチュンベリー，シーボルトが大きな貢献をした．これに続いて活躍したのがロシアのカール・ヨハン・マキシモヴィチ（1827〜91）だった．彼がそれ以前に来日した外国人植物研究者と決定的に違うのは，函館，横浜，長崎の3港に上陸し，日本の北部，中部，南部それぞれで広く植物相（フロラ）を概観したことと，岩手県出身の須川長之助を採集助手として雇い，精力的な採集をほぼ3年半にわたって行ったことである．

　サンクト・ペテルブルグに帰還した後は，その膨大な採集標本に基づき，多数の日本植物の新学名を発表した．明治期の1880年代には，後に日本の植物分類学界を背負って立つ牧野富太郎や松村任三らと交流し指導した．

　日本の植物分類学が自立するにあたっては，ロシアのマキシモヴィチによる教えがあったのである．その結果日本の植物学名（属名＋種小名の二名法，最後に著者名）の中にはマキシモヴィチの名前がしばしば組み込まれており（例えば，コミヤマスミレ *Viola maximowicziana* Makino），反対にマキシモヴィチが名付けた学名（著者名はMaxim. と略記）の種小名には，牧野や松村，そして長之助といった日本人名を，その貢献を称え

図1　マキシモヴィチ［北海道大学総合博物館植物標本庫蔵］

るため組み込んでいる（例えば，マルバマンネングサ *Sedum makinoi* Maxim.，ムツノガリヤス *Calamagrostis matsumurae* Maxim.，シロバナエンレイソウ *Trillium tschonoskii* Maxim.など）．

✺学名不一致問題　日ロの国境地帯にあたるサハリンと千島列島での植物相調査・研究は，そのときどきで領土を獲得した国が国策として主導した．第2次世界大戦前の南サハリンや千島列島での調査は主に日本の植物学者により行われ，戦後はソ連の研究者により進められた．1991年にソ連が崩壊すると，日本とロシアの研究者による共同調査も始まったが，日本・ロシア双方から独自の植物相研究が発表されている．両者を比較すると，多くの植物学名が日本とロシアの間で一致しない．これには両国での生物の単位としての「種」に対する見かたの違いが反映されている．日本の植物学者は植物種の概念を広くとる傾向があり，種内の変異として変種や亜種を認める例が多い．一方でロシアの植物学者は細かな違いも取りあえず種ランクで認める傾向が強く，また種内に亜種や変種などのランクを認めない例が多い．

　同じ植物種が日本からロシアへ，あるいはロシアから日本へまたがって分布することは多い．両国で見られる同一の植物種に対して，日本側とロシア側とで異なる学名が使われると，日ロ間で共通の土台に立った議論ができなくなる．世界共通語としての学名の意味もなくなってしまう．

　今後，日ロ間で新学名発表のもととなるタイプ標本を精査し，なるべく共通言語（英語）による論文をもとに議論することが必要である．日ロ間での学名不一致問題は今後とも解決に向けて双方研究者の情報交換・歩み寄りが必要である．

✺絶滅危惧種　国ないし県単位で絶滅が危惧される生物種の目録，レッドリストやレッドデータブックが盛んに発行されている．対象種の絶滅危険度を判定・ランク付けし，これに基づき保護するための行政的な施策が進められている．これについては日本・ロシアとも同じである．ただ，どの地理単位・行政単位で絶滅危険度を判定するかによって同じ種の危険度は変わってくる．例えば，日本では普通種とされる冷温帯系植物が辛うじてサハリンや千島まで分布している場合，ロシアでは絶滅の危険度ランクが高い絶滅危惧種と判定されてしまう．北海道では普通の植物種であるハウチワカエデ，フタリシズカ，ホオノキ，オオバボダイジュなどが，ロシアでは絶滅危惧種としてリストされている．国単位での絶滅危険度の評価は，隣接する国家間で相反することが多いのである．今後とも行政単位での施策は必要だが，地球レベルでのレッドデータブックを基に絶滅危険度を判定・評価し，国際的な施策を進めることが必要だろう．

　歴史的には日本の植物分類学者はロシアに対して大きな恩義を感じるべきだが，現代における日ロ間の学名不一致問題解決は喫緊の課題である．現代的な絶滅危惧種問題においては日ロ間での視点の違いも考慮すべきだろう．　［高橋英樹］

動　物

　広大で多様な自然条件のもとにあるロシアには，多種の動物が生息している．内陸の脊椎動物は1,500種以上で，そのうち哺乳類は約320種，鳥類は約730種，爬虫類は約80種，両生類は約30種，淡水魚は約340種を数え，このほかにロシアの海域には約1,500種の海水魚が生息している．無脊椎動物は13〜15万種で，そのうちの97％が昆虫である．

✾陸地の動物世界　多様なロシアの陸地の動物相は，動物地理学的区分によると，全北区の旧北亜区に，またその下位区分であるさまざまな地方に属している．最も広く分布しているタイガの動物相は，森林とステップで占められるヨーロッパ-シベリア地方に属し，極北のツンドラと北極の島々の動物相は北極地方に属している．そのほか，コーカサス（カフカス）の動物相は地中海地方，カスピ海低地の動物相は中央アジア地方，アムール川流域とウスリー地域の動物相は中国-ヒマラヤ地方に，それぞれ分類される．

　氷原とツンドラが続く北極地方の動物世界は種が豊かではなく，ここには主として海の鳥類（ウミスズメ，フルマカモメ，ウミガラスなど約50種）と海棲哺乳類（イッカク，シャチなどクジラ類，フイリアザラシ，シロイルカなど鰭脚類）が生息し，陸棲の哺乳類はシロクマとホッキョクギツネである．ツンドラでは70種以上の水鳥が生息し，またトナカイの餌となる地衣類が豊富なことから，夏になると30万頭を超える野生のトナカイの大群がタイミル半島に集まってくる．

　広大なヨーロッパ-シベリア地方は，タイガ，混交林・広葉樹林，ステップの多様な動物相を含む．タイガには，ライチョウなど約200種の営巣鳥類，ヘラジカ，クロテン，リス，ヒグマ，キツネをはじめ約60種の哺乳類が生息している．カ，ブユ，アブなど血を吸う昆虫やチョウ，ガ，ハチなどが多い．混交林・広葉樹林で典型的なのは，モリネズミ，ヤマネなどの齧歯類で，アカシカ，イノシシなどの有蹄類，ヨーロッパヤマネコ，テン，アナグマ，オオヤマネコなどの肉食獣も数多い．鳥類ではコウノトリ，モリフクロウ，カケスなどが固有で，両生類（多種のカエル）や爬虫類（アシナシトカゲ，ナメラなど）も多く，昆虫の種類はタイガを上回る．ステップの動物相は，人間による開墾が進んで生存条件が大きく変化した結果，ウズラ，ノガンなどの鳥やノウサギなど多くの種が消滅した一方，栽培された植物を食べるネズミやハタネズミ，またそれを狙うオコジョやケナガイタチ，またチュウヒ，ノスリ，ヌマフクロウなどの肉食鳥も入ってきた．

　カスピ海沿岸の動物相は中央アジア地方に属し，苛酷な自然条件に順応した砂漠の生き物（ハタリス，サイガ，ハリネズミなどのほか，約10種の爬虫類）が見

られ，地中海地方に属する黒海沿岸とカフカスには，カフカスツール，カフカスクロライチョウなど数多くの固有種が棲む．極東南部の動物相は中国-ヒマラヤ地方に属し，餌が豊富で夏が湿潤なことから，クズリ，クロテン，リス，それにインド-マレー起源のアムールトラ（図1），ヒョウ，キョクトウヤマネコなど多様な動物が生息している．

図1　絶滅危惧種アムールトラ［ヴィクトル・アレヴェッヂーノフ撮影］

❋淡水と海の動物世界　ロシアの淡水の動物世界は，全北区（周極地方，バイカル地方，地中海地方を含む）とアムール区という，大陸貯水池の二つの動物地理学的な区に属している．北極海と太平洋北部に注ぐ河川からなる周極地方を代表する魚はサケ・マス類である．バイカル地方（バイカル湖）の動物相は豊かで，しかも独特である（バイカルハゼ，胎生カジカなど，4分の1以上が固有種）．バルト海，黒海，アゾフ海，カスピ海に注ぐ河川にはコイ類，チョウザメ，ハゼなどが多く，アムール区の河川にはカワカマスなどの固有種が生息している．

　ロシアの海の動物世界もまた多岐にわたっている．それは，①動物相が比較的乏しい北極地方，②タラ，ニシン，カレイ，コマイ，ヤツメウナギなどが多いバルト海・白海・バレンツ海南部などの北大西洋北部地方，③タラ，ニシン，ホッケ，サンマ，サケ・マス類が多いベーリング海南部・オホーツク海・日本海・クリル諸島沿岸など，北太平洋北方地方，④ボラ，イワシなどが多い黒海やアゾフ海が属する地中海-ルジタニア地方，⑤カスピ海のポント・カスピ地方からなる．

❋資源としての動物世界　ロシアは狩猟や漁労の対象となる獣や魚の量では世界の上位にある．約60種の哺乳類と約70種の鳥類が狩猟業の対象となっているが，主なものは，トナカイ，ヘラジカ，アカシカ，ノロなどの有蹄類，クロテン，リス，ミンクなど約20種の毛皮獣，羽毛を持つ水鳥である．野生のトナカイやクロテンは一時ほとんど絶滅しかけたが，その後の保護政策で個体数や分布地域が復活した．アメリカミンクやビーバーの馴化飼育も広く行われ，成果をあげた．

　ロシアの海の動物資源は，魚類，クジラなど海の哺乳類，タラバガニ，イカ，ホタテガイなど豊富である．淡水魚の漁労も広く行われ，バイカル湖やシベリアの河川では，コイ，オームリ，ブリーム，ネリマ，チョウザメなどの高級魚が獲れる．一方，これらの湖や川のエコロジー状態は，森林火災や森林伐採，流域での工場排水などによる水質汚染によって悪化している．

　開発によって，ロシアでも野生動物の種や個体数が減少し続けており，アムールトラ，ユキヒョウ，バイカルアザラシをはじめ，希少動物（2001年に哺乳類で74種，鳥類で128種を指定，17年に一部改訂）の保護が課題となっている．　　　［関　啓子］

農　業

　ロシアは，世界最大の国土面積を有するが，北と東にはツンドラやタイガ（北方針葉樹林）など農業に適さない地域が広がっており，農業生産が広範に行われているのは，ヨーロッパ・ロシアを中心とした，およそ北緯45度から60度にまたがる帯状の地域に限られる．その中でも生産活動が活発なのは北緯55度くらいまでの地域で，黒土と呼ば

図1　ヴォロネジ州の小麦畑[著者撮影]

れる肥沃な土壌に恵まれ，穀物，ヒマワリ，テンサイ，ジャガイモなどを中心とする畑作や養鶏，養豚などが盛んに営まれている．

❋市場経済移行と農業の改革　ソ連時代には，農業生産主体は，大規模な畑作や畜産を担うコルホーズやソフホーズと，その構成員らが自留地で営む自給的で零細な住民副業経営の二重構造であり，後者は野菜やジャガイモの生産で大きな役割を担っていた．1980年代後半から90年代前半に行われた土地・集団農場改革の結果，農民経営という新たな生産主体が生み出される一方，この基本構造は維持された．農民経営は，欧米諸国の大規模な家族経営を想定したもので，コルホーズなどに代わってロシア農業の担い手となることが期待されたが，市場経済移行に伴う混乱の中で，その創設は限定的だった．コルホーズなどは市場経済下の農業企業となったが，基本的には大きな変化なしに存続した．

　土地は，ソ連時代には国有であり，コルホーズなどの土地は，国から無償・無期限で使用を認められたものだったが，土地改革によって私有化された．その一部が農民経営や住民副業経営に分与される一方，大半はコルホーズの構成員らに配分された．ただし，構成員らに配分されたのは，コルホーズなどの土地全体に対する持分権という抽象的な権利であり，具体的に区画された土地ではなかった．農業企業は構成員らの土地持分権を借り受けるかたちで土地を利用し続けた．

❋ロシア農業・農政の動向　ロシアの農業生産は，1990年代には急激な市場経済移行の過程で大幅に縮小した．ロシアの実質農業総生産額の推移を1990年を100とした指数で見ると，ロシア通貨危機が起きた98年には最低の55まで減少した．2000年代に入ると，ロシア経済全体と同様，農業生産も回復が進んだ．農業生産額指数は2017年には103となって1990年の水準を超えた．

　一方，農業生産の縮小・回復には部門によって大きな違いがあった．穀物生

などの畑作は，生産の落ち込みが相対的に小さく回復も早かった．2000年代に入ると，穀物生産の回復・増加が進み，ロシアは小麦や大麦などの穀物輸出を拡大していった．ロシアは，穀物の国際市場において米国，EU，カナダ，豪州などと肩を並べる小麦の主要輸出国の一つとなり，2017／18年度（2017年7月〜18年6月）には，ついに世界最大の小麦輸出国となった．ロシアの主な小麦輸出先は中近東・北アフリカ地域であるが，そこは世界最大の小麦輸入地域である．一方ロシアの小麦生産・輸出の主力は黒海に近い地域であり，大市場への近接という地理的な優位性は，ロシアを小麦の主要輸出国に押し上げる重要な要因となった．

畜産業では，著しく低い生産性がソ連時代から問題となっていたが，ボリス・エリツィン政権の新自由主義的な経済政策のもとで，財政的支援が大幅に削減されたうえ，貿易自由化で輸入品との競争にさらされた結果，ロシアの畜産業は劇的に縮小した．コルホーズなどが営んできた大規模な畜産業は，養鶏を除いてほとんど崩壊に近い状況に陥った．一方で畜産業の縮小はロシアの穀物輸出国への転換を可能にした．1980年代にソ連が世界最大の穀物輸入国だった原因は，著しく飼料効率の悪い畜産業による飼料穀物の浪費だった．非効率な畜産業の崩壊により飼料穀物需要は激減した．2000年代に入って穀物生産が回復してくると，穀物の輸出余力が顕在化し，ロシアは穀物の純輸入国から純輸出国に姿を変えた．

ウラジーミル・プーチン政権は，農業に対する保護と支援を強化する方向に政策を転換した．2000年代後半以降，関税などの国境措置による輸入抑制と，国内生産の拡大に対する支援措置が強化されるようになると，養鶏や養豚を中心に畜産業の回復が本格的に進んだ．これを主に担ったのは，アグロホールディングと呼ばれる垂直統合型の大規模な企業グループだった．その生産は，欧米から導入した優良な家畜・家禽，最新の設備と飼育技術を用いた効率的なもので，飼料効率も欧米諸国並みに向上した．その結果，畜産の復活・拡大が進んでも飼料穀物需要の増加は抑えられており，ロシアの穀物輸出余力には影響が出ていない．

❋農業構造と農村の変化 ロシアの農業構造は，土地・集団農場改革の後も変化を続けた．厳しい経営環境の中，農業企業の淘汰や外部資本による買収とグループ化が進んだ．傘下企業を合計すると数十万ヘクタールの土地を支配するアグロホールディングも数多く出現している．農民経営も淘汰が進み，生き残った経営体は規模を拡大した．穀物生産などの畑作では，主役は現在も農業企業だが，農民経営のシェアが徐々に高まっている．一方で，新たな農業生産主体が活発に活動し，農業生産が拡大しているのは，ヨーロッパ・ロシア南西部の地理的・自然的条件に恵まれた地域が中心であり，条件に恵まれない地域においては，農業生産の回復は進まず，農村の過疎化が進行している．ロシア農業の市場経済化の光と影であり，今後の変化が引き続き注目される．　　　　　　　　[長友謙治]

村落——農民文化の揺籠

ロシアの農村は，デレーヴニヤと呼ばれる小規模な村落とそれらを結び付ける経済的な交易の中心地でもある大規模な村落（セロー）から構成されていた．この伝統的村落構造は，古くからの慣習のなかから自然発生的につくり出されたものであり，それはロシアの農民文化を象徴する存在であった．また，村落は，農民共同体によってつくり出され，土地管理や自治の単位としても機能した．この意味で，伝統的村落構造は，農民世界そのものであり，農民文化の揺籠であった．

都市の労働者を本来的な支持基盤とするソヴィエト政府にとって，農民はそもそも異分子であったが，政権の維持のためには協力（ないしは支配）関係の構築が不可欠とされた．ソヴィエト政府は，マルクス主義の古くからの命題である「都市と農村の対立の克服」とも関連して，農村を都市化することにより，その課題の達成に取り組んだ．しかしながら，その試みは成功を収めることはなく，伝統的村落構造は，その外見を変えつつも生き延びることになる．

❋村落改造の試み　社会・経済制度の大改革であった1930年代の全面的集団化も，伝統的村落構造を破壊することはできなかった．それどころか，全面的集団化においては，コルホーズは村単位で，すなわち，伝統村落構造の枠内でつくられることになったため，従来の慣行がコルホーズに引き継がれることになった．農戸単位での作業班の編成，血縁関係に基づく管理体制のコルホーズにおける継続などがそれである．この意味で，戦前のコルホーズは，伝統と革新の奇妙な融合物であった．

1950年代初頭には，生産合理化を目的としてコルホーズの合併による大規模化が行われた．さらに1950年代中盤からは，大規模化されたコルホーズがソフホーズに転換された．この際，ソフホーズは，2〜3以上のコルホーズから組織されたので，新経営は多くの集落を含んだきわめて大規模な経営となった．だが，このような大規模かつ継続的な経営組織改革にもかかわらず，旧来のコルホーズ（＝伝統的村落）は，大規模化された経営の下部組織（支部ないしは畜産農場）として，その多くが従来のままで維持された．

1960年代には，非黒土地帯を中心に，生産合理化および生活インフラの集中化を目的とした小規模な集落（「展望のない農村」と称された）の廃止が行われた．この結果，1959〜70年の間に，ロシアの農業集落数は，4割減少したといわれている．ただし，その半数は62年に実施された集落の登録方法の変更により，戸数の少ない集落が書類上で最寄りの集落と「合併」されたためであった．統計上では登録されなくなった集落は，必ずしも消滅しなかった．それらは，隠された

集落網として存在を続けた.

以上のことを傍証していると思われるのが，ソ連崩壊後にロシアで実施されたソフホーズ・コルホーズの改組の結果である．それらは，市場経済への移行および民有化と関連して，農業企業として改組された．その際には，しばしばかつての伝統的村落を基盤とした，より小規模な農業企業が創出されたのである．伝統的村落は，ソヴィエト時代を生き延び，「復活」したといえよう.

❋現代ロシアにおける村落　市場経済のもとでは，辺境での農業生産は経済的に成立し得ないものとなった．これは辺境集落での唯一の雇用が失われたことを意味し，商店・病院・学校などの生活・社会施設も閉鎖されることになった．このため，辺境集落は住民を失い，その多くが文字通り消失していった．現在のロシアの集落は，その3分の1が住民10人以下のものであり，「消滅しつつある集落」に分類されている．住民50人以下の「展望のない集落」に分類されるものに至っては，過半数を超えている（表1）．このように現代ロシアにおいて「限界集落」問題は，きわめて先鋭化している．市場経済は，伝統的村落の破壊に関しては，計画経済よりもはるかに効率的であったのだ.

その一方で，経済発展とともに都市外縁部では，都市住民が週末ないしは長期休暇を過ごす「ヴィラ」ないしは「コテージ」と称されるリゾート風の集落が新たに出現した．これらは，欧米における都市外縁部の住宅開発によって都市圏の住民，生産・消費活動の多くが郊外に移転する「近郊化」と呼ばれる現象のロシア版である．さらに，より遠隔地においては，農村住民が放棄した家屋が，都市住民により購入され，手直しされて別荘として利用

表1　ロシアにおける「限界集落」の増加

	2002年	2010年
集落総数	155,289	153,124
5人以下	32,997	42,387
6〜10人	14,092	13,254
「消滅しつつある集落」	47,089	55,641
同上（％）	30.3	36.3
11〜25人	22,303	19,225
26〜50人	15,770	13,522
「展望のない集落」	85,162	88,388
同上（％）	54.8	57.7

[Российский статистический ежегодник『ロシア統計年鑑』2014]

されている（☞項目「別荘（ダーチャ）と菜園の恵み」）．この結果，大都市周辺では，300 km以上離れた所まで別荘圏が拡大している．都市住民の郊外でのジャガイモ・野菜栽培を中心とした生産活動は，経済体制移行の混乱期にあっては，生き残りのために強いられた行為であった．だが，経済が相対的に安定した現在においては，週末や長期休暇の間の農作業は，好ましい余暇の過ごし方，生活様式の一つと認識されている．都市住民の多くは，工業化とともに都市へ移住した農民の末裔である．彼らのこのようなかたちでの農村への「復帰」は，ロシア独特の現象でもあり，新しい文化や価値観を生む化学反応を引き起こすかもしれない.

[野部公一]

狩猟・漁労・牧畜

　狩猟・漁労・牧畜は，いずれも先史時代から連綿と継続されてきた生業である．本項では産業化したものは除き，食糧をはじめとする生活資源の獲得手段，すなわち生業としての，あるいは娯楽（レジャー）としての個人ないし集団での行為という側面に焦点を当てたい．これらの生業，特にその技術的側面は，地域，民族間で伝播して精緻化されてきたものにほかならない．ロシア各地の多様な生態環境に適応し棲息してきた動物相の中から，住民によって食用，素材，あるいは畜力としての有用性を認められた諸動物類が捕獲ないし飼育の対象となってきた．

❋ 狩猟　ロシアでは，タイガ（北方針葉樹林）・ツンドラやステップの寒冷環境に分布する大型／小型哺乳類（シカ科の有蹄類，オオカミ，ウサギ，テン，リス，キツネ等）や鳥類（ガン・カモ類，ライチョウ等のキジ科の鳥など）を捕獲対象とする生業としての狩猟が行われてきた．狩猟法の分類として積極的（追込み型）狩猟と受動的（待受け型）狩猟に分けると，前者では群居性のシカ類やウサギ，キツネ等を対象にした集団的追込み猟や騎乗して猟犬を伴う猟銃による狩猟が展開した．これに対して後者では，伝統的に木の幹や枝を組み合わせた括り罠，圧殺式罠や仕掛け弓などがウラル〜シベリアの先住民を中心に展開した．現在は日本でいう金属製トラバサミなどを使って毛皮獣（テン，リス，キツネ等）をはじめとする各種獲物が捕獲されている．毛皮獣はかつては弓矢（毛皮を傷つけないために鏑矢状の先の尖っていない矢なども使用された）により，後には猟銃を使った追込み型狩猟でも捕獲されてきた．クロテンやキツネをはじめとする毛皮獣は高級服飾材料として帝政期より珍重され，シベリア先住民の貢租（ヤサーク）単位として採用された．そのほかにも罠猟は害獣（クマ，オオカミ等）駆除にも使われてきた．シカ類やオオカミなど捕獲の対象によっては，雄や幼獣の鳴き声を出す音響器具（シカ笛等）を誘引方法として使用する狩猟も特徴的である．

　狩猟は古来より欧州諸地域において，王侯貴族の娯楽の一つでもあった．同時に狩猟は，本来は戦争に備えた訓練の場という性格も有し，ロシアでも例外ではなかった．特にボルゾイ犬（ロシア語ではボルザヤと呼ばれるサイトハウンド犬の一種）を伴うウサギ，キツネ，オオカミ猟は，ロシア貴族の典型的な狩猟というイメージが定着している（図1）．現在でも中央

図1　19世紀末の猟犬（ボルゾイ犬）を伴ったオオカミ猟を描いた絵画（アレクセイ・キフシェンコ作，1891）

／地方政府高官らが休暇を利用し，部下を引き連れて狩猟を行う慣行がみられる．

　タイガ地帯を中心に豊富な鳥類を対象にする狩猟も盛んである．囮（おとり）を使ったり，渡りの時期や交尾期を狙ったりする各種狩猟も行われる．

　2019年初現在，ロシア連邦には自然保護区が111，また連邦レベルの禁漁区が59あり，生態環境／資源の保護がなされている．狩猟という行為は，各種自然保護団体の側から常に禁止圧力がかかる一方で，娯楽としての有効性，有用性，さらに生態資源の管理・規制という観点から，害獣駆除を含め，多面的な視点からの将来性が模索されている（☞項目『ロシア的狩猟の今昔』）．

※漁労　ロシアでは，居住環境ゆえに河川や湖沼での内水面漁労に基づく淡水魚利用文化が展開してきた．沿海部では海水魚も食用として普及してきたが，ロシア人の魚の好みとしては圧倒的に淡水魚志向である．

　内陸各地の水系においては，先史時代よりカワカマス，カワメンタイ，ナマズ，チョウザメなどの大型の魚種が食用として捕獲対象とされてきた．その後漁網や各種漁具（筌（うけ）など）の発達により，コイ科のコイ・フナ類やヨーロピアンパーチ（カワスズキ）などの豊富な資源が捕獲されるようになった．また北極海沿岸地方・極東の諸河川流域では，ロシア人の進出以前より先住民により，遡河性のサケ科のさまざまな魚種（太平洋サーモン系の魚，ホッキョクイワナ，コレゴヌス属〈シロマス〉等）が重要な食糧資源となり，遡上時期に漁獲されてきた．魚類の捕獲には，比較的簡易な釣竿，刺突漁具（やす，銛など），投網から刺網を含む定置網や集団によるかなり大仕掛けな曳網漁まで，種々の漁法が考案され，使用されてきた．また寒冷環境を生かしたかたちで，冬季のレジャーとしての氷上穴釣り漁のみならず，地域，民族によっては氷下に網を仕掛ける氷下（刺網／曳網（こおりした）〈刺網／曳網（あみ）〉）漁が行われているのが特徴的である．

※牧畜　狩猟，漁労に比べて生業としての牧畜の歴史は浅い．ユーラシア内陸地域に生息する群居性のヒツジ，ヤギ，ウシ，トナカイといった特定の有蹄類が牧畜家畜として家畜化の対象となった．ロシア南部のステップ地帯では，主としてテュルク系諸民族によりヒツジ・ヤギ類，ウシ・ウマ類が主体の牧畜が展開されている．シベリアや極北地方では，ウラル系やツングース系諸民族を中心とするトナカイ牧畜が現在も継続的に行われている．概して生存（自家消費）を前提とする牧畜は縮小の一途をたどっているといえよう．

　他の諸外国同様ロシアでも，牧畜から発展した畜産という近代化・産業化された部門で牛，羊，豚，鶏などの飼育がなされ，これら鳥獣肉におおいに依存する食生活を送っている．畜産業は特にソ連型集団化農業体制下ではきわめて不振であり，ソ連崩壊後も飼育頭数の回復は，一部（豚，鶏等）を除けばきわめて限定的である．

［吉田　睦］

ロシア的狩猟の今昔

　狩猟はイワン・トゥルゲーネフの『猟人日記』(1852)，セルゲイ・アクサーコフの『オレンブルグ県の銃猟家の記録』(1852) に代表されるように，ロシア文学の主要なテーマの一つであり，多くの作家がみずからの作品の中で狩猟にまつわる話や場面を描いてきた．狩猟学派の創始者の一人として活躍したセルゲイ・ブトゥルリンがロシアの鳥類一覧表を作成し，19世紀の雑誌『自然』の編集・出版者として名をはせたレオニード・サバネーエフが『銃猟家と犬追い猟師のための便覧』(1877) や『狩猟暦』(1892) などを残したように，ロシアには狩猟をテーマにした作品が数多く存在している．本屋を覗けば狩猟文学のコーナーに出会うだろうし，どの街に行っても1軒ぐらいは狩猟店が出迎えてくれるほど，ロシアでは狩猟が民衆のあいだで親しまれている．

❋**皇帝たちの狩猟**　ロシアにおける狩猟の歴史は随分と古い．狩猟は得られた鳥獣を食肉にするための重要な生業の一つであり，毛皮が交易における重要な物資であったと同時に公への貢物でもあったため，中世初期から広く行われていた．12世紀の『原初年代記』にはキエフ・ルーシの礎を築いたオレーグが狩りをしていたことが記されており，狩猟はすでに10世紀頃には為政者たちによって組織的に行われていたことがうかがえる．時代が下ると，狩猟を行うための権利が必要となり，階層上の制限が設けられたため，狩猟は皇帝や貴族だけに許されたぜいたくな娯楽となっていった．例えば，イワン雷帝が熊狩りを好み，アレクセイ・ミハイロヴィチ大公が鷹匠を連れた鷹狩りを好んだことはよく知られている．18世紀のピョートル2世やエリザヴェータ・ペトローヴナは，猟犬を伴う犬追い猟でキツネやウサギを狩り，鷹狩りで野鳥を獲った．19世紀のアレクサンドル2世は『猟人日記』に感化されて熱狂的に狩りを愛し，アレクサンドル3世は大勢の勢子を引き連れた猟隊での狩りを好まず，少人数で野鳥，ウサギ，リスやイタチなどの小動物を狩った．逆に，ピョートル大帝には宮廷料理用のお抱え猟師がいたものの，ピョートル自身は狩りを非常に嫌っていたことも有名である．とはいえ，歴代の皇帝たちは好んで狩猟を楽しんだ．狩猟はわなを用いた猟が一般的で，合わせて槍やサーベルなども用いられたが，銃の使用が始まる14世紀末以降になると，徐々に猟銃が用いられるようになっていった．

図1　ニコライ2世と仕留めたノロジカ (1912)

❋**国民に親しまれる現在の狩猟**　狩猟は2009年に

制定された3章72条にも及ぶロシア連邦法「狩猟に関する法」によって厳しく管理されながら，現在では一部の特権階級だけの娯楽としてではなく，多くの国民によって楽しまれている．同時に，半自給自足の生活を送る田舎の村々では，今でも食肉や毛皮を得るための重要な生業の一部となっている．現在の狩猟は銃猟が一般的で，鷹狩りが行われることはほとんどない．罠猟では括り罠，日本では使用が禁じられている虎挟みなどが用いられる．猟銃には多くの種類が存在し，獲物となる動物の大きさ，草原，森林，湖沼などの猟場の環境によって銃身の長短や口径などを考慮し，カービン銃，ライフル銃，散弾銃などが使い分けられる．

狩猟を行うには諸手続きが必要で，野生動物管理局が発行するハンティングチケット（ロシア国民なら18歳になれば取得できる）と捕獲許可証，警察署が発行する猟銃許可証，猟区管理団体が発行する狩猟許可証などを取得しなければならない．捕獲許可証は，ヘラジカ，クマ，イノシシ，オオヤマネコ，テン，ビーバー，カワウソ，クロライチョウ，オオライチョウなど対象となる動物1匹ごとに，都度申請が必要とされるタイプと，キツネ，ウサギ，リス，カモ，エゾライチョウ，ヤマシギなど春と秋の猟期を通じて秋に一度だけ申請すればよいタイプの2種類がある．前者の申請料は動物ごとに異なり，例えばアルハンゲリスク州では，2018年現在，ヘラジカ2,150ルーブリ，クマ4,000ルーブリ，イノシシ4,000ルーブリとなっている．猟期は春と秋に設定されているが，ロシアの国土は広大なため，各行政区で地域ごと動物ごとに厳格に猟期が定められている．例えば，春に水鳥を狩る場合，猟期は10日間，雄カモ5匹，ガン10匹など，期間と捕獲上限数が決められている．一方，広大な森林の管理はそれほど容易ではないために，密猟が行われることも少なくない．毛皮や漢方の原料となるトラやクマなどは特に密猟の対象とされやすいため，希少動物の減少が懸念されている．

図2 解体された体長2m以上のヘラジカ［筆者の友人オレーグ・シニーツィン提供］

保護が求められる希少動物以外は狩猟可能である．例えば，カモやガン，ライチョウ，シギ，クイナなどの鳥類，ノロジカ，トナカイ，ヘラジカ，ヒグマ，アナグマ，オオカミ，キツネ，ビーバー，イノシシ，ブタ，ウサギ，リス，イタチなどの哺乳類が狩猟の対象となり，大型の有蹄類から小動物までさまざまである．人の倍近くあるような大型獣のヘラジカは，ハンターにとって垂涎の獲物といえる．ヘラジカ猟ではマイナス40℃にもなる真冬の森で2週間近く獲物を追うハンターもいるほどである．大きな獲物はそのまま運ぶことができないため，その場で解体され，食肉となる部分だけが持ち帰られる．こうした肉は重要なタンパク源として保存され，人々が長く厳しい冬を乗り越えるための糧となる．　　　　［中堀正洋］

住　民

❋人口の動態　ロシアの人口は，2018年1月現在，1億4690万人（男性6,810万人，女性7,880万人）で，2010年の国勢調査の時より400万人増えている．もっとも，人口が多少増加に転じたのは2008年以降で，それまでは人口は減り続けていた（1999〜2005年まで年平均61万人の減少）．これには，体制転換に伴う経済的・社会的混乱による年間70〜90万人の自然減少が大きく作用した．当初は旧ソ連諸地域に残されたロシア人の大量帰還が幾分これをカバーしたものの，それが一段落した後は，自然減少がそのまま人口減につながった．経済の回復とともに人口動態は次第に安定化したが，農村から都市への移動もあって，最近増えているのは主として都市人口である（都市と農村との人口比は74％と26％）．

　人口1,000人当たりの出生数は，1990年の13.4人から，体制転換後の1999年には8.3人にまで落ち込んだが，現在は13人程度にまで回復している．合計特殊出生率（1人の女性が生涯に産む子どもの数）は，2016年に1.76となお低い（ただしトゥヴァ共和国では3.35，チェチェン共和国では2.62と比較的高い）．一方，1,000人当たりの死亡数は，1990年の11.2人から2000年代に入って16人を超えたが，現在は出生数とほぼ同程度になった．ここには，人口構成の高齢化とともに，働き盛りの年齢（特に男性）の高い死亡率が反映されている．死亡原因の1位は循環器系疾患で全体の47.8％，次いで癌が15.8％，外因性（事故・アル中・自殺など）が8.8％である（2016年）．生後1年未満の乳児死亡数はこの間に一貫して減少した（1,000人当たりで1990年の17.4人から現在は6人）．

　ロシア人の平均寿命は，1990年に69.19歳（男性63.73歳，女性74.30歳）であったが，貧困化や医療制度の混乱などにより，2003年には64.86歳（58.56歳，71.86歳）まで落ち込んだ．その後2016年には71.87歳（66.50歳，77.06歳）にまで回復したが，それでも西側先進諸国に比べるとなおかなり低い．

❋人口の構成　人口の年齢構成は，体制転換後の2002年には15歳以下の年齢層が年とともに減少する壺型を呈していたが，2017年には逆に15歳から若くなるに従って人口数が増えて，やや底が安定した．この結果，15歳以下の若年層の割合は，この間に16.9％から17.7％へと若干改善された．しかし男性60歳以上，女性55歳以上の高齢層の割合は，19.8％から24.8％へとかなり増えており，その中間の労働可能人口の割合は，63.2％から57.5％へと減少している．ロシアでも少子高齢化に基づく労働力不足が問題になっている．

　ロシアは200以上の民族が暮らす多民族国家である．2010年の国勢調査で人口の民族構成を見ると，ロシア人が80.9％と圧倒的で，次いでタタール人が3.87％，

ウクライナ人が1.4％，バシキール人が1.16％，チュヴァシ人が1.05％，チェチェン人が1.04％などとなっており，2002年の国勢調査に比べるとウクライナ人の減少（102万人）が目に付く．シベリアに住む先住民族のオロチ，トファラル，ネギダール，エネツなど，なかには数百人の極少民族もあるが，そこでは母語を話さない人も多い．

　また調査では，民族的な帰属が未記載の者の数が，この間に146万人（1％）から563万人（4％）に増大しており，民族帰属意識の変化がうかがわれる．なお，大民族がまとまって住んでいる地域には一定の自治が認められており，その規模に応じて，現在，22の共和国，1の自治州，4の自治管区が，州・地方・3都市と対等な連邦主体として，ロシア連邦を構成している．

❈人口の移動　ロシア国内では，農村から都市へという人口移動とともに，やはり経済的な理由から，東（アジア部）から西（ヨーロッパ部）への人口移動も目立っている．それを間接的に示すデータとして，2002〜17年までの15年間に，シベリアおよび極東連邦管区では約124万人の人口減少が生じ，モスクワなどのある中央連邦管区ではほぼ同程度（122万人）の人口増大が見られた．

　国際的移動では，2012〜16年に，平均して1年間に約53万人が移民としてロシアに流入し，約25万7000人がロシアから流出した（差引きでは，CIS諸国を中心に年間約27万人の純増）．移民の増減は経済事情や国際情勢の影響を受けやすいが，2014年からのウクライナ危機の影響で，この年を境に，主にウクライナ在住ロシア人のウクライナからの流入と，主にロシア在住ウクライナ人のウクライナへの流出が増大した．すなわち2011〜13年と2014〜16年とを比べると，年平均で流入は約5万人から約16万6000人に，流出は約1万2000人から約4万6000人に急増している．

❈家族・世帯　人口1,000人当たりの婚姻件数は，1990年に8.9件であったが，体制転換後の2000年には6.2件まで下がった．その後8.5件まで回復し，16年には6.7件となっている．これには人口構成，経済事情，生活スタイルや結婚観の変化などが影響していよう．離婚率は1,000人当たり4.1〜4.7件と，あまり変わっていない．

　2010年の国勢調査によれば，ロシアの総世帯数は5,456万世帯で，うち1人世帯は25.7％，2人世帯は28.5％，3人世帯は22.5％，4人世帯は14.5％，5人以上世帯は8.8％で，1世帯平均人数は2.6人である．地域的には北コーカサス（カフカス）で1世帯人数が多く，特にイングーシェチア共和国では平均6人（都市5.4人，農村6.3人）である．18歳未満の子どものいる世帯のうち，母子世帯が3割近くを占める．1人当たり所得が最低生活費を下回る貧困世帯の割合は，1990年代後半には50％を超えたが，その後低下したとはいえ，2009年に22％（子どものいる世帯では28％）で，この割合は現在もほぼ変わっていないとみられる．　　　［関　啓子］

地域・民族・文化①ヨーロッパ・ロシア中部

　モスクワを中心とするヨーロッパ・ロシア中部は，今日われわれがイメージするロシアの文化的伝統の多くが育まれた空間である．冬は寒冷で概して平坦な土地が広がるこの地域には，サンクト・ペテルブルグが首都となる前のロシア史の舞台となったさまざまな都市や地方，また近代ロシア文学を代表する作家や詩人たちにインスピレーションを与えたさまざまな場所がある．現在，この地域には2000年より行政単位として中央連邦管区が置かれ，モスクワ市および17州が属している．ここは，ロシアの全連邦管区の中で人口が最も多く，人口密度およびロシア人（民族）住民の割合が最も高い．まさにロシアの心臓部といえるだろう．

❋黄金の環　モスクワの北東に，15世紀にモスクワ大公国の中央集権体制が確立する前に栄えた諸公国の古都が環状に連なる地域があり，「黄金の環」と呼ばれている．ここはソ連時代から観光地として名高く，世界遺産に登録された建物や地区も多い．

　セルギエフ・ポサードはモスクワの北東70 kmに位置する宗教都市で，美麗な建築で名高い至聖三者セルギー大修道院（トロイツェ・セルギエフ）がロシア正教会にとって重要な場所の一つとなっている．ウラジーミルは，12世紀後半，それまで諸公国をゆるやかにまとめていたキエフに代わって台頭し，やがてモンゴル支配下でモスクワが急伸するまでロシアの政治的中心であったウラジーミル大公国の首都である．白壁の教会群が有名で，さらに近郊のボゴリューボヴォには中世ロシア建築の代表とされ優美な外観で名高いポクロヴァ・ナ・ネルリ教会がある．ロストフ・スーズダリ公国など諸公国の首都となったスーズダリは，こぢんまりとした田舎町でありながら教会や修道院など多くの中世建築を凝縮されたかたちで残しており，人気の高い観光地となっている．

　コストロマはヴォルガ川とコストロマ川の合流点に位置する古都で，ロマノフ朝の初代ツァーリ，ミハイル・ロマノフ（在位1613〜45）は即位前この町のイパチエフ修道院に隠棲していたとされる．ミハイル・グリンカのオペラ《皇帝に捧げた命》（1836年初演）の中でこのミハイルを刺客から救うためにみずから犠牲となる主人公イワン・スサーニンは，この近隣に住む農民とされた．1218年に成立したヤロスラヴリ公国の首都ヤロスラヴリは，ヴォルガ河岸の工業都市として発展した町で，「黄金の環」で最大の人口を擁している．

❋ドニエプル，ヴォルガの源流　モスクワの北西に目を転じると，作曲家チャイコフスキーが晩年を過ごしたクリン，かつて同じウラジーミル大公国の分領公国としてモスクワと覇を競い，現在は工業都市となっているトヴェリがあり，その先

はノヴゴロド，サンクト・ペテルブルグへと続いている．トヴェリ州がノヴゴロド州やスモレンスク州と接する辺りはヴァルダイ丘陵と呼ばれるなだらかな丘陵地となっており，多くの湖や沼が点在している．キエフを育んだドニエプル川，および「ロシアの母なる川」と呼ばれるヴォルガ川の源流もこの地域に発している．ベラルーシとの国境近く，ドニエプル河畔に位置するスモレンスクは，ロシア最古の町の一つとされながら歴史的にポーランド，リトアニアとの関わりも深く，対ナポレオン戦争や独ソ戦の際には侵攻軍による占領を受けた．

❋要塞からロシア文学の故郷へ　モスクワの南東約180kmに位置するリャザンは，かつてリャザン公国の首都として栄えた町で，市内にはクレムリンをはじめ，今も中世建築が多く残されている．作家アレクサンドル・ソルジェニーツィンが流刑後に住んだ町でもある．また農村を歌い，ロシアで最も愛される詩人の一人であるセルゲイ・エセーニンは，この北40kmほどにあるリャザン州の村，コンスタンチノヴォで生まれた．

図1　リャザンの城塞（クレムリン）［著者撮影］

　トゥーラ，カルーガ，オリョールといったモスクワの南方に位置する都市は，モスクワ大公国の要塞が建設されたことが発展のきっかけとなった．そのうちの一つトゥーラは，サモワールの生産で昔から知られるほか，蜂蜜を用いたロシアの伝統菓子プリャーニクでも有名である．レフ・トルストイの領地と屋敷があったヤースナヤ・ポリャーナはこのトゥーラの14km南西にあり，現在は博物館となっている．カルーガはロケットの父と称えられるコンスタンチン・ツィオルコフスキーが長年暮らした町で，市内には彼の名前を冠した宇宙飛行学歴史博物館がある．さらにその南，16世紀にイワン4世（雷帝）により南部国境を守る要塞が築かれたオリョールは，作家イワン・トゥルゲーネフや文芸理論家ミハイル・バフチンの生地であり，さらにオリョール州からは作家ニコライ・レスコフや詩人アファナシー・フェートも生まれている．トゥルゲーネフの短編小説集『猟人日記』(1852)が舞台としているのも，オリョール州，トゥーラ州などこの辺りの地方の森や草原である．

　その南方には，ピョートル1世による造船所の建設を機に発展し，イワン・ブーニン，アンドレイ・プラトーノフ，サムイル・マルシャークといった作家を輩出したヴォロネジ，独ソ戦の激戦地となったことで知られるクルスクといった都市があり，一帯は肥沃な黒土地帯となっている．さらに南のベルゴロドは，ロシア・ウクライナ間の国境までわずか40kmという地点に位置しており，ウクライナの都市ハリコフ（ハルキウ）とも近い．

［鳥山祐介］

地域・民族・文化②北ロシア

現在，北ロシアと区分される地域は，海に面した地域を意味する「ポモーリエ」の名で呼ばれてきた．歴史上ポモーリエと呼ばれた都市を見ていくと海岸線から600 km以上も離れた古都ヴェリーキー・ウスチュグまで含まれていることに驚かされる．ポモーリエは，バルト海を得る以前のロシアにおける最大の海港であった白海と北ドヴィ

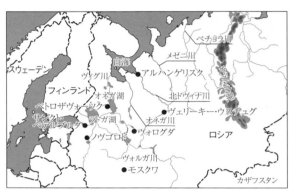

図1 北ロシア

ナ川水系の河川交通によって結ばれていた内陸の諸都市を含み，実に16世紀のロシア国家の半分を占める地域であった．北ロシアは，13～15世紀の「タタールのくびき」による被害をほとんど受けず，17世紀中葉に行われた教会改革に反対した古儀式派の拠点を数多く有し，広大な修道院領の他は自由な共同体農民による農地経営がなされた点で，農奴制を特徴とするロシアの他地域と異なっていた．独自の伝統，精神文化，生活様式を備えた北ロシアについて，ロシア科学アカデミー地理学研究室のウラジーミル・コトリャーコフは，大ルーシ，小ルーシ（ウクライナ），白ルーシ（ベラルーシ）に続く第4のルーシと呼び得た可能性があるとさえ主張している．

❋**空間地理的・自然気候的特徴** 北ロシアはオネガ川，北ドヴィナ川，ペチョラ川など，白海・カラ海へ通じる北の河川を中心に発達した地方で，ヴォログダの南を西から東へ向かって流れるヴォルガ川流域を南限とする．東はウラル山脈まで広がり，西はノヴゴロド，ラドガ湖辺りを境とする．一帯を支配するのは，幾つもの河川の他に，分け入ることさえ困難なほどに豊かな森，大小の湖沼群，そしてごつごつとした岩と低木，コケに彩られるツンドラ地帯に属する海岸線である．雪が多く暗い冬と白夜を伴う短い夏を特徴とする．もとはフィン・ウゴル系の少数民族が暮らしており，ロシア民族の入植は10～11世紀頃のことと考えられている．

❋**歴史的・社会経済的特徴** 北ロシアの文化的発展に最初に影響を与えたのは，

キエフと並ぶ古い伝統を持つノヴゴロド共和国であった．ノヴゴロドは主にバルト海を通じた交易を広く展開して富を蓄え，12世紀には市長官や主教を備えた都市共和国として，北ロシア一円を支配した．1487年，イワン3世のモスクワ公国に降伏したことにより，ノヴゴロドは自治を失い，北ロシアはロシア国家の一部に組み込まれたのである．また，16世紀には白海を出入り口とする北極海航路がイギリスによって開拓され，シベリア産の毛皮をヨーロッパへ輸出するロシアの唯一の国際港としてアルハンゲリスクが栄えた．ピョートル大帝がフィンランド湾にサンクト・ペテルブルグを建設すると，交易の中心は北ロシアから離れていったが，そのことは逆に，この地に古いロシアの文化を保存することにもつながっていった．

❀宗教的・精神文化的特徴　14〜15世紀にかけて，祈りと労働の禁欲的生活を求める修道士たちが北ロシアの森の中に分け入り，数多くの修道院を築いた．修道院は周辺の農民たちに戦役や疫病から逃れるための安全な避難所を提供し，さらに精神的な安寧を与えてくれる場所として，多くの者を惹き付け，大規模に成長した．北ロシアの植民とキリスト教化は修道院によって進められたといっても過言ではない．前衛となったのは，ノヴゴロドに位置するキリロ・ベロゼルスキー修道院やフェラポントフ修道院であり，そこから北ロシアの一大領主となったソロフキ修道院が白海の島に築かれた．修道院では手工業が発展し，周辺の農民たちは巡礼と徒弟を兼ねて，息子たちを修道院へ送り出すなど，修道院は宗教ばかりでなく経済の中心地でもあった．

　また，17世紀にロマノフ朝第2代皇帝アレクセイ・ミハイロヴィチが，ロシアで独自に発達した典礼をギリシア式に改める改革を断行した際には，北ロシアはこれに反対する古儀式派の拠点となった．ソロフキ修道院では8年間にわたる政府との籠城戦が行われた．教会と皇帝の権力を否定するラディカルな「無僧派」の最大宗派「ポモーリエ派」が生まれた．

　19世紀以降，ロシアでもロマン主義に支えられたナショナリズムが興隆すると，「ルーシの純粋な伝統」を保存する地域として北ロシアが発見された．パーヴェル・ルイブニコフをはじめとする民俗学者らは，農民の間に残る叙事詩ブィリーナや歌謡を収集し，民衆の豊かな感情世界を描き出した．ニコライ・レスコーフやミハイル・プリーシヴィンといった作家たちは，農民の巡礼たちとともに北ロシアの修道院をめぐり，ロシア民衆を意味する「ナロード」に素朴さ，したたかさ，狡猾さなどを備えた具体的な相貌を与えた．また，イワン・シーシキンやフョードル・ワシリエフら風景画家たちが，北ロシアの手付かずの森林や湖を描き出し，近代性・都市性を排除した「ロシア的な美」を生み出していった．

　近年では，民衆文化を観光資源としつつ，北極域開発の拠点としても注目され，北欧諸国との経済的・文化的交流にも重点を置いている．　　　［高橋沙奈美］

地域・民族・文化③シベリア・極東

シベリア・極東は，地球の陸地の8％以上を占める広大な大地である（なお本項では，極東も含めてシベリアと呼ぶことにする）．大半をタイガが占めるが，北極圏ではツンドラも見られ，永久凍土に覆われる所がほとんどである．だが南部に眼を転じれば，植生豊かな山地も広がる（☞項目「森」「植物」）．その多様性はさまざまな意味での可能性の源であり続けている．

❀ロシア帝国の一部として，「植民地」として　文字資料の残存という観点からすれば，シベリアの歴史は16世紀から始まる．毛皮が西欧で高値の付くクロテンの生息地としてシベリアはロシアに注目され，交易も盛んになっていったが，1581年に（諸説あり）大商人ストロガノフ家の後押しのもと，コサックのイェルマークの率いる部隊がシベリア進出を開始した．コサック隊は火器および河川を有効に使用して，チュメニ，トボリスクをはじめ各地に砦をつくり，比較的早いテンポで進出していった．その砦は後に都市へと発展していき，文化生活の拠点となった．記録としては，イェルマークとストロガノフ家の事業，シベリアでのキリスト教布教活動を讃える目的で編まれた年代記（「ストロガノフ年代記」「エシポフ年代記」）がある．

❀文化的自覚の芽生え　1789年にはシベリア発の定期刊行物『ヒッポクレネとなるイルティシ』がトボリスクで発刊され，単なるロシアの僻地というのではなく，独自の地域としての意識が徐々に育成されるようになっていった．この意味でロシアにおけるシベリア文化の最初を築いたのは，歴史家ピョートル・スロフツォーフである．随想録とも地誌とも読める『シベリアからの手紙』（1828），『1830年のトボリスク散策』（1834），長年の研究の成果『シベリア歴史概説』（1838，44）により，シベリアに関する，かつシベリア発の言説の軌跡が定められた．

ロシア文学上ではあまりに著名だが，シベリア文化史上の位置についてはほとんど知られていないのが，『イワンとふしぎなこうま』（浦雅春訳）の作者ピョートル・エルショーフである．ペテルブルグよりシベリアに帰還したエルショーフは，スロフツォーフに感化され，教育活動に携わりながらシベリアの文学的勃興を試みた．シベリア・ハン国のクチュム・ハンの妻スズゲを謳った長編詩「スズゲ―シベリア伝説」（1837）は，ハンの妻としての愛と悲しみ，国の滅亡を叙情豊かに描写しており，詩人の眼はイェルマークよりはスズゲに寄り添っている．「昨日わたしは王妃だった．今日，ロシア人の奴隷になるのか！」という一節は，明らかに次の局面を準備し，シベリアの新たな自覚をうながすものである．

❀シベリア地方主義　シベリア文化史で決定的な役割を果たしたのが（流刑され

てきたデカブリストたちの次に，という順序になるが）シベリア地方主義者たち
である．ペテルブルグでの学生同郷サークルから始まったシベリアの自立性を求
める運動は，逮捕と弾圧の後，文化面に活動を限定されていった．学者（民族学
者，歴史学者など）で社会評論家のニコライ・ヤードリンツェフとグリゴリー・
ポターニン（ともにロシア人）を二大立役者として展開されたこの運動のテーゼ
は，ヤードリンツェフの主著『植民地としてのシベリア』（第1版1882，第2版
1892）のタイトルに集約されていよう．彼らは，シベリアの社会構造に害をもた
らすとして刑事犯流刑制度，ヨーロッパ部への経済的依存，優秀な若年層の流出
に反対し，移民問題の解決と先住民（当時の言い方で「異族人」）の状況改善を訴
えた．シベリアの教育的自立を求めて地元での大学設置に奔走し，78年に帝立ト
ムスク大学の創設が決定されたのは運動の成果の一つである．特にヤードリン
ツェフは詩作を好んで文学評論でも活躍し，シベリア文学というジャンルを考え
た点でも特異な位置を占める．この文脈では論文「ロシア文学という法廷の前に
立たされるシベリア」（1865），「シベリアのドストエフスキー」（1897）が注目され
る．と同時に，先住民学者・知識人（例えばブリヤート人のドルジ・バンザロフ）
の登場も，ロシア人と先住民との文化的接触の興味深い事例として見逃せない．

❋**急激な開発とその後**　ロシア革命直後，激しい干渉戦や内戦を経験しつつ，ソ
ヴィエト連邦のなかにシベリアは位置し続けた．豊富な天然資源の供給地，開発
のための労働力の投下先としてシベリアは急激な社会変容を被ることとなったが
（急速に発達した都市としてノヴォシビルスクがある），文化史的には，すでに20
世紀初頭にシベリアの独自性について強い疑義が出されていた．革命後に地域的
多様性よりも階級共通性が強調された結果，シベリアにはロシア（ソ連）全体に
共通する文化に地方的色彩・装飾を加えるといった程度の意味付けしか残らなく
なっていく．そうしたなか，シベリア文化史という研究分野を構築したマルク・
アザドフスキー，シベリア文学を討議の対象とし続けた雑誌『シベリアの灯火』
の存在感は比類ない．

　ソヴィエト版多文化主義政策のなか，先住民は社会主義体制の多様性表出の一
例として「民族文化」を表象することになり，その意味では先住民文学（ニブヒ
人の作家ウラジーミル・サンギなど）も発達し，ペレストロイカ期には社会批判
の役割も担った．ソヴィエト時代から一定の文明批評的な役割を果たしたのが農
村派文学だが，その少なからぬところをシベリアの作家たちが占めた．エニセイ
川を舞台にしたヴィクトル・アスターフィエフ（1980年の『魚の王様』中田甫
訳），アンガラ川やバイカル湖と深い関わりを持ったヴァレンチン・ラスプーチ
ン（1976年の『マチョーラとの別れ』安岡治子訳）らであるが，彼らの自然や
エコロジーが「シベリア」とどういう関係にあるかは，今後の解明が望まれる．

［渡邊日日］

地域・民族・文化④沿ヴォルガ

沿ヴォルガは本来長大なヴォルガ川の流域全体を表す言葉だが，慣用としてはヴォルガ中・下流域を限定的に示すことが多い．特に沿ヴォルガ経済地区というくくりでは，中流のタタールスタン共和国からカスピ海岸のアストラハン州までの8管区のみを含むが，それでも約1,600万の人口を擁する広大な地域である．

❉歴史　ヨーロッパとアジアの境界に位置する沿ヴォルガは，古来多様な民族の居住地だった．下流域には7世紀にテュルク系遊牧民のハザール帝国が興ってユダヤ教を奉じるシルクロードの交易国家として栄

図1　ヴォルガ流域

え，10世紀以降は同じ遊牧民のペチェネグ，ポーロヴェツがここに勢力を張った．同じ頃，中流域には大ブルガリアから分かれたヴォルガ・ブルガール族が住み着き，イスラーム国家を築いた．13世紀には西方に遠征したモンゴルがこの地を席巻し，バトゥ・ハンが下流域のサライを首都とする巨大なキプチャク・ハン国を築いて沿ヴォルガ全域を支配した．キプチャク・ハン国の分裂後は，中流域にカザン・ハン国，下流域にアストラハン・ハン国ができるが，上流域を拠点としたモスクワ大公国のイワン雷帝が16世紀半ばにこれらを征服し，沿ヴォルガ全域が多民族性を保ちつつロシアの領土となった．

沿ヴォルガはこの後もロシア史の大事件の舞台となった．とりわけ17世紀と18世紀にコサックを母体に農民や非ロシア民族を組織してモスクワへ攻め上ろうとした二つの大規模な反乱（ステンカ・ラージンの乱〈1670〜71〉とプガチョフの乱〈1773〜75〉）が，ともに多民族沿ヴォルガを舞台としていたことは特筆される．第2次世界大戦（独ソ戦）の1942年に下流域の要衝スターリングラード（現ヴォルゴグラード）を舞台として行われた独軍とソ連軍の半年にわたる熾烈な攻防戦も，国家の生命線としてのこの地の意味を象徴する出来事だった．

❉都市の顔　ヴォルガ中流の三つの百万都市のうち最大のニジニ・ノヴゴロドはオカ川との合流地点にある．古くはロシア国家の東のフロントだったが，後に商工業都市として発展し，有名な定期市は19世紀の小説にも描かれている．ソ連時代は出身作家の名をとってゴーリキーと呼ばれ，軍事機密保護のため閉鎖都市

とされた．カザンはヴォルガが南へ折れる屈折点にあるタタールスタン共和国の主都．ヴォルガ・ブルガール以来の歴史を反映してムスリム人口が多く，正教のブラゴヴェシチェンスキー大聖堂とイスラームのクル＝シャーリフ・モスクが並び立つ町の城塞(クレムリン)は，ユネスコの世界遺産に登録されている．サマーラは河川交通・交易を管理する要塞・税関として生まれ，主として穀物交易の場として発展した．ソ連期には，化学工業や航空・宇宙産業の中心となった．ヴォルガの広大なる景観を展望する理想的なスポットとして観光客にも人気を博している．

図2 サマーラ戦勝記念公園からの眺め［前田しほ撮影］

他に沿ヴォルガの重要都市としては，ステンカ・ラージンの乱の重要舞台となり，作家ゴンチャロフや革命家レーニンの誕生地でもあったウリヤノフスク（シンビルスク），エカチェリーナ2世時代に入植したヴォルガ・ドイツ人の子孫が多く住んでいたサラトフ（作家チェルヌィシェフスキーの生地），ヴォルガ・ドン運河の入り口で，独ソ戦の戦場となったヴォルゴグラード（スターリングラード）などがあげられる．さらに南の内陸都市エリスタは，かつてジュンガリアから移住したチベット

図3 エリスタの仏教寺院［著者撮影］

仏教徒の子孫からなるカルムイク共和国の首都．第2次世界大戦時の1943年，カルムイク人は対独協力の理由でシベリア・ウラルに流刑になり，スターリン批判後にこの地に戻った．現代の民族文化復興運動で壮大な仏教関連施設が街を彩っているのが観察できる．河口のアストラハンは古来欧亜の交通の要所で，18世紀のピョートル大帝はここにカスピ海進出のための造船所をつくった．アルメニア人，ペルシア人，インド人，ヒヴァ人など多数の民族が往来・共住してきた歴史は，ステップ気候とともにこの町の独特の顔をつくり，そのエキゾチシズムはここで生まれた詩人フレーブニコフの作品にも反映している．

❋**母なるヴォルガ** 帝政期のロシア詩はヴォルガに「あまたの川の王」「母なる川」「ロシアの川」といった美称をささげ，その精神はソ連期のミュージカル映画「ヴォルガ・ヴォルガ」などをも貫いている．ヴォルガはまさにロシアの原風景のように愛されてきた．ただし沿ヴォルガの歴史は，この川が決してロシア人の故郷ではなく，むしろ外敵・異民族・反乱分子との対抗で戦い取られ，護り抜かれてきたフロンティアであったことを示している．沿ヴォルガはロシア人の文化的自意識自体が試みられる「内なる外部」なのだ． ［望月哲男］

地域・民族・文化⑤コーカサス・黒海沿岸

ロシア南西部の端は，黒海とカスピ海の二つの巨大な水域と，その間を結ぶように走る大コーカサス（カフカス）山脈である．5,000 m級の山々が連なる大コーカサス山脈は，地理的に欧州とアジアを分ける境界とされる．山脈の北側はロシア，南側はグルジア（ジョージア），アルメニア，アゼルバイジャンの3カ国に分かれている．

図1 大コーカサス山脈［著者撮影，☞巻頭口絵］

黒海はロシアから時計回りにジョージア，トルコ，ブルガリア，ルーマニア，ウクライナに囲まれており，トルコのボスポラス海峡およびダーダネルス海峡を経て地中海につながっている．北東部にはウクライナとロシアに挟まれた内海のアゾフ海がある．

黒海沿岸からコーカサスにかけての地域はアジアとヨーロッパを結ぶ交通の要衝として，古くからさまざまな民族間の交流・貿易の中継点であったとともに，ローマやペルシア，アラブ，トルコ，ロシアなど周辺の大国が覇権を争う角逐の場となってきた．現在もチェチェン，アブハジア，南オセチア，ナゴルノ・カラバフ，クリミアなどで紛争が絶えない地域である．

❋**歴史** 黒海沿岸には紀元前7世紀頃からギリシア人の植民市が築かれた．オデッサ（ウクライナ）やスフミ（グルジア）などの現代の都市はこうした植民市を起源とすると考えられている．同じ頃，黒海東岸ではギリシア神話のアルゴナウタイ伝説の舞台となったグルジア系のコルキス王国が成立する．その後，アルメニア王国や東グルジアのイベリア王国，現在のアゼルバイジャンの地域にはアルバニア王国が現れ，それぞれ紀元後4世紀にキリスト教を受け入れた．また，これらの国々では独自の文字が生み出された．

ローマ帝国やペルシアに続いて7世紀にはアラブが南コーカサス一帯を支配する．9世紀末頃から，アラブの支配が弱まるとともにアルメニア王国（バグラトゥニ朝アルメニア）が勢力を拡大したが，11世紀にはビザンツ軍によって滅んだ．その頃，分裂していた諸公国の統一を果たしたグルジア王国は，セルジューク朝を退け，13世紀初めには南コーカサス全域に版図を広げた．しかし，北コーカサスのオセット系アラニア王国などとともにモンゴルやティムールの侵略を受けて衰退した．

16世紀以降はコーカサスをめぐってペルシアとオスマン帝国が争う．18世紀には南下してきたロシア帝国が覇権争いに加わった．露土戦争に勝利して黒海への進出を果たし，クリミア半島を含む黒海北部を支配下に収めたロシア帝国は，19世紀になるとコーカサス全域を段階的に併合していった．その過程で北コーカサスではムスリム住民の大規模な反乱が起きた．

20世紀初め，ロシア帝国の崩壊とともに南コーカサスの3カ国は独立を宣言するが，すぐにソヴィエト連邦に編入される．3カ国はソヴィエト連邦の解体とともに独立を回復した．

✻言語・宗教　コーカサスは民族的な多様性が特に豊かな地域である．インド・ヨーロッパ系，テュルク系，土着のコーカサス系など互いに系統の異なる数多くの民族が狭い範囲に交ざり合って暮らしている．宗教的にもキリスト教とイスラームが入り交じる．

南コーカサス3カ国の公用語はグルジア語，アルメニア語，アゼルバイジャン語であるが，グルジア語は南コーカサス（カルトヴェリ）語族，アルメニア語はインド・ヨーロッパ語族，アゼルバイジャン語はテュルク語族に属する．宗教的には，国民の大多数がキリスト教徒のグルジアとアルメニアに対し，アゼルバイジャンの国民の多くはムスリム（シーア派）である．さらに，同じキリスト教とはいえ，グルジアでは正教が一般的であるのに対し，アルメニアのアルメニア教会は独立の宗派である．南コーカサスの3カ国は言語についても宗教についても三者三様である．

北コーカサスは南コーカサスにも増して民族的な多様性に富んでいる．北コーカサスには，ロシア連邦を構成するアディゲ共和国，カラチャイ・チェルケス共和国，カバルド・バルカル共和国，北オセチア共和国，イングーシ共和国，チェチェン共和国などの民族共和国が分布する．最も東のダゲスタン共和国では十余の民族がいずれも大多数を占めることなく共存する．北コーカサスの民族のほとんどは，キリスト教徒が多いオセット人（インド・ヨーロッパ系）を除き，ムスリム（スンニ派）である．

✻都市　人口100万人を越える大都市として，南コーカサスにバクー，トビリシ，エレヴァン，黒海北西岸にはウクライナのオデッサがある．いずれも長い歴史を持つ古い町である．黒海北東部のロシアにはクラスノダール（人口約75万人）やドン川がアゾフ海に注ぐ河口にほど近いロストフ・ナ・ドヌ（同約110万人）などがある．

黒海沿岸は一部が亜熱帯気候に属しており温暖で，周辺国の人々に人気のある保養地が集中する．観光は地域の重要な産業となっている．ロシア有数のリゾートであるソチやクリミア半島のヤルタ，グルジアのスフミ，バトゥミなどの沿岸の諸都市は夏は多くのリゾート客でにぎわう．　　　　　　　　　［児島康宏］

極地の探検と開発

　北極海は氷に覆われた海であり，ロシア沿岸の海域も冬は厚い氷に覆われ，夏の間のみ，砕氷船の先導により航行が可能となる．ただし，大西洋からの暖かい海流の影響により，ノルウェーに近い海域は凍結せず，ムルマンスクは不凍港であるが，東方に行くにつれて氷が多くなっている．

　❄探検の歴史　北極海の探検も西方から始められた．バレンツ海の探検は1550年代から行われ，オランダ人のウィレム・バレンツは1596年にバレンツ海からノーヴァヤ・ゼムリャ島北端を回ってカラ海に到達した．一方，デンマーク生まれのロシア軍人ヴィトウス・ベーリングらは，1725〜30年にカムチャツカ半島からベーリング海峡方面への探検を行った．1733〜34年にはベーリングを総隊長とする大がかりな北方探検隊が組織され，ベーリング海だけでなく，カラ海やレナ川を下ってラプテフ海の探検が行われた．

図1　北極海のロシア沿岸部

　初めて北欧からベーリング海までの北極海航路全体を横断したのはスウェーデン系フィンランド人のアドルフ・ノルデンショルドで，1878〜79年のことであった．1933年には，北極海航路の利用可能性を確かめるためにソ連の蒸気船チェリュースキンによる航路横断が試みられた．ムルマンスクを出発した同船は，いったんはベーリング海峡に入ったものの，押し戻されてチュクチ海で沈没した．この事件は，ソ連人の飛行士たちが2カ月をかけて船員救出を行い，ヨシフ・スターリンから表彰を受けたことでも広く知られるようになった．

　ソ連時代には，ムルマンスクやアルハンゲリスクの港湾整備が進められ，両港は第2次世界大戦期に連合国からの補給物資の陸揚港となった．冷戦期には，両港の軍事基地としての重要性が高まり，ロシアの北極域は外国に対して閉ざされることとなった．ロシア沿岸の北極海は，夏季においてオビ川やエニセイ川流域などに物資を運ぶための国内航路として活用された．

❋北極海の国際的開放　ロシア北極域の国際的な開放の契機となったのは，1987年10月1日のミハイル・ゴルバチョフ書記長によるムルマンスク宣言であった．これは，北極の非核化，資源開発における平和的協力，環境保全協力や，北極海航路を外国船舶に開放することを宣言するものであった．この国際協力の流れは，96年における北極圏8カ国による北極評議会の創設に結実し，これ以降，米ロを含むこの北極評議会が北極の国際的利用，平和利用を主導することとなった．

　北極圏開発の追い風となったのは，気候変動・地球温暖化の進展であった．この傾向は2000年代に入って特に顕著となった．温暖化の進展により，夏季における海氷面積が急速に減少し，2012年には1980年代と比べて半分にまで縮まったのである．

　北極海航路の国際的な利用が本格化したのは，2011年頃からであった．西ヨーロッパと東アジアを結ぶことを考えると，北極海航路はスエズ運河経由と比べて30〜40％も距離が短くなることから，燃料代節約などのメリットが大きかった．2000年代前半からは石油などの資源価格が急騰し，それまでは開発コストが高いために手が付けられてこなかった北極海やその沿岸での資源開発も大々的に進められることになった．バレンツ海の油田では13年から生産が開始され，カラ海でも欧米の石油会社が加わって試掘が行われた．14年にはロシア政府が国家プログラム「ロシア連邦北極圏地域の2020年までの社会・経済発展」を採択し，ロシアの北極域開発を重視する姿勢がさらに鮮明になった．

❋資源開発の進展　ロシアの北極域資源開発のなかで最も注目されたのが，ヤマル半島における天然ガスの開発と液化天然ガス（LNG）生産施設の建設であった．ロシアの天然ガス生産の8割を占めるヤマロ・ネネツ自治管区からは，これまでパイプラインを通じて欧州向けにガスが輸出されてきた．しかし，世界的にはLNGとしてガスを輸出することが広く行われ，日本は，天然ガスはすべてLNGのかたちで輸入しており，世界最大のLNG輸入国となっている．ロシアはLNG生産の技術を持っていないが，そのロシアで初めてLNG生産プラントが建設されたのがサハリンであり，09年の稼働開始後，日本などに輸出されている．世界のLNG市場への参入を望むロシアは，日本を含む外国企業の技術支援により，二つ目のLNGプラントをヤマル半島に建設した．同プラントは2017年12月に稼働を開始し，北極海航路を利用して，冬は欧州向け，夏は東アジア向けにLNGが輸出されることになっている．

　地球温暖化の進展により，2030〜50年頃に北極海は夏季において砕氷船のエスコートなしに航行できるようになるとの予測もあり，北極海航路のさまざまなかたちでの利用が今後も進展すると考えられる．同時に，北極域の開発については，自然環境や先住民の生活環境をどのように守っていくのかということが重要な課題となっている．

［田畑伸一郎］

モスクワ

モスクワという地名が初めて歴史の中に登場するのは『イパーチー年代記』であり，1147年にスーズダリ公国のユーリー・ドルゴルーキーが遠征からノヴゴロドに帰還する途上，モスクワで会合を行ったと記述されている．モスクワに人々が住み始めたのはこれよりはるか前のことであるが，この年代記によりドルゴルーキーはモスクワの創建者と考えられている．1270年代にウラジーミル大公アレクサンドル・ネフスキーの子ダニイル・アレクサンドロヴィチのもとに独立を進めたモスクワ公国は，14世紀に大公国となり，ウラジーミルに代わって政治・文化の中心地とされた．1472年にビザンツ最後の皇帝の姪と結婚したイワン3世はモスクワを「第三のローマ」と称し，15世紀末から16世紀末までにクレムリンの聖堂，城壁が拡張され，市は急速に発展した．ピョートル大帝治世の1712年に首都はモスクワからサンクト・ペテルブルグに移されたが，モスクワは経済，文化の中心地であり続け，1918年，ソヴィエト政権は首都を再びモスクワへ移した．モスクワは現在もロシア連邦の首都，モスクワ州の州都であり，人口1,250万人超（2018年）を数える世界有数の大都市である．

✤芸術作品の中のモスクワ　モスクワは芸術作品の中でさまざまに表象されてきた．モスクワを舞台とする文学作品は数多いが，アレクサンドル・プーシキン（1799～1837）は『エヴゲーニー・オネーギン』（1823～32）で，「悲しい別離の中で，私のさまよいの人生の中で，モスクワよ，幾度お前を思い出したことか！モスクワ……　ロシア人の心にとって，その響の中にはなんと多くのものが溶け合っていることか！」と綴り，多面的な母なる町の風貌を歌い上げた．レフ・トルストイ（1828～1910）の『アンナ・カレーニナ』（1873～77）では，モスクワを舞台に数々の恋物語が繰り広げられるが，若く魅惑的なキティに恋をした誠実な田舎地主リョーヴィンが彼女に一目会おうとスケート場に赴く場面では，馬車で集まってきた着飾った人々，庭園の白樺，ロシア式の小屋，晴天の日の雪の描写など，きらめきに満ちた古き良きモスクワが描かれる．アントン・チェーホフ（1860～1904）の戯曲『三人姉妹』（1900）では，幼年時代をモスクワで過ごしたが，今は地方で不幸な人生を送る三人姉妹が「モスクワへ！　モスクワへ！　モスクワへ！」と嘆き，モスクワへの帰還を夢見る．不遇な姉妹にとってモスクワは失われた楽園，手の届かない理想の象徴である．象徴主義作家アンドレイ・ベールイ（1880～1934）の晩年の『モスクワ』三部作（『モスクワの奇人』『打撃を受けるモスクワ』1926，『仮面』1932）では，モスクワはゴミの山，混沌とした滅びの町として描かれるが，その背景にはモスクワを首都とするソ連政権への

批判と絶望がある．ミハイル・ブルガーコフ（1891～1940）の長編小説『巨匠とマルガリータ』（1928～29）においても，モスクワは暗い世相を映し出し，風刺をこめて描き出された．

　画家達もまたモスクワの多様な姿をキャンヴァスに描き上げた．ワシーリー・ポレーノフ（1844～1927）は〈モスクワの中庭〉（1877）でアルバート地区の自宅の窓から見える緑豊かなモスクワの風景を外光派の手法で描き，セルゲイ・スヴェトスラーフスキー（1857～1931）は〈モスクワ美術学校の窓から〉（1878）で古い教会を描写した（ともにトレチヤコフ美術館蔵）．どちらの絵でも教会が描かれているのは偶然ではなく，両作品は「40かける40」の教会があると語り伝えられた宗教都市としてのモスクワのイメージを浮かび上がらせている．近年では，写真家イーゴリ・ムーヒン（1961年生）が，ソ連崩壊後の転換期のモスクワと住民の姿を鮮やかにとらえ，過去と現在の対比を照射した躍動感に満ちたモノクロ写真の連作で脚光を浴びている（図1）．

図1　イーゴリ・ムーヒン〈モスクワ〉1995 [igormukhin.com]

❋**変わりゆくモスクワの風景**　モスクワの風景は刻々と変化し，放射線状に広がる地下鉄は延伸を続け，近未来的なデザインの新地下鉄駅は，1930～50年代に建設されたモザイクや大理石をあしらった宮殿建築的な駅と好対照を成している．1960年代に建設された「ロシアホテル」の跡地に2017年にザリャージエ公園が開園し（図2），構成主義の建築家アレクセイ・シューセフ（1873～1949）が30年代に設計した「ホテル・モスクワ」が地下駐車場建設工事のため

図2　アレクサンドル・ポノマリョフとアレクセイ・コズィリによるザリャージエ公園の〈氷の洞窟〉[pikabu.ru]

2004年に解体され新たに再建されるなど，中心部の風景も様変わりした．多数の古い貴重な建築が取り壊され，都市の文化遺産が失われつつある一方で，建築家コンスタンチン・メリニコフ（1893～1974）とウラジーミル・シューホフ（1853～1939）が設計した1920年代の構成主義建築「バフメーチェスキー・バス車庫」にはユダヤ美術館が開館し，郊外の工場がアートスペースに転用されるなど，建築遺産を生かした町づくりが民間の団体によって進められている．長い歴史を持つモスクワの魅力は，さまざまな時代の建築が共存し，多数の移民や外国人労働者が暮らす時間的，民族的，空間的な多層性にある．チェーホフの三人姉妹が懐かしみ憧れたように，今もモスクワは人々を惹き付けてやまない．　　　　［鴻野わか菜］

クレムリン・赤の広場・レーニン廟

クレムリン　クレムリンは，ロシア語で「クレームリ」といい，元来「城塞」の意味である．モスクワ川のほとりに12世紀に築かれ，14世紀中葉にモスクワ大公ドミートリー・ドンスコイによって現在の石造りに変えられ，15世紀のイワン3世時代に三つの聖堂が築かれて今日とほぼ同じ外観が整った．城壁の総延長は2.25 km，城門の数は20，敷地内にクレムリン大宮殿など種々の宮殿が並び，イワン大帝の鐘楼，武器庫ともに観光の名所となっている．ピョートル1世以降，約200年にわたって政治の中心がサンクト・ペテルブルグに移ったため，クレムリンの存在感は相対的に低下した．しかし1917年のロシア革命後にモスクワに首都が移され，その後現代に至るまで国家の政治中枢を司ってきたため，クレムリンの名はソ連・ロシア政権の代名詞として国際的に使われている．

赤の広場　クレムリンの北壁に接する「赤の広場」は，15世紀末に，イワン3世によって市街地から広場へと整備され，17世紀後半に再整備されて今日の「赤の広場」が誕生した．長さは695 m，道幅は平均130 mあり，長方形をなしている．国家的に枢要な行事の舞台となり，メーデーや革命記念日には，労働者の行進，軍事パレードによって国家の威信を世界に向けて広くアピールした．広場は，クレムリン，北東側の向かいのグム百貨店，北西端の国立歴史博物館，南東端の聖ワシーリー大聖堂の四つの建造物によって囲まれ，聖ワシーリー大聖堂脇には，処刑場ないし布告台として使用されたロブノエ・メストがある．ちなみに，「赤の広場」の「赤」は元来ロシア語で「美しい」の意味だった．1991年にクレムリンとともに世界遺産に登録された．

レーニン廟の建設　1924年1月，ロシア革命の指導者ウラジーミル・レーニンの死去に伴い，書記長のヨシフ・スターリン，対外貿易人民委員レオニード・クラーシンらを中心にレーニンの遺体保存をめぐる議論が浮上した．遺体は召集された解剖学者ウラジーミル・ヴォロビヨフ，化学者ボリス・ズバルスキーらの手によって独自の防腐処置が施され，赤の広場の一隅に建てられた霊廟の地下に安置された（レーニン夫人ナジェージダ・クループスカヤ，レフ・トロツキーらは，遺体保存に反対した）．保存の手段としては，最終的には特殊な保存液による方法が採択された．遺体保存と霊廟建設の熱心な推進者であったクラーシンは，19世紀末のキリスト教思想家で「死者の復活」を唱えたニコライ・フョードロフの熱烈な信奉者だったとされる．1941年の独ソ戦勃発に際し，ドイツ軍の攻撃を避けるため，レーニンの遺体は，モスクワから東に1500 km離れた小都市チュメーニに移送され，1945年の初めまで極秘裏に保存された．

廟の設計は，建築界の大立者アレクセイ・シューセフが担当した．実際の建設は，次の三つの段階を踏んでいる．第一段階の霊廟は，階段状の天蓋の付いた立方体を中心に，左右に単純な立方体を配したきわめてシンプルなもので，厳寒のなか三日間で完成された．これには，シューセフの理念「ウラジーミル・イリイチは永遠です．……われわれの建築学では立方体は永遠です」が決定的な意味を持った．第二段階では，第一の霊廟完成から3カ月後，同じシューセフのデザインによる装飾的な木造建築として生まれ変わった．今日，赤の広場の一角に建つ，御影石を多用した第三段階の霊廟は，1930年に完成したものである．

※レーニン廟の意味と撤去をめぐる議論　レーニンの遺体保存，霊廟建設は，当時の先進的な芸術家たちの関心を呼んだ．スプレマティズムの前衛画家として知られるカジミール・マレーヴィチは，「レーニンはイメージと闘い，イメージに抗った．彼はみずからの中に種々のイメージを映し出すことを嫌い，思想を映す鏡になろうとはしなかった．物質の中に自分が映し出されることを望まず，むしろ物質の中に救いを求めた」と考え，レーニンを崇拝する場としてのレーニン廟の建設に反対した．また，現代の文化史家ボリス・グロイスは，次のような独自の視点を提示している．「死の瞬間のまま保存され，展示されているレーニンの遺骸の意味は次の一点にある．すなわち，レーニンはじっさいに取り返しのつかないかたちで死んだのであり［…］，レーニン廟のうえに立つ後継者たちを介する以外，レーニンに何かを訴え出ることはもはやいかなる意味においても絶対に不可能という永遠の証拠を提供することだ」．

図1　赤の広場のレーニン廟（右手前）とクレムリン内の大統領府（左背後）［沼野充義撮影，2019年2月］

1953年3月5日に死去したスターリンの遺体も，このレーニン廟に納められた．しかし，その後のスターリン批判の結果，第22回共産党大会の決定により，独裁者の遺骸は1961年にレーニン廟から搬出され，他の革命家同様，クレムリンの壁に収められた．スターリンの死後，赤の広場で催される国家的行事の際には，共産党や政府の幹部が霊廟の雛壇に立ち，メーデー行進や軍事パレードを観閲するのが慣例となった．また西側のクレムリン・ウオッチャーは，政治局員らの雛壇での立ち位置によって指導部内の序列を知るヒントを得ることができた．ソ連崩壊後の今日では，霊廟の撤去や，遺体の墓地への埋葬が議論の的となっている．2012年12月にウラジーミル・プーチン大統領は，撤去反対を唱えるロシア共産党に同調して，レーニン廟の保存を主張し，正教会の批判を浴びた．また，2017年4月の世論調査によれば，埋葬を支持する者は6割近くにのぼる．　　　［亀山郁夫］

サンクト・ペテルブルグ

　川と運河に囲まれた「北のヴェネチア」サンクト・ペテルブルグ（「聖ペテロの町」の意味）は、モスクワに次ぐロシア第二の町であり、およそ530万の人々が暮らしている．今でも「両首都」という言葉が使われることもあるように、存在感の大きさでは首都モスクワにひけを取らない．冬には陽光から遠ざかるが、5月末から7月中頃にかけては白夜のシーズンを迎え、国内外から多くの観光客がやってきて、メインストリートであるネフスキー通りはさらに賑わいを見せる．ネヴァ河に架かる宮殿橋は深夜になると跳ね上がり、それを見ようと多くの遊覧船が集う．住人たちが「ピーテル」という愛称で呼ぶこの町の魅力について、歴史、文化、文学の観点から考えてみよう．

❋**「ヨーロッパへの窓」の300年の歴史**　国民作家アレクサンドル・プーシキンが物語詩「青銅の騎士」(1833)で「ヨーロッパへの窓」と表現した都市は、1703年、スウェーデンと戦っていたピョートル1世によってフィンランド湾に注ぐネヴァ川の河口の沼沢地に建設された．ネヴァ川沿いにある旧海軍省の建物や、船づくりに精を出すピョートル1世の像は、ここがロシアの海軍や海運の揺籃の地でもあることを物語っている．12年には帝政ロシアの首都となり、以降のロシアの近代化・西欧化のシンボルともなっていく．サンクト・ペテルブルグ、ペトログラード、レニングラードと、さまざまに名前を変

図1　ピョートル1世の像

えながらロシアの近・現代史を駆け抜け、その過程で、専制打倒をかかげた「デカブリストの乱」や、「血の日曜日事件」から始まるロシア革命の舞台となった．第2次世界大戦ではドイツ・フィンランド軍によって900日にわたって包囲されたが、70万の餓死者など甚大な犠牲を出しながらも死守されたこの町には、「英雄都市」という称号もある．さらに現代ロシアに至るこの町の300年余りの滔々たる歴史の流れは、アレクサンドル・ソクーロフ監督の映画「エルミタージュ幻想」(2002)で、90分ワンカットの映像によって豊かに表現されている．

　ピョートル1世（青銅の騎士）像のある元老院広場では、ロシア貴族を彷彿させるコスチュームを着た人たちが記念撮影に応じているように、町の随所に往時の息遣いが感じられる（☞項目「記念碑」）．その一方で、ロシア経済・産業の中心地の一つでもあるサンクト・ペテルブルグは、近年では日本企業の進出も著

しく，町の周辺地域にはラフタセンターと呼ばれる，地上87階462mの高層ビルが完成した．水の都では近代と未来とが融合している．

❀文化の首都として サンクト・ペテルブルグは「文化の首都」とも呼ばれる．ダヴィンチやルーベンス，レンブラントといった世界的な名画のコレクションで知られるエルミタージュ美術館は，近年では印象派などの絵画を集めた新館も出来上がり，なおいっそう魅力を増している．一方，イリヤ・レーピン〈ヴォルガの船曳き〉やイワン・アイヴァゾフスキー〈第九の波濤〉，カジミール・マレーヴィチ〈黒の正方形〉といったロシア・ソ連の芸術作品を集めたロシア美術館も根強い人気があるし，現代アートのイベントも盛んに開催されている．絵画の他にも，芸術監督ヴァレリー・ゲルギエフの率いるマリインスキー劇場をはじめ，フィルハーモニー交響楽団，ミハイロフスキー劇場，アレクサンドリンスキー劇場など，バレエや音楽，オペラ，演劇の分野の名だたる舞台がそろっている．宗教的な建築物も，イサーク寺院，カザン聖堂，血の上の救世主教会など，枚挙に暇がない．

学術的な面でも，国立図書館，サンクト・ペテルブルグ大学をはじめ，文学研究の中心地の一つである科学アカデミーロシア文学研究所（通称「プーシキン館」）などの研究・教育機関が充実している．サンクト・ペテルブルグ大学には日本語教育の長い歴史も息付いている．

❀ペテルブルグと文学 文化の中でもとりわけ「文学」とこの都市のつながりは深い．ネフスキー通りを歩けば，文学者たちの銅像や博物館が幾つも目に入ってくる．地下鉄の看板には「おまえを愛する，ピョートルの創りしものよ」という「青銅の騎士」のフレーズが誇らしげに踊っていて，ピョートル1世その人の人気も高い．だが，沼沢地に建てられた人工都市ではそもそも急ピッチの工事で多くの人命が犠牲になり，その後も自然の脅威，とりわけ洪水にたびたび見舞われて甚大な被害を被ってきたことを忘れてはならないだろう．「青銅の騎士」ではピョートルの偉業が称えられる一方で，洪水で恋人を失った青年エヴゲーニーが登場する．それまでつつましやかに生きてきた彼を，「青銅の騎士」が追い回すのだ．

この町からは他にも，ニコライ・ゴーゴリの『鼻』（1836）や『外套』（1842）といったいわゆる「ペテルブルグもの」の幻想的で奇想天外な世界が生み出された．センナヤ広場やラスコーリニコフのアパートなど，フョードル・ドストエフスキーの文学ゆかりの地を巡ることもできる．少年時代からこの町に迷子のように放り出された，というドストエフスキーは，この町を通して人間を観察し続けた．アンナ・アフマートワは，古き良き町の伝統を詩の中で紡ぎ，2016年には作家セルゲイ・ドブラートフの銅像が新たに設置された．ペテルブルグ在住の現代作家エヴゲーニー・ヴォドラスキンの活躍も見逃せない．この町は今でも文学者たちに見守られている．

[坂庭淳史]

道

　ロシアは広大な国家である．ユーラシア大陸の西から東の果てまで1万km以上にまたがり，面積は日本の約45倍に及ぶ．しかし，その広大な国土の中で輸送に適した海洋に接するのは西端と東端だけである．北辺は氷結した海であり南辺ではわずかに一部が黒海に向けて開いているだけである．多数の河川があり，河川輸送は発展しているものの，冬期の氷結期間が長く，年間を通じた利用はできない．航空輸送は広大な国土に分布する各都市を高速に結ぶ交通手段として発展したが，その多くは大都市および地方主要都市間の旅客輸送であり，小中規模都市間の貨客輸送は，輸送力と採算性の低さから発達していない．

❋陸上輸送　ロシアの輸送体系では必然的に陸上輸送が主力となり，なかでも鉄道は広大な国土をカバーし，人・モノの大量輸送を可能とする重要な輸送手段とされている．原燃料の産地から加工地への供給，農村から都市への食糧運搬，工業製品の全国各地への配送などを目的とした鉄道輸送の需要は大きい．

　陸上輸送のもう一つの手段である自動車輸送の発達はモータリゼーションが進んだ最近50年のことである．現在では都市間および1,000km圏内における貨物輸送で中心的役割を担っている．自動車貨物輸送部門は，鉄道と異なって，国の規制が少ない分野であるため，新規の事業者の参入が容易である．事業者数の増加に伴い競争は激しくなっている．加えて，道路整備による所要時間の短縮やコストの割安さもあって，シェアで鉄道を上回るエリアが拡大している．

　ロシアでは，輸送距離が1,000km未満では自動車が高いシェアを持つが，輸送距離が3,000km以上になると鉄道が大きなシェアを占めている（☞項目「シベリア鉄道」）．その間の輸送距離が1,000km以上3,000km未満では，鉄道と自動車が激しくシェアを争っているとされている．自動車が鉄道に対し競争力を有する貨物は，自動車，設備，紙，食料品などの完成品である．

❋広がる道路ネットワーク　道路ネットワークは，広大な国土と厳しい気候条件にあるロシアにおいて，それほど重要とは見なされてこなかった．大量の人・モノの輸送を可能とする鉄道の方が，より重要な社会資本と見なされてきた．ソ連解体後，市場経済への移行に伴う経済混乱から，道路整備は進まなかったが，それを変えたのが2000年代の資源高で潤った資金を元手にした道路整備であった．ソ連時代に着工したものの長年未完成のままであった，チタ～ハバロフスク間の幹線道路を完成させたのは，象徴的な出来事であった（図1）．慢性的な渋滞に悩む大都市圏での高速道路の整備や立体交差化，中心都市と周辺都市を結ぶ道路ネットワークの整備，さらには給油ステーションやカフェなど沿線サービス網の

整備も進んだ.

　幹線やそれに接続する道路のネットワークの整備が進展したことで，これまで輸送時間の問題や輸送中の安全性から不可能であった地域を越えた物流ネットワークが形成され始めている．例えば，ウラジオストクで製造された家電製品がモスクワまで輸送されていたり，ウラジオストクのパンが州境を越えてハバロフスクで売られたりしている．こうした地域を越えた物流はソ連時代には考えられなかったことであり，プーチン政権が進めてきた道路ネットワークの整備が，トラックなどの運搬手段の普及とともに地域経済の活性化に結び付いている．

図1　チタ～ハバロフスク間の連邦道
［2011年11月，著者撮影］

　現在，ロシアはその広大な国土に約164万3000 km（2016年時点）の道路網を有している．モスクワやサンクト・ペテルブルグなど大都市圏を中心に幹線やバイパスが東西南北に網の目のように伸び，ヨーロッパ諸国や中央アジアの旧ソ連諸国とも結ばれている．道路網はヨーロッパ部のウラル以西に偏って分布する．人口の少ない極東・シベリア地域は未舗装が多く，舗装されている所であってもその状態は良いとはいえない．

　ロシアの道路は連邦道，地方道，市町村道，私道からなる．連邦道は日本の国道，地方道は県道にそれぞれ相当する．164万3000 kmのうち舗装された道路は115万4000 kmである．その内訳は連邦道5,200 km，地方道47万4000 km，市町村道52万 kmなどとなっている．

❋パイプラインと海上という道　パイプラインもまた，重要な道である．鉄道よりも大量かつ安く運べる輸送手段として整備が進み，全長は25万2000 km（2016年時点）に上る．最近では，イルクーツクのアンガルスクまでしか伸びていなかった石油パイプラインが日本海沿岸のナホトカまでつながり，さらにはシベリアからのガスパイプラインをアムール州の中国との国境まで延伸する工事が進むなど，極東・東シベリア地域でのパイプライン整備が進んでいる．

　港湾は，石炭などエネルギーを中心とする輸出貨物の増大に対応するため，新港建設や既存港の拡張，作業効率化による処理能力向上の整備が進んでいる．その結果，サンクト・ペテルブルグ港などバルト海の港湾やノヴォロシースク港など黒海地域の港湾は，取り扱い能力が向上し，一部の港は貨物量で欧州1位，2位を争うまでになっている．一方，ナホトカ港やヴォストーチヌィ港などを有する極東港湾は，資源輸出を中心に取り扱い実績を増やしている．港湾に連結するシベリア鉄道やバイカル・アムール鉄道の輸送能力の増強も進んでおり，経済成長が続くアジア太平洋地域への玄関口として，その重要性が高まっている．［齋藤大輔］

シベリア鉄道

シベリア鉄道は，ロシアの首都モスクワと，極東の港湾都市ウラジオストクとを結ぶ大陸横断鉄道である．帝政ロシア末期の20世紀初頭に開通し，スエズ運河やカナダ太平洋鉄道などとともに，当時の世界情勢に多大な影響を与えたアジアとヨーロッパを結ぶ大動脈である．また建設に際し，ノヴォシビルスクなど沿線に多くの都市が生まれたほか，橋梁やトンネルなどの建設を通して鉄道工学の発展にも寄与している．そして現在も多くの旅客・貨物列車が運行され，とりわけ貨物輸送では重要な役割を果たし続けている．

図1　ウラジオストク駅で発車を待つ「ロシア号」［著者撮影］

❋**「世界最長」と謳われる鉄路**　「シベリア鉄道」とは，日本における「東海道本線」のような正式な路線名ではなく，シベリアを横断して建設された複数の鉄道路線の「総称」のようなものである．また現在では複数の経路が存在するが，一般的にはモスクワ〜ウラジオストク間を直通する「ロシア号」など，優等列車が最も多く走るメインルートを指している．なお日本の辞典類では，シベリア鉄道について「歴史的にはウラル山脈東麓のチェリャビンスクからウラジオストクまでを指す」（『広辞苑』第7版，2018）といった説明がされているものの，現在ではチェリャビンスクは，シベリア鉄道のメインルートからは外れている．

そして，しばしば「世界最長の鉄道」と謳われるものの，正式な路線名ではない以上，公的に路線距離が定められているわけではない．ウラジオストク駅の記念碑には「9,288 km」，モスクワのヤロスラヴリ駅の記念碑には「9,298 km」と刻まれているが，これらも記念碑の建立当時のメインルートの距離を記したものであり，経路変更や線路改良などにより距離は何度も変わっている．ちなみに現在の「ロシア号」運行ルートの総延長は 9,259 km である．

❋**鉄道建設の略史**　シベリアを横断する鉄道の建設は，ヨーロッパ・ロシアに比べ立ち後れていたシベリア地方の発展を目的として，アレクサンドル3世の治世下の1891年2月に決定された．その当時の最東端であったチェリャビンスクから延伸するかたちで，ウラジオストクまでを6区間に分けて計画され，そのうち最東端の区間にあたるウスリー鉄道（ハバロフスク〜ウラジオストク間）の起工

式が5月に執り行われている．起工式には，日本訪問中に大津で巡査に斬りつけられ，額に傷を負ったばかりのニコライ皇太子（後のニコライ2世）も参列し，国をあげてのプロジェクトであることを印象付けている．

図2　貨物列車で埋まったイルクーツク州スリュジャンカ駅構内 ［著者撮影］

工事は，そのニコライ皇太子を建設委員会の委員長とし，直接的には財務大臣セルゲイ・ウィッテが陣頭指揮を執った．また1896年には，アレクセイ・ロバノフ＝ロストフスキー外相と清の李鴻章（りこうしょう）とのあいだに李・ロバノフ協定，いわゆる露清密約が結ばれ，ロシアは満洲を横断する鉄道（東清鉄道）を建設する権利を得る．この東清鉄道も実質的にシベリア鉄道に組み込まれ，1903年にはモスクワ～ウラジオストク間がバイカル湖の湖上連絡の区間を除き鉄路で結ばれている．また同年にはロシアの影響下にあった大連，旅順へと通じる支線も開通するなど，政治・軍事的意味合いを強めていく．

開通したばかりのシベリア鉄道は，04年に勃発した日露戦争において活躍するが，単線であることやバイカル湖の湖上輸送がネックとなり，輸送力には限界があった．突貫工事の末04年の9月にバイカル湖を迂回する路線が開通し，ここにモスクワ～ウラジオストク間が完全に線路で結ばれた．だが日露戦争の敗北により，東清鉄道の長春以南の支線を日本に譲渡するなど満洲での勢力が減退したため，建設途上で放棄されていたアムール川沿いのアムール線（スレチェンスク～ハバロフスク）の建設が進められた．アムール線が開通し，全区間がロシア国内の路線となったのは16年のことである．

❀日本との関係　日本ではシベリア鉄道は，計画段階から「東洋ニ於テ一大波瀾」（山県有朋『軍事意見書』1888）を引き起こす存在であるとして警戒され，国防方針にも大きな影響を与えてきた．日本が日露開戦に踏み切った背景にも，バイカル湖の湖上連絡が解消され，全線が完全に開通してからではロシア軍に勝てないという見通しがあったとされる．一方で，シベリア鉄道建設工事には多くの日本人が従事し，シベリア鉄道を介した通商路開拓の動きも活発になる．日露戦争後は敦賀～ウラジオストク間の航路や朝鮮・満洲の鉄道を介した連絡運輸が始まり，ヨーロッパへの最短ルートとして政治家や外交官，文化人らに利用された．

第2次世界大戦後も，ヨーロッパへの廉価な交通手段として若者を中心に利用されたほか，船舶航路より輸送日数が短いことから国際コンテナ輸送が活況を呈するなど，一定の影響力を維持し続けている．　　　　　　　　　　［藤原　浩］

都市と交通の空間

ロシアの交通空間は，その理をよく理解している玄人でなければ非常に利用しづらい．例えば道路は，一方通行が多い上に区画が広いため，近場に行くにも大きな迂回を余儀なくされる．交差点の信号や動線の設定も複雑なことが多い．そのため道路に大きな負荷が掛かり，ピーク時には深刻な交通渋滞が生じる．これにドライバーの運転マナーの悪さ（スピード違反や割込みなど，図1）も手伝って，ロシアの交通事故死者数は日本の4〜5倍の規模である．

図1 ロシア人の運転マナー．先に進めないことがわかっていても交差点に進入し続け，渋滞を招いてしまう［著者撮影］

このような状況を改善するために，ビデオによる違反車の監視を強化したり渋滞時に進入してはいけない区域を黄色くマーキングしたりと，さまざまな対策を講じているが，そのために道路交通法も毎年のように変更されるため，ドライバーを混乱させている．

❋法律に起因する空間の不連続性 法律が開発スピードに追い付かず，交通空間が十分便利にならない場合も多い．「東欧初の再開発事業」といわれたモスクワ・シティ（図2）には，未来都市を思わせる高層ビル群が立ち並ぶが，駐車場の付置義務が定められていなかったために駐車場が不足し，周辺地域の渋滞を招く結果となった．また，モスクワ市北部にあるボタニーチェスキー・サド駅周辺では，2013年に発足した日露都市環境問題作業部会の象徴的成果として，日系企業も協力するかたちでロシア発の公共交通指向型開発（TOD）が進められている（図3）．しかし，鉄道施設に関する法律と都市開発に関する法律をつなぐ法律が存在しなかったため

図2 モスクワ・シティ．その奇抜なデザインの高層ビル群とは裏腹に，駐車場が整備されずに渋滞を招いていた［著者撮影］

図3 ボタニーチェスキー・サド駅周辺の都市開発模型．公共交通と街区が独立するかたちで設計されている［著者撮影］

に，駅構内でモスクワ中央環状鉄道（2016年9月開業）と既存のメトロは実にシームレスに接続されている一方，開発地区は駅と直接はつながれず，一度外に出なければならない動線となっている．

❋**発想力で乗り切るロシア人**　このような利用しづらい交通空間の質を，ロシア人はその持ち前の発想の豊かさで大胆に高めようとする．モスクワ中央環状鉄道のビジネスセンター駅では，全面緑一色のプラットホームが実現した（図4）．デザイン自体の賛否は議論しないが，突飛なアイデアを実施した好例である．また，近年では，道路の大幅な幅員減少や車両通行止めによる歩道の整備や人々の滞留空間整備も随所に進み，駅前広場に巨大なブランコを設けるなど（図5），歩行者の快適性が改善されつつある．

図4　モスクワ・ビジネスセンター駅のプラットホーム．一面緑色のアクリル板で囲まれている[著者撮影，☞巻頭口絵]

❋**ITを駆使した交通革命**　ロシアではまた，ITを駆使して交通空間を便利に使おうとする動きが近年全国的に活発である．独自の地図を作成する技術を持つ企業が，従来の違法タクシーを飲み込むかたちでUber(ウーバー)に替わる格安タクシーや出前ビジネスを始めたり，バスやトラムといった公共交通の時刻表をGTFS（公共交通機関の時刻表とその地理的情報に使用される共通形式）化するとともに車両に設置されたGPSを活用して，車両位置情報をリアルタイムで提供するアプリケーションを公開したりしている（図6）．シェアリングエコノミーも進んできており，アプリケーション

図5　モスクワ・マヤコフスカヤ駅付近の歩行空間．巨大なブランコ式ベンチが名所となりつつある[著者撮影]

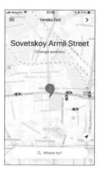

図6　Yandex Taxi社のタクシー配車アプリ画面

図7　YouDrive社の電動キックスケーターシェアリングサービス[著者撮影]

で手軽に自動車を借りられるカーシェアリングだけでなく，自転車や電動キックスケーターもシェアが進んでいる（図7）．今後も彼らの発想力を活用してさらなる変革が起こるものと期待される．

[鳩山紀一郎]

公共交通

　ロシアはソ連時代に公共交通が重要視されたことから，都市やその周辺における鉄道などの交通網が比較的発達している．ソ連時代の都市には人口に応じてバス，トロリーバス，市電が整備され，人口100万人を超える場合には地下鉄の建設が進められた．モスクワには現在，地下鉄，モスクワ環状鉄道，郊外電車，市電，トロリーバス，バスのほか一部にモノレールなどが存在する．豪華な装飾と象徴的な歴史をもつ地下鉄については別項に譲り（☞項目「モスクワの地下鉄駅」），本項では郊外電車，市電，バス，トロリーバスとその文化について述べる．

❈郊外電車　郊外電車（エレクトリーチカ）の起源は19世紀に登場した別荘客を目当てにした別荘列車（ダーチニー・ポーイェスト）と呼ばれる頻繁に加速と停車のできる特別の蒸気機関車を使用した短距離列車とされる．最初の電気式郊外鉄道は現在のアゼルバイジャンのバクーとスラハヌィ間に1926年に登場した．29年にはモスクワと郊外のムィチシチを結ぶ電車が開通．第2次大戦開戦までにはモスクワと旧レニングラード，北コーカサス（カフカス）などでかなりの郊外電車網が形成された．1960年代にはソ連中の郊外電車の一種の「顔」となった丸みを帯びた愛嬌のある先頭車が引くER2型が各地を疾走し始める．郊外電車はソ連の庶民の生活に溶け込み，親しみのこもった表現が数多く生まれた．子どもの謎々「長くて緑色でソーセージの匂いがするのは何か」は有名．答えは緑色の郊外電車．ソ連時代にモスクワをはじめ連邦構成共和国首都，レニングラードなどに優先的に豊富な食料品や工業製品の豊富な供給が行われたことから，休日の朝には郊外電車に乗って住民が大都市に押し寄せて買い出しを行い，帰途の電車に食べ物の匂いが充満するようになったことを指す．郊外（ダーチャ）に行くために都市の住宅から郊外電車に休日の朝に乗り，日曜日の晩に都市に戻るという生活も大衆化し，別荘郊外電車（ダーチナヤ・エレクトリーチカ）という表現が一般化した．秋にはこれがキノコ狩り客を乗せるキノコ郊外電車（グリブナヤ・エレクトリーチカ）に変身した．この典型的な民衆の生活スタイルをテーマにした無数の表現が生まれた．こういった文化の片鱗はヴェネディクト・エロフェーエフの小説『モスクワ発ペトゥシュキ行き』などにもうかがうことができる．面白い口上で無許可で物品を売る物売り，ギターなどを奏で歌を歌いお金を集める人々なども，独特の郊外電車の車内の景色である．現在，モスクワではソ連崩壊直前から使用されてきた車両の交換が進み，これまでターミナル駅を終点にしていた郊外電車を市内縦貫型にする計画が進行しており，郊外電車文化も変化していくことが予想される．

❈市電　北朝鮮から東ドイツまでの旧共産圏の町々を走るクリーム色の窓周りにお腹が赤いチェコのタトラ製の路面電車は旅行者にもおなじみだ．モスクワを最

初の路面電車が走ったのは1899年．歴史的に有名な路線には通称「アンナちゃん」(A系統)，同じく「甲虫」(B系統) など．前者は，1911年に登場したモスクワ中心部の環状並木通りに沿って走る路線で，インテリや官僚が利用し文化的な匂いがするといわれた．ブラート・オクジャワ，アルセーニー・タルコフスキーなどの詩，ミハイル・ブルガーコフの『巨匠とマルガリータ』のような小説，また映画「落ち合う場所は変えられない」「ポクロフスキエ門」「愛の奴隷」「ブラート」などでも，それぞれ市電が印象的なモチーフになっている．なお，ソ連崩壊後には一時期衰退の傾向があったが，最近は近未来的なデザインの新車が導入されたり，新線が開通するなどの動きがみられ，モスクワ，サンクト・ペテルブルグなどの大都市では将来が期待できそうである．クラスノヤルスクのエニセイ川の水力発電所に向かう山岳路面電車，ロシアで一番景色が良いというズラトウスト市電，中心部が地下になっているヴォルゴグラードの急行型市電なども有名．

図1　モスクワ市電

❋ **バス，トロリーバス**　モスクワの路上を最初に路線バスが走ったのは1907年とされるが，本格的な導入が始まったのはソ連時代の24年．急速に路線網を広げ37年末には47系統が存在した．54年には最初の大型バス **ZIS-154**型が登場，1970年代にはこれまたソ連中の市内交通の「顔」になったハンガリーのイカルス製の大型バス，連接バスが一般化した．ポール式集電装置を振り立てて走るトロリーバスは旧ソ連諸国ならではの景色で「角バス」の愛称がある．モスクワでの登場は32年．35年には，市電B系統がトロリーバスに置き換えられ，戦後は世界最大のトロリーバス網が誕生した．トロリーバスといえば有名なのはブラート・オクジャワの詩「深夜のトロリーバス」．夜の街を走るトロリーバスと乗客たちが，悲劇に面した市井の人々を救うために走るボートと水兵に例えられる．

モスクワ市では近年，日本のスイカなどに似たタッチ型支払いカード「トロイカ」が使えるようになり，バス，市電などの使い勝手が格段に向上した．この他，都市の公共交通手段として，小型バン「ガゼーリ」などを利用した「乗り合いバス」がソ連崩壊後の公共交通混乱の隙間を埋めたが，過渡期の現象となりつつあるようだ．この1, 2年の新しい現象として市内で乗り捨てのできるレンタカーなども人気がある．一方，白タク文化といってもよいほど盛んであった違法タクシーはほぼ姿を消し，代わってスマホアプリで呼ぶタクシーが一般化している（☞項目「都市と交通の空間」）．　　　　　　　　　　　［堀江広行］

記念碑

ヨーロッパ文化圏では，王や皇帝など世俗の権力者の肖像が，彫像やメダイユのかたちで流布し，権威の構築に貢献した．近代の国民国家は，中心に壮大な記念碑を置く巨大な国民広場を首都に建設し，広場周辺に行政機関や文化施設などの公共建築物を配した．記念碑を中心としたこうした空間で，国家儀礼が行われ，時の政権の正当性を視覚化し，さらに国民統合の象徴を担うこともある．記念碑が，しばしば政権交代のシンボルとして，打倒されたり，新しく建立されたりするのは，象徴秩序を視覚化するからである．

近代の記念碑のあり方と様式はフランスに源流が求められる．市民革命後のフランスでは共和制ローマをロールモデルとし，古代に範をとる新古典主義が新しい芸術様式となった．第1帝政期には古代ギリシア・ローマを模範に，ルネサンス期やエジプトの建築物から着想を得たアンピール様式が開花し，ナポレオンの戦勝を記念した壮大な凱旋門や碑が建立され，ヨーロッパ中に広まった．

❊**帝政ロシア**　ロシアにおいても皇帝の銅像や帝室を顕彰する記念碑が建立された．帝政ロシアを記念する碑は，多くが革命後撤去されたが，当時のまま残る数少ない例として，サンクト・ペテルブルグ建都を命じたピョートル大帝の騎馬像，いわゆる〈青銅の騎士〉（エティエンヌ・オーリス・ファルコネ作，1782年完成，図1）があげられる．

図1　〈青銅の騎士〉［著者撮影，2013年］

ロシアのアンピール様式は，1812年の対ナポレオンの戦争の戦勝記念碑によく見られる．例えば，サンクト・ペテルブルグの宮殿広場は，エルミタージュ（冬宮殿），参謀本部，海軍省に取り囲まれた近代的な公共広場である．その中心に，当時の皇帝アレクサンドル1世を顕彰して，頂上に天使を置く大理石の一枚岩の〈アレクサンドルの円柱〉（オーギュスト・モンヘラン設計，高さ47.5 m，1834年完成）が建立された．対外的な戦勝の記念碑が残るのは，国民統合に寄与するためと考えられる．

❊**ソヴィエト時代**　帝政を顕彰する碑が取り去られた後の空間を埋めたのが，革命の英雄像である．しかし，ソヴィエト的な国民広場の階層秩序を決定付けた

のは，革命のカリスマ的指導者ウラジーミル・レーニンの死と赤の広場への霊廟の設置である．赤の広場は中世に成立した空間であり，中心部に垂直の記念碑を置くことは構造的に想定されていない（☞項目「クレムリン・赤の広場・レーニン廟」）．レーニン廟は，クレムリンの壁際に建設された．大小問わず旧ソ連の都市では，この構造を引き継ぎ，政府機関を背景に立つレーニン像が広場の大衆を望むかたちの中心広場が整備された．

同時に，街路，広場，公園，ロータリー，地下鉄駅などにも，アレクサンドル・プーシキンなど文化人，政治家，ソ連邦英雄などの記念碑が大量に建立された．都市全体がソヴィエトの文化的・政治的優位性を視覚化する象徴空間を形成した．なかでもヨシフ・スターリンは，中心広場に準じる重要な広場に，自己の像をレーニン像よりも大きなサイズで建設した．しかし1961年第2次スターリン批判直後，全土からスターリン像は撤去された．その生誕地であるジョージア（グルジア）のゴリ市のスターリン博物館にのみ，無傷の彫像が展示されている．

図2 〈母国の母は呼んでいる！〉
［著者撮影，2011年8月10日］

この空白を埋めたのが，独ソ戦の戦争記念碑である．特にブレジネフ期には，数十メートル規模の戦争記念碑や無名戦士の墓がソ連各地に建築された．その代表としてあげられるのが，ヴォルゴグラード（戦時中の名称はスターリングラード）の激戦地「ママイの丘」に立つ〈母国の母は呼んでいる！〉像（エヴゲーニー・ヴチェティチ設計，高さ85m，1967年完成，図2）である．

※**ソ連崩壊後** 独立した民族共和国の多くでは，首都の中心広場のレーニン像が撤去され，新生国家のための新しい記念碑が建立された．これに対し，ロシアでは赤の広場のレーニン廟もそのままに維持され，地方の中心広場にも多くのレーニン像がいまだ残っている．とはいえ，革命思想もレーニンも権威を失墜し，レーニン像の聖性は失われた．新たなナショナル・アイデンティティを担うことになったのが，戦争記念碑である．なかでも上述のヴォルゴグラードの〈母国の母〉像は，ナショナルシンボルの地位を得ている．

ソ連時代には抑圧されていた戦争，粛清，災厄の犠牲者を悼む市民主導の記念碑建立の動きも見られる．例えば，モスクワのルビャンカ広場の〈ソロフキの石〉（1990）は，ソヴィエト政権に迫害された犠牲者を悼む聖なる空間である．旧KGB（国家保安委員会）本部に対峙して置かれ，記念日には多くの市民が訪れ，祈りと花をささげる．歴史のトラウマを社会的共同体として共有し，乗り越えるための空間が草の根レベルで形成されつつある． ［前田しほ］

祝典とパレード

　戴冠式やロマノフ朝300年記念祭などの王朝行事をはじめとして，権力中枢を顕示する各種の祝典は帝政ロシアでも行われたが，「プロパガンダ国家」ソ連の誕生が祝典やパレードの隆盛に道を開いたことは間違いない．ロシア革命後，最も重要な地位を付与されたのはメーデーと十月革命記念祝典であった．1918年5月1日，ウラジーミル・レーニン率いる革命政権は，反ボリシェヴィキ勢力との間で激しさを増す内戦の渦中にメーデー行事を敢行し，さらに同年11月7日には十月革命1周年記念行事も挙行した．モスクワでは赤軍兵士の行進も組み込まれ，その後に続く国威発揚のための軍事パレードの皮切りとなった．

❋スターリン体制下のメーデーと革命記念祝典　アヴァンギャルド芸術家も含めてさまざまなアクターが企画に関与し，祝典の催しにも自由度が残された1920年代に比べ，スターリン体制が確立した30年代になると，祝典やパレードの様式が固まり，特に，赤の広場で営まれるメーデーと十月革命記念の行事は定型化した．当日はまず午前10時から軍事パレードが行われ，規律ある軍隊の行進が終了した後の正午

図1　1918年のメーデーで演説するレーニン［Архипов, В. М., Репин, И. П. ред., 1987（図2も同）］

から市民の行進に移った．37年のメーデー当日の新聞に掲載された指令によると，モスクワ市の各地区は事前に決められたかたちで隊列を組み，年次生産計画の達成度に従って行進順や位置が決められた．最も達成度の高い地区が指導者のひな壇のあるレーニン廟に近い位置を進み，地区の中でも最も成果をあげた工場が先頭で地区の旗をかかげた．各工場単位でも，突撃労働者やスタハーノフ労働者が先頭に立ち，生産性の高い作業班から低い班へという順で行進した．当時の成果主義の姿勢がデモ行進の態様にも反映されたのである．また，メーデーや十月革命記念行事は全国的に行われ，中央機関紙はレニングラードをはじめとする各都市の模様を伝えた．祝祭行事に国が一丸となって取り組むことで，人々の間に共同体意識を涵養したわけである．

　ソ連の祝典・パレードは，ロシア革命に起源を持つソヴィエト体制の正統性を誇示する国家行事であった．しかし同時に祝祭行事でもあり，少なからぬ人々がそれを心待ちにし，日々の辛さを忘れ，祝日を楽しんだ．農業集団化の際に

「富農(クラーク)」として弾圧された農民の子息で，30年代にモスクワ郊外の学校で学ぶ機会を得たある人物は「メーデーデモに参加したことが無限の喜びであった」ことを回想している．旧暦による生活を続け，公式言説の影響を受けた形跡に乏しい日記を残したあるコルホーズ農民も，「今日，コロムナのデモに行ってきた．サーニャとゲゴルーシカ一家のところでお祝いした」と，37年10月25日の日記に記した．十月革命記念日は，ソヴィエト文化の浸透度が弱い地方の農民の生活の中でも祝日に位置付けられるようになったのである．もちろん権力サイドも，記念日が祝いの日となるべく気を配った．記念日数日前から各商店は日頃は品薄の商品を豊富に販売し，ぜいたく品も手頃な価格で入手可能にした．また，デモ当日には通りに露店を多く配置し，サンドイッチや飲料水，果実，アイスクリーム，菓子類を販売した．37年のメーデー時には，モスクワでは9,000の常設店舗と150の移動屋台が販売にあたることが事前に報道されている．こうした消費物資の供出とも結び付き，記念行事は多くの人々が待ち焦がれる祝祭として定着したと考えられる．

❋戦勝記念行事にみる愛国主義　革命記念日に行われた軍事パレードの中でもとりわけ長く語り継がれてきたのは，1941年11月7日に赤の広場で行われたそれである．モスクワ近郊にまで迫るドイツ軍の脅威にもかかわらず，戦車やライフル連隊を集めて遂行されたもので，パレード後にはそのまま兵士が戦場に向かったといわれる．革命記念行事と祖国のための戦いがこうして結び付いた．特に共産

図2　赤の広場から戦線へ（1941年11月7日の革命記念日の兵士の行進）

主義イデオロギーが形骸化した後期ソ連の時代には，5月9日に行われる独ソ戦勝利の記念行事がメーデーや革命記念日とならんで重要な位置を占めるようになった．65年5月9日，戦勝記念日としては初めて軍事パレードも行われた．独ソ戦を戦い，それに勝利した記憶に支えられた「ソヴィエト愛国主義」が人々を結び付ける旗印となり始めたのである．

　ソ連が終焉を迎えた後，その歴史的起源とされた十月革命は国家をあげて記念すべき祝典の対象から外れ，代わって，5月9日の戦勝記念日がさらに盛大に祝われるようになった．近年注目を集めているのは「不滅の連隊」と呼ばれる戦勝記念日に行われる市民の行進である．これは一般の人々が戦争で失われた家族の写真を胸に抱え，広場や通りを行進するイベントである．市民運動として始まったとされるこのパレードはプーチン政権のもとで国家行事化して規模を拡大し，国外に在住するロシア人にまで広がりを見せている．　　　　　　　　［松井康浩］

聖地・世界遺産

　2019年現在，ロシア領内で登録されているユネスコの世界遺産は，28件（文化遺産17件，自然遺産11件）．そもそも世界遺産とは，1972年にユネスコ総会で採択された「世界の文化遺産および自然遺産の保護に関する条約」に基づいて登録された文化財や自然景観を指す．同条約によれば，世界遺産登録には，近代化の進展に伴って，消滅の危機に瀕した人類の遺産を保護するという目的があった．88年，ソ連は世界遺産条約に加盟し，ソ連解体後は各共和国に引き継がれている．

　近年，登録申請や加盟国の増加に伴って，世界遺産の性格は多様化している．ロシアは歴史的に多民族・多宗教国家であり，また宗教を否定した社会主義時代の過去を持つ．それにもかかわらず，ロシアで登録された文化遺産のリストを眺めると，宗教文化財，とりわけロシア正教関連の文化財の優勢は一目瞭然だ．

❋ロシアの「聖地」　10世紀にロシア国家の前身であるキエフ・ルーシがビザンツ帝国より正教を受容して以来，ロシアにおける文化の伝播と領土拡張は正教を基盤に行われたといっても過言ではない．世界遺産に登録された文化遺産の多くは，正教会にとっての「聖地」でもある．ロシア史の中で政治的中心の地位を占めた都市（ノヴゴロド，ウラジーミル・スーズダリ，モスクワ，ヤロスラヴリ，サンクト・ペテルブルグ）には，都市の記憶と結び付いた聖人や聖なる出来事を称える聖堂が建てられた．ロシアが領土を拡大する過程で，その前衛には必ず正教の旗が翻った（カザンなど）．

　また，キリストがさすらった荒野である砂漠にちなんで「北方の荒野」と呼ばれた森林で禁欲的な修道生活の場セルギエフ・ポサードを築いたラドネジのセルギー，北ロシアの入り口ともいうべきベロゼルスクにフェラポントフ修道院を創設したフェラポント，さらに北の白海に浮かぶソロヴェッキー修道院を開いた15世紀の修道士ゾシマとサヴァーチーは，奇跡を起こす聖人として崇敬された．彼らの修道院は，ロシア中から人々が集まる巡礼地として大いに賑わった．

❋ソ連時代の「聖地」と文化遺産の保護　しかし，こうした聖地の多くは，ソ連時代に反宗教政策が猖獗を極めた時代に破壊され，適切な保護を受けられないまま放置されるか，世俗的な用途を果たすために転用された．ロシア革命以前の史跡・文化財の保護が社会的な関心の対象となったのは，ブレジネフが第一書記（後に書記長）を務めた時代（1964〜82）以降のことである．ロシアにおける文化遺産の保護は，ソ連愛国主義に仮託されたロシア・ナショナリズムの意識に支えられていた．早い時期に登録されたロシアの文化遺産の多くは，ソ連時代には博物館・自然公園として整備されていたのである．

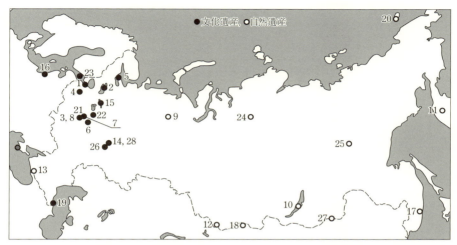

図1 欧州部ロシアに集中する文化遺産 1. サンクト・ペテルブルグ歴史地区と関連建造物群（1990） 2. キジ島の木造教会建築（1990） 3. モスクワ・クレムリンと赤の広場（1990） 4. ノヴゴロドと周辺の文化財（1992） 5. ソロヴェツキー諸島の文化的・歴史的遺産群（1992） 6. ウラジーミルとスーズダリの白亜の建造物群（1992） 7. セルギエフ・ポサードの至聖三者聖セルギー大修道院の建造物群（1993） 8. コローメンスコエの主の昇天教会（1994） 9. コミ原生林（1995） 10. バイカル湖（1996） 11. カムチャツカ火山群（1996） 12. アルタイの黄金山地（1998） 13. 西コーカサス（カフカス）（1999） 14. カザン・クレムリンの歴史的・建築的複合体（2000） 15. フェラポントフ修道院の建造物群（2000） 16. クルシュー砂州（2000） 17. 中部シホテ・アリン（2001） 18. ウヴス・ヌール盆地（2003） 19. デルベントのシタデル, 古代都市, 要塞建築物群（2003） 20. ウランゲリ島保護区の自然体系（2004） 21. ノヴォデーヴィチ女子修道院の建造物群（2004） 22. ヤロスラヴリの歴史地区（2005） 23. シュトルーヴェの測地弧（2005） 24. プトラナ台地（2010） 25. レナ石柱自然公園（2012） 26. ボルガルの歴史的考古学的遺産群（2014） 27. ダウリアの景観群（2017） 28. スヴィヤシスク島の被昇天大聖堂と修道院（2017）

❋**「世界遺産」登録の意味** 文化遺産が聖地であるためか，国内観光産業の未発達が原因か，ロシアでは世界遺産を観光産業などの経済問題と結び付けて考える傾向はアジア諸国などと比較すればかなり弱い．もちろん，それぞれに観光地としての整備は進められているものの，「世界遺産」のタイトルが観光を誘引するブランド力としては十分に機能していないのである．

むしろ，近年の動向で注目すべきは，ロシア正教とイスラームの平和的共存を強調するような遺産が相次いで登録されていることだ（カザン・クレムリン，ボルガル遺跡，スヴィヤシスク修道院）．ロシア連邦の人口の2割をムスリムが占めるといわれる現在，世界遺産登録には，ロシア文化を基調としつつ少数民族の権利も尊重し，ネイションの統一を訴えるポリティクスが如実に反映されている．

［高橋沙奈美］

環境問題

　ロシアでは伝統的に環境問題への関心が高い．スターリン時代でさえ，ナチュラリストの文化人・知識人が地方の自然保護区などでロシアの自然を護る活動を続けていた．スターリンの死後，自然改造に伴う環境破壊を積極的に訴え掛けたのもロシアの文化人であった．特に，ヴァレンチン・ラスプーチンなど「農村派」の作家たちは，ペレストロイカ期の環境保護運動に大きな足跡を残した．

　1960年代後半から，ソ連でも環境問題の重要性が認識され，経済開発と環境保護の両立という，いわゆる「エコロジー的近代化」的な政策が徐々に打ち出されるようになった．しかし，計画経済下で量的な生産ノルマの達成が優先される中で，生産の現場では自然環境への配慮を含む生産の質的な向上は軽視された．結果として，鉱工業地域を中心に大気汚染や水質汚染などの公害が深刻化し，チェルノブイリ原子力発電所事故やアラル海災害といった人為的な開発災害が起こった．それは，社会主義体制下での経済開発と環境保護の両立が不可能であることを白日の下にさらし，グラスノスチ政策の下で環境保護世論とナショナリズムとが結び付くことで，ソ連という国家の解体の遠因となったのである．ソ連解体後のロシアも，経済開発と環境保護の両立という発想を受け継いでいる．

✹大気・水質・放射能汚染　国土面積世界一のロシアの自然環境は多様性に満ちており，環境問題の現れ方も一様でない．人口や産業はヨーロッパ・ロシア部とシベリア鉄道沿いに集中しており，大気・水質汚染などの公害はこの地域に集中している．ただし，ソ連解体後の急激な市場経済化改革とそれに伴う経済の混乱によりロシアの工業生産は低迷し，それによって逆に状況は改善された．

　ロシア全体での大気汚染物質の排出量は，2007年以降，緩やかに減少傾向にあるが，全体として大きな変化はない．特に，シベリア連邦管区の鉱工業都市の大気汚染は深刻である．モスクワなど大都市部では，むしろ自動車など輸送手段が汚染物質の主な排出源である．河川の水質についても，今世紀に入ってから大きな改善が見られたわけではない．ヴォルガ川，オビ川，ウラル川など，冶金工業や石油化学工業が流域に立地している河川は，今なおかなり汚染されている．これらの公害は，鉱工業部門での環境技術の導入の遅れに起因している．

　放射能汚染については，1986年のチェルノブイリ原子力発電所事故の影響が，事故現場に程近いロシア西部のブリャンスク州で強く残っている．ウラル地方やシベリアに建設された核関連施設からの放射性廃棄物による汚染もある．ソ連時代に，日本海を含む極東地域の海域や北極海に原子力潜水艦由来の廃棄物が海洋投棄された歴史があり，その残余物からの汚染リスクも存在する．

❋森林伐採と森林火災　ロシアの森林用地の総面積は1,147万km². そのうち, 実際に木が生えている森林面積は770万2000km²であり（Минприроды России, 2018）, 日本の国土面積の約20倍にも相当する（☞項目「森」）. 森林用地面積は90年代に農地からの転用で増えたが, 森林面積はここ20年大きく変化しておらず, 国という単位では持続可能な森林利用が行われているようにみえる. しかし, 地方での実態は異なる. 頻発する森林火災の規模は甚大で, 年によって規模は異なるが, 2018年8月末の段階で, 同年だけで3万km²の森林が火災の被害にあったと報じられた（РИА Новости, 2018）. その原因は人為的なものが多いが, 自然発火の場合もある. また, 経済成長著しい中国での木材需要の激増により, シベリア・極東の木材は重要な輸出品となっている. なかでも, 植生として貴重な原生の針葉樹と広葉樹との混交林の伐採は, 森の生物多様性, 特に, 食物連鎖上の頂点に立つアムールトラなどの動物の生態に負の影響を及ぼしている（☞項目「動物」）. 高級樹種の盗伐, 違法加工, 密輸も重大な問題であり, ロシアで加工される木材の2割程度が非合法だといわれている.

❋地球温暖化の影響　ロシアは, 京都議定書やパリ協定の締約国であり, 森林による吸収を最大限考慮に入れたうえで, 2030年までに1990年との比較で温室効果ガスを20〜25％削減するとの目標をかかげている（UNFCCC INDC, 2015）. しかし, 森林伐採や森林火災によって地表面が露出し, それが地球温暖化と相俟って永久凍土の融解を推し進めることで, 強力な温室効果ガスである地中のメタンガスが大量に排出されることが懸念されている. また, 頻発する森林火災や

表1　ロシアの温暖化の実態. 2017年の連邦管区ごとの平均気温と1961〜90年の平均気温との偏差（アノマリー）[Минприроды России, 2018]

連邦管区	平均気温（℃）	気温アノマリー（℃）
北　西	1.30	1.20
中　央	5.61	1.03
沿ヴォルガ	3.75	0.67
南	10.12	0.99
北カフカス	9.48	0.70
ウラル	−2.53	1.19
シベリア	−2.96	2.07
極　東	−5.80	2.41

泥炭火災自体も二酸化炭素の排出源となっている. ロシア全土の平均気温は上昇傾向にあり, なかでも, シベリアや極東, 特に高緯度地域での気温上昇が著しい（表1）. 温暖化が北極海の氷を溶かし, 石油・ガス開発を容易にし, 新たな海上輸送ルートとしての活用が模索される一方で, 陸域のエニセイ川やレナ川流域では, 夏季・秋季の降水量の増加, 春季の上流での氷の早期融解を原因として洪水が頻発するようになった. 地球温暖化は, 過酷な環境下に生きる極北の人々の生活を脅かしているのである.

　以上, ロシアの環境問題は, ロシア一国だけで解決できる性質のものではない. 地球温暖化対策など国際社会との協調や, 環境技術の導入という点でロシアの産業に投資する外国企業との協力が不可欠なのである.　　　　　　[地田徹朗]

チェルノブイリ

チェルノブイリ原発事故は，1986年4月26日1時24分頃，ソヴィエト連邦ウクライナ共和国（当時）キエフ州北部に位置するチェルノブイリ原子力発電所4号基で発生した．タービンの実験時に出力制御に問題が生じ，その結果爆発と原子炉の大部分の破壊に至ったといわれる．

事故の原因は公式には，従業員のミスとされ，発電所長および数名の原発従業員が刑事犯として裁かれた．しかし近年の被災国政府の報告書は，原子炉の設計に問題があったことも指摘している．

❋**汚染の広がり**　放射性物質は広い範囲に拡散し，ウクライナ，ベラルーシ，ロシア合わせて約14万5000 km²が後述のチェルノブイリ法による被災地基準（3万7000 Bq／m²）を上回る汚染を受けた．ヨーロッパ17カ国の汚染面積は20万7500 km²を超えた．

図1　破壊されたチェルノブイリ原発4号
［chnpp.gov.ua］

爆発した原子炉の周辺30 km圏内は立ち入り禁止区域（ゾーン）となり，同ゾーンからは10万人を超える住民が強制移住させられた．同原発から200 km以上離れたロシアのブリャンスク州には，居住禁止となった集落がある．さらに，文豪レフ・トルストイの屋敷があることで知られるロシアのトゥーラ州は，原発から800 km以上離れているが，ここにも汚染地域認定された地区が複数ある．

セシウム137（半減期30年）やストロンチウム90（半減期28.8年）による影響は長期間続き，事故から30年以上経過した現在も広範囲の汚染が残る．特に原発付近は溶解した燃料の破片とともに飛び散ったプルトニウム239（半減期2万4000年）の汚染があり，特別な注意が必要といわれる．

❋**初期対応**　当初ソ連政府は，原子炉爆発，炉心溶融（メルトダウン）を公表しなかった．事故から2日後の4月28日に，ソ連国営タス通信が「不幸な事態が生じた．原子炉の一つが損傷した」と短く伝えるにとどまった．

原発近隣（3 km）のプリピャチ市から全住民が避難したのは事故から1日半後の4月27日午後，周辺30 km圏からの全住民避難が決定されたのは事故から1週間後の5月2日であった．決定が5月2日となったのは，前日5月1日のキエフ市メーデーパレードへの影響を避けるためであったといわれる．

爆発した4号基の消火活動，原子炉を被うコンクリート「石棺」建設などの緊急作業には，発電所従業員以外にも，ソ連軍の現役兵または兵役義務者が多数投

入された．収束作業参加者は事故状況を解消する者たち「リクビダートル」と呼ばれ，第2次世界大戦功労軍人と同等の社会保障が約束されるようになる．その総数は60万人といわれるが，記録の不備もあり，正確な人数は不明である．ロシアからもレニングラード州の核関連技術者や，トゥーラ州の炭鉱夫達など，専門知識や技術を有する人員が招集された．

❋**被害者補償　チェルノブイリ法の成立**　事故から5年後の1991年には，ウクライナ，ベラルーシ，ロシアそれぞれの共和国でチェルノブイリ被害者保護法（通称チェルノブイリ法）が成立する．リクビダートルやその遺族，汚染地域住民たちが被害者団体を立ち上げ，立法措置を求めて実現した．ウクライナ，ベラルーシなど，各地域の議会がソ連中央議会に先立って地方から成立させた．

チェルノブイリ法では「事故」でなく「カタストロフィ」という語を使い，事態の深刻さと長期性への認識を表している．同法は，国の責任による生涯続く健康診断の実施，補償金の支払い，汚染地域からの移住者への住宅・雇用保障などを定めている．前述のリクビダートル，強制避難者，汚染地域の住民，その子孫まで幅広く保護対象とする．また，目に見える病気や障害がなくとも，「汚染地域に住むリスク」に対する補償が認められている．

2000年代以降，度重なる法改正により，チェルノブイリ法で約束された補償や支援の規模は大幅に縮小された．しかし被災者健康診断などの重点施策の実施率は依然として高い．2010年時点で，ロシアで最も汚染地域の多いブリャンスク州における被災者健診実施率は対象者全体の80％，対象児童の94％である．甲状腺検査だけでなく，血液，尿検査，内部被ばく検査など項目は多岐にわたる．

❋**健康被害をめぐる評価**　国際原子力機関（IAEA）や世界保健機関（WHO）などの国際機関は，一部の収束作業者に生じた急性放射線障害，幼くして被曝した人々の甲状腺がん以外は，ほとんどチェルノブイリ事故による健康被害を認めていない．

一方，2011年に刊行された『ウクライナ政府報告書』では，「大人の甲状腺がん」「がん以外の疾病」「遺伝的影響」などをチェルノブイリ被害として幅広く認めている．また16年のロシア政府報告書では，収束作業員の血液循環器疾患という「がん以外」の病気も放射線起因被害として認めた．前述の法が定めた健診制度を通じて被災者登録のデータが蓄積され，健康被害の評価にも修正が続く．

❋**廃炉は急がず，目指すのは「環境上安全な複合体への変容」**　2016年11月30日に，老朽化した石棺ごと4号炉を被い隠すアーチ型新シェルターの完工セレモニーが行われた．新シェルターは，100年間は安全に運用できるとされる．

炉内に残る燃料デブリ取り出しの見通しは立っていない．新シェルター内部の石棺の倒壊，デブリから周辺への影響を防ぐことが課題である．廃炉ではなく「石棺施設の環境上安全な複合体への変容」が目指されている．　　　　［尾松　亮］

ロシアの空間的自己イメージ

　東西幅が約1万km，南北幅が約4,000kmにも及ぶ広大な国土を擁するロシアは，気候風土ともに地域差が大きく，その風景も北方のツンドラ地帯から南部の塩湖やステップ地帯まで，きわめて多彩である．しかし実景の多彩さとは別に，ロシア文化の内側ではさまざまな「ロシア的風景」のイメージが育まれてきた．

❋**ロシアの原風景**　詩や小説から絵葉書などのメディアに至るまでよく登場するロシアの風景には，ウラル山脈以西のいわゆる「ヨーロッパ・ロシア」のものが多い．これは現ウクライナのキエフに起こった東スラヴ人の国キエフ・ルーシが，北東のモスクワに中心を移しながら広がっていった国家形成の記憶を担う地域で，北部は針葉樹林帯と湖沼，修道院などを擁した人口の少ない地帯，モスクワを含む中部はヴォルガ川と支流域の流通・産業の中心地帯，南部はかつて遊牧民との闘争地だった農業の盛んな中央黒土帯にあたる．19世紀の有名な絵画で代表すれば，北部の自然はイワン・シーシキンの森林の風景，中央部の景観はワシーリー・ポレーノフの〈モスクワの中庭〉，南部はオリョール出身のグリゴリー・ミャソエードフによる〈草刈り人〉などの作品に，それぞれ写し取られていると見ることができる．

❋**エキゾチック・ロシア**　ロシア帝国が膨張の過程で獲得・開発したヨーロッパロシアの周縁や外部は，上記のような原風景とは趣の異なる，エキゾチックな印象を持つ．例えば最も南に位置するコーカサス（カフカス）北部は，ロシア平原に存在しない高い山岳や急流の川の景観を，ウラル山脈以東のシベリアは，人為の及ぶ規模を超えた大河，湖，ツンドラなどの景観を，それぞれ本質的なイメージ構成要素としている．18世紀に新首都となった北西部のサンクト・ペテルブルグは，洪水を発生させる北方の海洋性気候と水に浮かぶ石造りの舞台空間のような人工都市のイメージを特徴とする．中央部の原風景が国民的アイデンティティに安らぎを与えるとしたら，こうした周辺部は，その原風景を異化する「内なる他者」のイメージを提供しているといえるだろう．

❋**大国ロシア**　ロシアはこうであるべきだという人々の信念も，実際の風景以上に空間のイメージを育んできた．例えば18世紀の頌詩のジャンルでは次のようなおおらかな巨大国家の自画像が描かれた．

　　雲をつく巨大なロシアは／己が国土の果ても見えず／赫々たる栄光に浸りつつ／草原のさなかに安らぐ／野に果実があふれ／ヴォルガ，ドニエプル，ネヴァ，ドンの川が／その清き流れで／さらさらと畜群を眠りに誘う中／ロシアはくつろいで足を伸ばす／その草原の果てには長大な壁が／わが国を清

図1 左上から右へ〈針葉樹林 晴れの日〉イワン・シーシキン, 1895［ロシア美術館蔵, サンクト・ペテルブルグ］,〈農繁期（草刈り人）〉グリゴリー・ミャソエードフ, 1887［ロシア美術館蔵, サンクト・ペテルブルグ］,〈モスクワの中庭〉ワシーリー・ポレーノフ, 1878［トレチヤコフ美術館蔵, モスクワ］,〈ミヤマガラスの飛来〉アレクセイ・サヴラーソフ, 1871［トレチヤコフ美術館蔵, モスクワ］,〈静かな修道院〉イサアク・レヴィターン, 1890［トレチヤコフ美術館蔵, モスクワ］

国と隔つ／ほがらな瞳をめぐらせ／あまねく喜びを数えつつ／カフカスに肘突いてくつろぐ……（ミハイル・ロモノーソフ「女帝エリザヴェータ・ペトローヴナの即位の日に寄せる頌詩」1748）

こうした自国賛美の図柄は, 19世紀以降には, ロシアはヨーロッパとアジアにまたがるユーラシア国家であるという思想にも結び付いていく.

❋**聖なるロシア** 祖国愛はより精神的なかたちでも現れるが, そこではしばしば北国の地味な風景にあえて美や聖性を読み込むような逆説的な修辞が用いられる.

この貧しい村々／みすぼらしい自然／辛抱強いわが故郷／ロシア国民の地よ／異人種の傲慢な目は／わかりもしないし気付きもしない／お前の慎ましい裸の体を／貫いてひそかに輝かす光に／かつて十字架の重荷にあえぎつつ／祖国よ, お前の地をくまなく／天帝が奴隷に身をやつして／祝福しつつ遍歴したのだ（フョードル・チュッチェフ, 1855）

ここでは北方の貧しい自然の中でけなげに生き抜くロシアとロシア人のイメージが, 救世のためにみずからの身を捧げた神の子の謙虚さ（ケノーシス）というキリスト教の概念によって浄化されたうえで, 国土の風景に被せられている. 風景がそのまま聖像画（イコン）に変質しているといってもよいだろう.

19世紀のアレクセイ・サヴラーソフやイサアク・レヴィターンなどの画家たちも, 素朴で単調にも見えるロシアの自然の内に「聖なるもの」を見出そうとしているように思える.

［望月哲男］

白樺と熊

ユーラシアの北域に広く分布する白樺と熊は，ともにロシアの自然に固有な要素として生活の中で親しまれるだけでなく，儀礼，フォークロア，文芸，美術などを含めた精神文化においても，独特な役割を担ってきた．

❋**白樺とロシア人** 白樺はまずロシアの日常生活に欠かせない「素材」だった．加工しやすく防水性の高い表皮は容器や籠，履物などに広く使われ，独特の風合いから装飾品としても人気が高い．中世には筆記用紙の代わりとしても使われ，「白樺文書」と呼ばれる資料群は歴史研究の重要素材となっている．木部は家具，農具，馬具などに

図1 〈白樺林〉(アルヒープ・クインジ作, 1879)

加工されるほか上質な薪にもなり，昔の農村では灯火用にも使われた．ミネラルに富む樹液は薬品や健康飲料に，タールは消毒剤や塗り薬となり，枝葉を束ねて干した「白樺の枝箒」は，蒸風呂で体を叩いて血行促進と心身浄化をうながすロシア式蒸風呂の必須アイテムである．

春に他の木々に先駆けて芽を吹き，若葉をまとう白樺は，生命力や復活力，青春のシンボルと見なされた．また白い樹皮をさらした，たおやかな枝ぶりの立ち姿から清純な若い女性に喩えられ，民謡ではしばしば男性的な楢と対になる．婚礼や春夏の年間儀礼でも重要な役割を果たし，聖霊降誕祭では白樺をリボンなどで飾ったりその下で踊ったりした．その一方で白樺は，水の精や死者の霊が宿る木と見なされるなど，生から死までを含む広い観念連想を有している．

❋**熊とロシア人** 熊もある意味で「実用」動物だった．熊狩りは長い歴史を持ち，丈夫な毛皮は防寒用，脂の多い肉や内臓は食用や薬用として珍重された．巣穴からとらえた子熊を仕込む熊使いの芸は，世界中に知られている（☞項目「サーカス」）．

ただし熊は，単なる狩猟や飼育の対象ではなく，スラヴ民族一般にとっても同様ロシア人にとっても，崇拝と禁忌の対象であった．そのことは熊を名指す本来の名詞がロシア語を含む多くのスラヴ語で「蜜を食すもの」というあだ名に取って代わられたことからもわかる．また，このあだ名さえ口に出すと狩りの獲物が逃げるなどとして，熊を「毛むくじゃら」「旦那」「爺さん」といった言い換えや「ミーシャ」という人名で呼ぶこともある．熊は神と人と動物の三つの本性を持

つ特別な生き物と見なされており，そのことは，人間が神罰によって姿を変えられて熊となったという伝説や，熊を牧畜の守護者とする信仰にもうかがえる．14世紀のラドネジのセルギーや18世紀のサロフのセラフィムのように，熊を手なずけた聖人たちの挿話も知られるが，これは異教的な熊崇拝とキリスト教文化との和解のかたちを示しているのだろう（☞項目「修道院」）．

　熊は多産と富の象徴でもあり，新婚の夫婦が熊の毛皮に腰を下ろす習慣もあった．娘が熊の夢を見るのは結婚の前兆，という言い伝えもその一例である．民話では，熊はしばしば「がにまた（コソラープィ）」と呼ばれ，人に捨てられた犬を救う善良で親切な役もあれば，お百姓との知恵比べに負けて蕪の葉や麦の根ばかり掴まされることもある．森に入った娘を捕まえる「マーシャと熊」型の話も知られている．大きい，強い，不器用といったイメージは日常の慣用句にも現れ，「熊の親切」と言えば良かれと思ってする迷惑行為のこと，「熊に耳を踏んづけられた」人といえば「音痴」を指す．

❀ 白樺と熊のロシア　熊のイメージをめぐって2009年にロシア内外で実施された社会意識調査（Рябова Т., 2012）で，ロシアの代表的象徴は何かという問いに対するロシア人回答者の答えのうち，くしくも「白樺」と「熊」がそれぞれ23％と20.0％で，3位と4位を占めた．1位の「双頭の鷲」（ロシアの国章，56％）と2位の「クレムリン」（38％）がどちらかといえば政治的ニュアンスを持っているので，白樺と熊はロシア人の自然観や人間観をベースにした，有機的な自己イメージの代表といえそうである．それはある意味で，女性的なたおやかなロシアと男性的なたくましいロシアを代表するペアともいえるだろう．

　ただし，白く美しい幹に光を通す優しい葉をまとった白樺を自己イメージとする気持ちはストレートに理解可能だが，熊への自己投影は多少の屈折を感じさせる．ロシアが熊だというのは本来ヨーロッパ製の外来イメージで，主として大英帝国によって広められたこのステレオタイプには，野蛮さ，狂暴さ，愚かさ，奴隷根性といった否定的な含意が濃厚だったからだ．そんな否定的なニュアンスを伴うイメージを今日のロシア人があえて自画像に選ぶとしたら，そこには（プーチン政権が演出しているような）妥協を知らぬ強者たらんとする居直りか，もしくは不器用で田舎者臭くても気のいい正直者であることを良しとする，ある種の諧謔を伴った自己アピールを読み取るべきかもしれない．

図2　ノヴゴロド市の紋章

　面白いことにロシアでは，ノヴゴロド，ヤロスラヴリ，ペルミの3都市とハバロフスク地方という東西にわたる4地域で，熊の紋章が用いられている．

[望月哲男・熊野谷葉子]

サハリン島

　サハリン島は，北海道の最北端宗谷岬から43 km北に位置し，アイルランド，北海道に次いで世界で23番目に大きな島である（☞見返し「現代のロシア連邦」地図）．全長948 kmに及ぶ細長いこの島を，アントン・チェーホフは「チョウザメのような形」と評した．

　島には，チェーホフの名を冠した博物館が2件，劇場が1件，チェーホフの全身像が2体，胸像が6体ある．チェーホフという名の村もある．1890年7月，モスクワから80日間かけてチェーホフはサハリンに上陸した．首都の人間たちにとって，当時のサハリン島への旅は「世界一周旅行」といわれるほど，この島は遠く離れた辺境だった．3カ月間の滞在中チェーホフは住民に対して精力的に聞き取り調査を行った．離島後の膨大な文献調査も踏まえてチェーホフは95年，『サハリン島』という著作を発表した．これは小説でも戯曲でもない．ノンフィクションのルポルタージュであり，高度に専門的な地域研究書といってよい．サハリン島の人々にとって，ロシアを代表する作家であるチェーホフが来島し，郷土の姿を描いてくれたことは何よりの誇りなのである．

　『サハリン島』には，3人の日本人の名前が登場する．クゼ，スギヤマ，スズキ．久世原，杉山次郎，鈴木陽之助はいずれも在コルサコフ日本領事館員である．サハリン島における当時の行政的中心は北部のアレクサンドロフスクにあった．しかし，領事館は島の南の出口であるコルサコフに置かれていた．チェーホフによれば，同地が面するアニワ湾周辺などの漁場で活動する日本人漁業者とロシア側当局とを仲介するのが領事館員の仕事だった．

　チェーホフが来島した当時のサハリン島は流刑地で，囚人を酷使しての石炭業や，監獄から解放された人々による農業を生業とする場だった．一方，日本人の漁業者にとってサハリン島は北海道の延長上の漁場であり，島がロシア領となっても（☞項目「日露領土の境界」），彼らにとっては有力な生業の場だったのである．

　冷戦で閉ざされたサハリン島-北海道の海上の道は，ソ連邦崩壊後に再開する．カニをはじめとする海産物の北海道への水揚げが1990年代に急増した．ロシア人漁業者は上陸して買い物や食事を楽しみ，稚内市や根室市などの港湾都市では，道路標識や店の看板など，至るところでロシア語を目にするようになった．

　しかし，2010年頃を境に，北海道とサハリン島の経済関係は構造的な変化をみせる．北海道庁によれば，道内各地の港湾都市がほぼ1割ずつの均等なシェアで輸入していたのが，15年には室蘭と石狩で輸入額の6割以上を占めるようになった（北海道, 2016）．これはサハリンからの輸入が海産物から天然ガスへと変化したことを示している．石油・天然ガス景気でサハリンの住民は国内有数の平均所得を誇るようになった．海の恵みで結ばれていたサハリンと日本のつながり方は大きく変わっていくのかもしれない．

[天野尚樹]

3. 信 仰

　ロシア最初の年代記『過ぎし歳月の物語』の伝えるところによれば，キエフ大公ウラジーミルがキリスト教の洗礼を受けて，ルーシと呼ばれる地にキリスト教を広めるようになった．西暦988年頃のことである．このキリスト教は東ローマ帝国生まれのもので，「正教」として知られるようになり，日本にも幕末に伝えられた．

　本章では，ロシア文化に深く関わりのある正教を中心に，テーマごとに項目を立てた．キリスト教伝来以前の異教の神々についての「スラヴの神々」にはじまり，ロシアの多民族性に着目した「世界主要宗教諸派」までの15の項目およびコラムからなる章である．

　正教における習慣，音楽，建築など正教的世界観ともいえるテーマから，ロシアの地における修道院，巡礼，聖人や聖遺物への崇敬など信仰のあり方に関わることまで，また正教会の主流派と袂を分かった古儀式派やその他の「分離派」と呼ばれる各派についても取り上げ，読者がロシアの地における信仰の多様性を理解するうえでの助けとなることを目指した．　　　　　　　　　　　［井上まどか］

スラヴの神々

　スラヴの神話的存在は，国家規模のものと，家庭や村落規模のものの2種類がある．後者はドモヴォイ，バンニク，レーシイ，ヴォジャノイなどで，別項で扱う（☞項目「神々と悪魔」）．本項では，キリスト教の聖人崇拝と融合した結果，廃れてしまった前者について述べる．異教とキリスト教が共存する，中世ロシアの宗教の在り方を二重信仰と言い表すが，モスクワ大公国の出現辺りを境に両者は融合し，ギリシア正教はロシア正教に変容していった（☞項目「修道院」）．

❋**スラヴのパンテオンの再建**　忘れ去られていたスラヴの神々への関心は，19世紀初頭，ロマン主義の高揚とともに高まった．スラヴ人がドイツ人を破ったグリュネヴァルトの戦い（1410）の記録者で，スラヴ神話にローマ神話を投影した，15世紀ポーランドの年代記作家ドゥゴシュにまず関心が集まったが，スラヴ古俗の研究の進展に伴い，ドゥゴシュの記述の信憑性が疑われ，古スラヴの宗教像はゲルマンの神話像よりも貧しいという認識（L. ニーデルレ）がスラヴ学者の間で共有された．かわって，ロシア最初の年代記『過ぎし歳月の物語』が注目されたが，キリスト教改宗直前にキエフ大公ウラジーミルが建立したパンテオンには，雷の神ペルーン，家畜の神ヴォロス，風の神ストリボグ，太陽の神ダジボグおよびホルス，大地母神モコシ，火の神スヴァログ，正体が不明のシマリグルが祀られており，『過ぎし歳月の物語』によれば，東スラヴ人たちはこれらの神々に生贄をささげ，自分の息子や娘を供え，大地を汚していた．神々の物語は伝えられていないが，モスクワ・タルトゥー記号学派は，比較神話学的手法に基づき，これらを印欧語族共有の原初神話にさかのぼるスラヴ固有の神々だと比定している．

❋**表の主神としてのペルーン**　ゼウス（ギリシア），ユビテル（ローマ），トール（ゲルマン），ペルクナス（リトアニア）と同様に，ペルーンもスラヴ神話の「雷の投げ手」であり，印欧神話の神々の王として主神として軍神の性格をも併せ持つ．ウラジーミルの塔邸では，ペルーンの像は頭が銀で口ひげが黄金で木製であった．キリスト教が受容されると，神に願い出て天から火を降らせ，火の馬に引かれた火の戦車で昇天した『列王記』の預言者エリヤ（イリヤ）と同一視された．雷を伴う降雨が大地に実りをもたらすことから，ペルーンもイリヤも豊穣の守り手とされた．

❋**裏の主神としてのヴォロス**　ヴォロスは「髪の毛」を意味する語と同音であり，毛と角の生えた家畜の神である．起源をオシリス（エジプト），アドーニス（ギリシア）にさかのぼる冥界の王，死んで甦る「死と再生の神」であり，動植物の誕生，生育，死，再生のサイクル，季節の循環を司った．古代・中世において，

家畜は財産にほかならなかったから，富，商売の神ともなり，『過ぎし歳月の物語』によれば，ビザンツ帝国と通商条約を締結する際，ルーシ人はヴォロスに誓いを立てた．死の後に復活するイエス・キリストの原型でもあるが，キリスト教受容後のスラヴ圏においては，リュキア地方の都市ミュラ出身の奇跡成就者，聖ニコラ

図1　現代アートに再現されたスラヴの神々［infourok.ru］

（サンタクロース）と習合した．ニコラはロシアで最も篤く崇敬される聖者の一人で，イコンにも頻繁に描かれる．

❈**母なる湿れる大地とモコシ**　モコシという神の名称は，「湿った」を意味する「モクルイ」と「糸紡ぎ」を意味する「モコス」という二つの語から派生した．モコシはパンテオン唯一の女性神で，第一に「母なる湿った大地」の擬人化であり，第二に民間伝承では，大きな頭と長い手を持ち，夜中に糸を紡ぐとされる．糸は人間の運命を，糸紡ぎは人間の運命を決定する営みを象徴しているから，モコシは，ギリシア神話のモイラ，イランのアナヒタと同様に，運命の神でもある．キリスト教受容後は，「テオトコス／ボゴロディツァ（神を生みし者）」つまり聖母マリアとの共通性を保ちつつ，糸紡ぎ，機織りなど女性の営みの庇護者で，運命を司る女性聖人パラスケヴァ／ピャートニツァ（金曜日）と同一視された．

❈**太陽の神ダジボグ，天空と風の神ストリボグ**　ダジボグは太陽の神で，「あたえる（ダーチ）神（ボグ）」が原義で，幸運と不運をあたえる存在である．『イーゴリ軍記』では，ルーシ諸公がダジボグの孫とされる．東スラヴ人の神話でダジボグとともに言及される風の神がストリボグである．『イーゴリ軍記』では，海から矢となって吹き付ける風がストリボグの孫とされる．ストリボグは，印欧語族神話の天空の神に起源を持つ，清朗なる天空の擬人化で風の神であり，古代ロシア語の「ストルイ（父方の叔伯父）」および同系の印欧語の「プトレイ・デイヴォ（父なる神）」の双方に語源を求めることができる．

❈**聖婚（ヒエロスガモス）としてのロードとロージャニツァ**　ロードとロージャニツァへの崇拝は，中世ロシアの異教を糾弾する文献において論難されているが，当初，豊穣を守護しそれをもたらす者として，印欧神話の雷の男神と大地母神，つまりペルーンとモコシのペアの聖婚であったものが，キリスト教との接触とルーシの農業共同体化によって，オシリスとイシス（エジプト）のような，死と再生の神と大地母神，つまりヴォロスとモコシの聖婚へと変容したものと考えられる．

［三浦清美］

ロシア正教会

ロシア正教会とは，下表の通り正教会における独立正教会の一つである．

独立正教会	コンスタンチノポリ（コンスタンチノープル）総主教庁，アレクサンドリア総主教庁（アフリカを管轄），アンティオキア総主教庁（シリア・レバノンほか西アジアを管轄），エルサレム総主教庁，ロシア正教会（モスクワ総主教庁），グルジア正教会，ブルガリア正教会，セルビア正教会，ルーマニア正教会，チェコ・スロヴァキア正教会，アメリカ正教会※，ウクライナ正教会※※
自治正教会	フィンランド正教会，日本正教会※

※アメリカ正教会と日本正教会については，その「独立」と「自治」をモスクワ総主教庁が承認したが，コンスタンチノポリ総主教庁は承認していない．
※※2019年3月現在，コンスタンチノポリ総主教庁だけが承認．

古い，または，規模の大きな独立正教会には，総主教がいる．総主教達の中で，コンスタンチノポリ総主教が席次では第1位を占めるが，その地位は名誉上のものであり，奉神礼（礼拝，ボゴスルジェーニエ）で第1の席次に着いたり，各種会議で議長を務めたりする他は，総主教達がすべて平等であるという原則に従う．ローマ教皇のような「トップ」はいない．

席次については，5番目のロシア正教会モスクワ総主教庁までは表中の順序の通りである．例えば，2014年1月にアンティオキア総主教イオアン10世がロシアを訪問した際は，奉神礼などにおいてイオアン10世が，モスクワ総主教キリルより上座を占めた．ただし席次は5番目であるが，モスクワ総主教が指導するロシア正教会は，規模では世界最大の独立正教会である．

正教会には，教会組織は上記のように複数あるが，教えはすべて同じであり，それらは同じ教会として，互いにゆるやかに結び付いている．したがって「ロシア正教会」という組織はあるが，「ロシア正教」という独自の教えは存在しない．

❀正教会とは　前述の通り，ロシア正教会は正教会の一員であり，ロシア正教会を理解するにはまず「正教会とは何か」の理解が不可欠である．

正教会は，単一の教会としては，ローマ・カトリック教会に次いで世界第2位の規模を持つ．主に東欧に広がり，シリアやレバノンなど，中東の一部にも小さくない教会組織が存在する．

正教会は，自身を「イイスス・ハリストス（イエス・キリストの中世ギリシア語，ロシア語に由来する表記）と聖使徒達によって建てられた，聖なる公なる一つの教会」と認識する．

主な定理（教義，ドグマ）は325～787年に開催された七つの全地公会議に表明

されており，新たな定理の確認事項は787年以降追加されていない．連綿と続く教えの中で重要なものを聖伝といい，旧約聖書・新約聖書は，聖伝の中で最も重要なものとして位置付けられる．

第二全地公会議で定められた信条文（信経）では，至聖三者（三位一体の神），正教会，洗礼による罪の赦しを信じ，死者の復活と来世（終末の後に来る世界）の生命を望む信仰内容が表明されている．

正教会とローマ・カトリック教会が分裂した東西教会分裂については，あくまで「正教会こそが最初から連綿と続いて来た伝統的な教会である」と自認することと，幾つかの出来事が重なって起きた分裂であったため，正教会は「8世紀頃から1204年にかけて，ローマ・カトリック教会が分かれていった」ととらえる．

主に正教会の揺籃の地となったのは東ローマ帝国であり，ギリシア語を共通語として当初発展したため，「ギリシア正教」との別名もあるが，正教の初期神学の中心地はシリアのアンティオキアとエジプトのアレクサンドリアであり（いずれも当時は東ローマ帝国領），グルジア（ジョージア）の正教会も4世紀に成立しているなど，ギリシア・小アジアのみならず，中東・コーカサス（カフカス）における発展も見逃せない．

❋ロシア正教会の沿革　1世紀に聖使徒アンドレイ（アンデレ）がキエフまでキリスト教（正教）の宣教に来たと伝えられるが，伝承の域を出ない．クリミア半島には1世紀末から教会があった．9世紀にはキエフ周辺においても教会が建てられていた．988年にウラジーミル大公がコンスタンチノポリから主教を招き集団洗礼を実施し，ルーシはキリスト教国（正教国）となった．

14世紀には多くの修道院が荒野・森林地帯に建てられ，国土の開拓に大きな役割を果たしている．1448年にロシア正教会はコンスタンチノポリ総主教庁からの独立を宣言．1589年にはコンスタンチノポリ総主教庁を含む他正教会から，その独立と，モスクワの主教座の総主教座への格上げが承認された．

しかし教会統制をもくろむピョートル大帝は1721年にモスクワ総主教座を廃止．聖務会院が替わって設置される．ロシア正教会は国家から保護を受けつつも，統制も加えてくるロマノフ朝との関係に苦悩し続けてきた．総主教座が復活したのはニコライ2世時代の準備を経て，帝政崩壊直後，1917年のことである．

無神論をかかげるソ連時代には大規模な弾圧を被り，膨大な数の致命者（殉教者）を出し，膨大な数の聖堂やイコンが破壊され，神学校や修道院が閉鎖されるなどしたが，弾圧には時期により濃淡があり，ソ連時代もほそぼそと信仰を守る．1991年のソ連崩壊後に復活を遂げた．

しかしロシア連邦国家との関係，社会問題への対応，他正教会との外交問題，ソ連時代に衰退した信仰の復興など，課題も山積しており，ロシア正教会はそれらの課題の解決に取り組んでいる．　　　　　　　　　[クリメント北原史門]

正教会とその習慣

　正教会の習慣には,「教えの上で重要なもの・重要でないもの」「多くの信者が行うもの・一部の信者しか行わないもの」「全世界の正教会で行われるもの・一部地域の正教会でのみ行われるもの」「視覚的に目立つため日本でもしばしば報道されるもの・目立たないもの」など,さまざまなパターンの組合せがある.

　膨大な数の習慣があるため,本項での紹介はあくまでその一部にとどまる.なお,特に注記が無ければ,全世界の正教会に共通する習慣である（正教会の概容については,☞項目「ロシア正教会」）.

❋**イコンと蝋燭,十字を画く**　信者はイコンの前に蝋燭を灯して,十字を画いて祈る.これは聖堂でも家庭でも同様である.蝋燭を灯すことが不可能な場合でも,イコンの前で祈る.

　信者が聖堂に入って祈る時,まず入口近くで頒布されている蝋燭を献金して求め,十字をみずからに画いて（「切る」とはあまりいわない）礼をしてイコンに向かって一礼し（大体はこれを2回繰り返す）,イコンの前の蝋燭立てに蝋燭に火を灯して立て,イコンに接吻し,また十字を画き礼をする.ただしこの「2礼,蝋燭を立てて,1礼」といった回数と手順は絶対的なものではない.

図1　親指と人差し指と中指を合わせて至聖三者を表し,薬指と小指を曲げ,ハリストスの神性と人性を表している

　十字を画く際は,図1のように指をつくり,額,胸,右肩,左肩の順に画く.左右の肩の順は,西方教会（カトリック・プロテスタント）と逆である.

　指の形は,三つの指は至聖三者（三位一体の神）を表し,二つの指はイイスス・ハリストス（イエス・キリストの中世ギリシア語・ロシア語読み）の神性と人性を表す.

　この指の形は初代教会から決まっていたものではないが,9世紀には東西教会の別を問わず使われる形となっていた（なお,現在の西方教会では特に指の形は決められていない）.しかしルーシ（ロシア）は最初,2本指で画く,当時には少数派となっていた伝統が伝えられた.これが17世紀の古儀式派の分裂につながる（☞項目「古儀式派」）.

　イコンの前に灯される蝋燭の炎は,暖かく明るい心で神の前に立つ,信徒の霊のあるべき姿を示す.イコンは,ハリストス,生神女マリヤ,天使達,聖人

達のイメージである．信徒はイコンそのものを拝むのではなく，イコンに画かれた者を想起して祈る．復活祭や降誕祭，永眠者のための祈りの際，蝋燭を手に持って祈る場合がある．正教会には祈る時に合掌したり手を組んだりする習慣はないため，十字を画く時以外は，両腕は両足の外側に垂らしたままとなる．主教・司祭が信者を祝福する際は，別の指の形が使われる．

❋聖体礼儀　聖体礼儀は，パンと葡萄酒が，イイスス・ハリストスの尊体尊血になり，それを信者が領食することととらえられる．聖体礼儀は信者の生活の中心に位置付けられる．

　教会暦上の（小復活祭と位置付けられる日曜日も含めて）すべての祭日に行われる．聖体礼儀は祭りの中心であり，聖体礼儀のない祭日は存在しない．なお，祭日ではなく斎日，例えば聖大金曜日や大斎の水曜金曜以外の平日には，聖体礼儀は行われない．無発酵パンを用いる派が多い西方教会と異なり，正教会では発酵パンが用いられる．地域・教会の規模にもよるが，大体1時間から1時間半ほどかかる．「ミサ」はローマカトリックのみで使われる用語であり（プロテスタントでも使われない），形式や考え方の違いからも，聖体礼儀をミサと呼ぶのは誤りである．

　教会暦の区切りは日没であり，前日夜の晩祷は，すでに翌日に入っていることとなる．晩祷は，翌朝の聖体礼儀の備えと位置付けられる．

　大規模な修道院では毎日行われるが，街・村の教会では，日曜日と重要な十数個の祭りに実施するにとどまる．教えのうえできわめて重要であるが，毎日曜日に大半の信者が集まるような熱心な教会はまれである．

❋復活大祭　復活大祭（パスハ）は，年に1度，月齢との組合せで祭日が変わり，4月か5月に祝われる．正教会で最大の祭りである．教えの上で重要であり，普段教会に通わない多くの信者も聖堂に集まり，全世界の正教会で大きく祝われ，視覚的にも目立つ特徴がある．

　土曜日深夜に始まる．十字行と呼ばれる行列が聖堂から出発し聖堂に帰る．聖堂に帰ると，照明がすべて灯され，蝋燭がふんだんにささげられ，聖職者が「ハリストス復活！（Хрїстóсъ воскрéсе!）」と呼ばわると，信者が「実に復活！（Воистину воскресе!）」と大きな声で答える．多国籍な信者が集まっている教会の場合，この呼び交わしは複数の言語で行われることもある．

　この後，聖体礼儀で締めくくられる祈りが，（地域・聖堂の規模にもよるが）翌朝4時頃まで徹夜でささげられる．

　正教会では復活祭を「イースター」とはあまり呼ばないため，「イースターエッグ」とも呼ばないが，染色した卵（「パスハの卵」などと呼ばれる）やその他の食品に，聖職者の手によって聖水がかけられて成聖され，それを信者が持ち帰って食べる習慣がある．

[クリメント北原史門]

ロシア正教会の聖歌

　ロシア正教会の聖歌は，ロシア連邦だけで歌われているわけではない．ロシア正教会から伝道された，フィンランド正教会，アメリカ正教会，日本正教会，またロシア正教会の文化的影響を受けたロシア連邦外（西欧，東欧，中央アジアなどその存在範囲は広い）の正教会でも使用されている．

　本項では，これらの地域で広く使われているロシア聖歌について詳述する（ロシア正教会と正教会の概略については，☞項目「ロシア正教会」）．

✹祈りの無伴奏声楽　正教会の聖歌は初代教会時代に発祥がある．旧約聖書時代は竪琴やラッパが礼拝に使われていたことが聖詠（詩編）からわかるが，1世紀にはイスラエルでは神にささげる聖歌は無伴奏声楽になっていた．例えば，ハリストス（キリストの中世ギリシア語・ロシア語読み）の弟子達が歌う場面であるマタイによる福音書26章30節，マルコによる福音書14章26節にも，楽器の描写はない．そのまま，正教会聖歌は無伴奏声楽の伝統を維持している（ただし西欧・米国・アフリカなどにおいてきわめてわずかな例外はある）．

　聖歌は正教会にとって祈りそのものである．誦経（一つの音高を保って読む形式）と呼ばれる場面も含めて，正教会の奉神礼（個人の祈祷も含む礼拝）はすべて聖歌であるともいえる．「八調」と呼ばれる旋律パターンが大部分の祈祷文に指定されている．

　正教会におけるイコン，祭服，建築は，前提知識なしに世界中に存在する正教会のものを見ても，それぞれの違いを一見して見分けることは困難であることが多いが，聖歌は，ギリシアの聖歌（ビザンティン聖歌），ロシア聖歌，グルジア聖歌の違いは，インターネット上で配信されている奉神礼の動画・録音を聞けばすぐわかり，文化的相違がはっきりしている領域である．

✹ロシア正教会の聖歌・ロシア聖歌　すでに9世紀にはキエフに正教会の共同体は存在していたが，ルーシ・ロシアの人々が正教会の聖歌の感想を最初に記録しているのは，正教会世界最大の聖堂である，コンスタンチノープルの聖ソフィア（ハギア・ソフィア／アヤソフィア）大聖堂に赴いた，ウラジーミル1世の使者たちである．彼らは自分たちが訪れた場所が「天上なのか地上なのかわからなかった」と讃美し，聖歌の美しさに感動したことを記してもいる．

　ビザンティン聖歌の伝統を受け継ぎ，当初のロシア聖歌は単声部であった．ロシアにおいて発展した単声部の聖歌がズナメニ聖歌である．初期のものの記譜法は失われているが，後期の記譜はある程度解読されている．しかしどの程度，実際に当時歌われていた通りに解読・復元できているかは不明である．

17世紀中頃から，ローマカトリック教会の影響を受けたキエフなどを通じ，西方教会の多声聖歌の文化がロシアに流入した．

18世紀には宮廷聖歌隊を率いていたのはイタリア人であった．だがこの時代のイタリア人作曲家による聖歌は，現代ロシア正教会ではあまり歌われない．

イタリア留学経験のあるロシア人（ウクライナ人）ドミートリー・ボルトニャンスキー（1751〜1825）がその任に就いて以降，イタリア人が宮廷聖歌隊を指導することはなかった．ボルトニャンスキーはイタリア留学経験などから「最後のイタリア人」とも称される一方で，現代でも使用に耐える教会スラヴ語聖歌を作曲していることから「最初のロシア人」とも称される．現代のロシア正教会で歌われている作曲家による聖歌の多くは，ボルトニャンスキー以降のものである．

19世紀以降は，西欧化された聖歌を，正教会の伝統のもとにいかに復興させるかが課題となった．この問題意識は現代に至るまで続いており，「伝統的な多声聖歌の維持」「ズナメニ聖歌の復興」といったさまざまな手法が模索されている．

❀**作曲家**　正教会聖歌において，ごく一部の例外を除き，聖歌作曲には作曲家の名前が記載される伝統はなかった．作曲家の名前が正教会聖歌に現れるのは，18世紀以降のロシアやバルカン半島諸国である．

セルゲイ・ラフマニノフやピョートル・チャイコフスキーの正教会聖歌録音が一般向けCDで販売されるようになっているが，彼らの聖歌は難易度などの理由もあって教会の奉神礼で歌われることは多くない．一方，作曲数も多く，また教会での使用例も多いのが，ニコライ・リムスキー＝コルサコフである．

こうした世俗の領域でも著名な作曲家が聖歌を作曲している例もあるが，例えば正教会聖歌が主な作曲領域であった，アレクサンドル・アルハンゲルスキーやパーヴェル・チェスノコフの聖歌の方が，正教会では頻繁に使われる．現代でも作曲活動は続けられている．

❀**ロシア聖歌以外の正教会聖歌との比較**　東ローマ帝国に源流を持ち，現代ではギリシア系の正教会，およびシリアのアンティオキア総主教庁などで使われるビザンティン聖歌は，単旋律にしばしば持続低音が組み合わされている．旋律に微分音程を多用することもあり，五線譜への記譜は不可能である．単語のアクセントに高い音が来るように旋律が設定されていることと，祈祷文が定型詩であることから，ギリシア系の正教会が古典ギリシア語の祈祷文を現代ギリシア語に翻訳して歌うことは，ビザンティン聖歌の枠組みを守る限り，ほぼ不可能である．

グルジア聖歌は，西方教会の影響を受けずに，独自に三つの声部を持つ多声聖歌を発展させたことが特筆される．他にもさまざまな地域にさまざまな聖歌伝統があることもあり，正教会聖歌全体に共通する音楽的特徴を述べることは，無伴奏声楽であること以外，きわめて困難である．　　　　　　［クリメント北原史門］

教会建築

ロシア人の多数を占める正教徒の信仰生活の中心が教会建築である．ロシア正教会の教会建築は修道院と一般の聖堂に大別されるが，修道院も中心になる施設は聖堂である．主教座が置かれるような重要拠点は大聖堂と呼ばれる．正教会が設置した聖堂のほか，王侯貴族が宮殿内に設けたものや，職場や学校が従業員や学生・生徒のために建てた礼拝施設もあり，会堂や礼拝堂と呼ばれている．

✸先行する文化の影響 キリスト教伝来以前，ロシアでは多神教が信じられていたが，その祭祀施設は現存せず詳細はわかっていない．しかし北西地方で中世の聖堂壁面に描かれた謎めいた幾何学模様や，木造聖堂の美しい細部装飾は，多神教文化から受け継がれたものと考えられる．

ロシア宣教を主導した東ローマ帝国（ギリシア）は，6世紀まで建築の先進地域であったが技術的衰退を続け，10世紀には石と煉瓦の混構造による小さな聖堂を建てていた．ロシア人はこれを模倣したのである．一方，ロシアには北欧から高度な木造技術も伝わっており，木で聖堂を建てる試みも早くから行われた．こうしてロシアでは石や煉瓦と木造の聖堂が並立することになった．

ロシアの正教聖堂がギリシアから継承したものには，内部空間の分節化，イコノスタスの存在，クーポルと呼ばれる小さな円屋根などがある．北欧の影響は，木造化，垂直性の高いプロポーションに見られる．タマネギ屋根，天井まで届く背の高いイコノスタスは，ロシアで独自に育まれた伝統である．

✸内部空間の分節化 聖堂は全体が聖別された空間であるが，内部はギリシアの形式を踏襲し三つに分かれていることが多い．聖変化が執行される至聖所，信者が祈る聖所，玄関にあたる啓蒙所である．至聖所には祭壇が置かれ，多くの場合その下に聖人の遺骸の一部が安置され，不朽体と呼ばれる．至聖所に近付くにつれて霊的なステージが上がっていく．大きな聖堂では，聖所や啓蒙所が複数に分かれていたり，啓蒙所の前にさらなる導入空間が設けられることもある．

分節化された空間は，至聖所・聖所・啓蒙所の順で東から西に並ぶのが望ましいとされる．すなわち聖堂は，生命と復活を象徴する日の出の方角である東を背にし，死を象徴する日没の方角である西に対面して建つのである．

✸イコノスタス 至聖所と聖所の間にはイコノスタスという衝立があり，多くのイコンで飾られる．原型はギリシアの聖堂にあったテンプロンという柵で，信者が急増した時期に至聖所への乱入を防ぐためつくられたものであったが，ロシアで背が高くなり，何段ものイコンで飾られ，時には天井に達するまでになった．冬の間，外光がほとんど射し込まず真っ暗なロシアの室内空間にあって，蝋燭の

光を映す金銀のイコンは信者の魂の救いであった．

　イコノスタスの中央には王門，左右には南門と北門という扉が設けられる．王門は聖職者のみが通ることを許され，補佐役として至聖所に立ち入る一般信徒は南北門を通る．これを表して，王門には四福音書記者，南北門には天使のイコンを飾るのが一般的である．また，王門の両側にはイエス像と聖母子像，イコノスタスの右端には聖堂名の由来となるイコンが飾られる．

❋タマネギ屋根　イコノスタスが内部空間の特徴なら，外観を特徴付けるのはタマネギ屋根である．これはクーポルの一種で，屋根の頂点または稜線上に設けられたドラムに冠される．断面は反転曲線を描き，いったん外に膨らんでから尖頭に収斂する．よく似たものにヘルメット形ドームがあり，頂点は同様に尖っているが中間部の膨らみに乏しく，ドラムの径より外に広がらない．石や煉瓦の聖堂でもクーポルは木製であることが多く，100年ほどで腐食してしまう．古い聖堂でも創建当初のものは残っていないため，長く建築史研究の対象にならなかった．その結果，タマネギ屋根は20世紀中頃まで，イスラームの影響を受けてヘルメット形ドームが変形し，17世紀に成立した，比較的新しいものと考えられていた．より古い時代の絵画にタマネギ屋根が描かれていたことから，今日ではイスラーム文化と無関係に成立したとする説が主流になったが，どの時代までさかのぼれるかは諸説あって決着を見ていない．タマネギ屋根は，奉神礼で灯される蝋燭の炎，または「使徒行伝」1章に現れる炎のような聖霊の姿をかたどっていると考えられる．しかし積雪を防ぐ実用的な理由で先を尖らせたとする説にも根強い支持がある．これはヘルメット形ドームも同様である．

❋構造と様式　ロシア建築は時代ごと，地域ごとに多様な発展をしてきたが，その先頭には常に教会建築があった．15世紀にはイタリアからルネサンスの構造技術が伝わり，モスクワ中心の発展が鮮明になった．17世紀後半から西欧の様式が流入し，都市部を中心にバロックや古典主義の聖堂も数多く建てられた．

図1　異種構造が混在する木造聖堂（キジ島）［著者撮影］

　木造聖堂の構造は19世紀初頭までほぼすべてログハウス（丸太積み）であった．啓蒙所や鐘塔など付随的部分は日本建築のように柱と梁による軸組で建てられたものもあるが，その場合も主要部はログハウスであり，同一の建物に異なる木構造が共存していたのである．しかしこれも西欧の影響を受け，19世紀中頃からは全体が軸組構造で建てられるようになった．

　19世紀後半に復古折衷様式が流行し，教会建築は再びロシアらしさを取り戻した．ソ連時代に多くが荒廃したが，今日修復や再建が進んでいる．［池田雅史］

修道院

　　修道制は，ローマ帝国のキリスト教迫害が止む4世紀初め頃エジプト，パレスチナで，苦行と禁欲を通じて霊魂の救済を求める，「血を流さない殉教」として起こった．修道士はイエスの福音の教えに従い，必要最小限の食事と眠りしかみずからに許さず，異性との交わりを避け，すべてを捨てて神を探し求めた．彼らは同じ志を持つ者たちの共同体を形成したが，これが修道院である．

✤東方正教世界における修道制の特徴　ロシアの前身であるルーシは，ローマではなくコンスタンチノープルからキリスト教を受け容れたが，ビザンツ帝国の修道院は，西欧のそれよりもはるかに，政治との関わりが深かった．ビザンツ帝国では，皇帝が，天上の神（パントクラトール）の地上における代理人（アウトクラトール）として，宗教上最高位にある総主教の上に君臨していた．修道士たちは神に仕える者として，神の代理人である皇帝を直接的に支えたが，このことは8～9世紀の聖画像論争の際に端的に現われた．聖画像崇敬是認という決定へとビザンツ政治指導層を導いたのは，聖画像崇敬を熱狂的に支持した東方の修道士たちだったからである．神に仕えつつ政治を支えるという修道院の役割は，ビザンツ帝国からルーシにも受け継がれた．

✤ルーシで最初の修道院，キエフ洞窟大修道院　キエフの町はずれ，ペレスヴェトヴォと呼ばれた鬱蒼とした森の洞窟に，説教『律法と恩寵について』の作者で後にキエフ府主教となるイラリオンが住みついて祈りと瞑想に没頭した．1051年にイラリオンが府主教になった後，聖山アトスから帰国したアントニーが，その静謐を愛して居住の場と定めたが，それがキエフ洞窟大修道院のそもそもの始まりである．アントニーの徳を慕って修道士たちが集まってきたが，静謐における神との交わりのみを重んじるアントニーは，修道士たちとの付き合いさえ嫌った．そこに，商家の出身で，みずからを溺愛する母親の強圧的な支配を逃れてきたフェオドーシーが，剃髪を受けるためアントニーを頼った．フェオドーシーは後に修道院長として，隣人愛をもって修道士たちを導き，キエフ大公の横暴をも諫めた．孤独を愛するアントニーと，柔和なまとめ役であるフェオドーシーは，修道士のあり方の両極である．

✤荒野修道院運動と聖セルギー三位一体大修道院　1238年のバトゥ（チンギス・ハンの孫）の遠征により，ルーシは壊滅したが，その荒廃のなかで復興を主導したのが，宗教に寛容なモンゴル人から保護を受けていた正教会である．なかでもルーシ民衆の国民運動として，14世紀中頃から荒野修道院が盛んに創設された．荒野修道院は，苦行，労働，観想的な祈りの場であると同時に，自給自足を原則

とする農業共同体であり，北東ルーシの大森林を耕地に変貌させた．その代表は，ラドネジのセルギーに創建された三位一体修道院（在セルギエフ・ポサード市，ソヴィエト時代の名はザゴルスク）である．この運動の中で，ルーシ民衆は史上初めてキリスト教と向き合い，外来の宗教のギリシア正教も，東スラヴの土俗的な伝統を取り入れてロシア正教となった．ちなみにギリシア正教とロシア正教は，ニカイア信条，カルケドン信条を信仰する点では同一だが，宗教儀礼の行い方に微妙な違いがあり，17世紀には，典礼様式のギリシア化に反対し

図1 聖セルギーとクマ[『聖セルギー伝』写本，ロシア国立図書館蔵]

た一派が分離して国家規模の騒乱が起こった．飲まず食わずで開墾に打ちこむセルギーが，空腹のクマを憐れみ，みずからのパンを分けているうち，クマがみずからの意のままに動くようになったという逸話は示唆的である（図1）．クマは神聖な動物として印欧語族共通の崇拝対象だった．セルギーは異教的な霊威を，敵意をもって撲滅するのではなく，祝福によってキリスト教信仰のなかに取り込んだ．セルギーはまた，府主教でモスクワ大公国摂政，アレクシーと連携し，リトアニア大公アルギルダスのモスクワ征服計画を挫いた．

❋**所有派と無所有派**　かくして15，16世紀に大土地所有者へと発展した修道院として，ベロオゼロのキリル修道院，ソロフキ修道院，ヴォロコラムスクのヨシフ修道院が有名である．荒野修道院の支持なしには，モスクワ大公国もルーシの覇権を掌握できなかったはずだが，15世紀後半にモスクワ一統支配が確立されると，国家と修道院の利害が対立した．モスクワ大公イワン3世が修道院の土地を接収することで，権力を強化することを図ったからである．修道院の土地所有に，異端への対応が絡み合い，権力と宗教の関係は複雑な様相を呈した．

　当初，イワン3世は，修道院の土地所有に消極的な奥ヴォルガの修道士，ソラ川のニルらを利用し，土地所有に基づく修道院の独立を主張する所有派の修道士，ヴォロコラムのヨシフらと論争を挑んだ．イワン3世の側近には，ヨシフが糾弾してやまない異端もいた．やがてイワン3世と異端の関係が悪化するとヨシフは巻き返し，イワン3世に修道院の土地所有を認めさせた上で，異端に対し檻の中で焼き殺すという残虐な処刑を執行させた．無所有派の修道士たちは，この処刑に衝撃を受け，権力との交わりを極力絶って，主にロシア北部で修道的伝統を発展させた．17世紀中葉，ソロフキ修道院は古儀式派の牙城となったが，8年の籠城の末，ツァーリ権力によって根絶やしにされた．　　　　　　　[三浦清美]

歴史的な聖堂

988年にロシアが国教として受け入れた正教は，国家の精神的基盤として今日まで生き続けているが，教会は祈りを介した神との交流の場として一貫して主導的役割を果たしてきた．ロシア正教会の統計によると，2017年に国内で聖体礼儀が行われる聖堂数は3万6878と発表されているが，今もって増加しつつあるという事実は，その需要が低下していないことを物語っている．以下に歴史的に重要な聖堂を時系列に沿って幾つかかかげておく．

図1　キエフのソフィア大聖堂の内部
[sofiyskiy-sobor.polnaya.info]

❋**キエフのソフィア大聖堂**　原型はコンスタンチノープルの聖ソフィア大聖堂．『過ぎし歳月の物語』のウラジーミル大公による信仰選びの物語において，聖ソフィア大聖堂に派遣された使者が「われわれがいたのが天上なのか地上なのかわからなかった」と証言したとされる有名な教会である．大公は正教とともに神の叡智のソフィア像も受け入たことで，美と知恵の融合の理想こそが，その後のルーシの美学の基盤となった．大公の息子のヤロスラフの命により，神の叡智（ソフィア）の名前で首都キエフに五身廊に二階建て側廊付の巨大な（600 m^2）大聖堂が建立された（1037, 図1）．注目すべきは，これがコンスタンチノープルの模倣ではなく，「変容された全宇宙」のイデアに霊感を受けた独自の様式で創造されたことである．

❋**ノヴゴロドのソフィア大聖堂**　ウラジーミル大公によって住民をキリスト教化するためにノヴゴロドに派遣されたコルスン人（ヘルソネスの住民）の主教イオアキムが989年に町の中心に建てた木造の教会が，神の叡智ソフィア教会の原型である．だがこの教会が1049年に焼失すると，かつてノヴゴロドの公であったヤロスラフ賢公の息子ウラジーミル公が，ソフィアの名を冠したより大規模の石造教会を建立し，これがノヴゴロドの主教会となった．構造的にはキエフのソフィア大聖堂を模したもので，キエフとノヴゴロドの精神的合一を意図していたと伝えられるが，建築様式としては，一枚岩的な素朴さと明晰さといった点で，キエフの教会とは異なっていた．

❋**ウラジーミルの生神女就寝大聖堂**　1157年，ユーリー・ドルゴルーキーの息子のアンドレイ・ボゴリュプスキーは公国の首都をキエフからウラジーミルへ移したが，その少し前にコンスタンチノープルから福音史家ルカの筆になる生神女マ

リアの聖像が運び込まれていた．北方ロシアの代表的な聖物となったこの奇跡の聖像は，爾来ウラジーミルの生神女像と呼ばれるようになった．アンドレイ公はルーシに前例がない聖堂を建立しようともくろんでいた．建築家たちはこの課題に応えるべく，外国から運んだ石灰岩をモルタルで固め，外壁には透かし彫刻，内装には壁画彩色を施して，ユニークな聖堂を完成させたのだった．

✴ プスコフの洞窟修道院生神女就寝聖堂　15世紀に森に覆われたプスコフ辺境で修道士マルクが谷間の渓流のそばに洞窟を発見し，そこで無言の業を実践した．当時の狩人は「天使の歌」が聞こえ，「香を焚く芳香」が漂ってきたものの，人の姿は見えなかったと証言している．爾来，この場所は聖山の名で呼ばれるようになった．1392年，近隣に住むイワン・デメンチェフが山の斜面の倒木の下に「神から賜われた洞窟」と岩に彫られた洞窟の入口を発見する．デルプト（タリンの古名）からカトリックの迫害を逃れて来たイオアンという神父が1472年にこの洞窟に教会を建立し，翌年ノヴゴロドの大主教フェオフィルによって生神女就寝教会の名で成聖されて今日に至る．

✴ モスクワのクレムリンの生神女就寝大聖堂　クレムリンの聖堂群はロシア最大の文化遺産として敬われてきたのみならず，ロシア史を飾る支配者や教会司牧者の墳墓，聖なる遺物の保管所，中世芸術や建築物，歴史的記念碑などの宝庫としての役割も果たしてきた．なかでも重要な生神女就寝大聖堂は，1475～79年にイタリア人の建築家アリストティル・フィオラヴァンティによって建立されたが，これはもとよりウラジーミルにあった同名の聖堂の構造を模倣すべく建築家に課されたものであった．その後，この聖堂を模してロストフ，チフヴィン，モスクワのノヴォデーヴィチ，トロイツァ・セルギー大修道院，ノヴゴロドのフティンスキーなどにも生神女就寝聖堂が建立されている．モスクワの同聖堂は壁画を15世紀末の製造画師ディオニシーが担当したほか，1626年の大火後も，ロシア各地の名手たちがこぞって修復に参加したことで知られる．

✴ ペテルブルグのカザン大聖堂　イワン雷帝がカザン汗を征服してから25年後の1579年，火事の後，9歳の少女マトリョーナの夢に現れた生神女のお告げによって発見された生神女のイコンは，当初カザンの生神女福音大聖堂に収められていたが，動乱時代に当地の府主教（後の総主教）エルモゲンがポーランド人と戦うミーニンとポジャルスキーの義勇軍を支援するためにこの聖像を贈ったことから国民の崇敬の対象となった．これは義勇軍の勝利をこの聖像の力に帰せようとする民衆の信仰が根強くあったことを示している．この聖像から取られた写しの一つはイワン雷帝が保管しており，後にピョートル大帝の命によって新首都の祝福のためにペテルブルグに移された．さらにアンナ女帝期の1737年にネフスキー通りの生神女誕生教会に移された．この教会はその聖像の名を取ってカザン大聖堂と呼ばれるようになり，現在は主教座が置かれている．　　　　　　　　［清水俊行］

巡　礼

　聖なる場所を拝礼しつつ巡り歩くことは，旧約聖書の時代より知られた習慣である．キリスト教についていえば，この伝統が始まったのは4世紀のことで，行き先はもっぱら主の行実（行伝）の舞台となるパレスチナであった．ロシア人が宗教的行事としての巡礼を実践するようになるのは，988年のルーシの受洗直後のことであるが，教会の組織的現象としての巡礼は11～13世紀を端緒とする．もっとも，当時「巡礼」という概念はビザンツの正教的伝統の中で理解されていた．つまりその霊的な意味は，聖地への崇敬と神の義人の聖不朽体，聖像，十字架などに拝礼することに存する．これは神の藉身（人の姿をとって現れること）と神の存在の証となる恩寵のエネルギーに与ることの正当性を追認するための行為であった．これら聖なる場所で祈ることこそ，正教の巡礼の主要な目的である．そのために，巡礼たちは聖体礼儀やそのほかの礼拝，感謝祈祷，十字行などに積極的に参加しようとする．

❈中世ロシアの巡礼者の歴史　正教会においてはパレスチナと並んで，正教世界ではコンスタンチノープルやアトス山（ギリシア）が巡礼の主要対象地域となっていた．しかし，当時は道中，危険や困難に見舞われることが多かったことから，ロシアの巡礼たちは「自警団」を組織したり，西欧の聖地巡礼者から衣装を借用することで対処していたという．だが12世紀になると，巡礼熱が異常な高まりを見せたため，教会権力が人道的観点から巡礼に制限をかけるようになった．さらに15世紀中葉にはサラセン人たちやアラブ人たちの圧迫を受けるようになったため，ロシアからの巡礼は停滞期に入る．トルコ人によるコンスタンチノープルの占領（1453）によって，東方のキリスト教聖地の多くが異教徒たちの手に落ちたことも決定的な要因となった．

　聖地巡礼が復興するのは16世紀の後半のことである．だが，これはモスクワ公国が公用や慈善事業のために東方に派遣した人々が行う「公務巡礼」といった性格を帯びていた．それが18世紀になると，再び東方に対する自覚的な新しい関係が構築されるようになった．エカチェリーナ2世の時代には，トルコとの長期化する戦争が東方への巡礼を妨げていたが，19世紀になると，安全性と交通の便が向上したことから，聖地巡礼への動きは再び飛躍的に増大した．1847年にエルサレムにロシア宣教団が設立されたことも，この動きに拍車をかけた．

❈巡礼の語源と宗教的意味　「巡礼（palomnik）」という概念はそれに相当するラテン語の単語の訳語にあたる「棕櫚を持つ人（palmovnik）」に発している．当初，その名称で呼ばれていたのは古語に発する「巡礼者（bogomolets）」のこ

とであり，より正確には，主のエルサレム入城祭の十字行に棕櫚を持って参加する人たちであった．その結果，エルサレムだけでなく，それ以外の聖地をも旅する人々がその名で呼ばれるようになった．

　聖像破壊運動に勝利した第七回全地公会議（787）において，神には奉事を，聖像には拝礼を行うべきであるとする決議が採択された．ビザンツの教会伝統において巡礼は，聖物への跪拝者（poklonniki）と呼ばれていたことを鑑みれば，それを受け入れたロシアの正教的ドグマの表明と完全に符合する．この全地公会議の決議をカトリック教会は受け入れなかったため，キリスト教内におけるその後の巡礼の理解に差異が生じることになった．西欧で巡礼を表すピルグリムという言葉は，ロシア語では放浪者（strannik）の意味になるが，そのカトリック教会の巡礼が聖地での祈祷と瞑想のみを行うのに対して，ロシア正教会は聖地での墳墓や聖不朽体，十字架などへの拝礼（跪拝）を不可欠なものと規定している．

❀**巡礼の目的と行き先**　キリスト教の導入後，1,000年に及ぶ巡礼の伝統に生きるロシア人は，それを信仰者にとって不可欠な聖なる行事と見なし，一生に一度は聖地エルサレム，エジプト，アトス山などを訪れることを夢見ていた．同時に，聖なる不朽体を通して神の恩寵に与るために，巡礼に参加するだけでなく，それに伴う緊張した霊的修養を求めるようになっていく．キリストや生神女マリアの生活と関わりのある場所で衷心から祈ることが，罪の生活から霊的に甦り，神の特別の恩寵に与るための霊的な営みに他ならないことを自覚していたからである．例えば，そこに勤行する聖職者や修道士とともに肉体労働に従事することがあったことも，そうした修練の有用性を示す事例である．その点において，単なる好奇心からや知識を得るために聖地を訪れる宗教的観光客とは異なっていた．

　正教徒が訪れる全地教会の聖地といえば，聖地エルサレムを筆頭に，それとの関連で，ベツレヘム，ナザレ，ヘブロンなど，救世主や生神女マリアの地上の生活に関係の深い場所，さらには使徒行実の舞台となったヨルダン，レバノン，シリアなどを訪れる者も多い．19世紀後半以降ロシア国内の巡礼現象としては，多くの場所で恒例行事として集団的性格を帯びるようになったことがあげられる．教区や修道院で組織された巡礼団が聖人ゆかりの地を何日もかけて巡行するものや，数カ所を順次巡り歩くものまで，その形態は多様である．ロシア最後の皇帝ニコライ2世がモスクワ郊外のトロイツェ・セルギエフ大修道院やペテルブルグのアレクサンドル・ネフスキー大修道院への巡礼を愛したことはよく知られているが，近年ではそれにならうかのように，エカチェリンブルグで虐殺された皇室致命者（ニコライ2世とその家族）を記念する十字行に参加する者も多い．現在では50以上の主教区で巡礼を援助する奉仕者たちの組織が設立され，巡礼たちを案内し，宿泊させ，食事を与えるなどの活動を行っている．　　　　　　［清水俊行］

聖人・聖愚者

　ロシア正教の世界は，聖人の世界といっても過言ではない．時間の流れを記す暦は聖人の記憶によって満たされ，祈りの空間は聖人の姿を描いたイコンやフレスコで埋め尽くされている．聖人崇敬は決して正教会に独自のものではない．ロシア正教では，ローマ・カトリックと正教会の分裂以前の聖人のほか，コンスタンチノポリ総主教座によって定められた聖人を他のキリスト教会と共有するが，ロシア人の心を強く惹き付ける聖人の多くは，ロシアの地に生まれ，活躍した人々である．ロシアの聖人崇敬は，聖人の残した聖遺物を奇跡の源として重視する物質性，特定の地域と聖人の深い結び付きという土着性，そして聖性が国民神話の構築に寄与する政治性という点で際立っている．

❀列聖の歴史　神の特別の恩寵を受け，生前にキリスト者として優れた行いを成したもの，それが聖人である．彼らは天の国では神の近くに座すため，奇跡を成すと信じられている．それ故，多くの人々が彼らのイコンや不朽体に祈りをささげ，神へのとりなし，すなわち奇跡を起こしてくれるよう願うのである．キエフ・ルーシ最初の聖人は，大公位を狙う異母兄スヴャトポルクによって謀殺されたボリスとグレープの兄弟である．彼らは特別に篤信であったとか，目覚ましい布教活動を行ったとかいうのではなく，抵抗することなくみずからの命を犠牲にすることで民の平和を望んだ政治的犠牲者，「受難者」として列聖された．

　キリスト教を受容した後も数世紀の間は，何をもって聖者として列するのかという基準はロシアでは判然とせず，神の特別な恩寵の徴としての奇跡，死して朽ちることなく芳香さえ放つ遺体（不朽体），そして聖人にゆかりのある地域での崇敬が列聖のための必要条件とされていた．モスクワ府主教マカーリーは，16世紀半ばに列聖の手順と聖者伝の整理を行った．これによってロシア正教会全体で記憶される聖人と，地方の主教区ごとに記憶される地方聖人が区別された．また，聖人の記念日ごとに短い聖者伝を記した教会暦が編纂された．

❀亜使徒，克肖者，成聖者，佯狂者……　正教会では，列聖された聖人には，その業を称える称号が付けられる．キリスト教の布教に貢献した大公妃オリガやウラジーミル聖公は「亜使徒」と呼ばれるし，正教会の発展に貢献した高位聖職者には「成聖者」，修道院の開祖や清廉の修道士らには「克肖者」の称号が贈られる．列聖された王侯貴族，聖職者，修道士に交じって，ロシア教会でひときわ特異な存在が聖愚者，聖痴愚などと呼ばれる「佯狂者」である．彼らは，キリストのためにみずからのすべてを投げ打つ苦行を行うもので，ほとんど裸の姿で街中を放浪し，通常の人には見えないものを見，聞こえないものを聞く．権力の座に

あるものやこの世の富と名声を嘲笑し，堕落したもの，貧しいもの，救いなきものに心を寄せるというカーニヴァル的，倒錯的な言動で知られる．モスクワの赤の広場にあってひときわ目を引くカラフルな聖堂は，イワン雷帝が愛した愚者にちなんだ「聖ワシーリー聖堂」の名で広く知られている．聖なる愚者は15～16世紀のロシアで積極的に列聖された後，ロシア帝国が啓蒙の時代を迎えると，列聖の表舞台からいったん姿を消した．

❋現代の聖人　ロマノフ朝最後の皇帝ニコライ2世は，ほかのどの皇帝よりも多くの列聖を認めた．皇帝専制体制存続の危機に瀕した帝国にとって，列聖は皇帝政権の聖性とその統治の正当性を強調する，王朝と民衆による一大ページェントの役割を果たしたのである．また，この時代の政治に混乱と災厄をもたらした「怪僧」グリゴリー・ラスプーチンは，皇帝夫妻の目には，民衆の中から現れた聖なる愚者と映っていた（☞項目「ラスプーチン」）．

ソ連時代，教会が閉鎖され，聖職者が逮捕されると，信者たちの間ではしばしば，「長老」「福者」と呼ばれる人々が宗教的指導者として慕われた．彼らこそ，現代に甦った聖なる愚者である．とりわけ有名なのが，1988年にロシアで女性佯狂者として初めて列聖されたサンクト・ペテルブルグの聖クセーニヤ，そして2005年に列聖されたモスクワの聖マトローナである（図1）．教会における祈りの作法や教会慣例に疎くなった現代の自称「正教徒」たちにとって，墓前やイコンの前で祈ることで，個人的な悩みや願いに耳を傾けてくれるような現代の聖愚者は，きわめて身近な存在として圧倒的な人気がある．

図1　かつて聖マトローナの墓があったモスクワ・ダニーロフ墓地で祈りの順番を待つ巡礼者の列［著者撮影, 2015年10月4日］

また2000年には，ソ連時代の宗教弾圧の犠牲となった殉教者1,500人以上が「新致命者」として列聖された．新致命者たちの集うイコンが描かれるとき，その中心にあるのは，革命によって銃殺された皇帝ニコライ2世一家である．皇帝一家は殉教者ではなく，ボリスとグレープ同様の政治的犠牲者として列聖された．現代に至るまで聖人たちは，現代の教会と信者をボリシェヴィズムの被害者ととらえる歴史認識，皇帝をキリストと結び付ける君主主義的思考など，社会の深奥を揺さぶるようなメッセージを携えた，宗教的資源であり続けている．

［高橋沙奈美］

聖遺物崇敬

　聖遺物崇敬とは，キリスト者の信仰の見本として死後聖人の列に加えられた者の遺骸，身体の一部分や衣服などその人物が接触を持った遺品に対する崇敬である．聖遺物自体は神と人間のとりなしではあっても神ではないため，「崇敬（すうけい）」という言葉が用いられる．

　ロシア正教会では不朽体（モーシチイ）と呼ばれ，この言葉は，死者の骨を意味する教会スラヴ語を起源に持つ．ロシア正教会において神と人間を仲介する不朽体は，地上の人間に対する神の配慮の現れである．不朽体を通じて神の恩寵（おんちょう）が奇跡を成し，人間に治癒を施すと考えられている．

図1　サーロフの聖セラフィムの不朽体
〔VestiRegion.ru〕

❋**カトリックの聖遺物崇敬との対比**　カトリックにおいては，イエス・キリストも聖遺物として崇敬の対象となっている点が正教会とは異なっている．ロシア正教会では，イエス・キリストの肉体は死後真に復活したため，「キリストの不朽体」という物言いは語義矛盾であると考えられている．

　ロシア正教会において受肉した言（ロゴス）であるイエスの復活は，彼の肉体が死する肉体から不死の肉体に変容したことを人類に示すものである．正教会に対してカトリックでは，イエスの身体に関わる聖遺物は，彼が復活して天に上る前のものとなる．そのため，幼児のイエスが割礼を受けたときの包皮や，受難に際して彼が流した血などが聖遺物とされるのである．イエスが触れたものとしては，磔刑に用いられた十字架の木などがあげられる．

　カトリックにおいては，母乳，毛髪など聖母マリアにはさまざまな聖遺物がある．正教会では，イエスの母マリアは神を生んだ女，つまり「生神女（テオトコス）」であるため，不朽体という言葉は用いられない．生神女マリアはエルサレムで使徒たちに見守られて「就寝（ウスペーニエ）」した．正教会の外典によるとその後彼女の肉体は天に移されたが，昇天に際して祝福を願った使徒トマスに自身の帯を授けたということである．2011年11月19日にモスクワで聖山アトスから運ばれたマリアの帯が公開され，多くのロシア人が参列したが，これは民間信仰的な聖遺物崇敬ともいえるだろう．

❋**ロシア正教会における聖なる不朽体**　ロシア正教会において聖者たちの不朽体は聖なる不朽体と呼ばれる．ロシア正教会では，腐敗しない肉体とは，罪に対する罰からの，あるいは，罪びとへの神の大いなる憤怒からの赦しである．地上において教会が死後土へと還元されない肉体を見つけた場合，それは聖なる不朽体として崇敬されるか，あるいは教会から破門された者の死骸と見なされる．

　不朽体とは，心地良い芳香を放ち，何らかの光で美しいものを照らし出す存在である．正教徒は聖人の不朽体が収められた聖櫃に口付けをし，祈りをささげる．不朽体にまつわるエピソードは，奇跡と結び付いている．ロシア革命の年，1917年8月15日に200年以上空位であった総主教の座に就いたモスクワおよび全ロシアの総主教聖チーホン（ベラービン，1865～1925）は，ボリシェヴィキ政権や教会内の改革派勢力への対応の中で逡巡し，臨終の遺言でソヴィエト政権は天から与えられたものであると述べ，後世に議論の余地を残した．彼は25年の4月7日に息を引き取るが，その後，彼の遺骸は行方不明となった．81年の11月1日に，聖チーホンは在外ロシア正教会によって聖人の列に加えられた．また，89年の10月9日には，本国ロシアでロシア正教会より列聖された．91年のソ連邦崩壊後の92年の初めに晩年聖チーホンが過ごしたドンスコイ修道院で火事があり，その小聖堂で腐敗していない彼の不朽体が発見された．聖チーホンの聖なる不朽体は，現在ドンスコイ修道院の大聖堂にて一般に公開されている．ロシア正教会の教会や修道院に付属の売店では，聖チーホンの生涯を描いたDVDなどが売られ，死後も宗教者としての彼の存在に魅了される者が後を絶たないことの裏付けとなっている．

図2　総主教聖チーホンの不朽体 [Pravoslavie.ru]

❋**レーニン廟と不朽体**　レーニン廟に安置されている防腐処理を施されたウラジーミル・レーニンの遺骸は，ロシア正教会の不朽体になぞらえて語られることがある．2012年12月10日，ウラジーミル・プーチン大統領は，レーニン廟をロシアの伝統的なものではないとする人々に対し，正教会の聖地アトス山にも，キエフ洞窟大修道院にも聖なる不朽体があり，この点に関しては，レーニンの遺骸を保存した共産党員も同様にロシアの伝統をとらえていたと主張した．

　ロシア正教会の解釈によると，聖人の列に加えられた敬虔な正教徒の遺骸は，埋葬されてから幾星霜の後，聖なるヴィジョンの発現を経て掘り返され，特別な棺に納められるが，多くの場合完全な形では残ってはいない．そのため，正教徒にあらずして，ただ完全なかたちで保存されたレーニンの遺骸を，正教徒の不朽体になぞらえることは，適切ではない．

［渡辺 圭］

ラスプーチン

グリゴリー・ラスプーチンは20世紀の世界史における最大の謎の一つである．本項では首都上京以前のシベリア時代の知られざる過去，および最後の暗殺に焦点を絞って，この人物の特異さを見てみよう．

❀生誕・上京以前　ラスプーチンは1869年1月10日，シベリアのトボリスク県の寒村，ポクロフスコエ村で生まれたとされる．興味深いのは，20世紀前半に活躍した別の二人の著名なオカルティスト，ドイツのルドルフ・シュタイナー（1861年生まれ）およびギリシア系ロシア人のゲオルギー・グルジエフ（1866年生まれ）と，ほぼ同世代であるということである．三人は活動した場所こそ違えども同じ時代の空気を吸っていたことになる．ラスプーチンは，幼時から治療能力と千里眼を発揮することがあったのを除けば，飲酒や喧嘩にあけくれる平凡な農民の一人にすぎなかった．転機を迎えたのは28歳の時で，以後彼はしばしばロシア各地に巡礼の旅に出かけることになる．注目すべきは「鞭身派」というカルト的宗派（セクト）との関わりである．

❀正教会・古儀式派・鞭身派　当時のロシアの宗教事情は一般の日本人にはあまり知られていない．まずカトリック，プロテスタントと並ぶキリスト教の三大宗派の一つである正教会が，国家の公認教会として宗教界では絶対的な権力を振るっていた．他方，17世紀半ばに教義や儀式をめぐって正教会と袂を分かったのが「古儀式派」で，「民衆の教会」として，官僚的な公認教会に不満を持つ民衆の支持を密かに得ていた．そして正教会とも古儀式派とも異なるカルト的宗派（セクト）の一つが「鞭身派」である．17世紀にダニール・フィリッポヴィチという人物によって創始されたこの宗派は，絶え間なく柳の枝や組紐でみずからの体を鞭打ち，歌い踊りながら回転し熱狂に至る儀式を特徴とする．そのクライマックスでは性的乱交が行われ，その恍惚状態のうちに「キリスト」や「聖母」が信者に降臨し宿るとされた．聖人を標榜しつつ淫蕩も好むという，よく知られた上京後の振る舞いを考えると，各地を巡礼したラスプーチンが，中央部での迫害を逃れシベリアに大きな勢力を持っていたこの宗派に，何らかの関わりを持ち影響を受けたというのは十分考えられることだろう．

❀上京から宮廷の黒幕へ　1902年，33歳でペテルブルグに上京したラスプーチンは，いったん血が流れると止まらないという血友病に悩む幼い皇太子の苦しみを不思議な力で治療し，皇帝ニコライ2世と皇后の信頼を得ることで宮廷に入り込む（図1）．そして良き家庭人だが優柔不断な指導者でもある皇帝の相談役として，間もなく政治の世界でも強い影響力を持つことになる．14年，セルビア人青

年によるオーストリア皇位継承者暗殺事件をきっかけに始まった第1次世界大戦に対し，ラスプーチンが実は参戦に強く反対し，開戦後も可能な限り深入りを回避しようとしていた事実は，意外と知られていないかもしれない．彼は戦争が皇帝と帝国を破滅に導くと予言していたのであった．

図1　ラスプーチン，皇后とその子供たち

❋**殺害**　だが多くの政府の要人や貴族たちは，皇帝を籠絡した佞臣（ねいしん）と彼を見なした．そこで1916年12月，ペテルブルグで彼を暗殺する計画が企てられ実行に移される．首謀者はロシア随一の名門貴族の青年フェリクス・ユスーポフ公爵，その親類で皇族のドミートリー大公，さらに国会議員，医師，陸軍中尉たちといった顔ぶれであった．ユスーポフの後年の回想録によれば，暗殺の詳細は次の通りである．すでにラスプーチンと知り合い信頼を得ていた彼は，モイカ運河沿いの自宅の宮殿に招待する．階上で行われている舞踏会が終わるのを待つという口実で（そこでは仲間たちが足を踏みならし蓄音機をかけ舞踏会が行われている演出を行っていた）地下室に客を誘導し，そこで暗殺を試みる．だが驚くべきことに，青酸カリ入りのケーキとワインを食べさせても，その後胸に銃弾を打ち込んでも，ラスプーチンは死ななかった．いったん死んだと思われた彼は息を吹き返し，一人地下室に残っていたユスーポフの首を絞めた後，中庭を通って外へと逃げようとする．通りへ出る手前で暗殺者たちは再び何発か銃弾を見舞い，ここでようやく不死身の男も死んだと思われた．彼らは縄で縛った死体を車で運び，冬のネヴァ川に投棄する．だが川から引き上げられた死体を撮影した写真（図2）からわかるのは，彼はそれでもまだ生きていて，真冬の冷たい水の中で，縄をほどいて逃げようと試みた，ということだ．

図2　ネヴァ川から引き上げられたラスプーチンの遺体

❋**死後**　ラスプーチンの死後，ロシア帝国はヨーロッパの大戦に深くのめり込んで疲弊していく．そして1917年の革命によってロシア帝国は消滅し，さらにかつての皇帝ニコライ2世は，18年1月，ウラル地方のエカチェリンブルグで皇妃と子供たちともに銃殺刑に処せられる．大戦の参戦に反対していたラスプーチンが生存していたら，またその結果も変わったのだろうか？　いずれにせよ，中世の時代ならいざしらず，飛行機や自動車や映画がすでに実用化されていた20世紀初頭に，シベリアから来た巡礼の農民が，これほどまで世俗の政治の世界で権勢を振るったというのは，いかにもロシア的な現象といえるだろう．　　　［久野康彦］

救世主キリスト大聖堂

　救世主キリスト大聖堂は，モスクワのクレムリンにほど近い，モスクワ川沿いヴォルホンカ通りに位置するロシア正教会モスクワ総主教直轄の主教座聖堂である（図1）．高さ103 mを誇るロシア正教会最大の聖堂で，収容人数は1万人．聖堂はもともと1883年5月26日の主の昇天祭に建てられたが，1931年に宗教弾圧の対象として爆破された．現在の聖堂は2000年8月19日の主の顕栄祭に再建されたものである．モスクワの象徴的な聖堂といえば，極彩色の丸屋根が特徴的な赤の広場の聖ワシーリー大聖堂（正式名称は堀の生神女庇護大聖堂，☞口絵）が想起されるが，ソ連崩壊後，復活祭や降誕祭など重要な祭日には，救世主キリスト大聖堂における

図1　救世主キリスト大聖堂
［著者撮影］

総主教司祷の聖体礼儀が毎年TV中継され，聖遺物公開等がここで行われると長蛇の列ができるなど，注目される機会も多い．また近隣にはプーシキン美術館や公園があり，美観的にも優れた市民の憩いの場となっている．

❋建設の由来と歴史　建設の歴史は，1812年12月フランス軍侵攻に対するロシアの勝利を記念した，皇帝アレクサンドル1世による聖堂建設宣言をもって始まる．「ロシア史における最も重大な局面での神の庇護への感謝を表した聖堂」と位置付けた皇帝の宣誓後，直ちに建築家アレクサンドル・ヴィトベルク（スウェーデン出身，正教に改宗）によって雀が丘での建設が試みられたが，経理上の問題や技術的理由で頓挫した．その後，建築家コンスタンチン・トンによって新しい計画が立案され，建設地としてアレクセーエフ女子修道院のあったモスクワ川河岸がニコライ1世によって選ばれた（修道院はクラースノエ・セローに移転）．1839年の起工から44年を経た83年，アレクサンドル3世列席のもと，クレムリンの中のウスペンスキー大聖堂に次ぐ第二の主教座聖堂の地位を与えられた大聖堂として，献堂式が行われた．

　聖堂建設作業はアレクサンドル1世，ニコライ1世，アレクサンドル2世，アレクサンドル3世の4代の皇帝の意志と，モスクワおよびコロメンスク府主教フィラレート（ドロズドフ）とドミトリエフスク主教レオニード（クラスノペフコフ）の祝福により実現され，聖堂建設委員会が作業を直接指揮し，聖堂建設には当時最高峰の建築技師・作業員，芸術家が作業にあたった．壁画はワシーリー・スーリコフ，ティモフェイ・ネフ，イワン・クラムスコイ，ワシーリー・ヴェレ

シチャーギンら，彫刻はニコライ・ラマザノフ，アレクサンドル・ロガノフスキーらが手がけ，聖堂全体の装飾には17年半を要した．

❋革命から破壊　1917〜18年のロシア正教会地方公会議では総主教制が復活し，ここでチーホン総主教が選出された．しかしその栄誉も長くは続かなかった．18年2月には「国家から教会の，学校から教会の分離に関する」法が発令され，ソヴィエト政権による宗教弾圧政策が始まった．416 m という法外な高さで上部に巨大なレーニン像を頂くソヴィエト宮殿の建設にこの大聖堂の立つ場所が選ばれたのは，まさしくソヴィエト政権の宗教への勝利を象徴するためである．31年12月5日スターリンの命により爆破が開始されたが，解体には3年を要した．しかしソヴィエト宮殿の建設も，地盤の悪さや戦争続きによる国内情勢の悪化により断念された．長らく放置された跡地はその後2,000人収容可能な屋外温水プールに転用され，1960年の開業後，市民の娯楽施設として定着した．

❋再建〜現在　1980年代末の宗教宥和政策に前後してモスクワでは芸術家の団体を中心に知識人や信者らが集まって聖堂再建を求める社会運動となり，聖堂返還を求める8万超の署名がモスクワ市長と総主教宛に提出された．一方教会内部でも再建案が持ち上がり，88年のルーシ受洗千年祭に際して再建プロジェクト・コンクールが実施された．92年エリツィンによるロシア大統領令とモスクワ行政の決議に従い「モスクワ再創造基金」設立法が成立，再建建造物リストの筆頭にこの聖堂が挙げられ，モスクワ総主教アレクシー2世が委員長に選出された．なお，プールは同年秋に解体されている．「聖堂の再建はロシアそのものの再興」と謳う事業に対し，巨額の費用や歴史的経緯から反対意見も出て一時論争となったが，94年9月7日モスクワの日，大聖堂再建委員会初会合が開かれ，翌年1月7日降誕祭には聖堂起工式が執り行われ，再建作業が本格始動した．総主教とモスクワ市長ユーリー・ルシコフ率いる公共監督委員会が総指揮を執り，総監督と主任建築家にはロシア芸術アカデミー副総裁のミハイル・ポソーヒンが就任した．装飾の再建は彫刻家ズラブ・ツェルテリらの指揮の下，ロシア芸術アカデミーの専門家とロシア全土から集まった1,000人超の画家，彫刻家が行った．95年8月19日，大聖堂下部の小聖堂で主の顕栄祭が行われ，翌年同日に顕栄聖堂が完成，成聖された．以後継続して奉神礼が行われている．97年モスクワ建都850年祭では壁の成聖と祈祷の祝典が行われ，現場が一般公開され，外壁の彫刻や内部のフレスコ画等の工事が始まった．99年大晦日の世紀を跨ぐ夜半，キリスト生誕二千年を記念して大聖堂の門は開いた．

　30年代の大聖堂爆破解体後に建設されるはずであった幻のソヴィエト宮殿は，アレクサンドル・メドヴェトキン監督の映画「新モスクワ」（1938）内では「祖国の偉大さと力の象徴」として具象化されている．なお，旧聖堂外壁レリーフの一部は現在，同市ドンスコイ修道院敷地内にある．　　　　　　　［有宗昌子］

現代のロシア正教会と信者

　ロシア正教会は，現在のロシア連邦国内で最大の影響力を持つ宗教団体である．全ロシア世論調査センター（VCIOM）によれば，正教会の活動に賛同できると考える人は7割近くに上る．一方，国際的な影響力に目を転じると，東方正教会ではコンスタンチノポリ総主教が「同輩中の第一人者」と呼ばれているのに対し，ロシア正教会のモスクワ総主教は信者数，教会の規模といった実質的な側面において最大の力を持っているといえる．

❋**ロシア正教会と国家——その歴史と現在**　1917年のロシア革命後，ボリシェヴィキは徹底的な宗教弾圧を基本方針とした．ところが，第2次世界大戦のさなか，ヨシフ・スターリンは宗教組織を国家の管理下に置き，政治的に利用するという政策を打ち出した．ロシア正教会は実質的に国家の一機関となる立場を甘受し，さらにはその役割を積極的に担った．長い抑圧と管理の時期を経て，ペレストロイカ末期の88年，ロシアが正教を受け入れて1,000年を経たことを記念する式典が大々的に祝われ，正

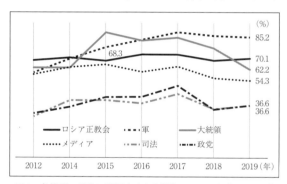

図1　各機関の活動に賛同するかを問うアンケート［wciom.ru］

教会の社会的復活の契機となった．ソ連解体の混乱期には，信教の自由を望む声が高まる一方で，新生ロシアの精神的支柱の役割をロシア正教会に求める傾向も強まった．1990年に採択されたソ連宗教法は，国家の中立的立場を強調し，宗教団体の登録を著しく簡素化した．その結果，外国を拠点とする新宗教も活性化し，ロシアに「宗教ブーム」と呼ばれる現象が起きた．とりわけ，95年のオウム真理教事件とロシア社会へのオウムの浸透は大きな問題となった．これは正教会が新宗教の「犠牲者」救済のための活動を進める契機ともなった．97年に採択されたロシア連邦法「良心の自由と宗教団体に関する」法は，ロシアが世俗国家であると宣言した直後，「ロシア史，つまりロシア精神と文化の生成および発展に正教が果たした特別な役割を考慮し，ロシアの諸民族の歴史的遺産の不可分の部分を成すキリスト教，イスラーム，仏教，ユダヤ教，その他の諸宗教に敬意を払」うことを謳っている．このことは，正教を頂点とする伝統宗教が重視される一

方，外国由来の宗教や新宗教は不利な立場に置かれるという批判の論拠になっている．また一方で，現在のモスクワ総主教キリールをはじめとする高位聖職者の奢侈な生活，腐敗，政府や軍との癒着が主に個人ブロガーによってSNS上で非難されている．

❋増え続ける聖堂　ロシア革命後の宗教政策によって，革命前に機能していた教会のほとんどが，博物館，図書館，文化の家，倉庫などの世俗目的に転用されるか，放置され，あるいは破壊された．ソ連解体後のロシアでは，急速な勢いでこれらの建造物が国から教会へ譲渡／返還され，市民との軋轢を引き起こす事例が後を絶たない．そのため2010年には，博物館収蔵品などを除く宗教文化財の譲渡に関する法律が施行された．17年にはサンクト・ペテルブルグの聖イサーク大聖堂が正教会に譲渡されることが決まったが，市民の大規模な反対運動を引き起こし，譲渡の決定は取り消された．今もなお農村部では荒廃の痕跡をとどめる教会建造物の修復が切望される一方，都市部では新しい聖堂の建築が進められている．近年では，広場などの公共空間を取り潰しての新規の教会建築に対する反対運動も全ロシアで発生している．19年現在，3万8000を超える聖堂が，ロシア正教会の管轄領域に存在するという．

❋教会法上の領域の問題　ところでロシア正教会が管轄する領域は，ロシア連邦の領土よりもずっと広い．それは，独立教会を持つグルジア（ジョージア）とアルメニアを除いた旧ソ連領全域に加え，モンゴル，中国，日本など16カ国に及ぶ．とりわけウクライナは1万2000を超える教区と，歴史的な大修道院や聖地などを擁する重要な地域である．2019年に誕生した新生ウクライナ正教会は，ロシア正教会の管轄領域の問題にコンスタンティノポリ総主教が介入するという異例のかたちで独立を果たした．教会が独立する際には，親教会の承認が必要という伝統を反故にしたため，ウクライナの独立は正教世界では賛同を得られていない．また，伝統にとらわれない新しい教会を目指す新生ウクライナ正教会は，教会を恒常的に支える伝統墨守の信者層の支持を得ることに成功していない．

❋古い信者，新しい教会　新しい信者，古い教会　現在，ロシア連邦人口の7〜8割が正教徒を自認するといわれる．しかし，定期的に教会へ通い，教義や慣例を一定程度理解する信者は1割に満たない．そして彼らの多くは伝統を重んじる．ロシア正教会でも，革新的な試みが一部の聖職者や信者によって行われている．例えば，カトリック，プロテスタント諸教会との継続的対話，奉神礼で用いる教会スラヴ語の現代口語への変更，服装規定（男性の髭や，女性のスカート，スカーフ着用など）の簡略化，宗教教育や慈善活動の活発な展開など．しかしこれらの試みは，新生ウクライナ正教会の例が示すように，保守的信者の賛同を得られない．正教会は良くも悪くも国益と強力に結び付けられており，その変化は容易ではない．

[高橋沙奈美]

古儀式派とセクト

17世紀の中頃，総主教ニーコンが主導するロシア正教の典礼改革が実施された．改革の趣旨はそれまでロシアで行われていた典礼のあり方を当時のギリシア風に改め，国際基準にのっとったものにすることであった．具体的には十字を切るときの指の形を2本指から3本指に変えること，「ハレルヤ」は2回唱ではなく3回唱にすることなどであった．

ところが長司祭アヴァクームを先頭にこれに反対する聖職者が続出し，改革に激しく抵抗した．ロシア国家はみずからの国際的威信を高めるためにも改革に賛同し，反対者を弾圧した．政府側の追及を逃れ，反対者たちは北方白海地方のソロヴェツキー修道院を中心に信仰拠点を築いていった．彼らは黙示録的終末思想を抱き，アンチキリストの勢力に支配されたこの世を忌避し，正しい信仰を持つ者の王国をこの世につくり出すために，規律正しい真摯な生活態度を保持しようとした．ここから独自の禁欲的勤労原理が導き出される．古儀式派教徒は西部国境地域，ヴォルガ沿岸地方にも勢力を伸ばしていった．

✵古儀式派の分化　はじめのうち古儀式派教徒は，正教会側から転じてきた聖職者を迎えて奉神礼の執行を委ねていたが（逃亡司祭派），やがてそのような聖職者を確保することが困難になり，聖職者なしで，信徒の代表が奉神礼を代行する慣行が広がり始めた（無司祭派，無僧派）．無司祭派には，結婚を否認する非婚派（フェオドーシー派，フィリップ派，救世主派など）と同時に，結婚を容認する派（ポモーリエ派）も存在し，内部分化が加速した．ピョートル大帝は古儀式派教徒に特別の重税を課し（ヒゲ税），彼らを厳しく取り締まったが，18世紀後半にエカチェリーナ2世は古儀式派教徒に対する弾圧政策を改め，国外に逃亡した彼らをロシアに呼び戻して，アルタイ地方，ザバイカル地方，沿ヴォルガ地方に入植させた．19世紀中葉にニコライ1世が彼らへの抑圧を強め，聖職者が正教会側から古儀式派側に移ることを禁止したため，それまでの逃亡司祭派でさえも無司祭派的実践を余儀なくされた．20世紀前半に満洲やサハリンにも移住したことのある無司祭派の礼拝堂派教徒も，このような立場の信徒であった．

ところが1846年に，当時オーストリア領であった北ブコヴィナのベーラヤ・クリニーツァにおいて，司祭派（有僧派）の立場に立つ人々は，もとボスニア府主教アムブローシー（митрополит Амвросий）を古儀式派に改宗させ，彼に現地の修道士を司祭として叙任させることによって，新しい古儀式派の位階制組織を誕生させた．こうして司祭派の最大教派ベロクリニツキー派が誕生した．この宗派はやがてロシア全土に勢力を拡大する．古儀式派教徒の全体の数は，近年

の研究では，20世紀初頭のロシア帝国全体で500万人未満であったと見積もられている（C.Таранец, 2012）．

❋古儀式派とロシアの商工業　無司祭派や司祭派は，18世紀末から19世紀初頭にかけて各地で商工業に乗り出し，特にモスクワ県やウラジーミル県において繊維産業を勃興させた．19世紀後半にはベロクリニツキー派も商工業に積極的に進出した．20世紀初頭には古儀式派教徒はロシア商工業において大きな地位を築き，メセナ活動や政治活動に乗り出す有力な企業主を輩出した．一方で彼らの工場で働く古儀式派教徒を含む労働者たちは，厳しい労働条件に反抗してストライキ運動を展開し，1905年には初めてのソヴィエトの一つをイワノヴォ・ヴォズネセンスクで結成して，ロシア革命の重要な一翼を担うに至った．革命後古儀式派の企業は壊滅し，信仰組織も弾圧され，教会や祈祷所も閉鎖された．ソ連時代に信徒数はかなり減少したが，信仰は都市でも農村でも根強く維持された．ソ連崩壊後，各地で新たな古儀式派教会が建設され，商工業活動に携わる人々も現れつつあるが，かつての隆盛を取り戻すには至っていない．古儀式派教徒は，ロシア以外にもバルト三国，ベラルーシ，ウクライナ，ルーマニア，モルドヴァ，アメリカ，カナダ，オーストラリア，南米にも居住している．近年南米から礼拝堂派教徒がロシアの極東地方やカルーガ州に帰還しつつあり，その動向が注目される．

図1　ウクライナのベロクリニツキー派教会における洗礼式の様子［著者撮影，2016年］

❋霊的キリスト教各派　帝政ロシアではこのほかに17，18世紀に興隆した他のセクトも存在した．ドゥホボール派，モロカン派，去勢派，鞭身(べんしん)派などがこれである．これらの宗派は霊的キリスト教に分類され，いずれも古儀式派とは関係がないと考えられているが，帝政政府からは古儀式派と一括りに分離派と呼ばれた．モロカン派は兵役を忌避し平和主義を唱え，ロシア中心部から追放されコーカサス（カフカス）山中に住んだ．現在ではコーカサス近辺の他，アメリカの西部地方にも移住している．ドゥホボール派も兵役を忌避し，正教の組織や奉神礼も否定した．彼らの多くが19世紀末に作家レフ・トルストイの援助を受けてカナダに亡命した．去勢派は肉欲を否定し，黙示録的世界観のもと，勤勉な労働原理をかかげ，商工業活動に取り組んだ．彼らの多くがルーマニアに亡命した．鞭身派はみずからを鞭で打ち，イエスの苦難を追体験しながら，同時に恍惚感に浸ったためこの名がある．帝政期にはタムボフ県やサマーラ県に信徒がいた．以上の諸セクトも今日のロシアに残存し，一部は外国からロシアに帰還しつつある．

［阪本秀昭］

世界主要宗教諸派

世界宗教としてよく知られるのは，キリスト教，イスラーム，仏教である．いずれも発祥の地から世界の諸地域に広まったために，そう呼ばれる．本項では，帝政時代から今日まで，ロシアの諸民族において大きな役割を果たしてきた宗教のなかから，カトリック，ルーテル教会，アルメニア使徒教会，イスラーム，仏教，ユダヤ教を取り上げよう．ロシア正教会については，別項を参照されたい（☞項目「ロシア正教会」）．

❋民族教会としての諸宗教とその諸派　ロシア正教会を除く諸宗教・諸派は，歴史的にみると，帝国の版図の拡大および諸民族の移入と深く関係している．さらに，エカチェリーナ2世の寛容政策とその後の弾圧という共通点が，多かれ少なかれ見いだされる．例えば，ロシアにおける仏教徒の増加は，歴史的にはブリヤート人，カルムイク人，トゥヴァ人の居住地がロシアに併合されることによるものである．仏教は18世紀，エリザヴェータ女帝に続き，エカチェリーナ2世によって公認宗教としての地位を確立した．イスラームがロシア帝国において公的組織を設立したのもエカチェリーナ2世の時代である．アルメニア使徒教会の担い手であるアルメニア人は，歴史的にロシア帝国内外で幅広く交易にたずさわってきたが，エカチェリーナ2世はオスマン帝国領内のアルメニア人をロシア領内に招致している．ただ，エカチェリーナ2世の寛容政策には例外といえるものもある．ポーランド分割によってロシア帝国内に多く居住するようになったユダヤ人は，エカチェリーナ2世によって居住すべき地域をなかば強制的に定められることになった（ユダヤ教は歴史的・地域的にさまざまな潮流が存在するものの，いずれにせよ実質的にはユダヤ人によって実践・継承されてきた）．

キリスト教のカトリックについては，18世紀のポーランド分割・併合により，ロシア帝国内に多くの信徒を抱えることになった．同時に，18世紀の教皇によるイエズス会禁止後のイエズス会士やフランス革命後のフランス人の移入，および招聘イタリア人などがロシア帝国内のカトリック信仰を存続させた．今日においても，民族的にロシア人であるカトリック信徒は少数派であり，ポーランドなど西欧出自の系統を有するロシア人が多く集う，民族教会という性格を有している．ルーテル教会も同様に，ロシア帝国領内のドイツ人あるいはフィン人が信仰を担ってきた．ただ，補足するならば，今日，プロテスタント諸派・キリスト教系新宗教においては，民族教会という範疇に入らないものも少なくない．民族的ロシア人の信徒が増加する傾向にあるという点については，仏教がとりわけ顕著である．その背景には，チベット仏教の欧米における興隆のロシアへの影響，仏

教は宗教というよりも哲学であるという認識，ヨガの実践が仏教的伝統への関心の糸口となる点など，さまざまなことが考えられる．

❋ロシア思想におけるカトリック〜文明としてのキリスト教　ロシアの独自性とは何かという問いは，とりわけ19世紀以降に顕著なものとなってきた．その問いは学術・思想や政治の分野に少なからぬ影響を及ぼしてきたとともに，ロシアにおいて正教をめぐる諸思想，および正教と国家の関係をある程度規定してきたともいえる．

　ロシアの独自性をめぐる問いにおいて，きわめて大きな影響を持つ考えの一つに，文明としてのカトリックという文明論的・歴史哲学的な発想がある．西欧文明を支えているのはローマ・カトリックであるという，キリスト教が文明の発展に果たしてきた役割に注目した視点である．

　その視点をロシアの文学・思想界にもたらしたのは，ピョートル・チャアダーエフ（1794〜1856）の「哲学書簡」（『テレスコープ』誌，1836）であった．チャアダーエフは，ローマ・カトリックの普遍主義に着目して，それが西欧文明の発展に大きく貢献したという見かたを提示するにとどまらず，ロシアはいずれの文明にも属さず，他の文明の模倣を繰り返してきたと論じた．

　チャアダーエフの考えは，その後，ロシアにおけるカトリック教会の発展・信徒の伸長に影響を与えたとは言い難い．むしろ，ロシアの独自性およびロシアの使命の模索へと人々を突き動かすこととなった．今日，とりわけ2000年以降の宗教政策を鑑みると，チャアダーエフの提示した視点が根底にあるようにも思われる．最後に2000年代の状況について述べよう．

❋2000年代の主要宗教諸派と諸派　ソ連解体後の1997年に採択された宗教法の前文には，正教がロシアの歴史・文化において特別な役割を果たしてきたこととともに，ロシアの諸民族の歴史的遺産はキリスト教，イスラーム，仏教，ユダヤ教およびその他の諸宗教と深く結び付いており，相互理解と寛容が必要であることが述べられている．いわゆる世界三大宗教とユダヤ教が特記されるかたちで，その他の宗教実践（例えば，シャーマニズム）については「その他の諸宗教」として一括されている．この点において，シャーマニズムなどは原始宗教であって文明化されたものではないとする，ソ連時代にもみられた宗教進化論的な発想が見いだされるともいえる．

　ここに明記された主要宗教諸派については，ソ連時代に没収された財産の返還が進められている．また，1995年に設立された大統領附置の「宗教団体協力評議会」もその後拡大が進み，古儀式派も含む主要宗教諸派が参画している．2000年代以降の宗教政策の特徴は，多民族・多宗教国家としてのあり方を重視する側面と，諸民族の軸となる民族的ロシア人の存在を重視する側面の双方のバランスをとろうとしているところにある，といえるだろう．

[井上まどか]

イースターエッグ（パスハの卵）

ロシア人が幼年時代に絵本の中で最初に親しむ文学上のシンボルの一つは金の卵だ。だがそれはあくまで本の上の話。生活の中で最初に出会うシンボリックな卵は，パスハ（復活祭）に卓上に現れる色染めの卵だ。それが幼年時代の記憶に残るのは卵遊びゆえだろう。互いの卵を衝突させ，割れなかった方が勝ちという遊びは誰もが覚えている。

パスハに卵を染める習慣はキリスト教の伝統と結び付いたものだが，おそらくはより深い異教的起源を持っている。ルーシの洗礼

図1　イースターエッグ [エレーナ・マーレル提供]

以前，卵は生命原理の象徴として春の生命の再生と結び付けられ，多くの異教的儀式に利用されていた。その片鱗はキリスト教受容以降にもうかがえる。例えば民俗学者のアレクサンドル・アファナーシエフは，スラヴ民族の伝統として，種まきの前に小麦の種を入れた桶にパスハの卵を入れておくという習慣を伝えている。

多くの文学作品が教会の典礼や習慣と強く結び付いた革命前のロシアの生活を描いているが，19世紀中頃にさかのぼる一つの文学ジャンルとしての訓話的なパスハ物語にも，しばしば色染めの卵が登場する。アレクサンドル・クプリーンの小説「家族式で」(1910)には，希望を失ったアパートの下宿人を集め，卵を染めパスハを祝う善良な売春婦が描かれる。貧しい人々に福音を知らせる女性の姿は，差し出した卵がキリスト復活の証拠として赤く染まったというマグダラのマリアの伝承を連想させる。

作家イワン・シメリョフも『主の1年』(1944)で幼年時代を回想し，人々に配るために染めた卵の入った籠を描写している。ロシアではソ連末期に初めて出版されたこの小説は失われたパスハの習慣を伝えている。ソ連時代のプロパガンダは卵を染める習慣まで根絶できず，家の中では老婆たちがタマネギの皮で卵を染める素朴な習慣を伝えた。

ロシアの外でロシアとその富のシンボルとなったパスハの卵といえば，皇帝一家のパスハの贈り物として宝飾師ファベルジェの工房が制作した「イースターエッグ」。宝石をはめ込んだり，さまざまな工夫を凝らした金や銀の卵の中には，ニコライ2世の戴冠やシベリア鉄道建設などを記念するものもあった。この卵のコレクションは革命前後に多くが失われたが，大富豪ヴィクトル・ヴェクセリベルグが2004年に一挙に11個を買い戻し，サンクト・ペテルブルグに特設美術館を開設した。このほかモスクワのクレムリン博物館などにも多くが保管されている。ファベルジェのイースターエッグの帰還は，まさにロシアの経済復興のシンボルといえるだろう。　[フョードロヴァ・スヴェトラーナ]

4. 民衆文化

　ロシアにおいて，「民衆文化」とは農民が暮らしの中で生み出してきたものの総体という漠然とした概念であると同時に，現代の都会人にとってさえみずからのアイデンティティの一部をなすものであろう．19世紀以来大量に記録されてきた民俗学資料や口承文芸への敬意を見るとき，また文学や芸術に現れるフォークロアモチーフの多さと重要性を思うとき，民衆文化とは伝統の基盤そのものであり，ロシア人なら誰もが持っているはずの常識と誇りなのだと思わざるを得ない．

　その一方で，20世紀後半以来加速した農村からの人口流出とライフスタイルの変化は「民衆文化」を人々から時間的にも地理的にも遠ざけた．このギャップを埋めようという意志は，フォークロアの研究や活性化の議論にも，また各地の伝統文化関連の行事にも見られる．

　本章に収められた記述はつまり，ときにロシア人も学ばねばならないロシア文化の基盤についての知見なのである．読者諸氏は，他の章からもしばしばここに立ち戻られることになるだろう．

[熊野谷葉子]

「民衆」とフォークロア

　「民衆」という日本語に対応するロシア語はナロードと考えられるが，この語は語源的には，同じ血縁関係のもとに生まれた者の集団を意味したと考えられる．19世紀にはこの語彙は，農民を中心とした一般大衆を意味する語となり，社会主義革命においてその中核を占めるものとして理想化された．一方フォークロアという語は，folk-loreの借用語のфольклор（フォリクロール）のほかにнародное поэтическое творчество（ナロードノエ・ポエティーチェスコエ・トヴォールチェストヴォ）「民衆＝ナロードの詩的創造」というロシア語で表現され，ナロード＝民衆がフォークロアの担い手と考えられた．民族文化のアイデンティティを模索するロマン主義時代の19世紀にロシア民俗学は成立するが，この時代にフォークロアといえば，農村で伝統的につくられ伝承されてきた口頭伝承を意味していた．しかし現在の民俗学ではそれは起源的に必ずしも民衆によって集団的につくられた作品のみを指すものではない．特定の個人によってつくられた作品であっても，それが民衆によって受け入れられ，伝承されるならば，それはフォークロアと呼ぶことができる．一方，革命直後のレーニンの英雄叙事詩（ブィリーナ）を創り出そうという試みは，伝統的なブィリーナの語り手によって創作されたものの，民衆によって共有されず，伝承もされなかった．しかしスターリン時代には「ノヴィナ」と名付けられたこのような作品も「フォークロア」と呼ばれていたのである．

　ロシアは豊かなフォークロアの伝統を持っているが，それは，ロシア人が文字を受け入れたのが，10世紀末という西欧に比べてかなり遅い時期であったこととも関係がある．文字を使いこなせるのは長らく僧侶階級に限られていたし，農村に暮らす農民が享受できた文学は基本的に口頭伝承のみであった．19世紀にロシア文化のアイデンティティの指標ともみなされたフォークロアは，アレクサンドル・プーシキンをはじめとする国民文学に多大な影響を与えたが，文学とフォークロアの密接な関係は，ヴェリミール・フレーブニコフらのアヴァンギャルド文学にまで継承されていく．

❋フォークロアの担い手　当初フォークロアの担い手として単純に想定されていた「民衆＝農民」概念も，その後農村に住む農民のほかにそこから派生した兵士，舟曳き，駆者，巡礼，都市労働者，囚人，犯罪者などの，農民から相対的に独立した「民衆」に分類して考えられるようになった．そのそれぞれが固有のフォークロアを創造し，伝承してきたと考えられるのである．ロシア革命後は革命の主体たる民衆の創造物として称揚されたフォークロアだったが，そこには選別が働いていた．宗教的フォークロアや社会批判を含むフォークロアは発禁であった．鋭い風刺を含む小噺（アネクドート）や，政治的内容の小唄（チャストゥーシカ）も

口頭でしか流布しなかった．同様に革命前には公認だった囚人の歌も，ソ連時代には発禁であったし，浮浪児や犯罪者のフォークロアもまた同様であった．

❀フォークロアのジャンル―韻文と散文　フォークロアのジャンルは大まかに韻文ジャンルと散文ジャンルに分けられる．韻文ジャンルは叙情歌と叙事詩に分けられ，叙情歌はさらに儀礼歌と非儀礼歌に分けられる．儀礼歌はロシア・フォークロアの中でもキリスト教導入以前から伝えられてきた最も古いジャンルの一つである．儀礼歌は年中行事に伴って歌われる暦上儀礼歌と婚礼や葬礼の際に歌われる家庭儀礼歌に分けられる．暦上儀礼歌は農事暦の節目ごとに歌われる歌謡で，家庭儀礼歌には婚礼歌や，葬礼や徴兵の際に歌われる泣き歌などがある．非儀礼歌は狭義の叙情歌だが，恋愛を歌ったもの，家庭生活を歌ったものなど内容はさまざまある．民謡には有名な詩人の詩が都市で歌謡として歌われ，民謡化したものも少なくない．19世紀末には即興性の強い短詩型歌謡であるチャストゥーシカが現れた．ことわざや謎々や呪文などのジャンルも短詩型フォークロアといえよう．呪文のジャンルは意味不明のオノマトペとして唱えられるものもあり，20世紀初頭の未来派の「意味を超えた言語」の理念にも影響を与えた．

これに対して叙事詩に属するものにはブィリーナと呼ばれる英雄叙事詩，ドゥホーヴヌィエ・スチヒーと呼ばれる巡礼霊歌などがある（☞項目「ブィリーナと歌物語」）．

これに対して散文ジャンルの中心は昔話（スカースカ）である．昔話は，動物のみが登場する動物昔話，一般民衆が主人公となる世態昔話，超自然的な登場人物が活躍する魔法昔話などに分けられ，特に魔法昔話に登場する魔女バーバ・ヤガー，不死身のコシチェイなどの個性的なキャラクターは，音楽などにも取り入れられ，ロシア文化の重要な要素となった（☞項目「魔女」「昔話」）．

昔話はその内容が虚構であることが一つの特徴であるが，ブィリーチカと呼ばれる散文ジャンルは，あくまでその内容が事実である，という前提で語られることが特徴である（☞項目「神々と悪魔」）．したがってバーバ・ヤガーなどの民間信仰の枠外にある昔話のキャラクターは，ブィリーチカには登場しないし，逆に民間信仰の中でリアルに存在が信じられている森の主（レーシイ）などは昔話には登場しない．登場人物が聖書の登場人物であったり，聖者であったりする場合，これを宗教伝説（レゲンダ）と呼ぶ．これに対して登場人物がイワン雷帝やボリス・ゴドノフといった歴史的人物の場合，これを歴史伝説（プレダーニエ）と呼ぶ．歴史的な内容が歌謡として歌われる場合もあり，これは歴史歌謡と呼ばれる．

❀民衆劇　このほかに民衆劇も重要なフォークロアのジャンルである．ここには人形劇ペトルーシカ，主に兵士たちによって演じられた歌謡民衆劇《小舟》や中世の神秘劇がフォークロア化した《皇帝マクシミリアン》などが含まれ，20世紀初頭のアヴァンギャルド演劇に少なからぬ影響を与えたのだった．　　[伊東一郎]

農村の暮らし

　2017年現在，ロシアの人口の26％にあたる3,780万人が農村に居住している．農村では，栽培・畜産・漁労など，さまざまな生業が営まれている．北極圏のツンドラ地帯でのトナカイ牧畜，冬に凍った川や湖で行われる氷下漁，毛皮獣の狩猟や飼育など，日本人にとって珍しいものも少なくない．生業は自然条件や民族によって多様であるが，ロシアの農村はある意味どこも似かよっているのも事実である．それはソ連時代に国家的事業として各地でインフラ整備が押し進められた結果，全国の村（および町）が「ソヴィエト規格文化」（高倉, 2000）と呼ぶべきもので構成されるようになり，その名残りが現在にも残っているからである．

❋ソ連崩壊とともに激変した暮らし　現在のロシアの多くの村にある公共インフラとしては，村役場，公民館，郵便局，幼稚園，学校（日本の小中高に相当），診療所，発電所，暖房供給施設，商店などがあげられる．ソ連時代はこれに加えて国営企業があった．例えば，カレリア共和国（ヨーロッパ・ロシア北西部）のある村の場合，ミンクなどの毛皮獣飼育を主に行うソフホーズ（国営農場），木材切出し所，魚加工場の三つの国営企業があり，村の大部分の成人が雇用されていた．しかしソ連崩壊に伴う流通網の破壊，金利の上昇，インフレによる生産コストの上昇，外国企業による企業買収などにより，各地の村で国営企業が閉鎖あるいは大幅に縮小され，大量の失業者が出現することとなった．現在のロシアの多くの村では，学校や村役場など，ごくわずかな雇用先しかなく，現金収入は年金と児童手当のみという世帯も少なくない．その結果，多くの世帯が統計に基づいて四半期ごとに発表される最低生存費以下の収入で生活することを余儀なくされている．

　国営企業の閉鎖・規模縮小は，雇用問題のみならず村の生活全般にも影響を及ぼした．まず失業者の増加に伴って酒に溺れる者が増えた．ウォッカを買うお金を手に入れるために村内で窃盗が多発したり，子育て中の女性までもアルコール中毒になって育児放棄してしまうなど，さまざまな問題につながっている．また国営企業は商店，食堂，公衆浴場などの経営，冬の暖房に使われる薪の調達，住宅の建設など，さまざまな生活サービスも請け負っていたため，これらの利便性も失われた．このうち例えば，商店に関しては代わって私営商店が登場したが，品揃えはかつてに比べて貧弱になったという声が聞かれる．またかつては国家の援助のもと，輸送コスト度外視で値段がつけられていたため，僻地の村でも安く商品を買うことができたが，現在では当然，輸送コストも価格に上乗せされる．失業率が上がって現金収入が減った村人にとって，この状況は厳しい．

　村と町をつなぐバスやそのほかの交通インフラも，ソ連崩壊後，国家の補助金

が減ったことで変化を被った．特に影響が大きかったのは僻地の村である．サハ共和国（東シベリア）のある村の場合，かつては補助金により，安価な飛行機便が季節を問わず週4回飛んでいた．しかしソ連崩壊後，夏の週1便のみとなり，かつ大幅に値上がりし，著しく移動が制限されるようになったのである．

❋**新たな生活戦略**　社会変動によって農村はさまざまな変化と困難に直面したが，人々はたくましく生き抜こうとしている．農村では以前から賃金労働以外に家庭内での生産活動も行われていたが，失業者の増加と貧困化に伴って，その重要性が増しており，半自給自足の傾向が強まっている．例えば，カレリアの村の場合，ジャガイモやそのほかの野菜の栽培，湖や川での漁，森での野生のベリー類やキノコの採集，家畜の飼育などである．ベリーやキノコや魚を下取り所に出し，ささやかな現金収入を得る世帯もある．農村では体を動かしさえすれば，飢えることはない．交通インフラの悪化に対しては，サハでは凍った川や湖の上を走る冬道路が，飛行機に代わる重要な交通手段となった．しかし夏の移動に関しては代替手段がない．そのため，夏に移動しなくても済むように大量の食糧を地下に備蓄するという方法で適応している．冬用の大量の食糧を夏の間に備蓄する習慣は，各地で変わらず続いている．

❋**不便な中にも**　農村には今も昔も変わらない不便もある．その一つが水である．ソ連時代に国家をあげて電化が進められたため，どんな村でも電気はあるが，水道は基本的にない．人口密度の低い農村での水道管の凍結対策は，非効率的だからであろう．村は基本的に川沿いあるいは湖の近くにつくられており，生活用水はそこからバケツやポンプで汲み上げられたり，給水車で運ばれたり，また井戸水が使われたりする．こうした水事情のため，毎日シャワーを浴びるような生活はできない．またトイ

図1　農家の庭先の簡易洗面所．バケツの底から出ている棒を少し引き上げると，水が少しずつ出て，手を洗うことができる［著者撮影，サハ共和国，2009年］

レは水洗にできないため，衛生上の観点から家の外につくられることが多く，特に冬の夜は寒い．

　しかし，不便な中にも人々は楽しみを見いだして暮らしている．例えばカレリアの村では，風呂は週1回，土曜日だけで，この日に各家でバーニャ（蒸風呂）を焚くが，これは週に1度の小さなお祭りのようなものであり，村人たちは風呂上がりに家族や友人と一杯飲むのを楽しみにしている．またサハの人々は，冬に湖から切り出した氷を溶かして飲むが，これは水道水とはひと味違うおいしい水であり，農村暮らしならではのぜいたくなのである．　　　　　　　　　［藤原潤子］

伝統的な遊びと踊り

　帝政時代のロシア人の遊びには，子供の人形遊びから庶民の見世物や飲酒，貴族の狩猟や賭事までさまざまなものがある．本項では帝政末期の庶民，特に農村住民の間でよく見られた遊びと踊りを，季節ごとに紹介する．

❀春・夏の遊び　春になると人々は戸外での生活をよりいっそう楽しみ始める．子供も大人も行う伝統的な野外スポーツには，棒やボールを用いたものが多い．「ゴロトキー」はボウリング（的当て）に似ており，複数の短い木の棒でつくったさまざまな形に向けて長い棒を投げ，崩していくゲームである．クリケットに似た「ラプタ」やバンディ・ホッケー（ロシアホッケー）に似た「大鍋（カチョール）」などもあった．

　特定の教会祭日や民間祭日には，戸外で大規模な行楽が催された．若者たちは戸外で「グリャーニエ」「ウーリッツァ」などと呼ばれる集まりを持つ．それぞれ「遊び，散策」「屋外」という意味だ．若者たちは馬車を乗り回したり，「カチェーリ」（「揺れるもの」の意味）と呼ばれるブランコやシーソー遊びを行ったりした．また主に娘たちが「ホロヴォード」と呼ばれるゆるやかなダンスを披露するが，そのほかの人々もさまざまな踊りに興じた．

　帝政時代の人々の生活では，教会暦が重要な意味を持っていた．春の復活大祭とそれに続く光明週間では，人々は採色した卵を交換したり，その卵をぶつけ合ったり転がしたりして遊んだ．復活大祭の約7週後にあたる五旬祭（聖神降臨祭，トロイツァ）やそれとほぼ同時期の民間祭日「セミーク」では，娘たちが森に行ってシラカバの枝を編んだり，卵焼きをつくって食べたりした．夏至祭にあたる「イワン・クパーラ」の日（先駆授洗イオアン〈ヨハネ〉の祭日）は，特に熱狂的な雰囲気で迎えられた．若者たちは藁（わら）でつくった人形（クパーラ，ルサールカなどと呼ばれる）を川に流したり燃やしたりする．また水遊びをしたり，ウクライナやベラルーシでは，焚火を囲んで踊ったりそれを飛び越えたりした．

❀秋・冬の遊び　秋の収穫が終わり，冬が近づくと，屋内での遊びが増える．晩になると若者たちは「ポシジェールキ」や「ヴェチョールキ」などと呼ばれる集まりを開いた．それぞれ「座る」「晩」を意味する言葉だ．平常は娘たちが集まって手仕事（糸紡ぎや縫い仕事）をしているが，そこに青年たちがやって来ると，遊びや陽気な歌が始まる．一定の時期，特にクリスマス週間（スヴャートキ）には仕事をせず，もっぱら娯楽を楽しんだ．遊びの場では踊ったり歌ったりする他，男女が意中の人を選ぶ恋人づくりゲームも人気だった．こうしたゲームには日本の「かごめかごめ」のように円形になって歌うものが多く，それらもまた「ホロ

ヴォード」と呼ばれていた．

クリスマス週間には主に若者，特に青年たちが，コリャダーあるいはコリャートカなどと呼ばれる儀礼歌を歌いながら家々を廻った．彼らはしばしば山羊や馬，熊，兵士，牛，死人などに仮装した．西欧の習慣だったクリスマスツリー（ヨールカ）は，19世紀以降に都市を中心に広まったが，ロシア革命前の農村ではほとんど見られなかった．この時期には娘たちを中心に占いも頻繁に行われた．年中実施されていた男性たちの「拳闘」（個人または集団での格闘）も，同時期からマースレニツァまでの時期に多かった．

図1 ワシーリー・スリコフ〈雪の砦の陣取合戦〉(1891)［国立ロシア美術館蔵］

「バター祭」「謝肉祭」とも訳されるマースレニツァは，復活大祭前の長期斎戒期（大斎）直前の祭りで，村でも都市でもさまざまな娯楽が繰り広げられた．人々は藁のマースレニツァ人形を焚火で燃やして「冬送り」をしたり，馬にひかせた橇で駆け回ったり，雪でつくった陣地の取り合いをしたりと，愉快に過ごした．都市の野外行楽会場（グリャーニエ）は大規模で，広場には橇滑り用の大きな滑り台が設けられ，見世物小屋ではペトルーシカといった世俗性の強い人形劇や，熊のコメディなどが上演された（☞項目「マースレニツァと春迎え」）．

❋踊り　民衆の踊りは主に，「ホロヴォード」と「プリャースカ」に分けられる．ホロヴォードは輪舞とも訳されるが，暦上儀礼との関係が深い．女性が円になって歌いながらゆっくりと舞う（進む）ものが有名だが，地域差も大きく，男性も参加する地域や，1列または2列に並ぶパターンもある．一般に北方はゆるやかな動きを特徴とし，南方ではリズムが早くなりプリャースカに近付く．

プリャースカには多様な種類があるが，テンポの早い曲に合わせて素早く動くものが多い．若者の集いや結婚式，祝い事など，さまざまな場面で踊られた．参加人数もソロ，ペア，集団などとさまざまで，即興性も高い．一般に女性よりも男性の踊りの方が素早く，アクロバティックなものが多い．参加者が交互に，大きな跳躍や座り踊りなどの技を競い合う「ペレプリャス」も特徴的である．時代ごとの流行を取り入れて変化していくのが特徴で，貴族層の舞踊から広がった「カドリール」（4人で踊るダンス）や，19世紀後半に流行したチャストゥーシカ（4行詩）に合わせた踊りなどが人気だった．

［伊賀上菜穂］

マースレニツァと春迎え

　まだ雪が残り，氷点下が続く2月，人々は待ち望んだ春の到来をすでに感じ始めている．ロシアの民衆にとって，春迎えの祝祭は，教会暦に基づく復活祭を中心に行われる．移動祭日である復活祭は，春分の後の最初の満月の次の日曜日と定められているため，4月4日から5月8日までの間のいずれかの日曜日に実施される．復活祭を迎えるにあたり，正教徒たちは約40日の精進期間，いわゆる大斎（四旬節）の間，禁食して節制する．ただし，広義には復活祭に先立つラザリのスボタ（復活祭8日前の土曜日），聖枝祭（復活祭1週間前の日曜日），受難週間（復活祭までの6日間）も含めるため，精進期間を48日間とすることもある．

　大斎開始1週間前の日曜日の夜から大斎までの1週間は，民間では冬と春の季節の境目と考えられた．それ故，人々はこの1週間を「マースレニツァ」と呼んで，冬送りと春迎えの祭りを催して盛大に祝った（☞項目「カレンダー」）．

　マースレニツァは，復活祭が最も早い年には2月8日から14日まで，最も遅い年には3月14日から20日までの期間に祝われる．この祭りは西欧における謝肉祭（カーニヴァル）にあたり，それに先立つ1週間は「肉断ちの週」といい，信者たちは徐々に肉食を止め，続くマースレニツァは「乾酪の週」といい，乾酪類（チーズや牛乳などの乳製品）を徐々に断っていった．敬虔なロシア正教徒たちはマースレニツァでも節制を守りながら，大斎に向けて必要な分の乳製品を口にするだけであった．

❋マースレニツァの遊戯と食べ物　とはいえ，もちろん多くの人々が大斎に入る前のマースレニツァを娯楽として大いに楽しんだ．マースレニツァを擬人化した案山子をつくり，伝統的な農民の衣装を着せて丘や広場に立てた．案山子の代わりに特別に選ばれた者が古い衣服で一風変わった仮装を行う地域もあった．そして，焚き火を起こし，歌って踊り，案山子を立てた丘から橇すべりを楽しんで，祭の最後に焚火の火で案山子を燃やした（図1）．また，復活祭直前の数日間，あるいは復活祭当日に人々はブランコを組み立てたが，ブランコでの遊戯は復活祭後の光明週間まで許された．丸太を組んでロープを張っただけの簡単なものから，座席が設けられて前後に一回転する観覧車型のものまであり，老若男女が楽しんだ（図2）．こうした遊戯以外に，この祭りにつきものの食べ物もある．この時期，人々はブリヌイ（ブリンの複数形，☞項目「スイーツいろいろ」）と呼ばれる円形の薄いク

図1　チュメニでのマースレニツァ（2017）

レープを焼いて饗する．ロシアの伝統食であるブリヌイは，第一義的には先祖供養の供物で，死者の安息を願って食されたが，結婚式や降誕祭など，さまざまな場面でも振舞われた．マースレニツァで最初に焼かれたブリヌイは先祖に捧げる決まりとなっていたため，死者がこの世に戻るとされる窓辺や屋根，墓地などに供えられた．ブリヌイにはバターがたっぷりと塗られたが，それはこれから迎える大斎での精進に備えるためでもあった．

図2　広場のブランコと見世物小屋（18世紀後半，ダニエル・ホドヴィエツキ）

❋**復活祭とその後の祭り**　マースレニツァが終わって大斎が始まると，人々は身も心も清めて精進をしながら復活祭当日を待った．零時を迎えると，キリストの復活を讃える「ハリストス死より復活し，死を以って死を滅ぼし，墓に在る者に生命を賜えり」（日本正教会訳）という讃詞が繰り返し歌われ，「キリスト復活」「実に復活」という挨拶の言葉が幾度となく交わされて盛大に祝われる（☞項目「正教会とその習慣」）．前日までに用意された彩色卵，クリーチ，パスハなどが教会に持ち寄られて聖成（聖別）され，復活祭の祈祷や聖体礼儀が終わると人々はそれらを持ち帰り，キリスト復活の喜びとともに賑やかに催される宴の席で，一年の無病息災を願って皆で食べる．

　復活祭が終わると，今度は逆に，普段の水曜と金曜の精進さえ解かれて食事が推奨される光明週間が始まり，その間も上述の挨拶が繰り返し交わされる．光明週間に続く日曜日はフォマーの日曜日と呼ばれ，今度はフォマー週が始まる．フォマーの日曜，あるいはフォマー週は，民間では「美山節（クラースナヤ・ゴールカ）」と呼ばれ，異教時代から人々は春の到来の日としてこの日を祝った．若者たちは彩色卵を叩き合って遊んだり，ホロヴォード（歌を伴う遊び全般を指す）で手をつないで歩き，歌ったり踊ったりして楽しんだが，美山節は若者，特に未婚の娘たちのための祭りであった．フォマーの日曜が大斎後初めて教会で春季の結婚式が許可される日だったため，人々は美山節から春の結婚をとり行った．そのためこの時期，未婚の娘たちは将来の夫の目に留まるようにと綺麗に着飾って通りを歩き，多くの地域でお見合いが催されて結婚の取決めが交わされた．

　ロシアの民衆はマースレニツァから復活祭後の一連の祝祭までを春迎えの行事ととらえていたが，革命後に多くの伝統的な習俗が失われたようにマースレニツァも祝われなくなった．ところが，こうした観念は現代人にも受け継がれ，ソ連崩壊後，マースレニツァを古き良き伝統として復活させる動きが各地で見られる．近年では，ブリヌイを食べ，コリャダーの仮装を思わせる馬や山羊，死神などを模した伝統的な仮面を着けたり，ハロウィンのような仮装をしたり，案山子をつくって燃やしたりと，春迎えの行事として盛大に祝っている．　　　［中堀正洋］

トロイカと馬

トロイカというロシア語は日本ではロシア民謡の《トロイカ》やチャイコフスキーのピアノ曲《四季》の中の1曲《トロイカ》で人口に膾炙している。トロイカの名称は、数詞の3（トリ）に由来し、三頭立ての馬車あるいは馬橇を意味する。音楽に歌われるトロイカがいずれも冬のトロイカであるために、「トロイカ」という馬橇の一種があるように思われがちだが、三頭立ての馬橇も馬車もみなトロイカである。

❋民謡《トロイカ》　日本では「雪の白樺並木……」で始まる楽団カチューシャの作詞によって、戦後のうたごえ運動の中でこの題名の民謡が有名になった。この新しい歌詞は1956年の日ソ国交回復より早く1952年につくられ、57年にダークダックスがこの和製《トロイカ》を吹き込んでヒットした。その後この《トロイカ》は、NHKの「みんなの歌」に61年に取り上げられるなど日本の叙情歌となってしまったが、この民謡は本来《駅逓トロイカが疾る》という題名の駅者の失恋物語を内容としたバラードである。こちらの原詩に基づく訳詞もつくられたが、それは普及しなかった。しかしこの民謡によって「トロイカ」は日本ではロシアのシンボルとなり、水野映子の漫画『白いトロイカ』（1962）や、美空ひばりの歌った歌謡曲《別れのトロイカ》（1957）などを生み出した。

❋駅逓馬車　トロイカは三頭の馬をつないで街道を走る馬車あるいは馬橇である。真ん中の馬が主となり、その左右の馬が副となる。19世紀を通じて用いられた最も重要な旅客と荷物の運送機関であった。その起源は1782年に設置された駅逓局にある。この頃から三頭立ての駅逓馬車あるいは馬橇、すなわち駅逓トロイカが現れる。最初の駅逓トロイカはペテルブルグとナルヴァの間を走った。また宿駅は、それまでトルコ系言語起源のヤムという名で呼ばれていたが、この頃からポーランド語起源のポーチタと呼ばれるようになる。この宿駅＝ポーチタが街道の15 kmから30 kmごとに設けられ、トロイカはここで馬を替えて旅を続けた。この街道に置かれた宿駅に勤める駅者をヤムシチークと呼んだ。ヤムシチークはふつう宿駅の近くの農村から徴発され、この仕事のために人頭税を免除されていた。駅者は家族から引き離され、過酷な労働のため仕事の途上で命を落とす危険も抱えていた。このため彼らが歌った民謡である駅者の歌（ヤムシチーツキエ・ペスニ）は豪放な曲調で歌われるものもあるが、多くは哀しみに溢れた曲調を持つ。

このトロイカの真ん中の馬の頸木に付けられた鈴（コロコーリチク）は、トロイカの詩的音楽的表象として古くから有名である。アレクサンドル・プーシキン

の「冬の道」には，このようなトロイカで街道を旅しながら駆者の歌を聞く旅客の姿が鮮やかに刻印されている．街道を旅する詩人の耳に馴染みのものとなったトロイカの駆者の歌は，プーシキン以外にもトロイカをテーマとした創作詩を生み出し，それらの中にはヴャゼムスキー作詞の《トロイカは駆け，トロイカは跳ねる》のように実際の民謡になったものも多い．

❀生活と神話における馬　もともと馬は寒さに強いため北部も含めた全ロシアの農村で農作業のために用いられてきた．生活に結び付いた馬崇拝は，北ロシアの農家の棟飾りに伝統的に用いられた馬頭の彫像にも見られる．労働力としての馬は農村以外にも用いられ，19世紀までヴォルガなどの河川で船を引くのにも馬が使われることがあった．

　さらにキリスト教以前の異教的世界観において，馬は他界と結び付く存在であった．考古学的資料によれば，スラヴ人の葬礼においてあの世への先導者として副葬される動物は犬と並んで馬が最も多い．移動と輸送の手段として用いられた馬は，それゆえ彼岸と此岸の間を往復する存在とみなされたのである．他界と馬との超自然的な結び付きは，一方では魔法昔話でお馴染みの「魔法の馬」あるいは「不思議な馬」のイメージと，他方では馬の予言能力についての俗信と結び付く．この異教的イメージのために馬はキリスト教の側から最も嫌われた動物でもあった．牛が清浄な家畜とみなされる反面，馬は不浄な家畜とみなされたのである．魔除けや疫病除けのためにしばしば馬の頭蓋骨が用いられるのはこのためである．

❀メタファーとしての馬とトロイカ　ロシア・フォークロアにおいて馬は男性のシンボルとして現れる．これはロシア・フォークロアで「馬」を意味するロシア語としては女性名詞ローシャチではなく，男性名詞のコーニが用いられることと関係がある．ロシアで騎乗するのはふつう男性であり，駆者の歌や騎兵，コサックの歌では馬は主人公の駆者や騎手と換喩的な関係にあり，一心同体の分身である．民謡では馬は男性の主人公にしばしば「我が友」と呼びかけられている．またロシアの婚礼歌では「猛々しい馬」という表現は，男根の隠喩として用いられ，男性の性的エネルギーを象徴する．ロシア民衆の抑え難い自然力の噴出としての馬のイメージは，ペトロフ・ヴォトキンの絵〈赤い馬の水浴〉（1912）に鮮やかに描き出されている．

　日本においてトロイカは冬のロシアのシンボルとして広く浸透したが，ロシアではトロイカは疾駆のイメージと密接に結び付いている．ロシアを「向こう見ずな，とても追いつけぬ」トロイカに喩えたニコライ・ゴーゴリの『死せる魂』第一部の末尾はあまりにも有名だが，こうして，トロイカと馬のイメージはロシアそのもののほとばしる生命力の鮮やかな表現として今も生き続けているといえよう．

[伊東一郎]

神々と悪魔

　ロシアの小神格（精霊）と悪魔との境界線は曖昧である．キリスト教受容以前，自然崇拝と祖先崇拝を行っていたスラヴ人は，森や河川，畑や人家など，さまざまな場所に棲む小さな神々の存在を身近に感じながら生活を営んできた．それらの精霊については，主にフォークロア（口頭伝承）によって今日まで語り伝えられている．さすがに数は減ったものの，今でもロシアの農村などでは「ドモヴォイに腕をつかまれた」とか「水辺にルサールカがいた」といった類いの話を聞くことができる．

図1　捕らえられたレーシー（18世紀のルボーク）[bestiary.us（以下同）]

❋ 小神格（精霊）　ロシア・フォークロアに「ブィリーチカ」と呼ばれるジャンルがある．日本でいえば「本当にあった不思議な話」「怪談」といったところで，「話者（もしくは知り合い）が実際に体験した超常現象（精霊，幽霊，超能力者などとの遭遇，不思議な体験など）についての話」と定義される．

　ブィリーチカにはさまざまな森や水，家や畑の精霊が登場する．森（レース）の精霊はレーシー（レソヴィク，レシャーク，レソヴォイ）と呼ばれる（図1）．森および森のすべての生き物の主人である．いたずら好きで，森を通る人を迷わせ，女こどもをさらうと伝えられた．背丈は伸縮自在で，木のように大きくなるかと思えば，草の陰に隠れるほど小さくなると考えられた．水（ヴォダー）の精霊はヴォジャノイと呼ばれる（図2）．河川や湖沼およびそこに住む魚の主人である．漁師たちは豊漁を祈願して，ヴォジャノイに最初に捕れた魚やタバコをささげたという．人々を水中に引きずり込むと考えられたためか，他の精霊たちよりも恐ろしい性格の持ち主として語られることが多い．家（ドーム）の霊はドモヴォイ（ドモヴィク，「主人」「爺さん」など）と呼ばれる（図3）．どの家にもいて，敬意を持って接すれば家族に幸せと富をもたらすとされた．

図2　ヴォジャノイ（イワン・ビリービン画，1934年（図3・4も同））

図3　ドモヴォイ

家畜を気にかけ，気に入った馬のたてがみを三つ編みに編んでくれたりするが，気に入らないといじめ抜く．家の中心であるペチカ付近にいると考えられ，引っ越しの際には新居に改めて招かねばならないとされた．初夏の一時期，水辺や畑に出現するルサールカは女性形の精霊である（図4）．上掲の精霊たちとは異なり，その名は憑いている場所ではなく，出現する時期に執り行われる儀礼（ルサーリイ）に由来する．絶世の美女もしくはきわめて醜い姿をしており，人間の男をくすぐり殺そうとしたり，水の中に引きずり込もうとしたりするとされた．

図4 ルサールカ

溺れ死んだ娘や，洗礼を受ける前に死んだ子供など，みずからの生を全うできなかった者たちが，死後ルサールカになると考えられた．このほかにも，ロシアのフォークロアにはさまざまな個性的な精霊たちが登場する．

❋ **神か悪魔か** これらの精霊に対する民間信仰は，スラヴ人のキリスト教受容後も根強く残った．しかし，教会側がこれらを排斥すべき「悪魔」と見なしたため，時代とともに悪魔的イメージが強まった．このことは，例えばロシア各地で見られる「神と戦って敗れた悪魔は天界から落とされ，水に落ちた悪魔はヴォジャノイに，森に落ちた悪魔はレーシーに，家に落ちた悪魔はドモヴォイになった」といった内容のフォークロアに反映している．あるいは，ビリーチカの語りの中で，これらの精霊たちがしばしば「森の悪魔」「水の悪魔」などと呼ばれることにも表れている．その一方で，東スラヴで「狼の守護者」と見なされている聖ゲオルギー（エゴーリー）のイメージにレーシーの影響が見られるなど，精霊と悪魔を明確に区別することは困難である．

❋ **悪魔** ロシアにおける「悪魔」のイメージも複雑である．そもそもロシア語で悪魔に当たる単語自体，サタナー，ジヤーボル，ベース，チョールト（図5）など幾つもある．これらが意味するところは互いに重なり合い互換性も高い．ただし前者2語はキリスト教的な「（神に対する）悪魔」の意味合いで使われることが多い．最も総合的な意味合いの強いベースという表現は，キリスト教的「悪魔」の意味でも使われれば，上述の自然の精霊た

図5 金持ちの夢に現れたチョールトたち（1894年のルボーク）
[grafika.ru]

ちに対して，あるいは古代スラヴのペルーンやヴォーロスといった「堕ちた異教神」に対しても使われる．同様に多様なイメージを持つチョールトだが，こちらは特にフォークロア（ビリーチカ，昔話，俚諺など）においては，他の悪魔より格下で，失敗などもして憎めない存在として描かれることが多い． [塚崎今日子]

呪術と占い

　呪術とは，超自然的な存在の力を借りて目的を達しようとする行為，およびそれに関する知識のことである．ロシアの呪術の中心を成すのは呪文で，愛の呪文，病気治しの呪文，豊作のための呪文など，その種類は多岐にわたる．呪文の基本構造は，①超自然的存在などへの呼びかけ，②儀礼の描写，③願望，④〆の言葉であるが，すべての呪文がこれらをこの順序で含んでいるわけではない．短い呪文の場合，願望の部分のみ，あるいは願望と幾つかの要素を組み合わせたものになることもある．呪文を唱える際には言葉以外に，唱えられるべき時間，場所，呪物を置いたり摂取したりするなどの呪文に伴う行為なども重要である．

　ロシアの呪術は，人に害をなす呪いなどの黒呪術と，人助けのための白呪術に分けることができる．ロシア正教会の立場からはどちらも悪魔的行為と見なされ，禁じられている．しかし10世紀末のキリスト教受容以降，ロシアの呪術文化にはキリスト教文化が分かち難く混交するようになったため，民間では白呪術はキリスト教における神の力によって成就すると考える人が少なくない．また呪文は望ましい目的のために唱えるという機能において，教会における祈りと類似しているため，キリスト教的モチーフを持つ呪文が多数存在する．そのため，呪術師は超自然的な力を持つ者として人々に恐れられると同時に，みずからをキリスト者として位置付け，病気治療などの「人助け」を行う存在でもあった．

❀占い　呪術と並んで超自然的な信仰と関わる文化として，占いがある．精霊や魔物，死者などとのコンタクトが必要なため，占いは罪深く危険な行為とされた．占いで人々が知ろうとするのは，健康や死，結婚，豊作か凶作かなど，多岐にわたる．占いの場所としては，精霊などが住んでいるとされる場所（風呂小屋など），敷居や暖炉などといった境界を象徴する場所がよく選ばれる．占いが行われるのは境界を象徴する時間や危険と見なされる時間で，1日のうちでは夜や夕方が多い．1年のうちではクリスマス週間が多く，この時期に行われる結婚占いの例をあげると，敷居越しに靴を投げる（靴の先が向いた方向に嫁に行く），通りがかりの男性に名前を尋ねる（未来の夫の名前がわかる），枕元に櫛を置いて寝る（未来の夫が髪をとかすために夢に現れるので顔がわかる）などがある．こうした伝統的な方法は，現在ではインターネットにも掲載されており，実践され続けていることがうかがわれる．

　占いはまた，病気や不幸の解決のために呪術を行う前に，その原因や解決方法を知るためにも行われる．呪術や占いに関する知識は一般の人も断片的に持っているが，最も多く知っているのは，特別な儀礼によって古くから伝えられてきた

教会の知識を受け継いだ呪術師や占い師たちであった．

☀**呪術と占いをめぐる歴史**　17世紀までのロシアでは，農民から貴族，皇帝，聖職者まで，あらゆる社会階層で呪術や占いが信じられていた．悪意から行われる呪術は，傷害や殺人に匹敵する罪であり，干ばつ，不作，疫病，大火そのほかのさまざまな不幸が呪術のせいとされた．容疑者が呪術師かどうかを知るために占いが行われ，その結果によって死刑に処せられることもあった．しかし18世紀に入ると，呪術は取るに足らない「迷信」であるという観念が現れ始める．そしてソ連時代に入ると，呪術を信じることの馬鹿馬鹿しさが政権によって積極的に宣伝され，科学的知識の普及が図られるようになり，呪術師たちは当局による逮捕を恐れて息をひそめるようになった．

しかしソ連末期以降に無神論政策が崩れると，宗教の復活と並んで呪術や占い，超能力などのオカルトへの興味も急激に高まり，呪術師たちは再び活発に活動するようになった．また超能力者を名乗る人が増えているが，彼らは伝統的な呪術師の血筋につながっていたり，伝統的な呪術師から呪術知識を「相続」していたりする例が多い．

ソ連時代に科学知識が普及したため，かつてのように呪術はすべての人に信じられるものではなくなっているが，呪術の「科学的根拠」が語られたり，正教会の復興に連動して呪術信仰が強まったりするなど，呪術の「リアリティ」が新たに補強されている様子が観察される．書店ではありとあらゆる問題の解決に役立つという呪文集が売られ，テレビでは普通の方法では解決できない問題に挑む呪術師・超能力者らの番組が人気である．呪術に関する学術資料さえも実用に転用され，これらは図らずして今日の呪術リバイバルを支えている．2016年の全ロシア世論調査センター（ВЦИОМ）の調査によると，呪術で人を呪うことができると思うと答えた人は36％，うち27％は個人的に経験したことがあるとのことである．2017年の別の報道によると，現在

図1　オカルト専門紙『タリスマン』に掲載された，呪術師・超能力者たちの広告

ロシアで呪術・占い・超能力などといった超自然的なサービスを提供する者は少なくとも80万人おり，ロシア国民は彼らに年間20億ドル払っているという．どんなに科学知識が普及しても，人々は未来を知ることはできない．なぜ他ならぬ自分が他の人よりも多く不幸に見舞われるのか，といった問いにも科学は答えることはできない．そのため，人々は今でも超自然的な力に期待することをやめられないのである．

[藤原潤子]

魔　女

「キエフの市場にいる女はみな魔女だ」．作家ニコライ・ゴーゴリの小説『ヴィー』の最後にあるせりふだ．ゴーゴリがこのせりふに込めた真意はさておき，東スラヴに魔女に関する民間信仰が多いのは事実である．

❋**民間信仰における魔女のイメージ**　ロシアの魔女はヴェージマ，コルドゥーニヤなどと呼ばれる．生まれつきの魔女と，みずから望んでなる魔女の2種類がいて，前者の方が善良とされた．一見普通の女の姿をしているが，尻尾や角，羽があったり，歯が2列に生えていたり，口髭や眉毛が濃いなどといわれる．白い服を着て髪を垂らしていることが多い．変身能力があり，鳥や小動物，時には車輪や篩，干し草の山や毛糸玉にさえ姿を変える．空を飛ぶこともでき，魔法や病気治療に必要な薬草の知識を持っているともいう．

魔女はそうした能力を使って人間や家畜に害を及ぼすと考えられた．例えば，小動物に変身して牛の乳を飲み干す．あるいは，呪いや邪視によって人々や家畜に病気や不幸をもたらしたり，畑の収穫に被害を与えたりする．魔女が活発になるのは，大きな祝日や満月や新月の晩，雷雨の晩といわれた．特に夏至の直後にあたる7月7日（旧暦6月24日）の聖ヨハネ祭（イワン・クパーラ）前夜には，魔女たちが箒に乗って山に集結し，悪霊たちと乱痴気騒ぎをするといわれた．作曲家モデスト・ムソルグスキーの交響詩《禿山の一夜》は，この魔女たちの大饗宴のさまを大迫力で表現している．このような魔女だが，死ぬときには猛烈に苦しむ．みずからの知識を誰かに与えるか，魔女の家の天井を取り壊すかしない限り，その苦しみはずっと続くとされた．

❋**「魔女」といわれた人々**　中世ロシアにおいては，いわゆる「魔女狩り」「魔女裁判」が行われ，呪術を使って病気などの厄災を人々にもたらしたとされる女たちが裁かれ，処罰・処刑された．こうした動きは18世紀に入るまで続いたという．

筆者は，2004年にイルクーツク州のある村でフォークロア調査を行った際，村人から「魔女」と恐れられている女性について話を聞いた．「彼女が近付いたために家畜が病気になり，牝牛が仔牛を産まなくなった」「彼女が病院に行ったために病人が死んだ」「彼女の牛は教会で清めてもらった芥子（魔女はこれを越えられない）を越えなかった」「隻眼の彼女に見られて牛の乳が出なくなった」「彼女に呪われて牛乳が酸っぱくなった」「彼女は飛べるし魔法も使える」「皆が彼女を恐れていたから，今年彼女が村を出てみなが喜んだ」といった内容だった．その後，調査最終日に当の「魔女」に会うことができた．彼女は村を出て市営の病院に入院中だった．当時83歳の彼女は，穏やかで物静かなごく一般的なロシア

の老婦人に見えた．敬虔な正教の信者で，片方の目が悪かった．病院の廊下でわれわれの質問に答え，病気を治す呪い，雨雲を追い払う呪いを教えてくれた．長大なそれらを彼女は一言一句すべて暗記していた．彼女が特別な能力を持っているとすれば，それは何より，その驚くべき記憶力といえよう．彼女が村を離れたのは，彼女が代母を務めた女性が，高齢で身寄りのない彼女の身を心配して引き取ったためであったという．

20世紀以降，変身したり，箒で飛んだりする魔女に関する伝承は確かに減少した．しかし，ここにあげたように，村に「魔女」と目される女性がいて，人や家畜に害を及ぼすと考えられている例は現代でも見られる．

❋**魔法昔話の魔女「バーバ・ヤガー」** ロシアの魔法昔話には「バーバ・ヤガー（ヤガー婆さん）」と呼ばれる興味深い魔女が登場する（図1）．ヤガーは骨と皮ばかりのやせこけた老婆で，森の奥のニワトリの足の上に立つ，クルクルと回る小屋に住んでいる（図2）．普段は小屋の中で寝そべって暮らしているが，いざ外に出ると，臼に乗って杵で漕ぎ，箒で跡を消しながらすっ飛んでくる（ここで日本の餅つきの臼と杵を思い浮かべてはならない．穀粒をついて細かくするためのロシアの臼は細長く，杵は棒状で中央の持ち手部分だけ細く削ってある）．ヤガーはいろいろな昔話に顔を出す．大抵は主人公を取って食おうとする敵対者だが，正直者の主人

図1 （上）臼に乗って飛ぶバーバ・ヤガー，（下）バーバ・ヤガーの家（いずれもイワン・ビリービン画）

公に贈り物や助言をさずける贈与者・援助者の場合もある．このように複雑な二面性を備えるヤガーの起源には諸説ある．かつて行われていた若者が成人となるための通過儀礼の守護者，火葬を司る異教の祭司，あるいは森の生き物たちの主人としての「森の主」，といった存在にさかのぼるといわれる．いずれにしても，ヤガーは今日でもロシアの魔法昔話界では1, 2を争う人気キャラクターであり，子どもたちが集まる公園などでは，その小屋をイメージした遊具がよく見られる（☞項目「昔話」）．

[塚崎今日子]

女性の装い

　ルバーハと呼ばれる丈の長い肌着とその上に着るスカート状のサラファンやポニョーヴァはロシア女性の伝統的衣装を構成する基本要素であり、18世紀頃までに形成された。亜麻、麻、羊毛などを材料とする手織り布を用いた。地域や社会的立場によって、また未婚か既婚か、晴着か普段着か労働着かによってもさまざまな違いが見られた。樹皮靴や革の長靴などの履物や防寒用の毛皮外套は、男女よる差はあまり見られなかったが、女性に特有の被り物は未婚女性と既婚女性を分ける大きな要素であった。伝統的な女性の装いはヨーロッパなどの影響を受けて都市部から徐々に変化していき、19世紀後半から20世紀の初めになるとスカート、ワンピース、ブラウスなども現れた。

❋**ルバーハ**　ルバーハは丈が膝下から踝（くるぶし）ぐらいまであるワンピース状の肌着である。上から下までひと続きのものや、胸のあたりで上下に別れているもの、上下を縫い合わせたものなどがあった。ルバーハの上にサラファンやポニョーヴァを重ねたが、ルバーハに帯を締めただけで着用することもあった（図1）。さまざまな縫い方があり、直線裁ちの身ごろと袖をつなぐ部分にポーリキ（単数形はポーリク）と呼ばれる長方形や台形の布が縫い付けられ、そこから袖の上部にかけて刺繍や織模様の布などで装飾が施された。晴着用のルバーハは裾、袖口、首回りなどを刺繍、レース、ボタン、綾織のテープなどで飾った。村中総出で行われる草刈りや穫り入れのときも装飾のある特別なルバーハを身に着けた。ルバーハは手織りの白い亜麻布か麻布に赤の刺繍が基本であったが、黄、緑、青、黒などの色も補助的に用いられた。また、ルバーハの上に締める帯や飾り紐は鮮やかな色の亜麻や麻の糸や毛糸でつくられた。19世紀後半には工場製の更紗（さらさ）（木綿）、絹、サテンなどのルバーハも登場した。

図1　ルバーハ
[Шангина, И.И., 2003]

❋**サラファンとポニョーヴァ**　サラファンは両肩に紐の付いた胸から足元までのロングスカートタイプのものや、首回りを丸や四角に開けた袖のないワンピース型のものがあり、ルバーハの上に着て帯や飾り紐を結んだ。その上にさらにエプロンを着けることもあった。ヨーロッパロシアの北部から中部にかけて、また沿ヴォルガ地方やシベリアなど広い地域で未婚既婚を問わず女性たちが身に着けた。南部地方ではサラファンを着るのは未婚女性だけで、既婚女性はポニョーヴァと呼ばれる巻きスカートをルバーハの上に着用した。

　サラファンは織幅の布を前後に用い、両側にマチを入れてつくった。楔形（くさびがた）のマ

チを入れたものはたっぷりとしたフレアースカートのようになった．前側の中央に切り替えを入れ，上から下までボタンで留めたり，中心線に沿ってボタン，モール，レースなどを飾ったものもあった．多くは黒，青，白などの毛織物で縫われたが，19世紀後半には南京木綿（あるいは厚地の木綿），更紗，薄手の毛織物，またさまざまな色に染めた亜麻や麻でもつくられた．

ポニョーヴァは織幅の布を3枚，あるいはそれ以上を縫い合わせ，横長の長方形の形をつくり，上端に撚紐（よりいと）を通して腰に巻き付ける巻きスカートである．地域によってはスカートのように完全に縫い合わせたものもあり，布と布の間に細いレースや飾り布を縫い込んだものもあった．青を基本にして白やそのほかの色を縦糸と横糸に織り込んだ格子柄の毛織物がよく用いられた．地域によっては赤の地に青などの格子柄も見られ，さまざまな大きさの複雑なマス目模様の布が織られた．晴着にはさらに裾を幾何学模様の刺繍やビーズなどで飾った．丈はルバーハより短めで，ポニョーヴァの下からルバーハの裾の飾りが見えるものもあり，ポニョーヴァの裾を絡げて腰に挟み込んだりすることもあった．

図2　(左上) サラファン, (右上) ポニョーヴァ, (左下) ココーシニク, (右下) ソローカ [Соснина, Н., Шангина, И., 1998]

❋ **被り物**　未婚女性と既婚女性の違いを際立たせるのは被り物であった．未婚女性は頭髪を隠さないハチマキ型や冠型の飾りを頭に着けた．既婚女性は髪を隠す習慣があり，髪を出すのは無作法で災いを招くと考えられたため，頭全体を柔らかい帽子のようなポヴォイニクですっぽり覆い，その上にさらに飾りの付いた被り物を着けた．北部地方を中心として広く用いられたココーシニクは，円筒形の帽子の前の部分に絹やビロードで覆われたさまざまな形の硬い張り出しを付け，その上にビーズ，羽根，真珠，造花などを飾った．主に南部地方で見られたソローカまたはキーチュカは，本体部分とうなじ，額，両サイドなどを覆う部分を組み合わせて縫い付けたもので，ココーシニクと同様にビーズなどの装飾が多用されていた．多くの飾りの付いた豪華な重いココーシニクやソローカは次第に日常生活から遠ざかり，祭日や結婚式の装いとなった．

19世紀後半になると，それまでココーシニクやソローカの上からショールのように被っていたプラトークが，単独の被り物としてポヴォイニクの上に用いられるようになった．工場製の毛織物，絹，更紗など色鮮やかな布が普及し始めたことと相まって，正方形のプラトークが被り物として広く普及した．　　　［青木明子］

男性の装い

　男性の伝統的衣装は，女性の衣装ほどデザインに地域差がないのが特徴である．また寒暖などの環境的要因から人体を守るだけではなく，女性の衣装と同様に刺繍などの文様には自分に何らかの危害をもたらす邪悪な存在から身を護る機能もあると考えられた．

　「伝統的衣装」の概念はピョートル大帝時代より生まれた．彼は貴族に対してそれまでの伝統的衣装を禁じ，外国風の服装にすることを強制した．それにより都市部には外国風デザインの衣装が普及し，伝統的衣装は農村部に残った．

図1　アルハンゲリスク県の男性衣装．縁飾りの付いたシャツ，縦縞のズボンを身に着け，カルトゥズを被り，ラープチを履いている
［Виноградова, Н., 1969］

❊ **シャツ**　ロシア語ではルバーハ，ルバーシカなどと呼ばれるシャツの丈は腿の近くまで届くほど長く，下着代わりでもあった．ズボンの上に裾を出して帯を締めるが，子どもはズボンを履かずにシャツだけ身にまとうこともあった．デザイン面では襟のプラケットが身体の中心ではなく，ずれるのが特徴的である．この理由としてはプラケットが真ん中にあると，首に下げた十字架がそこから出てしまうのでそれを防ぐための工夫だったという説がある．生地は手織りの亜麻布だったが，生地の工場生産が盛んになってくると木綿や絹，毛などからつくられた布地を買ってきてつくることもあった．祭日用のシャツは漂白された薄い布地でできており，飾りとしては別布をあてたり，色糸で刺繍を襟のプラケットや袖口，裾などに入れた．

❊ **帯**　帯は，布や紐，革でつくられ，幅や長さもまちまちでそのまま結んだり，バックル，ボタンでも締めた．帯には櫛やナイフなどの小物などを必要に応じて挟み込んだ．

❊ **ズボン**　ズボンは，細身で，手織りの亜麻布や型をあて染料を捺し付けるように染めてつくった布，もしくは毛や亜麻，綿からそれぞれの布をつくる際に出た余り糸で織った布でつくられる．さまざまな糸を使うため，ズボン生地には縦縞模様ができる．19世紀には工場製の厚布でつくったズボンを履くようになった．

❊ **靴**　代表的な靴としては菩提樹などの樹皮を編んでつくったラープチがある．ラープチはサンダルのような形状をしており，足に巻布をし，紐で足に結び付けた．またサポギと呼ばれる胴長の革ブーツがあり，古くは裕福な家庭のみ履くことができたが，徐々に民衆の間でも広がり，祭日などの特別な日に履いた．

❊ **上着**　春から秋にかけての温度変化にロシア人は基本的には重ね着で対応し

た．例えば代表的な上着としてはカフタンをあげることができる．カフタンは，長袖の裾が長い上着で裾の長さが踝や膝までのものがあり，ボタンや紐で前身頃を留めた．

　アルミャクは，コートの一種で天気が悪いときや旅行の際にカフタンの上に着た．色は，白や黄色みがかった褐色，緑の混じった黄色をしており，20世紀に工場生産の生地が入ってくるまではラシャや羊毛を半分ほど混ぜてつくった生地から仕立てた．アルミャクは裾が長く，右前に着る．16世紀からロシアでは知られており，16～17世紀の貧しい都市住民のコートとして着られた．

　ジプンと呼ばれる短くてラシャでつくられた長袖の上着は，襟がなく明るい色をしていることが多い．17世紀はカフタンとシャツの間に着るものだったが，それ以降はカフタンの上などにコートとして着た．他にもジリェトと呼ばれる主に裕福な家の若者がシャツの上に羽織るチョッキもある．

❋**帽子**　帽子は，材質や形状，地方によりさまざまな名称，種類がある．例えばワリョンカという羊毛のフェルト帽は，白灰色，茶色で円錐状であり，端を折り返して被った．グレーシニェヴィクも同様に羊毛のフェルト帽だが，短いつばを持つ．カルトゥズは19世紀前半にさまざまな村や都市で被られ，20世紀初頭からは夏の帽子としては最も人気があった．

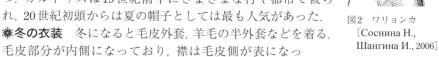

図2　ワリョンカ
［Соснина Н., Шангина И., 2006］

❋**冬の衣装**　冬になると毛皮外套，羊毛の半外套などを着る．毛皮部分が内側になっており，襟は毛皮側が表になっている．さらに羊やキツネなどの毛皮からつくられたトゥルプと呼ばれる毛皮外套を重ねてきることもあった．トゥルプは，橇で長距離移動をする際などに毛皮外套やカフタンの上に着た．幅広の布で帯を締めることあれば，前身頃を開いたままで着ることもあった．毛皮外套の上に重ね着する場合は袖に腕を通さず，羽織る．またアルミャクをトゥルプの上に重ねることもあった（☞項目「毛皮」）．下半身は，亜麻布のズボンの上に手織りの毛のズボンを重ね着したり，ラシャの巻布を巻い

図3　トゥルプ［Соснина Н., Шангина И., 2006］

たりする．祭日用としては革や羊毛を半分ほど混ぜてつくった生地からズボンがつくられた．またワレンキと呼ばれる羊毛のフェルトでつくられた主に灰色や茶色，黒色のブーツを履いた．当初，この靴は主に若者が履くというイメージがあったが，19世紀末から20世紀初めにかけて普及し，ヨーロッパロシアの代表的な冬靴となった．そして頭には毛皮の帽子を被った．ウシャンカやトレウフと呼ばれた両耳とうなじに三つの垂れが付き，羊の毛皮の縁飾りの付いたラシャからできた防寒帽である．

［山田徹也］

木工芸の伝統

❋ロシアの森と木造建築 南部の草原地帯を思えばロシアが森の国であると一概にはいえないが，少なくともヨーロッパ・ロシアの中部と北部，シベリアの大半は針葉樹林か針広混交林に覆われている．当然，木材はロシアの建築と道具の基本素材だった．モスクワをはじめ各都市の城壁も最初は木造で，中世の国際商業都市ノヴゴロドは道路の舗装も半割の丸太を並べたものだったという．

図1 屋根に馬の頭の付いたアルハンゲリスク州の家（20世紀初頭）
[Бобринский, А. А., 2011]

伝統的な木造家屋の建築資材はマツやモミ，トウヒなどの針葉樹である．土台には防水用にシラカバの樹皮を敷き，その上に四角く組んだ丸太を15段ほど積んで屋根を組み，板で葺く．北ロシアではこれを組み合わせて，家畜や干し草のためのスペースもある大きな家を建て，屋根の突端には鳥や馬をかたどった木彫りを付けて家の守りとした（図1）．木材は教会建築にも使われ，世界遺産になっているキジ島のプレオブラジェンスカヤ教会は1718年に建てられた丸太造りの八面体である．22個もの丸屋根はヤマナラシの板を重ねてうろこ状に葺かれ，無彩色だが陽が当たると材の特性で銀色に輝く（図2）．

図2 キジ島プレオブラジェンスカヤ教会の丸屋根[PIXTA]

❋木材加工と木工品 最もシンプルな木製品は，釿で削り出す飼い葉桶や洗濯たらい，昔話の「バーバ・ヤガー」が乗っているような搗き臼だろう（☞項目「魔女」）．より緻密に削られたものに水鳥をかたどった鉢や木製のスプーンがあり，木彫りや鮮やかな採色が施された．その例は今もホフロマ塗の食器などに見ることができる．

板材は，部屋の壁沿いに置かれたベンチや卓，棚や大小の箱などあらゆる場所で使われた．嫁入り道具の入った長持や洗濯のための叩き板，L字型の紡ぎ板「プリャールカ」といった女性の持ち物には木彫りや鮮やかな絵付けがびっしり施され

図3 紡ぎ板．左は木彫り，右は絵が描かれたもの．いずれも19世紀半ば．ヴォログダ県[ロシア美術館蔵]

たため，19世紀後半から博物館などによる蒐集が進んだ（図3）．絵柄は幾何学模様のほか，動植物，橇遊びやお茶会の様子，婚礼など，女性の重労働を和らげるような楽しい情景である．

　専門の職人が加工し流通した製品には，木を蒸して曲げる頸木(くびき)や車輪，橇の滑り木，ロシアの容積の単位になった「ボーチカ（樽）」や「ヴェドロー（桶）」があった．木工ろくろの技術は一抱えもある大鉢から杯，塩入れ，こまやガラガラなどの細かい玩具まで挽くことを可能にするが，それぞれに得意な産地があった．例えば中部ロシアのボゴロツコエやセルギエフ・ポサードといった町は今日まで玩具製造で知られている．シラカバの樹皮には防水・防腐効果があるため，飲料や食料を入れる蓋付き円筒形容器や，ベリーやきのこを入れる軽い籠に加工された．白い樹皮の透かし彫りを水筒や小物入れに巻き付けて装飾したものは今も北ロシアの名産である（図4）．ボダイジュの樹皮も箱や手提げにつくられたが，何より農民生活で重要な役割を果たしたのは樹皮靴「ラープチ」である．5, 6月に樹皮を剥ぎ，水に浸けて柔らかくした靱皮(じんぴ)を編んだラープチは革命前の農民には必要不可欠の履物で，戦後の物資不足の折にも一時的に復活したという（☞項目「男性の装い」）．

図4　シラカバ樹皮の容器．19世紀末から20世紀初頭．ヴォログダ県[ロシア美術館蔵]

❉木彫りと絵付け　民衆木工品の装飾は，木彫りか絵付けである．メゼニ川流域やヴャトカ，コストロマなどには絵師の集団がおり，道具類や家の壁は彼らによって華やかに彩られた．一方，木彫りは誰にでもある程度の心得があり，三角形やひし形の組合せ，三日月形や円や曲線，ブドウやアカンサスといった建築意匠，人魚や獅子，シーリンなどの神話的形象がよく彫られた．しかし手の込んだ透かし彫りや教会の大規模な彫刻は専門の

図5　現代の民家の窓飾り．アルハンゲリスク州[著者撮影，2015年]

木彫職人が行ったであろうし，今も民家の窓や屋根を飾っている華やかな木彫りは，蒸気船の登場で失職した船大工たちが始めたものともいわれている（図5）．

　帝政ロシアの木工産業の大半を担っていたのは兼業農民の零細な家内制手工業だった．19世紀末，木工業の盛んだったモスクワ県のゼムストヴォはみずから木工所を開いて独自の販路形成と職人養成を始めた．同時期にはアブラムツェヴォのマーモントフ家やタラシキノのテニシェワ公爵夫人のように資産家の一部も民衆工芸の洗練と商品化を進めた．こうした取組みはロシア革命でいったん崩壊したが，ソ連による業界の再編成にも影響を与えた．

　　　　　　　　　　　　　　　　　　　　　　　　　　　　　[熊野谷葉子]

マトリョーシカとその他民芸品

ロシアの民芸品は，森林などの豊かな自然と長い手工業の伝統によって育まれてきた．愛情を込めて一つひとつ丁寧につくられるその民芸品に，世界中の人々が魅了され続けている．その造形美と喜びに満ち人生を謳歌するような力強さは，美と暮らしに対するロシア人の考え方をよく表している．

❋**マトリョーシカ** マトリョーシカは1890年代後半に誕生した木製の入れ子人形である．その名は「マトリョーナ」という女性の名前に由来する（マトリョーシカはその愛称．ラテン語で「尊い女性，家族の母」を意味する）．マトリョーシカは「ロシアスタイル」製品の流行，知育おもちゃの需要の増大といった時代の風潮の中で生まれた．マトリョーシカによって子どもは遊びながら自然と物の大きさや色，形を覚え，空間や構成を認識する力，審美眼を養うことができる．

図1 （左）初期のマトリョーシカ〈ニワトリを抱いた乙女〉．形：ズビョーズドチキン，絵：マリューチン［スヴェトラーナ・ゴロジャーニナ，2013］．（右）セルギエフ・ポサードのマトリョーシカ［著者撮影］

8ピースからなるロシア初のマトリョーシカ〈ニワトリを抱いた乙女〉をつくったのは，画家セルゲイ・マリューチンと旋盤工ワシーリー・ズビョーズドチキンだといわれている．それはアナトーリー・マーモントフが設立したモスクワの工房「子どもの教育」でつくられた．1ピース目には腕にニワトリを抱き，民族衣装とエプロンを身にまとい，頭にスカーフを被った農民の娘が描かれている．残りの7ピースにも民族衣装を着た農民の少年少女が描かれている．マトリョーシカは現在に至るまでに数多くのデザインと形のバリエーションが生み出されてきたが，この素朴な農民を描いたマトリョーシカがいつの時代にも最も愛されてきた．

1900年，マトリョーシカがパリ万博に出品され，高い評価を受けて銅メダルを獲得すると，たちまち人気のロシアの民芸品となって世界中から注文が殺到し，各地にマトリョーシカ工房が誕生した．なかでもモスクワから北北東に約70 kmの場所にあるセルギエフ・ポサードは，マトリョーシカ生産の発祥の地として有名である．セルギエフ・ポサードはロシア正教の聖地であり，古くから人々が修道院で必要とされる木製の食器をつくってきたため，何世紀にもわたって木工芸の技術が受け継がれてきた．この伝統のおかげで19世紀初めにはセルギエフ・

ポサードはロシアの「おもちゃ王国の首都」と呼ばれるほどの玩具生産地へと成長し，その後マトリョーシカの代表的産地となったのである．他にはセミョーノフ，ポルホフスキー・マイダン，キーロフ，ノリンスクなどもマトリョーシカ産地として知られ，デザインはそれぞれの場所で特徴が見られる．さらに近年は，自宅アトリエで独自の感性を発揮し個性豊かなオリジナル制作に励むマトリョーシカ作家も増えている．

❋ **グジェリ**　モスクワから南東に約80 kmの場所にあるグジェリは，ロシアで最も有名な陶芸の村である．グジェリは本来地区の名称であるが，この地名産のグジェリ陶磁器の意味としても使われている（図2）．「グジェリ」という言葉が史上に初めて登場するのは1339年の古文書で，もとは「ジェーチ（焼く）」というロシア語の動詞に由来する．上質の陶土と豊かな森林に恵まれたグジェ

図2　グジェリ［著者撮影］

リでは，古代から素焼きの土器がつくられてきたが，グジェリの職人たちがイタリア発祥のマヨリカ焼きの技術を習得したことで，陶器制作は18世紀半ばに高い芸術的レベルに達する．19世紀初めにはセミファイアンス焼き（軟質陶器）からいっそう質の高いファイアンス焼き（硬質陶器）へと移行し，硬質陶器は1830年代に最盛期を迎える．1830～40年代にはロシアの陶磁器の約半数がグジェリで生産された．

　グジェリの陶工たちは白地にコバルトブルーという独自のスタイルを確立した．この色使いと植物模様はグジェリの特徴であり，高い芸術性と使いやすさを兼ね備えた陶磁器へと洗練されていった．絵付けを手掛ける画家はコバルトブルーにグラデーションをかけながら，丸みを帯びた大きな植物のモチーフを生き生きと美しく描く．新作の造形や図案が生み出されながら，グジェリデザインの伝統は後進の画家たちによって受け継がれている．グジェリは皿やポットなどの食器はもとより，動物などをモチーフにしたフィギュリン（陶器人形）も数多くつくられている．

❋ **その他民芸品—ホフロマ，ベレスタ，ジョストボ，パレフ**
その他の有名な民芸品としては，赤や黒，金で植物模様の彩色された木の食器ホフロマ（図3上），白樺の樹皮

図3　（上）ホフロマ，（下）ベレスタ［著者撮影］

を使った細工ベレスタ（ベリョスタ，図3下），黒地に鮮やかな花が描かれた金属素材の盆ジョストボ，ワニス塗りの漆器パレフなどがある．　　　　　　　　［有信優子］

ブィリーナと歌物語

❋歌物語の語りと記録　ロシアでは一定のリズムと独特の節回しを持つ歌物語が19〜20世紀にかけて多数採録された．英雄たちがさまざまな能力を発揮して異国や異界で活躍する叙事詩「ブィリーナ」，実在した人物や事件を歌う「歴史歌謡」，悲劇中心の「バラード」，キリスト教の聖者や教えを伝える「霊歌」，滑稽な「道化歌」などその内容は幅広いが，形式や語句には共通点も多い．

　これらの歌物語は19世紀以降盛んに出版された．特に重要なのは1804年初版の『キルシャ・ダニーロフの蒐集せるロシア古詩集』と61年の『ルイブニコフの蒐集せる歌謡集』だろう．前者は18世紀後半のウラルの鉱山労働者キルシャが語った歌物語を短い譜例つきで活字化し，当時からよく知られていた．一方，そこに載っているような古い語りは廃れたと思われていた50余年後，流刑中のもと政治活動家パーヴェル・ルイブニコフがオネガ湖周辺で古めかしい歌物語を多数採録し出版したのが後者である．民衆と歴史への関心が高かった当時この本は反響を呼び，リャビーニン一族のように代々続く名手や，大都市で公演する語り手が現れた．文豪レフ・トルストイは自宅に語り手を招き，作曲家リムスキー＝コルサコフはブィリーナ「サトコー」をオペラ化している．

❋ブィリーナと歴史歌謡　「ブィリーナ」という用語には「あったこと」という含意があるが，実際にはファンタジックな要素も多い．雲つく巨人や有翼の大蛇が現れ，怪鳥は鳴き声で町を破壊し，勇士は狼や蟻に変身したり，海底や地底に降りたりする．彼らは駿馬で「川も湖も次々跳び越え／草茂る沼はひとまたぎ」し，一人で4万の敵をなぎ倒す．

　こうした物語の舞台の一つが，中世のキエフである．9〜13世紀にかけてルーシの都だったこの町で「太陽公」ウラジーミルはいつも宴を催し，貴族や勇士はその宴で自慢話に花を咲かせている．勇士筆頭は農夫の子イリヤー・ムーロメツ，30歳を過ぎても歩けなかったが巡礼に癒され，ルーシを守るため参上した怪力の勇士である．隣には貴族で賢人のドブルィニャ・ニキーチチと司祭の子で美男のアリョーシャ・ポポーヴィチ．彼らはいざとなれば宴席を立って怪物や東西の異民族を撃退し，花嫁探しや徴税のため遠い異国への旅に出る．

　もう一つの舞台は中世の商業都市ノヴゴロドである．主人公の一人サトコーは貧しいグースリ（多弦の撥弦楽器）弾きだったが，イリメニ湖の主の力でノヴゴロド一の豪商に成り上がる．が，ある時彼はノヴゴロド中の商品を買い占めるという賭けをして敗れる．世界中から物品が集まるこの町は到底買いつくせないのだ．このブィリーナの真の英雄は，水上交通で欧州ともアジアともつながってい

た豊かなノヴゴロドそのものかもしれない.

　情報伝達手段がもっぱら口コミだった時代, 歌物語には戦争や事件の話題を広める役割もあった. だがそれらの事件の詳細はブィリーナの定型表現と世界観の型に溶けてしまい, 地名や人名にその名残が見られる程度である. 一方, 16世紀以降の事件の幾つかは現実味を残して語り伝えられ「歴史歌謡」と呼ばれた. ここには竜や怪物や魔法は出てこない. イワン雷帝のカザン攻略, プガチョフの逸話, 動乱時代の英雄の謎の死……といった内容が節に乗せて語られる.

　これらの歌物語はかつてグースリなどの伴奏で歌われていたが, 19世紀の採録時にはすでに無伴奏だった. 北ロシアでは一人で語るが, 南部では歌謡に近付き, コサックによる合唱も見られる.

❀ バラード・霊歌・道化歌　ロシア・フォークロア中の「バラード」とは特に悲劇を歌う物語である. 人間関係のこじれから殺人や自殺に至る話が多く, 恋人を毒殺する話や子殺しが思わぬかたちで露見する話などがある. 死と引き換えに倫理的に勝利するという構図もよく見られ, 例えば兄との結婚を迫られた妹が家を逃げ出し, みずから野獣に殺されてインセストを回避する. このようにバラードには恋愛と生死にまつわる話が多いが, 類似のエピソードはブィリーナや歴史歌謡にも見られ, これらジャンルの境界線は曖昧である.

　「霊歌」は, 旧約・新約聖書や中世文学の聖者伝, 聖書外伝など, 書かれた宗教的な話が口承文芸化したもので, その担い手はもともと巡礼たちであった. 巡礼や盲目の放浪楽師は霊歌を歌って喜捨を受けて命をつなぎ, 文字を読まない民衆は霊歌を聴いてキリスト教的世界観を学んだ. 一例をあげれば「鳩の書」ではダビデ王が世界の成り立ちを説明し「王の中の王はイエス・キリスト, すべての川の母はヨルダン, すべての山の母はシオン, 町の中の町はエルサレム」と説く. 別の霊歌では, 聖ゲオルギウスの竜退治が語られる. このギリシアの殉教者は霊歌ではロシア風に勇士エゴーリーと呼ばれ, 人食い竜にさらわれる運命だった王女を救い, 町の人々が正教に帰依することを条件に竜を退治した. 聖ゲオルギウス伝説はヨーロッパ中にあるが, ロシアで首都モスクワの紋章にまでなっている背景には, 彼の武勲が歌物語で広く知られた経緯がある.

　歌物語は堅いばかりではない. 中世ロシアで活躍した芸人達「スコモローヒ」はグースリを弾き, 踊り, 人形劇を見せ, 滑稽な歌や風刺のきいた語りを聞かせた. その職業は政権と教会による度重なる弾圧で消滅したが, 民衆の間で語りは生き続け, 「スコモローシナ（道化歌）」と呼ばれる滑稽なジャンルを形成した. そこでは屈強な勇士がパンケーキでボコボコに殴られ, 藁で打たれて脚を折る. 主婦の不倫現場でドタバタが繰り広げられ, 海が燃え, ブタが木の枝に巣をつくり, 馬や熊が空を飛ぶ. 芸人のとぼけた語りを想像するのもまた楽しいジャンルである.

［熊野谷葉子］

昔　話

　ロシア昔話の豊かな世界は，19世紀半ば，「ロシアのグリム」とも称されるアレクサンドル・アファナーシエフの『ロシア民話集』によって初めて学術的な記録としてまとめられた．もっとも『ロシア民話集』はグリムの昔話集の約3倍の容量があり，グリムと違って原話に忠実で類話も載せている．昔話集の出版は18世紀半ばから始まったが，その中身の多くは西欧の騎士物語の翻訳物や，同様のスタイルに改作された昔話であった．19世紀初頭にはロシア文化，民衆への注目が高まり，昔話の真の価値を理解したアレクサンドル・プーシキンはみずから話を聞き取り作品に昇華した（『サルタン王物語』他）．本物の昔話集を求める声が高まる中，1845年設立のロシア地理学協会がフォークロア資料の組織的収集を始め，全国から多くの資料が文書館に寄せられた．アファナーシエフはその資料や，ウラジーミル・ダーリをはじめとする友人たちの収集資料などを使って昔話集の出版にこぎつけたのだった．なかには地主や聖職者を風刺する反権力的でエロティックな話もあったが検閲で掲載できず，後にジュネーヴで『ロシア秘話集』として匿名出版された．

✳昔話のジャンル　神話や伝説，妖怪譚など他の散文フォークロアと異なる昔話の特徴は，虚構に基づき，娯楽のために語られることである．通常，動物昔話，魔法昔話，世態昔話の三つのジャンルに大別される．

　動物昔話は世界中で140の話型が知られており，ロシアに存在する119話型のうちかなりの部分がロシア特有である．ただ昔話全体から見れば，動物昔話はその話型の10%を占めるにすぎず記録も少ない．子ども向けのレパートリーの多くは動物昔話だが，ロシアでは長らく大人が昔話の語りの中心にいたのである．ロシアの動物昔話の主役は基本的に森の動物で，家畜は脇役，プロットの中心になっているのは多様なだましである．構成の要は動物たちの出会いと表現豊かに演じられる会話や歌で，モチーフの結合は比較的自由だが，「狐が荷車の魚を盗む」と「氷穴の狼（尻尾の釣り）」のように定番の話結合もある．同じ行為が反復，増幅していく特殊な構成を持つ累積昔話も，動物昔話の一つとされることが多い（「ハエのお屋敷」など）．『東スラヴ話型索引』（後述）の魔法昔話の話型は225を数える．最もポピュラーで数百の類話を持つ昔話を索引の話型番号とともにあげれば，「300_1竜退治」「301A,B 地下の三王国」「302_1卵の中のコシチェイの死」「313A,B,C 呪的逃走（海帝と賢いワシリーサ）」「480 継母と継娘」「530 シフカ・ブールカ（イワンの馬鹿）」「560 魔法の指輪」「707 不思議な子どもたち（サルタン王）」などがある．ロシア魔法昔話の登場人物は，三（六，九）頭の竜（ズメ

イ），蛙の王女，天翔る翼を持ち火を噴く駿馬シフカ・ブールカ，森の中の鶏の足の上の小屋に住むヤガー婆さん（バーバ・ヤガー）など多彩である．定型的な言い回しも魔法昔話に特有で，語り始めや語り納めにおかれ，また話の随所に挟まれて心地良いリズムと鮮明なイメージをつくり出す．

しかし魔法（超自然的要素）は時に他のジャンルにも見られる．魔法昔話が何よりも一定の構造によって規定されることを明らかにしたのがプロップ（後述）である．「ヤガー婆さんが家事をこなした娘に褒美をやる」「モロースコ（冬の精）が寒さに耐えた娘をたすけ褒美をやる」と人物・行為は異なっても，筋の展開上その行為が持つ意味はどれも同じ「試練」「褒賞」である．プロップはこれを「機能」と名付け，魔法昔話は順次継起する31の機能で構成されるとした．

世態昔話の舞台は魔法昔話のような遠くの異界ではなく民衆の日常生活だが，そこで起こるのはあり得ないことばかりである．主人公は知恵や機転，狡猾さ，幸運によって窮地を脱し，敵をこらしめる．世態昔話は人気のあるジャンルで昔話全体の過半を占め，それはさらに小話的昔話とノヴェラ的昔話に二分される．前者では貧しい農民や下男，泥棒名人，哀れな夫などの主人公が，金持ちの旦那や坊主，悪妻の裏をかき嘲笑う．後者のテーマは個人の運命，心理的葛藤で，主人公は引き離された恋人たち，中傷を受けた娘，妻の結婚式に忍ぶ夫などである．

✹研究史　ロシアでは19世紀半ばから昔話に対する学術的関心が高まった．昔話が印欧神話にさかのぼると考える神話学派のロシアにおける代表者は，フョードル・ブスラーエフとアファナーシエフである．後者は『スラヴ人の詩的自然観』において膨大な資料を引用し，昔話のあらゆる形象の本来の意味を天空の事象（雷雨，太陽など）に求めた．1850〜70年代には，東西の話の筋やモチーフの一致に注目する伝播論が主流となり，アレクサンドル・プィピン，アレクサンドル・ヴェセロフスキーが研究を深化させた．西欧では比較研究の中から，話型の特定を追求する歴史地理学派が誕生し，アンティ・アアルネによって昔話のタイプ・インデックスが作成された．ロシアでも，1929年にニコライ・アンドレーエフによる索引，1979年に『東スラヴ話型索引』が作成された．ソ連時代初期に萌芽した共時的・形式学的研究は，非マルクス主義的研究が否定される中でも構造類型論へと発展，歴史類型論的研究へとつながった．構造主義の先駆者とされるウラジーミル・プロップは『昔話の形態学』で魔法昔話の構造を解明し，『魔法昔話の起源』でその法則性に基づいた歴史的研究に取り組み，両者は互いに補い合うものだとしている．ヴェセロフスキーの歴史詩学を継承するエリアザール・メレチンスキーは，前者を踏まえた構造分析と意味論分析へと進んだ．1990年代にはユーリー・ベリョースキンが膨大な世界神話・フォークロアモチーフのデータベースを開設し，昔話的モチーフと神話的モチーフの世界分布の違いを統計的に明らかにするなど，比較研究の新しい地平を開いている．　　　　　［直野洋子］

ことわざ

　ロシアには多数のそして多彩なことわざがあり，ロシア人が古くから持ち続けてきた習慣や物の見かたを知る上で重要な手掛かりとなっている．本質的にあまり長くないものだが，その中でもなるべく短いものを中心に幾つか紹介してみよう．なお，ロシアのことわざの魅力のなかで非常に大きな役割を果たしているのが「音」である．音の似た語彙を並べるだけでなく，動詞変化形の人称語尾や，名詞の格語尾などが持つ音の共通性を駆使して，単純なものから時に複雑なものまで，さまざまな形の語呂合わせが行われており，ロシア語の音だけでなく，文法構造の美しさにも目を開かせてくれる．本項では便宜的にカタカナで示しているが，ぜひとも実際の音声で聞いていただきたいものである．

※ щи（キャベツスープ）と каша（粥）　Щи да каша - пища наша.（シチーとカーシャが我らの食べ物）ということわざは，母音を2種類しか使わず（и と a のみ），「カーシャ」と「ナーシャ」を合わせていることに加えて，щ と ш という二つの特徴的な子音を交互に入れるなど，技巧が尽くされている観がある．「シチー」や「カーシャ」がロシア民族にとっていかに重要な食べ物であるかを語っている．С ним каши не сваришь.（彼とカーシャを一緒に煮るのはご免だ）という言い回しが，「大切なことを一緒にできない奴だ，信頼できない相手だ」という意味になることも納得できる．このほかに大切な食べ物としてよく登場するのは，パン，塩，ピローグ，ブリン，キノコなどである．Первый блин всегда комом.（最初のブリンはかたまりになってしまう）の「ブリン」は，イースト発酵させた生地をクレープのように焼く伝統料理で，高度な技術は必要としないが，最初は確かに失敗しやすい．もちろんブリンに限らず，最初の失敗はよくあることだ，という思いやりの言葉としてしばしば使われる．また，Без соли не вкусно, а без хлеба не сытно.（塩なしではまずい，パンなしではひもじい）ということわざから，パンだけ，あるいは塩だけの食卓を想像すると切なくなるが，Ешь пирог с грибами, а держи язык за зубами.（キノコ入りのピローグを食べても，舌は歯の奥に入れておけ）という美味しそうなことわざは，「口は災いのもと」という意味であっても微笑ましい．とはいえ，ロシア人にとっては，ごちそうを食べることがすなわち幸せ，とは限らないようだ．Лучше хлеб с водой, чем пирог с бедой.（パンと水の方が，ピローグと不幸よりましだ）ということわざでは，水（ヴァダー）と不幸（ビェダー）が，格変化しても音の共通性（ヴァドイ-ビェドイ）を保つことが，独特の説得力を生み出している．

※狼と熊　ことわざには動物が引合いに出されることも多い．野生動物では，特

によく登場するのは狼と熊である. **С волками жить – по-волчьи выть.**（狼と暮らすなら狼のように吠えよ）が「郷に入っては郷に従え」の意味で用いられることはたやすく理解できるが, なかなか難しい要求である. 一方, **Как волка ни корми, он всё в лес глядит.**（狼に

シチー ダ カーシャ ピーシャ ナーシャ
Щи́ да | ка́ша – | пи́ща | на́ша.

アト ヴォールカ ウショール ナ メドヴェーヂャ ナパール
От во́лка | ушёл – на | медве́дя | напа́л.

図1 ことわざの押韻は, 詩作品のように整っていなくとも, 一定のリズムをつくっていることが多い

どれほど食べ物を与えても, ずっと森の方を見ている）は, 「人間の性質というのは変わらないものだ」という意味で用いられ, 日本の「三つ子の魂百まで」に相当するのだが, 狼という強力な野獣の近くで生きざるを得なかった人々の苦労が反映されている. さらに, **От волка ушёл – на медведя напал.**（狼から逃げたら熊に出くわした）は, 「一難去ってまた一難」というよりも, 「万事休す」と言いたくなるような情景である. 「仕事は後回しにすればよい」という, 場面によっては叱られそうなことわざは, **Де́ло не волк, в лес не уйдёт.**（仕事は狼ではない, 森に逃げたりしない）とも, **Де́ло не медведь, в лес не уйдёт.**（仕事は熊ではない, 森に逃げたりしない）ともいわれ, 狼と熊がどちらも「森」を代表する生き物であったこと, そして時には同じようなものとして扱われ, 混同されることもあったことがうかがわれる.

❀**逃げられない** 狼や熊からは何とか逃げるしかないが, どうしても逃げ切れないものもある. 「死」や「運命」はその代表格で, **От судьбы не уйдёшь.**（運命からは逃げられない）, **От смерти не уйдёшь.**（死からは逃げられない）という言葉には頷くしかないが, この形を使ったことわざが20以上にも及ぶことは驚きである. 「神からは逃げられない」「神の怒りと慈悲からは逃げられない」「坊さんからは逃げられない」（死んだら葬儀を行ってもらわなければならないので, ということらしい）, 「罪からは逃げられない」「悪妻からは逃げられない」などは, いずれも「死」や「運命」の部分が他の語に入れ替わるだけである. このほか, **Тихо пойдёшь – от беды не уйдёшь.**（静かに歩いても, 災いからは逃げられない）, **Змею обойдёшь, а от клеветы не уйдёшь.**（ヘビは避けられても, 中傷からは逃げられない）, **Голод не сосед: от него не уйдёшь.**（飢えはお隣さんではない, 飢えからは逃げられない）のように, 音の反復や比喩を加えたバリエーションもあるが, こんなにも逃げたいものがあったのか, そして逃げられなかったのか, と気の毒になってしまう. そんなロシア人にとっての「ことわざ」は, 有益な教えの源であると同時に, 運命のような重さを持ち, 時には逃げたくなることもある, そんな存在だったようだ. しかし非情にも, ことわざからも逃げられない**От пословицы не уйдёшь.**のであった.

[水上則子]

アネクドート（小咄）

　アネクドートは，一般的には，ごく内輪の仲間の間で語られる，鋭い機知，痛烈な批判，皮肉，自虐，時に残酷なブラックユーモアに満ちた一口話として知られる．そのテーマは，日常生活から，政治，戦争，テロ，セックス，民族性，酒，スポーツに至るまで多岐にわたる．ソ連時代には，特に指導者や政治体制を標的にした「政治アネクドート」が量産された．ポストソ連時代には西側製品や「新ロシア人」，マフィアにまつわるアネクドートが，今日ではインターネットやスマホ，ビットコインにまつわるアネクドートも登場している．要するに，「アネクドートは世につれ……」ということで，ソ連そしてロシア社会の動き，人々の関心と欲望を屈折したかたちで映し出してきたといえる．

　アネクドートの担い手は主に都市部のインテリ層に属す男性とされる．この点は，農村部の女性によって歌われることが多いチャストゥーシカとは対照的である．ソ連時代には，特に「休憩・喫煙スペース」「台所」「別荘」「釣り」といった男同士の親密な空間において語られることが多かった．

❋**形式とキャラクター**　テーマの多彩さに比べると，アネクドートの形式のバリエーションは乏しい．①叙述型，②対話型，③問答型（この型は「アルメニア・ラジオ」「ラジオ・エレバン」とも呼ばれる）に大体分けられる．

　アネクドートにおなじみのキャラクターとしては，ソ連・ロシアの歴代指導者（フルシチョフ，ブレジネフものが多い），歴史的

図1　アネクドートの人気キャラクター第1位歴代の政治指導者［『ロシア・レポーター』2008］

人物（チャパーエフ，プーシキンなど），アニメや小説などのキャラクター（チェブラーシカ，イワンの馬鹿など），特定の民族（ユダヤ人，チュクチ人など），一定の人間関係にあるものたち（夫婦，親子，妻の母など），あるいはアネクドート固有のキャラクター（ヴォーヴォチカ）などがあげられる．これらの登場人物たちの突き抜けた愚者ぶり，悪びれぬ悪漢ぶり，情けない自虐ぶりがさまざまな笑いを誘うのである．

❋**歴史と研究**　「アネクドート」という語がヨーロッパ経由でロシア語に入ったのは18世紀のことであった．当初は「実際に起こった新奇な出来事についての話」ほどの意味だった．19世紀に入ると「愉快な出来事についての短い話」として認識されるようになり，その後，歴史性・事実性が薄れ，今日のようなかたち

になった.

　帝政時代から政治風刺の一手段として認識されてきたアネクドートだが，ソ連時代の政治アネクドートにはその傾向が特に強い．スターリン時代には政治アネクドートを語った者は10年以下の禁固刑に処された．その後量刑は軽減されたものの，1970年代から80年代初めにかけても，政治アネクドートを語ると3年以下の自由剥奪刑を受ける可能性があった．ようやく80年代後半のグラスノスチ（情報公開）政策によって言論統制が緩和され，どんなアネクドートでも公然と語ることが可能になった.

　ペレストロイカ以降の言論の自由化に伴いアネクドートの活字化が一気に進んだ．1991年のソ連崩壊以降，新聞などの出版物上で発表されるようになり，駅や路上の小さな売店で気軽にアネクドート集を買い求めることが可能になった．その後のインターネットの普及に伴い，アネクドート専門のホームページが多数登場し，最新のアネクドートを手軽に楽しみ，また自作のアネクドートを投稿できるようになった．こうして，アネクドートは「語る」ものから「読む」ものへと変わっていった.

　アネクドートの本格的な解禁により，それまでただの笑い話として学術研究には値しないとされてきたアネクドートを対象とする研究も見られるようになった．その内容を見ると，形式的・内容的変遷をたどる歴史的研究，収集と分類の試み，他のフォークロア・ジャンル（神話，昔話など）との比較研究，ソ連時代の意識を映す貴重な素材としての文化史的意義に注目する研究，文学との相関関係に焦点を当てた研究，さらには「語り」から印刷物，そしてインターネットといったメディアの変化に着目した研究などが見られる.

❊ソ連時代とこれから　時代とともに内容的にもメディア的にもダイナミックな変化を遂げたアネクドートだが，その黄金期といえば，やはりソ連時代であることは衆目の一致するところである．特にソ連後期の1960年代半ばから80年代末には空前のアネクドート・ブームが起こった．この時代，比較的くだけた集まりでは，アネクドート（どんな内容のものであれ）を順番に，とにかく語り続けるという光景が至る所で見られたという．この際重視されたのは，アネクドートの内容ではなく，いかに多くのアネクドートを語り続けるかということであった．こうしたアネクドートの共有によって，人々は同時代を生きる連帯感を分かち合っていたようだ.

　ペレストロイカの後期になるとこうした光景は消え，ポストソ連時代には新作アネクドートの数は急激に減少した．そして現在，上述のようにアネクドートは主に目で「読む」ものとなった．こうした変質をアネクドートの「衰退」と否定的にとらえる研究者は多い．しかし，18世紀から今日までしぶとく生きのびてきたアネクドートというジャンルの生命力を侮ってはならないだろう．　　　　[塚崎今日子]

チャストゥーシカ (小唄)

❋形式と演奏　チャストゥーシカはロシア民謡の1ジャンルで，4行16拍程度と短く，それを次々に歌いつなぐのが普通である．19世紀後半から20世紀末までロシア各地で流行し，歌い方も内容も多様化した．最も一般的な演奏法はガルモニ（ガルモシカ）と呼ばれるボタン式アコーディオンやバラライカの伴奏で歌うもので，しばしばそれに合わせて床を踏み鳴らして踊る．例えば，

Гармонист у нас хороший,	わたしたちのガルモニストは
Гармонист – мастеровой:	いい男だし，いい弾き手
Заиграет – закачается,	弾き始めると揺れ出すよ
Как ива над водой.	水の上の柳のように

（『ロシアフォークロア叢書 チャストゥーシカ』モスクワ，1990，No. 1768）

　チャストゥーシカには音節数や韻律の厳格な決まりはないが，伴奏にうまく乗せるため強拍にアクセントが来るように語を配し，幾つかの行末で脚韻を踏む．一つの歌が終わったら他の誰かがすぐに次の歌を繰り出す．歌い手たちは頭の中の歌のストックを探し，あるいは即興で新たな歌を組み立てており，良い歌い手ほど前の歌に答える歌や関連する歌を即座に披露する．

❋起源と名称　チャストゥーシカらしき歌は1860年代頃から見られたが名称自体は1889年の雑誌記事で作家グレープ・ウスペンスキーが紹介して以来広まった．語根の「チャーストゥイ」は「急速な・密な」という意味なので「速い小さな歌」となる．民族音楽学者エヴゲーニー・ギッピウスによれば，この新ジャンルの誕生に決定的な影響を与えたのは1850年代以降国内各地で生産され始めたガルモニだった．ガルモニはボタンを押しながら蛇腹を押し引きすることで主和音・属和音・下属和音が鳴らせ，しかもそれを延々と繰り返せる．従来の民衆歌謡にとっては異質な，この規則的な和音の交替が，都会の歌やダンスの流入と相まって19世紀後半の農村の音楽シーンを一変させたという．農村では従来から速い踊り歌は歌われていたが，それが都会の音楽とガルモニに出会って生まれ変わり，最初期のチャストゥーシカになったと考えられているのである．

❋チャストゥーシカへの関心　急速にロシア中に広まったチャストゥーシカは多くの知識人の関心を集めた．歌詞が記録され，各地からの報告が雑誌に掲載された．1909年に思想家パーヴェル・フロレンスキーがみずからの採録を含む900余の歌を『コストロマー県ネレフタ郡のチャストゥーシカ集』として出版したほか，20世紀前半には大部のチャストゥーシカ集が幾つも出版された．ただし自主規制と検閲があったため，隠語や卑猥語，風刺や艶笑を含む歌が活字になるのは

ペレストロイカ以降のことである.

　創作にチャストゥーシカを利用した詩人も多い. セルゲイ・エセーニンは本当に村で歌われそうな自然なチャストゥーシカ詩を創作し, ウラジーミル・マヤコフスキーはチャストゥーシカ風のプロパガンダ詩を「ロスタの窓」などで発表した. しかし, 知識人のチャストゥーシカへの反応は概して冷たかった. 単純な形式と雑多な内容, 時に野卑な言葉, そしてその流行ぶりは嫌悪の対象となった. バス歌手のフョードル・シャリャーピンは「この嫌な, 耐え難い, 個性のない, 俗悪なチャストゥーシカ」「あんなものは歌ではなくておしゃべり」と罵り, このジャンルに押されて勢力の衰えた美しい農村の民謡を懐かしんでいる.

❀短詩型歌謡チャストゥーシカの盛衰　チャストゥーシカは, 成長とともに多様な変種を生んだ. 特に「苦しむ（ストラダーチ）」を語根に持つ「ストラダーニエ」と呼ばれる2行詩は独特で, ゆっくり引き延ばして歌われ, 踊りを伴わず, 楽器の伴奏もないことが多い. つまり短詩型歌謡である以外には, チャストゥーシカとの共通性はなく, まったく別のジャンルとされることも多い.

　　　У любви нету краю:　　　　恋には果てが　ないのです
　　　Я влюбилась - пропадаю.　恋した私は　消えるのです
　　（『ロシアフォークロア叢書 チャストゥーシカ』モスクワ, 1990, No. 2047）

　ストラダーニエに類する哀愁をおびた短詩型歌謡は全国で女性たちによって歌い交わされ, その中には古い儀礼歌や抒情歌の断片に似たもの, それらの機能を引き継いだものもあった. 一方, 男たちは冗談めいた歌を好み, 「うちでは俺を尊敬してる／母さんは俺を大事にしてる／俺が遊んで帰ったら／薪を持って待ちかまえてる」のようにみずからを笑う歌, 祭日などに他の村へ練り歩いていく道中で歌う歌, その村の住人を挑発して殴り合いを始める歌などが歌われた. 徴兵されて村を離れる若者は「青い矢車草／9月にはしおれる／僕は軍隊へ行く／お嬢さんたち思い出して!」などと自分の気持ちを歌い, 見送る家族や恋人は「彼が取られた, 兄さんも取られた／どっちを思って悲しもう／彼を思って泣きましょう／兄には手紙を書きましょう」などと, やはり歌で新兵を見送った. 「チャストゥーシカ」という語は, こうした多様な短詩型歌謡の総称でもある. 人々は糸紡ぎや手仕事をしながら, 森林や牧草地の仕事の合間に, 宴会や婚礼で, 台所や兵舎の片隅で, 職場や学校の行事で, ひっきりなしにチャストゥーシカを歌った.

　第2次世界大戦後, 農村からは若者が段階的に流出し, チャストゥーシカはその担い手と演奏の場を失って衰退した. 多くの都市生活者にとってチャストゥーシカは自分とは直接関係のない田舎の戯れ歌となり, 下ネタや政治ネタを歌う滑稽詩となった. ラジオやテレビの番組, 各地の行事ではチャストゥーシカが歌われることはあるが, 150年間にわたって歌い継がれたこの無数の小さな歌の記録が, もはや貴重な資料となっていることも事実である.　　　　　　　［熊野谷葉子］

バラライカ

　三角形の胴に3本の弦を張った有棹撥弦楽器バラライカは，ロシアの代表的な国民的楽器とされる．演奏文化は，①民俗文化と，②19世紀末に①が近代化されたコンサート文化に大分される．コンサート文化は国外公演で知られているもので，演奏形態には，撥弦楽器ドムラとグースリ，バヤン（ボタン式アコーディオン）他を加えたロシア民族楽器オーケストラやアンサンブルといった合奏と，ピアノや民族楽器オーケストラ伴奏による独奏がある．

　農民の日常的娯楽の歌と踊りの伴奏楽器だったバラライカは，19世紀末に貴族の音楽愛好家のワシーリー・アンドレーエフ（1861～1918）により，ヨーロッパの管弦楽の規範に従った近代化を経た．

図1　イーゴリ・セーニン
[写真は奏者提供]

楽器の材質はヴァイオリン並みに改良，十二平均律に従ってフレットが打たれ，調弦は一つ（ユニゾン＋完全4度）に固定化，レパートリーは民謡，流行歌，クラシックにまで拡大，ドムラなどを加えたオーケストラも登場し，合奏用楽器として流行した．1920～30年代にはボリス・トロヤノフスキー（1883～1951）が独奏楽器としての奏法を編み出し，ピアノ伴奏による演奏を定着させた．1948年にグネーシン記念音楽教育大学に専攻課程ができて以降，学校教育制度の中で発展，ジャズやバラライカのための作曲作品も演奏されている．コンサート・バラライカは左右5本の指を用いて縦横無尽に弾かれる．

　ソ連はアマチュア芸能活動と称する政策において学校や工場のクラブ活動を推奨し，アマチュアのオーケストラ全般（民族楽器含む）の創設をうながした．ソ連崩壊後は国からの資金が絶たれ，この制度によるソ連型アマチュアは事実上消滅，音楽関係者の団体は公立化してプロ化した．五カ年計画では政策用に工場でバラライカを含む楽器全般の大量生産が行われたが，その楽器が農村部に流通し，国の庇護を受けることのなかった民俗文化の保持にも間接的に寄与した．

　一方の民俗文化の中のバラライカは，革命前から現在も存続し続けている．調弦は長三和音，ユニゾン＋完全4度など複数あり，農民の伝統的な歌と踊りやチャストゥーシカの伴奏に用いられる．主に3本の弦全部を一度に打ち，指の腹や爪や義甲を用いて弾く．これまで民俗バラライカの文化は国の政策においても，民俗合唱団や民俗音楽研究者による農村への声楽中心のフィールドワークでも対象外であり，民俗アンサンブルが実現する調査資料の舞台化も，バラライカの研究者も少なかった．しかし近年は，インターネットの普及とともに若い世代の愛好者が活躍するようになり，自前の調査の模様や曲のレッスンをウェブ上に掲載したり，楽器も自営で製作販売を行うようになった．資本主義下での新しいかたちによる伝統の活性化が起きているといえよう．　　　[柚木かおり]

5. 生活

　ロシアで友人宅に初めて呼ばれて行くと，もてなしの場である居間だけでなく子供部屋や寝室など家中を案内してくれることが多い．人を自宅に呼んで暮らしぶりを見せることは，関係が一段階深まったことの証拠である．雑談時には，家族間の問題，給料や年金の額といった，日本人だとちょっとためらうようなプライベートな話題も出る．互いの暮らしぶりへの関心が高い分，相互扶助の意識は強く不公平への不満は大きい．私たち外国人も，自国の生活水準や制度について話すよう求められたり，逆にロシアの暮らしをどう思うか問われたりする．そんな時，互いの制度や考え方の違いを知っていればわかりやすい説明ができるだけでなく，思わぬ誤解を避けることにもなるだろう．

　本章はロシアの暮らしや考え方を特に深く知る執筆陣によって構成されている．フョードル・チュッチェフが言うように「ロシアは頭ではわからない」のならば，私たちはロシアの物差しについて少しでも知りたいと思うからである．

[熊野谷葉子]

憲法とロシア人の法意識

　現行ロシア連邦憲法は，1993年12月12日に国民投票で採択された．権力分立，人権保障などの近代立憲主義の遺産の上に，憲法裁判所を有するなど現代型の立憲主義モデルに位置する（以下，93年憲法）．

　憲法が国民投票で採択されたのはロシア史上初めてであり，国民の総意といえなくもないが，93年憲法体制は，当時のボリス・エリツィン大統領の「クーデタ」の産物でもあった．ペレストロイカ時代に選出されたロシア議会とエリツィン大統領との対立が，改革路線などをめぐって先鋭化し，ロシアで生まれかけた権力分立は，双方が自己の正統性を主張する「二重権力」と化していた．その打開のために，エリツィン大統領は，議会の超法規的解散を大統領令で命じ，反対派の立てこもる議会庁舎を戦車で砲撃して議会の息の根を止めた（93年の十月政変）．そして，同年末に強大な大統領権限を反映させた憲法草案の採択に持ち込んだ．超法規的な命令と力で解決を図るというのは，ロシア伝統のいわゆる「法ニヒリズム」（法に対する否定的な構え）の再来ともいえる．20世紀だけをとってみても，ロシアでは，帝政晩期にピョートル・ストルイピン首相が，当時の国会（ドゥーマ）の社会民主系議員の大量逮捕と国会閉幕中の選挙法改定という実質的なクーデタを断行し，1918年にはレーニン首班の臨時労農政府が，ソヴィエト権力を否認した憲法制定会議を強行解散している．議会と政府との対立や「二重権力」の問題は，法的回路や合意を通じた解決ではなく実力によって解決されてきた．そして，93年にはエリツィン大統領が，そうした歴史に新たな一頁を追加したのであった．

❋ 1993年憲法下での議会と大統領　議会と大統領との抗争の傷跡は，1993年憲法体制下では，連邦議会下院（90年代にはロシア共産党の会派が強かった）とエリツィン大統領との対立というかたちで再燃した．議会と大統領が対立することは，世界中を見回しても珍しくないが，ロシア共産党はソ連解体の無効性やかつての人民代議員大会の復活を主張しており，新議会でも早速「改憲」を主張するなど，新憲法体制の正統性は広く受け入れられていなかった．96年6月の大統領選挙では，エリツィンが決選投票で再選されたものの，当初の世論調査ではゲンナジー・ジュガーノフ共産党委員長優位のもとで，再びエリツィン陣営からのクーデタの可能性がささやかれていた．また選挙結果についても疑問を呈する声も後を絶たなかった（政治やメディア界の若干の有力者が第1回投票で勝利したのはエリツィンではなくジュガーノフだったと後に発言している）．ただ当時，多くの国民が，動乱の再来を恐れていて，93年憲法体制は，その後も辛うじて維

持され続けた．90年代のロシア庶民の生活は，どん底であり，立憲主義だとか法の支配といった問題は，当時のロシアでは，あまりにも高級すぎる問題であった．「憲法とは食後のデザート」と当時ロシアでいわれたように，まず衣食住が満たされなければ憲法云々について議論しようがなかったのである．

　エリツィン大統領2期目も，金融危機に見舞われ，混乱から脱却できなかったが，クーデタや内乱に陥らずに結果的に同一憲法体制が維持されたのは，やはりエリツィンからウラジーミル・プーチンへの権力継承のシナリオが見事だったからであろう．99年に首相として抜擢された無名のプーチンが，テロ事件などで強硬発言を繰り返して人気を博していくなか，エリツィンは同年末に残り任期半年を残して大統領を突如辞職し，プーチン首相を（憲法に従って）大統領代行に横滑りさせ，（これも憲法に従って3カ月以内に）大統領選挙を実施して，プーチンを当選させた．同一憲法体制下で国家元首が選挙で交替したのは，ロシア史上初めてである．とはいえ，政権交代ならぬ「後継指名」による国家元首交替劇は，後のプーチンとメドヴェージェフ間の権力のたらい回しで，ますます顕著になる．

❋「プーチン憲法」？　プーチン体制のもとでは，下院で共産党が退潮し雑多な中道勢力「統一ロシア」が与党となって，プーチン翼賛体制が形成されていく．ただし，2003年の下院選挙で「統一ロシア」の議席が（憲法改正可能な）3分の2を越したときも，憲法改正や新憲法制定などは予定されていなかった．みずからは，憲法の大統領連続三選禁止規定に従って，2008年には，いったん大統領を退いており，その点では，辛うじて「立憲主義」に踏みとどまっていたが，プーチンのさまざまな施策を見てくると，93年憲法が想定している以上に国を集権化し，「テロとの闘い」や「過激活動」封じ込めのため市民社会統制色の強い立法を次々と可決させるなど，隠れた「プーチン憲法」体制を実現してきたといえる．

　そうしたなかで憲法裁判所は，立憲主義や人権の砦として一応は健闘を見せてきた（数百件の違憲判断をも出してきた）．ロシアの人権状況は決してかんばしくないが，国民は憲法裁判所に提訴できるし，最終的に欧州人権裁判所に出訴できる．国民の権利意識は決して低くはない．

　最後にロシアの改憲動向に触れておくと，メドヴェージェフ大統領時代に下院議員と大統領の任期延長の改憲があり，12年に大統領に再登板して18年に再選したプーチンは，24年まで大統領でいる可能性がある．12年の改憲では，経済紛争を管轄する仲裁裁判所のうち「最高仲裁裁判所」が一般の最高裁判所に吸収され，また検察首脳人事の大統領任命権限が強化された．また，上院議員のなかに「大統領任命枠」がつくられ（自由民主党のウラジーミル・ジリノフスキーの発議），帝政晩期の国会上院の皇帝任命「勅撰議員」を彷彿とさせる．14年の改憲では，「クリミア共和国」と「セヴァストーポリ特別市」のロシア連邦「加入」が承認された．

[渋谷謙次郎]

世論調査にみるロシア人の価値観

　ロシアで本格的な世論調査が継続的に実施されるのは，1987年に「全連邦世論研究センター」（ВЦИОМ）が創設されて以降になる．ソ連の政治体制のもとでは，政治過程に影響を及ぼす独立した社会制度としての「世論」は存在し得なかった．ただし，権力が大衆の意識動向に無関心であったわけではなく，新聞への投書，党・政府の指導者への手紙，党地方機関からの報告，治安機関や赤軍政治部による民情調査の報告などを通じて状況を把握し，これが政治過程に一定の影響を及ぼすこともあった．1960年代には『コムソモーリスカヤ・プラウダ』紙やソ連科学アカデミー社会学研究所などが世論調査を試みたが，1970年代に党の圧力により停止させられた．上記機関の設立と世論調査の開始は，「グラスノスチ」「民主化」のスローガンをかかげたミハイル・ゴルバチョフ政権による改革の過程で実現したものである．上記機関は海外の学術・調査機関とも連携しつつ調査・研究体制を確立し，ソ連崩壊後は「全ロシア世論研究センター」と改称して活動を継続した．1992年に「世論」財団，2003年には「レヴァダセンター」が設立され，現在は世論調査機関がさまざまに調査を行っている．

❋世論調査と政治　世論調査の発展の契機は1995年の下院選挙と96年の大統領選挙であった．いずれにおいても，直前の世論調査結果と得票予測が，主要な政党・候補者の実際の得票率とほぼ合致したことが注目された．連邦議会選挙，大統領選挙，統一地方選挙などの主要な選挙の際には，事前の世論調査と投票所での出口調査が実施されており，有権者の投票行動を分析するデータを提供している．

　主要な世論調査機関では，層化・多段抽出法により2,000人前後を対象に調査を行っており，調査は統計学的には適正に行われている．一般に，世論調査と調査結果は政権党や各種政治勢力との緊張関係を生み，世論調査機関が外部からの批判・圧力を受けることが多いが，ロシアでも同様である．下院選挙直前の2016年9月5日，連邦法務省により「レヴァダセンター」は12年に修正された「非営利団体法」の適用を受け，「外国のエージェント」のリストに加えられた．これはその数日前に，与党「統一ロシア」の支持率急落を報じたことによる政権側の圧力という見かたがある．

❋体制転換と社会意識の変化　ソ連崩壊とそれに続く四半世紀あまりの政治・経済の変動は，ロシアの社会意識にも大きな影響を及ぼした．変化が顕著なのは宗教意識である．「信仰を持たない」と回答したのは1989年には7割を超えていたが，10年後の99年には4割以下に，2017年には1割未満に減った．一方，みずからの信仰を「正教」と回答したのは1989年には2割未満だったが，99年には4割

を，2017年には8割を超えた．ただし，宗教行事への参加の頻度をみると，03年の調査では「1年に1回未満」が18%，「まったく行かない」が46%であった．減少傾向にはあるが17年でも「1年に1回未満」が16%，「まったく行かない」が33%である．

政治意識において体制転換の前後で変化が著しいのは，国家と市民との関係についての認識である．1989年の調査では，「われわれの国家は現在，われわれが犠牲を伴っても助けなければならない状態にある」と回答したのが37%であったが，10年後の99年には17%まで減少した．一方，「国家が与えるものはわずかなので，われわれは国家にいかなる責任も負わない」を選択したのは，89年の8%から99年の38%に大幅に増加した．別の調査で，「国家はもっと人々の面倒をみるべき」と回答したのは，ソ連末期の90年の57%から2007年には80%まで増加した．一方，「人々は自主性を発揮して自分のことは自分ですべき」と回答したのは1990年の25%から2007年の13%に減少した．国家が市民の生活を保障すべきという認識は2000年代以降常に多数を占めている．別の調査でも，1999年から2017年まで一貫して，「国家はすべての人に標準的な福祉の水準を保障すべき」という回答が50%前後，「国家は失業のような困難な状況にある人すべてに援助を保障すべき」が20～25%，「国家は年金生活者，障害者などの自助が不可能な人だけに援助を保障すべき」が14～21%，「人々は自分のことは自分でやり，国家の援助なしにみずから標準的な生活を保障すべき」が3%前後という構成になっている．

❋ロシアのアイデンティティ　ソ連時代から変化が見られない項目もある．20世紀のロシア史で最も重要な事件は何かを尋ねた調査（複数回答方式）では，1989年，99年，2017年のいずれにおいても「大祖国戦争の勝利」が首位を占め，それぞれ75%，85%，77%であった．第2次世界大戦勝利の誇りは，ロシア人のアイデンティティの不可侵の領域にある．また，「ロシア人のイメージ」についての回答にも，1989年，94年，99年の調査（複数回答方式）で顕著な違いは見られず，いずれも「もてなし好き」「率直・純朴」「忍耐強い」「人助けの心構え」を過半数の回答者が選択している．

「スラヴ派」的なメンタリティも一貫した傾向を確認できる．「ロシアはどのような歴史的道を歩むべきだと思いますか」という質問に対して，2017年の調査では21%が「現代世界に共通するヨーロッパ文明の道」を選択し，「ソ連が歩んだ道に戻る」が23%，「みずからの固有の独自の道」が48%だった．2000年以降の調査でこの構成に変化はなく，「独自の道」論が多数を占めている．さらに，「ロシア人は，「西側」の人々にはない独自の精神性を有する」という認識について，2000年の調査で47%が「明らかにそうだ」，40%が「どちらかというとそうだ」と回答しており，08年の調査でもほぼ同じ構成である．　［鈴木義一］

新聞・雑誌とテレビ

　ロシアのマスメディアは，帝政時代から今日に至るまできわめて政治的な現象である．支配層がいかにメディアを手段として社会の意識を管理し誘導するか，それに対して社会がいかに「長いものに巻かれ」ながら利用あるいは対抗するか——．支配者と被支配者のせめぎ合いと馴れ合いが，常にこの現象の根本にある．

❋帝政時代　ロシア初の本格的な新聞『ヴェドモスチ』は，ピョートル1世が改革を伝える官報として1702年に導入した．マスメディアそのものが上から官報として導入されている点が重要である．以後，上からの一元的支配は，この国のメディアの基調となり，ニコライ1世の治世には，一つのピークに達する．

　初の本格的民間新聞『北方の蜜蜂』が現れたのはこの時代である．日刊の御用新聞だったが，最大1万部という人気を誇った．その理由は，①内外のニュースを独占した唯一の民間新聞で，②センセーショナルな事件を速報し，③ユーモラスで辛辣な文学的散文「フェリエトン」を初めて載せるなど，新機軸と硬軟両面と速報性を兼ね備えていたことにある．

　上から与えられた型のなかで巧妙に隙間を埋めるというやり方は，以後，「背骨なき知性」，アレクセイ・スヴォーリンをはじめ，多くの言論人に受け継がれていき，現代にまで至る一つの元型をなしている．これと前後して，「型」と対決する者たちの系譜も現れてくる．彼らは，海外で出版し非合法に国内に持ち込むか，文芸作品などのかたちで思想をいわば隠喩的に表した．そのため，「現代人」「祖国雑記」「ロシア報知」などの文芸誌は，ロシアの文学・思想の水準を示す媒体となった．最も独創的な方法で検閲と戦ったのは，作家レフ・トルストイとソ連の建国者ウラジーミル・レーニンだろう．前者は，数か国に出版所と翻訳所を設け，自身の著作を世界的に広めた．後者は，印刷や海外からの持ち込みに，古儀式派など異端派のネットワークを利用している．

❋ソ連時代　レーニンらボリシェヴィキは旧体制を打倒すると，ロシア史上最も完璧な言論統制システムをつくったが，それは経済政策の結果でもあった．特に国家が対外貿易，外貨を完全に管理する体制を構築したことで，海外の政治・経済・思想の影響をほぼ根こそぎにできたからである．スターリン時代には，上からのメディア支配は限界に達した観がある．これと妥協しなかった者は，弾圧されるか沈黙を強いられた．検閲に触れる言説は，アネクドート（小噺），サムイズダート（地下出版）などのかたちで非公式に流布するか，海外で発行するほかなかった．近親者が原稿を保管したり，詩人アンナ・アフマートワの「レクイエム」のように，原稿を残さず知人たちに暗記させた場合さえある．

とはいえ,「背骨なき知性」は生きており, 文学・芸術の分野でさえも, 所与の体制と個々人の思想とのはざまで, 少なからぬ傑作が生み出された. 子供向けのメディアにも, 意識操作の要素は深く浸透していたが, 名作, 佳作が多い.

実はソ連時代も現在も, 基本的にロシアでは, 言論統制は必要だと考える人が大半を占める. ロシア人のメンタリティはアナーキーで自由奔放であり, その社会は, 管理, 規制なしでは崩壊する「砂社会」であるなどといわれ, そうした危惧が, みずから管理を求めさせるとみられる. その厳しい管理の中でまた, 自由の追求力が研ぎ澄まされる. ところが, ペレストロイカから連邦崩壊直後にかけては, 極端な物不足, 生活苦で不満が鬱積していたのに加え, グラスノスチ(情報公開)で海外の情報が一気に入ってきたため, 抑えられていた欲求が爆発的に吹き出した.「砂」は崩れ出し, マスメディアは空前の自由を謳歌する.

テレビでは視聴者参加の討論番組などが, 雑誌では『新世界』『ズナーミャ』などが, 新聞では『文学新聞』や『モスクワ・ニュース』がこの時期をリードした.

❋**現代ロシア** しかしプーチン時代に入ると, 一転メディアの統制が強まる. 90年代の混乱が一応終息し, 政治経済の基盤が定まったところで, メディアのフォーマットも, それに合わせて設定し直す段階に入ったということだろう. もっとも, ある程度の政権批判は, ソ連時代のようには抑制されず, 影響力の限られたマイナーな媒体に囲い込まれている. 親欧米のラジオ局「エコー・モスクワ」, テレビ局「ドーシチ」, 新聞『ノーヴァヤ・ガゼータ』などが代表格だが, 一般の人気は振るわない. これは, ソ連崩壊後の経済政策を行ってきたリベラル派自体が極端に不人気だからである.

だが近年, 世界経済の構造的危機, 原油価格暴落により, 再び国民生活はひっ迫し, やり場のない不満が高まっている. こうした状況の中,「第1チャンネル」「ロシア1」などの全国ネットは, 一方でクリミアでの"成功", 欧米の"悪"などを喧伝して問題から目を逸らし, 他方では娯楽性, 刺激性を強める傾向がある. テレビ全体の「北方の蜜蜂」化が進んでいる. ただし, 番組のなかには力

図1　テレビドラマ「悪霊」

作も少なくない. 例えば, 2014年に「ロシア1」で放映されたテレビドラマ「悪霊」である(原作はドストエフスキー, 監督はウラジーミル・ホチネンコ, 図1). 何ものも信ぜず, 退屈し切った, そして何事にも中途半端な主人公スタヴローギンのごとき人物が, 実は, 政権そのものを含め現代社会の大半を成している. 現代は, 善良な市民の顔をした「悪霊」に満ちているというのが, そのメッセージであった. 国の宣伝機関としての性格が最も強い「ロシア1」でこういう作品が放送されるのは, ロシアのメディア全体のしたたかさと底力を示している. 　　　[佐藤雄亮]

年金制度

　本項では，年金制度の根幹である老齢年金を中心に記述する．最大の問題は財源不足と受給額の低さで，これは，2002年ウラジーミル・プーチン大統領が行った包括的な年金改革でも解決されていない．そのため，退職して年金だけで暮らすようになると，一気に貧困層に転落するケースも少なくない．

❋帝政時代末期～ソ連時代　帝政ロシアでは，制度と公式統計を見る限り，1914年の時点までにほぼすべての公務員が老齢年金をもらっていた．障害年金もあり，1912年からは，民間工場の労働者にも支払われた．給料に対して年金の占める比率は，35年働けば100％，25年以上なら半分であった．ただし農民は，年金受給の対象になっていない．このように，帝政時代末期の年金制度はそれなりの水準に達していたが，どれだけ実地に行われたかは別問題である．法律はあれど守られず，数字と実態がかけ離れているのはロシアの常である．

　1917年のロシア革命後，包括的な年金制度が「国家年金法」をもってようやく成立したのは，56年のことである．しかし農民はさらに遅れ，64年に「コルホーズ員への年金と補助法」が制定された．「国家年金法」によれば，女性は勤務年数20年で55歳から，男性は25年で60歳から年金を受け取る権利を有していた．ただし，過酷な条件で働く者は，受給開始年齢がもっと早かったり，必要な勤務年数が短かったりした．労働手帳には，勤務歴ならびに，給与，昇進，賞罰，移動，転職などが記録された．給料に対する年金額の割合は，給料が低いほど割合は高く，給料が高いほど割合は低くなるが，最低でも50％は確保されていた．

　なお，年金の財源の一部は企業の納付金だが，大部分は連邦予算だった．全体としてこの制度は安定的に機能し，今でもこの時代の「安心感」を懐かしむロシア人は多い．だが，80年代の経済的危機とペレストロイカを経て，91年，この制度はソ連もろとも崩壊した．

❋プーチン年金改革とは　ソ連崩壊後，最初の本格的な年金制度改革は，2002年の「プーチン年金改革」である．これによると，ロシア国民は「基礎部分」「保険部分」「積立部分」の3要素からなる年金を受け取ることが想定され，その財源は，給与額に応じ（勤労者ではなく）雇用者が国庫に払う「統一社会税」（勤労者一人につきその給与の28％相当）の一部である．この年金分は，一部がそのまま国庫に残されて「基礎部分」の支給に使われ，残りが年金の運営主体「年金基金」に納入されて「保険部分」と「積立部分」に用いられる．しかし，企業は給料を過少申告することが多く，財源不足の一因となっている．なお，労働手帳

は，基本的にソ連時代のそれが踏襲されている．

　年金を構成する三つの部分は以下の通り．①「基礎部分」．国家予算から，労働経歴の有無，給与額に関係なく，一律の額が支給される．一人当たりの額は，18年1月現在，4,805.11ルーブル（約9,500円）である．②「保険部分」．給与と勤務年数に応じて額が違う．「悪平等」脱却の狙いがあった．③「積立部分」．個人が運用できる部分．年金受給年齢に達する前から，金融機関に委託したりして，ある程度自由に投資，運用し，金利を稼ぐことができ，給与と勤務年数によって額が異なる．このうち一番の目玉は「積立部分」であった．このアイデアは，もともと積立方式導入を融資の条件としていた世界銀行の改革案に含まれており，それが実際に改革の柱となることは，ロシアの年金市場が国際金融市場に組み込まれることを意味した．しかしロシアの一般庶民には資金運用の経験も，そのイメージもなく，彼らは内外を問わず金融機関には根強い不信感をもっていたため，資金運用にはきわめて及び腰であった．実際，彼らの不信はほどなく，08年のリーマン・ショックで裏付けられるかたちとなる．これで年金基金は大損失を出した．

❋**財源不足と年金額の低さ**　改革の最大の難点は財源不足と年金額そのものの低さである．2017年の年金の平均額は，年金基金のデータによると，わずか13,700ルーブル（約2万7000円）である．ロシアの物価は全体として欧米並みだから，きわめて苦しい生活を強いられる．

　追い打ちをかけるように，05年に政府は，企業が払う「統一社会税」の年金分を，従来の給与の28％から20％に引き下げた．企業の希望に応えたわけだが，これで年金基金は恒常的な赤字に陥り，赤字額は年々増大していった．

　その後，2010年に，統一社会税の代わりに社会保険料制度が導入されたが，基本的に同じシステムである．12年から，その年金分は給与の22％となったものの，大勢は変わらなかった．

図1　「年金生活はバラ色か？」エヴゲーニー・クランによるカリカチュア［cartoon.kulichki.com］

　こうして，2000年代に構想された積立への移行はならず，財源不足は深刻化する一方であった．高齢者の割合の増大も相まって，年金制度そのものの存立基盤が問われる事態となっている．政府の支出増も増税も，年金受給年齢引き上げによる「解決」も難しい．

　「年金危機」の大本の原因は，長いスパンで資金を安定的に投資，運用できる対象がなくなりつつあることで，世界経済の構造的行き詰まりである．結局，年金問題の解決は，根本的に新しい経済モデルの構築に帰るといえよう．

［佐藤雄亮］

エチケット

　「ありがとう」「どうぞ」「すみません」という言葉は人間関係を円滑にする役割を果たしており，知らない人同士であっても話しかけることが多い．例えば，地下鉄やバスなどでは，車両が混んでいて出口に近づけない場合は，「次の駅で降りますか」と前にいる人に声をかける．無理に人を押しのけることなくスムーズに降りるためである．また，順番待ちをする際には，「誰が最後ですか」と聞き，最後の人に「私はあなたの次です」と伝える．列からちょっと離れる際には前後の人に一言伝えておくことで，後でもめることもない．また，地下鉄駅入り口や建物のドアを開ける際には，次の人のために必ずドアを押さえる．厳しい冬に備えてドアはかなりしっかりした造りで重いため，押さえないと危険である．そのほか，食事をしている人に会った際や，「どうぞ召し上がれ」という際に，Приятного аппетита!（フランス語のボン・アペティにあたる）と言うのが一般的であるが，この習慣はソ連時代になってからで，それまでは，Ангела за трапезой.（天使が同席されますように）と声をかけるのが一般的であった．

✸名前と人間関係　ロシアの名前は名前・父称（父親の名前）・姓の三つからなり立っており，名前にはさらに愛称形がある．例えば，イワンはワーニャ，エカチェリーナはカーチャなど．この名前の使い分けによって，親密度・人間関係を知ることができる．ロシアでも姓の前につける **Mr.** や **Ms.** にあたる言葉はあるが，一般的には使用されず，また，ソ連時代に使用されていた「同志」という言葉も現在ではほとんど使用されないため，一般的に姓で相手を呼ぶことはあまりない．教授，教師，上司など，目上の人や敬意を表すべき相手に対しては，名前＋父称で呼び，親しい間柄であれば名前（愛称）で呼ぶ．これは，ロシア語の二人称の使用方法とも深く関係がある（☞項目「ロシア人の名前」）．

　ロシア語の二人称には二つあり，親しい相手に使用する ты と敬語にあたる Вы がある．вы は二人称の複数形でもあり，丁寧語として使用する場合には，書き言葉の際には В を大文字で書く．名前＋父称で呼ぶ相手に対して使用するのは Вы であるが，Вы で呼びかける相手であっても，名前や愛称で呼ぶこともある．学校では，小学生の頃までは，教師は生徒たちに対して ты を使用するが，中学生ぐらいの年齢になると Вы で呼ぶことが多い．大学でも教授や講師は学生に対して Вы を使用することが多いが，高齢な教授であれば，誰に対しても ты を使用することもある．家族や親戚はお互い ты を使用するが，どんなに親しくなっても，配偶者の親に対しては通常 Вы を使用する．Вы は丁寧でありながら，「身内ではない」というよそよそしさも感じるので，親しくなりたいという相手

には，**ты**で呼び合おうという提案をすることもある．ウラジーミル・プーチン
大統領と安倍晋三首相が「君」と呼び合っているという報道があったが，これは
ロシア語では**ты**にあたり，親密さを演出することができる．男女間で，**Вы**か
ら**ты**と呼ぶ関係になる場面は文学でも表現されており，レフ・トルストイの『戦
争と平和』では，ニコライとソーニャのお互いの呼び方が**Вы**から**ты**へと変わ
る描写がある．しかしながら，知らない人に対していきなり**ты**を使用するのは，
無礼，粗野であるという印象を与える．

❋**握手**　男性同士は挨拶の際に握手する習慣がある．偶然道端で出会った場合で
も，必ず握手する．女性同士，男性と女性で握手するケースはあるが一般的では
ない．握手は「平等」と「尊敬」を表しているため，大学の教授が学生と握手し
たり，会社の上司が部下と握手することはあまりない．握手は基本的に年長者が
先に手を出す．小学生ぐらいの年齢ではまだ握手はしないが，8, 9年生ぐらい
（中学生にあたる年齢）から握手するようになる．

❋**ハグ・接吻**　ロシアでは挨拶の際に頬に3回キスをするというイメージがある
が，これはもともとキリスト教（正教）の習慣であり，現在では，教会内やキリ
スト教（正教）の祝日の際に行われるのが通常であり，必ずしも日常生活で見ら
れるわけではない．男性同士，女性同士で行い，男女間は，親しい間柄のみであ
る場合が多い．挨拶としては，男性同士なら握手，女性同士であれば頬にキス1
回というケースが多いが，年配の男性で知識層であれば，女性の手にキスをする
習慣が残っているケースもある．挨拶の際に気を付けなければならないのは，家
の敷居越しに握手や挨拶をしてはならないということである．ちょっとした用事
であっても，宅配の場合でも，必ず家の中に招き入れてから話をする．なお，挨
拶の際にお辞儀をする習慣はない．

❋**国際女性デーと花束**　3月8日の国際女性デーは，近年は日本でも話題になる
ようになったが，（旧）共産圏では非常に重要な祝日であり，男性は必ず女性に
花を贈らなければならない．これは，職場の同僚，上司，先生など，男性から女
性に花を渡すのみならず，女性同士でも行われる．ロシア人は花が非常に好きで
あり，誕生日やお祝いの際に花を贈る機会は多い．新学年が始まる9月1日には，
生徒が花束を持って登校し，教師に贈る習慣がある．10月5日の教師の日も同様
である．ここで注意しなければならないのは，花の本数は奇数でなければならな
いということだ．偶数は，故人にささげる場合のみである．

❋**レディーファースト**　ロシアはレディーファーストの国である．男の子は子供の
頃からしっかりと教育されている．男性は必ず女性に道を譲り，ドアを開ける．
駅などで女性が重いスーツケースを持って階段を上ろうとしていると，通りすが
りの男性が手伝ってくれることはよくある光景であり，男性が一緒にいる場合，
女性に重い荷物を持たせることはない．　　　　　　[ヴェヴュルコ（坂上）陽子]

友達付き合い

　筆者は1951年に生まれた．生まれは戦後だが，戦争のもたらした結果をはっきりと感じて育った．以下に書くのは，そんな世代を代弁してのことだ．

❀戦後世代　日本と同様，第2次世界戦後のソ連でも「ベビー・ブーム」が起こったが，まったく目立たず，しかも短命だった．私のクラスには，兄弟姉妹がいる級友はほとんどいなかった．戦争で失われた男たちの数は厖大で，わずかに生き残った男たちは女たちにちやほやされた．その結果，シングルマザーというのが典型的な状況になり，私もそういう典型的な家庭で育った．つまり，母と祖母と私の三人家族だったのである．学校にも男の教師はほとんどいなかった．そして母は外で働いていたので，一番たくさん時間を過ごしたのは祖母だった．

　いとこたちはかなりいたけれども，みな遠くに住んでいた（ほとんど全員，他の町だった）．親戚の絆は弱まり，その結果，遊ぶ仲間になったのは近所の子供たちや学校の同級生だった．血縁はこういった友達にはとうてい敵わなかった．実際，親しい友達付き合いが何よりも大事なものだった．そして，学校もそういう考え方の後押しをした．作品の課題は「僕の親友」だった．両親や兄弟姉妹について作文を書けとはいわれなかった．そもそも，父がいないとか，きょうだいが一人もいない，といった家庭ばかりだったのだ．でも友達なら誰にでもいる（いなければならない）．そして友達は自分で選ぶものだ．そのおかげで，人を見る目が養われ，人に対する興味も湧くようになった．私の人生はずっと，そういった友人たちとともにあった．

❀ロシア語の「友達」　ロシア語で「友達」は「ドゥルーク дpyг」というが，これはとても重い言葉である．日本語の「友達」や英語の「フレンド」のように軽いものではない．ロシア語の「ドゥルーク」は何かもっと大きなものだ．友達が大人になり，家庭を持つようになると，今度は彼らの妻や子供たちもまた私の友情の対象となった．私は友達の妻や子供たちのことを気にかけ，彼らの成功や失敗を我がことのように喜んだり悲しんだりした．先方も同じように振る舞った．ロシア語で広く用いられる「家族ぐるみの友達付き合い」という表現も，ここから来る．

　「調子はどうだい？」という問いかけに対して，「万事順調だ」という簡単な言葉しか返ってこなかったら，その二人の間にはいかなる友情もない，と考えるべきだろう．本当の友達ならば，自分の抱えている問題についてあれこれ訴え始めるはずだからだ．「いやあ，上司がひどい奴でね．嫁が俺のことを何にもわかってくれない．子供たちは怠け者で全然勉強しないんだ．体の調子もひどくてね

え」といった調子である．こんなふうに不満を漏らすのは，現実にどんな状態な
のかを伝えたいからではなく，むしろ信頼の証，愛の告白なのである．

✸人の家に遊びに行く　ソ連ではサービス業が発達していなかったため，人の家
を客として訪ねるという習慣が非常に広く普及した．そういった人付き合いの方
法はカフェやレストランで人と会うこととは全然違う．家庭環境を知れば，その
家庭の主人について多くのことがわかる．私も当然，特に若い頃はよく人の家に
遊びに行った．だから友達の親たちのこともよく知ることになった．友達の家と
の行き来を通じて，世代を超えた関係も支えられたのである．友達の家での会話
は果てしなく続いた．泊まっていくこともよくあった．いくら話しても話し足り
なかったからだ．だからこそ，私の世代のロシア人は，終了時刻が書いてある
パーティの招待状を受け取ると，ひどく苛立つのだ．

　お客さんが来たら，どうしたって酒宴になる．私たちは途方もなくたくさん飲
んだ．アルコールで動く液体エンジンが私たちの体には組み込まれていた．だか
ら友達付き合いのためには，特に男同士の場合，強健な肝臓がなくてはならない．

　もちろん，付き合う相手は「友達」ばかりではなかった．私の世代の大部分は，
人生の相当な部分を「コムナルカ」で過ごした．これは「共同住宅」のことで，要
するに一つの住居を数家族でシェアし，トイレも台所も共用だった．学生たちは
男女を問わず，集団農場（コルホーズ）や，建設現場や，「野菜基地」と呼ばれる野
菜の貯蔵・加工場などに強制的に派遣された．「社会的」労働の実習のために，私
はボランティア部隊に加わり，宣伝員を務め，織物工場で「政治情報広報活動」
を行った．つまり，非常にさまざまな人たちと付き合い，そのおかげでロシアと
いう国や，そもそも人生についての知見がぐんと広がったのである．

✸問題を分かち合う　自分の抱えた問題を「分かち合」いたい，つまり人に話し
たいというロシア人の欲望には強烈なものがある．ロシア人は知らない人とでも
あっという間に知り合いになる──電車や飛行機の中でも，カフェでも，公園で
も．一度しか会わなかった人たちが話してくれた実に多くの人生の物語を，私は
いまだによく覚えている．そういえば，昔のソ連の一口話には，こんなものが
あった．酒屋の前で出会った三人の互いに見知らぬ男たちが，金を出し合って1
本のウォッカを買い，公園のベンチであっという間に飲み干してしまう．そして
一人がそそくさと「それじゃあ」と言って立ち去ろうとすると，後の二人が腹を
立てる──「おい，おい，話もしないでかよ？」

　興味深いことに，職場の同僚は普通「本当の」友達のカテゴリーには入らな
い．働いている場所に対するロシア人の忠誠心は，きわめて低いものと認めざる
を得ない．これは日本人と際立って異なる点である．ロシア人が大事にするの
は，非公式的な人間関係だ．仕事を変えるのは簡単だが，友達は一生のもの──
そんなふうに考えるからである．　　　　　　［アレクサンドル・メシェリャコフ］

住 居

考古学者達の調査によれば，東スラヴ人の最も古いタイプの住居は半地下の土小屋で，8〜10世紀までロシア人の祖先たちはそこで家畜などとともに生活していた（図1）．そして建築技術の向上により木造の小屋が建てられるようになり，その後，徐々にさまざまな農作業小屋や蒸風呂小屋（バーニャ），

図1　8〜10世紀のロシアの半地下小屋
[Раппопорт, П. А., 1975]

母屋といった異なる役割を持った建物が別々に建てられるようになっていった．

❋**伝統的農家**　大別すると，ロシアの住居はロシア北部と南部の二つのタイプに分けることができる．ロシア北部の農村では住宅から離れて建っているのは納屋と穀物小屋や川などの水辺に建てられた蒸風呂小屋だけであり，それ以外の家畜小屋，乾草小屋，物置といった建物はすべて切妻の広くて大きい屋根で覆われ，住居とともに一つにまとまっている．2階建ての大きな農家も珍しくなく，外観では丸太の木組みを見ることができる．

一方，南ロシアでは，家屋に付属した建物が住宅とは別個に離れていることが多く，通りとは囲いや門で区切られ，開放的な作業用の中庭にそれらが建てられている．壁面は粘土が塗られ，屋根は藁(わら)や葦(あし)を葺いている．

住居の内部はというと「イズバー」と呼ばれるロシアの伝統的住宅には暖炉が不可欠であり，小屋の隅に置かれた．

一方，暖炉とは最も離れた場所になる対角線上の角には「美しい隅(すみ)」と呼ばれる棚が備え付けられている（図2）．ここにはイコンがかかげられ，その隅を中心に壁沿いにベンチが造りつけられ，食卓が置かれている．

また，ガラス製の窓は20世紀になってようやく導入されるようになった．それまでは壁に煙出として隙間を設けたり，裕福な家庭では魚の浮袋や雲母でつくられた窓が備え付けられ

図2　美しい隅 [Баранов, Д. А., et.al., 2004]

ていた．しかし雲母やガラスの窓がある住宅でも日中ほとんどの時間で明かりが必要であった．

❋**コムナルカ**　革命前後，ロシアでは工業化が進み，都市の人口が増えたため，住宅問題は，ソ連の大きな悩みの種となった．1920年代，ソヴィエト政府はこの問題を解決すべく，住居の部屋数が住人の数よりも多くてはならないと決め，モスクワやペテルブルグといった大都市で複数の住宅を所有していたり，部屋数の多い邸宅に住んでいた富裕層から住宅を接収し，それをアパートに造り替えようとした．しかし，もともと一世帯用の住宅を複数世帯のアパートに改造することには費用面も技術面も困難であり，そこで折衷案として「コムナルカ」と呼ばれる風呂，トイレ，台所が共有の共同アパートが造られた（図3）．

その結果，ペテルブルグでは家を接収されたロシア帝国貴族が，一般市民とコムナルカで共同生活を送ることにもなり，住民が家事など何もできない貴族の生活を助けるといった状況もあった．しかし一方で，共同生活を送ることになるコムナルカではプライバシーの欠如などによる諍いも多く，共有部分の衛生状態も良いとはいえず，居住環境としては劣悪だった．

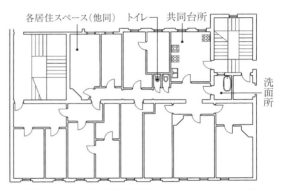

図3　コムナルカの見取り図 [kommunalka.colgate.edu]

❋**ソ連の集合住宅**　コムナルカ以外にも多くの集合住宅が新築された．ソ連時代の集合住宅では装飾が忌避され，シンプルなデザインになっていることに加え，同じデザインの建物が多数建てられた．特に歴代の書記長の名前からスタリンカ，フルシチョフカ，ブレジネフカと呼ばれる建築様式の集合住宅が有名である．この中で最も良いとされるのが一番古い建築様式であったスタリンカである．スタリンカの集合住宅は，天井も高く，部屋も広く人気があった．一方，フルシチョフカは，戦後くすぶっていた住宅問題が再燃し，それを解決するためにデザインされたため，居住スペースがスタリンカより狭くなった．またブレジネフカはフルシチョフカの後発なだけはあって，部屋も広くなって，居住環境は多少改善されたが，それでもスタリンカには及ばなかった．

現在，モスクワをはじめとする大都市では賃貸料の高騰や古い集団住宅の建替えが問題となっている．また住宅問題も完全には解決されておらず，いまだにコムナルカに住む者もいる．

［山田徹也］

蒸風呂（バーニャ）と暖炉（ペーチ）

　ロシアの入浴文化は湯に浸るものではなく、蒸風呂である。日本によくあるサウナが湿度5～15％の乾式サウナと呼ばれるものであるのに対して、ロシアのサウナは湿度70～90％と高い湿式である。飲み物も用意し、適宜、水分を補給しつつ汗をかく。そして単に汗をかくだけでは終わらず、ベンチに座って汗をかいた後は風呂箒で体を叩く。この風呂箒は陰干しした葉つきの細枝を束ねたもので、シラカバの枝などが好まれる。ロシアでは昔から風呂箒で体を叩くと樹木の生命力が人間の体に宿ったり、穢れを除去してくれると考えられ、衛生面だけではなく、健康増進や病気の回復にも良いとされてきた。

❋**蒸気浴の歴史**　ロシアの蒸風呂の歴史は10世紀までさかのぼる。ペルシア出身の学者イブン・ルスタは当時のロシア人の住居であった半地下の小屋の中で火が焚かれ、そこで熱した石で蒸気をつくると服を脱いでいられるほど屋内が暖かくなったと書き残している。これは伝統的な蒸風呂小屋の蒸気浴とも一致する（図1）。伝統的蒸気浴では、石を積んでつくられた竈で石を真っ赤になるまで焼き、そしてその石を盥の水の中に入れてお湯をつくった。また竈に残った石に水をかけて蒸気を出した。

図1　伝統的な石積みの竈を備えた蒸風呂小屋の内部［Бломквист, Е.Э., 1956］

❋**北ロシアと中央，南ロシアでの蒸気浴**　北ロシアでは主に蒸風呂小屋で蒸気浴が行われた。最初期の様式は「黒式」と呼ばれ、煙突がなく、排気はドアや天井際の煙出を通じて行われた。一方、近代になって煙突が付くようになった蒸風呂小屋のことは「白式」といい、現代ではほとんどが「白式」である。

　一方、中央ロシアや南ロシアの人々は専用の小屋を持たず、暖炉の中で蒸気浴を行った。暖炉での入浴は、まず暖炉の中に藁を敷き、風呂箒と湯を持って中に入り、箒か藁束を使って壁に水を飛ばして蒸気をつくった。暖炉での蒸気浴文化のある地域の暖炉は座ることもできるほど広くつくられ、二人で蒸気浴をできるような大きな暖炉がつくられることもあった。

　20世紀後半から暖炉での蒸気浴の風習はどんどん消え、現在ではほとんど残っていない。そして代わりに蒸風呂小屋での蒸気浴が、中央ロシアや南ロシアを含む全ロシアで広まった。蒸風呂小屋を遅くになってから知った地方では当初、蒸

風呂小屋は村全体で共用の一軒のみであり,そこから徐々に世帯ごとに建てられるようになった.

今でも蒸気浴後に「ス・リョーフキム・パーラム！(軽い蒸気で良かったですね！)」という入浴者に対する挨拶があるが,「黒式」時代には気密した空間での一酸化中毒と思われる事故が起きていた.「軽い蒸気」とは本来,そうした事故が起きないようにという祈りであったと思われる.

❋**ロシア式暖炉**　暖炉の基本的機能は,調理や暖房だが,それに加えて,暖炉の上では衣類やキノコの乾燥もできた.また暖炉の下では冬の間,ニワトリが寒さをしのぐ飼育スペースや床下収納としても用いられた.さらには暖炉の壁から家の壁に板を渡し,ポラーチと呼ばれる暖かな寝床もつくられた(図2).

図2　暖炉 [Баранов, Д. А., et al., 2004]

こうした多機能な暖炉はおのずとサイズも大きくなる.例えば,平均的な暖炉のサイズは縦1.8〜2 m,横1.6〜1.8 m,そして高さは1.2〜1.4 mになる.南ロシアでは暖炉はそれよりもよりもやや大きめで縦横2〜2.5 m×1.5〜1.6 mで床からの高さは約2 m.炉口は60 cm^2で,部屋の面積の5分の1〜4分の1を占めていた.この存在感と役割の多さから暖炉は家のシンボルとして考えられ,「暖炉は生みの母親だ」ということわざもある.

❋**都市部の公衆浴場**　都市部の場合は南ロシアではすでにキエフ・ルーシ時代から蒸風呂小屋が知られていた.『年代記』にも10世紀中頃にキエフ大公妃オリガがみずからの夫を殺された復讐として敵側の使節を蒸風呂小屋に誘い入れ,小屋ごと焼討ちする記述がある.その後,ロシアの南北を問わず都市部には公衆浴場が普及し(図3),「蒸風呂のないモスクワなんてモスクワじゃない」という言い回しも生まれた.

図3　公衆浴場 [Ровинский, Д., 1900]

❋**最近の蒸風呂事情**　現在,都市の公衆浴場では,昔話をテーマにした個室やローマ風やトルコ風の浴室,スパやマッサージなどを備え,一種のリゾート施設と化している.一方,個人では黒式の蒸風呂小屋の建て方を教えたり,自分でつくろうとする伝統文化への回帰も見られる.

[山田徹也]

別荘（ダーチャ）と菜園の恵み

　ダーチャは都会に住む人が郊外に持つセカンドハウスである．日本語で別荘と訳されるが，ロシア人にとってダーチャはもっと身近なものだ．週末や休暇には家族で郊外の土地に出かけ，寝泊まりのできる小屋を建て，野菜・草花・果実を育て，近くの森でキノコやベリーを集めたり，魚を釣ったりする生活が連想される．厳しい冬を越えて気候がよくなると，郊外に向かう街道は野菜の苗を積んだ車で渋滞し，鉄道駅もダーチャに向かう人々であふれるようになる．ダーチャでは季節の変化を直に感じて畑仕事にいそしみ，旬の作物を味わい，保存食を蓄える．ダーチャは，都会に職を持ちながら，郊外の自然を満喫する暮らしを可能にしてくれるのだ．モスクワやペテルブルグなど大都市周辺の街道沿いや鉄道沿線にみられる菜園付きダーチャ地区は，ソヴィエト時代に政府によって市民に条件付きで与えられた土地がもとになっている．ダーチャは与えるという意味のロシア語動詞ダーチに由来する．それが郊外の別荘の意味で使われるようになったのは，ペテルブルグ建設の頃にさかのぼる（Lovell S., 2003）．その後3世紀あまり，ダーチャも時代とともに変遷してきた．

　❋帝政時代のダーチャ　ダーチャは，18世紀初頭，ピョートル1世がペテルブルグからペテルゴフに至る街道沿いの景観を整えるべく，貴族に土地を与え別邸建設を命じたことに始まる．それは贅をつくした夏の館であり，華やかな社交生活の場であった．やがて多くの貴族たちが夏の間だけ住む家としてペテルブルグやモスクワの近郊にダーチャを持つようになっていった．19世紀にはその習慣が貴族だけのものではなくなり，より広い層の都市住民がダーチャを建てたり借りたりするようになる．近郊への鉄道網が整備されたことも要因となって，19世紀末にダーチャは新興の中産階級にブームを起こした．4月～10月の間，都市の喧騒を逃れて家族で郊外に移り住み，主人は市内に通勤するライフスタイルが生まれ，「ダーチニク」（ダーチャ族）と呼ばれた．ダーチャ市場は人々の需要に応えて拡大したが，当時のダーチャに求められたのは，菜園よりもサモワールを囲んでお茶を飲む「テ

図1 〈テラスにて〉（クストーヂエフ画，1906）

ラス」であり，人々の関心はもっぱら娯楽や余暇の充実に向けられた（☞項目「サモワール」）．チェーホフの《桜の園》は，貴族の領地がダーチャ用地として切り売りされていくこの時代を舞台にしている．しかし，帝政時代のダーチャのあり方は，革命によって大きく変容する．

図2　モスクワ郊外の街道沿いのダーチャ　[著者撮影, 2018]

✿**ソヴィエト時代のダーチャ**　革命後，個人所有のダーチャは没収され，新政府によってダーチャの再配分が行われた．大きな建物には図書館やサナトリウムなどが置かれる一方，小規模のダーチャには新たな位置付けが生まれた．夏の休養と娯楽の場所だったダーチャが，ジャガイモや野菜を栽培して家族の生活経済を支える場所と想定されるようになる．政府からダーチャ農業組合を通して与えられる土地の広さから，一般に「シェスチ・ソートク」（600 m²）と呼ばれる小屋付き菜園として普及し，そこでの自家農業は日々の食卓を支え，共通の楽しみとして人々の生活に根付いていった．ソヴィエト時代にダーチャ地区はめざましく増加したが，そこに建てる建造物として許されたのは夏の小屋のみで，二階建てや地下室の禁止といった厳しい制限があった．ダーチャの規模制限が廃止され，個人住居建設のための土地区画の自由化が始まるのは，1980年代末以降である．

このような一般向けダーチャとは別に，ソヴィエト時代には「社会的意義を持つ」専門家たちのダーチャが国の費用で建設された．1935年にモスクワ近郊につくられた作家村ペレジェルキノには，著名な作家や詩人が移り住んだ．その一人ボリス・パステルナークが執筆活動をしたダーチャは，今は記念館として保存されている．また，政府高官のためには特別に大きなダーチャも存在した．

✿**現代のダーチャと菜園の恵み**　ダーチャの規模や形態は多様で，時代により変化したが，いずれも自然を楽しみ，生き生きと活動する場として人々に希求されてきた．広く普及した菜園付きダーチャはソヴィエト時代に発達したものであるが，みずからの手で家を建て，土地を豊かにして作物をつくる営みは，古くからのロシアの人々の知恵を受け継いでいる．ひと夏を終えたダーチャの棚にずらっと並ぶ野菜，果物，ベリー，キノコなどの保存瓶，地下室のジャガイモやビーツはその証だろう．現在でも全ロシアでジャガイモの約80％，野菜の約70％が個人の菜園で生産されているというデータからは，ダーチャに密着したロシア人の暮らしぶりがうかがえる（Росстат, 2019）．また世論調査でも都市住民の46％の人がダーチャを持ち，その66％の人がダーチャへ行くことを常に心待ちにしていると答えている（ВЦИОМ, 2014）．

[石川あい子]

医療制度

現在のロシアの医療制度はソ連時代のそれを引き継いでおり，現行のロシア憲法にも医療は無料と明記されている．しかし政府の財政難，汚職，制度改革の失敗などにより，なし崩し的に有料に移行しつつある．

❀帝政末期～ソ連時代 今の医療制度の原型が現れたのは19世紀後半で，アレクサンドル2世による改革の一環として地方自治機関（ゼムストヴォ）が設けられ，社会事業が委ねられたときである（ただし財政的には，国からの援助はほとんどなく，地方財政に丸投げのかたちとなった）．各ゼムストヴォは，医療区域を設けて，医師を招いた．1910年の時点でも医療区域は2,686，医師数は3,100人に過ぎなかったが，医師が特定区域を受け持つこの制度はソ連時代に受け継がれる．

ソ連の医療制度が生まれたのは37年のことで，住民は基本的に，自分が住む地区の医療機関に固定された．診療，入院治療は，薬剤も含めて無料で，患者が薬局で買う場合のみ有料となる（身体障害者など一部は無料）．

だが，①軍事，工業部門が優先され，医療をはじめ社会保障分野は常に資金不足だった，②医師は一定数の患者を最初から振り当てられているので，競争原理が働かなかった，③患者は医師を選べない，などの問題もあった．

さらに，80年代半ばに原油価格が下落して政府が財政難に陥る頃には，医療用品，医薬品の不足，施設，機器の老朽化といった問題も目立ってくる．

❀現代ロシアの医療制度改革 ソ連崩壊前後に財政難が一段と深刻化すると，医療の質もさることながら，利用者の不利益が前面に出てくる．つまり，①公式には無料のはずなのに，実際には有料であるケースが増え（治療費や報酬を要求される，無料の薬剤が限られるなど），②初診，検査，専門医の診察，治療，手術など各段階で，長時間の順番待ちを強いられる傾向が強まった．

こうして抜本的な改革が必至となり，1990年代から今日まで制度改革，施設・機器の近代化，高度医療の強化，健康的な生活の宣伝など，さまざまな施策が構想され実行されてきた．最大の柱は，強制医療保険（OMS）の導入である．保険制度を導入することで，連邦予算への医療費負荷を減らそうという狙いだった．その骨子は下記の通りである．

①全国民が被保険者となり，就労者の保険料は雇用者が，非就労者のそれは自治体の行政府が全額払う（保険料は，2012年1月1日より給与の5.1%）．

②連邦強制医療保険基金（FOMS）が，この保険料を集め，各自治体にある支部へ支出額を決めて分配する．

③自治体の行政府の委員会が，基金支部に渡った金の使い方（料金体系，各医

療機関への支出額など）を決定する．

　④基金支部は，保険会社と契約を結び，それを通じて医療機関に金を払う．つまり保険会社は銀行の取引口座のような役割を果たすにすぎないが，医療機関の活動を監視する役割を与えられており，不適切な医療には罰金を科す義務がある．

　なおOMSのほかに，任意医療保険（DMS）もある．OMSに不満な人が追加的に加入するもので，契約条件により診療内容が違う．

❋**問題点**　OMS制度も実際には下記のような多くの批判を浴びている．

　①財政的に，増税＋地方予算の負担増となる．②FOMSは不必要な「仲介者」で，単に巨額の資金をプールして配分するだけである．③決められた医療機関しか受診できないので，競争原理，市場原理は働かない．④保険会社による監視は主に医療機関から提出された書類に基づくので，実態とずれがある．⑤基金の額が伸びる余地はあまりない．企業の負担が，基金の6割を占めるが，企業は給料を過少申告するケースが多い．⑥今の水準の基金の額では，十全な医療サービスを提供することは困難である．医療機関では，慢性的な資金不足を背景に，不必要な検査，治療が行われるケースがままある．また，医師の解雇，医療施設の統廃合が各地で行われている．⑦保険制度が機能するためには，国民の十分な収入と，大きな保険会社が必要だが，ロシアにはそれがない．⑧民間医療施設は今のところ官僚的な縛りを嫌い，あまりOMSに参加していない．

図1　モスクワ都心のスクリフォソフスキー記念病院．元来は病院付きの救貧院で，19世紀初めにニコライ・シェレメチェフ伯爵が，早世した農奴出身の妻（ソプラノ歌手プラスコーヴィア・ジェムチュゴーワ）の遺言に従って建てた

❋**なし崩し的に有料化へ**　民間医療施設の方も，最初から分の悪い戦いを強いられている．診療費が実費であることに加え，公費で経営される病院に患者が固定されているためである．富裕層は評判の良い民間病院を選ぶことが多いが，庶民には手が届きにくい．そこで庶民はしばしば自分で医薬品を買い，素人療法を行う．ロシアの薬局では，処方箋なしで相当専門的な薬剤を買えるので，かなりの「治療」ができる．しかし，これには当然リスクが伴う．そうした状況の副産物が薬局の数の激増である．モスクワでは，1987年の薬局数は約800だったが，2017年初めには7,268に膨れ上がっている．ちなみに東京は18年1月現在，約6,300が存在している．ロシアの医療の今後の「着地点」は，ロシアおよび世界の経済動向に大きく左右される．しかし当面は，旧モデルからなし崩し的に有料に滑り落ちていく混合型となるだろう．

［佐藤雄亮］

民間療法

　民間療法とは,病気治療や病気予防,健康増進に関する伝統的な知識の総体である.ロシア人の伝統的な概念において病気の原因となるのは,病気を起こす精霊が体に入ったこと,こうした精霊やそのほかの魔物や祖先の霊などに対して何らかのタブーを犯したこと,祝日など働くべきでないとされる日に働いたこと,呪術的な力を持った人間による呪い,妬みのこもった視線で見つめられたこと（邪視）などとされる.民間療法はこうした病気観を前提に行われるものであり,近代西洋医学に対置される方法である.民間療法の知識を最も多く有しているのは,ズナハリ（女性の場合はズナハルカ）などと呼ばれる呪術師たちであった.

❋**治療の方法**　治療の方法は多様だが,代表的なものとして病気から逃れることを象徴的に示す呪術儀礼がある.病気を洗い流す,別の人に渡す,追放するなどの行為を象徴的に演じるものであり,呪文では「……すべての魔物は出て行け,神の僕の腹から,骨から,関節から,肋骨から,四肢から,すべての血管から……」というように,人格化された病気や魔物に対して体の各所から出ていくよう命令するものが多い.また病気をののしる,脅す,だます,病気のご機嫌を取るなどの方法で逃れようとする場合もある.こうした儀礼ではパンや塩やワインなどの食品,ナイフや櫛などの日常品,各種の儀礼に使われた物など,実にさまざまな物が呪物として使われる.なかでも頻繁に使われるのが水で,呪文を唱えた水や聖像画を洗った水を病人に飲ませるなど,さまざまなかたちで利用される.遺体を洗った水や墓など,死と関係する物を使う例も目立つが,これらは病気を葬り去ることを象徴的に演じるため,あるいは死者の持つ性質にあやかろうとするためである.例えば,アル

図1　農村の礼拝堂.村人が持ち寄ったイコンが多数飾られている.人々はここで病気の治癒を願って蝋燭をささげ,祈る.[カレリア共和国にて,著者撮影,2006年]

コール中毒治療では,死者が酒を飲まないのと同様に自分も飲まなくなるように,歯痛の治療では,死者の歯が痛まないのと同様に自分の歯も痛まなくなるように,という具合に死者にあやかろうとする.

　民間療法は聖人信仰とも深く結び付いている.聖母マリアはペストなどの疫病,聖アントニーは歯痛,聖ワシーリーは頭痛などのように,聖人によって担当が決まっており,人々は病気に際して,しかるべき聖人に祈りをささげる.その

他，薬草術や，マッサージ，ロシア式蒸風呂での蒸気浴なども民間療法に含まれる．

❋病気の予防　病気の治療に使われた上記の方法は，病気の予防にも使われる．また，夜中に糸を紡いではいけない，金曜日に縫い物をしてはいけないなどの各種のタブーを犯さないことも重要とされた．さらに1年の健康を願って，聖ユーリーの日（5月6日）に朝露で顔を洗ったり濡れた地面を裸で転がったりする，洗礼祭（1月19日）に水浴するなどの習慣も知られる．キリストのヨルダン川での洗礼を記念する洗礼祭の風習は今でも盛んで，毎年この日には，凍った川や湖の氷を十字に切り抜き，そこで人々が水浴する姿を見ることができる．ただし極寒の中での緊急事態に備え，大抵救急車が近くで待機している．

❋民間療法と近代西洋医学　かつてのロシアではこうした民間医療が主な治療方法だったが，19～20世紀初頭になると，近代的な医療教育を受けた者が農村へ派遣されるようになっていく．当時の民衆は医者よりも呪術師などによる民間療法に大きな信頼を置くことが少なくなかったが，1917年のロシア革命以降は，政府主導で医療の近代化がより積極的に進められることになる．呪術師たちの治療の馬鹿馬鹿しさを強調するキャンペーンが行われたり，医師免許を所持しないのに医療行為を行ったという罪で呪術師たちが逮捕されたりした．そして医師を養成し，病床数を増やす努力が続けられた結果，ロシアの医療水準は格段に上がった．19世紀末からソ連時代初期においては新生児の27～30％は1歳未満で死亡し，医師は1万人当り1.8人しかおらず，平均寿命はわずか32歳だったが，1960年頃までには乳児死亡率は4％以下にまで下がり，平均寿命は69歳に達した．こうしてソ連時代後期には，人々は民間療法よりも近代医療に圧倒的な信頼を置くようになった．

　ソ連時代末期以降は，宗教復興とオカルトへの興味の高まりの中で，民間療法も再び盛んになった．逮捕を恐れて息をひそめていた呪術師たちは，再び積極的に病気治療を行うようになった．書店では病気治療の呪文などを記した本が多数売られるようになり，新聞には，治療に役に立つとされる呪文が投稿されている．またロシアの伝統的な民間療法に世界各地のオカルティックな知識をミックスして，独自の方法で治療活動を行う者もいる．ただし，かつてとは異なり，民間医療は基本的に代替医療である．民間医療が試みられるのは，例えば病院に行っても治らない病気，慢性病やアルコール中毒のような完治が難しい病気，おねしょや精力減退などの相談するのが恥ずかしい病気，また何らかの理由で薬が飲めない場合などである．

　民間医療について調べていた際に筆者が驚かされたのは，医者の勧めによって呪術師の所へ行ったという人や文書に何度も遭遇したことである．呪術師の方がうまく治せる病気，あるいは呪術師にしか治せない病気があるという考えは，現在でも一部の医者にさえ共有されているようである．　　　　　　　［藤原潤子］

ジェンダーとセクシャリティ

　ロシアでジェンダーという言葉が使われ始めたのは1980年代後半である．この頃，ソヴィエト連邦最高会議で，女性や家族の置かれている状況の改善と，母性と幼児の保護のための国家プログラムの作成が進められた．作成に関わったのは，ソ連科学アカデミーの住民社会経済問題研究所所長のナタリヤ・リマシェフスカヤたちであった．その過程でジェンダー研究の必要性が認識され，90年に住民社会経済問題研究所付属の「モスクワジェンダー研究センター」が創設された．また，80年代後半には最初のフェミニズムグループや非政府系の女性団体が設立され，ジェンダー問題に関する出版物が刊行され始めた．

❀女性就業率の高さと役割分担　ロシアのジェンダー状況は，ソ連解体後どのように変化してきたのであろうか．ソ連時代は曲がりなりにも男女平等社会であるといわれ，望むと望まざるとにかかわらず女性も労働力として動員された．多くの共和国では女性の就業率は高かった．一方で，女性は家事・育児も担っていた．ソ連時代，女性が仕事と家事・育児を両立できたのは女性自身の努力に加え，保育園，学童保育，ピオネールキャンプなどの国家政策や，（子どもの）祖母（バーブシュカ）の存在が大きかった．

　ソ連解体後も女性の就業率は高い．2015年のロシア連邦統計局のデータでは専業主婦は全体の6.2％のみである．筆者がソ連解体後から継続して行っている聞き取り調査でも，世代や就業形態はさまざまだが，仕事を持つ女性が圧倒的に多い．就業理由について，ある調査では，「経済的に働かないという選択肢はない」と答える人が多い一方で，「フルタイムではなくても社会とのつながりのためには仕事をしたい」「家にだけいることは考えられない」「仕事をするのは普通のことである」など，積極的な理由からではなく，ソ連時代のように女性の就業を「当たり前」と見なして働く女性も多い．

　しかし，国際比較調査ISSPの02年，12年の調査では，ロシアにおいて，「男性＝仕事」「女性＝家事」という性別役割分担に賛成する人の割合が調査対象国の中でもかなり高い傾向が続いている．同調査の他のデータから見ても，ロシア人女性においては性別役割分業を肯定する傾向があり，女性自身が家事，育児を自分の役割であると見なしている．

❀性を語る　現在のロシアでは，専業主婦に憧れるが，実際に専業主婦になる女性は少ない．女性はソ連時代と同様に働きながら家事・育児をこなし，さらに，最近進行する高齢化による親や親戚の介護も担っている．

　現在，セクシャリティに関する社会学的，心理学的な調査研究は一般的に行

われている．しかし，ソ連時代には性に関する情報は著しく制限されていた．それを端的に表すのが，「V SSSR seksa net（ソ連にはセックスはない）」というフレーズである．これは1986年に，米ソの女性たちがお互いの生活について質問する「テレモスト」というテレビの討論番組で，ソ連側の女性が発したフレーズである．この米ソの対話を象徴する番組の中で一人のアメリカ人女性が「アメリカではテレビのコマーシャルはセックスのことばかりですが，ソ連ではそんなコマーシャルがありますか？」と質問．するとロシア人女性が，「ソ連にはセックスはありません．断固として反対します」と答えた．会場では笑いが起こり，他のソ連側の女性が「セックスはあるけど，コマーシャルがないの」と付け加えた．このときの「ソ連にはセックスはない」が，ソ連時代の性に対する考え方をよく表している．多くの人は性について語ることはタブーであると感じていた．

❋自由か伝統か　歴史をさかのぼると，1930年代の家族の強化政策以後，性については，研究はもとより，語られることさえなかった．「雪どけ」の時代には，性に関する書籍が出版されるなど自由な空気はあったが，セックスは生殖目的以外に行うものではなく，隠すべきものであるという考え方は変わらなかった．

　例えば，同性愛者は刑法で罰せられていたこともあり，同性愛に嫌悪感を持つ人が多かった．その後，ペレストロイカが始まると状況は一変し，同性愛が公然と議論されるようになった．さらに状況が大きく変化したのはソ連解体後である．人々は性やセクシャリティについて語り始めた．そうした流れの中で，同性愛は犯罪であると規定された刑法は無効となり，99年には同性愛がロシア保健省の疾患リストから外された．

　また一時的ではあったが，学校において性教育の授業が導入された．しかしその後，同性愛に対する批判が再燃し，性やセクシャリティへの自由な空気は萎んでいき，子どもたちが性について知る機会もなくなっていった．自由な流れにとどめを刺したのは，2013年のいわゆる「同性愛宣伝禁止法」である．この法律は，子どもの精神的発達に悪影響を与えないように，同性愛を含む非伝統的な性的関係の喧伝を禁止するものである．「伝統的でない」セクシャリティを認めないということを意味しているこの法律は，西側から批判されている．ロシア国内では，LGBTに対する不寛容を批判する声もあることはあるが，13年にロシアの非政府研究機関レヴァダセンターが行った世論調査では，76％がこの法律に賛成している．また，「同性愛を容認できない」とする人の割合が1998年の同センターの調査では68％であったのが，2017年の調査では83％に増加した．伝統的な家族の重要性を強調する家族政策が推し進められる中で，ロシアの人々は「伝統的な」セクシャリティのみを正しいとする価値観をさらに強めていくのか，今後の状況を注視する必要がある．　　　　　　　　　　　　　　　　［五十嵐徳子］

恋愛・結婚・離婚

　ロシア人の恋愛観を考えるならば，近年ロシアで人気を博したコメディドラマ「どうやってボクはロシア人になったか」(2015) が参考になるだろう．このドラマは，アメリカ人青年の目を通して，ロシア人のさまざまな特徴を面白おかしく，しかも的確に描いている．ロシア女性についてやロシア風恋愛についても語られており，これによれば，「ロシア女性は走る馬をも止める，燃えている小屋にも飛び込む」ということわざが示すように，ロシア女性はたくましくて力強い．しかし，だからといって，男性に対してロマンチックな振舞いや大げさなジェスチャーや気前のよさを求めていないわけではない．また，ロシア女性は男性にあれこれと指示を出すのが好きだが，一方では，すべてを引き受けてくれる男性の出現を夢見ているという．

　一般に，男性に求められる行動規範は比較的保守的で，レディーファーストが原則であり，ドアを開けたり，荷物を持ったり，花を贈ったり，またときによっては女性の手の甲に口づけしたりと騎士道的な振舞いを期待されることが多い（☞項目「エチケット」）．

　リア・ノーヴォスチ通信社が民間会社に委託した調査（Head Hunter, 2012）によると，配偶者と知り合ったきっかけは，男性既婚者のうち27％が「知り合いの紹介」といい，「職場」が19％，「学校」が18％と続いている．そのほかの回答としては，「街中やナイトクラブで声をかけて」「インターネットを通じて」「結婚紹介所やスヴァーハといわれる縁談世話人の助けを借りて」配偶者と知り合ったなどがある．

❋結婚　ロシアでの結婚へのプロセスで特徴的な点は，手続き上，本人たちの同意があっても婚姻は直ちには認められないことである．結婚登録所（ザックス）で申請書を提出した後，1カ月してから結婚が認められる．ただし，妊娠している場合や生命の危機に瀕している場合には例外的にその日のうちに認められる．

　ソ連時代には宗教が公式には認められていなかったため，この結婚登録所に併設されたホールで結婚の祝いを行うことが普通だった．この建物は「結婚宮殿」（ドヴァレツ・ブラコソチターニヤ）と名付けられていること

図1　結婚宮殿（結婚登録所）にて［著者提供］

が多い（図1）．しかし現在では，さらにロシア正教会で「戴冠式」といわれる教会結婚式を執り行う人も増えている．この「戴冠式」という名称は儀式の際に新郎と新婦が冠を戴くことに由来する．

　ロシアでは男女ともに18歳から結婚をすることができる．場合によっては求めに応じて地方自治体が16歳から許可することもあるが，ロシア連邦統計局の「ロシア人口統計年鑑2017」によれば，結婚は晩婚化しつつある．また，2011年からロシア人の婚姻数は数年間減少傾向にあり，11年の婚姻数が130万組を上回っていたのに対し，16年には約100万組を切った（ただし，16年は閏年で，ロシアではうるう年に結婚することを忌み嫌う傾向があるためとも考えられている）．ロシア政府も少子化の原因である婚姻数減少に歯止めをかけるべく，対策として，16年12月，子供の出産に応じて毎月家庭への補助金が支払われる法律を制定した．その効果もあり，17年には婚姻数は6.5%増加に転じている．

　また，08年からは，精神的道徳的価値観を守るものとして家族を大切にしようという目的で，7月8日を「家族と愛と誠実の日」として制定し，祝うようになった．この祝日は，ロシア正教の聖人であり，理想的な夫婦とされる，ムーロムの聖ペテロと聖フェヴロニアの伝説に基づいており，ロシアを象徴する花であるカモミールがこの祝日のシンボルとなった．

❉**離婚**　「あなたは私の人生最良の時を奪った」というのが，ロシアの夫婦喧嘩でよく聞かれる女性側の捨てぜりふである．

　ロシア連邦統計局のデータによれば，2016年の人口1,000人当たりの離婚者は4.1人である（オリガ・パステノワ，2018）．これは結婚する者が1,000人当たり6.7人なので，約1.6組に1組が離婚することになる．しかし，この割合はここ数年引き続いての水準であり，02年に1,000人当たり5.9人，1.2組に1組を記録したことを考慮すれば，一時よりはやや落ち着いてきた感もある．

　ロシアで離婚率が高い原因は幾つか考えられるが，まず，離婚に対するマイナスのイメージが希薄で，社会が寛容であることがあげられる．さらに，離婚の手続きも諸外国に比べて簡単である．互いの合意があれば，婚姻をするときにも訪れた結婚登録所に夫婦そろって出向いて申請をする．すると，婚姻のときと同様，1カ月後に離婚が確定する．ただし，子供がいる場合には，離婚の際，裁判を経る必要がある

　専門家による社会学的調査（SPUTNIK, 2018）によると，離婚理由は「配偶者がアルコールや薬物に依存している」が40%，「快適な生活環境の欠如（住宅，生計など）」が23%，「家庭生活における親族の干渉」14%と続く．また，この調査によると，最初の離婚後，男性と女性の半数は，3〜4年のうちに次のパートナーを見付けて約75%が再び結婚する．連れ子や，再婚後の出産などで，ロシアではステップファミリーの割合が高くなっている．

[守屋　愛]

結婚儀礼

中世ロシア人の結婚儀礼は，地域の伝統や習慣にキリスト教の要素が接合されるかたちで発展してきた．だが18世紀にピョートル1世が西欧化政策を遂行して以降，上流階層や都市住民を中心に結婚儀礼の西欧化が進んでいった．19世紀ロシア文学に登場する男性から女性への直接のプロポーズ，花嫁のウェディングドレス，新郎新婦のダンスなどは，そうした変化の結果である．

一方，農民の間では，その後も長らくロシア風の結婚儀礼が保持された．そのため彼らの儀礼には，ピョートル1世以前の上流階層の婚礼との共通点が多い．婚礼の主要参加者の儀礼的名称（主賓の千人隊長や付添人のドルーシカ，客である貴族(ボヤール)など）や儀礼パン(カラヴァイ)の使用，花嫁の髪型を既婚女性風に変える儀礼などは，双方に見られる要素である．しかしロシア農民の婚礼では「結婚の泣き歌」が発達するなど，中世の上流階層の記録には見られない特徴もあった．

❋結婚申込みと娘たちの泣き歌　ロシア農民の結婚儀礼は，民族学が発展した19世紀末から20世紀初頭にかけて多く記録されている．以下では当時の多くの儀礼に共通する一般的な流れを示そう．

ロシア正教徒では教会祭日や斎戒期との関係で，教会挙式が可能な日程が制限される．その影響でかつてはロシア人の婚礼シーズンは春季（復活大祭後），夏季（7，8月），秋・冬季（10月〜大斎前）に限定されていた．ロシア語で婚礼シーズンを意味する「クラスナヤ・ゴールカ（美しい丘）」は春季を指すが，農村では農繁期の関係から秋・冬季の挙式が多かった．

図1　トゥーラ県の農村結婚式（1902）[ロシア民族学博物館蔵]

嫁入婚が主流であったロシア人農民のもとでは，一般に青年側が娘側に仲人（男女どちらも可）を送った．仲人が「私たちは商人です．お宅には商品がありますね」などと言って結婚の申込みをほのめかすと，娘の親は時に娘の意向を確認し，時にそれを確認することもなく，承諾や断りの返事をした．

その後，双方の顔合わせや話し合いを経て結婚が正式に決まると，花婿の家では披露宴の準備が，花嫁の家では嫁入道具や親族への贈り物の準備が進められる．花嫁の家には娘たちが集まり，婚礼衣装や贈り物の準備を手伝いながら，花嫁とともに泣き歌を歌った．泣き歌は葬送儀礼から発達した儀礼歌である．葬送の泣き歌が死者をあの世に送る役割を持つように，結婚の泣き歌は処女として死

んだ花嫁を既婚女性として花婿側に送り出す，という意味を持っていた．泣き歌が高度に発達したロシア北方（いわゆる北ロシア）では，「泣き女」が雇われて花嫁の代わりに歌うこともあった．

　花嫁と娘たちの儀礼は結婚式前日の「娘たちの会」と呼ばれる会でピークを迎える．蒸風呂小屋がある地域では，娘たちが花嫁を風呂で洗い，未婚女性の髪型である一本編みのおさげを解く儀礼を行った．

✿結婚式当日と2日目以降　結婚式当日，花婿たちは婚礼行列をつくって花嫁を迎えに来る．これに対して花嫁側はしばしば抵抗の姿勢を示すので，花婿やその付添人は贈物で妨害者を懐柔して，花嫁を「買い取る」．花嫁が花婿のそばに座らされると，花嫁の両親はイコン（聖像画）で二人を祝福し，婚礼行列を教会へと送り出した．教会ではロシア正教の儀礼に従い，二人の頭上に冠がかざされて結婚が法律的に成就する．この後，花嫁の髪型を既婚者風に変える地域も多かった．

　婚礼行列が花婿宅に戻ると，花婿の父母が歓迎の印とされる儀礼パンと塩，そしてイコンを持って出迎え，二人を祝福する．続く披露宴では泣き歌は歌われず，人々は2人に賛歌を歌って褒めそやす．客たちがご馳走や踊りを楽しむ間，花婿と花嫁は飲食も踊りも禁じられ，静かに上座に座っている．時間が来ると二人は床入りのために退席する．かつては床入りの後に花嫁の「純潔チェック」が行われていたが，20世紀には多くの地域でこの儀礼は廃れた．

　農村の披露宴は2〜3日，あるいはそれ以上続く．2日目の朝，花婿と花嫁が無事に「本当の夫婦」になったことを祝った後，披露宴の場はしばしば花嫁の実家に移り，客たちはそこに移動して，祝宴を続けた．

✿ソ連時代以降の変化　ソ連時代になると，反宗教政策や農業集団化，第2次世界大戦の影響で，都市でも農村でも結婚儀礼は縮小・簡略化されていった．泣き歌に代表される儀礼歌が最初に忘れられ，多くの教会が閉鎖されたことで教会挙式も激減した．1960年代頃にソ連政府が個人儀礼の重視に政策を転回すると，都市では結婚宮殿が建てられ，結婚登録式が整備された．農村でも都市の習俗が取り入れられて，背広と白いウェディングドレスに身を包んだカップルが村役場で結婚登録式をあげた後，レーニン像や戦死した兵士の像に献花するスタイルが定着していった．それでも農村では都市よりも複雑な儀礼が好まれ，花婿が花嫁を迎えに来て妨害を受けるパターンもソ連解体後まで保持された．

　ソ連解体後は教会挙式を望むカップルも増えたが，自分たちの都合と教会挙式が可能な日程とが合わず，教会挙式をあきらめたり後回しにしたりすることも多い．また近年では農村住民も町のレストランで披露宴を開くことが増え，隣人参加型の儀礼が減少している．一方で，都市でも場を盛り上げる目的で「伝統的」な要素（儀礼パンによる両親の祝福など）を導入することが増えた．こうして現代では，都市と農村の結婚儀礼の差が縮小する傾向にある．　　　［伊賀上菜穂］

家庭生活・子育て

ロシアには若い家族や母親，子供が3人以上の子だくさん家庭を支援する制度はあるが，ソ連時代には無料であった医療や教育分野では，徐々に有料化が進んでおり，現在改革の途上にある（☞項目「医療制度」）.

❀出産　妊娠中に通う病院と出産をする病院は異なるのが通常である．妊娠中に通うのは婦人医療相談所で，出産するのは産院である．婦人医療相談所も産院もそれぞれ地域ごとにある．立ち合い出産のケースもあるがまれであり，通常は父親であっても母子入院中は面会禁止で，父親が初めてわが子に会えるのは退院時である．産院から家に戻ると，翌日に地域の小児科クリニックから担当医か看護師が家に来る．その後はクリニックに通うことになるが，子供が病気のときは往診をしてくれる.

医療は基本的に無料であり，定期検診や予防接種も地域のクリニックで実施される．地域のクリニックには乳製品供給施設があり，担当医が必要であると判断すれば，粉ミルクや乳製品などを3歳（子だくさん家庭は7歳）まで無料で受け取ることができる．何か異常があったり，大きな病気の場合は，担当医師に証明書を書いてもらえば，その地域の指定総合病院に行くことになる．病院で行う手術も基本的には無料である.

❀産休・育休・病気休暇　産前産後休暇は出産前70日，出産後70日であり，出産前3カ月の平均給与が支払われる．1年半までの育児休暇は40％支払われる．それ以降は3歳まで育児休暇を取ることができるが，給与はわずかに支払われるものの，実質ほぼ無給である．父親も育児休暇を取ることはできるが，母親と同時に取ることはできない．子供が病気になり，仕事を休まなければならない場合は，担当医より疾病証明書をもらえば，病気休暇を取ることができる.

❀子育て支援　ロシアも少子化が進み，合計特殊出生率は低水準が続いている．2007年を「子供年」，08年を「家族年」とするなど，国も危機感を持っており，子供の扶養控除などの経済的支援がある．07年1月より2人目の子供から「母親支金」が支給されるようになった．受け取ることができるのは1度だけであり，2人目の際にすでに受け取っている場合は，3人目の際には受け取ることはできない．18年には，「1人目の子供から1歳半になるまで」，生活賃金の1.5倍を超えない範囲で，毎月支援を得られる法律が成立した．子だくさん家庭に対しては，幼稚園，学校の給食，公共交通機関，博物館の入場などが無料になるなどの支援がある．そのような支援の一つとして，「家庭幼稚園」がある．自分の子供を対象に自宅を幼稚園と認めるもので，親（多くは母親）が保育士としての給料を受

け取ることができ，食費も支払われる．つまり，通常の子育てによって経済支援を得ることができる制度である．児童養護施設の子供たちとの養子縁組の制度もあり，養子を迎えた場合は，養育費として国から支援を受けることができる．しかしながら，その制度を悪用し，支援金を得るために多くの子供たちと養子縁組をする悪質なケースもあり社会問題となった．

❋幼稚園　ロシアの幼稚園は，法律上は生後2カ月から入ることができるが，すべての幼稚園がその時期から受け入れているわけではなく，通常は2歳以上からである．育休が終わった3歳頃から幼稚園に通わせることが多い．幼稚園は12時間（8〜20時まで，7〜19時まで）営業している．幼稚園では朝食が出るので，とにかく子供を起こして連れて行けばよい．学校に上がってからも朝食がある．5日間預けたままにできる24時間体制の幼稚園もある．幼稚園にも夏休みがあり，多くの子供たちがダーチャ（郊外の別荘）や祖父母の家，サナトリウム（療養所）などの保養地，近年では海外の避暑地などへ行くこともあるが，夏の間も町に残る子供たちは，地域で当番となっている幼稚園に通うことになる．現在，地域の学校の統合が進み，幼稚園も学校に組み込まれ，学校の「幼年教育の部」となった．

❋学校生活　モスクワのような都市部では，1990年代以降，子供たちを学校へ送り迎えするようになった．迎えに来ないと学校から出してもらえず，両親以外が迎えに行く場合は，それが祖父母や兄弟姉妹であっても，あらかじめ書面で学校側に申請する必要がある場合もある．ただし，両親からの申請により，一人で通う子もいる．交通事故や子供に対する犯罪の増加から，子供たちだけで外に遊びに行くこともあまりなくなった．公園などへは保護者が連れていく．保護者が連絡して時間と場所を決め，公園に行ったり，お互いの家に連れて行ったりする．働く両親のために，学童保育制度があり，子供たちは放課後を学校で過ごすことができ，食事もできる．有料のサービスであるが，子だくさん家庭や片親の場合は，無料であったり，有料であっても少額となる．6〜8月までの3カ月にも及ぶ長い夏休みの間には，働く両親は町に残り，子供たちは祖父母のいるダーチャやラーゲリ（休養施設）に行くことがある．

❋習い事・サークル　ロシアは音楽や芸術教育が盛んであり，お金をあまりかけずとも，音楽や芸術教育を受けることができる．放課後に通う音楽学校は地域ごとにあり，誰でも初期の音楽教育を受けることができる．以前は，学費はわずかではあっても支払う必要があったが，現在は，国立・公立の音楽学校は無料である．しかし，入学の際に適正試験があり，無料で入学できない場合は有料コースもある．親は教育熱心であり，上記学校のほか，スポーツなど多くの習い事をさせる．誕生日のお祝いにはお金をかけ，カフェや職業体験や子供用のアトラクション施設で誕生日のお祝いをすることも多い．　　　［ヴェヴュルコ（坂上）陽子］

葬儀と墓地

　ロシアでは10世紀のキリスト教受容後，その教義に従って死者を埋葬する際は土葬が常となった．これは終末思想に基づいて，キリストが再臨する世界の終わりの日に信仰をもって死んだ者たちが復活すると信じられたからである．

　ロシア革命以前，村落共同体では死者が出ると女性たちが儀礼的な哀泣，いわゆる泣き歌を歌うのが普通だった．多くの女性たちが年齢に関係なく儀礼的に泣くことができたが，とりわけ遺族や故人の代弁者となり，故人の人生を追想し即興的に泣く能力の高い女性は泣き女と呼ばれ，遠く離れた村々からも請われて泣きに出かけていくほどであった．泣き歌は，死の確認の直後，親族や隣人が駆け付けた時，湯灌を施す際，棺桶をつくる時，棺の搬入時，出棺時，野辺送りの際，墓地からの帰途，追善供養時など，葬儀のあらゆる過程で歌われた．

　遺骸は聖像画のある部屋で藁などの柔らかいものを敷いた上に置かれて湯灌される．普通，遺骸は聖像画が掲げられた「美しい隅（クラースヌィ・ウーゴル）」に足を向け，顔が常に聖像画に向くように安置される（☞項目「住居」）．

　出棺は普段使う玄関を避け，窓や裏口を用いることが一般的だったが，壁を破って一時的な出入口とすることさえあった．通常の出入口を用いる場合でも，遺骸の足が先に出るように棺を運んだが，そうした行為は死者があの世から生前の住居に帰還することを防ぐためであった．同様の理由から，野辺送りでは列の最後尾の者が箒で足跡を消し，墓地からの帰途は往路とは異なるものでなければならなかった．野辺送りでは，古来夏でも冬でも儀礼的に橇が用いられたが，時代が下るにつれ，馬車，トラクター，自動車などに取って代わられた．

❀埋葬と追善供養　普通，埋葬には人夫を雇って墓穴を掘った．棺は現在でも，遺骸の足を十字架の根元に向け，顔が常に十字架を向くように墓穴に下ろされる．

　死者の魂は死後40日の間この世にとどまり，その期間に親族をあの世へ連れ去る危険があると信じられた．そのため，多くの場合，遺族が湯灌や出棺，埋葬など，亡骸や棺に直接触れるような行為は禁忌とされた．生命の象徴である子どもや妊婦が葬儀にかかわることは特に避けなければならなかった．

　帝政時代でも都市部では，多くは葬儀屋が葬儀を行い，ソ連時代後期は公営機関がその役割を担った．近年では，遺骸は基本的に遺体安置所に運ばれ，その後，公営機関や葬儀社によって葬儀が行われることが一般的である．

　墓地では墓の横にテーブルとベンチが備え付けられ（図1），遺族は墓参のたびにそこで饗応するが，古くから続く追善供養の習俗は現代にも受け継がれている．教会では「父祖の土曜日」という墓参日が年に9日定められており，現在で

も多くの人が墓を参る.

　このように，ロシアでは昔から土葬が一般的だが，革命後，モスクワやペテルブルグなど大都市の著名人が眠る有名な墓地では土地不足となり，都心から遠く離れた郊外に新たな墓地が造成され始めた．しかし，郊外では墓参が不便なこと，また有名な墓地への埋葬がステータスの象徴にもなることから，現在の都市部では火葬にして骨壺を納骨堂の壁龕に納めることも多い．約41万坪の広大な敷地にヨーロッパ最大規模の火葬場を併設する，モスクワ東部郊外のニコロ・アルハンゲリスク墓地では毎日約40件（2018年現在）の火葬が行われていることも，こうした傾向を如実に物語っている.

図1　土葬の土饅頭と供養時に用いるテーブル［著者撮影，アルハンゲリスク州上トイマ地区，2015年］

❋ **モスクワとサンクト・ペテルブルグの墓地**　モスクワの墓地といえば，約2万2000坪の規模を誇り，2万6000人余りが埋葬され，2004年に世界遺産にも登録されたノヴォデヴィチ修道院墓地が有名である．ここには，政治家，学者，作家，音楽家，画家，俳優など，多くの著名人が眠っている．初代大統領ボリス・エリツィン，作家のニコライ・ゴーゴリやアントン・チェーホフ，作曲家セルゲイ・プロコフィエフ，演出家コンスタンチン・スタニスラフスキーなど，数え上げればきりがない．ほかに，ドンスコイ修道院墓地，ヴァガニコボ墓地も有名である.

　一方，サンクト・ペテルブルグの墓地といえば，アレクサンドル・ネフスキー大修道院にあるラーザレフ墓地とチーフヴィン墓地が特に有名である．前者はその礎がサンクト・ペテルブルグで最も古い1713年，後者の礎も1823年と，ともに長い歴史を持ち，古今の偉人たちが眠っている．例えば，ラーザレフ墓地には18世紀にモスクワ大学を創設したミハイル・ロモノーソフや『寓話』で知られる19世紀の作家イワン・クルイロフなどである．一方，チーフヴィン墓地にも錚々たる著名人が埋葬されている．18世紀の歴史家ニコライ・カラムジンや作家フョードル・ドストエフスキー（図2），作曲家のピョートル・チャイコフスキーなどが眠っている．ほかに，ワシーリエフスキー島にあるスモレンスク墓地も有名である.

図2　ドストエフスキーの墓碑［golos.io］

　こうした墓地は，優れた彫刻家たちによる墓碑や記念碑で彩られており，入口付近の案内図で著名人の埋葬場所が分かるようになっていて，多くの墓参者や見物人が訪れるため，一種の観光地にもなっている.

［中堀正洋］

度量衡と世界観

　ルーシ（古ロシア）において流通していた「度（長さ）」「量（容積，面積）」「衡（重さ）」の単位は，当時の人々の生活と密接に結び付いていた．それぞれの単位を表す語彙はこのことをよく示している．特に，度，量は人間の身体の部位とその振舞い，量，衡は農工商を営む庶民の暮らしと，衡は富裕層の生活と明らかな結び付きを持っていた．

❋ **人間の体の部位を基準とする長さ，容積の単位**　人間の身体のバランスが長さの尺度になるのは，ロシアに限らず人間社会に共通している．人間の身長は両手いっぱいの長さに等しく，目いっぱいの一歩は身長の半分，肘の長さは身長の4分の1，爪先から踵までの足の長さは身長の6分の1に相当する．6世紀ビザンツの文筆家ヨハンネス・マララスの『年代記』は中世ロシア語に翻訳されてよく読まれたが，それによれば，人間の身体のバランスは神の意志に由来していた．「最初の人間アダムは神によって土塊からつくられたといわれている．頭を含めた身体の長さ（185 cm）は歩幅（30.8 cm）の6個分，親指の幅（1.93 cm）96個分，親指と人差し指をいっぱいに伸ばした長さ（ピャチ）は親指の幅12個分，肘は同24個分，歩幅は同16個分である」．

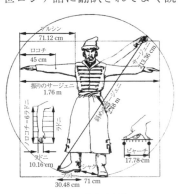

図1　人体と度量衡

　成人男子の体の部位そのもの，あるいは，その振舞いが長さの単位となったものとして，サージェニ，アルシン，シャク，ロコチ，フット，ピャチ，ラドニ，ヴェルショクがあげられる（図1）．サージェニは古スラヴ語のソングヌチ「手を伸ばす」に由来する語で，両手を水平に伸ばした長さ「振りのサージェニ（約176 cm）」と，手と足を斜めに伸ばした長さ「斜めのサージェニ（約248 cm）」とがあり，単位として定着したのはその平均の1サージェニ約213 cmである．トルコ語の「長い肘（腋の下から手の先まで）」に由来するアルシンは約71 cmで，織物の長さの単位としてロシアに入ってきた．シャクはロシア語でまさに「一歩」の意で約70 cm，ロコチは「肘」で約45 cm，英語の「足」に由来するフットは爪先から踵までの長さで約30 cm，ピャチは親指と人差し指を力いっぱいに伸ばした長さで約18 cm，ラドニは「掌」で約10 cm，ヴェルショクは人差し指の長さで約4.5 cmである．

　また，人体の部位に由来する容積の単位として，掌で掴むことのできる粒の量

がゴルスチ，親指，人差し指，中指の3本の指で摘める粒や粉の量がシチェポチである．

❋古ロシア人の生活器具と長さ，面積，容積の単位　これらに対し，大きな距離を表すヴェルスタ（露里）は，19世紀に1ヴェルスタ500サージェニ，1,088mとして定着した．もとは犂が折り返す（ヴェルスタチ）距離を表した．ヴェルジェニエは，成人男子が石を力一杯投げて（ベレチ）届く距離で約42.5mである．面積を表す単位，プルグ，ソハは「犂」を，ノヴゴロドで用いられたオブジャは「犂の長柄」を表す語で，もともとは1人の成人男子が1台の犂を使って一定期間に耕すことのできる面積を意味していたが，後には課税の単位ともなった．土地は，勤務人，教会，庶民の土地に分類され，課税単位である1ソハは勤務人地で約800チェトヴェルチ，教会地で約600チェトヴェルチ，庶民地で約400チェトヴェルチであった．面積1チェトヴェルチは，容積1チェトヴェルチ，200ℓ強の穀粒を播種する土地の面積で，およそ0.5ヘクタールである．

　個体ないしは液体の内容物を入れる容器の名称は，そのまま容積の単位となった．主に小麦，大麦，ライ麦，塩などの固体（穀粒）を保存していたカジ（桶）は板を箍で束ねてつくった容器で，4チェトヴェルチ，800ℓ強に相当した．1カジの半分がポロヴニク，8分の1がオシミナである．カジは「水差し」「バケツ」を意味するギリシア語カディオンに由来する．ノヴゴロドでは，靭皮やシラカバでつくった編み細工に由来するコロビヤという語が用いられた．1コロビヤは4チェトヴェルチである．ワインや油などの液体を入れる容器がヴェドロ（バケツ），ボチカ（樽）で，1ヴェドロは10ℓ，1ボチカが10ヴェドロである．

❋重さの単位とぜいたくな装飾品　ロシアでは重さの単位としてプード，フントが用いられていたが，いずれもラテン語の「秤（ポンドゥス）」の奪格形「ポンドー（秤で）」に由来する．単位としてのポンドは，人間が1日に食する製粉の量によって規定され，14世紀初頭の英国で453.5gとされたが，このポンドがドイツ，ポーランド経由でロシアに入ってきたものがフントで，18世紀以降には409.5gと定められた．同じポンドがスカンジナビア経由でロシアに入ってきたものがプードで，主に蜜蠟を量る単位として用いられ，16.38kgと定められた．重さの単位としてほかに，当初は金ないしは銀の首飾りを意味していたグリヴナと，そこから派生したグリヴェンカが知られている．グリヴナはやがて金，銀などの貴金属の重さの単位としても，通貨の単位としても用いられた．グリヴェンカはフントと同じ約409gで，96ゾロトニクである．ゾロトニクはゾロト（金）に由来し，キエフ・ルーシでは金貨をも意味した．1ゾロトニクは約4.5gである．さらに小さな単位ポチカは，金属や宝石の重さを計る際に用いられた．1ポチカは0.171gである．グリヴナ，グリヴェンカ，ゾロトニク，ポチカという重さの単位からは富裕層の生活が垣間見える．　　　　　　　　　　　　　　　　[三浦清美]

カレンダー

　ロシアを含む東スラヴ地域では古くから農耕と牧畜を生業としており，農作業の1年のサイクルに合わせて太陽暦が用いられた．1年は日照時間の最も短い冬至と最も長い夏至，それに昼と夜の長さが同じになる春分と秋分によってほぼ均等に四つに分けられたが，農民の意識の中では冬が最も長く夏が最も短かった．そして農作物の収穫や家畜の生育に大きな影響を与える春から夏にかけての自然の変化や気候条件は農民生活における大きな関心事だった．

　キリスト教の受容により農民の生活の中に教会の祭日と聖者たちの名前が浸透した．ロシアの民間暦はキリスト教の年間サイクルに，農民たちの生活に基づいた自然や動植物の観察，天候の変化，農作業や家内労働への配慮などが織り込まれている．

❋**1年の始まり**　ロシア正教会は教会暦の天地創造7000年にあたる1492年，新しい年の始まりをそれまでの3月1日から9月1日に改めた．

　現在のように1月1日が新年となったのはそれから約200年後の1700年である．西欧化を進めたピョートル1世がユリウス暦を取り入れて，西欧と同じように1月1日を新年と定めた（そのため1699年は9月から12月までの4カ月しかなかった）．ところが西欧ではすでに，より正確なグレゴリオ暦を採用し始めており，19世紀にはユリウス暦を用いるのはロシアを含むギリシア正教の国々だけになっていた．ロシアにおけるユリウス暦（旧暦）からグレゴリオ暦（新暦）への切り替えは，1918年ソヴィエト政権によって断行された．しかし200年余りの間にユリウス暦とグレゴリオ暦の間に日にちのずれが生じ，切り替えた時点で13日の差が認められた．ロシア正教会は今もユリウス暦を使用している．

❋**スヴャートキとイワン・クパーラ**　農民の意識では，冬至は新しい1年の始まりを示すものであった．キリスト教受容以後，冬至と日付がほぼ重なるクリスマスが新年への移行の始まりとして意味付けられ，新しい年の始まりとして受け入れられた．クリスマス（1月7日，以下すべて新暦）から洗礼祭（1月19日）までの12日間が「スヴャートキ」と呼ばれる祝祭期間であり，クリスマス週間とも呼ばれる．この期間に子供や若者たちが仮装して家々を回り，コリャダーと呼ばれる儀礼歌を歌ってお金や食べ物をもらう習慣があった．

　「イワン・クパーラ」（7月7日）は夏至と結び付いた祭日であり，年間サイクルの中で，冬至と対称の位置にある．冬から夏への時期は日照時間が徐々に長くなり農作物が育っていく．そして夏至の頃に植物の生育がピークを迎える．「イワン・クパーラ」は夏の始まりの日とされ，クパーラ（水浴の意）と太陽を象徴

する「水と火」に関連したさまざまな儀礼が行われた．水浴によって身を清めたり，火の上を飛び越えて災いを払うなど．キリスト教においてはキリストに洗礼を施した聖ヨハネの生まれた日であり，聖ヨハネ祭として祝われた．

✸固定祭日と移動祭日 キリスト教会の暦には日付が定まっている固定祭日に，復活祭を中心とした移動祭日が加わる．ロシアではそのような教会の祭日の随所に異教色の強い民間の行事が溶け込んでいる．キリスト教の最も重要な祭日である復活祭は年ごとに日にちが異なる移動祭日であり，復活祭に関連する一連の祭日や行事は毎年日付が移動する．復活祭は「春分の後の最初の満月の次の日曜日」とされるが，この場合の春分は天体観測によってではなく，教会が定めた特別な計算方法に基づいて定められた．そして復活祭の日を基準にして，その前約7週間が大斎（精進期）であり，さらにその前の一週間に催される冬送りの民間行事「マースレニツァ」を経て，大斎に入っていく．また，復活祭後の一週間を光明週間，その翌週をフォマー週間と呼ぶが，これは春の農作業を始める目安となる時期であり，野外行事が盛んな時期である．そして50日目の日曜日に聖霊降臨祭，その翌日が聖霊の日，次の日曜日に諸聖人の日があり，移動祭日が終わる．つまり，復活祭を中心とした前後約4カ月が移動祭日の期間となる．

　また，固定祭日は聖母進堂祭（12月4日），クリスマス（1月7日），洗礼祭（1月19日），迎接祭（2月15日）など教会の12大祭のほかに，農耕や牧畜の開始日とされる春のエゴーリーの日（5月6日），草刈りや耕作の目安とされるペテロの日（7月12日）やイリヤの日（8月2日）など，聖者の名と農作業の時期が結び付いた祭日が多くある．第1，第2，第3のスパス（8月14，19，29日），セミョーンの日（9月14日）など，収穫を祝い，夏を送り，秋を迎える祭日が続く．

✸スイチンのカレンダー ロシアで初めてカレンダーが印刷されたのは16世紀のことである．現在はウクライナに含まれるオストログという町に印刷工イワン・フョードロフが開いた印刷所でつくられた．本格的にカレンダーの編纂が始まったのは18世紀の初めであり，ピョートル1世が側近の一人ヤーコフ・ブリュスおよび科学アカデミーに命じて編成にあたらせた．それ以後カレンダーの出版はもっぱら科学アカデミーで行われたが，1865年，アレクサンドル2世の時代に民間でも自由にカレンダーを出版できるようになった．

　印刷されたカレンダーが農民たちの間に普及したのは19世紀後半のことである．当時ロシアの出版王と呼ばれたイワン・スイチンが84年に『ロシア国民カレンダー』を出版した．スイチンは安く，美しく，わかりやすい内容のカレンダーをつくることを心掛け，年間発行部数が600万部にも上った．一枚物のカレンダーのほかに，冊子型や日めくり型のカレンダーも出版された．スイチン社のカレンダーは行商人たちによって大衆本や聖像画とともに農村各地へ運ばれた．

[青木明子]

切手と貨幣

❋**郵便の前史と帝政ロシア時代の切手**　ロシアでは馬を用いて書類や荷物を運ぶ駅逓(えきてい)制度が13世紀に始まり，当時駅逓の宿駅のことをヤムと呼んだ．18世紀初頭，ピョートル1世の時代に郵便網がロシア各地に拡張され，18世紀末，エカチェリーナ2世の時代に公式にロシア語でポチタと呼ばれる郵便の国家的制度が整った．1844年には信書の郵便料金が距離を問わず全国一律になり，57年12月にはロシアで初めての郵便切手が発行され，翌年からロシア全土で切手が国内郵便の料金支払いの公式手段となった．

19世紀を通じてロシアで発行される切手は普通切手に限られていたが，20世紀に入ると，特殊切手・記念切手が発行されるようになる．日露戦争開戦後の1904年12月と第1次世界大戦開後の14年11月には，軍人やその家族を支援する寄附金付き切手セットが売り出された．また13年にはロマノフ王朝300周年を祝って，歴代皇帝の肖像などを描いた全17枚のセットが発行された．

❋**ロシア革命以後の切手**　ロシア革命後の切手の図柄はソ連の国家政策を反映して，革命やプロレタリアートを称えるものが増え，1924年，ウラジーミル・レーニンの没後には追悼切手が発行された．第2次世界大戦後は，多色刷りの美しい記念切手セットが頻繁に発行されるようになり，ソ連切手は国内だけでなく，国際的にもコレクターの人気アイテムとなった（外貨獲得に貢献したという面もある）．記念切手発行のペースは，91年から2017年の実績を見ると，年平均約80点である．テーマは政治的なものだけでなく，宇宙飛行士やロケット，著名な作家・芸術家や学者，動植物，伝統工芸など幅広い．ソ連解体後は，教会や聖像画など，宗教的なテーマの切手も目立つ．これらの切手は，国威発揚のプロパガンダの道具である以上に，切手収集家にとってささやかな祝祭的空間となったのである．

図1　(上左から)ロシア最初の切手(1857)．レーニン追悼(1924)．宇宙船打ち上げ記念(1978)．(下左から)プーシキン生誕200周年(1999)．キリスト教2000年記念(2000)

❋ロシアの通貨—ロシア革命まで

ロシアの通貨単位は基本単位のルーブリ（日本語ではルーブルとも表記される）と補助単位のコペイカである．どちらも語源は確定しがたいが，ルーブリは「ルビーチ（割る）」という動詞に関係があり，コペイカは初期のコインに描かれていた騎士の「コピヨー（槍）」から来ているという説が有力である．1ルーブリ＝100コペイカという比率は18世紀初頭，ピョートル1世の時代に確立し，以後現在まで引き継がれている．

キエフ・ルーシ最初のコインは，10世紀末にウラジーミル大公の時代につくられた金貨・銀貨である．一方，ロシア最初の紙幣は1769年，エカチェリーナ2世の時代に発行されたアシグナーツィヤと呼ばれるものだったが，これは信用が低く，1843年にはこれに代わって信用券と呼ばれる紙幣が発行された．

❋ロシア革命以後の紙幣

ロシア革命後の混乱期には激しいインフレが起こって通貨制度が混乱を極めた．その状況を安定させるために，1922年に金本位制に基づくチェルヴォネツという通貨単位が新たに導入され，47年までルーブリと併用されることになった．37年に発行されたチェルヴォネツ紙幣には，レーニンの肖像が紙幣史上初めて登場した．第2次世界大戦後，61年にはデノミが行われ，この時発行された新しい紙幣のデザインは91年まで基本的に変更されずに受け継がれた．額面10ルーブリ以上の紙幣にはレーニンの横顔が印刷されているが，それ以外には人物像は一切使われていない．

図2 （上から）10チェルヴォネツ（1937），レーニンの肖像．10ルーブリ（1961），レーニンの横顔．500ルーブリ，ピョートル大帝像

2019年現在流通している紙幣は5，10，50，100，200，500，1000，2000，5000ルーブリの9種類あるが，図柄に用いられているのは建物，さまざまな地方都市の景観，歴史的人物の彫像などで，20世紀以降の人物は登場しない．ただし2017年に新たに発行された額面200ルーブリの紙幣には，2014年にロシアに編入されたクリミアの風物が描かれている点が注目される．

［丸木 愛］

冬の暮らし

　伝統的な暦では冬は12月から始まる．しかし実際の寒さは一足先にやってくる．シベリアや北ロシアでは9月末から10月初め，ヨーロッパ・ロシアの中央部でも10月半ばには寒気が訪れる．モスクワの平均的な気温としては，10月に入ると気温が1桁台となり，その後一気に下がる．この頃から雪も降り始める．初めは湿った雪で，雹や霰も降るが，やがて乾いた雪になる．本格的な寒さの到来はだいたい11月に入ってからで，氷点下の日が続くようになり，やがて一面雪に覆われる．12月から2月にかけて厳寒が訪れ，日中でもせいぜいマイナス5℃程度，夜間は少なくともマイナス10℃まで下がる真冬日が続く．寒さがゆるみ始めるのはようやく3月に入ってからで，その後4月にかけて気温は徐々にプラスに転じる．折しも，3月末から4月末にかけては復活祭にあたり，キリストの復活とともに輝かしい春の復活が盛大に祝われるのである．

❋伝統的な農村の冬　冬は農閑期である．女たちは糸紡ぎや機織り，刺繍などの手仕事を持って屋内に集まった．男たちは干し草運びや薪割り，木材の運搬，あるいは指物づくりなどに励み，狩りや釣りに出た．もちろん仕事ばかりではない．この時期は若者たちの出会いの季節であり，また結婚シーズンでもあった．さらにクリスマス，スヴャートキ（1月7日のクリスマスから1月19日の洗礼祭前夜までの12日間の祝祭期間），新年，洗礼祭と大きな祝日が立て続けにやってくる祝祭

図1　〈ロシアの村　冬景色〉（コンスタンチン・コローヴィン画，制作年不明）

シーズンでもあり，人々は客を招き，客に招かれ，酒を交わして大いに盛り上がった．若者たちは未来を占い，仮装して村中を門付けして練り歩いたという（図1）．
　それでは現代はどうだろうか．一般的な都市の冬の暮らしの様子をのぞいてみよう．

❋都市の冬の暮らし—屋内と屋外　冬のロシアの屋内の暖かさは格別だ．パイプを温水が流れる仕組みの一括管理型セントラルヒーティングが充実しているため，室内は常に20℃前後に保たれている（ただし，そのメンテナンスのため，夏場2週間ほど温水の供給が止まる）．そのため屋内では薄着で過ごすことができ，寝具も薄手のものですむ．ただし乾燥には注意が必要で，加湿器が重宝する．室内が暑くなりすぎた場合は窓や換気小窓を開け，冷たい空気を入れて温度調節する．窓は通常二重構造のため結露は少なく，窓と窓の間は簡易冷蔵庫としても活

躍する．こうした冬の屋内の快適さに慣れているロシア人にとって，湿度が高く体感温度が低い日本の冬，隙間風が入り，暖房周りでしか暖を取ることができない日本家屋の寒さは耐え難いようである．軽装で冬の京都を訪れ，想定外の寒さに涙したロシア人もいるという．

　室内は暖かいとはいえ，一歩外に出れば凍てついた銀世界である．年によって差はあるものの，モスクワでは1年のうち平均100日間ほどは積雪が観測される．日本の豪雪地帯に比べれば積雪量は少ないものの，ドカ雪に見舞われることもある．雪が降ると市の除雪車が一斉に出動し，道路は渋滞する．車はスノータイヤに履き替え，停車中は車内ヒーターを稼働させてエンジンの凍結を防ぐ．歩道には強力な融雪剤がまかれるため，歩行者の靴に染みや色褪せが生じることがある．こうした厳しい寒さがある一方で，ロシア人が寒い戸外でアイスクリームを食べるのを好むことも不思議な事実である．冬にはアイスクリームを片手に街を闊歩する厚着姿の老若男女の姿が至る所で見られる（図2）．

図2　冬にアイス [rbth.com]

❋冬ならではの娯楽　ロシアの冬は想像以上に華やかでダイナミックである．冬は劇場シーズンたけなわで，毎日どこかの劇場でオペラ，バレエ，ミュージカル，コンサート，演劇を楽しむことができる．アウトドア派であれば，冷たく澄み切った大気の中の散歩を満喫し，スキー，スケート，橇滑り，雪遊び，あるいは氷上釣りを楽しむ．さらなる強者たちは，1月19日の洗礼祭に川や湖の氷上に穴を穿ち寒中水泳に挑む．これらの人々は「セイウチ」と呼ばれる（図3）．

図3　セイウチ [spb.kb.ru]

　12月半ばから1月半ばにかけては現代でもやはり祝祭シーズンだ．カトリックのクリスマス，大晦日，新年，正教のクリスマス，旧暦の新年と大きな祝日が続き，街はお祭りムード一色に染ま

図4　赤の広場のヨールカ（クリスマスツリー）[og.ru]

る．中心街はプレゼントの袋を下げた人々でごった返し，街中にはモミの木（ヨールカ，図4）の市が立ち，公園や広場には幻想的なスケートリンクが出現する．

　このように，暦と文化と自然と絶妙なバランスを取りつつ，昔も今もロシアの人々は長く厳しい冬を楽しんでいるのである．

[塚崎今日子]

毛皮

❊中世の毛皮交易 ロシア北部は寒冷な気候と毛皮獣が生息するのに適した森林地帯があり，クロテン，リスなど質の良い毛皮を産出した．11～15世紀にハンザ同盟との交易で繁栄したノヴゴロド共和国は，北ドヴィナ川，オビ川流域などから集めた毛皮をヨーロッパに輸出する交易センターだった．一方，13世紀からルーシに侵攻したモンゴル軍は，ロシア諸侯に毛皮の貢納（テュルク系言語で「ヤサク」）を納めるよう義務付けた．モスクワの台頭は，大公がキプチャク・ハンへ「ヤサク」を納める徴税権を獲得し，毛皮集散地となったことも一因とされる．モスクワ大公イワン3世によるノヴゴロド併合（1478）は，毛皮交易競争の結果という側面があり，毛皮はツァーリ（皇帝）の富と権力の象徴だった（図1）．

図1　後世（1728）に描かれたミハイル・ロマノフ（在位1613～45）の肖像画．歴代ツァーリが戴く独特な「モノマフの帝冠」には毛皮の縁取りがある

❊シベリア進出 16世紀，ウラル山脈方面にロシア人が進出して植民活動を開始した．その代表が北ドヴィナ川の製塩・毛皮事業で成功したストロガノフ家である．同家は1570年代後半にヴォルガ川から逃亡してきたコサックを雇い，その統領イェルマークがシビル・ハン国を征服し（1582），クロテン2,400枚をイワン4世に献上した．その後コサックの探検隊が北極海沿岸や内陸河川沿いに東進し，先住民征服と要塞建設，ヤサク徴収，政府への報告を繰り返した．彼らはトボリスク，トムスク，イルクーツクなど，シベリア主要都市の基礎をつくり，1649年にはハバロフスク砦を築いた．征服の原動力は先住民から徴収する毛皮だったが，クロテンなどの毛皮獣乱獲はその急速な枯渇を招いた．

❊露清貿易と毛皮事業 毛皮と肥沃な土地，金鉱資源を求めるコサックは17世紀半ばにアムール川へ到達し，清朝と紛争を引き起こした．この頃ヨーロッパ向け毛皮輸出が減少し，新しい輸出先を求めるロシア政府はたびたび清に使節を派遣した．両国はネルチンスク条約（1689）により北京貿易を開始し，キャフタ条約（1728）で露清国境帯に両国の民間交易所を開いた．民間商人の毛皮輸出解禁（1762）後，キャフタは「ロシアが清に毛皮を輸出する」拠点となった．露清貿易の成長は毛皮事業を刺激し，第2次ベーリング探検（1733～43）でラッコの生息地と判明したベーリング諸島，アリューシャン列島，千島列島へ狩猟船が派遣された．アラスカの毛皮事業ではゴリコフ＝シェリホフ会社のグリゴリー・シェリホフが知られ，現地駐在のバラーノフとともに，ロシア領アメリカ（アラスカ）

開発に貢献した．シェリホフは日本を含む壮大な貿易計画を構想し，日本人漂流民の送還と，ラクスマン遣日使節を支援した．シェリホフの死（1795）後，その莫大な資金とイルクーツク商人ら毛皮業者の事業が統合され，99年にパーヴェル1世の特許状を与えられてロシア・アメリカ会社が誕生した．

❀**毛皮事業の衰退とアラスカ売却**　1830年代，満州貴族の毛皮需要減退と，ヨーロッパ製ラシャ，綿織物の輸入増加により，清への毛皮輸出が減少した．この時期キャフタ貿易は「ロシアが清から茶を輸入し，ロシアから清に繊維製品を輸出する」貿易へ変化した．またアラスカのラッコやアザラシが枯渇し，ロシア・アメリカ会社の経営は20年代末から40年代にウルップ島のラッコ事業に注力した．プチャーチン遣日使節（1852～56）は，会社の毛皮商品の売り込みも目的にしていた．こうした経営方針から，同社は捕鯨業参入に乗り遅れたといわれる．ロシア・アメリカ会社の経営実態は史料の散逸で不明点が多く，赤字経営ではなかったという評価と，粉飾決算で収益が水増しされたという評価がある．しかしクリミア戦争後の苦境から回復しつつあった同社にとって，第3次特許更新がロシア政府に拒否されたこと（1861）は予想外の出来事だった．その後67年にアメリカへのアラスカ売却が急遽決定され，ロシア・アメリカ会社は解散した．

❀**毛皮商品のブランド化とソ連時代**　キャフタの毛皮輸出は減少したが，1840年代からロシアのヨーロッパ向け毛皮輸出が回復し，アラスカ売却後飛躍的に増加した．当時ヨーロッパ市場で，ロシアは主にアメリカ，中東欧地域の毛皮と競合し，安価なリスを輸出した．この時期のロシア人毛皮業者のうち，毛皮商品のブランド化で成功したのがソロコウモフスキー家である．モスクワの毛皮業者である同家は，1860年代にライプツィヒと取引を強化し，工房の整備，販売サロンの充実などにより急成長して「毛皮王」と呼ばれた．同家はニコライ2世の戴冠式用毛皮衣装製作や，歴代ツァーリの「モノマフの帝冠」修復などを受注し，ブランド力を向上させた．しかしシベリアの毛皮減少，他社との競合の中で，十月革命（1917）後に100年以上続いたソロコウモスキーの会社は廃業した．

ソ連時代，ロシアの毛皮事業は国有化され，毛皮獣枯渇に対して人工飼育やラッコの保全活動などの努力も行われた．社会主義政権下でも毛皮はぜいたく品だったが，帝政時代に比べより身近な衣料となった（図2）．ソ連崩壊後，動物愛護運動や毛皮使用を拒否するヨーロッパの流行がロシアにも影響を与えているが，する素材として，親しまれている．現在も毛皮はロシア文化を象徴

図2　セルゲイ・イワノフ〈家族〉（1907）．ロシアの一般的防寒具であるドゥブリョンカ（表地が羊皮などの皮革，裏が毛のコート）を着た人々が描かれている

［森永貴子］

現代ファッション

　現代ロシアのファッション・デザイナーの先駆者といえば，ナジェージダ・ラーマノワ（1861〜1941）である．革命前は，皇室御用達の高級メゾンを経営し，ポール・ポワレとも親交を結んでいたが，革命後は，労働者の衣服を考案したり，舞台や映画の衣装デザインを手がけたりする一方，1925年のパリ万国博覧会では「ロシア・ファッション」を披露してグランプリを獲得．ロシアの民族衣装の要素を取り入れた彼女のデザインは，その後のソヴィエト・ファッションの礎を築いたといえる．

❋赤いディオール　60年代半ばにヴァチェスラーワ（スラーワ）・ザイツェフ（1938〜）が頭角を現し，ピエール・カルダンらに認められてその名声は世界に広まった（図1）．やがて西側で知られる唯一のソ連デザイナーとして「赤いディオール」と呼ばれるようになる（しかしペレストロイカが始まるまで外国に行くことは禁じられていた）．彼のコレクションの特徴は，パヴロフスキー・ポサードのスカーフや色鮮やかなホフロマ模様，頭飾り（ココーシニク）などロシアの伝統的な素材やデザインを大胆に取り入れたことだ．ヨーロッパの「他者」であるロシアのファッションがパリで受け入れられ評価されるという現象は，

図1　ザイツェフのコレクション［Аксенова, М., 2008］

20世紀初頭にセルゲイ・ディアギレフ率いるバレエ・リュスが「東洋」のモチーフを前面に押し出してパリを中心にヨーロッパを席巻し，ロシア芸術のレベルの高さを知らしめたことを想起させる．実際，ロシアの服飾史には，バレエ・リュスの衣装デザイン（レフ〈レオン〉・バクスト，ニコライ・レーリヒ）やロシア・アヴァンギャルドの前衛デザイン（リュボーフィ・ポポーワ，ワルワーラ・ステパーノワ）といった輝かしい功績があり，現代ロシアのデザイナーたちはこのことを十分意識しているようだ．ザイツェフは長年にわたり数々のコレクションを発表してロシア・ファッション界を牽引し続けているが，94年に「モスクワ・ファッション・ウィーク」が開催されるようになると，後進のデザイナーを育成するためにラーマノワの名前を冠したコンクールを主催し始めた．

❋ソ連崩壊後のデザイナーたち　ザイツェフの後継者と見なされているのがヴァレンチン・ユダシキン（1963〜）である．ソ連が崩壊した91年，パリ・オートクチュール・コレクションで，ファベルジェの宝飾品に触発されたコレクション「ファベルジェ」を披露．ショーの最後にインペリアル・イースターエッグをかたどった衣装のモデルたちが出てきて観客の度肝を抜いた．ユダシキンは93年に自身のメゾンを立ち上げ，次々に斬新なコレクションを発表し続けている．ロシアのレースや刺繍，ときに過剰な装飾がほどこされたゴージャスでエレガントな作品が特徴である．ザイツェフもユダシキンも，オリンピックのソ連・ロシア代表チームの公式ユニフォームのデザインを任され，テレビのファッション番組の司会をし，政治家や女優などのセレブを顧客にすることによりファッション界の一大権威となっている．

　ソ連崩壊後，モスクワ・ファッション・ウィークのような大がかりなイベントの影響もあってロシアのファッション産業は急成長し，タチヤーナ・パルフョーノワ（1956〜），イーゴリ・チャプーリン（1968〜），アリョーナ・アフマドゥーリナ（1978〜），ウリヤナ・セルゲーエンコ（1981〜）ら世界に進出して活躍するデザイナーが数多く輩出している．彼らは，ヨーロッパがロシアのデザイナーに求める「ロシアらしさ」をさまざまな方法で探り，マトリョーシカや毛皮などといった浅薄なステレオタイプではなく（動物保護の観点からも毛皮の使用は今後難しくなるだろう），文学・アート・映画などロシア文化の「遺産」から個性的なモチーフを取り出しているが，主としてセレブを相手にした絢爛豪華で幻想的な美の世界を創出していることに変わりはない．

❋新世代による新しいロシア・トレンド　最も若い世代のデザイナーであるデムナ・ヴァサリア（1981〜），ロッタ・ヴォルコワ（1983〜），ゲオルギー・ルプチンスキー（ゴーシャ・ラブチンスキー，1984〜）は，それまでのファッションの「常識」を打ち破り，自分たちの子供時代だった1990年代のリアルな光景をモチーフにしたストリート・ファッションを提唱して世界の若者に注目されている．だぶだぶのサイズ，安っぽさ，ポップな色合い，ワルぶったポージング．既成の概念やモチーフを何でも取り入れてしまうところはまさに90年代に盛んだったポストモダンに通じる姿勢である．川久保玲のサポートを受けているというルプチンスキーのメンズウェアは，キリル文字の語句がプリントされていて，まるでコンセプチュアルアートのようだ．この新しいトレンドは，巷で流行っているソ連時代に対するレトロブームの一変種なのか，それとも権威となってしまったロシアファッション業界の価値観を脱構築する起爆剤なのか，単に顧客の趣味が気まぐれに変わっただけなのか，それともデザイナー自身が「ブランド」となってファッションビジネスに絡めとられてしまうのか──21世紀のロシア・ファッションの行方は予断を許さない．

[沼野恭子]

行列と日用品の欠乏

第2次世界大戦後の窮乏期が過ぎ，市民の生活に多少余裕が出はじめた50年代後半になると，ソ連や東欧諸国では肉，乳製品，果物，野菜などを求めて市民が長時間行列に立つ光景が日常化するようになった．需要に応えるべき供給の仕組みに根本的欠陥があったのである．電球，ろうそく，マッチ，糸・毛糸などが切れて店に行っても，まず手に入らなかった．乗用車，テレビ，冷蔵庫，住宅割り当て，海外旅行の順番待ちなどでも目には見えない行列があっ

図1　行列（モスクワ）[『ロシア・ソビエト事典』1991]

た．順番の調整には役所や労働組合などに個別の窓口があった．順番の調整が公正に行われていないのではないかという不満が絶えず聞かれた．「不足」と同時に「滞貨」も発生した．デパートに行けば，買い手の付かない靴や衣料品が山積みにされていた．結局，社会主義圏ではどこでも，この現象が「集権型計画経済」と呼ばれるシステムが崩壊するまで続いた．

各企業は中央指令機関の命ずる物量割当に基づいて生産した．企業間にも原材料や製造機械，部品調達などをめぐって同じく「不足」と「滞貨」が生じた．脱市場依存を目指す中央があらかじめ価格を決定する構造になっていたためである．ハンガリーの経済学者コルナイ・ヤーノシュは，物量と価格を上から命じる「中枢神経系」と，市場とを結ぶ「自律神経系」が連動していないところに病根があると見た（『不足の政治経済学』1984）．だが根本的「治療法」はついに見つからなかった．

人々は「もしかして」という語から派生した「アヴォーシカ」と呼ばれる袋を必ず持ち歩いた．行列には取りあえず並び，隣近所や友人たちの分も買い込む互助関係が成立していた．労働組合も独自ルートで必要物資を調達して内部分配していた．店員と結託して商品をひそかに入手する者は怨嗟の的だった．誰にも長蛇の列は耐え難かったが，割込みを許さない空気が支配していた．一方，列を離れるときは，前後の人に断りを入れれば権利は保証された（☞項目「エチケット」）．まさに社会主義的平等といえよう．こうして入手された「貴重品」は，どの家庭でもしっかり買い貯めされていた．各製造企業には「トルカーチ」（突き屋）と呼ばれる腕利きの物資調達屋がいて，独自の情報ルートを駆使して企業間で必要物資を融通しあっていた．だが，計画策定の中央機関（ソ連ではゴスプラン）から指令された生産計画がそのまま実現されることはほとんどなかった．

[木村　崇]

読書と「書き取り検定」

現代のロシアは世界有数の出版大国，読書大国である．ロシア図書庁の統計によれば2006年以来，2018年に至るまで出版総点数は年間10万タイトルから12万タイトルの間を推移しており，大きな変化はない（日本の『出版年鑑』によれば，同じ時期の日本の出版点数は年間7〜8万である）．さすがに出版総部数は，おそらくインターネットや電子書籍の普及の影響を受けてか，減少する傾向にあるが，それでも2018年で4億3233万部にのぼる．

旧ソ連時代からしばしば，ロシア人は「世界で一番本を読む国民」といわれてきたが，実際，16年に市場調査会社GfKが行ったアンケート調査でも，ロシア人は59％の回答者が毎日，あるいはほとんど毎日本を読む，と答えており，これは調査対象となった17カ国の中で中国に次いで第2位だった（日本は44％）．しかもロシアでは，10代から20代の若者の読書頻度がかなり高い．この背景には文学が伝統的に尊重され，初等・中等教育を通じてロシア語とロシア文学の教育が重視されてきた伝統がある．日本の国語教育とは異なり，ロシアの学校では書き取りや作文に重点が置かれ，その上生徒たちは多くの文学作品を自分で読むことが求められる．「識字能力（リテラシー）」にあたるロシア語はグラモトノスチというが，これは単に読み書きができるだけではなく，もっと広く，言わば人間としての基本的な教養が備わっているというニュアンスがある．

04年から始まった「トターリヌィ・ディクタント」（「一斉書き取り」の意味）が若い世代の間で人気を博しているのも，「読み書き」を重視するロシア文化の現われであろう．これはもともとノヴォシビルスク国立大学人文学部の企画として始まったイベントで，朗読されるテキストを多くの参加者が一斉に書き取るというディクテーションの検定である（毎年1回実施）．「きちんと書けることはカッコいい」を標語として掲げたこのイベントは，特に若者たちにアピールし，参加者数が年々増加の一途をたどるとともに，ロシアの外の多くの国でも同時に行われるようになった．

現在の主催者はトターリヌィ・ディクタント財団で，多くの国家機関や企業から助成を受けている．19年4月の検定には81カ国で23万人以上が参加した．書き取りのテキストは，初めはレフ・トルストイ，ニコライ・ゴーゴリなどの古典的作品だったが，10年以降はこのイベントのために現代の作家（ザハル・プリレーピン，エヴゲーニー・ヴォドラスキン，ジーナ・ルービナ，グゼリ・ヤーヒナなど）が書き下ろした文章が使われている．こうして，文学を通じて身に付ける読み書き能力こそ，現代を生きる「頭の良い」人間の基本的教養であるとする価値観が若者に受け継がれている．

[ヤロスラヴァ・グラディシェワ，沼野充義]

ニヒリストとスチリャーギ
——ロシアのカウンターカルチャー

　カウンターカルチャー（対抗文化）というと，1960年代にアメリカ合衆国で興った運動を指すことが多いが，ロシアでも同様に若者文化の動きが見られたことがある．

　その一つは，1860年代のロシアに現われたニヒリスト（ロシア語では「ニギリスト」）たちである．これは新世代の急進的な思想家や社会活動家で，彼らの思想的立場がニヒリズムと呼ばれた．ロシアでこの言葉を流行語として普及させたのは，イワン・トゥルゲーネフの長編『父と子』(1862) で，ここに登場するバザーロフという人物はニヒリストの典型として描かれている．ロシアのニヒリストたちは，大部分が雑階級出身の20代の若い知識人で，既成の秩序の全面的な否定，反美学的態度と功利主義，科学の信奉，鋭い宗教批判と唯物論などを思想の核心におき，女性の解放も重要な課題とした．それゆえニヒリズムは何よりもまず思想史上の現象として見られてきたが，風俗の面では，反逆的な若者たちによる対抗文化でもあった．実際，ニヒリストの男たちは長髪の異様な風体をするのが常で，女性のニヒリスト（ロシア語では「ニギリストカ」）は教育を受ける権利や職業の自由を求めただけでなく，性の自由も謳歌し始めていたのだ．

図1　スチリャーギを描いたイラスト［風刺漫画誌 Крокодил『クロコジール（わに）』1949年3月号］

　それから90年ほど経ち，第2次世界大戦直後，1940年代末のソ連で，今度はスチリャーギと呼ばれる若者たちがモスクワなどの都会に現われ，50年代にかけて大流行となり，大人の顰蹙を買った．彼らは当時のソ連ではまだ珍しいジャズやロックンロールに熱中し，細身のズボンやだぶだぶの長いジャケットを身に付け，西側の映画で見た踊りを真似して自分の「スチーリ（スタイル）」で踊った（スチリャーギという名称はここから来ているといわれる）．スチリャーギは社会的階層を問わず，労働者や一般家庭の子供たちから，良家出身のエリートまで含んでいた．政治的な反体制運動ではまったくないサブカルチャーの風俗現象であり，その意味ではニヒリストとも，60年代のソ連に現われる政治的な異論派（ディシデント）ともまったく異なっていた．しかし，派手なファッションで自己主張し，自由なライフスタイルを追求した若者たちの生き方は，「灰色」の公式文化に対抗するものとして，文化史上特筆すべきであろう．なお，五木寛之のデビュー作『さらばモスクワ愚連隊』(1966) は，著者が実際にモスクワで出会ったスチリャーギの若者をモデルにした小説である．　　　　［沼野充義］

6. 食

　ロシア料理といえば，日本では専門のレストランで真っ赤なボルシチや揚げピロシキ，水餃子そっくりのペリメニ，ショットグラスのウォッカなどに舌鼓を打つものだろう．前菜やメインディッシュには意外と普通の欧風料理も多く，日本人の口に合う．

　では，現地ロシアの人々は何をどのように食べているのか．都会には各国料理からファーストフードまで多様な飲食店があるが，田舎では学校の食堂が唯一の外食の場となる．ホームパーティでは手づくりの御馳走に腕をふるう一方，朝夕の家庭の台所では素朴な肉と野菜の煮込みや穀物のお粥が好まれる．職場や列車内のランチタイムには各人の鞄からパンやハム，保存容器に入った肉団子や煮野菜が出てくる……．

　本章では，かくも多様なロシアの「食」の世界が，さまざまな切り口から語られる．食材の特性は気候風土を抜きには語れないし，食習慣は歴史的に形成されてきた．多くの筆者が言及している食材や料理もあり，その理由を考えつつ文を味わうのもまた一興である．

［熊野谷葉子］

食文化——飽食と粗食の大きな振れ幅

　　ロシアの食文化を象徴的に表す表現を一つあげるとしたら「パンと塩」だろう．ロシア語で「パンと塩」といえば，食事一般のことを指すとともに「もてなし」を意味する．実際にも，大事な客を迎えるとき，盆の上にタオルを敷き，真ん中に塩を添えた「儀礼パン」と呼ばれる大きな丸パンを載せて差し出す（☞巻頭口絵）．歓迎を意味する昔ながらの風習である．客は返礼として，パンをちぎり，塩を付けて食べることになっている（ロシアでは古来パンが主食で，ライ麦の黒パン，小麦粉の白パンとも，酵母を用いて発酵させてつくる．パンの種類は驚くほど豊富）．ロシア人のもてなし方は豪快で，時に過度に走ることさえある．「パンと塩」という最もシンプルで基本的な食べ物で盛大な歓待を表すそのギャップが面白い．

❀ロシアの食文化小史　古くより，ロシアの農民の食べ物の基本はシチー（キャベツスープ）とカーシャ（穀類やその挽き割りを煮たもの）で，カーシャは，日常的に口にする料理であると同時に，結婚披露宴などの祝宴に欠かせない儀礼食でもあった．ほかにロシア料理の代表として，ボルシチ（ウクライナが本家のビーツを使ったスープ），ソリャンカ（塩漬けキュウリを具材にしたトマトスープ），ウハー（魚汁），各種ピローグ（ロシア風パイ），ブリン（ロシア風クレープ）などがある．農民の質素な食事とは対照的に，貴族の食事ははるかに多彩で豊かで，もちろん肉料理や川魚の料理もあった．さらにツァーリ（皇帝）の食事は，絶対的な権力を誇示するためにぜいたくの限りを尽くした．温かい料理を冷めないうちに食べられるようにと，テーブルに載りきらない料理を給仕たちが順番に運んでくるようになり，それがやがて「ロシア式セルヴィス」（料理が1品ずつ順番に運ばれてくる給仕法）の下地になる．

　　18世紀にピョートル大帝がロシアの近代化を強力に推し進めると，裕福な貴族たちは，オランダやフランスの料理人を雇って毎日の料理をつくらせたため，食生活は急速に西洋的なものへと変化した．これに対して農民たちは伝統的な食生活を保ったため，ロシアの食文化は「富裕な貴族の西欧化した食」と「農民の昔ながらの質素な食」に二分されることになった．貴族の食卓は，本来ロシアで愛されてきた各種の保存食にフランス式オードブルが加わって「前菜（ザクースカ）」が独立し，それに続いて「スープ（第一の料理）」「肉や魚（第二の料理）」，デザートが順に供されるようになる．

　　ところが1917年のロシア革命の後，この西欧的な貴族の食と伝統的な農民の食という階級的な差はしだいに姿を消し，その代わりに，19世紀末から少しずつ取

り入れられるようになっていたロシア周辺のさまざまな郷土料理がロシア料理に彩りを添えるようになった．コーカサス（カフカス）料理（串焼き，シャシリク）や中央アジア料理（炊き込みご飯，プロフ）などである．ソ連時代，当局は盛んに自国の「食の豊かさ」を喧伝したものの，現実には慢性的な食糧不足，消費物資の不足が続き，ロシア料理の発展は望むべくもなかった（特権

図1　19世紀のロシア貴族の料理［著者撮影，2000年，レストラン「オブローモフ」にて］

的な「赤い貴族」はぜいたくな食生活を送っていたが）．ソ連崩壊後は逆に，食材，半調理品，調味料，飲料，ファーストフードなど食関連のあらゆるものが豊富に出回るようになった．大型スーパーが充実し，料理書は次々に出版され，料理番組も増え，外食産業が栄えている（日本料理店も人気がある）．しかし貧富の差が広がり，モノは溢れていてもそれを買うお金がないという人々の生活はかなり苦しいものになっている．

❋ロシア正教の斎戒　このようにロシア料理の特徴は，貴族の過食と農民の粗食，ソ連時代の粗食と現代の新興富裕層の過食というきわめて大きな振幅を特徴としてきたわけだが，ここにもう一つ，宗教の要素があることも見逃すわけにいかない．10世紀末に正教を国教として受け入れたロシアでは，斎戒（精進）の決まりによって食が左右されてきた．聖職者のように規制を厳密に守るなら，肉や卵，乳製品を口にしてはならない日が年間200日前後にもなる．一般の人々はさほど厳しく守っていたわけではなく，幼児や妊婦など例外的なケースもあったし，ソ連時代には宗教的な生活を送ることが実質的にできなかったため斎戒の習慣はほぼ消えたのだが，ポストソ連の現代，ロシア正教が勢いを取り戻すと，再び食制限をみずからに課す人が現れている．肉などのない斎戒日の質素な食卓と祝祭日の豪勢な食卓が，年間を通して交互にやってくるという食の振幅は，人々のメンタリティにも大きな影響を与えてきたのではなかろうか（☞項目「斎戒期の食事」）．

❋ロシアの飲み物　17世紀に中国の茶がもたらされてから，ロシアではサモワールという金属製の独特の湯沸かし器がつくられるようになり，紅茶文化が大変発達した（☞項目「サモワール」）．ヴァレーニエ（あまり煮つめないジャム）をスプーンに取り舐めて味わいながらお茶を飲むのがロシア流．紅茶より古くから愛飲されてきたクワスは，麦類を発酵させてつくるためわずかに炭酸やアルコール分を含む清涼飲料で，ロシアのアルコール度数40度のウォッカの対極にある，健康に良い飲み物である．　　　　　　　　　　　　　　　　　　［沼野恭子］

家庭料理と外食

　19世紀ロシア小説ではしばしばレストランや居酒屋，食堂などで食事をする場面に遭遇する．いかにも美味しそうな食事風景の描写もよくあるが，当然のことながら，一般庶民がそう頻繁に外食を楽しめたわけではない．家族のお祝い事や客人を招待したときなどは自分の家でつくった料理でもてなすことが普通だった．それはソ連時代も同じで，特権階級は別として，レストランで食事をすることはまれで，外食といえば学校や職場の食堂で昼食を取るくらいであった．

❀**一般的な家庭料理**　現代のロシアでは通常は1日3回食事を取る．朝食にはカーシャと呼ばれる穀物のお粥，カッテージチーズでつくるスイルニキというパンケーキ，オラジというホットケーキやブリヌイ（ブリンの複数形）というロシア風クレープなどが一般的なものである．ケフィールという乳酸飲料，プロストクワシャというヨーグルトなど，乳製品も好まれる．幼稚園や学校などでは10〜11時にかけておやつの時間にフルーツやクッキーなどを食べることがある．

　伝統的に一日の食事のうちで一番ボリュームがあるのが昼食であるが，働いている人たちは忙しいためハムやチーズのブテルブロード（オープンサンド）と紅茶で済ませることも多い．家でも，職場の食堂でも，ロシアの昼食といえばスープである．スープは「ピェールヴォエ（第一の料理）」と呼ばれ，キャベツのスープのシチー，ボルシチ，チキンヌードルスープ，キノコスープなどスープの種類は大変豊富である．家庭では大きな鍋にスープをつくり，数日間同じスープを食べることも多い．「フタロエ（第二の料理）」と呼ばれるのはメイン料理で，肉や魚の料理と付合せである．家庭の昼食ではスープかメインかどちらかにすることが多いが，両方食べることもある．家庭ではメインはカツレツ（ハンバーグ），焼いた鶏のムネ肉，グリャーシ（牛肉のシチュー）などがよくつくられる．蒸し焼きやオーブン焼きが体に良いと考えられており，野菜と肉の蒸し焼きなどもつくられる．飲み物はドライフルーツを煮たコンポートが飲まれる．

　夕食にスープを出すことはほとんどなく，肉や魚のメイン料理と付合せを食べることが多い．メインの料理は昼食とそう変わらない．付合せはジャガイモが多く，炒めたもの，茹でたもの，マッシュポテトなどをつくる．そのほかライス，ソバの実粥，マカロニ，インゲン豆，ブロッコリーなどを付合せとして食べることもある．基本的に一人分を一皿に盛り付けて食べる．

❀**お祝いのとき**　普段は家族でゆっくり団欒をすることができなくても，誕生日や新年などのお祝いの際には，家族，親戚，友人とともに食卓を囲む．大抵の場合は自宅にお客を招き，いつもより手の込んだ料理を食卓に並べる．お祝いのと

きに必ず出すサラダは前菜だが,それ自体立派な料理になっている.これは葉野菜だけでなく,根菜,肉などを多用する.「オリヴィエ」と呼ばれるポテトサラダ(図1),ニシンの上にビーツ,ジャガイモ,ニンジンを茹でておろし金でおろし,層に重ねた「毛皮を着たニシン」などがよくつくられる.茹でたビーツ,ニンジン,ジャガイモ,ソーセージ,ピクルスをサイコロ切りにし,グリーンピースを入れ,塩コショウとビネガーで和えたヴィネグレートも人気.牛肉の煮こごりもお祝いのときならではの料理である.

図1 オリヴィエ・サラダ

　サラダやフルーツの盛合せ,ワインやウォッカなどのお酒類,モルス(ベリージュース)のデキャンタ,グラスが食卓に所狭しと並び,食卓をみんなで囲み,乾杯をし,会話を楽しむのが家庭的なロシア風のお祝いである.前菜をある程度食べたら女主人がメインの肉や魚料理と付合せを客にすすめる.その後デザートと紅茶が出て食事は終わりである.デザートとして出されるピローグは中にブラックカラント,コケモモなどのベリーが入った甘いロシア風パイだ.さまざまなベリーのヴァレーニエ(ジャム)や蜂蜜などをスプーンですくって舐めながら紅茶を飲むのもロシアンティーの楽しみ方である.

❋**最近のレストラン事情**　ソ連時代は友人と会うのは家が多かったが,2000年以降はレストランやカフェも増え,外食することが増えた.友人と会う場合はカフェでお茶やコーヒーとケーキやパイ,焼き菓子などを食べる.今では誕生日などのお祝いを家ではなくレストランで行う人も増えてきた.そのときも家と同じように,前菜,メインの料理,デザートを食べ,紅茶やコーヒーを飲む.料理はレストランによって違うが,祝い方は家のときと変わらない.

　外食は多様化しており,ファーストフードからさまざまな民族料理のレストランまであり,家庭ではつくることのできない多様な味を楽しむようになった.ファーストフードもロシア料理のブリヌイ,和食の巻き寿司,コーカサス(カフカス)料理のシャシリク(串刺し肉)などさまざまである.レストランでもエスニックのコーカサス料理やウズベキスタン料理,ベトナム料理やタイ料理などの東南アジア料理を出す店も増え,人と会うためだけでなく,寿司やうどん,ラーメンなどの和食といった,料理自体を楽しむためにレストランに行くケースも増えた.アイスクリームやクワス(黒パン発酵飲料)などは変わりなく愛されている食品で,街中で食べたり飲んだりしながら歩いている人にもよく出会う.

[松川直子]

伝統的食材

古くからロシア料理の食材は農耕による穀類，野菜，広大な森の恵みであるキノコとベリー類，乳製品，卵，鳥獣肉，川や湖の魚や魚卵などである．

寒冷地に位置し，冬が長く厳しいことから，食料の貯蔵・保存方法が発達した．ロシア人が日常的に好んで食べた酵母発酵の「酸っぱいパン（黒パン）」をはじめとして，水分と塩で乳酸発酵させる塩漬けのキャベツとキュウリ，発酵乳製品のスメタナ（サワークリーム），発酵飲料クワスなどはロシア人の酸っぱさに対する嗜好を決定付けた．調味料は基本的には塩と胡椒だが，仕上げに用いるディルなどの香草はロシア料理に不可欠である．

本項では，主として野菜を中心に見ていく．キャベツ，カブ，ビーツ，タマネギ，ニンニク，ニンジン，キュウリは古くからの野菜である．歴史とともに香辛料，香草，海の魚，新大陸からの野菜などが加わり，食卓を変えていった．

表1 ロシアで古くから用いられている主な食材

穀類豆	ライ麦，大麦，小麦，キビ，ソバ
野　菜	キャベツ，キュウリ，カブ，ビーツ，タマネギ，ニンジン，ニンニク，キノコ
果　実	リンゴ，ナシ，スイカ，イチゴ・スグリなどベリー類
乳製品	スメタナ(サワークリーム)，トヴォローク(カッテージチーズ)
魚介類	チョウザメとキャビア，サケとイクラ，オームリ，ザリガニ
肉	ニワトリ，アヒル，ガチョウ，豚，羊，牛
調味料など	塩，胡椒，香辛料，香草，亜麻仁油，ひまわり油

✻発酵キャベツと塩漬けキュウリ　キャベツは丈夫で土質を選ばないので，中世から至る所で栽培され，10月には刻んで塩漬けにされ，冬のビタミン源とした．ロシア人が黒パンとともに一年中食べてきたのがキャベツのスープ（シチー）で，肉入り，魚入り，キノコ入りなどたくさんの種類がある．普通塩漬けの発酵キャベツでつくったが，生でもよい．その場合，スメタナやリンゴを加えて酸味を付ける．スメタナはこのように何にでも加えて味に風味をつける必需品である．ロシアのキャベツ料理の多彩さは世界有数とされるが，それは発酵キャベツによるところが大きい．祭日にも1年のうち200日前後ある斎期にも前菜（ザクースカ）や付合せとして発酵キャベツとともに欠かせなかったのが塩漬けキュウリだ．温暖地を好むキュウリがいつロシアに入ってきたかは明らかでないが，中世にはあらゆる階層で生や塩漬けのキュウリが一年中食べられていた．ロシアでのキュウリの生産は盛んで，品種も多く，幾つかは海外でも高く評価されていた．塩漬けキュウリは酒のつまみの必需品であり，塩漬けキュウリとその漬け汁を用いたスープ類もポピュラーである．かつては二日酔い（ポフメーリエ）用の酸っぱくてきつい味のポフメールカと呼ばれる酔い覚ましのスープもあった．キャベツや

キュウリの漬け汁は日本の醤油などと同じような調味料の役割を果たしてきた．

❋新大陸からの野菜　カブはキエフ・ロシアの時代から19世紀前半まで毎日農民の食卓に上る最も日常的な野菜の一つであった．寒冷地でも簡単に栽培でき，収穫量が多く安価でライ麦が不作の年には第二のパンとなった．しかし，現在ロシアの子供たちは昔話の『大きなかぶ』はよく知っていても，彼らのほとんどは実物を見たことがない．その理由は，カブがジャガイモによって駆逐されたためである．ロシアでジャガイモが一般的な食材として認められたのはヨーロッパ諸国よりもおそく19世紀半ばだった．だがひとたび受け入れられるとわずか数十年でジャガイモはカブを押しのけ，あらゆる階層の好物にして主食並の食材となった．一方，新大陸から一緒にヨーロッパへやってきたトマトは，18世紀末でもイタリアとスペイン以外のヨーロッパの国々で有毒植物とされたが，ロシアでは栽培が始められていて，19世紀に広く普及した．サラダ，ボルシチ，スープ，ビーフストロガノフ，付合せなど，トマトのないロシア料理は考えられない．

❋正月料理になった「毛皮のコートを着たニシン」　ニシンはオランダから塩漬けで他の海の魚より早くロシアに入り，17世紀には基本的な食材となった．当時からロシア人に好まれ，現在も魚の消費量1位である．前菜には必ず出てくる，ロシア料理には欠かせない魚である．ビーツは古代ローマ人の大好物で，中世には広くヨーロッパで栽培されるようになった．その後ロシアへ入り，非常に好まれ，健康に良い野菜として日常的に食されている．ソ連時代に祝日・正月料理として定着し，宴席に欠かせなくなったサラダに「毛皮のコートを着たニシン」がある（図1）．ニシンを下にしき，タマネギ，ジャガイモ，ニンジンをマヨネーズで塗り固めながら層にしていき，最後に真っ赤なビーツで覆う．さらにその上をみじん切りにしたゆで卵やディルなどで飾ってもよい．このサラダをつくるのに不可欠のマヨネーズは，ソ連時代から好まれ，ロシアは世界一の消費国である．

図1　毛皮のコートを着たニシン

最近ロシアでは健康志向で食の安全にも関心が向けられている．今までの家庭中心の伝統的食材によるロシアの食生活は，ファーストフード，レトルト食品などの利用が増大することによって変化を見せている．冬でも新鮮な野菜を買うことができるため，発酵や塩漬けといった伝統は都会では廃れつつある．一方で，ベジタリアンやヴィーガンが少しずつだが増え，彼ら向けメニューやレストランも現れて，かつてのカブなど伝統野菜の復活が見られる．　　　　　　　［小林清美］

パンとカーシャ（粥）

　パンは小麦やライ麦などの粉に水分を加えて練り，発酵させるなどした生地を，焼いた食品である．カーシャは，穀物の挽割や粉を水やミルクで煮たり蒸したりしてつくられるいわゆるお粥のことだ．「パンは神様の与えしわれらが養い人」「カーシャはわれらが母」（19世紀後半，ウラジーミル・ダーリの『ロシアのことわざ』より）といった言い回しが数多くあり，ともに古くからの農耕民であるロシア人が，その土地でとれる穀物を使って，竈で調理した日常の食べ物であった．

　子どもの誕生の際には祝いの洗礼粥が，婚礼の祝いの宴ではもてなしのカーシャが，追善の際には死者にカーシャが供された．今日においても日々の食卓に欠かせない食べ物であり，そのバリエーションはきわめて豊かである．

❋ 多様なパン　ロシアのパンといえば，材料にライ麦を使う黒パンが筆頭にあげられる．中部ロシアの寒冷な気候と肥沃とはいえない土地では，ライ麦が主要な穀物だったことによる．ライ麦の発酵は独特な酸味を醸し，その黒パン特有の風味をロシア人は長く愛好してきた．黒パンは大きく焼かれ，切り分けて食事に供される．ロシア語でパンを意味するフレープという言葉は，畑で育つ穀物，その実った

図1　さまざまなパン［加藤芳明撮影，1979年，モスクワにて］

穂からとれる粒を粉に挽いて発酵させて焼いた食べ物，さらに食事，糧と，きわめて広い意味を持つが，最も狭義にはこの黒パンを指している．

　伝統的に家で焼かれてきた黒パンだが，ソヴィエト時代以降，大型パン工場で製造されるようになり，価格も一般に低く抑えられている．一つ1kgほどの生地を長四角のケースで焼いたダルニツキー，小麦を配合して丸く成形して焼いたスタリーチニーなどは一般的な食事パンだ．また，パン生地に熱湯でこねたライ麦を混ぜたザヴァルノーイというタイプの黒パンは甘味とウェットな質感を長く保つ．特にコリアンダーなどの香辛料を練り込んだボロジンスキーは個性的な黒パンとして人気が高い．

　一方，小麦でつくられる白パンには，丸みのあるブールカや四角いブハーンカのほか，糖分や卵，ミルク，バターなどを加え，味も形もさまざまなパン製品が

ある．ライ麦に比べ小麦はより南の肥沃な地方でよく育ち，北方の都会に運ばれ，家庭では祝いや祭日のパンとして食卓を飾り，町では職人の手で焼かれたパンが人気を呼んだ．長く親しまれた代表的なものとしては，錠前型のカラーチ，数字の8の形のクレンデリ，また大きさや食感が異なる三つのタイプの輪型のパン（大型のブーブリク，中サイズのバランカ，小さくカリッとしたスーシカ）などがある．また，パン生地に香辛料と蜂蜜を練り込んで焼いたプリャーニクのように，土地の名産品として発達した伝統菓子もある．

❋ **カーシャ（粥）** 穀物の食べ方としてはパンよりも古い．大麦，燕麦（えんばく），ライ麦，小麦，黍（きび），ソバ，米などを煮てつくり，挽割の粒を保って煮あげたものから，砕いたり粉にしたものを煮てポタージュ状にしたものまである．また，ミルクで煮たり，バターや砂糖で味を付けたり，果物を入れたりする．その名称も多様だが，穀物ごとにあげると，大麦のカーシャにはその名の通りの「大麦カーシャ」のほか，エンドウマメを炊き込んだ「グラズーハ」，大麦の粒を真珠に見立てた「パールのカーシャ」などがある．燕麦のカーシャも古来，粒状，あるいは粒を砕いたものからつくられた．栄養価とつくりやすさで評価が高まり，ソヴィエト時代には，その品種名に由来する「ヘラクレス」の名で定着し，親しまれるようになった．黄色く細かい粒の黍も古くから日常に食され，また祝いの宴に饗された．小麦のカーシャでは，細かく挽いた粉をミルクで煮たマンナヤ・カーシャがあげられるが，これは幼児から大人まで食す代表的なカーシャである．

図2　カーシャ用穀粒の例．(左から) 燕麦，小麦，大麦，米，ソバ [著者撮影，2018年，モスクワにて]

ソバがロシアで栽培されるようになるのは15世紀からだが，それ以降，ロシア人の最も愛するカーシャになった．水気のないパサパサとした粒状に焚き上げ，ミルクをかけて朝食にしたり，肉料理の付合せ，ピローグ（パイ）の中身などにも使われる．米は16世紀にはサラセン黍の名で知られ，主にクチヤーという追善の儀礼食に使われた．現代ではミルクで煮る米のカーシャが一般的だが，甘味を付けたりバターをかけたりするので，日本人の持つ粥のイメージとは異なる．戦後トウモロコシが普及すると，カーシャにも使われるようになった．

❋ **パンとカーシャのいま** 古来よりパンは父，カーシャは母と讃えられ，まさに国民的食べ物である．食されるだけでなくカーシャは子どもの遊び歌に，丸い大きなパンの儀礼パンは子どもの誕生日の歌に歌われ続けている．そのカラヴァイ（カラヴァイ）の上に塩を載せて客人を迎えるパンと塩の儀礼も生きている．食品としてのパンやカーシャが健在なことは言うまでもない．

[石川あい子]

ボルシチとピロシキ

　ロシア料理といえば，ボルシチとピロシキ．スープとパン類だが，レストランではボルシチにピロシキがセットで出ることも多い．世界周知の2品である．

❋**多様なボルシチ**　ロシアは古来外来文化の吸収に貪欲で，料理の分野でも周辺民族のクッキングを拝借し続けてきた．ロシア料理の代名詞のようなボルシチもウクライナ発生のものであった．ロシアには古来ペーチ（暖炉兼竈）でじっくり煮込んだシチー（キャベツスープ）とか，ポフリョープカ（麦入り野菜スープ）があったが，ロシア人はこの赤いスープを熱愛し，16〜17世紀にはすっかり自分のものとした．ロシアからさらに広まり，東欧諸国の民族料理ともなっている．ロシアでもキエフ風，モスクワ風，シベリア風などがある．材料や調理法の違いがあるものの，すべてのボルシチの基本的要素はジャガイモ，ニンジン，タマネギ，キャベツなどの野菜類からできたスープにビーツが加わったものである．肉類のブイヨンで煮込まれることが多いが，野菜のブイヨンだけでつくるベジタリアン用や宗教上の斎戒期用のボルシチもある．

　基本的に塩と胡椒以外の調味料はなくてもよいので，ボルシチの美味しさはじっくり煮込んだ野菜の旨みにちょっと個性のあるビーツの味が溶け込んだところだろう．食べながらスメタナ（ロシアの万能調味料．ソースとしてのサワークリーム）を加えると，赤いスープがピンクになり，色と味の変化を楽しめる．肉を使っていると，こくが増してメインに匹敵するボリュームスープとなる．ロシアの民族料理店ではよく壺入りのものをペーチで加熱して出される．

❋**ボルシチという名前**　なぜ赤いビーツのスープをボルシチというのだろう．それはもともと「ボルシチェビク（ハナウドの類い）」という草の若芽や茎を煮出してつくったものだったからだ．その後，クラピーバ（薬草として知られるイラクサ類）が使われるようになり，やがてビーツが取って代わって定着した．名前のもととなったボルシチェビクは繁殖力の強い野草で，その大型種は，道路に迫り，農地をも浸食してロシア全土にはびこり，「雑草の王」という異名を与えられている．肌に触れると強い炎症を引き起こし，農業被害も大きく深刻な環境問題となっている．

❋**夏には冷たいボルシチを！**　ロシアは北国でも夏は暑いので，冷たいボルシチが好まれる．ボイルしたり，マリネしてあるビーツを使うが，ディル，葉ネギ，ペトルーシカ（イタリアンパセリ），ニンニク，キュウリなどは生のまま細かく切って入れる．よく冷やして食べる際，固ゆで卵のみじん切りを散らし，スメタナを入れて食べる．パンの代わりに茹でたジャガイモが添えられることが多い．

6. 食　ぼるしちとぴろしき

❀ピロシキ　種々のパン生地で詰め物を包み，楕円形やら丸型やら小さなボール状に成型して，オーブンで焼いたり，油で揚げたりしてつくった調理パン．どの料理本にも共通のこのレシピを見れば，日本のベーカリーにあふれる菓子パン，カレーパン，惣菜パンの類いもピロシキなのだろうかと思えてしまう．だが，私たちはこれらの小型調理パンをピロシキと思って食べてはいないだろう．これはもうピロシキの背負ってきた歴史と文化が放つ独自のオーラの故としか思えない．

　中世ロシアの家政指南書『ドモストロイ』にはピロシキのつくり方，供し方が細かに指示されており，外国使節の残した記述からもピロシキが上層部に普及していたことがわかる．ピョートル1世の片腕メンシコフ公爵が少年時代に路上のピロシキ売りだったという伝説は広く伝わっており，17世紀後半にはピロシキは完璧に庶民のものとなっていた．下ってソヴィエト時代には街頭にピロシキ売りのおばさんが立っていた．バケツに入れたピロシキを，紙片に挟んで売るのだが，ピロシキは油っぽく，中身は挽き肉かキャベツで最も安価な食べ物だった．もう少しましなピロシキは立ち食いのピロシキ専門店で食べられた．中身も肉，キャベツ，キノコ，茹で卵やら米やら多種多様，またジャム系の甘いものもあり，オーブンで焼きあげられたものが並んでいた．その後，マクドナルドの進出に刺激されてロシア流ファーストフード店が幾つも出現した．軽食を取りたいときに立ち寄って，ピロシキにカップスープのブイヨンを付ければ，日本人のおにぎりと味噌汁のコンビ同様，ロシア人のソウルフードだ．

❀名前さまざま　外形，中身の違いによって名前もさまざまに付けられている．全部閉め切らず，中央部を開けて中身を見せているラスチェガイは中身に魚を使うことが多く，魚のスープ（ウハー）によく合う．トヴォローグ（チーズ）を詰めて焼くヴァトゥルーシカ，鶏肉を入れたクールニック，カレリヤ地方でつくられるフィン系のピーラッカなど名前も多彩なピロシキ類がある．

❀ピローグ　ピロシキという名はピローグの子供分という意味で，ピローグという親分がいる．ピローグは大きく成型して焼き，祝祭性がその持ち味である．「家はイコンの棚で美しいのではない，ピローグで美しい」という民衆の言葉がある．赤飯のような祝いの，慶びの食べ物なのだ．蓋をして同じ生地で模様を描く．切れ目を入れて中身をのぞかせることもある．クレビャーカは大きいロールケーキ型の豪華なピローグで，重量の過半以上の詰物が色とりどりに層状に入れられて，スライスすると美しく，メインの料理としても出すことができる．

　しかし，ピローグは普段食でもあった．ソバや穀物の挽割りを煮て詰めたピローグは，ペーチの残る農村部では日常の食物であった．アントン・チェーホフの中編小説『谷間にて』は，貧しい日雇いの女主人公が自分たちのつましいピローグをもとの舅に与えるところで終わっている．　　　　　　　　　　［坂内知子］

肉と魚の料理あれこれ

　肉にするか，魚か？ ロシア人は迷わず肉料理を取るだろう．肉はご馳走メニューだが，料理法はそれほど多くない．塊肉をオーブンで焼くか，切った肉を脂で焼くか，さらに蒸し煮にするか，野菜と合わせて煮込むかである．挽肉はハンバーグか肉団子，詰物にする．牛肉が一番好まれ単にミャーソ（肉）といえば牛肉のことで，普通，豚肉，羊肉，鶏肉はそれぞれの名前で呼ばれる．

❊牛肉　現代のレストランメニューに牛肉料理の民族性を求めるのは難しい．だが，世界中でロシアメニューとなっているビーフストロガノフにその独特のロシア性を見るのは興味深い．ストロガノフ伯爵家のコックが考案したといわれていて，それが生まれたのは最初の伯爵であるアレクサンドル・セルゲーエヴィチのペテルブルグでの邸宅で（1800年前後）か，または，遠縁のストロガノフ家のオデッサ屋敷でのこと（19世紀末）か，諸説ある．牛肉を細めに切ってニンニク，タマネギと炒め，スメタナを加えて柔らかく煮込んだものである．単純なレシピで経済的，かつ美味なので，レストランでも家庭でもさまざまなストロガノフがつくられている．本場モスクワから日本に進出したロシアレストランのストロガノフにはチキンあり，ポークありで，ビーフのストロガノフにはデミソースがかかっている．あるモスクワの家庭で出されたストロガノフはまるで肉ジャガだった．あまりに変幻自在でグリャーシ（ハンガリー由来の肉の煮込み）と区別がつきにくいが，グリャーシには原則パプリカが欠かせない．また，仔牛肉は柔らかく，脂肪分が少ないのでダイエット食として人気があり，シュニッツェル（ウィーン風カツレツ）にするのが定番だ．

❊豚肉　加工肉製品はほぼ豚肉の独壇場であり，ドイツからの影響が濃く感じられる．さまざまな名前のサラミやハム，ソーセージ類が切り口を見せてケースに並ぶ光景は壮観だ．なかでも目を引くのは，脂身（サーロ）を塩漬けし，燻蒸し，特に表面に唐子をまぶしたシュピックの類である．薄くスライスして黒パンにのせ，これを胃に放り込んでからウォッカを飲むのだという．かつて豚の脂身は国家の慶事に皇帝から民衆へのプレゼントでもあったが，真に民衆的な食物である．ロースト（またはボイルド）ポークにあたるブジェニーナもよく食べられる．

❊羊肉・鶏肉　名高いシャシリクは串に刺した焼き肉料理で，中央アジアが故地である．羊肉が本筋だが，仔牛肉，豚肉，鶏肉を使うことも多い．下味をつけた肉が売られており，よくアウトドアで楽しまれている．タバカという若鶏の押焼きがある．トルコ～グルジア（ジョージア）という流れで到来した料理だ．鶏料理としてはキエフ風カツレツ（バターをくるんだ鶏肉のフライ）と並ぶ逸品であ

る．こうして見てくると，どこにロシア本来の肉料理があるのだろうと思えてくるが，ブジェニーナは昔々熊肉でつくられていたそうだ．

❋魚　現代の食生活では肉に押されがちな魚だが，ロシアは巨大な内陸国であり，その低湿な国土には無数の河川，沼地が存在し，古来，人々の生活には川と川魚が深く関わってきた．ロシア革命以前はロシア正教の年間200日ほどもある斎戒期には肉食が許されず，人々がタンパク源を魚に依存せざるを得ない状況があった．ともかく，庶民生活に魚がどんな近い存在だったかは，「魚が食卓にあれば，家中息災」「骨がましい魚はウハー（魚スープ）が美味い」など，魚が出てくることわざが無数にあることで知られる．また，シシューカ（川カマス）やヨルシ（ヨーロッパ・パーチ）は民話のヒーローであり，知らない子供はいない．

フナの類いのレシシ，コイ類のカルプやカラシ，リン，淡水性スズキのオークニなどが店では売られているが，ロシアは釣り大国であり，淡水魚は流通に乗らず，自獲自消している分も多いだろう．雪どけの季節，北の湖からキュウリウオの一種，コーリュシカという小魚が河川に群れを成して下りてくる．街角でも立ち売りが現れて，町の人たちは春の香りを味わうために1 kg，2 kgと争って買い求める．ソテーにしたり，揚げてマリネに漬けて食べる．

現在は冷凍技術や流通も進み，店頭にはむしろ海魚の方が種類もたくさん並べられている．まず，サケ・マス類のケータ，ゴルブーシカなど，トレスカー（スケソウダラ），マクレーリ（サバ），パルトゥス（オヒョウ），セーリチ（ニシン）またカリマール（イカ）やクレヴェトカ（エビ）もある．もちろん，高価なクラブ（カニ）もあるが，今ではクラブといえば，日本から技術導入したカニカマの方が普通である．もう出自など忘れられて，サラダの具材として定着している．

❋魚料理　魚はどんなメニューになってテーブルに出されるのか．ウハーが第一だろう．どんな魚でも煮出してブイヨンを取り，切身と野菜を煮て具にすればウハーとなる．チョウザメを使ったコクのある豪華なものから小魚の慎ましいものまでレシピもさまざまである．それ以外は小麦粉を薄く付けて，油でソテーするぐらいだ．セーリチは注目しよう．加熱しないで塩漬にする．スライスしてタマネギを添えると極上のザクースカ（前菜）となる．マリネに漬けてもよい．切身を混ぜたポテトサラダの上にビーツの赤いピューレをおいた「毛皮のコートを着たニシン」は目も舌も堪能するロシア料理の傑作である．

チョウザメとキャビアでロシア料理のデリカテス（美味）は尽きるかもしれない．チョウザメの肉も貴重で，軽く燻蒸する．それをスライスしてレモンを添えれば豪華な前菜になる．レトルト状でも売られている．

庶民も容易に入手できる安価な魚の燻製が観光地でよく見られる．土地の漁師が捕った魚を自分で燻製にして売っているのだ．ヴォーブラという小型の鯉のカチカチの干物はビールのつまみに欠かせない．

［坂内知子］

スメタナとクリーム

　ブリヌイに真っ白なスメタナをたっぷり添えて一口頬張るだけで，自然と笑みがこぼれる．ロシアのマーケットに出かけると，トヴァローグ，ヨーグルトにケフィア，カイマクなどその乳製品の種類の多さにまず驚かされる．市場もまた然り，である．

図1　スメタナを添えたロシア風クレープブリヌイ
（ある日の朝食の一皿）［著者撮影］

❋スメタナとは何か　ロシア料理には欠かせない乳製品で，いわゆるサワークリームの一種である．「白くする」という動詞から，古い時代はザベーリャとも呼ばれていた．諸説あるものの，スメタナは，掃き寄せる，積み上げるといった動詞が語根だと推察される．分離器が考案されるまでは，酸乳を流し落とし上層の脂肪分の多い層を寄せ集め，それを冷暗所で寝かすという単純なつくり方だった．現在流通しているものは，分離器によって全乳を脱脂乳と脂肪分とに分け，その脂肪分の方を用いてつくる．この脂肪分が後述するクリーム（スリーフキ）である．これを加熱，低温殺菌したものに低温でも発酵をうながす乳酸菌を加え，8℃まで冷やし一昼夜ほど寝かせることで成熟，発酵が進み，あの独特の酸味を持つスメタナが生まれる．つまり，スメタナはスリーフキからつくられる．前述したザベーリャという語はスリーフキを指すとの指摘もあるが，発酵度合いによっては風味の近いものも得られるため，古い時代は明確な区別はなされていなかったとも推察される．濃厚な印象だが，その脂肪分は10～58％とさまざまあり，最もよく見られるのは20～30％くらいのものである．

❋スメタナを用いたロシア料理　深紅のボルシチに一匙入れるだけで，味に深みが出る．キャベツスープのシチー，キュウリの塩漬けと肉や野菜を合わせたソリャンカ，クワスの冷製スープのオクローシカなどのスープ類に添えるのはもちろんのこと，ロシア風餃子ペリメニやロールキャベツのガルプツィ，ヨージキという肉団子，ローストした肉や野菜などのソースとして，ビーフストロガノフなどとろ火で煮る肉や魚料理にもよく合う．「毛皮のコートを着たニシン」（☞項目「伝統的食材」），キノコや，トマトとキュウリなどの前菜やサラダのほか，ケーキや焼き菓子などの生地にも加えられる．茹でたジャガイモにスメタナとディルを添えただけでも立派な一品になる．そのままでも食品として完成しているが，料

理用バターの原料にもなる．まさに前菜からデザートまで，スメタナを用いるロシア料理は枚挙にいとまがない．菜食主義でも知名な19世紀のロシアの文豪レフ・トルストイのレシピにもスメタナ入りサラダの記述が見られ，ニコライ・ゴーゴリの『ディカーニカ近郷夜話』には，ヴァレーニキをスメタナにたっぷりとくぐらせて食す場面が描かれている．

✿スメタナ登場の時期　こうしたスメタナでさえ，いつ頃から食されていたのかは不明である．12世紀頃のルーシではすでに牛乳やトヴァローグ（カッテージチーズのようなもの）を食していたとも指摘されることから，スメタナも古い時代から親しまれていたことは想像にかたくない．脱脂乳もトヴァローグの原料となる．イワン雷帝の治世の『家庭訓』が初出だが，ザベーリャ，スメタナ双方の名が見られることから，16世紀のロシア料理には双方とも欠かせないものであること，16世紀にはすでにこの二つの区別があったこともわかる．現在も食用はもちろんのこと，保湿栄養クリームなど美容にもその活路が見いだされている．

✿クリーム（スリーフキ）　「注ぎ集める」がその語源のスリーフキは，全乳の最も脂肪分の多いところを搾りたての牛乳から取り出したもので，脂肪分は通常は10〜20％，高脂肪のものは35％である．クリーム分離器が考案される以前は，古い時代のスメタナと同様のつくり方である．食され始めた時期は明確ではないが，16世紀にはすでにスメタナとは区別される．スメタナや高品質バターの原料として用いられる．

✿スリーフキを用いた料理　泡立てたりそのままの状態で使用され，さまざまな料理に濃厚な風味を添える．スープやピューレ，コースのメインディッシュ（第二の料理）のソースとして，もちろんスイーツにも欠かせない．メンチカツなどの肉の保湿にも使われる．料理書にもよるが，スメタナの代替物としても利用される．18世紀頃ロシアの裕福な食卓に広まったコーヒーやアイスクリーム，通常は主に砂糖，アーモンドとゼラチンでつくられるフランスから伝播したブラマンジェにも用いられた．エカチェリーナ2世やニコライ2世はクリームを入れたコーヒーを好んだというが，脂肪分20％くらいのものはコーヒーによく用いられるためコーヒー用とも呼ばれていた．

✿カイマク　日本ではなじみのないカイマクは煮た濃いクリームで，イギリスのクロテッドクリームと酷似した，モンゴル語が起源の乳製品である．ロシアへはトルコから伝播したとあるが，その時期は明らかではない．ごく弱火で煮詰めた牛乳から脂肪分の多い表面部分を集めたものを，約二昼夜軽く発酵させる．通常はパンに塗ったり，紅茶や蜂蜜の風味付け，カーシャなどの温かい料理に加える．脂肪分は60％と高い．ロシアではチーズの横に陳列されることが多いが，スメタナやスリーフキの方が一般的である．

[三浦良子]

ベリーとキノコ

　広大なロシアの森には毎年キノコが生え、ベリーが実る．人々はそれらを大量に集め食料とし、長く厳しい冬に備えて保存食としてきた．キノコは「森の肉」と呼ばれるほどタンパク質が豊富で、肉と野菜の栄養素を兼ね備え、ロシアの人々の重要な食材であった．戦争や飢饉、近年ではソ連崩壊後の年々にもキノコは人々の食生活を支えた．1年のうち200日前後ある斎期には肉の代わりとなって、ロシアの食卓を豊かで魅力的なものにしてきた．一方、ベリーは冬から翌年の初夏まで野菜や果物が収穫できず、多くの人がビタミン不足から壊血病などに陥ったロシアでは貴重なビタミン源であった．シーズンには最大限に収穫し生で食べるほか、実にさまざまな方法で無駄なく保存した．

❋ **ベリー**　夏至の頃、人々の待ちかねたベリーシーズンが到来する．一番手はおいしくて滋養と薬効に富むゼムリャニーカ（ワイルドストロベリー）だ．続いて7月には、アントシアニン豊富で食べると口の中が紫色に染まるチェルニーカ（ビルベリー）、北の沼沢地では「皇帝のベリー」と呼ばれたモローシカ（クラウドベリー）などが次々に実る．マリーナ（ラズベリー）はロシア人の大好きなベリーで、風邪薬としても古来愛用されてきた．ベリーや果実は冬に備えて保存するが、実をつぶさずに砂糖と煮る、とろりとしたワレーニエが一般的で一番好まれる．ほかに乾燥や冷凍、キセーリ（果汁のくず湯）、果汁、シロップ、コンポート、モルス（果汁入り清涼飲料）、リキュールなどなど．8月に実るコケモモ、9月から晩秋まで広大な沼沢地で実るツルコケモモは安息香酸を含むためそのままでも、水漬けならさらに長く保存できる．

図1　シーバックソーン

ベリーはロシア料理の付合せ、デザート、飲み物、また薬剤としても欠かせない．栽培の歴史も古く、スグリはすでに11世紀に修道院の庭で栽培されていたとの記録がある．現在ダーチャの庭に植えられているポピュラーなベリーは、イチゴ、フサスグリ、マルスグリ、ラズベリー、オブレピーハ（シーバックソーン、図1）などだ．オブレピーハはソ連時代に注目され始め、体の内外の傷に効くとされるなどで急速に普及した．日本でも健康食品や化粧品が販売されている．

❋ **運がよければポルチーニも**　キノコはグリップ、キノコ狩りする人はグリブニークと呼ばれる．ロシアの人々のこの「静かな狩り」（セルゲイ・アクサーコフ）へ

の情熱は国民的ともいえるものだ．キノコの収穫時期を示すカレンダーによれば，キノコ狩りは4月末から晩秋までずっと続く．8月から9月の最盛期が来ると人々はこぞってキノコ狩りへと森へ出かけていく．運がよければイタリアでポルチーニと呼ばれる最高級のキノコのベールィ・グリップ（ヤマドリタケ）や，それに次ぐキンチャヤマイグチなどヤマイグチ属の仲間が採れる．中部ロシアでグリ

図2　アンズタケ

ブニークたちが一番多く収穫するのは，ヨーロッパでもロシアでも人気のあるアンズタケとたくさん生えておいしいベニタケ属の仲間（シィロエーシカ）だ．

❋ 400年前には3種類だけ　400年前にロシア人が採集し，食用としていたキノコは3種類だけだった．まずはベールィ（ポルチーニ）．次にヨーロッパでは食用に不向きとされるチチタケ属のグルーズジとルィージクで，ロシアでは昔から塩漬けにして食べた．とりわけキーロフ州の松林に生える本ルィージクの塩漬け「ヴァトカのルィージクは絶品」と国中で評判であった．「キノコの皇帝」と呼ばれる本グルーズジの塩漬けもかつて斎期の晩餐会のご馳走の定番であった．18, 19世紀には乾燥ベールィ，塩漬けのグルーズジとルィージクはヨーロッパの国々へ輸出され，珍重された．18世紀末人口の増加に伴い，これらのキノコは急激に減少したために，アンズタケ（図2）やヌメリイグチなども集められるようになった．

❋ グリブニークの誕生　採集される食用キノコの種類が飛躍的に増大したのは20世紀前半期の革命と戦争の飢餓の時代で，キノコ中毒による少なからぬ犠牲者を伴った（ちなみに現在に至るまでキノコによる死因のほとんどは猛毒のタマゴテングタケによる）．人々はみずからの身をていして毒か否かを見極め，調理前の処理などを習得し，その後キノコに関する学問的で啓蒙的な出版物が現れてくる．20世紀半ば以降増加していった都市住民たちは社会的な安定を背景に森の自然と触れ合い，キノコ狩りを楽しむようになり，グリブニークたちが誕生していった．

　ロシアで店頭販売されているキノコの大半はマッシュルームである．ほとんどが輸入もので，価格の安いポーランド産が多く，ロシア産の栽培キノコの生産高は減少していた．2014年ロシアに対し経済制裁が実施され，対抗してロシアはEUと米国に農産品の禁輸措置を取った．これを契機としてロシア国内で栽培キノコの農場開発と設備への多額の投資が始まり，急速な発展を見せている．今後，禁輸措置が解除された際の価格競争のリスクもあり，マッシュルームだけでなくヒラタケ，さらにエリンギ，エノキタケなどの生産が注目されている．

［小林清美］

ウォトカとビール

酒類には醸造酒と蒸留酒の2種類があるが、他にエチルアルコールを水で薄め、添加物を加えてつくる「合成酒」もある。通常ウォトカ（ウォッカ）はウィスキーやブランディー、ラム、マオタイ、泡盛といったアルコール度の高いスピリッツ系蒸留酒に分類される。しかし1895年に帝政ロシア政府が定めた製法によるウォトカは合成酒と呼ぶのがふさわしい。ソヴィエト政権もこの製法を継承し、今日に至るまでウォトカは水で希釈したエチルアルコールに若干の香付けや味付けをして、不純物を濾過してつくられている。

図1 ロシア産のウォトカ各種（ただし、後列左端はカザフスタン産）

19世紀半ばに、それまでの「蒸留器」よりはるかに優れた「精留塔」が発明され、純度の高いアルコールが大量かつ安定的につくられるようになった。本来ウォトカはウィスキーや泡盛などとは違い樽や瓶で寝かせて熟成させる過程を経なかったため、専売による税収によって国庫を潤すためにはこの製法は誠に都合がよかった。

✿「ウォトカ」は「水」の表愛形？　ロシア語の「水」はローマ字翻字すればvoda，「ウォトカ」はvodka，素人はすぐ2語が語源的に関連すると思い込む。ライ麦を発酵させて穀物醸造酒をつくり蒸留器でアルコール分を抽出する昔の製法では、アルデヒドやフーゼル油の不快な成分が溶け込んで「にごり酒」になってしまった。ところがブナとかシラカバの木炭で濾過（ろか）すると、無色透明の実にさわやかな液体が得られた。まるで「水みたい」だとして、誰ともなくvodkaと呼ぶようになった……というのが民間語源説である。だが古文献に出てくる「ウォトカ」は薬用で混濁していた。言語学者の多数は「導く」という動詞の語幹のvodから出た語ととらえているが、定説は確立していない。

✿眉唾物の『ウォトカの歴史』　ウィリアム・ポフリョプキンという学者が1991年『ウォトカの歴史』という本を出版した。時はまさにソ連崩壊前夜、ゴルバチョフが「しらふ」を推奨してアルコール類の生産制限と価格引き上げを行った結果、密造酒づくりが広まって原料の砂糖が店頭から姿を消した記憶がまだ残っていた。ウォトカの製造方法はロシア民族の聖なる文化遺産だといわんばかりの

主張は，国民のナショナリズム的心情を刺激した．20年後，ボリス・ロジオーノフという学者が『ロシアのウォトカについての真実と嘘，反ポフリョプキン』(2011) と題する著書を出版した．彼は，どちらが先にウォトカを「発明」したかをめぐりポーランドが提訴したという「国際仲裁裁判」も，ドミートリー・メンデレーエフが「理想的度数は40度」とした事実もないこと，さらに，今でも，ロシア産の優れたライ麦のみを発酵させてつくった穀物醸造酒を原料に，それを精留して得られたたライ麦の芳香の残るエチルアルコールを，これまたロシア産の天然の「軟水」で希釈しシラカバの活性炭で濾過することによってロシア製「ウォトカ」がつくられているというのもすべて嘘であることを暴露した．ポフリョプキンは2000年に死亡したので，彼からの反論は永遠になされない．しかし末尾の附録の表で，日本の清酒は「精留前に米を高温で蒸す」などとしており，この著書が信用に値しないことは明らかである．

★**二つの作法**　ソ連時代，アルコール依存症気味の連中が3人集まると，500 mℓ瓶から厚手のガラスコップにきっちり分け合って一気飲みした．これを「ナ・トゥライフ」という．昼食時の飲酒は禁止されていたので，労働者たちは隠して持ち込んだ瓶から素早く注ぐとこれを3人で瞬時にあおり，カラシを塗った黒パンを一嗅ぎした後，何食わぬ顔で食事に入るのがマナーであった．路上でやるときはパンの代わりに黒く油汚れした袖口を嗅ぐ．これが「粋なつまみ」なのであった．

　宴会には別な作法がある．食卓にウォトカが並んでいても，各自勝手に飲んではならない．宴席では一人ひとり順に気の利いた挨拶をして，「何々のために」という乾杯の音頭を発するのが義務である．このときの器は，サイズがぐい飲みより小さめ，ただしこれも一気飲みするのがマナーである．ウォトカを飲めばわかるが，日本酒やワイン，ビールなどと違って，食事をしながらちびりちびり飲んでは決してうまくはない飲み物なのである．ちなみに女性は決して酌をしないというルールもあるので，心得ておかねばならない．

★**うまくなったビール**　ビールもウォトカと同じくブドウが生育できない北国の飲み物で，昔から農家では自家製のものがつくられてきた．ソ連時代には国営工場が安価なビールを製造していた．低アルコール度飲料の代表格だったビールは，さらなる生産効率の低下をまねかないよう価格が押さえられていたという．瓶売りだけでなく，都会には屋外で立ち飲みできるような場所があった．冷やして飲む習慣はなく，味もホップの利いた喉越しの良いものなどなかった．仕方なく，ジョッキの縁に塩を乗せて飲む人も多かった．

　ソ連崩壊後は昔のレシピに沿ってつくったと謳う銘柄が増え，さまざまな度数のものを選んで飲めるようになった．極東地方やサハリンの都市でさえ，しゃれたビヤホールも見られるのが今のロシアである．　　　　　　　　　　　［木村　崇］

お茶とクワスとジュース

紅茶を第五の四大元素（地，水，火，風）とする声も聞かれるほど，ロシアは紅茶の国である．
中国北方から陸ルートでの伝来であることは「チャイ」という音からも明らかだが，その時期は明確ではない．『現代ロシア語歴史語源辞典』を編纂したパーヴェル・チェルヌィフによれば，ロシア語にチャイという語が見いだされるのは17世紀半ばである．15世紀に東洋の商人が初めてモスクワへ持ち込んだもの，イワン雷帝の治世に伝えられた中国の珍しい飲料など諸説ある紅茶だが，実際に飲まれるようになったのは17世紀で間違いはない．1638年にモンゴルの皇帝がロマノフ朝最初の君主ミハイル・フョードロヴィチに4プード (65.52 kg) もの茶葉を贈ったことやアレクセイ・ミハイロヴィチの病にも中国の茶を煎薬として用

図1　ペテルブルグの高級デリカテッセン「エリセーエフ商店」紅茶コーナー［著者撮影］

いたとの記述が残る．宮廷での需要も高まる中，ピョートル1世の治世に中国とネルチンスク条約（1689）を結んだことが，クロテンの毛皮を運び中国の茶を受け取るといった紅茶の定期的な取引の端緒を開く．1727年のキャフタ条約により両国間の貿易は確立する．中国からは焙煎前の茶を完全発酵させた黒い紅茶や緑，紅，白の量り売りの茶や特別加工の茶葉をブロックやタイル状に圧搾した磚茶などが入ってきた．当時，茶葉は品質を保つため内側に錫の板，外側に防水を施した木箱に入れられ，さらに牛馬の皮革で覆われた．はじめはラクダの隊商，その後は荷馬車でモスクワまでの道のりを16～18カ月かけて運ばれた．

❋ **国民的な飲み物へ**　薬の意味が強かった紅茶だが，モスクワで主に販売されたため都会の飲料として富裕層に徐々に人気を博す．18世紀以降の陶製組食器やサモワールの流行を背景に紅茶は日常生活へと浸透する（☞項目「サモワール」）．召使いへのチップは「紅茶代」と表現され，「のんびり紅茶を飲む」様子は19～20世紀の回想録に散見される．19世紀にはロシアの紅茶会社が複数設立され，その広範な普及のほどがうかがえる．当初緑茶は紅茶より高値だったが，ソ連時代には安価な低品質の緑茶が流通した．現在はサモワールこそ骨董品だが紅茶専門店も多く見られ，茶の消費量も世界有数である．

❋ **コーヒーのペテルブルグ・紅茶のモスクワ**　「ペテルブルグの朝はコーヒーから，

モスクワは紅茶で始まる」といわれるが，これは西欧化や茶取引の歴史とも符合する．コーヒーがロシア語辞典に収録されるのは1763年からだが，伝来時期の特定は難しい．だがピョートル1世により夜会などではコーヒーを出すことが命じられ，東洋由来の茶とほぼ同時期に広まる．エカチェリーナ2世は紅茶を飲むのは病気のときのみ，普段は濃いモカコーヒーがことのほかお気に入りだった．パーヴェル1世とアレクサンドル1世は紅茶党だが，アレクサンドル3世や最後の皇帝ニコライ2世もコーヒーを好んだとの記録が残る．

　紅茶は次第に階層の垣根なく，コーヒーはインテリゲンツィア中心に嗜好されていく．ソ連時代は煮出すブラックが基本だが，輪切りのレモンを添えて，砂糖を齧りながらも飲んだ．現在はドリップやインスタントはもちろん，独特な片手鍋のトルコ式も残る．ソ連時代，紅茶同様に粗悪品が横行したため，崩壊後数年は街角の店の鍵付き陳列棚にコーヒー豆が置かれ，輸入のインスタントもぜいたく品だったが，そんなことさえ，カフェチェーンが展開される今となっては懐かしい．

❋初代国民的飲料クワス　「クワス的愛国心」なる言葉も存在し，アレクサンドル・プーシキンの韻文小説『エヴゲーニー・オネーギン』でもロシアに不可欠なものと描かれる．発酵が語根で『過ぎし歳月の物語』の996年にすでに記述がある．主な原料はライ麦だが小麦や蕎麦粉，クワス用パンなど多種多様な穀類を発酵させ，あらゆる風味を加えた微アルコール清涼飲料である．スープをつくる際にも使われ，昔はバーニャ（蒸風呂）でも肌の健康や水蒸気の香り付けのために用いられた．16世紀には専門のクワス醸造人も登場しその隆盛ぶりがうかがえる．修道院でつくられるクワスには上等な蜂蜜を用い，キイチゴなど漿果の風味のクワスは裕福な人が振舞う夏の飲料の一つだった．キャラウェイやハッカ，杜松，レーズン，リンゴなどが一般的だがスイカやカブ，ショウガ入りもある．ソ連崩壊後は西側飲料に席巻されたが，最近は陳列棚に威風堂々クワスが並び，濃縮乾燥クワスでの時短の手づくりも可能となった．

❋そのほかの伝統飲料　キセーリも『過ぎし歳月の物語』の10世紀に記述が残る．「酸味」が語源で，砂糖や蜂蜜，果物に澱粉を加え煮た，通常冷製のピュレ状飲料である．古い時代は濃度の高いカラス麦スープだったと推察される．モルスは『家庭訓』が初出の，澱粉を入れずに砂糖や蜂蜜と煮た果物を煮汁ごと冷やす飲料である．ラテン語の「蜂蜜水」が語源らしい．ツルコケモモが代表格だが，他の漿果でもつくられる．印欧語の「樹液」が語源のソークも『家庭訓』に見られ，漿果や果物，野菜のジュースを指す．エカチェリーナ2世は酸味の強いフサスグリジュースを好んだ．ズビーチェニは香料入りの蜂蜜や糖蜜の蜜湯で，登場の時期こそ曖昧だが紅茶にその座を渡す19世紀末頃までは冬の定番飲料だった．辻馬車の御者を温めたズビーチェニは，修道院に今も残る．　　　　　　　　［三浦良子］

サモワール

「サモワール」を直訳すれば「みずから沸かすもの」となる．金属の壺のような胴体に湯を出す栓が一つと取手が二つあり，中に炭を入れて使う（図1）．喫茶の習慣の広まりとともに普及し，19世紀末には皇帝の居間から町の食堂，農村の台所までロシア中で使われた．今日では電気ポットに押されて日常的に使う家庭は珍しいが，ロシアの伝統，団欒やもてなし，豊かさなどのシンボルとして文学や絵画にしばしば描かれてきた．

図1 炭火式サモワール [PIXTA]

❋**構造と使い方** 炭火式サモワールは胴体の中心にまっすぐ円筒が通っており，その円筒に木炭を，円筒の外側に水を入れる．炭を燃やせば周囲の水が沸く仕組みだ．室内で焚くときはサモワールの上に排気用の筒をはめ，それをペーチ（暖炉兼竈）の煙突につなぐ（図2）．湯が沸いたらこの筒は外し，熱湯の入ったサモワールをテーブルへ運んで大きな金属の盆の上に置く．

サモワールの注ぎ口はつまみを90度動かして栓を開閉する簡単な仕組みで，そこからまず多めの茶葉を入れたポットに熱湯を注ぐ．この濃い紅茶を茶碗に半分ほど注ぎ，あとは各人がサモワールから湯を足して好みの濃さにする．紅茶のポットはサモワールの上に載せて保温できるから，誰も台所へ立つことなくセルフサービスでお替わりができる．ダニイル・ハルムスの楽しい詩「サモワールのイワン・イワヌィチ」には，朝からしゅんしゅん沸いているサモワールのところへ一人ずつ家人が来てはお湯をもらって行くほほえましい情景が描かれている．

図2 ペーチにサモワールの排気筒をつなぐ［塚崎今日子撮影，1996年，アルハンゲリスク州］

❋**歴史と種類** 最初のサモワールは1740年代のウラル地方でつくられた．ウラルはピョートル大帝の肝入りで鉱山開発が進み銅や合金の原料を産したため，武器と金属器の製造に長けていたのである．だがその後「サモワールの都」と呼ばれるまでに成長したのは，モスクワの南約180キロに位置するトゥーラだった．やはり金属加工と武器製造で知られたこの町は，1770年代以降サモワール工場が続々と出現し1850年には年間12万個のサモワールを生産したという．今もロシア語で「トゥーラに自前のサモワールを持ち込む」と言

えば「無用なことをする」という意味である.

　最初期のサモワールはイギリスの同時代の湯沸かしに似た形と構造をしていたが, 18世紀末には独自の発展を見せ, スープや粥を調理・保温できる料理用サモワールや脚が外せて収納しやすい旅行用サモワールも考案された. 市場などでは大きなやかん型サモワールにハーブティー（紅茶は19世紀半ばまでは高価で庶民はさまざまな草を煎じて飲んでいた）を入れて売り歩く商売人がいた.

　19世紀から20世紀初頭はサモワールの最盛期で, 卵型, グラス型, 花瓶型, 樽型などフォルムも多様化し, 時代によってロココ, アンピールなど流行の様式があった. 技術の進歩で本体が薄く軽量化した分, 凝った装飾が増えた. ペテルブルグでは銀や骨細工を用いた高価なサモワールがつくられ, トゥーラでは原料の低価格化と家内制手工業による分業により, 庶民でも買えるサモワールが量産されて定期市などで売られた.

❀**サモワールのある光景**　帝政ロシア時代後期には, あらゆる階層の暮らしにサモワールがあった. 上流階級の家庭やパーティーにはお茶のテーブルが欠かせなかったし, ニコライ2世の皇子皇女たちは一人ずつデザインの異なる銀のミニチュアサモワールを持っていた. アレクサンドル・プーシキンの『エヴゲーニー・オネーギン』では, 晩のサモワールが湯気をあげながらきらめき, オリガの手でかぐわしいお茶が注がれる. テーブルについてお茶を淹れるのは主婦か年長の娘の仕事なのだ. 19世紀後半の裕福な商家では日に何度もサモワールを沸かした. ボリス・クストージエフの有名な絵画〈お茶を飲む商家の妻〉（図3）には紅茶を手にしたふくよかな女性が描かれているが, 磨き込まれたサモワールと豊富な果物, 彼女の白い肌と自信ありげなまなざしが, その満ち足りた暮らしを物語っている.

図3　クストージエフ〈お茶を飲む商家の妻〉(1918) ［ロシア美術館蔵］

　農民の使うサモワールは廉価な円筒形で, 凝った装飾はなくとも家一番の贅沢品だった. 大事に磨かれ, ゆとりのある家では朝に晩に, 貧しい家でも祭日や来客時には必ず焚いた. イワン・トゥルゲーネフの『猟人日記』では農村の健康的で堅実な大家族がサモワールを囲み, アントン・チェーホフの短編「百姓たち」ではひどく貧しい農民たちが汚いテーブルで砂糖の固まりをかじりながら薄い茶を何杯も飲んで腹を膨らませている.

　今日の日常生活ではサモワールを見かけることは少ないが, ロシアの伝統文化を象徴するアイテムとして, また夏の戸外などで使われる便利で楽しい湯沸かしとして, 独自の存在感を発揮している.
　　　　　　　　　　　　　　　　　　　　　　　　　　　　　　［熊野谷葉子］

キャビアと前菜（ザクースカ）

　ロシア料理のフルコースにおいて，魚・肉料理のメインディッシュの出来立ての美味しさを味わうに先立って，テーブルに並べられるつくり置きの料理をザクースカ（単数）／ザクースキ（複数）と呼ぶ．いわば前菜である．冷たい，温かいを問わず，ある程度時間が経っても美味しく食べられることが条件で，多種多様な料理が含まれる．ロシアでは一般的にザクースカは食欲を喚起するものと位置付けられる．小食の日本人は，たとえメインと勘違いしなくても，食欲が喚起されすぎて，この段階でうっかり満腹になりがちである．メインディッシュに手を付けないと，招待主に料理が気に入らないのかと気をもませるので，気を付けよう．
　ザクースカは歓談と乾杯の供である，といえば聞こえはよいが，要は酒のつまみである．チーズ，ハム，キュウリをスライスして並べれば，ソヴィエト風の簡単な酒席，もといホームパーティーを再現できるだろう（図1）．
　他方で，近年は経済の上向きに伴って，贅や趣向を凝らしたザクースカがレストランや立食形式のレセプションに登場するようになった（図2）．野菜やバターを花型に成形したり，複数の具材を一口サイズに串刺しにしたり，巻いたりと，盛り付けにも工夫が凝らされている（図3）．なお，こうした場でウォッカをがぶ飲みしてへべれけになると，ひんしゅくを買うので，ご注意を．

図1　ホームパーティーのテーブル［著者撮影，以下同］

図2　立食形式のレセプション

図3　淡水魚のマリネの盛り付け

❀**ザクースカの歴史** ロシアの料理史研究家ヴィリヤム・ポフリョプキンによると，18世紀前半にザクースカという語は「朝食」の意味で使われた．朝食とは，火を使わなくても食べられる食材か前夜の残り物と決まっていたので，18世紀中頃にはザクースカは「冷菜」を指すようになったという．発酵させたキュウリ，キャベツ，キノコ，加工魚（陰干し，塩漬け，野天干しのチョウザメやマスとその魚卵，図4），

図4 加工魚を販売する市場の一角

燻製肉（ハム，焼豚，ガチョウの燻製や塩漬け）などである．シベリアの冷凍魚を薄くそぎ取る料理を除いて，ロシアには魚の生食の習慣はなく，燻製・塩漬けが一般的である．19世紀にはピローグも「冷菜」と考えられるようになり，またドイツ，スウェーデン，フランスの食文化の影響を受け，ゆで卵，ガチョウのレバーパテ，腸詰，バター，白パンがレパートリーに加わった．ここにつくり置きの料理が加わった．例えば，在来の料理中からザクースカとして認められたものとして，冷えた煮凝りや魚や肉のゼリー掛け．フランス料理からはパテ全般，ソース，加工果実，ピクルス．ドイツ料理からはオープンサンド，塩漬けニシンがあげられる．20世紀になると，ここに缶詰が加わる．

❀**キャビア** キャビアは，ロシアを代表する珍味，のみならず世界三大珍味にあげられるチョウザメの魚卵である．チョウザメは主にカスピ海に生息し，ヴォルガ川で産卵するが，近年資源枯渇が深刻化し，捕獲が禁止されている．チョウザメの種類，捕獲方法，加工方法によって，ブランド価値が異なり，ロシアのカスピ海産は評価が高い．なかでも最高とされるのが，青いラベルの「ベルーガ」である．

図5 キャビアをかたどった土産品

なお，ロシア語で魚卵のことをイクラというが，キャビアは「黒いイクラ」（魚卵），サケ・マスの魚卵を「赤いイクラ」と呼ぶ．両者とも，前菜に欠かせない食材であり，シンプルながら，その旨味と触感を最大限に引き出すのがオープンサンドであろう．ヴォルガ河口の町アストラハンにて，今やまぼろしの，あふれんばかりのキャビアの壺とオープンサンドのマグネットを土産屋で見かけた（図5）．禁漁はされてても，キャビアの町としてのローカル・アイデンティティは健在のようである． [前田しほ]

スイーツいろいろ

　ロシアでスイーツは大変好まれる．客に呼ばれて手土産に困っても，チョコレート菓子やケーキなら間違いないし，家庭でのスイーツづくりも盛んである．また，帝政ロシア時代の手の込んだレシピが復活して，産業化以前の繊細なスイーツを目にする機会も増えた．それらは古来からの交易でもたらされたりしていて，多民族国家故の多様性が見られることも特徴である．近年，輸入菓子や西欧風のスイーツも増えたが，ソ連時代からの製菓工場は現在も稼働している．ソ連崩壊後，原材料の変更に伴い，味が変わったとの声もあるが，根強い人気を誇る．ソヴィエト政権は国民の食生活向上を図り，規格の統一や新しい料理を考案したが，スイーツにもその余波が及んでいる．

❋**パンケーキ**　フライパン一つでつくることができる気軽な家庭料理として，クレープ様のブリン，小さなホットケーキのようなオラジヤ，トヴァローグ（カッテージチーズ様のチーズ）入りのスィルニキがあげられる．ジャム，蜂蜜，スメタナなどと一緒に食す．

❋**ピロシキ，ピローグ**　生地はイースト菌による発酵の有無は問わないが，パン生地タイプが多い．さまざまな総菜を詰め物にして，オーブンで焼き上げる．ピローグはホールケーキのような大きなサイズで，食す際に切り分ける（図1）．両者とも，甘く煮た果実やジャム，トヴァローグを詰めれば，スイーツとして供される．

図1　発酵しないタイプの生地のピローグ［著者撮影，図2も同］

❋**乳製品**　ロシアの乳製品文化において，スイーツの主役といえばトヴァローグであろう．最も素朴なレシピは，トヴァローグに蜂蜜，ジャムなどをかけて食すものである．生クリームやスメタナと混ぜて，ベリーを添えてもよい．揚げたドーナツ風やベイクドチーズケーキ風も美味である（☞項目「スメタナとクリーム」）．1960年代の国民の食生活向上キャンペーンは，人工添加物不使用で良質のアイスクリームの普及を促進した．この時期には，トヴァローグに生クリームを混ぜて冷やし，一口サイズに切り分けて，チョコレートコーティングしたスィロクが発案されている．乳製品を食べたがらない子供でも，これなら口にするというので栄養を気に掛ける親には好評のおやつである．

❋**チョコレート菓子**　ミルクチョコレートのアリョンカ（板チョコ）で知られるモスクワのクラスヌイ・オクチャブリ（「赤い十月」という意味の工場）をはじめとし，旧ソ連の各地に製菓工場がつくられた．直営店での購入がお勧めで，

チョコレートだけでなく，ウエハース，ナッツ，キャラメル，ドライフルーツをチョコレートコーティングしたもの，キャンディ，グミキャンディなど多種多様な菓子が量り売りされている．

❋**スフレ**　メレンゲに果実のピューレや生クリーム，加糖練乳などを加え，オーブンで焼き固めた菓子もこよなく愛されている．庶民に最もおなじみなのはゼフィールであろう．スフレにチョコレートコーティングしたプティチエ・マラコは中欧から伝わった．名称は，母乳で子育てをするはずのない「鳥のミルク」を意味する．その心は，「この世のものとは思えぬ」美味だから．ソ連時代にはウラジオストク製菓工場（現沿海州菓子製造）製が名声を誇った．

❋**蜂蜜菓子**　砂糖が流通する以前，蜂蜜は貴重な甘味料であった．その蜂蜜をふんだんに使う焼き菓子は各地に見られる．なかでも有名なのがトゥーラのプリャニクで，今や全国に流通している．ヴャジマのプリャニクも古くからのレシピを誇り，蜂蜜がそのまま半固形になったかのような食感で，透明な黄金色を特徴とする．テュルク系の民族が発祥とされるチャクチャクは，細かい生地を揚げたあと，たっぷりの蜂蜜であえる．

❋**果実，ベリー，ナッツ**　ロシアの森ではベリーやナッツ類が豊富に採れ，それらはビタミン供給源として，ジュース，ジャム，ペーストなどに加工保存される．スイーツとしては，砂糖衣のクランベリー，穀物やナッツを混ぜ込んだドライフルーツのバー，果汁をゼラチンで固めたり，果肉を砂糖漬けにしたマルメラードがあげられる．なかでも特筆に値するのが，パスチラであろう（図2）．リンゴやベリーのジュースあるいはピューレに蜂蜜やメレンゲを加

図2　コロムナのパスチラ

え，オーブンで焼き固める．コロムナ，ベリョーフ，ルジェフなどの地域では，帝政時代のレシピが復活し，評判を呼んでいる．シベリアでは，細かく砕いたチェリョムハ（ウワミズザクラ）の実を小麦粉に混ぜて焼いた褐色のスポンジケーキに，砂糖を加えたサワークリームを添えて食べる．きしきしと歯が鳴る独特の食感と酸味が絶妙な一品である．

　北方のベリーだけでなく，中央アジアやコーカサス（カフカス）産の果実やナッツが生食用や乾物で豊富に手に入る．そのまま食しても美味であるが，コーカサスから伝わったチュルチヘラはブドウやベリーの果汁に小麦で粘りを出し，ナッツを混ぜ込んで棒状に固めたものである．磨りつぶされたナッツやスパイスを固めたハルヴァは，最近はスーパーの定番スイーツの座を占めるが，コンクリートブロックのような見た目にたじろぎがちである．残念ながら，筆者は米原万里が『旅行者の朝食』（2004）で絶賛したほどの絶品に出会えていない．［前田しほ］

斎戒期の食事

　正教の信仰と強く結び付いた精進の習慣はロシア人の食生活を規制してきた．普段から精進の日とされる水曜日と金曜日のほか，何週間にもわたる斎戒期が年間に4回あり，いずれもキリスト教の大きな祝祭日に向けて心身を徐々に清めていく期間となる．肉を断つ，それに加えて卵や乳製品を断つ，さらに魚を断つ，植物油も断つ，加熱調理なしの植物性食品のみと，厳しさの段階は日によって異なる．週末は葡萄酒が許される．斎戒はすべての人に向けたものでなく，子どもや病人，妊娠中，授乳中の人には勧められない．斎戒の日数は曜日の配置やその年の復活祭の日付により異なるが，年に200日前後となることが多い．

❋**四つの斎戒期**　復活祭を前にした最も長い斎戒期である大斎は，厳密には四旬節の40日間を指すが，続く受難週間も加えて全体として斎戒期は復活祭までの7週間となる．初日の聖月曜日は前日までのマースレニツァの祝祭気分を一掃する．図1は2018年の大斎期（2月19日から4月7日まで）の食カレンダーの例（『スプートニク』紙より）を示したものだが，この聖月曜日は最も厳しい精進日の一つである．斎戒期の調理には穀物類，冬の蓄えであるキュウリやキャベツ，ベリー類の保存食を使うほか，キノコ類が多く使われ，ピローグやスープに味わいを添える．3月22日の40人の受難者の日（ソーロキ）には鳥型の精進パン「ヒバリ」が焼かれ，子供たちが春迎えの行事をする．魚が許されるのは復活祭前の日曜の

図1　大斎の食カレンダーの例（2018年2月19日〜4月7日）[m.ru.sputnik.md]

聖枝祭のみで，続く受難週間は最も厳しい斎戒日が連なり，復活祭へと導かれる．
　復活祭後8週間続く肉食期の後，7月12日のペテロとパウロの日までがペテロ斎で，その年の復活祭の日付により年によって日数が8日から42日と大きな差がある．新緑から初夏を迎え初物野菜も採れ，魚を食べてよい日も多く，食卓には滋味豊かな緑のサラダや身近な野草でシチーがつくられる．ベリー類も生で食し，ジャムづくりにいそしむ．
　秋迎えの祝祭日，聖母就寝祭（8月28日）までの2週間はウスペンスキーの斎

だ．初日にあたる8月14日は第一のスパス，あるいは「蜂蜜のスパス」，8月19日は第二のスパス，あるいは「リンゴのスパス」を祝う．スパスとは救世主祭のことで，収穫を祝ってそれらを食す日だ．リンゴのピローグが焼かれ，リンゴ漬けが仕込まれる．ウスペンスキーの斎は期間が短く，果物と野菜が豊富な時期にあたり肉なしでも厳しく感じられない．

　ほぼ3カ月にわたる秋の肉食期の後，クリスマスまでの40日間がフィリプの斎（11月28日から1月6日，クリスマス斎ともいう）だ．大斎に次ぐ重要な斎戒期だが，キリストの誕生を待つという楽しみの期間でもある．ペトロの斎と同じように水曜と金曜を除き魚が食され，制限は厳しくない．古くからロシアでは河川や湖で捕れる淡水魚を中心に魚の食べ方が多様だった．ウハーと呼ばれる魚のスープや煮凝りの前菜をつくり，ピローグには姿のまま詰めたり，身をほぐして入れたりする．魚は燻製，塩漬け，乾燥して，加えて冬場は冷凍でも保存でき，斎の祝い事の主役になった．クリスマス直前の一週間は厳しい精進日で，特にクリスマスを迎える夕べは何も口にせずキリスト降誕を告げる「星のとき」を待って，クチヤーを食べ精進期を終える．クチヤーは小麦や米などの穀粒の形を残して炊き，蜂蜜で味をつけ，クルミや乾燥果実を加えた儀礼食である．

　クリスマス，新年の祝い，洗礼祭と冬の肉食期を過ごした後に，キリスト教以前の冬送りの習俗と結び付いたマースレニツァがくる．大斎の前の週で，肉断ちの日曜に始まり，チーズやバターなどの乳製品，卵，魚を食べてもよい最もゆるい斎戒日が続き，ブリンを食べ，行楽に興じる．

✾斎戒の習慣　16世紀半ばに著された家庭生活の指南書『ドモストロイ』（家庭訓）には斎の食べ物の具体例が記載され，家長は何をどのくらい調達しておくか，主婦は何をどのように食卓に出すか事細かに説かれている．さらに時代が下って19世紀半ばから革命まで不動の地位を占めたエレーナ・モロホヴェツの料理書『若い主婦への贈り物』にも，斎戒期のメニューは別立てで取り上げられている．中世から近代にかけてロシアでは，斎戒の決まりによって植物性食品の食事に切り替わる一年の食のサイクルが形成されていたのである．スープ類にしてもピローグやブリン，カーシャなどの代表的なロシアの穀物料理にしても，動物性，植物性どちらにも調理できるバリエーションを持つ背景もそこにある．

　ロシア革命後は宗教が否定され，ソヴィエト時代には斎戒という言葉も習慣も表にでることはなかったが，その崩壊後，正教の復興に伴って再び人々に意識されるようになっている．特に大斎期には人々の精進への意識が高まるようで，レストランにも精進の料理がメニューに加わる．世論調査機関（**VCIOM**）の最近の調査によれば，大斎の規則に従い精進を守ると答えた人は，まだ25％に過ぎない．ただ精進の期間中，酒類を飲まないという人は4年前の2倍以上に増えて54％となっており，精進の習慣はロシアに失われていない．　　　　［石川あい子］

ロシアの寿司ブームと村上春樹の人気

　1990年代以降，ロシアでは外食産業が発達し，外国の料理がどんどん入ってきた．90年にモスクワのプーシキン広場に1号店を開いて大成功を収め，その後急速に全ロシアに展開したマクドナルドは，その一例である．そういった食文化の急激な変化の中でも目覚ましかったのは，寿司をはじめとする日本食のブームである．

　ブームの端緒となったのは，日本語をそのまま店名に使った「ヤキトリヤ」という店で，99年に1号店がモスクワにできて以来急成長を遂げ，2019年3月現在，モスクワとその周辺だけでも70店以上の店舗網を展開している．そのほか，「ギンノタキ（銀の滝）」「タヌキ」「ニヤマ」「一膳の箸」など，幾つもの大手チェーン店がしのぎを削っているうえ，「メグミ」「ユメ」「マコト」「ワビサビ」など，思い思いの（時には怪しげな）日本語名をつけた和食レストランがひしめき合っている．ラーメン屋，うどん屋，さらにはたい焼き屋までできた．その総数はモスクワだけで300を超えるといわれるが，正確な数字を出すことは難しい．アフィーシャというロシアの情報サイトで「モスクワの日本料理カフェ・レストラン」を検索すると，1,965店ヒットするが（2019年3月），ここには専門店でなくとも日本料理をメニューに載せている店が大量に含まれている．日本の農林水産省が発表した統計によれば，17年10月時点で，日本食レストランはロシア全土で約2,400を数える．

図1　モスクワの「ワビサビ」のメニュー．ロシア風に進化した巻物が多い［井上まどか撮影, 2019年］

　並行してロシアでは村上春樹ブームが起こった．1998年に初めて『羊をめぐる冒険』をロシア語訳して村上人気に火をつけた翻訳家ドミートリー・コヴァレーニンは，実際，村上文学の魅力を寿司に喩えている．さらには日本の漫画・アニメなどもどんどんロシアの若者に浸透し，日本文化全般が飛躍的に広く知られるようになった．現代のロシア人は日本食を通じて，日本を新たに発見したと言っても良いだろう．2010年代以降，日本食ブームはやや下火になった感があるが，それは日本料理がもはやエキゾチックで特別なものではなく，ロシア人の日常の食生活の一部として定着しつつあるということを意味する．現代のモスクワでは，ピザ屋でもコーヒーショップでも寿司が食べられる店は珍しくない．文芸批評家のレフ・ダニルキンが06年にモスクワの「ギンノタキ」で，寿司をつまみながら筆者に言った言葉が忘れられない——「今や寿司は君たち日本人のものじゃない．21世紀のマクドナルドなんだ」．

［沼野充義］

7. 娯楽とスポーツ

「娯楽」に関係する言葉を，ロシア語はたくさん持っている．気晴らしや暇つぶしにあたるラズヴレチェーニエ，ザバーヴァ，余興やアミューズメントを意味するウヴェセレーニエ，そのいずれをも意味するウダヴォーリストヴィエ，ゲームやプレイの意味のイグラー，趣味を表す外来語のホビー，同じく外来語のスポルト（スポーツ）など．

「あなたの娯楽は何ですか？」とロシア人に問えば，十人十色の答えが返ってくるだろう．お喋り，散歩，イチゴ摘みや魚釣り，別荘での休息，ピクニックやドライブなどなど．余暇を存分に楽しむという点において，ロシア人は立派な「遊ぶ人」である．

　本章では，そんな多彩な娯楽のジャンルから，自分でやって楽しむ遊戯や観光などと，見て楽しむ芸能やテレビ番組の類，いずれにも入るスポーツ類を取り上げる．もちろん観光も芸能もスポーツも，専業者から見れば立派な仕事の世界で，なかにはとりわけソ連時代に国家の肝煎りで特異な発展を遂げたジャンルも多い．そういう意味では，娯楽とスポーツは社会主義の遺産を一番残している分野かもしれない．

[望月哲男・熊野谷葉子]

笑いと芸能

歴代のロシア大統領の顔ぶれを見ていくと，笑いとは無縁のしかめ面ばかりが並ぶ．それもあってだろうか，ロシアと笑いはすぐに結び付かない．しかしロシア人ほどこよなく笑いを愛する国民はいない．2，3人集まり，そしてちょっとアルコールでも入ろうものなら，ロシア人たちはとっておきの笑い小噺「アネクドート」を競い合うように披露し合う．そして延々と夜がふけるまで笑い合う．ロシア人にとって笑いは常に身近な存在なのである．

❋ロシア風寄席劇場—エストラーダ　サーカスの道化師や映画俳優としても活躍したユーリー・ニクーリンや諷刺家ミハイル・ジュヴァネツキーなどは，こうした「アネクドート」を，その時々の世相や時事を巧みに取り入れた社会ネタとして新聞やテレビで発表し，庶民から圧倒的な支持を得ていた．笑いは社会を斬る一つの武器となっていた．

こうした笑いが芸能の中に取り入れられ，演じられていった場がエストラーダと呼ばれる小劇場だった．19世紀末都市の中で生れたエストラーダは，軽演劇，人形劇，曲芸，手品やポップスミュージックなど，多種多様な芸能が演じられるヴァラエティ劇場として人気を集めていた．ここでアネクドートを芸能化させた，しゃべくり芸が演じられていた．アメリカでいうスタンダップコメディ，日本の漫談や漫才のようなこのしゃべくり芸は，ロシア風寄席であるエストラーダの中心番組となっていく．

❋リツェジェイとポルーニン　話芸とは別に言葉を使わない笑いの芸能としてクラウン芸（道化芸）も，エストラーダから生れていった．道化芸というとサーカスのクラウンを思い浮かべがちだが，劇場クラウンもロシアでは人気が高かった．サーカスでは，全体の構成のなかで，演目と演目をつないでいくことがクラウンの大事な仕事であるが，劇場クラウンは，寸劇を完

図1　ポルーニン

結した作品としてつくりあげ，笑いを取るものとなった．こうした劇場クラウンは，しゃべくりとは違って，パントマイムを基調としている．パントマイムを学んだパフォーマーたちが，エストラーダの中でクラウン芸をつくっていくことになった．

こうした劇場クラウン芸を確立させたのは，1970年代後半にレニングラード（現サンクト・ペテルブルグ）で誕生した「リツェジェイ」というグループだ．

創始者のヴァチェスラフ・ポルーニンは，劇場クラウンの先駆者となったレオニード・エンギバロフに大きな影響を受け，パントマイムやクラウニングを学ぶスタジオをつくり，それを母体に「リツェジェイ」を結成した．

ポルーニンはみずから演じ，演出するだけでなく，プロデューサーとしての才覚も持ち合わせ，モスクワで国際青少年学生フェスティバルを開催，ヨーロッパからクラウンやマイムを招聘するほか，数々のフェスティバルを組織していく．

「リツェジェイ」はソ連国内で新しい笑いをつくるグループとして人気者になるが，特にポルーニンが演じた黄色いぶかぶかの衣装に，大きな靴を履いた，赤鼻のクラウン「アシシャイ」と呼ばれたキャラクターは，国民的なアイドルとなった．後に「アシシャイ」は，カナダのサーカス団シルク・ドゥ・ソレイユの大ヒット作品《アレグリア》(1994年初演)の中の重要なキャラクターとなっていく．

ペレストロイカの時代に，「リツェジェイ」は劇場を飛び出し，街に出て即興的な野外パフォーマンスも演じ，世界の注目を浴びる．欧州各地の演劇フェスティバルに招待され，大きな成功を収める．

「リツェジェイ」の海外での成功に後押しされ，「マスキ」や「ミミクリーチ」などの若い道化師集団が誕生し，ペレストロイカの波に乗り，次々に海外に進出していく．「マスキ」は「マスキーショー」というテレビ番組で一躍人気になった．

「ミミクリーチ」は1991年にペレストロイカの新しい笑いのパフォーマンスという触れ込みで初来日，大きな話題になった．卓越したパントマイムやアクロバットの技術を駆使しながら，日本や欧米の笑いにはない，ソ連時代の呪縛から解き放たれた笑いのエネルギーが観客を圧倒したといえる．「ミミクリーチ」はその後7回来日し，人気子ども番組の「ポンキッキーズ」にもレギュラーとして出演していた．

図2　ミミクリーチ

❋スノーショー　ソ連解体以降ポルーニンはシルク・ドゥ・ソレイユと契約し，世界中で大ヒットした《アレグリア》にリツェジェイのメンバーと一緒に出演するほか，世界各地に「リツェジェイ」を増殖させプロジェクトもスタートさせた．この結果「リツェジェイ」のクラウニングを踏襲したグループが各地でつくられた．

さらに2001年にモスクワ演劇オリンピックの野外劇部門のプロデューサーとなり，世界の名だたるストリートパフォマーやカンパニーを招聘する．1993年には新たなクラウンスペクタクル《スノーショー》をつくり，ロシア国内の優れたマイム役者を集めて，幻想的でしかも観客参加型の新しいスペクタクルをつくりあげ，世界各地で公演し，成功を収めている．

［大島幹雄］

テレビドラマと人気番組

　「運命の皮肉，あるいはいい湯を」（エリダール・リャザーノフ監督）は，日本で代表的なソ連映画として知られているが，これはそもそも1975年の大晦日にソ連国内でテレビ放送されたドラマである．家庭に録画機がなかった時代であり，もう一度見たいという人々の要望を受けて，翌年8月に映画館で再上映されたものだった．これはテレビドラマか，それとも映画か．もともと，テレビドラマと映画の境界は曖昧な部分も多かったが，現代ではさらにインターネットを介した視聴も主流になりつつあるので，その区別はますます意味を失いつつある．これらはまとめて映像コンテンツなどと呼ばれるようになってきている．もはや映画とテレビドラマ（ロシアではテレビ映画と呼ばれることもある）の違いは，映像時間や公開方法といった形式上の違いにすぎない．こういった状況は現在のロシアにおいても同様である．

　ロシアのテレビドラマや人気番組の年ごとの傾向を知るには，ロシアテレビ産業界でのその年の功績を称えるテフィー賞（1995年創設）や，ロシア映画産業界でつくられたゴールデンイーグル賞（2002年創設）の動向を追っていくとよい．後者には「テレビ映画，または全10話以下の小シリーズ」「テレビシリーズ」というカテゴリーもあり，テレビ用の映像作品も評価の対象である．

❋**テレビドラマ**　ロシアでは1時半から2, 3時間くらいの長さのドラマもよく制作され，テレビ映画といわれているが，一方で長編の連続ドラマも"シリアル（シリーズもの）"といわれて好まれて視聴されている．また，代表的な人気ドラマが繰り返し何度も放送されるのも，ロシアのテレビ放送の特徴である．前述の「運命の皮肉」は毎年大晦日に放送されることがすでに恒例となっており，大手放送局が放映権を順番に獲得して放送している．幾つか有名な例をあげるなら，ソ連時代の金字塔ともいうべき連続ドラマは，ユリアン・セミョーノフの小説を原作とした「春の十七の瞬間」（全12話827分）である．第2次世界大戦中ナチスドイツ内に潜入した，ストイックなソ連諜報員スティルリッツの活躍を描いた

図1　ドラマ「春の十七の瞬間」

 もので，初回放送された1973年，その放送時には人影が町から消えたといわれるほどの人気だった．主に戦勝記念日の特別番組として何度も放送されている．これと肩を並べるロシア時代の代表作は，ミハイル・ブルガーコフの小説が原作の

「巨匠とマルガリータ」(2005年，全10話499分)であろう．この2作品は2015年の戦勝70周年の節目の日に国営放送局ロシア1で一挙放送された．

ソ連崩壊とそれに続く経済の低迷で1990年代には廉価な外国の長編ドラマが主流になったこともあったが，その後ロシアでは経済の回復とともに国産の連続ドラマが大量に製作され，放送されている．現在では，ロシアのドラマを海外に売り込む動きも盛んである．例えば，エカチェリーナ2世の半生を描いた「エカチェリーナ」(2014，全10話440分)とその続編「エカチェリーナ――飛翔」(2016，全12話540分)は，世界30か国での放送が予定されており，日本でも2018年にチャンネル銀河によって放送された．

❋**人気番組**　その年々の評価が高いテレビ番組は，前述のテフィー賞のノミネート作品と受賞作品から知ることができるが，もう一つの人気のバロメーターともいえる，長い放送期間を誇る番組を幾つかあげてみよう．まずソ連時代からでは，最も古いのはロシアを代表的するニュース番組「ヴレーミャ」であり，1968年から放送が開始され，現在でもチャンネル1で放送が続いている．

就寝前の子供たちをターゲットにした「おやすみなさい，こどもたち」はロシアの子供たちの生活にすっかり根付いている（図1）．これを見終わったら寝ること，という意識が浸透しており，子供たちの就寝時間を明確にして生活のリズムを整えるのに一役買っている．これは1964年から続く，大抵夜の8時台に放送される10〜15分ほどの子供向け番組であり，現在でも国営放送グループのチャンネル「カルーセル」で放送を続けている．最近世界中で人気を得ている5分アニメ「マーシャとくま」はこの番組の中の一コーナーである．

動物の生態に焦点を当てたテレビ番組「動物界では」も，ソ連時代（1968年）から長く親しまれている番組であるが，この番組も現在は子供向けのチャンネル「カルーセル」に移されている．

図2　子供番組「おやすみなさい，こどもたち」

一方，ロシア時代に入ってから長く人気の番組には，ソ連時代にほとんど公表されることのなかった凶悪犯罪に焦点を当てて事件を検証していく「捜査は行われた」がある．NTV（独立テレビ）で2006年からすでに13シーズン412話を放送しており，安定した視聴率を誇っている．この番組は，かつて酷似する題名の刑事ドラマに主演した俳優のレオニード・カネフスキーが案内役を務め，犯罪事件のみならず，当時のソ連の生活の特徴についても若い世代にわかりやすく説明している．また，超能力者を自称する参加者たちに，さまざまな課題を与えて競い合わせる番組「超能力者の戦い」（テレビ局TNT）も07年の放送開始から現在に至るまで，18シーズン307回を数える人気番組である．　　　　[守屋　愛]

サーカス

　ロシア・サーカスは日本ではボリショイサーカスという呼び名で知られている．1958年ボリショイサーカス初来日公演は空前のヒットとなり，社会的現象にまでなった．以来ボリショイサーカスはほぼ毎年夏に日本公演を行い，夏の風物詩の一つになるまで定着する．初来日公演で最も話題になったのは，ヴァレンチン・フィラートフが指揮する17頭による熊の曲芸だった．ぬいぐるみに入った人間が演じているのではないかという声が上がったくらい，熊たちはオートバイに乗ったり，ボクシングをしたりと人間顔負けの名演技を見せた．

図1　フィラートフ

❊ **熊の芸のルーツ—スコモローヒ**　熊の曲芸のルーツは，スコモローヒという放浪芸人たちにさかのぼることができる．スコモローヒとは，15～17世紀にかけて，定期市場や教会など人が集まる所を回りながら，歌や踊り，曲芸や軽業をコミカルな口上を交えながら演じていた大道芸人である．この中で人気を集めていたのが熊の曲芸だった．ルボーク（民衆版画）や教会の司祭が残した記録によると，熊は，楽器を演奏したり，踊ったり，さらには口上に合わせてコミカルな演技をしていたことがわかる．スコモローヒたちがロシア・サーカスの原型をかたちづくったといえるだろう．

❊ **近代サーカスの誕生**　旅芸人たちが各地を転々としていた娯楽の形態は，都市の誕生によって変化していった．1770年ロンドン，テムズ川の畔に，フィリップ・アストレーという退役騎馬中尉が，「アストレー円形劇場」をオープンした．これが近代サーカスの出発点となった．馬のショーを中心に，道化寸劇，アクロバットなどを交えたこのエンターテイメントは，ロンドンっ子たちを夢中にさせる．単純でわかりやすい，そして目新しいこの娯楽は，ドーバー海峡を越え，あっという間にヨーロッパ中に広がり，フランス，イタリア，ドイツに次々とサーカス場ができていった．

　18世紀末から，こうしたヨーロッパのサーカス団が次々にロシアに進出してきた．30以上の外国サーカス団がロシア各地にサーカス場を開いて興行していた．

現存するサーカス場で世界最古といわれているサンクト・ペテルブルグのサーカス場は，もともとイタリアのガルターノ・チニゼリが建てたものだった．曲馬師としてヨーロッパ中に名が知られたチニゼリは，1877年にロシア初の石造りのサーカス場を開設した．この当時のロシア・サーカスの雰囲気は，ボリス・バルネットの映画「レスラーと道化師」(1957) に活写されている．

❋ソヴィエトサーカスの誕生　このように19世紀中頃までのロシア・サーカスは，外国サーカスが牛耳っていたといってよい．ロシア人が経営するサーカスが誕生するのは，1876年のことであった．アキム・ニキーチンが，「ニキーチンサーカス」をウラル山脈の南部にあるサラトフで旗挙げする．「ロシア・サーカスの父」と呼ばれたニキーチンは，外国サーカス団としのぎを削りながら，次第に勢力を広げ，1911年にモスクワにサーカス場を開き，道化師と動物調教を合体させたドゥーロフ兄弟や馬のサーカスのトゥルッツィ兄弟などスター芸人を抱え，一大サーカス王国を築くことになる．ニキーチンは革命後飛躍的に発展するソヴィエトサーカスの土台を築いたといえよう．

1917年のロシア革命はサーカスの発展に弾みをつけた．革命とともに芸術革命をかかげたフセヴォロド・メイエルホリド，ウラジーミル・マヤコフスキーらロシア・アヴァンギャルド芸術家たちが，ヴィタリー・ラザレンコなどサーカス芸人たちと共同で作品をつくるなど，サーカスは革命芸術の一翼を担うことになる．革命政権の文化大臣アナトーリー・ルナチャルスキーは，サーカスによって革命的なカーニヴァル的見世物をつくろうと，積極的にこれを後押しした．

ソ連政権誕生後，国営化されたサーカスは，国立サーカス中央管理委員会（～1930)，その後国立音楽・演芸・サーカス協会（～1936)，サーカス総局（～1957）を経て，最終的には57年に発足したソ連邦国立サーカス公団（ソユーズゴスツィルク）のもとに統合される．ソ連解体前には，サーカス常設館61，移動サーカス15，動物サーカス13，氷上サーカス2，水中サーカス，レビューサーカスが運営され，およそ8,000人のアーティストが働いていた．ロシア・サーカスは，世界最大のサーカス団として君臨していた．

❋ソ連解体後のロシアサーカス　ソ連邦消滅後ソ連邦国立サーカス公団も解体され，95年からロシア国立サーカスカンパニーという半官半民の会社になった．民営化に伴う混乱のなか，多くの芸人たちが職を失い，飼育管理が困難になった象や猛獣ショーが少なくなるなど，多くの問題に直面する．その一方，ソ連時代には不自由だった海外公演の可能性が拡がり，国を仲介せずに自由に契約できるようになったことによって，海外で働く芸人が激増するという現象も生んだ．独立採算制となった国内でのサーカス興行も，経費の削減など経営努力を重ねるなか，21世紀に入ってからは経営も安定してきた．サーカスはロシア国民にとってなくてはならない娯楽として，今でも人気を集めている．　［大島幹雄］

観光・保養

　普段生活している場所を離れ，一定期間の休暇を楽しむという現在のツーリズムにつながる観光旅行の形態は，近代化，都市化，産業化とともに拡大した．ロシアのツーリズムの誕生は帝政末期にさかのぼるが，社会主義という特殊な近代化を経験したソ連時代には，ツーリズムも独自の発展を遂げた．

❋**ロシアの近代化とツーリズムの誕生**　中世ロシアの時代から，聖地エルサレムを目指す巡礼や，交易，資源の獲得や開拓などを目的とした旅行（トラベル）は当然存在した．ピョートル大帝の時代以降は知的研鑽や技術の習得を目的とした西欧への旅がそれに加わった．18世紀以降，ロシア貴族にとって西欧への旅は身近なものになり始め，旅の日常を綴ったニコライ・カラムジンの『ロシア人旅行者の手紙』など旅行記も現れた．一方，帝国の辺境を旅したアレクサンドル・プーシキンやミハイル・レールモントフらの手による小説や寄稿文は，ロシア南方へのロマンティックな興味をかき立てた．19世紀も後半には，資本主義の進展と可処分所得を備えた中産階級の登場に伴い，日常を離れた土地での娯楽，保養，消費をより重視した観光（ツーリズム）が現れた．エリートの旅行者（トラベラー）が消費主義的な観光客（ツーリスト）に変貌していく過程は，当時の社会的変化を如実に反映するものであった．

❋**「計画された余暇」としてのプロレタリア・ツーリズム**　ロシア革命後の，社会の主人公は，ブルジョワからプロレタリアへと移ったが，ツーリズムにおいてもまた同様の変化が生じた．プロレタリア・ツーリズムは共産主義的理想社会にふさわしいものであることが求められた．1920～30年代には，計画的で合理的な健康増進に加えて，知的・肉体的な修養が旅行に求められた．コンパスを用いて地図を読み，焚火を起こし，野営でサバイバルする技術を身につければ，「ソ連ツーリスト」の記章が与えられた．プロレタリア・ツーリズムは単なる休暇ではなく，それ自体が生産性に満ちたものでなくてはならなかった．しかしながら実際には，萌芽期のツーリズム産業（ホテル，レストラン，交通サービス）は振るわず，サービスの質も劣悪であった．大半の一般市民は旅行に出る余裕を持たず，クリミアやコーカサス（カフカス）の保養地を賑わせたのは，一部の労働者，知識人，そして党・国家官僚に限られた．

図1　コンパスとテントをモチーフにした「ソ連ツーリスト」の記章

❋**外国人ツーリストとヤミ取引（ファルツォーフカ）**　1930年代後半以降のソ連で

7. 娯楽とスポーツ

表1　ロシアのツーリズムに関わる主要な出来事

1845	帝室地理学協会の組織．帝国内の地理情報を収集，出版
1857	ロシア汽船貿易会社の発足，60年代以降，外国旅行を組織
1890年代	旅行者が自発的に「ロシア・ツーリスト協会」などの組織を結成し始める
1923	株式会社「ソヴィエト・ツーリズム」結成
1929	帝政期の組織を引き継いで，自主団体「ロシア・プロレタリア・ツーリズム協会」結成．外国旅行を対象とする株式会社「インツーリスト」の組織
1936	既存の組織を廃止し，国内旅行事業をソ連労働組合付属の組織「ツーリズム・エクスカーション管理局（TEU）」に移管
1957	第6回世界青年学生フェスティバルがモスクワで開催され131カ国の若者が参加．翌年若者の国際ツーリズムビューロー「スプートニク」が開設される
1962	TEUをツーリズム評議会に改組．これ以降，ツーリズムを扱う組織は，対象者別に五つ（労働者・外国人・軍・青年・児童）に分かれる
1967	週休2日制の導入

は，外国人，あるいは外国帰りのソ連人はスパイとほぼ同義であったが，冷戦が始まると一転して，外国人ツーリストは貴重な外貨獲得の手段として歓迎されるようになった．57年にはモスクワで世界青年学生フェスティバルが開催され，それまでほぼ鎖国状態だったソ連に外国の若者が押し寄せた．外貨専用の店「ベリョースカ」が大都市・観光地に展開され，ツーリストを魅了するために必死の創意工夫がなされた．実際には，貧相な商品棚を前に，外国人ツーリストがお土産に何を買ったものかと頭を悩ます一方，ソ連のガイドたちは，彼らが携帯する外国製品をできるだけたくさん買い取るために知恵を絞った．そうして入手された外国製品が闇市で取引された．資本主義の優れた生活スタイルを見せつけるツーリストは，ソ連の指導者にとって，西側が開発した「核兵器でもなく，弾道ミサイルでもない大陸横断型新兵器」ともいうべき脅威でもあった．

❋マス・ツーリズムの誕生　ソ連のツーリズムが大衆現象となったのはブレジネフ期のことである．多くの労働者たちが労働組合を通じて，無料あるいは通常価格の3分の1程度の値段で旅行引換券（バウチャー）を手に入れることができた．ツーリストの大多数は都市居住者であったが，農民にもツーリズムの機会は訪れるようになった．彼らは海辺の保養地のみならず，都市観光にも頻繁に出かけた．旅行券がなくとも人々は個人旅行に出かけたが，自力で移動し野営するツーリストは，皮肉と自嘲を込めて「未開人」と称された．また，子供たちは数週間にわたるサマーキャンプに送られるのが常となった．

❋ロシア・ツーリズムの現状と未来　ソ連解体後，消費主義的な余暇の傾向は加速し，ソ連時代を通じて貧弱だったツーリズム関連産業・インフラは続々と整備されている．政治的・経済的な障壁は残るものの，外国旅行も比較的容易になり，ロシア人が積極的に国外に出る一方で，ロシアを訪れる外国人（インバウンド旅行）がこれを上回ることはない．ツーリズムを語る言葉の威勢のよさと貧相な実態の乖離は，現在も不変のようだ．　　　　　　　　　　　　　［高橋沙奈美］

博覧会

　ロシアでは10〜11世紀にはすでに，都市やヴォルガ川流域などの交易拠点で市が開かれ，トルグ（売買の場）などと呼ばれていた．近代に入り，ドイツ語のJahrmarkt（年市）がロシア語に伝わって，ヤルマルカという名称ができた．こうした定期市が，もろもろの物品を展示する展示会ないし博覧会の起源となった．

❊帝政期の博覧会　大規模に組織された博覧会がロシア帝国で開催されるようになるのは，19世紀前半である．初めに財務省の後援で，製造業の博覧会がもたれた．その最初の事例は，1829年にペテルブルグの特設会場で開かれた「ロシア工業製品の最初の公共博覧会」である．33県からの参加者326人が，機械，繊維，皮革，ガラス，陶器，砂糖など4,000点以上の物品を出品した．2年後にはモスクワの貴族会館（現労働組合会館）でも，工業製品博覧会が開かれた．両都市ではその後も繰り返し，この種の博覧会が開催された．リャザン県工業製品博覧会（1837）のように，県単位の催しも行われるようになった．

　農業関連の展示会は，国有財産省（後に農業・国有財産省に改組）の後援のもと，初めは地方規模で開催された．43年にオデッサで開かれた畜産展示会が，その種の最初のものである．翌年にはヤロスラヴリ県が続いた．全ロシア規模の農業博覧会は，50年にペテルブルグで初めて開催された．

　時代が下ると，工業製品や農産品の陳列だけではなく，社会的・啓蒙的意義を重視した博覧会も行われるようになった．代表的なものとしては，1913年にペテルブルグで開かれた全ロシア衛生博覧会がある．パスツールの友人で，ロシア医学のパトロンであった皇族のアレクサンドル・オリデンブルグスキー公が，その庇護者を務めた．

❊革命後の博覧会　第1次世界大戦・革命・内戦の時代には，ロシアには大規模な博覧会を行う余地はなかった．だが，1920年代初頭に新経済政策（ネップ）が始まり，民間の活力を引き出すことが課題となると，ソヴィエト政権は博覧会という帝政期の遺産に着目することになった．その結果，23年夏，全ロシア農業・クスターリ工業博覧会が開催された（クスターリ工業は農民的手工業）．日本を含む19カ国も出品した．モスクワ川ほとりの巨大なごみ捨て場が，会場として整備された．博覧会の跡地には，28年に「文化と休息の中央公園」(32年からゴーリキー名称)が開設された．

　20年代末にヨシフ・スターリンが新経済政策から急進的工業化への転換を強行するとともに，博覧会にも新たな役割が与えられた．社会主義社会の豊かさを

住民や外国からの訪問者にデモンストレーションするとともに，全国各地の優秀な労働者や農民に，最新技術に接する機会を与えることである．35年の第2回全連邦コルホーズ突撃作業員大会で，全連邦農業博覧会（VSKhV）の開催が発議された．37年から38年の大テロルにより，責任者の逮捕や工事のやり直しが生じ，ようやく39年8月に開催が実現した．ロシア連邦共和国を除く10の共和国，ロシア連邦共和国の諸州，2自治共和国（タタールとバシキリア），それに産業部門ごとのパビリオンが，噴水や食堂，軽演劇場や映画館とともに，136ヘクタールあるモスクワ北部の新たな敷地に立ち並んだ．3カ月の開催期間中に，350万人が訪れた．40年，41年にも全連邦農業博覧会は数カ月間開催された．

図1　VDNKhの噴水〈諸民族の友好〉（1954年開設）と，当時の16共和国を表す女性像［著者撮影］

　全連邦農業博覧会は社会主義文明の象徴となり，同時代の芸術作品でもその姿は喧伝された．なかでもイワン・プイリエフ監督の映画「豚飼い娘と羊飼い」（1941）は，この博覧会見学のためにモスクワに派遣されたロシアの養豚コルホーズ娘が，そこで出会ったダゲスタンの羊飼いと恋に落ち，来年もまたここで会えるように労働を頑張ろうと誓い合う物語で，同博覧会の輝きと賑わいを今日に伝えてくれる．第2次世界大戦後，全連邦農業博覧会が再開したのは54年のことである．63年から通年の展示となった．58年にソ連国民経済達成博覧会（VDNKh）と改称され，ソ連崩壊後の92年には全ロシア博覧センター（VVTs）という名の単なる商業施設に変わった．しかし，2014年に再び国民経済達成博覧会の名称が復活し，パビリオンの再整備も進行中である．

※**国際博覧会への参加**　1851年にロンドンで第1回万国博覧会が開かれて以来，ロシア帝国は定期的に万博に出品した．革命によりその慣行は途絶えたが，1920年代にソ連が国際社会に復帰すると，国際博覧会への参加も再開した．その皮切りとなった25年のパリ現代産業装飾芸術国際博覧会では，構成主義者コンスタンチン・メーリニコフ設計のソヴィエト・パビリオンが話題となった．37年のパリ万博では，ボリス・イオファン設計の新古典主義のパビリオンが，ナチス・ドイツのパビリオンと対峙した．70年の大阪万博では，ソ連館は有人宇宙船ソユーズや宇宙服を展示して，アメリカ館の「月の石」と張り合った．2025年万博の開催地選びでも，ロシアのエカチェリンブルグは，アゼルバイジャンのバクーとともに大阪と競った．

［池田嘉郎］

オリンピックとパラリンピック

　冷戦期，オリンピックで圧倒的な強さを見せたソ連の秘密を，西側各国が解き明かそうとした．だが，ソ連がオリンピックに参加したのは，国際政治で積極的な役割を果たすようになった第2次世界大戦後のことでしかない．モスクワ五輪のボイコット，2014年以降の「新冷戦下」でなされた五輪からのロシア選手排除など，ロシアとオリンピックの関係は国際関係の中で揺れ動いてきた．人間の尊厳を示す場であるパラリンピックにさえ，そのような力学は及んでいる．

✳帝政ロシアのオリンピック　ロシアとオリンピックの関わりだが，1900年のパリ大会に個人で参加をした選手がいたという記録が残っているものの，選手団の派遣は08年のロンドン大会まで待たねばならなかった．この大会ではニコライ・パニンがフィギュアスケートで，ロシア初の金メダルに輝いている．

　続く12年のストックホルム五輪には170人もの大選手団が派遣されたが，期待に反し，金メダルを取る選手は現れなかった．その後，第1次世界大戦により五輪は中断され，17年には革命によってロシア帝国が消滅してしまった．

✳米ソの対決　ソヴィエト連邦はGTO（体力検定システム）やスポーツマンによるパレード，サッカー・リーグなどスポーツ振興に力を注いだが，30年もの間，オリンピックには参加せずにいた．その代わりに，労働者のオリンピックとして「スパルタキアード大会」が開催された．

　世界初の社会主義国として国際社会から孤立していたソ連だが，第2次世界大戦後は，国際連合の中心的な国となっていた．また国際大会で目立ち始めたソ連選手の活躍は，ストックホルム五輪の挫折を忘れさせるに十分なものだった．こうしてソ連は1952年のヘルシンキ五輪に初参加し，アメリカに次ぐ数のメダルを獲得した．その後，56年のコルチナ・ダンペッツォ冬季五輪で国別メダル獲得数首位となると，88年までの夏季，冬季合わせて18回の大会において，14回も1位となっている．五輪は宇宙開発と並ぶ，米ソの競争の舞台となった．

　80年のモスクワ夏季五輪は社会主義国で初めて開催されるオリンピックとして注目されていたが，その前年にソ連軍がアフガニスタンに侵攻した結果，アメリカ，西ドイツ，日本，中国など50カ国がボイコットする事態となった．ソ連や東欧諸国は報復措置として，84年のロサンゼルス五輪をボイコットした．

✳ドーピング問題　1991年にソ連が解体されたが，その翌年のアルベールビル冬季五輪，バルセロナ夏季五輪ではまだ，ソ連を構成した各共和国の合同チームが結成されていた．新生ロシア連邦が単独の選手団を派遣したのは，94年のリレハンメル冬季五輪においてである．ロシアがメダル獲得数の首位に立つのは，この

大会を最後に途絶えたが，レスリングのアレクサンドル・カレリンらが活躍するなど，スポーツ大国としての存在感は保たれ続けていた．

90年代の経済混乱も21世紀には終息し，2014年にはロシアで2度目の五輪となるソチ冬季大会が開催された．ソチではフィギュアスケートを中心にロシア選手のメダルラッシュとなり，ロシアはメダル獲得数首位の座に返り咲いた．

図1　モスクワ五輪の開会式［AFP＝時事］

しかし，モスクワ五輪と同様，ソチ五輪もすんなりとは終わらなかった．大会期間中にウクライナ政変が起こり，大会後はクリミア併合やウクライナ紛争をめぐり，ロシアが国際社会で孤立することとなった．

その10ヵ月後，反ドーピング機関の職員から告発がなされ，ロシア政府は「国ぐるみの不正」を行っていると国際的に非難されることとなった．16年のリオデジャネイロ五輪は各競技団体の判断により，陸上競技や重量挙げでロシア人選手が参加を認められなかった．18年の平昌(ピョンチャン)五輪では国としての参加が認められず，ロシア選手は国名ではなく「オリンピック・アスリート」の呼称を用いることとなり，国家や国旗も使用できなかった．

❋**パラリンピック**　オリンピックが脚光を浴びた一方で，ソ連ではパラリンピックにほとんど関心が払われていなかった．障がい者はスポーツや栄光とは無縁の存在と見なされ，陰に追いやられていたのである．

状況が変わったのは1988年のソウル夏季大会からだ．五輪と同一会場で開催されるようになったこの大会で，ソ連選手団がようやく組織されたのだ．

21世紀に入ってからは，ロシアはパラリンピックにおいても強豪国となり，2006年のトリノ冬季大会と14年のソチ冬季大会ではメダル獲得数1位，12年のロンドン夏季大会ではメダル獲得数2位となっている．ソチ大会はロシア市民がバリアフリーを学習するための，絶好の機会ともなった．

ところが，「国ぐるみ」のドーピング疑惑はパラリンピックの世界にも及び，世界に衝撃を与えている．意志の力で困難を克服することが何よりも重要であるパラリンピックにおいてさえ，薬物に頼る安易なかたちでの国威発揚が追求されたと考えられたからだ．16年のリオデジャネイロ大会ではロシアのパラリンピック選手は排除され，18年の平昌大会でも国としての参加は認められなかった．18〜19年にかけて，ロシア五輪委員会やパラリンピック委員会の処分が解除された．20年の東京五輪ではロシア選手の活躍が見られるのだろうか．　　　［岩本和久］

伝統的遊戯と運動

19世紀のイギリスを発祥とする近代スポーツは20世紀にグローバルな規模で発展し，多数の観客と優れたアスリートを生み出してきた．とはいえ，高度に専門化された競技は市民の健康増進という理念からは遠いものとなり，近年顕著となったスタジアムのテーマパーク化に象徴されるように，スポーツはエンターテインメントやショーという性質を強めている．

そのような中で，身体を動かす喜びを習得する手段として，伝統的な遊戯の持つ意義は決して小さいものではない．現代のロシアにおいても，古くからの遊戯は幼稚園の教育や学校のレクリエーションに導入されており，また，ゴロトキ（図1）やラプタのようなゲームが改めて脚光を浴びている．

図1 ゴロトキ［jp.rbth.com（タス通信）］

❋ **的当て** ロシアの伝統的な遊戯には，物を投げて的に当てることを目的とする，ボウリングに似たゲームが少なくない．

最もよく知られているのはゴロトキだろう．大砲や井戸，鎌やフォークなどさまざまなものを模した形に短い棒を組んで標的をつくり，プレイヤーは6〜13 m離れた場所から数十cmある長い棒を投げてこの標的に当て，それを崩していく．「ゴロトキ」という名称は「町」を意味するものだが，このゲームでは標的の並べられた場所を指している．

ゴロトキは19世紀初頭にはすでに存在したとされているが，20世紀には多くの人々に親しまれており，1930年代にはソ連選手権も開催されていた．また，60〜70年代には保養地での遊戯として親しまれていた．80年代以降は人気の衰えたゴロトキだが，近年は再び人気を集め，世界選手権まで開催されている．

バプキも的当ての一種だが，これは牛や豚などの骨でつくったブロックを用いる．これは古代エジプトにまでさかのぼることのできるもので，英語で「ナックルボーン」と呼ばれる遊具に相当する．ルールは定まっておらず，おはじきのように骨片をぶつけ合うこともあれば，ゴロトキのように離れた場所から骨片をぶつけることもある．

スワイカは金属製の釘を的に当てる遊戯だ．釘を落として，地面に置かれた金属製の輪の中に先端を刺したり，当てたりすることになる．釘の長さは 10 cm ほど，輪の直径は 5 cm ほどだ．この遊びは中世のロシアではすでに楽しまれており，19 世紀においてもなお，よく知られていた．

✿ラプタ　ゴロトキと同様，棒を使ったスポーツに，ラプタがある．ラプタは野球に似ており，2 チームに分かれて戦う．

攻撃のチームは陣地から棒でボールを遠くに飛ばし，指定されたラインと陣地の間の 50 m ほどの距離を次々と走者が往復する．1 人が往復に成功するごとに得点が入る．守備のチームはボールを処理し，ボールを持った者が走者にタッチすることで，走者の移動を止める．ラプタの起源も中世ロシアにまでさかのぼることができるが，帝政ロシアでは軍人の体力増強のために用いられた．

ソ連解体後，ロシアの伝統文化が改めて注目される中でこの競技もよみがえり，1997 年には「ロシア・ラプタ国際連盟」が創設された．現代ロシアでは，しばしばサッカー競技にも使われている陸上競技場のフィールド部分でラプタの試合が行われている．

✿祭りの遊戯　19 世紀までのロシアは農業国であり，伝統的な祭日も四季の変化と結び付いていた．そのような祭りの中で行われた遊戯もある．

冬の終わりを告げる祭り「マースレニツァ」では，若者たちがスチェンカと呼ばれる拳闘を行っていた．これは横一列に並んだ二つのグループが向かい合い，一斉に殴り合うというものである．現代のロシアでは危険度を下げるため，ボクシング用のグローブを装着したり，日本の「おしくらまんじゅう」のように，押し合うだけの形で実施されたりもされている．マースレニツァの広場には，ソリ滑りの台「ゴールカ」も設けられた．また，竹馬が登場することもある．

春の訪れを祝う復活祭の時期にはホロヴォードと呼ばれる輪舞や，ゴレルキと呼ばれる，日本の鬼ごっこのような遊びが行われた．ホロヴォードでは手をつないだ参加者が輪になって踊るが，これは本来，ロシアにキリスト教が入る以前の神ヤリーロにささげられたものとされる．

ゴレルキでは列の先頭の者が後ろの者たちを追いかけることになるが，もともとは独身の若い男女の遊びで，男性が女性を追いかけるものだった．「ゴレルキ」という名称は「燃焼」を意味しており，参加者が「燃えろ，燃えろ」というフレーズで始まる言葉を唱え，それが「火のように走れ」というフレーズで終わった時に追いかけっこが始まることになる．

現代ロシアのレクリエーションで用いられている伝統遊戯には，ルチェヨーク（小川）もある．日本の「ロンドン橋落ちた」の遊びで用いられるような両手のアーチを，参加者が皆でつくるのがルチェヨークだ．入り口にいる参加者はアーチをくぐり，くぐり抜けた所で出口に新しいアーチをつくる．　　　　　［岩本和久］

チェス

　世界のあちこちに有力選手が現れて，世界チャンピオン戦も始まり，チェス熱が世界的な高まりを見せた19世紀後半に，ロシアでもチェスが盛んになりだした．そしてロシア革命後のソ連では，チェスが国家の支援を受け，登録されている選手の数も増加の一途をたどっていった．特に第2次世界大戦以降は，世界のチェス界をソ連が牛耳る時代が長く続き，世界チャンピオンを輩出していたが，それもソ連邦の崩壊で終焉を告げている．

❋国威発揚の道具としてのチェス　19世紀末には世界有数の選手の一人であったミハイル・チゴーリンは，1880年，サンクト・ペテルブルグにロシア初のチェスクラブを設立した他にも，チェスに関する記事を数々の雑誌に書いて，チェスをロシアで広めるのに大きな貢献を果たした．

　1917年の革命後は，労働者の健康促進を目指して，スポーツの振興が図られた．チェスは当初，退廃的なブルジョワの暇つぶしとして排斥され，チェスクラブなどの活動は一時的に下火になったが，その風潮を大きく変えたのは，スポーツを司る委員会でチェス部門の議長を務めたニコライ・クリレンコだった．クリレンコは国内でのチェス普及に尽力し，国が管理するチェス学校の設立や，国が資金援助を行うモスクワでの国際大会開催を実現させた．こうしてクリレンコは，ソ連人民の知的優秀性を示す国威発揚の道具として，国家がチェスを用いるシステムの基盤を築いた．

　この当時ソ連では，一流選手に対して，「ソ連グランドマスター」という独自の称号を発行していたこともある．24年に世界組織である世界チェス連盟（略称，FIDE）がパリで設立されたが，ソ連は政治的に中立な団体への入会を拒否した．ソ連がFIDEに加わったのは，46年，世界チャンピオンであったアレクサンドル・アリョーヒンが急死して，世界チャンピオンの座がしばらく空位になり，FIDEの主導のもとで世界チャンピオン戦を行うようになってからのことである．トップレベルの選手を多数擁していたソ連は，その後自国選手が世界チャンピオンの座を長らく独占し，FIDEの実権も握るようになった．

❋世界チャンピオン独占時代　20世紀の前半に出現したロシアの選手で最も有名なのは，華麗な棋風で知られ，1927年に世界チャンピオンになったアレクサンドル・アリョーヒンである．アリョーヒンは35年にいったん失冠するが，37年にリターンマッチで復位した．スイス女性と結婚して国外に出ることを許可されたアリョーヒンは，21年にソ連を離れてから二度と帰国することはなく，ソ連当局との関係も修復できないまま，46年に移住先のポルトガルで変死を遂げた．

世界チャンピオンの独占が始まったのは，48年，新たに世界チャンピオンを決める大会でミハイル・ボトヴィニクが勝ち，その座に就いたときからである．ボトヴィニク（在位1948～57，1958～60，1961～63）以降の世界チャンピオンには，ワシーリー・スミスロフ（在位1957～58），ミハイル・タリ（在位1960～61），チグラン・ペトロシアン（在位1963～69），ボリス・スパスキー（在位1969～72）がいる．この時期にはしばしば「全世界対ソ連」というマッチが行われ，常にソ連が圧勝していた．

　独占時代が終わったのは，72年，アイスランドのレイキャヴィクで行われた，王者スパスキーとアメリカの挑戦者ボビー・フィッシャーによるマッチであった．このマッチは冷戦下での米ソ対決として世界的な話題となり，フィッシャーが勝利して王座に就いた．しかしフィッシャーは3年後に防衛戦を棄権して，新たにソ連生まれのアナトーリー・カルポフがチャンピオンになった．カルポフの在位は75年から10年間続いたが，84～85年にかけてのマッチで，アゼルバイジャンのバクー出身者であるガルリ・カスパロフがカルポフから世界チャンピオンを奪取した．カルポフもカスパロフも，少年の頃，ボトヴィニクが主宰するチェス学校で学んだ経験を持つ．

　カスパロフが長らく王座に君臨した（1985～93）後で，世界チャンピオンの制度が変更された時期を経て，再び従来のいわゆる統一世界チャンピオンが復活してから，その座に就いたロシア人としてはウラジーミル・クラムニク（在位2006～07）がいる．ソ連邦解体以降，ロシアはいまだに多くのグランドマスターを擁する国の一つであり続けてはいるものの，かつてのような国家の支援はなくなっている．

図1　ボトヴィニクの指導を受ける少年時代のカスパロフ（1973年）[kasparov.com]

❋**反旗を翻した人々**　ソ連時代には，チェスは常に政治がらみであり，国家の手厚い庇護を受けている選手とそうでない選手には待遇の差が存在していた．政治からの自由を求める選手の中には，国外に亡命する者も現れるようになった．世界チャンピオン戦でカルポフに挑戦したヴィクトル・コルチノイや，フィッシャーに敗れたスパスキーがその代表的な例である．

　また，ロシアの民主化運動に加わり，反プーチンの旗色を鮮明にして，2008年にロシア大統領選の候補者になったカスパロフの昨今の行動も興味深い．

［若島　正］

シンクロナイズドスイミング
（アーティスティックスイミング）

　シンクロナイズドスイミングは，新体操やフィギュアスケートと同様，ロシアが得意とする芸術スポーツの中でもとりわけ圧倒的な強さを誇り，1997年以降は主要国際大会でほぼ無敗である．2017年の国際水泳連盟の決定により，競技名がアーティスティックスイミングに改称されたが，ロシア国内ではこれまで通りシンクロナイズドスイミングの名称が使用されている．本項では以下，従来の略称「シンクロ」を使用する．

❇歴史と現状　ソ連でシンクロが始まったのは1960年代で，黎明期には「芸術水泳」や「フィギュアスイミング」と呼ばれていた．国際大会への初出場は81年と当時の強豪国より遅かったが，その後着実に力をつけ，80年代末にはヨーロッパの上位国に名乗りを上げた．90年代半ばにはアメリカ，カナダ，日本に次ぐ強豪国に成長した．96年のアトランタ五輪では日本に肉薄したものの4位となった．しかしその翌年，長年君臨していたアメリカとカナダの世代交代の失敗をきっかけに，ロシアは一気に世界の頂点に躍り出た．

　ロシアは2000年のシドニー五輪以降今日まですべての五輪で金メダルを独占している．五輪以外の世界選手権やワールドカップといった主要国際大会でも，ほぼすべての種目で優勝している．五輪種目ではないソロは強化せず，他国に優勝を譲る時期もあったが，五輪種目のデュエットでは01年の世界選手権を除いて1997年から無敗，8人で泳ぐチームに至っては今日まで完全無敗の成績を誇っている．ロシアを世界一に押し上げた代表監督タチヤーナ・ポクロフスカヤが「バレエ団の評判はコール・ド・バレエ（群舞）のレベルで決まる」というように，国としての総合的な強さでは圧倒的で，衰える気配がない．「金メダル以外のメダルは失敗」と代表選手がたえず話すほど，世界一で居続けるプレッシャーは計り知れないが，それを支えるのは1日10時間にも及ぶ豊富な練習量である．

　代表チームは複数のクラブ出身の選手から編成される．国内の有力クラブはモスクワに集中している．地方出身の有望な選手はジュニア時代にモスクワのクラブに移籍してしまうため，地方の競技レベルの底上げが課題といえよう．

❇シンクロ王国ロシアの強さ　技術的な面では，技の難易度，動きの速さやキレ，同調性，水面上の高さ，選手同士の近さ，目まぐるしい隊形変化やその明確さが見どころである．芸術的な面では，曲想に合った振付や，見る者を飽きさせない演技構成，一定のジャンルに偏らない多様な選曲による表現があげられる．クラシック音楽や映画のサウンドトラックといった芸術スポーツ定番の楽曲のほか，ロシア民謡，ロックやテクノなどの現代的なメロディーでも泳いでいる．近年の

チーム演技では，ロシアのダンス集団トデスの楽曲を好んで使用している．
　ロシアがシンクロ王国となった背景には，1997年に代表に復帰した前述のポクロフスカヤ監督の存在が大きい．完璧主義を徹底し，片時も奢らずに厳しい練習を選手に課している．もともとは新体操選手でシンクロの競技歴はないが，新体操やバレエで培った身体の動かし方，振付の芸術性や演技構成に定評がある．

図1　リオ五輪でのロシアチームの演技［Afro］

　手足の長さや身長の高さ，柔軟性といった選手の身体能力のほか，ソ連時代からのスポーツの英才教育制度や，年間を通じた合宿体制の練習など，選手の育成・練習環境が整っている．選手層は厚く，代表争いも熾烈である．台頭直後には積極的に自国のコーチを海外に派遣し，競技の発展に貢献したと同時に，ロシア流のシンクロを広めることで，採点競技における政治力を高め，シンクロ王国としての地位を揺ぎないものとした．
　当初はバレエを基調とした芸術的要素を武器に台頭したが，各時代の好敵手から良い点を取り入れて，今日まで進化を続けている．2000年代前半は当時のライバル日本からスポーツ性を取り入れ，演技のスピード化や選手の体づくりと持久力の強化を図った．この時期にはリフトのジャンパーに飛込経験のある選手を起用し，空中でひねりの入った高さのあるリフトや，現在世界の主流である，逆さになった土台の選手の足の上にジャンパーが足を乗せて，空中に飛び上がるリフトを多用し，競技のアクロバティック化を一気に進めた．独創性を売りに2000年代後半から強豪国となったスペインにも刺激を受け，芸術性にさらなる磨きをかけた．今日までロシアは，技術と芸術を高い次元で融合させた演技で他国の追随を許さず，世界を魅了し続けている．

❋男子選手の登場　五輪種目を優先させる強化方針から，男子選手の育成は長らく行われてこなかった．しかし2015年の世界選手権より正式採用となった男女混合デュエットに，ロシア代表の男子として初出場したのがアレクサンドル・マリツェフである．正式採用になる以前からサンクト・ペテルブルグで女子選手に混ざって孤軍奮闘してきた彼は，現在世界で数少ない男子選手の中でも，女子選手に遜色ない抜群の技術力を持っている．現在は女子の代表と同様，モスクワで練習をしている．保守的なジェンダー観が根強いロシアでは，従来女性のスポーツであったシンクロに男子選手が参加することに対し，代表の女子選手ですら否定的な意見を持つ者もいる．マリツェフの今後の活躍により，国内で男子選手を見る目がより好意的になることが期待される．
［堀口大樹］

新体操とフィギュアスケート

体操，フィギュアスケート，アーティスティックスイミング（シンクロナイズドスイミング）など，演技を評価する採点競技（芸術スポーツ）において，ロシアは強さを発揮してきた．その背景として，バレエの美意識やその練習法のスポーツへの導入が指摘されてもいる．

アーティスティックスイミングは歴史的にアメリカで発展したものだが，新体操はソ連を発祥の地としている（☞項目「シンクロナイズドスイミング」）．また，寒冷なロシアの風土の中で発展したフィギュアスケートについても詳述しておきたい．

❀新体操 新体操の源流は1910〜20年代の体育教師の実践にさかのぼることができる．そのベースとなったのはフランソワーズ・デルサルトの実践やエミール・ジャック＝ダルクローズによるリトミック

図1 ロシア初の五輪金メダリスト，ニコライ・パニン

，あるいはモスクワにダンス・スクールを開設したアメリカ人のイサドラ・ダンカンなど，西欧のダンスやリズム体操であった．女性のためのものとして発展したのも，ソ連起源の新体操の特色である．

新体操の競技会が開始されたのは40年代で，48年の最初のロシア選手権ではリュドミラ・ゾトワが優勝した．翌49年の最初のソ連選手権ではリュボーフィ・デニソワが優勝した．54年には優れたアスリートを顕彰する称号「スポーツマスター」も，新体操に導入された．東欧や西欧への普及も進められた．

こうして60年代には世界選手権大会が実施されるようになった．第1回大会の会場となったのはブダペストで，ソ連のリュドミラ・サヴィンコワが優勝した．67年にコペンハーゲンで開催された第3回大会では団体競技が実施され，ソ連が優勝した．この大会では個人の部でもソ連のエレーナ・カルプヒナが優勝している．この時期の競技には手具の種目のほか，現在は実施されていない徒手演技も存在した．77年のバーゼル大会，79年のロンドン大会では団体でソ連が，個人でイリーナ・デリュギナがそれぞれ連覇を飾った．

84年から新体操が五輪種目に採用された．88年のソウル五輪では，ソ連のマリーナ・ロバチが力強い演技で満点を出し，世界選手権の連覇を続けていたブルガリア勢の優勝を阻んだ．98年から2004年までは柔軟性に秀でたロシアのア

リーナ・カバエワが世界の新体操の女王だった．カバエワは2000年のシドニー五輪で敗北を喫したものの，04年のアテネ五輪では金メダリストとなった．170 cmという長身を生かした演技を持ち味としたエヴゲニヤ・カナエワは，08年の北京五輪，12年のロンドン五輪において史上初の連覇を達成した．また，団体の部では2000〜16年の間ロシアが5連覇を続けている．

❀フィギュアスケート　ロシアを含むヨーロッパ各国でフィギュアスケート競技が始まったのは，19世紀後半のことである．当時のロシアで大会の会場として用いられたのは，サンクト・ペテルブルグのフォンタンカ川沿いにあるユスーポフ庭園で，そこは19世紀初頭からスケートの練習場として用いられていた．この場所でフィギュアスケートの大会が初めて開催されたのは1877年のことで，96年からは国際大会も開催されるようになった．

　この時期にフィギュアスケートで活躍した「ロシアのフィギュアスケートの祖父」と呼ばれるアレクセイ・レベジェフや，アレクサンドル・パンシンは，スピードスケートの世界記録保持者でもあった．

　同じくサンクト・ペテルブルグのユスーポフ庭園では1903年に世界選手権が開催され，スウェーデンのウルリッヒ・サルコウが首位に，ロシアのニコライ・パニンが2位となった．サルコウとパニンは08年のロンドン五輪でも競い合い，男子シングルではサルコウが，複雑な図形を氷上に描くスペシャルフィギュアではパニンが優勝した．

　革命後のソ連でもフィギュアスケートの大会は実施されていたが，国際大会に復帰したのは第2次世界大戦後のことだった．ソ連のフィギュアスケートの華だったのはペアやアイスダンスで，ペアスケートでは58年のヨーロッパ選手権で2位となったニーナ・ジューク，スタニスラフ・ジューク組，60年代にオリンピックを連覇したリュドミラ・ベロウソワ，オレーグ・プロトポポフ組，パートナーを変えながら72年の札幌大会から80年のレークプラシッド大会まで五輪3連覇を飾ったイリーナ・ロドニナらが活躍した．アイスダンスでは初代五輪チャンピオンとなったリュドミラ・パホモワ，アレクサンドル・ゴルシコフ組以降，ナタリヤ・リニチュク，ゲンナジー・カルポノソフ組，ナタリヤ・ベステミヤノワ，アンドレイ・ブキン組，マリーナ・クリモワ，セルゲイ・ポノマレンコ組，ソ連解体後に五輪を2連覇したオクサナ・グリシュク，エヴゲーニー・ブラトフ組と，五輪金メダリストを輩出した．

　21世紀には個人競技でのロシア選手の活躍が目立つようになり，アレクセイ・ヤグディン，エヴゲーニー・プルシェンコ，イリーナ・スルツカヤらがファンを魅了した．また，2014年のソチ五輪ではアデリナ・ソトニコワがロシア女性初の個人金メダリストとなり，18年の平昌五輪ではアリーナ・ザギトワとエヴゲーニヤ・メドヴェージェワが1位，2位を占めた．　　　　　　　［岩本和久］

サッカーとアイスホッケー

革命前後のサッカークラブ　19世紀末のロシアにサッカーを伝えたのは、工業化に踏み出したロシアに技師としてやって来た英国人たちであり、大都市の工場に外国人従業員のチームが結成された。この新競技はロシア人の間にも愛好者を獲得していった。十月革命後の内戦が落ち着くと、まず治安機関のクラブ「ディナモ」が既存のスポーツクラブを改組するかたちで生まれた。ほかにも国営大企業や軍のクラブが創設されたが、1935年には零細な町工場が組織する協同組合傘下の異色クラブ「スパルタク」が設立された。スパルタクは、国家機関から遠いが故に庶民の共感と文化人の支持を得て人気クラブとなる。大戦前のソ連スポーツ界は国際交流には消極的であり、サッカーの代表戦も1924年と25年にトルコとの非公式戦が1試合ずつ行われただけであった。しかし、クラブレベルでの国際試合はほそぼそとではあるが行われ、35年には発足間もないスパルタクがパリでプロチームと対戦し、惜敗した。スポーツでも資本主義諸国よりも優秀でなければならないと考える当局がこの敗戦に大きな不満と不安を覚えたことを利用し、スパルタクの辣腕マネージャーのニコライ・スタロスチンは、不定期に行われていた都市対抗戦を有力クラブによる全国リーグへと再編することこそが強化の近道であるとスポーツ官僚たちを説得し、翌36年のソ連リーグ結成にこぎ着けた。スタロスチンの提案は、西欧のプロリーグに範を仰いでおり、新生リーグの選手たちは事実上プロフェッショナルであった。

サッカー関係者への弾圧　1937年、共和派への義援金集めにツアーに出たバスク代表の訪ソが大きな反響を呼んだ。スペイン代表のメンバー7名を含むバスク代表は、9戦7勝1分1敗という結果もさることながら、プレーの美しさでロシアのサッカーファンを魅了した。しかしこの結果をスポーツ官僚は、全国リーグが強化につながっていないためだと曲解し、リーグの提唱者を批判し出す。新聞各紙は、選手の引抜きや勝利ボーナスの支給をあげつらい、スタロスチンを人身売買の専門家、ブルジョワ的退廃の元凶と糾弾した。この時代の大テロルはスポーツ関係者にも及んでおり、内務省系クラブのディナモ・モスクワがバスクに大敗した試合の審判が逮捕されていた。内務人民委員ベリヤからスターリンに宛てた報告書が決め手となり、スタロスチンは強制収容所で10年間を過ごすことになる。

第2次世界大戦後のソ連代表の成功　戦後になって国威高揚のためにスポーツを利用しようとし始めた当局の意を受け、ソ連サッカー協会は1946年に国際サッカー連盟に加盟、56年には五輪に初参加し、いきなり金メダルを獲得した。58年にはW杯にも参加、サッカーの母国イングランドを破ってベスト8入りした。60

年の欧州選手権では優勝，62年のW杯チリ大会もベスト8，64年と72年の欧州選手権で準優勝というように，体制転換を迎えるまでのロシアはサッカーの強豪国として一目置かれる存在であった．しかし，プロも参加するW杯では66年W杯ロンドン大会のベスト4が精一杯であった．

❀国際舞台におけるアイスホッケーの活躍　大戦前のロシアでホッケーといえば，氷上でボールを使って行うバンディを指した．五輪種目であるカナダ式アイスホッケーの第1回ソ連選手権が行われたのは46年で，ソ連スポーツ界が国際交流に舵を切った時期にあたる．ソ連代表は54年に世界選手権に初めて参加していきなり優勝，2年後の五輪でも金メダルを獲得した．アイスホッケーソ連代表は五輪にめっぽう強く，56〜88年の間に参加した9大会で7度優勝している．それ故アイスホッケーは当局の覚えめでたく，60年創刊の雑誌『フットボール』が67年に『フットボール・ホッケー』に改称されたのは，ブレジネフ書記長の取り巻きの意向によるものだという．2008年に国際アイスホッケー連盟が選出した20世紀のベスト6に選ばれたウラディスラフ・トレチヤクが14年のソチ五輪の最終聖火ランナーに選ばれるなど，ソ連崩壊後もスポーツ界の代表人物として振る舞っている．同じく世紀のベスト6に選ばれたハルラモフの伝記映画「背番号17」にしても，近年目立つ民族主義的な風潮の中，大ヒットを記録した．

❀敵役としてのホッケーソ連代表　しかしソ連ホッケーの活躍の場は，北米ホッケーリーグ（NHL）のプロ選手が参加しない五輪であった．ソ連が19回，ロシアも5回優勝している世界選手権にしても，NHLのプレイオフと時期的に重なっていた．だからこそ冷戦のさなかの1972年と74年に開催されたソ連対カナダ代表（プロ選手で構成）のサミットシリーズは，アイスホッケー史に残る大事件であった．トレチヤクやハルラモフはこのシリーズのおかげで世界的な人気選手となったが，機械のように正確なプレースタイルと憎たらしいほどの強さ故に，ホッケーソ連代表は最高の敵役となり，以降はその敗戦がエモーショナルな事件として記憶されることになった．チェコ事件後初めて対戦したチェコスロヴァキアがソ連との死闘を制した69年の世界選手権，20世紀のベスト6に選ばれたプレーヤー4人をそろえていたソ連に学生主体のアメリカ代表が勝利したレークプラシッド五輪の決勝戦は，「氷上の奇跡」として今も語り継がれている．

❀ソ連崩壊後のサッカーとホッケー　ソ連崩壊はロシアのスポーツ界を一変させ，まだしも財政的に恵まれているサッカーやアイスホッケーにさえ，かつてのような強さはない．ソ連時代の整備された育成組織が崩壊したことが致命的だった．長野五輪におけるアイスホッケーでの準優勝や2008年サッカー欧州選手権のベスト4はむしろ例外的なエピソードにすぎない．地元開催のW杯2018でロシアは予想外の活躍を見せたが，そのプレースタイルはいかにも弱者にふさわしい専守防衛．かつての正確なパスワークはどこにもなかった．　　　　　［大平陽一］

サンボ

サンボ（Самбо）という言葉は，「Самозащита Без Оружия」の頭文字三つを組み合わせた，「武器無しの自己防衛」を意味とする格闘技である．競技者は柔道着に似た赤または青のジャケットに，下はショートパンツ，シューズを着用．マット上で投げ技や関節技を用いて戦い，勝負は一本かポイントによる判定で決する．他の格闘技に比しての技術的特徴としては，足への関節技があげられる．柔道家としての顔を持つウラジーミル・プーチン大統領も若き日に柔道よりも先にサンボを学び，大会で好成績を収め，サンボの「マスター」として認定されている．

図1　サンボの試合模様［MCアブソリュート・吉澤昌撮影］

❋錯綜する歴史　現在，サンボの創始者として考えられているワシーリー・オシェプコフは，1892年にサハリンで生まれた．1908年に日本に渡り，東京神田の神学校に留学．その際，講道館柔道二段を取得した．帰国後，オシェプコフはウラジオストクやモスクワにて，ルールあるスポーツとしての柔道を広めるだけでなく，実戦的な自己防衛術としての"柔道"を編み出した．しかし，スターリン時代の大粛清に遭い，37年「日本のスパイ」容疑で逮捕され，獄死した．

同時代には，ヴィクトル・スピリドノフが日本の柔術をもとにした"武器無しの自己防衛術"を編み出した．そう，サンボの語源である．二人とも，国家権力の治安維持に適した実戦的な格闘術を創始したわけであるが，オシェプコフの方は一般市民へ開かれた，より安全性を配慮した格闘技の方の普及を進め，これは後の国民的スポーツとしてのサンボにつながるラインだったといえる．スピリドノフの格闘術は内務省・警察系のスポーツ組織"ディナモ"に支持され，これは後の軍隊格闘術"コンバットサンボ"の流れにつながるラインだといえる．

さて，創始者本人は粛清されたものの，オシェプコフの"柔道"の価値自体は十分に認められていたため，日本由来ではない「新しい器」が必要だった．1938年，オシェプコフの弟子のアナトーリー・ハルランピエフは"ソ連式フリースタイルレスリング"の誕生を宣言した．グルジアのチダオバ，ウズベキスタンのクラッシュなど各地の民族レスリングの優秀な技を結集してつくられた，という体裁だった．日本の柔道，柔術の影響は排除され，オシェプコフの名前も歴史から消えた．"ソ連式フリースタイルレスリング"は体力検定システムGTOの制度にも組み込まれた．第2次世界大戦後すぐに"サンボ"の名称に変更され，今日に至る．

こうした経緯があり，サンボの創始者として公式にはハルランピエフの名が据

えられた時代が長く続いた．しかし，グラスノスチでさまざまな資料が明るみになり，現在専門家の多くはサンボの創始者をオシェプコフだとみる．

❋国際的発展　ソ連が国内で存在を消滅させた柔道の国際化が進み，1964年東京五輪に種目採用が決定するや否や，ソ連も国威発揚の場とすべく柔道を復活，強豪サンビスト選手を転向させた．準備が短期間だったにもかかわらず，東京五輪の柔道種目では全員がメダリストとなった．その後，五輪をはじめ各国際大会で，サンボ出身の柔道選手は好成績を収め，本家日本選手を苦しめていく．

ハルランピエフが創設を宣言した38年時点では，実質的には講道館柔道を学んだオシェプコフの影響下にあったサンボの技術は，第2次世界大戦後，西側諸国との間に"鉄のカーテン"を降ろしている間に，内側で独自の進化を遂げた．全ソ大会の開催により各地の民族レスリングとの融合が進み，柔道とは技の理合が異なる投げ技が導入された．また寝技において，サンボでは柔道の絞め技が禁止された分，腕挫き十字固めなどの技術が高度化し，柔道でも最先端の技術を誇った．

柔道あるいはレスリングなど他競技における国際的な舞台で，格闘技としての汎用性の高さを証明してきたサンボだが，競技としてのサンボ自体の国際的な展開は60年代後半から始まる．67年にラトビアのリガで最初の国際大会，72年に同地で最初のヨーロッパ選手権，そして73年にはイランのテヘランで最初の世界選手権が開催された．また世界選手権と同時に，世界アマチュアサンボ連盟が発足．これは85年に国際アマチュアサンボ連盟（**FIAS**）に改組され，現在，**FIAS**には100カ国以上が加盟している．

❋そのほかの格闘技　スポーツは社会主義体制の優位を示す手段として位置付けられ，アスリートたちの生活は保障されてきたが，ソ連崩壊の過程で補助金はなくなり，トップアスリートたちは外国に流出した．サンボ，柔道，レスリングなどの強豪格闘家の中からは，外国のプロ興行に参加する者が次々現れていく．その最大の成功者は，日本の総合格闘技（**MMA**）の団体「**PRIDE**」にて最強の座を占めたウクライナ出身のサンビスト，ヒョードル・エメリヤーエンコといえる．現在，世界最大にして最高峰の**MMA**組織である**UFC**をはじめ，世界各地の**MMA**の舞台で旧ソ連圏の格闘家たちが活躍する姿を見ることは，もはや珍しくはない．

また近年，着目すべきは，空手と組み技を融合させた「空道」が競技人口を急増させていることである．道着着用の上，打撃と投げ，寝技が認められている総合格闘技で，1981年に前身が日本の大道塾によって創始された．世界50カ国以上に支部を構える中，ロシアの競技人口が最も多く，世界大会ではすべての階級の金メダルを独占したことがある．ロシアでは空道が国立大学の学科として開設されたり，大会に多くの企業がスポンサーに付いたりするなど，公的・私的な支援が厚く，その安全性と実戦性が高く評価されている．　　　　［藥谷浩一］

遊園地・子供の遊び場

　ロシアでは遊園地は日本ほど発達していない．モスクワについていえば，「遊園地」という場所があるわけではなく，「ゴーリキー公園」「ソコーリニキ公園」など，さまざまな施設がある広大な総合公園の一角にアトラクションがある．日本の遊園地では，大人でも楽しめるアトラクションがあり，若い世代のデートスポットなどにもなっているが，ロシアのアトラクションは主に子供向けであり，通常家族で訪れる場所である．ロシアでアメリカンスキエ・ゴールキ（アメリカ滑り台，ここでいうゴールキとは，子供たちが橇遊びですべることができる傾斜のある場所をいう）と呼ばれているジェットコースターもあるが，通常あまり速さもなく，規模も小さい．サンクト・ペテルブルグには，日本の遊園地に匹敵するような大人向けの絶叫マシーンのある新しい遊園地があるが，これは珍しい例である．

　そのほか子供を連れて遊びに行く人気スポットとしては，前述の大きな公園のほか，日本にもあるが，子供がさまざまな職業体験ができる室内娯楽施設などがある．そのほか，サーカスはもちろんのこと，演劇が盛んなロシアでは，子供向けの劇場やミュージカル劇場，人形劇場が充実しており，モスクワには猫の劇場もある．ボリショイ劇場などでも，子供向けのオペラ・バレエなどが上演され，子供の年齢に合わせたクラシックコンサートがある．モスクワには，2019年に創立90年を迎えるヨーロッパで一番大きいプラネタリムがあり，家族連れのみならず，大人にも人気のスポットとなっている．

　ロシアならではの娯楽といえば，冬のスキー，スケートである．スキーは，モスクワのような都会であっても，わざわざどこか遠くへ出かけることなく，大きな公園や，モスクワ市内にもある森などでできる．スケートも人気で，例えばモスクワではゴーリキー公園や全ロシア博覧センターなどの公園や広場，庭園などには冬になると屋外スケート場が設営される．これは常設のスケート場ではなく，冬の間だけ設営される一時的なスケート場である．このような屋外スケート場は，都心のちょっとしたスペース（レストランの庭など）にも設営されることがあるが，何より驚くのは，赤の広場にも設営されることだ．

　子供にとってスキー，スケートよりさらに身近なのが，橇遊びである．その橇遊びをする場所をゴールカ（山，坂）という．橇の種類もいろいろあり，通常の橇から，レジャンカといわれている主にプラスチック製の簡易タイプの橇で，お尻を載せるだけの小さなもの，さらに円盤タイプのもの，浮輪のようなものまであり，バイク型の橇まである．雪が積もると，町中の並木通りや坂がある所では，子供たちが橇遊びをするようになる．モスクワのゴーゴリ並木通りなど，通勤，通学などで，普通に人が歩いている所に子供たちが滑ってくるので，冬場は注意が必要だ．　　　　［ヴェヴュルコ（坂上）陽子］

8. 言 葉

　ロシア語は，ヨーロッパの言語の中では，英語，ドイツ語，フランス語に比べると一般の日本人にはなじみが薄く，特に文字がローマ字とは違い，ЯやДといった見慣れない形が現れるため，何か特別変わったとっつきにくい言葉のように思われがちである．しかし，ロシア語はヨーロッパで最も母語話者の多い言語であり，国連の公用語の一つであるだけでなく，旧ソ連圏では「共通語」としての役割も果たす，国際的に影響力の大きな言語でもある．

　本章ではそのロシア語について，世界の中での位置付けや，スラヴ語としての特徴，文法と文字の基本などを見渡したうえで，言葉としての魅力と可能性を探っていく．ロシア語は非常に表現力豊かな民衆の口語でもあると同時に，ロシア文学を生んだ世界有数の文化言語でもある．イワン・トゥルゲーネフは「お前だけが頼りになり支えてくれる，偉大で力強い，真実と自由のロシア語よ！　もしもお前がなかったら，祖国で行われていることを目の当たりにしてどうして絶望せずにいられるだろうか」と言っている．　　　　　　　　　　　　[沼野充義]

ロシア語の歴史

スラヴ語は5〜6世紀頃から東，西，南の語群に分化．ロシア語，ウクライナ語，ベラルーシ語は東に属し，13世紀半ばまで一つの言語文化圏を形成した．

❀東スラヴにおける記述文化の始まり　988年，キエフ・ルーシはビザンツ帝国からキリスト教を受容した．これにより古教会スラヴ語で書かれた教会文献が大量にもたらされ，東スラヴ語史は一大転機を迎えた．文字の広範な使用が始まり，南スラヴ文献の書写，ギリシア語文献の翻訳のみならず，みずからも新たな作品を生み出すに至る．これまで，現存する東スラヴ最古の書物は『オストロミール福音書』（1056〜57）とされた．しかし2000年に，詩篇の一節が書写された10世紀末〜11世紀前半の蠟版がノヴゴロドで発掘され，キリスト教受容後すぐに東スラヴ世界で記述文化が幕開けしたことが確かとなった．

当時スラヴ語はまだある程度の一体性を保っていた．とはいえ音韻，形態，語形成に違いはあり，東スラヴ語は古教会スラヴ語がもつ南スラヴ語の要素を得ることになった．またギリシア語からの借用語や，宗教，哲学関連の新たな語彙も獲得した．こうして豊かさを増した東スラヴ語は，書き言葉として3種類の文体を持つに至った．宗教文献では古教会スラヴ語色が強い文体，事務行政文献では東スラヴの話し言葉に近い文体，ルーシ独自の作品では両者を統合した文体が用いられた．また当地で古教会スラヴ語は東スラヴ語の特徴を帯びた「ロシア教会スラヴ語」となり，時代が下るにつれ地方的特色を強めていった．

❀東スラヴ語の分化と大ロシア語の成立　1237年のモンゴル軍来襲以降，東スラヴは2世紀半モンゴルの支配を受けた．その過程で北東地域（以下，ロシア）はモスクワが統一，南西地域はリトアニア大公国の支配下に入った．こうした歴史情勢も影響し，14世紀末には東スラヴ語は北東の大ロシア方言（現代のロシア語につながる），南西の白ロシア方言，小ロシア方言に分化した．

この頃には，かつて東スラヴ語が備えた文法範疇の一部が話し言葉で失われ，ロシア教会スラヴ語でのみ使用される新たな雅語的要素になった．その結果，かつての文体区分が通用しなくなった．

さらに，モンゴル支配脱却に足がかりをつけたロシアでは修道および文学活動の再興が始まった．そのなかで，15世紀は東スラヴ語色が強まったロシア教会スラヴ語の純化が試みられた．すでに14世紀に正書法の整備がなされたブルガリア語から，その正書法や句読点，アクセント記号を導入，また廃れた文字を復活させた．いわゆる「第2次南スラヴの影響」である．同時に「ことばの編み細工」と称される修辞法を駆使した文体も用いられた．これによりロシア教会スラヴ語

と話し言葉の乖離が深まり，「第2次南スラヴの影響」が下火になる16世紀も含め，文章語の主流は教会スラヴ語であった．

❋文法書の登場　正教圏における教会スラヴ語の役割はカトリック圏におけるラテン語に比されるが，その習得方法は異なった．基本的な学習は音節単位の読み方，次いで主要な祈祷文および詩篇の暗唱に限られた．書写や執筆に携わる修道士は，各人が先人の手本となるテクストを読み込み，その先の修練を重ねた．教会スラヴ語の習得の手引きとなる文法書はなかった．

　しかし南西地域では一足先に状況が変わった．ラテン語，ポーランド語の使用が拡大し，ブジェシチ（ブレスト）教会合同（1596）による合同教会成立後も典礼では教会スラヴ語が使用されたものの，その知識の低下は避けられなかった．危機感を抱いた正教徒が兄弟会を発足，学校での教会スラヴ語教育のため1619年にメレチー・スモトリツキーが文法書を著した．1632年には教育・文化活動の拠点としてキエフ・モヒラ・コレギウムが創設された．

　17世紀前半，ロシアではまだ聖典のテクストと言語を不可分とする考えが根強く文法学には懐疑的だったが，次第に状況が変わった．1648年，モスクワでもスモトリツキーの文法書が出版され，印刷物の校正，教会スラヴ語教育で活用された．17世紀後半，宮廷ではキエフ・モヒラ・コレギウム出身の学僧が重用された．伝統を重んじる者たちの抵抗を受けつつも，ロシアでも南西ルーシの影響を受け言語に対するアプローチが徐々に変化していった．

❋共通の話し言葉の形成　大ロシア語は北部方言と南部方言に分かれていたが，14〜15世紀，両者の接触地域に中部ロシア方言が生じた．そのなかでモスクワは政治，文化，宗教の中心地であり，さまざまな地域から多くの人々が集まるため，誰もが等しく理解できるモスクワ方言が形成されることとなった．やがてそれは方言の域を超え，17世紀後半には共通の話し言葉になった．

❋標準ロシア語の誕生に向けて　すでに17世紀中葉からロシアでは西欧の影響が強まり，ピョートル1世下の18世紀はじめに生活が激変した．加えて書物の需要が多様化し，従来の教会スラヴ語では文章語として対応し切れなくなった．教会スラヴ語の簡略化や，モスクワ方言を元にした官庁語の適用が試みられたが，それでは不十分であった．

　真の共通語としての標準ロシア語を求めて，その形成方法の模索が19世紀前半まで続いた．国家権力の介入，作家たちによる激しい言語論争の末，最終的にアレクサンドル・プーシキンがその道筋をつけた．これまで培われた豊かな言語手段を，その出自，ジャンルにとらわれず適材適所で活用するプーシキンの姿勢はその後の標準語形成の指針となり，現代のロシア標準語へと続く出発点になった．　　　　　　　　　　　　　　　　　　　　　　　　　　　　　　　［丸山由紀子］

古教会スラヴ語

　古教会スラヴ語とは，スラヴ世界最古の文語で，9世紀末から12世紀初頭までの間に，ギリシア語聖書やビザンツの聖人伝の翻訳に用いられた言語を指す．英語でOld Church Slavonic, ドイツ語でAltkirchenslawisch, ロシア語でстарославянский язык. その文献の多くが中世ブルガリアでつくられたことから，かつては古ブルガリア語とも呼ばれた．古教会スラヴ語は多くのスラヴ地域に伝わり，それぞれの文語形成に寄与した．ロシアにはキリスト教受容とともに10世紀末に伝わり，キエフ・ルーシ時代の古ロシア語文語の形成の礎となった．

❋古教会スラヴ語の成立と発展　古教会スラヴ語の成立と発展には，9世紀前後のヨーロッパ東部の地政学的事情が反映されている．スラヴ人たちがそれぞれに民族国家を形成してヨーロッパ世界に登場し始めた紀元9 〜 10世紀頃，スラヴ人の西には東フランク王国，南にはビザンツ帝国があり，またキリスト教会では，ローマとコンスタンチノープルの間の亀裂が深まっていた．この状況の中で，現在のチェコ，スロヴァキア地域に9世紀初頭に建国されたスラヴ人国家モラヴィアでは，当初からフランク教会の布教が行われていた．しかしフランク側からの介入に抵抗のあったモラヴィア王ロスティスラフ（在位846〜870）は，スラヴ語でのキリスト教普及を推進すべく，このための援助をビザンツ帝国に求めた．862年のこととされる．これに応じてビザンツ皇帝ミカイル3世（在位842〜867）は，側近であったコンスタンティノス（後にキュリロス）とその兄メトディオスを遣わした．後世聖人に列せられる彼らについての史料は乏しく，その事績の大部分は，二人の伝記や直弟子の作とされる著述，あるいは教皇の書簡などから推測するほかないのだが，それらによれば，2人はマケドニア地方の統治にあたっていたギリシア人高官の息子で，深い学識と豊富な外交経験を持ち，生活環境からバルカン半島の南スラヴ語に通じていたという．この通りなら皇帝は，モラヴィア王の要請に対して最適の人材を派遣したことになる．

　兄弟はモラヴィアに到着し，以後この地で，ギリシア語聖書を翻訳し多くの弟子を育てたと伝えられる．しかし彼らの活動はしばしば西方教会勢力の妨害に合い，兄弟の死後，モラヴィアでのスラヴ語礼拝の伝統は事実上消滅した．活動の場を失った弟子たちの多くはキリスト教を受容して間もないボリス帝時代（ボリス1世，在位852〜889）のブルガリアに受け入れられた．そして，現在マケドニアに位置するオフリドや，ブルガリアの古都プレスラフの修道院で，コンスタンティノスとメトディウスの伝統を継承しながら教会文献を翻訳した．古教会スラヴ語の発生は9世紀後半のモラヴィアにあるが，この時期のテクストは現存せず，

実際に古教会スラヴ語のテクストとして今日残されているのは，いずれも10世紀以後の南スラヴ地域でつくられた写本である．

❋古教会スラヴ語の文字　このスラヴ文語の創生には，同時に文字の考案も含まれていた．スラヴ民族の公式なキリスト教受容は9世紀以後であり，ロシアでは988年だが，それ以前からキリスト教はスラヴ人の間にも伝わっており，キリスト教と接したスラヴ人たちは，ギリシア文字やラテン文字を用いていたと考えられる．しかしこれらの文字で書かれたスラヴ語テクストは残されておらず，スラヴ語を体系的に書くという文化もなかった．その意味で，スラヴ人は文字を持たない民族であった．この状況下で，ギリシア語聖書のスラヴ語訳というミッションに取り組んだコンスタンティノスは，スラヴ語を適切に表すための文字体系を考案した．これが「グラゴル文字」と今日呼ばれる，当時のスラヴ語の音韻体系を巧みにとらえた文字である．この文字の原初の姿は残されていないが，コンスタンティノスの後継者たちが南スラヴ地域で作成した初期古教会スラヴ語テクストは，この文字で記されている．字形の起源については諸説あるが，おそらくギリシア文字やヘブライ文字などが参考にされたものと推測される．しかし10世紀後半，ブルガリアでギリシア文字に依拠した表記法が現れると，程なくこれがグラゴル文字を駆逐して東方教会圏スラヴ世界に共通の文字となった．こちらが今日，コンスタンティノス＝キュリロスの名を冠して知られるキリル文字である．

❋古教会スラヴ語の特徴と意義　古教会スラヴ語は，ギリシア語聖書を訳すためにつくられたいわば人工的な言語だが，その基盤は当時のスラヴ人の生きた言葉にあり，そのため特に最古期のテクストは，スラヴ祖語末期の言語状態をよく反映していると考えられ，スラヴ語史を研究するうえで重要な資料となっている．実際これらには，スラヴ祖語にあった二つの弱化母音と二つの鼻母音が示されており，これらの現れ方や変異を分析することで，後のスラヴ諸言語における音変化の道筋を再構成することができる．文法範疇としては単数・複数に加えて双数が使用され，また動詞時制にはアオリストや未完了過去など，現代スラヴ語の多くで失われた過去形がある．特に未完了過去形は，印欧祖語に音韻対応が見られないことから，スラヴ語内で独自に発達したかたちであることが示される．同時にまた古教会スラヴ語テクストには，方言要素――最も顕著には南スラヴ語的要素も見られる．例えば古教会スラヴ語て равьнъ「等しい」は，現代ブルガリア語равен，セルビア語ravan，またチェコ語rovnýやロシア語のровно「ちょうど，まったく」に対応を見いだすが，これらは*orvьnь「等しい，平らな」から発し，語頭の*or-がra-となるのは南スラヴ語の特徴である．これは，主要テクストが生産された場所がブルガリアやマケドニアなど南スラヴ語地域であったことに対応しており，これらのテクストが書かれた時代にすでに方言分化が進んでいたことも示している．

[三谷惠子]

スラヴ語としてのロシア語

✵スラヴ語派とロシア語　ロシア語は，印欧語族と呼ばれる，ヨーロッパからイラン・インドに広がる大語族の一部を成すスラヴ語派に属する言語である.

　スラヴ語派は，共通の祖先であるスラヴ祖語から発し，紀元5 ～ 6世紀頃から起きた地理的移動により，東スラヴ語群，西スラヴ語群，南スラヴ語群という3語群に分れた．ロシア語は，隣接するウクライナ語，ベラルーシ語とともに東スラヴ語群を成す．西スラヴ語群にはポーランド語，チェコ語，スロヴァキア語など，また南スラヴ語群にはスロヴェニア語，セルビア語・クロアチア語，ブルガリア語，マケドニア語などが含まれる．スラヴの諸言語は，祖語から分化し始めてから千数百年と歴史が比較的浅く，そのため文法の基本構造には明らかな近似性が見られるが，同時に，それぞれの文化環境や異言語との接触から，現代までに異なる言語特徴を獲得してきた面も持つ.

　文字も，ロシア語は他の東スラヴ語ならびに伝統的に東方教会文化圏に属する南スラヴ語圏とともにキリル文字を用いるが，西方教会文化圏に含まれる西スラヴ語群および南スラヴのスロヴェニア語，クロアチア語はラテン文字を使用する．スラヴ語派の一言語としてのロシア語は，このように，ほかのスラヴ諸語との共通性および後年獲得した相違性によって特徴付けられる.

✵ロシア語とスラヴ諸語の共通性　共通性では，例えば格変化がある．ロシア語は，名詞を格変化させて「てにをは」の関係を表す言語だが，これは，スラヴ祖語が持っていた屈折語の特徴を受け継いだもので，異言語との接触により格変化を失ったブルガリア語とマケドニア語を除くすべてのスラヴ語と共通する．さてこの特徴のために，ロシア語学習者にとって格変化は必修事項となるのだが，これに関連して出てくる項目に，出没母音という現象がある.

　一例をあげると，「眠り」「夢」を表す名詞 сон は，格変化すると сна「眠りの」，сну「眠りに」と，語末に-aや-yといった変化語尾が付き，同時にもとの語形つまり単数主格形にあった о の消えた形となる．このように，単数主格にあり，格変化すると消えてしまう語幹の母音を文法用語で出没母音と称すのである．この出没母音はさまざまな語に含まれ初学者を悩ませるが，ここでロシア語の сон に対応する語をチェコ語で見ると sen があり，これも格変化すると sna，snu と，語末に変化語尾が付き，主格形にあった母音 e の消えた形になる．セルビア語の「眠り」san でも同じく sna，snu と変化する．つまりこれらも出没母音を含み，ロシア語と同じ規則で変化するのである.

　この出没母音現象は，スラヴ語全般にわたって見られ，祖語時代の母音体系と

音節構造, そしてそれらの各スラヴ語における後年の変化によって規則的に説明されるもので, ロシア語とスラヴ諸語の起源的共通性を現在も強く示している.

またロシア語では, 形容詞はそれが修飾する名詞の文法的性・数・格に一致して変化し, 動詞の現在形は1, 2, 3人称の単数と複数で6通りの変化形を持つが, このような点もほかのスラヴ語と共通する. ただしロシア語は, 多くのスラヴ語とおなじく, 二つのものや2人を表す場合のカテゴリーである両数を失ったため, このカテゴリーを保持したスロヴェニア語やソルブ語とは異なる.

✹ロシア語の差異的特徴　ロシア語の, ほかのスラヴ語と異なる要素の例としては, 音韻体系の柱を成す硬子音と軟子音の対立があげられる. もともとスラヴ祖語では, イやエのような前舌母音の前で一定の子音群が口蓋化するなど, 一つの音節内で, 音節初頭の子音と後続する母音の調音点を近付ける音節内音韻調和という特徴があった. ロシア語では, このような発音特徴が新たに発展した結果, 口蓋化音と非口蓋化音の区別, つまり硬子音と軟子音の対立が拡張し, 本来この区別には関与しなかったbやmなどにも及ぶようになった. 硬軟の子音対立によってつくられる音韻体系は, ベラルーシ語やポーランド語とは類似するが, 逆にこの対立をなくしたセルビア語・クロアチア語やスロヴェニア語などは際立った対比を成す.

名詞では, スラヴ祖語に古くあった子音語幹型変化などの変化型をほぼなくし, 変化語尾が収束した. 形容詞の複数形でも, 文法的性の区別なく同じ語尾を持つようになった. これは, 男性人間形という特殊な複数形を発達させたポーランド語や, あるいは形容詞複数でも文法的性の区別を示す南スラヴ語など, 古い変化型のバリエーションを何らかのかたちで保持, または発展させたスラヴ語と著しく異なる点である. 動詞の時制形も単純化の道をたどった.

現代ロシア語の過去形には, 不定詞語幹に過去時制であることを示す-l（エル）という語尾をつけた形式しかないが, この形はスラヴ祖語の完了分詞に由来し, こちらはbe動詞を助動詞として完了形をつくり, 英語の現在完了のような意味を表した. しかしロシア語では, 助動詞となるbe動詞の現在形を, 3人称単数形以外で失い, 同時にアオリストや未完了過去といった古い過去形を失ったことから, 結局, もとの完了分詞が唯一の過去形として残ったのである. 助動詞として用いられたbe動詞現在形の消失については, 東スラヴ語域に広く同じ現象が見られ, 東スラヴ語話者が居住地を拡張していった地域にいたバルト・フィン系先住民の言語との接触が要因として指摘されている.

このほかにも, ロシア語の形成には, ウラル諸語など非ヨーロッパ系言語の影響が認められ, ロシア語の使用域が地理的に北に拡大したことが, ロシア語の特殊性を形成する一要因となったことを示唆している.　　　　　　　［三谷惠子］

ロシア語の特徴

18世紀の天才学者ミハイル・ロモノーソフはロシア初の文法書となる『ロシア文法』(1757, 図1)の序文にこう記している.「神と話すにはスペイン語が, 友と話すにはフランス語が, 敵と話すにはドイツ語が, 女性と話すにはイタリア語がよいとされる. だがロシア語は誰と話すにもふさわしい. ロシア語は, スペイン語の壮麗さ, フランス語の明晰さ, ドイツ語の堅牢さ, イタリア語の優美さに加え, ギリシア語とラテン語の豊かさと力強い簡潔さを兼ね備えているからだ」. ロシア人がロシア語に寄せるこうした信頼と敬慕の念には一種の感銘を覚えるほどだが, 少なくともロシア語を知らない外国人から見れば, それは見なれない文字を使う縁遠い言語の一つにすぎない. ではロシア語とは具体的にどのような特徴を持つ言語なのだろうか.

図1 ロモノーソフ『ロシア文法』(1757)

❊**発音の特徴** ロシア語の母音は日本語と同じ a i u e o の五つである. 舌の面を高くして〈イ〉のように発音する子音(軟子音)がいわば普通の子音(硬子音)とペアをなしている子音体系に特徴があるが, 母音にせよ子音にせよ個々の発音はそれほど難しくない(ロシア語特有の子音ではないものの, とりわけ文字Рが表すいわゆる巻き舌の [r] を外国人が正しく発音してみせると, ロシア人からの評価が一挙に上がる). ところがこれらの子音と母音でつくられる音節のしくみは日本語と大きく異なる. 例えば Здравствуйте!「こんにちは」という挨拶は zdr という三つの子音で始まる. この種の聞き慣れない子音連続が頻出するため, 初学者は舌を噛まないようにするのが一苦労だが, ロシア語特有の響きとリズムは, こうした種々の音節からなるそれぞれの語の強勢母音が強く長く発音されることによってもたらされている.

❊**文法の特徴** ロシア語はラテン語などと並ぶ典型的な屈折語であり, ヨーロッパの言語の中ではこの点において比較的古風な特徴を保っている. 屈折語では「が, の, に, を」などの意味がそれぞれの語の語尾(格語尾)によって表される. この語尾によって区別される語形を「格」といい, ロシア語の名詞や形容詞などでは六つの格が区別される(四つの格を持つドイツ語よりも二つ多い. 表1).

外来語の固有名詞も格変化することがあり, 例えば Танака「田中さん」(主格)

表1 книга（クニーガ，本）の格変化

	単 数	複 数
主格（〜は）	книга（クニーガ）	книги（クニーギ）
生格（〜の）	книги（クニーギ）	книг（クニーク）
与格（〜に）	книге（クニーギェ）	книгам（クニーガム）
対格（〜を）	книгу（クニーグ）	книги（クニーギ）
造格（〜で）	книгой（クニーガイ）	книгами（クニーガミ）
前置格（〜について，など）	о книге（アクニーギェ）	о книгах（アクニーガフ）

も，文中の役割により Танаке「田中さんに」（与格），Такаку「田中さんを」（対格）などというかたちで現れる．また英語と同様，ロシア語でも主語・動詞・目的語の語順が基本であるが（例1），主語と目的語の役割が主として格（主格と対格）によって表示されるため，〔目的語・動詞・主語〕という語順もしばしば現れる（例2）．

（例1）Иван　　　любит　　　Марию．「イワンはマリヤを愛している」
　　　イワン（主格）　愛する　　マリヤ（対格）

（例2）Марию　　　любит　　　Иван．　「マリヤをイワンが愛している」
　　　マリヤ（対格）　愛する　　イワン（主格）

　動詞に目を転じてみると，ロシア語では，ある行為や動作を時間軸上の「点」として見るか否かに応じて，二つの異なる動詞を使い分ける点に最大の特徴がある．つまり，ある行為を，結果を伴う一つの点として表現する際には完了体という形を用い，それ以外では不完了体という形を用いるのである．例えば「書く」なら，書いてしまうかどうか，書いてからどうするかが重要である場合は написать という完了体動詞を用い，「書く」行為そのものは писать という不完了体動詞が用いられることになる．アスペクト（体）と呼ばれるこの文法上の区分は，ロシア語をはじめとするスラヴ系言語の大きな特徴ともなっている．

❋外来の要素　ロシア語では карандаш「鉛筆」や собака「犬」など，語彙の一部にテュルク系言語からの借用語が見られる．また「〜は〜を持っている」という所有を表す場合，ロシア語では普通 have にあたる動詞を用いず，「〜には〜がある」という日本語にも似た文型を用いるが，これはウラル系言語との接触から生まれた表現である：У меня есть деньги.「私はお金を持っている＝私には（У меня）お金が（деньги）ある（есть）」．語彙や表現に残るこうした痕跡からも，東西にまたがるロシアの歴史の一端がうかがわれる．

　われわれ外国人にとってロシア語は依然として敷居の高い言語の一つであるが，知的な好奇心に十二分に応えてくれる言語であることは確かである．

〔古賀義顕〕

ロシア語の文字

ロシア語を写しとどめるために用いられている文字はキリル文字である．キリル文字のうち現代ロシア語は33字（母音字10，子音字21，記号2，おのおの大文字小文字がある）を用いており，それらをロシア文字と呼ぶ場合もある．このような文脈においてはキリル文字とは，ラテン文字，アラビア文字などと並ぶ文字体系の一つであって，個別言語での使用を超えた存在である．また，キリル文字なる語が現代ロシア文字の由来となったいにしえの文字，あるいは，主として教会文献で現代でも使われる文字のことを表す場合もある．

なお，ロシアにおいてもラテン文字採用の提唱が特にロシア革命直後にあったが，実現されることはなかった．また，キリル文字以外にロシア固有の文字があったとする説は否定されている．

❀**キリル文字とロシアへの伝播**　キリル文字は本来，古教会スラヴ語の文字である（☞項目「古教会スラヴ語」）．10世紀，東方正教圏へのキエフ公国の参入に伴い，聖書に代表されるその教会文献，その言語であり古代ギリシアとのつながりをも有する古教会スラヴ語，そしてその言語を表記するためのキリル文字の三者が一体となってルーシに伝わった．ルーシの言語すなわちロシア語もスラヴ語派に属するが故，古教会スラヴ語は理解されたのである（☞項目「スラヴ語としてのロシア語」）．聖典・言語・文字の三者は受け容れられ（文字＝文明＝正教），また以後のロシア語の形成に影響を与え続けることになる．以降，ロシアの文字は，書体の変遷を示しつつも，キリル文字の流れを現代へと伝える．

❀**ピョートル1世による文字改革**　18世紀初頭のピョートル1世の近代化の中で文字改革が企てられた．皇帝自身が積極的に関与して字体の変更がなされ，1708年に出来したのが非教会文字（民間文字・世俗文字）である．皇帝の意図は宗教界の影響力の排除と西欧志向にあって，来たるべきロシア帝国（1721年成立）での用途に即した文字が求められた．不要な字母や力点記号類は排除され，大・小文字の区別も確定された．アラビア数字も導入された．活字も鋳造され，西欧語からの翻訳書も刊行されている．非教会文字による最初の刊行物が『測地学』（1708）なる技術書であるのは偶然ではない．いったん排除された字母が復活するなどの紆余曲折はあったが，その後のロシアの文字史はピョートル1世の路線をたどり，現代のロシア文字はこの非教会文字に直接つながる．

❀**1917, 18年の正書法改革**　20世紀に入ると，さらなる字母の整理や古い語形の残滓の排除が企てられ，アカデミー内に正書法委員会が設置され検討された．最終的な承認を見たのは1917年5月のことである．同年の二月革命により成立

図1　プーシキン記念国立ロシア語研究所「1917年 言語の革命」展ポスター（2017年11月開催）．子どもがかかげているプラカードに「（不要）文字のѣ[ять], i, ъは出ていけ」．なお，左下に排除されたはずのiが使われている[pushkininstitute.ru]

した臨時政府は直ちに改革案の学校教育での採用を考えたが，最終的に広まるのは十月革命後のボリシェヴィキ政権によってである．17年12月23日および18年10月10日付で正書法に関する布告が出され，不要活字の強制排除（初代教育人民委員アナトーリー・ルナチャルスキー曰く「革命は冗談を好まない」）や文盲撲滅運動と教育の普及を通して新正書法が普及した（図1）．なお，亡命者の間では旧正書法が残った．その後，ソヴィエト連邦が成立し，国内の政権基盤が固まる中で，諸民族語のキリル文字化が進展していく．

❈現代　社会主義政権により新正書法は広まったが，現代ロシア語の正書法の細則が定められたのは1956年であった．その後，具体的にはジトマル・ロゼンタリなどの便覧に依拠することになった．

ソ連が崩壊した現代もその正書法を継承しているが，検閲の消滅と同時に出版物の校正もゆるみ，外来語も増えて混乱が生じている．誤記や異形を含めさまざまな綴りが表面に出るようになった．普及した教育とコミュニケーション上の必要から違いは大きくないものの，複数の綴りに学習者が戸惑うことはある．ロシア語がキリル文字の使用をやめる可能性はゼロといってよいが，言語が社会の変化とともにある以上，綴りなどにおいて完全な安定はないであろう．

本来は教会スラヴ語の表記のために宗教文献で用いられるキリル文字や，既に歴史的・学術的な意義しか有しない旧正書法の，広告効果などを狙った世俗利用も見られるようになった．現行正書法が革命やボリシェヴィキとつながっているという思い込みから旧正書法に向かう論者もいる．インターネットが広まる初期にはラテン文字を利用してロシア語を表記することも試みられた（шをwで表すなど）．技術の進歩とともに文字のこうした障壁はなくなりつつある．

書道家は古くから存在し，また達筆も重んじられた．芸術的意図を持ってキリル文字を使用するカリグラフィー・アーティストも活躍している（近年ではポクラス・ランパス）．意図的にラテン文字を混ぜることもある（кの代わりのkなど）．

[小林　潔]

ロシア人の名前

　ロシア人の人名は，名・父称・姓の三つから成る．パスポートなど正式な書類には必ずこの三つが姓・名・父称の順で記載される．

❊名　ロシア人の名の起源は大きく三つに分かれる．東スラヴ系，スカンジナビア系，キリスト教系である．東スラヴ系の名は，ウラジーミル，ラドミールなど-mir で終わるもの，ヤロスラフ，ミロスラフなど-slav で終わるもの，ヤロポルク，スヴャトポルクなど-polk で終わるものなどである．2000 年代頃からロシアではナショナリズム的な傾向の高まりとともに，これら東スラヴ系の名の（男性）ザハール，チーホン，デミード，ラドミール，（女性）ワシリーサ，ズラータ，ウリヤーナ，ヤロスラーヴァなどが流行の兆しを見せている．スカンジナビア系の名は，12 世紀初めに編纂されたとされる『原初年代記』に登場するヴァリャーギ由来のイーゴリ，オレグ，グレープなどに代表される名である．キリスト教系の名は，ギリシア人や聖人の名などに由来する．例えば，イワン（Ivan），古くはイオアン（Ioann）はヨハネから派生した名で，元来英語のジョン，フランス語のジャンと同じ．ミハイル（Mikhail）は大天使ミカエルに由来し，英語のマイケル，フランス語のミシェルと同じである．

　これら伝統的な名に対し，時代の潮流から生まれた流行名もある．ソ連時代には指導者ウラジーミル・レーニン（Lenin）の文字をひっくり返したニネーリ（Ninel'）や，Vladimir Lenin の頭文字からヴラドレン（Vladlen）が，また 1960 年代には宇宙飛行士ユーリー・ガガーリンの愛称形ユーラから採ったウリュルフコス（Ura, Yura v kosmose!「万歳，ユーラは宇宙だ！」の略）などが流行った．モスクワ，サンクト・ペテルブルグなどの戸籍登録データに基づく調査によると，2010～16 年に新生児に最も多く付けられた名は，男子ではアルチョーム，アレクサンドル，マクシム，ダニイル，イワンなど，女子ではソフィヤ，アナスタシヤ，ダリヤ，マリヤ，アンナなどで，男女ともトップ 30 の名の割合がそれぞれの名全体の約 75％を占める．このことは，よく使われる名の数がかなり限定されていることを示している．

❊父称　父親の名から採られたもので，「～の息子／娘」を意味し，父親の名に接辞（息子なら -ov+-ich/-ev+-ich，娘なら -ov+-na/-ev+-na）を付けてつくられる．例えば，作家アレクサンドル・セルゲーエヴィチ・プーシキンの父称 Sergeevich は「セルゲイ Sergej の息子 -evich」を意味する．逆にいえば，父称から父の名が簡単に再現できる．ロシア人の父称は，スカンジナビア系の -sen，ゲルマン系の -sohn，アングロサクソン系の -son，ラテン系の -ez/-es などと同じく

父系社会を象徴する命名法である．ロシア語で最も丁寧な呼びかけは，名＋父称の組合せであり，姓では呼びかけない．親しい者同士では愛称を使う．男性のミハイルの愛称はミーシャ（Misha），セルゲイの愛称はセリョージャ（Seryozha），女性のナタリヤの愛称はナターシャ（Natasha），ソフィヤの愛称はソーニャ（Sonya）というように，男女を問わず語末は-a/-yaになる．

❋姓　ロシア人の姓は基本的に人の名や名詞に所有形容詞の接辞-inや-ov/-evを付けてつくられたもので，元来「～の」という意味を持っていた．例えば，イワノフ（Ivanov）は，名のIvanに-ovが付いたもの，ピーサレフ（Pisarev）は，「書記」（pisar'）に-erが付いたもの，プーチン（Putin）は「道」（put'）に-inが付けられたものである．

　接辞の-skijで終わる姓の起源には，ポーランド起源，貴族が所領の地名に接辞を付けて姓としたもの，高貴さを付与するために付けたものなどがある．ドストエフスキー（1821～81）の姓は，16世紀に作家の祖先が

表1　ロシアの最も多い姓［ジュラブリョフ（Журавлев, А.Ф.），2005より作成］

R（順位）	姓		f（頻度）	R^y（順位）	f^y（頻度）
1	Иванов	イワノフ	1.0000	1	1.0000
2	Смирнов	スミルノフ	0.7412	4	0.4617
3	Кузнецов	クズネツォフ	0.7011	23-24	0.2034
4	Попов	ポポフ	0.5334	9	0.3381
5	Васильев	ワシーリエフ	0.4948	2	0.7086

※Rとfは2005年のジュラブリョフ論文の，R^yとf^yは1995年のウンベガウン著『ロシア人の姓』［Унбегаун, Б.О., 1995］のそれぞれ姓の順位と頻度

現在のベラルーシの領地ドストエフ（後のドストエヴォ村）に-skijを付けて姓とした．チャイコフスキー（1840～93）の姓は，作曲家の祖父の代にウクライナコサック系の本姓のチャイカ（カモメ）に接辞の-ovと高貴さを付与するために-skijを付けたといわれている．2005年に発表されたロシア科学アカデミー付属ロシア語研究所の研究者ジュラブリョフの調査「ロシアの最も多い姓500」（表1）では，1995年出版のウンベガウン著『ロシア人の姓』で示された姓との頻度比較が数値的に示され，2005年の姓のトップ5とその比率（トップを1.0000とする）は，順にイワノフ（1.0000），スミルノフ（0.7412），クズネツォフ（0.7011），ポポフ（0.5334），ワシーリエフ（0.4948）であったが，1995年では，これら名の比率と順位はそれぞれイワノフ（1.0000）（1位），スミルノフ（0.4617）（4位），クズネツォフ（0.2034）（23～24位），ポポフ（0.3381）（9位），ワシーリエフ（0.7086）（2位）であった．

　ロシアで姓が一般化するようになったのは，公や大貴族が14～15世紀，役人や商人が18～19世紀，農民は1861年の農奴解放後であった．

❋名の日　キリスト教における聖者の記念日で，1年365日のいずれの日もいずれかの守護聖人の祝日（主に命日）が割り当てられているが，正教とカトリックでは若干異なる．信者は自分と同名の聖者の命日を名の日として祝う．［井上幸義］

ロシアの地名

　ロシアの地名は，他の言語や地域の場合と同様に，歴史上のあるいは現存する人物や歴史的事件，物の名前などから複合的につくられることが多いが，ロシアの歴史において特に新たな名称が生まれたり，旧名称に取って代わられるのは，ピョートル大帝の西欧化や20世紀の革命などの歴史的事件のときであり，また，旧名称が復活するのはソ連邦崩壊の前後である．本項では，特に日本人になじみのあるロシアの都市名の名の起源・命名法，変遷などについて述べる．

❋**モスクワ（Moskvá）（1147〜現在）**　ロシア連邦の首都．中世の年代記に v Moskov「モスクワへ（来たれ）」（対格）の形で1147年に初めて登場する．この形が英語の Moscow，フランス語の Moscou，ドイツ語の Moskau などのもとになった．モスクワの地名はモスクワを流れる川の名称に由来し，その語源にはスラヴ語，バルト語，フィンウゴル語など何十もの説がある．スラヴ語説では，チェコ語，スロヴァキア語の Moskva「湿った穀物」やスロヴァキア語の môzga「水たまり」と同起源とされる．モスクワの名称が変更されたことはない．

❋**サンクト・ペテルブルグ（Sankt-Peterbúrg）**　「聖ペトロの城塞」の意味．1712年から1918年までロシア帝国の首都．1703年ピョートル1世（大帝）がネヴァ川沿いに自身の守護聖人ペテロの名を冠した要塞を建設し，オランダ語式にサンクト・ピーテル・ブルフ（Sankt-Píter-Burkh）と名付け，それがそのまま都市名として使われるようになったが，ピョートル大帝存命中は約30もの異名があり，ピョートル自身も書簡の中で数種類の表記名を使っていた．1724年に新聞『ヴェードモスチ（報知）』が綴りをドイツ語風に Sankt-Peterburg と印刷するようになり，それ以来この呼称が正式名として，非公式名のオランダ語式名称のピーテルと並んで使用され，次第に本来の守護聖人ペテロではなく「ピョートル大帝の都」の意味に理解されていった．1914年の対ドイツ戦の際に「burg」は敵国ドイツの言葉であるとしてスラヴ語の grad に代えられ，「ピョートル大帝の都市」の意味のペトログラード（Petrográd）に改名された．1924年1月レーニンの死後その名を冠してレニングラード（Leningrád）「レーニンの都市」と改名され，ソ連邦崩壊直前の1991年6月に実施された住民投票により，1724年以来の Sankt-Peterbúrg の旧称が復活し，現在に至っている．ただし，州名は1927年からレニ

図1　サンクト・ペテルブルグのカザン大聖堂の水彩画［B. パテルセン，1811］

ングラード州のままである.

ヴェリーキー・ノヴゴロド (Velíkij Nóvgorod) 「大いなる新しき都市」の意味. 1999年にノヴゴロド (Nóvgorod)「新しき都市」から改称. 名前に反して最も古い, 年代記では859年に登場するロシア西部の中心都市. 名称から9世紀にはまだこの地方が開拓されていなかった新たな地であったことがわかる.

ヴォルゴグラード (Volgográd) (1961～現在) 「ヴォルガ川の都市」を意味する. 川の西岸にある. 1589年にモスクワ大公国の前哨基地ツァリーツィン (タタール地名起源, ロシア語としては「皇后の都市」) として建設され, 1925年にスターリングラードに改称, スターリン死後の1961年にスターリン名称排斥キャンペーンによってヴォルゴグラードに再改称された. 日本では2018年サッカーワールドカップ開催地として知られる.

エカチェリンブルグ (Ekaterinbúrg) 「エカチェリーナの城塞」の意味. ウラル地方の中心都市. 1723年ピョートル1世の妻エカチェリーナ1世の名を冠して建設された. 1924年革命家スヴェルドロフの名を取ってスヴェルドロフスク (Sverdróvsk) と改称されたが, 1991年に旧名称が復活した.

カリーニングラード (Kaliningrád) ボリシェヴィキのミハイル・カリーニンの名が冠された「カリーニンの都市」. リトアニアとポーランドに挟まれた飛び地. 1255年ドイツ騎士団が築いた城郭都市だったドイツのケーニヒスベルク (ロシア語名Kyónigsberg) が第2次世界大戦後のポツダム会談によりソ連に割譲され, 1946年現名称に改称された. ソ連邦の時代にはカリーニンの名が冠された州名, 都市名や通り名が多くあったが, ソ連邦崩壊前後にその多くが改称された. 例えば, 1990年カリーニン→トヴェリ (1209年に年代記に記される古都), 1996年カリーニングラード (モスクワ州の都市) →コロリョフ (1928年までポドリプキ, 1928～38年カリーニンスキー, 1938～96年カリーニングラード), 1990年カリーニン大通り (モスクワ市) →ヴォズドヴィージェンカ通りとノーヴィ・アルバート通りの2本に改称され, さらにロシア以外でもウズベキスタン共和国のカリーニン集落→エシャングザール集落に改称. その一方で, 改称されていないカリーニンスク (旧バランダ, コサック首長の名を冠したサラトフ州の集落) もある.

ウラジオストク (Vladivostók) (1860～現在) vladet'「征服する」と vostok「東」から合成された名. 沿海地方の中心都市. 命名法としては, 北オセチア共和国の首都のウラジカフカス (Vladikavkáz) もこれと同じ.

ユジノ・サハリンスク (Yuzhno-Sakhalínsk) 「南のサハリンの地」という意味. 極東連邦管区サハリン州の州都. 1882年にウラジーミロフカ (Vladímirovka) 集落として開かれ, ポーツマス条約後日本がここに新都市豊原を建設した. ロシア語でも Toyohára と呼ばれ, 第2次世界大戦後の1946年に現名称となった.

[井上幸義]

挨 拶

　「ロシア語で『こんにちは』はなんと言うのですか？」数分後に面談が始まるというとき通訳にクライアントが尋ねる．「ズドラーストヴィチェ（Здравствуйте）です」「ズドラス……なんですか？」「ドーブルイ・ジェーニ（Добрый день）という言い方もあります」「そっちの方がまだまし．それにしても挨拶からしてロシア語は難しいですね」．

❋**Здравствуйтеの原義は「ご健勝をお祈りしています」**　時間帯に関係なく使える．形容詞「良い」に「朝／昼間／晩」を添えた「おはようございます」Доброе утро（ドーブロエ・ウートロ）／「こんにちは」Добрый день（ドーブルイ・ジェーニ）／「こんばんは」Добрый вечер（ドーブルイ・ヴェーチェル）もあるが，フォーマルな関係の相手に使うのはЗдравствуйтеの方が多い．インフォーマルな仲の出会い頭の挨拶で一番頻度が高いのはПривет（プリヴェット），時間帯に関係なく使える．続けて，日本語の「元気？」に相当するКак дела?（カク・ジェラー）と尋ねる．返って来るのは，「まあね」とか「絶好調」の一言だけかもしれないし，「実はね……」と長い話を聞かされるかもしない．

　別れ際の挨拶だが，会話帳などの「さようなら」のトップに出てくるДо свидания（ダスヴィダーニヤ，「また会う時まで」の意味）は，会話の締め括りの言葉としては万能ではない．例えば，「次は来週の火曜日に会いましょう」と約束して別れる際には，それに続けてAll the bestに相当するВсего（вам）хорошего（フセヴォー・〈ヴァム・〉ハローシェヴォ）ということが多い．インフォーマルな仲だと，「じゃあね」はПока（パカー）．Счастливо!（シチャストリーヴォ）「幸せでいてね」もよく使う．

　出会い頭も別れるときも挨拶には握手やハグ＆キスが付きものだ．男性同士はフォーマルな仲なら握手のみ．仕事だけの付合いでも何度も会っているなら，右手は握手，左の掌は相手の右肘に添える，もしくは相手の肩に置く場合も．女性同士の握手は一般的でない．仕事上の付合いだと，互いの掌を相手の肘に添える「ハグ未満」だったりする．フォーマルな関係の男性と女性の場合，女性が右手を差し出して初めて男性も手を差し出して握手が成立．仕事仲間や友人同士は，性別の組合せに関係なくハグ＆頰にキスが普通だ．

❋**呼び方**　フォーマルな関係とインフォーマルな関係の言葉遣いの違いは，相手に二人称単数のты（トゥイ）を使うか，相手は一人なのに二人称複数のвы（ヴィ）を使うかだ．выを使う場合は，相手の動作を表す動詞も相手の気質などを表す形容詞の短縮形（「お美しいですね」）も複数形になる．これがすなわち

ロシア語の敬語遣い．職場などでは，明らかな上下関係があるときは，「下」は「上」に対してвыを使い名前＋父称で呼ぶ，「上」は「下」に対してвыを使い，ファーストネーム（名）で呼ぶのが慣例．友達として知り合った場合は，たちまちにしてтыで呼び合うのが一般的．2000年頃からは中年以上の人でも，名前＋父称ではなく，ファーストネーム，それも愛称で呼んでね，と言うケースがある．家族は互いにтыで呼び合うが，配偶者の両親への呼びかけは数パターンある．ちなみにロシア語では人前で実の親に言及するときは，父отец・母матьではなく，子ども時代から一貫した「お父さん」папа，「お母さん」мамаを使うことが多い．特に「（私の）母が」と言うときは，男性でもオフィシャルな席でもたいがい「私のママ」моя мама（マヤ・マーマ）と言う．配偶者の親への呼びかけは，名前＋父称，代名詞はвы，すなわち敬語遣いというのが伝統的．Мама, папаと呼びかけるけれども代名詞はвы，つまり敬語遣いという人もいるし，実の親に対してと同じにмама, папаで敬語抜き（ты）という家庭もある．義父と義母は婿／嫁にはты，ファーストネームで呼びかける．

❀挨拶すべき相手　ロシアでは，赤の他人同士が，何の用もないのに挨拶したり笑みを交わすことはない．例えば，ホテルに泊まったあなたは朝食に行くためにエレベーターを呼び出す．ドアが開くと，親子連れが乗っている．あなたが彼らにДоброе утроといって微笑む必要はない．誰もそうはしないから．だが，自分にとって何らかの機能を果たしている人への挨拶は，日本人よりもまめだ．トレチヤコフ美術館に行ったとしよう．あなたは誰に挨拶するか？　入り口に金属探知ゲートがある．脇に立つ警察官にЗдравствуйте!，手荷物検査が終わったら「どうも」Спасибо!（スパシーバ），切符売り場でЗдравствуйте!，チケットを受け取ってСпасибо!（買ったあなたが礼を言う），コートは預けないと入場できないのでクローク係にЗдравствуйте + Будьте добры（ブッチェ・ダブルイ＝お願いします），番号札を受け取ってСпасибо!，もぎり係にЗдравствуйте! 鑑賞が終わったら会場の出口付近に座っている会場監視係にСпасибо，気分次第ではДо свидания（二度と来ないだろうときでも），クロークで番号札を渡してБудьте добры，コートを受け取ってСпасибо，建物出口の警備員と警察官にДо свидания．

❀メールなどの文頭の挨拶　受取人の名前がМария（名）Ивановна（父称）Петрова（姓）の場合　①インフォーマルな関係（Тыの間柄）：Привет, Маша（Марияの愛称）！　あるいはДорогая（英語のDearに相当）Маша!　②フォーマルな関係（выの間柄）だが，地位は同格：Мария, добрый деньあるいはУважаемая Мария, добрый день．Уважаемаяは「尊敬する」の意味　③Выの間柄で，フォーマルな付合いの要素が極めて強い場合：Уважаемая г-жа（英語のMs.に相当）Петрова，受取人がそれなりの年齢に達している場合はУважаемая Мария Ивановнаと相手のファーストネーム＋父称となる．　　　　　　［吉岡ゆき］

マート──卑猥な言葉・表現

　ボリス・エリツィン政権末期の1999年秋，首相に就任して間もないウラジーミル・プーチンは，犯罪者のスラングである「当局への内通者を殺して肥溜め式の便所に投げ捨てる」мочить в сортире（マチッチ・フ・ソルチーレ）を「テロリストを追い詰めてぶっ殺す」の意味で記者会見で使った．報道用発言としては異例の言葉遣い．場所と立場をわきまえていないとの批判をよそに，正しいことをズバリ言ってくれた，雄々しい，とプーチンの知名度も人気も急上昇した．卑俗な表現にはインパクトがある．以下，本項では「キツくて濃い表現」（крепкие выражения）の別名があるマートについて説明する．

❋マートとは「卑猥な言葉・表現」のこと　猥談などの直接用途を離れたさまざまな状況で，罵倒に限定されない実に多様な意味と目的で用いられる．マートの基本は①ペニス，②ワギナ，③性交の卑俗な言い方（①хуй〈フィ〉，②пизда〈ピズダ〉，③ебать〈イエバチ〉）だが，④淫売блядь（ブリャジ）もマート扱いされている．①～④の語根に接頭辞や接尾辞を付けた派生語（名詞，動詞，形容詞，副詞）が多数あり，それらもマートと見なされる．私たちが映画や歌詞で接する範囲での英語の「4文字言葉」からは類推できないほど，ネガティブとポジティブ両方の，多岐にわたる事象をマートは表わすことができる．①一つをとっても，派生名詞хуйня（フイニャー）には，「取るに足らない話」「まずい状況」に加えて，あらゆる物や人に使える「こいつ」「あいつ」の意味があり，派生動詞Охуеть!（アフエーチ）は「すげぇ！」「まじかよ？」だし，別の派生動詞хуячить（フヤーチチ）には，叩く，撃つ，走る，汗水たらして働く，ノリノリの演奏などの意味がある．極言すれば，マートだけでも，それなりに込み入った話が可能だ．「ロシア文学は言葉が豊かなのに，なぜしゃべるロシア語は貧しいのか？」──ウラル地方の工場に設備更新の監督のために派遣された日本人エンジニアは，現場の作業員同士の会話が数種類の言葉（音の組合せ）の繰り返しなのに気付いたという．「数種類の言葉」はマートだったと考えるのが自然だ．

❋マートの効用　悪罵брань には「戦」を意味する同音異義語（古語，雅語）がある．古の戦士は，敵を罵ることで己を鼓舞した．現代の平時ではどうか？　モスクワの友人E（知性も教養も社会的地位もある女性）と私は夏の南仏を車で旅していた．長い1日の終わりにようやく見つけた駐車場の入口は狭く急な登り坂で，途中でクラッチが利かなくなった．運転していたEは「今から悪口雑言を吐くからね」と断ると，Ёб твою мать!（ヨープ・トヴァユ・マーチ）と数回繰り返した．車は動き出し，無事駐車できた．レンタカーと異国の駐車場のスロープ

に向かって，直訳すると「お前の母親と姦れ！」と叫ぶのはいかなる理屈なのか？　Eの説明——マートは孤立無援の切羽詰まった状況でときたま使うの，あのときは本当に危なかったから一番強烈なのにした，空に向かって言ったのよ．

　とはいえ卑猥な言葉を声に出して言うには，「教養が邪魔をする」場面を含めて，さまざまなバリアがある．だから数多くの言い換え表現がつくられてきた．もとのマートが単語一つの場合は，最初の音か音節が同じ言葉を借りてくる．①のxyй（フィ）のイディオムにおける代用語xpeн（フレン）は「ホースラディッシュ」，②の派生語「最低最悪」Пиздец（ピズゼッツ）の代用語песец（ピセッツ）は「北極狐」，④のблядь（ブリャジ）を，強い感情を表す間投詞（「ったくー！」）として使うときの代用語блин（ブリン）は「クレープ」だ．マートが幾つかの単語から成る場合は，最初の音や音節はそのままにして，奇想天外な続きをつける．前述の「母子相姦しろ」Ёб твою мать（ヨープ・トヴァユ・マーチ）の言い換えは無数にあるが，驚きなどの間投詞として使われるЁ-моё（ヨー・マヨー）は「私のЁ（という文字）」の意味，ёлки-палки（ヨールキ・パールキ）は「モミの木と棒切れ」．マートは勢いなので，響きと全体のリズム（ノリ）が大事なのだ．ё（ィヨー），бли／бля（ブリ／ブリャ），пиз／пи（ピズ／ピー），xという音には，湧き上がる感情，叩き付けたい思いが実によく乗る．

※「検閲を通らない悪罵」　使うにしても代用語止まりという人もいるが，もとのマートは即時に思い浮かぶので，代用語もマート扱いあるいは準マート扱いされている．きちんとした言葉遣いの人があなたのいる場でマートの代用語を，ましてやずばりマートを使ったら，取り繕う必要がない相手と認められたと理解して構わない．マートの中核を成す①〜④は，中世から響きがほとんど変わっていない．アレクサンドル・プーシキンも愉しんだといわれる18世紀半ばのイワン・バルコフ作の艶笑詩は，語彙的には現代物と同じ感覚で読める．なのに，ロシアで出版されたロシア語辞典には一つも載っていない（日本で出版された露和辞典には載っている）．ソ連ではマートは検閲を通らなかった．検閲が廃止された1990年以降は，マートを含んだ歌詞やセリフの公演，マートが出てくる文学作品をそのまま活字にすることが可能になった．だが編集側の判断で，故人の日記がマートを伏字にして刊行されるといったことは続いた．2014年に国語法が改訂されて，マートは再び公の場から締め出された．マートが含まれる映画には劇場公開許可証が交付されず（ケーブルテレビでの放映や，警告文を記載した密封包装での販売は可），公演やシンポジウムの発言者がマートを使った場合は，当人と主催者に罰金や営業停止が科される．法律ではマートは「検閲を通らない悪罵」（нецензурная брань）と総称されるが，それ以外の定義はない．恣意的に運用されて規制対象の表現と状況が増えると懸念されるゆえんである．　　　［吉岡ゆき］

方　言

　ロシア語の方言はその由来によりウラル山脈以西のヨーロッパロシアの方言と，それ以外の地域の方言に大別される．ロシアでは標準語が浸透しているため地域間の方言差はおおむね小さく，少なくとも都市生活者が日常の中で方言を意識することはまれであるが，ロシア人が長く居住してきたヨーロッパロシアでは時とともに方言差が広がり，北部，南部，中部の三つの方言が区分されるに至っている．他方ウラル山脈から極東にわたる広大な地域は，比較的後代にロシア人が定住したのに伴い，標準的なロシア語が短期間で広まったが，系統を異にする現地の先住民もまたロシア語を日常的に用いることとなった．そのためこの地域では，各地から移住してきたロシア人の本来の方言と，現地の諸言語の影響による「なまり」が渾然となった独特の方言が現れたが，その実態に基づく方言区分はまだ確定していない．

❋ヨーロッパロシアの方言

ヨーロッパロシアの方言は，北部方言と南部方言，およびその中間地帯に位置する中部方言に大別される（図1）．北部方言の最も目立つ特徴は，アクセントのない音節で [o] を発音する，いわゆる「オーなまり」にある．例えば，標準語と南部方言の дома [damá]〈家々〉が [domá] と発音される．一方，南部方言では標準語の [g] 音（日本語のガ行の子音）がこすれるような子音（日本語の「アゴ」の「ゴ」にみられる有声摩擦音 [ɣ]）で発音され，これが南部方言のきわだった特徴となっている．例えば，標準語と北部方言の дуга [dugá]〈くびき〉が [duɣá] と発音さ

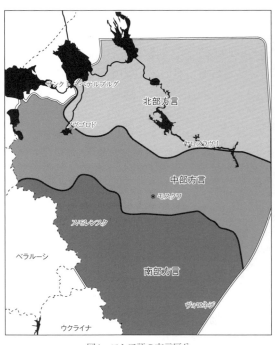

図1　ロシア語の方言区分

れるのである．

　中部方言は，発音，文法，語彙において北部方言と南部方言のそれぞれの特徴が混在した中間的な方言といってよく，モスクワやペテルブルグで用いられる標準語も中部方言の一種である．同じ標準語の語彙でも地域によって異なる場合がある．一般にモスクワのロシア語はペテルブルグのロシア語に比べ，アクセント母音を延ばす際の「大仰な」抑揚に特徴があるといわれる．

❀ウラル地方そのほかの方言　エカチェリンブルグやチェリャビンスクなどを含むこの地域のロシア語はウラル方言と呼ばれ，テュルク系の先住民の言語（タタール語，バシキール語）の影響による次のような特徴が指摘されている：口を大きく開かないくぐもった話し方；アクセントよりも前の音節が曖昧に発音されるか，または音節が省略される；語末の母音は逆に引き伸ばされる（特に標準語の抑揚では文末が自然に下降するのに対して，ウラル方言では下降しない）；早口である；オーなまり，など．ロシア語の勧誘表現 пойдём!（さあ行こう）の代わりに用いられるタタール語からの借用語「айда́」はウラル地方の地域語としてよく知られている．なお早口という特徴はウラル方言に限られず，極東地方のロシア語にもしばしば指摘される．

　他方，コーカサス（カフカス）三国の出身者たちが用いるロシア語も，特にその発音や発声においておのおのの母語の影響を強く受けており，それぞれアゼルバイジャン，アルメニア，グルジア（ジョージア）のなまりととらえられている．これらは，北コーカサス地方でチェチェン系やダゲスタン系の住民が用いるロシア語とともに「コーカサスなまり」と総称される．都市部で日常的に聞かれるこのコーカサスなまりは社会層を反映する一種の社会方言とみることができる．

❀国外の方言など　世界各地に移住した古儀式派信徒たちのロシア語はそれぞれの移住先の語彙や表現を取り込みつつも各出身地の方言の古風な特徴を残しており，研究が急がれている．またロシア領アラスカのケナイ半島に居住していたロシア人たちは，1867年にアラスカがアメリカ領となったことで本国との交通を絶たれるが，その後そのロシア語は現地のアメリカ先住民の言語や英語との接触を通して文法が簡素化されるなど独自の変化を遂げ，アラスカ方言として現在まで余喘を保っている．そのほか，ベラルーシとウクライナの一部地域で使用されている，ベラルーシ語とロシア語の混成語トラシャンカ трасянка，ウクライナ語とロシア語の混成語スルジク суржик はロシア語の多様性を示す社会方言の好例である．さらに，18世紀から20世紀初めにかけて，外満州からバイカル湖に及ぶ国境地域では，中露の混成言語キャフタ語 кяхтинский язык が，ノルウェー北部ではノルウェー語とロシア語の混成語ルセノルスク語 руссенорск が，それぞれ通商の際の意思疎通に用いられていた．いずれもロシア語の多様性の一端を示す稀有な例といえるだろう．

[古賀義顕]

ロシア連邦内のさまざまな民族語

　ロシアには130余りの言語が存在する．2010年の国勢調査では，人口1億4300万人のうち，ロシア人が1億1100万人（80.9%），他の民族は3,200万人である．最大人口を持つ民族はタタール人（531万，3.9%），バシキール人（154万人，1.2%），チュヴァシ人（143万，1.0%），チェチェン人（143万，1.0%）が続く．ウクライナ人も192万人（1.4%）いるがその他の民族はいずれも全人口の1%を超えない．上にあげた民族はヨーロッパ＝ロシアに属するが，アジア側で最大人口の民族はヤクート（サハ）人で47万人（0.35%），続いてブリヤート人が46万人（0.34%）である．これらの民族は必ずしも自民族の言語を母語としない．人口5万人以下の民族は63あり，消滅の危機にある言語もある．

❋言語学的に見たロシア連邦の少数民族言語　言語系統的にみると，ロシア語と同じインド＝ヨーロッパ系（ウクライナ語，ベラルーシ語のほか，オセチア語など）のほか，アルタイ系（テュルク系，モンゴル系，ツングース系），ウラル系など系統の似た諸言語のほか，コーカサス（カフカス）諸語，古アジア諸語（古シベリア諸語とも），北方諸語のように地域別でまとめられた諸言語もある．統語的にみると，日本語と同様に語末に動詞が来るタイプが多く，形態的にみると日本語に似た膠着語が多い（ロシア語は屈折語）．これにはテュルク系諸語が強く影響したともいわれる．類似した言語が存在するのは起源を同じにしているのではなく，長期間の接触で言語的な特徴を共有するようになったという言語連合という説をとる言語学者もおり，これが地域的に言語をまとめる根拠にもなっている．なお，これら言語の中には一つにまとめるにはあまりにも方言差が大きいものがあり，マリ語やニブヒ語のように二つ以上の書記体系を持つものもある．また，ロシア語の影響も強く見える．多くの語彙の借用とともにロシア語の音韻や形態（例えば，形容詞形〈-ческий〉など）を取り入れている言語も存在する．

❋少数民族言語に対する言語政策　ロシア帝政時代には，ロシア語以外の言語には国家的に援助をする動きはなかったが，ソ連初期，少数民族言語に対する差別是正政策を積極的に行った．さまざまな言語の実体化（文字や文法，語彙の作成）を行い，政治・教育・メディアなどさまざまな領域で使えるように計画した．当初は，ラテン文字を採用したが，1930年代後半から40年代前半にかけて，キリル文字に再び変更する政策が行われた．もともと，アラビア文字（タタール語など）やモンゴル文字系のアルファベット（ブリヤート語，カルムィク語）を使っていた言語もあったが，このような政策の過程で以前の文字使用の伝統が断ち切られることになった．言語の中にはいったんは実体化されたものの，その後，人口の

少なさや予算不足などで文字の使用が廃止された民族もある．また，80年代に起こった言語復興の過程で文字を持った言語もある．方言的なものを含め現在100近い言語の文字化がインターネットで確認されている．新聞，雑誌などの定期刊行物や，詩や散文など文学も出版されている民族語もある．なかには話者人口2万人足らずのチュクチ出身のユーリー・ルイトヘウのように，ロシア語のみならず，日本語を含めた外国語への翻訳が存在する作家もいる．ソ連崩壊後，ロシア語から距離をとるようにラテン文字を採用する民族言語があらわれたことを鑑み，2002年12月，「言語法」の改正が行われた．これにより，ロシア連邦の少数民族が使う文字は，ロシア語と同じキリル文字に制限されることになった．

✴法的地位　ロシア連邦において，ロシア語以外の言語の法的地位を認める基本となるものは憲法と言語法がある．憲法第68条第1項において，ロシア語が全領域の国家語とされるが，第2項にて連邦構成主体となっている諸共和国などにおいての「国家語」を制定することができるとしている．また，それ以下の行政単位において公用語として規定されている言語がある．実際，ソ連時代につくられた民族領域が共和国あるいは民族管区というかたちで存在し，その名称を冠する民族は24（ダゲスタンのみ地域名）あり，それぞれが「国家語」あるいは「公用語」を制定している．憲法の同条第3項で，少数民族は自分たちの言語の維持とその研究と発展のための環境を整備する権利を保障されている．

✴現状　2010年の状況で少数民族を含め，ロシア連邦においてロシア語を話せる人の割合は全体の98％であり，高齢者と就学前の児童を除くとほぼすべての人がロシア語を話せる状況にある．また，2002年と10年の国勢調査を比較すると，ほとんどの言語において，話者人口が減っている．

　教育において，14〜15年の調査では90％以上の少数民族が教授言語をロシア語としており，160万人が学校にて民族語を教科として学んでいる．教科として学んでいる学生はタタール語の35万人が最多，続いてチェチェン語が25万人，チュヴァシ語が11万人という順番である．

　メディアにおいてもソ連時代と比べると後退が始まっている．民族語で出版されていた定期刊行物も読者の減少により，広告や一部のページがロシア語になるなどの現象がみられる．文学も大人向けの文学が新しく出されることは少なくなり，子どもの言語維持を目的とした児童書などが目立つ状態になっている．

　近年，インターネット上での民族語で情報を提供するサイトやFM局などが現れている．児童や学習者向けのサイトやインターネット辞書も続々と現れており，民族語資料のポータルも存在し（peoples.org.ru），民族言語の維持，復興の重要な役目を担うものになっている．なお，2019年3月1日現在，Windows上でキーボードの設定ができるのは，タタール語，バシキール語，サハ語のみである．

[荒井幸康]

世界の中のロシア語

　現在，世界の言語数は7,000を超えるといわれる．その中でロシア語は世界でも影響力を持つ言語の一つに数えられる．推定話者数が10億人を優に超える英語や中国語，5億人を超えるスペイン語やヒンディ語，4億人に達するアラビア語の話者数に次ぐ規模で，ロシア語話者は約2億4000万人程度だとみられる．またロシア語は，国際連合（UN）や国際標準化機構（ISO）の公用語でもある．

❀ロシア語を公用語とする国々　世界196カ国のうち，ロシア語を公用語とする国家は，ロシア，ベラルーシ，カザフスタン，キルギスの4カ国である．いずれもソ連邦崩壊後に誕生した国である．言語の地位は憲法と言語法で定められる．ロシアでは，ロシア語が「国家語」という称号を持つ唯一の連邦公用語である．ベラルーシの国家語はベラルーシ語で，ロシア語は第2国家語である．人口の8割以上を占めるベラルーシ人は帝政ロシア時代やソ連時代を通じてロシア化し，ロシア語がベラルーシ人の大多数の第一言語である．言語の法的地位はベラルーシ語が上位だが，公用語の機能を果たせず，事実上ロシア語がベラルーシ社会で通用する公用語である．カザフスタンとキルギスでは，各基幹民族語のカザフ語とキルギス語が国家語として定められ，ロシア語の上位に位置付けられている．

❀ソヴィエト時代の国際共通語としてのロシア語　歴史上ロシア語話者数が最大規模を誇ったのは，ソ連邦崩壊の前年（1990）だと推定される（3億1200万人，表1）．ソ連邦は世界初の社会主義国家として生まれ，その勢力を東欧，中国，アジア，アフリカ，中南米など世界各地に押し広げ，欧米諸国を中心とする西側資本主義陣営と鋭く対立した．ロシア語はソ連邦唯一の共通語として機能し，教育・学術・文化・政治・経済から社会生活に至るまでロシア語使用の優位性がソヴィエト時代に確立された．ソ連邦の共通語であったロシア語は，東側社会主義陣営内で重要視され，特に学校教育の中で必修科目の第一外国語として位置付けられた．社会政治的に非常に高い価値を持つロシア語の修得は，当時各国の共産党エリート幹部になるための必須条件であった．東西冷戦

表1　国・地域別のロシア語話者数の推移

国・地域	1990年	2004年	2010年
ロシア	1億4,500万人	1億4,000万人	1億3,750万人
ロシアを除く旧ソ連諸国	1億1,950万人	1億290万人	9,370万人
東欧およびバルカン諸国	3,800万人	1,920万人	1,290万人
西欧諸国	190万人	760万人	730万人
アジア諸国	450万人	320万人	270万人
中近東・北アフリカ諸国	60万人	150万人	130万人
サハラ以南のアフリカ諸国	20万人	10万人	10万人
ラテンアメリカ諸国	110万人	30万人	20万人
アメリカ合衆国，カナダ，オーストリア，ニュージーランド	120万人	410万人	410万人
計	3億1,200万人	2億7,800万人	2億5,980万人

［А. Л. Арефьев，2012より作成，表2も同］

期のロシア語は，教育政策上の普及効果と社会政治上の需要などにより東側社会主義諸国の国際共通語として一定程度機能していた．

❁ソ連崩壊後のロシア語の運命 東欧革命（1989）とソ連邦崩壊（1991）により東側社会主義陣営が消失した結果，陣営内のロシア語の社会的価値が著しく低下し，膨大な数のロシア語学習者とロシア語話者を失った．社会主義・計画経済体制から議会制・市場主義経済体制への移行の過程で，脱ソヴィエト化という名の脱ロシア化と脱ロシア語化が一気に進んだ．例えば，旧東欧諸国随一の親ソ的国家であったブルガリアでさえ，1991年にロシア語学習者が100万人から10万人にまで激減した．今では旧東欧諸国の学校教育のロシア語は，選択科目の外国語科目の一つという位置付けである．ソ連邦崩壊から10年後のチェコでは，ロシア語は履修者数（2001，02年度）で第6番目の外国語であった．このように旧東欧諸国ではロシア語を義務的に学ぶ世代が完全に断絶・消失した．

旧ソ連諸国の言語状況は，旧東欧諸国とは事情が幾分異なる．ソ連邦崩壊を契機として誕生した15の国家のうち，その大半の領土と資産を受け継いだロシア連邦と，ベラルーシ，カザフスタン，キルギスの4カ国におけるロシア語の重要性は，公用語という法的地位と学校教育の教授言語であるロシア語の地位が保障されていることなどから基本的に低下していない．残りの11カ国については，脱ロシア語化の傾向が顕著である．ソ連邦崩壊後EUに加入しロシアとの対決姿勢を取るリトアニア，ラトヴィア，エストニアや，領土問題などをめぐって対立を深めてロシアとの直接的または間接的な紛争・戦争に発展したウクライナ，グルジア，アゼルバイジャン，モルドバでは，ロシア語は社会政治上，教育政策上の優位性を完全に失った．ウズベキスタン，タジキスタン，アルメニア，トルクメニスタンはロシアとの良好な関係を維持しているが，ロシア語を学校教育の中で優遇する措置を取っておらず，ロシア語の社会的機能域が縮小し続けている．

❁ロシア語圏の漸次的縮小 1990年に世界で約3億1000万人を数えたロシア語話者は2010年には約2億6000万人になり，20年間で約5,000万人のロシア語話者が縮減した．他方，ソ連邦崩壊当時17歳だった旧ソ連諸国の国民の多くは学校教育をロシア語で受けた世代であり，また当時の旧東側社会主義諸国の国民は学校教育でロシア語を義務的に学んだ世代である．現在40代半ばの彼らを含むソヴィエト世代は一定のロシア語運用能力を保持している（表2）． [臼山利信]

表2　旧ソ連諸国以外の国別のロシア語話者数（2010）

国	ロシア語話者数	当該国の総人口	総人口に占めるロシア語話者数の割合
ポーランド	550万人	3,850.1万人	14.3%
ドイツ	540万人	8,180万人	6.7%
アメリカ合衆国	350万人	3億874.5万人	1.1%
ブルガリア	200万人	736.5万人	27.2%
チェコ	200万人	1040.8万人	19.2%
セルビア	140万人	712.1万人	19.7%
スロヴァキア	130万人	542.5万人	24.0%
モンゴル	120万人	264.8万人	45.3%
イスラエル	100万人	758.0万人	13.2%
中　国	70万人	13億7,053.7万人	0.05%

日本語に入ったロシア語

　大正時代から昭和初期にかけて新たな学問，技術に関する新たな用語が借用語として，特にヨーロッパから大量に日本に導入されたが，ロシア語からの借用語は多くない．借用語とは，本来，ある言語から自国語の体系内にそのまま取り入れられ，文化の一部となった語彙であるが，本項では，ロシア語由来でありながら原義から意味がかなり離れていたり，別の意味になってしまった語も取り上げる．以下，和語，原語のローマ字表記，日本語の意味，原義の順で述べる．

❋**イクラ（ikrá，発音は「イクラー」）**　サケ・マスの卵を塩漬けにした食品．ロシア語では，魚，両生類，水生軟体動物などの粒状の卵はすべて ikrá と呼ばれ，ウナギの卵もカエルの卵も ikrá である．また，スケトウダラの卵（明太子）も ikrá mintáya（スケトウダラのイクラ）と呼ばれる．サケ・マスの卵は「赤いイクラ」(krásnaya ikrá)，チョウザメの卵（キャビア）は「黒いイクラ」(chórnaya ikrá) と色で区別される．どちらもパンにバターを塗った上に載せオープンサンドにしたり，ブリン（クレープ）に挟んで食べるのが一般的（☞項目「スメタナとクリーム」）．1918年に設置された樺太庁水産試験場において日本で最初にロシア式塩漬けイクラの製造試験が行われ，22年には民間製造業者による「イクラ壜詰」の新聞広告も出されている（10月26日付朝日新聞）．

図1　大正期の「イクラ壜詰」の新聞広告［1922年10月26日付朝日新聞］

❋**インテリゲンツィア，インテリ（intelligéntsiya）**　知識階層．ロシア語では，理解，理性，知性を意味したラテン語の intelligentia が，1860年代に作家のピョートル・ボボルィキンによって批判的な社会階層としての知識人たちの意味で使われるようになり，次第に普及していった．intelligéntsiya は，ナロード（人民）との関係でその役割や意義が問われる存在であり，主な出自は貴族から雑階級人へと次第に移行していった．日本では，大正時代に一般的に用いられるようになった（知識階級．知識階級の人々．識者．『大増補改版・新しい言葉の字引』1925）．インテリという略称が使われ始めたのは1930年代頃からで，この言葉は知識階層の他に個々の知識人も意味するが，「青白きインテリ」や「間抜けインテリ論」(1935年1月6日付朝日新聞) というように軽んじたニュアンスでも使われた．

❋**ウオッカ，ウォッカ（vódka）**　無色透明の蒸留酒．ロシア語の水 vodá に指小接

尾辞-ka がついてできた言葉，あえて訳せば「お水ちゃん」．発音は「ヴォートカ」．14世紀から製造されていたというのがロシアでの定説．当初の用途は薬であり，酒として飲まれるようになったのは17世紀のこと．1811年にロシアの千島列島沿岸測量隊が択捉島に到着したとき，艦長のワシーリー・ゴロヴニンが日本人責任者（松前奉行所調役下役）たちにフランス製のウオッカを振る舞い，日本人たちは大いに気に入ったというゴロヴニンの記録がある（ゴロヴニン『日本幽囚記』1818）．日本では，明治時代に新聞などで紹介され，大正時代には広く知られていた（露國人の愛飲するわが焼酎に類する酒『現代新語辞典』1919）．

❋**カチューシャ (Katyúsha)**　C字型のヘアバンド．レフ・トルストイの長編小説『復活』の主人公エカチェリーナ・マースロワ Ekaterína Máslova の愛称名 Katyúsha にちなんでつくられた日本独自の用語．ロシア語にはこのような意味はないので借用語とは言えない．1914年，芸術座の『復活』公演が大成功を収め，主役のカチューシャを演じた松井須磨子が大きなリボンや半円形のヘアバンドを付けていたところから，製造業者が人気にあやかり後者をカチューシャと命名し売り出したといわれる．カチューシャ形時計というものまであった．松井が歌った中山晋平作曲の劇中歌《カチューシャの唄》はレコード化もされ流行った．大正・昭和初期には，カチューシャは「流転しつつ恋に泣く若き女」という意味でも使われていた（『訂正増補・新らしい言葉の字引』1919）．

❋**カンパ (kampániya)**　政治運動，労働運動のための募金活動．ロシア語では kampániya は，政治運動・社会運動一般を指し，日本でも当初は，「カンパーニア：大衆闘争」（『改訂プロレタリア辞典』1930）のように使われていたが，第2次世界大戦後に募金活動の意味で使われるようになった．ロシア語ではこれ一語で募金活動を意味することはなく，後ろに「資金収集に関する」を補う．

❋**コンビナート (kombinát)**　複合企業体．互いに隣接する分野の企業が結合し，ある企業の製品が別の企業の原料となるような企業体で，1928～32年の第1次五カ年計画のために実現された．日本では，60年代以降主に石油化学分野のコンビナートとして発展した．

❋**ノルマ (nórma)**　一定時間内に達成すべき労働・生産の最低基準量．元来 nórma は規範や規定を意味したが，ソ連時代に労働・生産と結び付けられた．実際に厳しいノルマを課せられたシベリア抑留者たちが日本に引き揚げ後伝えた．

❋**ペチカ (péchka)**　暖炉装置．pech（炉）に指小接尾辞-ka が付いてできた言葉，あえて訳せば「暖炉ちゃん」．それほどロシア人にとっては身近で，なくてはならぬものであり，パン焼き，煮炊き，暖房，衣類の乾燥，寝床などを兼ねた．石，レンガ，粘土などでつくられた．日本では，明治時代に北海道に導入されたが，広く知られるようになったのは，北原白秋作詩，山田耕筰作曲の《ペチカ》による（1924年発行『満州歌唱集』初収，1926年レコード化）．　　　　［井上幸義］

ロシア人と外国語

　ロシア文学の古典中の古典，かのレフ・トルストイの『戦争と平和』（1869）の冒頭が，フランス語で始められていることはあまりにも有名だ．登場人物の貴族たちの夜会での会話は，すべて実際の言葉遣いを反映してフランス語で書かれているからだ．『戦争と平和』の語り手は「私たちの父祖が話し，考えた言葉」とフランス語を指していうが，帝政ロシアの貴族階級ではフランス語がむしろ生活に密着した言語であって，必然的に作家も仏露のバイリンガル環境で作品を執筆していた．

　そもそも，近代的なロシア語を完成させたとされるアレクサンドル・プーシキンが10歳で初めて書いた詩はフランス語だったという．実際，プーシキンは仏文学・英文学の強い影響のもとに『エヴゲーニー・オネーギン』を執筆した．同じ世代に属するフョードル・チュッチェフのように，長年ドイツに居住し，ドイツ・ロマン派，ドイツ哲学の強い影響を受けた例もある．

　その後の世代の作家たちも，程度の差こそあれ，フランス語を中心に西欧の言語を教養として身につけていた．銀の時代の象徴主義詩人インノケンチー・アンネンスキーやコンスタンチン・バリモント，その次世代の詩人であるボリス・パステルナークやアンナ・アフマートワのように，翻訳家としても顕著な業績を残した詩人も多い．

　ロシア革命後，亡命者として出国した作家は，好むと好まざるとにかかわらず外国語と付き合わざるを得なかった．ライナー・マリヤ・リルケとドイツ語で文通し，フランス語でも創作を試みたマリーナ・ツヴェターエワもそうだが，なかでも最も知られた成功例は，ウラジーミル・ナボコフだろう．幼少期に英仏露語で教育を受けたナボコフは，フランス語での創作も試みながら，最終的に長編『ロリータ』（1995）によって世界的な英語作家として知られるようになった．

　ソヴィエト時代，西側の文化に対して壁が閉ざされると，以降に生まれた作家の外国語能力は全般的に低下した．ヨシフ・ブロツキーのように若くして英詩に親しみ，亡命した後は英語でも詩やエッセイを執筆した作家はむしろ例外的な存在であって，アレクサンドル・ソルジェニーツィンのように，長らく国外生活を送りながら，外国語があまり堪能でなかった例の方が，むしろソ連の作家の典型的な像を映している．

　1970年代以降，増大した国外移住者の多くはユダヤ系だった．移民の中には，母語であるロシア語ではなく，新たに学びとった現地語で執筆する作家も増えている．フランスのアンドレイ・マキーヌや，アメリカのゲイリー・シュタインガート，ドイツのヴラディミール・カミナーがその例だ．また現代ロシア文学を代表する作家のミハイル・シーシキンは，スイスで生活し（ドイツ語－ロシア語の通訳をしていたこともあり），ドイツ語での著作もある．このような外国語との付合い方の多様性も，現代のロシア文学の特徴の一つだろう．

[秋草俊一郎]

世相や国際情勢を反映した現代語

　言葉の変化や流行を見ると，現代のロシアの世相やロシアを取り巻く国際情勢を端的に反映したものが多い．ここでは主として2010年代以降，新しい意味やニュアンスを持ち，メディアで頻出するようになった表現を三つ取り上げる．

　まず，最近のロシアでは「制裁」を意味する「サンクツィイ」(санкции，英語 sanctions) という言葉がメディアで突出するようになった．これはもちろん新語ではない．語源的にはラテン語の「神聖にすること」に由来する外来語で，辞書上の第一義は「認可」や「是認」の意味である．庶民が日常的に使う単語ではなかったが，2014年のクリミア危機の結果，欧米諸国がロシアに対して経済制裁を課したため（2019年5月現在，制裁はまだ続いている），その報道を通じて「制裁」の意味（この意味では普通，複数形）が他の意味を圧倒するようになった．同時にロシア人はこの言葉の背後にある国際情勢を意識せざるを得なくなった．

　次に，「ビザなし」を意味する「ベズヴィズ」(безвиз) という新語．これは「ビザなし制度」(безвизовый режим) という表現を短縮してつくった略語だが，現代ロシアの外交上の課題を反映して特別なニュアンスを持つ．21世紀になってからロシア政府は欧米諸国とビザなしで行き来できるようにするための交渉に乗り出し，その過程で「ベズヴィズ」という便利な短縮表現がいわばキャッチコピーのようにマスコミで広く使われるようになったのである．ただし，その後EU諸国やアメリカ合衆国，日本などとの間ではビザ取得手続きは若干簡単になったとはいえ，19年7月現在，「ビザなし」はまだ実現していない（ロシア人がEUに入るためにはシェンゲン・ビザの取得が必要である）．

　最後に，モスクワの都市再開発に関連して新しい意味とともに浮上してきた単語に，「レノヴァーツィヤ」(реновация，もともとは「リノベーション，改修」の意味）がある．モスクワでは古い建物（特に1950年後半から60年代に建てられた，フルシチョフカと呼ばれる五階建ての集合住宅）を取り壊して再開発する必要に迫られ，90年代からその計画が進められていた．そして2017年，モスクワ市当局は，それを「住居レノヴァーツィヤ計画」と銘打ってさらに強力に推進する方針を打ち出した．取り壊される建物の住民には他の場所に「同等の」アパートを無料で与え，取り壊し跡地には新しいビルを建てるという計画である．住民の移住を前提とした建物の解体計画を「レノヴァーツィヤ」と呼ぶのは，言葉の本来の意味からはかけ離れている．この事業には関係者の利権も絡み，立ち退きを迫られる住民の権利の問題もある．その結果，「レノヴァーツィア」という言葉には，日本でいう「地上げ」を連想させる否定的なニュアンスもつきまとうようになった．

[ヤロスラヴァ・グラディシェワ]

「翼の生えた言葉」——日常的に使われる名句

　ロシア語に「翼の生えた言葉」（クルイラーティエ・スロヴァー）という表現がある．広義では慣用句全般を含むが，特に何らかの出典を持ちながら，出典を離れて比喩的表現として広く使われる表現を指すことが多い．出典は哲学，宗教などさまざまで，歴史的人物の名言も，人気映画の名台詞なども「翼の生えた言葉」になり得る．しかし，何といっても一番重要なのは，文学作品（戯曲を含む）を出典とした名句である．19世紀の古典から取られた表現であってもいまだに日常的に使われることが多く，それをうまく会話や文章に差しはさむことが教養の証とされる反面，知らなかったり，間違って使ったりすると恥をかくことになる．

　いまだに「翼の生えた言葉」の宝庫であり続けているのは，アレクサンドル・グリボエードフの鋭い社会批判を含む喜劇《知恵の悲しみ》（1824）で，どのページを開いても現代でもよく使われる名句にお目にかかる．「口さがない連中はピストルよりも恐ろしい」「祖国は私たちには煙でさえ甘く心地よい」「幸せな人たちは時計を見ない」など．戯曲の結末の「ああ，何てことだ，マリヤ・アレクセーヴナ公爵夫人が何と言うだろう！」という台詞も，偽善的な世間の目を気にする臆病者を皮肉るときによく使われる．

　国民的寓話作家イワン・クルイロフの作品からも，多くの「翼の生えた言葉」が生まれた．彼は生き生きとした民衆的な口語を使ったため，その寓話は19世紀初めに書かれたものながら，いまでも多くのロシア人に親しまれており，彼の寓話に由来する名句の多くが，現代のロシア語辞典に慣用句として登録されている．「熊の親切」（ありがた迷惑），「デミヤンの魚スープ」（親切の押し売り），「手箱はあっさり開いた」（案ずるよりも生むが易し），「猫のワーシカは聞き流して食べ続ける」（馬耳東風），「荷車はいまでもそこにある」（膠着状態）など，ロシア人なら誰でも知っている表現である．

　有名な文学作品のタイトルや登場人物名も慣用句のように使われる．「現代の英雄」（ミハイル・レールモントフの小説），「死せる魂」（ニコライ・ゴーゴリの小説），「オブローモフ気質」（イワン・ゴンチャロフの同名の長編の主人公名より．極端な怠惰），「バザーロフ主義」（イワン・トゥルゲーネフの長編『父と子』より．既成の価値観を否定する急進主義），「カラマーゾフ的性格」（フョードル・ドストエフスキーの長編より．極度の放埒）など，枚挙に暇がない．こういった名前はしばしばロシア人の国民性そのものの表現にもなっている．外国人には理解しにくいロシアの国民性については，フョードル・チュッチェフの四行詩「ロシアは頭ではわからない／皆と同じ物差しでは測れない／ロシアには特別な性格がある／ロシアは信ずることしかできない」が有名だが，これは詩全体が究極の「翼の生えた言葉」になった例といえるだろう．

［沼野充義］

9. 文　学

　『罪と罰』『戦争と平和』といった傑作を生んだ文学は，ロシアが世界に誇る文化である．その誇りは，帝政ロシア末期からソ連にかけて，教育制度やマスコミを通じて浸透され，国民性の中核に位置付けられた．それは同時に，単純な誇りだけでなく，西欧を追いかけ模倣することで国民文化を形成してきた近代ロシアの屈辱感や劣等感も，文学の歴史が刻み込んでいることを意味する．

　例えば，近代化以前の中世文学に関しても，西欧の文学史に即した見方が適応可能か否かということが，大きな問題とならざるを得ない．一方で，西欧に比べて世俗化が遅れたロシアでは，近代文学に宗教的要素が強く残存したといわれ，逆説的にも，そうした「後進的」宗教性こそが，ロシア文学が世界的に評価される要因となった．

　劣等感と誇り，後進性と先進性とが表裏一体となったようなメンタリティは，近代日本にも通じるものがある．本章を通じて，そんな広い歴史的視野から，ロシア文学について考えてもらいたい． [乗松亨平]

読書文化・出版文化

　中世ルーシの現存する最古の写本は，1056〜57年に書かれた『オストロミール福音書』だが，9世紀にギリシアからもたらされたキリル文字によるこうした写本は，聖職者や一握りの知識層の専有物だった．16世紀にはモスクワ公国で，印刷工イワン・フョードロフが，初めてスラヴ語の活字による『聖人伝』を印刷したものの，近代的な出版活動が始まるのは，18世紀のピョートル大帝の改革以後のことである．19世紀に入ると，一般読者向けの雑誌メディアが徐々に大きな力を持ち始め，特に世紀後半の急速な識字率の上昇とともに，ロシアの読書文化・出版文化は一気に大衆化の時代を迎えるのである．

❈**「厚い雑誌」の出現**　革命前，ロシアの識字人口は西欧諸国に比べて極端に少なく，19世紀前半の識字者の割合は全人口の5〜6％，20世紀目前の1897年でも20％程度だった．だがそれでも出版や読書をめぐる環境は19世紀初頭には大きく変わり始め，1830〜40年代に経済発展を遂げたロシアでは，20〜30年代にかけて読書人口が4倍に増えたといわれる．こうしたなか，30年代以降重要な出版メディアとなるのが「トールストイ・ジュルナール（厚い雑誌）」と呼ばれる総合月刊誌だった．ベリンスキー，トゥルゲーネフ，ネクラーソフ，チェルヌィシェフスキー，ドストエフスキー，トルストイらの活躍の場となり，19世紀ロシア文学の黄金時代の主要メディアとして君臨した「厚い雑誌」は，その名の通り，300〜400頁もの誌面に細かい活字をぎっしり組み，政治，経済，社会から文学に至る多様な記事を掲載していた．こうした雑誌は数千から1万程度の部数で刊行されており，そのほとんどが予約定期購読だった．広大なロシア各地に散らばる地方の官吏，教師，士官，聖職者，地主ら，当時の新興読者層にとって，月に1度中央から郵送される「厚い雑誌」がほとんど唯一手に入る出版物であり，だからこそ分厚さが要求されたのである．この「厚い雑誌」によってロシアは，初めて統一されたナショナルな言論空間へと組織されたのであり，それはまた，重厚長大で社会性・思想性の強い長篇小説がこの時期に普及する原因にもなった．

❈**1870〜90年代以後の読書と出版の大衆化**　しかし，1870〜90年代になると状況はさらに変化する．19世紀後半の農奴解放や社会改革によって，60年代初期には100万人弱だった読書人口が，19世紀末には800万人から900万人程度まで増加したといわれるが，この新しい大衆的読者をターゲットとした，薄く安価なイラスト週刊総合誌が70年代末から登場したのである．その先駆けである雑誌『ニーヴァ』の発行部数は，創刊後2年で3万部，80年代後半には10万部を越え，1904年には27万5000部を記録した．『ニーヴァ』は，販売促進のため予約購読

の付録として，大胆にも有名作家の文学全集を付けたことでも知られ，新興中流層へ文学作品を廉価に普及させることに大きく貢献した．

1880～90年代には，都市や地方の下層民向けの図書館設立や民衆朗読会などの読書普及運動も活況を呈し，それまで「ルボーク本」と呼ばれる素朴な木版刷りの読み物しかなかった農村にも徐々に読書が浸透していった．ハリコフの農村日曜学校教師フリスチナ・アルチェフスカヤは，農民の子どもたちにプーシキンやトゥルゲーネフなどの作品を読み聞かせ，討論させた記録をまとめた『民衆は何を読むべきか』(第1巻，1884) を刊行し，農民に文学などわかるはずがないと考えていた知識層に衝撃を与えた．読書研究家ニコライ・ルバーキンらによる，農村や都市の下層民衆の読書行動に関する研究が盛んになったのもこの頃のことである．

図1 イラスト誌『ニーヴァ』の表紙

❋**ソヴィエト時代から現代まで** ロシア革命直後より，ソヴィエト政権は文盲撲滅非常委員会を設置するなどして組織的に識字教育に取り組み，その結果，識字率は1939年には87.4％，59年には98.5％にまで高まった．しかしその一方で，ソヴィエト初期には，読書を通した大衆の思想的コントロールやソヴィエト的人間の育成の試みも20年代から本格化し，労働者や農民に対する組織的な読書指導が図書館などで行われ，それを「読者の国家化」「ソヴィエト読者の形成」と呼ぶ研究者もいる．しかし，検閲の厳しかったソ連時代後期には，禁書や出版できない著作をタイプライターなどで打ち，密かに回覧する「サムイズダート」(自主出版) や，原稿を国外に持ち出して印刷出版する「タムイズダート」(国外出版) といった対抗的な出版文化も社会のなかに根付いていった．

こうした伝統からか，ロシアではソ連時代からごく最近に至るまで，生活のなかで読書の占める比重は他国と比べても比較的高かったといえる．1990年代半ばの余暇に関する調査でも，「読書をまったくしない」との回答はわずか19％で，「週1回以上読書をしている」者は43％にもなる．最近では電子書籍の普及も顕著で，2010年にロシア語電子書籍専用端末が発売されると，翌年にはすでに100万台が普及し，電子書籍市場も拡大して，11年には200万ドルの規模に達したといわれる．違法なダウンロードはその5倍から10倍にも達するとされていて，書籍の消費形態の中心が電子書籍に移行することは，長い目で見れば間違いないものと思われる．

［貝澤　哉］

詩の伝統

ロシアでは古来より英雄叙事詩や儀礼歌のような韻文的リズムを持つ歌謡的フォークロアが民衆の間で育まれていたが，今日的な意味での，記述文学の一つとしての詩が成立するのは 18 世紀である．

❋**ロシア詩の形式** ピョートル大帝により着手された大々的な西欧化の波の中，ミハイル・ロモノーソフらの詩人たちが西欧諸語の詩法をモデルにしつつ，ロシア語の特性に適うよう確立したのが音節アクセント詩である．これは均等な音節数，およびアクセントを有する音節の規則的な交替により詩行がつくられる方式で，さらにそれらの詩行が脚韻によって詩聯を構成する．ロシア語は文法的語形変化

図1 E.ウシャコワ夫人のアルバムにあるプーシキンの自画像 (1829)［ロシア文学研究所蔵］

に富み，文の語順もきわめて自由であるため，この方式によりほとんど無限に多彩な詩行を生みだすことが可能であり，今もって音節アクセント詩はロシア詩の基本的な詩法であり続けている．

❋**詩の金の時代** 18 世紀はロシア帝国が完成に向かう過程にあり，詩においても国家的偉業を古典主義的様式で謳う頌詩が代表的ジャンルであったが，世紀後半からは個人的情感や思索を主題とする抒情的傾向も現れてくる．この流れと並行して詩の文体面でも古語の要素が強い文語的文体から，上流階級が日常用いる口語的文体への変化が進み，19 世紀初頭，さらに土着的な民衆の言葉も統合して，最終的にロシア詩の文体を確立したのがアレクサンドル・プーシキンであった．これによりロシア詩は言語的には社会のあらゆる層を，主題的には歴史から個人的生活までを包括することになり，実際プーシキンは恋愛・哲学的抒情詩，政治的頌詩，民俗的物語詩，歴史的長詩等，あらゆるジャンルで詩を書くことで近代ロシア詩の礎を築いた．こうして 19 世紀前半は多くの優れた詩人が輩出し，詩の「金の時代」と呼ばれる．よりロマン主義的性向を持つミハイル・レールモントフは，流刑先コーカサス（カフカス）の異国風土などにも題材を取りつつ，人間存在の複雑な位相を詩に体現した．この時代はフランス革命に始まる西欧の政治的変動の影響がロシア社会に及んだ時期であるが，プーシキンが 1820 年に自由主義的詩を書いた廉で流刑に処され，25 年にデカブリストの乱を首謀した詩人たちとも親交があったこと，またレールモントフの名を世に知らしめたのは，37 年のプーシキンの決闘死の政治的裏面を告発する詩であったという挿話は，ロシア

における詩の役割を象徴的に物語っている.

19世紀中葉からロシア文学はフョードル・ドストエフスキーやレフ・トルストイらに代表される散文の時代に移行するが,そうした小説の繁栄も,金の時代の詩によるロシア文学の言語的成熟の結果であり,詩の系譜がそこで途切れることもなかった.フョードル・チュッチェフは哲学的世界観から自然や同時代ヨーロッパの政治的事件について歌った.ニコライ・ネクラーソフは農民や都市下層民の苦難をフォークロア的語彙と韻律を用いて描きだし,社会的不公正を告発したが,この傾向は「市民詩」と呼ばれ,同時期の小説の写実主義的志向と呼応する.他方アファナシー・フェートは自然の情景を精妙な印象主義的手法で描写し,これは続く詩の新たな時代の予兆となる.

❋**詩の銀の時代**　19世紀終わり,西欧諸国では詩のモダニズム的傾向が見られ始めるが,ロシアでも世紀末より象徴主義を標榜する詩人たちが現れ,20世紀初頭,アレクサンドル・ブロークやアンドレイ・ベールイらの詩においてロシア象徴主義は頂点に達する.革命前夜の社会の終末的雰囲気を背景に,当時隆盛していたロシア宗教思想からも影響を受けながら,世界の本質を顕現させる言語様態として象徴を追求する象徴主義は,それ自体トータルな文化現象であったといえるが,1910年代にはこの象徴主義に対抗するかたちで多くの才能ある次世代の詩人が登場し,ロシア詩はさらなる革新へ向かう.19世紀末からのこれら一連の動きの時代は,ロシア詩の「銀の時代」と呼ばれる.象徴主義以後の詩人としては,大胆な前衛的言語実験を行った未来主義のウラジーミル・マヤコフスキーやヴェリミール・フレーブニコフ,新古典主義的スタイルで詩語とテクストの在り方を探究したアクメイズムのオーシプ・マンデリシタームやアンナ・アフマートワ,またボリス・パステルナーク,マリーナ・ツヴェターエワらがいるが,彼らによる斬新な詩的言語の変革は,同時代のフォルマリズムの批評家たちにより理論的に検討され,やがてその成果は文学にとどまらず,言語学や記号論など20世紀人文科学の展開に大きく貢献することになる.

❋**ソ連期の詩の運命**　この銀の時代は社会的にはロシア革命の時代にあたり,詩人たちはそれぞれに眼前の政治状況と関わることになった.革命政権への賛同,亡命,自殺,逮捕,収容所,銃殺……といった運命をたどった彼らの作品は,20世紀という時代の重要なドキュメントといえる.その後,銀の時代の詩人たちの多くは当局により禁止の対象となるが,その血脈は人々の多大な努力により保たれ,1950年代の「雪どけ」の時代に再び若い詩人たちに引き継がれた.後にアメリカに亡命し,ノーベル文学賞を受賞したヨシフ・ブロツキーはその一人である.91年のソ連崩壊により銀の時代以降の詩は全面的に解禁され,今日では広く親しまれているが,その途方もない価値を秘めた遺産を,金の時代のそれも含め,真の意味で受け継ぎ,読み解く仕事は我々に託されている.　　　　［斉藤　毅］

中世文学

　ロシアの中世文学は，ロシア＝ソヴィエト歴史学の伝統的な時代区分である「古ルーシ」の時代と地域で成立した記述文学として一般的に定義され，ロシア語では「古ルーシの文献・文学」と通称されている．ヨーロッパ中世との関係を重視して，「中世」(the Middle Ages) の用語や概念を採用する文学史の立場もあるが，西欧中世文学とは宗教（キリスト教流派）や言語が異なることから，このような独自の定義が受け入れられている．

図1　12世紀の年代記記者シルヴェストルとキエフのミハイル修道院［『16世紀絵入り年代記集成』］

❋**時代，地域，言語**　中世文学の時代は，ルーシに文字がもたらされ独自の記録が残されるようになった11世紀半ばから，ピョートル大帝の改革以前，17世紀末までの約700年にわたり，その地域は11〜13世紀にはキエフ，ノヴゴロド，チェルニゴフ，ガーリチ，ポロツク地方，14〜15世紀はノヴゴロドと北東ロシア地方，16〜17世紀はモスクワ国家の支配地域である．

　中世文学の言語の基礎は，9世紀にスラヴ人への宣教のための翻訳言語としてつくり出され，10世紀末にルーシ国家のキリスト教化（東方正教会）に伴って導入された「教会スラヴ語」であり，後代には教会や世俗社会の活動の中で，「教会スラヴ語」の基層に東スラヴ人の話し言葉の要素が混じった書き言葉が形成された（古代ロシア語〈古ルーシ語〉と呼ばれる）．文字はロシア文字のもととなった「キリル文字」である．

❋**中世文学のジャンル**　11〜17世紀に中世文学は独自な展開を見せ，多くの優れた作品が生み出された．それらは大きく次のようなジャンルに分類できる．

　①　翻訳文学：聖書・典礼書をはじめ，ビザンツ年代誌，聖書外典，ヨセフス『ユダヤ戦記』などの翻訳が導入され盛んに読まれた．これらは，ロシア独自の年代記，聖人伝，軍記物語などの雛形ともなった．

　②　教義文学：11〜12世紀の最初期にはキエフのイラリオン，トゥーロフのキリルなどの聖職者が時事的課題を踏まえた優れた教義文学（説教，書簡など）を創作し，この伝統はニール・ソルスキー，マクシム・グレークなど後代の教会人に受け継がれた．

　③　年代記：ロシアでは編年体の歴史書が発達した．『原初年代記』(12世紀)，『ノヴゴロド第一年代記』(13世紀) などが初期の編纂で，後には『ニーコン年代

記』（16世紀）のような集成年代記，ビザンツ風の王朝史『階梯書』（16世紀）なども生み出された．また，年代記記事の一部として，ルーシ諸公（後にはツァーリ〈皇帝〉）の内争，遠征，異民族との戦いを描く「軍記物語」も発達した．

④ 聖人伝：ロシアで独自の聖人崇拝が始まるにつれて，それに関する著作が「聖人伝」の形式で書かれるようになった．初期には『聖ボリスとグレープ物語』（11世紀），『アレクサンドル・ネフスキー伝』（14世紀）が，また，修道院創建者を聖人とした『ラドネジの聖セルギー伝』（15世紀），異族への布教者を讃えた『ペルミのステファン伝』（15世紀）などが書かれた．

⑤ 巡礼記：ロシアの聖職者が，東方正教会の聖地（帝都コンスタンチノポリス，エルサレム，アトス山，エジプトなど）を巡礼して，見聞を記録するようになった．『修道院長ダニールの巡礼記』（12世紀），『ノヴゴロド大主教アントニーの帝都巡礼記』（13世紀）などが代表的なもので，後にはこのジャンルを模した『アファナシー・ニキーチンの三海渡航記』（15世紀）など世俗的な巡礼記（旅行記）も書かれている．

以上のようなジャンルの枠にはまらない，『ウラジーミル・モノマフ公の教訓』（12世紀），『ドラクラ公物語』（15世紀），イワン雷帝の著作（16世紀）などの傑作や，外交文書，遺言状などの形式をとった偽作文学も書かれた．また，16〜17世紀には「イコンの奇蹟物語」や西欧の影響を受けた「幻視物語」「世俗・世態物語」などの新しいジャンルの作品も書かれるようになった．

✤中世文学の特徴 ① 宗教的・教会的性格：ロシア中世文学は，ルーシの国教である正教会の必要のために始まり，これに携わる著作者，写字生，翻訳者は教会人（修道士）だった．キエフ・ルーシの時代に文字の使用は公の宮廷にも広がり，ノヴゴロドでは白樺文書など民間にも識字が広がったが，まとまりのある作品がつくり出されたのは圧倒的に教会においてだった．世俗的な要素の強い年代記でさえ修道院で書き継がれてきた．このような，宗教性の優位と世俗性の希薄さは，キリスト教的要素と世俗的要素が並行して展開したヨーロッパ中世文学とは異なる，際だった特徴である．② 没個性的・伝統主義的性格：伝統を遵守する中世文学作品では，その著者が記名されることはほとんどなく，内容においても個性的な表現は控えられ忌避される傾向がある．テキストの多くには，同ジャンルの翻訳作品や先行作品から，表現を借用したり，記述をそっくり引用することが普通に行われており，そのことが伝統継承のしるしとなっている．さらに作品全体が先行の幾つかの作品からの切り貼りであることも珍しくない．

✤フォークロアとの関係 中世ロシアにおいて，往古から伝えられたフォークロア（口承文芸）を直接に世俗語で書きとめた作品は成立しなかった．しかし，年代記や地方聖人伝など世俗的要素の強い作品の中には，ことわざ，俗信，歌謡，説話などフォークロアの痕跡をうかがわせるものが多くある． ［中沢敦夫］

イーゴリ軍記

『イーゴリ軍記』は1185年に南ルーシ（現在の東ウクライナ）のノヴゴロド＝セヴェルスキー公国の君主イーゴリ・スヴャトスラヴィチ公とその一族の諸公が，セヴェルスキー・ドネツ川中流域の遊牧民ポロヴェツ人（クマン人）の根拠地に掠奪遠征を試みて失敗し，イーゴリ自身も捕虜となるが，間もなく逃亡して帰還した事件を題材にした叙事詩的文学作品である．全体で2,900語ほどの小品で，多くの難読箇所を含んでいるが，そのリズミカルな文章，変化自在で豊かな比喩表現，劇的な場面展開と大胆な構成によって独特な表現力を持ち，臨場感に満ちた芸術作品である．

図1　イーゴリ公がポロヴェツ人の移動幕舎を襲撃する [『ラヂヴィール年代記』1186年の記事]

❉作者像と作品成立の背景　作者については多くの説が出されているが，現存史料の中の特定の人物に同定することにあまり意味はない．ただし，作品の分析からその人物像をある程度浮かび上がらせることはできる．『軍記』にはフォークロアの影響が明瞭であることから，キエフ・ルーシ諸公の宮廷歌人と結び付ける説は一定の支持を得ている．特に，「ブィリーナ」という英雄叙事詩的な口承文芸との類縁性は色濃く，さらに「泣き歌」という儀礼歌謡との結び付きも指摘されている．他方で，テキストの文法構造には書き言葉の影響があり，語彙には翻訳文献や同時代の記述文学との共通性も認められることから，博識で年代記などの歴史文献にも通じた人物によって創作されたとする説も出されている．

内容に注目すると作者像はいっそう浮かび上がる．作者は，一族の利益のための独断的行動だったイーゴリの遠征を「ルーシの地のための」ものとして描き出し，遠征軍を「ルーシの子たち」と呼び，その敗北をルーシ全体の災いとして嘆いている．そして，外敵に対抗するためには，ルーシ諸公が団結しなければならず，これまでのような諸公の内争を続けていてはならないことを呼び掛けている．この考えは作品に一貫しており，当時そのような理念が最も必要とされていたキエフ公，スヴャトスラフ・フセヴォロドヴィチの周辺が，作者が身を置いた場所として可能性が高いと考えられる．

作品の成立については，頻繁な諸公への呼び掛け，時局に対する強い現実感からみて，題材とした遠征 (1185) から大きく隔たることがない時期に創作されたというのが現在の通説になっている．

❖作品の発見と出版，写本の焼失　『軍記』は中世の文学伝統から大きく外れていたため，後代に積極的に筆写されることはなかったのだろう，テキストは1本の写本によってしか伝わらなかった．この唯一の原写本は18世紀末に発見された．当時，宗務院総監の要職にあったアレクセイ・ムーシン＝プーシキン伯爵が，ヤロスラヴリのキリスト変容修道院長のイオイリという人物から1795年に買い取ったというのが当初の説明だった．しかし，関係者の証言を総合すると，それ以前にすでに伯爵の手中にあり，入手先も曖昧であり，取得方法についても後ろ暗いところがあったと考えられている．

　95年頃，ロシア皇帝エカチェリーナ2世のために，当時の字体で原写本を筆写した「エカチェリーナ本」が制作されたが，作品の刊行そのものは引き延ばされ，ようやく，1800年に解説・翻訳付きで出版された．しかし，原写本は研究者に広く公開されることはなく，12年のナポレオン軍進攻で引き起こされたモスクワの大火によって，伯爵の邸に保管されていた原写本は焼失した．このように，原写本が現存していないこと，その発見，刊行をめぐる状況が不明瞭であることなどが，後代に偽作説が生まれる一因となっている．

❖偽作説　写本をめぐる経緯に加え，現存するテキストには解釈が難しい箇所が多いこともあり，『軍記』は12世紀末に事件の関係者によって書かれたのではなく，別の時代に特別の意図によって創作されたといういわゆる偽作説が作品発表の直後から出されるようになり，現在まで多数に及んでいる．

　偽作説は大きく二つに分類できる．第一は，18世紀末に1800年版の出版者たちの周辺で創作されたとするもので，1920～30年代にフランスのスラヴィスト・アンドレ・マゾンは，作品の筋に一貫性がないのは作者が描かれた事件に通暁していない証拠だとして，『軍記』は18世紀後半のロシア国民意識の高揚を背景に偽作されたと考えた．

　第二の偽作説は，『軍記』は中世ロシア（13～17世紀）の作品であることは認めるが，作者はイーゴリ公遠征の描写の裏に別の意図を持っていたというものである．偽作説の中でもこのグループは多数派だが，論拠とする学科目は言語学，歴史学，東洋学など多様で，論の内容もさまざまである．

　これらの偽作説に対して，言語学者ロマン・ヤコブソンやロシア＝ソヴィエトの中世文学者ドミートリー・リハチョフなどがそれぞれの立場から反論を行い，ソヴィエト時代には，偽作説があたかもロシア文化の名誉を毀損する邪説のように扱われたこともあった．2004年には言語学者アンドレイ・ザリズニャクによって，テキストには古い時代（11～13世紀）に存在したが後代に消滅した無意識レベルの文法体系が保持されており，少なくとも18世紀の学問水準でこれを再現することは不可能であることが実証され，これによって，第一グループの偽作説が成立する余地はなくなったと考えられている．　　　　　　　　　　［中沢敦夫］

18世紀文学

　18世紀は近代ロシア文学の基礎が築かれた時代である．文学形式やジャンル，文芸理論や美意識，感情表出の方法など，新しい時代の文学を形づくる要素が西欧からごく短期間で移入された．加えてこの時代にはロシア語の文章語の規範化が模索され，ロシア語の性格に即した作詩法が確立した．ロシア国民文学の祖とされるアレクサンドル・プーシキンの文学も，何もないところに忽然と生じたものではまったくなかったのである．

❋前期―改革の時代　ルネサンスを経験せず，正教会の大きな影響力のもとで長らく西欧とは別の文化圏の中にあったロシアにも，17世紀には西欧文化がウクライナ，ポーランド経由で流入した．文学面では詩や演劇といった形式や修辞学の理論が受容され，シメオン・ポーロツキーがバロック的技巧を凝らした詩を残した．

　とはいえロシアの本格的な西欧化はピョートル1世の時代に始まる．皇帝の関心が技術や軍事など実学に向けられていたこともあり，創作自体は盛んにならなかったが，印刷技術の発展，非宗教的な内容の文書のための新書体の開発，「地上の愛」を描くことや「笑い」に対する忌避感が教会の威信の相対化によって取り除かれたことなどは，近代ロシア文学のその後の展開にとって大きな意義を持った．

　また，ピョートル改革に始まる18世紀，風刺詩人アンチオフ・カンテミールの詩句「われわれは突如新しい国民となった」が示すように「まったく新しいロシア」が生まれたという意識が同時代人に広く共有された．1703年に誕生した新首都サンクト・ペテルブルグは，外来の原理，規律，規則性といった新しさが国家によって持ち込まれたことを象徴する存在であった．

❋中期―規範の確立にむけて　1730年代以降，当時の西欧で支配的な潮流であった古典主義の本格的な導入が始まる．普遍性と秩序を志向し形式の模倣を重視する古典主義の理念は，西欧化を目指す当時のロシア国家の理想とも合致していた．

　作詩法の領域では，この時期に近代ロシア詩の基礎となる「音節アクセント詩法」（☞項目「詩の伝統」）がワシーリー・トレジアコフスキーおよびミハイル・ロモノーソフによって確立され，華麗な修辞を用いてロシアの国家や君主を賛美する頌詩が盛んにつくられる．自然科学者であったロモノーソフは，オーロラを前にした際の驚きを歌った頌詩「大いなる極光に際し巡らせた神の偉大さについての夕べの瞑想」(1743)のように科学的，宇宙論的視点を交えた作品も残している．また彼は「三文体説」を定式化し，ロシア文章語を教会スラヴ語的要素の多寡によって「高文体」「中文体」「低文体」に分類した上で作品の内容やジャンルに応じて適切な文体を用いることを提唱した．

設立直後の貴族幼年学校で西欧的教育を受けた最初の世代に属するアレクサンドル・スマローコフは,古典主義の理念の最も忠実な体現者とされ,キエフ・ルーシ建国以前のキエフを舞台とする『ホレーフ』(1747)などの悲劇をはじめ,頌詩,田園詩,寓話詩,オペラ台本など多くのジャンルに作品を残した.古典主義をヨーロッパの先進文化の一部ととらえ,古典古代よりフランスやドイツへの志向が目立つ点に,ロシアの古典主義の特徴がある.

図1 スマローコフ

❀後期―文壇の活性化 エカチェリーナ2世の時代にロシアの文学界は活気を増し,みずから戯曲などを執筆した女帝のもとで文学者の社会的地位が上昇した.多くの貴族が国家勤務の義務から解放され,宮廷から独立した集団としての自己意識を持つようになった点も重要である.

演劇の分野では,デニス・フォンヴィージンが喜劇『旅団長』(1769年執筆)で旧世代の無知と新世代の軽佻なフランス崇拝を風刺した.また現代でもよく上演される喜劇『親がかり』(1782)は,田舎の地主貴族の無教養や粗暴さを描く一方で古い英知(実力重視の時代の価値観)の体現者を肯定的に描いている.詩の分野では,プーシキン以前のロシア最大の詩人とされるガヴリーラ・デルジャーヴィンが創作を開始した.女帝を称えつつ側近たちの不正を諧謔的に風刺した(古典主義的規範に反して頌詩と風刺を結び付けた)「フェリーツァ」(1783),理神論を基調として神と人間と諸存在との連鎖を歌った宗教詩「神」(1784)などが有名である.後者の一節「われは王,われは奴隷,われはうじ虫,われは神!」はよく知られる.海軍士官ワシーリー・ゴロヴニンは,文化年間に日本で抑留されていた際,日本人にこの作品を紹介した.

散文の分野では,世紀末に二人の重要な作家が現れる.アレクサンドル・ラジーシチェフは,旅行記の形式を借りた農奴制・専制批判の書『ペテルブルグからモスクワへの旅』(1790)を著し,フランス革命勃発後に自由思想への警戒を強めていた女帝を激怒させた.センチメンタリズムの潮流の代表者とされ,後にロシア文章語の改革や『ロシア国家史』の執筆によってロシア文化史上に大きな功績を残すことになるニコライ・カラムジンは,書簡形式による旅行記『ロシア人旅行者の手紙』(1791~92)を発表し,ヨーロッパ諸国の生活や文物をロシアの読者に紹介した.また,農民の娘リーザと貴族の若者エラストの身分違いの悲恋を描いた小説『哀れなリーザ』(1792)は発表されるや大反響を呼び,作中でリーザが身投げした池とされる現実の池が文学的巡礼の対象となった.模倣作品も多く生まれ,その影響はフョードル・ドストエフスキーの小説『貧しき人々』(1846)にまで及んでいる.

[鳥山祐介]

文学と国民性・国民文学

ロシアに限らずどの国においても、「文学と国民性」の問題を考える際、忘れてはならないのは、「文学と国民性」という問題設定自体が歴史的に比較的新しいものだという事実である。そもそもヨーロッパでは、「国民性」がそれぞれの国や民族で独自であるという考え方自体、18世紀後半のロマン主義時代以後に出現し、「国民文学」の概念もこの時期のドイツ語圏で生まれた。

もともと18世紀末のフランス革命時には王侯貴族に対抗する意味で使われていた「国民」という言葉は、ナポレオン戦争後のナショナリズムのなか、フランスに対抗するドイツ独自の国民精神を意味するものとなり、文学はその優れた表現、「国民文学」として脚光を浴びるようになる。さらに1860〜70年代にかけて、イタリア、ドイツ、日本などが近代的国民国家へと統合されていく流れのなかで、「国民文学」は、民族・国民を統合する伝統的・精神的な価値として世界的に大きな役割を担わされていった。こうした考え方は、やはりナポレオン戦争後にナショナリズムの高揚が起った19世紀ロシアにも浸透していくのである。

❊ロシアに「国民文学」はあるのか 1820〜40年代には、国民的独自性を体現するような文学は、まだロシアには現れていないと考えられていた。ロマン派詩人のアレクサンドル・ベストゥージェフ=マルリンスキーやスラヴ派の思想家イワン・キレエフスキー、批評家ヴィッサリオン・ベリンスキーなどが、「わが国には文学はない」と述べ、国民的文学の創設を訴えていた。一方で詩人アレクサンドル・プーシキンは、30年代初期に「ここ〔ロシア〕に文芸は存在するし、その成熟の時ももう遠くない」と書いている。

またこの時代は、ドイツの文献学や民俗学の影響のもと、ロシアのフォークロアや民衆語、中世文献の研究が盛んになり始めた時期でもあった。民俗学者のピョートル・キレエフスキーやウラジーミル・ダーリによる民謡や民話の収集が始まったのもこの頃である。35年には大学令が改正されて、ロシア史、ロシア語・ロシア文学などの講座が初めて設置された。モスクワ大学教授ステパン・シェヴィリョフは、46年より刊行を開始したロシア初の本格的な文学史書『ロシア文芸史』で、中世ロシア文学の国民的特徴を独自のキリスト教的宗教性のなかに見いだそうとした。こうして、ロシアの国民的独自性を文学のなかに探る試みが始まっていくのである。

❊「国民的自覚」としての19世紀ロシア文学 「国民文学」のこうした役割は、クリミア戦争敗退の危機感から、農奴解放や広範囲の社会改革が行われた1860年代以降、さらに重要性を増すことになる。多民族帝国であったとはいえ、ロシア

もまた，西欧や日本など世界的な国民国家形成の流れのなかで，膨大な数の一般民衆を，自覚的な国民へと生まれ変わらせる新たな社会体制の構築を迫られていた．そうしたなかで，プーシキン，ゴーゴリからトゥルゲーネフ，ドストエフスキー，トルストイへと続く19世紀ロシア文学は次第に，ロシアの優れた国民的特質を何よりも鮮やかに体現し，フランス，ドイツ，イギリスなど西欧の先進諸国の文学にもひけを取らない，あるいはそれらをはるかに凌駕する，ロシアが世界に誇るべき国民的価値として，国民を統合する役割を期待されるようになっていく．1860年代から1900年代にかけて活躍した著名な文学史家アレクサンドル・プイピンも，ロシア文学の歴史とはロシアの「国民的自覚」の歴史にほかならない，と規定していたのである．

❋**ロシア文学の「世界性」「精神性」「宗教性」** 1880年代には，それを象徴するような重要な出来事が起こった．その一つが，1880年モスクワでのプーシキン記念碑除幕式である．ロシアで初めて民間の公共団体やロシア正教会を含む国民的文学イベントとして行われたこの式典の演説で，ドストエフスキーはプーシキンを「偉大な国民的作家」と呼び，シェークスピア，セルバンテス，シラーよりも普遍性や世界性があると主張して，聴衆から熱狂的に歓迎された．

また70年代末から80年代にかけて，フランスの外交官ウジェーヌ＝メルキオール・ド・ヴォギュエ，デンマークの批評家ゲーオア・ブランデスらによって，それまで西欧ではほとんど知られていなかった近代ロシア文学がきわめて高く評価され，世界中で翻訳が出版されて，史上空前の世界的ブームを巻き起こした．ドストエフスキーやトルストイに代表される19世紀ロシア文学の国民的特性としてヴォギュエらが特に強調したのは，西欧の文学には見られない，その深い精神性や宗教性であった．

図1　ヴェンゲーロフ

諸外国でのこうした評価に呼応するように，高名な文学史家セミョーン・ヴェンゲーロフは，「現代のロシア文学は西欧の最近の文学を凌駕している」と誇らしげに述べたし，文学史家ウラジーミル・ペレツもまた，もっぱら西欧の後塵を拝してきたロシアが，「文学の領域においてのみ，全世界の芸術的富の宝庫に何かしら独自のものをもたらし」「新しい文学的内容をヨーロッパに与えた」と指摘する．深い精神性や宗教性をロシア文学の国民性ととらえ，そこに「国民文学」としてのロシア文学の世界的意義を見いだそうとする考え方は，まさにこの時期に定着したものなのであった．

［貝澤　哉］

自伝文学

　自伝文学を定義するとすれば，「著者が自分の人生を，事実に基づいて綴った言説」という以外にはないだろう．ただし，自伝文学における事実と虚構の間の一線を見極めることは難しい．たとえ過去の事実に立脚していたとしても，その取捨選択や構成には，必ずや現在の「書く私」の価値観が反映しているからだ．自伝文学とは，そのことに著者が意識的であれ無意識的であれ，過去の事実と現在の価値観とが相克したり，浸透し合ったりする場なのである．

❊ 19世紀の自伝文学　ロシアにおける「私」語りは，フランスのジャン＝ジャック・ルソーの影響下に，19世紀前半のロマン主義の時代に隆盛した．アレクサンドル・プーシキンやミハイル・レールモントフの抒情詩の「私」には著者自身の経歴や思想が色濃く投影され，読者の側にも作中の語り手と著者を同一視する傾向があった．そして詩人はまたそのことを前提にして，さらなる創作を展開したのである．ロマン主義の詩人や作家は自分の人生を，いわば文学を通して構築していく傾向が強かったといえる．

　だが，19世紀半ばからのリアリズム文学の隆盛期には，語り手の「私」と作者を同一視する傾向は影を潜めた．例えば，文学史的にはロマン主義からリアリズムへの移行期の作家と位置付けられるニコライ・ゴーゴリやフョードル・ドストエフスキーの小説の「私」には，作者との同一性どころか，固有の性格や経歴さえもが希薄である．このような中で書かれ，読まれたリアリズム期の自伝文学は，現在の「私」の価値観の表出よりも過去の事実の忠実な記録を志向していたといえる．レフ・トルストイの『幼年時代』『少年時代』『青年時代』三部作（1852〜57）や中篇『コサック』（1863）では，大枠には虚構性が認められる一方で，個々のエピソードの多くは作家の実際の記憶や印象に基づいている．セルゲイ・アクサーコフの『家族の肖像』（1856）も，人名・地名の改変などが施されているとはいえ，ほとんどの内容は事実に根差していた．

❊ 世紀末からアヴァンギャルド期の自伝文学　1892年にデビューしたマクシム・ゴーリキーの初期短篇は，最下層の人々の生活や世界観の直接的な表現によって世に衝撃を与えたが，その多くは彼の少年期の放浪生活での体験や見聞に基づいていた．ゴーリキーの作風は基本的にリアリズムだったが，19世紀末には写真などの視覚メディアがジャーナリズムに導入されていたこともあって，読者層は作中の「私」を作家自身と同一視する傾向を再び強めていた．後期象徴派とロシア・アヴァンギャルドをそれぞれ代表する詩人アレクサンドル・ブロークとウラジーミル・マヤコフスキーの作品中の「私」の形象も，著者と読者の双方の側か

ら，詩人自身との同一性を強く帯びていた．ゴーリキーの反体制的な言動と活動，ロシア社会の混乱と閉塞の中でのブロークの苦悩，マヤコフスキーの未来派としての過激な言動は，ジャーナリズムを通じてよく知られていたが，既成価値に対する反逆性を帯びた強烈な作家の「個」は，彼らのそのような実践と作中の「私」の形象とが相まって，読者に強く印象付けられていったのである．

❋ソ連期の自伝文学 ヨーロッパ文学における自伝文学や「私」語りが，キリスト教の「告白」の伝統を起源の一つとしていることは，昔から指摘されている．その意味では，中世ロシアで多数書かれた聖者伝や，古儀式派の指導者だったアヴァクームの自伝（1672〜75）などに，自伝文学の先駆を見いだすことは可能である．ただし，キリスト教の告白文学と近代自伝文学とのあいだには，決定的な違いがある．原則として前者がキリスト教を基準として，人生をそこからの逸脱と，そこへの復帰の過程として語るのに対して，後者は，絶対的規範が失われた時代に，これに代わる価値観を模索するジャンルだったという点だ．

図1 ゴーリキー（1900年頃）．民衆出身であることを強調するためか，しばしば伝統的な民衆服であるルバーシカを着て姿を現した

社会主義リアリズム期の自伝文学が，近代文学よりも，むしろキリスト教の告白文学を連想させるのは，ソ連社会主義という絶対的規範と「私」との関係こそが主題だったためだろう．赤軍に参加し，社会主義建設に従事するが，病に倒れ，文学を志すまでの過程を描いたニコライ・オストロフスキーの自伝小説『鋼鉄はいかに鍛えられたか』（1934）は，発表直後から大きな反響を呼んだが，社会主義の理想に対する主人公の誠実と献身は，確かに信仰者のそれを思わせる．ただし，規範の縛りが緩んだ「雪どけ」期以降は，「私」の記憶や印象，感覚に即したユーリー・カザコフなどの「抒情的散文」が愛読された．

❋歴史の中の自伝文学 この他にも，アレクサンドル・ゲルツェンの『過去と思索』（1852〜68），ウラジーミル・コロレンコの『わが同時代人の歴史』（1904〜20），コンスタンチン・パウストフスキーの『生についての物語』（1945〜63）など，ロシアには膨大な回想録を書いた文筆家が少なくない．それらはいずれも自分自身や同時代人を歴史の変動の中に描き出しており，近代日本文学の典型的な自伝文学である私小説や心境小説とは対照的だ．歴史の中に自己をとらえる志向は，オーシプ・マンデリシタームの『時のざわめき』（1925）のように私的で断片的な詩的回想でも例外ではなく，近代ロシア自伝文学の大きな特徴ということができる．

[中村唯史]

ロマン主義

　ロシアのロマン主義文学者ピョートル・ヴャーゼムスキーは1824年12月，友人であるワシーリー・ジュコフスキーに宛てて「ロマン主義はドモヴォーイ（家の精）のようなものです．多くの人がその存在を信じています．でも，それはどこで見られますか，それをどう定義しますか，どうやってそれと指さすことができますか？」と記している．ジュコフスキーは個人の内面に注目したエレジーや書簡体詩によって，また外国文学の翻訳によって，ロシア文壇にロマン主義への道を開いた詩人である．このやり取りにみられるように，ロマン主義を厳格に定義することは難しい．

　本項ではアレクサンドル・プーシキン，ミハイル・レールモントフ，フョードル・チュッチェフの3人に注目し，ロマン主義文学の特徴について概観してみたい．あらかじめ断っておきたいのは，プーシキン，レールモントフの文学はリアリズムへ向かい，チュッチェフの詩はシンボリズムの先駆ともされることだ．彼らの文学はいずれも「ロマン主義」の枠組みだけではとらえられない．

✹遅れてきたロマン主義　まずは，西欧のロマン主義について素描しておこう．西欧におけるロマン主義の興りは18世紀後半で，それまでの古典主義の重んじる理性や秩序に対して，個性や自由を尊重し，神秘的・絶対的理想を志向した．ドイツ文学ではシュレーゲル兄弟，L.ティーク，ノヴァーリスなど，イギリス文学では，W.ワーズワスやS.コールリジなどがおり，ロシアに対してはG.バイロンが大きな影響力を持った．さらにフランスのスタール夫人やF.シャトーブリアン，V.ユゴー，ロマン主義の先駆者J.J.ルソーの名もあげておこう．

　さて，ロシアにおけるロマン主義の始まりはもう少し後になる．アレクサンドル・ラジーシチェフやニコライ・カラムジンが18世紀末に刊行した作品にその淵源を見ることもできるが，本格的な契機となったのは1812年のナポレオンとの戦争（祖国戦争）であった．この戦いを通してロシアの人々は，社会や人間に関する既存の価値体系を再考し始める．啓蒙思想から受け継がれた合理的な法と人権の見地に則って専制／農奴制に対する疑義が生まれ，やがて専制打破を目指した将校たちによる，25年のデカブリストの乱にもつながっていく．さらにロマン主義者たちは自然や人間の感情に目を向ける．そして，フォークロアや神話，宗教，民衆といった文化の基層に光を当てることで，結果的にロシアの国民意識の形成にも貢献することになる．この点でロシアに大きな影響を与えたのはドイツ・ロマン主義の文学や思想だが，その普及に努めたサークル「愛智会」が果たした役割も看過してはならない．

9. 文 学

❀愛と自由のために生きる詩人　ロマン主義の世界を端的に理解する上で参考になるのが，プーシキンが1825年に書いた代表作「私は奇跡の瞬間を覚えている……」だ．物語詩「ルスランとリュドミーラ」(1820)で颯爽と現れた若き詩人は，その自由思想を称揚する文学や思想があやぶまれ，とうとう領地での蟄居を余儀なくされる．「人里遠く，流刑の闇のなか」で「憧れもなく，霊感もなく，／涙もなく，生もなく，愛もなく」静かに過ごしていた彼だが，かつて「清らかな美の化身」として心惹かれた女性との再会によって「魂に目覚め」が訪れる．ロマン主義の重要テーマの一つである愛を軸に，「憧れ」や「霊感」といったキーワードがちりばめられている．

　自由思想をプーシキンと共有していたのが，「デカブリスト詩人」たちである．コンドラーチー・ルイレーエフは，ウクライナ・コサックの頭領を主人公とする物語詩「ナリヴァイコ」(1824～25)では，自由のために己を犠牲とする覚悟を描く．ルイレーエフ自身が社会の改革のために戦い，デカブリストの乱の首謀者の一人として処刑されていく．使命感に燃える詩人の生とその芸術世界が重なることもまた，ロマン主義の特徴である．そして，愛と自由を求め続けた末に決闘で命を落とすプーシキンの生き方もまた，ロマン主義的である．

❀人間の個をめぐって　ロマン主義の作品には，英雄や天才など傑出した個への賛辞も見られる（例えば，プーシキンの劇詩「モーツァルトとサリエリ」や詩「アンドレ・シェニエに」など）．レールモントフもまた，芸術家や放浪者といった選ばれた者とその孤独や苦悩を描いた．彼の代表作「帆」(1832)では，海に浮かぶ帆は故郷から異国へと向かい，あたかもそこに「安らぎがあるごとく」嵐を乞う．こうした詩の世界に強い影響を与えているのがバイロンである．社会の偽善や目的のない生を嘲笑し，奔放に生きるこの英詩人に憧れていたレールモントフは，さらにロシア詩人としてバイロンを乗り越えていく（詩「いな，僕はバイロンではない」）．この一方で，プーシキンがロマン主義からリアリズムへの過渡期に書いた韻文小説『エヴゲーニー・オネーギン』(1823～30)や，レールモントフの小説『現代の英雄』(1839～40)の主人公たちのように，高い知性と教養を備えながらも社会に適応できない，いわゆる「余計者」の形象も生み出されてくる．

　さて，プーシキンやレールモントフの作品にも豊かな自然が描かれているが，「自然と人間」を主題とした詩人にフョードル・チュッチェフがいる．彼は人間の個やエゴを称揚せず，人間と自然との合一を理想とする．ロマン主義の最後を飾ったとも，それを克服したともいわれるチュッチェフだが，彼の世界観は「すべては私の中に，私はすべての中に」（詩「灰色の陰影がとけあい……」）という詩句の中に収斂されている．

　1840年代になるとロマン主義は力を失っていく．とはいえその精神や作品は時代を越えて受け継がれ，現代ロシアにおいても愛され続けている．[坂庭淳史]

リアリズム文学

文学史上の様式・流派としてのリアリズムは，1830〜80年代に優勢だったものであり，世界に冠たるロシア文学の代表作を次々と生み出した．ロマン主義や象徴主義が，日常的・物質的現実から隠されている高次の価値を求めたのに対し，目の前にあるありふれた現実を忠実に描写するのが，リアリズムの基本的志向である．

ただし，リアリズムは文学史の一時期にとどまらない概念でもあり，そうした普遍的概念としてのリアリズムは多様な意味を持つ．例えば象徴主義者たちも，自分の求める高次の価値を「リアルなもの」と呼んだ．また，ソ連においては，19世紀の（文学史的意味での）リアリズムを手本とする社会主義リアリズムが，あらゆる芸術分野の規範とされた．

❋**夢想から現実へ** 文学・芸術上の用語としての「リアリズム」は，1850年代フランスで画家クールベについて用いられたのをきっかけに人口に膾炙し，ロシアでも60年代に流布した．だが，用語の定着以前からすでに，リアリズム的（と後に呼ばれることになる）傾向は顕著だった．アレクサンドル・プーシキンの『エヴゲーニー・オネーギン』（1825〜32）やニコライ・ゴーゴリの諸作品がその先駆けとされるが，重要だったのは批評家ヴィッサリオン・ベリンスキーの活動である．ロマン主義的要素も強い『オネーギン』を「ロシア生活の百科事典」と称賛したベリンスキーは，高次の理想（「夢想」）ではなく「現実」に向き合うことを訴え，「自然派」と呼ばれた若い作家たちを後押しした．

図1 ベリンスキー（ゴルブノフ画）

イワン・トゥルゲーネフの「アンドレイ・コーロソフ」（1844），フョードル・ドストエフスキーの『貧しき人々』（1846），イワン・ゴンチャロフの『平凡物語』（1847）など，「自然派」に数えられ，後のリアリズム黄金期を担う作家たちの初期作品には，この「夢想から現実へ」というモチーフが共通している．ただしそこでの重点はしばしば，夢想が破れる悲哀（「幻滅」）を描くことにあり，現実といかに向き合うのかは明確でなかった．それに対し，目の前の卑近な現実を描く

ための方法論として，ベリンスキーは「タイプ（典型）」という概念を提示した．文学の登場人物は，一人の個別的人間でありながら，同時に多くの人間（例えばある職業集団）を代表する一般性を持たねばならない，というのである．トゥルゲーネフは，この方法を用いて農民を描いた『猟人日記』（1847〜52）で文名を確立する．

❋写実主義と現実主義　『猟人日記』が称賛された理由には，リアリズムという言葉が含む二つの意味が見て取れる．一つは，目の前の対象（つまり農民）を正確に描いた「写実主義」として．これは，対象の模倣を芸術の本質と見なす，プラトン，アリストテレス以来の芸術観にさかのぼる．もう一つは，当時の農民が置かれた悲惨な環境を訴え，社会変革を目指す「現実主義」として．楽しみと有用性の両立を芸術に求めるのもまた古い伝統だが，美や楽しみより社会的意味を重視する傾向は，ベリンスキーの後，ニコライ・チェルヌィシェフスキー，ニコライ・ドブロリューボフ，ドミートリー・ピーサレフといった急進的批評家によって推し進められ，ピーサレフは「美学の破壊」を唱えるに至る．「自然派」世代はいまだ美という夢想を捨てきれない無力な「40年代人」として非難され，ピーサレフら新しい「60年代人」との対立は，トゥルゲーネフの『父と子』（1862）やドストエフスキーの『悪霊』（1871〜72）の題材ともなった．60年代人の現実主義は，やがてナロードニキ運動を経てテロリズムに行きつくこととなる．

❋様式なき様式　現実を描くことが，リアリズムの原則である．しかし描かれるべき現実とは何なのか，また，いかに描かれるべきなのかは一義的でなく，たえまない論争の的となった．これらの問いには，本質的に答えがない．なぜなら現実とは，夢想でないもの，いまだ文学で描かれたことがないもの，というように否定的にしか規定できないものであり，それを描くべき方法にしても，いまだ成されていない現実変革をもたらすような方法で，というふうに，やはり否定的にしか規定されないからである．

　今日，リアリズム文学というと一般に，実験的手法や空想的設定を含まず，私たちの生きている現実世界で起こり得る出来事を描くもの，と緩やかではあるが一定のイメージをもって理解されている．だが，文学史上のリアリズムは，概念規定をたえず覆していくような不定形なものだったのであり，その黄金期の諸作品は，リアリズムの通念には収まらない異様さをしばしば伴っている．物語の筋から逸脱を重ねるトルストイの『戦争と平和』（1865〜69）を，作家ヘンリー・ジェイムズは「ぶよぶよ，ぶくぶくのモンスター」と評した．また，夢想や幻覚にとらわれた人間心理を描いたドストエフスキーは，「高次の意味でのリアリスト」を自認していた．文学史上のリアリズムは，一定の様式には収まらない様式だったのであり，その流動性こそが優れた作品を生み出したのだといえるだろう．

[乗松亨平]

象徴主義

　アレクサンドル・プーシキンの活躍した19世紀初頭の「金の時代」に対して「銀の時代」と称される19世紀末から20世紀初頭のロシアは，文化史上かつてない発展の時を迎える．ロシア・ルネサンスとも呼ばれるこの文化的繚乱の中心を成したのがロシア象徴主義運動だった．

　象徴主義はフランスに起源を持ち，リアリズムや実証主義への反発として発展したが，フランスのそれよりも明らかに形而上的傾向が強いのは，ロシア最初の哲学者と呼ばれるウラジーミル・ソロヴィヨフの影響による．通常，前期と後期に分けられ，前者を代表するのはドミートリー・メレシコフスキー，コンスタンチン・バリモント，フョードル・ソログープ，ヴァレリー・ブリューソフ，ジナイーダ・ギッピウスら，後者にはアレクサンドル・ブローク，アンドレイ・ベールイ，ヴァチェスラフ・イワノフが含まれる．彼らは詩から出発したが，いずれもがジャンルを跨いで活躍した．

❀運動の始まりと前期象徴派　1892年，メレシコフスキーが詩集『シンボル』を刊行，講演「ロシア文学衰退の原因と新しい潮流について」(1893年単行本化) でフランス象徴派を先行者として引用しながら，ロシアにおける理想主義的潮流の出現を予言した．一方，ブリューソフは文集『ロシア象徴派』(全3冊，1894〜95) を刊行，ボードレールやヴェルレーヌの模倣詩を掲載して嘲笑を浴びた．通常，これらの動きを文学史上のロシア象徴主義運動の開始とみる．象徴主義は最先端の芸術潮流として紹介される一方，その個人主義，芸術至上主義が「退廃(デカダンス)」として批判されたことから，これに倣った詩人たちはデカダン派とも呼ばれる．前期象徴派が一様に関心を示した精神病理学や厭世的世界観は，かれらの標榜する理想主義的哲学とは一致せず，当初から潮流を結ぶ共通の文学理論などがあったわけでもないが，動機として，世界を言葉で書き尽くそうとした前世代リアリズムへの強い懐疑が共有されている．

❀後期象徴派と世紀末　宗教哲学者ソロヴィヨフは，世界霊魂たるソフィヤと，その体現者として終末に顕現する「永遠の女性」を説いた．このソロヴィヨフの影響を強く受けた後期象徴派は，旧世代には欠けていた哲学的洞察を備え，象徴主義の概念をより普遍的に把握しようとした．

　1900年にソロヴィヨフが死ぬと，革命を控えた世の不穏な空気とともに，世界の終わりと刷新が真実味を帯びて待たれるようになる．詩人たちは概して05年の革命をロマンティックに解釈する一方，象徴主義的技法を取り入れた散文も多く登場するようになる．

革命の失敗はブロークに深い幻滅をもたらし，創作の中心は神秘的抒情詩から退行，初めての戯曲『見世物小屋』はフセヴォロド・メイエルホリドの革新的演出で舞台化された（1906）．ニコライ・ゴーゴリの影響が濃厚なベールイの小説『銀の鳩』(1910) における，西欧化されたインテリゲンツィアと野生を体現する迷信ぶかい農民との決定的乖離や，ソログープの小説『小悪魔』(1907) が糾弾する地方都市の腐敗，アレクセイ・レーミゾフの小説『十字架の姉妹』(1910) における抑圧された都会生活は，いずれも世紀末ロシアのすぐれた表象である．

❁**雑誌文化**　運動と連動し，両首都では文化史的に重要な雑誌が数々発行された．ジャーナリズムから締め出されていた象徴派をメディアとして初めて受け入れたのはペテルブルグの『北方報知』で，1890年代前半，デカダン派詩人が誌面を飾った．その廃刊後，運動の中心は，後にバレエ・リュスを創始するセルゲイ・ディアギレフ主導の「芸術世界」グループに移行，雑誌『芸術世界』(1899〜1904) はレフ・バクストらを美術部門の編集に迎えて世界芸術を紹介する美術誌である一方，文学に対しても門戸を開き，ワシーリー・ローザノフやレフ・シェストフらの思想家や，ベールイらの評論も掲載，後期象徴派形成に寄与した．ペテルブルグで運動の中心にあったメレシコフスキーは20世紀に入ると正教の改革運動に乗り出し，1901年に妻ギッピウスらと宗教哲学協会を創設，協会機関誌『新しい道』は，若い詩人の創作発表の場ともなった．

モスクワで設立された出版社スコルピオン（蠍座）発行の雑誌『天秤座』(1904〜09) はブリューソフの編集のもと，海外特派員による西欧の芸術のレポートのほか，後期象徴派を代表する評論や文学作品を多く掲載した．『芸術世界』誌の後継として創刊された『金羊毛』(1906〜09) も資本家ニコライ・リャブシンスキーの出資による豪華な装丁と豊富な図版を誇る．テクストは露仏の2カ国語で提示され，西欧とロシアのモダニズムの架橋に役割を果たした．

❁**象徴主義の終焉**　象徴派の雑誌が廃刊後，最先端の芸術文化を伝える新たなメディアとなったのは『アポロン』(1909〜17) だったが，雑誌は次第に象徴派の抽象性を攻撃する「アクメイスト」の牙城となる．新旧両世代の象徴派間の意見対立が表面化するとともに，首都や地方の大都市に芸術の急進的な改革運動（未来派）も台頭，こうして長く文壇を支配した象徴派はその主流から退いた．

17年以降もロシアにとどまったブロークは『十二』(1918) で赤軍に破壊される旧世界を描出，キリストの登場で終わるこの長詩は詩人特有の神秘主義的残響をとどめる．ベールイは実験的小説や評論を書き続けるが，晩年はほとんど注目されないまま34年死去．メレシコフスキー，ギッピウス，イワノフら，亡命した者も多い．神秘主義的・美的運動としての象徴主義は，ソヴィエトでは冷遇の対象であり続け，本格的な再評価はペレストロイカを待たなければならなかった．

[小椋　彩]

未来派

　1910～20年代にかけて盛衰したロシア・アヴァンギャルド運動の一潮流．主に文学や絵画の分野でさまざまな流派・グループが前衛的な実験を繰り広げた．ロシア未来派の勃興には，内外の二つの芸術流派の動向が深く関係している．一つ目はイタリア未来派である．1909年にマリネッティが『フィガロ』紙上に発表した未来派のマニフェストは，同年ロシア語にも翻訳され，人々から関心をもって迎えられた．ただし，一部の例外を除き，ロシア未来派はみずからの独立性を主張し，イタリア未来派の影響を否定した．二つ目はロシアにおける象徴主義である．ロシア未来派は彼らの創作に反発し，みずからの詩学を形成した．しかし，象徴主義の創作に頻出する都市・機械文明などのモチーフや，慣習的・規範的な詩作からの逸脱といった試みは，ロシア未来派の創作にも看取できる．

　❋立体未来派　ロシア未来派の歴史は1910年に始まる．この年に刊行された『印象主義者のスタジオ』には，後にロシア未来派を代表することになる詩人ヴェリミール・フレーブニコフの詩「笑いの呪文」が掲載された．また，彼の他にダヴィドとニコライのブルリューク兄弟，ワシーリー・カメンスキー，エレーナ・グローらが参加した文集『裁判官の生贄』も同年刊行されている．ここに集った若い詩人たちは，翌11年にウラジーミル・マヤコフスキーとアレクセイ・クルチョーヌイフを加え，「ギレヤ」グループを結成した．これが後の「立体未来派」の核である．だが彼ら自身は「未来派」を名乗らず，「未来人」を意味するロシア語「ブジェトリャーニェ」を自称した．12年にマニフェスト「社会の趣味への平手打ち」を発表した彼らは，「プーシキン，ドストエフスキー，トルストイらを現代の汽船から放り出せ」と挑発的な主張を展開，過去との決別を宣言する．

図1　（左から）クルチョーヌイフ，ダヴィド・ブルリューク，マヤコフスキー，ニコライ・ブルリューク，ベネディクト・リフシッツ（モスクワ，1913年）

　立体未来派の多くは詩人と同時に画家でもあった．彼らの発行した出版物には，自身ないし仲間の画家によるイラストがしばしば掲載されている．なかでもミハイル・ラリオーノフ，ナタリヤ・ゴンチャローワ，カジミール・マレーヴィチといった画家たちとの協働は重要である．画家も詩人も表現内容より表現形式

や表現手段（絵具・言葉）に価値を置き，絵画そのもの・言葉そのものを志向した．彼らの実践を下支えしていたのは，近代的理性を超克しようという強い意志である．それは，特に文学の分野において，「ザーウミ」として体現された．ザーウミとは，理知や意味を超えることを目指して新造された言葉を指す．この用語自体が「理知」を意味するロシア語「ウーム」に，「超える」を意味する接頭辞「ザ」を付けた新造語である．ことにフレーブニコフとクルチョーヌィフのザーウミがよく知られている．

❀そのほかの未来派　立体未来派に敵対した未来派グループが「自我未来派」である．前者が集団の中で誕生したのに対し，後者はイーゴリ・セヴェリャーニン個人の発明による．彼は「未来派」という用語をロシアで初めて用いたことでも歴史に名を留めている．やがてイワン・イグナチエフとワシリスク・グネドフが自我未来派の中心的詩人として活躍するようになった．

このグループを支持する者たちの中で，特にモスクワの分派が「詩の中二階」を，ペテルブルグの分派が「遠心分離器」を結成した．前者は短命に終わったが，後者は1920年頃まで存続し，後のノーベル文学賞詩人ボリス・パステルナークも所属した（ただし受賞は辞退）．立体未来派と自我未来派との関係は，「詩の中二階」の詩人ワジム・シェルシェネーヴィチの仲介もあって改善し，次第に協調路線を採るようになる．なお，革命後に彼は過剰なイメージを追求する「イマジニズム」を仲間とともに結成した．

❀革命後の未来派　未来派の運動は1917年にロシア革命が起こるより前にすでに終息へ向かっていた．未来派が破壊した文化や芸術を賦活しようと新たな活動を開始したのが，マヤコフスキーである．彼は「レフ」グループの中心人物として，芸術を有用化する「生産芸術」に取り組んだ．

一方，革命前の未来派の活動を継続しようとするグループも存在した．その一つが，ロシア未来派の最前衛とも称される「41°」である．とりわけクルチョーヌィフ，イリヤ・ズダネーヴィチ，イーゴリ・テレンチエフの3人は，チフリスを拠点に，ザーウミの概念と手法を進化させた．このうちズダネーヴィチは20年にフランスへ渡り，そこでアンドレ・ブルトンなどのシュルレアリストらと交友する傍ら，ザーウミの普及に努めた．また，テレンチエフはダニイル・ハルムスやアレクサンドル・ヴヴェジェンスキーなどの「オベリウ」の詩人たちに影響を与えた．27年に誕生した「オベリウ」は落日するロシア・アヴァンギャルド運動の今際のきらめきである．彼らはやがてスターリン政権による苛烈な弾圧に遭い，逮捕・虐殺される．

「来るべき未来が未来派全体の輪郭を描き出すだろう」と，18年にマヤコフスキーが記してから，ちょうど100年が過ぎた．彼の言う未来は依然到来していない．未来派の全貌はいまだ描き尽くされないからである．　　　　［小澤裕之］

ユーモア・風刺文学

　シリアスな印象のロシア文学と笑いは結び付かないように思われるかもしれないが，ユーモアはロシアの作家にとって重要な資質である．帝政ロシアもソ連も権力者の独裁や官僚制の腐敗といった風刺の題材には事欠かなかった．近代以降のロシア文学研究はその社会政治的な効用を評価する傾向があった．一方でユーモアはジャンルや言語の形式そのものをゆがめたりパロディすることによっても生み出される．物事の秩序から一歩退いた距離を置くことが笑いの条件だとしたら，中世から近代に至るまで主要な文学ジャンルをビザンツや西欧という外部から受容してきたロシアでは，文学の形式に距離を持って接しやすかったともいえる．笑いはその対象についての認識を共有する読者の共同体を必要とするという点で，同時代の文化や社会を映し出す鏡でもある．フョードル・ドストエフスキーの『白痴』(1868) の主人公に示されているように，笑いものにされる人物を聖愚者として崇めるロシアの伝統も重要である（☞項目「聖人・聖愚者」）．

❋**パロディと風刺**　中世ロシアの文学は説教や聖者伝などのジャンルごとに用いられる言葉や形式が厳格に定まっていたが，それ故に『酒場祈祷』や『カリャージンの請願書』のように，宗教書や行政文書の様式そのもののパロディが盛んだった．一方で不公平な裁判や役人の汚職を風刺する『シェミャーカの裁判の物語』『ヨルシュ・イェルショヴィチの物語』が広まった．

　18世紀には西欧の啓蒙思想の影響下にヴォルテール流の哲学小説，ユートピア，死者の国の対話など，新しい形式の風刺文学が導入された．1769年にエカチェリーナ2世自身が音頭を執って創刊された『一切合切』やジャーナリストのニコライ・ノヴィコフによる『寄食者』といった風刺雑誌間に論争が繰り広げられた．農奴制批判にまで踏み込むノヴィコフは政治的迫害を受けることになる．イワン・クルイロフの有名な動物寓話も18世紀の風刺文学の系譜につらなっている．古典文学を卑俗な口語や方言で語り直したバーレスクも流行した．同じ『アエネーイス』をもとにしていても，ニコライ・オシポフによるパロディ (1791) が今日ではほぼ忘却されている一方，文章語の発達が遅れたウクライナやベラルーシで「方言」によって書かれた作品は，近代国民文学の出発点の一つとして高く評価されている．

❋**19世紀ロシア文学と笑い**　1820年代には作家・ジャーナリストのファデイ・ブルガーリンが，雑誌の雑報欄から派生した軽妙なエッセイ風の散文であるフェリエトンをロシアの文芸に導入した．例えばソ連時代のミハイル・ブルガーコフのように，以降のユーモア作家の多くがこのジャンルで腕を振るうことになる．

作家ニコライ・ゴーゴリの複雑で矛盾した創作の中でも，笑いの要素はとりわけ多面的な性格を持っている．小説『外套』(1842)のような社会的弱者への配慮が「涙を通した笑い」のヒューマニズムとして評される一方，ナンセンスな言葉遊びや滑稽な語り口，ウクライナものにみられる祝祭的空間にゴーゴリの笑いの特徴を見ることもできる．ロシア最大の風刺作家ミハイル・サルティコフ＝シチェドリンの作品は，その辛辣でグロテスクな形象の独創性が際立っている．しかし例えばロシア史を題材にした『ある都市の歴史』(1869～70)で揶揄されるディテールや固有名詞は，注釈がなければ現代の読者に理解しにくいものでもある．

機知に富んだ警句や寓話で知られる詩人コジマ・プルトコフ(図1)は，作家アレクセイ・トルストイとジェムチュジニコフ兄弟によって演出された架空の人物だが，そうした設定そのものを文学という制度に対するパロディと見なすことができる．例えばプルトコフの動物寓話の多くはストーリーとそこから導かれる読者への教訓が一致しておらず，クルイロフ的なジャンルの規則を故意にずらすものとなっている．短編小説の名手アントン・チェーホフが作家活動の初期に書いた多くのユーモア小説は「思想性」の浅さを批判された．しかし，よくできた一口話（アネクドート）にも似たそれらの短編は，20世紀のセルゲイ・ドヴラートフのようなロシアのユーモア文学の一つの系譜に位置付けることができる．

図1 架空の作家コジマ・プルトコフ

❀社会主義と笑い　1920年代にはまだソ連社会について辛辣な風刺文学を書くことができた．イリヤ・イリフとエヴゲーニー・ペトロフの二人組による長編小説『十二の椅子』(1928)と『黄金の仔牛』(1931)は，才能豊かな詐欺師のオスタップ・ベンデルを狂言回しとして，当時のソ連社会をユーモラスに描き出し，現代に至るまで旧ソ連圏の読者に愛されている．ミハイル・ゾシチェンコも俗語を取り入れた個性的な語りの文体で革命後の社会を風刺して人気作家となったが，1946年のジダーノフ批判によって作家生命を絶たれてしまった．

20世紀後半のユーモア作品はテレビや舞台芸術との結び付きが強い．ソ連期から現在にかけて活躍する風刺作家ミハイル・ジュヴァネツキーやミハイル・ザドルノフは，しばしば漫才にも似た語り口で自分の作品を朗読した．20年代末から30年代にかけての前衛作家ダニイル・ハルムスは，20世紀の不条理文学の先駆けともいえる奇妙な掌編を数多く残した．ソ連体制下では出版が不可能だったハルムスは，ペレストロイカ以降になって広く知られるようになった．時代が経つにつれて読者を失いがちな風刺文学と比べると，その笑いは境界を越えた普遍性を持つものだともいえる．

［越野　剛］

大衆文学

　ロシアにおける大衆文学の嚆矢は18世紀後半の「ルボーク文学」である．これは，民衆向けの木版画「ルボーク画」から派生した文学で，題材は民話，聖者伝，西欧の騎士物語から，諷刺や滑稽譚までさまざまなものを含んでいた．
　原稿料など商業的な出版のシステムを整備した希代の出版人アレクサンドル・スミルジンが活躍した1830年代を経て，60年代の農奴解放以後の激しい社会の変動の中で，初等教育の普及と識字率の向上によって新しい大衆読者が増大し，それに対応した「絵入りの週刊誌」や日刊の「大衆紙」などの新メディアが発展してゆくことで，真に「大衆向け」の文学がロシアに確立していった．以下帝政期の興味深いジャンルのものを個別に見ていきたい．
　✻**探偵小説**　1840年代の文壇の流行の変化，60年代の司法・警察制度の改革，そして60年代後半以降の外国の探偵小説の積極的な紹介などを受けて，1872年にニコライ・アフシャルーモフ『手掛かりはなく』，セミョーン・パノーフ『メドヴェージツァ村の殺人』，アレクサンドル・シクリャレフスキー『予審判事の物語』の3作品によって，ロシアに初めて探偵小説というジャンルが成立する．これらの作品では，論理的推理の要素が弱い反面，犯罪心理への関心が極度に強いという特徴を持ち，それは以後量産されていくロシアの探偵小説に受け継がれていく．
　1907年には，派手なアクションとエキゾチシズムを売り物にした，廉価なパンフレット形式の新しいタイプのシリーズ探偵小説が登場し，人気を博す．ナット・ピンカートン，ニック・カーター，そしてシャーロック・ホームズといった外国人探偵が三大ヒーローであったが，日本人やドイツ人，ロシア人や女性が探偵のシリーズもあった（図1）.

図1　パンフレット形式のシリーズ探偵小説の一例．『シャーロック・ホームズ 中国の偶像崇拝者たち』［ペテルブルグ，娯楽社，1908年の表紙］

　✻**オカルト小説**　19世紀の後半に大衆的読者の増大とともに発達した大衆的雑誌や新聞は，年末の目玉としてしばしばクリスマス物語を特集し，そこで多くの幻想的な物語が量産された．オカルト的な物語としては，心霊主義の熱烈な擁護者であった動物学者・作家のニコライ・ワグネルの『耐えきれず』（1874）や神智学の創始者ブラバツキー夫人の妹でその影響を受けた作家ヴェーラ・ジェリホフスカヤの『ガラス鏡の中に見たまぼろし』（1893）などが興味深い．
　20世紀になると，オカルト小説専門作家といえるヴェーラ・クルイジャノフス

カヤが現れる．代表作は『ある惑星の死』(1911) や『立法者たち』(1916) などの5部作である．ヒマラヤの奥地で密かにキリスト教信仰を守ってきた修行者たちを主人公としたこれらのシリーズは，今日SFとして読むことができるほど斬新で宇宙的な想像力の発露が見られる．

❋**女性向けロマンス・少女小説** 平易な文体で目まぐるしい愛のロマンスを描き，多くの場合，扇情的でエロティックな描写をも伴った女性向けロマンスは，20世紀初頭に登場した比較的新しいジャンルである．最も有名な作品は，平凡な出自の娘の多彩な恋愛遍歴を描き，当時大ベストセラーになった，アナスタシヤ・ヴェルビツカヤ（図2）の大河小説『幸福の鍵』(1909～13) である．

図2 ヴェルビツカヤ．雑誌に掲載された1901年の宣伝写真 [Verbitskaya, 1999]

一方，「少女小説」の第一人者がリディヤ・チャールスカヤであった．代表作は『寄宿女学校生の手記』(1901) に始まる，コーカサス（カフカス）出身の誇り高い公爵令嬢ニーナ・ジャヴァハとその温和な友人リューダ・ブラソフスカヤが主人公の一連のシリーズである．「良心的な」児童文学者や教育者からは，その感傷的で紋切り型の表現が子供に悪影響を及ぼすと非難されたが，少女読者たちからは熱烈な支持を得た．

❋**ロシア革命以後** 1917年に成立したソヴィエト政権は，それまでの大衆小説を，国民を堕落させる俗悪なものとして出版を禁止する．この抑圧的な政策は1920年代末以降のスターリンの時代にさらに強まってゆく．

53年のスターリンの死によって訪れた「雪どけ」は，大衆文学にとっても復活の時期であった．特に盛んに書かれたのは「スパイ小説」で，ナチス・ドイツを敵に回しての秘密諜報員の活躍が好んで描かれた．有名なものは，ユリアン・セミョーノフの『春の十七の瞬間』(1969) で，テレビ映画化 (1973) でも知られている．

91年にソ連邦が崩壊すると，社会の混乱の中実現した表現の自由と商業主義を追い風に，旧来の価値観からは「俗悪」ともいえる傾向の大衆文学が一気に氾濫することになる．例えば，90年代に人気を博したヴィクトル・ドツェンコの探偵小説では，エロティックな要素やアクション，反西欧的な愛国心が強く見られる．一方，ボリス・アクーニンのように，このような状況に抗し，知的で良質な大衆小説を提供しようと試みている者もいる．実のところ，国家の体制が社会主義に戻らない限り資本主義の論理で現状は続くと思われる．だが，現在のロシア人が意外と忘れている事実は，「良質な」文化と「俗悪な」大衆文化のせめぎ合いはまったく新しいものではなく，20世紀初頭のロシアですでに経験されていた状況であるということである．

[久野康彦]

ソ連文学

　社会主義という政治実験のただなかで形成されたソ連文学にとって，政治による文学の管理統制，あるいは文学による政治プロジェクトの遂行という問題がとりわけ重要性を持った．本項では，この点を中心にソ連文学を概観していこう．

❋初期ソ連文学史と新史観　1917年のロシア革命は，すでに始まっていたモダニズム文学の伝統破壊的な志向をいっそう加速させた．アヴァンギャルド（ウラジーミル・マヤコフスキーやヴェリミール・フレーブニコフらの未来派やレフ），プロレタリア派（プロレトクリトや鍛冶場派），共産主義者ではないが革命を受け入れた「同伴者作家」（エヴゲーニー・ザミャーチン，ボリス・ピリニャークら有名作家，セラピオン兄弟，イマジニスト，峠派などのグループ）が，革命的で自由な空気の中で才能を開花させた．しかし1920年代後半から，共産党の芸術支配を求める攻撃的なプロレタリア作家同盟（ラップ）が台頭して文学の多様性を脅かし，30年代に入るとスターリン政権がラップを含むすべての芸術グループを解散，公式文学「社会主義リアリズム」の制定（1932）と単一の作家組織「ソ連作家同盟」の設立（1934）により，全体主義的な文学体制を確立する（1930年代以後，沈黙を強いられたり命を落とす文学者も多くいた）．

　以上が正統的な初期ソ連文学史の概略だが，ソ連崩壊前後からは異なる観点が導入された．特に重要なのは，アヴァンギャルドはスターリン権力による弾圧の犠牲者というよりも，世界のトータルな美学的再構築を志向した点で，スターリン期の全体主義文化を用意した張本人だという見立てである（B. グロイス，2000）．より詳細な研究によれば，20年代にはアヴァンギャルドだけでなく大半の流派が，作家の「個性」や「才能」といった旧来の概念を廃棄，それらを「集団制作」や「技術習得」の問題として再提起し，新しい生と文化の創造に向け覇権を争った．この闘争過程で各潮流はそれぞれの先鋭さを削がれ，最終的に党の統制下で折衷的・無個性的な公式文学へと合流する（Добренко, Е., 1999）．

❋大衆と公式文学　ドブレンコによれば，この公式文学の成立過程で決定的な役割を果たしたのが大衆の存在である．ソヴィエト・ロシアでは，資本主義の深化ではなく革命によって高級文化と大衆文化の垣根が壊され，大衆文学運動がまずプロレトクリトのような文化組織に具現化した．全国各地のプロレトクリト・サークルには数十万人が参加し，その自律化の動きを危険視したウラジーミル・レーニンにより1920年から活動が大幅に制限されるものの，このような末端のサークルはやがて党文学を標榜するラップなどの勢力下に入り，ラップ指導部らの権力闘争を下支えしつつ，その指導のもと，サークル員や労働者・農民特派員，

第1次五カ年計画期の突撃労働者などによるアマチュア文学活動を展開させた（他方，この五カ年計画期，知識人作家は労働現場や矯正収容所の視察，集団制作等を求められた）．公式文学・作家同盟の制定後，こうした大衆創作と特権的なプロの作家業とは明確に区分されるものの，社会主義リアリズムにおいて，一般大衆にわかる平明なリアリズムの言語で，現場労働者の成長と党への貢献を英雄的に描くことが要求された背景の一つには，この大衆文学運動がある．例えば社会主義リアリズムの代表作『鋼鉄はいかに鍛えられたか』(1934) は，作者ニコライ・オストロフスキーの現場労働やアマチュア作家活動を綴った自伝小説である．そして，社会主義リアリズムの原型となる小説『母』(1907) の作者で，後に「社会主義リアリズムの父」となるマクシム・ゴーリキーは，多くの知識人作家を政治弾圧から守る一方，ラップと並行して大衆アマチュア作家の文学教育に尽力した人物だった．したがって初期ソ連文学は，「迫害者たる政治権力 vs 犠牲者たる知識人芸術家」という図式だけでは十分理解できない．公式文学に至る流れを，強制ではなく自己実現として自発的に受け入れることで社会的上昇を目指した大衆文学運動と，それに合わせて難解さや実験性の放棄を強いられた同伴者知識人作家（レオニード・レオーノフ，イリヤ・エレンブルクら）の創作などが融合した結果，均質的な公式文学が誕生したのだといえよう．ミハイル・ショーロホフのように，アマチュアとしてサークル活動や文学教育を享受した後，『静かなドン』(1928～40) では攻撃的なラップ批評により「同伴者作家」に列せられ，続いて模範的社会主義リアリズム小説を執筆する，という中間的な作家もいた．

❀後期ソ連の文学　第2次世界大戦後，公式作品の画一化がさらに進み文学は停滞するが，スターリン批判（1956）の後には，若者文学（ワシーリー・アクショーノフら），脱英雄化した「素朴なソヴィエト人」を描く作品（アレクサンドル・ソルジェニーツィンら），SF 文学など多様化した公認文学が，社会主義再建という雪どけ期のユートピア的気運を牽引した．この理想主義が破綻した1960年代後半からは統制が強化されるものの，公式の社会主義リアリズムは求心力を失い，かわって民衆文化・民族主義・正教等に軸足を置く農村派（ヴァレンチン・ラスプーチンら）が力を持つ一方，非公認文学が活況を呈した．非公認文学には，収容所文学，権威的価値体系の喪失を映すグロテスク文学（アンドレイ・シニャフスキーら），形而上詩（ヨシフ・ブロツキー），テクストの価値転倒性やシミュラクル性を前景化するポストモダニズム的な文学（ヴェネディクト・エロフェーエフ，アンドレイ・ビートフ）等があり，その多くが地下出版・国外出版で流通した．またスパイ・歴史小説等の娯楽文学が現れ，ソ連末期までにはミハイル・ブルガーコフ，アンドレイ・プラトーノフらの国内未発表作が解禁されるなど，スターリン期に単一の公式文学を形成したソ連文学は，さまざまな政治・芸術的立場や高級・大衆文化等の差異を回復して終わりを迎えた．　　　［平松潤奈］

亡命文学

　革命に始まるロシアの社会的激動は国外への大規模な移住をうながし，国外で文学活動を続けた，あるいは開始した人々による文学，すなわち亡命ロシア文学を生み出した．その文学は幾つかの「波」として特徴付けられているが，具体的には革命と続く内戦後に花開いた第一の波，第2次世界大戦中およびその直後に起きた第二の波，1970〜80年代に政治的理由から国を離れた人々による第三の波があげられているほか，近年は1980年代後半のペレストロイカ以降に出国した人々による文学を第四の波と呼ぶ傾向も広がっている．

❋第一の波とベルリン　1920年代初め，ベルリンには数多くのロシア人が集まっていたが，彼らの多くは（ソヴィエト・ロシアの将来が見極められずに）まだ国外にとどまるか，本国に帰国するか決めかねている人々だった．そして，ここでは「芸術の家」のような芸術家の組織が生まれ，後に帰国するアンドレイ・ベールイ，アレクセイ・トルストイや，亡命者の列に加わるウラジスラフ・ホダセーヴィチ，アレクセイ・レーミゾフらが一緒になって活動していた．しかし，ドイツの経済状況が悪化し，本国の状況にも変化が見られるようになった23年頃までに，帰国者と亡命者は袂を分かち，ここに亡命文学が生まれる．なお当時のベルリンは，疲弊した本国の出版業界とは異なって，ロシア語出版が活況を呈していたので，ベールイやイリヤ・エレンブルグのような作家たちはここで数多くの自著を刊行している．

❋第一の波とパリ・プラハ　1920年代半ばから亡命ロシア文学の中心地はパリに移る．ここでは雑誌『現代雑記』（1920〜40）が文芸欄を充実させていたが，当初はイワン・ブーニン，レーミゾフら「古い世代」（出国前からすでに文名を確立していた人々）がそこを独占しており，「若い世代」（出国後に文学活動を本格的に開始した人々）が掲載を許されるのは20年代も後半になってからだった．これに対して，マルク・スローニムが文芸欄を担当してプラハで刊行されていた雑誌『ロシアの意志』（1922〜32）は，積極的に若い世代にも誌面を開いていた．

❋「古い世代」の旗頭ブーニン　亡命前からすでに作家としての地位を固めていたブーニンは，亡命後も積極的な文筆活動を続け，1933年にはロシア人として初めてノーベル文学賞を受賞している．亡命後の代表作には中編『ミーチャの恋』（1925），伝記的な長編『アルセーニエフの生涯』（1930）がある．このほか「古い世代」の作家には，『渦巻くロシア』（1927）など亡命後もさまざまな作品を発表し続けたレーミゾフや『パッシイの家』（1935）などで知られるボリス・ザイツェフ，詩人には『ヨーロッパの夜』（1927）などの理知的な詩を書いたホダセー

ヴィチらがいる．

❀「若い世代」とナボコフ　「若い世代」を代表する作家は，後に英語作家として世界的名声を得るウラジーミル・ナボコフだった．1922年から15年間ベルリンに暮らしたナボコフは『マーシェンカ』(1926)でデビューした後，『ルージン・ディフェンス』(1930)『賜物』(1937～38)などが『現代雑記』の誌面を飾って，将来を嘱望される作家としての地位を確立したが，パリを拠点に「パリ調」と呼ばれるペシミスティックな詩を特徴としたゲオルギー・イワノフらからは好意的評価を受けなかった．パリで活躍した若い世代の作家には代表作『クレールとの夕べ』(1930)のガイト・ガズダーノフ，詩人には「ロシアのランボー」と呼ばれ，若くして亡くなったボリス・ポプラフスキーらがいる．

図1　スイスのモントルー郊外にあるナボコフ夫妻の墓

❀第二の波とニューヨーク　第2次世界大戦の勃発以降，ナボコフをはじめ何人もの文学者がヨーロッパを捨ててアメリカに渡るが，この時期には詩人のイワン・エラーギンなど第二の波と呼ばれる人々も新たに亡命者の列に加わった．第二の波の文学者には著名な人物はいないが，新たにニューヨークが中心となり，第一の波の作家マルク・アルダーノフらが創刊した雑誌『新雑記』(1942年創刊)や，亡命系の出版社「チェーホフ出版社」(1952～56)が活躍したことは注目してよい．

❀地下出版（サムイズダート）と第三の波　1960年代から，反体制作家たちの作品が地下出版として密かに流通するようになるが，こうした作家たちの多くは70年代から進んで，あるいは追放されて，国外に出る．これが第三の波で，主な作家・詩人には1970年にノーベル文学賞を受賞し，『収容所群島』(1973～78)などを著したアレクサンドル・ソルジェニーツィン，反ソ活動で逮捕され，後にパリに亡命した，自伝的小説『おやすみなさい』(1984)などで知られるアンドレイ・シニャフスキーのほか，アメリカ亡命後にすぐれた作品を発表し，87年にノーベル文学賞を受賞する詩人ヨシフ・ブロツキー，ニューヨークに渡って『わが家の人びと』(1983)など，自伝とフィクションが交錯したユーモラスな作品を書いたセルゲイ・ドヴラートフなどがいる．

❀第四の波　1980年代半ばからペレストロイカが始まると，出国・帰国は大幅に自由になり，何百万という人々が経済的理由から，あるいは新たな人生の可能性を求めて国外に出た．その中にはドイツで活躍する作家ヴラジーミル・カミーナー，フランスで活躍するアンドレイ・マキーヌらがいるが，その多くはロシア語以外で執筆しており，もはや亡命文学の枠を超えた存在といえるだろう．

[諫早勇一]

多民族的なロシア文学

　ロシアは周辺諸民族をみずからの領域に組み込みながら発展してきた多民族的な帝国であって，その多民族的な性格はソ連時代にいっそう強化された．ソ連時代にはイデオロギー的な観点から，ソ連文学は「単一」でありながら「多民族的」であるという点が強調されたのである．その一方で，公用語としてのロシア語による教育の普及の結果，20世紀後半のソ連では，ロシア語を母語同様に身に付けた非ロシア人作家によるロシア語での創作活動が顕著になった．

❋**イスカンデル**　ファジリ・イスカンデル（1929〜2016）は，アブハジア人の作家．モスクワに住み，一貫してロシア語で作品を書いた．代表作『チェゲムのサンドロおじさん』はアブハジアを舞台とした1世紀にもわたる年代記小説だ．彼の生まれ育った町スフミは多くの言語が飛び交う多言語的な町だった．この町でさまざまな言語の響き交わしを少年時代，イスカンデルは「魂の祝祭」のように楽しんだという．筆者が1990年代にモスクワ郊外の別荘に彼を訪ねた折，彼は自分についてこんなふうに語っている．「確かに私はロシア語で書く作家ですが，同時に〈アブハジアの歌い手〉でもあるのです」．

図1　イスカンデル[1996年来日時，著者撮影]

❋**アイギ**　ゲンナジー・アイギ（1934〜2006）は，チュヴァシ人（ヴォルガ川中流右岸に住むテュルク系少数民族）の詩人．初めチュヴァシ語で執筆したが，後にボリス・パステルナークに勧められて，ロシア語で詩を書くようになった．硬質で純度の高い抒情的イメージと，ロシア・アヴァンギャルドの遺産を受け継ぐ先鋭的な言語的手法によって際立っている．野，森，雪，白色といった，アイギの詩に頻出するイメージはおそらくチュヴァシの自然を原風景としたものだろう．彼の詩「いまやいつも雪」に，タタール系の作曲家ソフィヤ・グバイドゥーリナは美しい合唱組曲を作曲している．

図2　アイギ[1997年来日時，著者撮影]

❋**アイトマートフ**　チンギス・アイトマートフ（1928〜2008）はキルギス人のバイリンガル小説家．初期はキルギス語で執筆したが，後ロシア語作家に転じた．中央アジア，特にキルギスを舞台とした小説が多い．旧ソ連時代を通してアイトマート

フのロシア語作品は全国的に広く読まれ，彼はキルギスの枠を越えた人気作家として全ソ的存在となった．代表作に，フランスの作家ルイ・アラゴンに「この世で最も美しい愛の物語」と激賞された『絵の中の二人』(原題『ジャミリャ』)や『最初の教師』，ペレストロイカ期に大きな反響を呼んだ問題作『断頭台』などがある．

❋**キム** アナトーリー・キム (1939〜) は朝鮮系ロシア語作家．少年時代を極東・サハリンで過ごしたため，そこに住む朝鮮人の神話，伝承，そして自然との直接のつながりを可能にするような世界感覚といった要素が，作家キムの中に深く入り込んだ．代表的長編『リス』は，変身したり人に憑依したりする超自然的能力を持ったリスが時空間をさまよいながら語る，実験的な幻想小説である．

❋**ルイトヘウ** ユーリー・ルイトヘウ (1930〜2008) はチュクチ人 (シベリア北東部の先住民族) のロシア語作家．ルイトヘウはもともとロシア文学作品のチュクチ語訳者として出発し，チュクチ語でも作品を書いたが，大部分の作品はロシア語で書いている．レニングラード大学を卒業後，ずっとレニングラード・ペテルブルグに住んだ．1994年に筆者がペテルブルグの彼の自宅を訪ねた折，「あなたは〈ロシア語で書くチュクチ作家〉なのか，それとも〈チュクチ出身のロシア作家〉なのか」という質問に対して，彼は「ロシア語で作品を書いているとはいっても，扱っているのが常にチュクチ民族の運命なので，その意味では私はやっぱり〈チュクチの作家〉だ」と答えている．

図3 ルイトヘウ [1999年ペテルブルグの自宅で，著者撮影]

❋**非ロシア人ロシア語作家の貢献** ここにあげたさまざまな民族的背景を持つ作家・詩人たちの作風は，ロシア人がロシアを描いた作品とは一線を画す独自の色合いを帯びている．ロシア人の中にはこういった存在をロシア文学の主流から排除して考える傾向も時に見られるが，むしろロシア文学に新たな風景と世界観を導き入れ，ロシア語の語彙をより豊かなものにし，「ロシア的なもの」の相対化を通じて，ロシア文学の可能性を押し広げるものと考えるべきだろう．

旧ソ連時代にはまったく認められず，死後にロシアで圧倒的な人気を獲得したセルゲイ・ドヴラートフ (1941〜90) という作家がいる．彼の父はユダヤ人，母はアルメニア人である．1978年に亡命した以後はずっとニューヨークに住んでいた．このような作家を，ロシア文学の中にどう位置付ければいいのだろうか．ドヴラートフ自身は，自分は特定の民族に属しているわけではないが，ロシア語で書いている以上，「職業としてのロシア作家」なのだ，と言っている．このようにロシア語によって書かれる文学の世界は，20世紀を通じて国境や民族を超え拡張されて現代に至っている． [沼野充義]

詩の20世紀

　19世紀初頭の「金の時代」にロシア詩が最初の隆盛期を迎えた後，1840年代以降のロシア文学では相対的に散文作品の比重が高まった．しかし19世紀末に象徴主義の時代が到来するとともに再び詩は文壇の主役となる．20世紀ロシア詩は後期象徴主義によって幕を開けた（☞項目「象徴主義」）．この世代を代表する詩人アレクサンドル・ブロークやアンドレイ・ベールイは，当時のロシア文壇において一時代を築き，単なる作家を超えたカリスマ的な存在として多大な影響力を誇った．

❋ポスト象徴主義の時代　1910年頃になると，時代の変動と社会変革の胎動の中で象徴主義はアクチュアリティーを失い，入れ替わるようにして新たな文学グループが次々と誕生する．言葉と意味の関係を問い直し，言語に革命を起こそうとした未来派，明晰な表現を追求したアクメイズムなど，ロシア詩は一気に百花繚乱の様相を呈する．

　未来派を代表する詩人としては，革新と抒情を併せ持ち，この世代随一のスターだったウラジーミル・マヤコフスキー，「ザーウミ（超意味言語）」をはじめとする斬新な言語実験を繰り広げた奇才ヴェリミール・フレーブニコフなどの名があげられよう（☞項目「未来派」）．一方，11年に結成された文学グループ「詩人ギルド」に始まるアクメイズムは，異国趣味とロマンティシズムに溢れたニコライ・グミリョフ，西欧古典の深い教養に裏打ちされつつ，言葉によって詩という「建築物」を構築することを目指したオーシプ・マンデリシターム，モダンな感覚の恋愛抒情詩で人気を博したアンナ・アフマートワらを輩出した．他にも，視覚性に富んだ比喩でロシアの自然や愛を謳ったセルゲイ・エセーニン，当初は未来派に属していたが，やがて独自の境地を開き，多層的で複雑な比喩を駆使して繊細な詩的宇宙を築き上げたボリス・パステルナーク，ロシア語の規範を逸脱した大胆な詩的言語を展開し，ある意味で未来派よりも未来派的な詩人だったマリーナ・ツヴェターエワなど，この時代には第一級の詩人たちが立て続けに現れた（ここにあげた8人の詩人は皆，1885〜95年の間に生まれており，いかにこの世代に多くの才能が集結していたかがわかる）．象徴主義から20世紀初頭までのこうしたロシア詩活況期は，詩人アレクサンドル・プーシキンらが活躍した「金の時代」に次ぐものとして，「銀の時代」と称された．

❋ソヴィエト体制下のロシア詩　1917年のロシア革命は，ロシア詩の動静にも大きな影響を与えずにはいなかった．革命後の混乱の中で，ツヴェターエワをはじめとする多くの詩人たちは国外へ亡命し，一方，国内に残った者たちは何らかの

たちでボリシェヴィキ政権と対峙することを迫られた.

「革命の文学」であると同時に「文学の革命」を目指し続けた未来派は,当初はソヴィエト当局と蜜月関係にあったが,プロレタリア文学陣営との激しい主導権争いの末,20年代後半から「社会主義リアリズム」が政府公認の唯一の芸術様式として規範化されていくのに伴って失速した.政治的イデオロギーと一定の距離を置いた者たちは,「国内亡命者」として次第に発表の場を制限されてゆく.グミリョフやマンデリシタームなど,粛清に倒れた者も少なくなかった.恋愛抒情詩人として出発したアフマートワは,苦難の時代を経る中で力強い民衆詩人へと変貌を遂げた.

50年代の「雪どけ」は,ロシア詩にも束の間の春をもたらした.エヴゲーニー・エフトゥシェンコ,ベーラ・アフマドゥーリナなど新世代の詩人たちは,社会主義リアリズムの枠にとらわれない清新な作品で絶大な支持を得る.彼らが出演する詩の朗読会には観客が押し寄せ,さながら人気ロックバンドのコンサートのような様相を呈するほどであった.

❋ソ連後期のアンダーグラウンド詩とブロツキー　「雪どけ」後のロシア詩は,アンダーグラウンドの世界へその主たる舞台を移す.1960年代,モスクワ郊外リアノゾヴォを拠点に活動した非公式芸術家たち（リアノゾヴォ派）の中には,ゲンリフ・サプギールなど実験的な手法を追求する詩人たちもいた.リアノゾヴォ派のようなネオ・アヴァンギャルド的潮流は,70年代に入るとドミートリー・プリゴフらのコンセプチュアリズム詩へとつながっていく（☞項目「ソ連期のアンダーグラウンド芸術」）.この他にも,チュヴァシ出身の詩人ゲンナジー・アイギは,特異な比喩と錯綜したシンタクシスに彩られた実験的なロシア語で静寂と沈黙を描き,ロシア詩の地平を広げた.

国外に活動の場を求めた詩人では,ヨシフ・ブロツキーがその筆頭にあげられる.63年に社会の「徒食者」として逮捕されたブロツキーは,72年には国外追放され,アメリカに移住する.パステルナークやマンデリシタームの系譜に連なる詩人であり,ツヴェターエワを深く敬愛し,若き日にはアフマートワの庇護を受けたこともある彼は,20世紀ロシア詩の最もよき継承者だった.87年に彼が受賞したノーベル文学賞は,ある意味で20世紀ロシア詩全体に与えられたのだともいえる.そして96年のブロツキーの死とともに,激動の世紀を経てきたロシア詩もまた一つの時代の区切りを迎えたのである.

図1　ツヴェターエワ生誕100周年シンポジウムで講演するブロツキー［著者撮影］

［前田和泉］

歴史・ノンフィクション文学

近代的な歴史の概念が西欧からロシアに導入されるのは18世紀になってからである．それに伴い実在の歴史上の人物を主人公にした文学作品が書かれるようになった．19世紀初めに一世を風靡したスコットランドのウォルター・スコットの歴史小説は，実在の偉人ではなく創作された主人公を歴史的事件の渦中に置くので，「国民」たるべき読者が自己を投影しやすかった．スコットの影響を受けたミハイル・ザゴスキンは，17世紀の動乱時代を舞台に選んで，ロシアで最初の歴史小説『ユーリー・ミロスラフスキーあるいは1612年のロシア人』(1829)の作者となった．

❀歴史小説とオーチェルク　その後の1830年代に歴史小説は主流のジャンルとなるが，ザゴスキン，イワン・ラジェチニコフ，ファデイ・ブルガーリンなど作者の多くがロシアとヨーロッパの関係を決定する12年のナポレオン戦役（祖国戦争）を体験していたことも重要である．戦火の中で書き続けられたニコライ・カラムジンの『ロシア国家史』(1816～29) も文学作品の豊かな源泉となった．この時期には文学者だけでなく，貴族階級を中心に多くの人々が日記や回想録によって時代の記録を残すようになった．アレクサンドル・プーシキンも歴史に深い関心を寄せている．史劇『ボリス・ゴドゥノフ』(1825年執筆)，叙事詩『ポルタワ』(1829) を書いた後，18世紀末のプガチョフの乱についての綿密な調査・取材をもとに歴史書『プガチョフ反乱史』(1834) と歴史小説『大尉の娘』(1836) を完成させ，同じ歴史上の人物について史実と創作とで異なる人物像を提示してみせた．ロマン主義の影響の色濃い歴史小説ジャンルは40年代に入ると次第に衰え，同時代の社会の諸相を描写するオーチェルク（ルポルタージュ）が盛んになる．フランスの「生理学もの」の影響を受け，首都の下層社会に取材した文集『ペテルブルグの生理学』(1845) がその嚆矢となった．歴史小説では架空の主人公の眼を通して過去の時代が描かれたが，オーチェルクでは一人称の語り手が異質な社会空間に読者を案内する役割を担った．農民の生活に取材したイワン・トゥルゲーネフ『猟人日記』(1852)，監獄を描いたフョードル・ドストエフスキー『死の家の記録』(1862) はフィクションの要素もあるが良質なオーチェルクとして読むことができる．

レフ・トルストイの大河小説『戦争の平和』(1865～69) を契機に，70年代から世紀末にかけて歴史小説が再びブームとなった．『戦争と平和』はロマン主義作家がつくり出した神話的イメージ（例えばナポレオン）を実証主義的に反駁する姿勢が特徴的である．80年代以降は読者層が拡大し，歴史小説は大衆文学的な

ジャンルに近付く．トルストイに大きく影響を受けたエヴゲーニー・サリアスは『プガチョフ一派』(1874) 以後の歴史小説によって流行作家となり，グリゴリー・ダニレフスキーによる18世紀の皇位僭称者を主人公にした『タラカノワ公女』(1882) やナポレオン戦争を背景にした『焼かれたモスクワ』(1886) が版を重ねた．『ロシアの古文書』(1863年創刊) や『ロシアの古事』(1870年発刊) といった歴史専門の雑誌に多くの歴史文書，とりわけ19世紀初めから活発に書き残されてきた回想録や日記が掲載され，歴史に関心のある読者に広く共有された．

　世紀末になると実証史学的な枠組みを外れて，神話的な歴史イメージが復権する．象徴派詩人ドミートリー・メレシコフスキーの歴史小説三部作『キリストと反キリスト』(1895〜1905) は歴史の題材を西欧にまで拡大して，終末論思想を交えた壮大な物語を展開した．

❀革命後の歴史と現在　革命期には過去のツァーリ（皇帝）や政治家は軒並み否定的な評価を受け，歴史小説で扱うことが難しくなる．マクシム・ゴーリキーの雑誌『われらの成果』(1929年創刊) は同時代の社会主義建設の状況を伝えるルポルタージュを掲載した．ロシア極東や中央アジアなどに作家が積極的に派遣されている．「事実の文学」を唱えた前衛作家セルゲイ・トレチヤコフは匿名の労働者が集団で書き手となる新たなドキュメンタリー芸術を夢見た．

　1930年代末にはナチ・ドイツとの戦争の可能性が高まるにつれ，国民の愛国心を喚起するためロシア帝国の過去の偉人が再び文学作品で取り上げられた．アレクセイ・トルストイの『ピョートル1世』(1929〜45) やワレンチン・コストィレフの『イワン雷帝』(1943〜47) といった歴史小説の主人公は権力者としてのスターリンの趣向に合うものでもあった．70年代の停滞期にはワレンチン・ピークリが愛国的な歴史物語で人気を集める一方，ブラート・オクジャワは偉業とは程遠い歴史の周縁の個人に光を当てた．ソ連解体と時を同じくして，帝政ロシアの終焉を描き出すアレクサンドル・ソルジェニーツィンの大作『赤い車輪』(1969〜91) が完結した．

　戦後のソ連では主としてベラルーシの作家によって新しいノンフィクション文学が試みられた．アレシ・アダモヴィチはテープレコーダーを駆使して人々の声を集めるオーラルヒストリー的なジャンルを開発し，レニングラードの作家ダニイル・グラーニンと協力して戦時中のレニングラード包囲の悲劇を記録した『封鎖の書』(1977〜81) を世に問うた．『チェルノブイリの祈り』(1997) などで知られるノーベル賞作家スヴェトラーナ・アレクシエーヴィチはアダモヴィチの手法を受け継いでいる．ソ連というユートピアを生きた人々の過去の体験を記録した『セカンドハンドの時代』(2013) は，未来に向けた社会主義建設を集団創作によって表現しようとしたトレチヤコフのプロジェクトの陰画になっている．

［越野　剛］

SF・幻想文学

　ロシア語でSF・幻想文学を総称する「ファンタスチカ」は，狭義のSFにとどまらず，E. T. A. ホフマン，ニコライ・ゴーゴリ，ミハイル・ブルガーコフ，フランツ・カフカ，ガブリエル・ガルシア＝マルケス，安部公房らの作品を含む概念である．ロシア民話，伝説，魔法物語，ユートピア文学，19世紀に先駆的にSF的方向性を追求したウラジーミル・オドエフスキーの試み，「銀の時代」における非リアリズム文学の探求の成果などを土壌として，20世紀に入るとロシアでも科学的要素を取り入れた小説が多く書かれるようになった．1914年，「宇宙飛行の父」と呼ばれるコンスタンチン・ツィオルコフスキーの協力者でもあったヤコフ・ペレリマンが，ジュール・ヴェルヌ『地球から月へ』の解説で，「ファンタスチック」に「ナウーチナ」（科学的の意）という形容を付けて「科学的ファンタスチックな」という用語を初めて用いたのは象徴的な事件であった．アンチユートピア長編『われら』（1920）で著名なエヴゲーニー・ザミャーチンは22年に著したウェルズ論において，静態的なユートピアと対比してダイナミックなプロットを有するファンタスチカの意義を論じた．ロシア革命によるユートピア的気分の高揚と相まって，20年代にはロシアSFの「第一の波」と呼ばれるブームが到来し，アレクセイ・トルストイ『アエリータ』（1923），イリヤ・エレンブルグ『トラストDE』（1923），アレクサンドル・ベリャーエフ『ドウエル教授の首』（1925），ブルガーコフ『運命の卵』（1925）といった古典的作品が続々と発表され，アンドレイ・プラトーノフ，アレクサンドル・チャヤーノフといったさまざまな傾向の作家の想像力が開花した．ユーリー・トゥイニャーノフは文芸時評『文学的現在』（1924）においてザミャーチンを高く評価し，顕微鏡の目で対象を眺めれば日常的な事物もファンタスチックになるとして，素材にとどまらない手法としてのファンタスチカの可能性に言及するなど，評論活動も活発化した．

❋ソ連時代の屈折とストルガツキー兄弟　1930〜50年代前半にソ連のSFは苦難の時代を迎えた．30年代に入って五カ年計画など社会主義建設が進行し，社会主義リアリズムによる統制が強まると，反体制的な風刺色の強い作品だけではなく，はるかな未来の共産主義的ユートピアを描く作風までもが退潮した．第2次世界大戦後には，SFは遠未来の理想社会を描くのではなく，現前の自然改造計画などの社会主義建設の偉業を描くべきであるとする「近い標的論」が猛威を奮い，プロットも帝国主義諸国のスパイとの闘争に単純化された．アレクサンドル・カザンツェフ，ウラジーミル・ネムツォフらに代表される当時の特異な作品群は

「第二の波」と呼ばれる．

この停滞を打ち破ったのがイワン・エフレーモフ『アンドロメダ星雲』(1957) である．スターリン批判，スプートニク打ち上げの高揚の中で，遠未来の共産主義社会における宇宙進出のロマンを高らかに謳い上げたこの作品は，公的プロパガンダに奪い取られていたユートピア的理念を文学という私的領域に取り戻す試みであった．エフレーモフの成功を受けて，アルカージー＆ボリス・ストルガツキーら一群の作家がデビューし，1960年代には「第三の波」が興隆し，世界的注目を集めた．SFは60年代のソ連の時代精神の一つであった．

しかし，ブレジネフ時代に入って文学への統制が再び強まるとSFにおけるユートピア的傾向は退潮した．ストルガツキー兄弟は次第に風刺的手法を磨くとともに黙示録的ヴィジョンの追求を始め，『ストーカー』(1972)，『そろそろ登れカタツムリ』(1968) といった傑作を書いたが，官僚主義化した出版界では冷遇され，しばしば発禁処分を受けた．74年からボリス・ストルガツキーは若手向けのセミナーを開催して後進を育成した．しかし，若い作家は作品発表のあてもなく原稿を書き溜めるといった状況が80年代まで続いた．

❋「第四の波」とソ連崩壊後の展開　ペレストロイカの進展を受け，80年代半ば以降，ストルガツキー兄弟の薫陶を受けた「第四の波」と呼ばれるアンドレイ・ストリャロフ，ヴャチェスラフ・ルイバコフ，ミハイル・ヴェレル，アンドレイ・ラザルチュークといった作家が活躍を始めた．この潮流の中核は科学性を重視せず，ゴーゴリやブルガーコフの作風を継承して文学としてのSFの完成度を求め，ロシアSFの水準は最高潮に達する．

図1　SF大会でのサイン会の様子［著者撮影］

同時期にファン活動も活性化し，各地でSF大会が開催，SF賞が創設された．

ソ連が崩壊して自由に出版が可能になると英米SFが一挙に流入し，歴史改変小説やファンタジーが流行した．ソ連時代は発表媒体が限られていたため中短編が中心であったが，ソ連崩壊後は長編の執筆が出版社から求められ，シリーズ化やシェアワールド化の傾向が顕著となった．ソ連崩壊後の世代では，セルゲイ・ルキヤネンコやゲンリ・ライオン・オルジ，マリーナ＆セルゲイ・ジャチェンコらが活躍している．また，ウラジーミル・ソローキンのようなジャンル外の作家もSF的手法を駆使するようになった．1点あたりの出版部数が減少する中で，ラボラトリヤ・ファンタスチキというウェブサイトでは読者による作品評価が行われ，市場の評価とは別に，SF文学の継承が行われている．　　　　　［宮風耕治］

現代文学

　ソ連体制下のロシア文学は長らく国家のイデオロギーの束縛を受け，一般的に自由な創作活動は禁じられていた．こうした状況は1980年代後半のペレストロイカによって一変し，発禁扱いだった地下文学・亡命文学・外国文学などが国内で自由に出版されるようになる．ペレストロイカ期は文学が一時的に社会性を回復した時期だったが，体制の建て直しのための自由化はソ連崩壊という逆説的な結果を招いた．国家の庇護を失ったことで文学の社会的重要性は著しく低下し，本の出版部数も軒並み減少した（月刊文芸誌『新世界』は1990年には270万部という驚異の発行部数を記録したが，2018年には2,200部にまで落ち込んでいる）．さらに今日のロシア文学は多様化の一途をたどり，あるべき文学のかたちを提示することは容易ではない．ソ連崩壊後には「ロシア・ブッカー賞」「ボリシャーヤ・クニーガ賞」「ナショナル・ベストセラー賞」など多数の文学賞が創設されたが，それらは飽和する文学市場において優れた作品の指標となっている．

❋ポストモダン文学①ソ連崩壊以前　ソ連崩壊後の1990年代のロシアではポストモダン文学が流行したが，その起源は50年代の「雪どけ」期にまでさかのぼる．一時的に文化統制が緩んだことにより国内でアヴァンギャルドの再評価が行われ，国家公認の創作原理である社会主義リアリズムとは異なる表現を目指す動きが現れた．それは「雪どけ」期以後も「地下文学」として継続し，ヴェネディクト・エロフェーエフ『酔どれ列車，モスクワ発ペトゥシキ行』(1973)，アンドレイ・ビートフ『プーシキン館』(1987) など，おびただしい引用やパロディから成るポストモダン文学の先駆的な作品が生まれた．

　ペレストロイカ期には歴史の再評価が盛んになったが，ヴァチェスラフ・ピエツフ，ヴィクトル・エロフェーエフ，タチヤーナ・トルスタヤといった新しい作家たちは，真実の探求よりも歴史や神話と自由に戯れてみせることを好んだ．ロシアのポストモダン文化の中核を成す「コンセプチュアリズム」や「ソッツアート」の美学から多大な影響を受けた作家ウラジーミル・ソローキンは，『ノルマ』(1994)，『ロマン』(1994) などで既存の文学を現代アートのオブジェのように扱いながら，伝統的なロシア文学の破壊的な脱構築を試みた．

❋ポストモダン文学②ソ連崩壊以後　1980年代末から90年代前半にかけて国内ではポストモダニズムに関する議論が活発に行われ，ソ連の社会主義文化に立脚した独自のポストモダニズム理論が構築された．例えば批評家ミハイル・エプシテインは，何ら実質を伴わない空虚なイデオロギーの集積であるソ連社会をディズニーランドのようなハイパーリアルな世界として提示してみせた．90年代のポス

トモダン文学を代表する作家ヴィクトル・ペレーヴィンは，『宇宙飛行士オモン・ラー』(1992)，『チャパーエフと空虚』(1996) などで禅仏教的な観点から現実の空虚さを描いた．また，現代の広告業界を描いた『ジェネレーション〈P〉』(1999)は1990年代の資本主義ロシアを象徴する作品となった．2000年にプーチン政権が誕生すると，革命が起きなかった20世紀のロシア帝国を描いたパーヴェル・クルサーノフ『天使に嚙まれて』(2000) など，ポストモダン文学の内部からナショナリズムの傾向を持つ作品が現れるようになる．社会の保守化が進んだこの時期には，トルスタヤ『クィシ』(2000)，ソローキン『親衛隊士の日』(2006)，ドミートリー・ブイコフ『ジェー・デー』(2006) など，フィクションの力を借りて現在のロシアを諷刺的に描く反ユートピア小説も多く書かれた．

❋新世代のリアリズム文学　一方で，2000年代には若い世代の作家を中心にポストモダン文学に対抗する「新しいリアリズム」と呼ばれる潮流が台頭した．理想の祖国の奪還を目指す若者たちの革命運動を描いたザハール・プリレーピン『サニキャ』(2006)，チェチェン紛争を背景にペテルブルグで生きるチェチェン人作家の精神的葛藤を描いたゲルマン・サドゥラーエフ『俺はチェチェン人！』(2006)など，新世代のリアリズム作家たちはポストモダン文学が空虚だとして切り捨てたロシアの生々しい現実を描くことを重視し，政治や社会の問題に積極的に取り組んだ．また，田舎のある平凡な家庭の崩壊を描いた『ヨルトゥイシェフ家』(2009) が話題となったロマン・センチンが「現代の農村派」と呼ばれるなど，新しいリアリズムには社会主義リアリズムとの類似性も指摘される．作風はリアリズムではないが，ソ連文学の遺産をめぐるダークファンタジー『図書館大戦争』(2007) で「ロシア・ブッカー賞」を受賞したミハイル・エリザーロフも，この潮流の作家たちと近い関係にある．

❋新しい価値を求めて　2010年代に入ってからは文学の枠組み自体にそれほど大きな変化は見られないものの，中世の聖者伝の形式を借りたエヴゲーニー・ヴォドラスキン『聖愚者ラヴル』(2012)，ロシアやヨーロッパが解体した21世紀中葉の世界を描いたソローキン『テルリア』(2013) では，中世的な世界観の中でポストモダン以後の新たな価値観を模索する試みが行われている．あるいは，「ナショナル・ベストセラー賞」に輝いたクセニヤ・ブクシャ『〈自由〉工場』(2013)など，「新しいリアリズム」の作家たちよりさらに一回り若いポストソ連世代の作家によるソ連表象も注目に値する．

　ベラルーシの作家スヴェトラーナ・アレクシエーヴィチが2015年にノーベル文学賞を受賞したことは記憶に新しいが，近年のロシアではノンフィクションも人気で，『偉人伝』シリーズの書き手にはブイコフやプリレーピンなど人気作家も名を連ねる．18年には書評家としても有名なレフ・ダニールキンによるウラジーミル・レーニンの伝記本 (2017) が「ボリシャーヤ・クニーガ賞」に輝いた．　　［松下隆志］

児童文学

ロシアの児童文学の特徴の一つは，小さな子供のための文学の多くが詩のかたちで書かれていることだろう．軽快なリズムに彩られた作品は，身の回りの事物についての知識や道徳をさりげなく教え，詩の言葉にふれる喜びを育む．好んで読まれるのはおとぎ話とユーモアを備えた物語である．子供にさまざまなことを教えるのは児童文学の重要な役割だが，勉強より遊びが好きなのはどんな子供も同じだ．

図1　2015年にマクドナルドのお子さまセットに使われたオステルのミニ絵本．玩具でなく絵本がおまけになるのもロシアならでは［著者撮影］

❋**教科書としての児童文学**　中世ロシア時代，最初に印刷された子供のための本は1574年に「印刷業の父」フョードロフが編纂した「文学教本」だといわれる．それまで読み書きを学ぶ本は聖詠経などキリスト教の経典だった．

18世紀，ピョートル大帝やエカチェリーナ2世の時代には，国家建設に役立つ人間を育成すべく，子供に正しい知識を授ける本の出版や西欧の書籍の翻訳が盛んに行われた．ノヴィコフが創刊し，若きカラムジンらが寄稿したロシア初の児童雑誌『心と理性のための子供の読み物』(1785～89) は，教え諭すより心を育てることを目的とした点で画期的だった．19世紀にはジュコフスキーやオドエフスキー，デカブリストの作家たちも積極的に子供のための作品を書き，児童文学は一般の文学と深く関わりながら独自の文学ジャンルとして発展していく．トルストイが領地の農民学校のために編纂した『初等読本』(1872)，『新初等読本』(1875) には民話の再話と創作あわせて629もの作品が収められ，教科書の枠を超えた読み物として今も愛読されている．

❋**芸術作品としての児童文学**　19世紀ロシアの児童文学には，ポゴレーリスキーの『黒いめんどり，あるいは地下の住人』(1829) やオドエフスキーの『煙草入れの中の町』(1834) のように最初から読者を子供に想定したものもあるが，現代まで読み継がれている作品にはクルイロフの寓話やプーシキンの物語詩のように本来大人のために書かれたものが多い．古くから伝わる民話を簡潔で美しい詩に昇華させたプーシキンの作品は児童文学の重要な一端を担っている．エルショーフの『せむしの仔馬』(1834) も民話が題材である．19世紀末にはビリービンや「芸術の世界」派の画家たちによって，民話の世界は絵本というかたちの芸術と

なった.

　幼年期の自伝や子供が主人公の物語も児童文学の大きな部分を占める. ドスト
エフスキーやチェーホフなど19世紀の優れた作家や詩人の多くが子供の世界を
作品に描いたことで, 児童文学は高い芸術的価値を備えたものになった. 一方
で, 20世紀初頭にはホームズものなどの探偵小説やチャールスカヤの少女小説が
ティーンエイジャーを虜にし, その価値や影響を巡る論争が繰り広げられた.

　革命後には熱狂的な雰囲気の中で児童文学においても新しい形式が模索され
た.「革命の詩人」マヤコフスキーはじめ, アヴァンギャルドの画家や作家が新
しい国を担う子供たちに良い作品を届けようと力を合わせ, 彼らの情熱はそれま
でにない斬新な作品となって結実した.

❀プロパガンダとしての児童文学, 避難所としての児童文学　1920年代末, 社会主
義国家の子供たちの目を現実から逸らすおとぎ話や空想物語は有害だとする論争
が起こるが, ソ連文学を主導したゴーリキーは子供の最大の武器は文学であると
して自由な空想に基づく創作を擁護し, 国内外の優れた作品を子供向けに編纂し
て出版するとともに, マルシャークやチュコフスキーはじめ, その後の児童文学
の第一人者となる新しい才能を発掘し育てた. 児童雑誌や児童書の出版所もつく
られ, 新しい書き手を得て児童文学は活性化するが, 30年代に入るとすべての言
語活動が党の管理下に置かれ, 次第に社会主義リアリズム一色に染められてい
く. 内戦や国家事業を題材にした作品, 実の親を革命の敵として密告したパブリ
ク・モロゾフの物語など, イデオロギー色の強い作品が多く書かれるが, 一般の
文学に比べ, 児童文学は比較的自由な表現が許されるジャンルだった. 大胆な表
現や荒唐無稽なファンタジーを得意としたオベリウの作家たちも, 形式主義の
レッテルを貼られて発表の場を失った後, 児童向けの詩で糊口をしのいだ.

　スターリン死後の「雪どけ」を経てブレジネフ時代に再び検閲が強化された際
も, 児童文学は創造的な活動を志す多くの才能が集まる避難所となった. 大人の
文学では使えない言葉遊びやナンセンスも動物の世界や架空の国を舞台とする子
供の作品では許されたし,「イソップの言葉」で語ることでソ連社会へのさりげ
ない諷刺を込めることもできたからである (☞項目「検閲・イソップの言葉」).
生活のためアニメの脚本や原作を書く作家も多く,「チェブラーシカ」の原作者
ウスペンスキーもそうした中の一人だった. 青少年向け文学ではフロロフ『愛に
ついて』(1966) のように世界に先駆けて離婚や性の問題を取り上げた小説も書
かれた.

　ペレストロイカ期にはイデオロギー色の強い教科書や国歌などをパロディにし
たオステルの作品が人気を博した. 人気のポイントはやはり韻文のリズムとユー
モア. 時代によって描かれる内容は異なるが, これからもきっと変わらぬロシア
児童文学の最大の魅力である.

[毛利公美]

言葉の力と文学の権威

　ロシアでは19世紀以来20世紀のソ連時代末期に至るまで，厳しい検閲制度の下で，表現の自由が制限されてきた．権力に迫害された文学者も多い．フョードル・ドストエフスキーは逮捕されて死刑宣告を受けた（実際にはシベリア流刑で済んだが）．ソ連のスターリン時代には粛清の犠牲になった文学者も多い．その後の時代でも，アレクサンドル・ソルジェニーツィンは1974年に国外追放となり，ソ連市民権を剥奪された．ロシアでは作家とは「危険な職業」だったのだ．

❋文学中心主義　文学者が抑圧されたのは，文学が軽視されたからではない．文学が社会的に重要な役割を果たし，作家の言葉に力があったからこそ，官憲は文学を統制する必要に迫られた．それは帝政ロシアでもソ連でも同様である．

　さまざまな芸術のジャンルの中でも文学が一番重要だとする考え方は，ロシアでは19世紀から根強くあり，近年はそれを「文学中心主義」と呼ぶ．このような言葉が存在するのは，おそらくロシアだけであろう．文芸批評家セルゲイ・チュプリーニンは2007年にこう書いている．「つい最近まで，ロシア文化とロシア人の社会意識は文学中心主義的だった．つまり我が国では実際に，すべての根本に言葉があり，文学は実際にすべての芸術の上に君臨するもの，そして国民精神のほとんど最高の顕現であると見なされてきた」．なお，ここでほのめかされているように，現代ロシアでは文学中心主義ももはや過去のものになりつつある．

　しかし，どうしてロシアではつい最近まで文学がこのように重要視されていたのだろうか．フランスの元外交官でロシア文学通のウジェーヌ＝メルキオール・ド・ヴォギュエは『ロシア小説』(1886) の序文で次のように説明している——ロシアでは帝政時代，厳しい検閲の下で，哲学・宗教・歴史・政治などに関する言説が厳しく統制されていたため，思想を表明する場としては詩と小説しかなかった．そして「思想はフィクションのしなやかな編み目の中に隠されている場合のみ，そしてその場合はすべてが許されるのである．フィクションは思想の隠れ家となり，主義主張を述べる論文の重みを持つ」．

❋文学という制度と小説の形式　ヴォギュエの見方には一定の説得力があるが，すべてを検閲という社会制度によって説明するのはもちろん単純に過ぎるだろう．19世紀ロシア文学，とりわけ小説が特別な重要性を持ったのは，それを貪欲に読み，逆説的なことに検閲官と同様に注意深く行間にメッセージを読み取ろうとしたインテリゲンツィアの熱心な読者層がいたからだった．つまり19世紀ロシア文学は「反動的な検閲官−作家−進歩的知識人」という三者の相互作用のうえに成り立つ制度だった．その構図はほぼそのままソ連時代にも引き継がれた．

もう一つ，重要な点は，こういった状況下で，アレクサンドル・プーシキン以来，ニコライ・ゴーゴリ，フョードル・ドストエフスキー，レフ・トルストイといったロシアの文学者たちが，詩的抒情も社会思想も，政治批判も個人の心理の緻密な分析もすべて取り込めるような，独自の柔軟で流動的なフィクションの形式を開発したということだろう．それは均整のとれた構成を重んずる西欧の美的規範からはかけ離れていて，西欧の目にはしばしば不可解に見えたが（ヘンリー・ジェイムズはトルストイの大長編を「ぶよぶよ，ぶかぶかのモンスター」と呼んだ），だからこそ「最も複雑な意味の伝達者としてのフィクション」（アメリカの研究者ドナルド・ファンガーの表現による）の力を発揮したのである．

❀人心の支配者　作家や詩人は，しばしば権力から危険視されて迫害されるとともに，社会の指導者として特別な尊敬を集める．ロシア語には「人心の支配者」という特別な表現がある．もともとはプーシキンがナポレオンやジョージ・ゴードン・バイロンといった偉大な人物を念頭に置いて使った言葉だが，その後，社会的に大きな影響力を持つ同時代のロシアの文学者を指す言葉となった．その中でも最大の存在は，トルストイである．彼は晩年，小説家としてだけでなく，国家や教会の権威にも批判的に対峙できる思想家として名声を世界的に轟かせていた．評論家のアレクセイ・スヴォーリンは1901年の日記の中で，「ロシアには二人の皇帝がいる．ニコライ2世とトルストイだ」と述べ，トルストイには皇帝の権威そのものを揺るがす力があることを認めている．

　トルストイ的な作家のあり方をソ連時代に直接受け継いだのは，ソルジェニーツィンである．彼は長編『煉獄の中で』の登場人物の一人に，「作家とは他の人たちの教師だ．いつでもそう理解されてきただろう？」と言わせている．また20世紀後半のソ連で最大の人気詩人の一人となったエヴゲーニー・エフトゥシェンコには，「ロシアの詩人は，詩人以上だ」という有名な表現があるが，これもロシアにおける文学の特別大きな位置をよく示すものだった．ソ連の末期から解体直後の混乱期に文化界のリーダーとして活躍した中世文学研究者ドミートリー・リハチョフは，「文学は社会の良心，社会の魂だ」と言っている．

❀原稿は燃えない　最後に特筆しておくべきことは，文学の言葉に対するロシア人の特別な態度である．ミハイル・ブルガーコフの長編『巨匠とマルガリータ』には，悪魔ヴォラントが「原稿は燃えないものだ」と言って，失われた「巨匠」の草稿を現出させるシーンがあるが，実際に『巨匠とマルガリータ』という作品は著者の生前には出版を許されず，死後草稿から蘇ったのだった．これ以外にも，たとえ権力から抑圧された作家の草稿であっても長いこと保存され，後に日の目を見たケースは少なくない．文書を安易には破棄せず保存しておくのは，行政レベルでは文書を重んずる官僚主義の現われともいえるが，文学に関しては言葉に対する畏敬の念が強く作用しているものと考えられる．　　　　　［沼野充義］

余計者

　余計者とは，19世紀前半〜半ばのロシア文学に特徴的な社会的・心理的な類型である．ロシアの公的な生活や生まれ育った社会環境（普通は貴族）からの疎外感，その環境に対する優越感と同時に精神的な疲労・深い懐疑・言葉と行動の不一致および社会生活での受け身の姿勢を特徴とする．

❋系譜　「余計者」という名称が広く普及したのは，イワン・トゥルゲーネフの作品「余計者の日記」が1850年に出版された後である．しかしこのタイプが形成された時期は19世紀初頭にさかのぼり，なかでもアレクサンドル・プーシキンの『エヴゲーニー・オネーギン』(1823〜31)の主人公オネーギンが最初の代表例とされ，それにミハイル・レールモントフ『現代の英雄』(1839〜40)のペチョーリンが続く．アレクサンドル・ゲルツェン『誰の罪か』(1841〜46)のベリトフが現れ，さらにトゥルゲーネフの一連の作品に描かれる（『余計者の日記』のチュルカトゥーリン，『ルージン』(1856)の同名の主人公，『貴族の巣』(1859)のラヴレツキーなど）．詩の分野でもレールモントフなどの作品に反映が見られる．「余計者」精神は19世紀後半から20世紀初めに受け継がれてゆく．

図1　ペチョーリン．シュマーリノフのイラスト(1841)

❋社会的背景　プーシキンは1822年10〜11月のV. P.ゴルチャコフに宛てた手紙で，「19世紀の若者のとびぬけた特徴となった，人生とそれがもたらす楽しみに対する無関心，魂の早すぎる老化」について述べている．ここからわかるように，「余計者」に似た形象はバンジャマン・コンスタン『アドルフ』(1816)，アルフレッド・ド・ミュッセ『世紀児の告白』(1836)など西欧文学の主人公にも見られる．「余計者」のテーマがロシアでより前面に押し出されたのは，専制政治と農奴制，未発達な社会という現実に対して，個人の自意識や自律性という西欧でより早くまた順調に普及した価値観の目覚めを反映するものとされたからである．ロシア文学の「余計者」たちの経験は劇的で強度の高いものとなり，この類型は実生活と文学で広く普及してゆく．このように近代化の「遅れ」の意識を背景に指摘できる点で，夏目漱石の小説などに登場する「高等遊民」を生んだ日本の文脈との比較も可能である．

❋文学的背景　「余計者」に類似するロシア文学の形象としては，1830年代に現

れる「小さな人間」をあげることができる．プーシキンの「駅長」（『ベールキン物語』〈1831〉所収）やニコライ・ゴーゴリの「狂人日記」(1835)「外套」(1842)などに描かれた人物たちもまた，社会的なものに全面的に支配されながら個人の生活圏を何とか確保しようとする．しかし通常「小さな人間」が「余計者」の系譜に入れられることはない．ここから「余計者」の特徴が浮き彫りになるが，それはいわば英雄のなりそこないであり，まず社会の中で主体的に行動するための資質や能力を備えていなければならず，「それにもかかわらず」実際の行動を欠くためその能力を発揮できないという事情が「未完成」の印象を与えている．この点でロマン主義，特にイギリスの詩人ジョージ・バイロンにみられる個の全能を頼む主人公たちから派生したものである．なお「小さな人間」という問題の立て方は，40年代後半になると自然派の作家たちによってゴーゴリとはまったく異なるものになる．抑圧された大衆はむしろ人民の健全な要素であり，その欲求が社会生活の全構造の変革の必然性を決定すると見なされるようになる．

　「余計者」の形象が成立するに際しては二つの契機が重要である．一つ目は，ロマン主義文学において社会的役割と私的な生活との分裂を抱える人物が登場したことである．この分裂は，バイロンの影響を受けた作品では周囲に押し付けられた規範を超越する「天才」的な人物像によって克服が試みられるが，それはしばしば挫折や失望に終わる（プーシキン，レールモントフ）．啓蒙主義的なきれいごとに終始せず人生がより多面的に分析されるようになるとともに，個人の価値や個性への関心が確立されたことで，「余計者」のテーマはリアリズムの心理描写への道を開いた．二つ目は，30年代に批評家ヴィッサリオン・ベリンスキーによって「タイプ」論が提唱されたことである．作品の登場人物が社会に生きる人々の典型となるように要求する「タイプ」論の登場によって，周囲や世界からの超越を目指すバイロン的な主人公は，そうした志向を保ったまま社会の中での位置を獲得し，社会の一部（「タイプ」）として語られ得る存在となった．イワン・ゴンチャロフの小説『オブローモフ』（1848〜59）の同名の主人公（ベッドから起き上がるために作品のおよそ3分の1を要する）と先行する文学作品の人物たちを比較して「余計者」の系譜を作成した批評家ニコライ・ドブロリューボフの論文『オブローモフ的なものとは何か』(1859)は，この「タイプ」論を受けて成立したものである．ただしこうした再評価は，「余計者」タイプが持つ煮え切らなさや生活に積極的に介入する能力の欠如を革命運動における「弱さ」として強調するものであり，「余計者」の歴史的な意味は変化している．都市化の進展に伴って文学作品に登場する都市の「遊歩者」という形象も，「余計者」の社会化に貢献した．例えばフョードル・ドストエフスキーの『罪と罰』(1866)でペテルブルクの街を歩き回るラスコーリニコフを，世俗化・大衆化した「余計者」と位置付けることもできるだろう．　　　　　　　　　　　　　　　　[安達大輔]

検閲・イソップの言葉

　社会体制の自己防衛装置である検閲は，どの時代や社会にも一定程度見られるが，近代化に出遅れた辺境の独立国家として，権威主義による秩序維持を必要としたロシア・ソ連は，とりわけ厳しい検閲体制を敷くこととなる.

❋**18〜19世紀**　しかしこの辺境性という理由から，そもそも私営出版の出現が遅れたロシアにおいて，多少とも体系的な世俗検閲が始まるのは，ようやく18世紀末，エカチェリーナ2世の時代のことである. 啓蒙の手段として出版活動を奨励したエカチェリーナは，「私営印刷所についての勅令」(1783) で印刷所の自由な開設を許可すると同時に，すべての出版物に事前検閲を義務付け，自身が最高検閲官として君臨，フランス革命後は言論統制を強めた. アレクサンドル1世の治世初期には，教育改革のなかで文部省管轄下の各大学に検閲委員会が設置され，啓蒙主義的で寛容な検閲令 (1804) のもと，検閲官 (大学人)，作家，出版業者らが協力して出版体制を支えることが目指された. だが次第に規制が強まり，デカブリストの乱後に即位したニコライ1世の時代には，新たな検閲令 (1828) により検閲総局が創設され，加えて検閲機関や作家を官房第三部 (政治警察) が監視するという二重検閲体制が築かれた. さらに1848年のヨーロッパの革命により，ロシア帝政史上最大の出版統制 (検閲テロル) がもたらされた. この厳しい統制を停止したアレクサンドル2世の大改革時代には，司法改革の一環として検閲制度も見直され，検閲の管轄は文部省から内務省に移り，「臨時規則」(1865) が定められた. これにより，ペテルブルグとモスクワの一定の刊行物は，事前検閲を免除されて事後検閲と裁判による懲罰検閲にのみ服することとなった. 専制権力下の行政による恣意的統制から，権力分立や法の遵守といった自由主義の理念に基づく検閲へのこの部分的転換で，出版社や作家の自律的判断の余地が拡大した. だが裁判で検閲機関に不利な判決がしばしば出され，また急進的な社会運動やテロルが拡大し始めると，政府は次第に裁判を介さない行政措置に回帰，続くアレクサンドル3世の時代には，厳しく安定した検閲体制が敷かれ，増加する大衆向けの廉価本や新聞の効率的統制に力が注がれた.

❋**20〜21世紀**　第1次ロシア革命 (1905) での大衆運動に圧されたニコライ2世は，「十月詔書」で言論の自由を宣言，1905〜06年の「臨時規則」で事前検閲がほぼ廃止された. さらに1917年の二月革命で発足した臨時政府は事後検閲も撤廃，検閲総局も消滅した. こうしてヨーロッパ諸国に数十年から1〜2世紀の遅れをとって獲得された出版の自由であったが，短命に終わる. それまで検閲と闘ってきたボリシェヴィキは，17年10月に権力を奪取すると，翌月，新政権を

「ブルジョア出版」から守るための一時措置として「出版に関する布告」を発令，これに基づき政権に反対する諸勢力の新聞を廃刊に追い込んだ（ウラジーミル・レーニンは出版の自由の理念をブルジョアに利するための欺瞞だとしていた）．また，紙の供給制限や製紙業・印刷業の国有化により，私営出版や組合出版を圧迫した．19年，国立出版所が検閲機能を与えられて検閲の中央集権化を開始，22年には教育人民委員部内に公式の国家検閲機関「文学・出版事業管理総局」（略称グラヴリト．「検閲」の語は伏せられた）が創設された．グラヴリトは，あらゆる社会領野の出版検閲を独占する機関として，（正式名称や所属の変更を経つつ）ソ連崩壊まで存続することになるが，20年代後半からは実質的な権限を共産党機関によって奪われていき，党指令の遂行組織となった．グラヴリトは30年代から事前検閲の実務も解かれ，代わって出版社が編集段階で事前検閲を行うこととなる．これに加え，公安機関がグラヴリトと連携し，創作・出版の監視や懲罰に携わった．これら諸レベルの検閲活動は，30年代からイデオロギー検閲の全面的統制下に入る．イデオロギー検閲を担ったのは，党書記長ヨシフ・スターリンをはじめ，党中央委員会のイデオロギー部門，文化官僚，文芸批評家，さらには作家自身であり，彼らの指示や党決議，批判キャンペーンなどを通して創作の許容範囲が狭まっていった．大規模テロルも背景に作家たちは創作規範を内面化し，自己検閲を徹底するようになる．こうして外的検閲と自己検閲，検閲と創作の境界は曖昧化し，作品は集団創作に近付き，作者の個人的刻印は薄れた．スターリンの死後，検閲体制はやや緩和された．60年代半ばからは再び言論統制が強まり，文学者に対する裁判や彼らの国外退去が続くが，80年代後半のミハイル・ゴルバチョフ書記長の情報公開政策によって禁書リストは徐々に短くなり，ソ連崩壊で検閲は撤廃された．ロシア連邦憲法（1993）には「検閲は禁止」と明記されている．だがウラジーミル・プーチン大統領のもとでは，市民による世論検閲を背景に国家が芸術作品の取締りなど，表現の自由への制限が認められる．

❀検閲への抵抗と文化生産　以上のように，ロシア・ソ連の検閲史は強化と緩和のあいだでジグザグの軌跡を描いてきたが，この間，検閲への対抗策が数多く生まれた．手写本の回覧，国外・地下出版，禁止事項を読者に仄めかす「イソップの言葉」の開拓などである．「イソップの言葉」という作家の自己検閲の産物に芸術性を認めるならば，検閲は創作を阻害するだけでなく促進するものとも見なせる．だがそうした検閲観には限界もある．帝政期やソ連後期の検閲がもっぱら，書いてはならないことを指示する「ネガティヴな検閲」によって，作家側からの独創的・芸術的な対抗策を呼びこんだとすると，スターリン時代の検閲は，書くべきことを指示する「ポジティヴ検閲」によって，作家個人から独創性の余地を奪った．そのような意味で，ロシア・ソ連の検閲は，文化生産における個人・創作・芸術などの概念の見直しを迫る制度だといえるだろう．　［平松潤奈］

戦争と文学

　中世ロシアの文学では叙事詩がしばしば戦争を主題にしている．興味深いことに，負け戦の物語『イーゴリ軍記』だけでなく，モンゴル・タタールに対する勝利を描いた『ザドンシチナ』でも，近しい人を失った遺族の悲しみが歌われており，戦死者を悼む文学形式がすでに成立していたようだ．今日理解されるような意味での戦争文学が成立するのは，多数の国民が動員され，勝利の栄光と戦災の悲劇とが集団的な記憶となる近代の戦争においてである．1812年のナポレオンのロシア遠征（祖国戦争）がその契機となった．

❋**祖国戦争**　詩人ワシーリー・ジュコフスキーが戦火の中で書いた対話詩『ロシア戦士の陣中の歌い手』(1812) は，キエフ・ルーシの昔から現在に至る偉大な軍人の名前を列挙することで，ナポレオンを迎え撃つロシア軍の士気を高揚させようとする．この作品は繰り返し書き写され朗読されることで，将校を中心に軍隊の中で広く知られるようになった．このときに従軍した作家たちによって，1830年代に歴史小説が流行する．ミハイル・ザゴスキンの『ロスラヴレフあるいは1812年のロシア人』(1830) は祖国戦争を描いた最初の長編小説だが，同じ作者による歴史小説『ユーリー・ミロスラフスキーあるいは1612年のロシア人』(1829) と明らかな対になっており，ナポレオン戦争という同時代の出来事がロシア史の大きな文脈と連関して記憶されているのがわかる．

　祖国戦争の記憶はレフ・トルストイの大作『戦争と平和』(1865〜69) を生み出した．戦争という人間の営みが，皇帝や将軍たちから一兵卒に至る複数の層でパノラマのように展開する．元婚約者のアンドレイ公爵や愛する弟を戦争で失ったナターシャとロストフ家の悲嘆と回復という喪の作業．そのアンドレイ公爵が幾多の戦場を体験しながら，独自の死生観に到達する過程は，死に向き合う人間の心理を探求するトルストイの創作にとって重要な場面である．戦場における無機的で偶然の死の暴力の描写は，作家自身のクリミア戦争での従軍体験をもとにした『セヴァストーポリ物語』(1855〜56) が原点である．

❋**20世紀の戦争**　ロシアにとっての第1次世界大戦は革命とその後の内戦を導く前史として想起される．ドミートリー・フールマノフ『チャパーエフ』(1923) とイサアク・バーベリ『騎兵隊』(1926) は内戦を扱った小説としてよく知られている．どちらの作品も粗暴ではあるが魅力的な民衆イメージを与えられた赤軍兵士の姿が，作家の分身としての知識人の眼を通して描かれる．ミハイル・ショーロホフの長編小説『静かなるドン』(1928〜40) は，赤軍と白軍の間を行き来する主人公を軸にしてトルストイのような壮大な歴史のパノラマを提示した．

第2次世界大戦における独ソ戦争（大祖国戦争）は，ヒトラーのファシズムへの勝利という輝かしい栄光と2,600万人の犠牲という途方もないトラウマを生き残った人々に残した．コンスタンチン・シーモノフの詩『私を待ってくれ』(1942)は，銃後に残った恋人に向けたメッセージという切実なテーマを扱い，非常な人気を博した．戦時中から戦後にかけては赤軍の兵士を模範的な英雄として称える作品が主流だった．アレクサンドル・ファジェーエフ『若き親衛隊』(1946)やボリス・ポレヴォイ『真実の人間の物語』(1946)は，ファシズムとの戦いにおける主人公たちの並外れた活躍と自己犠牲の精神を描き出した．

一方で同じ年に出たヴィクトル・ネクラーソフの『スターリングラードの塹壕で』(1946)は，同じ戦争体験者であれば誰でも共感できるような戦場の生活のディテールをリアルに描き出し，「雪どけ」期の新しい戦争文学に影響を与えた．作者の多くが下級将校として従軍した経歴を持つことから「尉官小説」とも呼ばれる新しいジャンルでは，ソ連の軍人を単に英雄化するのではなく，過酷な戦場における個人の葛藤に重点を置いた．『一片の土地』(1959)のグリゴリー・バクラノフ，『最後の一斉射撃』(1959)のユーリー・ボンダレフなどが代表的な作家である．極限状態の人間の選択や心理を探求するワシーリー・ブイコフ（ブイカウ）はベラルーシ語作家だが，ソ連の戦争文学を代表する存在となった．敵に包囲された部隊の人間模様を描く『三発目の信号弾』(1961)，ドイツ軍の協力者になった男の運命をたどる問題作『ソートニコフ』(1970)など，主要な作品は（しばしば作者自身による）ロシア語訳で読むことができる．「尉官小説」をはじめとする戦争小説の多くはソ連時代に映画化されることで広範な社会層の戦争の記憶を方向づけた．ボンダレフはブレジネフ期の国策映画『ヨーロッパの解放』(1970～71)に脚本家の一人として名を連ねている．ユダヤ人作家ワシーリー・グロスマンの長編小説『人生と運命』は民間人の生活にも視点を広げてホロコーストや大テロルなどのタブーに踏み込んだだけでなく，ナチズムとスターリニズムを同列に論じる場面すら含んでおり，1988年までソ連内では刊行されなかった．

❋戦争文学の現在　戦争文学はソ連末期から現在にかけても重要なジャンルであり続けている．アフガン戦争はオレーグ・エルマコフの小説『獣の印』(1992)やスヴェトラーナ・アレクシエーヴィチのドキュメンタリー『亜鉛の少年たち』(1989)を生み出した．チェチェン戦争を舞台とした作品では，ロシア文学のコーカサス（カフカス）表象の伝統をアイロニカルに踏襲したベテラン作家ウラジーミル・マカーニンの小説『アサン』(2008)がよく知られているが，『病理』(2004)のザハール・プリレーピンや『アルハン・ユルト』(2006)のアルカージー・バプチェンコなど，実際にチェチェンに従軍した体験のある小説家によって「リアリティ」の欠如を批判されてもいる．こうした論争は尉官小説の作者たちが塹壕の中の真実を追求した姿勢を反復するものといえるかもしれない．　　　　[越野　剛]

女性と文学

　18世紀後半からロシア文学史には女性たちの名が登場する．ロシア初の女性詩人エカチェリーナ・ウルーソワ，回想や童話を執筆していたエカチェリーナ2世，その右腕としてアカデミー総裁となり文化・教育・科学を牽引したエカチェリーナ・ダーシコワも回想などを執筆している．貴族の家庭に生まれ，教養を身につけた才能ある女性たちは，読書人として創作者として，女性たちにとっての文学の領野を切り拓いていく．初の女性向け文芸誌が創刊されたのも1779年だ．

❋ロマン主義の時代　19世紀初頭にアンナ・ブーニナは詩や短編の創作に取り組み，高い評価を得た（図1）．貴族の家庭に生まれたが独身を通し自立した人生を送った当時と

図1　ブーニナの肖像（アレクサンドル・ワルネェク画）

しては稀な女性でロシアのサッフォーとも呼ばれる．一方で，ジナイーダ・ヴォルコンスカヤやエヴドーキヤ・ロストプチナのように文学サロンを開き，自身も詩や小説・旅行記などを執筆した女性たちもいる．ニコライ・ネクラーソフの妻アヴドーチヤ・パナーエワは短編や長編を『現代人』誌に掲載し，彼女のサロンにはフョードル・ドストエフスキーらも訪れていた．

　19世紀半ばには，男装でナポレオン戦争に従軍経験を持つナジェージダ・ドゥーロワや，当時人気だった上流階級の愛憎劇をテーマに創作を行ったエレーナ・ガン，マリヤ・ジューコワといった新しいタイプの多彩な女性作家たちが登場する．

　1860年代以降は，数学者のソフィヤ・コワレフスカヤのように偽装結婚をしてヨーロッパの大学で学ぶ女性たちが相次ぎ，その回想や自伝はドラマティックな人生だけでなく，女性たちのより良い生への渇望が高まりゆく時代の雰囲気を反映している．しかし，女性が創作を行うことに対する社会の理解は成熟してはおらず，本名を隠し，男性名や外国名のペンネームを用いて作品を発表する女性たちが数多くいたことも事実である．

❋モダニズムの時代　1880年代に入ると女性解放運動の高まりと急速な都市化を背景に，ジャーナリズムの分野で活躍する女性たちが増え，その中から人気作家

が輩出されていった．ベストセラーとなった長編『幸福の鍵』(1913)の作者アナスタシア・ヴェルビツカヤ，個人の心理をリアルに探るマリヤ・クレストフスカヤらは，女性にとっての幸福とは何かというテーマに取り組み，女性のアイデンティティを追求して時代を先取りした．

　世紀末から20世紀初頭のモダニズムの時期には，女性詩人の活躍が目覚ましい．男装を好んだ象徴派詩人のジナイーダ・ギッピウス，かたや女性的な詩の伝統を刷新したミッラ・ロフビツカヤは，間もなくアンナ・アフマートワやマリーナ・ツヴェターエワといった大詩人を輩出することになるロシア女性詩の土壌を用意した．

❋ソ連時代以降　社会主義建設のテーマに貢献するリディヤ・セイフーリナやマリエッタ・シャギニャン，独ソ戦時に民衆を鼓舞する役割を果たした詩人のヴェーラ・インベルやオリガ・ベルゴーリツなどが活躍した．1960年代にはスターリン時代の回想が書かれ始め，リディヤ・チュコフスカヤやエヴゲーニヤ・ギンズブルグらが地下出版や国外出版で広く読まれ，ソ連の現実を開示した．また，詩のジャンルでもベッラ・アフマドゥーリナやエレーナ・シュワルツらが現れ，みずみずしい感性で文学性の高い作品を残した．

　80年代に入ると，リュドミラ・ペトルシェフスカヤ，タチヤーナ・トルスタヤ，ワレーリヤ・ナールビコワ，ニーナ・サドゥールといった才能ある女性作家たちが一気に登場し，「もう一つの散文」と呼ばれる時代が到来する．彼女たちは，小さな人間の内にある世界を幻想や不条理，緻密なメタファー（隠喩）を存分に駆使しながら新たな真実を垣間見せるテクストをつくり出す．こうした現象は，女性文学の意義をめぐる論争をも巻き起こした．88〜91年には『恨みを抱かない女』『新アマゾネスたち』など女性作家のアンソロジーも編まれている（図2）．リュドミラ・ウリツカヤ，マリーナ・パレイ，オリガ・スラヴニコワなど，ソ連以後の作家たちによる長編小説の時代が始まり，女性作家は名実ともに男性作家と同等の存在となった．またベラルーシ出身のスヴェトラーナ・アレクシエーヴィチは

図2　『恨みを抱かない女』(1990) 表紙

2013年にライフワークである「ユートピアの声」シリーズの完結編『セカンドハンドの時代』を発表した．旧ソ連圏の市井の人々の声を記録し続けた功績により2015年にはロシア語で執筆する女性作家として初めてノーベル文学賞を受賞した．

　　　　　　　　　　　　　　　　　　　　　　　　　　　[高柳聡子]

都市と文学

「都市を読む」という表現がある一方で、都市を描いた文学は複雑な迷路をたどるように徘徊することができる。ある視座からすると、都市と文学はテクストとして同一の構造を成しているといえる。ロシアで都市文学の対象といえば、サンクト・ペテルブルグとモスクワにつきるだろう。対都市ともいうべき両者は自己にささげられた相当数の文学作品を有する。小説家・詩人アンドレイ・ベールイのようにペテルブルグとモスクワの双方について優れた作品を残している作家もいるにはいるが、多くはいずれかにかかわり、その都市固有の内容とスタイルを追求している。

1703年に「ヨーロッパに開かれた窓」としてペテルブルグが建設された時、モスクワはロシア的な大きい村として位置付けられることになる。ただし、この村はコンスタンチノープルの後を継ぐ第三のローマという使命を担っていた（☞項目「モスクワ第三ローマ説」）。その後二つの都市は大きな変貌を遂げるものの、ロシアを照らす二つの光源という役割は変わっていないし、両者の文化的視差は依然として保たれている。

図1　アレクサンドロフスキー公園に立つゴーゴリ像（1896、ワシーリー・クレイタン）

❋劇場都市ペテルブルグ　ペテルブルグというと、昔から必ずといってよいほど変わり者（チュダク）の街、夢想家（メチタチェリ）の街という言葉があがる。こうした性格は、そこに生まれる文学の特性と切り離せない。さしずめ、小説家フョードル・ドストエフスキーの中編『白夜』（1848）は、そうした性格を描いた範例といえるだろう。その後、彼は『罪と罰』（1866）、『白痴』（1868）といった長編において、主人公と等価なものとしてペテルブルグ像を造形することになる。現在われわれは、これらの小説の眼を通してペテルブルグを見ている。また文学者ミハイル・バフチンが『ドストエフスキーの創作の問題』（1929）で展開した概念の構築性は、そのままペテルブルグの幾何学性に呼応しているといえる。ヴィクトル・シクロフスキー、ボリス・エイヘンバウム、ユーリー・トゥイニャーノフ、レフ・ヤクビンスキーらロシア・フォルマリストの形式的方法も、こうした抽象性にかかわってくるだろう。

バロック都市ペテルブルグの装飾性と緊密に結び付いた劇場性は、小説家ニコ

ライ・ゴーゴリの「ネフスキー大通り」(1835),「鼻」(1836) に余すところなく表されている. ゴーゴリのペテルブルグものには,他に「外套」(1843) があり,これらにみられるグロテスク,笑いはこの街の劇場性以外の何ものでもない.

沼沢地に突如出現したことに由来する,街の発生基盤の脆弱性は,当然のようにして終末論をたぐりよせることになった. 詩人アレクサンドル・プーシキンの叙事詩『青銅の騎士』(1833) や小説家エヴゲーニー・ザミャーチンの「洪水」(1929) における洪水,アンドレイ・ベールイの『ペテルブルグ』(1914〜15) における爆弾は,その表象といえるだろう. 終末論の一部には文化的完成・成熟という要素も含まれており,ロシア・アヴァンギャルド詩の流派アクメイズムや小説家コンスタンチン・ヴァーギノフの『山羊の歌』(1927) は,そうした要素を体現するものとしてすぐに思い浮かぶし,小説家アンドレイ・ビートフの『プーシキン館』(1964〜71) もこの系列に連なる.

小説家ウラジーミル・ナボコフが亡命の地において抒情詩に切々と綴るノスタルジックなペテルブルグも,間違いなくこの街の像の一部である.

❊モスクワの自然力〔スチヒーア〕 ペテルブルグの作家というとフョードル・ドストエフスキーがあげられるように,モスクワの作家といえば,小説家レフ・トルストイ,小説家アントン・チェーホフということになる. トルストイの『戦争と平和』(1865〜69),『アンナ・カレーニナ』(1875〜77) では貴族のモスクワが,「モスクワのトゥルブナヤ広場」(1883) を初めとしたチェーホフの短編では市民のモスクワが描かれる. ナポレオン戦争を舞台とする『戦争と平和』の叙事詩的モスクワは,第1次世界大戦,第2次ロシア革命の時代を描く詩人・小説家ボリス・パステルナークの『ドクトル・ジヴァゴ』(1957) では,また別の顔を見せてくれるだろう. 大火,戦争と革命は,モスクワとは切っても切れない要素である.

ペテルブルグの生んだアクメイズムの対極に位置するといえるモスクワの詩派・立体未来主義が,超意味言語という究極の詩的言語を提唱している. その代表的な実践者はヴェリミール・フレーブニコフである. ある意味,ザーウミはモスクワの地誌的性格を表しているだろう. 言語の荒々しい自然力は,小説家ボリス・ピリニャークの『裸の年』(1922) においてモスクワの中心に潜む中国街という象徴となって表れた. また小説家ミハイル・ブルガーコフは,小説の自然力を自在に操りながら『巨匠とマルガリータ』(1929〜40) を書き上げる. 古代エルサレムと1930年代のモスクワを掛け合わせたこの稀代の小説は,モスクワの自然力を小説世界に見事に変換し得た. この小説と『ペテルブルグ』はロシアの都市小説の双璧をなす,とされている.

現代ロシアを代表するモスクワの二人の小説家,ウラジーミル・ソローキンとヴィクトル・ペレーヴィンは,小説の自然力の申し子といってもよい存在であると同時に,モスクワの自然力の見事な語り部でもある. 〔大石雅彦〕

農村と文学

19世紀末のロシアの人口の8割は農民だった．当時は民衆（ナロード）といえばほぼ農民を指し，農村に深く根付いた農民の伝統的な生活，文化，メンタリティ抜きには，ロシアを語り得えなかったはずだ．しかし当時は識字率が低く，口承文芸以外に，農民自身が農村文学を書くことはあり得ず，書き手は主に，地主（貴族）の作家や詩人たちであった．

✹農村文学の始まり 18世紀末には，本格的な自然描写と共に農村や農民が描かれるようになった．アレクサンドル・ラジーシチェフの小説『ペテルブルグからモスクワへの旅』（1790）は農奴制下の農民の窮乏を描き，ニコライ・カラムジンの小説『哀れなリーザ』（1792）はリーザの悲恋を描いたセンチメンタルな物語だが，貧しい農民の娘でさえ恋ができることが広範な読者の共感を呼んだ．詩にも農村は描かれ，1830年代にはアレクセイ・コリツォフが民謡の形式を取り入れ、農村の自然や歳事、農民の哀愁を歌った．アレクサンドル・プーシキンの韻文小説『エヴゲーニー・オネーギン』（1823～31）でも，タチヤーナの育った領地村の自然が細やかに綴られている．ニコライ・ネクラーソフの長詩『ロシアは誰に住みよいか』（1863～77）は，農民の目から見た農民生活の諸相が民謡，英雄叙事詩などの手法を取り入れて歌われている．

✹牧歌的田園生活とその終焉 イワン・トゥルゲーネフの『猟人日記』（1852）は，繊細な自然描写と農奴制廃止に影響を与えたといわれる農民の日常の生き生きした描写が際立つが、ここに登場する農民たちは，無学と貧窮の中にありながら霊的謙虚さや聡明さを備えている．農民に対するこうしたとらえ方は，レフ・トルストイやフョードル・ドストエフスキーにも見られる．特にトルストイは，領地ヤースナヤ・ポリャーナで生まれ育ったため，田舎，田園，自然こそが人間が存在すべき世界であると考えた．『戦争と平和』（1865～69）の農夫出身の兵士プラトン・カラターエフの無知の知，『アンナ・カレーニナ』（1875～77）でアンナとは対極の牧歌的田園生活を静かに送るリョーヴィンにそれはよく表れている．イワン・ゴンチャロフの『オブローモフ』（1848～59）のオブローフカ村でも，悠揚たる眠たげな田園生活は，主人公に郷愁と憧憬の念を抱かせる理想郷であった．しかし，郷愁の対象であることは，既にそうした農村および田園生活が変貌し失われつつあることを意味している．アントン・チェーホフの『桜の園』（1903）では，貴族の広大な領地が競売にかけられ別荘地として分譲されることになる．地主の一族が立ち去り，桜の木が伐り倒される音が響く中，屋敷内に一人取り残された老僕の姿は，貴族たちの領地生活の終焉が，農民にとっても長年の農村生

活の終焉であることを物語っている．イワン・ブーニンの『村』(1910) では，ある兄弟を主人公に，無知蒙昧と野蛮が跋扈する或る村が描かれているが，「ロシアはどこまで行っても全部が村なのさ」という文が示すように，この村の陰鬱な状況は当時のロシア全体を象徴している．

✿**革命後の農村文学と「農村派」**　革命後，ソヴィエト政権およびアヴァンギャルド芸術は都市，工業に関心を集中し，農村のテーマは後景に押しやられた．例外は農民出身の詩人セルゲイ・エセーニンの登場である．エセーニンは革命を歓迎し，それが農民ユートピアを実現するものであろうと期待をかけ，長詩「イノニア」(1918) を書いた．しかし現実の革命は異なり，都市の工業化を推進するものであることを悟り，『僕は最後の農村詩人…』(1920) では，「もうすぐ鉄の客が現れる」と，破滅の危機にある農村の牧歌的生活が機械技術文明に押し潰されることを嘆いた．農村は 1928 年に始まった農業の集団化により，再び文学作品の重要な舞台となった．コルホーズ文学は社会主義リアリズムのサブジャンルであり，急速な農村の変革を推進するものだった．

　コルホーズ文学が目指した進歩，未来，科学への熱中とは逆に，60 年代には，伝統，過去，自然を重視する「農村派」と呼ばれる作家たちが登場した．農村派文学の魁とみなされるのは，貧しく慎ましく心正しい老農婦を描いたアレクサンドル・ソルジェニーツィンの『マトリョーナの家』(1963) であるが，農村派作家たちはいずれも農村の出身で，方言や民衆の俗諺を交えた表情豊かな文体で，農村の急速な近代化機械化と共に，1,000 年も続いた伝統的な文化や自然環境の破壊が進み，ロシア人の精神的支柱が喪失することを憂えた．老人，変人などが主人公であり，それは社会主義リアリズムの「肯定的主人公」とはかけ離れていた．代表的な作家としては，『プリャスリン家の人々』(1958〜78) で第二次世界大戦から戦後の苛酷な時代を生き抜いた一家を通して農民魂を描いたフョードル・アブラーモフ，『いつものことさ』(1966) で北ロシアの貧しい農村の日常を悲哀とユーモアを交えて綴ったワシーリー・ベロフ，『赤いカリーナ』(1973) で社会のはみ出し者，変わり者が魂の自由を求めて飄々と我が道を行く姿を描いたワシーリー・シュクシン，『左肩越しの笑い』(1988) で豊かな自然に囲まれた子供時代の明るい思い出とともに，集団化時代の富農撲滅運動のおぞましい記憶も綴ったウラジーミル・ソロウーヒンなどがいる．これらの作品は全て，過去への郷愁に満ちているが，それはそこはかとなく明るい悲しみから，次第に切羽詰まった危機感，怒りに変貌していった．ヴァレンチン・ラスプーチンの『マチョーラとの別れ』(1976) は，発電所のダム建設のために水没する村の最後の日々を描いた作品だが，母なる大地の喪失は単に自然破壊を意味するだけでなく，大地信仰と深いつながりのある祖先崇拝や汎神論的世界観など，精神文化の根幹をも揺るがす出来事であるという，終末論的色彩が濃い．　　　　[安岡治子]

文学と教育

およそ文字というものが人々の文化に浸透して以来，子供に読み書きを教える学校教育は広義の文学と分かち難く結び付いてきた．しかし年代記の記述によれば11世紀初頭の都市ノヴゴロドで読み書きを教わっていた子供は300人程，その後16世紀までに教会を中心として子供に読み書きを教える施設が発達するものの，その数は決して多くはなかった．17世紀後半になると，スラヴ・ギリシア・ラテンアカデミーを始めさまざまな教育施設が創設された．18世紀初頭にはピョートル1世の改革により貴族の子供の教育が義務付けられたほか，造船技師養成の学校や科学アカデミーも創設される（1724）．19世紀には国民教育省（文部省）が設立され，各地の学校制度の整備が進められる．

❋**トルストイの学校と『読本』** しかし19世紀ロシアにおいて農民を中心とした一般の民衆は読み書きができないことが普通であった．『戦争と平和』で知られるレフ・トルストイは農民の子らに読み書きを教えるため，領地ヤースナヤ・ポリャーナに学校を開く．トルストイは当時一般的だった体罰を全面的に廃し，遅刻や教室内の席移動もすべて子供の自由に任せた．そして文字の覚え方やフランス語や英語の児童書の翻案，さらに自然科学の基礎を子供に読み砕くテクストなどをみずから創作・編纂し，独自の教材をつくる．この教材には当時最先端の生物学の知識であった「亀の甲羅は人間の肋骨にあたる」といった情報から，トルストイに多大な感銘を与えたヴィクトル・ユゴーの『レ・ミゼラブル』の抜粋訳までが含まれる．

図1 ニコライ・ボグダーノフ＝ベリスキー〈教室の入り口で〉(1897)

❋**ソ連の文学教育** だがロシア全体としてみると，19世紀末に至っても依然として識字率は2割（男性29％，女性13％）程度であった．革命以降ソ連では教育の普及が急速に進められ，1920年までに8歳以上の識字率は40％強に上がる．

21年には革命後初の教育方針が完成する．当時教材として推進されたのは主に19世紀の文学であり，アレクサンドル・プーシキン，ミハイル・レールモントフ，ニコライ・ゴーゴリ，アレクサンドル・ゲルツェン，トルストイ，フョードル・ドストエフスキー，アントン・チェーホフといった，現在も読み継がれる作家の名が並ぶ．

20〜30年代の改変を経て，38年には新たな教育方針が決定する．21年の教育方針と38年の教育方針の差異は，革命前と後の教科指南の差異よりも大きいとも

いわれるほどで，詩では頌詩（しょうし）が増え，粛清の対象となった作家が消え，アレクサンドル・ファジェーエフの『壊滅』(1927)，ニコライ・オストロフスキーの『鋼鉄はいかに鍛えられたか』(1932) など，同時代作家の作品が新たな正典として加えられた．以降，ニキータ・フルシチョフの「雪どけ」期まで大きな改変は行われなかった．

　50年代後半以降の改革により義務教育で学ぶべき推奨図書は増加したのに対し文学の授業時間数自体は減少した．詰め込み式の教育になるおそれがあるとの批判もあったが，1950年代前半までは教えられなかった作品も加えられ，実際には通読不可能な量の図書をある程度選択的に教えることになったため，教師による授業の自由度は上がった．

　80年代には新たに改革が行われた．この時期までのソ連文学が多く加えられたほか，すでに含まれていた作家の作品にも変化が見られ，全体的に保守的，愛国主義的な作品が増加．革命期・内戦期の作品は減少し，第2次世界大戦をテーマとした作品が増加した．授業時間はさらに減少した．

❋文学大学　ソ連は国家事業の一環として作家を養成する教育機関をつくった．1933年，モスクワ中心部にあるゲルツェンの生家を校舎としたゴーリキー文学大学が創設される．文学大学の理念は，詩人および作家養成，批評や文学史の教育，文学研究者の養成であった．文学研究者のボリス・トマシェフスキーらによる文学史や文学理論の授業のほか，歴史，哲学などを中心に授業が組まれ，作家のコンスタンチン・パウストフスキー，詩人のセルゲイ・ゴロデツキー，ニコライ・アセーエフらが創作ゼミを担当した．同校はヴィクトル・アスターフィエフ，チンギス・アイトマートフ，ユーリー・トリーフォノフ，ユーリー・カザコフといった多くの作家を排出したほか，ソ連末期にはヴィクトル・ペレーヴィンも同校に学んだ（1991年中退）．

❋ソ連崩壊以後の文学教育　ソ連崩壊とともに，義務教育における文学の位置付けは大きく変化した．1990年代後半からは新たな文学教科書も次々に刊行，教育の在り方についても活発な議論がなされた．教科書の記述量の比率としては以前よりも古代ロシア文学が増加，ソ連時代の禁書も多く採用されている．その反面，授業時間数は激減，教科書の記述も簡略化された．生徒に課される課題としては内容的な問題よりも文法的な問題が増加している．また一方では文学作品の正教的な解釈を促す記述が増加し，文学と宗教教育を一体化させる試みもみられるが，多宗教国家であるロシアにおいて正教を義務教育に導入することに対する批判の声もあがっている．

　2020年をめどに新たな文学教育方針の打ち立てが進められるなか，2013年に起こった文学教科書の論争についてはウラジーミル・プーチンも発言するなど，文学教育のあり方は現在も改革と論争の焦点となり続けている．　　　　　　［奈倉有里］

吟遊詩人

　1950年代後半から60年代の「雪どけ」期のソ連で，アレクサンドル・ガーリチ，ブラート・オクジャワ，ウラジーミル・ヴィソツキーら詩人たちが，みずからの詩にメロディをつけ，ギターを弾きながら自由や愛について歌い，一世を風靡するという一大文化現象が起こった．いわゆるシンガーソングライターだが，彼らのことをロシア語で「バルド（吟遊詩人）」という．彼らの歌は「自作自演の歌」あるいは「アマチュアの歌」などと呼ばれ，圧倒的な支持を得て多くの人に愛され，歌われた．

図1　ブラート・オクジャワのCD「紙の兵隊」（1998）

※先駆者ヴェルチンスキー　バルドの先駆者としてよく名前をあげられるのが，アレクサンドル・ヴェルチンスキー（1889～1957）という伝説的なアーティストである．彼は詩人にして歌手，映画俳優でもあり，ロシア革命前，切なげな表情をしたピエロの装いで芸術キャバレーや小劇場に出演し，退廃的な雰囲気と甘い歌声で人気を博した．革命後の1920年に亡命し，世界各地を渡り歩きながら，郷愁と異国情緒をにじませた歌を亡命ロシア社会で歌った．43年にソ連に帰国するが，公式には認められず，レコードも出せなかったという．しかし，彼の表情豊かな声や独特のステージは多くの人を魅了し，「雪どけ」期の弾き語り詩人たち，とりわけガーリチにその「自由の感覚」を伝えた．

※時代背景　ソ連で吟遊詩人たちの歌が広まった理由は幾つか考えられるが，一つは，1956年のフルシチョフ共産党第一書記によるスターリン批判をきっかけに高まった自由への希求が，集団主義ではなく個人，国家ではなく人間としての気高さを肯定する詩の誕生をうながし，それを人々が熱烈に支持したということだろう．作者である詩人の私的な世界観や個性が前面に押し出され，共産主義イデオロギーや戦争プロパガンダにおいて複数形の「私たち」で語られていた自己が，個人の愛や喜び，哀しみ，憂い，孤独を表現することのできる単数形の「私」で表され，重んじられたのである．

　家庭用テープレコーダーが急速に普及したことも歌の普及を大いに促進した．

録音した音源を秘かにダビングして信頼できる知人に渡すという「草の根」的な方法で吟遊詩人の歌は流布し，たちどころにソ連全土に広がっていった．ロシア語の「テープレコーダー」を表す語と「出版」を表す語を合成して「マグニティズダート」という言葉が生まれたほどだ．こうした録音も，検閲を経ない「サムイズダート（地下出版）」の一形態と考えることができる．

❀**弾き語り文化**　当時，小説の分野では，ワシーリー・アクショーノフが『星の切符』(1961) で若者の価値観を示し，アレクサンドル・ソルジェニーツィンが『イワン・デニーソヴィチの一日』(1962) でそれまでタブーだった収容所の生活を描いて，新しい時代の息吹を読者に届けた．一方，詩は音楽と出会い，新しい現実を表現するために弾き語り文化という形式を獲得した．吟遊詩人らに共通していたのは，メロディよりも詩を重んじたことだ．ギターコードは単純で，シンプルなメロディのものが多い．しかし，一人ひとりが個性的だったので，一括りに語ることはできない．

　ガーリチ (1918〜77) は，独裁的な権力に対してはっきり反旗を翻したアーティストの一人だ．1968年ノヴォシビルスクで開かれた「吟遊詩人の祭典」に招待された彼は，詩の朗読と歌を混然とさせた独特の力強い歌い方で，作家ボリス・パステルナークにささげた作品を披露し，芸術家を弾圧する権力を揶揄した．同年，ソ連の率いるワルシャワ条約機構軍がチェコに軍事介入して「プラハの春」を封殺したときも反抗的な歌をやめなかったため「反ソ的」であるとの烙印を押され，74年に亡命を余儀なくされた．オクジャワ (1924〜97) は，あからさまに政治的な内容の詩を書くことはせず，深く胸に染みるような声で，語りかけるようにして愛や希望を歌い上げた．哀調をおびたメロディや慎ましやかな詩情は，猛々しく単純で明るすぎるスローガンを「無化」してしまうほどの魅力にあふれる多彩な世界をつくりだした．ヴィソツキー (1938〜80) は，魂の奥底から絞りだすような太くて低い野性的な声で人々を虜にした．彼はタガンカ劇場の看板俳優で，映画にも多数出演し，圧倒的な人気を誇る弾き語り詩人でもあった．ユーリー・リュビーモフ演出の《ハムレット》は，主役を演じたヴィソツキーが舞台でギターの弾き語りをしたことでも有名だ．彼の歌の内容は多岐にわたり，自伝的な内容のものもあれば，戦争や収容所を経験した人の心境を一人称で表したものもある．

　吟遊詩人たちは長らく公的な場でコンサートをすることもレコードを出すことも許されなかった（ソ連でオクジャワの初めてのレコードが出たのは1976年）．それでも人々は，「雪どけ」後もずっと，音質のあまりよくないテープレコーダーに歌を録音して繰り返し聞き，共同住宅の台所などの親密な空間で盛んに歌った．それは，当局に対する秘かな抵抗の印，仲間との連帯の証であり，そして何よりも心の支えだったのである．　　　　　　　　　　　　　　　［沼野恭子］

プーシキン

プーシキンは，ロシア文学においてとりわけ重要とされる人物である．詩を中心に多様なジャンルの作品を残した．父親を通して古いロシアの貴族の血筋を引く一方，母方の曾祖父はピョートル大帝に仕える奴隷としてアフリカから連れて来られ，後に将軍となった人物である．

❋ロシア文化における位置 ロシアでは，プーシキンは「ロシア文学の創始者，ロシア標準語の確立者」といわれる．言語面では，フランス語由来の表現と古風な教会スラヴ語的表現のバランスを取り，そこに民衆的な要素を統合して，ロシア語の規範をつくり出したとされる．その名声は国家宣伝にも使われ，特に1937年の没後100年祭では，愛国主義に染められたイメージが，ソヴィエト・イデオロギーと結び付いて打ち出された．

図1 プーシキンの肖像（キプレンスキー画，1827）

❋生涯 モスクワで生まれ育った後，1811年から6年間，サンクト・ペテルブルグ郊外のリツェイと呼ばれる貴族向け全寮制学校で学ぶ．ナポレオン戦争（1812）後の国民意識の高揚と自由主義的な雰囲気の中で，詩人としての自己を形成する．20年には政治的な詩を書いたことで南方へ流され，コーカサス（カフカス）を旅し，モルドヴァのキシナウ，ウクライナのオデッサなどに滞在する．24年からは自分の領地に蟄居を命ぜられる．専制と農奴制の廃止を求めて25年に蜂起したデカブリストたちとは広く交流があった．26年に蟄居から解かれた後も，皇帝みずからの検閲，秘密警察による監視の対象となる．31年に結婚し，首都サンクト・ペテルブルグで生活する．国家文書を用いたピョートル大帝関連の歴史研究，雑誌の発行などの活動を進める一方，皇帝の侍従を務める命を受けるなど，権力との軋轢は深まる．37年，美貌で知られた彼の妻に言い寄ったフランス人将校ダンテスと決闘をし，致死傷を受けて死ぬ．

❋作風と主な作品 フランス語に堪能で，フランス文学に親しむとともに，ロシア語と文学の革新を目指したカラムジン派の影響を受けて創作を始める．プーシキンの作風の変遷は，おおよそ，プレ・ロマン主義（1820年以前），ロマン主義（1820〜24），リアリズム（1825年以降）で特徴付けられる．30年以降は散文に向かう．散文においてプーシキンは，正確さと簡潔さを旨とした．

作品のテーマと舞台は多岐にわたる（恋愛から自由と権力の問題まで，過去と現在のロシアから他のさまざまな国と民族まで）．生涯にわたって数々の抒情詩を残したほか，ロマン主義的な「南方の物語詩」群，当時の首都と地方の生活を自在な語りで活写する韻文小説『エヴゲーニー・オネーギン』（1825〜32），歴史劇『ボリス・ゴドゥノフ』（1831），短編小説『ベールキン物語』（1831），同『スペードのクイーン』（1833），物語詩『青銅の騎士』（1837），プガチョフの乱を扱った歴史書および長編小説『大尉の娘』（1836）などがある．

❋**生み出したイメージと詩人自身のイメージ**　プーシキンが描き出した数々の人物や場所のイメージは後世に絶大な影響を及ぼした．『エヴゲーニー・オネーギン』のオネーギンは，ロシア文学で重要な役割を果たす「余計者」の原型となった（☞項目「余計者」）．『青銅の騎士』などに表れたサンクト・ペテルブルグのイメージ（ピョートル大帝による創造，繁栄，洪水の猛威）は，都市表象において決定的役割を果たした．南方流刑期に描き出したコーカサス（カフカス）などの「南方」のイメージは他者表象の観点から注目される．

図2　『青銅の騎士』挿絵．大洪水の後，ピョートル大帝の銅像に追いかけられる主人公エヴゲーニー（ベヌア画，1905）

プーシキン自身のイメージは，固定的で明瞭なものとしてよりは，ときに相反するように見える多面性と変化の相においてとらえられる．奔放で激しい気性，イギリスのロマン主義詩人バイロンの影響，秘められた恋，権力との対峙，決闘といった人生の諸断面に加え，自由のために歌う詩人，予言者としての詩人，孤立する詩人といった，創作を通して生み出された詩人像，そうしたものの総合がプーシキンのイメージといえる．そこから，ロシア的なものすべてを映す「凸面ガラス」（小説家ニコライ・ゴーゴリ），ロシアの「全人類性」の体現者（小説家フョードル・ドストエフスキー），「われらのすべて」（詩人アポロン・グリゴーリエフ）といった，全体性・中心性を付与されたプーシキン像が生み出され，受け継がれていった．

前述した多彩な人生の断面と詩人像は，その時々の状況での思索と決断の結果であると同時に，創作と一体となった人生を，何らかの意図ないしモデルに沿ってつくり上げようとした結果とも考えられる．迫られた現実を生きつつみずからのシナリオを演じる詩人——それは他の作家にも見られることだが，とりわけ多面性のきわだつプーシキンの創作と人生に迫るに際して有用な視点であろう．

［郡　伸哉］

ゴーゴリ

ゴーゴリは，名ニコライ・父称ワシーリエヴィチ（1809年3月20日生～52年2月21日没）という．ロシアおよび世界の近現代文学に決定的な影響を与えた作家・劇作家である．

✾生涯 ゴーゴリは，ロシア帝国領（現ウクライナ）のポルタワ県ミルゴロド郡ヴェリーキエ・ソローチンツィ村の地主の家庭に生まれた．アマチュア演劇家の父はウクライナ語で創作をしている（ゴーゴリ自身の作品はすべてロシア語）．ポルタワの県学校，家庭教師に学んだ後1821年にネージンの高等ギムナジウムに入学し，絵画や演劇に夢中になった．創作の試みも見られるが，この頃は法務での活躍を夢見ていた．28年の卒業

図1　ゴーゴリの肖像画（A.A.イワノフ作，1841）[レニングラード，ロシア美術館蔵]

後ペテルブルグに移住する．18世紀の牧歌詩を踏まえた「ガーンツ・キュヘリガールテン」で29年にデビューするものの，否定的な批評を受けると残った部数を焼き払い国外に出奔する．リューベックやハンブルクなどに滞在してペテルブルグに戻り，演劇界に入ろうとして果たせず官僚となる．30年に文学者との交流が始まり，31年にはアレクサンドル・プーシキンの知己を得る．この頃から作品が次々に印刷され始め，『ディカーニカ近郷夜話』（1831, 32）が評判となる．34年にサンクト・ペテルブルグ大学の世界史講座准教授に任命されるが，35年に退職，文学に専念する．この年，文集『アラベスク』『ミルゴロド』が出版され，有力な批評家ヴィッサリオン・ベリンスキーが「文学のリーダー，詩人たちのリーダー」と激賞した．32～35年にかけて「結婚」やプーシキンからヒントを得た「検察官」などの喜劇を創作する．プーシキンの文芸誌『同時代人』とは緊密に連携，36年に「鼻」を掲載した．同年4月のペテルブルグでの「検察官」初演は社会的事件となり批判もひき起こした．6月国外へ出発，スイス・パリ・ローマに滞在して，プーシキンの助言を受けて始めた『死せる魂』や，「ローマ」を執筆する．短期のロシア滞在を経て42年に『死せる魂』第1部を公刊，同年「外套」の初出を含む選集を出版した．40年代にゴーゴリの世界観は大きく転換する．「友人たちとの文通からの抜粋箇所」（1847）は保守的としてベリンスキーの激しい批判を浴びた．48年，エルサレム巡礼の後外国生活を打ち切って『死せる魂』第2部に取り組むが，宗教的・神秘主義的傾向と健康状態の悪化が見られる

ようになる．52年にロシア正教の長司祭との交流が始まる．同年2月11日に『死せる魂』第2部を焼き，間もなく亡くなる．原稿は一部が残り，死後公刊された．

✳作品　イギリスの詩人ジョージ・バイロンの影響を受けたロマン主義の実験が1820年代に詩と散文で広く展開されたのを受けて，ゴーゴリはプーシキンとともにポスト・ロマン主義の道を探っていった．視覚の問い直しを中心とするその創作活動は三つの時期に分類される．第1期の代表作『ディカーニカ近郷夜話』は，現地出身の作家たちによって当時活況を呈していたウクライナものの体裁をとっているが，そこでの生き生きとした生活描写を生み出すのは語る声のイリュージョンである（この文集は当地の蜜蜂飼いパニコの著作として出版された）．イエーナ・ロマン派に由来する文字と声の区別と，虚構の視覚イメージが持つ現実性とが交わる所からゴーゴリの創作活動は始まっている．同じく故郷を描いた『ミルゴロド』（副題「『ディカーニカ近郷夜話』の続編となる物語集」）で重要な変化が起きる．声によって語られる現実は文字から立ち上がる幻想だと暴露され，世界は文字そして存在の痕跡へと分解される．イリュージョンの破壊と断片化という第2期の特徴は，ロマン主義者によって好まれた複雑な模様を示す文集『アラベスク』の題名によく表れている．この文集は『ミルゴロド』よりわずかに出版が早いが，内容的に第3文集とされることも多い．作品の舞台が都市に移って「鼻」「外套」とともに「ペテルブルグもの」という作品群をなす点，エッセーや論文も含まれている点で他の二つの文集とは異なる．戯曲「結婚」「検察官」はこの時期の作品で，鏡や分身のモチーフを用いながら，勧善懲悪・恋愛といった喜劇の伝統的プロットを徹底的に組み替えている．第3期には痕跡へと還元された文字を意味付けようとする志向が目立つようになり，さまざまなかたちで自作の読み直しが行われる（42年選集での「タラス・ブーリバ」「肖像画」の大幅な改作，「検察官」の度重なる自作解説）．声はイリュージョンを超える意味を伝えようとして失敗し続けるが，この失敗を反省の呼び掛けとして肯定的に読み替えたのが「友人たちとの文通からの抜粋箇所」である．一方で声から発生する映像を意味に一致させるアレゴリー的な試みも並行して行われた．それは「叙事詩」としての『死せる魂』，特に全ロシアを肯定的に描く第2部で実現するはずだった．

✳受容　ゴーゴリに対する「現実を描く」「社会の代弁者」というベリンスキーの評価は，ロシアの作家像を長く固定することになった．19世紀末の世紀転換期に象徴派がロマン派的な幻想性に注目すると，20世紀以降はモダニズムの系譜に位置付ける作家アンドレイ・ベールイやウラジーミル・ナボコフなどの見かたも有力となり，フランツ・カフカなどとの類似も指摘される．近年ではナショナリズム・宗教・ジェンダー・メディアなど文化史的な面からも研究されている．ゴーゴリ作品は多くの文学・戯曲に影響を与えたほか，オペラや映画の題材になっている．　　　　　　　　　　　　　　　　　　　　　　　　[安達大輔]

ドストエフスキー

フョードル・ドストエフスキー（1821〜81）は，ロシアのリアリズム文学を代表する小説家の一人である（図1）．近代人が直面する諸問題を宗教・政治・哲学的人間論などの立場から掘り下げながら，小説の言葉による表現の可能性を大きく広げた．

図1　ドストエフスキー

❋**流刑体験**　ドストエフスキーの作家としての生涯は，流刑体験によって中断されている．モスクワの慈善病院医師の次男に生まれた彼は，1845年24歳で書いた書簡体小説『貧しき人々』がペテルブルグの文壇で絶賛され，華々しい作家デビューを果たす．しかし4年後の49年には，西欧の社会思想を基にロシアの改革を論じていた「ペトラシェフスキー会」の一員として，ニコライ1世の政治警察に逮捕され，貴族身分剥奪の上シベリア流刑にされる（流刑体験は，小説『死の家の記録』に反映している）．懲役と兵役合わせて計8年強のシベリア暮らしは，貴重な創作期を彼から奪ったが，一方で都市知識人の彼が囚人の顔をしたロシアの民衆の世界観に目覚める契機ともなった．以降の彼は，強引な近代化が生んだロシア社会の亀裂の回復を目指す「土壌主義」を唱え，知識人が振り返るべきロシア的信仰の姿をテーマ化していくが，それはこの流刑体験の作用によるところが大きい．

❋**病気の意味**　流刑体験は彼の持病となった癲癇（てんかん）が顕在化する契機にもなった．1860年代末の海外滞在期をピークとして，ドストエフスキーは癲癇の発作に悩まされ，時には狂死の予感にさえ脅かされた．絶叫や昏倒，発作前のアウラなどを伴うその病気の様態は，長編『白痴』の主人公ムィシキンの体験として迫真の表現を得ているが，こうした体験が，現実と夢想，知的洞察と幻視，主観と客観をまたいで展開される彼の作品の構造自体に反映しているのも見逃せない．

❋**作品世界**　ドストエフスキーの創作は，主として1860年代後半から70年代を通じて書かれた長編小説群によって記憶されている．

『罪と罰』（1866）は猛暑のペテルブルグにおける一青年の犯罪を綴った作品で，アレクサンドル2世の大改革時代の状況をリアルに描きながら，近代個人主義社会が提起する「人を殺す権利」をめぐる問いを突き詰めた，特異な思想小説となっている．犯罪心理小説のはしりとしての意義も見逃せない．ラザロの復活をはじめ福音書のモチーフが登場するが，聖書の世界を同時代に投影する態度は，以降の創作にも一貫している．

『白痴』(1868) は，スイスの療養所からロシアに帰った主人公が大きな遺産を相続することに始まる寓意性の強い物語．主人公ムィシキンはキリストに倣う「聖なる愚者」のイメージを担い，人々の欲望や怨嗟やプライドが生む攻撃衝動を緩和し，共苦と許しへと誘おうとする．福音書のマグダラのマリアの物語やヨハネ黙示録のテーマが応用され，また死刑囚の心理など，作者の私的体験を写したモチーフが使われているところも特徴的．

政治テロの時代を意識して書かれた『悪霊』(1872) は，地方都市に巣くう革命派の生態を風刺的に描いている．実在の革命家をモデルとした狂言回し役の策士ピョートル，虚の中心となってさまざまな思想を他者に教唆する神秘的なスタヴローギン，死の恐怖を乗り越えたとき人は神になると信ずるキリーロフなどを擁した集団は，奇怪な魅力に満ちているが，作者の意図は彼らをマルコ福音書の豚の中に入った悪霊たちに喩えるところにある．

『カラマーゾフの兄弟』(1880) は地方都市に住む地主とその息子たち（退役軍人ミーチャ，文筆家イワン，見習修道士アリョーシャ）を主人公に，父子の葛藤，差別と許し，信仰と不信など多層的なテーマを展開した作品．淫蕩な父フョードルと慈愛の修道士ゾシマという二様の父モデルを介した子の成長の物語でもあり，またイワンの大審問官説話に出てくる支配型共同体モデルとアリョーシャの求める友愛型共同体モデルの対抗の物語でもある．

❋**特徴** 以上のようなドストエフスキーの作品には一定の共通特徴がある．いずれも犯罪や陰謀をプロットの軸とし，またスキャンダラスな恋愛事件を含んでいる．多くは悲劇の顔を持ちながら，猥雑な喜劇の性格も強い．作品は無神論，主我主義，社会主義といった近代思想とキリスト教（東方正教）的理念との対抗の場となっているが，そうした思想小説の要素は，個人のプライドの問題や，親子・男女間の心理的葛藤の問題と密に結び付いている．結果として，きわめてロシア的な問題設定が近代世界一般の問題と表裏しているのである．

❋**評価・影響** ドストエフスキーの文学は多様な反響や評価を生んできた．同時代ロシアでは一時期，レフ・トルストイの叙事詩的世界とドストエフスキーの悲劇的世界を対比的にとらえる見かたが優勢だった．20世紀以降のヨーロッパでは，ニーチェの超人論，フロイトの下意識論やエディプス・コンプレクス論，ルネ・ジラール流の欲望の模倣論など，さまざまな概念装置を介したドストエフスキー解釈が行われてきた．スターリニズムやナチズムの予言者としての評価も一般的である．文芸論的な解釈で画期的な役割を果たしたソ連邦のミハイル・バフチンは，ドストエフスキーの小説を，外部からは定義不能な未完結な存在としての人間の意識の運動を対話的手法で描き出す「ポリフォニー小説」と名づけ，またその文学スタイルに，聖と俗，真面目と不真面目が混淆する状況で思想を試練にかける「カーニヴァル化された文学」という定義を与えた． ［望月哲男］

トルストイ

レフ・トルストイは，フョードル・ドストエフスキーと並び称される，19世紀ロシア文学の最高峰である（図1）．ロシアに国民意識が芽生える契機となったとされる1812年の対ナポレオン戦争前後の社会を500名以上の人物を登場させて描き出した『戦争と平和』（1865～69），上流社会で道ならぬ恋に落ちて破滅していく女性アンナと，生きる意味を模索して大地に根ざした生活を選ぶに至るリョーヴィンを対照的な両軸として展開する『アンナ・カレーニナ』（1875～77）の二大長篇の他，『コサック』（1863）や『復活』（1899）など，数多くの傑作を書き残している．

図1　トルストイ

❈ **生前の名声**　トルストイは，1870年代末から深刻な精神的危機に陥ったが，キリストの福音に基づく倫理観を確立することで，これを克服しようとした．持ち前の徹底した思考の果て，福音以外の一切の権威や価値観を斥けた彼は，専制政治やロシア正教会，市場経済や都市文明，ついには自分が前半生をささげた文学や芸術をも否定するに至った．創作を断念しようとしても実際にはやめられなかったとはいえ，執筆の重点は評論に移り，キリストの教えとみずからが信じるところを語った宗教論や，専制や正教会を糾弾する政治・社会批評を次々と発表し，戦闘的な博愛家として，ツァーリ（皇帝）をも凌駕するといわれたほどの権威を得た．自給自足の生活，徹底した非暴力・反戦主義，人種・民族・宗教の別を超えた普遍性への志向といった彼の思想は，いつしか「トルストイ主義」と呼ばれ，多数の信奉者・追随者を生んだ．晩年の彼への崇敬は世界的な広がりを見せた．トルストイはガンジーや孫文，ロマン・ロランなどと書簡を交わし，日本人では幸徳秋水や徳富蘆花などと交流があった．

❈ **現在の評価**　だが，その後のトルストイの評価は，必ずしも芳しいものばかりではなかった．彼の人道主義的な言説は，死後わずか7年で勃発したロシア革命によって権威を得たマルクス主義やウラジーミル・レーニンの言説を前に色褪せたように見えた．奇蹟を非合理的として否認し，福音をもっぱら倫理的に解釈しようとした彼の立場は，キリスト教の見地からも正当な教義とは認め難い．トルストイは1901年にロシア正教会を破門されているが，親交のあった西欧の基督者の間ですら，彼の教義を正統と認める者は多くはなかった．

文学的には，偉大だが典型的な19世紀的リアリズム作家との評価が一般的で

ある．写実主義や近代性を超克する「対話」や「ポリフォニー」などの要素をドストエフスキーの文学に見た文芸学者のミハイル・バフチンは，対照的にトルストイを「モノロギズム」の代表的な作家と位置付け，批判している．モノロギズムとは，作中人物の経歴や身体や心理や思考など一切が，超越的な作者の立場から評価され，定位されるような小説である．確かにトルストイの特に回心以降の後期の作品を読んでいると，人物の言動や心理に対する地の文のコメントが煩わしく感じられる時がないわけではない．

❋トルストイの現代性　とはいえ，日本でいえば明治半ばから大正にかけての世界的なブームの中で確立した博愛家，人道主義者というイメージのために見えづらくなっている面があるのだが，トルストイは現代につながるさまざまな先駆的な試みを，すでに19世紀に行っていた．例えば作家デビュー直前の1851年に，取り立てて何一つ起こらなかった平凡な一日を「私」の意識に即して描いた『昨日という日の物語』を試み，中絶している．その着想は20世紀の「意識の流れ」やヌーヴォー・ロマンを先取りしていた．

　ロシア・フォルマリストのヴィクトル・シクロフスキーが，20世紀の文学理論の重要な基点の一つ「異化」を，主にトルストイの日記や小説の記述に即して説明したことは，興味深い．実際，見慣れたものや現象を初めて見たかのように語るのはトルストイが得意としたところで，それは自然児ナターシャがオペラの舞台に「平らな板」や「木々を描いている絵」を見る（『戦争と平和』）といった芸術の条件性の暴露から，司法制度の虚偽性の摘発（『復活』）まで，あらゆるレベルの既存権威を脱神話化し，支配的な構造を脱構築しようとする意志と結び付いていた．

　バフチンの批判したトルストイの「モノロギズム」も，実は映画的な展開，飛躍的な展開を確保することが目的の場合が少なくなかった．例えば晩年の歴史小説『ハジ・ムラート』（発表は死後の1912年）には，コーカサス（カフカス）軍の指導者ハジ・ムラート，コーカサス側の精神的支柱シャミーリ，ロシア皇帝ニコライ1世，貴族出身のロシア軍将校たち，ロシアやコーカサスの民衆等，互いに関わりを持たない多様な人物が次々と登場するが，その展開はモンタージュやカットバックなど，1920年代の映画の手法を先取りしているかのようだ．このように多様な人物を次々とクローズ・アップし，代わる代わる前面に出すことは，物語世界内の語り手や，特定の人物に焦点化した語りによっても，あるいは作中人物を自分の価値観で一義的に定位してしまうような権威的な語りによっても不可能である．『ハジ・ムラート』における語りは，しばしば視覚的なカメラ・アイに近付いている．

　単に聖者として崇敬するにとどまるのでなく，その言説の内部や手法にまで立ち入るならば，トルストイの現代につながる斬新さや，正宗白鳥が「厚みのある」と評したような矛盾を抱えた複雑な人間像が見えてくるだろう．　　　　　［中村唯史］

ナボコフ

ウラジーミル・ナボコフは1899年に，サンクト・ペテルブルグの貴族の家庭の長男として生まれる．祖父ドミートリーはアレクサンドル2世のもとで法務大臣を務めた．叔父コンスタンチンは外交官としてポーツマス条約の締結にも関わり，当時の日本のメディアにも名前が登場している．父親のウラジーミルも法律家・政治家であり，立憲民主党の領袖の一人として二月革命後の臨時政府に参加した．政治家の父の目指したリベラリズムの精神は，作家の息子にも色濃く受け継がれることになった．英国びいきだった父は，フランス語，ロシア語に加えて，英語でも教育を受けさせたため，息子はトリリンガルとして育った．早くから詩作に目覚め，テニシェフ校在学中の1916年に初めての詩集も自費出版で刊行した．ナボコフは生涯に数百編の詩を書いているが，同時代モダニズム詩人たちに比べて古色蒼然とした形式性にとらわれていると見なされ，一般に評価はあまり高くない．

図1 『ルージン・ディフェンス』執筆中のナボコフ[Boyd, Brian, 1990]

❋**最初の亡命，ロシア語作家V.シーリンの台頭**　1919年，革命と内戦を避けてクリミアから一家そろって亡命．ナボコフは22年までケンブリッジ大学でフランス文学，ロシア文学を学ぶ．22年3月には，父がベルリンでテロリストの凶弾に倒れるという痛ましい事件が起きている．大学卒業後はベルリンに居を構え，ロシア語作家「V.シーリン」として本格的な執筆活動を展開した．短編，詩，戯曲などを定期刊行物に寄稿する傍ら，英語，フランス語，テニスなどの家庭教師をして生計をたてていた．私生活では25年にユダヤ系ロシア人のヴェーラ・スローニムと結婚．34年には一児ドミートリーをもうけた．

26年に初の長編『マーシェンカ』を発表し注目される．作家として飛躍を遂げたのは29〜30年にかけて，パリに本拠地を置く当時最高の亡命ロシア人向けの文芸誌『現代雑記』に連載された長編『ルージン・ディフェンス』だった．同世代の亡命作家ニーナ・ベルベーロワは，この作品によって亡命ロシア人の存在が正当化されたと感じたほどだった．

30年代を通して長編を『現代雑記』に発表，若い世代の亡命文学者の代表として，古い世代のイワン・ブーニンと並び称された．『賜物』(1937〜38)は最大

最後のロシア語長編として，ロシア文学と自分とのつながりを意識したものになった．37年初頭にはナチスの難を避けてベルリンを去るが，安住の地はなかなか見つからなかった．38年，ようやく落ち着いたパリで，執筆環境の悪化から英語創作を試みるようになっていった．

❊二度目の亡命，そして『ロリータ』へ　1940年5月，迫りくる戦火を避け妻子をつれて渡米する．同年，批評家エドマンド・ウィルソンの知遇をえて，出版界への足掛かりとした．以降『ニューヨーカー』のような有力誌に作品が掲載されるようになる．41年，初の英語長編『セバスチャン・ナイトの真実の生涯』をモダニズム系の新興出版社ニューディレクションズより刊行した．

　40年代は主にボストン周辺に住居を構え，郊外のウェルズリー大学でロシア語を教えたり，博物館で研究員をしたりして生活費を得た．鱗翅目（りんしもく）の研究は玄人はだしであり，多くの論文を執筆している．45年にはアメリカに帰化した．48年にはコーネル大学スラヴ文学科に着任．そこでの講義は作品の細部に着目するユニークなもので，死後『ロシア文学講義』『文学講義』としてまとめられた．

　創作の方で転機になったのは，55年発表の『ロリータ』だった．中年男ハンバート・ハンバートが，ローティーンの少女ロリータことドロレス・ヘイズに魅惑されるという筋書きのこの小説は，内容から当初アメリカ国内での刊行は見送られ，フランスのオリンピアプレスより発刊された．同年，英国の作家グレアム・グリーンに激賞されると，一躍注目される．58年にパットナム社から出版されたアメリカ版はベストセラーになり，62年にはスタンリー・キューブリックの手によって映画化された．その収入は，著者を大学教師の職より解放した．

❊「ポストモダニズム」の巨匠としての晩年　1959年にはヨーロッパに渡る．最終的にはスイス，モントルーのホテルのスイートを借り切り，創作に専念する．そこで執筆された『青白い炎』(1962)，『アーダ』(1969) といった作品は構成の奇抜さが際立ち，ポストモダニズムの文脈で批評されることもある．

　渡米以降にした翻訳はかなりの量に及び，ミハイル・レールモントフ『現代の英雄』(1960)，アレクサンドル・プーシキン『エヴゲーニー・オネーギン』(1964) ほかロシア文学の古典を英訳している．なかでも『オネーギン』翻訳は，1,000ページ以上の注釈をつけた畢生の大作で，翻訳の生硬さ，注釈の内容の偏りから多くの批判も浴びた．また，過去のロシア語作品をみずから英語に翻訳し，次々に刊行した．

　晩年も旺盛な翻訳含め執筆活動を続けたが，77年，未完の長編『ローラのオリジナル』を遺しローザンヌの病院で気管支炎のため死去．享年77歳．

　ロシア国内では長年作品の刊行は禁じられていたが，ペレストロイカ以降解禁され，現在は国内でも作品集の刊行が相次ぐ人気作家になっている．

[秋草俊一郎]

ソルジェニーツィン

アレクサンドル・ソルジェニーツィンはソ連の強制収容所の実態を告発し，世界的に注目された．ロシアにおける最後の大作家としばしば見なされるように，ソ連国内外における彼の存在感には圧倒的なものがあった．

ソ連体制を批判し，言論の自由を訴えたソルジェニーツィンだが，彼は単なる反共主義者ではなかった．彼は周囲の現実に妥協せず，亡命先のアメリカでは欧米社会を攻撃し，ソ連解体後にロシアに帰国するや，新しいロシア社会を批判したのである．そんな姿勢は世の反発を引き出す結果となったが，孤高の精神は作家の死の時まで変わることがなかった．

図1　ソルジェニーツィン［dpa／時事通信フォト］

❋**収容所の作家**　ソルジェニーツィンは1918年に，コーカサス（カフカス）地方のキスロヴォツクに生まれた．4歳の時，一家はロストフ・ナ・ドヌーに移り，アレクサンドルは大学卒業までをこの地で過ごした．

第2次世界大戦に従軍したソルジェニーツィンだが，友人への手紙の中でヨシフ・スターリンを誹謗していたことが発覚し，終戦直前にケーニヒスベルグ（現カリーニングラード）で逮捕される．モスクワに送還されたソルジェニーツィンは以後の8年間を，モスクワ周辺やカザフスタンの収容所で過ごすことになる．

56年にはロシアへの帰還が許され，リャザンの中学校の教員となった．

ソルジェニーツィンの人生が一変したのは，「雪どけ」の自由な社会の中で，中編小説『イワン・デニーソヴィチの一日』が62年に雑誌『新世界』に掲載されたためである．酷寒のカザフスタンの収容所での囚人の生活を詳細に描いた作品だが，ソ連各地の収容所から生還した無数の人々に喜びを与えただけでなく，国際的にも大きな衝撃を与えた．

やはり収容所を主題とした長編小説『煉獄のなかで』と『ガン病棟』はソ連では刊行されず，68年にアメリカやドイツで出版され，それらの著作の倫理性を理由に70年にはノーベル文学賞に選ばれている．

❋**愛国主義者として**　国際的な名声が高まる一方で，ソ連国内ではソルジェニーツィンに対する迫害が強くなっていた．1969年には作家同盟を除名され，73年に

は強制収容所の歴史を語った『収容所群島』(1973〜75) の原稿が押収される.その翌年,ソルジェニーツィンは「国家への反逆者」として逮捕され,国外追放処分を受けた.

亡命者としての生活をスイスのチューリヒで始めたソルジェニーツィンだが,76年以降は妻子とともに,アメリカ,バーモント州のキャヴェンディッシュの山奥で世間から隠れるかのように生活している. ロシアの農村の生活を,アメリカの片田舎で実現しようとしたのだ. その一方,78年にはハーバード大学の講演で欧米の物質的堕落を批判し,82年に来日すると日本の伝統文化を讃えた.

亡命中のソルジェニーツィンの最大の仕事となったのは,歴史小説『赤い車輪』(1971〜91) の執筆である. 第1次大戦の開始から二月革命後の4月危機までを描いた一大長編だが,ロシア革命の重点を十月革命から二月革命へと移しながら,皇帝や国会,社会主義者や兵士など社会の各層に対して,共感と懐疑という両義的な評価を投げかけるものとなっている. この大作において,ソルジェニーツィンは反体制作家ではなく,愛国者という新たな姿を鮮明にした.

『赤い車輪』で国家の崩壊を憂いたソルジェニーツィンが,ソ連解体後のロシア社会の混乱を嘆いたというのは自然な成り行きといえる.

91年にソ連が解体されると,94年にソルジェニーツィンは祖国に帰還した. だが,彼が降り立ったのはモスクワではなく極東で,ロシア各地を観察するために,鉄道でシベリア横断が敢行された.

貧富の差の拡大する新生ロシア社会をソルジェニーツィンは批判し,人々を当惑させた. 2001〜02年にかけてはロシアにおけるユダヤ人の歴史を論じた『200年をともに』を発表し,反ユダヤ主義者という非難を受けた.

ソルジェニーツィンは妥協を嫌い,ソ連社会でもソ連後のロシア社会でも,軋轢は絶えなかった. 古いロシアの伝統や帝政を讃える作家の反動的な姿勢は,ソ連の共産主義者にも現代ロシアの民主主義者にも受け入れられるものではなかった. だが,そんなソルジェニーツィンに歩み寄った人物がいる. かつてソルジェニーツィンを迫害した秘密警察**KGB**の職員だったウラジーミル・プーチンは00年5月に大統領に就任すると,そのわずか4カ月後に孤高の作家のもとを訪問したのだ.

ソ連の反体制作家はこうして,国家公認の作家へと立場を変えた. この転換について,体制に取り込まれたと非難することはたやすいが,一切の妥協を拒みながら,ノーベル賞だけでなく国家権力をもみずからのもとに引き寄せた作家の人生は感動的なまでに力強い.

21世紀のロシアではソルジェニーツィンの理想を後追いするかのように,大統領が皇帝のごとく讃えられ,ロシア民族主義が強まっていった. そのようななか,08年に89歳の作家はこの世を去った. [岩本和久]

文学賞

　現在のロシアには数多くの文学賞が存在するが，これらの賞は帝政時代の学術賞から西欧の文学賞までさまざまな賞の影響のもとに生まれてきた．全体の傾向としては20世紀後半に至るまでは国家が主催する賞が主であり，現在のような民間や基金の主催する賞が発達するのはペレストロイカ以降のことである．

❋帝政期における文学賞の前身からプーシキン賞の創設まで　1831年に創設されたデミドフ賞は学術分野における功績を讃える賞であったが，40年には児童文学作家・翻訳家のА. О. イシモワが児童向けの歴史書で受賞した．デミドフ賞は文献学の分野，とりわけ辞書や事典の編纂者に送られることも多く，58年には外交官のИ. А. ゴシケーヴィチが橘耕斎（露名В. И. ヤマトフ）とともに編纂した和露事典が受賞している．帝政期の賞としてはこのほかに歴史・地域研究を奨励するウヴァーロフ賞（1856～1917）や，学術研究全般を対象としたロモノーソフ賞などがあり，文献学・民俗学・フォークロア研究など文学に関連する書物に賞が贈られることもあったが，本格的な文学賞として創設されたのはペテルブルグ科学アカデミーによるプーシキン賞（1881～1919）で，初回にА. Н. マイコフとЯ. П. ポロンスキーが受賞，以後はА. П. チェーホフ，А. И. クプリン，И. А. ブーニンらが受賞．また戯曲を対象としたグリボエードフ賞（1883～1917）も創設され，А. Н. オストロフスキー，А. М. ゴーリキー，Л. Н. アンドレーエフらが受賞した．

❋ソ連時代の文学賞　ソ連における最初の大々的な文学賞は1940年に創設されたスターリン賞である．同賞は同一作家が複数回受賞することも多く，К. М. シーモノフ（8年間に6回），А. Т. トワルドフスキー（3回），А. Н. トルストイ（3回），С. Я. マルシャーク（4回，図1）らが受賞．ヨシフ・スターリンの死後に同賞が廃止された後57年に設けられたレーニン賞は，すでにスターリン賞を受賞した作家のほか，Ч. Т. アイトマートフ（1963）やО. ゴンチャール（1964）らロシア語以外を母語とするソ連の作家にも多く与えられた．こういった国家的な文学賞以外では，78年に地下出版の『時間』誌が文学と人文学研究を対象にアンドレイ・ベールイ賞を創設．作家ではГ. Н. アイギ（1987）やА. Г. ビートフ（1988）らが，研究ではБ. Е. グロイス（1978）やМ. Н. エプシテイン（1991）らが受賞した．同賞は92年に一度休止したが97年に復活し今日まで続いている．

図1　マルシャーク

※**現在の文学賞**　ソ連崩壊後のロシアにおいて最も注目を浴びてきた文学賞としてはロシア・ブッカー賞，ナツベスト賞，ボリシャーヤ・クニーガ賞があげられる．

ロシア・ブッカー賞は1992年に英国文化振興会の発案で創設され，候補作の選出方法等の面で英国ブッカー賞の傾向を受け継ぐ点もある．受賞者には Б. Ш. オクジャワ（1994），В. П. アクショーノフ（2004），О. А. スラヴニコワ（2006）などがいたが，2017年を最後に休止している．

通称「ナツベスト」と呼ばれるナショナル・ベストセラー賞（2001〜）は多くの読者を得た本を選出する傾向にあり，Л. А. ユゼフォーヴィチ（2001），В. О. ペレーヴィン（2004），Д. Л. ブイコフ（2006），А. М. テレホフ（2012）らが受賞．

基金の大きさが最大規模のボリシャーヤ・クニーガ（大きな本）賞は毎年1位から3位までの賞に加え読者賞も選出している．純文学的作品が好まれ，Л. Е. ウリツカヤ（2007），Д. А. グラーニン（2012），Е. Г. ヴォドラスキン（2013）らが受賞．ただし傾向はあくまで目安であり，М. П. シーシキンは三賞すべてを，ウリツカヤ，ブイコフ，ペレーヴィンらも複数の賞を受賞している．

ブッカー賞に対抗して散文のほかに詩・戯曲・文学研究・エッセーの各ジャンルにも賞を与えるアンチブッカー賞が1995年に創設されたが，2000年（散文での受賞は Б. アクーニン）を最後に活動を休止した．ほかに，文学研究者の Д. П. バークが主催し審査員に学生を含む学生ブッカー賞（2004〜）は Т. Н. トルスタヤ（2011）らが受賞．35歳未満の新人作家に与えられるデビュー賞（2000〜）は С. А. シャルグノフ（2001）らが受賞，最終選考に残った作家には出版援助がなされるなど若手養成を趣旨としている．『新世界』誌主催のユーリー・カザコフ賞（2000〜11）は短編を対象とし，В. П. アスターフィエフ（2001），Н. Л. クリュチャリョワ（2007）らが受賞したがその後活動を休止．プロホロフ基金の NOC（新文芸）賞（2009〜）受賞者は В. Г. ソローキン（2010, 17），Л. С. ルビンシュテイン（2012），Д. Т. ザイツェフ（2015）など．

図2　シーシキン．2011年ボリシャーヤ・クニーガ文学賞の授賞式での様子［aflo］

※**ノーベル文学賞**　ロシア語圏の作家としてノーベル文学賞の受賞者はこれまでに6名，初の受賞は И. А. ブーニン（1933），次いで Б. Л. パステルナーク（1958，辞退），М. А. ショーロホフ（1965），А. И. ソルジェニーツィン（1970），И. А. ブロツキー（1987），С. А. アレクシエーヴィチ（2015）である．Л. Н. トルストイはノーベル賞創設直後から数年間（1902〜06）の間に，文学賞に4回，平和賞に3回ノミネートされたが，以降のノミネートを辞退する意を表したため受賞はしていない．

［奈倉有里］

旅行記

旅行記はロシアでも古くから書かれ，18〜19世紀前半には西欧での流行を受けて一大文芸ジャンルとなった．一方，それはロシアの文脈の中で固有の意義も持った．領土がきわめて広大で民族的・文化的に多様なロシアの人々にとって，ロシア国内旅行の記録を読むことは，自国についての認識を広げる機会となった．また，西欧に対し憧れと反発を抱くロシアの知識層にとって，西欧旅行記は，先進文化についての手引書ともなれば西欧のネガティブな側面を認識させる媒体ともなった．ロシアの文学や思想，ロシア人の民族意識形成の中で旅行記が果たした役割は決して小さくない．

❋ **西欧化と啓蒙のなかで** ロシア最古の紀行文学としては，12世紀初頭に十字軍支配下のパレスチナに赴いた修道院長ダニイルによる聖地巡礼記がある．また15世紀にペルシアを経てインドまで旅したトヴェリの商人，アファナシー・ニキーチンが驚異に満ちた旅の経験を綴った『三つの海の彼方への旅』もよく知られている．

18世紀はロシアの旅行記にとって転機となった．西欧で旅行記の隆盛が見られたことに加え，ロシアでは1762年より貴族が国家勤務から解放され外国旅行への道が開かれたことが，多くの旅行記の生まれるきっかけとなる．代表的な作品とされるニコライ・カラムジンの『ロシア人旅行者の手紙』(1791〜92, 図1)は，独仏英スイスを巡る旅人が友人に宛てた書簡という形式をとった旅行記である．ローレンス・スターンの影響下に書かれたこの作品では，各地の名所や文物，社会制度の紹介とともに旅人自身の感情の表出に重点が置かれ，また食事や雑談など旅先での「些事」への言及も多い．一方，1777〜78年に療養で訪仏したデニス・フォンヴィージンが旅先の印象を記した書簡群は『フランスからの手紙』として知られ，痛烈なフランス人批判に満ちている．激しい農奴制批判，専制批判で知られるアレクサンドル・ラジーシチェフの『ペテルブルグからモスクワへの旅』(1790)も旅行記の形式で書かれた作品で，旅先の人々との交流から明らかになる社会矛盾に旅人の大きな関心が向けられる．さらに西欧のユートピア文学の系譜に連なる空想旅行記として，南極大陸にある理想国家を描いたミハイル・シチェルバートフの『オフィル国旅行記』(1783〜84年執筆，未完)がある．

図1 カラムジン『ロシア人旅行者の手紙』[1802, ドイツ語版の扉絵]

9. 文学　　　　りょこうき　397

❋帝国の拡大とエキゾチズム　ピョートル時代より領土拡大を続けたロシア帝国は，19世紀前半にコーカサス（カフカス）の諸地域を新たに編入した．やがてこれらの地域は，アレクサンドル・プーシキンの物語詩『コーカサスの虜』やアレクサンドル・ベストゥージェフ＝マルリンスキーの小説群に代表されるように，西欧ロマン主義の影響下で文学作品の「エキゾチックな」舞台となる．帝国内の「アジア人」の存在は，ロシア人にヨーロッパ人としての自覚と，多様な帝国の一員としての自覚を同時にうながすこととなった．

　プーシキンの『エルズルム紀行』（1835）は，露土戦争のさなかにコーカサスを経由して前線に至った詩人が，軍に合流してオスマン帝国の都市エルズルムの攻略を見届けた経験をもとにした旅行記で，北コーカサスやグルジア（ジョージア），アルメニアといった土地も印象的に描写されている．またミハイル・レールモントフの小説『現代の英雄』（1840）は，コーカサスを旅する語り手が主人公ペチョーリンの手記を紹介するという重層的な構造を持つフィクションで，所々紀行文学の要素を含んでいる．

❋多様化する旅行記　19世紀の著名な小説家も旅行記を残している．エフィーミー・プチャーチン提督の秘書として幕末の日本を含む諸外国を訪れたイワン・ゴンチャロフは，船上の生活や訪問地での見聞を旅行記『フリゲート艦パルラダ号』（1858）に綴った．また，フョードル・ドストエフスキーの『冬に記す夏の印象』（1863）は，半年前の西欧旅行についての回想というかたちを取りながら，パリのブルジョア社会への批判，文明批評が大きな比重を占める．さらに，アントン・チェーホフによる僻遠の流刑地サハリンへの旅行は，旅行記『シベリアの旅』（1890年発表，未完）および『サハリン島』（1893〜94）を生んだ．後者は，サハリンの囚人や移住民に関する3か月に及ぶ調査の結果に基づくルポルタージュであり，ロシア社会にサハリンや流刑制度への関心を引き起こした．

　そのほか19世紀に広く読まれた旅行記としては，ドストエフスキーも読者であった『聖山アトスで剃髪を受けた修道士パルフェニーのロシア，モルダヴィア，トルコおよび聖地の放浪と旅の物語』（1856）がある．また中央アジアやチベットを旅した探検家，ニコライ・プルジェヴァリスキーの旅行記は，少年期のチェーホフを熱狂させた．

　20世紀にも，北ロシアをはじめロシア各地を旅したミハイル・プリーシヴィンのさまざまな旅行記，探検家ウラジーミル・アルセーニエフの極東を舞台とする『デルス・ウザラ』（1923），イリヤ・エレンブルグ『日本印象記』（1957），アンドレイ・ビートフ『アルメニアの授業』（1969）など，多様な作品が書かれている．旅行記のかたちをとった冒険小説やSF小説も多く，ロケットで宇宙を旅する科学者たちを描いたコンスタンチン・ツィオルコフスキーの小説『地球の外で』（1920）など，宇宙旅行を題材とした作品も生み出された．　　　　［鳥山祐介］

ロシア文学とエロス

　ロシア文学において恋愛はもちろんさまざまなかたちで描かれてきたが，男女の間の性愛をエロティックに描く作品はまれである．文化史家のゲオルギー・ガーチェフには『ロシアのエロス』(1994) という評論集があるが，ここではエロスは哲学的に，ロゴス（言葉）とコスモス（宇宙）を貫く原理として論じられるだけだ．

　しかし，ロシアでは活字にならない裏の部分では実に豊かで奔放なエロスの世界が展開してきた．ロシア文学史上最も名高い「ポルノ作家」は，イワン・バルコフ（1732～68）である．彼はペテルブルグ科学アカデミー大学に在学中から品行が悪く何度も懲罰を受けたといわれるが，学長のミハイル・ロモノーソフには可愛がられ，秘書として重用された．公になった彼の著作はわずかだが，公には出版できないエロティックな作品の手稿が密かに書き写されて流通し，やがて彼の名前は「裏の世界」で知らぬ者がないほどに轟き渡った．

　バルコフの作品は頌詩，寓話詩，寸鉄詩などの古典的なジャンルにのっとり，神話的なイメージをちりばめながらも，性器・性行為をあけすけに名指す単語を連呼するものだった．劣情を催すというよりは，文学的な悪戯の極みである．その後，後世の多くの文人が匿名でバルコフ風のポルノ作品を書き，バルコフはこういった文学の潮流の元祖にして代名詞となったのである．ロシア最大の国民詩人とされるアレクサンドル・プーシキンも，少年時代に「バルコフの亡霊」(1814 または 1815) というポルノ作品を戯れに書いている．

　性愛をあけすけに描く伝統は，ロシアの場合，もともと民衆の口承文芸に根強かった．しかし 19 世紀の民俗学者アレクサンドル・アファナーシエフによる『印刷無用のロシア昔話と禁断俚諺集』は，一部がジュネーヴで 1867 年に出版されただけで，完全版がロシアで出たのははるか後の 1997 年のことである．こういった昔話の大らかなエロスには，ロシアならではの強烈さがある．畑から「三尺ばかりの赤い頭のマラ」がぎっしり生えてきたり，マラがウグイスのような美声でさえずって王女様を虜にしたり，といった具合だ．ジュネーヴ版に序文を寄せたヴィクトル・カサートキンは，「正真正銘の民衆の言葉が，話のかたちの中でまばゆいばかりの庶民的機知をきらめかせて」いると評している．

　この種の文学的ポルノや民衆的ポルノは，現代に至るまで前面に出ることはなかったが，ロシア文学の「裏の顔」として脈々と受け継がれてきた．このような表と裏の二重性は，ロシア語そのものに備わったものでもある．ロシア語では，公的な活字文化では決して卑猥な言葉は使われないが，民衆の日常会話はマート（卑猥な罵り言葉）で溢れているのだから．

［海老原　翔］

ブルガーコフ

ミハイル・ブルガーコフは、ウクライナのキエフ生まれのロシア語作家である。ロシア革命後のソ連社会に対する風刺性故に、生前は作品発表の機会に恵まれなかったものの、死後再評価が進む中で、20世紀ロシア文学を代表する作家の一人に数えられるようになった。キエフ大学医学部を卒業後、地方医師の勤務を経て、ロシア革命後の内戦で軍医として動員されたことのあるブルガーコフは、医師としての鋭い観察眼を生かして、内戦を舞台にした小説『白衛軍』（第1部のみ1924年発表）や小説『若き医師の手記』（1925〜26）などの自伝的作品を発表した。

ニコライ・ゴーゴリをみずからの師と仰ぎ、グロテスクと幻想的な手法を駆使した作品を数多く執筆した。小説『運命の卵』（1924）と小説『犬の心臓』（ソ連国内での発表は1987年）は、当時のソ連の科学万能主義を風刺したアンチ・ユートピア的なSFである。『犬の心臓』は当局によって原稿が押収され、発禁になった。

図1　1926年のブルガーコフ
［Кривоносов, Ю., 2011］

『白衛軍』をもとにした戯曲《トゥルビン家の日々》（1926）が、1926年にモスクワ芸術座で大成功を収めた出来事は、劇作家としての華々しいデビューとなったが、翌年以降、文壇によるブルガーコフ批判の激化とともに、戯曲の上演禁止が相次いだ。ソ連政府やヨシフ・スターリンに宛てて手紙を書き、みずからの窮状を訴えたこともあった。30年代は不遇の時期であったが、作品発表の希望を捨てず、戯曲や小説を書き続けた。

ブルガーコフの最大の代表作は小説『巨匠とマルガリータ』（1966〜67年発表）だ。20〜30年代のモスクワと2000年前のエルサレムの二つの時空間を舞台として、モスクワに到来した悪魔の一味が繰り広げる痛快で奇想天外なストーリーと、作家である巨匠とマルガリータの愛の物語、そしてイェシュア（イエス）とローマ総督ピラトの物語が絡み合う壮大な幻想小説である。28年頃から死の直前まで書き続けられたこの作品については、これまで、ヨーロッパやロシアの文学作品からの影響分析のほか、芸術家と権力者の関係性や、善と悪の哲学的問題の解明が試みられてきたが、謎に満ちた遺作であることには変わりない。今後は、ブルガーコフの故郷であるキエフや、内戦後に彼が滞在していたウラジカフカスなどの「周縁」の文化から読み解くアプローチも期待される。

［大森雅子］

プラトーノフ

アンドレイ・プラトーノフは，20世紀ロシア文学を代表する小説家である．だがその評価が固まるまで長い年月を要した．代表作『チェヴェングール』『土台穴』が本国で出版されたのはソ連末期の1980年代終りだった．ユートピアと反ユートピア，物質性と精神性がせめぎ合う世界観が特異な文体によって表現されている．ソ連文学の枠を突き抜けた存在として，今日ますます評価を高めている．

本名はアンドレイ・プラトーノヴィチ・クリメントフ．1899年，ロシア中部の都市ヴォロネジ郊外の労働者家庭に生まれ，14歳から働き始める．青年期にロシア革命と内戦，新国家建設を体験し，共産主義の理想を信奉する．20

図1　プラトーノフ

歳前から地元の新聞雑誌に詩や評論，短編を発表し，中央文壇の重鎮（マクシム・ゴーリキーなど）からも評価された．治水技師と作家という二足の草鞋で順調なスタートを切ったかに見えたが，独特な世界観と特異な文体のため，作品発表が思うようにかなわない．ようやく発表できた『ためになる』(1931)は農村集団化を題材にした中編だが，ヨシフ・スターリンの逆鱗に触れ，作家生命は無論，文字通り生命を脅かす事態を招いた．1941年，独ソ戦が始まると従軍作家として前線に赴き，戦争文学・ルポルタージュを発表．戦時中患った肺結核のため，51年死去．

詩，評論，小説，戯曲，シナリオ，童話とさまざまなジャンルで執筆したが，本領は小説である．長編『チェヴェングール』(1927～28年執筆)では，ソ連のどこかにある理想の共産主義を探して主人公ドゥヴァーノフが放浪の旅をする．ついに彼は共産主義が実現された町チェヴェングールにたどり着くが……．中編『土台穴』(1930～31年執筆)は，社会主義の子供たちが幸福に暮らす「塔」を建てるための土台穴を掘る労働者たちの物語．国内で激化していた都市と農村の抗争，社会主義建設の理想と現実を描いた．作品の最後，労働者達は社会主義の未来を象徴する少女の遺体を土台穴の深奥に埋める．進歩の理想と子供の受難というフョードル・ドストエフスキー以来の主題である．このほか，トルクメニスタン奥地で放浪する最貧の小民族を救うために社会主義建設を試みる青年の物語『ジャン』(1935)など．戦後の短編『帰還』(1946)は前線帰りのイワノフと彼を迎える家族のすれ違いと和解を描いた佳品だが，激しい政治的非難を浴びた．

彼の文学にはさまざまなユートピア的思想が流れ込み，科学と宗教，肉体と精神，政治と私生活，現実と幻想，グロテスクと抒情が混然一体となった「美しく狂暴な世界」が描き出される．20世紀初頭のモダニズムと19世紀以来のリアリズムの相克を昇華しており，ジェイムズ・ジョイスやフランツ・カフカ，マルセル・プルースト，また同年生まれの亡命作家ウラジーミル・ナボコフらとの対比も可能だろう．　　　　[野中　進]

パステルナーク

　20世紀ロシア詩を代表する詩人ボリス・パステルナークは，1956年11月，ライフワークとして取り組んでいた長編小説『ドクトル・ジヴァゴ』を完成させ，幾つかの出版社に原稿を送るがよい返事は得られなかった．国外での出版を期待し，彼は5人の外国人に原稿を預ける．託されたのは，ポーランド大使館通訳ゼモヴィト・フェデツキ，イタリア人ジャーナリストのセルジオ・ダンジェロ，オックスフォード大学教授アイザイア・バーリン，戦後外国人として初めてモスクワ大学で学んだエレン・ペルティエ，その友人でもある研究者ジャクリーヌ・ド・プレイヤールである．

　ダンジェロの原稿はミラノの出版社フェルトリネッリへと渡る．56年9月，雑誌『新世界』が十月革命に否定的という理由で掲載不可を作者に告げ，ソ連当局は，すでに翻訳が進められていたフェルトリネッリ社の原稿を取り戻そうと動き出す．57年7月，ポーランドでは『ドクトル・ジヴァゴ』の一部を掲載した雑誌がソ連当局の圧力で廃刊に追い込まれるということがあった．同年11月，さまざまな妨害にも屈せずイタリア語版『ドクトル・ジヴァゴ』は初版1万2000部で出版されると瞬く間に完売し，以後2週間ごとに版を重ねた．

　パステルナークはフェルトリネッリを信頼し，契約書には外国語版の版権を委託する旨が盛り込まれていた．しかし実は，小説の翻訳が出て2カ月経っても原語での出版がなければ翻訳された言語がオリジナル言語になる，という法の抜け道が存在した．フェルトリネッリはこれを見逃さず，複数の外国出版社にオリジナル権利を主張する手紙を送る．違法でないとはいえ，ビジネスに徹する彼の態度はロシア語版の出版を目指すド・プレイヤールをいら立たせた．

　一方，58年にパステルナークに文学賞を与えるノーベル賞委員会は，小説のオリジナル言語はあくまで書かれた言語である，という立場を取っていた．その前年の57年8月，ガリマール書店をある男が訪ね，『ドクトル・ジヴァゴ』1,000部の製本代金を支払う旨を申し出るということがあった．男の目的はロシア語のオリジナルを出版し，パステルナークのノーベル賞受賞への道を固めることにあった．この人物とは，作家ウラジーミル・ナボコフの従兄弟でもある作曲家ニコラス・ナボコフである．ナボコフはCIAから資金援助を得た文化自由会議のメンバーで，反共活動の一環としてガリマール書店を訪ねていた．現在，反革命とは到底読めないこの小説に対する，米ソ間の緊張が高まる最中での西側の期待が察せられる．

　結局，フェルトリネッリとド・プレイヤールは協力できなかった．ド・プレイヤールがKGBに探知されないようフランス大使館から外交郵便で送った小説は，58年8月，オランダ・ハーグのムートン社から刊行される．翌年，後を追うようにフェルトリネッリ社からもロシア語版が出版された．

［梶山祐治］

ロシアにおける外国文学の翻訳

　ロシアにおける外国文学の翻訳には大別して二つの役割があった．西欧の文化を紹介するという啓蒙的な役割，および翻訳を通じてロシア語そのものを改革していくという言語革命的な役割，この二つである．前者の例として，ニコライ・ノヴィコフの出版活動があげられるだろう．ロシアの出版史において先駆的な役割を果たした18世紀のジャーナリストは，シェイクスピアやディドロやレッシングなどの翻訳を精力的に刊行している．一方，ロシア語に適う詩の形式が模索され，新しいロシア文章語の確立が希求された18世紀〜19世紀前期にあっては，第二の役割もきわめて重要だった．例えば，ロシアの作詩法の確立に貢献したワシーリー・トレジアコフスキーは，外国文学の翻訳を通じてロシア語による言語表現の新しい可能性を示した．また，ロマン主義時代の詩人ワシーリー・ジュコフスキーは，作品の多くが翻訳や翻案からなるが，それらは西欧文化の紹介という次元を超えて，主題や形式の面で後代に影響を与えるような，創造的な意義を有していた．

　この時代の翻訳をめぐる状況について，一つ考慮すべき点がある．貴族社会においては，フランス語が半ば公用語であったという事実だ．18世紀にあっては，こと貴族社会に限っていえば，読者の多くは，ロシア語への翻訳を介さずとも，フランス語の文学，そしてフランス語に翻訳された文学を読むことができた．この状況に変化が起こるのが，19世紀中葉である．雑誌を媒体とする職業制の勃興に伴い，読者層は貴族のサロンやサークルを越えて広がっていく．こうした趨勢にあって，翻訳の啓蒙的役割がはるかに増すことは言うまでもない．例えば，職業的批評家の先駆者ヴィッサリオン・ベリンスキーは，友人のミハイル・バクーニンやワシーリー・ボトキンによる翻訳・紹介を通じて，ドイツ観念論をはじめとする西欧思想を学んでいる．

　後に「雑階級人」と総称されるこの新しい知識階層の人々は，翻訳の意義にきわめて自覚的だった．特に，革命的な機運が隆盛した1840年代以降，翻訳は「宣伝」というより具体的な役割も帯びることになった．例えば，革命派の青年たちが集ったペトラシェフスキー・サークルというグループでは，フランスの政治的な諷刺詩が盛んに翻訳されている．さらに，サークルの一部のメンバーは，ユートピア社会主義思想家フェリシテ・ド・ラムネーの著書『一信徒の言葉』(1834) のロシア語訳に手を染めていた．『一信徒の言葉』はロシアでは発禁の書で，無論，翻訳を公の媒体に発表することはできない．彼らの目的は，詩人アレクセイ・プレシチェーエフの言葉を借りるならば，「外国の著作をロシア語に翻訳し，民衆の語り口に合わせながら，それを手稿で広めること」にあった．ロシア革命へと続いていく潮流の発端にあって，翻訳は実践的な役割を期待されるようになったのである．

［高橋知之］

10. 舞踏・演劇

　18世紀に西欧文化が移植されたロシアでは，民衆芸能と舞台芸術との関係には乖離と交差の複雑な歴史がある．文学と共に外国人パフォーマーや教師たちによるオペラ・バレエが宮廷・貴族文化として受容され，芝居もフランスやドイツの劇団の旅公演による直接的な影響を受けつつ，発展した．

　ユーリー・ロトマンによれば，19世紀初頭の貴族たちにとって，演劇は単なる娯楽ではなく，西欧の貴族文化を知るための窓であり，日常において役をなぞることで貴族としての身振りを身につける重要なメディアであった．ロシア文学にも登場人物たちが社会的立場を演じる場面が多々出てくる．

　20世紀初頭には，ディアギレフのバレエ・リュスや，スタニスラフスキーとイギリスの演出家ゴードン・クレイグとが共同で演出した《ハムレット》など，ロシア側からの越境と交流が進んだ．革命を契機にアーティストたちが欧米，日本などへ渡り，ロシアで培われた舞台表現が，現在の音楽・身体表現・演出いずれの面でも基礎的な部分を構成している． 　　　　　　　　　　　　　[楯岡求美]

近代ロシアバレエ

バレエはイタリアに起源を発し，フランスで進化した．ロシアでは，イタリアとフランスの両方から教師や舞踊手を招き，皇室の庇護のもと，19世紀末に大いに発展を遂げる．バレエマスターと呼ばれるバレエ団のトップは，代々フランス人が占めていた．特に首席バレエマスターとして長年，帝室劇場に君臨し，《眠れる森の美女》《くるみ割り人形》（初演版）などの名作を振り付けたマリウス・プティパのバレエは，現代でも演出方法を変えながら，世界中で踊り継がれている．

✹最初のバレエ学校と教師たち　ロシアで最初のバレエ上演と見なされているのは，1673年，モスクワ郊外の宮廷劇場で上演された《オルフェオとエウリディーチェ》である．だが，現在のバレエとは程遠く，歌やせりふを伴う音楽劇で，観客は皇帝アレクセイ・ミハイロヴィチただ一人だった．皇帝の家族は隙間からのぞき見た．ロシアでは宗教的な理由で，世俗的な娯楽が忌避されたからである．

1731年に創設された陸軍幼年学校では，貴族のたしなみとして舞踊や音楽の科目が取り入れられた．フランス人舞踊教師ジャン・バチスト・ランデは，アンナ・イオアノヴナ女帝に嘆願書を書き，38年，ロシアで最初のバレエ学校が開校された．ただし，貴族たちは，それ以前に舞踊の家庭教師を雇っていた．

陸軍幼年学校創設と同じ31年，作曲家のフランチェスコ・アライヤが率いるオペラ団によって，《愛と憎しみの力》が上演された．ロシアで最初の本格的なオペラ上演である．バレエ場面の指導者として，フォッサーノ（またの名はアントニオ・リナルディ）という舞踊教師がいた．ランデのバレエがギリシア神話などを主題にした古典的なものだったのに対して，フォッサーノのそれはイタリアの仮面喜劇（コメディア・デラルテ）の影響を受けた，世俗的な色合いを帯びたものだった．ランデとフォッサーノは，ともにロシア・バレエの基礎を築いた．

✹ヒルファーディングとアンジョリーニ　続くエリザヴェータ女帝，エカチェリーナ2世もバレエを好み，支援した．西欧では，舞踊を単なる踊りではなく登場人物の感情を表現するものとする，「バレエ・ダクシオン」の理論が発展しつつあった．ジャン＝ジョルジュ・ノヴェールはその提唱者として有名だが，その先駆けともいえるフランツ・ヒルファーディングやその弟子のガスペロ・アンジョリーニもロシアにやって来た．ヒルファーディングのバレエは，貴族や皇帝をギリシアの神々や古代ローマの登場人物に例えて讃える「寓意的バレエ」（アレゴリー）で，帝政が続くロシアにはうってつけだった．アンジョリーニもギリシア神話など古典的な主題を扱ったが，ロシアの民衆の踊りやロシア的な主題をバレエに取り入れたことが評価されている．

10. 舞踏・演劇　　きんだいろしあばれえ　　405

❀ディドロとロマン主義の時代　アンジョリーニの後，帝室劇場のバレエマスターになったシャルル・ル・ピックは，後任にノヴェールの弟子のシャルル＝ルイ・ディドロを推薦した．1801年，バレエマスターに任命されたディドロは，「アナクレオン風」と呼ばれる，ギリシア恋愛詩に題材を採った抒情的なバレエで評判になり，ペテルブルグのバレエ・スタイルを確立した．その人気ぶりは，アレクサンドル・プーシキンの『エヴゲーニー・オネーギン』の中でも描写されるほどだった．この時代には，イワン・ヴァーリベルフというロシア人のバレエマスターが登場した．舞踊手のエフゲニヤ・コロソワは，ギリシア風の衣裳を初めてまとって舞台に立った．ディドロの弟子たちの中から，アフドティヤ・イストーミナや，後にモスクワでボリショイ劇場のバレエマスターになったアダム・グルシコーフスキーなど，後世に名を残す踊り手たちも出た．

バレエの中心地だったパリ・オペラ座で《ラ・シルフィード》《ジゼル》が上演され，ロマン主義の時代が到来すると，これらは，ロシアでもすぐに国内のバレエマスターの演出によって上演された．マリー・タリオーニ，ファニー・エルスラー，カルロッタ・グリッジなどのロマンチック・バレエの代表的な踊り手達が次々にロシアを訪れる一方で，モスクワのエカチェリーナ・サンコフスカヤ，ペテルブルグのエレーナ・アンドレヤノワも人気を博した．アンドレヤノワがモスクワで踊った際，サンコフスカヤのファンから黒猫の死体を投げつけられるという事件が起きた．ナジェージダ・ボグダノワのように，パリで学びオペラ座でデビューしてから，ロシアに戻って来るという国際的なバレリーナも現れた．

❀ペロー，サン＝レオン，プティパ　《ジゼル》の作者の一人として名高いジュール・ペローは，1848年に最初にロシアへやって来て，59年までバレエマスターを務めた．後任のアルトゥール・サン＝レオンは，性格舞踊（キャラクテール）と呼ばれる高い技術が求められる踊りや，民族舞踊を取り入れたバレエで知られ，ロマン主義の次の時代に導いた．彼が振り付けた《せむしの小馬》(1864) は19世紀後半の帝室劇場を代表するバレエとなる．47年，マリウス・プティパが，父親ジャンとともに最初は舞踊手としてロシアにやって来た．プティパはサン＝レオンの後，69年に帝室劇場の首席バレエマスターとなって，イワン・フセヴォロシスキーとともに三大バレエ（☞項目「チャイコフスキーの三大バレエ」）や《バヤデルカ》(1877)《ライモンダ》(1898) などをつくった．最後の帝室劇場総裁のウラジーミル・テリャコーフスキーとは折り合いが悪く，《魔法の鏡》(1903) を最後に引退した．

プティパの時代には，技巧に秀でたイタリア人バレリーナの活躍が目覚ましかった．ヴィルジニア・ツッキ，カルロッタ・ブリアンツァ，グラン・フェッテと呼ばれる32回の大回転を初めて披露したピエリーナ・レニャーニらが有名である．ロシア人のバレリーナでは，オリガ・プレオブラジェンスカヤや，ニコライ2世の愛人として有名なマチルダ・クシェシンスカヤなどが知られる．　　　［平野恵美子］

チャイコフスキーの三大バレエ

ピョートル・チャイコフスキーはバレエ音楽の代名詞のような作曲家であるが,《白鳥の湖》《眠れる森の美女》《くるみ割り人形》の三つのバレエしか作曲していない.

❋《白鳥の湖》 1877年モスクワのボリショイ劇場で,ヴェンツェル・ライジンガーの振付で初演された.オデット姫が悪魔に呪いをかけられ,夜以外は白鳥の姿にされてしまう.他の女性を愛したことのない男性が永遠の愛をささげたときに呪いは消える.湖の畔でオデットに会い心ひかれた王子は,翌日の花嫁選びの舞踏会で彼女を選ぶと約束するが,悪魔が娘オディールをオデットのように化けさせて舞踏会に乗り込み,王子は誤ってオディールに愛を誓ってしまい,この世では呪いは解けないままとなる.オデットと王子は湖に身を投げ,天国で結ばれる.ロシア革命後に現れた,王子が悪魔を滅ぼすという結末も,世界で広く流布している.

図1 マリインスキー ロパートキナ《白鳥の湖》
[瀬戸秀美提供(以下同)]

ライジンガーの振付演出は消滅しており,現在世界で上演されているものの原典版となっているのは,95年にサンクト・ペテルブルグの帝室マリインスキー劇場で,マリウス・プティパとレフ・イワノフが共同で振付演出したものである.複数の振付

図2 マリインスキー ロパートキナ《白鳥の湖》

家で作品をつくること自体,バレエ史上まれである上に,音楽に合致した美しい動きの踊りを構築してゆくプティパと,踊りでドラマを語るイワノフという,まったく創作スタイルの異なる二人の鬼才振付家の共同作業で,バレエの代表作といわれながら異例の作品であり,かつそれゆえに傑作である.95年版がスコアの削除や曲の入れ替え挿入,台本の変更を行っているため,20世紀以降の新演出も,スコアの曲順の入れ替えや削除,台本の変更は少なくない.

❋《眠れる森の美女》 1890年マリインスキー劇場初演である.皇帝暗殺事件(1881)後訪れた反動の時代のさなか,帝室劇場新総裁イワン・フセヴォロシスキーの提案により,皇帝を賛美するバレエとして制作された.《白鳥の湖》以来バレエから離れていたチャイコフスキーが作曲を引き受けて巨匠振付家と共同制

作を行い，"プティパのクラシック・バレエ"の最高峰ができあがった．厳格な対称形の群舞や，三へのこだわり——三幕仕立て，プティパの作品によってバレエの一つの定型となった主要な役の男女によるパ・ド・ドゥの三部構成（アダージョ，ヴァリエーション，コーダ）等々，プティパがそれまでのロマン主義バレエからの脱却するためモデルにした古典主義の応用と

図3　マリインスキー《眠れる森の美女》

しての完成形といえるバレエである．帝政ロシアの宮廷をうかがわせるエレガントな雰囲気，ガラス細工のように繊細優美で高度な振付は類例を見ない．

　この作品は，17世紀にバレエを熱愛して大きく発展させ，みずからもバレエを踊ったフランスのルイ14世時代にバレエのテーマに用いられたことから，ルイ14世のような芸術的教養と富と権力を持つ王は，もはや，世界でロシア皇帝のみであるという賛美を皇帝に贈ることになった．原作はルイ14世時代出版された同名のペロー童話だが，物語をベースに，カラボスの呪いに始まるカオスの世界が，善の精リラ（＝神＝王）によって調和の世界へと導かれるまでを描いている．

❋《くるみ割り人形》　チャイコフスキーの3作目のバレエである．作曲家の死の前年，1892年マリインスキー劇場初演．振付演出はプティパが担当予定だったが，体調不良のため台本のみを担当し（作曲家の弟のモデストが大部分を書いたという説もある），振付は助手のレフ・イワノフに委ねた．初演版は間もなく消失したため，現在はバレエ団ごとにさまざまな振付がなされている．

　原作は，E. A. T. ホフマンの怪奇小説「くるみ割り人形と鼠の王」をデュマ父子が子供向けに書き換えたもので，クリスマスに幼い少女クララがプレゼントにもらったくるみ割り人形が王子になり，王子のお菓子の国に行く夢を見る物語である．

　しかし作曲家は自叙伝として音楽を書いたといわれており，台本と音楽には部分的にギャップがある．特に問題になるのが，祝祭的な大団円となるべき第2幕最後のお菓子の国の女王金平糖の精のパ・ド・ドゥである．この曲を創作中に妹が亡くなったためか，ここには悲しみの叫びが込められてしまった．その解決法として，ロシアでは主人公を思春期の少女に設定．くるみ割りの王子と困難を克服して，二人に愛が芽生えるという展開にし，音楽に含まれている深い感情に少しでも近いものを表現しようとしてきた．しかしいずれにしても，チャイコフスキー晩年の美しい音楽と，子供時代のクリスマスの楽しい思い出を描き最後に夢が覚めてしまうこの物語は，郷愁に満ち，つくり手にも観客にも愛され続けている．

[村山久美子]

バレエ・リュス

　バレエ・リュスはフランス語で「ロシア・バレエ」の意である．1909年，ロシア人貴族で興行師のセルゲイ・ディアギレフが，アンナ・パヴロワ，ワツラフ・ニジンスキー，タマーラ・カルサヴィナら帝室劇場の花形舞踊手や振付家のミハイル・フォーキンらを連れて，パリで初公演を行い，西欧の観客に大きな衝撃を与えたとされる．ディアギレフはパリで06年にロシア絵画展，07年と08年には大歌手のフョードル・シャリャーピンらが出演したロシア音楽の演奏会で成功していたので，その下地はできていた．

　また，パヴロワなど，09年以前に西欧で公演していた者がすでにいた．とはいえ，その後，バレエといえばロシアが真っ先に思い浮かぶようになるほど，強い印象を残した．そして舞踊だけではなく，音楽や美術にも常に最先端の芸術家を起用し続けたディアギレフの手法は，バレエの概念を完全に新しいものに変えた．

❋東洋趣味とロシア主題　人間関係のいざこざから，帝室劇場を解雇されたディアギレフは，「芸術世界」派の画家で知的な理論家でもあったアレクサンドル・ベヌアらとともに，ロシアのバレエを新しい美術や音楽で西欧に紹介しようと考えた．パリ初演は1909年5月18〜19日，シャトレ座で行われた．西欧の劇場ではオフシーズンに入ると海外から巡業公演が行われる．初演時は，《ルスランとリュドミラ》など，むしろオペラが中心だったが，シャリャーピンの出演料など費用がかさむことや，バレエが評判を取ったことにより，翌10年からはバレエがメインの公演となった．帝室劇場の何幕もあり，出演者も多くて豪華なマリウス・プティパ作のバレエと違って，フォーキンの振付作品は一幕でコンパクトなことも都合がよかった．初演の年は，貴族趣味的な《アルミードの館》や《ポロヴェツ人の踊り》などエキゾチシズムの強い作品が中心で，《エジプトの夜》は帝室劇場でアントン・アレンスキーの曲で上演されていたが，パリでは一部，ミハイル・グリンカ，モデスト・ムソルグスキー，アレクサンドル・グラズノフらの音楽に差し変えられ，タイトルも《クレオパトラ》に変更された．東洋趣味は，レフ・バクストの大胆な色使いの美術が評判を呼び，10年の《シェヘラザード》の成功で，バレエ・リュスのイメージを決定付けた．他方，バクスト，ベヌア，ニコライ・レーリヒらによるロシア新民衆派芸術風の美術，イーゴリ・ストラヴィンスキーの音楽を用いた《火の鳥》《ペトルーシュカ》《春の祭典》で，帝室劇場にも不足していたロシア的な主題に基づく現代的なバレエをつくったことは注目に値する．そのほか，《牧神の午後》《ナルシス》など，当時，流行のギリシア趣味を反映した作品もあった．

10. 舞踏・演劇　　　　ばれえ・りゅす　　409

❀フォーキンとニジンスキー　　ニジンスキーはそのまれに見る高度な技術力で，古典舞踊手として高い評価を受けていた．だが，《牧神の午後》《春の祭典》など，フォーキン以前のバレエとはまったく違う舞踊の言語で，モダン・ダンスの扉を開いた．特に1913年の《春の祭典》は，レーリヒによる原始的な美術とストラヴィンスキーの前衛的な音楽，跳躍を封印し，バレエの基本である外向きに開いた身体とは正反対の，手足を内向きにねじ曲げるという振付で，大スキャンダルを巻き起こしたとされる．ディアギレフはフォーキンのバレエをすでに古いと考えていたが，愛人関係にあったニジンスキーがハンガリー女性のロモラ・デ・プルスキと結婚すると，ニジンスキーを解雇してしまい，団を離れていたフォーキンを14年に一時的に呼び戻した．その後，レオニード・マシーン，セルジュ・リファールらがフォーキンやニジンスキーに代わる振付家や第一舞踊手として脚光を浴びた．だが，マシーンのつくった作品が，現代において上演されることはまれである．ピカソ，マティス，マリー・ローランサン，ミハイル・ラリオーノフら歴史に残る一流の画家達が担当した《パラード》や《夜の太陽》などの舞台美術や衣装は，今日見ても色あせることのない魅力を放っている．音楽の選択も，フォーレ，サティ，ファリャなど常に新しく非常に洗練されていた．ロシアものには，ニコライ・リムスキー＝コルサコフや民話を主題にした音楽が得意だったアナトーリー・リャードフの曲を用いている．

❀革命後　　1917年の十月革命後は西側にとどまり，しばしば破産の危機にも見舞われたが，バレエ・リュスの挑戦はやむことがなかった．前衛的な作品ばかりではなく，元マリインスキー劇場の舞台監督で，亡命したニコライ・セルゲーエフが持ち出したステパノフ舞踊譜をもとに，21年にロンドンでプティパ原振付の古典バレエ《眠れる森の美女》を復元上演もしている．20年代は，ニジンスキーの妹であるブロニスラヴァ・ニジンスカ，グルジア（ジョージア）出身のジョージ・バランシンが，振付家として活躍し，簡潔な舞台美術と斬新な振付によって，みずみずしく現代的な表現を生み出した．ともにストラヴィンスキーの音楽を用いて，ニジンスカ《結婚》はロシア民衆芸術の新しい形式，バランシンの《ミューズを率いるアポロ》はバレエの新古典主義ともいうべき様式を確立し，20世紀におけるモダン・バレエの新しい地平線を開いた．アレクサンドラ・ダニロワ，オリガ・スペシフツェワら，新しいスターも現れた．なかにはロシア風の名前をつけた外国人ダンサーもいた．29年，ディアギレフが亡くなると，活動はいったん停止した．その後，再開したバレエ団は，やがて「モンテカルロ・バレエ・リュス」と「バジル大佐のバレエ・リュス」に分裂した．メンバーの多くが期せずして亡命者となり，英国ロイヤル・バレエ団やパリ・オペラ座バレエ団の発展に寄与した．バランシンは米国へ行き，スクール・オブ・アメリカン・バレエおよびニューヨーク・シティ・バレエ団を創設した．　　　　　　［平野恵美子］

ロシア革命後のソ連・現代ロシアバレエ

　マリウス・プティパの手によって，数々の古典バレエ作品の傑作が生まれた後，20世紀初頭には，次世代のアレクサンドル・ゴールスキーやミハイル・フォーキンが新たな舞踊語彙を加え，プティパとは異なる踊りでのドラマを創造した．その後，1917年の十月革命前後に，あらゆる芸術ジャンルでロシア・アヴァンギャルドの時代が始まる．舞踊芸術もその例外ではなく，ロシアにもイサドラ・ダンカンのスタジオやダルクローズの研究所等々，さまざまな実験劇場や学校が開設され，新しい身体運動の探求が行われた．ニコライ・フォレッゲルが「機械ダンス」を考案して注目され，バレエ界でも鬼才振付家カシヤーン・ゴレイゾフスキー，フョードル・ロプホーフ，レオニード・ヤコブソーン等が，バレエの革命を目指す実験的創作を行った．モダン・バレエ，モダン・ダンスの波が起こり始めていたのである．

❋社会主義リアリズム時代の始まり　しかし，1920年代後半から，アヴァンギャルド芸術は批判の対象となり始め，34年の第1回作家大会で社会主義リアリズムがソヴィエトの作家のよるべき創作方法であると決定される頃には，あらゆるアヴァンギャルド芸術が姿を消すことが余儀なくされていた．

　バレエでは，34年から「ホレオドラマ」（演劇的バレエ）の新しい伝統が生まれた．30年代後半は，社会主義リアリズムの始まりであるとともに，伝統を無視したアヴァンギャルド時代の実験の行き過ぎを反省し，古典を見直して，そこから創作の糧を得ることが唱えられた時代でもあった．当時キーロフ（現マリインスキー）・バレエを率いていた振付家のロスチスラフ・ザハーロフは，国民的詩人アレクサンドル・プーシキン原作の《バフチサライの泉》を発表した．その後，レオニード・ラヴロフスキーはシェークスピアに向かって，ホレオドラマの傑作《ロミオとジュリエット》（初演1940年）を誕生させた．

　ロシアでは，18世紀にバレエ上演に着手して以来，演劇性の強いドラマティックなバレエの伝統が続いてきたが，「ホレオドラマ」が20世紀の新たなジャンルとされたのは，世界のリアリズム演劇の基礎となったモスクワ芸術座のスタニスラフスキー・システムを，ザハーロフが創作に取り入れたためである．ダンサーとの話し合いによる役の徹底的な分析から始まるザハーロフの創作法は，作品のドラマ性を高め，ダンサーの演技を深めるために現在もなお，役立っている．初期にホレオドラマの数々の主役を踊り，役の心理を深く掘り下げたみずみずしい演技でこのジャンルを成功に導いたのは，ガリーナ・ウラーノワである．20世紀以降の名優＝名舞踊手は彼女に始まり，マイヤ・プリセツカヤ，ウラジーミル・

ワシーリエフ，エカチェリーナ・マクシーモワ，ウリヤーナ・ロパートキナ等々，世界に崇拝される数多くの優れた後輩たちが育っていった．

❋**グリゴローヴィチの交響楽的バレエ**　1930~40年代に大成功を収めていたホレオドラマは，次第に，ドラマを重視するあまりに舞踊としての面白味に欠けるようになった．クラシック舞踊の信奉者であるユーリー・グリゴローヴィチは，ホレオドラマのそのような欠点に反発を感じ，57年に発表した《石の花》で，ホレオドラマの改良型といえる，演劇的でかつクラシック舞踊の多様な技を駆使して音楽を緻密に視覚化する「交響楽的バレエ」を創造した．その最も大きな特徴は，群舞をオーケストラの各パートのように幾つかのグループに分け，同時に異なった動きを与えて，全体として舞踊オーケストラのようなポリフォニックなシーンをつくり上げるというものである．

図1　《スパルタクス》男性群舞［瀬戸秀美提供］

しかも群舞は，主人公の心情を，全員の踊りの醸し出す雰囲気で増幅させて観客に伝えている．グリゴローヴィチは男性舞踊手を多用したため，特にこの手法により男性群舞が，類例を見ないほどにスケールの大きなものとなった．こうしてグリゴローヴィチは，物語性のあるドラマティックなバレエの伝統を引き継ぎながら，さらに踊り自体の美しさや技を堪能できる作品を生み出したため，ソヴィエト・バレエ界から絶大な支持を得た．ちなみに，マリインスキー・バレエ出身でアメリカ合衆国に渡りバレエを育て上げたジョージ・バランシンも，「シンフォニック・バレエ」の振付家として有名だが，バランシンのバレエは演劇的作品ではなく，音楽そのものの完全な視覚化である．

❋**1970年代以降のモダン・バレエ**　グリゴローヴィチの次世代にあたるボリス・エイフマンなどは，ソ連時代検閲にかなり苦しめられながらも，激情を表現する歪んだポーズやアクロバットなどの独自の自由な動きを加えて新しいバレエを創造してきた，ソ連のモダン・バレエの旗手といわれる振付家である．とはいえ，物語性のあるドラマのロシア・バレエの伝統を愛し，フョードル・ドストエフスキーの小説などから心理のエッセンスを抽出し，密度の濃い哲学的な作品を発表し続けてきた．

　1990年代からは，非常に音楽性が高くアイデア豊かな振付家アレクセイ・ラトマンスキーが，世界の多くのバレエ団に作品を提供している．　　［村山久美子］

モイセーエフ・バレエ団

　ソ連の文化においては舞踊でも音楽でも「みんぞく」と名が付いているもの
は, ①生活の中にあるフォークロア, ②①を忠実に再現することを目指し舞台化
したもの, ③①を既存のアカデミックな芸術を基盤にして昇華し舞台化したもの
に分けられる. 本項では現地での教育・文化制度上および従事者の意識上の厳密
な区別を踏襲し, ①②を「民俗」(フォークロアと同義), ③を「民族」(国民的と
同義) と表記する.

❋舞踊の天才モイセーエフ　イーゴリ・アレクサンドロヴィチ・モイセーエフ
(1906〜2007) はキエフに生まれ, 14歳でモスクワでボリショイ劇場の元バレ
リーナ V. I. マソーロヴァに師事して才能を見いだされ, 数か月後にボリショイ
劇場付属バレエ学校でバレエを習い始めた. 18歳でボリショイ劇場に入団, 21歳
でソヴィエト・バレエ「サッカー選手」(1930) で振付師としてデビューしたが,
保守的な先人たちはこの若者に道を開かなかった. クラシックバレエもキャラク
ターダンスも得意な上, 振付にもプロデュースにも才があったモイセーエフは,
同劇場で働く傍ら, 30年代初めからソ連領内の諸民族の民俗舞踊を現地調査し,
その成果をバレエに昇華した. そして, 37年, 人民委員会議議長 (首相) V. M. モ
ロトフの後ろ盾を得て, これまでになかった形のバレエ団を創設した.

❋国立民族舞踊アンサンブル　日本で「モイセーエフ・バレエ団」と呼ばれる団
体のロシアでの正式名称は「国立民族舞踊アンサンブル」といい, 現在は「モイ
セーエフ記念」の名を冠する. 国内外の民族の舞踊を専門とし, バレエ振付師が
振付をする. プログラムは組曲タイプの作品群が団の看板となっているが, 小作
品が多く, 劇場文化の素養のない観客を飽きさせないよう物語仕立てになってい
る. バレエと民族舞踊の要素を融合させているとはいえ, バレエとは異なり, ソ
リスト対コール・ド・バレエという構成ではなく, 全員がいずれの役割も果た
す. また, 歌い手と踊り手が完全に分離している点と全員が同一の動きをする点
は, 歌いながら踊り, 全員が一斉に同一の動きをすることのない民俗舞踊とも異
なる.

❋歌と踊りのアンサンブル　モイセーエフ型の民族舞踊団は, バレエ振付師とバレ
エ教育を受けた舞踊家たちの新たな受け皿となった. 1930年代以降, 社会主義の
イデオロギー下での多民族共生のプロパガンダのためにプロの民族舞踊団が国内
に創設された. ベリョースカ・アンサンブル (1948年創設), ピャトニツキー記
念国立合唱団 (1911年創設, 38年に舞踊団が付設) などである. 舞踊団を備えた
合唱団には北方国立合唱団, クバン国立合唱団, ウラル国立合唱団, 赤軍合唱団

などがある．これらの構成は「歌と踊りのアンサンブル」と呼ばれ，第2次世界大戦前は国内公演を，50年代以降は多民族国家ソ連の文化のプロパガンダのために国外公演を行った．来日もしている．また，国営文化としての自治体や学校や工場でのクラブ活動におけるアマチュア芸能活動でも，モイセーエフ型の民族舞踊が推進されることとなった．

✹赤軍合唱団 赤軍の名を冠する団体は複数確認できるが，最も知られているのが「A. V. アレクサンドロフ記念赤軍歌と踊りのアンサンブル」である．日本では「赤軍合唱団」，ロシアでは「アレクサンドロフ・アンサンブル」と呼ばれる．1928年，合唱団指揮者A. V. アレクサンドロフ（1883～1946）らにより12名で創立，当初より歌，器楽，舞踊という構成だった．その後急速に発展を遂げ，35年時点で135名に達した．合唱団，ロシア民族楽器オーケストラ，民族舞踊団を有する大規模な軍楽隊で，国内の慰問のほか，国外でソ連およびロシアの文化の広報のために興行を行い，絶大な人気と知名度を誇る．2016年の飛行機事故で主要メンバーの大半を失ったが，再建した．なお，民俗芸能の舞台化という点では民族楽器オーケストラも同一の現象のようにとらえられがちだが，ヨーロッパの管弦楽に範をとった近代化は革命前に起きており，舞踊とは文化的社会的脈絡を異にする（☞項目「バラライカ」）．

図1 モイセーエフバレエ団の演技 [moiseyev.ru]

✹民俗アンサンブル バレエに基づく民族舞踊と生活の中の民俗舞踊との乖離に問題意識を持った民俗音楽の知識人たちは，1960年代末から民俗舞踊の忠実な再現を試み始めた．グネーシン記念音楽教育大学（現ロシア音楽アカデミー）の民俗音楽研究室と同大民俗合唱団指揮科は，その旗振りとなった．同型としては，来日したこともあるポクロフスキー・アンサンブル（同大，1973年創立），アンサンブル「カラゴト」（モスクワ大学，1979年創立）が有名である．

✹モイセーエフと民俗舞踊 みずからが収集に赴き，「フォークロアはただ愛し，研究し，プロパガンダするだけでは駄目だ．より広い視野で発展させなければならない」と語ったモイセーエフは，1997年の雑誌『バレエ』では，民俗舞踊と近年の民族舞踊の乖離の大きさを嘆いている．フォークロアの実地の知見なしに「発展」を目指すバレエ振付師たちを批判したものであるが，偉大なる創始者モイセーエフ亡き後の現在，民族舞踊家も徐々に民俗舞踊家に資料提供や助言を求めるようになってきているという．　　　　　　　　　　　　　［柚木かおり］

名バレリーナ・バレエダンサー

　ロシア・バレエはマリウス・プティパがサンクト・ペテルブルグ帝室バレエの首席バレエマスターを務めた1870年代以降，最初の黄金時代を迎え，19世紀末から20世紀初めにかけてマチルダ・クシェシンスカヤ，アンナ・パヴロワ，タマーラ・カルサヴィナ，ワツラフ・ニジンスキーといった優れたダンサーを輩出した．1909年，セルゲイ・ディアギレフはこうした卓越したダンサーたちを募って私設のカンパニーを組成し，初のパリ公演を行った．一般にバレエ・リュス（☞項目「バレエ・リュス」）と呼ばれるこのロシア・バレエの西欧への「逆輸出」は，ミハイル・フォーキンやニジンスキーなど若い振付家兼ダンサーが異国情緒溢れる斬新な作品を披露してセンセーションを巻き起こした．彼らはプティパ流の古典バレエに飽き足らず，作品の主題や背景を踏まえた新たな舞踊語彙を導入し，一幕に凝縮された新たなバレエのスタイルを生み出した．

　革命による混乱を避けて多くの芸術家がロシア国外に亡命したため，劇場そのものの存続が危ぶまれたが，ペテルブルグのフョードル・ロプホーフやアグリッピナ・ワガノワ，モスクワではワシーリー・チホミーロフやエカチェリーナ・ゲリツェルが中心となって劇場や舞踊教育の維持に尽力し，バレエの復興と改革に努めた．ワガノワは優雅なフランス流派とテクニックに秀でたイタリア流派を融合し，ロシアにおける新しいスタイルを求めつつ，独自の教授法を確立した．

❋**ウラノワとプリセツカヤ**　ガリーナ・ウラノワはペテルブルグでワガノワの教えを受けた最初期のダンサーである．確かな舞踊技術に加えて繊細な心理表現に優れ，スタニスラフスキーの演劇美学に影響を受けて1930年代に興隆したホレオドラマ（演劇バレエ，☞項目「ロシア革命後のソ連・現代ロシアバレエ」），例えば《バフチサライの泉》（1934）や《ロミオとジュリエット》（1940）などで好評を博した．44年，ウラノワはボリショイ劇場に移籍．以後，モスクワにおけるホレオドラマの発展に貢献するとともに，56年のロンドン公演を成功に導き，「大きい」というロシア語をあまねく世界に知らしめた．

　この歴史的なロンドン公演にマイヤ・プリセツカヤは参加していない．ユダヤ系の芸術一家に生まれたプリセツカヤの人生はソヴィエト政権からの激しい迫害と寵愛という相反する運命に翻弄された．幼少期に半流刑の憂き目に遭い十分な教育を受けられなかったが，持ち前の反骨精神で修練

図1　プリセツカヤ（《瀕死の白鳥》）

を重ね，恵まれた肢体と強靭なテクニックによりボリショイのプリマとしての地位を確立した．《白鳥の湖》《ドン・キホーテ》《瀕死の白鳥》などが当り役で，特に《瀕死の白鳥》は代表作として高齢になるまで踊り続けた．さらに，ロディオン・シチェドリン作曲《アンナ・カレーニナ》(1972)を自作自演したほか，《カルメン組曲》(振付アルベルト・アロンソ，1965)，《バラの死》(振付ローラン・プティ，1973)，《イサドラ》(振付モーリス・ベジャール，1976)などの国際的な振付家の作品を初演するなど，国内外に向けて新しいバレエを積極的に紹介した．

❋**ヌレエフとバリシニコフ**　「雪どけ」時代の1958年，バシコルトスタン出身のルドルフ・ヌレエフがレニングラード・キーロフ（現マリインスキー）・バレエに入団した．彼はバレリーナと同様に，緩やかな舞いと優雅な所作によって高貴な王子役（ノーブル）を演じていた従来の男性舞踊に，タタール人特有の情熱的な高い跳躍と急速で激しい回転を持ち込んだ．ヌレエフがキーロフ・バレエに吹き込んだ新風はボリショイのウラジーミル・ワシーリエフにも影響を与えた．

図2　バリシニコフ（《ヴェストリス》）

ヌレエフより10歳年少のミハイル・バリシニコフはペテルブルグ特有の精確なポジションを失わずに，真っすぐな軸足から繰り出す驚異的な回転とアクロバティックな跳躍によって，世界中のバレエ・ファンを魅了した．

だが，70年代半ばまでキーロフ・バレエは《白鳥の湖》《ジゼル》などの古典バレエをもっぱら上演していたため，西欧の振付家との協業や新しいバレエの創造を夢見る若いダンサーたちは不満を募らせていた．62年のパリ公演の際，ヌレエフはソ連当局の制止を振り切って亡命．バリシニコフもまた74年のカナダ公演のさなかに亡命した．彼らは欧米のカンパニーに客演するとともに，古典バレエを現代的な視点で改訂上演，さらに活動の場を映画，ミュージカル，コンテンポラリーダンスに広げていった．

❋**ペレストロイカの寵児**　1985年，ミハイル・ゴルバチョフの登場とともに，従来のバレエ界の閉塞的な状況に変化が現れた．グルジア（ジョージア）生まれのニーナ・アナニアシヴィリはまさしくペレストロイカの寵児と呼べるだろう．81年にボリショイ劇場に入団後，短期間のうちにプリマ・バレリーナの地位に駆け上がり，88年から1年間，旧ソ連のダンサーとして初めてニューヨーク・シティ・バレエに客演した．その後も英国ロイヤル・バレエ，デンマーク・ロイヤル・バレエなどに招かれ，93年にはボリショイに在籍したままアメリカン・バレエ・シアターのプリンシパル・ダンサーとなった．愛らしい黒い瞳と急速で情熱的なグラン・フェッテ（回転）が印象的で，ソ連崩壊後，ロシア・バレエのグローバル化を推し進めた最も重要なダンサーの一人である．　　　　［赤尾雄人］

バレエ教育と劇場システム

　ロシアにおいてバレエは国民の誇りであり，自国の文化の最高の成果を象徴する．その文化を受け継ぐ人材を育てるのがバレエ学校に課せられた役割であり，またその成果を披露し，観客と共有する機会を与えるのが劇場の役割である．

　現在，ロシア国内には20を超える国立のバレエ学校が存在し，一校につきおよそ50名から380名程度の男女が，一部の例外を除き国家予算で教育を受けている．4年間の初等教育を終えた上で，審査委員会による厳正な試験を突破した者のみが入学できる．

　生徒たちは在学中から地元の劇場の公演に出演し，舞台経験を積み，劇場文化を身につける．7年10カ月の過程（専門科目および普通科目）を優秀な成績をもって卒業できた場合には，高等学校卒業と同等の資格を与えられる．卒業生の多くは国内外のバレエ団および舞踊団に活躍の場を見いだす．学校と劇場は互助関係の中でロシア・バレエの伝統を継承する．

❋革命前の教育　革命前のロシアには，二つの帝室（国立）バレエ学校が存在した．ロシアで最古のバレエ学校，現在のワガノワ記念ロシア・バレエ・アカデミーは，「女帝陛下の舞踊学校」としてアンナ・イオアノヴナの許可により1738年にサンクト・ペテルブルグに開校し，フランス人舞踊家ジャン・バチスト・ランデが指導を行った．モスクワでは，73年に養育院でイタリア人舞踊家フィリッポ・ベッカリが指導したのが，現在のモスクワ国立舞踊アカデミーの始まりとされている．両校とも宮内省が運営する帝室劇場管理部管轄下に入っていた．当初は，舞踊，オペラ，演劇などの区別がなく，総合的な能力を持つ演者が育成されていたが，やがてジャンルの分化が行われる．卒業生は帝室劇場所属のダンサーとなり，そのほか帝室のさまざまな催し物にも出演した．代々の外国人教師にはフランス人が多く，舞台でも外国人が主役を務めた．ロシアのダンサーたちは外国の「スター」を囲む群舞役に甘んじていたが，19世紀前半頃までには，外国公演で高い評価を得て，国内において外国人を脅かす者も現れ始めた．19世紀後半には，フランス人振付家で教師のマリウス・プティパと彼の同僚たちの成果により，世界に名だたるロシア・バレエのスタイルが形成され，卓越した舞踊手たちが輩出された．

❋ソヴィエト時代の教育　革命後に，レニングラード，モスクワの両校は国営となり，10回以上にわたり校名および管轄先が変更された．学校は自治を保守しようとし，政府は管理下に置こうとしたためだった．首都がモスクワとなり，ボリショイ劇場は暗黙の政府付き施設となった．モスクワのバレエ学校がボリショイ

劇場の管轄下に置かれ，「ボリショイ劇場附属」の名を冠していた時期があったのはこのためである．

　革命の中で，多くのダンサーが国を去った．過酷な条件の下でも，ペトログラードのバレエ団と学校は活動を継続していた．1920年代初頭には革命前のスターにとって代わるような卒業生たちが輩出された．ダンサー教育の場においても大きな変化が生じた．重要な役割を果たしたのが，レニングラードの舞踊教師アグリッピナ・ワガノワである．革命前は教師個人の経験則や能力に頼っていた教授法に，彼女は初めて学術的なアプローチを行い，系統的に整理し，合理的な身体の動かし方を追求した．著書『クラシック舞踊の基礎』(1934) は各国語に翻訳され，世界的に影響を与え続けている．彼女はソヴィエト時代を代表するダンサーたちを育て上げた．

図1　ワガノワ[vaganovaacademy.ru]

　教師科の開講，教育プログラムの編纂，教則本の刊行や教育映画の制作，全国から教師・生徒を集めての会議など，ソ連時代に行われた国をあげての活動は，教育現場の抜本的改革だった．30年代には各共和国首都にバレエ団・学校が創設され，80年には18校のバレエ学校がソ連各地に存在した．

❋現在の教育現場，日本との関係　ソ連崩壊後，国立バレエ学校が増加した．しかしサンクト・ペテルブルグとモスクワのアカデミーは，教師や振付家，バレエ・ピアニストのための大学課程，さらにバレエ学校入学前のコースを新設し，国内において今も中心的な存在である．日本，中国，韓国を主として，欧米，旧ソ連共和国からの留学生の受け入れもさかんに行われている．ロシア人卒業生の就職先として外国が選択肢に入るようになり，反対に外国人修了生がロシア国内の劇場を選ぶこともまれではない．これは1990年代の社会変革の結果であり，ソ連時代は不可能だったグローバル化の動きである．

　なお，日本のバレエの発展にロシア（ソ連）人たちの大きな貢献があったことはよく知られているが，教育改革の過渡期にレニングラード国立舞踊学校夜間コースを卒業して36年から日本で指導を行ったのがオリガ・サファイアであり，教育改革の成果をもたらしたのが，60年に開校されたチャイコフスキー記念東京バレエ学校に招聘されたソ連教師たちである．日本人児童初のソヴィエト・バレエ留学を行ったのも同校の生徒たちであった．以降，日露のバレエ交流は現在に至るまで拡張する一方である．

[斎藤慶子]

オペラ・バレエ劇場

✤**バレエの殿堂** ピョートル・チャイコフスキーの《眠れる森の美女》(1890) や《くるみ割り人形》(1892) が初演されたサンクト・ペテルブルグのマリインスキー劇場 (図1) は1860年に設立された。劇場の名称は当時の皇帝アレクサンドル2世の妃マリヤにちなんで命名された。

図1 マリインスキー劇場本館 (正面) と新館 (右後方)［著者撮影 (図2も)］

ロシア・バレエおよび帝室劇場の起源は18世紀にさかのぼる。アンナ女帝治世の1738年，フランス人バレエ教師ジャン＝バプティスト・ランデの進言によりバレエ学校が開設された (現在のワガノワ・アカデミーの前身，☞項目「バレエ教育と劇場システム」)。ここで学んだ生徒たちがバレエ団をつくり，サンクト・ペテルブルグやモスクワの宮廷で踊った。これが後の帝室バレエの母体となる。

83年，ペテルブルグにボリショイ (・カーメンヌィ) 劇場が設立されると，バレエ団はここを拠点に活動するようになる。詩聖アレクサンドル・プーシキンがバレエを見に通ったのもこのボリショイ劇場である。ロシアのオペラもイタリアやフランスの歌劇団と交替で上演されたが，人気があったのはバレエとイタリア歌劇だった。1836年，音響改善のためイタリア人建築家アルベルト・カヴォスがボリショイ劇場を改築，柿落としでミハイル・グリンカの歌劇《皇帝に捧げし命》が初演された。60年には同じくカヴォスの設計でマリインスキー劇場が完成した。63年に首席指揮者に着任したエドゥアルド・ナプラーヴニクはロシアのオペラを積極的に上演し，モデスト・ムソルグスキーの《ボリス・ゴドゥノフ》(1873, 74)，アレクサンドル・ボロディン《イーゴリ公》(1890)，チャイコフスキー《スペードの女王》(1890) などが生まれた。

1869年，マリウス・プティパが帝室バレエの首席振付家に就任，以後約30年間ロシア・バレエは黄金時代を迎えるが，当初バレエは従来のボリショイ劇場で公演されており，マリインスキー劇場ではもっぱらオペラを上演していた。86年，旧ボリショイ劇場の閉鎖に伴い，バレエ公演もマリインスキー劇場に移った。

✤**モスクワの劇場** モスクワのボリショイ劇場は1776年にピョートル・ウルーソフ公爵と英人企業家マドックスが常設の演劇一座を結成したことに起源を発する。この一座は17世紀末から地主貴族の間で流行した農奴芝居や学生演劇の俳優，さらに養育院で舞踊教育を受けたダンサーで構成されていた。モスクワ養育

院は1773年から舞踊クラスを設けており，これが現在のモスクワ舞踊学校の母体となった．モスクワの劇場は当初よりロシア大衆文化の周辺にあり，帝室の厚い庇護を受けて，たえずコスモポリタン的な嗜好を追求したペテルブルグとは性格を異にしていた．

1780年，マドックスがペトロフカ通りに劇場を設立，（ボリショイ・）ペトロフスキー劇場と呼ばれた．この劇場は1805年と53年に火事で焼失したため，56年にカヴォスの設計により再建された．これが現在のボリショイ劇場（本館）である（図2）．

図2　ボリショイ劇場本館（正面）と新館（左後方）

42年，ボリショイ劇場は帝室劇場管理局の管理下に入った．69年にはプティパがバレエ《ドン・キホーテ》を振付・上演し，77年にはチャイコフスキーの《白鳥の湖》が初演されるなど古典様式の作品が上演されるようになった．だが，当時のボリショイはマリインスキーと比べて運営資金が潤沢でなかったため，華やかな成功を収めるには至らず，長いあいだペテルブルグの後塵を拝していた．

❉実験の場としての劇場　1917年のロシア革命直後，バレエやオペラは貴族やブルジョア階級のぜいたく品として廃止される危機にさらされた．だが，教育人民委員アナートリー・ルナチャルスキーが劇場文化はすべての人民大衆に開放されるべきだと主張して，ソヴィエト社会主義新指導部の支援を得ることができ，存続されることになった．

新時代の要求に応える創造の場として，新しい劇場やカンパニーが設立された．ペテルブルグのミハイロフスキー劇場は帝政時代にフランス喜劇やオペレッタを上演していたが，18年にオペラ劇場として再開した．26年には国立マールィ歌劇場と改称，31年からはバレエ団を併設して，ドミートリー・ショスタコーヴィチのオペラ《ムツェンスク郡のマクベス夫人》（1934）やバレエ《明るい小川》（1936）などを初演したが，この作品はのちにヨシフ・スターリンの批判を受けて上演中止となった．

モスクワにもまさに実験劇場という名称のボリショイ劇場の分館（現在のオペレッタ劇場）があり，セルゲイ・ワシレンコのバレエ《美しきヨゼフ》（1925）など斬新な作品を上演した．

戦後，首都の芸術を活性化するため優れた芸術家が（ペテルブルグ改め）レニングラードからモスクワに移籍したが，ペレストロイカ以降は欧米との交流も活発になった．現在，ロシアの劇場芸術は世界中で高い評価を受けているが，一方でその芸術様式のコスモポリタン的な均質化も進んでいる．　　　　　［赤尾雄人］

パフォーマンス・アート

　パフォーマンス・アート研究者のローズリー・ゴールドバークによると，「パフォーマンスは大人数の観衆に直接訴えかけるものであり，観客に衝撃を与えることによって，芸術および芸術と文化の関係に関して観客自身が持っている概念を再検討させる方法」である．演劇作品がパフォーマンス的と呼ばれる場合も，行為によって観客に衝撃を与えることに主眼が置かれ，物語の伝達は副次的だ．

❋パフォーマンス・アートの誕生　アートとしてのパフォーマンスの起源はF. T. マリネッティ率いるイタリア未来派にある．彼らは「未来派の夕べ」を主催し，スキャンダラスな行為やノイズ音楽で人々を挑発した．ロシアのパフォーマンス史もやはり未来派から始まる．1913年12月，ペトログラード（現サンクト・ペテルブルグ）のルナパルク劇場で二つの歴史的な催しが連続して行われた．詩人ウラジーミル・マヤコフスキーによる一人芝居《悲劇・ウラジーミル・マヤコフスキー》と，アレクセイ・クルチョーヌィフの超意味詩とミハイル・マチューシンの音楽による未来派オペラ《太陽の征服》だ．《太陽の征服》は，テクノロジーが太陽の権威を失墜させるという当時の科学信奉が反映された物語で，カジミール・マレーヴィチが美術を担当し，円や三角形など幾何学形を組み合わせた斬新な装置と衣装をデザインした．

　17年のロシア革命後，多くの芸術家はみずからの活動を新しい国づくりに関わるものとして位置付けた．20年代初頭まで，革命関連の記念日には，革命を再現・称揚する大規模な市民参加型パフォーマンスが行われる．これが群集劇である．代表的なのは20年，ニコライ・エヴレイノフらの演出で上演された《冬宮奪取》で，ペトログラードの宮殿広場を実際に舞台として使い，兵士やプロレトクリトのメンバーら8,000人以上が参加した．また，23年にはモスクワでアジプロ劇団「シーニャヤ・ブルーザ（青シャツ）」が発足．工場などで労働者向けにニュースやプロパガンダをショーとして上演した．アジプロ劇団の活動はソ連全土に広がり，最盛期にはその数がプロ・アマチュア含めて7,000に上った．

　舞台芸術においても，新社会にふさわしい効率的な身体の動かし方を模索して，機械の運動を人間身体に応用する試みが現れる．演出家フセヴォロド・メイエルホリドは俳優の身体訓練方法「ビオメハニカ」を編み出した．演出家で振付家のニコライ・フォレッゲルも独自の訓練方法「タフィストレナージ（舞踊身体訓練）」を考案，《メカニック・ダンス》(1922) などの作品で生産の過程を舞踊化した．

❋行為をすること　ロシア革命前後は世界的にもモダニズム芸術が盛んで，身体

の解放が謳われる時代だった．しかし，革命の祝祭感が消え，スターリン体制が確立していくにつれて，パフォーマンス・アートは存在すること自体が難しくなっていく．それがソ連に戻ってくるには70年代を待たねばならない．

　76年，詩人で芸術家のアンドレイ・モナストゥィルスキーを中心に「集団行為」が結成される．集団行為のパフォーマンスでは，招待を受けた観客が指定の日時に郊外の森に行き，そこで行われる行為＝アクションに立ち会い，文書でその証明を受ける．そのプロセスは写真や映像，文章で記録されてアーカイヴされる．アクションは単に野原を人が横切るだけのこともあれば，美術作品の展示や音楽を伴う凝った演出があることもある．彼らは自分たちで小さな出来事を起こし，それを記録することで，社会主義の建前に満ちた社会の内部にもう一つの内なるささやかな共同体を出現させ，世界を複層的なものに変えた．

❋ロシア的アクチュアリティ　1991年にソ連が崩壊し，街中で自由な振る舞いをすることが可能になると，パフォーマンス・アートは大きな盛り上がりを見せる．同年，美術家アナトーリー・オスモロフスキーらのグループ「Э.Т.И.」は，赤の広場のレーニン廟前に「ХУЙ（男性器）」の人文字を書くアクションでメディアを騒がせた．美術家オレーグ・クリークは全裸で犬になりきり鎖につながれて街に出る「犬人間」で物議をかもす．こうした悪ふざけとも狂気ともつかないパフォーマンスの潮流は「モスクワ・アクショニズム」と呼ばれる．

　この流れは2000年代にも受け継がれる．ノヴォシビルスクのアルチョーム・ロスクトフは，メーデーに平和なプラカードをかかげる若者デモ《モンストラーツィヤ》(2004〜) を開催．この社会参加型アートとしてのデモはその後ロシア全土に広がった．「ヴォイナ（戦争）」はパトカーをひっくり返すなど，悪ふざけによる直接的政治批判を繰り返し，記録動画をSNSで拡散させた．SNSを用いた記録動画の無料拡散は，1回限りのパフォーマンスを効果的に流通させる方法として定着．フェミニスト・パンク・グループ「プッシー・ライオット」によるロシア正教会で反プーチンの歌を歌うパフォーマンス (2012) や，ピョートル・パヴレンスキー（図1）のロシア国家保安庁ビルの扉に放火するアクション (2016) が知られている．どちらのアーティストも逮捕され，裁判沙汰になって世論を大きく騒がせた．

図1　パヴレンスキー「固定」(2013)．赤の広場に釘で陰嚢を打ちつけ，国民の無気力のイメージを提示するアクション［ピョートル・パヴレンスキー提供］

　人間の身体がメディアとなり，メッセージを発することによって政治や社会に呼び掛けるパフォーマンス・アートは，歴史的に芸術と政治の近いロシアで，今なお力を持ち続けている．　　　［上田洋子］

民衆演劇

　民衆演劇という語が意味する範囲は広く，定義は難しい．19〜20世紀初頭には，①啓蒙を目的とした（「民衆のための」）職業演劇，②農村と都市の非職業演劇，③民衆固有の伝統演劇，の三つを意味した．ソヴィエト期になって，一般大衆の自主演劇の意味が加わり，さらに，常時活動するアマチュア劇団の公的な名誉称号としても使われたが，その背後にあるのは，ナロード（民衆，大衆，国民）を神話化するイデオロギーである．このように「民衆演劇」が多くの意味を持つようになったため，「フォークロア演劇」という新たな用語を使う動きが研究者の間で生まれ，両者が民俗学のジャンルとして認められた．後者は，民衆の伝統的演劇活動総体，具体的には各種儀礼や遊戯，祝祭時の仮装や輪舞，道化芝居，見世物小屋の演芸，さらに叙事詩・昔話・歌謡等の口承文学の実演に伴う所作，身振りやミミックまでを視野に収め，問題を明確化するうえで有効である．

❋**放浪芸人**　ロシア民衆演劇の始まりは，キエフの聖ソフィア大聖堂のフレスコ画にビザンツ芸人（曲芸，舞踏，道化，楽器演奏）の描写が残ることから，キエフ・ルーシ期の宮廷芸人に求められることが多い．この外来芸人の対極で活動していたのがスコモローヒであり，おそらく土着と思えるこの芸人は11世紀前半の文献に登場し，活動が頂点に及ぶ15〜17世紀の納税台帳に記載された放浪芸人（町や村の定住者もいた）である．起源と活動の詳細は不明だが，民衆の季節儀礼・祭り，婚礼・葬式には不可欠だった．17世紀半ばにロシアを訪問した外国人は，スコモローヒが人形劇や熊芸，曲芸，踊りや楽器演奏を披露する様を記述・スケッチに残したが，ほぼ同時期に「異教的」「悪魔の遊び」の理由でこの芸人は厳しく弾圧され，公式文献から消滅した．しかし，その後も，彼らは農村に潜伏し，地方僻地へ逃れて活動を継続し，歌や踊りや曲芸，地口や漫才を披露する無類のエンターテイナーとして，時に，都市の街頭や見世物小屋・サーカスの芸人へ姿を変えながらも，民衆の絶大な人気を博した．その名は歌謡や英雄叙事詩にも歌われて，ロシアの大道芸人・道化師の代名詞として現代に至っている．

❋**農村では**　放浪芸人が訪問した農村には，多くの演劇的活動が見られた．中世に関しては情報がきわめて少ないが，18世紀末以降，若者を中心とした各種の集いで演劇が欠かせぬことは資料に明らかである．クリスマス週間の「夜会」「女子会」での仮面劇や熊の来訪，謝肉祭の仮装と遊戯には大きな演劇性が見られ，熊や山羊，鶴や馬，さらに死人・死神に仮装した若者が家々を回って寸劇を披露した．同じクリスマス期に行われた，来る年の豊作を祈願する予祝としての「種蒔き」などの儀礼，子供たちが村の家々を歌い巡る行事（コリャダ），上下2段

の箱舞台（ヴェルテープ）を使ったキリスト降誕場面の人形劇，さらに，多くの歳時・家族儀礼での二手に別れた「掛け合い」も同様である．ロシアの冬の長い農閑期に，室内で上演される演劇は農村では最高の娯楽であり，多くのレパートリイを持っていた．有名なのは風刺喜劇《主人》《マヴルフ》《パホムシカ》，人気があったのは英雄・ロマン劇《小舟》《マクシミリヤン帝》である．これらは文字台本がほとんどなく，世代間の口頭伝承性と即興性が大きいことに特徴がある．19世紀末に文字テクストとして記録されたが，それによれば，この口頭伝承劇には歳時・家族儀礼や遊戯にみられる多くの要素が反映している．

❋**都市の祝祭ほか**　都市では，18世紀末以降，クリスマス週間や謝肉祭，復活祭，定期市で開催される民衆遊歩（ナロードノエ・グリャーニエ）の際に仮設される見世物小屋の芸能が大きく発展した．遊歩の広場や街頭では，大道芸や人形劇の他，回転木馬・観覧車・覗きからくり（ラヨーク）の呼び込みや口上，商人・職人の「物売りの叫び」が祝祭の演劇性を高めた．見世物小屋の舞台では，特に19世紀半ば以降には興行主や半職業的俳優により，一部は常設劇場の出し物，多くは大衆演劇が上演され，小屋の入口脇のバルコニーでも寸劇が盛んに実演された（図1）．また，神学校，兵舎や労働者宿舎，監獄や収容所でも芝居は欠かせなかったし，富裕層では家族・縁者と家庭内で劇を催すことが珍しくなかった．

図1　広場の見世物小屋とバルコニーの寸劇（1885年頃）

❋**人形劇も**　人形劇は民衆の間で大評判を得た．人形劇を意味した「ペトルーシュカ」は，本来はこの劇の主人公名（ピョートルの愛称）である．ヴェルテープが上演時期が限られたキリスト降誕劇だったのに対して，ペトルーシュカの内容は世俗的である．庶民の英雄として敵を棒で叩きのめして観客の喝采を受けるが，犬に吠えられ，追い散らされて終るのが基本だが，単純だからこそ多くの筋書きが可能となった．中世以来，村や町の広場や辻で上演され，登場人物や場面のバリエーションを無数に増やしてロシア各地に広まった．

　17世紀半ばには，西欧起源演劇（例えば，カトリック・イエズス会による学校劇のインテルメディアや神秘劇）の大きな影響を受けながらも，都市民の間で世俗劇が流布していた．ピョートル大帝期以後，猛烈な勢いで侵入した西欧演劇を模倣し，急追すべく，宮廷を中心にロシア演劇の急激な展開が見られたが，その動きはロシア演劇文化の基礎としての民衆演劇に支えられていた．都市の劇場の芸術演劇と農村の素人劇が別のものに見えても，両者は民衆の演劇的感性において相通じていた．ごく少数のエリートによるプロ・インテリ演劇と街頭の大道芸・素人の村芝居が互いに共鳴しあっていたのである．　　　　　［坂内徳明］

近代演劇の勃興

　ロシアには古代から民衆演劇の伝統があったが，西欧型の劇上演は西欧化政策が推し進められた18世紀に始まった．宮廷劇場に外国の劇団が来演した一方，農奴劇場をはじめとする多様な劇場が現れ，劇場文化がロシア社会に広く浸透していった．19世紀には，帝室劇場が中心となってロシア演劇の発展を導いたが，世紀末には私設劇場の活動も活発化し，ソヴィエト演劇の開花を準備した．

❊**18世紀の劇場文化**　首都がペテルブルグに移った18世紀前半，劇上演の中心となったのは宮廷劇場であった．宮廷劇場では，イタリア，フランス，ドイツの一座が来演し，オペラ，バレエ，演劇など多様な劇作品が宮廷関係者に向けて上演された．こうした劇上演は，皇帝の威厳を示す手段となり，アンナ女帝時代からは，西欧各地の宮廷に倣って，イタリア・オペラの上演が華々しく行われるようになった．エリザヴェータ女帝時代，ペテルブルグに公衆劇場「ロシア劇場」が開設された（1756～59）．これは，一般市民を対象とした有料の劇場であり，国の補助金によって運営された．俳優フョードル・ヴォルコフがヤロスラヴリで組織した劇団のメンバーを中核とし，劇作家アレクサンドル・スマローコフが支配人を務めた．スマローコフらの戯曲や西欧戯曲の翻訳物がロシア人俳優によって上演され，ロシア演劇史上初めて女優も出演した．みずからも戯曲を書いたエカチェリーナ2世は，劇場事業に積極的に取り組み，ロシアの劇場文化は大きく開花した．ペテルブルグでは，宮廷劇場に加え，貴族女学校や陸軍幼年学校などの学校劇場が劇上演を行う重要な場となった．一方で，旧都モスクワでは，宮廷の直接的な干渉を受けることなく，より自由な雰囲気のなかで，農奴劇場，公衆劇場，学校劇場などさまざまなタイプの劇場が活動を展開した．こうした劇場のレパートリーは，依然として西欧の劇作品の翻訳物が多かったが，ロシア喜劇も人気を集めるようになり，とりわけデニス・フォンヴィージンの作品は，当時の専制政治や農奴制を痛烈に批判する風刺劇として大きな影響力を持った．

❊**農奴劇場**　農奴劇場とは，富裕な一部のロシア貴族が，所有する農奴を俳優や音楽家に起用し，招待客を相手に公演を行った劇場であり，18世紀後半から19世紀前半にかけて，ロシア全土に173も存在したことが確認されている．ヴォルコーンスキイ家やヴォロンツォーフ家らの劇場が知られるが，活動規模が突出し，大きな影響力を誇ったのが，シェレメーチェフ家の農奴劇場である．

　シェレメーチェフ家は，18世紀後半に21万人もの農奴を保有していたとされるロシア屈指の大貴族であり，1775～97年に，ニコライ・シェレメーチェフ伯爵を中心として劇場が運営された．一座のメンバーの大半は農奴であり，例えば

89年には，俳優，踊り手，音楽家など総勢164名から構成されていた．彼らは，幼少期に各地の領地からリクルートされ，舞台芸術の専門家になるべく教育を受けた．そのなかには，優れた演技力と歌唱力で聴衆を圧倒し，農奴出身ながらも後にシェレメーチェフの妻となったことでも知られる，女優プラスコーヴィヤ・ジェムチュゴーワなど，ロシア演劇史に名を残した者も多く含まれている．一座は，モスクワとその郊外に建設された専用の劇場で公演を行った．レパートリーは，国内外の喜劇，オペラ，バレエと幅広かったが，外国オペラは目玉の演目であった．シェレメーチェフは，西欧遊学時に知り合った，パリ・オペラ座の音楽家イヴァールから，フランスの最新のオペラ事情を仕入れ，数多くのフランス・オペラの台本や楽譜，舞台装置の設計図などを取り寄せ，ロシアでは知られていない多くの作品を上演して人々を驚かせた．そのなかでも，87年にモスクワ郊外のクスコヴォにおいて，エカチェリーナ2世を招いて行われた，グレトリ作曲のオペラ・コミック《サムニウム人の婚礼》の上演は，女帝の大きな賞賛を引き出して話題となった．同家のユニークな劇場活動は，イギリス人興行師マドックスがモスクワで運営した公衆劇場（1776～1805）にも刺激を与え，両劇場は観客を奪い合うライヴァル関係となってモスクワの劇場文化をけん引することとなった．

図1 《サムニウム人の婚礼》のエリアーヌ役に扮したジェムチュゴーワ（作者不明，1790年頃）

❋ 19世紀以降 ペテルブルグでは1783年，モスクワでは1806年に劇場事業が国営化され，19世紀を通じて，帝室（国立）劇場がロシアの劇場文化の中心となった．1820～30年代に，帝室劇場の演劇専用劇場として，モスクワにマールイ劇場，ペテルブルグにアレクサンドリンスキー劇場が建設され，帝室劇場の組織も演劇部門とオペラおよびバレエの部門に分化した．グリボエードフ，プーシキン，レールモントフ，ゴーゴリ，オストロフスキーといった名作家たちが，激動の時代を生きるロシアの人々の多彩な人間模様を，悲劇・喜劇の両分野で生き生きと描くことにより，ロシア演劇のレパートリーはいっそう豊かになった．同時に，リアリスティックな演技で名声を得たミハイル・シチェプキンや，ロマン主義的傾向をもつパーヴェル・モチャーロフら名優の活躍によって，ロシア演劇の伝統となるリアリズムの基礎が築かれた．82年には，国の劇場事業の独占が廃止され，多くの私設劇場が誕生し，モスクワのコルシェ劇場やモスクワ芸術座，ペテルブルグのスヴォーリン劇場などがユニークな活動を展開して，ソヴィエト演劇の発展への先鞭をつけることとなった．

［森本頼子］

ドラマ劇場

　他の芸術ジャンル同様，演劇も宮廷文化として西欧から導入されたものだが，18世紀後半にフョードル・ヴォルコフがヤロスラヴリの皮革加工場倉庫で上演していたのがロシア最初の常設劇団／劇場とされる．ソ連期には映画やテレビの俳優も劇場／劇団に必ず所属し，出演機会が無くても給料が保障された．近年は雇用形態が年棒契約制が主となり，芸術監督の交代で俳優の入れ替えが行われるなどの変化があり，軋轢が生まれている．フリーの俳優も増えている．

❀活動　ソ連時代，モスクワ芸術座，アレクサンドリンスキー劇場，マールイ劇場など主導的な劇場は国立アカデミー劇場の称号を与えられた．公的支援さえ受けることの少ない日本と異なり，現在でも主要劇場の多くは国立（連邦，州，市から予算を配分される）で，地方都市の中心にある劇場は街のシンボルとなっている．9月から翌6月まで毎月15～20作品が日替わりで上演されるシーズン・レパートリー制で，夏休み前に初演して休み明けに本格的にレパートリー化し，2年ほど興行して人気があれば継続上演する．ソ連期にはソ連作家の戯曲を一定数上演するレパートリー統制があった．大劇場は舞台装置や衣装・小道具などの製作部門と大型保管庫を有し，多彩な作品上演を可能にしている．ソ連時代は映画と同じく演劇が希少な娯楽であったため，住民は批評家並みに上演作品に精通していた．情操教育の重要な担い手でもあり，児童・青少年劇場に限らず，子供の頃から劇場に通う機会は日本に比べて今でも多い．

　古い歴史ある劇場はヨーロッパ同様，額縁舞台に複数階層の馬蹄型の客席を有する．ソ連期に映画館などを改築した劇場は音響面や，平らな客席から舞台が見づらいといった視覚面での問題を抱える場合もある．有名映画俳優を多数輩出したモスクワ・レンコム劇場（マルク・ザハーロフ芸術監督）は舞台装置の方に傾斜をつけ，平土間の客席から舞台の奥まで見やすくした．ペレストロイカ期に貸小屋で活動する演劇スタジオ形式が認可され，劇団数が一気に増加，ソ連解体後は有名俳優を集めたプロデュースの旅公演を貸小屋で行う商業演劇も定着した．

❀モスクワの劇場　旧帝室劇場であるマールイ劇場とロシア演劇の主軸となる心理主義リアリズム演劇の拠点であるモスクワ芸術座，芸術座に近縁の劇場（同時代人劇場，タバコフ劇場，シアター・オブ・ネーションズ），ヴァフタンゴフ劇場をはじめ100近い国立劇場があり，演劇スタジオなどを含めると500を超えるともいわれる．ユーゴ・ザーパド劇場は日本の劇団と共同制作するなど来日の機会が多いが，郊外のマンション地下スペースを改築した横長の舞台に制約され，横移動の演出が多い．19世紀の古い建物の一部を改装したニキーツキー門劇場（マ

ルク・ロゾフスキー主宰）は，建物の中庭を使った野外音楽劇「我々の中庭の歌」で寒さ対策にウォッカをふるまうという演出が話題になった．抒情的な心理劇で高く評価されるピョートル・フォメンコ演劇工房や，せりふを解体するアングラ的演出で注目されたアナトーリー・ワシーリエフの劇団「舞台芸術学院」は，あえて狭い施設を選んで観客数を限定し，舞台と客席を一体化する試みをした．中央ソ連軍劇場（現中央ロシア軍劇場）では，徴兵された俳優たちが軍務として演劇活動を行った．一個小隊が舞台に並べる大きさを誇り，本物の戦車が登場することもあったという．ユーリー・ポグレブニチコの「スタニスラフスキーの家の近くの劇場」（現オーカラ劇場）の名称は，スタニスラフスキーの家博物館の裏にある地理的な近さと心理主義を相対化する演出手法との掛詞になっている．キリル・セレブレンニコフはゴーゴリ劇場の芸術監督に就任後（2012〜），同劇場をゴーゴリ・センターへと改組し，ジャンル横断的なアートシーンの創造に尽力している．

❋ペテルブルグの劇場　旧帝室劇場のアレクサンドリンスキー劇場は，きらびやかな金の装飾の客席が非日常性を醸し出す．革命直後にマクシム・ゴーリキーの主導で設立されたボリショイ・ドラマ劇場をソ連の代表的劇団に押し上げたのはゲオルギー・トフストノーゴフで，音楽をふんだんに使い，芝居がかったコミカルな演出や歌舞伎を連想させるような様式化など多様

図1　ボリショイ・ドラマ劇場（サンクト・ペテルブルグ）

な演出手法を駆使し，心理劇とアヴァンギャルド演劇を掛け合わせた新たな表現をつくり出した．マールイ・ドラマ劇場はロシア・ゴールデンマスク演劇祭の常連である．芸術監督のレフ・ドージンは村の生活体験を通して家族のような劇団をつくり上げ，筏（いかだ）を吊ったシンプルな舞台装置を駆使してフョードル・アブラーモフの小説「兄弟姉妹」を6時間の舞台にまとめ上げた．ガラス天井の通路型デパート「パッサージュ」にコミッサルジェフスカヤ劇場が，20世紀初頭のモダニズム建築の代表である豪華なエリセーエフ食料品店にコメディ劇場があるなど，ペテルブルグは劇場の所在も意外性に富む．

❋地方劇場　シベリアでも18世紀半ばにアマチュア劇団がつくられ，19世紀半ばにはイルクーツクやミヌシンスク（クラスノヤルスク地方）など各地に常設の劇場がつくられた．ノヴォシビルスク郊外には学園都市があり，文化的関心の高い客層で実験的な演劇への理解が高い．オレーグ・ルィプキンは赤い松明劇場主席演出家時代，アヴァンギャルド風の《ゾーヤの家》（ミハイル・ブルガーコフ）の演出が評価され，同劇場にゴールデンマスク演劇祭や各種国際演劇祭への参加の道を開いた．現在はクラスノヤルスクのプーシキン劇場芸術監督となっている．このように地方劇場を移動しながら活動の場を広げるケースも多い．　［楯岡求美］

近代戯曲の名作①ロマン主義からリアリズムへ

　ロシアの演劇は，ピョートル大帝が強力に推し進めた西欧化の時代に始まり，19世紀前半にいっせいに開花する．1712年に首都がモスクワからペテルブルグに移り，ロシア演劇は宮廷劇場を中心に発展するが，最初は外国の劇団によるオペラやバレエが主で，ドラマは少なかった．ロシア人の戯曲が宮廷劇場の舞台を賑わすようになるのは18世紀半ば，劇作家アレクサンドル・スマローコフの登場以後である．彼が宮廷勤務のかたわら書いた悲劇《ホレーフ》(1747) はフランス古典主義の時・場所・筋の三一致の法則を厳守した韻文劇で，テーマも理性（国家に対する義務）と感情との葛藤であり，理性が勝つという筋立てになっている．個人の利益や感情を犠牲にしても国家に仕えるのが貴族の使命であるという作者の視点はまさに専制の要求に適うものであった．

　やがてモスクワやペテルブルグの市街には一般市民向けの劇場が相次いで開設された．そこで人気を博したのは喜劇や喜歌劇で，その最高傑作といわれているのがデニス・フォンヴィージンの《親がかり》(1782) である．田舎の無知蒙昧な地主一家を徹底的に風刺した喜劇で，古典主義の規範に従いながらも登場人物をそれぞれにふさわしい散文のせりふで描き分け，地主一家を農奴制ロシアの現実を映す鏡として示した．フォンヴィージンの社会風刺は，ロシア演劇の原点として後の時代の作家たちに受け継がれていく．

✸不朽の名作たち　アレクサンドル・グリボエードフの喜劇《知恵の悲しみ》(1824) の主人公チャーツキーは3年ぶりに外国からモスクワへ帰ってくるが，そこに見たのは農奴制社会に安住する貴族たちの旧態依然の愚かな，醜い世界であった．幻滅したチャーツキーは彼らに痛烈な批判を浴びせるが，逆に狂人扱いされる．1825年の「デカブリストの乱」の精神と響き合う不朽の名作である．

　アレクサンドル・プーシキンの《ボリス・ゴドゥノフ》(1825) は三一致の法則という枠を取り払うなどシェイクスピアの影響が認められる史劇で，歴史の真の主人公が皇帝や貴族ではなく，名もなき民衆であることを暗示しているところが画期的である．一方，「小さな悲劇」と呼ばれる《けちな騎士》《モーツアルトとサリエーリ》《石の客》《ペスト蔓延下の宴》(以上，1830) は，欲望や嫉妬などの情念にとらわれた人間の複雑な心理を描き出している．

　プーシキンの後継者とうたわれたミハイル・レールモントフの《仮面舞踏会》(1835) は，主人公アルベーニンが仮面舞踏会で腕輪を失くした妻の浮気を疑い，嫉妬にかられて彼女を毒殺するが，あとで誤解であったことを知らされ，発狂するという悲劇．救いのない結末から見えてくるのは，仮面をしなければ生きてい

けない上流社会の、地位や体面にがんじがらめになった人々の狂態である。

ロシア演劇の傑作中の傑作といわれているのがニコライ・ゴーゴリの《検察官》(1836)である。ある地方都市に検察官がお忍びでやって来るという知らせが入り、市長以下脛(すね)に傷持つ役人たちは大慌て、たまたま投宿中の文無しの若者を検察官と思い込む。これ幸いと首都の高官になりすました若者フレスタコーフは、彼らからたっぷり

図1 ゴーゴリ自筆の『検察官』最後の場面(「だんまりの場」)

賄賂(わいろ)をせしめて遁走する。一同は地団太踏んで悔しがるが後の祭り。そこへ本物の検察官の到着が告げられ、全員凍りつく。

❋リアリズムの時代 19世紀中頃になると地主貴族や官吏以外のさまざまな階層の人間が登場してくる。地主屋敷を舞台にしたイワン・トゥルゲーネフの《村のひと月》(1850)は、息子の家庭教師で「雑階級」出身の学生に惹かれる夫人の心理を描いた作品である。劇作家アレクサンドル・オストロフスキーはそれまで等閑視(とうかんし)されてきた町人の生活に光を当てた。代表作《雷雨》(1859)では商家に嫁いだカチェリーナが愛のない夫と頑迷な姑との生活に疲れ果て、夫の留守中に恋人と束の間の逢瀬を楽しむも、己の罪を告白してヴォルガ川に身を投げる。

劇作家として特異な位置を占めるのがアレクサンドル・スホヴォ=コブィリンである。33歳のときに無実の罪で逮捕、投獄された体験をもとに三部作《クレチンスキーの結婚》(1854)、《訴訟事件》(1861)、《タレールキンの死》(1869)を著わした。全体がペシミスティックな暗いトーンに覆われ、特にあとの2作の人物像や状況のグロテスクな表現には独特のリアリティがあり、官僚機構のおぞましさを浮き立たせている。アレクセイ・K.トルストイにも3代にわたる皇帝の独裁政治の悲劇を描いた三部作《イワン雷帝の死》(1866)、《皇帝フョードル》(1868)、《皇帝ボリス》(1870)がある。国家と社会を混乱に陥れる真の原因が専制という政治体制そのものにあることを示唆した、壮大な史劇三部作である。

巨匠レフ・トルストイの晩年の戯曲《闇の力》(1886)は、「爪が一つでも罠にかかれば、小鳥の命はない」の副題が示すように、一つの罪を犯した若い百姓が次々と罪を重ねて破滅に至る過程を生々しく描いている。ロシアの農村で実際に起きた嬰児殺害事件がもとになっているが、情欲と物欲の「闇」の力に抗えずに堕ちていく人間の悲劇というテーマは、時空を超えて色あせない。

以上、体制批判などの理由で発表当時は上演禁止となった作品を含め、そのほとんどがロシア演劇の古典として現在も繰り返し上演されている。　　[矢沢英一]

近代戯曲の名作②
チェーホフと20世紀初頭の演劇

激動の時代を迎える20世紀初頭のロシア．それを反映するように演劇界には才能豊かな劇作家，演出家，俳優が次々と誕生し，ロシア演劇は黄金時代を迎えた．

❋**チェーホフと四大戯曲**　アントン・チェーホフはロシア演劇の黄金時代を切り開いた最初の人物である．《かもめ》(1896)，《ワーニャ伯父さん》(1899)，《三人姉妹》(1901)，《桜の園》(1904) は四大戯曲と呼ばれ，現在に至るまで世界中で上演され続けている．シェイクスピアに次ぐ人気を博し，彼の作品は時代を超えて愛され，ロシアの名演出家による上演だけでなく，ピーター・ブルック，ジョルジュ・ストレーレル，ペーター・シュテインなど世界の名演出家たちが演劇史に残る舞台をつくり上げている．

図1　チェーホフ

チェーホフの戯曲に描かれている人物は歴史上に名を遺すような英雄でも，避けられぬ運命によって死ぬ殉教者でもない．ごく普通の人々である．それゆえ，英雄のように状況を変える力を持たない「特別でない普通の人間」であることに登場人物たちは悩み苦しむ．この現代の私たちにも通じる人間の普遍的な苦しみこそが時代を超えて彼の作品が上演され続ける理由であろう．こうした普遍性と同時に特殊性も彼の戯曲には備わっている．《かもめ》の拳銃自殺，《ワーニャ伯父さん》の発砲，《三人姉妹》の決闘，《桜の園》の競売といった物語のピークに当たるような場面は観客に示されずに舞台裏で起こる．彼の戯曲が静劇と呼ばれる理由である．さらに特徴的なのが登場人物たちの会話が噛み合わないことだ．本来対話は相手と理解し合うために行われるが，彼の戯曲では対話によって人々はわかり合えず，むしろわかり合えないことを強調するために会話が書かれてさえいる．登場人物は本心を直接語らないため，観客はせりふの裏にあるものを読み取らなければならない．「気分劇」とも評されるチェーホフ劇だが，まさに劇場に満ちる空気こそがチェーホフ劇の本質だといえるだろう．

❋**マクシム・ゴーリキー**　小説家として活躍していたゴーリキーを，劇作家として開花させたのはチェーホフであった．彼にモスクワ芸術座を紹介されたゴーリキーは処女作《小市民》(1901) と《どん底》(1902) を提供．その成功により一躍世界的な劇作家となった．特に社会の底辺に暮らす人々を描いた《どん底》は公開直後から国外でも翻訳され，世界的なセンセーションを巻き起こした．日本でも1910年に小山内薫が《夜の宿》の題で上演し，黒澤明によって映画化もさ

れている．その後はウラジーミル・レーニンと交際するなど政治活動も行いながら《別荘の人々》(1904)，《太陽の子》(1905) などで市民と乖離したインテリたちを批判する戯曲を執筆した．

❉**コミサルジェフスカヤ劇場と象徴主義演劇**　モスクワ芸術座の過剰なまでの自然主義的な上演を，詩人ヴァレリー・ブリューソフは「不必要な真実」(1902) と題した論文で批判した．現実の模倣ではない芸術としての演劇を取り戻そうとするシンボリストたちの活動の場の一つが1904年にペテルブルグに誕生したコミサルジェフスカヤ劇場である．主宰の女優ヴェーラ・コミサルジェフスカヤはモスクワ芸術座が上演を拒否したゴーリキーの《別荘の人々》を上演するなど，新しい風を常に探し求めていた．劇場は06年に新進気鋭の演出家フセヴォロド・メイエルホリドを招くと，次々と象徴主義の戯曲を上演した．見世物であることを強調し，上演に文句を付ける劇作家まで舞台に登場させるアレクサンドル・ブロークの《見世物小屋》(1906)，人の誕生する前から死ぬまでの時間をシニカルに描き出したレオニード・アンドレーエフの《人の一生》(1907)，殺害された女性が魂となって登場するフョードル・ソログープ《死の勝利》(1907) など，いずれもリアリズムでは不可能な表現を含んでいた．08年にメイエルホリドに代えてニコライ・エヴレイノフを招聘し，象徴主義作品の上演を続けたが，コミサルジェフスカヤの死により10年に劇団は解散した．

❉**エヴレイノフの「モノドラマ」**　この頃エヴレイノフは，独自の演劇理論「モノドラマ」を提唱し，人間の心の内部を舞台にして擬人化された理性と感情が言い争いを繰り広げる戯曲《心の楽屋》(1912) を執筆，上演した革命3周年の際に実際に起こった冬宮の占領を1万人近い民衆と兵士を使って再現するページェント劇《冬宮奪取》(1920) を発表した．これらは観客と主人公が同化した状態を理想とする「モノドラマ」理論をまさに体現した作品だといえるだろう．

❉**未来派の戯曲**　1910年代半ばになると，リアリズムも象徴主義も過去の遺物だと排撃する未来派が登場する．未来派の先駆的オペラ《太陽の勝利》(1913) では詩人アレクセイ・クルチョーヌィフの意味を超えた言語（ザーウミ），ミハイル・マチューシンの不協和音による楽曲，カジミール・マレーヴィチが作成した幾何学的な衣装と装置のコラボレーションで新しい未来の勝利が表現された．

　未来派を代表する詩人ウラジーミル・マヤコフスキーは17年の革命を熱烈に支持し，革命を題材とした詩劇《ミステリア・ブッフ》(1918) をメイエルホリドの演出で上演した．聖書のノアの箱舟をパロディ化し，革命を象徴する洪水の後で残された労働者やブルジョアら人類が約束の地を目指す姿を通じて新しい社会の到来を表現した．既存の言語の意味や規則を解体し，再構築を目指したヴェリミール・フレーブニコフの詩劇《ザンゲジ》(1922) も，彼の死後に建築家ウラジーミル・タトリンによって上演されている．　　　　　　　　　　［内田健介］

劇作家オストロフスキー

アレクサンドル・オストロフスキー（1823～86）は「ロシアのシェイクスピア」「ロシア国民演劇の父」と称される劇作家である．文学史的には，因習に縛られたヴォルガ沿岸の村を舞台に自由を夢見る女性の悲劇を描いた《雷雨》(1859)が，発表時に科学アカデミーの賞を受け，ニコライ・ドブロリューボフが「闇の王国の一条の光」(1860)と題する批評を書いたこともあり，高く評価されてきた（☞項目「近代戯曲の名作①」）．ただしロシアの観客が好むのは，庶民や役人の欲深さを笑い飛ばし，情に厚く，貧困や不平等問題に切り込む風刺喜劇である．商人言葉をそのまま使った闊達な生活描写はロシアの演劇を大きく変えた．

❋経歴　父は司法関係の役人で，子供時代を商人階級が多く住むモスクワ川右岸_{ザモスクヴォレーチエ}で過ごした体験が，役人や商人の生活と心理を描く際に活かされている．8歳で母が亡くなると，父親が男爵の娘と再婚，しばらく彼女の家庭教育を受けた．ギムナジウムを卒業後，モスクワ大学法学部に進学するが，演劇や文学に傾倒して大学を中退，父親の意向で裁判所の書記の職（1843～51）に就く．雑誌に掲載された戯曲《内輪のことだ，勘定は後で》(1850) がゴーゴリやイワン・ゴンチャロフに高く評価されたが，社会風刺が当局に嫌われて上演禁止となり，職も追放された．それでも毎年のように彼の戯曲がモスクワのマールィ劇場，ペテルブルグのアレクサンドリンスキー劇場で上演され，ロシアでは数少ない専門の劇作家となる．ネクラーソフ，トゥルゲーネフ，ドストエフスキー，サルティコフ＝シチェドリンら著名作家たちとも交友関係にあった．

コンスタンチン・ミハイロヴィチ大公が企画した帝国の水辺地域の調査（1856）に参加し，ヴォルガ源流からニジニ・ノヴゴロドまでの上流域を担当，その体験を基に《雷雨》を書く．1860年代には世俗テーマ以外に動乱の時代_{スムータ}など歴史テーマの作品も書いた．フォークロアに題材をとった《雪娘》(1873) では上演に際し，音楽をチャイコフスキーが担当した（後にリムスキー＝コルサコフがオペラ化）．70年代に次々と注目作を発表，モスクワのレパートリー監督官やマールィ劇場付属演劇学校を創設するなど，演劇の振興に尽力した．

最初の妻アガフィヤは解放農奴出身らしく，父親の反対にあって籍を入れずに20年暮らしたが，生まれた子供を幼くして失う不幸が続いた．彼女は教育を受けていなかったが，オストロフスキーの作品を最初に読む良き理解者であった．彼女の死後女優のマリヤ・バフメチエヴァと結婚，6人の子供に恵まれた．

❋演劇環境の改善　オストロフスキーは人望厚く，企画力に優れていた．作曲家ルービンシュテインや作家オドエフスキーらと創作家同士の交流の場として設立

した芸術家サークル（アーティスト）（1865〜83）には，トゥルゲーネフやサルティコフ＝シチェドリンらのほか画家たちも加わり，演奏会，朗読会，展覧会，批評会が頻繁に開かれた．才能ある若手を発掘し，芸術・生活両面で支え合い，芸術と社会をつなぐ活動を目指した．帝室劇場以外での上演が認められなかった時代に定期的に芝居の上演を行って俳優の育成に貢献，1867年には認可を得てモスクワで初めての私設劇場となった．74年にはロシア劇作家オペラ作曲家協会を設立し，著作権の保全と劇場関係者の経済状況改善に取り組んだことは職業としての演劇のステータスを上げることになった．

❋作品　50以上の戯曲を書いている．建前と本音の使い分けや利己的な登場人物の騙し合いを風刺する喜劇は，ポレミックな人物配置に秀でており，「民衆」と一口で言っても商人階級を交えて多様であり，高邁な精神の直面する葛藤の問題を抱える存在として描く．その人物造形はドストエフスキーなど同時代の作家と共通する．しばしば社会的弱者である下層の女性に焦点を当て，家父長制や階級制に縛られる者の悲劇を描くとともに，抑圧される者自体が因習的な世界観から抜け出せないジレンマをも風刺してみせる．《持参金のない娘》(1878)や《罪なき罪びと》(1883)では，教養ある貴族階級が女性たちに自己本位な快楽で近付くが，用がなくなれば無情に捨て，持参金目当ての結婚をする．社会的に罪を問われるのは騙され捨てられた女性たちの方である．民謡などで情愛深いロシア的なものへの郷愁を演出する《貧しさは罪ではない》(1853)でも，母親は父親の強権の前に娘を守ることができず，娘もみずからの恋愛感情よりも親の賛同の有無を優先する．情愛と因習との矛盾に苦悩する者たちも，個人が抑圧される状況自体を変えようとはしない．財産や父権を持つ者が持たざる者の人間性を徹底して抑圧・搾取する横暴さに対抗するのは，社会から排除された存在である道化としての役者である．《森林》(1871)の旅役者は，階級や立場に関係なく他者の幸福のために犠牲を払う誠実さを行動で示し，社会全体の倫理観を問い返している．

図1　エリダル・リャザーノフ監督「残酷なロマンス」（原作『持参金のない娘』1984）．ニキータ・ミハルコフ，ラリッサ・グゼーエヴァ

❋舞台化・映像化　エイゼンシュテインの初めての映像作品「グルーモフの日記」(1923)は，オストロフスキーのサーカス仕立ての芝居《賢人》（原作どんな賢者にも抜かりがある』1868）の劇中映画であった．作品は時代を超えて支持され，頻繁に上演されている．最近では，メイエルホリドのビオメハニカを組み込んだユーリー・ポグレブニチコ演出『演技のできる女優が必要だ』（原作『森林』）(2015)や，キリル・セレブレンニコフがやはりメイエルホリドの演出 (1924)をパロディ化するような辛口の風刺演出をした《森林》（モスクワ芸術座，2004）が話題になった．　　　　　　　　　　　　　　　　　　　　　[楯岡求美]

スタニスラフスキー

演劇は20世紀においてロシア，ソヴィエトが誇る文化の一つだった．その礎を築いたのは，紛れもなくコンスタンチン・スタニスラフスキーである（図1）．現代世界演劇史において最も影響力を持った演劇人の一人で，俳優，演出家，そして演劇の理論家，教育者として活動した彼の遺産は「スタニスラフスキー・システム」として舞台芸術全般に広く影響を及ぼし，世界各国の演劇人たちに受け継がれ続けてきた．スタニスラフスキーは芸名で，本当の姓はアレクセエフである．

❋生涯　1863年，スタニスラフスキーはモスクワで織物業を営む裕福なアレクセエフ家に生まれる．幼少期からアマチュア演劇に親しみ，88年に「モスクワ芸術・文学協会」を設立，俳優および

図1　スタニスラフスキー

演出家として活動し始める．ドイツのマイニンゲン公一座の第2回ロシア巡業を観劇した際に強い感銘を受け，実生活の観察に基づく演技理論の追究を始める．98年に，劇作家のウラジーミル・ネミロヴィチ＝ダンチェンコとともにモスクワ芸術座（当時の名称は「開かれた芸術座」）を創設．実質的な旗揚げ公演となったアントン・チェーホフ作《かもめ》の上演で大成功を収めた．この《かもめ》における登場人物の複雑な性格を舞台上で精緻に描き出す上演を経て，役の「精神生活」を生きる演技論の基礎を固めた（これ以後，かもめのマークはモスクワ芸術座のシンボルとなる）．その後，モスクワ芸術座は，ゴーリキー，ハウプトマン，イプセンらの戯曲を次々と上演し，国内外で名声を獲得していく．

　1917年のロシア革命後，演劇界の再編成に伴い，モスクワ芸術座は旧帝室劇場と並んで「アカデミー」の名を冠する劇場として任命される．一方で，その立場は台頭する前衛演劇との対立を激化させ，革命後の新しい時代に対応できなかったモスクワ芸術座の活動は後退した．こうした状況のなかで，モスクワ芸術座は22〜24年にヨーロッパ，アメリカ巡業を成し遂げ，大成功を収める．巡業中の24年，スタニスラフスキーは自伝『芸術におけるわが生涯』を英語で出版，帰国後の26年にはこの英語版を大幅に改訂したロシア語版を出版した．28年，モスクワ芸術座30周年記念祭の舞台で心臓発作を起こし，俳優としての活動に終止符を打つ．その後，晩年の30年代には，革命前から書きためていた俳優教育の文法

書『俳優の自分に対する仕事』の執筆を進めるとともに，幾つかの演劇スタジオでの俳優教育を実践し，「システム」と名付けたみずからの演劇理論を発展させていった．38年8月，モスクワに歿す.

❋スタニスラフスキー・システム　スタニスラフスキーの「システム」は自伝『芸術におけるわが生涯』を序論とし，死後の1938年に出版された『俳優の自分に対する仕事』（邦題『俳優の仕事』,「体験の創造過程における自分に対する仕事」と「具象化の創造過程における自分に対する仕事」の二部構成）と『俳優の役に対する仕事』（役柄の解釈や役作りを論じたもの）を本論とする，全四巻三部作の構成で現在に伝えられている．スタニスラフスキーが「システム」によって実現しようとしたのは，演技の文法を確立させることだった.

彼は，優れた演技というのは，天賦の才によってのみ生み出されるのではなく，あるいはディレッタンティズムで「なんとなく」演じるものでもなく，確かな方法論に基づいた訓練によって獲得され得るものだと考えた．「システム」には「体験の芸術」「一貫した行動」「情緒的記憶」などさまざまな用語が登場する．こうした用語でスタニスラフスキーが説明するものは，端的にいえば，俳優の舞台上での「在り方」を論理的に自覚的に突き詰めて構築することだった．スタニスラフスキーは「俳優が役の形象を創造し，そのなかに人間精神の生活を解明し，そしてそれを美しい芸術的形式のうちに舞台上で自然に具象化できるようにする」と述べているが，それは憑依するように役を生きるのではなく，論理的に役を構築する理知的な行為であった．こうしたプロセスを経て，俳優はよどみない潜在意識の働きを獲得し，舞台上で役を体験する．このように，俳優の創造行為における潜在意識の働きを意識的にコントロールする可能性をスタニスラフスキーは示そうとした．彼にとっては，「超意識的な有機的創造のための無意識的な創造の本性を，どのようにして意識的に自分のうちに呼び起こすかを教える」ことこそが真の芸術だった.

❋スタニスラフスキーの現在　長らく「システム」は感情優位の理論と位置付けられてきたが，晩年のスタニスラフスキーは俳優の演技における「内面」と「外面」の問題を密接に関連付けて考え，外的にアプローチする「身体的行動」も重視していた．「システム」全体を正確にとらえるためには，この「身体的行動」まで含めて理解する必要があることは近年多くの研究者が指摘している．また，スタニスラフスキーの演劇理論は，一時期は社会主義リアリズムの規範としてもてはやされ，それ故に誤解も産んできた．しかし，彼自身はその「システム」を絶対視せず，その晩節までみずからの考えをたえず問い直し続けていた．こうしたスタニスラフスキーの演劇理論には，硬直した「リアリズム演劇」という概念では掬いきれない実験精神が読み取れる．それ故，多様な形式の演劇にも応用可能なものとして彼の演劇理論はいまも受け入れられている．　　　　　[伊藤　愉]

モスクワ芸術座とその系譜

　モスクワ芸術座は，1898年コンスタンチン・スタニスラフスキーとウラジーミル・ネミロヴィチ＝ダンチェンコ（以下，ダンチェンコ）によって創立された株式制度を基にした私立劇場である．1901年までは「公衆（一般に開かれた）芸術座」と称していた．創立の前年，すでに名の売れていた俳優・演出家のスタニスラフスキーと演劇教室で俳優を育てていた劇作家ダンチェンコが赤の広場近くのスラヴャンスキー・バザールというレストランで一昼夜をかけて新しい劇場づくりのプランを練った．二人は従来の宮廷演劇や人気俳優の興行公演に流布していた「古い演劇様式」「演技のわざとらしさ」「演出や装置の悪しき約束事」「誇張された叫喚」などに抗議し，「新しい演劇」や「役の外面的，内面的行動が一つに溶け合った」「役に生き，存在する」俳優の演劇を求め，お互いのグループから俳優を出し合い，新しい劇場をつくることを決意した．ダンチェンコのところからオリガ・クニッペル（後のチェーホフ夫人），フセヴォロド・メイエルホリドなどが，スタニスラフスキーのところからはマリヤ・リーリナ，アレクサンドル・アルチョム，ワシーリー・ルージスキーなど後のモスクワ芸術座を担う俳優たちが集まった．1898年モスクワ芸術座の事実上の旗揚げ公演となり，芸術座を世界に知らしめる公演となったのがチェーホフの《かもめ》であり，その後の《ワーニャ伯父さん》(1899)，《三人姉妹》(1901)，《桜の園》(1904) の上演であった．「チェーホフの戯曲においては内面の深く閉ざされた主要な精神の動脈をたどりつつ，あること，つまり生き，存在することが重要である」というスタニスラフスキーの演技論はチェーホフという作家を得て，初めて開花したといってもよい．モスクワ芸術座のシンボルマークは今でもカモメである．

図1　1898年《かもめ》の読み合わせをするチェーホフとモスクワ芸術座の俳優たち

❋**演劇の実験場―モスクワ芸術座付属研究所**　モスクワ芸術座は20世紀初頭の新しい演劇を探求する実験の場でもあった．チェーホフ以外にもイプセンの《ドクトル・ストックマン》(1900)，ゴーリキーの《どん底》(1902)，メーテルリンクの《青い鳥》(1908)，シェイクスピアの《ハムレット》(1911，ゴードン・クレイグと

の合同演出）などさまざまな傾向の芝居が取り上げられた．スタニスラフスキーは演技の研究に取り組み，幾つかの研究所を創立している．1905年にポヴァルスカヤ通りスタジオがメイエルホリドを中心に，12年に第1研究所がミハイル・チェーホフを中心に，16年に第2研究所がアーラ・タラーソワ，ミハイル・ケードロフなど1930年代を支える若手俳優のために，20年には第3研究所がエヴゲーニー・ワフタンゴフを中心に開設された．すべて多様な演劇様式に対応できる「演技の文法」（スタニスラフスキー）を探求する研究スタジオだった．なかでも後に独立してワフタンゴフ劇場となる第3研究所は様式性とリアルな演技を併せ持つ作品《トゥランドット姫》を上演し，そのスタイルは後にタガンカ劇場やユーゴザーパド劇場などに引き継がれるロシア演劇の大きな流れとなった．

✸革命後のモスクワ芸術座　民衆のための劇場として発足したモスクワ芸術座は，1917年の社会主義革命後も国家の庇護を受け国立劇場として存続し続けたが，創立者のスタニスラフスキーとダンチェンコの間には相当な確執があった．チェーホフ劇で世界に名をはせたモスクワ芸術座をそのまま守ろうとするダンチェンコとさまざまな演劇スタイルに通用する演技のシステムづくりのため実験を繰り返すスタニスラフスキーとの間の対立であった．しかし，38年にスタニスラフスキーが逝去し，ヨシフ・スターリンの独裁体制が芸術分野にも押し寄せ，モスクワ芸術座は外面的にリアルなスタイルとテーマの革命性と追及する「社会主義リアリズム」のお手本として祭り上げられた．その影響は第2次大戦の後にも影響し，56年にはそういう傾向に不満を持ったオレグ・エフレモフやオレグ・タバコフなど優れた若い手俳優たちがこぞって退団し，現代人劇場を結成した．87年にはモスクワ芸術座が二つに分裂，旧館がチェーホフ名称モスクワ芸術座（エフレモフが代表）と新館がゴーリキー名称モスクワ芸術座（タチヤーナ・ドローニナが代表）と名付けられた．2018年には気鋭の演出家セルゲイ・ジェノヴァッチがタバコフの後を継いでチェーホフ名称モスクワ芸術座の芸術監督に任命された．

✸海外でのモスクワ芸術座　1912年に小山内薫がモスクワに滞在，モスクワ芸術座の芝居に触れ，直接スタニスラフスキーの家にも招待された．その後の築地小劇場創設と日本の新劇運動に大きな影響を与えた．58年，戦後の日本に最初の外国劇場として来日したのもモスクワ芸術座だった．68年，88年と三度来日公演を行っている．

　アメリカでは，23～25年にかけ長期巡業が行われた．その後スタニスラフスキーの演技術がリー・ストラスバーグのアクターズ・スタジオを中心にいわゆる「メソード演技」として戦前・戦後のアメリカ演劇，とりわけ映画の演技術に大きな影響を与えたが，90年代から「情緒的記憶」に重点を置きすぎたスタニスラフスキー・システムの受容を見直す動きが出ている．　　　　　　　　　［堀江新二］

メイエルホリド

フセヴォロド・メイエルホリドは，いわゆるロシア・アヴァンギャルドと呼ばれる芸術運動を演劇の分野において牽引した演出家である．ロシア演劇の文脈では，「スタニスラフスキーは19世紀を終わらせ，メイエルホリドは20世紀を始めた」と評されることもあるが，まさにメイエルホリドは自身を「上演の作者」と名乗り，演劇史において演出家の時代と呼ばれる20世紀の扉を開いた人物だった．

図1　メイエルホリド

※生涯　1874年，メイエルホリドはモスクワ南東に位置するペンザ市で醸造業を営む裕福な商人の家に生まれた．95年，モスクワ大学法学部に入学するが中退，96年にウラジーミル・ネミロヴィチ＝ダンチェンコが教師を勤めるモスクワ・フィルハーモニー協会演劇学校の2回生に編入し，演劇の勉強を始める．98年，コンスタンチン・スタニスラフスキーとネミロヴィチ＝ダンチェンコが立ち上げたモスクワ芸術座の旗揚げに俳優として参加し，演劇活動を本格的に開始した．程なくして現実を模倣する自然主義演劇に反旗を翻し，演出家としてみずからの道を歩み始めると，コミッサルジェフスカヤ劇場で象徴主義など実験的劇場を展開．はやくも革命前の1908年には当時最も権威のあったペテルブルグの帝室アレクサンドリンスキー劇場の演出家となる．

17年にロシア革命が起こると，いち早くそれに応じ，アジプロ演劇を積極的に手掛けた．20年には，教育人民委員部演劇局局長に就任．「演劇の10月」を標榜し，革命的・政治的な思想を演劇で表現するとともに，演劇表現の革命を試みた．しかし，20年代後半以降，メイエルホリドの表現が過剰に形式主義的であるとの非難が集まり始める．30年代になるとソ連文化において社会主義リアリズムが綱領化され，その逆風はさらに強まった．37年に『プラウダ』紙に掲載されたプラトン・ケルジェンツェフの論文「無縁の劇場」で反メイエルホリド運動はピークに達し，38年，メイエルホリドの劇場は閉鎖された．メイエルホリド自身も39年に逮捕され，イギリスと日本のスパイ容疑で激しい拷問を受けた後，40年2月，銃殺刑に処される．この粛清によってメイエルホリドは公式の歴史から抹殺された．55年，名誉回復によって復権．その後，再評価が進み，世界演劇史における彼の功績は多くの人が知るところとなっている．

※約束事の演劇　メイエルホリドが常に意識していたのは，演劇は「つくり手と

観客相互が共有する一定の約束事に基づいている」という考えだった．観客は，自分が見ているのは「舞台上で演じている俳優」であることを，俳優は，自分が「客席を前にして演じている」ことを互いに知っている．メイエルホリドによれば，同時代のリアリズムを追求する自然主義演劇は，そうした約束事を無視するもので，演劇本来の力＝演劇性を失わせ，観客を単なる傍観者へと陥れ，舞台と客席を分離してしまっていた．一方，約束事に基づく演劇は，革命前に上演した《見世物小屋》（アレクサンドル・ブローク作）のように，「作者」が舞台上に突然登場したり，「ツルコケモモ（血糊の材料）の汁が溢れる！」と登場人物が発言したりと，演出の仕掛けとその作為性を露わにする．観客はその作為性を主体的に楽しみ，その主体性によって観客は「劇作家，演出家，俳優に続く第四の創造者」となる．こうした考えに基づき，メイエルホリドは観客を積極的に挑発し，観客との関係が有機的だった古代ギリシア演劇や歌舞伎，スペインやイタリアの中世演劇などからさまざまな要素を取り入れた．

❁映画的演出 メイエルホリドは演劇に映画的手法を積極的に導入したことでも知られている（映画監督のセルゲイ・エイゼンシテインは彼の教え子だった）．例えば，《森林》（アレクサンドル・オストロフスキー作）などで採用した，戯曲を細かいエピソードに分割し，その順番を入れ替える手法は映画のモンタージュを思い出させ，また《検察官》（ニコライ・ゴーゴリ作）で場面ごとに俳優の乗った小さな移動舞台が舞台奥から登場し，俳優の大げさなジェスチャーで観客の視線を誘導しようとする演出は，クロースアップなど，映画のカメラワークを意識したものだった．演劇以外のさまざまな表現から着想を得て，古典作品にも大胆な再解釈を施す手法により，文学に従属しない自立した上演作品として芝居を捉える演出家の役割を確立させた．

❁ビオメハニカ メイエルホリドが考案した俳優訓練法．彼は，俳優の身体は機械で，その機械は知性によって把握され組み立てられると考え，$N = A1 + A2$（$N =$ 俳優，$A1 =$ 構成者，$A2 =$ 実行者，俳優の身体）という方程式をつくった．これは，外部（身体）の刺激によって内部（感情）が導かれ，適切な身体の形があればそれに対応した感情が生起する，という発想である．彼は，こうした理論を条件反射理論や客観心理学，あるいは演技における生産性の効率化という観点からテイラー・システムなどを応用して労働組織化の実験になぞらえもした．「完全な自己意識と自己制御の感覚を俳優の内部に育成するもの」だったビオメハニカは，一方で，コメディア・デラルテやサーカスの曲芸師など，俳優の律動的な身体表現の文化に触発されたものでもある．ビオメハニカを習得した俳優は，《堂々たるコキュ》（フェルナンド・クロムランク原作）などで提示された立体的な構成主義舞台で躍動するダイナミックな演技だけでなく，感情を自覚的にコントロールする技術と幅広い演出に対応可能な身体を身に付けることができた． ［伊藤 愉］

実験劇場の系譜

　実験演劇とは主流の演劇概念を打破する演劇をさす．ロシア演劇の主流はモスクワ芸術座に源を発する．劇場と劇団が一体であり，芸術監督が思想的・芸術的統一を司り，一家としての劇場をつくり上げる．劇場はシーズン中，10〜20本のレパートリーを，日替わりで上演する．生活世界のリアルな再現とリアルな心理表現に貫かれたモスクワ芸術座のリアリズム演劇は，ロシア・リアリズムの伝統を継承する正統としてロシア演劇の主流となった．しかし，自前の劇場と多くの劇団員を必要とするレパートリー劇場というシステムは，当初，経営を無視した蛮行と批判された．モスクワ芸術座も実験劇場として出発したのである．

❋社会主義国の実験演劇　1917年のロシア革命により劇場はすべて国営化され，財政的不安が解消されることでレパートリー劇場が可能になり，ロシア演劇の主流となる．一方で革命は，既成の秩序や価値観を破壊することにより，当時主流の近代リアリズム演劇を覆す新しい美学的実験を可能にした．フセヴォロド・メイエルホリドは，革命1周年の18年，ウラジーミル・マヤコフスキーの《ミステリア・ブッフ》を上演し，コメディア・デラルテや見世物小屋の道化芝居の手法，サーカスのアクロバットなどを使い，躍動する俳優の身体を通して，言葉によってリアルな生活世界を再現する近代リアリズム演劇の美学を覆した．さらにメイエルホリドはビオメハニカ理論を打ち出し，身体のメカニズムの法則にのっとった身体訓練により舞台上に表現力に富む身体性を回復することを目指した．

　22年，モスクワ芸術座でコンスタンチン・スタニスラフスキーの助手として俳優教育システムづくりに取り組んでいたエヴゲーニー・ワフタンゴフが，演劇史に永遠に刻まれる実験劇，ゴッツィ作《トゥーランドット姫》を上演した．俳優は観客の目の前で芝居の準備を始め，登場人物に変身し，コメディア・デラルテの仮面の人物が登場して客席と言葉を交わし合う．この芝居の仕掛けを露呈した舞台の上で，俳優は物語の世界を真実の感情で演じる．ワフタンゴフはスタニスラフスキーの心理主義とメイエルホリドの演劇性を見事に融合させた．

　社会主義建設が本格化する20年代半ばから，国家はイデオロギーによる締付けを強化した．文化活動に対し社会主義建設の一翼を担うよう求め，1934年に社会主義リアリズムを唯一の様式と定め，その枠を外れるものはすべて弾圧した．40年，メイエルホリドは粛清され，実験演劇はその中心人物を失う．

　53年のヨシフ・スターリンの死によって訪れた「雪どけ」時代，イデオロギーの規制が緩みをみせた．64年，タガンカ劇場の芸術監督に就任したユーリー・リュビーモフは，社会主義リアリズムに反すると批判されていたブレヒトの《セ

チュアンの善人》で演出活動を始めた．俳優は「寓話劇．三幕．演じるはタガンカ劇場の役者たち」のプラカードをかかげ舞台をパレードし，客席にせりふを語りかけ，客席と言葉を交わす．リュビーモフはメイエルホリドやワフタンゴフの手法を復活発展させ，リアリズム一辺倒に陥ったロシア演劇に多様な表現の可能性を示した．

「雪どけ」に続く停滞の時代，文化の締付が再び強化された．現状批判の演劇を続けていたリュビーモフも84年に芸術監督の職を解かれ，市民権を剥奪される．芸術監督を国が決めるシステムでは，革新的演劇人が自分の劇場＝家を持つことは不可能だった．実験演劇の試みは演劇スタジオで続けられた．74年，ヴァレリー・ベリャコーヴィチはアマチュア劇団「ユーゴ・ザーパド演劇スタジオ」を組織し，断続的で強烈な照明による光と闇のコントラスト，アップテンポな音楽に乗った動きやせりふ回しなど独自のポエチカをつくり出した．

❋ペレストロイカ時代　1983年にレフ・ドージンがマールイ・ドラマ劇場の芸術監督に就任し，ペレストロイカ時代に入った85年，独自の音楽感覚と空間処理による叙事的な芝居，アブラーモフ原作《兄弟姉妹》によって世界的名声を博する．87〜88年，他の革新的演出家たちも自分の劇場を持つようになる．アナトーリー・ワシーリエフはドラマ芸術学校を創設し，宗教性と遊戯性の融合した特異な舞台を創造した．ユーリー・ポグレブニチコはオーコロ劇場を率い，チェーホフの「かもめ」を《なぜコンスタンチンは自殺したか》と題して上演するなど，古典を独自の視点から読み解くことで現代によみがえらせている．カマ・ギンカスはモスクワ青少年劇場を自分の家とし，観客を登場人物として劇の世界に引き込む斬新な芝居をつくった．演劇スタジオ運動も高まりをみせた．多くのスタジオが誕生し，自由な創造を希求する若者たちの活動の場となった．

❋ソ連崩壊後　21世紀に入ると，演劇センターが実験劇場の役割を担った．2001年，才能ある若い演劇人を支援するためメイエルホリド・センターが開設された．主宰するヴァレリー・フォーキンによれば，センターはオフィス，ホテルなどの商業部門を持ち，その賃貸料が創造部門の活動資金になる．創造部門は専属の劇団もレパートリーも持たず，革新的構想を抱く若い演劇人にその実現の場を提供する．センター自体が主流の劇場概念を否定する実験場だった．12年には現代前衛演劇の旗手キリル・セレブレンニコフがゴーゴリ劇場の芸術監督に就任し，同劇場を現代芸術の総合施設，ゴーゴリ・センターに改組した．センターはセレブレンニコフ自身の演出作品だけでなく，前衛的な演劇グループの作品も上演するとともに，前衛アートの展覧会や映画の上映会なども催している．　［岩田　貴］

図1　セレブレンニコフ［aif.ru］

タガンカ劇場とリュビーモフ

　タガンカ劇場はモスクワのタガンカ地区にあるドラマ劇場である．劇場は1946年に創立されているが64年までは無名の劇場だった．64年「雪どけ」の時代の最後の年にシューキン演劇大学の卒業公演で「異変」が起きていた．4年生の卒業公演ブレヒトの《セチュアンの善人》が大好評を博し，当時の著名な芸術家たち（演出家オレグ・エフレイモフ，バレリーナのマイヤ・プリセツカヤ，作家イリヤ・エレンブルグ，詩人ブラート・オクジャワなどなど）が学生の芝居を観るため大学内の劇場に集まっていた．演出はその4年生たちの指導教員だったユーリー・リュビーモフ．この芝居を持って，リュビーモフとその教え子たち（俳優のアーラ・デミードワ，ヴァレリー・ゾロトゥヒン，ヴェンヤミン・スメーホフなど）はこぞってタガンカ劇場に入団

図1　《セチュアンの善人》

し，場末の劇場を一気に人気劇場に激変させ，後に「世界を震撼」させる劇場になっていく．《セチュアンの善人》は「囚人のように頭を刈られた社会主義リアリズムに代わる異色の芸術観」（リュビーモフ）として芸術の専門家をはじめモスクワっ子たちに熱烈に受け入れられた．「幕のない舞台」「舞台装置もなく」「舞台から俳優が直接観客に向かって話しかけ」「ギターと歌の狂言回し」が入るといったスターリン時代の芸術観とは相容れない演劇の誕生であった．舞台上のプラカードには「街頭の演劇」と書かれていた．それは当局によって闇に葬られたフセヴォロド・メイエルホリドの「観客の想像力に働きかける」前衛的演劇やそれを受け継いだブレヒトの「叙事的演劇」の具象化であった．

❋検閲当局（グラヴリット）との闘い　ヨシフ・スターリン死後の束の間の「雪どけ」の時代は，1964年のブレジネフ時代の幕開けで終わりを告げたといってよい．タガンカ劇場は第2作目としてジョン・リードの「革命体験記」である《世界を震撼させた10日間》を舞台化する．題名には「パントマイム，道化芝居，射撃つきの2部からなる見世物」と副題がついていた．従来の「社会主義リアリズム」に反旗を翻したような新しい形式に警戒心を強めていたブレジネフ政権側も「革命に肯定的な」リードの体験記に異議を唱えるわけにもいかず，結局上演を認めたものの，「芝居自体が粗雑であり，歴史的事実の主観的なすり替え，革命における党の主導的役割の軽視」などとタガンカ劇場を批判した．

69年にリュビーモフはマクシム・ゴーリキーの小説『母』を舞台化する．主人公は革命前の「言論・表現の自由」が圧殺された帝政ロシアの権力に反抗し，革命家として育っていく青年である．しかし，それを当時のソ連の時代とダブらせるような手法が当局（グラヴリット，出版物上の国家機密保護管理局）の逆鱗に触れ，この芝居は，「国家一般」「軍隊一般」「権力一般」を扱い，もっとも重要な階級的・社会的観点を混乱させている，と批判された．

❋ヴィソツキーと劇場閉鎖の危機　1965年 ブレジネフ政権は国家にとって「異端の」作家への弾圧を露骨に開始した．作家アンドレイ・シニャフスキーが逮捕され（ダニエルとシニャフスキー事件），その住居からタガンカ劇場の俳優ウラジーミル・ヴィソツキーのカセットテープが大量に発見された．彼はタガンカ劇場内ではギターと歌の役割を任されていたが，歌う詩人として60年代後半に若者たちの圧倒的な人気を博していた．71年には《ハムレット》の主役に抜擢される．その冒頭で「ハムレット」はギター片手に登場すると，当時発禁本だったボリス・パステルナーク『ドクトル・ジバゴ』の中の詩を歌いだす．この芝居の「挑発的」態度にグラヴリットは「あるべき（to be）ことがはっきりしている社会に疑問を呈する価値のない芝居」と批判する．さらにタガンカ劇場は77年に長いこと発禁本だったミハイル・ブルガーコフの『巨匠とマルガリータ』を舞台化．30年代のソ連に悪魔一味が降りてきて，大混乱の中キリストを肯定する小説を書いて精神病院に監禁された作家を救い出す奇想天外な物語だが，当然のことながらグラヴリットは稽古しか認めず，5年の稽古の末上演に至ったが，程なく上演禁止とさらには劇場閉鎖という脅しもかけられている．悪魔が叫ぶ「原稿は燃えないものだ！」というブルガーコフのセリフが強調される場面に「時代錯誤」と検閲官たちは反発したのだった．

❋演出家の国外追放とソ連崩壊　1984年 リュビーモフは稽古中だったアレクサンドル・プーシキン作《ボリス・ゴドゥノフ》，ボリス・モジャーエフ作《生者》などの作品の「反ソ的」内容を政権から批判され，海外（ロンドン）での仕事のさなかに突然市民権を剥奪され国外追放になる．その後文化省はアナトーリー・エーフロス（1925〜87）をタガンカ劇場の主席演出家に据えるが，60年代末から84年まで「反体制知識人・文化人」の自由の砦だった劇場は実質的に幕を下ろした．その後ミハイル・ゴルバチョフのペレストロイカのさなか88年にリュビーモフは一時帰国を許され《ボリス・ゴドゥノフ》を上演し，ソ連の崩壊後92年には市民権も戻された．2014年96歳で逝去するまでリュビーモフはタガンカ劇場で演出を続け，ギリシア悲劇やアレクサンドル・ソルジェニーツィン原作の《シャラーシェカ（特殊収容所）》，ペーターヴァイスの《マラー／サド》などの作品を旺盛に取り上げた．今日，タガンカ劇場は演出家不在で何人かの招へい演出家の芝居を上演している．　　　　　　　　　　　　　　　　［堀江新二］

ソ連時代の劇作家たち

　「ソ連時代の劇作家」という表現は，ソ連時代（1922〜91）に「芸術と政治の密接な関わりの中で創作活動を行った劇作家」という意味合いで用いられる場合が多い．しかし，その「重さ」を振り払ったとしても，ソ連時代の演劇が，西欧や東洋の芸術様式や芸術観から受けたインパクトや海外との協働を経験し，戯曲や舞台上演の改革を目指して過去のロシア演劇の成果を取捨選択しながら，斬新さと多面性を求めて飽くなき実験を続けていたという事実は永遠に残る．

　ソ連時代のロシア演劇の斬新さと多面性は，三つの点にその特徴がある．激動の時代のはざまで検閲制度を含む政治・社会体制と芸術創造の関係に演劇人が苦闘したこと，戯曲にも上演作品にもメタファーとしての「格下げ」する風刺の手法が見られたこと，劇作家が演出家と密接な連携を保ちながら創作した時期があったことである．本項では，1920〜30年代に重点を置きつつ，多民族国家ソ連の中でもロシアの劇作家たちの活動に限定し，その特質を俯瞰する．

✿激動の時代と演劇　ソ連の芸術家や演劇人の間では，十月革命に対する評価が分かれていたが，革命直後にロシア演劇の特質が激変したわけではない．画家ワシーリー・カンディンスキーによる音の視覚化（〈黄色い音〉1909）や時間を逆転させた未来派詩人ヴェリミール・フレーブニコフの映画的手法（「終わりからの世界」1912）のような革命前のモダニズム演劇の実験が成果を上げており，ソ連初期の劇作は，分野の枠を超えた芸術家たちによる，主として構成主義的創造の競演を積極的に進めながら，ロシア演劇の真髄を豊かに発展させていた．

　ニコライ・エヴレイノフ（「もっとも重要なこと」1921）やミハイル・クズミーン（「グーリの散歩」1924，「ネロの死」1929）ら芸術的多面性を備えた書き手の作品からは，彼らが優れた詩人や小説家，あるいは音楽家や演出家であったことがうかがえる．このような才能豊かな演劇人の情熱的な仕事が成熟期を迎え，革命後からソ連初期にかけてのロシア演劇の黄金時代となった．

　革命後の独特の言い回しや略号，スローガンをふんだんに用いたのが，ウラジーミル・マヤコフスキー（「南京虫」1928,「風呂」1929）やミハイル・ブルガーコフ（「ゾーヤ・ペーリツのアパート」1925），ニコライ・エルドマン（「委任状」1925,「自殺者」1928），アンドレイ・プラトーノフ（「手回しオルガン弾き」1930,「14の赤い農家」1931）である．作品は官製言語へのアイロニーと鋭い社会諷刺，人間の愚かさに対する批判的な達観に貫かれている．

✿「格下げ」のメタファー　ニコライ・ゴーゴリやレフ・トルストイなどの作品では珍しくなかった官僚的・体制的なものの「格下げ」は，ソ連初期の劇作でも重

要な特徴の一つとなる．ブルガーコフやエルドマンが，前述の戯曲の中心に諷刺やグロテスクを用いたり SF 的手法を駆使したりしてその目的を果たそうとした結果，悲喜劇や悲劇的ファルスのようなジャンルが重視され，新たな発展をみた．

　一方，アレクサンドル・ヴヴェジェンスキーとともにオベリウ（リアルな芸術の協会）の主力メンバーだったダニイル・ハルムスは，フレーブニコフの造語法を継承しつつ，ベケットやイヨネスコの不条理作品の先駆ともいえるドラマを書くが（「エリザヴェータ・バム」「都市ペテルブルグの喜劇」1927），ジャンルを超越したその戯曲にも政治的指導者の「格下げ」が潜んでいた．

❀劇作家と演出家　20世紀初頭から劇作家と演出家の関係は次第に変容し始めた．「歪んだ鏡」などの小品劇場（文学キャバレー，☞コラム「キャバレー」）で自作戯曲や西欧のレパートリを中心に演出を手がけたエヴレイノフやミハイル・クズミーン，ヴァフタンゴフ劇場の演出助手も務めたブルガーコフなどが，劇作家兼演出家という立ち位置にいた．

　ソ連初期は演出家の時代だった．時代精神に見合う新しい戯曲が少なかったため，演出家が劇作家に執筆をうながすようになる．メイエルホリドは，舞台づくりの現場をよく理解していたマヤコフスキーに戯曲を書くよう頼みこんだ．そして，演出家の多くは，戯曲を文学作品ではなく，上演台本に近いテキストや舞台作品の素材と見なした．一方，テキストに書き込まれたあらゆる「情報」も重視される．この時期には，絵画・音・音楽・複数の外国語による対話などの視覚的・聴覚的要素の混淆が際立つ戯曲が少なくなく，舞台上演を明確に意図したテキストは，このような芸術的媒介性に富み，重層構造として成り立っていたのである．

❀新たな多様性を目指して　欧米に亡命した演劇人が，ソ連で沈黙を強いられた同時代の劇作家や演出家の遺志を背負いつつ，ロシア文学や演劇の息吹きを伝えたり，海外の演劇の発展をうながそうと努めたりしたことも，それまでのロシア演劇にはなかった特徴である．マリーナ・ツヴェターエワはチェコスロヴァキアとフランスで戯曲を書き（「アリアドネー」1924,「フェードラ」1927），エヴレイノフはフランスで演出家・演劇理論家として活躍した．このほか，イスラエルとヨーロッパを活動の拠点としたユダヤ人劇場「ガビーマ」がよく知られる．

　1930年代後半から「雪どけ」までは，検閲を強く意識し，社会主義リアリズム路線に沿って書かれたものが多かったが，エヴゲーニー・シュヴァルツ（「影」1940）のようにお伽噺仕立ての作品もある．ヴィクトル・ローゾフ（「永遠に生きる者」1943）やアレクセイ・アルブーゾフ（「ターニャ」1938・43），アレクサンドル・ヴァンピーロフ「六月の別れ」1964）らが，ソ連の若者の苦悩や生き方を描いた．ペレストロイカ後に出版された70〜80年代のリュドミラ・ペトルシェフスカヤの不条理的な作品（「音楽の授業」1973・83,「コロンビーナのアパート」1981）にアヴァンギャルド演劇の残響がみられる．　　　　　　　　　　［村田真一］

児童演劇

　両親と一緒にうれしそうに劇場に入っていく子供たち，先生に連れられた中高生の一団，こうした光景はロシアの劇場でありふれた光景だ．ロシアの劇場の3分の1が児童劇場である．こうした児童劇場によって子供たちは，幼い頃から演劇に触れることが可能となっている．

　児童劇場と一口に言ってもモスクワのロシア青年劇場のような大劇場もあれば，ユニクロがロシアに初出店したショッピングモール「アトリウム」内にある児童劇場「クラージュ」，音楽劇や人形劇の劇場，影絵の劇場，さらにはククラチョフ猫劇場のように猫が主役の児童劇場まである．また児童向けと言っても各作品によって対象年齢はさまざまで，どの劇場も作品ごとに推奨年齢の設定が義務付けられており，観劇の際にはそれを目安に選択できるようになっている．児童劇場で働いている俳優や演出家は一般の劇場と同じ演劇大学の出身であり，その技量に差はない．それはソヴリメンニク劇場を率いた俳優オレーグ・エフレーモフやマールイ劇場の看板女優イリーナ・ムラヴィヨワが中央児童劇場（現ロシア青年劇場）でキャリアをスタートさせていることからもわかる．

❋ナタリヤ・サーツ　子供たちのための劇場は1917年の革命を機に生まれた．それ以前にもモスクワ芸術座のメーテルリンク《青い鳥》(1908)のように子供たちでも楽しめる作品はあったものの，劇場は依然として大人たちのものだった．革命後，新政府による教育改革が進むなか，教育人民委員アナトーリー・ルナチャルスキーによって児童のための劇場創設が発案された．これに応えるように翌年春からモスクワをはじめペトログラードやサラトフで，若い俳優たちを中心に児童向けの公演が移動式の劇場で行われた．革命1周年の記念日，ついにモスクワ市立児童劇場が世界初の常設の児童劇場として誕生した．この世界初の児童劇場を主導したのがナタリヤ・サーツである．03年，モスクワ芸術座の音楽家（《青い鳥》の作曲担当）イリヤ・サーツの娘として生まれ，17年にスクリャービン音楽技術学院を卒業．若干15歳でモスクワ市立児童劇場の組織を任され，ロシア児童演劇の母として歩みだした．

図1　サーツ [teatr-sats.ru]

この劇場では人形劇とバレエに上演作品が限られていたが，20年にルナチャルスキーによって組織された国立児童劇場（現モスクワ青年劇場）ではメイエルホリドの劇場で活動していたイーゴリ・イリインスキーやマリヤ・ババーノワといった一流の俳優も参加し，児童向けのドラマ作品も上演された．続いて22年にはのちのレニングラード青少年劇場（通称，ТЮЗ）が開場，その後20年代にはハリコフやクラスノダールなど青少年劇場が次々と地方都市に誕生，それ以降も児童向け劇場がロシア全土に広がった．

一方サーツは21年にモスクワ児童劇場（のちにロシア青年劇場統合）を設立，作家アレクセイ・トルストイや作曲家セルゲイ・プロコフィエフらと協力し，演出家として子供たちに作品を提供し続けた．30年代にはドイツやアルゼンチンの劇場にも招かれ作品を制作したが，粛清の嵐が吹き荒れていた37年，国家反逆罪で逮捕され42年までシベリアの収容所に送られた．解放後はカザフスタンで初の児童劇場を設立．58年のモスクワ帰還後も子供たちのための演劇活動を続け，65年にはモスクワ音楽児童劇場を設立した．同劇団は82年に初来日公演を行っている．93年に彼女が亡くなると劇場は彼女の名前を冠しサーツ記念国立児童音楽劇場となった．

❀セルゲイ・オブラスツォーフ　サーツが児童演劇の母ならば，オブラスツォーフはロシア人形劇の父である．1921年にモスクワ芸術座音楽スタジオに入学，卒業後は俳優として第2モスクワ芸術座の舞台にも立ったオブラスツォーフは，同時期に人形使いとして軽演劇も行った．いつしか彼の人形劇は話題となり，児童教育のために31年から中央人形劇場を組織する使命を帯びるまでになった．当初は移動式の劇団として設立され，36年から常設劇場を構えた．40年には大人も楽しめる人形劇《アラジンのランプ》，46年に劇場の看板作品となった《ありふれたコンサート》（1968年から《ありえないコンサート》に改作）を成功させた．どちらの作品も現在も愛され劇場のレパートリーにある．84年，オブラスツォーフは初来日，その後も87年と90年に公演を行った．92年，彼が亡くなると劇場はオブラスツォーフ記念中央人形劇場に改称され，彼の遺産を引き継いでいる．

❀児童演劇のレパートリー（劇作家たち）　児童劇場では《シンデレラ》や《ピーターパン》といったなじみ深い童話が上演されることも大きな魅力である．サムイル・マルシャークの《猫の家》（1922）や《森は生きている》（原題《十二月》1943）のようなロシア・ソ連の作品ももちろん上演されている．

現代の児童劇作家ではクセーニヤ・ドラグンスカヤの活躍が目覚ましい．ソ連時代に児童文学《デニス少年》シリーズで人気だった作家ヴィクトル・ドラグンスキーの娘である彼女は，児童劇《上へ下への大騒ぎ》（1993）を執筆以降，《赤毛の戯曲》（1998），《消えた雪の謎》（2001）など多くの児童劇や児童文学を発表．彼女の作品はロシア各地の劇場で上演されている．　　　　　　［内田健介］

俳優列伝

　ロシア演劇の伝統として俳優教育の充実があげられる．モスクワだけでも4校の国立演劇大学があり，ペテルブルグはもとより極東のウラジオストクに至るまで各地に国立演劇大学が存在する．ロシアでは演劇大学を卒業しなければ，プロの俳優とは認められない．

❉帝政時代　ロシアの俳優芸術の伝統は19世紀前半に活躍したモスクワ・マールイ劇場のミハイル・シチェプキンに始まる．自然でリアルな演技とアンサンブル重視のその演技論は，スタニスラフスキー・システムへと受け継がれた．マールイ劇場付属の演劇学校は彼の功績を称えシチェプキン演劇大学と名付けられ，マリヤ・エルモーロワを初めとして多くの名優を輩出した．シチェプキンはアレクサンドル・プーシキンやニコライ・ゴーゴリなどの文化人と交流し，俳優の社会的地位の向上に努めた．ロシアの演劇人はオピニオンリーダーとなり，文化大臣を務める俳優も出ている．

　ペテルブルグでは，1896年にアレクサンドリンスキー劇場で初演されたアントン・チェーホフの《かもめ》でニーナを演じたヴェーラ・コミサルジェフスカヤが人気を博した．1904年に新しい演劇を求めてみずからの劇場を創設し，演出家にフセヴォロド・メイエルホリドを招き，象徴主義演劇メーテルリンク作《修道女ベアトリーチェ》，ブローク作《見世物小屋》など演劇史に残る作品を世に出した．

　1898年にモスクワ芸術座が創設され，完成されたリアリズム演劇によって世界の最高峰と仰がれた．それは創立者のコンスタンチン・スタニスラフスキーを初め，チェーホフの妻となったオリガ・クニッペル＝チェーホワ，イワン・モスクヴィン，ワシーリー・カチャーロフなど，名優の演技によるところが大きかった．

❉ソ連時代　スタニスラフスキーはモスクワ芸術座にスタジオを組織し，エヴゲーニー・ワフタンゴフを助手に俳優教育システムづくりに取り組んだ．スタジオからはミハイル・チェーホフやボリス・シチューキンが育った．チェーホフはゴーゴリ作《検察官》などでシステムを体現した演技によって高い評価を得た．その後アメリカに渡り，ハリウッドで映画俳優にシステムに基づく演技術を教えた．シチューキンはワフタンゴフ劇場に付属する演劇学校にその名を残している．

　1922年，メイエルホリドがビオメハニカ理論を試みたクロムランクの《堂々たるコキュ》は躍動する俳優の身体表現によって成功を収め，主役を演じたイーゴリ・イリインスキーとマリヤ・ババーノワはメイエルホリド劇場の中心俳優となった．彼らとともに劇場を支えたエラスト・ガーリンもまた自在な身体表現と

即興によってメイエルホリドの理念を体現した俳優だった．

　43年，ウラジーミル・ネミロヴィチ＝ダンチェンコの発意によりモスクワ芸術座に教育施設「学校スタジオ」が創設され，「雪どけ」の50～60年代にタチヤーナ・ドローニナ，オレーグ・バシラシヴィリ，オレーグ・タバコフ，ウラジーミル・ヴィソツキーなど，錚々たる才能をさまざまな劇場に送り出した．56年，学校スタジオ卒業の若い俳優たちがスタニスラフスキーの伝統の継承を目指し，ソヴレメンニク劇場を組織した．タバコフはソヴレメンニク劇場の中心俳優として活躍し，2000年からモスクワ芸術座の芸術監督を務めた．

　1957年，レニングラード・ボリショイ・ドラマ劇場でフョードル・ドストエフスキーの『白痴』のムイシキンを演じたインノケンチー・スモクトゥノフスキーが，高い精神性と善の悲劇性を繊細に演じて絶賛された．スモクトゥノフスキーは64年に映画「ハムレット」に主演して世界的名声を得て，75年からはモスクワ芸術座に所属し，人物の心理の微妙な陰影を精緻に描き出す演技によってスタニスラフスキーの心理主義演劇の伝統を継ぐロシア最高の俳優と称えられた．

　64年，ユーリー・リュビーモフがシチューキン演劇大学の教え子を引き連れてタガンカ劇場の芸術監督に就任した．もっとも，劇場の看板俳優となったのは同校の他クラスで学んだアーラ・デミードワとモスクワ芸術座学校スタジオ出身のヴィソツキーだった．演じる自己を客観視できるデミードワの理知的演技，心理描写と造形的身体表現を融合できるヴィソツキーの才能は，メイエルホリドやワフタンゴフの伝統を継いだリュビーモフの演劇に適合するものだった．

❋**ソ連崩壊後**　1990年代，タバコフ劇場にモスクワ芸術座学校スタジオからウラジーミル・マシコフ，エヴゲーニー・ミローノフ，セルゲイ・ベズルーコフが入団する．才能の発掘と育成に長けたタバコフのもとで，彼らは現代を代表する俳優に育っていった．ミローノフは2006年からシアター・オブ・ネーションズの芸術監督を務め，ベズルーコフは13年にモスクワ州劇場の芸術監督に就任し，マシコフは，18年，亡くなったタバコフの後任としてタバコフ劇場の芸術監督に任命された．

　ペテルブルグでは，2006年，レフ・ドージンが率いるマールイ・ドラマ劇場にペテルブルグ演劇芸術アカデミーのドージン・クラスからダニーラ・コズロフスキーとエリザヴェータ・ボヤールスカヤが入団し，ドージン演出のシェイクスピア作《リア王》のエドガー役とコーディリア役でデビューした．今や二人はドージンの芝居には欠かせない存在になっている．

図1　ドージン演出《桜の園》のコズロフスキー（ロパーヒン）とボヤールスカヤ（ヴァーリャ）[mdt-dodin.ru]

［岩田　貴］

現代ロシア演劇のさまざまな様相

　ソ連崩壊前後から，演劇にも再び実験的な潮流が顕著にみられるようになる．新しい集団が続々と生まれ，また，それまでは題材とすることが難しかった日常や暴力のテーマが戯曲に描かれはじめた．批評家のマルク・リポヴェッキーは，同時代のアイデンティティをリアルな言葉で紡ぐ劇作の試みが，文学や映画などの演劇以外のジャンルにも影響を与えたと指摘する．

❋演劇スタジオの誕生　1970年代，モスクワに非公式の劇団や劇場が現れる．その先駆けは演劇スタジオ「チェロヴェーク（人間）」(1974〜) である．同じく74年，当時すでに人気俳優だったオレーグ・タバコフが，公共の文化会館に14〜15歳の子供たちを集めて俳優養成コースを設置．77年にはモスクワ中心部に劇場を開いた．これがタバコフ・スタジオである．80年代半ばにペレストロイカが始まると，モスクワには演出家アナトーリー・ワシーリエフのドラマ芸術学院 (1987〜)，演出家ユーリー・ポグレブニチコのオーコロ劇場 (1987〜) など，後に世界的な評価を受ける実験劇場が次々に登場する．

　タバコフ・スタジオは90年代，エヴゲーニー・ミロノフ，ウラジーミル・マシコフら演劇・映画・テレビ界を代表する俳優を次々と輩出．タバコフは2000年にモスクワ芸術座の芸術監督に就任．キリル・セレブレンニコフら新世代の演出家や俳優を劇団に招き，停滞していたこの劇場を再生させた．

　サンクト・ペテルブルグでは，アントン・アダシンスキーのフィジカルシアター「ヂューレヴォ（木）」(1988〜) や，火や水を用いて過激で魔術的な世界を展開するエンジニア劇団アヘ (1989〜) など，パフォーマンス系の劇団が現れた．

❋新しい戯曲　ポストソ連期には，同時代の社会や等身大の人間をテーマとした新しい戯曲が相次いで発表される．これが「ノーヴァヤ・ドラマ（新しい劇）」である．ソ連時代に創作の足かせとなっていた社会主義リアリズムという規範から解放されて，人間や現実社会をその醜悪な側面を含めてありのままに描けるようになったことは，演劇，特に若手の劇作に大きな変化をもたらした．

　上の世代の劇作家たちも若手を支援した．1989年，ミハイル・ローシチン，アレクセイ・カザンツェフらが新しい戯曲のためのフェスティバル「リュビーモフカ」を創設．そこでは公募で選ばれた20以上の新作戯曲がリーディング上演され，討論会が行われて新しい演劇言語が試される．ミハイル・ウガーロフ，エレーナ・グレーミナ，イワン・ヴィルィパーエフ，ミハイル・ドゥレンコフ，プレスニャコフ兄弟ら，多くの劇作家がリュビーモフカから輩出された．

　98年，ローシチンとカザンツェフはモスクワに「劇作・演出センター」を設立．

リュビーモフカで頭角を現した劇作家や演出家らに現代戯曲上演の場を提供した。セレブレンニコフがワシーリー・シガリョフの《粘土》(2001)の演出で一躍注目を集めたのも、演出家ウラジーミル・パンコフが《赤い糸》(2003)で「サウンドラマ」という音楽劇の新形式を編み出したのもここである。

リュビーモフカの展開として、もう一つ、2002年にウガーロフとグレーミナがモスクワに創設したドキュメンタリー演劇のための小劇場「テアトル.doc」がある。二人は逐語演劇（verbatim theatre）という、現実に語られた言葉に基づく英米圏で人気の作劇方法をロシアに導入、若者たちに自分の言葉で社会問題や日常を語る手段を示し、演劇の裾野を広げた。その後、テアトル.docはロシア演劇界で最も政治的な作品を上演する場所の一つとなった。06年には同じドキュメンタリー演劇や新しい戯曲を扱いながらも、政治性が薄く商業性の濃い小劇場「テアドル・プラクチカ（実践）」がモスクワに設立された。これらの劇場でしばしば試みられたリーディングやコントのようなラフな上演形態は、ロシア演劇に新風を吹き込んだ。

ノーヴァヤ・ドラマの担い手にはロシアの首都圏以外の出身者が少なくない。先駆者の一人であるエヴゲーニー・グリシコヴェツは1991年、西シベリアのケメロヴォで自分の劇団を開始。《ぼくがどうやって犬を食べたか》(2000)など、数珠つなぎに語られる小話からそこはかとなく詩情のにじみ出る一人芝居が特徴である。イルクーツク出身のヴィリパーエフの《酸素》(2002)や《七月》(2006)では、地方の貧しくも美しい風景とそこに潜む人間の暴力や欲望が淡々とかつ鮮烈に語られる。ベラルーシ・ミンスク出身のパーヴェル・プリャシコの《野》(2008)は、文法的正しさを無視し、言い間違いを駆使した口語劇。プリャシコには1行のみの《兵士》(2011)など奇抜な作品もある。現在では公立の劇場でも、国内外の新しい戯曲が古典作品と並んでレパートリーに入っている。

図1　プリャシコ《野》（テアトルPost, ドミートリー・ヴォルコストレロフ演出）［テアトルPost提供］

※**演劇祭**　1993年、国家演劇賞「黄金のマスク」が設立された。演劇、オペラ、オペレッタ／ミュージカル、バレエ、人形劇のほかに実験演劇部門が設けられ、新しい試みが評価される枠組みができた。「国際チェーホフ演劇祭」(1992〜)、「NET（新しいヨーロッパの演劇）」(1998〜)、「テリトリヤ」(2007〜)など、国内外の実験演劇を紹介する演劇祭もある。これらの演劇祭は地方に巡回することも多く、また、首都以外で開催される演劇祭も増えている。　　　　［上田洋子］

クシェシンスカヤとニコライ皇太子の恋

マチルダ・クシェシンスカヤ（1872〜1971）はロシアのバレリーナ．父はポーランド人の舞踊家だった．飛び抜けて高い技量を持っていたが，その名前が歴史に刻まれたのは，ニコライ皇太子（後の皇帝ニコライ2世）との禁断の恋によってである．

彼女が1890年にマリインスキー劇場のバレエ団に入って踊り始めたときから，ニコライは公演に足しげく通い，やがて二人は親密な関係になった．しかし，身分違いの恋が実るはずはなく，ニコライの父アレクサンドル3世が94年に急逝すると，ニコライは皇位を継承するとともにヘッセン大公女アリックスを皇后に迎えた．

しかし，その後もクシェシンスカヤは皇帝の庇護を受け続け，ぜいたくな暮らしを享受しながら，皇室周辺で浮名を流した．今度はロマノフ家の二人の大公，セルゲイ・ミハイロヴィチとアンドレイ・ウラジーミロヴィチと同時に付き合い，三角関係になったのである．彼

図1　バレエ《カマルゴ》の衣裳を着たクシェシンスカヤ（1902年頃, 写真絵葉書）

女が未婚のまま1902年に生んだ息子ウラジーミルの父は，アンドレイ大公だとされたが，本当はよくわからない．この年には，ペテルブルグ市内の一等地に彼女の豪邸の建設が始まった．17年の二月革命後にはこの家はボリシェヴィキに占拠され，レーニンがこの家のバルコニーから演説をしたことでも知られる．クシェシンスカヤは革命後西側に亡命し，パリでバレエを教えながら天寿を全うした．その生き方に毀誉褒貶はあるが，まれに見る強い意志を持った女性であったことは確かである．

彼女の恋の物語も今ではロマノフ家の歴史の最後を飾る過去の1エピソードにすぎないが，それが2018年に突然，ロシア社会の激しい議論の中心となった．アレクセイ・ウチーチェリ監督がクシェシンスカヤと皇太子の恋に焦点を当てた「マチルダ」という映画を製作し，公開したからだ．映画が完成する前から，国会議員のナタリヤ・ポクロンスカヤが，聖なる皇帝を侮辱するものだとして映画を激しく非難し，上映禁止運動まで起こしたのである．ポクロンスカヤは，ロシアによるクリミア併合時（2014）に「美しすぎる検事長」として日本でも話題になった人物だ．その彼女の背後には，皇帝を神のように崇拝する，正教徒の中でも特に国粋主義的な勢力がある．映画自体はプーチン大統領も特に問題なしとし，無事公開された．帝政末期の皇室とバレエ界を描いた絢爛豪華な恋愛映画といった趣のもので，政治的に批判的な要素はなかったからである．

［沼野充義］

ペレストロイカと文化

　ソ連時代の国家と文化の関係は明快だった．2000～04年に文化相を務めた演劇学者ミハイル・シヴィドコイの表現を借りれば，「国家は文化にイデオロギー代を支払っていた」のであり，文化はイデオロギーを作品にして提供しなければならなかった．国家＝注文主は方法として社会主義リアリズムを指定し，創作活動を共産党の活動の一環とする党派性を求めた．ペレストロイカはグラスノスチと独立採算制を唱えることで，この関係に亀裂を生じさせた．情報公開を意味するグラスノスチは拡大解釈され，表現の自由をも表すようになり，1987年に検閲が廃止される．

　ロシアでは伝統的に，演劇は国家の言論統制に抗して表現の自由を実現する演壇だった．早速，エルモーロワ劇場の《言ってくれ……》(1985年初演)，レンコム劇場の《良心の独裁》(1986年初演) など，ペレストロイカに呼応し，その理念を代弁する政治劇が現れ，続いて上演を禁止されていた作品や反スターリニズムの作品，ソ連社会のひずみをテーマにした作品が舞台を賑わすようになる．同時に，これまで許されなかった方法や形式を試みた作品や新たな演劇言語を探求する作品も登場する．フリーランスの演出家ロマン・ヴィクチュクは，劇構造を入子細工のように重層化するとともに俳優の演技をも重層化することにより，演劇の虚構性という実体をあらわにした芝居をつくり出した．若手の演出家ロマン・コーザクは政治的・社会的メッセージに還元されない「無条件の演劇的祝祭の存在」を主張し，見世物小屋的な祝祭空間を舞台上につくり出した．これまでロシア演劇は舞台＝演壇からメッセージを伝えることに腐心してきた．しかし，ヴィクチュクとコーザクの舞台からはメッセージは何も響いてこない．彼らは演劇を演壇という役割から解放し，演劇そのものとして再構築しようとしたのだ．コーザクのような若い演劇人たちの実験を後押しするため，演劇人同盟は戯曲の上演権の購入や上演場所の提供などを行う全ロシア創作工房連合を組織した．工房には若い才能が集まり，ロシア演劇は多様な姿を現した．

　ペレストロイカが体制の建直しを目指すものである限り，国家のイデオロギーがなくなったわけではない．しかし，もはやイデオロギーでは演劇活動を統制できない．国家は何のために金を支払うのかわからなくなった．独立採算性を唱え，企業などのスポンサーを求めたり，プロデューサー・システムや俳優との契約システムを取り入れたりと，文化予算を削減するためのさまざまな試みがなされた．しかし，現実問題として国家の資金が投入されなければ，劇場運営は成り立たない．ましてロシア演劇の主流はレパートリー劇場だ．一つの演目を何年も演じ続け，芝居の質を高めることができるこのシステムはロシア演劇の誇りだが，金が掛かる．文化予算を削減しようとする国家とレパートリー劇場の伝統を守ろうとする演劇界──ペレストロイカ時代に始まったこの国家と文化の新たな関係は現在に至るまで続いている．

　　　　　　　　　　　　　　　　　　　　　　　　　　　　　　　　　［岩田　貴］

キャバレー

　キャバレー（文学キャバレー，芸術キャバレー）は20世紀初頭のヨーロッパで，批評，アイロニー，パロディによって19世紀の確立された諸芸術や一般的な価値観を攻撃する対抗文化の拠点の一つ．カフェ，レストラン，ワインセラーなど飲食のできる，いわゆる芸術のための場所ではない小さな空間が使われた．ミュージック・ホール，軽演劇，ヴァラエティ，ヴォードヴィル，サーカスなど既成の小ジャンルを活用し，独自の光彩を放った．演劇的にも創意工夫に富み，芸術性も高く，1960年代の前衛演劇やパフォーマンスの源泉となった．

　ロシアでも，批評家のアレクサンドル・クーゲリと妻で女優のジナイーダ・ホルムスカヤが，ベルリンの「ユーバーブレットル（超寄席）」に影響を受け，1908年に「歪んだ鏡」をペテルブルグに開いた．出し物は寸劇，朗読，小話などで，現代演劇のパロディ，官僚制の独善や偽善，日常生活の不条理性を皮肉った．イタリアのグランド・オペラを風刺したイリヤ・エレンブルグ《ヴァンプーカ》，喜劇作家ボリス・ゲイヤー，作家で詩人のナジェージダ・テフィなどの作品も人気を得た．より演劇に近かったフセヴォロド・メイエルホリドの「入り江」は失敗に終わったが，「歪んだ鏡」は成功を続け，10年に客席750のエカチェリーナ劇場に移り，ニコライ・エヴレイノフを監督に迎えてモノドラマを上演し，18年に閉鎖するまで演劇への対抗文化の拠点となった．

　10年にモスクワ芸術座の俳優ニキータ・バリエフが始めた「こうもり」，11年にペテルブルグのワインセラーを使ってエヴレイノフ，ボリス・プローニンらが始めた「野良犬」も有名である．アンナ・アフマートワ，ニコライ・グミリョフらアクメイズムの詩人たちやバレリーナのタマーラ・カルサーヴィナなど著名

図1　こうもり座《ワニとクレオパトラ》[Эфрос, H. E., 1918]

なアーティストも参加，イタリア未来派のマリネッティもパフォーマンスを行った．16年にはボリス・グリゴーリエフやメイエルホリドの「コメディアンの休息」にその役割を譲った．演出家コンスタンチン・マルジャーノフ（グルジア名：コテ・マルジャニシヴィリ）と詩人ニコライ・アグニーフツェフの「ビバオ」は革命後，内戦でキエフに移動，19年にモスクワに戻ると「歪んだジミー」と名を変えて政治風刺を行うが，後にモスクワ風刺劇場に吸収された．モスクワ風刺劇場はいわゆるキャバレーではないが，クラブ，鉄道駅，ホールなどで旧体制や資本家，貴族を風刺するアジプロ作品が人気を博した．この種の作品は23年に各地で活動を始めた「青シャツ」に受け継がれ，風刺的なニュースや時事性を織り込んだ寸劇のほか，パレードやレビューも行った．スターリン時代になると体制寄りの芸術団体「トラム」に吸収され，当初の批評性や攻撃性は影を潜めていった．

[永田　靖]

11. 映 画

　ロシアに映画が到来したのは，リュミエール兄弟社がシネマトグラフを発表した翌年の1896年で，ニコライ2世の戴冠式に映写技師が派遣され，撮影と上映とが行われた．初期には客寄せのサーカスの演し物とセットで興行が行われたりした．移動カメラや夜間撮影などの新しい技法がどん欲に取り入れられ，第1次大戦中も秀れた映画が制作された．革命の動乱を逃れて各地に散った映画人たちはハリウッドの映画音楽などにも影響を与え，パリに設立されたアルバトロス映画スタジオの作品がジャン・ルノワールらフランス映画の隆盛を支えた人々に影響を与えた．

　映画を啓蒙・教育の優れた「武器」ととらえたソ連が年に数百本もの映画を制作した世界有数の映画大国だったことはあまり知られていない．国家の庇護と厳しい検閲，技術的な制約などの間隙を縫って制作された多彩な作品群は，重厚な作品から軽快な喜劇，多民族・多文化状況を反映した作品と極めて多様で，国外からのアクセスも自由になった現在，新たな驚きと発見が尽きない．[楯岡求美]

ロシア映画の黎明──サイレント映画

　ロシア映画の黎明は，フランスの映画発明家リュミエール兄弟のシネマトグラフがモスクワで公開された1896年に始まり，1917年のロシア革命を機に幕を閉じる．正確にはロシアで国産の映画製作が開始された1907〜17年が黎明期といえる．革命後のソヴィエトにおいても，サイレント映画の製作自体はトーキー技術が普及する1930年代まで続いていた．だが一般に映画史研究において，「初期映画」と呼ばれる映画の発展の第一段階は，第1次世界大戦により映画産業のヘゲモニーがヨーロッパからアメリカへ移行した1910年代半ばまでとするのが共通認識であること，革命を境にソヴィエトは映画の革命／革命の映画を目指すようになったことから，ロシア映画の黎明は革命前の帝政期とするのが妥当である．

　ロシアにおいては，第1次世界大戦に引き続き勃発した革命がロシア初期映画に区切りを付けることとなった．映画の革命として，ソヴィエト・モンタージュ派が中心となった前衛的な映画理論と実践により，帝政期とは正反対の内容・形式が生み出されていったからである（☞項目「エイゼンシュテインとヴェルトフ」）．そして革命の映画とは，政治体制の転換のためのプロパガンダを映画において推進することであり，「映画はプロレタリアートのための最強の武器である」と主張したウラジーミル・レーニンの，映画による文化政策・人民教化政策によって製作された映画を指す．1919年には映画製作が国有化された．

　このように革命で終わりを迎えた帝政期ロシア映画は，ソヴィエト期とはまったく異質な映画群であった．だが前時代の映画群を土台として，人材面でも技術面でもソヴィエト映画の下地が整ったことも否定はできない．

❋サロン・メロドラマとロシアン・エンディング　大戦前はフランスをはじめとする国外の映画がロシア映画市場を占拠していた．とりわけフランスの文芸映画，イタリアの歴史劇映画，デンマークの現代劇映画が人気を博した．ところが開戦により外国映画の輸入が減少すると，自国の映画製作が急激に増加し，独自のロシア映画文化が開花していくこととなる．当時の主要な映画会社のうち，芸術的な質の高い映画で知られていたのはハンジョンコフ，ティーマン＆ラインハルト，エルモリエフである．帝政期はサロン・メロドラマが特徴であった．これは架空の社交界を舞台にブルジョワ階級の登場人物が悲劇的な運命に巻き込まれていく退廃的なメロドラマをさす．欧米の映画に影響を受けた快活な活劇映画も製作されていた一方，19世紀のブルジョワ文化や世紀末芸術を継承するかのような神秘的でエロティックなメロドラマがロシア映画固有のジャンルとして根付いて

いった．ソヴィエト期にはこのような映画は観客の美的嗜好を堕落させるようなものと評されもしたが，都会や上流階級の絢爛な描写はロシアの観客に憧憬を抱かせ，帝政期に特有の耽美主義的でデカダンな世界を画面上に繰り広げていったのである．

メロドラマの多くが悲劇的な結末であることも特徴である．ロシア人の観客は悲劇的な結末を好む傾向から，「ロシアン・エンディング」版の映画が国内外で製作された．例えば，オリジナル版ではハッピーエンドであった外国映画が，ロシア輸出版では主人公が死んでしまうよう再編集されたのだ．実際，サロン・メロドラマのほとんどは登場人物の自殺や殺人，発狂，決闘といった悲劇でエンディングを迎える．

❋**バウエルとプロタザーノフ**　帝政期の劇映画を代表する監督は，エヴゲーニー・バウエルとヤーコフ・プロタザーノフである．これに初期アニメーション作家として有名なラディスラフ・スタレヴィチを加えて，帝政期ロシア映画の三大巨匠といわれる．バウエルは唯美的な形式主義者であった．彼の形式の特徴は，アクションの映画的ダイナミズムや物語のドラマティックな展開を示す編集技法を用いず，ロング・テイクを多用し，光と影のコントラスト，人物の配置による構図，鏡の使用といった画面内の空間演出の手法を駆使して，物語叙述をすることであった（図1）．編集に依拠しないバウエルの緻密な視覚言語は，帝政期に多くの模倣者を生んだ．

図1　「パリの王様」(1917)

プロタザーノフは文芸映画を得意とし，「ロシア黄金シリーズ」を多く手がけた．ロシアの古典文学を原作とした質の高い翻案シリーズである．著名な舞台俳優を出演させ，映画を大衆娯

図2　「スペードの女王」(1916)

楽から独自の芸術へと発展させようとする野心的なもくろみだった．そのなかから女性観客に人気があり，映画的演技にも適応できたイワン・モジューヒンといったロシアにおける最初の映画スターたちが輩出された（図2）．

1980年代にモスクワ映画博物館やゴスフィルモフォンド（ロシア国立映画保存所）にて，革命前のロシア映画の大規模な復元事業が開始され，帝政期に製作された2,000本ほどの映画のうち，少なくとも286本が現存していると判明した．その後，各国で特集上映やDVD化も進み，ロシア映画の黎明にも着実に光が当てられるようになっている．　　　　　　　　　　　　　　　　　　［小川佐和子］

エイゼンシュテインとヴェルトフ

　世界映画史に欠かせない流派・運動の一つとして，1920年代に隆盛を迎えるソ
ヴィエト・モンタージュ派というものがある．レフ・クレショフ，ジガ・ヴェル
トフ，セルゲイ・エイゼンシュテイン，フセヴォロド・プドフキン，アレクサン
ドル・ドヴジェンコ，ボリス・バルネットといった錚々たる監督たちがこの流
派・運動を形成している．監督たちはそれぞれに固有のモンタージュ・スタイル
を開発していった．モンタージュとはショット同士の接合を指し，映画において
最重要な契機はモンタージュである，と唱えたのが，ソヴィエト・モンタージュ
派にほかならない．ヴェルトフとエイゼンシュテインはこの流派・運動の中心を
なし，ソヴィエト・モンタージュ派は両者の差異・対立を内包するがために，芸
術運動として類いまれなダイナミズムを獲得することになった．

❀運動のモンタージュ　現代からすると，ヴェルトフの映画はドキュメンタリー
という括りに入るだろう．制作開始当初，この名称はまだ存在しなかったので，
彼はみずからの映画を非・劇映画と呼んだ．この名称には，当時映画の代名詞
になっていた劇映画の全否定をもくろむヴェルトフの革新性が込められている．
シナリオ（文学性），演技（演劇性）を排した絶対映画，映画そのものを目指す
非・劇映画は，事実を映画的に提示することに取り組んだ．ヴェルトフはその
方法を映画眼（キノグラス）という方法・概念にまとめており，映画眼という
のはモンタージュ的に見ることである，と述べている．そのモンタージュはテー
マの選択・結合に始まり，事実の観察，撮影，編集にまで及ぶ．映画眼が提示
したのは，現実（事実）の運動を映像の運動に変換したものだった．ニュース
映画シリーズの「週間映画」(1918〜19)，「キノプラウダ」(1922〜25)，「ゴスキ
ノカレンダー」(1923〜25)，「今日のニュース」(1944〜54)はその範例といえる
だろう．

　非・劇映画の提示する事実は社会主義建設というイデオロギー的側面ととも
に，提示方法の実験という側面も有している．サイレント映画に可能な実験の限
りをつくした感のある「カメラを持った男」(1929)は，社会主義イデオロギー
が色あせた現在も，実験的な映像運動の力によって輝きを増している．当時エイ
ゼンシュテインをはじめとする監督，批評家たちから，印象主義的である，混沌
としているという批判を浴びたものの，非線形的なその叙述構成は現代ではきわ
めて可能性に充ちたものに映る．どのように事実を映画的に提示するのか，とい
うヴェルトフの課題は，やがてフランスのシネマ・ヴェリテ（ジガ・ヴェルトフ
集団）といった流派・運動に引き継がれていく．

❋**理念のモンタージュ** 「戦艦ポチョムキン」(1925, 図1)で有名なエイゼンシュテインは，劇映画の内部にとどまり，そこで革新性を発揮する．特定の社会的典型を体現する一般人を俳優に起用するティパージュが端的に示すように，エイゼンシュテインは劇映画とドキュメンタリーを接合することによって両者を超え出ようとした．ただし，ヴェルトフに言わせると，

図1 「戦艦ポチョムキン」(1925)第4部「オデッサの階段」より

それは非・劇映画への途上にある折衷的中間点にすぎない．衝突のモンタージュと呼ばれるエイゼンシュテインのモンタージュの意味するところは，具体的イメージ同士の衝突が第三の要素である理念を生み出す，ということである．日本語学習歴も有する彼は，そのモデルとして会意文字をあげている．映画に理念を求める姿勢は，経済学者カール・マルクスの『資本論』(1867)の映画化案に代表されるような知的映画構想へと発展することになる．残念ながら，知的映画の成果は「十月」(1928)の一部に確認できるのみである．

　理念的な方向とは別に，エイゼンシュテインは映像・イメージの根底に横たわる感覚的思考（原論理的思考）に着目し，人類学をはじめとしたさまざまな科学の知見を援用しながら，イメージ的思考理論の探究に邁進する．「メキシコ万歳！」(1930〜31年撮影)はその成果の一端を示すものである．

　エイゼンシュテインのモンタージュ概念は映像による水平のモンタージュ，そこに音の加わる視聴覚的垂直のモンタージュと，次第に拡張していくのだが，当然の成り行きとして，それは映画以外のメディアである美術，文学にも適用されることになる．そのとき，モンタージュは映画の一手法であることをやめ，ありとあらゆる文化的な分節単位を接合する運動法則になり代わっている．映画はその運動法則を集約的に体現する総合芸術と見なされる．彼の知的関心は映画の枠をはるかに越えて文化全体にまで拡がり，未完の著作「メソッド」(1940年代執筆)を産み落とすことになる．さらにエイゼンシュテインは，球体内部に配された情報が自在に交差結合する球体本という究極の書物も発想している．

　エイゼンシュテインは「イワン雷帝　第1部，第2部，第3部」(1943〜46年撮影)において，それまでのモンタージュ・スタイルを脱してポストモンタージュ・スタイルへと踏み込む．それは様式化された縦の構図とモンタージュ・スタイルを組み合わせた独自のものである．オーソン・ウェルズ監督も「イワン雷帝　第1部」(1945)に「大胆でラディカルな様式化」を認めている．　　　［大石雅彦］

スターリン時代の映画

　トーキー技術の開発は，ソ連映画にも大きな影響を与えた．国外の映画製作の現状を視察するため，1929 年から師であるセルゲイ・エイゼンシュテインらと出国していたグリゴリー・アレクサンドロフは，32 年の帰国後，共産党の映画責任者であるボリス・シュミャツキーから流行歌手レオニード・ウチョーソフを主人公とする音楽映画の企画を提案された．すでに 32 年には，ソ連初のトーキーであるニコライ・エック監督の「人生案内」が制作されていたが，シュミャツキーはソ連国内でのハリウッド流の映画生産を構想していた．ハリウッドでチャーリー・チャップリンやウォルト・ディズニーといった映画人と交流したアレクサンドロフに，新しい映画製作の白羽の矢が立ったのである．

　企画が進むうち，もともとの都会派喜劇の構想は体制の容喙によって改変されたものの，34 年に完成した映画「陽気な連中」は大成功を収め，脇役から抜擢された女優リュボーフィ・オルローワは，時代を象徴するアイコンとなった（☞項目「娯楽映画」）．さらに，作曲家のイサアク・ドゥナエフスキーは，これ以降もアレクサンドロフ監督映画に音楽を提供し，ワシーリー・レベジェフ＝クマチの明朗な歌詞とともに国民的な支持を受けて「赤いモーツァルト」の異名を取った．

❀**1930 年代の光と影**　第 1 次五カ年計画（1928〜32）が生産財中心であったのに対して，第 2 次五カ年計画（1933〜37）は消費財中心となり，生活を充実させることを志向していた．1935 年 11 月にヨシフ・スターリンは「同志諸君，生きることはよりよくなった，生きることはより陽気になった」と述べ，新しい時代の到来を唱えた．アレクサンドロフ監督の「サーカス」（1936）には，当時完成したばかりの豪華なホテル・モスクワが登場し，食料品や服飾などぜいたく品の描写には当時の社会の享楽的な傾向が反映されている．エンディングのメーデー・パレードは，36 年の赤の広場での実際のパレードを撮影したもので，ここにソ連の夢と現実が一体化した．

　しかしアレクサンドロフ映画の諸作品がまばゆい明るさに満ちている一方で，映画をとりまく政治状況は厳しさを増していった．「ヴォルガ・ヴォルガ」（1938）の撮影現場にも暗い世情は影を落とした．37 年に最高潮に達した大テロルのため，脚本家のニコライ・エルドマンやカメラマンのウラジーミル・ニーリセンは映画製作中に逮捕され，ニーリセンは処刑された．

❀**プロパガンダ**　1930 年代半ばから労働現場で見られるようになったスタハーノフ運動は，映画制作に新しいテーマを持ち込んだ．実在の労働英雄をモデルにしたアレクサンドロフ監督の「輝く道」（1940）は，単純なシンデレラ・ストーリー

に終わった．労働者の自己形成とソ連社会のさらなる発展を両軸とするドラマを親しみやすい音楽に載せて展開する，という課題をより成功させたのが，イワン・プイリエフ監督の「トラクター仲間」(1939) である．ソ連を取り巻く国際情勢が悪化をたどる中で，愛国主義を謳っていたため，イデオロギー担当の責任者アンドレイ・ジダーノフによって絶賛された．

図1　アレクサンドロフ監督「陽気な連中」スチール写真 [Пырьев, И.А. глав. ред., 1959]

しかし映画には，プロパガンダとして利用したい体制の意向，時流の複雑な変化に加えて，映画の愛好家であるスターリンの介入も看過できない影響を与えた．農村の集団化をテーマとしたイーゴリ・サフチェンコ監督の「アコーディオン」(1934) も，時流に翻弄された．農業集団化と重工業の発展は第1次五カ年計画の骨子であり，農村では集団化と同時に，富農と呼ばれる階層への迫害が行われた．だが，33年に第2次五カ年計画が始まると，元富農およびその子弟への迫害は緩和された．サフチェンコが描いたコムソモール員と富農の対立から生まれる農村のドラマは，34年に映画が完成した時点ではすでに過去のものであった．エイゼンシュテイン監督の「アレクサンドル・ネフスキー」(1938) は，反ドイツ的な内容を持つため，独ソ不可侵条約締結（1939) とともに上映ができなくなった．

❋戦争と荒廃　1941年6月に独ソ戦が始まると，スタジオの疎開や物資の不足などで映画製作の環境は極端に悪化した．映画の製作本数が限られる中で愛国心を鼓吹する作品がつくられ，オルローワも「ヴォルガ・ヴォルガ」で演じた郵便配達員ストレールカとして，戦況を伝える短編作品に再登場した．戦時中に製作されたプイリエフ監督の「戦争のあと午後六時に」(1944) は，来るべきソ連の勝利を予言して，今日も戦勝記念日の祝いには欠かせない国民映画となっている．

戦後も荒廃による物質的な制約が続く中，戦時中に緩んだ表現の自由の引き締めによって，ますます映画界は萎縮した．失敗が許されない圧力の下で映画人たちは，希望を与える物語をリアルに描くという難題に取り組むことになった．そうした中で，カラー映画として製作されたのが，プイリエフ監督の「クバン・コサック」(1950) やユーリー・ライズマン監督の「金星勲章の騎士」(1951) である．戦争の惨禍から立ち直り，農村はかつての美しい姿を取り戻しつつある．開明したソヴィエトの農民たちは，さらなる発展のために一層の努力を続ける——．虚像の中で完成したユートピア世界の夢に，ソ連の観客は束の間の癒しを得たのだった．

[田中まさき]

文芸映画

文芸映画がソ連映画史に一本の潮流を築く嚆矢となったのは，アントン・チェーホフ生誕100周年を記念して制作されたヨシフ・ヘイフィッツ監督の「小犬をつれた貴婦人」(1960)といわれる（図1）．それまでにもマクシム・ゴーリキー「母」(1926)やミハイル・ショーロホフの「静かなるドン」(1958)，「人間の運命」(1959)が制作されていたが，社会主義革命を賞賛したプロパガンダ映画や，ナチズムを批判する社会主義リアリズム作品として機能していた．

図1　「小犬をつれた貴婦人」より

そうしたなか，不毛にも見える不倫の愛を描き，結末もなければ肯定的人物も登場しないメロドラマ作品「小犬をつれた貴婦人」がカンヌ国際映画祭をはじめ，当時の西側諸国で高い評価を受けたことは，その後のソ連文芸映画に変化を与えた．先駆的な作品としては，この前年にアレクセイ・バタールフが初監督したニコライ・ゴーゴリの「外套」も忘れてはなるまい．バタールフは「小犬をつれた貴婦人」でグーロフを演じた名優でもある．

レフ・トルストイの「復活」(1960)，「戦争と平和」(1967)，「アンナ・カレーニナ」(1967)，「クロイツェル・ソナタ」(1987)，イワン・トゥルゲーネフの「貴族の巣」(1969)，フョードル・ドストエフスキーの「カラマーゾフの兄弟」(1968)，「罪と罰」(1969)，そしてチェーホフの「かもめ」(1970)，「ワーニャ伯父さん」(1970)，アレクサンドル・オストロフスキーの戯曲「持参金のない娘」(1984)など，19世紀の文豪たちの作品が次々と制作された．

❀**文芸作品における作家性**　エミーリ・ロチャーヌ監督の「ジプシーは空に消える」(1976，ゴーリキー『マカール・チュードラ』原作)やチェーホフの「狩場の悲劇」(1978)，セルゲイ・パラジャーノフ監督の「火の馬」(図2，1965，ミハイロ・コツュビンシクィイ『忘れられた祖先の影』原作)やミハイル・レールモントフの「アシク・ケリブ」(1988)は，それぞれの民族性を基調とした映画言語の精緻な寄木細工をフィルムに焼き付けた．

「雪どけ」期に再評価された作家アンドレ

図2　「火の馬」より

イ・プラトーノフの『ポトゥダニ河』をモチーフとして「孤独な声」(1978) を撮ったのはアレクサンドル・ソクーロフ監督である．卒業制作であったが，すでにソクーロフの映画言語が提示された．「作家性」の強い作品も制作されるようになり，文芸映画の多様化と同時に原作から自立した作品が現れることになる．

❋ **SF小説・外国文学先品の映画化とイソップの言葉**　ソ連のSF作家アレクサンドル・ベリャーエフの「両棲人間」(1961)，「空気の売人」(1967)，「ドウエル教授の首」(1984，図3) など，撮影技術の向上によって1960年以降にSF世界の映画化が進んだ．SF本来の風刺精神を利用して当時の社会を批判する視点が示され，SFは娯楽性と批判的メッセージを伝える新たな文芸映画を創造した．

1920年代，「エキセントリック俳優工房」で前衛芸術を展開していたためにスターリン体制下での活動が困難になったグリゴリー・コージンツェフ監督は，セルバンテスの「ドン・キホーテ」(1957) やシェイクスピアの「ハムレット」(1964)，「リア王」(1971) などの外国文学の古典を映画化するという表向きの顔を保ちながら，これらの作品の台詞にソ連体制への批判的視点を重ね，重厚な映画化に成功して国際的にも高い評価を受けた．

図3　「ドウエル教授の首」より

❋ **ソ連崩壊前夜・新生ロシア以後の文芸映画**　この時期になると，発禁処分を受けた作家たちの小説が映像化されるようになる．ミハイル・ブルガーコフの「犬の心臓」(1988)，「運命の卵」(1995)，「巨匠とマルガリータ」(1994) である．「巨匠とマルガリータ」，ボリス・パステルナークがノーベル文学賞辞退に追い込まれた「ドクトル・ジバゴ」はともに2005年にTV連続ドラマ化されている．

2000年代に入ると，ソ連時代に映画化されていた小説をより緻密に描出する傾向が強まり，文芸作品は，劇場ではなく居間のテレビで次週の続きを楽しみに鑑賞されるものとなった．ドストエフスキーの「白痴」(2003)，「罪と罰」(2007)，「カラマーゾフの兄弟」(2008)，「悪霊」(2014)，レールモントフの「現代の英雄」(2006)，風刺作家のコンビ，イリフ＆ペトロフの「黄金の仔牛」(2006)，ショーロホフの「静かなるドン」(2015) がTVドラマシリーズとして高視聴率を得た．小説の映画化，TVシリーズ化は現代ロシア作家の諸作品でも行われている．

ボリス・アクーニンの大ヒット探偵小説「堕天使殺人事件」(2002) の連続ドラマ化，「トルコ捨駒スパイ事件」(2005)，「五等文官」(2005) の映画化が話題を呼んだ．ポストモダンを代表する作家ヴィクトル・ペレーヴィンの「青い火影」(2000)，「ジェネレーションP」(2011) も映画化されている．　　　　　［佐藤千登勢］

「雪どけ」期の映画——ソ連のニューウェーヴ

　第2次世界大戦後ソ連の映画制作は戦時中よりも低迷し，観客が映画館で鑑賞したのは主に戦利品として持ち帰られた外国の商業映画だった（「ターザン」シリーズなど）．劇映画制作数が2桁を割った1951年を最後に状況は回復し，53年のヨシフ・スターリン死後，ニキータ・フルシチョフの「雪どけ」期を迎えると，監督養成が急務となるほど映画産業は拡大し，新世代のつくり手が台頭していく．また国際映画祭での受賞ラッシュが続きソ連映画が国外でも認知され，アンドレイ・タルコフスキーやオタール・イオセリアーニら，後に国際的に活躍する監督がデビューしたのもこの「雪どけ」期である．

※新しい世代とソ連のニューウェーヴ　フルシチョフがスターリン批判を行った1956年，監督として本格的な劇場デビューを飾ったのがグリゴリー・チュフライとエリダール・リャザーノフである．前者は「女狙撃兵マリュートカ」(1956)，「誓いの休暇」(1959)，「晴れた空」(1961) と戦争を題材に雪どけを表現したが，後者のミュージカル・コメディ「カーニヴァルの夜」(1956, 邦題「すべてを五分で」）は，大晦日のパーティ準備に口を出す旧世代の文化官僚を若者たちがテンポよくやり込める構図と，溌剌として采配を振るうヒロインを演じたリュドミラ・グルチェンコの新鮮な演技で新しい世代の台頭を印象付けた（☞項目「娯楽映画」）．

　国家や党員，英雄を壮大に描いたスターリン時代と異なり，「雪どけ」期の映画が描き出したのは市民の私生活や小さな物語，革新対保守あるいは世代間の葛藤，戦争を背景とした細やかな心理描写や人間模様だった．また形式や手法はそもそも俎上に載らなかった従来の社会主義リアリズム映画に対し，「雪どけ」期にはロケを中心とした撮影や即興，実験的カメラワークなどを前景化させた映画が登場する．これらはフランスのヌーヴェルヴァーグやブリティッシュ・ニューウェーヴなどとも多くの共通点を持ち，グローバルな文脈でとらえることが可能だ．

※カラトーゾフ監督の「鶴は翔んでゆく」　1958年のカンヌ国際映画祭でパルムドールを受賞したミハイル・カラトーゾフ監督の「鶴は翔んでゆく」(1957) は，主題と手法の両面で斬新な作品だった．志願して出兵した婚約者を銃後で案じるヒロインの形象は，従来の模範的で肯定的なものとは正反対に描かれ，フルシチョフによる批判の対象ともなった．婚約者の出征までとそれ以後とではまったく雰囲気が異なるが，冒頭で主人公たちがモスクワを歩き回る場面の構図や散水などの演出は，主役を演じたタチヤーナ・サモイロワとアレクセイ・バターロフという若手俳優のインパクトとともにニューウェーヴの到来を強く印象付け，今

なお色褪せない．撮影監督を務めたセルゲイ・ウルセフスキーの功績も大きく，出征を見送る場面や主人公が負傷する場面は後続の模倣対象となった．続く「送られなかった手紙」(1960)「怒りのキューバ」(1964) でもカラトーゾフ作品で撮影を担当し，ニューウェーヴの象徴となる数々の名場面を生み出した．

❋若者と都市――フツィエフとダネリヤ　1959年から撮影が始まったマルレン・フツィエフ監督の「イリイチの哨所」(検閲を経て65年に「私は20歳」と改題し公開) は，モラトリアム期の3人の青年を取り巻く日常，恋，密度の濃い友情を描き，「雪どけ」期の代表作となった．これらの主題は同時代の文芸誌『ユーノスチ（青春）』が火付け役となり登場した「若者文学」の世界観ともリンクしている．作品中盤には聴衆を熱狂させた「雪どけ」詩人たちの朗読会も挟まれ，時代の空気を伝えている．言葉を交わしながら歩き回る若い登場人物たちを追うカメラがとらえるのは，雨に濡れた歩道，行き交う人々，曇った空，薄暗いアパートや地下鉄といった，たえず表情を変えるモスクワという街の姿である．ソ連のニューウェーヴは，まだ人々の心に残る戦争の傷を描く一方で（主人公が亡き父と会話する終盤はフルシチョフの逆鱗に触れ検閲の引き金ともなった），急速に復興を遂げていく流動的な都市空間そのものをも主人公としていった．

図1　フツィエフ監督「私は20歳」より

同様に若者と都市空間を主題としたゲオルギー・ダネリヤ監督の「僕はモスクワを歩く」(1963) も，あらすじを要約しにくい作品である．『ユーノスチ』誌で文壇デビューした主人公の一人ヴォロージャが，シベリアから首都に降り立った冒頭から終始，登場人物たちが街を移動する過程で次々と誰かと知り合うことでプロットが成立していく．ヴォロージャが地下鉄での移動中に知り合ったコーリャ役（地下鉄建設作業員）で俳優デビューしたのが，ニキータ・ミハルコフ（☞項目「ミハルコフとタルコフスキー」）だった．偶然の出会いで短い時を過ごす若者たちの会話とモスクワのランドマークが次々とテンポよくスタイリッシュに描かれ，「雪どけ」期の世界観を伝えている．戦後の復興を遂げ発展していく都市を背景に若者を活写したという共通点はあるものの，フランスのヌーヴェルヴァーグの登場が映画批評家たちの運動に端を発していたのに対し，当時のソ連では映画はもとより芸術に関する批評自体がまだ形成されていなかった点が決定的に異なる．

近年「雪どけ」期の文化全体への関心が高まっており，2013年には映画界の人間模様を描いたテレビドラマ「雪どけ」(全12話，ヴァレリー・トドロフスキー監督) も登場し話題となった．

[神岡理恵子]

ミハルコフとタルコフスキー

　映画監督アンドレイ・タルコフスキーとニキータ・ミハルコフは，1960年前後に映画界でデビューし，その後約20年間でロシアを代表する映画作家として国際的評価を確立した．作家的個性は全く対照的な二人だが，映画業界で働き始めた時期のほか，父親がモスクワ在住の有名な知識人であること，全ソ国立映画大学監督科でミハイル・ロンム監督の指導を受けたことが共通している．ソ連時代の二人の作品は，映画政策の制約とともに当時の映画産業の隆盛や映画文化の変化による恩恵も受けていた．

　現在，ロシアを含む多くの国で，映画はその傾向と需要によって娯楽映画と「作家の映画」とに大別されている．前者はメロドラマや冒険映画などジャンルの特徴が明確な「ジャンル映画」に代表され，後者は映画的表現を探求する監督の個性が前面に出ていて前者より需要の少ない映画である．映画を「監督＝作家」の作品と見なす思想（作家主義）は50年代フランスの映画批評によって打ち出されたが，同国だけでなくソ連を含む主要映画製作国の映画人にも影響を与えた．タルコフスキーはソ連時代の「作家の映画」の代表者である．一方，10代から俳優として一般観客向け劇映画に出演し始めたミハルコフは，監督としてはジャンル映画の枠組みを利用しつつ，映画作家としても評価されていった．彼はソ連解体直前に制作会社「トリテ」を設立し，プロデューサーとしての才能も発揮した．

❋**生い立ちと作風**　タルコフスキーは詩人アルセーニー・タルコフスキーの長男として1932年に生まれた．アルセーニーは彼が4歳のときに家庭を捨て，彼と妹のマリーナは母親マリヤに育てられた．スターリンによる「大テロル」から第2次世界大戦終結前後にかけての一家の生活は自伝的作品「鏡」（1974）に描かれており，同作ではアルセーニーによる自作の詩の朗読も聞くことができる．タルコフスキーは幼年期から少年期にかけて，音楽を学んだり絵画や演劇に熱中したりしたが，音楽の勉強は家計の貧しさから中断せざるを得なかった．やがて彼は東洋学大学アラブ語科に入学したが1年半で中退，しばらく進路に迷った後，友人の勧めがきっかけで映画大学の監督科に進んだ．彼の映画には，生涯続いた父親との精神的つながりや日本および西欧の映画作家からの影響が見いだせる．キリスト教的モチーフの頻出，文明論的視点，音

図1　タルコフスキー [flickr]

と映像との複雑な結合も彼の作品の特徴である.

　45年生まれのミハルコフの方は, 有名な児童作家でソ連国歌の作詞家でもある父セルゲイ・ミハルコフと, 画家ワシーリー・スーリコフの孫娘で詩人の母ナタリヤ・コンチャロフスカヤとの次男である. タルコフスキーと対照的に恵まれた環境に育ったミハルコフは, 実兄で後にやはり監督となるアンドレイ・コンチャロフスキーと同様, 少年期にモスクワ音楽院付属中央音楽学校で学んだ. 10代半ばで映画に出演し始めたミハルコフは, その後シチューキン名称演劇学校に進学したものの卒業はせず, 映画大学監督科に入り直した. 彼の監督作品の多くに特徴的な, ジャンル映画的な通俗性と同時に革命前ロシアの貴族的生活やハイカルチャーへの愛着を感じさせる作風は, そうした生い立ちを反映しているといえよう.

❀ソ連映画当局との関係　ソ連では, 二人が映画界で活躍し始める頃までに国営映画産業の改革により映画の製作本数が増加, ジャンルも多様化し, 若手映画人が活躍できる機会が増えていた（☞項目「『雪どけ』期の映画」）. タルコフスキーは大学卒業後すぐにソ連最大のスタジオであるモスフィルムに就職し, 別の監督による撮影済み素材が不良だったため製作が中断していた「僕の村は戦場だった」(1962)の演出を任された. 彼の第1回長編監督作であるこの映画は国内で1,670万人の観客を動員, ヴェネチア映画祭グランプリを受賞した. だが「アンドレイ・ルブリョフ」(1971)以降,「作家の映画」志向を堅持するタルコフスキーは, イデオロギー的に無害な大衆向け映画を求める映画当局（ソ連邦国家映画委員会）の反感を買い, 企画の却下, 再編集要求, 公開延期や公開規模の制限に悩まされた. 当局は彼の妥協を知らない姿勢と創造的知識人に対する影響力を警戒し, 両者の対立は彼が1984年に出張先のイタリアで亡命を宣言する一因となった. 86年末, 彼は「サクリファイス」(1986)製作中に発見された肺癌の悪化により, パリで客死した. 一方, ミハルコフは「雪どけ」期に俳優としてデビューしたものの, 映画大学入学時の66年にはすでに「雪どけ」は終わっていた. 映画に対する検閲も厳しくなったが, 彼はジャンル映画の枠内に留まりながらスタイルや演出によって作家性を打ち出し, 当局と衝突しなかった.

❀主な作品とその評価　タルコフスキーの劇映画は映画大学の卒業制作を除けば7本と少ないが,「鏡」以外はすべてヴェネチアやカンヌといった権威ある国際映画祭に出品され, 主要な賞を受賞した. 本国でも評価は高く, 関連書が数多く出版され, 彼を記念した映画祭も開催されている. ミハルコフの方はイースタン（西部劇を真似た活劇）「光と影のバラード」(1974), メロドラマ「愛の奴隷」(1976)のようなジャンル映画, ロシア古典文学の映画化などを経て,「黒い瞳」(1987),「ウルガ」(1991),「太陽に灼かれて」(1994)によりカンヌとヴェネチアでの受賞を果たした.

[西　周成]

パラジャーノフとレンフィルムの鬼才たち

アンドレイ・タルコフスキーと並んで1970年代のソ連映画を代表する監督の一人に，セルゲイ・パラジャーノフ（1924～90）がいる．アルメニア人両親の間にグルジアで生まれ，バイオリン，バレエ，声楽を学んだ．モスクワの映画大学卒業後，ウクライナのキエフ撮影所で製作した「火の馬」（1964）で海外の批評家たちに知られるところとなる．アルメニア撮影所で製作した「ざくろの色」（1969）は「難解で退廃的」と非難され，2年後に20分ほどカットされた再編集版が公開された．その後，さまざまな犯罪の嫌疑をかけられ，逮捕，投獄，自由剥奪の15年間を経て，グルジア撮影所で「スラム砦の伝説」の撮影許可が下りたのは，シェワルナゼ政権によってグルジア共和国に新たな文化政策が導入された1984年のことであった．同作品はモスクワでの生涯初のプレミア上映の後，ヨーロッパでも熱烈な支持を得た．

遺作となる「アシク・ケリブ」（1987）の翌年，初の海外旅行が認められ，各映画祭で熱狂的に迎えられる．しかし，長年の獄中生活が原因とみられる病いのため，次作「告白」の最初の撮影部分と獄中で製作したデッサン，コラージュなど800点に及ぶ作品を残したまま，66年の生涯を閉じた．グルジアで育ったアルメニア人で，キエフでの仕事も経験し，さらにイスラーム世界の美意識を持ち，みずから東洋を崇拝する「神秘主義者」と自称した彼の作品世界は美術と色彩と音楽にあふれている．コーカサス（カフカス）三国の言語にトルコ語までが重なって不協和的に響くなか，アフレコと画面外からの声もずれて聞こえてくる．しかしながら，彼の作品はなぜか「無声映画」と呼ぶに相応しい．

❋**レンフィルムの監督たち**　アレクセイ・ゲルマン（1938～2013），アレクサンドル・ソクーロフ（1951年生），ヴィタリー・カネフスキー（1935年生）は，ともにレニングラード撮影所の監督である．彼らの主な作品のほとんどがペレストロイカ以降，公開されるようになったといっても過言ではない．父ユーリー原作の映画化であるゲルマンの「道中の点検」（1971）は製作の15年後にようやく公開された．「戦争のない20日間」（1976）も完成時は問題視され，「わが友イワン・ラプシン」（1982）は4年近く公開が保留された．ペレストロイカをきっかけに世界的な評価を得た彼は時代の「広告塔的な存在」にされたとみずから語る．前述の3作は，1930～50年代のロシア国内の事件を扱っているが，ゲルマン作品の特徴は何よりもそのドキュメンタリー性にある．細部に至る物の詳細な描写によって観るものに「場」のリアリティが真に迫って伝わってくる．空間や背景を重要視する撮影方法ゆえにその中で生きる人間の生の感情が画面に横溢する．

「フルスタリョフ，車を！」(1998) から彼の作風が変わる．登場人物が見たり，感じたりしたことがイメージとして提示され，従来のリアリズム作品からは離れていく．遺作「神々のたそがれ」(2013) は，ストルガツキー兄弟原作「神になるのは難しい」(1964) の映画化である．地球より800年ほど進化が遅れている異星を舞台に繰り広げられる目を覆いたくなるような残虐で異常な出来事は，寓話のかたちをとりながらも，ゲルマンにとっては他ならぬ自国の姿そのものである．まさに彼の遺言と呼ぶに相応しい．

❋**受け継がれる実験性**　寡作が強いられる状況の多いロシア映画界において，劇映画だけでも約18作，ドキュメンタリー映画に至っては約35作というソクーロフの多作は特異なことといえよう．テレビ局の報道部出身である彼にとってはドキュメンタリーとフィクションの間にいかなる違いもない．劇映画第1作「孤独な声」(1978) が公開禁止処分になるところから彼の監督としての道は始まった．淀川長治をして「画面に淫している」と言わしめた彼の作品の特徴は特異な時空間の創造にある．映画のテクノロジーに強い関心を持つ彼は，可能な限りの手法を開発，追求し，作品を一個の建築物としてつくり上げていく．90分間ワンカットでエルミタージュ美術館の回廊を巡るカメラが，ロマノフ王朝300年の歴史を描く「エルミタージュ幻想」(2002) は，映画史上初の大胆な試みとして世界を驚かせた．自己表現として映画をつくったことはない，と断言する彼は，実にさまざまなテーマと技術に挑戦し続けるが，作品の根底に流れているのは19世紀ロシア文学の主要モチーフであるところの「死，悲劇，不幸」だといえるだろう．母と息子，父と息子をテーマにした2部作，アドルフ・ヒトラー，ウラジーミル・レーニン，昭和天皇の権力の衰退をテーマにした3部作「モレク神」「牡牛座」「太陽」，その他歴史的，感動的な多くのドキュメンタリー作品など，彼の飽くなき実験精神と人間そのものに対する尽きることのない興味が生み出した作品は枚挙に暇がない．

　53歳で第1作「動くな，死ね，甦れ」(1989) でカンヌ国際映画祭新人賞を受賞した異色の監督カネフスキーは，続く「ひとりで生きる」(1991)「ぼくら，20世紀の子供たち」(1993) を含む3作品で日本でも知られる．自伝的ともいえる作品では，終戦後間もない時代，貧困と無法と残酷さと狂気に満ちた極東の小さな炭鉱町を舞台に，無力で痛々しいまでの少年，少女の情感が美しく，みずみずしい映像で描かれる．第3作ではペテルブルグの少年施設の少年たちに監督がインタビューし，彼らの魂の在りどころをとらえた．フランス在住．

　アンドレイ・ズビャギンツェフ（1964生）は，第1作「父，帰る」(2003) でヴェネツィア国際映画祭金獅子賞，新人賞を受賞して以来，発表作のすべてが国際映画祭で受賞するという，現在ロシアの監督として唯一，世界の映画界で語られ得る監督である．

〔扇　千恵〕

多民族的ソ連・ロシアの映画の世界

　ソ連邦では，ロシア連邦共和国だけではなく，その他の14共和国でも盛んに映画がつくられていた．なかでも突出した地位を占めていたのはグルジア（ジョージア），ついでウクライナである．

※グルジア　グルジアではすでに1900年代に最初の映画がつくられた．内戦期の英雄活劇であるイワン・ペレスチアニ監督「赤い悪魔たち」（1923）は，初期ソ連映画を代表する作品である．ニコライ・シェンゲラーヤ監督は，専制政府の抑圧に力強く耐え抜く人々を「エリソー」（1928）で描いた．のちに「雪どけ」期を代表する「鶴は翔んでゆく」（1957）を撮るミハイル・カラトーゾフ（カラトジシヴィリ）もグルジア出身で，「スヴァネチアの塩」（1930）で厳しい環境と人々の闘争を描き出した．ミハイル・チアウレリ監督は大作「ベルリン陥落」（1949）で，ヨシフ・スターリンたち戦争指導者を活写した．なお，彼の娘は大女優ソフィコ・チアウレリ，妻の甥はソ連コメディ映画の巨匠ゲオルギー・ダネリヤである．

　以後も，青年ものの名作オタール・イオセリアーニ監督の「落葉」（1966），ニコライの息子ゲオルギー・シェンゲラーヤ監督による画家の伝記「ピロスマニ」（1970）と楽しいミュージカル「ヴェラ地区のメロディ」（1973），その弟エリダル・シェンゲラーヤ監督の風刺もの「青い山」（1984），キャリアウーマンの離婚を取り上げたラナ・ゴゴベリーゼ監督「インタビューアー」（1978），テンギズ・アブラゼ監督の三部作「祈り」（1967），「希望の樹」（1976），「懺悔」（1984，図1）と枚挙に暇がない．特に大テロルの時代と対峙した「懺悔」は，ペレストロイカによって解禁され，ソ連の変化を象徴する一作となった．

図1　アブラゼ「懺悔」（1984）．ラヴレンチー・ベリヤを彷彿させる独裁者（右）［和田，1987］

※ウクライナ　ウクライナでも20世紀初頭に映画産業が確立していた．キエフやオデッサなどが拠点となり，ウクライナ演劇界の役者が出演していた．ソヴィエト期になってからは，内戦期を舞台にした人間ドラマ，ゲオルギー・ターシン監督「夜馬車」（1928）が出たのち，巨匠アレクサンドル・ドヴジェンコ監督が「武器庫」（1929）と「大地」（1930，図2）で農民たちの壮大な叙事詩を創り出した．

イーゴリ・サフチェンコ監督は「アコーディオン」(1934)で農業集団化,「ボグダン・フメリニツキー」(1941)でウクライナ史の英雄を取り上げた.ドンバスの炭鉱を描いた「大いなる生活」(1939, 46)のレオニード・ルーコフ監督もウクライナ出身である.ウクライナ出身ではないが,ジガ・ヴェルトフ監督も1920年代末にはキエフを拠点とした.歴史ものを別として,これらの映画ではウクライナの地方色も描かれているが,それ以上に,ソ連の典型的な一地域として都市や農村が描かれているといえる.

図2 ドヴジェンコ「大地」(1930) 死せる主人公と,大地の恵みたる果実の交歓 [Ромм М. и др., 1940]

❋**その他の地域** ベラルーシは革命前には映画産業はなく,1928年設立のスタジオ「ソヴィエト・ベラルーシ」も39年までレニングラードを拠点とした.ヴァレリー・ルビンチク監督の怪奇ロマン「スタフ王の野蛮な狩り」(1979)がよく知られている.

40年に共和国が成立したモルドヴァでは,当初はウクライナの映画人が映画産業の確立を支援した.特筆すべきは,ロシア出身のユダヤ人である名匠ミハイル・カリクがデビュー当初モルドヴァを拠点としたことで,少年と人々の出会いを描いた「太陽を追う少年」(1961)もこの時期のものである.次いで,モルドヴァ出身のエミーリ・ロチャーヌ監督が登場し,「ジプシーは空に消える」(1975)をつくる.

アルメニア映画では,ゲンリフ・マリャン他(合作)監督による少年時代の回想もの「三角形」(1967)が,愛すべき一本である.もちろんセルゲイ・パラジャーノフもいる.バルト三国はソ連併合以前の戦間期に映画産業が発展した.アルナス・ジェブリュナス監督「くるみパン」(1977)は,フェデリコ・フェリーニの影響を感じさせるリトアニアの抒情劇である.

中央アジアでは革命後に映画産業が確立した.ウズベク映画では,若者たちを描くエリヨル・イシムハメドフ監督「優しさ」(1966)がソ連版ヌーヴェルヴァーグの一本で,ズルフィカール・ムサコフ監督のSF快作「UFO少年アブドラジャン」(1991)もある.キルギス映画では,封建的な大人の世界に子供の夢が破れるボロトベク・シャムシエフ監督「白い汽船」(1976)が代表作だろう.

ロシア連邦共和国内の諸自治共和国については,1928～34年まで主にヴォストークキノという組織が映画製作を行なっていた.ヴィクトル・トゥーリン監督「トゥルクシブ」(1929)が有名である.現在はサハ(ヤクート)映画が活気を見せ,タタールスタンの映画も存在感がある. [池田嘉郎]

娯楽映画

　1930年代になると，革命のイデオロギーよりも新しい政権下の生活がいかに快適で愉快になったかを描く娯楽映画が求められた（☞項目「スターリン期の映画」）．グリゴリー・アレクサンドロフの音楽喜劇「愉快な仲間たち」(1934)は歌の上手な田舎の少女がボリショイ劇場のオペラ歌手になるソ連版シンデレラ物語で，サーカスや様式化を特徴とするアヴァンギャルド映画の手法と，ナンセンス・ギャグや歌，コミカルな演技を特徴とするブロードウェイ流の手法とをマッチさせた．有害娯楽と批判もされたが，ヨシフ・スターリンが気に入り，「サーカス」(1936)，「ヴォルガ・ヴォルガ」(1938)ともヒットを放った．軽音楽のカリスマ歌手レオニード・ウチョーソフの歌声とソ連のマレーネ・ディートリヒと呼ばれたリュボーフィ・オルローワは，スターリン期の輝かしい生活のシンボルとなった．「シベリヤ物語」(1947)で有名なイワン・プイリエフ監督の「クバンのコサック」(1949)でマリーナ・ラドゥィニナが好演したコルホーズの女性議長に人々はあこがれ，ソ連女性の理想のロールモデルとなった．ソ連の音楽映画はセリフを歌い上げるミュージカルとは異なり，昂揚感が歌や踊りで表現され，ソ連期の流行歌の多くが映画から生まれている．

図1　アレクサンドロフ監督「サーカス」(1936)．中央がリュボーフィ・オルローワ

❋**特撮映画**　戦後日本初上映カラー映画，アレクサンドル・プトゥシコ監督の総天然色映画「石の花」は，戦後にソ連がドイツから持ち帰ったアグファカラーで撮影された．プトゥシコが本領発揮したのは特撮である．3,000体の人形を自在に動かして人間と共演させた「新ガリバー」(1935)以来，物語構成や演技表現よりも映像や特撮技術の向上に心を砕き，キングギドラに影響を与えた三首竜が登場する「巨竜と魔王征服」(1956，ソ連初のシネマスコープ・ステレオ映画)など，勇者や妖怪のおとぎ話の世界を映像化した．ニコライ・ゴーゴリ原作の「ヴィー」(邦題「妖婆 死棺の呪い」1967)では棺桶をピアノ線で吊って飛んでいるように見せるため，魔女役にサーカスのブランコ乗りを起用した．

❋**風刺コメディ**　「雪どけ」期には，地方の権力者が若い娘に時代錯誤な誘拐婚を仕掛ける「コーカサスの女虜」(1966)など，レオニード・ガイダイ監督のドタバタ喜劇がカリスマ的人気を博した（☞項目「映画の名台詞」）．ごく普通のソ連市民が犯罪に巻き込まれそうになる「ダイヤモンドの腕」(1968)では，イスラーム文化の色濃い地域をロケ地にソ連国内の地域的多様性をうまく取り入れ，組織犯罪や売春などのタブーをソ連プロパガンダのクリシェとともに鋭く風刺してい

る．ソ連の不条理を資本主義批判と重ねたSFブラックコメディ「不思議惑星キン・ザ・ザ」(1986)で有名なゲオルギー・ダネリヤもしばしば出身のジョージア（グルジア）を題材にソ連の多民族性を取り入れた喜劇を制作している．ジョージアの僻村出身のパイロットがモスクワでジャンボ機の機長になる夢を実現するが，郷愁堪えがたく田舎に帰る「ミミノ」(1977)では，ソヴィエト帝国の首都モスクワの息苦しい出世競争に，民族共和国の"遅れた"田舎の思いやりや誠実さを対比させた．

図2 「コーカサスの女虜」のおとぼけ三人組

エリダール・リャザーノフは人生の意味や運命，偶然性についてなど，知識人層が抱える哲学的な問題をコメディに仕立てた．画一的な都市計画を皮肉った「運命の皮肉，あるいはいい湯」(1975)は毎年大晦日にTV放映される定番だが，激しく対立する男女が次第に相互理解を深めるリャザーノフお得意の恋愛物語である．歌曲を多用した「残酷なロマンス」(1984，アレクサンドル・オストロフスキー原作『持参金のない娘』）など劇中歌も高く評価されている．インテリのホームレスたちが社会への抵抗の果てに廃車のSL機関車で見えないレールの上を空へと疾走する「約束された空」(1991)ではソ連社会のユートピア的イメージと不条理な現実とのギャップを鋭く風刺している．

海外旅行と縁のなかったソ連では外国文学の映画化も人気があった．「ダルタニャンと三銃士」(1978)はおとぎ話仕立てで明るくリズミカルな歌と剣劇がふんだんに取り込まれた勧善懲悪の喜劇で，歌もヒットした．「シャーロック・ホームズとワトソン博士の冒険」(1979～86)シリーズはソ連国内のロケとは思えないほどイギリスの情緒豊かで，シャーロキアンたちから世界的に評価を受けている．

❈**ソ連崩壊後** アレクサンドル・ロゴーシュキン監督の酒ばかり飲んでいる「ロシア的狩りの特徴」(1995)や多言語のグローバリズムを揶揄した「ククーシュカ」(2002)など挑発的な作品が話題になった．アレクセイ・バラバーノフ監督「ロシアン・ブラザー」(1997)のどんな過酷な状況下でも冷静さを保つチェチェン帰りの主人公に若者たちが憧れ，社会現象になった．アメリカでも活動するチムール・ベクマベートフ監督「ナイト・ウォッチ」(2004)の三部作は光と闇の勢力の争いによって世界が滅亡する運命に立ち向かう壮大なスペクタクルがCGを駆使して映像化され，セルゲイ・ルキヤネンコ原作の小説，ゲーム，ネットと連動し，映画のマルチメディア展開の嚆矢となった．ヴァレリー・トドロフスキー監督は1990年代混乱期のモスクワを舞台に聾唖者の裏社会を描いた「聾唖者たちの国」(1998)や西側の音楽やファッションを真似る50年代の若者たちを描いたカラフルなブロードウェイ風ミュージカル「スチリャーギ（Hipsters）」(2008)など多様なジャンルに挑戦している．　　　［ヴァレリー・グレチュコ／楯岡求美］

アニメ

　ロシアでは，帝政時代の1912年から人形などをコマ撮りするパペットアニメの作品がつくられ始め，世界的にもコマ撮りアニメの先駆的存在となった．30年代には，ディズニーアニメに刺激を受けて，米国のセル画アニメの技術を導入したアニメ撮影所が開設された．戦後はおとぎ話や児童文学を題材にした長編もつくられた．ヨシフ・スターリン死後の60年代以降，より自由な題材とスタイルでの短編アニメが数多くつくられるようになり，国際的にも注目を集める存在となった．

❁**黎明期**　ロシアアニメは，ヴラジスラフ・スタレーヴィチが虫の人形をコマ撮りして製作した「麗しのリュカニダ」(1912) に始まり，世界でも最も早くアニメ制作が始まった国の一つであるが，ロシア革命前はスタレーヴィチの個人的な取組みにとどまった．革命後の20年代，ソ連初のアニメーション，ジガ・ヴェルトフの「ソヴィエトのおもちゃ」(1924) の後，アニメに取り組む若者たちが現れ，なかでもイワン・イワノフ＝ワノーらが取り組んだ平面の絵を動かすアニメは，その後の主流となった．絵本の挿し絵画家だったミハイル・ツェハノフスキーは，「郵便」(1929) などの傑作をつくった．

　人形などの立体を動かすアニメに取り組むグループも出てきた．特にアレクサンドル・プトゥシコは，たんなる人形アニメにとどまらず，実写とアニメの合成の試みを進め，「新ガリヴァー」(1935) をはじめ長編劇映画に取り組み，世界を驚嘆させた．コマ撮り用の人形制作のテクニックは，ソ連以外でも人形アニメ発展の基礎ともなった．プトゥシコ自身は，特撮映画の開拓の方向に進み，日本の特撮映画にも影響を与えた．

❁**子供向けアニメの発展**　1920年代末に登場したミッキーマウスをはじめとするディズニーアニメの登場は，世界の観客を熱狂させた．ロシアではスターリンもファンとなり，「ソ連版ミッキーマウスを創り出そう」とのかけ声のもと，米国式セル画アニメの撮影所としてソユーズムリトフィルム (連邦動画撮影所) を設立．ここに平面アニメのつくり手たちを集め，米国から導入した労働集約的な制作体制のもとに置いた．しかし，それまで独自の技法開発で制作してきたつくり手の中には，この方針に従うことを良しとせず，アニメ業界から去る者もいた．

　ソユーズムリトフィルム付属の専門学校が設立され，そこから，後年活躍するフョードル・ヒトルークなどの人材が輩出された．30～50年代は，子供向けにおとぎ話や児童文学などを題材にした作品が多くつくられ，戦時中には戦争や革命のプロパガンダ作品もつくられた．戦後のカラー長編アニメ「イワンのこうま」(1947，イワノフ＝ワノー監督) は，19世紀の児童文学『せむしのこうま』を原

作とするもので，その鮮やかでダイナミックな作品世界は世界を魅了した．また，アンデルセン童話を原作とする「雪の女王」(1957, レフ・アタマーノフ監督）は，戦う少女を主人公とする世界観が，宮崎駿のアニメに影響を与えた．

❋**多様化するアニメ**　1960年代には，ヒトルークやアタマーノフおよびその後の世代が，作家性を前面に押し出した作品づくりに取り組み始めた．予算の制約もあって，リミテッド・アニメーション（画面の中の動く部分を制限することで，作画の労力を減らしたアニメ）が多いが，それが逆に鋭い表現を可能にもした．ヒトルークの諸作品は，現代社会への鋭い風刺が盛り込まれ，20年代に圧殺されたアヴァンギャルド芸術をひそかに活用するなど，「大人のアニメ」といえる作品だ．「フィルム，フィルム，フィルム！」(1968）は，検閲を含む映画製作の苦労と喜びを赤裸々に描き，アニメ以外の分野なら発禁処分になったかもしれないといわれるような作品となっている．ただし，アンドレイ・フルジャノフスキーの「グラスハープ」(1968）のように上映禁止になった作品もあった．

　もちろん，子供向けのアニメも数多い．西側のようなシリーズものも取り組まれ，セル画アニメでは，「いまに見ていろ」シリーズ（1969～86, ヴャチェスラフ・コチョーノチキン監督）が人気を博した．これは，ウサギを追いかけるオオカミが逆襲にあうエピソードがひたすら繰り返されるもので，ソ連版「トムとジェリー」ともいわれる．人形アニメでは，ロマン・カチャーノフの「ミトン」や「チェブラーシカ」(1969～83）シリーズが人気を博した．チェブラーシカは日本でも「かわいい」

図1　「にぎやかな無人島」
　　（1973, ヒトルーク監督）

として人気が出ているが，ロシアではむしろブラックユーモアを生み出すキャラクターとして，風刺的アネクドートにしばしば登場する．ユーリー・ノルシュテインは，70年代に「霧のなかのハリネズミ」(1975）や「話の話」(1979）などでアニメ表現の一つの頂点を極めた．80年代には，ガリ・バルジンが粘土（クレイ）アニメを中心としながらも，マッチ棒，針金，食器などを人形の代わりに使ったアニメを発表し，立体アニメの新たな可能性を提示して，世界を驚かせた．

❋**現代ロシアのアニメ**　ソ連崩壊後，従来の撮影所を中心とした製作体制が崩壊し，アニメも危機の時代に入った．私設スタジオがアニメ製作の中心となり，アレクサンドル・タタルスキーが率いたパイロット・スタジオなど，有力な製作会社も現れた．スタジオ・シャールのようにベテラン講師陣のもとで新人を育てた会社もあり，東京アニメアワード短編グランプリを受賞した「宇宙なしでは生きられない」(2014, コンスタンチン・ブロンジット監督）のような秀作も生まれている．ソユーズムリトフィルムも製作拠点として復活しており，今後，新たな傑作が生まれることが期待される．　　　　　　　　　　　　　　　［井上　徹］

ノルシュテインとチェブラーシカ

　アニメーション作家ユーリー・ノルシュテインと，人気アニメーション・シリーズ「チェブラーシカ」(1969〜1983)．どちらも国際的に名の知れた，ソ連時代のロシアのアニメーション界が生んだスターである．ノルシュテインは，ソ連時代の国営アニメーション・スタジオ「ソユーズムリトフィルム」で，ガラスを何層も重ねて立体感を出すマルチプレーンという撮影装置を用いるなどして，「霧のなかのハリネズミ」(1976) や「話の話」(1979) をはじめとする切り絵アニメーションの名作を何本も完成させた．現在は，1980年代より取り組み続けるニコライ・ゴーゴリ原作の『外套』のアニメーション化のほか，文筆やコメンテーターなどの仕事により，今でも知られる存在である．

　「チェブラーシカ」はノルシュテインが師と仰ぐ作家のひとりロマン・カチャーノフによる人形アニメーションシリーズ (原作はエドゥアルド・ウスペンスキー) で，南国からやって来たサルに似た謎の生物チェブラーシカが，友人ワニのゲーナらとともに，ほのぼのとした騒動を巻き起こしていく．ノルシュテインはこのシリーズで主要人物のひとり，シャパクリャクのアニメーションを担当している．チェブラーシカは2000年代のミニシアターブームの時代に日本でも大ヒットし，新作も作られている．ロシアでもオリンピックのロシア選手団の公式キャラクターとして使われるなど，いまだに「現役」で活躍するキャラクターであるといえる．

❋「個人的な」世界を描く　ノルシュテインのアニメーションは，ロシアのみならず世界の個人アニメーション作家たちに影響を及ぼしつづけている．ノルシュテインはアニメーションを「個人的な」リアリティを描くのに適していると考える．実写映像ではなく絵を用いるがゆえに，個人が眺める世界の歪みや，記憶をはじめとする内的な世界を描きうるからだ．か

図1　「霧のなかのハリネズミ」
〔©2016 F.S.U.E. C&P SMF〕

つてのロシア・アニメーションは民話や歴史を語るなど現実から離れる傾向にあったが，1960年代にフョードル・ヒトルークらが先鞭をつけ，同時代的な社会の事象をとらえる作品が作られるようになった (いわゆる「ニューウェーヴ」である)．1970年代，ノルシュテインを筆頭に，さらなる一歩が踏み出され，「個人的な」世界観が描かれるようになった．

　ノルシュテインの作品のなかでも，とりわけ戦後のモスクワを生きる人々 (そのなかには監督本人も含まれる) の記憶と現在の生を語る「話の話」(リュドミラ・ペトルシェフスカヤとの共同脚本) は，同時代性の描写を「社会」から「個

人」の領域へとミクロ化したといえる．80年代以降のロシア・アニメーションは，ノルシュテインがつくり上げた「個人的な」世界を描く潮流を現在に至るまで受け継いでいる．その影響はロシアに限ったものではない．ノルシュテインの「個人的な」アニメーションは，世界中のアニメーション作家が繰り返し参照する基本的な方法論ともなっている．

❋**「小さな」現実を描く**　ノルシュテインは，ロマン・カチャーノフの作品に，「個人的な」世界を描くものとしてのアニメーションの可能性を見出した．例えば，「ミトン」(1967) や「レター」(1970) といったカチャーノフ監督の隠れた名作人形アニメーションは，前者であれば主人公の少女が犬を愛する仲間たちだけと共有する空想の空間，後者であれば遠く離れたところで暮らす父親の帰りを待つ母と子のプライベートな世界を描き出す．つまり，「みんな」が共有する現実ではない，「個人的」で「小さな」空想世界を，アニメーションを通じて見せるのである．

「チェブラーシカ」シリーズは，ほのぼのとしたキャラクターや世界観が注目を浴びがちだが，カチャーノフが「個人的」で「小さな」空間を描くことに長けていたのを考慮に入れると，また違ったふうに見えてくる．南国出身のチェブラーシカも，彼（？）を受け入れるワニのゲーナも，いじわるばかりをするシャパクリャクも，社会の本道からは外れた孤独な登場人物である．このシリーズは，大きな社会のなかで小さな世界を生きる「はぐれもの」たちに焦点を当て，彼らの

図2　「チェブラーシカ」[©2010 CMP/CP]

内的な宇宙を（人形アニメーションらしく）立体的に浮かび上がらせる．

「チェブラーシカ」シリーズが作られた1960〜1980年代初頭は，ロシアのアニメーションが社会的な問題を扱うようになり（実際「チェブラーシカ」も，環境汚染や働くことのない労働者などさまざまな問題を取り上げている），さらには人それぞれが抱える個人的なリアリティを描く時期と一致する．もっといえば，美術の領域におけるイリヤ・カバコフや映画の領域におけるアンドレイ・タルコフスキーの達成も，「個人的な」現実を描くようになるアニメーションの傾向と並列に考えることができるだろう．それは，ロシア全体において全体主義体制がほころびを見せるなかで，個々人の生きる世界のリアリティが今一度描かれなければならないということを，各分野の芸術家たちが同時代に感じたということかもしれない．

一方で，ノルシュテインは繰り返し，資本主義が人々を切り離し孤独にするということも語っている．現在に至るまでノルシュテインの作品や「チェブラーシカ」が人気を保ちつづけているのは，現代に生きる私たちが抱える孤独への不安を，作品のなかで受け止めているからかもしれない．　　　　　［土居伸彰］

映画の名台詞

ロシアの人は普段の会話の中に文学作品の引用などを織り込むのが得意である．ロシア語ではもとの作品を離れて独立して使われるようになった引用句のことを「翼の生えた言葉」と表現する．文学作品と並んでよく使われるのは，映画やアニメの気の利いた台詞だが，ロシアではそれが量や頻度において他の文化圏より圧倒的に勝っており，一つの独特な言語文化空間を形成している．映画に影響されたファッションやライフスタイルが時代とともに移り変わっていくのに対し，名台詞は慣用句としてロシア語にしっかり根を下ろし，日常会話だけでなく，新聞記事のタイトルや論説記事などにも使われる．

❊**名台詞が産む笑いと共同体意識**　映画からの引用句に特化した辞書としてロシアで初めて出版されたウラジーミル・エリストラトフ編『引用句辞典（ロシア映画）』(1999) には，1930～90年代の174の作品から合わせて約1,000のフレーズが用法とともに掲載されている．その後，エリストラトフ自身による増補改訂版 (2010) や他の著者による別の辞書も出され，ネット上には映画の引用句についての記事や投稿が数多く存在する．

引用される頻度は映画の知名度や人気におおむね比例する．第2次世界大戦前の映画では，グリゴリー・アレクサンドロフのミュージカル映画やワシーリエフ兄弟の「チャパーエフ」がよく引用される．ウラジーミル・ヴィソツキーが主役の探偵を演じた「待ち合わせ場所を変えるな」や，スパイ映画「春の十七の瞬間」のカッコいい台詞も好んで使われる．「チェブラーシカ」「くまのプーさん」「プロスタクワーシノ村の三人組」など人気アニメも頻繁に引用される．だが，引用の数，頻度ともに最も多いのは，「ダイヤモンドの腕」をはじめとするレオニード・ガイダイ監督のドタバタ喜劇やエリダール・リャザーノフ監督のロマンティック・コメディ「運命の皮肉」など，60年代後半から70年代にかけてのユーモア作品である．よく引用される映画やアニメの登場人物はアネクドート（小噺）にも頻繁に登場し，日常に良質な笑いをもたらす．

娯楽が少なかったソ連時代には同じ映画が繰り返し見られ，台詞を丸ごと暗唱できるという人もいるほどだった．映画はいわばお天気の話のように誰もが共有できる話題であり，引用句を互いに言い合うことで，同じ符牒を知る仲間同士の親密さが生まれ，共同体意識が強化された．

❊**名演技によって新しい意味を獲得するフレーズ**　引用句として定着するためには，台詞自体の魅力に加え，俳優の演技も重要な要因となる．台詞の引用はしばしばイントネーションや身振りの真似を伴い，話し手と聞き手双方の脳裏には，

ストーリーとともに，俳優の表情や口調が等しく想起される．それによって，ありふれた言葉が独自の意味を獲得するのである．

通常，引用句として使われるのは，重要なシーンで使われる決め台詞や，格言にふさわしいような巧みな表現が多いが，ソ連映画の場合はそれ自体はどうということのないフレーズも多い．例えばよくある人名"セミョーン・セミョーヌィチ！"も，特定のイントネーションと状況で発せられると，「ダイヤモンドの腕」で喜劇俳優ユーリー・ニクーリンが演じるおっちょこちょいな登場人物の失策をたしなめる台詞として認知され，同様の意味で用いられる．"俺を尊敬してるか"という質問は，ガイダイ監督の映画「イワン雷帝，転職する」で後に続く"ならば（酒を）飲め"という命令を暗に含むものとして，冗談めかして伝えられる．

図1 「映画の名台詞」を扱った辞書の数々
［著者撮影］

「チャパーエフ」のように時代によってとらえ方が変化する場合もある．ドミートリー・フルマノフによる原作とともに，社会主義リアリズムの規範に相応しいプロパガンダとして大衆に圧倒的な支持を得た作品だが，ソ連の現実に対する批判が生まれる中で，次第にアイロニカルなユーモアを帯びるようになる．「翼の生えた言葉」を発するチャパーエフらのイメージは，すでに内戦の英雄ではなく，アネクドートに出てくるのと同じ，素朴で人間臭い愛すべき人物である．

❋**多様化する文化の中で**　ソ連が崩壊し娯楽が多様化したことで，映画はすでに国民全員が共有できる言語空間を生み出せなくなった．1990年代以降の新しい映画からの引用句はほとんど生まれず，使われるとしても限定的である．一方，古い映画からの引用句は，今でもソ連時代を知る人々のノスタルジーの泉として機能している反面，ポストソ連世代にとってはすでに引用元とのつながりを失い，単なる慣用句として使われていることも多いようだ．映画の引用句を扱う本やネットの投稿も，失われたソ連の古き良き文化を懐かしむ思いに満ちている．

ソ連時代，人々は決まりきったデザインの服や限られた材料をいかに工夫して自分が満足するものをつくり出すかに知恵を絞った．自由な発言が公的な場で禁じられた時代にも，心を許せる親しい友人同士が台所でお茶やお酒を飲みながら，アネクドートを披露し合っては憂さを晴らした．贅沢品はなくても，共通の話題をネタにして談笑し，友情を育む時間はたっぷりあった．多用されるソ連映画の引用句も，そうした時代が生んだ独特の文化といえよう．　　　　　　［毛利公美］

12. 美術・建築

　人間の喜びと痛み，幸福と不幸，観察と探求，感覚と実験精神，さまざまな夢と欲望に感応して生まれてきた美術は，きわめて私的なものであると同時に，人々を結び付ける力を持っている．作品そのものと向き合うことの大切さは前提として，作品の背景となる文化や社会，作家が生きた時代を知る時，近代ロシアの女性作家が描いた1枚の自画像に込められた女性の思いや，1冊の絵本に秘められた，困難な時代に子供たちに夢を与えようとする作家の願いを，現代の私たちも深く理解し，追体験することができるのではないか．

　また，ソ連の検閲下で作品発表の機会を持たなかった非公認作家たちの生活と作品，あるいは逆に，国家と緊密な関係を築くことで創作や展示の自由を得た作家たちの生涯と作品は，現代社会における文化と政治の関係を考えるうえでもきわめて示唆深い．本章は，ロシア美術への広範な理解をもたらすだけでなく，現代の文化・社会を多面的に考えるための視点をも提供するものである．

[鴻野わか菜]

イコン・宗教美術

イコンは，主に東方正教会で発展した礼拝用聖像である．ロシア語でикона．「像」を意味するギリシア語のエイコーンに由来する．主にキリスト，聖母，天使，聖人や聖書中の出来事が描かれる．イコンではキリストや聖母などの像が，聖なる原像への「窓」としてとらえられる．卵黄を溶剤とするテンペラ画法による板絵が一般的であるが，板以外に布や象牙版，金属板などを用いる場合もある．携帯用や家庭用の小さいものから，教会に配置される大規模なものまで大きさは多様である．ビザンティン帝国で栄え，8世紀に始まったイコノクラスム（聖像破壊運動）を経て，ロシアなどの東方正教圏に広まった．

❋**アンドレイ・ルブリョフ** 10世紀キエフ大公ウラジーミル1世が正教を国教としたことにより，正教とともにロシアにイコンがもたらされた．ギリシア人イコン画家の指導のもと，キエフでは教会堂のイコンやモザイクが制作された．その後イコン制作の中心地はウラジーミル，スーズダリ地方へと移った．14世紀にノヴゴロドに招聘されたギリシア人イコン画家フェオファン・グレクの豊かな表現力はロシア・イコンの発展に大きな影響を与え，ノヴゴロド派やモスクワ派といった地方独自の様式を持つ流派が形成された．

15世紀に活躍したロシア人イコン画家アンドレイ・ルブリョフは，中世ロシア・イコンの最高峰とされる．モスクワのアンドロニコフ修道院の修道士であったルブリョフは，モスクワに移ったフェオファン・グレクやイコン画家ダニイル・チョールヌイと協働でイコン制作に携わり，モスクワ派を主導した．ルブリョフが制作したトロイツェ・セルギエフ修道院のイコン〈聖三位一体〉(図1，トレチヤコフ美術館蔵) は，彼の特長である優美な線による人体像，色彩の調和を表現した代表作である．

図1 ルブリョフ〈聖三位一体〉(1422～27)［トレチヤコフ美術館蔵］

17世紀以降は西欧宗教画の多大な影響を受けた．18世紀首都ペテルブルグにロシア帝国美術アカデミーが創設されると，アカデミー画家がイサク聖堂など大聖堂のイコン制作に携わった．19世紀中期にはロシア的伝統回帰の流れの中で，再び中世ロシア・イコンやビザンティン・イコンが注目される．20世紀初頭には修復により，中世ロシア・イコンの鮮やかな色彩が発見される．ペレストロイカ後は，ソ連期に看過されていた18世紀以降の後期ロシア・イコンが再評

図2 イコノスタシスのイコン配列例 [Гусакова, В.О., 2012]

Ⅰ 旧約聖書の族長列
Ⅱ 預言者列
Ⅲ 大祭列
Ⅳ デイシス列
Ⅴ 地方列 1.王門（A 受胎告知，B～E 四福音書記者）
2.最後の晩餐 3.キリスト像
4.聖母像 5.北門 6.南門
7.地方崇敬イコン 8.聖堂イコン

価され，各地の工房や流派の研究が行われている．

❋**イコノスタシス** イコノスタシスとは，正教会教会堂において信徒のための聖所（身廊部）と聖職者のための至聖所（内陣）を仕切る障壁にイコンが掛け並べられたものをいう．ロシアでは15世紀以降大型化し，教会の天井に至るイコノスタシスが設けられた．イコノスタシスには，一定の決まりに従ってイコンが配置される（図1）．

❋**生活とイコン** イコンは修道士の手によって修行の一環として制作される．一方ロシアでは，18世紀以降ウラジーミル地方をはじめとする大きな修道院を擁する地方の町工房へとイコン制作の拠点が広がったことによってイコンが大衆化し，民衆の生活に欠かせない存在になった．家庭では「美しい隅（クラースヌィイ・ウーゴル）」と呼ばれる神棚にイコンが飾られる（☞項目「住居」）．また，子供の誕生や結婚といった人生の節目にイコンが贈られ，病気や願い事の際にはイコンに祈りをささげるなど，人々の日常に深く関わっていった．

❋**山下りん** 山下りんは，明治から大正初期に活躍したイコン画家である．日本にロシア正教を布教したロシア人宣教師ニコライ・カサートキンは，日本人イコン画家を養成すべく，工部美術学校の女学生であった正教徒の山下りんを選抜し，1880年ペテルブルグのノヴォデヴィチ女子修道院に派遣した．2年にわたるイコン画修行期間中に，美術アカデミー学長ヨルダンの指導を受けるなど，西欧絵画にも触れた．西欧絵画の直接的影響を受けた油彩イコンから脱却し，中世ロシア・イコンを再評価する歴史的転換期にあって，山下は西欧宗教画を原画とする「イタリヤ画」様式のイコンと中世ロシア，ギリシア・イコンを原画とする「ギリシア画」様式のイコンの間で苦悩した．帰国後一時正教会から離れるが，その後日本全国に建設されていた正教会教会堂のために数多くのイコンを制作した． [宮崎衣澄]

美術アカデミーと近代絵画

　ロシアにおけるヨーロッパ風美術の展開は，ピョートル大帝の娘エリザヴェータ・ペトロヴナの治世に三大技芸アカデミー，後の帝国美術アカデミーがサンクト・ペテルブルグに設立されたことに始まる．美術アカデミーは19世紀末までロシアで唯一の美術と建築の高等教育機関であったのみならず，肩書の授与，公的注文の分配，帝室コレクションの充実，展覧会の組織，美術品の保存修復など，国内美術のあらゆる面を19世紀後半まで支配した．その頃になると，民族主義の高まりを背景に，美術アカデミーが堅持する国際的な新古典主義に対して反発が起きたものの，ロシアにおける近代絵画の道標的な作品の多くは，美術アカデミーで発表された．

❋**18世紀後半の美術アカデミー**　啓蒙主義者イワン・シュワーロフ伯爵が計画した絵画，彫刻，建築を学ぶ寄宿学校，三大技芸アカデミーが1757年11月6日の元老院令によって設立され，エカチェリーナ2世は64年にそれを帝国美術アカデミーと改名し，その卒業生に兵役の免除や自由な身分など，芸術家としての特権を与えた．学生は美術史，肖像画，銅版画，彫刻，建築などを専攻し，最終試験は与えられた主題での制作であった．67年以降，金メダルを獲得した優秀な卒業生は，留学するための奨学金を授与された．また，美術アカデミーは70年代から展覧会を組織した．18世紀後半に活躍した美術アカデミー出身者には，画家アントン・ロセーンコ，グリゴリー・ウグリューモフ，彫刻家フェドート・シュービン，建築家ワシーリー・バジェーノフらがいる．

図1　アレクサンドル・ココリーノフ，ジャン＝バチスト・ヴァラン・ド・ラ・モート設計の帝国美術アカデミー（1788年竣工）

　64年にはワシリエフスキー島の大ネワ川河岸に，アレクサンドル・ココリーノフとジャン＝バチスト・ヴァラン・ド・ラ・モートの設計による美術アカデミーの壮大な新古典主義様式の建物が着工され，88年に竣工した（図1）．平面がほぼ正方形（140×125 m）の建物の中央には，直径55 mの円形の中庭がある．

❋**19世紀前半の美術アカデミー**　美術アカデミーはアレクサンドル・ストロガノフ総裁，その後，皇帝ニコライ1世のもとでその地位と存在感を高め，1843年以降，総裁は皇帝の一族が務めた．19世紀前半に活躍した卒業生には，画家オレスト・キプレンスキー，カール・ブリューロフ，アレクサンドル・イワノフ，

フョードル・ブルーニ，イワン・アイヴァゾフスキー，彫刻家ピョートル・クロート，建築家コンスタンチン・トーンらがいる．とりわけ，ブリュルローフは〈ポンペイ最後の日〉（1830～33, 図2）によって，34年のパリのサロンで大賞を取って国際的な評価を得た最初のサンクト・ペテルブルグ美術アカデミー出身画家となった．また，モスクワのクレムリン大宮殿や救世主ハリストス（キリスト）大聖堂を設計したトーンは，30年代に美術アカデミーの建物の大規模改修にかかわった．

図2　カール・ブリューロフ〈ポンペイ最後の日〉（1830～33）[国立ロシア美術館蔵]

47年にはモザイク工房が開設され，後に美術アカデミーの教授や卒業生は，サンクト・ペテルブルグの聖イサーク大聖堂や血の上の救世主教会，モスクワの救世主ハリストス大聖堂などの装飾を手掛けることになる．

❋**19世紀後半以降の美術アカデミーと近代絵画**　1863年の美術アカデミー展覧会に出品されたニコライ・ゲーの〈最後の晩餐〉（1863）は，晩餐後にユダが部屋から立ち去る場面を描いた斬新な絵画であり，同年にイワン・クラムスコイら14名の美術アカデミーの学生が，コンクールの画題選択の自由を請願して叶わず退学した事件のきっかけとなった．また，73年の美術アカデミー展覧会には，描き直されたイリヤ・レーピンの絵画〈ヴォルガの船曳き〉（1870～73）が出品された．同時代の社会の底辺部を題材にしつつ，人物の個性もとらえたこの作品は，同年のウィーン万国博覧会に展示された際に，フランス人画家ギュスターヴ・クールベのレアリスムに比べられ，ロシアにおける近代絵画の確立を示す作品である．

クラムスコイやレーピンに加え，ワシーリー・ポレーノフ，ワシーリー・スーリコフなどの優れた画家が美術アカデミーを離れて出品するようになった移動美術展覧会は，80年代には美術アカデミーの展覧会に並ぶ人気を博した（☞項目「移動派とリアリズム絵画」）．一方，美術アカデミーは画家パーヴェル・チスチャコーフなど優れた教授陣によって，主要な美術学校としての地位を保持した．89年に副総裁となったイワン・トルストイ伯爵のもと，美術アカデミーは改革を進め，レーピンやポレーノフらが新しい規約の草案作成にかかわり，承認の翌年，94年からレーピン，ウラジーミル・マコフスキー，イワン・シーシキン，アルヒープ・クインジが美術アカデミー付属高等美術学校の指導教授となった．

1917年のロシア革命を経て，18年のソヴィエト人民委員会決定によって美術アカデミーは閉鎖され，そのコレクションの一部は国立エルミタージュ美術館に移管された．1758～1918年の間に，美術アカデミーは3,800人の画家，99人の彫刻家，2,150人の建築家を輩出した．　　　　　　　　　　　　　　　　[籾山昌夫]

移動派とリアリズム絵画

19世紀後半のロシア絵画の特徴であるリアリズムは「移動派」と結び付いている．移動派とは，厳密には移動美術展覧会組合の組合員のことで，それは美術アカデミーによるロシアの美術界の排他的な支配に異を唱える15人の若い画家によって1870年に設立された．彼らは，祖国ロシアの人々や事物，社会問題や歴史を描いた作品を帝都サンクト・ペテルブルグのみならず，モスクワや地方都市でも展覧し，新興市民階級に顧客を得ることで，美術アカデミーの支配や貴族階級の庇護からの自立を目指したのである．

❋**1860年代の先駆者たち** ロシアにおけるリアリズム絵画の端緒は，画家パーヴェル・フェドートフが1840年代後半から50年代に描いた演劇性の強い風俗画にある．その後，62年にロンドン万国博覧会を訪れた芸術批評家ウラジーミル・スターソフは，美術アカデミーが堅持する国際的な新古典主義を批判し，民族独自の絵画様式を確立すべきであると述べた．彼は現実社会を分析するリアリズムを主唱し，後に移動派を理論的に支えることになる．美術アカデミーも風俗画に対して一時的に寛容な姿勢を見せた．美術アカデミーの監督下にあるものの，より自由なモスクワ絵画彫刻学校を卒業した画家ワシーリー・ペローフは，60年代の初頭に〈村の説教〉(1861)，〈復活祭の村の十字架行進〉(1861)，〈モスクワ近郊ムィチシチで茶を飲む〉(1862) といった聖職者や上流階級の堕落，貧困，女性蔑視などの社会の不公正を告発する作品を発表し，1860年代の批判的リアリズム絵画を先導した．

❋**移動美術展覧会の創立** 1863年，美術アカデミーを退学した14名の学生は，美術アカデミーから独立したロシアで最初の芸術家団体，ペテルブルグ芸術家協同組合（アルテリ）を設立した（☞項目「美術アカデミーと近代絵画」）．一方，グリゴリー・ミャソエードフは，ペローフ，アレクセイ・サヴラーソフ，イラリオン・プリャーニシニコフ，レフ・カーメネフなど，モスクワ絵画彫刻学校で教鞭を執る画家たちの支持を受け，68年9月に「移動美術展覧会組合規約草稿」を書いてアルテリに送った．その第1項には「移動美術展覧会組合の創立には，ロシア美術の成果を見る機会を地方に住む人々に与える目的がある．これによって，組合は美術愛好家の輪を広げ，美術品の新しい販路を開くもので

図1　移動美術展覧会組合の組合員たち (1885)

ある」と記されている．移動美術展覧会組合は15人によって70年に創立され，第1回移動美術展覧会（以下，移動展）は翌年，サンクト・ペテルブルグの美術アカデミーの建物で美術アカデミー展覧会と同時に開催された．移動展組合で指導的役割を果たしたのはイワン・クラムスコイであった．移動展では展示即売が行われて美術市場が生まれ，実業家パーヴェル・トレチヤコフなど非貴族階級出身の収集家が現れた．

美術アカデミーは当初，移動展組合に好意的であったが，その独立性が明らかになると，75年から美術アカデミーの建物で移動展を開催することも，学生が移動展に出品することも禁じた．アレクサンドル2世は移動展組合に直接注文していたが，76年からは美術アカデミーが仲介した．また，創立メンバーのヴァレリー・ヤコービ，アレクセイ・コルズーヒンは一度も出品せず，ペローフは78年に脱退した．このような移動展組合を支えたのは，次世代の画家たちである．コンスタンチン・サヴィツキーが74年に，アルヒープ・クインジが75年に，ニコライ・ヤロシェンコが76年に，イリヤ・レーピン，ワシーリー・ポレーノフ，ヴィクトル・ヴァスネツォーフが78年に，ワシーリー・スーリコフが81年に加入している．

※ **1880年代以降の移動派とロシア絵画の変容**　1880年代にロシアのリアリズム絵画は頂点を迎え，レーピンの〈クールスク県の十字架行進〉（1881～83）のような大規模な風俗画に加え，レーピンやスーリコフはリアリズムの手法を用いて，祖国の歴史を題材に壮大な歴史画を制作した．また，肖像画も重要なジャンルとなり，81年の第9回移動展会期半ばから展示されたレーピンの〈作曲家モデスト・ムソルグスキーの肖像〉は，1日に2,500人もの観衆を集める（Репин и Стасов, т. 2, С. 62-63.）など，移動展は美術アカデミー展覧会と並ぶ人気を博した．

図2　レーピン〈クールスク県の十字架行進〉（1881～83）［国立トレチヤコフ美術館蔵］

ヴァレンチン・セローフの〈桃と少女〉（1887）は，批判的リアリズムから，より主観的で抒情性豊かな様式への転換を示している．90年代になると，リアリズム絵画から離れた若い画家たちが，サンクト・ペテルブルグ美術家協会など新しい展覧会組織を設立した．一方，93年の美術アカデミーの改革によって，移動派のレーピン，ウラジーミル・マコフスキー，イワン・シーシキン，クインジが教授陣に加わった．その後も移動派は美術アカデミーの重要な地位を占めた．しかし，ロシア革命後，移動派が自由芸術工房などの教壇に立つことはまれであり，1923年の移動展が最後となった．

［籾山昌夫］

モデルンとヴルーベリ

　モデルンとは，19世紀末から20世紀初頭に国際的に広まった芸術様式アール・ヌーヴォー（フランス語で「新芸術」の意）のロシアでの呼称である．当時は「新様式」や「現代様式」と呼ばれていた．応用芸術の分野で芸術性や現代性を志向し，「自然の有機的形態の模倣」や「構造と装飾の一体化」に特徴のある新しい様式を生み出した．その試みは純粋芸術と応用芸術の融合をうながし，諸芸術の総合をもたらすことになる．モデルンの形成を担ったのは，モスクワやペテルブルグを拠点とする芸術サークルに関わった画家たちである．ヨーロッパに瞬く間に広がったアール・ヌーヴォーに触発された画家たちは，自国の「新様式」の創造を目指し，その過程でモスクワとペテルブルグという二つの都市の「文化の記憶」に目覚めていった．

✲マーモントフ・サークル　この時代に画家たちは絵画以外の分野に活動の場を広げていくが，そこで重要な役割を果たしたのが新興ブルジョアのパトロンである．実業家サッヴァ・マーモントフは自身のサークルに集まった画家たちを工芸，建築，舞台美術の分野に引き入れ，新しい才能を開花させた．マーモントフの別邸があるモスクワ近郊のアブラムツェヴォ村はモデルンの揺籃の地となった．民主的で開放的な文化環境に惹かれてモスクワに移り住んだ画家たちは，モスクワの文化を通じてロシアの民衆芸術や中世美術を再発見する．彼らはアブラムツェヴォで民芸品の収集や研究を行いながら，その復興のために民衆芸術の伝統に根ざした新しいデザインを考案した．ここからロシア版アール・ヌーヴォーともいうべき「新ロシア様式」が形成されていった．新ロシア様式は1900年のパリ万博で大成功を収める．そのときロシア館の展示に携わったパトロンのマリヤ・テニシェワ公爵夫人も，スモレンスク州のタラシキノ村で民芸復興運動を率いており，新ロシア様式の発展に貢献した一人である．ヴィクトル・ヴァスネツォフやセルゲイ・マリューチンがデザインした建築やインテリアは，この様式の特徴をよく示している．

✲芸術世界派　一方，ペテルブルグでモデルンを広めたのは芸術世界派（グループ名は彼らが出版した『芸術世界』誌〈1898～1904〉に由来）である．芸術世界派は絵画だけでなく，グラフィック・アートや舞台美術の分野で活躍した．またヨーロッパでロシア現代美術の存在感を高めるために，自国の「新様式」の創造を重視し，国際展や国外でのロシア美術展を組織するなど，外国との交流にも力を入れた．芸術世界派の作品の特徴は，中世ロシア美術，古代ギリシア美術，東洋美術（日本美術を含む）など，過去のさまざまな美術様式を参照したことにあ

るが，特に顕著なのは18世紀〜19世紀初頭のロシア美術への傾倒である．前の世代から「西欧の模倣にすぎない」と批判されてきた，古典主義やロココの影響を受けたこの時代の美術をアレクサンドル・ベヌアは再評価し，そこにペテルブルグの文化の価値を見いだしたのである．この価値転換は芸術世界派の創作に西欧志向と懐古趣味をもたらした．その傾向をよく示すのは，ベヌア，コンスタンチン・ソーモフ，ムスチスラフ・ドブジンスキーの作品である．

❀ ヴルーベリの独創性

早くに独自のテーマとスタイルを確立し，その革新性で際立っているのがミハイル・ヴルーベリである．絵画における代表作「デーモン」シリーズは，ロマン主義の詩人ミハイル・レールモントフの『デーモン』（1829〜39）に題材をとったものだが，詩に描かれた誇り高い堕天使を「男性性と女性性をあわせ持つ」両性具有の存在として再生させることで，象徴主義の文

図1　ヴルーベリ〈デーモンの頭部〉（1890〜91）[キエフ国立ロシア美術館所蔵]

学者たちに大きな影響を与えた．美術アカデミーで師事したパーヴェル・チスチャコフのデッサン法，スペイン人画家マリア・フォルトゥーニの華麗な色彩，キエフでの修復事業を通じて出会った中世ロシアやビザンツのフレスコ画やモザイク画，ヴェネツィア派の絵画の影響を受けながら，ヴルーベリは構築的でありながら装飾的な造形と宝石のように輝く色彩を特徴とする独自のスタイルを確立していった．

マーモントフ・サークルへの参加をきっかけに，ヴルーベリは建築，陶芸，舞台美術の分野に進出していく．モデルンの建築家フョードル・シェーフテリによるモロゾフ邸（1895〜99）のインテリアを任されたことで，ヴルーベリはシェーフテリが採用したネオゴシックに感化され，中世をテーマにした一連の作品を制作することになる．その代表作の一つ〈幻の王女〉（1896）はタイル壁画となって，マーモントフの主導でモスクワに建設されたモデルンのホテル「メトロポール」（1899〜1905）のファサードを飾っている．またアブラムツェヴォでは民衆芸術と陶芸の魅力に目覚め，民話をモチーフにしたマジョリカ焼の作品を制作しており，ロシア的モチーフと「新様式」を見事に融合させた，マジョリカ焼の暖炉〈ミクラ・セリャニーノヴィチとヴォリガ〉（1898〜1900）は，1900年のパリ万博で金賞を受賞している．ヴルーベリはさまざまな美術様式を取り入れながら，それらを卓越した造形センスで「新様式」に昇華させた．その際立った個性がヴルーベリを同時代の画家たちの中で唯一無二の存在にしている．

[上野理恵]

森と海

　森と海は，19世紀ロシアの風景画の主要な画題であった．19世紀半ばまでのロマン主義絵画に描かれた海と森は，ロシアの風景に限らず，イタリアなど外国の風光明媚や大自然の猛威であることもあった．一方，19世紀後半のリアリズム絵画，とりわけ移動派の作品において，森はロシアの雄大な大地や生命を育む豊かな自然の象徴，あるいは人間生活に隣り合う身近なものであり，民族の心の拠りどころであった．

❋**新古典主義とロマン主義の風景画**　1819年に美術アカデミーから奨学金を得て，イタリアに留学した画家シルヴェストル・シチェドリンは，当時のロシア人芸術家の多くと同様に，イタリアを人間が自然との完全な調和の中で生きている明るく色彩あふれる理想郷と見なして，当地にとどまってローマ市街や郊外のチボリの滝，あるいはナポリの夜景などを，祖国とは異なる光と影の対照を意識しながら描いた（☞項目「美術アカデミーと近代絵画」）．一方，30年代に全盛期を迎えた後期ロマン主義の風景画家マクシム・ヴォロビヨフは，月夜のサンクト・ペテルブルグを数多く描いたが，フランス，イタリア，あるいは中東の風景画も手掛けた．また，新古典主義の歴史画家アレクサンドル・イワノフは，イタリアで〈民衆の前に現れたイエス・キリスト〉（1837～58）に取り組む中で優れた風景画も残している．ヴォロビヨフは，美術アカデミーで30～50年代にかけて，ほぼすべての主要な風景画家を指導した．その中で最も有名で，多数の海景画を残したのがイワン・アイヴァゾフスキーであり，彼は荒海や雷雨など大自然の猛威を好んで描いた．代表作〈第九の波濤〉（1850，図1）は，9番目の波こそ一番破壊力があるというロシアの船乗りの言い伝えを絵画化している．

図1　アイヴァゾフスキー〈第九の波濤〉（1850）［国立ロシア美術館蔵］

❋**1870年代の風景画**　ロシアの風景画は1870年代と90年代に盛期を迎えた．70年代にはアイヴァゾフスキーから移動派のアレクセイ・サヴラーソフ，イワン・シーシキン，アルヒープ・クインジ，ワシーリー・ポレーノフなど，さまざまな年代と傾向の風景画家が活躍した．移動派は，祖国の大地の雄大さや季節の移り変わり，あるいは身近な自然を描き，その中に時の経過や生命の営みといっ

た物語的要素を盛り込んだ．

　第1回移動美術展覧会を飾ったサヴラーソフの代表作〈ミヤマガラスの飛来〉（1871）の前景にはミヤマガラスが群れる白樺の林，中景には煙突から煙の立ち上る民家と教会，後景の湿原の向こうには地平線が広がる．春の雪どけ，営巣を始めるミヤマガラス，こうした季節の巡りを人間の営みに結び付け，作品に抒情性を与えている．シーシキンの主題は〈松の森〉（1872）や〈ライ麦畑〉（1878）など，主に森と草原である．彼は，深い森の間を流れる小川に沿って幹が陽の光を浴びる「松の森」を繰り返し描いた．70年代の最も才能ある風景画家フョードル・ワシーリエフは移動派ではないが，〈雨上がり〉（1869），〈雪どけ〉（1871），〈冠水牧草地〉（1872）など，自然が表情豊かに変化する場面をとらえている．クインジは，月光に照らされた丘の上の小さな集落を描いた〈ウクライナの夜〉（1876）など，細部を省いて記憶に残る本質的な部分を残した．〈白樺林〉（1879）や〈雨後〉（1879）でも，光と影の対比に焦点を当て，風景画に革新をもたらした．風景画と風俗画の融合を試みていたポレーノフの〈モスクワの中庭〉（1878）には，水を運ぶ女性，馬，遊ぶ幼児など，モスクワの典型的な中庭の日常が詳細に描き込まれている．

❀ 1890年代の風景画

1890年代の風景画を先導したのは，イサーク・レヴィターンである．彼は，サヴラーソフから抒情的な洞察を，ポレーノフから外光画の技法を学び，また，ロシアの田舎こそ絵画に相応しい主題と見なした．〈白樺林〉（1889）は，木々の上下が画面で断ち切られる構図，固有色から離れて描かれた白樺の幹，大胆な筆遣いから，ロシアにおける印象主義的絵画の一例といえる（☞項目「ロシア的風景」）．90年代前半にレヴィターンは，印象主義的表現から離れて物語性を強めた．〈ウラジーミル街道〉（1892）は，流刑囚がシベリアに護送された道であり，悲劇的な運命を想起させて憂鬱な感覚を引き起こす．また，現実にはあり得ない高い視点から水辺の丘の上に立つ教会と遺棄された墓地を描いた〈永久の安らぎの上に〉（1894）は，壮大な自然に対する人間の儚さを意識させる．こうした精神性の暗示が，レヴィターンの風景画の特徴である．その後，再び印象主義的表現に立ち返ったレヴィターンは，雪どけの森の中にある別荘と橇を描いた〈3月〉（1895）や，雪どけの白樺林を描いた〈春，洪水〉（1897）など，人間も含めた自然の営みを鮮やかに描き，20世紀初頭の風景画にも大きな影響を与えた．

図2　レヴィターン〈3月〉（1895）［国立トレチヤコフ美術館蔵］

［籾山昌夫］

越境する美術──カンディンスキーとシャガール

一般にワシーリー・カンディンスキーはミュンヘンの「青騎士」の画家，マルク・シャガールはエコール・ド・パリの画家と見なされ，両者ともロシア出身であることが見過ごされがちである．しかし，二人の画業を追っていくと，世紀転換期のロシアとヨーロッパの芸術家たちが，国や民族の境を越えて影響を及ぼし合っていたことが見えてくる．

❋カンディンスキーの歩み カンディンスキー（1866〜1944）は抽象絵画の創始者とされる．ルネッサンス期から西洋美術の命題だった「再現」の概念を捨象したその手法は，ヨーロッパ人の視覚と世界観に大きな変革をもたらした．彼はモスクワ大学で法律と政治・経済を学んだが芸術を志し，1896年にミュンヘンに移住して，象徴主義の画家フランツ・フォン・シュトゥックに師事した．1910年に，史上初の抽象画を水彩で描く．同時期『芸術における精神的なもの』を執筆している．12年からアレクセイ・フォン・ヤウレンスキー，フランツ・マルク，パウル・クレーらと『青騎士』誌を刊行，表現主義を先導した．14年にロシアに戻り，17年に革命が起きるとモスクワ美術学校の教授職に就くが，21年ドイツに戻った．スターリンが登場し，前衛的美術への締付けが行われるようになったからだといわれる．33年までバウハウスで教え，同年パリに亡命した．

❋シャガールの歩み 一方シャガール（1887〜1985）は，現ベラルーシの都市ヴィテプスクのユダヤ人家庭に生まれた．1906年にペテルブルグに出ると，ニコライ・レーリッヒの美術学校で学び，1909年からズヴァンツェワ美術学校でレオン・バクストに師事した．10年パリに出ると，12年からエコール・ド・パリの伝説的な長屋「蜂の巣」に住んだ．そこには，モディリアーニ，藤田嗣治，ブランクーシ，レジェ，ピカソ，詩人アポリネール，詩人サンドラールのほか，ロシア帝国出身のアレクサンダー・アルキペンコ，ナタン・アルトマン，シャイム・スーティンらがいた．ここでシャガールはシュールレアリストたちと親しくなり，自身もシュールレアリストとして世に知られることになる．しかし，本人はみずからを，幻を描く画家ではなくリアリストである，と強く主張している．カンディンスキー同様，シャガールも14年にロシアに戻って革命を迎え，故郷ヴィテプスクの国立美術学校の校長に就任し，新しい美術教育に力を注いだ．だが，同校に赴任してきたカジミール・マレーヴィチと相容れず23年，再びパリに戻った．

❋越境する力 カンディンスキーとシャガールのたどった道には，共通点が多い．何よりなのは，20世紀初頭のヨーロッパの芸術の中心地において，最も革新的な芸術流派（「青騎士」と「エコール・ド・パリ」）で活動し，みずからの名声

を築いたことである．パリもミュンヘンも，さまざまな国の芸術家たちが集う最も国際的な場所だった．なかでもロシア出身者が最大グループを形成していたことは，注目すべきである．そこではヨーロッパで最先端の芸術の傾向や知識を学ぶことができた．例えば，西欧芸術に対するジャポニスムの多大な影響や

図1　(左) カンディンスキー〈モスクワ1〉(1916)．(右) シャガール〈私と村〉(1910)

浮世絵についてロシアの芸術家たちが遅ればせながら知ったのも，世紀末のミュンヘンとパリにおいてのことであった．

　ロシアの芸術家たちがひんぱんにヨーロッパの諸都市へ出ていくようになったのは1880年以降のことにすぎない．70年，移動展派が誕生した頃はまだ，ロシアにおいてヨーロッパの芸術動向を知るまでかなりの時差があった．しかし，80年代も半ばになると，ヨーロッパの文化的中心地で起こっていることは直ちにロシアに伝えられるようになった．移動展派が誕生して以降のロシアでは，優れた芸術家たちが輩出し，初期の批判的リアリズムはすぐに廃れ，革新的な造形が多様に展開していった．世紀転換期には，ヨーロッパの芸術の中心地に修行しにいくことは珍しいことではなくなっていた．例えば，スロヴェニアの画家A. アズベ（スロヴェニア語ではアシュベ，1862〜1905）がミュンヘンにつくった美術学校なども，そうした越境の誘因となった．ただし，パリやミュンヘンにロシアの画家たちを越境させたのは，あくまでも世紀末のモスクワとペテルブルグに充満し溢れていた創造のエネルギーだったと思える．

❋ルーツへの思い　ただしカンディンスキーもシャガールも，故郷やみずからのルーツを決して忘れてはいなかった．1900年代のカンディンスキーのムルナウの作品には，ロシア正教の寺院が姿を現す．シャガールがパリに出てすぐ描いた〈私と村〉(1910)は，故郷への優しい追慕に満ちている．さらに，先行研究によると，カンディンスキーは当時，欧米やロシアの文化人や知識人たちの間に広まっていた神秘主義的思想に基づいた制作を行っていた．一方，シャガールの作品の一見不可解に見えるモチーフは，当時のユダヤの思想や文化に基づいたものだったことが明らかになっている．二人とも，国境を越えた国際的都市で，従来の透視図法的遠近法や明暗法などの古いメソッドを越えたカンバスに新しい色彩と形態を持ち込み，有名になったが，その根底には，世紀末のロシアでの生活で培われた文化や，ロシアと欧米に共有された思想があったのだ．　　　　[福間加容]

エルミタージュ美術館

サンクト・ペテルブルグのネヴァ川の
ほとりに建つエルミタージュ美術館は，
小エルミタージュ（マールイ）（1764〜69年建設），
旧（大）エルミタージュ（スタールイ）（1771〜87年
建設，図1），新エルミタージュ（ノーヴィ）（1842
〜51年建設），エルミタージュ劇場
（1783〜87年建設），冬宮殿（1754〜62
年建設）の五つの建物からなり，総面積
233,345 m^{2}に及ぶ．加えて，旧参謀本部
(旧外務省財務省)，メンシコフ邸，ピョートル大帝の冬宮，帝室陶磁器工場博物館，旧証券取引所などの施設も有しており，1990年に世界遺産（サンクト・ペテルブルグ歴史地区と関連建造物群）に包括登録された．国外のヴェニスやアムステルダムにも，別館を有している．

図1　エルミタージュ外観

❋**コレクション**　19世紀以来の系譜美術品だけで101万点以上，考古学的遺物78万点以上，武器類1万点，貨幣類113万点強，その他の展示物21万点からなる世界最大級のコレクションを誇る．コレクションの質の高さも世界屈指であり，ダ・ヴィンチ，ラファエロやレンブラントほか，ルネッサンスやフランドルの巨匠による名画から，マティスやピカソらによる近現代の名作にまでわたる．ヨーロッパ美術だけでなく，帝室によって集められた，古代エジプト，古代スキタイ，チベットやモンゴル，中国や東南アジア，中央アジア，中近東，シベリア，そして日本を含む世界各地のさまざまな美術・工芸品，貨幣，宗教美術品などが所蔵されている．

❋**施設**　建築物としても見どころが多い．主階段は，22 mの吹き抜けのフレスコの天井画と古典主義の彫刻で装飾された大理石の大階段である．「クジャク石の間」（1830年代）には，クジャクの羽の模様に似た美しい緑の縞模様を持つマラカイト（ウラル山脈を主産地とする石）がふんだんに使用されている．ほかにも，ローマのヴァチカンの「ラファエロの回廊（ロッジア）」を模した回廊，華麗な甲冑や武器が展示された「騎士の間」，古代スキタイ民族の見事な黄金の工芸品が展示された「黄金の間」，エカチェリーナ2世が身に着けた宝石類が展示された「ダイヤモンドの間」などがある．装飾品モザイクの床が美しいパビリオンの間では，エカチェリーナ2世の寵臣ポチョムキンが女帝に贈った見事な細工の金の孔雀の時計（18世紀）を見ることができる．新エルミタージュの，アトラスの彫刻が柱

になって支えるポルチコ柱廊も非常に印象的である.

❋歴史　1764～66年,エカチェリーナ2世の命により冬宮の隣に「隠れ家(エルミタージュ)」と呼ばれる二階建ての離宮が建てられ,美術品を所蔵したのが,後のエルミタージュ美術館の基礎となった.71～87年には,帝室の書籍と美術品を所蔵するために,その隣により大規模な「大エルミタージュ」が建築される.エカチェリーナ2世は在位中,ヨーロッパ屈指のコレクターだったイギリスの初代首相ロバート・ウォルポール伯爵のコレクションなど,大規模な買付けを何度も行っている.続く歴代の皇帝たちも,ロシアの国力増強に比例するかのように,コレクションを拡充していった.アレクサンドル1世は,祖国戦争の後,ナポレオンの皇后ジョセフィーヌの有名な美術コレクションを購入した.次のニコライ1世は,1852年に国立エルミタージュ美術館を設立して一般公開した.新エルミタージュは,収集した美術品を展示する目的だけのためにつくられたロシア初の建築物で,イタリア産の石材,ロシア産の色石,金箔や木材が贅沢に使われ,象嵌細工,絵画やモザイクで装飾された.

図2　ダ・ヴィンチ〈ブノワの聖母〉(1478)

1917年に二月革命が勃発すると,冬宮殿に臨時政府が入り,新政権の本部となった.次いで十月革命が起こったが,エルミタージュ美術館の職員たちは,革命政府の指示で粛々と業務を遂行した.内戦期の後1940年代にかけて,ソヴィエト政府の下で,国内の美術館との間の所蔵品の入れ替えや移管が頻繁に行われ,現在のコレクションになった.目下,ソ連期や現代の美術品を展示する新しい館を建設中であり,ロシアの国外で制作された美術品を収集・研究・展示する活動は,いまだに続行中である.

図3　マティス〈ダンスⅡ〉(1910)

❋代表的絵画コレクション　レオナルド・ダ・ヴィンチ〈ブノワの聖母〉(1478),ラファエロ〈聖家族〉(1506)ティツィアーノ〈懺悔するマグダラのマリア〉(1565),カラヴァッジョ〈リュートを弾く若者〉(1595),ベラスケス〈昼食〉(1618),レンブラント〈放蕩息子の帰還〉(1663～65),ルノワール〈ジャンヌ・サマリーの肖像〉(1878),モネ〈ウォータールー橋〉(1903),ゴッホ〈アルルの女たち〉(1888),ゴーギャン〈果実を持つ女〉(1893),マティス〈ダンスⅡ〉(1910)など.

[福間加容]

トレチヤコフ美術館

トレチヤコフ美術館はモスクワの中心部，クレムリンから見てモスクワ川の反対側にあたる地区に位置する．ここは昔から「川向う」と呼ばれる特別な地域で，商人層の住民が多かった．ここに美術館をつくったのも，ロシア商人のメセナとしての底力である．そんな「世俗的」背景を持つトレチヤコフ美術館は，コレクションの幅や規模では帝室と国家を背景としたエルミタージュ美術館に及ばないが，ロシア美術に特化したテーマの一貫性と収蔵品の層の厚さにおいて，比類ない文化的・歴史的価値を持っている．まぎれもなくロシアを代表する二大美術館の一つである．

❋**歴史**　モスクワのトレチヤコフ美術館には，創設者のパーヴェル・トレチヤコフ（1832〜98）のコレクションを基礎として，ロシア美術の粋が集められている．かつてトレチヤコフの邸宅があった場所に立つレンガ造りの旧館には，中世，帝政期の美術品が，ゴーリキー・パーク近くの巨大なコンクリート造りの新館には，ソ連期から現代までの美術品が，併せて19万点以上所蔵されている．このほか，アンナ・ゴルブキナのアトリエ美術館，パーヴェル・コリンの家美術館やヴィクトル・ヴァスネツォフの家美術館などの施設も有している．旧館の建物は20世紀初めに画家・建築家ヴィクトル・ヴァスネツォフがトレチヤコフ邸を改築したもので，モデルン・スタイルの，ロシアのおとぎ話風のファサードは，美術館の顔となっている．

トレチヤコフは，紡績業で富を築いたモスクワの大商人で，移動展派に始まるロシア近代美術の庇護者だった．トレチヤコフは，商人に必要な実務的な教育を自宅で受けただけだったが，ロシアに優れた美術を育くむという明確な目的を持って，啓蒙的で優れた収集を行った．それまでロシアでは，ヨーロッパの美術アカデミー制度の下で芸術活動や教育が行われていたため，ロシア独自の芸術流派というものはなく，ロシア美術は地方の分派でしかなかった．トレチヤコフは沈思黙考を好む内向的性格の持ち主である一方，芸術批評家ウラジーミル・スターソフ（1824〜1906）や芸術家たちと交流し，作品を発注し，芸術について理解を深め鍛え上げた．移動展で作品を彼に買い上げてもらうことは，画家にとって大変名誉なことであり，世間に認められることだった．こうしてトレチヤコフによって，ロシアの近代美術は豊かに実り，19世紀末から20世紀初頭になると，モスクワはもっとも革新的な芸術活動の中心地の一つになった．

❋**コレクション**　1881年，トレチヤコフはそのコレクションを一般公開した．92年，弟セルゲイ（1834〜92）が亡くなると，パーヴェルは弟の19世紀ヨーロッパ

美術のコレクションと併せて、みずからの名高いコレクションをモスクワ市に寄付することを決意、翌年、モスクワ市立パーヴェルおよびセルゲイ・トレチヤコフ美術館が開館した。1918年、国立トレチヤコフ美術館となり、度重なる再編を経て、86年に現在のかたちになった。トレチヤコフが亡くなった後、帝政末期においてもソ連期においても、彼の志が継承されてきたことは重要である。

図1 （左上から）ミハイル・ヴルーベリ〈座せるデーモン〉(1890)、アンドレイ・ルブリョフ〈聖三位一体〉(15世紀初頭)、イワン・クラムスコイ〈見知らぬ女〉(1883)、カジミール・マレーヴィチ〈黒い四角形〉(1915)

トレチヤコフ美術館では、イデオロギーや政治的立場を慮(おもんぱか)るのではなく、ロシアの芸術を豊かに育むという目的で広い視野と優れた見識に基づき優れた作品を地道に収集し、研究する活動が続けられてきた。その結果、新館では、ソ連期には等閑視(とうかんし)されたマレーヴィチやタトリンら未来派や構成主義の作品が、デイネカら社会主義リアリズムの作品とともに展示された。表に出なかったカバコフやブラートフらコンセプチュアリズムなどの非公式芸術も収集された。ソ連崩壊後、旧館で、以前は退廃的とされた象徴主義の画家ミハイル・ヴルーベリの作品がずらりと展示され、一つの時代が終わったことを象徴した。旧館では、ほかにアンドレイ・ルブリョフ〈聖三位一体〉(15世紀前半)など代表的な中世のイコン、イリヤ・レーピン〈思いがけぬ帰宅〉(1884〜88)、ヴァレンチン・セローフ〈桃と少女〉(1887)、イサアク・レヴィターン〈永遠の安息〉(1894)など、新館では、ゴンチャローワ〈日光の下の孔雀〉(1911)、タトリン〈カウンター・レリーフ〉(1916)ほか、ロシア美術の選りすぐりの作品を見ることができる。

※**二つの美術館** 歴代のツァーリ（皇帝）たちによるコレクションを基礎としたエルミタージュ美術館はヨーロッパ美術の傑作を集め、一商人の志によるコレクションを基礎として発展したトレチヤコフ美術館はロシア近代美術の傑作を集めてきた。エルミタージュ美術館が象徴する、帝室を中心に花開いた普遍ヨーロッパ風の美観・文化観と、トレチヤコフ美術館が象徴する、知識人や雑階級人たちが育んだロシア風の美意識や価値観――それは今日でもアクチュアルな、ロシア人の文化的アイデンティティの両面を示している。　　　　　［福間加容］

芸術家たちの同盟組織

　ソ連では，芸術を職業とする場合，批評家も含め，労働者組合にあたる職業別の同盟に所属することで生活や制作環境が保障された．似た組織である文化教育協会は芸術の啓蒙と普及，創作者と鑑賞者との交流を目的とし，アマチュアも加入が認められていたが，同盟員はプロフェッショナルであることが前提で，会員の推薦を得て加盟が認められた．特定の組織に雇用されていないと，詩人のヨシフ・ブロツキーのように徒食者の罪状で検挙対象になるが，同盟会員は対象から除外された．逆にアレクサンドル・ソルジェニーツィンのように除名されると表現の場を失い，死活問題になるほどの懲罰的意味を持っていた．

❀**同盟の機能**　同盟は，建築家，美術家，作家（文学），作曲家（音楽），演劇人，映画人，サーカス，ジャーナリストなど分野ごとに置かれ，雑誌・書籍の出版社，活動拠点の会館，図書館を持ち，フェスティバル，コンクール，セミナーなどを企画した．会員は賃金のほか，基本的に無料で質の良い医療が保障され，ヴォルガやソチなど有名な保養地や別荘，困窮した際の経済的支援や老人ホームなどのサービスが提供された．地方や諸民族共和国には支部が設けられ，人的交流の促進，地域の活動や若手の支援が行われた．会員は特権として，研修旅行や国際フェスティバルなどの代表団として国外に派遣されることがあった．

　こうした保障や活動促進機能を持つ反面，「社会主義リアリズム」の綱領のもと，同盟には党の意向に沿って芸術活動を統制する機能も強く，ボリス・パステルナークの『ドクトル・ジヴァゴ』騒動のように，弾圧の手段として同盟から除名されることもあった．ただし，検閲をめぐって当局との調整役になることも時にはあった．ソ連解体後も，多くの同盟がロシア連邦の組織として存続を図っているが，芸術の商業主義化と当局による表現統制が強まる現在，利権や運営の方向性を巡る対立を抱えているケースもある．

❀**19世紀以来の系譜—演劇と美術**　演劇人同盟の起源は，19世紀に作家のイワン・トゥルゲーネフや画家のワシーリー・ヴェレシチャーギンなどが俳優の貧困救済を目的に設立したロシア俳優相互扶助協会（1877）にさかのぼる．同協会は1894年に俳優たち自身が運営する「ロシア演劇協会」に改組され，労働条件の改善を図った．革命後，アナトーリー・ルナチャルスキー教育人民委員の主導で1932年に全ロシア演劇人協会（**VTO**）が組織された．38年の大会ではメイエルホリド批判が行われ，彼はその後逮捕，粛清された．40年代になると各共和国にも協会がつくられ，ソ連演劇人同盟が置かれた．86年に全ソ組織の下，改めてロシア連邦演劇人同盟が設立された．ソ連崩壊後，演劇人同士で優れた作品を選ぶゴール

デンマスク国家演劇フェスティバルの支援などで，首都と地方の交流促進と質の向上に努め，特に2010年頃から強まった劇場への政治介入に対抗し，俳優のアレクサンドル・カリャーギンを議長とし，自主的活動を守る努力をしている．近隣外国と呼ばれる旧ソ連邦共和国のロシア語劇場用のワークショップを開催し，疎遠になりがちな関係性の維持に努めている．全ソ組織は国際演劇人同盟と改称後，現在はチェーホフ国際フェスティバルの枠で国際交流を行っている．

　美術家同盟も19世紀の帝立美術家支援協会にさかのぼる．1931年に第1回ソ連美術家同盟展覧会を開催，57年に全共和国の同盟が統合された．会員にはアトリエの所有や各地への創作旅行の費用が保障されたが，創作テーマには農業の目覚ましい発展や，建設現場など各地の産業の成果を寿ぐ課題が課された．

✺メディアの自由と統制　分野によっては組織化が公認されず，当局と軋轢（あつれき）が生まれることもあった．ジャーナリスト同盟は革命直後に組織され，ルナチャルスキー，ナジェージダ・クループスカヤ（レーニンの妻で教育人民委員）のほか，ウラジスラフ・ホダセーヴィチ，セルゲイ・エセーニンなど著名な作家たちも加入した．第1回大会（1917）はレーニン，トロツキーが名誉議長を務めたが，1928年に出版同盟に吸収され，2年後には解散させられた．56年に新聞とラジオにテレビも加えて再組織化され，その継承団体である国際ジャーナリスト連合には85の地方支部と40の各種協会が加盟し，現在ヨーロッパ最大規模である．

　作家同盟は『文学新聞』，雑誌『新世界』（ノーヴィ・ミール）『民族友好』『外国文学』など多くの文芸紙誌を刊行，著作発表の場を提供し，著作権管理も行った．34年にゴーリキーを初代議長として開かれた第1回全ソ作家大会で「社会主義リアリズム」が綱領化され，傾向の異なる複数の作家グループを統合し，芸術活動を党の統制下に管理し，組織化する典型例となった．その後大会はスターリン没後の54年まで開かれなかった．ソ連解体後は特権も失われた．ソ連時代に認可されなかったロシア・ペンクラブの設立以降，作家たちの活動の中心はそちらに移ったが，ペンクラブでも新たに保守・民族派とリベラル派の対立が深まっている．

　映画は革命の武器として重視され，すべて国営スタジオで制作・統制されたこと，スターリンが自分以外に映画制作に権限を持ち得る組織を認めなかったことから，同盟の設立はフルシチョフ時代の映画労働者同盟の認可（1957）まで遅れた．65年に映画人同盟に改組された（アニメーターも含まれる）．映画収益の2%を得ることで，最も影響力と財力のある同盟になる．専門家だけの討論会などでは比較的自由な発言が許された．80年代には急進派リベラルの傾向が強まり，物理学者アレクサンドル・サハロフを中心とする異論派の集会に会場を提供したりした．ベルイマン，ブニュエルなどの一般には公開されなかったソ連以外の監督の作品の会員向け上映会も行われた．ソ連解体後の体制転換に伴う経済的混乱の中，同盟も解体され，新たにロシア映画人同盟が発足した．　　　　　　　　［楯岡求美］

ロシア・アヴァンギャルド芸術

　ロシア・アヴァンギャルドは，既存の芸術ジャンルを超えた，芸術家・批評家たちによる協働を特徴とする総合的な芸術運動だった．1910年代から32年までのこの動きは，第1次世界大戦と十月革命という歴史的出来事を挟み，世界的なモダニズム芸術の潮流に大きな足跡を残している．

✢未来派と抽象絵画　20世紀初頭のロシアでは，アフリカ彫刻・日本の版画・自国の民衆芸術への関心の高まりがあり，初期ロシア未来派の画家たちは農民や民衆をモチーフとした絵画を描いた（ネオプリミティヴィズム）．一方で，キュビスムとイタリア未来派からの影響を受けて，立体未来主義の様式が生まれた．カジミール・マレーヴィチの〈モスクワのイギリス人〉(1914)はその代表的な作品である．

図1　マレーヴィチ〈モスクワのイギリス人〉(1914)［アムステルダム市立美術館蔵］

　ロシアで最初の抽象絵画は，ナタリヤ・ゴンチャロワとミハイル・ラリオーノフによる光線主義だったが，対象と光を描くという意味で印象主義の延長線上に位置付けられる．その後の方向性を決定付けたのは，マレーヴィチによる〈黒い四角形〉(1915)である（☞項目「トレチヤコフ美術館」）．白地に黒い四角形が描かれただけのこの作品は，極端に還元主義的な絵画として論争の的になってきた．だが，最新の科学的調査によると，マレーヴィチは彩色豊かな下絵が乾かないうちに黒い四角形を重ね，外側の余白にフランスの詩人ポール・ビローの言葉を書き込んでいたのである．〈黒い四角形〉から始まるスプレマチズム絵画は〈白の上の白〉(1918)により，抽象絵画の限界に到達した．また，後に写真家となるアレクサンドル・ロトチェンコは21年に三原色のモノクローム三連画を発表し，「絵画の終わり」を宣言する．抽象絵画の経験はデザインなど他分野へと生かされることになる．

✢構成主義　抽象的な形態への関心は，実験的な立体作品の創出にも影響を与えている．ウラジーミル・タトリンは複数の素材の組合せからなる〈カウンター・レリーフ〉を1915年に発表し，それを平面から三次元へと展開し〈コーナー・レリーフ〉へと発展させた．構成主義は合理性・合目的性を特徴とする創造原理だが，その出発点は素材と形態に関する純粋な実験によって生み出された．

　構成主義の起源を考えるとき，見逃せないのがカフェという場所と芸術家たち

の協働である．18年1月モスクワに開店したカフェ・ピトレスクは，後に演出家フセヴォロド・メイエルホリドのスタジオが置かれた場所である．画家ゲオルギー・ヤクーロフが中心となり手がけたその内装はすべてが可動式，変更可能で，建築的装飾が施され，タトリンとロトチェンコもこの仕事に参加していた．

その内装デザインの可動性と建築への参照は，構成主義の本質的側面を象徴している．タトリンはこの仕事の後，ペトログラードで「第三インターナショナル記念塔」（1919）のモデルを完成させたが，塔を構成する四つの階層は地球の時間に合わせてそれぞれ異なるリズムで回転するものであり，一方，ランプのデザインを担当したロトチェンコは移動式のキオスク（店舗）を設計している．

さらに，建築でもない彫刻でもない立体作品の多くが「アジテーション」の名のもとに数多く構想されていたことも興味深い．例えば，クルツィスによる一連のエスキースがあげられる（図2）．構想の段階にとどまっているものの，それらは拡声器やモニターを備えており，音声とイメージを介した情報通信へ幅広い関心を示しているとともに，現代的なインスタレーションの形式を予感させる．

図2 クルツィス〈スクリーン・ラジオ・演説者〉（1922）［ギリシア現代美術館，コスタキス・コレクション］

❊日常生活と芸術 生産過程の近代化・急速な工業化を指向する社会的状況の変化とともに，構成主義は抽象的な形態上の実験から，現実の生産の場へとその活動の中心を移すことになった．構成主義者の多くは，国営工場に赴き，大量生産可能な商品の開発に取り組んでいる．その成果はテキスタイル，服飾デザイン，家具などの分野で顕著であり，幾何学的な形態によるモチーフ，直線的なフォルム，多機能性に特徴付けられている．花柄はブルジョワ的な俗物，合理的なミニマリズムは啓蒙された労働者のためのデザインを象徴することになる．一方，陶器や工芸品には，スプレマチズムの図案事例だけでなく，社会主義的な標語やシンボルと伝統的な絵柄が共存しているものもあった（図3）．こうして，日常に密着した「事物」の制作を通じて，ロシア・アヴァンギャルドの芸術家たちは人々の感性と生活様式そのものの変革を目指していたのである．

図3 ヴィチェグジャニナ，チェホーニン〈われわれとともに歩まない者はわれわれの敵である〉（1920年頃）

［江村 公］

アヴァンギャルドと建築

ソ連の建設期にあたる1920年代,「建築」は新しい共同体そのものの建設と同義に語られた. そのような中で現れたのが, ロシア・アヴァンギャルドと総称される, 新しい建築や都市のデザインを追求する運動だった. アヴァンギャルドの建築家たちは, 新しい理念と方法で空間を組織することによって, 新しい社会を建設しようとしたのである.

❋芸術から生活へ 新しい建築の理念は, まずは建築の外部からもたらされた. ロシア・アヴァンギャルドと呼ばれる前衛的な芸術運動に参加した芸術家たちは, キャンバス上に世界を再現的に描くことを拒否し, 世界そのものの創造へ, すなわち建築へと向かった. 例えば画家カジミール・マレーヴィチは, 1923年から「アルヒテクトン」シリーズと

図1 「第三インターナショナル記念塔」模型
[Cooke, C. et al., 1991]

呼ばれる幾何学的な形態を組み合わせた建築模型の制作に取り組んでいる. その弟子エリ・リシツキーも, 資本主義の垂直の摩天楼に対して,「雲の鐙」(1924～25) と呼ばれる水平のビルディングをデザインした. ウラジーミル・タトリンは, 第三インターナショナルの結成を祝って,「第三インターナショナル記念塔」(1919, 図1) を構想した. 地軸と同じ傾斜を持つこの塔は, 内部の三つのパーツがそれぞれ1年, 1か月, 1日ごとに1回転することになっていた. これらアヴァンギャルド芸術家たちによって描き出された建築物は, 実現されることこそなかったものの, 新しい建築への道標となった.

❋アヴァンギャルド建築 1920年代前半になると, このようなアヴァンギャルド芸術の影響を受けた建築家たちが, 新しい建築の理想をかかげて集結し始める. なかでも大きな影響力を有していたのが, アレクサンドル・ヴェスニン (彼は一時期タトリンのもとで絵画を学んでいた) 率いる構成主義と, ニコライ・ラドフスキーを中心とする合理主義だった. 両陣営とも過去の建築を批判し, 建築の合理化の必要を唱えた. とりわけ構成主義は若手建築家たちの支持を伸ばし, ソ連各地に支部を展開したほか, ル・コルビュジエら西欧のモダニズム建築家たちとも緊密な関係を築いた. 機能的建築を目指すという点では, 構成主義は西欧のモダ

ニズム建築と一致していたが，ロシアの建築家たちは建築を通じて社会主義を建設するという，独自の課題に取り組んでもいた．例えば，構成主義建築家のモイセイ・ギンズブルグらが設計した「ナルコムフィン（財務人民委員部）職員用共同住宅」(1928～30，図2) には，住人のための共同食堂や保育所が併設され，これまで家庭の役割と考えられてきた家事や育児の共同化・集団化が試みられた．労働者クラブと呼ばれる労働者の政治教育や余暇活動のための施設も，この時期に数多く建設された．特にコンスタンチン・メリニコフは，「ルサコフ・クラブ」(1927～29，図3) などユニークな構造を持つ六つのクラブを，モスクワ市内に次々に実現していった．

図2 「ナルコムフィン職員用共同住宅」[『現代建築』(Современная архитектура) 1929, 5号]

※ **社会主義都市論争** 1920年代末になると，ソ連では重工業の集中的育成のため，天然資源の生産拠点に次々と新しい都市が計画されていった．その際に大きな議論を巻き起こし

図3 労働者クラブ「ルサコフ」[『ソヴィエト建築』(Советская архитектура) 1933, 2号]

たのが，社会主義的都市とはいかなるものであるべきか，という問いだった．この論争の中で，構成主義建築家たちはヴェスニンを中心とする都市派と，ギンズブルグを中心とする非都市派に分裂した．都市派の建築家たちは，労働者が家事や育児に煩わされることなく最大限効率的に労働・休息できるよう，家族単位の住宅を否定し，大人と子供が別々に生活する都市を提案した．対して非都市派は，人とモノが1箇所に集中する従来の都市の非効率性を批判し，ロシア全土に敷かれた幹線道路と住宅を組み合わせることによって，人とモノが自由に移動できる交通都市を提案した．

これらの都市構想の試金石になると見なされたのが，ウラル山脈の鉄鉱石の産地に計画された都市マグニトゴルスクだった．しかしこの新都市の計画をめぐるコンペティションのさなか，論争は党の介入によって，突然の停止を命じられる．これは政治の側から建築の側への統制の最初の例となった．この後，建築家の主導による新しい建築や都市の提案は，急速に勢いを失っていった．

[本田晃子]

ポスター

❋民衆版画「ルボーク」の伝統　劇場での演目や商品の広告の役割を果たすポスターは，18世紀後半にブルジョワ階級の勃興とともに西ヨーロッパで興隆した．ロシアでも18世紀末のピョートル1世の時代から，市，見せ物，サーカスなどの開催を報せる掲示物が作成されていた．ロシアでは昔から魚屋には魚の絵を描いた看板が吊るされ，パン屋にはパンを描いた絵がかかげられるという習慣があり，町の景観の一部になっていた．このような絵看板は西ヨーロッパでは中世以降，廃れてしまったが，ロシアで20世紀の初頭まで残っていた．これはロシアが識字率の低い，さまざまな言語が話される多民族国家だったためである．

　ロシアのポスターの原型となったのは民衆によって制作された木版や金属版による民衆版画ルボークである．ルボークの内容は，おとぎ話，歴史，民話，宗教に関わる物語や教訓的な説話などで，無名の作者によって制作されていた．このようなルボークは「民衆に根付いた思考形式」であり「特定の世界観」でもあった．民衆の間に広く浸透したルボークは，しばしば政治的・啓蒙的な役割も担った．

❋帝政期の経済成長と商業ポスター　19世紀にはリトグラフ（多色刷りの石版）が発達し，画家のトゥールーズ＝ロートレック，アルフォンス・ミュシャらのポスターが西ヨーロッパの都市を彩った．国外の事情に通じていたイワン・ビリービンやレフ・バクストらはこれらのポスターに影響され，ユーゲント・シュティール様式をもとにロシアの伝統的なモチーフを導入した「ネオ・ロシア様式」のポスターを開拓した．19世紀末から20世紀初頭にかけてロシアは経済成長を遂げ，企業や商社の数が増加した．ブルジョワ階級のみならず，庶民に向けた商品の広告が制作され，ビール，紅茶，タバコ，キャンディ，石鹸などさまざまな日用品を宣伝するためのポスターが多様なスタイルで制作された．世紀末から20世紀初頭にかけてのロシアの「銀の時代」には，ポスターは新しい形式の視覚芸術として興隆したのである．

❋ソヴィエトのプロパガンダ　20世紀初頭のロシアは，第1次世界大戦，社会主義革命，その後の国内戦が続く激動の時代であった．芸術家たちもこのような政治状況に呼応して，社会主義のプロパガンダに役立ち，制作コストの掛からない版画を手がけた．こうしてロシアのポスターはソヴィエト初期の数十年間に最盛期を迎えた．1914年の初め頃から，カジミール・マレーヴィチ，ダヴィド・ブルリュークらアヴァンギャルドの芸術家たちは戦争をテーマにしたルボークを制作するようになった．第1次世界大戦中，ウラジーミル・マヤコフスキーは「ロスタ（ロシア電報局）の窓」と呼ばれる，戦況を短い文章とともに伝えるイラスト

に携わった.また,エリ・リシツキーによるポスター〈赤い楔で白を打て〉(1920,図1)は,反革命の白軍を意味する白い円に,赤軍を示す赤い楔が打ち込まれている.リシツキーは幾何学的な抽象画スプレマチズムの様式に基づいて,革命を解釈し,表現している.アヴァンギャルドの作家たちにとってルボークやポスターは,単なる情報伝達の手段にとどまらず,それまでのリアリズム絵画とは異なった新しい表現形式を試みる実験の場でもあった.

図1　エリ・リシツキー〈赤い楔で白を打て〉(1920,紙,リトグラフ,53×7 cm)[ロシア国立図書館蔵]

20年代になるとグラフィックデザインの分野では構成主義が興隆し,それを理論的に補強する生産主義が唱えられた.ボリス・アルヴァートフやオーシプ・ブリークら生産主義者たちは,複製技術であるポスターは社会主義社会における大衆のための視覚芸術であり,貴族やブルジョワジーが発展させた一点物の高価なイーゼル絵画に取って代わると主張した.

21年から市場経済を部分的に導入するネップ(新経済政策)が開始されると,再び商品宣伝のためのポスターが盛んに制作されるようになった.マヤコフスキーはデザイナーのアレクサンドル・ロトチェンコとともに国営企業や国営デパートの広告用ポスターを手がけ,社会主義の意識的な消費者となるよう広告を通して労働者に呼びかけた.また娯楽としての映画が興隆し,ゲオルギーとウラジーミルのステンベルグ兄弟は,国内外のさまざまな映画の宣伝用ポスターを手がけた.ステンベルグ兄弟のポスターでは映画の中の印象的な場面が自由に組み合わされ,大胆な構図によってポスターの中に巧みに配置されている.

20~30年代にかけてはグラフィックデザインに写真が盛んに用いられた.グスタフ・クルツィスは写真を組み合わせるフォト・モンタージュの技法を独自に発展させ,スターリンによる五カ年計画を報せるポスターを多数制作した.クルツィスは写真のモンタージュについての論考の中で,フォト・モンタージュにおいては「最大限のコントラスト」を達成することが重要だと唱えた.実際,彼のポスターは,赤,黒,白の限られた色彩にもかかわらず,大胆な構図と組合せによって見る者に大きなインパクトを与え,正確にメッセージを伝達することに成功している.

第2次世界大戦前後には,ナチス批判や愛国心高揚といったさまざまなプロパガンダ・ポスターが制作されたが,60年代以降,ポスターは政治宣伝という役割を失い,企業の宣伝のための意匠となった.しかし,広告という実用的な目的に隠れ,当時のソ連で禁止されていたシュルレアリスムの様式を密かに取り入れるという大胆な試みもなされていた.

[河村　彩]

社会主義リアリズム芸術

　20世紀初頭のロシアの美術は立体派や未来派のアヴァンギャルド芸術だけではなく，むしろ具象的な表現，古典主義的作品の方が数多くあった．移動派以降の美術はリアリズムが主流であり，画家や彫刻家はみずからの好みや理念に従ってさまざまな創作をした．

　1917年の革命の後も，構成主義や生産主義などの新たな表現によって新生ソ連の生産活動・社会活動に貢献しようとするアヴァンギャルド芸術家たちだけでなく，歴史画や風俗画，肖像画を描く者や理想の未来社会を描く者，幻想的な世界を描く者など，多種多様な表現が混在した．トレチヤコフ美術館新館における20世紀美術の常設展を見るとわかるように，20年代のロシア美術は多種多様な表現にあふれていた．

❋芸術様式の統合　多くの芸術家が自身を「美の生産計画を受け持つ技術者であり，ソヴィエト国家建設の中心になる」者と考えていた．しかし，スターリンが絶対的権力を掌握すると，第1回ソヴィエト作家総同盟会議（1934）の後，「革命的発展」に寄与する芸術様式として，社会主義リアリズムが唯一の公式的な規範となる．芸術家はもはや「美の生産計画を受け持つ技術者」ではなく，「社会主義の精神に基づいて労働者を思想的に改造し，教育する〈魂〉の技術者」であり，国家があらかじめ下命した方法に従って労働者を改造するためにその技術を用いる，プロパガンダ的人間となったのである．あくまでも精神性が重要であり，芸術家はその作品において「現実の知覚を表現する芸術的形象における歴史的現実の反映」を行わなければならない．つまり，五カ年計画に従って進められていく新たな国家と社会建設に貢献する英雄や，来たるべき未来を描くことが期待されたのである．

　スターリン時代の社会主義リアリズムの代表作としては，アレクサンドル・ゲラーシモフの〈演壇のレーニン〉（1930）や〈クレムリンのスターリンとヴォロシーロフ〉（1938），イサアク・ブロツキーの〈スモーリヌイのレーニン〉（1830），アレクサンドル・サモフヴァーロフの〈女性地下鉄建設者〉（1937），アレクサンドル・デイネカの〈セヴァストーポリの防衛〉（1942）などがある．そして，社会主義リアリズムの理念を表すことに最も成功したのがヴェーラ・ムーヒナの彫刻〈労働者と集団農場の女性〉（1936）であり，この高さ24.5 mの巨像は1937年のパリ万博ではソ連館の頂上に置かれた．ハンマーと鎌を握り締めて挙手をしている男女の英雄的な姿は五カ年計画における工業と農業の協力を象徴している．この像はその後も国営映画会社モスフィルムによる映画のオープニング映像に必

ず使われ，ソ連そのものを象徴するようになった．

作家のエドゥアルド・リモーノフは社会主義リアリズムをロシア美術によって
つくられた唯一価値あるものとして位置付け，これを現代のシュールレアリズム
と評価している．　人々が見たいと思う姿を描く社会主義リアリズムは現実以上に
現実的なハイパーリアリズムであるが故に，しばしばシュールにもなる．それは
イデエを細部にわたって徹底的に描く古典主義の理想の姿でもあった．もっとも
よい例がアレクサンドル・デイネカだろう．快い見え方をまったく無視した大胆
な構図は，実にシュールである．仰々しいスターリン様式の尊大で重厚な作品と
は根本的に違い，生き生きとした独自の生命力を持った作品ばかりである．面白
いと思ったことをただ面白いままに描いており，権力に媚びている作品ではない．

社会主義リアリズムは国家や人民が望む「来たるべき未来」，ありうべき「現
実」という夢を描き，演出する「幸福へのアジテーション（扇動）」である．そ
の主なテーマは，①英雄たちの肖像，②偉大なる集会・歴史的瞬間，③労働の喜
び・働く人々，④祝日（記念日），⑤快適な暮らし，⑥子どもたち，⑦スポーツ
（健康と大衆娯楽），⑧諸民族の友好，⑨軍隊と戦争であった．また，こうした
テーマの一方で禁止されていたのが，体制批判的な表現，宗教的表現，エロチッ
クな表現だった．ただし，スポーツや労働によって鍛えられた健康な肉体であれ
ば，ヌードを描くことは可能であった．

❀幸福の表現の変化　フルシチョフの「雪どけ」の時代になるとスターリン崇拝
の全体主義芸術は否定され，後期印象派の表現が社会主義リアリズムに積極的に
取り入れられるようになる．アルカージー・プラストフの〈正午〉(1961) のよ
うに，どこにでもあるごくありきたりの「幸福」な市民生活を描くものが増えて
いった．さらに，欧米の美術の流入と人工衛星スプートニクの成功が宇宙時代に
ふさわしいユートピア像を多くの芸術家に志向させた．

レオニード・ブレジネフの「停滞」の時代になると，こうしたユートピアは形
骸化されたものとなり，社会主義リアリズムからささやかな日常の幸福や欧米の
空気を漂わせる「非公式芸術」へと人々の関心は移っていった．当の社会主義リ
アリズムの公式画家たちも日常生活に潜む悲しみや世代間の軋轢といったテーマ
を公に描き始めた．そしてペレストロイカの時代になると社会主義リアリズムは
否定され，ロシア・アヴァンギャルドが再評価される．ソッツ・アートやコンセ
プチュアリズムなどの「ソヴィエト・アヴァンギャルド」が世界的に注目の的と
なり，美術は新たに市場の原理に組み込まれていった．

しかし，今日では社会主義リアリズムの再評価が始まり，美術館でソヴィエト
時代の芸術の展示をする場合，公式芸術である社会主義リアリズムの流れと非公
式芸術の諸流派が同時に展示されるようになっている．ゲーリー・コールジェフ
のように圧倒的なリアリズム作品は今日では高く評価されている．　[鈴木正美]

スターリン時代の建築と都市計画

　1920年代のロシアでは，建築の合理化を唱えるアヴァンギャルドと呼ばれる運動が急速に広まった．しかし30年代には，アヴァンギャルドとは多くの点において対照的な「社会主義リアリズム」が，ソ連の公式の建築様式の座に就く．本来，文学や絵画において理想的現実を描きだす表現形式として考案された社会主義リアリズムは，建築においては巨大なスケールや華麗な装飾，過去の建築様式の引用によって，社会主義体制の正当性や指導者の権威を表現する形式となった．

❋「ソヴィエト宮殿」建設計画

アヴァンギャルドから社会主義リアリズムへの転換を決定付けたのが，スターリン自身の指令によるソ連最大の会議場「ソヴィエト宮殿」の建設だった．「ソヴィエト宮殿」の敷地にはモスクワ中心部の「救世主キリスト大聖堂」の地所が選ばれ，19世紀に建設された大聖堂は撤去された．

図1　イオファンらによる「ソヴィエト宮殿」コンペ優勝案［『モスクワ建設』(Строительство Москвы) 1933, 5～6号］

　そして1931年7月，「ソヴィエト宮殿」のための設計コンペティションが始まった．このコンペには，アヴァンギャルド建築家たちをはじめ，国内外から272もの案が集まった．しかし優勝案は選出されず，審査員からは過去の建築様式，とりわけ古典主義を用いることが要請された．アヴァンギャルドは，いわば公式に否定されたのである．この後，参加者を絞り込んでさらに2度のコンペが行われ，最終的にボリス・イオファンらの案が優勝を獲得した（図1）．

　だが優勝案の決定後も，デザインの変更は続いた．「ソヴィエト宮殿はレーニンの記念碑と見なされなければならない」というスターリンの発言を受けて，頂上の人物像は

図2　「ソヴィエト宮殿」設計案（変更後）［『ソ連建築』(Архитектура СССР) 1937, 6号］

100 mのレーニン像に置き替えられ，建物全体の高さも250 mから420 mへと引き上げられた（図2）．このような巨大化は，当然ながら「ソヴィエト宮殿」の実現をきわめて困難にした．だがこの非現実的な巨大さこそが，指導者の絶対的な権威を表すために必要とされたのである．こうして，政治的主題を表現することが構造の合理性に優越する，社会主義リアリズム建築が誕生した．そして技術的問題は先送りにされたまま「ソヴィエト宮殿」の建設は開始され，41年のドイツ軍によるソ連侵攻まで続けられた．

❋**モスクワ再開発計画**　「ソヴィエト宮殿」計画は，1935年に策定された首都モスクワの総合再開発計画に組み込まれていた．この再開発計画によって，モスクワの細く入り組んだ通りは整備・拡張され，現在まで続く放射円環状の幹線道路が生まれた．地下鉄の建設も開始され，この時代に建設された豪奢な地下鉄駅は，社会主義リアリズム建築の典型となった（☞項目「モスクワの地下鉄駅」）．

またモスクワ－ヴォルガ運河とモスクワの主要な河川をつなぐ，水上交通網も整備された．巨大ホテル「モスクワ」など観光施設も建設され，モスクワは急速に近代化した．ただしこの開発の対象となったのはモスクワの中心部のみであり，また労働者住宅の不足や彼らの劣悪な住環境の改善よりも，大通りと壮麗な建築群を通じて新しい首都の威容を表現することが優先された．

❋**戦後のモスクワ**　第2次世界大戦によって，ロシアの多くの都市は甚大な被害を受けた．だがモスクワでは，すでに1947年には新たな高層ビルの建設計画が始動していた．この時建てられたモスクワ大学校舎（図3）、外務省ビルなど七つの巨大高層建築は，「ソヴィエト宮殿」と同様の階段構造を有する一方で，その頂上にはレーニン像ではなくスターリンの象徴であるクレムリンの尖塔のモチーフが設置されていた．

社会主義リアリズムは，戦後はソ連によって占領された東欧各国や他の社会主義国にも，社会主義を体現する建築様式として輸出された．しかし社会主義リアリズムの原型「ソヴィエト宮殿」の建設は，戦中に中断されたまま再開されることはなかった．残された巨大な土台は，フルシチョフ時代にはロシア最大の屋外プールへ

図3　モスクワ大学校舎［著者撮影］

と転用され，さらに2000年には同地に「救世主キリスト大聖堂」が再建された（☞項目「救世主キリスト大聖堂」）．　　　　　　　　　　　　　　　［本田晃子］

ソ連期のアンダーグラウンド芸術

　1930年代にソ連美術の規範とされた社会主義リアリズムは，手法に関していえば，写実主義にとどまらず新古典主義からモダニズムまでさまざまな流派と関連を持つ多様なものだった．内容としては社会性，イデオロギー性を求めるものであり，この公式路線から外れた画家はアンダーグラウンドの活動を余儀なくされた．53年のスターリンの死，56年のスターリン批判後も，「雪どけ」により西欧近現代美術の展示が解禁される一方で，ソ連作家の展示の自由化は一直線には進まず，62年にはフルシチョフが現代絵画を見て「ロバの尻尾で描いた絵だ」と酷評した事件を機に美術の検閲が再強化された．こうした状況の中，50～80年代まで非公認作家達はしばしば共同体を形成して活動を続けた．

❋**モスクワの非公認芸術**　モスクワでは，1950～70年代にエヴゲーニー・クロピヴニツキーを中心とする「リアノゾヴォ・グループ」，60～80年代にイリヤ・カバコフ（図1）やエリク・ブラートフ（図2），ドミートリー・プリゴフ，レフ・ルビンシテインらが属した「モスクワ・コンセプチュアリズム・サークル」が活動した．彼らは絵本作家などとして生計を立てながら，展示するあてのない作品をひそかに制作し，アトリエに集う仲間と鑑賞し合った．作風は多岐にわたり，カバコフは哲学性に富んだ自作のテクストを含む紙芝居的な〈アルバム〉を多数制作し，ブラートフは，二人組のアーティストとして活動していたヴィターリー・コマル＆アレクサンドル・メラミードと同様に，「ソッツ・アート」的な作品を制作した．「ソッツ・アート」は社会主義リアリズムとポップ・アートをかけあわせた造語であり，「公式芸術」への抵抗の芸術を指すが，ブラートフの〈地平

図1　モスクワのアトリエでアンドレイ・モナスティルスキーと語る1986年のカバコフ（左）[Wallach, A., 1996]

図2　ブラートフ〈地平線〉（1971～72）[Bulatov, E., 2006]

線〉(1971〜72) は，まさにソ連の統制社会を揶揄する作品の一つである．孤独との中で制作を続けた非公認画家も多く，ウラジーミル・ヤーコヴレフは精神病院への入退院を繰り返しながら，生への希望を象徴するかのような野の花を独学で描き続けた．

74年には，オスカル・ラビンと詩人アレクサンドル・グレゼルが発起人となってモスクワ郊外の野原で開いた非公式芸術の野外展覧会が当局のブルドーザーと100人近い警官によって破壊される「ブルドーザー事件」が起こったが，80年代後半に自由化が進むと，非公認芸術家は国内でも徐々に展示の機会を得るようになり，ペレストロイカ期には海外でも「解禁されたソ連非公認美術」が脚光を浴び，作家の海外進出が進んだ．

❋地方都市の非公認芸術 レニングラード（現サンクト・ペテルブルグ）では画家で詩人のヴァレリー・ミーシンらが1960年代半ばから非公認芸術界で活動し，80年代には，20世紀後半のレニングラードの最大の非公認芸術家グループとなった「ミチキ」が文学，美術，音楽活動を展開し，都市の生活をユーモアとともに描き出した．同時期にチムール・ノヴィコフが結成したグループ「新しいアーティスト達」「新美術アカデミー」の作家たちは，ソ連美術ではタブーだった同性愛的なモチーフを持つ作品を制作している．

ウラル山脈の麓にあるスヴェルドロフスク（現エカチェリンブルグ）では，厳しい自然，工業都市の粗野な風景，市内に残る約140の構成主義建築，第2次世界大戦期にエルミタージュ美術館の収蔵品の疎開先ともなった市立美術館の存在などさまざまな歴史，自然，文化的背景のもとに非公認芸術が隆盛し，60〜70年代に「ウクトゥス・グループ」らが，80年代に「ソッツ・アート」的側面を持つ「スリコフ31」が活動し，現在のウラル地方の現代美術発展の基盤を築いた．

❋ソ連崩壊以降 ソ連崩壊後も元アンダーグラウンド芸術家は活発な活動を続け，ロシア現代芸術界で重要な役割を果たした．1980年代後半にようやく海外の不特定多数の観客を対象とする展示の機会を得たカバコフは，トータル・インスタレーション（総合空間芸術）の制作を始め，ソ連を知らない人々にも伝わる芸術を模索しつつも，「記憶」という創作初期からのテーマを追求し続けた．80年代にモスクワで自宅のワンルームマンション全体をインスタレーションに変える展覧会「APTART」を展開し，ソ連の非公認作家が居住空間でしか作品を展示できないという状況を批判したニキータ・アレクセーエフは，その後も政治的なメッセージを持つ作品を制作しつつ，晩年になるにしたがって死，人生，旅，孤独という哲学的なテーマに移行し，抒情性を高めていった．カバコフ，アレクセーエフはともに優れた文筆家で，音楽家とも共演を行ったが，文学，音楽との融合はソ連アンダーグラウンド美術の特徴であり，ソ連非公認美術の伝統はロシア現代文学，現代文化に広く継承されている． ［鴻野わか菜］

現代美術

ソ連崩壊後のロシア現代美術の下地をつくったのは，1988年に行われたサザビーズのオークションだろう．ここではイリヤ・カバコフなどのソ連非公式芸術の作品が高値で売られ，新たなシステムの胎動を感じさせた．公式の社会主義リアリズム／非公式のアンダーグラウンド芸術というソ連時代の二分法が90年代には失効したため，根底から新たなアートワールドがつくられる必要があった．この時代は社会情勢の混乱とも相まって，次世代の文化をつくり出すための混沌状態であったといえる．本項では，その後どのようなアートシーンがつくられてきたかを述べる．

✾行為とモノの狭間で　1990年代の混沌の中で注目を浴びたのが，オレーグ・クリーク，アレクサンドル・ブレーネル，アナトーリー・オスモロフスキーらを中心とするアクショニズムである．モスクワ・コンセプチュアリズムの思弁的な傾向に反発するかのように，彼らは過激な行為を繰り返した（☞項目「ソ連期のアンダーグラウンド芸術」）．例えば，クリークは犬になりきって道行く人に噛み付き，ブレーネルは赤の広場にボクサーの格好で現れ，大統領官邸のエリツィンを挑発した．スクウォットと呼ばれる占拠運動によってギャラリーが自発的に生まれたのも90年代初頭であり，アーティストたちはみずからの身体を用いて芸術の場を形成しようと試みていた．しかし2000年前後にはパフォーマンスや展示が告訴される事件が起き，国家ならびに資本主導の制度化が進んだ（☞項目「現代美術のシステム」）．その後，過激な身体表現は鳴りを潜めることになった．

オスモロフスキーもこの頃にはスタイルを変え，パフォーマンスよりもオブジェ作品の制作に勤しむようになる．プラスチックなどの現代的な物質を加工するイリーナ・コーリナやぬいぐるみを使った作風のロスタン・タワーシエフなど，2000年代に頭角を現したアーティストたちがこの行為からモノへと向かう流れを体現しているといえよう．一方，2010年代には新しい世代のアクショニストたちの活動が目立った（☞項目「パフォーマンス・アート」）．

✾地域と歴史への眼差し　特筆すべきテーマとしては，ロシアが抱える地域的・歴史的問題への取り組みがあげられる．神話などを素材に奇怪な身体表象を構築するビデオアートの担い手である「AES＋F」グループは，〈イスラーム・プロジェクト〉（1996，図1）によって国際的に認知されることになった．これは刺繍の施された絨毯の上にイスラーム化された架空の西洋を描き出したもので，チェチェン紛争が勃発するなか，国内外を問わず多くの反応を引き起こした．同じく刺繍入り絨毯を扱ったアーティストとしては，ダゲスタン出身のタウス・マハ

チェワがあげられる．彼女もまた，映像・写真・オブジェなど複数のメディウムを駆使してダゲスタン文化や社会問題を巧みに描き出している．

　月を模した作品や絵本で知られるレオニード・チシコフは，独ソ戦のウーマニの戦いで捕虜になったみずからの父親に関する資料をもとに，ヒューマン（HUMAN）とウーマニ（UMAN）を掛け合わせたインスタレーション作品を手掛けた（〈ウーマニ〉2016）．チェチェン出身のアスラン・ガイスーモフによる，強制移住の生き残りをチェチェンの首都グロズヌイに集めると

図1 〈イスラーム・プロジェクト〉[著者撮影]

いうプロジェクトもまた，地域と歴史への眼差しの産物にほかならない（〈重要でない人々〉2016）．

❋**共同生活の跡地から**　制度化されていく芸術界においては，独自の共同性を志向する動きも出てきた．その代表格が，2000年代に活動した「ESCAPE」グループである．4人のメンバーがそれぞれ異なる歌を歌いながら，展示会場にはその音が流されないために合唱であるかのように見える映像作品〈合唱〉（2005）は，ソ連における長きにわたる「共同生活」を終えた後では不可能に見える共同性との格闘を示している．近年の動向としては，国内の各地域においてアート・コレクティブの運動が活性化していることも見過ごせない．新時代の左翼芸術を牽引するサンクト・ペテルブルグの「何をなすべきか」（2003〜），打ち捨てられた工場においてソ連の遺物と出会ったことから始まったクラスノダールの「ZIP」（2009〜）などのグループが，それぞれのスタンスで新たなプラットフォームを提供すべく活発な活動を続けている．

　国内の動向の一方で，バビ・バダロフや「スラヴス・アンド・タタールズ」グループのような，国際的に活動するアーティストが扱う素材としてロシア文化が機能していることも忘れるべきではない．彼らの作品において，ロシア語やロシア文化は別の地域の言葉やイメージと入り混じり，遊戯的またはアイロニカルに結び付く記号的な織物の一部となる．各国から集まったアーティストや科学者などが南極へと航海する「南極ビエンナーレ」（2017）を主宰したアレクサンドル・ポノマリョフも，多様な地域性を抱えた人々が遭遇する場を用意したといえる．こうした枠組みに簡単には収まらない活動を行っているアーティストも存在するが，行為とモノ，地域性と歴史性，そして共同性といった要素の混合物として，ロシアの現代美術はこれからも航路を進んでいくだろう．　　　　　[生熊源一]

モスクワの地下鉄駅

　モスクワ地下鉄は1935年5月15日に開通，今日では12路線，200駅を数え，その路線網や乗客数は世界有数の規模である．このような高度に発達した交通インフラとしての側面もさることながら，モスクワ地下鉄は「地下宮殿」とも称される，絢爛豪華な駅の建築で知られ，モスクワの重要な観光資源ともなっている．

　当代一級の建築家・芸術家が手がけた駅は，当初から人民の宮殿を意識して壮麗で重厚な空間につくられたが，これには世界初の社会主義国建設を進めるソ連の資本主義諸国に対する優位性を誇示することに加え，国民を教導する狙いがあった．あらゆる面で世界一を目指したモスクワ地下鉄の駅の特徴は，地下にあることを忘れさせる天井の高さ，広々とした明るい空間と美術的な志向にある．美術的価値が高い駅の多くは開通から50年代初頭までのおよそ20年間につくられ，文化遺産に指定されているものも多い．駅の建築や装飾は，開通年代によって異なる．

✤**第1期～第2期**　第1期は1935年に開通したパルク・クリトゥリィ駅～ソコーリニキ駅区間とオホートヌィ・リャート駅～スモレンスカヤ駅までの支線を合わせた13駅で，装飾的には簡素な駅が多い．第1期の駅はコンペ式で複数の設計案から選ばれ，審査にあたっては過度にモニュメンタルな駅舎や装飾過多な案は退けられた．開通当時，芸術界は構成主義から社会主義リアリズムに移行し，建築様式も古典主義に回帰していたが，第1期の駅には，造形的に新しいものを生み出そうとする試みや，装飾という概念を否定する構成主義の影響が見られる．クラースヌィエ・ヴァロータ駅は，モスクワの構成主義建築の傑作の一つである．第1期開通後，ただちに第2期の建設が始まり，37年にはスモレンスカヤ駅～キエフスカヤ駅区間，38年にはアレクサンドロフスキー・サート駅～クールスカヤ駅区間，ソーコル駅～テアトラーリナヤ駅区間が開通した．第2期の駅の建築には古典主義様式が採用され，にわかに装飾的となっている．ステンレスや陶器などの装飾素材の多様化と品質の向上が進み，新たな大理石の産地開発に伴い，使用される石の種類も増えた．彫刻家マトヴェイ・マーニゼルらが手がけた76体の銅像が並ぶプローシャチ・レヴォリューツィ駅，画家アレクサンドル・デイネカが原画を製作したモザイクの天井画で飾られたマヤコフスカヤ駅は第2期の代表的な駅である．

✤**戦時中の地下鉄と環状線**　地下鉄の建設は第2次世界大戦中も続けられ，2号線が市の南部に，3号線も東北部まで延伸された．この時期には天井を282灯の電球で埋め尽くしたエレクトロザヴォーツカヤ（電気工場の意）駅や，隙間という

隙間をレリーフや天井画で飾り立てたノヴォクズネーツカヤ駅などユニークな駅が生まれている．

戦時中の極限状況にあっても一流の芸術家を動員し，大理石を多用した豪壮な駅がつくり続けられたのは特筆に価する．この時期の装飾は戦闘場面や，兵士，武器など，時局を反映したモチーフが多い．個人崇拝の対象となったヨシフ・スターリンの彫像やポートレートも随所にみられたが，後にスターリン批判が進むなかで撤去されている．

図1　ノヴォクズネーツカヤ駅[著者撮影]

戦時下の駅は，防空壕としても利用され，当時のモスクワ最大のシェルターの一つであったマヤコフスカヤ駅は，夕刻から朝まで市民のために開放された．またチースティエ・プルドゥイ駅には，スターリンの執務室が設けられ，その後はソ連赤軍参謀本部として機能している．

戦後54年に完工した環状線（5号線）は，モニュメンタルで威厳を強調した古典主義様式であるスターリン・アンピール様式で統一された．レーニン廟の作者として知られる建築家アレクセイ・シチューセフが設計したコムソモーリスカヤ駅はその極点といえる．駅舎の多くは凱旋門を模しており，一種の戦勝モニュメントとなっている．装飾は，戦勝を祝うモチーフにあふれる一方，パルク・クリトゥリィ駅のレリーフのように戦後の平和を享受する市民を描いた作品もある．

❈**スターリンの死から現代まで**　スターリンが1953年に死去し，ニキータ・フルシチョフが書記長に就くと，それまでの宮殿のような建築は否定され，60年代には非装飾的で画一的な駅が量産された．70年代には大理石の使用や浮彫りなど，控えめながら装飾性が復活する．とりわけ79年に開通したマルクシーツカヤ駅～ノヴォギレエヴォ駅を含む8号線は，80年に開催されたモスクワ五輪を意識してどの駅の造形も創意に富む．黄金の吊り天井に照明を配したアヴィアマトールナヤ駅はとりわけ斬新である．80年代には駅の装飾のモチーフから社会主義イデオロギー色が薄れ，ソ連崩壊後初めて開通した10号線の駅は機能的でデザインも洗練されている．

連邦崩壊後の混沌から立ち直り，大国として歩み始めたロシアでは，パルク・パベーディ駅のようなモニュメンタルな駅が再びつくられるようになった．現代のモダンで洗練された駅の多くも周辺地域や駅名にちなんだ装飾が施され，駅を美しくつくるという創業以来の伝統は今日にも受け継がれている．　　　[岡田　譲]

現代建築の諸相

　ロシアは2010年代から建築ラッシュに沸いている．特に首都モスクワではタワーマンションのような高層住宅とショッピングモールの建設工事が休む暇なく行われている．

❋**大都市の住宅事情**　この背景には，地方から大都市部への人口流入により増加した定住者の住居確保がある．だがもう一つの理由として，老朽化した既存の住居または建築物の撤去が進められており，そうした建物の補填があげられる．撤去対象となっているのは，1950年代後半から70年代後半までにパネル工法で建設された4〜5階建て住居建築物で，いわゆる「フルシチョフカ」と呼ばれるものである．この建物はソ連時代における住宅難解消の立役者で，大都市のみならず地方都市やその郊外でも多く見受けられるため，ソ連時代の典型的住居といって差し支えない．2017年のモスクワ市調査では，こうした撤去対象の住居には約160万人の居住者がおり，対象となる建物面積は約250 km^{2}と報告されている．2014年の時点でモスクワの人口が約1,200万人，総面積がおよそ2,510 km^{2}であることを考えると，撤去対象の規模はかなりの割合を占める．17年に発表された「モスクワにおける住居リノベーションプログラム」には，2032年までに老朽化した全建築物を撤去することがかかげられている．こうした方策はモスクワをモデルケースとして他都市にも適用することが見込まれており，それに伴う生活様式も大きく変わることが予想される．

図1　フルシチョフカ

❋**「いかに住むべきか」**　こうした予兆は建築ラッシュに沸く前から登場していた．2008年に開催された第1回モスクワ建築ビエンナーレのテーマは「いかに住むべきか」であった．「2000年代半ばよりロシア国内の不動産価格が当時のヨーロッパ諸国と肩を並べるようになり，住居の質も向上させるべきだ」と，総合ディレクターを務めるオランダの建築家バルト・ゴールトホールンは述べている．第1回目から提示されるテーマはいずれも住居または居住環境，そしてそれらに囲まれて「住まう（生きる）」ことを問うものである．第1回目では住居建築を手がける15人の国外建築家が招聘され（日本からは山本理顕），十数名のロシア国内建築家らの建築プロジェクトや建築に関連した作品が紹介された．例えば，ユーリー・グリゴリャン率いる建築設計事務所メガノムが設計したモスクワ郊外の「松林の住居」（1998〜2001）は1階部半分をピロティとして，その上に奥行きのあ

る木造とガラスを組み合わせたユニットを乗せて，ピロティ奥の空間を横長に仕切って別のユニットとつなげた，いかにも「モダン」なデザインである．郊外の住居となると，かつては菜園付きの慎ましい木造またはレンガ造のセカンドハウス（ダーチャ）が一般的で，保養および余暇のためのものであった．この「松林の住居」は日常生活を送るための住まいであり，都会の喧騒や窮屈なアパート暮らしからの脱却をうながすものとして提示された．ユーリー・アヴァクーモフによる「サイコロの廟」（2008）は骰子を積み重ねた廟で，一見するとモスクワの赤の広場にある「レーニン廟」を模したものにすぎない．骰子の面は規則性のないかたちで並べられているため，一つひとつの骰子の面をランダムに変えたとしても全体の形は変化しないが，印象が少しだけ変わるようになる．これは，既存の建築物の全体または構成を崩さず中身や表面を加工して新しい建築物として提示するリノベーション建築物のようにも見え，レーニン廟という誰もが知る建築物すらもその対象となり得ることを示している．実際にモスクワのいくつかの歴史的建築物や有名な工場などがリノベーションされ美術館やアートスペースとして活用されている．また2010年代から住宅産業においてキッチンや調度品の販売だけでなく，インテリアを丸々デザインするプラン（「ヨーロッパ式修繕」という名がつけられている）が売り出されてきており，中古アパートを購入／賃貸して内装を一新する，または好みの内装に仕上げた住まいが増えてきている．

❋ショッピングモール　とはいえ，一般庶民からすれば郊外に居を構えることも，内装を今風にリノベーションすることも財政的になかなか難しいのが現実だ．コーヒー片手に新聞を読んで，子供たちと安全に遊ぶことができて，隣人に気兼ねする必要のない空間——都心部に住む一般庶民のそうしたささやかな夢を叶えてくれるのがショッピングモールで，先鞭を着けたのがIKEAである．2000年にモスクワと隣接する都市ヒムキでのオープンを皮切りに，モスクワ，サンクト・ペテルブルグ，エカチェリンブルグ，カザン，ノヴォシビルスクといった都市部に出店し，休日は買い物客でごった返している．単なる大手家具量販店としてではなく，大型スーパーや洋品店，家電量販店，フードコートなどからなる巨大な店舗空間を併設するアイコンとなっている．空調が完備され快適かつ警備員が巡回する安全な空間のため，学校帰りの子供達や幼子を連れた主婦などが憩う場でもある．それはフルシチョフカによって実現しようとしたユートピアとは別物である。フルシチョフカに代わる新興住宅すらも手に入れにくい人々がたどり着いた桃源郷なのである．

　今日ロシアの大都市部で目にする建設ラッシュは，ソ連時代から続く都市部への人口流入による住宅難解消を背景とした，より良い生活への志向，住居では得られない安息への慰みを求めてやまない風景の表れといえるかもしれない．

[鈴木佑也]

現代美術のシステム

　ペレストロイカ，ソ連崩壊を経てロシアの美術界は大きな変貌を遂げた．1980年代初頭までアンダーグラウンドの作家には国内での展示の機会がほぼなかったが，ソ連崩壊後，作家は観客と資金をいかに獲得するかという市場経済的な問題に新たに直面したとはいえ，展示の自由を手に入れた．国立現代芸術センター（1992年開設），モスクワ写真美術館（1996年開館，現マルチメディア美術館），現代美術センター・ヴィンザボート（2007年開館），ガレージ現代美術館（2008年開館）やさまざまなギャラリーなど現代美術の展示・研究機関が次々に創設され，トレチヤコフ美術館，エルミタージュ美術館にも現代美術部門が新設された．国際モスクワフォトビエンナーレ（1996年開始），国際モスクワ現代美術ビエンナーレ（2005年開始），ウラル工業ビエンナーレ（2010年開始）などのさまざまな芸術祭も定着し，現代美術の発展をうながしている．

✹新たな検閲制度　しかしロシアのアートシーンは多くの問題も抱えており，2000年代以降の再保守化の影響で，宗教，政治を批判する芸術活動が告訴の対象となるケースも急増している．03年に開催された「宗教に要注意！」展（モスクワ，サハロフ博物館）は，約40名の作家の作品を通じて宗教，権力に対する多角的な視点を呈示したが，熱狂的な正教信者の団体が会場で作品を破壊したうえ「ロシア民衆の尊厳を傷つけた」として訴訟を起こし，学芸員と館長が「冒涜，侮蔑，皮肉によって神の尊厳を傷つけ」た罪で多額の罰金刑を受けた．美術研究者アンドレイ・エロフェーエフはこうした反動化に警鐘を鳴らすために，性的描写，政治・宗教批判といった要素を問題視して各地の美術館が展示を中止した作品を集めた「禁じられた美術2006」展をサハロフ博物館で開催したが，民族主義的な政治団体によって告訴され，「嫌悪と宗教的反目をかきたてた罪」で罰金刑を受けた．

　検察が禁固刑を要求したことを受けて，判決前には多くの文化人がメドヴェージェフ大統領らに公開書簡を送り，被告人を擁護し，芸術の自由を訴えた．こうした相次ぐ訴訟を受けて，美術館では自己検閲の風潮が高まっている．また，13年の「同性愛宣伝禁止法」成立以降，同性愛を主題とする作品の展示も困難になっている．

✹アート・コレクティブの形成／地域，国際社会との連携　こうした状況に対抗する動きとして，自由な討論と創造の場としてのアート・コレクティブの活動が活発化している．スタニスラフ・シュリパとアンナ・チートワが2014年にモスクワで結成したグループ Agency of Singular Investigations（略称，ASI「特異な研

図1 レオニート・チシコフ〈ウィリアム・ブレイクの月〉(2017，いちはらアート×ミックス)[作家提供]

図2 アレクサンドル・ポノマリョフ〈水の下の空〉(2016，瀬戸内国際芸術祭)[作家撮影，提供]

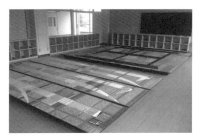

図3 ウラジーミル・ナセトキン〈グーグル・アース 十日町の田畑〉(2015，大地の芸術祭)[作家提供]

図4 ターニャ・バダニナ〈レミニッセンス（おぼろげな記憶）〉(2015，大地の芸術祭)[作家撮影，提供]

究エージェント」）は，作品制作と並行してオープンスペースでディスカッションやマスタークラスを開催し，「ヒエラルキーに縛られた家父長的な文化形式を解体するためのプラットフォーム」としての対話と創造の場を提供する．

　現代美術を通じた作家と人々の国際的な連携も，いっそう活性化している．地域振興を目的とする日本の芸術祭においても，月をモチーフとする作品で知られるレオニート・チシコフが「いちはらアート×ミックス」(2014, 17，図1)で廃校に月の作品を設置して地元の住民と交流し，海や船を主題に制作するアレクサンドル・ポノマリョフが「瀬戸内国際芸術祭」(2016，図2)で香川県本島に長期滞在し，島の住民にささげる作品を地域の人々とともに制作するなど，ロシア現代美術を通じた国際交流が進んでいる．「大地の芸術祭　越後妻有アートトリエンナーレ」におけるウラジーミル・ナセトキン，ターニャ・バダニナの地元の素材を使った廃校でのインスタレーションの制作も，日本の地域活性化に資するだけでなく，作家の可能性を広げる取組みにもなっている（図3, 4）．ロシア美術はこれからも幾多の困難を乗り越え，前衛的な精神で美術の地平を広げていくだろう．

[鴻野わか菜]

絵　本

　豊かな口承文芸や愉しい民話，民衆版画ルボークなどの遺産に恵まれながら，固有の伝統や国民性に根ざした児童向け絵本がロシアに登場するのは，西欧諸国よりかなり遅く，19世紀末になってからである．

　20世紀に入るとイワン・ビリービンの絵本が現れる．コスモポリタンな「芸術世界」派に属したビリービンは，国際様式であるアール・ヌーヴォーの美意識をロシア民話の空想世界に持ち込み，民俗調査に基づく緻密な細部描写を駆使して，火の鳥やバーバ・ヤガーの伝説，プーシキンのお伽噺を精妙に描き出すとともに，高度な装飾性で絵本全体を統合した．ペテルブルグの帝室文書印刷局が担当した多色刷は，当時の石版印刷技術の極致を示す．ビリービンの出現により，ロシア絵本はいきなり世界の最高水準へと飛躍したのである．「芸術世界」派ではアレクサンドル・ベヌア，ゲオルギー・ナールブトらも絵本制作に携わり，人脈の一部は革命後にも受け継がれるが，大判で高価な彼らの絵本は，もっぱら都市のブルジョワ層の子供を対象とした点で，後のソ連時代とは性格を異にする．

❊革命後のロシア絵本の隆盛　1917年にロシア革命が起こると，アヴァンギャルドの画家たちは絵本の分野にも進出した．ヴェーラ・エルモラーエワは内戦下のペトログラードでリノリウム版画を用いたプリミティヴな手づくり絵本を，エリ・リシツキーはヴィテプスクでスプレマチズムの理念に基づく史上初の抽象絵画の絵本をそれぞれ制作するが，大きな潮流を生み出すには至らなかった．

　革命後のソ連では児童教育が国家的な急務とされた．低い識字率を向上させ，旧来のお伽噺でなく社会の現実に見合った新しい童話を創出し，次代を担う子供たちに適切な知識と未来への展望を与えなければならない．絵本はその最も有効な手段だった．19年にモスクワに国立出版所が創設され，24年にそのレニングラード支部が開かれると，二都市で競い合うように絵本制作が進められた．とりわけレニングラードでは，詩人サムイル・マルシャークと画家ウラジーミル・レベジェフが編集責任者となり，両者の協働でさまざまな作風の魅力的な絵本を生み出すとともに，若く有能な人材を次々に登用した．構成主義的な画風を培い，やがてアニメ作家に転進するミハイル・ツェハノフスキー，「芸術世界」の出身で，詩人コルネイ・チュコフスキーと組んでユーモラスな絵本を多作したウラジーミル・コナシェーヴィチ，子供たちの日常生活を活写したアレクセイ・パホーモフ，動物絵本の名手エヴゲーニー・チャルーシンなど，レニングラード支部に集う創作者は多士済々で，作風も題材も多岐にわたった．

　一方のモスクワ本部でも，革命詩人ウラジーミル・マヤコフスキー，言語学者・

批評家ヴィクトル・シクロフスキーが絵本にテキストを提供したほか，有力な画家ダヴィド・シテレンベルグやアレクサンドル・デイネカらも個性的な作風を披露した．その顔触れはアヴァンギャルド人脈から後の社会主義リアリズムの担い手まで幅広く，当時の選り抜きの才能が絵本制作に関わった事実を物語る．

　20～30年代のロシア絵本は，薄冊で簡便な装丁，鮮やかなデザイン処理，子供たちや動物の活気ある描写，市井の労働者を主役にしたプロット，知識絵本や工作絵本などのジャンルの創出など，20世紀絵本史に新たな地平を拓いた．プロパガンダに堕する傾向はあるものの，その功績は絶大である．同時期のフランスやイギリスの絵本に与えた影響も大きく，日本でも1930年代に多くの絵本が輸入され，先端的な画家，デザイナー，文学者の間で享受された．

❋弾圧と衰退，そしてスターリン以後　1920年代末から兆していた国家による文化統制の動きは32年に共産党中央委員会が採択した「社会主義リアリズム」路線で露わになる．34年に革命期から絵本制作に携わってきたエルモラーエワが逮捕され（1938年に処刑），36年には絵本界最大の功労者レベジェフが激しい非難にさらされ，作風の転換を迫られた．前衛文学グループ「オベリウ」に属し，マルシャークの庇護のもとでエルモラーエワやウラジーミル・タトリンと絵本を共作した詩人ダニイル・ハルムスは41年に逮捕され，翌年獄死した．

　絵本画家たちの作風は一様に生真面目で古めかしいリアリズムへと後退を余儀なくされ，かつて作品に漲っていた自由闊達な気分やスタイルの多様性は失われた．こうして，国家主導で幕を開けたロシア絵本の黄金時代は，スターリン独裁体制のもと，国家みずからの手で締め括られたのである．

　ロシア絵本の停滞は53年のスターリンの死とともに終わるが，苦境を味わったレベジェフ，コナシェーヴィチらの戦後の仕事は総じて精彩を欠く．むしろ次世代のタチヤーナ・マーヴリナ，マイ・ミトゥーリチらの絵本に，戦前の隆盛期を継承する意欲が認められる．一方で，60年代の「雪どけ」時代を過ぎると再び厳しい芸術統制の動きがあり，「非公認芸術家」として排除されたイリヤ・カバコフ，エリク・ブラートフらが活動の場に絵本を選んだ一時期もあった．

❋ソ連邦崩壊から現代まで　1991年のソ連崩壊はロシア全土を混乱に陥れ，絵本をめぐる文化環境は一変する．言論の自由が確保され，検閲が撤廃される一方，それまで絵本刊行の担い手だった国営の出版所は民営化されるか閉鎖された．出版の自由化と欧米文化の流入は，ロシア絵本の多様化とともに，質的な低下をもたらした．21世紀に入ると混乱は沈静化し，絵本界は新たな局面を迎えている．戦前の絵本文化の研究も進み，研究書や覆刻版の出版が相次いだ．活躍中の絵本画家としては，ユーリー・ノルシュテインの妻でアニメ映画の絵本化で知られるフランチェスカ・ヤールブソワ，現代美術家としても名高いレオニート・チシコフ，ヴァレンチン・オリシヴァングの仕事が注目されよう．　　　　　［沼辺信一］

アーティスト・ブック

　アーティスト・ブックの定義はさまざまであるが，主に書籍の形態で表現された芸術作品を指し，アーティスト自身や他者のテクスト（文章）を伴う場合もあれば，テクストを伴わない場合もあり，視覚詩（ヴィジュアル・ポエトリー）の詩集もアーティスト・ブックと呼ばれることがある．銅版画，石版画，シルクスクリーン，水彩やペンを用いた一点物の作品，印刷所での大量印刷など手法や部数もさまざまである．文学との密接な関係を特徴の一つとする20世紀ロシア美術では，文学と美術の融合の一形式であるアーティスト・ブックがおおいに発展を遂げた．

❀未来派のアーティスト・ブック　ロシアのアーティスト・ブックの第一の隆盛期は1910〜20年代であり，とりわけ未来派の詩人ヴェリミール・フレーブニコフ（1885〜1922）は，アレクセイ・クルチョーヌイフ（1886〜1968），ナタリヤ・ゴンチャローワ（1881〜1962），カジミール・マレーヴィチ（1879〜1935），オリガ・ローザノワ（1886〜1918）らとともに前衛的な詩文集，アーティスト・ブックを次々に生み出した．フレーブニコフがクルチョーヌイフらとともに，罪人と悪魔が地獄で興じるトランプゲームを題材に，ザーウミ言語（意味を超越した言葉）の試みを極限まで追求した『地獄の戯れ』(1914) をはじめとして，未来派においてアーティスト・ブックは，アーティストと詩人の自由奔放な遊戯であると同時に，既存の文化への抵抗としての新しい芸術・言語実験だった．

❀ソ連期のアンダーグラウンド芸術から現代　1960〜80年代に活動したアンダーグラウンドの芸術家グループ「モスクワ・コンセプチュアリズム・サークル」(☞項目「ソ連期のアンダーグラウンド芸術」）では，テクストやコンセプトの解説を重視するという流派の特性上，多数のアーティスト・ブックが制作された．創作初期から晩年まで一貫してアーティスト・ブックを制作し続けたイリヤ・カバコフ（1933年生）は，自分のアーティスト・ブックへの偏愛の背景には，ロシア文化において最も優れていたのは美術ではなく文学だったという意識，グーテンベルク以来の書籍の伝統への敬意，（人間の）意識が存在するのは本のおかげにほかならないという信念があったと述べている．インスタレーションを手掛ける前にカバコフが制作するアーティスト・ブックは，設計図的なものではなくそれ自体が独立した作品であり，ロシアのユートピア文学の水脈に連なるオリジナルな文学作品でもある．

　文化統制下のソ連では，60〜70年代を中心にタイプライターで書籍を自主制作する「サムイズダート」が流行したが，詩人で画家のドミートリー・プリゴフ

図1 ブカシキンのアーティスト・ブック(1980年代末〜1990年代初頭)[図2ともにレオニート・チシコフ提供]

図2 ダニイル・ハルムス文,レオニート・チシコフ絵『出来事』(1993)

(1940〜2007)はサムイズダートの手法を用いて,ソ連のイデオロギー的な言説を引用した皮肉なテクストからなるアーティスト・ブックや視覚詩の詩集を制作した.プリゴフの影響のもとアンナ・アリチューク(1955〜2008)はタイプライターで視覚詩のアーティスト・ブックを制作し,セルゲイ・シゲイ(1947〜2014)はより造形的要素の強い,未来派の伝統を継承した詩画集を制作した.

スヴェルドロフスク(現エカチェリンブルグ)の非公認芸術の中心人物であり,詩人,アーティスト,音楽家として活躍したスタリーク・ブカシキン(「老ブカシキン」の意,本名エヴゲーニー・マラーヒン,1938〜2005)が言葉遊び的なテクストとイラストを木に描いた一点物のアーティスト・ブック(図1)を制作したように,80〜90年代にかけてアーティスト・ブックは書籍という形態からより自由になり,作家達は金属を使用した書籍,紙のオブジェ,木の立方体,白いシャツに書かれたテクストなどをアーティスト・ブックとして発表した.

従来の書籍の形式のアーティスト・ブックも活発に制作され続けた.ソ連崩壊後,検閲は廃止されたが,急速に商業化された出版界ではアーティスト・ブック的書籍を大手出版社から刊行することは依然として難しかったため,作家自身が小規模な出版社をつくり,叢書としてアーティストブックを出版するブームが起こった.この時期のアーティスト・ブックの代表的作家がレオニート・チシコフ(1953年生)であり,ダニイル・ハルムス(1905〜42)の物語集(図2),奇妙な生物を主人公とする自作の物語のアーティスト・ブック『ダブロイド』(1991)などを次々に発表した.近年,ロシア国内外でアーティスト・ブックの歴史を回顧する展覧会が盛んに開かれ,その文化的意義の再評価が進んでいる.アーティスト・ブックは,遊びと実験精神に満ちた総合芸術であり,20世紀ロシアの重要な文化現象の一つである.

[鴻野わか菜]

写真

❋ロシア写真の黎明期　19世紀末にはロシア国内に写真技術が広まり，帝政ロシアの主要都市には愛好家たちの写真協会が形成されていた．1894年にはモスクワにロシア写真協会が設立され，各都市の支部で写真コンクールを開催するなど，ロシアにおける初期写真の運動を牽引した．これら初期写真の愛好家達の撮影対象は，風景，静物，ポートレートなど絵画のジャンルをそのまま受け継いでいた．

なかでもアレクサンドル・グリンベルグとモイセイ・ナッペリバウムは優れたポートレートを撮影したことで知られている．当時ロシアでは写真は光を意味する「スヴェート」から「スヴェートピシ」と呼ばれていた．グリンベルグは，絵画に似せたピクトリアリズムの様式で，やわらかな光に包まれた芸術性の高い写真を撮影した．

また，70年代以降，民俗学的な観点から，ロシア国内外を旅して各地の風景やそこに暮らす人々の生活などを記録する試みが盛んになった．なかでもセルゲイ・プロクジン＝ゴルスキーは3色のフィルターを用いて世界でもいち早くカラー写真を撮影することに成功した．彼の写真には，農村での生活の様子や各民族の風俗などが克明に写し取られている．

❋写真のモダニズム　1920年代後半になると，形式的な実験を試みるモダニズム写真が興隆した．アレクサンドル・ロトチェンコはラクルス（短縮遠近法）と呼ばれる特異な視点の写真で一世を風靡した．28年にはロトチェンコを写真部門のリーダーとする芸術家グループ「十月」が結成され，ボリス・イグナトヴィチやエレアザル・ラングマンらが，小型カメラ「ライカ」を手に，社会主義建設によって変貌しつつある都市の様子を斬新な視点と大胆な構図で撮影した（図1）．しかしこのような「十月」グループの写真は，西側のブルジョワ由来のモダニズムの影響を受けた実験芸術として，フォルマリズム（形式主義）の名のもとに厳しい批判にさらされた．

図1　ロトチェンコ〈避難はしご〉（1925）

革命後のロシアで作品や写真理論を掲載し，写真をめぐる論争の場となったのが雑誌『ソヴィエト写真』（後に『プロレタリア写真』に改名）だった．そこでは複数の写真を一つのテーマやストーリーに沿って組み合わせる「フォト・シ

リーズ」が掲載された．マックス・アリペルトによる「モスクワ労働者家族の24時間」は個々の家族の生活を通して社会主義の生活を浮かび上がらせる「社会の織物」（批評家セルゲイ・トレチヤコフによる）として高く評価された．フォト・シリーズは後により規模の大きいフォト・オーチェルク（ルポルタージュ）へと発展を遂げ，スターリンの五カ年計画によるソヴィエト建設を記録したグラフ雑誌『建設のソ連邦』（1930年発刊）へと結実した．写真家のみならず，構成主義や社会主義リアリズムなどさまざまな流派の芸術家やデザイナー，統計や地図作成の専門家が参加した同誌は，世界的に見ても同時代のグラフィックデザインの頂点に位置している．

✤第2次世界大戦後の動向―報道写真と写真愛好家サークル　第2次世界大戦中には200人以上の写真家が従軍し，エヴゲーニー・ハルデイやアルカージー・シャイヘトらは優れたルポルタージュ写真を戦場から持ち帰った．「雪どけ」後，一部の写真家たちは政治やイデオロギーとは関係のない写真表現を希求するようになった．彼らにとって1950〜70年代にかけて全国に広がった写真愛好家サークルは，比較的自由に創作のできる避難所の役割を果たした．

　アマチュア写真家としての活動から出発してロシアを代表する写真家になったのがイーゴリ・ムーヒンである．ムーヒンは80年代後半から展覧会で作品を発表し始め，フリーランスの写真家として活躍した．サムイズダートの編集者たちと交流のあったムーヒンは，90年代にヴィクトル・ツォイらミュージシャンのポートレートを撮影して有名になり，ペレストロイカ期からソヴィエト崩壊にかけての若者たちのオルタナティヴな文化やロシアの日常を白黒のスナップショットでとらえた．ボリス・ミハイロフもまたアマチュアから世界で活躍するアーティストとなった．ミハイロフは，妻のヌード写真をKGBに咎められてエンジニアの職を失い，写真修正の仕事をしながら制作を続けた．70〜80年代の写真には，室内風景やダンスや海水浴などの余暇を楽しむ人々が親密さとおおらかなエロティシズムとともに映し出される．また，他人が撮影した写真に着色したシリーズや複数枚の写真を組み合わせてテキストを挿入するシリーズなど，イメージの見え方や作家性を問い直すコンセプチュアル・アートとも共通する試みも行った．90年代以降は崩壊前後の混乱したソヴィエトを写した写真によって国外から一躍注目を集めた．

　現在では，モスクワ・マルチメディア・アート・ミュージアム（**MMAM**）やリュミエール兄弟写真センターなど，独自の写真のコレクションを持つ美術館やギャラリーが盛んに活動し，ロトチェンコ写真マルチメディア学校は若手の写真家やアーティストを多数輩出している．報道写真やコマーシャル・フォトが中心に展示される「ベスト・オブ・ロシア」は年に一度モスクワで開催される人気イベントとなっている．　　　　　　　　　　　　　　　　　　　　　　［河村　彩］

彫　刻

　彫刻は，ロシア正教が彫刻や彫塑による人体の再現に肯定的でなかったために発展が遅れ，隆盛を迎えるのは19世紀半ばを過ぎてのことである．バロックや古典主義の彫刻は，宮殿や庭，広場を華麗に飾った．帝政末期には，さまざまなスタイルの優れた彫刻家が輩出する．ソ連期になると，そのプロパガンダの機能が注目され，主要な芸術分野として認識された．

❋**古代ルーシ・中世**　古代ルーシ時代の彫刻は，花模様や幾何学模様，聖人像などが彫られた装飾的なレリーフなどわずかしか残っていない．中世の彫刻は，木彫りの聖母子像や聖人像，石彫りの教会の植物文様装飾が今日まで残っている．

❋**18世紀前半**　彫刻家たちはヨーロッパから人体やドレープの表現法を学び，肖像，記念像，装飾的浅彫り，メダルなどを制作した．イタリアの館やヴェルサイユの庭園の彫刻，ヨーロッパの町の広場の記念碑などのほか，ピョートル大帝の「夏の庭園」(1704)のために買い付けられた彫刻も，黎明期のロシアの彫刻に影響を与えた．バルトロメオ・ラストレッリ(1675〜1744)の〈アラブの小姓を従えた女帝アンナ・イオアノヴナの像〉(1741)はこの時期の代表作である．ツァールスコエ・セローのエカチェリーナ大宮殿のファサードも彼の手になる．18世紀に多数造られたバロック建築において彫刻は装飾に大きな役割を果たしている．

❋**18世紀後半**　1757年に帝室美術アカデミーが設立されたことにより，彫刻の分野は活性化した．この時代の代表的な彫刻は，ペテルブルグの元老院広場に立つファルコネの〈ピョートル大帝の騎馬像〉(1765〜82)であろう．後にピョートル大帝を詠んだプーシキンの詩の題名から「青銅の騎士」と呼ばれるようになった．ピョートルは，後脚で立つ馬を左手でぐっと抑え，右手を前方に伸ばしつつ，視線をまっすぐ前方右に向けている．台座は切り立つ岩であり，馬は脚で「悪」の寓意である蛇を踏み付けている．ダイナミックな動きによって，騎馬像はピョートルが悪や困難を克服し，正しい方向へ力強く前進し続ける指導者であることを表している．

図1　ファルコネ〈ピョートル大帝の騎馬（青銅の騎士）〉像

❋**19世紀前半**　18世紀末から現れた古典主義は，約1世紀の間，唯一にして最大の芸術流派であった．古代の神話，聖書の伝説，世界や祖国の歴史から主題がとられ，愛国主義や民族主義に基づく普遍的な価値が追及された．古典古代の理想主義に満ちた英雄的な男らしさが好まれ，優美なヌードは稀にしか見られな

かった．赤の広場のイワン・マルトス〈ミーニンとポジャルスキー〉像（1803）やニジニ・ノヴゴロドの記念碑ミハイル・ミケシン〈ロシアの千年〉（1862）は，その代表例である．そのほか，サンクト・ペテルブルグの旧海軍省（1823）など重要な建築物の装飾に彫刻は大きな役割を果たした

❋**19世紀後半～20世紀初頭** 移動展派が台頭して以降，主題が多様化し，彫刻家は個性的なスタイルで制作するようになった．マルク・アントコリスキーの〈民衆の裁きを前にしたキリスト〉（1874）は，粗末な衣をまとい荒縄で縛られたキリストが静かに立つ白い大理石像である．世紀転換期には，優れた彫刻家が次々に輩出した．パーヴェル・トルベツコイ（1866～1938）は，印象主義の彫刻家といわれ，絵筆を思わせる，流れるようなタッチの洗練された

図2 ゴルブキナ〈老い〉（1898），ムーヒナ〈工場労働者と集団農場女性労働者〉（1937）

スタイルで制作した．象徴主義のアレクサンドル・マトヴェーエフ（1878～1960）の作品は，内に魂が宿ってうち震えているかのようである．アンナ・ゴルブキナ（1864～1927）は，初めての女性の彫刻家である．ザライスクの古儀式派の家で育ち，25歳のときモスクワに出て，翌年モスクワ絵画建築彫刻学校に入学した．1897年からロダンに師事し，翌年パリのサロンに出品した〈老い〉は銅メダルを受賞した（図2左）．その作風は，ロダンの影響を受けているが，よりダイナミックで，どこか崇高．ボリシェヴィキ政権とはあまり折合いがよくなかった．セルゲイ・コニョンコフ（1874～1971）は，リアリズム，モデルン，そして社会主義リアリズムに作風を変えて，ソ連期に活躍した．

❋**ソ連期** 未来派や構成主義者は，さまざまな技法を混合し，芸術分野の境界を越えた彫刻を制作した．ウラジーミル・タトリン（1885～1953）の〈カウンターレリーフ〉（1916），〈レタトリン〉（1929～32）はその代表的な作品である．彼らの実験的な彫刻をボリシェヴィキ政権は不適切と見なすようになる．他方，レーニンは「記念碑的プロパガンダ計画」（1918）を発表し，彫刻をプロパガンダの手段として認識し奨励した．1934年にゴーリキーが策定した社会主義リアリズムの原則でも，彫刻は記念碑制作の手段として認識された．1937年のパリ万博でソ連パビリオンを飾ったヴェーラ・ムーヒナ〈工場労働者と集団農場女性労働者〉や，スターリングラードの熾烈な戦いを記念した85mもの高さの巨大な〈母なる祖国が呼んでいる〉（1959）はその好例であろう（図2右）．各地にたくさんのレーニン像が建てられたが，ソ連崩壊後に撤去が続いたことはソ連期が終わったことを象徴する出来事の一つになった． ［福間加容］

ウサージバ・庭園

　ウサージバとは，16世紀半ばからロシア革命時（1917）まで，ヨーロッパ・ロシア地域を中心にロシア国内に広く存在した地主貴族屋敷をいう．革命によって消滅したが，近年，過去の文化遺産として再認識され，地方の観光資源としても見直されている．その数は，ヨーロッパ・ロシア地域で16世紀半ばに約1万6000，18世紀初頭2万3000，19世紀初頭3万5000，19世紀半ば5万，19世紀末6万1000，そして1917年11月に布告された個人の土地所有禁止の直前で4万を数えていた．

✸歴史　中世の大貴族（ボヤーリン）は世襲ならびに報奨としての恵与によって農民付きの土地を所有していたが，近代化が始まるピョートル大帝期に輩出した新興貴族（ドヴォリャニン）も新生国家への勲功に応じて新たに領地を獲得できるようになった．しかも，ピョートルは西洋文化の浸透を目的として，新帝都ペテルブルグ中心部と周辺の区画土地を貴族に割り当て，各自の邸宅の建設を命じたため，彼らは西欧の家屋デザインをモデルとした屋敷を競って設計・建築した．その後，1762年に発布された貴族自由令により，それまで首都で国家勤務に専従していた貴族は郊外や地方領地に帰って旧宅を建替え，その周りに庭園・パークを拓くが，それは都市に広まっていた西欧風建築様式の地方化・ロシア化を促進した．その意味で，18世紀半ば以降，ロシア貴族文化の発達はウサージバの造作と運営に深く関わってきた．19世紀前半に貴族のウサージバ文化は黄金期に達したが，19世紀後半以降は，経済力をつけたブルジョアジーや商人が郊外住居としてウサージバを求め，町近郊の別宅であるダーチャとも重なりながら20世紀初頭まで存続した．したがって，20世紀初頭まで存続したウサージバは，近代化以前のモスクワ周辺に広がる大貴族屋敷を基礎として，18世紀から19世紀末まで，売却，相続，婚資，剥奪，破壊，放置などさまざまな理由で建替え・新築されていった貴族屋敷が重層化した文化現象である．ソヴィエト期には，党・国家ならびに各機関の施設となったが，近年，個人・企業による所有が復活すると同時に，地方再生の村おこし的拠点としての役割を果たしている．

✸ロシアの原風景　ウサージバは，規模的には簡素な庭付き小邸宅から宮殿に匹敵するものまであるが，一般的には，貴族領主とその家族が住む主人館，使用人用家屋，生活・家政用途の家屋，動物舎，庭園・パーク・菜園，ときに教会や野外舞台，池・川・並木林などから構成されていた．屋敷内にある農園・果樹園・畜舎の運営は主家の生活の経済基盤となっていたから，主人が裕福なら冬を過ごす都会とも，農民が住む周囲の農村とも隔絶した自立的な空間となった．概して，盗難や襲撃を避けるため，街道から奥まっていて，かつ周囲の村や自然を見晴ら

すことができる風向明媚な場所に選択されて設営される場合が多く，母屋（玄関へ導く，あるいは散歩道ともなる「暗い並木道」がシンボル）と敷地内の各種建物や庭園の設計と造営には贅を尽くし，意匠が凝らされ，外装や建築様式はその時代に流行の派手で目立つものだった．広大な平原と奥深い森を抜けた時に目に飛び込む教会の尖塔とウサージバの豪奢な領主館のファサードはロシアの原風景と呼ぶにふさわしい．

図1　ウサージバ

✿**貴族の巣**　革命前の農村社会にとってウサージバは封建的な後進的土地所有と農民・農奴の支配拠点として機能していた（ソヴィエト期にはコルホーズ，ソホーズの拠点家屋もウサージバと呼ばれた）が，他方で，文化的拠点として重要な役割を果たしていた．特に夏の間，家族や知人・客人が群れ集い，饗応や娯楽，趣味や遊戯に時間を費やす貴重な生活と交流の場となった．主人が生まれ育ち，時に帰郷する，季節や時期によって長期間滞在し，隠居する場であり，都会住居との二重生活ができる空間である．

✿**インテリゲンツィア創成**　それはまた，ロシアの近代化を物質・精神文化の両面で都市から田園へと浸透させた．活発な相互訪問やサロンでの交流によってインテリゲンツィアの誕生を準備すると同時に，彼らが民衆と接してその文化と遭遇・衝突しながらロシア文化を形成させていくうえで大きな役割を果たした．そのため，ジャンルを問わず，18世紀半ば以降に群れ成して登場したインテリゲンツィア（作家，思想家，音楽家，画家，劇作家，官僚，学者等々）のほとんどがウサージバでその感性を醸成させ，知的活動を涵養していった．

✿**知るために**　革命前のウサージバを知る上で最高のテクストは，貴族屋敷文学の作品である．ウサージバという環境の中で，ロシア人の自然・人間・社会に対する基本的関係性・時空間感覚が凝縮したかたちで読み取れる．有名なウサージバは，シェレメーチェフ家のクスコヴォやオスタンキノ（モスクワ市内），プーシキンのミハイロフスコエ（プスコフ州），レフ・トルストイのヤースナヤ・ポリャーナ（トゥーラ州），トゥルゲーネフのスパスコエ＝ルトヴィノヴォ（オリョール州），ナボコフのロジジェストヴェノ（レニングラード州），チェーホフのメリホヴォ（モスクワ州）などで，現在，それらは庭園やミュージアムとして公開され，また修復・再建されている．ウサージバの研究は20世紀初頭に開始され，革命後も継続したが，1920～30年代に中断を余儀なくされた．その中核となった「ロシア・ウサージバ研究会」が再興され，地方からの情報発信も含めて学際的研究が急激に進展している． [坂内徳明]

女性芸術家たち

　近代の西洋美術史において，女性が職業的な芸術家になりえなかった時代から，ロシアの女性芸術家たちは強固な家父長制的社会の中ながらも，みずからの創造性を追求し，時代に先駆けて活躍した．

　ジナイーダ・セレブリャコワの1909年の自画像では，画面手前に化粧品や装飾品，針山などが描かれ，身支度をする芸術家自身のプライベートな領域が鮮やかに表現されている（図1）．こうした女性の個人的な空間を象徴する一連のモチーフは，未来派の女性芸術家たちにも受け継がれていた．14年のリュボーフィ・ポポーワやオリガ・ローザノワの作品にも手袋や針仕事道具がキュビスム的な画面に描き込まれているが，抽象化の流れが進むにつれ，こうした表現は消滅する．

図1　セレブリャコワ〈化粧　自画像〉（1909）[トレチヤコフ美術館蔵]

　一方，ワルワーラ・ステパーノワは身体表現に関わる作品を残している．20年の踊る身体を描いた絵画と同様に，彼女が手がけた服飾デザインは，幾何学的要素に基づく直線的なカッティングを特徴としていた．だが，社会主義リアリズムの時代に入ると，女性の身体表象は曲線を帯びたものが復活してくる．当時の西側では女性彫刻家が数少なかった中で，例外的に記念碑的な作品を手がけたヴェーラ・ムーヒナは，健康的な女性の身体を創造した．〈工場労働者と集団農場女性労働者〉（1937）では「工業-男性」「農業-女性」というジェンダー的なステレオタイプが明瞭だが，身体表現は「労働する身体」という枠組みに従属している．

　ソ連において「女性問題」は解決したものとされ，女性・男性は労働者として完全な平等を達成していると考えられた．ジェンダーの差異に基づく問題よりも，「普遍的」問題が常に優先されてきたためである．それゆえ，性とジェンダーという課題を個別的な欲望に根ざした侵犯的なものとしてとらえ，そのことを女性芸術家が自己の問題として描き出すのは，ロシアにおいては容易ではなかった．90年代こうした主題に正面から取り組んだのは，ウラジスラフ・マミシェフ＝モンローだったが，彼はドラァグ・クィーンとしてマリリン・モンローに扮装することで，ジェンダーの自己認識の揺らぎを表現したのである．

［江村　公］

13. 音　楽

　　ロシア音楽の世界では，さまざまな実験が行われてきた．20世紀初頭，哲学，
神秘思想に傾倒したアレクサンドル・スクリャービンは，音楽，色彩，光，ダン
ス，香りの結合する《神秘劇》を演奏することで，人間と世界の変容を目指そう
とした．彼と同年生まれのセルゲイ・ディアギレフは，それとはまた別の総合芸
術としての「バレエ・リュス（ロシア・バレエ団）」を展開し，美術の分野では，
同時期に，ユダヤ系画家バラノフ＝ロッシネーが，音と光と色を奏でる鍵盤楽器
「オプトフォン」の発明に取り組んでいた．　一方，物理学者レフ・テルミンは，
電磁場を利用した世界初の電子楽器テルミンを開発し，電力化を推進していた
レーニンの強い関心を得た．
　　ロシア音楽の個々の作品や楽器は，哲学，思想，宗教，政治，歴史，科学技
術，美術，文学，映画などと密接に関わりながら生まれてきた．それを踏まえて
ロシア音楽を多角的にとらえ，個々の作品や人物をロシア文化・世界文化の文脈
に位置付けて理解することが，本章の目的である．　　　　　　　［鴻野わか菜］

民族音楽・民謡

　ロシアの民族音楽というと，狭義にはロシア人によって歌い踊られ奏でられる
音楽を意味する．しかし帝政時代にはウクライナもベラルーシもロシアの一部と
みなされ，小ロシア，白ロシアと呼ばれていたため，広義のロシア民族音楽には
これら東スラヴ圏の民族音楽全体を含めて考えることも多い．さらにソヴィエト
時代にはアレクサンドロフ・アンサンブルなどによって，ウクライナ民謡やグル
ジア民謡，アルメニア民謡までロシア語で歌い広めたために，戦後の日本のうた
ごえ運動などでもこれらのロシア以外の共和国の民謡も広義の「ロシア民謡」と
して歌われるようになった反面，ソヴィエト時代に「退廃的」という烙印を押さ
れたロマ（ジプシー）の民謡は，ソヴィエト時代には発禁となっていた．

☀民族楽器　ロシアの民族音楽の全体は大まかに声楽と器楽に分けられるが，そ
の特徴は，声楽が優勢なことである．東スラヴ人の宗教である東方正教は典礼に
楽器を用いず，楽器そのものが異教的なものとして迫害されたことがその一因で
ある．おそらくロシアには古くからさまざまな民族楽器があったと考えられる
が，そのほとんどが聖職者によって絶滅させられた．現在ロシアの民族楽器オー
ケストラで演奏されている民族楽器の中心はバラライカだが，これは19世紀末
にワシーリー・アンドレーエフによって復元改良されたものである（☞コラム
「バラライカ」）．18世紀末から知られるロシア民謡《白樺は野に立てり》にはバ
ラライカの名が言及されるが，これが現在のバラライカとどのように関係がある
かは不明である．バラライカは民間ではテンポの速い踊り唄の伴奏などに用いら
れたが，ソヴィエト時代には国策によって全土の非ロシア系の民族にまで普及し
た．この他に鍵盤楽器としては鍵盤式のアコーディオンであるガルモーニが19
世紀後半から用いられるようになった．バラライカと並んで有名な撥弦楽器がド
ムラである．ドムラの名称は17世紀後半にはじめて言及され，それと思われる
半球系の大きな胴を持つ楽器の図は17世紀初頭のドイツ人のモスクワ旅行記に
見出される．しかしこの古来のドムラは中世18世紀後半には使われなくなり，
一つの例も残っていない．現在のドムラはバラライカと同じく19世紀末にアン
ドレーエフによって復元されたものである．ロシア革命後盛んになった民族楽器
オーケストラの原型はこのアンドレーエフによってつくられたものだった．

　古来吟遊詩人は叙事詩などをグースリと呼ばれる撥弦楽器を伴奏楽器として用
いながら吟唱していたと考えられているが，グースリは元来木板の上に張られた
金属弦を弾いて演奏するものであり，翼型，兜型，箱型などの種類があり，翼型
のものが最も古い．現在民族楽器オーケストラなどで使われているのは箱型の

グースリである.

❋民謡　声楽に属する民族音楽，すなわち民謡は，我が国ではロシア民謡として親しまれているが，その中には実際には極めて多様なジャンルが含まれている．われわれがロシア民謡という場合，そこにはふつうビリーナのような叙事歌謡は念頭におかれていないが，非叙事歌謡も儀礼歌と狭義の叙情歌に分けられる．前者の儀礼歌は年中行事に伴って歌われる農耕儀礼歌と，結婚や葬礼などの家庭儀礼に伴って歌われる家庭儀礼歌に分けられる．前者にはクリスマス・イヴに歌われるコリャダーなどがあり，後者には婚礼や葬礼の泣き歌などが含まれる．これらの民謡が本来のロシア民謡と呼ぶべきものだが，日本ではほとんど知られていない．叙情歌は，その内容と歌唱形態によって分類できる．内容的には，恋愛を歌ったもの，家庭生活を歌ったもの，風刺的な内容のものなどに分類できる．また歌唱形態によって，体の動きを伴うものと伴わないものに分類できる．前者に属するものは，遊戯を伴うもの，群舞（ホロボード）を伴うものなどに分けられ，明確な拍節的構造を持つ．有名なロシア民謡《白樺は野にたてり》は典型的なホロボードの歌である．後者のタイプの民謡は言葉のイントネーションに即した朗唱的旋律で歌われ，明確な拍節的構造を持たない．

　ところで，フォークロアとしてのロシア民謡を中心的に担ってきたのは農民だが，ロシア民謡を支えてきたのは農民だけではなかった．すでに革命前から農民層から馭者や舟曳き，兵士や盗賊，囚人などさまざまな社会層が派生していたからである．そのそれぞれが固有の民謡のジャンルを形成していた．

　また19世紀から職業詩人の作品が民謡化した都市歌謡も広く歌われるようになったが，《赤いサラファン》《ステンカ・ラージン》《行商人》など日本によく知られている「ロシア民謡」の多くが都市歌謡である．

❋日本におけるロシア民謡　日本に最初に知られたロシア民謡は，19世紀に大黒屋光太夫が伝えた《ソフィアの歌》と考えられるが，本格的にロシア民謡が職業的な音楽家によって伝えられるのは，20世紀に入ってからである．来日した最初のロシア民謡合唱団は1912年と15年に来日した「スラヴャンスカヤ・カペッラ」であった．30年代以降は満州に進出したロシア人がハルビンなどの都市において，じかにロシア人演奏家と触れ合う機会を持つことになった．世界的なバス歌手フョードル・シャリャーピンが来日して《ヴォルガの舟曳き歌》を聞かせたのは，36年のことである．戦後は56年の日ソ国交回復後に次々と来日した国立アカデミー合唱団などの影響もあり，うたごえ喫茶を中心に展開したうたごえ運動の中でロシア民謡が盛んに歌われるようになった．60年代前半の「紅白歌合戦」でも計3回ロシア民謡が歌われている．また戦前からSPレコードによってロシア民謡を広めていた亡命ロシア人男声合唱団，ドン・コサック合唱団は戦後3度も来日し，日本の男声合唱界に大きな影響を与えた．　　　　　　　　［伊東一郎］

近代音楽の勃興とグリンカ

　西欧から芸術音楽を導入したことは日露の共通点だが，導入の時期や経緯には大きな相違がある．ロシアでは中世に西欧との交流が増えたことが発端であり，当初はカトリック圏と接するウクライナを経由した流入だった．本格的導入は18世紀，ピョートル1世の西欧化政策を起点とする．それまでシリアスな音楽といえば正教会の音楽だった．西欧音楽は祝典や舞踏会，軍楽隊など，実用的な音楽としても導入されたが，特に1730年代以降にイタリアやフランスからオペラが本格的に紹介されると，娯楽として徐々に普及し，帝室のみならず，シェレメチェフ家の農奴劇場に象徴されるように，大貴族の私邸でもオペラやバレエが上演されるようになり，演奏家や作曲家の形成がうながされていった．

※音楽を担う人々　ハイドンが基本的に宮廷に従属した身分だったのと同様に，音楽家の地位は高くなかった．主な担い手は外国人，農奴など身分の低い人々，そして貴族の愛好家だった．1835年にアンナ女帝の宮廷楽長としてフランチェスコ・アラーヤが招かれて以降，パイジェッロやチマローザなど主にイタリア人が宮廷楽長や帝室礼拝堂監督に招かれ，彼らのもとでロシア人が学ぶようになり，徐々に外国人音楽家にとって代わることになる．

※グリンカ以前の音楽界　みずから台本を書いたエカチェリーナ2世（在位1762～96）の時代には多くの音楽家が出現していた．アラーヤが上演したのは神話や英雄を題材とするオペラ・セリアだったが，この時期には喜劇的なオペラ・ブッファや芝居を含むオペラ・コミックが人気だった．作曲家ではパシケーヴィチとフォミーンが重要である．前者はロシアの宮廷作曲家だったマンフレディーニに学んだ．後者は砲兵の息子で慈善施設に学び，ラウパッハに学んだ後，ボローニャに留学してマルティーニの指導を仰いだ．

　18世紀末では，ボルトニャンスキーとカッテリーノ・カーヴォスがあげられる．ウクライナ出身の前者は宮廷楽長としてロシアに滞在していたガルッピに学び，その後エカチェリーナ2世の命を受け，ヴェネツィアに学んだ．後者はイタリア出身で，バレエ・マスターのアルベルトを父に持ち，客演をきっかけにロシアに定住し，オペラ団の指揮者として活躍する一方，オペラやバレエ作品を多く残した．器楽曲ではヴァイオリン曲を得意としたハンドシキンや上流階級で好まれたポロネーズで人気を博したコズロフスキーが知られている．

　徐々に愛好家も増え，19世紀初頭にはラズモフスキー公やゴリーツィン公がベートーヴェンのパトロンとなり，1802年にはペテルブルグ・フィルハーモニー協会が設立され，24年にはベートーヴェンの《ミサ・ソレムニス》を世界初演し

た．民謡への関心も現れ，特にニコライ・リヴォーフ編纂の民謡集は，ロッシーニやフンメルだけでなく，ベートーヴェンもラズモフスキーに献呈する四重奏曲で引用した．この間に音楽様式もバロックから古典派に移り変わり，ナポレオン戦争も契機として民族性が意識されるロマン派の時代を迎える頃，グリンカが登場する．

❋ **グリンカ**　ミハイル・グリンカ（1804～57, 図1）はスモレンスク近郊の大地主の長男として生まれ，首都サンクト・ペテルブルグの貴族子弟のための寄宿学校で教育を受けると同時に，ジョン・フィールドらに師事して，ピアノ演奏や作曲の技法を身に付けた．官吏の職に就いたが，病弱を理由に10年ほどでこれを辞め，1830年春，療養の目的で3年間のイタリア旅行へ旅立ち，ベッリーニやドニゼッティのオペラに学んで，オペラ作曲の基礎を身につける一方，ロシア人としての意識を強め，国民オペラの構想を抱いた．イタリアからの帰路，ベルリンの音楽理論家ジークフリート・デーンに学び，帰国すると早速オペラ《皇帝に捧げた命》（1836）を書き上げて大成功を収め，翌年帝室礼拝堂の指揮者に就任した．第2作《ルスランとリュドミーラ》（1842）は前作のような愛国劇ではなかったこともあり，論争を巻き起こし，失望したグリンカは再び出国して，スペインで二つの《スペイン序曲》を書いた後，51年に幻想曲《カマーリンスカヤ》を作曲．晩年は中世ポリフォニー音楽の研究を志してベルリンに赴き，同地で死去した．

図1　グリンカ

❋ **グリンカの後世への影響**　それまでのロシア・オペラは基本的に芝居と歌とを組み合わせたオペラ・コミックだったが，《皇帝に捧げた命》は芝居の部分を含まずに全体が音楽化された初めてのロシア・オペラで，歴史オペラの系譜の起点となった．主人公が死ぬ悲劇であるが，ソ連時代も国民オペラの模範として台本を書き換えて上演され続けた．《ルスランとリュドミーラ》はお伽話オペラの系譜の起点となり，全音階的要素と半音階的要素によって人間界と異界との対置を表象し，ストラヴィンスキーに至るまでロシアの作曲家のお手本となった．さらに両オペラに含まれる踊りの場面は，物語に踊りを有機的に取り込んでいる点で，後世のバレエ音楽への影響も指摘される．管弦楽曲の《カマーリンスカヤ》は，西欧的な主題労作ではなく，オーケストレーションを変化させながら，主題を変奏していくロシア独自の管弦楽曲の型を生み出した．グリンカの没後も，イタリア・オペラが音楽界を支配する時代は長く続いたが，1862年のサンクト・ペテルブルグ音楽院創設以後，担い手においても，創作においてもロシア音楽界のロシア（人）化が徐々に進行していくことになる．　　　　　［梅津紀雄］

ロシア五人組

　ロシア五人組とは，1850年代末から70年代初頭にかけて，ロシア社会における民族主義的な機運や民主思想の高まりを背景に，国民音楽の創始に向けて結集したペテルブルグの音楽家グループである．ロシアでは，19世紀前半にすでに作曲家ミハイル・グリンカやアレクサンドル・ダルゴムィシスキーらによって民族主義的な音楽の創作が高度なレベルで試みられていたが（☞項目「近代音楽の勃興とグリンカ」），このグループは両作曲家らの活動を引き継ぎながら，それを本格的に展開した．

　ロシア五人組（以下，五人組）は，後にフランスで使われるようになった名称である．当人たちは始め「新ロシア楽派」と名乗ったが，67年，彼らの支援者だった芸術批評家ウラジーミル・スターソフが「力強い一団」という言葉で呼んで以来，現在でもロシアではもっぱらこの言葉が使われる．

　メンバーはミリイ・バラキレフ，ツェーザリ・キュイー，アレクサンドル・ボロディン，モデスト・ムソルグスキー，ニコライ・リムスキー＝コルサコフの5人．この中でリーダーだったバラキレフは55年にグリンカと出会い，音楽家になるようアドバイスを受ける．翌56年にキュイー，その翌年にはムソルグスキーとの交遊も始まる．61年にリムスキー＝コルサコフ，62年にボロディンが仲間に加わり，こ

図1　ロシア五人組の指導者，バラキレフ

こで五人組が誕生した．バラキレフをリーダーに一緒に勉強し，互いに助言し，批評し合いながら音楽の勉強を続けたアマチュアグループであり，メンバーのほとんどは他に本業を持っていた．

❋**グループの理念・特徴とその解体**　五人組が誕生するのとほぼ同時期に，ペテルブルグでは音楽家のアントン・ルビンシテインとニコライ・ルビンシテインの兄弟がロシア音楽協会やペテルブルグ音楽院，モスクワ音楽院を設立し，活動を展開し始めていた．彼らはドイツの音楽教育を模範とし，その教育プログラムをロシアに持ち込んだ．五人組はそれに対抗し，伝統的な西欧の音楽教育に基づかない方針を打ち出した．後年スターソフが論じたところによると，グループの音楽の基本的な特徴は，伝統に縛られない自主独立の精神を持つこと，音楽教育に過度に依存しないこと，民族性を志向すること，東洋の要素を持つこと，標題音

楽を志向することの5点にまとめられる.

　このような理念のもと, 1862年に無料音楽学校が開設され, アカデミックな伝統に基づかない教育がスタートする. また, 民謡の収集・編纂が行われ, 作品の中にも取り入れられるなど, 独自の理念に沿った彼らの活動は60年代末に頂点に達した.

　ルビンシテイン兄弟らアカデミズム派と五人組はその理念の違いから60年代半ばまで激しく対立した. しかし, その対立の中心は, 主として西欧の伝統的な音楽理論をどこまで取り入れるかという点にあったといってよい. アカデミズム派も五人組もともにロシア的な音楽を大切にし, ロシア的な要素を自分の楽曲に取り入れており, その点は共通している. そして, 67年頃に両派の表立った対立は解消する.

　五人組自体の結束も強いものではなくなっていった. 71年にリムスキー＝コルサコフがペテルブルグ音楽院の教授に迎えられ, そこで彼は音楽理論が創作にとっていかに重要であるかということを認識するようになる. これは, 五人組の当初の理念からの逸脱を意味する. 72年にはバラキレフが心身不調により音楽界から退く. また, 化学者としてのボロディンの本業が忙しくなるという事情もあり, 70年代半ば頃にはすでに一つのグループとしての五人組は事実上解体していたと見てよい. そうして, ロシア音楽界も世代交代の時期を迎えていく.

✳作品　彼らの創作で最も重要なのは, 何といってもオペラのジャンルだった. 日本では上演の機会ははなはだ少ないが, ムソルグスキーの《ボリス・ゴドゥノフ》(1869) や《ホヴァンシチナ》(1880), ボロディンの《イーゴリ公》(1887), リムスキー＝コルサコフの《皇帝の花嫁》(1899) や《金鶏》(1907) そのほか, 数多くの傑作が生まれている. また, リムスキー＝コルサコフの《シェエラザードOp.35》(1888) やムソルグスキーの《はげ山の一夜》(1867) に代表されるような交響詩的ジャンルも五人組が得意としたものだった. ピアノのジャンルは決して創作の中心ではなかったが, ロシア性を前面に出しつつ, 類のない不朽の名作となったムソルグスキーの《展覧会の絵》(1874) や, コーカサス (カフカス) の音楽を取り入れたバラキレフの《イスラメイ》(1869) なども生まれている. 交響曲や室内楽の分野は概してあまり得意としなかったが, 例外的にボロディンの《交響曲第2番》(1877) と二つの弦楽四重奏曲は傑作と名高く, しばしば演奏される. また, 五人とも歌曲の分野での活躍が目覚ましく, 数百曲に上る彼らの歌曲はロシア音楽の一大宝庫をなしている.

　なお, 五人の中では, キュイーの作品の知名度が低いが, ヴァイオリンとピアノのための《カレイドスコープOp.50》(1893) やピアノのための《25の前奏曲集Op.65》(1903) など, 器楽のサロン風の小品集が隠れた名曲として親しまれている.

[高橋健一郎]

チャイコフスキー

ピョートル・チャイコフスキーは，19世紀後半，ロシアの国民音楽が形成されていく中でその一翼を担った作曲家である．オペラ，交響曲，バレエ音楽そのほか幅広いジャンルで活躍し，ロシアの民族音楽を積極的に取り入れつつ，それを西欧の伝統的な音楽へと接続し，ロシア音楽の水準を高く引き上げることに成功した．抒情的でメランコリックな旋律や，絢爛豪華なオーケストレーションが人気の要因とされる．誰もが知る有名な旋律を数多く作曲し，ロシアの作曲家の中で知名度と人気の最も高い作曲家である．

❋生涯　1840年ウラル地方ヴォトキンスクに生まれる．ペテルブルグの法律学校で学んだ後，59年法務省に入省．しかし，61年アントン・ルビンシテインが設立した音楽学校に入学し，それが62年

図1　チャイコフスキー

にペテルブルグ音楽院になると，引き続きそこで学ぶ．そして，63年法務省の職を辞し，音楽に専念することになった．66年優秀な成績で卒業すると，ニコライ・ルビンシテインが創立したばかりのモスクワ音楽院に講師として赴任する．なお，チャイコフスキーが作曲家としての活動を始めた時期は，ちょうど「ロシア五人組」との活動の時期とも重なり，両者は互いに影響を与えながら国民音楽の確立を担った（☞項目「ロシア五人組」）．

1877〜90年まで，富豪の未亡人ナジェージダ・フォン・メックから作曲のための資金提供を受け，そのおかげで78年からは教職を辞して作曲に専念した．数々の作品を世に送り出し，国内外で名声を高めていくが，93年に急死する．死因に関しては諸説あり，同性愛を理由に自殺した，あるいは自殺を強要されたという説が出たこともあるが，近年の研究では，コレラによる病死という説の方が優勢である．

❋オペラ　チャイコフスキーは何よりもオペラの作曲家であり，残したオペラは11作を数える．『エヴゲーニー・オネーギン Op.24』(1878) が最もよく知られ，ライトモチーフによる登場人物の心理の巧みな描写が高い評価を受けている．また，《スペードの女王 Op.68》(1890) はチャイコフスキーの自信作であり，「このオペラを境として，世界の歴史はその前と後の二つに分かれる」という作曲家自

身の言葉が残されているほどである．実際，音楽的要素と劇的要素の有機的な結び付きが高く評価され，さらに現代では，ロシア象徴主義の先駆けと評価されることもある．なお，この2作はいずれもアレクサンドル・プーシキンの小説が原作である．

❀**交響曲**　ロシア本国以外では，チャイコフスキーは交響曲の作曲家として名声を博してきた．番号のない《マンフレッド交響曲Op.58》(1885) を含めた全7曲のうち特に第4～6番の3曲は傑作として世界的に有名で，現在でも頻繁に演奏される．最も有名な《交響曲第6番「悲愴」Op.74》(1893) は最終楽章がアダージョで書かれ，変則的な楽章構成を持つ．この曲に関して，チャイコフスキーは自伝的な側面を持つと告白しているが，その具体的な内容は明らかにしていない．

❀**協奏曲**　《ピアノ協奏曲第1番Op.23》(1875) と《ヴァイオリン協奏曲Op.35》(1878) は，世界のあらゆる協奏曲の中でも屈指の人気を誇る．チャイコフスキーは当初《ピアノ協奏曲第1番》をニコライ・ルビンシテインに献呈するつもりで，草稿の段階で聴かせたが，全否定されたため，献呈の相手をドイツ人音楽家のハンス・フォン・ビューローに変えたというエピソードが知られている．雄大な曲想，甘美な旋律に溢れ，華麗な技巧的パッセージに満ちたピアノとオーケストラが丁々発止のかけあいを見せるこの曲は，作曲家の存命中から人気を博した．なお，はじめは曲を否定したルビンシテインも，後に評価を変え，みずから演奏するようになった．

一方のヴァイオリン協奏曲も，初めに楽譜を見せたヴァイオリニスト，レオポルト・アウアーに全面的な改訂が必要と言われ，そして初演も決して成功とはいえなかったが，その後，人気を博すようになる．華やかなパッセージ，物憂げな響きやロシアの踊りのリズムなど，チャイコフスキーの得意としたさまざまな要素が見事に一つの作品に溶け込んだ傑作である．

❀**歌曲**　チャイコフスキーは100以上の歌曲を残している．特徴的なのは，歌詞全体の雰囲気や情緒を音楽的に再現するという方向性であり，全体的に抒情的で主観的なモノローグ調の曲が多い．《六つの歌曲Op.6》(1869) の第6曲「ただ憧れを知る者のみが」が最も広く知られ，ドイツ語版でもよく歌われる．6度や7度の音程の下降音型や，ピアノパートのシンコペーションが，嘆息の抑揚を生み出し，その嘆息の気分が抒情的モノローグのかたちで見事に音楽化されている．

《七つの歌曲Op.47》(1880) も充実した曲集である．第7曲の「私は野の草ではなかったか」は，劇的なモノローグがロシア民謡のイントネーションを伴って展開される．特異な位置を占めるのは，《子供のための16の歌Op.54》(1883) である．チャイコフスキーは子供たちに特別な愛情を注いだが，この曲集もそのような愛情に満ち溢れ，なかには珍しくユーモアを含んだ曲も見られる．[高橋健一郎]

スクリャービンとラフマニノフ

アレクサンドル・スクリャービンとセルゲイ・ラフマニノフは19世紀末から20世紀にかけて活躍したロシアの作曲家、ピアニストである。共通の師のもとでピアノと作曲を学んだ友人同士であり、ロシアの伝統を背負いながら独自の道を切り開き、ロシア・ピアニズムの頂点を極めるなど、多くの共通点を持つ。それと同時に、その歩んだ道や音楽の世界は互いに大きく異なってもいる。

図1 ズヴェーレフ（中央）とスクリャービン（前列一番左）、ラフマニノフ（後列右から二人目）

❀**スクリャービンの音楽** スクリャービンは1871年（西暦1872年）モスクワに生まれた。幼時から名伯楽ニコライ・ズヴェーレフにピアノを師事し、88年からモスクワ音楽院で作曲とピアノを学んだ。92年に小金メダルを得てピアノ科を卒業し、ピアノの演奏活動を開始する。作曲科は修了できなかったが、メセナ活動をしていたミトロファン・ベリャーエフに認められ、作曲家としての道も開けた。

まず、作曲家フレデリック・ショパンの影響の色濃いピアノ小品から作曲を始めたが、伝統的な枠の中に納まりきっていたわけではない。例えば初期の《ピアノ・ソナタ第2番「幻想ソナタ」》(1897) を見てもわかるように、左手の音域が拡大し、異なる複数のリズムが同時に進行するなど、複雑なテクスチュアを持つピアノ書法が確立されていく。同時に、すでに独特な響きや飛翔感、色彩を感じさせる音使いなどが見られるのも特徴である。

世紀の変わり目頃から神秘思想に関心を抱き、1904年以降主に外国で活動する中で、05年にヘレナ・ブラヴァツキーの神智学の虜になる。10年にモスクワに戻り、ヴャチェスラフ・イワノフらロシア象徴派の詩人らと親交を結び、思想的な影響を受けている（☞項目「神智学・神秘思想」）。それらの影響のもと、音楽の法悦の瞬間のうちに現実世界と神の国を一体化しようとする神秘主義的な芸術理念を抱くようになっていった。

それは音楽面にも反映されている。具体的には、「属和音」への偏愛が顕著になり、それが変形されて「神秘和音」の確立へと至る。また、交響曲やピアノ・ソナタの構成が、それまでの多楽章から単一楽章へと変化し、さらに、「法悦のうちに」や「神秘的に」という用語が楽譜に頻繁に書き込まれるようになる。

スクリャービンは徐々に音楽の枠を超える総合芸術をもくろむようになる．《プロメテウス：火の詩》(1910) では，上記の音楽語法に基づきつつ，さらに音楽と色彩の結び付きが試みられた．また，かねてより構想されていた《神秘劇》の具体化も始まり，音楽と色彩の結合のほか，詩や舞踊，建築，芳香なども盛り込むことが考えられていたが，15年の作曲家の死によって実現しなかった．

❀ラフマニノフの音楽　ラフマニノフは1873年，ノヴゴロド州に生まれる．ペテルブルグを経てモスクワに移住し，スクリャービンと同じくズヴェーレフにピアノを師事し，88年にモスクワ音楽院に入り，ピアノと作曲を学ぶ．91年にピアノ科，翌年作曲科を卒業し，大金メダルを受けている．卒業後すぐに書かれた《幻想小曲集 Op.3》(1892) や《六つの歌曲 Op.4》(1893) などは，ロシア的哀愁，東洋的要素，緻密なピアノ書法，鐘の響きなどの面で，ロシア音楽の伝統的な要素とラフマニノフ独自の要素が高度なレベルで結び付き，高く評価された．

順風満帆かと思われたが，97年に《交響曲第1番 Op.13》(1895) の初演が大失敗する．ラフマニノフは精神的打撃を受け，さらに失恋などほかの不幸も重なり，それから約3年の間，作曲の筆は大きく停滞した．もっとも，指揮者として研鑽を積んだ時期でもあり，音楽家として無意味な期間ではなかっただろう．

その後，再度創作意欲を高めたラフマニノフは《ピアノ協奏曲第2番 Op.18》(1901) の成功によって作曲家として復活し，絶頂期を迎える．この曲は，超絶技巧のピアノのパッセージと雄大な管弦楽に彩られながら，ロシア聖歌の抑揚を持つ主題や鐘の音がさまざまに展開され，エモーショナルな部分の強い親しみやすさが顕著である．その後，モダニズムの影響を受け，アルノルト・ベックリンの絵画に触発されて書かれた交響詩《死の島 Op.29》(1909) や象徴主義詩人の詩に作曲された《六つの歌曲 Op.38》(1916)，また，ピアノ練習曲集《音の絵 Op.39》(1917) などでは，斬新な和声やリズムが見られるようにもなる．

1917年，十月革命の混乱を避けるため，12月にロシアを出て，スカンジナビア諸国を経由し，18年にアメリカへ移住する．そこでは，生計を立てるために年間数十回に及ぶコンサート活動に明け暮れた．作曲は当然停滞するが，アメリカの新しい音楽に触れることによって新たな創作段階を迎えた面もある．ピアノと管弦楽のための《パガニーニの主題による狂詩曲 Op.43》(1934) は，グレゴリオ聖歌の《ディエス・イレ》の旋律が悪魔の象徴として組み込まれるほか，ロシアの鐘の音，鋭いリズムや和声，甘美な抒情性など，ラフマニノフのあらゆる面が熟練した書法によってまとめ上げられる．

17年にロシアから出て以来，結局一度も祖国の土を踏むことなく，欧米で活躍し，43年3月永眠する．ラフマニノフは時代を切り開くような新しい書法を生み出したわけではないが，ロシアの伝統を引き継ぎつつ，それを新たな次元へと引き上げ，独自の新しい音楽世界を示したといえる．　　　　　　［高橋健一郎］

ストラヴィンスキーとプロコフィエフ

図1　ストラヴィンスキー

❋**ストラヴィンスキー**　イーゴリ・ストラヴィンスキー（1882～1971）はロシア出身の20世紀を代表する作曲家である．サンクト・ペテルブルグ近郊オラニエンバウムに，マリインスキー劇場のバス歌手フョードル（1843～1902）の息子として生まれた．幼少より劇場に出入りして音楽に親しんだが，両親は音楽の才能があると考えず，音楽院ではなくペテルブルグ大学の法学部に入学した．しかし，大学の友人にリムスキー＝コルサコフの息子がおり，当時の大作曲家と知り合ったイーゴリは，自分の創作の試みを作曲家に見せて，個人教授を受けるきっかけを得た．

❋**ロシア・バレエ団と初期三大バレエ**　彼が脚光を浴びるのは，セルゲイ・ディアギレフ（1872～1929）からの委嘱が発端だった．1909年のセゾン・リュス興行でバレエの可能性に開眼したディアギレフは西欧での常設バレエ団による興行を決意して10年に組織，11年よりロシア・バレエ団（バレエ・リュス）として公演を始めた．10年，当初リャードフ（1855～1914）が担当するはずだったバレエ音楽《火の鳥》を作曲したのがストラヴィンスキーだった．まだ恩師の影響を強く残しながらも，フォーキン振付の《火の鳥》は成功を収め，ポリリズムや複調性を織り込んだ2作目のバレエ音楽《ペトルーシカ》でその個性を開花させて，当代を代表する作曲家の地位を築いた．原始主義と称される複雑なリズムと激しい不協和音が印象的な3作目の《春の祭典》はニジンスキーの独創的な振付もあり，その初演は20世紀音楽史に残る大スキャンダルとなった．

❋**新古典主義**　第1次世界大戦に続いてロシア革命（1917）が勃発すると，スイス，次いでパリに移り住んだ．この時期には新古典主義の様式によって《兵士の物語》《プルチネルラ》《管楽器群のためのシンフォニーズ》《管楽八重奏曲》を作曲した．さらなる転機のきっかけとなったのは，1939年のハーバード大学での講義であり，最初の妻や母の死もあって，米国永住を決めた．

❋**12音技法と晩年**　晩年，シェーンベルクの死（1951）をきっかけに12音技法に接近し，《カンティクム・サクルム》や《レクイエム・カンティクルズ》といった宗教色の強い作品を残した．こうしてフランスの作曲家オリヴィエ・メシアン（1908～92）から「カメレオン音楽家」とも，「千一のスタイルを持つ男」

とも呼ばれるほど，実に多様な様式で創作を続けた．1959年には訪日し，「音楽以前」と酷評された武満徹の《弦楽のためのレクイエム》を激賞，62年にはソ連を訪問し，ソ連音楽界の自由化のきっかけをつくった（いずれも助手の指揮者ロバート・クラフトの日誌に克明に記録されている）．

❋ **プロコフィエフ** セルゲイ・プロコフィエフ（1891～1953）はソンツォフカ村（現在のウクライナ）に農業技師の息子として生まれた．サンクト・ペテルブルグ音楽院でピアノと作曲を学び，ピアノ協奏曲第1番などでピアニスト・作曲家として劇的にデビュー，ロシア・バレエ団とも関係を持ち，バレエ音楽《アラとローリー》（《スキタイ組曲》に改作），《道化師》，交響曲第1番《古典》などを作曲し，ロシア革命直前にはすでにモダニズムの寵児となっていた．

図2　プロコフィエフ

❋ **日本を経ての欧米滞在**　十月革命後の1918年，当時の教育人民委員（文部大臣に相当）ルナチャルスキー（1875～1933）の許可を得，日本を経由してアメリカに渡った．混乱が収まったら帰国するつもりだった．日本には数カ月滞在し，帝国劇場でリサイタルも行い，音楽関係者と交流，特に音楽評論の草分け，大田黒元雄とは緊密な時間を過ごしたことが両者の日記からわかる．米国ではオペラ《三つのオレンジへの恋》（1919）や《炎の天使》（1919～27）を作曲するも，上演に苦慮し，ラフマニノフのようにピアニストとして成功を収めることもできず，西欧に渡った．西欧では，ディアギレフの委嘱でバレエ音楽《鋼鉄の歩み》（1925）や《放蕩息子》（1928）を作曲するが，流行の変化に翻弄され，経済的にも困難を味わうなかで，ソ連旅行（1927）で思いがけず大成功を収め，訪ソを重ね，やがて帰国（1936）を決意する．

❋ **ソ連時代**　ソ連では過酷な文化統制に直面しつつも，多くの委嘱を受け，モダニズムの要素を残しつつ，より平易な語法でバレエ音楽《ロミオとジュリエット》，音楽童話《ピーターと狼》（ともに1936），映画音楽《キジェー中尉》（1933）・《アレクサンドル・ネフスキー》（1938）など今日も演奏頻度の高い作品を次々に生み出した．独ソ戦勃発（1941）後も創作は衰えず，映画音楽《イワン雷帝》（第1～2部，1942～45），戦争ソナタとして知られるピアノ・ソナタ第6～8番，交響曲第5番，バレエ音楽《シンデレラ》（1944）などを作曲した．

❋ **最晩年**　戦後は，ジダーノフ批判（1948）の打撃と病に苦しみながらも，オペラ《戦争と平和》の改作を続け，交響曲第7番などを完成させて，独裁者スターリンと同じ1953年3月5日に死去した．　　　　　［梅津紀雄］

ショスタコーヴィチ

ドミートリー・ショスタコーヴィチ（1906〜75）は20世紀を代表する作曲家であり，生涯を通じてソ連の第一線で活動し続け，その作品は国の歴史の年代記のように扱われている．度量衡局に勤める父と音楽院でピアノを学んだ母のもとに生まれ，ペトログラード音楽院でピアノと作曲を学び，1926年に交響曲第1番で国際的にデビューし，ワルター，トスカニーニ，クレンペラー，ストコフスキといった西側の著名指揮者からも評価された．20年代末から30年代初頭にかけては，無声映画の音楽を含めた多くの劇音楽に取り組み，革命や集団農場をテーマとしたバレエ音楽《黄金時代》《ボルト》《明るい小川（清流）》のほか，演出家メイエルホリドの影響も受けて実験的なオペラ《鼻》(1928，ゴーゴリ原作）を作曲した．

図1　ショスタコーヴィチ

❋**本格的統制の始まり**　1932年の党中央委員会決議（決定）はロシア・プロレタリア音楽家協会の解散と作曲家同盟創設を命じ，作曲家保護の路線に見えたが，1936年，党機関紙『プラウダ』が無署名論説「音楽の代わりの荒唐無稽」でショスタコーヴィチのオペラ第2作《ムツェンスク郡のマクベス夫人》を酷評し，本格的な芸術統制が始まった．34年の初演以来，国内外で大成功を収め，ソ連を代表する成果と評されていたため，党の乱暴な批判は多くの人々を当惑させたが，否定的な役柄の多いオペラに違和感を覚えていた人々から歓迎された側面もあった．政権側は芸術家全員を統制下に置くことを志向していた．

❋**交響曲第5番（1937）による復権**　当時ショスタコーヴィチは交響曲第4番を作曲中だったが，演奏家側からも共産党側からも否定的な声が上がって，初演を断念した．翌1937年，新たに交響曲第5番を作曲し，11月の新進指揮者エヴゲーニー・ムラヴィンスキーとレニングラード・フィルによる初演で大成功を収め，批判に対して見事に「応えた」と解され，事実上の復権を果たした．そのフィナーレに歓喜を感じ取るのか，当時も今もなお，解釈は分かれている．その後は独特の3楽章の形式の交響曲第6番が物議をかもしたが，ピアノ五重奏曲でスターリン賞を受賞するなど，ソ連音楽界の指導的立場を確立した．

❋**独ソ戦**　独ソ戦が勃発すると，包囲下のレニングラードで交響曲第7番《レニングラード》を第3楽章まで作曲，完成した交響曲はファシズム諸国に対する抵抗の象徴となり，米国初演は名指揮者たちの争奪戦となり，レニングラード初演

は軍事作戦の如き重大なイベントとなり，市民の不屈の精神を内外に訴えかけた．続く第8番は戦争についての哲学的な思索のごとき傑出した作品となった．ドイツに勝利した直後の第9交響曲は軽快な作品となり，作曲家自身が示唆していたような勝利を祝う作品を期待した人々から非難を浴びた．

❋ジダーノフ批判　戦後，冷戦勃発とともに芸術統制は1930年代以上に強化された．これは党担当書記の名前から「ジダーノフ批判」と呼ばれる．音楽には48年に波及，ショスタコーヴィチを筆頭に，当時の指導的作曲家が名指しで批判され，純粋な器楽曲が形式主義的であるとして否定され，交響曲は激減，党や政府を称える大規模合唱曲が増大した．音楽院教授を解任されたショスタコーヴィチも交響曲作曲をやめ，スターリンを称えるオラトリオ《森の歌》を作曲（スターリン賞を受賞），映画音楽で日銭を稼ぐ一方で，演奏のあてもなく弦楽四重奏曲第4，5番や党幹部を諷刺する《反形式主義的ラヨーク》などを書き綴っていた．

❋雪どけ　1953年，スターリンの死去とともに，いわゆる「雪どけ」の動きが起こった．ショスタコーヴィチも交響曲に復帰，第10番を作曲，激しい論争が起こるも，作曲家側の勝利に終わり，ジダーノフ批判の無効化を推し進める要因となった．その後，一見体制に迎合するかのような交響曲第11番《1905年》や第12番《1917年》が続いたが，エヴゲーニー・エフトゥシェンコの詩による交響曲第13番の徹底した俗物主義批判は，闘士としての姿を鮮やかに印象付けた．

❋晩年と没後　晩年は声楽曲と室内楽へ傾斜し，弦楽四重奏曲や声楽組曲（それぞれブローク，ツヴェターエヴァ，ミケランジェロの詩による）に傑作を残し，ヴィオラ・ソナタを遺作として1975年に死去した．弔辞に「共産党の忠実な息子」と評されたが，4年後の79年，音楽評論家のソロモン・ヴォルコフが米国で出版した『ショスタコーヴィチの証言』では，ムラヴィンスキーをはじめとした身近な人々やソ連体制が酷評されていたことから物議をかもし，真贋論争が巻き起こった．作曲家からじかに聞き取ったことは一部にすぎなかったが，新たな作曲家像は冷戦下で西側音楽界に歓迎され，新たな受容をうながした．だが，彼は体制派でも反体制派でもなく，その間で揺れていたと見るべきだろう．

❋弟子の世代の作曲家たち　ショスタコーヴィチは1937～66年の間，中断を挟みながらも音楽院で教鞭をとり，シュニトケ，デニーソフらとの間の世代の作曲家を育成した．ユダヤ系のフレイシマンはオペラ《ロスチャイルドのヴァイオリン》を未完に残し，戦地で命を落としたが，ショスタコーヴィチが完成させた．民族主義的な傾向のスヴィリードフはロシアで人気がある．独創的な作風で知られるウストヴォーリスカヤに対してショスタコーヴィチは一時恋愛感情を持ったが，師からの影響を恐れた弟子はこれを拒んだ．親友の一人ティーシチェンコの作風には師の強い影響が見いだせる．ポーランドから亡命したユダヤ系のヴァインベルグも，弟子ではないが，強い影響を受けている．　　　　　［梅津紀雄］

音楽教育

　世界に名だたるロシアのクラシック音楽．その背景には合理的な音楽教育システムの存在があった．ロシアでは19世紀半ばまで公的音楽教育機関が存在しなかったので，音楽を勉強するには留学か西欧からの家庭教師を頼るしか手立てがなく，ロシア出身の音楽家の数はわずかだった．「ロシア音楽の父」と呼ばれていたグリンカは実はイタリア留学組で，ムソルグスキー，ボロディン，リムスキー＝コルサコフらは家庭でのみ音楽教育を受けた最後の世代である．

　ピアノの神童と謳われたアントン・ルビンシテインは欧州楽旅を通じて音楽教育機関の必要性を痛感，アレクサンドル2世時代に音楽界で諸処の規制緩和が実施されたのを機に1858年に歌手アカデミーを，続いて本格的な音楽院を開校した．バレエ学校開設に遅れること130余年，みずからが院長となって先ず62年にペテルブルグに，続いて66年には弟のニコライ・ルビンシテインが初代院長に着任してモスクワに音楽院が創設された．

❋前史　19世紀初頭に初めてピアノがもたらされて以来，ロシア貴族たちはこの魔法の楽器の虜になり，ピアノ学習は貴族の素養として家庭教育に不可欠なものとなった．ピアノ普及のために来露した作曲家兼ピアニストのフィールドは，自宅をピアノ教室にしたり貴族の邸宅へ出張レッスンしたりと荒稼ぎした．彼の弟子としてはラフマニノフの祖父やグリンカがいた．1840年代初頭には楽譜月刊誌が創刊され，革命直前までさまざまな楽譜雑誌が出回った．愛好家たちはサロンやホームコンサートで自慢の腕を競い，音楽を愛でた．一方，19世紀の公的ロシア音楽界は西欧オペラが席巻した時代でもあり，人手不足の時はロシア人歌手も駆り出されたので，真っ先に必要となったのは歌手養成機関だった．

❋音楽院の教育　潜在的音楽愛好家の数は膨大だったが，両音楽院が主眼としていたのは開校当初から専門家養成だった．モスクワ音楽院第1期生の入学者数150名に対して3年後の第1期卒業生が僅か3名だったという数字が音楽院の指導方針を如実に物語っている．この出口の厳しさはその後も継続され，卒業生が1名という年度もあった．加えて，ピアノのレシェティツキ，ヴァイオリンのアウアー，チェロのフィッツェンハーゲンら両音楽院には当時の欧州最高峰の演奏家・教育者が招聘され，短期間で驚くほどの高水準にまで成長した．

　音楽院教育の最大の特色は，入り口が広く出口が狭いこと．入学条件は「10歳以上30歳以下の男女」のみで実技試験もなかった．音楽専門科目に関しては，ソルフェージュ・和声・楽式論が必修，全専攻におけるピアノ実技も必修と課題の多さが目をひく．外国語・文学歴史の人文系・数学などの自然科学も必修で，

音楽院における徹底した総合教育はソ連時代末期まで続いた.

　音楽におけるロシアン・メソッドの大きな特徴は，第一に時間割が緩いこと，第二にほとんどの授業が一対一か少人数の指導であることだ．第一の点は専攻実技に特に顕著だ．毎週1回の実技レッスンでは個人の成長に必ずしも適合しないので，先生はレッスン曜日だけ決めて，誰がレッスンを受けるかは未定のままクラスに入る．そして弾きたい学生・準備が出来ている学生が申し出てその日のレッスンが成立する．弾かない者は見学し，すべてのレッスン・授業は公開される．この良き伝統は21世紀の現在でも一部の門下に継承されている．第二の方針は実技のみならず，例えば「音楽教育」などでも適用される．日本なら教職課程の単位を取って，卒業予定年度に数週間の教育実習を経て教員免許が発行されるが，帝政ロシア時代は，一年間毎週1コマ「音楽教育」の科目履修学生が副科（専門外楽器）下級生を実際に教授立会いの下で実技指導し，学期末にその下級生がどれほど上達したかが試験された．また，共通使用の教則本は事実上存在せず，すべての音楽科目は個性や能力に応じて教材が個別に選定された．

❊ソ連時代　ロシア革命後も入試以外の上記の制度は維持された．1920年代には音楽院以外の教育機関や地方の音楽学校制度の整備も進み，その成果は27年ショパン・コンクール第1回から55年の第5回まで，優勝者をソ連が独占した事実からも明白だった．その後もソ連時代を通してシステムは充実の一途を辿る．

　音大出身の音楽担当保育士を全国に配し，保育園・幼稚園を専門家が定期巡回して才能を発掘，早い場合は5歳から音楽院付属特別音楽学校に入学できるようになった．入学時には歌と音感だけが審査される．そして10歳・14歳で実施される進級実技試験を通過した者だけが卒業試験を経て上の音楽院へ進学できる．進級試験では地方の音楽学校からの転校希望生も合流する．チャイコフスキー・コンクールを目の当たりにして厳しさを痛感し，進路変更する高校生も少なくない．こうして音楽院に到達する音楽エリートたちは，ソ連時代はすべての学費もコンクール参加費も無料だった．

❊現在　ソ連崩壊後はすべてが一変した．国家援助が激減し，外貨獲得目当てに音楽院は低水準の留学生でも受け入れるようになった．他方，名教師たちは高齢化，あるいは欧米へ出稼ぎに出て，地元ロシアでの人材不足は深刻だ．そもそも，資本主義国家移行後のロシアで音楽文化多様化の波に巻き込まれてクラシック音楽への関心が著しく減退，音楽家の社会ステータスも低下し，音大志望者が激減している．

　一方，愛好家用音楽教室の数は増え，裾野は広がっている．ロシア人の音楽好きは変わらないだろうが，クラシックのロシア人音楽家がソ連期ほど輝いた時代はもう来ないかもしれない．　　　　　　　　　　　　　　　　　[一柳富美子]

ソ連・ロシアの大衆歌謡

❋革命前・第2次世界大戦 帝政ロシア時代の大衆歌謡の歌手としては，ユーリー・モルフェシが印象的である．オデッサ生まれで，オペラ歌手から大衆歌謡の世界に転身した彼は，強靭だが繊細なテナーの声が心に響く．ロシア革命後1920年に亡命し，ソ連国内では長らく伝説の幻の存在とされてきた．

大衆歌謡に大きな影響を与えた20年代のジャズの話は別項に譲る（☞項目「ジャズとロック」）．一気に第2次世界大戦時に話を移すと，当時人気のあった大衆歌謡の歌手の中でも，数奇な運命をたどったのが，軟らかいテナーが魅力的なワジム・コージンである（図1）．30年代後半から40年代前半にかけて国内外で絶大な人気を誇った彼は，現在に至るまで罪状は不明ながら，44年に突然逮捕され強制収容所送りとなる．そして釈放後も流刑先の極東の町マガダンに留まり，歌手としてピアノ弾き語りの録音を残した．この後半生のコージンの歌は，彼が味わった過酷な体験を思うと，淡々とした声が何とも胸に染み入る．

図1　CD「ワジム・コージン／マガダンからの手紙」(1997)の裏ジャケット

❋戦後① 戦後のソ連歌謡においてもさまざまな個性ある歌手が輩出されたが，ここでは特徴的な作曲家を取り上げたい．以下，二人紹介しよう．

まずグルジア（ジョージア）出身のミカエル・タリヴェルディエフである．彼の曲の魅力は，親しみやすいメロディーの中にある通俗に堕さない高貴さと独特なメランコリックな情緒である．ロシアの国民的映画「運命の皮肉」(1975)の挿入歌が彼の代表曲だが，佳作としてあげたいのは，映画「アダムがイヴと結婚する」(1980)のために作曲された「君が好きだ」という曲である．作曲者自身によるピアノ弾き語りのシンプルな演奏も魅力的だが，女性一人男性二人のトリオ「メリジアン」が奏でる美しいハーモニーはよりいっそう陶然とさせられる．

もう一人はダヴィド・トゥフマーノフである．ザ・ビートルズの影響を強く受けた彼は，ソ連におけるエレキサウンドの最良の表現者といえる．ソ連初のコンセプト・アルバム「私の記憶の波に乗って」(1976)は，ロックの陣営からは疑似ロックとして酷評されたが，今聞くとその音楽センスはずば抜けている．権力への反抗こそロックだという価値観が力を失った現在，改めて評価したい作曲家で

ある.

❇ **戦後②**　戦後のソ連で体制に迎合しない姿勢を貫き，冷遇されつつも良心的な人々の支持を得た対抗文化的な音楽ジャンルが「吟遊詩人の歌」とロックである．どちらも詳しくは別項を参照してもらうことにして（☞項目「吟遊詩人」「ジャズとロック」），ここではロックの亜種ともいえる「VIA」（「ボーカル器楽アンサンブル」の略語で「ヴィア」と読む）というジャンルについて触れたい．これはロックを危険視した体制側がその代替物として公認した日本のGS（グループサウンズ）に似た歌謡曲的ジャンルで，恋や青春を歌う「人畜無害な」歌詞と楽天的なエレキサウンド，そしてザ・ビートルズ風のそろいの制服を特徴とする．その誕生の経緯からロック陣営からは蛇蝎のごとく嫌われ，ロックが公認された1980年代後半以降入れ替わるように衰退してゆく．

しかし，かつてはロックのまがい物とされた60年代のアメリカのガレージロックや日本のGSがそのオリジナリティを再評価されている現在，VIAも政治的立場を抜きにしてその個性ある音楽づくりが改めて評価されるべきであろう．例えば，1969年にミンスクで結成された「ペスニャルイ」（図2）は，ベラルーシ民謡などを素材に「エレキ民謡」とでもいうべきユニークな音楽を披露している．また70年にチェリャビンスクで活動を開始した「アリエリ」の「幾多の冬と春」という曲は，ロシアのロックには見られない青春のみずみずしさが感じられる歌である．

図2　CD「ペスニャルイ／リャヴォーヌイ」(1996)のジャケット

❇ **ソ連邦崩壊後**　1991年以降のロシアのヒットソングは，アップテンポのせわしい曲調の音楽が多い．より日本人の趣味に合いそうな，アコースティックで叙情的な歌手に目を向けると，比較的メジャーなものの中からは，爽快な音楽を奏でるチチェーリナというバンドを推しておく．同系統では，ウームカ，コリーブリ，リディヤ・チェボクサーロワなどがあげられるが，おそらくいずれも本国ではマイナーとされている歌手たちだろう．

今日YouTubeのような動画共有サービスやApple Musicのような音楽配信サービスを利用することによって，ロシアの大衆歌謡を聴くのも一昔より格段に手軽になっている．日本ではほとんど実情が知られていないものの，実は歴史もあれば層もかなり厚いので，それは音楽好きにとって未知の発見が隠れている宝の山といえるかもしれない．　　　　　　　　　　　　　　　　　　　［久野康彦］

名指揮者・名演奏家たち

　ロシアの指揮者・演奏家の系譜を振り返るとき，ヨーロッパの辺境に位置するこの国の特殊性——先進的なヨーロッパ音楽を摂取しつつ，独自の伝統を育んできた歴史が，その背景として常に意識される．

　20世紀のロシアには個性的な作曲家が数多く輩出したが，彼らの音楽の最良の理解者は，同時代を生きたロシアの演奏家たちだった．新作はしばしば特定の指揮者や奏者の秀でた技量と解釈力を前提として作曲され，初演された．

❋激動の時代を生きた名指揮者たち　1917年のロシア革命とそれに続く内戦時代，多くの音楽家が故国を後にした．以前からみずからのオーケストラを率い，革命後はペトログラード国立フィルハーモニー交響楽団（現サンクト・ペテルブルグ・フィル）の初代指揮者となったセルゲイ・クーセヴィツキーは20年に亡命，以後はパリやボストンを拠点に，一貫して同時代音楽を支援し続けた．26年からレニングラード・フィル（現サンクト・ペテルブルグ・フィル）の常任指揮者を務めたニコライ・マルコは新世代の擁護者としてショスタコーヴィチの交響曲第1番と第2番の初演を指揮したが，彼もまた29年にソ連を離れた．ロシア人指揮者の不足を補うため，25～35年にかけて国外からブルーノ・ワルター，エルネスト・アンセルメ，オットー・クレンペラーらの大物指揮者や，ミヨー，オネゲル，バルトーク，山田耕筰らの作曲家がソ連に招かれ，モスクワとレニングラードのオーケストラの技術向上と新レパートリーの開拓に寄与している．

　この時期に活躍したロシアの指揮者にはサムイル・サモスード，ニコライ・ゴロワーノフ，アレクサンドル・ガウクらがいるが，やがて革命後に教育を受けた最初の世代であるエヴゲーニー・ムラヴィンスキーが頭角を現す．37年ショスタコーヴィチの交響曲第5番を初演して評価された彼は，38年に35歳でレニングラード・フィルの常任指揮者に抜擢され，半世紀にわたり同楽団を世界最高峰のオーケストラに育て上げた．ムラヴィンスキーは楽譜を緻密に読み込み，厳しいリハーサルを通して解釈を徹底させようとする信念の持ち主であり，ショスタコーヴィチは彼を信頼して，多くの交響曲の初演を委ねた．そのレパートリーはスターリン時代に規範とされたドイツ古典派とチャイコフスキー以降のロシア音楽にほぼ限定されていたが，60年代の「雪どけ」期にはオネゲル，バルトーク，ヒンデミットなど国外の20世紀音楽のソ連初演も手がけている．

　第2次世界大戦後，ボリショイ劇場を出自とするキリル・コンドラシン，エヴゲーニー・スヴェトラーノフ，ゲンナジー・ロジェストヴェンスキーの3人の指揮者が相次いでモスクワのオーケストラの常任指揮者となり，60年代の音楽界は

活況を呈する．モスクワ室内管弦楽団を結成し，小編成によるバロック・古典派の演奏を実践したルドルフ・バルシャイの功績も見逃せない．コンドラシンはショスタコーヴィチ，ロジェストヴェンスキーはプロコフィエフを得意とし，それぞれ世界初の交響曲全集の録音を残している．ロジェストヴェンスキーは長く未紹介だった西欧近代音楽や，異端視されたシュニトケらの現代作品も果敢に指揮した．スヴェトラーノフは古今のロシアの交響作品の網羅的な録音に挑み，かなりの部分を実現させた．ただし，70年代後半にはロジェストヴェンスキーは国外に活躍の場を求め，バルシャイ，コンドラシンが亡命するなど，抑圧的な芸術政策の破綻が明らかになる．来るべき終焉を予感させる象徴的な出来事だった．

　ソ連崩壊は人材の新たな国外流出を招いたが，88年にマリインスキー劇場の芸術監督に就いたヴァレリー・ゲルギエフは，恐るべきバイタリティで混乱期を乗り切り，同劇場を拠点として精力的にオペラ，バレエ，演奏会を指揮している．プーチン政権との親密な関係がしばしば批判されるが，ロシア音楽を熟知したゲルギエフの解釈は，世界各地で多くの聴衆を惹き付けている．

❀20世紀を導いた弦楽奏者たち　帝政末期のペテルブルクでは名教師レオポルト・アウアーの指導下から多くのヴァイオリニストが輩出したが，最も秀でたヤッシャ・ハイフェッツ，ナタン・ミルシテインらは革命を逃れて国外に出た．ソ連時代に入ると，オデッサ生まれのダヴィッド・オイストラフが登場し，完璧な技術と豊麗な音色により世界屈指のヴァイオリニストと認められた．プロコフィエフ，ハチャトゥリャン，ショスタコーヴィチらはこぞって彼に作品をささげている．1940年代にはウクライナ出身の技巧派レオニード・コーガンが頭角を現し，オイストラフと人気を二分した．二人はモスクワ音楽院で英才教育に携わり，オイストラフ門下からオレーグ・カガン，ギドン・クレーメル，コーガン門下からヴィクトリア・ムローヴァらの名手が育った．クレーメルとムローヴァは80年代に亡命の道を選び，活動の場を世界に広げた．クレーメルはラトヴィア人としての出自を自覚し，バルト諸国の若手演奏家との共演を重ねている．

　チェリストではバクー出身のムスチスラフ・ロストロポーヴィチの存在が際だって重要である．モスクワ音楽院に在学中圧倒的な技巧で注目され，第2次世界大戦後は晩年のプロコフィエフを助けてソナタや協奏曲の作曲に協力したほか，ショスタコーヴィチから2曲の協奏曲をささげられた．彼は当代随一のチェリストとして国際的に活躍する傍ら，作家ソルジェニーツィンを擁護し，ソ連の文化政策を批判したため，74年に妻のソプラノ歌手ガリーナ・ヴィシネフスカヤとともに国外退去させられ，国籍も剥奪された（1990年に回復）．その後は欧米を拠点とし，オーケストラ指揮にも意欲をみせた．ロストロポーヴィチ門下からは，ナタリヤ・グートマン，ダヴィッド・ゲリンガス（リトアニア出身），ミッシャ・マイスキー（ラトヴィア出身）らの俊才が巣立っている．　　　　［沼辺信一］

ロシア・ピアニズム

　世界的なピアニストを続々と生み出してきたロシア音楽界に対する信頼と期待は今なお高い．ロシア・ピアニズムとは，ロシアを中心とする旧ソ連圏で培われてきたピアノ奏法（演奏技術）を意味するが，ロシア人ならではの，ピアノ音楽への取組み方をも示唆する．音楽史の伏流として，これをたどってみよう．

　本来「フォルテピアノ」と呼ばれたピアノは，強弱のつけられる打弦式の鍵盤楽器である．1709年にイタリアで誕生したが，18世紀後半に普及が進んだ．特に1790年代に二つの打弦機構（軽妙なウィーン式と大音量を誇るイギリス式）が発達する．それぞれの機構に基づき，作曲家でもあったモーツァルト，フンメル，ベートーヴェンの流れを汲むウィーン楽派と，クレメンティに始まるロンドン楽派が，ピアノ奏法の基盤を固めた．ロシアでは，1802年にクレメンティが弟子のジョン・フィールド（1782〜1837）を伴ってペテルブルグを訪れたときにピアノ演奏の文化が根付き始める．楽器（クレメンティが開発・製造に関与したイギリス式）が売り込まれたのである．フィールドはロシアにとどまり，実演と教育にあたり，「国民楽派の祖」とされる作曲家グリンカも指導を受けた．

❋二つの音楽院（楽派）の成立　では「ロシア・ピアニズムの祖」は誰かといえば，作曲家でもあったアントン・ルビンシテイン（1829〜94，図1）である．フィールドの孫弟子の彼は，技術的には粗野ながら，桁外れの大音響で，色彩豊かな演奏を聴かせたという．欧州全土でも成功を収め，その豪壮華麗な演奏ゆえに「ピアノのヘラクレス」「音楽のミケランジェロ」などと呼ばれた．奏法の秘密はペダリングにあったとされ，「ペダルはピアノの魂だ」という彼の言葉が残る．

図1　ルビンシテイン
[gettyimage]

　そんな彼が1862年に設立したペテルブルグ音楽院でペテルブルグ楽派が生まれる．ピアノ科主任にウィーン楽派のテオドール・レシェティツキ（1830〜1915）が招かれる．帰墺後にパデレフスキやシュナーベルをも育てたこの20世紀ピアニズムの先駆者は，手首を水平にし，指を丸める「レシェティツキ方式」を理論的に教えた．これは，色彩感やペダリング，呼吸法，脱力などを実践的に示したルビンシテインの指導を補完することとなり，ロシア・ピアニズムの技術面を高めた．弟子のアンナ・エーシポワ（1851〜1914）は，日本で教えたレオ

ニード・クロイツァー（1884～1953）や作曲家のプロコフィエフを育てた.

　もう一つの主流はモスクワ楽派で，拠点は，アントンの弟ニコライ・ルビンシテイン（1835～81）が1866年に設立したモスクワ音楽院である．フィールドやウィーン楽派アドルフ・フォン・ヘンゼルト（1814～89），の流れを汲むニコライ・ズヴェーレフ（1832～93）や，レシェティツキの弟子ワシーリー・サフォーノフ（1852～1918）が指導した.

❁諸外国での活躍と国内の充実　興味深いのは，彼らの弟子たちの多くがヴィルトゥオーゾ（名人芸を誇る演奏家）として西欧や米国で活躍し，ゴドフスキやホフマンらとともに20世紀前半の「ピアノの黄金時代」を担ったことである（ピアニスト兼作曲家もいる）．ズヴェーレフ門下では，アレクサンドル・ジローティ（1863～1945）やセルゲイ・ラフマニノフ（1873～1943）が，サフォーノフのもとからはアレクサンドル・スクリャービン（1871～1915）やニコライ・メトネル（1880～1951）が巣立った．加えてサフォーノフ門下のヨーゼフ・レヴィン（1874～1944）とその妻ロジーナ・レヴィン（1880～1976）の存在は重要である．夫妻は1919年に米国に移住し，ジュリアード音楽院でロシア・ピアニズムを広めた．1958年の第1回チャイコフスキー・コンクールで優勝したヴァン・クライヴァーン（1934～2013）もロジーナの弟子である．彼女は「豊かで歌うような音色」を理想とし，実現したい音をまず思い浮かべて弾くことを生徒に求め，音階や分散和音の練習も，ニュアンスをつけて歌うように弾かせた．これらはロシア・ピアニズムの伝統に根ざす指導法であろう.

　革命後のソ連体制下でも伝統は続いた．よく知られる名教師4名と主な弟子たちをあげておこう．第一にペテルブルグ（レニングラード）音楽院でメソッドの確立に努めたレオニード・ニコラーエフ（1878～1942）．弟子にはマリヤ・ユージナ（1899～1970），ウラジーミル・ソフロニツキー（1901～61），作曲家ショスタコーヴィチがいる．以下，モスクワ音楽院を拠点とする教師たちだが，第二にコンスタンチン・イグームノフ（1873～1948）．弟子にレフ・オボーリン（1907～74），孫弟子にウラジーミル・アシュケナージ（1937年生）やミハイル・プレトニョフ（1957年生）がいる．第三にアレクサンドル・ゴリデンヴェイゼル（1875～1961）．サムイル・フェインベルク（1890～1962），タチヤーナ・ニコラーエワ（1924～93），ラーザリ・ベルマン（1930～2005）の師にあたる．そして第4に技法の著作も残したゲンリフ・ネイガウス（1888～1964）．テオドール・グートマン（1905～95），スヴャトスラフ・リヒテル（1915～97），エミール・ギレリス（1916～85），息子スタニスラフ・ネイガウス（1927～80）を育てた.

　ロシア人のピアニストが好む言葉にファンタージヤ（想像力）がある．即物的な音楽的解釈を斥け，標題性や物語性を重視し，想像力を働かせて楽曲をイメージする姿勢がうかがえる．ここにも演奏の秘密がありそうである．　　［宮澤淳一］

ロシア・オペラの世界

※西欧音楽の独壇場　ロシア音楽界は1870年代後半まで西欧音楽に占領されていた．18世紀初頭のピョートル大帝西欧化政策は音楽文化にも及び，その後，アンナ，エリザヴェータ，エカチェリーナ2世の3人の女帝時代を通じて帝室のイタリア音楽化が決定的となり，帝室楽長には名だたるイタリア人音楽家が招聘された．歌詞も題材もロシアだが音楽だけは完全に西欧風というオペラが幾つもつくられた．20年代に入ると，貴族階級の没落で支援者を失った西欧音楽界はナポレオン戦争に勝利したロシア帝国を裕福な音楽市場として注目するようになり，西欧から音楽家が大挙して押し寄せた結果，ロシアは未曾有の西欧オペラブームとなった．その典型的な出来事が，62年「帝室・石の劇場」の依頼によって実現したヴェルディの歌劇《運命の力》の世界初演である．

※ロシア音楽の逆襲　その後西欧では，貴族層に代わって新興の産業資本家が音楽支援を行うようになり，西欧音楽家のロシアへの出稼ぎ者数は1870年代後半以降，急速に減少していく．と同時に，国内では60年代の相次ぐ音楽院開校によってロシア自前の音楽家が準備され，その成果は80年代になってから徐々に顕れていく．そして90年，ロシア先導で史上初の第1回国際音楽コンクールがペテルブルグで開催されるに至り，ロシアは逆に海外へ影響を与える存在となった．オペラ界でも同様で，90年代以降，国内での演目数・上演回数の双方において，ロシア物は完全に西欧物を凌駕した．

　ソ連邦成立以降は，政治力を持つ音楽界上層部によって新作ソ連オペラ上演が推奨されたが，実際にはソ連オペラは普及せず，各歌劇場ではイタリア物・モーツァルト作品・チャイコフスキーなどの従来作品が上演され続けた．1992年以降は資本主義の原理に則って売れる演目がレパートリーを形成し，ソ連時代のお仕着せ演目は姿を消した．その結果，例えば，ソ連時代の各劇場シーズン開幕を飾っていたグリンカ《イワン・スサーニン》（現在名は《皇帝に捧げた命》）はロシア国内の全劇場のシーズンオープニングから外され，ムソルグスキーやチャイコフスキーの作品に取って代わっている．また，レパートリー全体としては西欧作品が再び主流を占め，安価なロシア・オペラの名作に残席があっても，チケットが高い《カルメン》や《椿姫》が売り切れる現象が日常的に起きている．

※19世紀までの主な作品　作曲家たちの創作活動は以上のような社会的背景に敏感に反応している．記録に残る最初のロシア語オペラはエリザヴェータ女帝時代に作曲され，音楽はイタリア人が担当した．エカチェリーナ2世時代には，ロシア民謡をオペラに転用した最初期作品としてフォミーンの歌芝居《替馬所の駅

者》が誕生した．19世紀前半まではオペラと音楽劇との境界が曖昧で，ヴェルストフスキー《アスコリドの墓》のように踊りや寸劇を伴う舞台も多かった．

周囲が西欧一色だった当時，成熟したオペラ文化を持つ西欧に対抗するために，グリンカのオペラ《イワン・スサーニン》《ルスランとリュドミラ》に代表される，歴史物・民話といったロシア色を前面に出した作品が意識的に作曲された．しかしグリンカの音楽そのものは西洋の亜流の域を出ず，特にロシア語の扱い方が雑だったので，次世代の作曲家たちは言葉と音楽の関係に配慮した．ダルゴミィシスキー《石の客》やロシア・オペラの最高峰といわれるムソルグスキー《ボリス・ゴドゥノフ》のロシア語を重視した曲づくりは，グリンカの欠点を克服した結果である．一方，グリンカ流に音楽最優先で言葉の処理に多少の無理がある傑作としては，ボロディン《イーゴリ公》やチャイコフスキーの《エヴゲーニー・オネーギン》《スペードの女王》などがある．1890年代以降はロシア語の合理的音楽処理は大前提となり，さらにロシア音楽界が西欧支配から解放された結果，ダンテからインドの叙事詩まで，西欧を意識せぬ自由な題材選びが行われるようになった．加えて美術・衣装などにも専門家が関わって細かく配慮され，ロシアでもオペラは総合舞台芸術としての地位を獲得した．リムスキー＝コルサコフの《サトコ》《サルタン王物語》《キーテジ》などがそれである．

❀**20世紀以降**　時代が下ると，世界中の作曲家たちは語りと歌のより緊密な融合を目指すようになり，ロシアも例外ではなかった．ラフマニノフ《吝嗇（りんしょく）の騎士》，プロコフィエフ《炎の天使》，ショスタコーヴィチ《鼻》などがあげられる．またソ連時代は，大衆演劇の延長と芸術作品としてのオペラに二分され，前者にはショスタコーヴィチ《ムツェンスク郡のマクベス夫人》，フレンニコフ《嵐の中へ》，シチェドリン《愛だけでなく》，後者としては革命前の全歌劇に加えて，プロコフィエフ《戦争と平和》などがあげられる．

❀**歌劇場**　19世紀のペテルブルグには，帝室劇場は少なくとも五つ存在し，ロシア演劇，イタリア歌劇，フランス歌劇，ロシア歌劇，オペレッタ……というようにそれぞれ棲み分けていた．当時のマリインスキー歌劇場はロシア歌劇専門だった．一方，モスクワにも幾つかの帝室劇場が存在したが，演劇・歌劇・オペレッタという演目ジャンルごとに使い分けられ，なかでも国籍を問わず歌劇を全面的に上演していたボリショイ劇場は重要な役割を担った．

21世紀の現在は，ペテルブルグならマリイスキー歌劇場管轄下の三つのステージが人気を集めている．ほかに，前身が帝室劇場だったミハイロフスキー歌劇場，ソ連末期に誕生したサンクト・ペテルブルグ歌劇場がある．モスクワではボリショイ劇場が外国人観光客相手と化してしまったので，ロシア人愛好家のためにモスクワ音楽劇場，ゲリコン・オペラ，ノーヴァヤ・オペラが活発に活動している．

[一柳富美子]

ジャズとロック

ヴァレンチン・パルナフ（1891～1951）が1922年10月1日，演劇芸術大学における公演「ソ連最初のエキセントリック・オーケストラ・ヴァレンチン・パルナフのジャズ・バンド」で衝撃的なデビューを果たしてから，ロシア・ジャズの歴史は始まった．ジャズは瞬く間にソ連全土に広がり，アレクサンドル・ツファスマン（1906～71），アレクサンドル・ヴァルラーモフ（1904～90），エディー・ロズネル（1910～76），レオニード・ウチョーソフ（1895～1982）などのジャズ・オーケストラが民衆の心をとらえ，彼らが演奏する曲は毎日のようにラジオから流れた．

30年代にはこうしたラジオから流れる曲やレコード，あるいは生のバンドが演奏するジャズに合わせて人々は踊った．同時代のアメリカのジャズの名曲がレコードによってソ連に流入した．例えばディズニーのアニメーション「白雪姫」（1936）の挿入歌《いつか王子様が》をヴァルラーモフのオーケストラがアレンジした曲がヒットした．ハリウッド映画から多くを学んだアレクサンドロフ監督によるソ連最初のミュージカル映画「陽気な連中」（1934）ではウチョーソフのジャズ・バンドが大活躍する．国立のジャズ・オーケストラも各共和国につくられ，第2次世界大戦中は前線への慰問で大変な人気を博した．

❋大戦後のジャズの排斥と復活　1947年に鉄のカーテンがひかれ，愛国主義から反ユダヤ主義へとなっていく「コスモポリタニズム批判」が起こると「ブルジョワ的退廃」の産物であるジャズも排斥された．しかし，民衆は娯楽の音楽を欲していた．この頃登場したのが逸脱者，つまりスチリャーギと呼ばれた若者たちだった．彼らはターザンを真似て，グリースをたっぷり塗りつけた髪型，アメリカ風のファッションに身を固め，カフェやダンス・ホールでジャズをバックに踊った．こうしたスチリャーギたちの中でも音楽に秀でた者が間もなくジャズを演奏し始めることになる．

アメリカの短波放送VOA（Voice of America）はロシア・ジャズに多大な影響を与えた．55年から始まったVOAの番組「ミュージックUSA」が最新のジャズを放送し，ソ連の音楽家も一般市民もこぞってこれを聴取した．また，ロシア・ジャズの歴史的転回点となったのが57年7月に開催された第6回国際青少年フェスティバルだった．外国から訪れたジャズやロックのバンドがモスクワの人々を驚かせ，すぐに西側の新しい音楽は若者たちの間に広がっていった．

アンダーグラウンドで音楽の供給は始まった．入手困難な西側のレコードの代わりに，そのレコードのコピーが登場したのだ．X線写真フィルムでつくられた

「肋骨レコード」である．これが人から人の手に渡り，一部の人々の間で西側の音楽は熱狂的に聞かれたのである．

しかし，60年になってメロディアからポップスやジャズのレコードが徐々にリリースされるようになる．同じ年には国産のテープレコーダーも生産され，自分で録音が可能になると非公式のジャズ・バンドやロック・バンドの演奏の録音のコピー，すなわちマグニティズダートによってさまざまな音楽が密かに流通することになる．こうして，ラジオ，レコード，テープなどさまざまなメディアによりジャズとロックは広範囲にわたって日常生活に浸透していった．

61年，モスクワに最初のジャズ・カフェができると，さらに各地方都市に続々とカフェができていった．また，62年のベニー・グッドマンのソ連ツアーが大成功を収めた後，同年10月6日，最初のモスクワ・ジャズ・フェスティバルが開催された．60年代後半はジャズ・フェスティバル熱が最も高かった時期である．

65年から各地方都市に続々とジャズ・クラブがつくられた．66年には政府公認の軽音楽バンドVIA（Vocal Instrumental-Ensemble）が幾つも誕生し，ソ連各地を巡業し，「公式的な」ジャズを聴衆に提供した．

❀本格的なロシア・ロックの誕生　音楽に対する好みも拡散し，音楽の形態もどんどん変化していった．踊るための音楽はロックへ移行していった．1968年にアンドレイ・マカレーヴィチのロック・グループ「マシーナ・ヴレーメニ」が登場し，ロシア語で歌うロックが若者たちに熱狂的に受け入れられた．72年にはボリス・グレベンシチコフのグループ「アクヴァリウム（水族館）」が登場した．ロックは実験的な音楽の場の一つでもあった．

70〜80年代にジャズとロックは確実に地方都市（リガ，タリン，ヴィリニュス，アルハンゲリスク，ノヴォシビルスクなど）に根を下ろした．中央の権力からは遠いこうした地方都市では密かに新しい音楽の芽が育ち，世界に類を見ない前衛的なジャズやロックが次々と生まれていった．ジャズでは最も前衛的なセルゲイ・クリョーヒンの集団即興演奏「ポップ・メハニハ」，ウラジーミル・レジツキイ率いる「グループ・アルハンゲリスク」「GTChトリオ」（ヴァチェスラフ・ガネーリン，ウラジーミル・タラーソフ，ウラジーミル・チェカーシン），ロックではヴィクトル・ツォイの「キノー（映画館）」「ズブーキ・ムー」「アウクツィオン」などが活躍した．

ソ連邦崩壊後，アメリカ流の音楽産業の流入によって，文化的交流の場であったはずのジャズやロックの現場が荒廃し，多くの音楽家が一時的に国外に移動した．しかし，今世紀に入ってからはロシア国内の各都市に新たな音楽表現の場が次々とでき，ジャズ・クラブやロック・クラブ，音楽フェスティバルでベテランも若手も隔たりなく，トラディショナル・ジャズの再構築からノイズ・ミュージックまで，新しい音楽を生み出し続けている．　　　　　　　　［鈴木正美］

テルミン

　こんにちテルミン（テレミンとも）といえば，金属の棒に対して空中で手を操りながら音を出す楽器が，まず思い浮かぶだろう．このテルミンは，発明者の名前に由来し，世界初の電子楽器でもあり，現在の電子楽器にも多大な影響を及ぼした楽器なのである．本項では，楽器の発明者と楽器について取り上げる．

図1　テルミンと楽器テルミン（1927年12月12日撮影）

❋物理学者-音楽家レフ・テルミン略歴　この楽器の発明者である，レフ・セルゲエヴィチ・テルミン（1896年8月16日〈28日〉サンクト・ペテルブルグ～1993年11月13日モスクワ）は，3歳にして，当時最高峰の『ブロックハウス・エフロン百科事典』を読み耽り，他の本では満足できなかったと本人が述懐しているほどの早熟ぶりをみせた．ギムナジウム時代には教師の寵愛を受けて電気の実験をすることを許され，一方，自宅では高周波，光学機器，磁場，ガイスラー管の実験を行った．高名な物理学者であるヨッフェに1913年頃から私淑する．16年にペトログラード高等技術士官学校を卒業．同時期に，ペテルブルグ音楽院で，チェロを習う．翌年ペトログラード大学物理数学科を，26年レニングラード工業大学物理工学科を卒業する．テルミンは青年期に17年のロシア革命を経験することになるのだが，ボリシェヴィズムの影響を受け，ソヴィエト革命軍に志願し，モスクワ赤衛軍に無線技士として従軍する．レーニン主義にも傾倒することになる．最期まで共産党員であった．

　レフ・テルミンは38年に帰国命令が出て極秘裏に母国に戻ったのだが，67年に『ニューヨークタイムズ』紙の記者により，モスクワで健在であることが発見される．64～66年モスクワ高等音楽院で音響学研究所研究員，66年モスクワ大学で音響物理学科の教授職につく．

❋エーテルが奏でる音楽―テルミン誕生　故障した無線機を修理していたレフ・テルミンは，無線機に手を遠近させるとノイズの性質が変化することに着目．本人の記述によれば1920年（クララ・ロックモアの回想では1919年）に楽器テルミン（チェルミェンヴォクス＝テルミンの声）を発明する．これは一切楽器に触れることなく演奏するもので，世界初の電気を使った楽器である．22年クレムリンでレフ・テルミンと会ったウラジーミル・レーニンはこの発明にいたく感銘を

受ける．電化政策を芸術の分野で具現化したものとして，また格好のプロパガンダとして，諜報活動の密命とともに，レフ・テルミンに渡米を指示．27年レフ・テルミン渡米．アメリカで，アインシュタイン，ストコフスキー，ラヴェル，レスピーギ，ブルーノ・ワルター，シゲティ，チャップリンらと知り合う．楽器テルミンは最初エテロフォンと呼ばれ，エーテルが奏でる音楽としてコンサートが開かれた．米国の電器会社RCAは，自社製テルミンを全米で500台販売．このRCAテルミンを使ったクララ・ロックモアやハル・ホープ（本名，サミュエル・ホフマン）らテルミニストの活躍により，アメリカでのテルミンの知名度は高い．現在のアナログシンセサイザーの父ロバート・モーグは自作テルミンを製作販売したことからモーグ・シンセサイザー開発につながる．

　したがって，テルミンの知名度はソ連・ロシアでは低く，欧米では圧倒的に高いという．ロシア生まれでアメリカ育ちの楽器なのである．テルミンはロシア語では，Терменвокс（チェルミェンヴォクス）というが，英語ではTheremin（セラミン）という．

❀発明王テルミン　レフ・テルミンの発明は，楽器にとどまらず，盗聴器のプラン，人が近付くと音が鳴る警報機などの発明も行っている．ことに盗聴器は2種類開発し，音声を無線で遠隔地に飛ばすものと，マイクロ波を盗聴相手の部屋に照射し，返ってくるマイクロ波を増幅し，会話を復調し読み解くというものである．前者は，1960年国連の会議場にあるエンブレム中に仕込まれていたことが暴かれた．このプランの発明により，第1級スターリン賞を受賞することになる．

❀楽器テルミンについて　テルミンのためのオリジナル楽曲は，パーシィ・グレインジャー，アニス・フレイハン，マルティヌー，ヨシフ・シリンガー，レス・バクスター，カレヴィ・アホ，レーラ・アウエルバッハらが提供している．

　テルミンの最大の特徴は，2本のアンテナに手を遠近させ，音量と音程をコントロールする，その独特な演奏法だろう．

　垂直に伸びているアンテナは音程をコントロールし，アンテナに手を近付けると高音に，遠ざけると低音が出せるようになっている．水平に伸びたアンテナは音量を制御し，アンテナに手を近付けると音量が小さくなるようになっている．アンテナと手の遠近で音程を取るため，ポルタメント奏法が可能である．

❀テルミンのこれから　レフ・テルミンのひ孫であるピョートル・テルミンが，精力的にロシア国内でレクチャー・コンサートを開いてテルミンの普及に尽力している．

　テルミンに想を得て開発された，フランスの楽器オンド・マルトノと比較してテルミンのためのオリジナル楽曲は決して多いとはいえない．またメシアンの《トゥーランガリラ交響曲》のような代表曲がないのが現状であるが，2011年にはアホによるテルミン協奏曲がつくられるなど，着実にテルミンのすそ野は広がっていくであろう．

[尾子洋一郎]

ロシア周辺出身の多民族的な現代作曲家たち

　本項で扱うのは，ドミートリー・ショスタコーヴィチ以降のソ連音楽において，公式的な路線を遵守した作曲家たちとは別に，国内では非公式に前衛的な探究を続け，やがて1960年代以降に「ダルムシュタット」や「ワルシャワの秋」といった国際現代音楽祭を通じて，まずは西側で注目を浴びた作曲家たちである．彼らの多くはロシア周辺の出身であり，70年代以降は，それぞれが抱える実存的な問題や独自の創作思想に基づいて前衛主義を乗り越え，20世紀末の現代音楽界に強い影響を与えた．

　「停滞の時代」と呼ばれた後期ソ連がこれらのユニークな作曲家を輩出した背景としては，「雪どけ」以降の文化交流を通じて前衛音楽に関する情報が飛躍的に増大し，結果的に西側との同時代性を獲得できたことが大きい．訪ソする著名音楽家らによってそれまで禁じられていた前衛音楽が紹介され，ブーレーズやノーノなどの前衛的作曲家たちは，数多の妨害にもめげずにデニーソフやシュニトケらの創作を積極的に支援し続けた．さらに注目すべきは，ユルチャクが「ヴニェ」（『最後のソ連世代』）と呼ぶソ連時代末期の独特な文化環境である．実際，シュニトケやグバイドゥーリナのようにモスクワで活動した作曲家の周りには，彼等と同様に西側の前衛芸術を熱烈に受容し，自由に意見交換や作品批評を行う同僚芸術家たちによるプライベートな文化空間が形成されていた．確かに公式路線から逸脱した彼らの作品は，長い期間ソ連国内での公式演奏や出版の機会を奪われていたものの，国外や私的空間での発表は可能であった．彼らが強い弾圧を受ける機会はほとんどなく，もはやショスタコーヴィチのように「引き出し」のための作曲や「二枚舌」を使い分ける必要性もなかったのである．

❋多民族的な作曲家たちは，いかに前衛主義を克服したか　ソ連非公式音楽の代表的存在であるアルフレート・シュニトケ（1934〜98）は，ヴォルガ自治共和国出身でユダヤ系の父とドイツ系の母の家に生まれ，ロシア語とドイツ語の両方を母語として育った．こうした出自に起因する民族的・文化的アイデンティティの矛盾や分裂の意識は，歴史や文化のさまざまな要素を対比する独自の方法論「多様式主義」によって，きわめてラディカルな表現を生み出した．その最大のマニフェストである交響曲第1番（1974）では，12音技法と《運命》，合奏協奏曲とジャズ，セリー技法と調的和音，グレゴリオ聖歌と無調等々，過去と現在，聖と俗のあらゆる様式が衝突しながら，混沌とした現代社会についての見事な批評となっている．タラスキンが指摘したように（*"Defining Russia Musically"* Taruskin, 1997），交響曲や協奏曲を人間社会の縮図と見なす態度はマーラー的

ロマン派の伝統に属し，さまざまな音楽的記号を用いて実存的問題や文明批評をわかりやすく表現する手法はロシア音楽的であるが，その結果はあらゆる価値観の相対化であり，単一の価値観を肯定するソ連社会の中で，多様式主義はその身振りにおいてのみモダニスト的であった．

　タタール自治共和国出身の女性作曲家ソフィヤ・グバイドゥーリナ（1931〜）は，カザン音楽院でピアニストの学習を終えた後にモスクワ音楽院作曲科へ進学した．60年代には同僚たちにやや遅れて12音技法の習得を始め，セリー技法や偶然性，そして電子音楽スタジオでの実験などを経験するが，彼女自身の独自性は，これらの技法による合理的な音響構築よりも，民族楽器による即興演奏グループ「アストレヤ」の実践などから学んだ既成概念からの音素材の解放と，象徴に基づく新たな時間形式の獲得にある．こうした特異な作曲様式の典型はヴァイオリン協奏曲《オッフェルトリウム》（1980）であろう．バッハ《音楽の捧げもの》（ヴェーベルンの管弦楽編曲）を引用した主題は，反復の度にその前後から一音ずつ消去されていき，その都度オーケストラは新しい音響を獲得する．また後半では，いったん消滅した主題が逆順で再生されてゆき，最後には主題が反転した姿で回帰する．その形式プロットは受難劇に従って厳密に規定されており，まるで器楽による典礼の儀式のようである．合理的な支配を拒否する音へのしなやかな感性と超越的な時間感覚が融合したグバイドゥーリナの力強い音楽は，前衛主義が終焉した後の芸術のあり方に重要な一石を投じた．

　エストニアのアルヴォ・ペルト（1935〜）の場合，60年代にいち早く12音技法を始めとする前衛的な実験を試みつつも，やがて調性音楽の様式やコラージュとの統合が進み，バッハの前奏曲と12音技法との融合を図った《クレド》（1968）は初期の集大成になると同時に，決然とした信仰宣言故にその後の苦難の出発点ともなった．次第に募るモダニズムへの嫌悪感と音楽界での孤立のなかで，新しい啓示となったのは，エストニアの古楽団体「ホルトゥス・ムジクス」を介して出会った中世グレゴリオ聖歌やルネサンスの声楽ポリフォニーである．8年間の創造的沈黙を通してその研究を続けたペルトは，ついにピアノ曲《アリーナのために》（1976）において「ティンティナブリ（鈴鳴らし）様式」を確立する．それは限定された数の和音の配置だけが変化し，旋律が上声や内声をたどりながら音階状に動くだけのシンプルな構造だが，各レイヤーは数的比例に基づいて持続が異なり，同一和音であっても音楽の様相は規則的に変化する．響きはロマン的であっても構造はきわめて抽象的であり，この点にアメリカのミニマリズムとの類似性が指摘されるが，ペルトを導いたのは，「雪どけ」以降のソ連が受容した「もう一つの前衛音楽」ともいうべき中世・ルネサンスの宗教音楽であり，ペルト作品独特の精神性は，やはりこうしたソ連の歴史的・文化的差異に由来するものなのである．

[千葉　潤]

国　歌

　17世紀までにロシアの国家儀礼では音楽が用いられ始めた．18世紀末にはオーシプ・コズロフスキーやドミートリー・ボルトニャンスキーが作曲した曲が国歌の役を果たしていた．だが，ロシア帝国最初の公式国歌となったのは①英国国歌《ゴッド・セイブ・ザ・キング（神よ，王を護り給え）》の露語版だった．実はこの旋律は，18世紀から19世紀初頭にかけて，多くの欧州諸国で公式行事に使われていた．当時は後の国民国家に求められるような差別化の意識がなかったといえる．ロシアではナポレオン撃退後の1815年からワシーリー・ジュコフスキーの訳詩で用いられた．続いて，33年にニコライ1世の意を受け，②アレクセイ・リヴォーフが新たに作曲し，ジュコフスキーの詩により《神よ，皇帝を護り給え》が成立した．これは1917年まで長く用いられ，ピョートル・チャイコフスキーは帝政の象徴として度々引用した．ここまでの国歌は宗教性が濃厚であり，《君が代》と同様の，君主を称える頌歌だった．

　1917年の二月革命後，臨時政府が採用したのは③《ラ・マルセイエーズ》の旋律だった．十月革命を経た18年，再び国際的な歌④《インターナショナル》の露語版がロシア社会主義共和国連邦国歌に採用され，22年のソ連邦成立後にソ連国歌となった．国際性を持った，革命を訴える行進曲調の国歌だった．だが43年，大祖国戦争のさなか，戦意高揚のために新国歌制定が決定され，当時を代表する作曲家と詩人が多数動員されたコンクールを経て選定されたのは，アレクサンドル・アレクサンドロフ作曲の共産党党歌だった．これに⑤エリ＝レギスタンとセルゲイ・ミハルコフ共作の新歌詞が付された新国歌は44年1月1日に披露された．党歌の陽気で軽快な性格は消え去り，独ソ戦を背景にした戦時性を強くにじませる，荘厳な歌に変容した．だが，56年にスターリン批判が行われると，約20年，スターリンを含んだ歌詞は歌われず，ただハミングされ続けることになる．77年にようやく⑥原作詞者のミハルコフにより歌詞が改訂され，再び歌詞付きで歌われるようになった．歌詩からはスターリンだけでなく戦時性も消え去っていた．

　ソ連解体後の93年，エリツィンの大統領令により，ソ連時代からロシア社会主義連邦共和国の共和国歌だった⑦ミハイル・グリンカの《愛国歌》がロシア連邦国歌に指定された．だがこれには歌詞がなく，議会に承認されず，歌詞をつける試みも実らず，当初からソ連国歌の復活の提案があった．2000年，エリツィン辞任直後のプーチン政権下でナショナル・シンボル（国旗・国歌・国章）法制化の動きが起こり，年末までに⑧ソ連国歌の旋律の再利用が決定された．再びミハルコフが新たな歌詞を書き，リフレインの冒頭「自由なわが祖国よ，讃えられてあれ」が踏襲され，多民族性も織り込まれ，さらに宗教性が復活した．

［梅津紀雄］

14. 思　想

「ロシアの思想」と聞いてイメージを思い描ける人はどれほどいるだろうか？謎に満ちていて，とらえどころのない印象のあるロシアの思想だが，避けて通るわけにはいかない．ロシアの芸術や歴史，生活，社会などを考える際にも，それらにリンクしている豊穣な思想を理解しておく必要がある．

概していえば，ロシアの思想には二つの大きな要素が見られる．一方にあるのは，正教からの影響である．ルーシが10世紀にローマではなくビザンツから受容して以来，正教は思想の基層をなしてきた．他方には，西欧の思想への意識がある．共鳴，反発，コンプレックス，態度はさまざまであるが，ロシアは西欧へ眼差しを向け続けてきたといえるだろう．そして「東」と「西」を融合させるというロシアの歴史的使命もまた，多くの思想家たちによって共有されてきた．

本章では，鍵となる概念や問題，重要な人物やグループ，さらには文学・文化理論，革命や国のあり方をめぐる議論にも注目しながら，ルーシから現代に至る思想の展開を素描していく．　　　　　　　　　　　　　　　　　　　[坂庭淳史]

母なるロシア，母なる大地

　ロシア語で「祖国」を表す言葉には，二つの系統がある．一つは，「オチェツ」（父）を語源に持つオチェチェストヴォ，オチズナで，国家と関係を持つことが多い．ナポレオンと戦った祖国戦争，ヒトラーと戦った大祖国戦争はともに父を語源とする「祖国」である．一方，女性名詞のロージナは，ナロード（人々，民衆），プリローダ（自然）と同様，「産む（ロード）」を語源に持ち，国家を介さない，自然で生物的で人間の息遣いが聞こえる祖国を意味する．「母なるロシア」は，無論，後者の「祖国」である．

❋見張る厳父と赦す慈母　ロシア正教のイコンで代表的なものは，キリストの顔だけを正面から描いたスパス（救世主）と，赤児のキリストを抱く聖母の二つだが，そのイメージは，前者が厳しい表情で大きく目を見開く厳父であるとすれば，後者は幾分悲しげな表情で赤子を慈しむ慈母である．古都ノヴゴロドの発掘調査によれば，中世ロシアは明白な父系社会で，イワン雷帝時代の懇切な家政指南書『ドモストロイ』では，家庭の秩序を保つために家長の暴力が容認，奨励される．厳父と暴君は紙一重だが，母はまったく違う．イコンで圧倒的な存在感を持つ聖母子像には，慈愛，道先案内，祈りの三つの型があるし，救世主像よりもはるかに数が多い．ロシア正教はキリスト教ではなく，聖母マリア教だと思えてくるほどだ．万物を創造したはずの神をも，神の御母（テオトコス／ボゴロディツァ）が生んでしまう．人間の弱さに対し，厳父が威厳を以って見張るのに対し，慈母は優しく赦す．母なるロシアは，人間の全存在を包み，邪悪さも含め宥しかつ癒す．作家レフ・トルストイは，処女作『幼年時代』で，日本神話のスサノヲのように，幼い頃死別して記憶がないママンを懸命に思い出そうとしている．

❋優しい母と恵み深い大地　宗教学者のエリアーデが述べているように，ロシアに限らず，洋の東西を問わず，父は天と，母は地と結び付いている．天から降る雨は，地に落ちて恵みを生み出す．大地は母そのものであるが，まだ聖母になりきらぬ異教時代，母なる大地には，その恵み深さのほかに，冷酷な側面もあった．暴力で殺された若者，自殺者など不幸な死者の遺骸を穢れていると見なし，遺骸が腐敗して土に戻ることを拒んだ．死に切れぬ遺骸は土から這い出して徘徊したし，無理に埋めると，母なる大地は怒り狂って寒の戻りで作物を枯らした．民俗学者ゼレーニンによれば，19世紀末に至るまで民衆はこう信じていた．異教の女神モコシと不可分だった「母なる湿れる大地」が，聖母マリアと結び付き，慈愛溢れる，裏表のない優しい母になったのは，キリスト教受容以降のことだ．

❋外国の圧力の中で神の御母に祈るロシア　16世紀後半以降，ルネサンスを経た

科学技術に基づく，西欧の軍事力の圧迫をひしひしと感じるようになると，ロシア人は露魂洋才で西欧の技術を取り入れる（その終着点がピョートル大帝の西欧化改革）一方，その反動でいっそう神の御母の守護を頼るようになった．ポーランド・リトアニア王ステファン・バトーリのプスコフ包囲の時にも，リューリク朝断絶時，ポーランド軍がモスクワの霊的守り，聖セルギー三位一体修道院を攻めた際にも，善男善女の，神の御母への悲痛な祈りが響き渡った．

❋**アフロディテーの時代—ロマノフ朝**　スムータ（動乱）と呼ばれる亡国の危機を乗り越えると，ロマノフ朝時代が始まり，西欧文明の咀嚼を志向した．18世紀はピョートル以外の4人の皇帝は女性だが，ひときわ光彩を放つのはエカチェリーナ2世である．エカチェリーナ2世は聖母というよりも奔放なアフロディテーで，女帝の寵愛を獲得するために将軍たちが奮闘し，ロシア帝国の領域が飛躍的に拡大した．母より女を感じさせるエカチェリーナ2世のコケトリー（妖艶さ）は，アレクサンドル・プーシキンの妻，ナタリヤ・ゴンチャロワにも通じるが，こちらは詩人を死に追いやった．

❋**ドストエフスキー作品における母なる大地**　ロシアの女性像が，アフロディテーから聖母に戻るのはフョードル・ドストエフスキーにおいてである．西欧文明に批判的なこの文豪の作品において，母なるロシア，母なる大地崇敬は行き着くところまでいった．ドストエフスキーにとって，大地こそがロシアそのものだ．断固たる大小説『罪と罰』において，主人公ラスコーリニコフは，選ばれた人間は役立たずの人間を殺してみずからの理想と野望を実現しても許されるという理論に基づき，金貸しの老婆を殺すが，絶望的な良心の呵責に苛まれ，聖娼ソーニャの説得でセンナヤ広場で大地に接吻し，みずからの罪を痛悔し大地に赦しを乞い求める．『カラマーゾフの兄弟』では，みずからの魂の師ゾシマの死後激しい腐臭がした（修道士として最も不名誉な神罰）ことに絶望した主人公のアリョーシャが，紆余曲折の末，カナの婚礼に招かれる夢を見て，そこでゾシマとイエス・キリストに会う．夢から覚めたアリョーシャは，星空の下で狂ったように大地に接吻する．西欧流の効率追求と，自己中心的な快楽原理に傷付いた人間の魂を鎮め，悔い改めに導いて癒すものこそ，母なるロシアの大地であり，全き調和の中で人間を安らわせる．こ

図1　ペトロフ＝ヴォトキン〈母〉(1913)［国立トレチヤコフ美術館蔵］

の女性像は革命後も生きのび，大地に根ざした強く優しい女性を描き続けた，ソヴィエトの画家ペトロフ＝ヴォトキンの絵画に脈々と息付いている．　［三浦清美］

終末論

　終末論は仏教・イスラーム教にも存在するが，本項ではユダヤ・キリスト教の黙示文学の終末イメージがロシアの文化史に与えた影響を概観する．キエフ・ルーシがキリスト教を受け入れたのは988年だが，外来の宗教が民間に根付いたのはモンゴル支配下で教会が保護を受け，森や荒野に多くの修道院が開かれた15世紀頃とされる．黒死病の猛威を背景にしてヨーロッパのキリスト教世界でイエスの再臨や千年王国への期待が盛んになった時期と一致している．

　例えばビザンツの暦法によれば世界創造から7,000年目にあたる1492年には終わりの時が来ると信じられ，ロシア正教会では翌年以降の復活祭の日付を決めなかったほどであった．同じころオスマントルコによるコンスタンチノープル陥落（1453）を契機にして，モスクワこそが第三のローマとなるというイデオロギー言説が生まれた．モスクワがローマを引き継ぐ場となるなら，黙示録の預言はロシアにおいて成就されるはずである．このようにロシアの終末論はしばしばロシアが歴史で果たすべき役割と関連付けて理解されてきた．

　ロシア正教会が古儀式派の分離という危機を迎えていた1666年も，黙示録の獣の数字666との連想で多くの同時代人によって終末の時とされた．近代文化をロシアの地に強引に接ぎ木しようとしたピョートル大帝を反キリストと見なし，伝統的な終末観を保持する古儀式派教徒は，終末が近いことを期待しながら集団焼身自殺（ガリ）をたびたび試みた．大帝が脆弱な地盤の上に建設した新首都サンクト・ペテルブルグは，詩人アレクサンドル・プーシキンが『青銅の騎士』（1833）で描いたように，洪水によって滅びる終末的幻想を呼び起こした．

✹近代化される終末イメージ　1812年のナポレオンによるモスクワ遠征を臣民が団結して敵を破った「祖国戦争」として記憶するロシアでは，ナポレオンが反キリストと見なされることも多かった．作家レフ・トルストイの『戦争と平和』で描かれているように，ナポレオンの名前のつづりを数秘術的に操作して「666」の数字を導くようなことも実際になされた．戦争に勝利したアレクサンドル1世が西欧の神秘主義に影響されて，ヨーロッパを救うメシアの役割をロシアに見立てて神聖同盟の構想を進めたことも知られている．

　近代以前において疫病や火事などの災害は終末の時を予兆する役割を担ったが，18世紀から19世紀にかけて次第に物理的な災害そのものが終末の現象と見なされるようになる．11年の天空に出現した彗星はナポレオンの遠征が引き起こす戦乱の予兆とされたが（ロシア以外の地域では，むしろワイン豊作の印とされた），32年のビエラ彗星，35年のハレー彗星の接近は，地球との衝突の可能性を

天文学者が予測した. SF小説の先駆けであるウラジーミル・オドエフスキーの『4338年』(1835) はその破局への恐怖をきっかけに書かれた.

コレラは19世紀になって世界史に登場する新しい病気である一方で, 中世末期の黒死病の記憶を近代によみがえらせた. 30～31年に東方から伝染したコレラはモスクワとペテルブルグで猛威をふるった. プーシキンの小悲劇『ペスト流行時の酒盛り』は疫病のために詩人が領地の村に足止めされた時期の産物である. 革命思想とコレラの黙示録的な連想関係は作家フョードル・ドストエフスキーの『悪霊』の背景となっている.

✴20世紀から現代へ キリスト教的終末論は世紀末に再び関心を集めた. とりわけ中世ヨーロッパの説教者フィオーレのヨアキムの説いた千年王国論が, ドミートリー・メレシコフスキー, ヴァレリー・ブリューソフなど象徴派詩人に大きな影響を与えた. ブリューソフは1910年のハレー彗星が地球に何の破局をもたらさなかったことに落胆する感想を残している. 哲学者ウラジーミル・ソロヴィヨフの『三つの会話』(1900) は黄色人種に侵略されたユーラシアに反キリストが出現する物語を描いて反響を呼んだ. この時期の終末論では人間の能動的な役割が強調されることも多い. 亡命思想家ニコライ・ベルジャーエフにとって終末は人間の自由意志と神の啓示との「神人一体」の協力によって達成されるべきものであり, コスミズムの哲学者ニコライ・フョードロフはこれまでのすべての死者を科学的によみがえらせることがキリスト教の究極の目的にかなうものだと説いた.

社会主義思想も地上に楽園を建設するという目標において千年王国的な終末論の一種と見なすことができる. レーニンが民衆に対するプロパガンダに古儀式派の終末観を利用したことも知られている一方, 反革命の立場からすればレーニンこそが反キリストであった. 詩人アレクサンドル・ブロークの『十二』(1918)は, 革命へのおそれと期待をキリストの再臨に重ねて描き出した. ボリシェヴィキの革命論も, 本来ならば資本主義の発展した西欧で起きるはずの革命を後進地域で引き起こそうとする点で能動的といえる.

達成されたユートピアであるソ連の内側では終末論は歓迎される話題ではなかった. しかしソ連末期に起きたチェルノブイリ原発事故は「ニガヨモギの星」の連想により黙示録の終末観をよみがえらせた. 放射能汚染による終末後の世界の風景は, アンドレイ・タルコフスキーのSF映画「ストーカー」(1979) によって後付けで意味を与えられ, 作家タチヤーナ・トルスタヤの『クイシ』(2000)のような現代文学の題材になった他, 今日ではゲーム『S.T.A.L.K.E.R』や作家ドミートリー・グルホフスキー『メトロ2033』などの小説とゲームのメディアミックスなどによってポップ化する傾向にある. 　　　　　　　　　　[越野 剛]

ナショナリズム, ショーヴィニズム

　ナショナリズムとは, 民族が自身の政治的主体性を諸国民・諸民族に承認させようとする権力意志を反映したイデオロギーと運動である. このような権力意志には, 歴史的・文化的共同体と政治組織を一致させようとする民族の要求や, すでに形成されている国民が諸国民・諸民族の犠牲を厭わずに行う自己主張も含まれる.

　ナショナリズムという言葉が現れたのは, 18世紀後半以降のヨーロッパである. 国民の統合と同質性を強化, 維持するという要請から生まれたものであり, 精神的, 文化的, 人種的な不純性や社会経済的, 政治的, 知的な不統一性に対抗する言説の源泉となった. それゆえにナショナリズムは, 異質な要素に対する寛容さを失い, ショーヴィニズム (排外主義) に陥る場合がある. 他方でパトリオティズム (愛国主義) と混同されることもあるが, これは「ある集団の共同性を支える政治制度と生活様式への愛着」を意味しており, 政治権力の抑圧や腐敗に対抗する共和主義的な言説の源泉であったという意味で, 元来はナショナリズムやショーヴィニズムと区別すべき概念である.

✸帝政時代のロシア・ナショナリズム　何らかの理由で非ロシア系住民が優勢である地域の国家制度への包摂は, ロシア帝国の政治エリートにとって常に切実な課題だった. とはいえ, 19世紀初頭までのそれは基本的に異質な要素と折り合うための統治技術の問題であり, ナショナリズムが問題化する局面は少なかった. さらにニコライ1世の治世下で文相セルゲイ・ウヴァーロフが近代化途上のロシアにふさわしい国民教育の基本原理として定式化した「正教・専制・国民性」は, 帝国秩序の護持を志向する官製国民性イデオロギーとして機能した.

　しかし1860年以降, 民族意識を獲得した (または獲得した疑いのある) 非ロシア系民族集団に対抗するかたちでロシア・ナショナリズム的な言説が台頭してきた. 63年1月に勃発したポーランド反乱以降, ミハイル・カトコーフに代表される保守系ジャーナリズムでは, 非ロシア系諸民族の分離主義を煽動する「ポーランド人の陰謀」が喧伝されたほか, ニヒリスト, カトリック信徒, ユダヤ人, 古儀式派などをロシアの国家統合と精神的統一性を脅かす潜在的敵と見なす言説も目立つようになった.

　80年代に入り, 正教に基づく宗教的統一と政治的統合を志向した宗務院総長コンスタンチン・ポベドノスツェフの影響力が強かったアレクサンドル3世の治世下では, 宗教的少数者への抑圧や辺境での「ロシア化」など, 積極的な民族政策が展開された. その契機となったのは, 60〜70年代のドイツ問題や東方問題を

背景に過熱化した汎スラヴ主義運動である．運動は露土戦争後に終息したが，ロシア人に「スラヴ世界の盟主」という強い自己意識をもたらした．

帝政末期のロシア・ナショナリズムは，社会的危機の深刻化とともに，ショーヴィニズムの様相を呈した．その典型が80年代，1900年代初頭に続発したユダヤ人に対する集団的襲撃（ポグロム）である．1905年に第1次ロシア革命が勃発し，帝政が危機に瀕すると，右翼思想家アレクサンドル・ドゥブロヴィンの「ロシア国民同盟」を中心として結成されたナショナリストと君主主義者の連合団体「黒百人組」が社会主義者，自由主義者，インテリゲンツィア，ユダヤ人の排撃を訴えた．しかし二月革命後に活動を禁じられ，21年4月ドゥブロヴィンは銃殺刑に処された．

❋ **スローガン「ロシアはロシア人のために」**　ソ連では民族と国民の概念が明確に区別され，多民族が「ソ連国民（ソヴィエツキー・ナロード）」としてまとまっていた．しかしソ連崩壊後，国家再編の過程で旧ソ連構成共和国の多くで民族紛争が多発した．新生ロシア連邦でも，タタール人やチェチェン人などの少数民族が権利や独立を主張するようになり，多様な民族を包摂しうる国民概念の構築が急務となった．そのような概念として1990年代から「多様性の中の統合」がロシアの統合理念として語られるようになり，「ロシア連邦の構成員」を意味する「ロシヤーネ（россияне）」，あるいは「歴史的にロシア国家において育まれてきた共通の歴史・文化的価値観に基づく多様な民族の市民・政治的集合体」と定義される「ロシースカヤ・ナツィヤ（российская нация）」といった新たなロシア国民概念として具現化している．

その一方で，2000年代以降，民族紛争，テロ事件，不法移民の増加などを背景として非ロシア系住民や外国人に対する不寛容性が広がり，排外主義的な傾向が強まっている．そのことを示す一例が「ロシアはロシア人のために（россия для русских）」というスローガンに共感する者の増加である．これはもともと，19世紀後半に国内の福利向上に努めない政府への批判，あるいはロシア帝国内の民族的分離主義への対抗スローガンとして現れ

図1　近隣外国人の国籍取得緩和措置に抗議するナショナリストの反プーチン集会（2013年5月）

たものだが，「黒百人組」の代表的イデオローグだったウラジーミル・グリングムト，世紀転換期に多くの読者を獲得した保守系新聞『新時代』の発行者で右翼団体「ロシア会議」の指導者だったアレクセイ・スヴォーリンなど，右派イデオローグに好んで使用されてきたという歴史的経緯があり，一般的には極右的なショーヴィニズムを表現したスローガンと見なされている．　　　　［山本健三］

フリーメイソン

　国際的な友愛結社として知られるフリーメイソンは，ロシアでも18世紀に活動を開始して以来，文化や社会のさまざまな局面にインパクトを及ぼしてきた．一方でこの団体は，あるときはレフ・トルストイが小説『戦争と平和』(1869)で描いたような道徳結社として見られ，またあるときは陰謀結社としてデカブリストとの関わりも取り沙汰されるなど，外からはさまざまなイメージでとらえられてきた．しかしながらフリーメイソンは本来，特定の教義や思想，政治信条などをかかげた組織ではなく，またカトリック教会のように中心的な権威を有してもいない．それ故にフリーメイソンは社交，自己修練，啓蒙思想の伝播，神秘思想の探究，社会変革など，人々の多様な欲求の受皿になってきたのである．

❈飲食，ビリヤードから神秘思想の探究まで　中世ヨーロッパの石工ギルドに起源を持つとされるフリーメイソンは，17世紀に石工以外の加入者に門戸を開き，道徳修養と相互互助の団体という性格を強めた．1717年にはロンドンで既存のロッジ（結社員の集会場）を統合して英国グランド・ロッジが結成され，後には「道徳律の遵守」「万人が同意できる宗教に従うこと」などを求めた憲章も制定される．さまざまな象徴をちりばめた加入儀礼や内部の階位性（親方・職人・徒弟）を整備したフリーメイソンは，やがて世界各地に広まっていく．

図1　地方グランドロッジ（サンクトペテルブルグ）の印（19世紀）
［Серков А.И., 2001］

　ロシアのフリーメイソンの歴史は31年に英国人フィリップスがロンドンからロシアのロッジの管轄権を得たことに始まるが，初期の構成員はほとんどが外国人で，ロシア人の加入が常態化するのは40〜50年代である．この頃のロッジは飲食やビリヤードなどを楽しむ流行りの貴族向け社交クラブに近く，高官と知己を得られるという点が入団の動機になることも多かった．

　エカチェリーナ2世が即位する60年代以降には，フリーメイソンに本来の道徳結社としての性格を求める動きが現れ，フリーメイソン内部でさまざまな会派の活動が盛んとなる．なかでも重要なのが，80年代に活発化する「薔薇十字団」（ロゼンクレーイツェルィ）の動きである．モスクワを拠点としてこのグループを率いた作家，ジャーナリストのニコライ・ノヴィコフによる出版活動は，ロシアの啓蒙に大きく寄与したことで知られるが，これは薔薇十字団の理想にかなう書物

を普及させる事業の一環でもあった．その刊行物の中にはサン＝マルタンの『誤謬と真理』や錬金術に関するパラケルススの著作などが含まれており，神秘思想への関心が顕著に表れている．作家のニコライ・カラムジンも，この時期にノヴィコフとともにフリーメイソンで活動し，翻訳などを提供した．

❈国家権力との緊張関係　フリーメイソンの多様な性格や活動について一般化することは困難だが，重要な特徴としては，組織として国家権力から独立している点，国際的なネットワークを持つ組織である点，そしてロシアでは構成員の大半が貴族であった点があげられる．国家秩序の守護者たるエカチェリーナ2世にとっては，これらの点に加えて（彼女自身を含む）女性の参加を認めない点や皇太子への接近など，フリーメイソンに猜疑心を抱く理由はそろっていた．フランス革命の勃発によりいっそう警戒を強めた彼女は，1792年に帝国内でのその活動を禁止する．同年にノヴィコフらも逮捕された．

　19世紀初頭のアレクサンドル1世期には結社の活動が再活性化する．政治家，外交官，作家など多くの著名人がメンバーとなり，1821年にはアレクサンドル・プーシキンが加入した．この時代を舞台とする前述の小説『戦争と平和』では，主人公の一人，ピエール・ベズーホフの精神的成長のプロセスでフリーメイソン加入が重要な意味を持っており，独特の加入儀礼が印象的に描写されている．しかし，22年に皇帝がすべての秘密結社の活動禁止を命じたことで，フリーメイソンのロッジも再閉鎖を余儀なくされた．

❈陰謀結社か？　フリーメイソン＝革命家，自由思想家の集団という外部の人々のイメージは根強かった．プーシキンの韻文小説『エヴゲーニー・オネーギン』の第2章（1826）で，オネーギンの奇矯な言動に不信感を抱く近隣地主たちが，彼を「やつはファルマゾン（フランス語でフリーメイソンを意味するfranc-maçonの訛り）だ」と評するのはその反映である．1825年12月のデカブリストの乱はフリーメイソンのロッジ閉鎖後の事件だが，蜂起を準備した政治結社にはフリーメイソンとの類似点があり，その指導者にはパーヴェル・ペステリを筆頭にかつてフリーメイソンに属した者が多かった．もっとも反乱を鎮圧した政府の側にも結社員は多く，フリーメイソン自体が政治的に急進的であったとはいえない．

　その後も外国でフリーメイソンに加入したロシア人は多かったため，結果的にモスクワやペテルブルグには多くの結社員がいた．その活動がロシアで再開するのは1905年革命の後である．やがてフリーメイソンの組織というかたちで自由主義者と穏健社会主義者による秘密政治グループもつくられ，そこにはアレクサンドル・ケレンスキーをはじめ，後に臨時政府の閣僚となる人々も加わった．十月革命でボリシェヴィキが政権につくと，フリーメイソンは国内での活動を停止する．ロシアでフリーメイソンを名乗る組織が再び活動を始めるのは90年代以降であり，ウェブサイトを通した情報発信も行われている．　　　　　［鳥山祐介］

デカブリストと自由思想

デカブリストとは，専制と農奴制の廃止と立憲体制の樹立を目指して1825年12月にサンクト・ペテルブルグの元老院広場とキエフ県で武装蜂起した青年貴族将校とその仲間の総称である．図1は元老院広場に出撃する蜂起軍を描いたワシーリー・フョードロヴィチ・チム〈元老院広場での1825年12月14日蜂起〉(1853)．ロシア語で12月をデカーブリと呼ぶことから12月党員という意味で後代にデカブリストと名付けられた．

図1　チム〈元老院広場での1825年12月14日蜂起〉(1853)

❋**思想的背景と秘密結社の動向**　フランス革命の理念をかかげたナポレオン軍によるヨーロッパ支配が終わると，それ以前からのフランス啓蒙思想（ルソー，ヴォルテールなど）やフリーメイソンの影響や戦後の民族意識の高揚を背景にして，旧体制を維持しようとするウィーン体制に対抗して立憲制と国民国家を目指す秘密結社が組織されていく．ロシアでは貴族将校が秘密結社を組織したが，その直接の要因は1812年の祖国防衛戦争に続けて13～15年にナポレオン軍を追撃するヨーロッパ遠征の中で貴族将校が兵卒とともに高い生活水準を体験したことであった．帰国後，祖国の現状に疑問を抱き祖国防衛に寄与した民衆に報償があるべきだと考えた名門貴族出身の高級将校たちは，愛国的心情から農奴制と専制を廃止する革命を目指す最初の政治組織として16年に救済同盟（祖国の真の忠実な息子たちの結社）を結成したが，構成員30人ほどの閉鎖的な組織の中で意見の一致が得られず17年に解散した．18年に結成された福祉同盟は世論形成や慈善活動を重視し構成員も200名ほどに拡大した．20年にスペインで憲法を要求した軍事政変が成功すると急進派が台頭したが，密偵を警戒して21年に自主解散する．その直後にウクライナに駐留していた部隊を中心に南方結社が結成され，パーヴェル・ペステリが起草した綱領文書「ルースカヤ・プラウダ」(1823年採択)で議会制共和政，身分特権廃止，成人男子普通選挙権，地主地没収と勤労原理による土地分与などをかかげた．同年にはペテルブルグでも北方結社が結成され，ニキータ・ムラヴィヨフが起草した「憲法」は分権的連邦制，立憲君主制，制限選挙権，部分的土地分与をかかげたが，急進派のコンドラチー・ルイレーエフは南方結社の綱領に関心を示しており，24年の南方結社との協議で26年夏に共同軍事行動を起こす計画で一致した．さらに25年にはポーランド人将校の組

織である統一スラヴ人結社が南方結社に合流した.

❀軍事蜂起とシベリア流刑　1825年に皇帝アレクサンドル1世が亡くなると北方結社は急遽,元老院議員による皇位継承者ニコライへの宣誓式が予定された12月14日に指揮下の近衛部隊を元老院広場に結集することで宣誓式を阻止し,元老院議員に専制・農奴制廃止,市民的自由の保障,兵士の待遇改善,全身分代表会議の召集をかかげた「宣言文」に署名させる計画を立てた.だが不穏な動きを察知したニコライは14日早朝にすでに宣誓式を終えていた.昼過ぎまでに広場には約3,000名の兵士・水兵と30名の指揮官が結集し,総指揮官のセルゲイ・トルベツコイを待ち続けたが彼は姿を現すことなく周囲には数千の民衆が野次馬として取り巻いていた.ニコライ1世は歩兵9,000,騎兵3,000と砲兵で蜂起軍を包囲した上で蜂起軍への散弾砲撃を命じた結果,蜂起軍は逃散し夜までに鎮圧され死者は約1,300人(民間人903人)に達した.事件は国家機密とされたがアレクサンドル・ゲルツェンなど若い世代の貴族革命家に強い影響を与えた.首都での蜂起失敗を知った南方結社ではすでにペステリなどの指導者が逮捕されたため12月29日にセルゲイ・ムラヴィヨフ=アポストル指揮下の部隊(兵士1,000人と将校8人)が蜂起するが,26年1月3日に鎮圧された.26年7月の最高刑事法廷で289人が有罪とされ,首謀者5名(ペステリ,セルゲイ・ムラヴィヨフ=アポストル,ルイレーエフ,ミハイル・ベストゥージェフ=リューミン,ピョートル・カホフスキー)は絞首刑に,残りはシベリアでの苦役やコーカサスでの兵役へと送られた.シベリアに送られたデカブリストと彼らへの同伴が許可された妻・母・姉妹などの女性たちは苦役地での住民の啓蒙・教育・慈善・生活改善活動に従事した.56年に即位したアレクサンドル2世は56年に生き残っていたデカブリストに恩赦を与え帰還者は改革の準備に参加した.

❀自由思想　デカブリストの自由思想はフランス革命に由来する人権(市民の権利かつ政府の義務としての人格的自由,法の前の平等)と市民権(政治体制の正統性の源泉が人民にあるという人民主権とそれを実現する手段として人民から選挙で選ばれた代表による統治政体)であった.他方,ムラヴィヨフもペステリも将来の立法機関を中世のノヴゴロド共和国にならって「民会」と名付けており,彼らの政治思想は近代自由主義の原理と中世ロシアの伝統の復古という二重の側面を持っていた.また人権・市民権を君主制のもとで憲法によって実現するのか大統領制・共和制によって実現するのか,主権の担い手を帝国住民全体(単一国家)とするのか各民族(連邦国家)にするのか,土地所有について不可侵の私有財産とするのか社会的な共有財産とするのかなど将来の国家・社会像について統一した見解は形成されておらず,これらの対立点はデカブリスト以降のさまざまな思想潮流の中で再現されて今日に至っているが,自由思想をかかげた革命運動としては継承者を持たなかった.　　　　　　　　　　　　　　　[下里俊行]

西欧派

西欧派とは，西欧社会の自由主義的な価値観を重視してサロン，サークル，大学，定期刊行物を通じてロシアの将来像を構想した貴族・雑階級の思想家をいう．1830年代に青年貴族の間で生まれ40〜50年代にスラヴ派との論争の中で確立，アレクサンドル2世の改革路線をめぐり急進派と穏健派へと分かれた．

※西欧派の形成　デカブリストの蜂起を西欧由来の「外患」と見なした政府は「正教・専制・国民性」という官製国民性理論をかかげてロシアの国家体制の独自性を強調したが，対ナポレオン戦争従軍経験を持ちデカブリストとも交流があった西欧派の先駆者ピョートル・チャアダーエフは『哲学書簡』(1836) でロシアの歴史的過去の意義を全否定してロシア社会がヨーロッパ的「普遍的」発展過程から取り残されて停滞していることを告発することでロシアの過去と将来の在り方をめぐる歴史哲学論争を呼び起こした．1839年にドイツ留学から帰国したヨーロッパ中世史家チモフェイ・グラノフスキーはモスクワで隆盛していたスラヴ派に対抗してサークルを結成し，モスクワ大学の歴史家のセルゲイ・ソロヴィヨフとコンスタンチン・カヴェーリン，法学者ボリス・チチェーリン，文学者のワシーリー・ボトキン，流刑から戻ったアレクサンドル・ゲルツェンなどが参加して西欧文明に即したロシアの発展を展望した．スラヴ派との論争は主としてサロンで展開されたが，両者は農奴制批判，言論の自由，政府による改革を支持する自由主義的改良主義の点で共通していた．ペテルブルグの西欧派を代表したスタンケーヴィチ・サークルの雑階級人ヴィッサリオン・ベリンスキーはヘーゲル哲学に熱中して「現実との和解」を主張したこともあったが，ゲルツェンに諌められ撤回し，「ゴーゴリへの手紙」では作家に社会闘争の継続を訴え，「厚い雑誌」を中心に論陣を展開した．40年代半ばにはフランス社会主義の影響を受け土地付き農民解放を目指したペトラシェフスキー団が結成されたが49年に摘発されフョードル・ドストエフスキーもその一員として苦役に送られた．他方，47年に亡命したゲルツェンは，48年革命を体験する中で西欧のブルジョワ階級に対して批判的な立場に移行しつつ，ロンドンで自由ロシア印刷所を通じて専制・農奴制廃止・ロシア的社会主義をかかげて無検閲の言論活動を展開した．

※西欧派の思想的特徴　西欧派の思想は，ヘーゲル的観念論からフォイエルバッハ的唯物論，有神論・理神論から無神論まで多彩であったがスラヴ派ほど正教信仰に熱心ではなく，共通点は科学・啓蒙・進歩・人道性・文明など西欧的価値の尊重であり，ピョートル大帝をはじめ西欧との接近を肯定的に評価したことである．西欧派の重要な貢献は歴史研究であり，ソロヴィヨフ，カヴェーリン，チ

チェーリンは，ロシア史において国家が中心的役割を果たしたと見なし「国家学派」と呼ばれる学派を形成した．彼らはロシアと西欧の発展行程にはほとんど相違はないが，ロシアの不利な外的条件（過酷な気候，海の欠如，遊牧民の襲来，広大な領土と希薄な人口密度など）がロシアの「後進性」の原因となり，その結果，個人を圧倒するかたちで国家が積極的な役割を果たすことになったという．彼らの理論によれば，16世紀から農民層の隷属が始まりそのほかの身分も隷属化していくが，18世紀のピョートル大帝の治世に個人の概念が生まれ，最初は貴族が，続いて都市民が，最後に1861年に農民が解放されることになったという．このように西欧派はピョートル大帝を高く評価しピョートル以前の時代を否定的に見るとともにスラヴ派が高く評価した農村共同体を逆に批判的に見ており，例えばチチェーリンは，農村共同体は連帯責任によって租税・賦役を負担させるために18世紀に政府が導入した制度だと見なした．西欧派の綱領的文献はカヴェーリンの『中世ロシアの法的生活についての一見解』（1846）でロシアのヨーロッパ化の必要性，商工業の発展の重要性，農奴制廃止，人格権の擁護，身分特権の制限，専制を制限しないかたちでの代議制の導入，法治主義の確立などロシア自由主義の基本命題を定式化した．

☀西欧派の活動と矛盾　1855年にニコライ1世が亡くなると，新皇帝アレクサンドル2世の皇太子時代の家庭教師でもあったカヴェーリンは「ロシアにおける農民解放に関する覚書」で解放された農民が土地買戻金の支払い義務を一時的に国家に負うかたちでの部分的土地付きの農民解放を提起した．他方，ゲルツェンがロンドンで『北極星』（1857〜67）を発行して革命的変革の必要性を主張すると，カヴェーリンとチチェーリンは共同で革命路線に反対する書簡を送った．61年に農民解放令が出されると国内の西欧派は歓迎したが，ゲルツェンは政府による欺瞞であると批判した．西欧派の多くは革命路線に反対するとともに50年代末から60年代初頭の改革期には政府主導の改革に積極的に関与し，改革の結果として創設された地方自治体や市会での活動に積極的に取り組んだ．改革を担った自由主義官僚として財務大臣アレクサンドル・アバザ，国民教育大臣アレクサンドル・ゴロヴニン，陸軍大臣ドミートリー・ミリューチン，農民改革起草者ニコライ・ミリューチンがいる．検閲が緩和された定期刊行物でも西欧の生活様式，新しい産業や交通の様子を宣伝し，西欧との自由貿易を推進し，司法改革や軍制改革を支持した．だが，有力な雑誌・新聞を発行していたミハイル・カトコーフのように当初は親イギリス・立憲主義的西欧派だったが60年代後半以降は専制を支持する保守主義者に転じた者もいる．西欧派はフランス革命以降のヨーロッパでの自由主義・立憲主義に立脚した国民国家形成の動向に積極的に対応しようとして専制国家による改革に期待をかけた点で自己矛盾を抱え込むことになり，この矛盾は帝国的秩序の解体まで存続することになる．　　　　　　　［下里俊行］

スラヴ派

　ソヴィエト崩壊後のロシアでは，ロシアの精神やその根源，ロシア的理念に関して活発に論じられている．こうした議論の端緒とされるのがスラヴ派である．1840～50年代の貴族社会において，「西欧とロシア」や「ロシア的な特質」をめぐってスラヴ派と西欧派の二派による熱い議論が繰り広げられた．かつて文芸評論家のワジム・コージノフは「スラヴ派の本質とは，ロシア，その生活様式，文化，そしてとりわけロシア的思想そのものの原則的な独自性の主張にある」と論じた．元来「スラヴ派」とは，対立する一派が嘲笑的に付けた呼び名だが，彼らの言説のウエイトは「スラヴ」よりも「正教」や「ルーシ」に置かれている．本項では，スラヴ派の形成とその思想，活動について，二人のリーダー，イワン・キレエフスキーとアレクセイ・ホミャコーフ（図1）を中心に見ていくことにしよう．

図1　ホミャコーフ

❋**スラヴ派の形成**　スラヴ派の誕生を準備したものとして，1812年のナポレオン戦争（祖国戦争）後の国民・民族意識の高揚や，ニコライ・カラムジン『ロシア国史』での歴史への注目，20年代の哲学サークル「愛智会」によるドイツ・ロマン主義の思想と文学の普及などがあげられる．しかし，最も重要なのは，36年に『望遠鏡』誌に掲載されたピョートル・チャアダーエフの『哲学書簡』（第1書簡）だろう．この文章の中でチャアダーエフは，ロシアの歴史と現在について「西洋にも，東洋にも属したことがなく，いかなる伝統も有していない」という厳しい評価を下した．これが大きな議論を呼び起こす．立ち遅れたロシアは進んだ西欧に倣うべきだとする西欧派に対して，スラヴ派は，スラヴ世界独自の原理，あるいはキリスト教の兄弟愛やつつしみ（正教の中に，正教徒であるロシアの民衆の中に保持されている）に依拠したヨーロッパの新たな基盤を形成すること，さらに，ピョートル1世による近代化の以前のロシアに帰ることを主張した．間違った道を引き返し，ロシアの伝統的な生活様式，地縁的な農村共同体の暮らしに立ち返ることを説いたのである．チャアダーエフが見いだしたような，西欧共通の歴史からのロシアの逸脱を，スラヴ派はむしろ美点としてとらえている．

❋**キレエフスキーとホミャコーフ**　スラヴ派の思想の基礎を築いたキレエフスキーは哲学サークル「愛智会」の活動に，ホミャコーフと同様に参加していた．観念論哲学に心酔した彼は，ドイツでシェリングやヘーゲルの講義を聴講し，1832年

に雑誌『ヨーロッパ人』を刊行した．西欧とロシアの一体化を構想するなど，当初の彼はむしろ西欧寄りの思想の持主であったが，当局はそこに「革命」「憲法」といった裏の意味を読み取り，キレエフスキーは出版活動を禁じられてしまう．この後，彼は次第に正教に傾倒し，信仰と理性の対立の見られるカトリック西欧と，一体性を持つ正教ロシアの根本的な違いを強調し，ヨーロッパ文化に正教ロシアが最高の意味と発展を与えるのだと説くようになる．

　もう一人のリーダー，ホミャコーフは，生涯をさまざまな学問分野での探求にささげた．子どもの頃から信仰があり，神学者でもあった．彼の著作はキリスト教と教会の正しい理解のために書かれているが，彼の言う「教会」とは教理や実際の組織ではなく（彼は現実の正教会に対しては批判的であった），愛の力による，キリストと結ばれた人々の間の自由な連合である．西欧の個人主義と対照的に，正教の理想とも響き合うこの有機的一体性の精神は「ソボールノスチ」とも呼ばれる（☞項目「ソボールノスチ（霊的共同性）」）．

❋スラヴ派の活動とその系譜　スラヴ派は西欧の文化や科学を否定することはなく，啓蒙の発展を評価し，それらに敬意や愛着さえも覚えていた．ただ，それを行き詰まらせてしまった冷たい理性や，抽象的な分析，人間の精神的能力の分割を批判するのである．また，彼らの思想は，一見すると1833年に文部大臣セルゲイ・ウヴァーロフが提唱した三本柱の教育論「正教，専制，国民性」と共鳴しているが，実質はまるで違っている．農奴制の廃止を唱え，ロシアの本質的な使命を信じる一方で，政府に対しては批判的であった．また，基本的に君主制主義者ではあるものの，同時代の官僚的な君主制を良しとしなかった．むしろ，かつてイワン雷帝の時代にあった身分制議会「全国議会（ゼムスキー・ソボール）」での民意の反映された政治を理想とした．そのため，政府からは警戒され，彼らの言論はしばしば圧力を受けることになる．キレエフスキーが56年，ホミャコーフが60年とたて続けに亡くなってしまったこともあって，彼らの活動は結果的に現実社会においては十分な影響力を持たなかった．

　とはいえ，彼らが唱えた主張はロシアの歴史において受け継がれていく．スラヴ民族の連帯を説いた汎スラヴ主義，西欧派とスラヴ派の対立を宗教的・民族的土壌によって仲裁しようとしたフョードル・ドストエフスキーやアポロン・グリゴリーエフらの土壌主義，さらに，ニコライ・ダニレフスキーやコンスタンチン・レオンチエフといった思想家たちにもスラヴ派の思想は確かに流れ込んでいる．アレクサンドル・ソルジェニーツィンや現代におけるネオ・ユーラシア主義もまたスラヴ派の延長線上にあるとも考えられる．19世紀末から20世紀初頭に活躍したワシーリー・ローザノフは「スラヴ派思想は単にロシアへの愛なのだ．だから，不滅なのだ」と記しているように，今後のロシアにおいてもスラヴ派の思想が軽んじられることはないだろう．
　　　　　　　　　　　　　　　　　　　　　　　　　　　　　　[坂庭淳史]

ナロードニキ

　ナロードニキとは，西欧社会とは異なるロシア独自の農民共同体に立脚した理想社会の実現を目指した思想家・活動家をいう．ロシア語で人民・民衆をナロードと呼ぶことから人民主義者という意味でナロードニキと呼ばれた．図1は，民衆の間で宣伝を行って逮捕された若者を描いたイリヤ・レーピン〈宣伝活動家の逮捕〉(1879) である．

図1 〈宣伝活動家の逮捕〉(1879)
[art-catalog.ru]

❋**ナロードニキの前史と組織**　1840年代末から50年代にかけてアレクサンドル・ゲルツェンやニコライ・チェルヌイシェフスキーは共同体や協同組合に依拠した社会主義社会をロシアの将来像として宣伝していたが61年に政府主導で農奴制が廃止されると，高等教育を受け問題意識の高い雑階級（下級貴族・聖職者・下級官吏・商人・農民）出身の若者たちは，農民解放の不徹底さに不満を抱いて民衆の利益を守るためにさまざまな結社を組織して合法・非合法の実践活動を始めたことがナロードニキの源流である．

　最初の地下組織は60代初頭の「土地と自由」団でイシューチン団（1863～66）は合法的な協同組合や相互扶助団体を組織する．66年にはドミートリー・カラコーゾフが皇帝アレクサンドル2世への暗殺未遂事件（カラコーゾフ事件）を起こすことで組織は壊滅する．69年には秘密結社「人民の裁き」を組織したセルゲイ・ネチャーエフは同志殺害を引き起こし国外に逃亡する．同年には社会主義的な知識啓発による革命を目指したチャイコフスキー団が組織され労働者や農民の間での啓発活動を展開したが，74年春に摘発された．その一方で同じ時期に数千もの若者が大都市から地方へ向かい民衆に専制や地主と闘うよう呼び掛ける宣伝・扇動（「人民の中へ」運動）を展開したが，民衆は都市出身の若者の話に耳を傾けることなく警察に通報した結果，1,500人以上が逮捕・投獄された．司法改革の結果，裁判は公開で行われ「193人裁判」や「50人裁判」では被告はみずからの信条を公然と陳述し，傍聴人の共感を呼んだ．

❋**革命的ナロードニキの理論家**　1870年代の革命的な活動家たちに影響を与えた理論家の一人ミハイル・バクーニンは国際アナーキズム運動の指導者として農民の不満を扇動して一揆を呼び起こす戦術を主張し，「土地と自由」団に影響を与えた．ピョートル・ラヴローフは『歴史書簡』で文明の進歩の成果を享受する少

数者の知識人は肉体労働によって進歩を支えてきた多数者の民衆に対して債務を負っているので多数者に対して債務を弁済すべきであると唱え，民衆への理性的な宣伝活動を通じて革命を準備することが重要だと主張した．ラヴローフとともに亡命革命機関誌を編集していたピョートル・トカチョーフは革命戦術をめぐって対立し，独自の革命機関誌を発行して少数者の革命組織の陰謀によって国家権力を奪取して革命国家によって上から社会主義的改造を行う戦術を唱え，フランスのブランキ主義と連携した．

❋非合法革命活動から合法活動へ　「人民の中へ」運動の総括から1876年に中央集権的な秘密結社「土地と自由」団（第2次）が結成され，綱領には集団主義と無政府をかかげて初めて「ナロードニキ」と自称した．彼らは76年にはペテルブルグのカザン広場で史上初の政治デモを労働者たちとともに挙行し，農村で働く学校教師・看護師・書記の組織化を図るとともに革命的扇動も試みた．だが政府の弾圧が強まる状況の下で活動の中心は政府要人に対するテロ活動へと傾斜し，78年にヴェーラ・ザスーリチはペテルブルグ市長に重傷を負わせ，セルゲイ・クラフチンスキーは憲兵長官を刺殺した．79年には都市でのテロ路線に反発し農村定住活動を重視した少数派（ゲオルギー・プレハーノフら）は「土地総割替」派を結成したが，十分な活動ができないままスイスに亡命し，後に最初のマルクス主義組織「労働解放」団を結成する．他方，テロ路線を重視したグループは「人民の意志」党を結成し，500人以上の中央集権的な秘密組織により，81年3月1日に皇帝アレクサンドル2世の爆殺に成功するが，首謀者アンドレイ・ジェリャーボフ，ソフィヤ・ペロフスカヤほか5名が公開死刑となり，組織も壊滅した．87年には「人民の意志」党「テロリスト・フラクション」が皇帝アレクサンドル3世の暗殺を図ったが失敗し壊滅し，指導者の一人レフ・チホミーロフは君主主義者に転向した．1902年には革命的ナロードニキの組織として社会革命党（エスエル）が結成され再びテロ活動を展開していく．「人民の意志」党壊滅後の1880年代後半以降は，改良主義的・自由主義的ナロードニキが定期刊行物上で農民の具体的な生活改善を合法的に支援する「小さな事業」に取り組むことを呼び掛けた．合法誌上ではニコライ・ミハイロフスキー，セルゲイ・クリヴェンコが改良主義路線を訴えるとともにワシーリー・ヴォロンツォーフは農民解放後のロシア経済の変化を実証的に研究しロシアでの社会主義化の可能性を探求し，ロシアの資本主義化の必然性を唱えた合法マルクス主義者と論争した．

　ナロードニキの実践家たちは地方自治体を中心に農村での学校教師・医師・農業指導員として働きながら民衆の知的・道徳的向上と信用組合・保険事業・協同組合の普及，耕作地拡大，最新農機具・高収品種普及，農村工芸普及などを目指し農民の生活改善と意識の向上に積極的に寄与した．近年ではグローバル資本に対抗する地域循環経済の理論モデルとして再注目されている．　　　　[下里俊行]

アナーキズム

アナーキズムは，語源的には「無権力」「無支配」をさすギリシア語 *anarchia* に由来し，国家権力と宗教的権威を人間に対する経済的・政治的・精神的な抑圧の源泉と見なし，支配と強制のない状態（アナーキー）において人間の自由と公正が実現されるとの確信に基づく思想と運動の総体をさす．実践的には，議会や政党を通さず，直接行動によってあらゆる形態の権力とそれと結び付く一連の制度（軍，警察，法律，裁判所，税金，選挙など），人間の自由と自発性に基づく社会関係を阻害する一切のもの（宗教，資本，財産，テクノロジー，世論など）に対して反逆し，支配と強制を退け，個人の自発的な連帯に基づく自由な共同性を形成しようとするのが特徴である．

しかし，世界観，人間観，アナーキーのとらえ方やその実現方法や過程について一致した見解はなく，擁護しようとする価値の重点の違いや運動方針の違いによって，個人主義，集産主義，共産主義，宗教的アナーキズム，神秘主義，アナルコ＝サンディカリズム（無政府組合主義）などに分岐する．またロシアでは，広大無辺な大地によって育まれたロシア人の「民族性」とアナーキーを結び付ける見解も伝統的に根強く存在する．

❋古典的アナーキズムとロシア　アナーキーを秩序に対する脅威として否定的にとらえる政治理論上の伝統に反してアナーキーを肯定的に評価したのは，イギリス人ウィリアム・ゴドウィンである．その後，ドイツ人マックス・シュティルナーが自由人の概念（「唯一者」）を呈示し，フランス人ピエール＝ジョセフ・プルードンは史上初めてみずからをアナーキストと称し，権威原理に反対するアナーキズムの基本概念を呈示した．そして国際労働者協会（第1インターナショナル）でカール・マルクスを凌ぐ権勢を誇ったロシア人ミハイル・バクーニンは，アナーキズムを世界革命運動の一大勢力に押し上げた．さらにロシア人ピョートル・クロポトキンは，自然科学に立脚した相互扶助論を呈示し，アナーキズム革命運動を理論化し，その正当性を科学的に説明しようとした．彼らはキリスト教的愛に立脚して非戦と非暴力を説いたロシアの文豪レフ・トルストイとともにアナーキズムの理念，概念，運動，理論の先駆者とされる．それゆえに彼らの思想は「古典的アナーキズム」と呼ばれている．

西欧発のアナーキズムをロシア出身の思想家が発展させたことの意味は大きい．というのもバクーニン以後のアナーキズムは，シュティルナー，プルードンらの西欧限定の視野を突破し，文明側から差別されてきた非西欧の視線を共有していたからである．実際アナーキズムが影響力を持っていたのは，イタリア，ス

ペイン，ロシアなど，ヨーロッパの産業化に遅れた地域の革命運動であった．また近年の研究では，中南米，アフリカ，アジアの植民地解放運動におけるアナーキストの役割の重要性も指摘されている．

❋ **ロシア革命とアナーキズム**　二月革命は帝政を崩壊させ，自然発生的な大衆運動というかたちで進行した．史上初めてアナーキズムの理念が実現される機会と思われたが，革命の主導権は大衆への「目的意識性」注入に成功したボリシェヴィキに奪われていった．とはいえ十月革命直後のレーニンが労働者大衆のアナルコ＝サンディカリズム的な傾向に譲歩したこともあって，各地の労働組合やソヴィエトで要職をアナーキストが務めることも珍しくなかった．

しかし，1921年にはアナーキズム的な要求をかかげたクロンシュタットの反乱が鎮圧され，同年夏にはウクライナで「自由ソヴィエト」のスローガンをかかげて，自由共産主義を目指したネストル・マフノの農民パルチザン軍も敗走したことで，アナーキストたちの革命的直接行動はほぼ終息した．さらにボリシェヴィキ権力の強化とともに，当時の代表的アナーキストにしてモスクワ大学教授だったアレクセイ・ボロヴォイが23年に一切の教育研究機関から追放されたのを始めとしてアナーキストやサンディカリストが活動できる公的な場は減った．その頃彼らが合法的に活動できたのは，クロポトキン委員会，全ソ連邦元徒刑囚・流刑囚協会などに限られた．

その一方で20，30年代はバクーニンに関する議論が活発化し，著作の刊行が行われた時代でもある．それはソ連公式史学におけるバクーニンの評価をめぐる論争であったとともに，アナーキズムに擁護的な研究者によるバクーニンの遺産をソ連社会に伝えるためのささやかな抵抗でもあった．

❋ **現代ロシアとアナーキズム**　ソ連社会でアナーキズムは，反革命的なプチブル的イデオロギーと見なされ，否定的に評価されていた．しかしペレストロイカの頃から，政府や官僚制への批判が強まるなかでアナーキズムが注目されるようになった．旧ソ連各国で活動する「自主行動（Автономное действие）」を始めとして，各地でアナーキスト団体が組織され，「今ここで」を標榜する現代的な「新しいアナーキズム」に棹さすかたちで，反資本主義，反共産主義，反権威主義，反戦，環境保護，人権擁護，貧困者支援などを標榜する直接行動を展開している．また近年，バクーニンやクロポトキンの旧宅を拠点として，過去のアナーキストたちの顕彰活動も盛んに行われている．

図1　アナーキスト団体「自主行動」のデモ（2012年5月）

［山本健三］

ソボールノスチ（霊的共同性）

　ソボールノスチ（соборность，全一性または霊的共同性）とは，神への愛，および正教信者同士の愛によって結び付けられた人々の自由な一致を指すロシアの宗教意識，ロシアの宗教哲学思想の概念である．ソボールノスチという言葉で表現されるすべての正教徒の霊的な一致は，全キリスト教に共通する教会の原理に立脚している．それは，神の前ではすべての人間が霊的に統一され，平等であるという理念である．ロシアにおけるソボールノスチの概念は，アレクセイ・ホミャコーフによって錬成され，ロシア哲学に特徴的なものとなっている．

図1　神の王国の像としての，教会の統一と全一 [mpda. developer. stack. net]

❊ソボールノスチの語源　語源的には，ソボールノスチは幾つかの正教用語と結び付いている．ソボール（собор）という名詞は，教会上の諸問題の解決のために開かれる聖職者の代表者たちの会議を表わす．キリスト教が東西分裂する前に7回開催された主教たちによる全地公会議（フセレーンスキー・ソボール）においては，さまざまな意見が提示されたとしても，彼らは全員神の前では同じ立場の聖職者であり，一つであった．これはロシア正教会の地方公会議（ポメースヌイ・ソボール）においても同様である．ソボールのもう一つの意味は，複数の宝座（プリデール）を有する一つの聖堂である．次に，「皆一緒に」という意味のソボールノ（соборно）という副詞があげられる．ロシア正教会の教えでは，もしキリスト者が何らかのかたちで神の側に立つのなら，彼らはキリスト者をキリストの肉体に交接させる神の働きかけを見いだし，一人ずつ，それと同時に皆一緒に（ソボールノ），生きたキリストの一部となり，聖霊の神殿となるのである．また，「公同の」を意味するソボールヌイ（соборный）という形容詞は，全一に基礎付けられた存在を表現するものである．例えば，単独の芸術作品ではなく，教会の公同の（ソボールヌイ）目的に属するイコンがそれに該当する．ソボールヌイのもう一つの意味は，聖堂に参与する者を指す．

❊スラヴ主義におけるソボールノスチ　アレクセイ・ホミャコーフはロシア宗教哲学におけるソボールノスチの理念の提唱者である．ホミャコーフは，全地公会議（フセレーンスキー・ソボール）を教会史におけるキリスト者の統一と一致の具現と見なす．同公会議の理念に基づいた教会こそが，使徒より続く唯一の，聖なる公同の教会である．この教会は，数量や地理的条件を超越した万有普遍教会（フセレーンスカヤ・ツェールコフィ）である．ホミャコーフによれば正教会とは自由と

統一の有機的な結合体である．これに対して権威主義的であり，地域的なカトリック教会は自由なき統一であり，プロテスタンティズムは統一なき自由である．正教会にのみソボールノスチ，キリスト者の生の，至高の神的基盤がある．イワン・キレエフスキイは，万有普遍教会によって統一された世界を正統キリスト教の世界（プラヴォスラーヴヌィ・ミール）と呼び，その世界の背景には正統キリスト教の霊（ドゥーフ・プラヴォスラーヴィヤ）があるとした．しかし，カトリック教会は，抽象的理性的思惟への系統によって万有普遍教会から離反し，キリスト者の統一を霊的ではなく権威的手段によって行った．これに対してキレエフスキイは，真理の認識は魂の全能力を一つの総体的統一（ツェーリノスチ）に結集することによってなされると主張した．これが正統キリスト教の思惟である．キレエフスキイはロシアの民衆の思惟，生活，慣習の中に総体的統一を見いだし，土地共同体を評価し，そこに西欧文明とロシア文明の差異があるとしたのである．

図2　アトス山の全聖人
[bolshoevoznesenie.ru]

✦ **ウラジーミル・ソロヴィヨフにおけるソボールノスチ**　ウラジーミル・ソロヴィヨフは，スラヴ派の総体的統一への志向を継承し，あらゆる領域の知識を統合する総体的知識（ツェーリノエ・ズナーニェ）という概念を提示した．しかし，スラヴ派とは異なり，ソロヴィヨフはロシアの民衆の中にソボールノスチの理念の発露を見るのではなく，この理念を宇宙論的に展開させた．ソロヴィヨフによれば，世界および宇宙の目的はすべての時間空間の存在が全宇宙的・有機的に一致し結合することであり，それこそが万有普遍教会（フセレーンスカヤ・ツェールコフィ）なのである．ソロヴィヨフは，ホミャコーフらの思想を受け継ぎつつも，ソボールノスチを，新プラトニズムなどを淵源とする「全一性」という理念へ読み替えて発展させた．個の救済は，他との結合によってのみ成就する．その際，個は全体に吸収されるのではなく，個であるままに全体に参与する．分裂した存在の一致結合は，絶対自立存在である神との結び付きによって成されるが，それを推進できるのは，自由意思で神から離れた人間だけである．その手本となるのは受肉した言（ロゴス），神性と人性の二つを同時に有する霊的人間，神人イエス・キリストである．個々の人間に必要とされるのは，みずからキリストのように生きることであり，神に似せて創造された存在として全人類を一つの有機体である「キリストの身体」へと変容させることである．これこそが大文字の教会（Церковь）であり，万有普遍教会なのである．以上のようなソボールノスチの理念は，ソロヴィヨフが提示した「全一性」という構想とともにセルゲイ・トルベツコイ，ニコライ・ロースキー，セルゲイ・ブルガーコフ，セミョーン・フランクらの哲学者たちに影響をおよぼしていった．

［渡辺　圭］

コスミズム

　ロシア・コスミズム（ロシア宇宙主義）と呼ばれる思潮は，主に19世紀後半から20世紀にかけてのロシアの科学思想・宗教哲学をそのコスモロジーに基づいてまとめる思想的枠組みとして提起された．その代表者とされるのは，全人類の共同事業を唱えた思想家ニコライ・フョードロフ，ロケット工学の先駆けとなった科学者コンスタンチン・ツィオルコフスキー，叡知圏の理論を展開した鉱物学者・地球化学者ウラジーミル・ヴェルナツキーであり，加えてアレクサンドル・チジェフスキーやニコライ・ウーモフなどの科学者たち，ウラジーミル・ソロヴィヨフやセルゲイ・ブルガーコフ，ニコライ・ベルジャーエフ，パーヴェル・フロレンスキーなどの宗教哲学者たち，さらには芸術家や作家たちもこの思潮に含められることがある．その範囲をどこまで広げるかは論者によって異なる．

❈ロシア・コスミズムの基本的理念　初めツィオルコフスキーやヴェルナツキーの理論や思想を説明するために用いられていたロシア・コスミズムという概念は，1980〜90年代にかけてロシアの科学，哲学，文化の共通性を示すための枠組みとして注目されるようになった．その基礎となっているのは，人間と宇宙，ミクロコスモスとマクロコスモスの結び付き，人間が宇宙規模のプロセスにおいて固有の使命，能動的役割を担うという発想である．文学研究者スヴェトラーナ・セミョーノワはアンソロジー『ロシアの宇宙精神』（1993）でロシア・コスミズムの基本的理念として能動進化という理念をかかげている．この理念において人間はみずから進化の舵取りを担い，世界と自己を意識的に発展・変容させ，やがては宇宙へとその活動の領域を広げていく存在と見なされている．こうしたロシア・コスミズムという枠組みを可能にした要因としては，科学と技術の著しい進歩，進化論の普及，作家ジュール・ヴェルヌのSF小説に代表されるような宇宙への興味・関心の高まりといった19世紀から20世紀にかけての時代背景に加えて，当時のロシア宗教哲学には，神と人間の結び付きに注目し，自然や世界の変容における人間の能動的・創造的行為を重要視する傾向があったことも指摘できよう．

❈フョードロフの思想　ロシア・コスミズムの代表的な思想家とされるフョードロフは，1829年にタンボフ県で生まれ，モスクワのルミャンツェフ博物館（現ロシア国立図書館）に司書として勤めた．同時代の作家フョードル・ドストエフスキーや哲学者ソロヴィヨフなどに影響を与えたともいわれる．フョードロフは人間と自然の誤った関係こそが死をもたらす原因だと考え，自然の力の統御による死の克服，すべての死者の復活を目的とする全人類共同の事業の計画を構想し

た．その計画では，人類は兄弟的関係において団結し，気象の統御など自然に働きかけると同時にみずからの肉体をも変容させ，宇宙へ進出するべきだとされる．フョードロフによれば，神はその意志の道具である人間を通じて働くのであり，科学を用いて人間によって成し遂げられる事業は，信仰と理性の統合，神人協働の事業でもある．

❋**ツィオルコフスキーの宇宙哲学**　ツィオルコフスキーは1857年にリャザン県で生まれ，モスクワで独学した後，ボロフスクやカルーガで教師として教えた．宇宙飛行を可能にするロケット装置の理論「ツィオルコフスキーの公式」を示した科学者であり，また『月の上で』(1893，図1)や『地球の外で』(1920)などSF小説を著した作家としても知られている．生物，無生物を問わず宇宙のさまざまな物質を構成し感覚を有する不死の原子があるというツィオルコフスキーの汎心論的世界観において，生物の誕生と死は原子の結合と分解にほかならず，そのサイクルを経て生命は発展を遂げていくと見なされている．そうした宇宙規模で進む過程において人間は科学と技術により環境をつくり変え，やがては引力に打ち克ち，宇宙へと入植してゆくとツィオルコフスキーは考えていた．

図1　ツィオルコフスキー『月の上で』1957年出版単行本の表紙

❋**ヴェルナツキーの生物地球化学**　ヴェルナツキーは1863年にサンクト・ペテルブルグに生まれ，鉱物学や結晶学を学び，モスクワ大学やタヴリーダ大学で教鞭を執った．鉱物学から出発したヴェルナツキーは生物の活動を地質学的力としてとらえる生物地球化学を創始し，生物圏と叡知圏（ノースフェーラ，精神圏）の理論を展開した．ヴェルナツキーによれば，人間は地球の地質学的な層である生物圏と分かちがたく結び付いており，人類の科学的思考と労働の影響の下で生物圏はつくり変えられ，叡知圏へと移行しつつあるという．ヴェルナツキーはこうした生物圏から叡知圏への移行を進化の過程ととらえ，科学の発展の歴史をその過程に位置付けた．

❋**ロシア・コスミズムと技術万能主義**　ロシア・コスミズムはともすれば技術によってあらゆる問題が解決され，人類にとって幸福な未来が手に入るという技術万能主義と同一視される可能性を含んでいる．しかし科学と技術の進歩に基づく未来を予見するのはこの思潮の一面にすぎない．ロシア・コスミズムの特徴は，一般には相容れないはずの科学者たちと宗教哲学者たちのコスモロジーにロシア独自の思想的共通項を見いだそうとした点にある．　　　　　［小俣智史］

神智学・神秘思想

　1810年代に近代的な国民意識が形成されて以降，ロシアの知識人の間では，反体制的で社会の変革を希求する傾向が強かった（☞項目「デカブリストと自由思想」）．だが70年代中葉のナロードニキ運動が破綻し，その系譜を継ぐ「人民の意志」党が戦略としてテロリズムを選択して，81年に皇帝アレクサンドル2世の暗殺に成功してもなお社会に革命への機運が生まれなかったため，若い世代には失望と幻滅が広がった（☞項目「ナロードニキ」）．

❀世紀末ロシアの思潮傾向　こうしたなかで，直接的な体制変革の夢の代わりに，青年たちの心を急速にとらえるようになったのが，神秘思想や形而上学である．インドを初めとする東洋の宗教や思想に対する関心の高まり，ウラジーミル・ソロヴィヨフの哲学が広範な影響力を持ったことなどは，その顕著な現れだった．

　スピリチュアリズムやオカルティズムの高揚は19世紀末のヨーロッパに共通した現象だったが，ロシアの場合，少なくとも当事者たちの主観の上では，それは現実からの逃避ではなかった．「認識活動は実践的活動であり，生の創造である」（ニコライ・ロースキー）という前提のもと，神秘への志向は，人間の認識や知覚を拡張・深化し，人類を存在の新たな段階に導くという目的において，従来の政治的・社会的な運動に等しい価値を持つものと考えられていた．

❀神智学協会　19世紀末〜20世紀初めの神秘主義的雰囲気の濃厚な中で，組織的な広がりを見せ，文学や芸術にも影響を及ぼした潮流に「神智学」がある．

　この語は，狭義には，1875年にニューヨークに設立された神智学協会の教えを指す．この協会の創始者である通称マダム・ブラヴァツキーは，19世紀中葉の女流作家エレーナ・ガンを母とするロシア人だった．ポーツマス講和交渉のロシア側全権大使だったセルゲイ・ウィッテは従弟にあたる．彼女がロシアを離れ，ニューヨークに現れるまでの経緯は現在でもよくわかっていないが，彼女が「マハトマ」（偉大な魂）から得たお告げに基づくとされる教義は，ヒンドゥー教を初めとする東洋・西洋の多様な宗教思想の折衷だった．

　ただし神智学協会の教義は，霊媒などオカルティズムの要素を多分に含みながらも，人種や性別や階級などの上下を否定して，人類の普遍的な同胞愛を主張する点では一貫していた．また，その姿勢は決して反科学的ではなく，むしろ科学と宗教と哲学の総合的な知の構築を目指していた．協会の設立後，神智学は世界的に急速な広がりを見せた．

　ロシアでも，1880年代から神智学への言及が見られ，1908年の首都ペテルブルグをはじめ，各地に協会支部が続々と設立された．1910年に数千名を数えた会員

の中には，象徴派の詩人コンスタンチン・バリモント，抽象画で知られるワシーリー・カンディンスキーなども含まれていた．なかでもピアニスト・作曲家のアレクサンドル・スクリャービンは，自分の創造を神智学の思想と直結させ，後期作品にしばしば現れる「神秘和音」を音楽における真理の表れと主張した．

❋レーリヒの軌跡　唯物史観を標榜したボリシェヴィズムと神秘思想は，一見したところ，互いに相容れないもののように思える．実際，神秘主義的な諸団体は1922年に公式に禁止されている．神智学協会の主要メンバーもこれと前後して亡命し，ソ連にとどまった者の多くは30年代に粛清の対象となった．

だがその一方で，19世紀末からのいわゆる「銀の時代」の神秘主義の影響は，ソ連期の思想にも及んでいる．イーゴリ・ストラヴィンスキーが作曲したバレエ《春の祭典》(1913)の舞台美術を手がけるなど，バレエ・リュスへの協力で著名な画家ニコライ・レーリヒの生涯は，その興味深い例である．活発な美術活動の一方で，神智学の思想に強い影響を受けていた彼は，ロシア革命時に亡命者となるが，仏教特にラマ教に傾斜して，チベットを初めとするユーラシア内陸部への探検を敢行し，最終的にはヒマラヤ山脈の麓に居を構えた．そして霊媒の資質を備えていた夫人が「マハトマ」の霊から得たというお告げに基づいて独自の教義「アグニ・ヨガ」を開き，晩年まで文筆と絵画による啓発活動を展開した．

このようなレーリヒが，実はソ連体制と友好的な関係を保っていたのである．ユーラシア内陸探検途中の26年，モスクワにひそかに立ち寄った彼は，当時のチチェーリン外相やルナチャルスキー文相と会見して，「マハトマ」からの献辞をレーニン廟にささげる許可を求めた．仏教の教義と共産主義の同一性を主張し，ソ連社会主義によって欧米列強の植民地支配から解放されることをアジア各地が切望しているとも力説したという．レーリヒは，レーニンをマイトレーヤ（弥勒菩薩）と同一視する言説や絵画も残した（図1）．

図1　ニコライ・レーリヒ《期限の出現》(1927)．マイトレーヤを主題とした連作の1枚だが，山上の菩薩の顔は明らかにレーニンを思わせる [gallery.facets.ru]

❋神秘思想とソ連　19世紀末から世界的に隆盛した神秘思想は，西欧が主導してきた近代合理主義に対するアンチテーゼでもあった．インドを初めとする東洋への志向が顕著だったのもそのためだが，こうした中で，西欧から一線を画されていたロシアは，しばしば東西の文明を統合する使命を持つ特権的な国と位置付けられた．社会主義革命を，西欧近代主導の資本主義や帝国主義の超克と見なす者も少なくなかった．19世紀末の神秘思想は，レーリヒの例にみられるように，20世紀ソ連期の，時には互いに相矛盾する諸思潮にすら，さまざまなかたちで影を落とし，その余波は現在にまで及んでいる．　　　　　　　　　　　　[中村唯史]

女性解放思想

　ロシアの女性解放運動は，19世紀中頃から20世紀初頭のヨーロッパで起こった第1波フェミニズム運動の後を追うかたちで開始されるも，ロシア固有のナロードニキの文脈や，共産主義革命を経て独自の展開をみせていく．

❀**黎明期**　エレーナ・ガンやマリヤ・ジュコワなどの作家達は，19世紀前半にすでに女性の抑圧を自身の作品のテーマとしていたが，いわゆる「女性問題」が，社会的に大きく取り上げられるきっかけとなったのは，クリミア戦争の敗北である．敗戦により知識人達はロシアの後進性を自覚し，農奴性の廃止を中心課題とした一連の社会改革が実行され，そしてこの時，女性問題にも目が向けられるようになったのである．クリミア戦争に従軍した外科医・教育者ニコライ・ピロゴフは，当時この問題に関して最も影響力のあったイデオローグである．彼は，戦地での看護婦たちの献身的な行動に感銘を受け論文「生の諸問題」(1856) を著し，教育によって女性も芸術や科学といった分野でも男性と同等に才能を発達させることができると主張した．またミルの女性解放思想をロシアに紹介したミハイル・ミハイロフも論文「女性—家庭と社会におけるその教育と意義」(1857) において，女性解放と教育の重要性を説いた．

　このようにロシアの女性解放は，まずは男性知識人によって先導されるかたちで議論され始めたが，1860年代に入ると上流階級の女性たちの中からも多数の活動家が登場する．なかでも突出した存在となったのが，アンナ・フィロソフォワ，マリヤ・トルブニコワ，ナジェージダ・スタソワの3人である．彼女たちは，ペテルブルグで「低家賃住宅協会」や「女性出版アルテリ」を設立し，シングルマザーや貧困家庭に対する住居の提供や，教育を受けた女性たちに仕事を与えるなどの活動を行っている．また女子の高等教育の門戸開放を求める請願運動を開始し，68年には400名の署名を集めペテルブルグ大学に提出しているが，この運動は78年のベストゥージェフ女性高等課程の開学として実を結ぶ．

❀**ナロードニキと『何をなすべきか』**　前述の女性たちの活動は，総じて既存の社会体制の中での穏やかな改善を求めるものであったが，それに対し60年代後半には，ナロードニキ運動に共鳴するラディカルな変革を求める女性革命家が急増する．彼女達は純粋で自己犠牲的傾向が強く，「人民の意志」派に属したペロフスカヤとフィグネルは，アレクサンドル2世暗殺計画にも加わっている．しかしナロードニキ達においては，社会革命や労働者問題が優先され「女性問題」は後景に退いてしまうこととなる．さてこの時代の「女性問題」を語る上で，チェルヌイシェフスキーの小説『何をなすべきか』(1863) が与えた影響は看過できな

いものである．この小説に描かれた幾つかのテーマ，つまり抑圧的な家族から女性を救出する手段としての名目結婚，男女平等の原理に基づいた結婚生活，性愛に対する合理的な見解，利益を従業員全員が平等に分配する「アルテリ」，あるいは血縁家族に替わるコミューン等は無数の追随者を生むことになる．

❋**1905年革命〜1917年十月革命期**　1905年革命は，ロシアの女性解放運動にとっても転換点であった．これまでの運動は，もっぱら教育や専門的な職業への参入を要求するものであったが，ついに参政権を求める本格的なフェミニズム運動に成長したのである．その中心的役割を担ったのが05年1月にペテルブルグで結成された「女性同権同盟」であり，この団体は5月にはロシア史上初めての女性の政治的権利を求める300人規模の集会を開催している．この集会では，性別，信仰，国籍による差別のない普遍，秘密，直接選挙に基づいた憲法制定会議の招集，全階層の男女が，生のあらゆる側面の政治的・市民的権利において平等であること，男女共学の教育など多岐にわたるリベラルな政治目標が議論されている．またフィロソフォワを中心とした「女性相互扶助協会」や，女医のポクロフスカヤが結成した「女性進歩党」などのフェミニズム・グループも登場し，前者は雑誌『女性問題』に，後者は『女性通信』を中心にそれぞれの主張を精力的に展開していった．この時期の特筆すべき出来事は，08年12月に開催された「第1回全ロシア女性大会」であろう．これは女性同権同盟主催によるもので，その目的は多様な集団が，派閥を超えて一つのフェミニスト・グループとなって，女性参政権獲得のために共闘することであり，参加者が1,000人を超す大規模なイベントとなった．女性同権同盟は会議の直後に解散してしまうのだが，彼女たちの運動自体はロシア女性同権連盟へと引き継がれ，そして17年二月革命の後，臨時政府のもとで，女性参政権が認められることとなる．

図1　プロパガンダポスター〈キッチンの奴隷を打倒せよ！新しい生活を与えよ！〉(G.シェガリ，1931)

　その後17年十月革命によってソヴィエト政権が樹立し，女性解放運動は共産主義の原則のもと，さらなるラディカルな展開をみせることとなる．政府の唯一の女性閣僚となったA.コロンタイの強力なイニシアチヴにより，子育てと家事の共産化による女性解放，離婚の簡易化，堕胎の合法化などが次々と決定され，また女性自身の意識の改革や啓蒙を目的とし「党女性部」がつくられた．しかし20年代後半になると徐々に保守化し，36年に女性問題は解決したとの認識から党女性部は解体，堕胎は禁じられることとなる．全体主義体制下では，家父長的家族が称揚されたが，女性は労働者と母の役割の両方を担うことが期待され西側諸国よりも厳しい立場に置かれたといえる．

[北井聡子]

ユダヤ人問題

　キリスト教徒が中心の社会で異彩を放つユダヤ人集団をどう解消していくか．こうした問題意識を一言で表す言葉が「ユダヤ人問題」である．例えば19世紀半ば，ドイツの哲学者ブルノ・バウアーは同名の論文で，ユダヤ人は棄教してのみ解放されると解いた．カール・マルクスはさらに進んで，精神的なものではなく，彼がユダヤ教と同義と見る資本主義を変革しない限りユダヤ人を含む人類の解放はないとした．世俗化しつつあった西欧においては，こうして，均質な近代社会の足枷，ないしその限界の象徴としてユダヤ人は表象されていく．

　しかしロシアでは，キリスト教徒もユダヤ教徒も多くが必ずしも世俗化のただ中にあるわけではなかったから，「ユダヤ人問題」の意味合いは少なからず異なった．19世紀末の時点で世界最大のユダヤ人口520万人ほどを抱えていたロシア帝国では，ユダヤ人の側の反応も多様なものとなった．

✾「農民の搾取者」としてのユダヤ人　19世紀末においても人口の8割が農民であるロシア帝国にあって，ユダヤ人は他の社会経済的役割を担うことで根を下ろしていた．最も目立つ金融業者はごくわずかであり，大半は，商店や手工業，行商，輸送業などを営んでいた．18世紀末のポーランド分割により，旧ポーランド領に多数暮らしていたユダヤ人を思いがけず多数抱え込むことになったロシア政府は，1802年に「ユダヤ問題委員会」を設置し，現地調査を行っている．そのなかでユダヤ人は，地元農民を搾取するならず者として描かれた．ロシア正教が国是であったロシアにあって，ユダヤ人は，キリスト教道徳における反面教師として位置付けられていたことも影響していようが，農民の日常的な感覚のなかで「問題」が指摘されたのである．もっとも，ユダヤ人の商店が特別に暴利をむさぼっていた証拠はなく，ユダヤ人が貴族に代わって徴税を請け負っていたポーランド時代から続く偏見によるところがおそらく大きい．こうして発展した反ユダヤ感情は，19世紀末から20世紀初頭にかけて農民なども多く加担するなかで頻発したポグロム（集団的迫害・殺戮・略奪）の背景にもなった．政府は，ユダヤ人の居住を定住区域と呼ばれる，現在のリトアニア，ベラルーシ，ウクライナ，モルドヴァにおおむね相当する地域に制限する一方で，19世紀半ばからは，農業や高度技術職など「有益な」職業についたユダヤ人の居住制限を撤廃することで，ユダヤ人の在り方を変革しようとした．この流れにユダヤ人の富豪や啓蒙主義者が乗った点では西欧に似ている．だが異なるのは，政府の側もユダヤ人の側も，ユダヤ人の集団として解消を狙っていたわけではなかったことである．多民族帝国ロシアにあっては，異なる民族集団が存在すること自体は特に問題ではなかったのである．

14. 思 想　　　ゆだやじんもんだい　　591

❀**「革命家」「裏切り者」としてのユダヤ人**　20世紀に差し掛かると，ユダヤ人のなかから，さらにさまざまな動きが生まれていくことになる．その筆頭が社会主義運動である．ロシア帝国のユダヤ人の多くは（必ずしもユダヤ資本によらない）資本主義の発展故に苦労するようになっていた．ユダヤ人の得意分野であった小規模な商工業が大規模なそれに取って代わられるようになってしまったからである．彼らの一部は大都市に流入してプロレタリアートとなった．それゆえ，ユダヤ人のあいだから社会主義運動家が多数生まれたのは当然の流れであった．だがそこから，ユダヤ人といえば社会主義者というイメージが新たに流通していくことになる．1917年の十月革命でボリシェヴィキが権力を掌握することで始まった内戦期において，それまでとは桁違いの規模でポグロムが吹き荒れることになるが，その際に，白軍やウクライナ・ナショナリストから，裏切り者のボリシェヴィキ（共産主義者）として攻撃されたのである．

　20世紀初頭のロシアで，ユダヤ人による世界支配の陰謀の証拠として出版された偽書『シオン長老の議定書』（1905）が世界に拡散したのもこの内戦期である．世界シオニスト機構の創設者テオドール・ヘルツルによる『ユダヤ人国家』（1896）がモチーフになっていたようだが，みずからの国家さえ見通しが立っていなかった時期にあって，シオニスト自身には世界支配の意図などもちろんなかった．しかし，ソ連時代においても，特にソ連が支援していたアラブ諸国軍がイスラエル軍に大敗した67年の第3次中東戦争以降，シオニズムを世界資本主義の先鋒ないし手先として批判する書がソ連で多く出版された．

　そのソ連は初期においては，ロシア帝国のユダヤ人が母体となって盛り上がりつつあったシオニスト運動に対抗すべく，極東にユダヤ自治州（現存する）を設置するなど，世界に先駆けて「ユダヤ人問題」を解決したと喧伝したことがあった．

❀**「キリスト教徒問題」としてのユダヤ人問題**　ソ連の場合，それは当局が政治力・資金力を勝手に期待したアメリカ・ユダヤ人へのアピールでもあったようだが，もっと真剣にユダヤ人に期待をかける流れ，つまり親ユダヤ主義があったこともロシアの特徴である．特に，ウラジーミル・ソロヴィヨフやニコライ・ベルジャーエフといったキリスト教宗教思想家のあいだでそうした傾向が見られた．ユダヤ人とキリスト教徒の信仰は相互に関係すると信じる彼らは，ユダヤ人問題をキリスト教徒の側の問題ととらえ，真のキリスト教徒は暴力的な反ユダヤ主義を克服できるはずだとした．彼らにとって，ユダヤ人は普遍的な使命と民族的な使命の両方を保持しつつ，ロシアの救済に向けて手を携えるべき存在だったのである．

　現在のロシアでは，ユダヤ人口が大幅に減少している（数十万人）こともあって国内のユダヤ人を「問題」としてとらえる向きは少ないが，ロシアを意のままに操ろうとする存在としてユダヤ人ないしシオニストを描く陰謀論は右翼のあいだでは流通し続けている．　　　　　　　　　　　　　　　　　　　　　　　　［鶴見太郎］

建神主義

　建神主義とは，1905〜10年頃にかけて，ボリシェヴィキの革命家・理論家たちの間に広まった思想運動であり，未来の社会主義的人類を神と見なす新たな社会主義的宗教の創設を主張する．代表的な提唱者は，ソヴィエト政権の初代教育人民委員となる革命家・文筆家アナトーリー・ルナチャルスキー，哲学者・経済学者ウラジーミル・バザーロフ（本姓ルドネフ），作家マクシム・ゴーリキー（本名アレクセイ・ペシコフ）である．建神主義の理論的著作としては，ルナチャルスキー『宗教と社会主義』全2巻（1908, 11）があり，ゴーリキーの作品では，戯曲《太陽の子ら》(1905)，小説『母』(1907)，『懺悔』(1908)，『夏』(1909) などに，その影響が顕著である．

❊世界の解釈から世界の改造へ　建神主義の思想的源泉としては，コントの「人類教」やフォイエルバッハの「人間学」，ニーチェの超人理論などが指摘されるが，当時ウラジーミル・レーニン（本姓ウリヤーノフ）と並ぶボリシェヴィキの指導者であった革命家・哲学者アレクサンドル・ボグダーノフ（本姓マリノフスキー）の哲学「経験一元論」の影響が強い．ボグダーノフは，物質と精神との二元論の克服を目指し，マッハやアヴェナリウスの経験批判論とマルクス主義とを融合させることで，客観的物理世界を人々の経験の社会的組織化と見なす共同主観的な哲学を構築した．ただし，ボグダーノフは，建神主義の世界観や志向を肯定的に評価しながらも，その宗教的用語法を決して認めなかった．

　建神主義の提唱者たちは，西欧近代の世界観と個人主義を批判し，これらを克服した新しい世界観を構築しようとする．このため既存のマルクス主義哲学にも異を唱える．例えば，バザーロフは論文「求神主義と〈建神主義〉」(1909) において，この時期のロシア精神界に生じた実証主義から観念論を経て神秘主義へと至る転換を西欧近代思想全体の危機の一環としてとらえ，近代的な知の閉塞状況からの脱却の必要性を説いている．また，ルナチャルスキーは著書『宗教と社会主義』において，近代の唯物論哲学の機械論的・決定論的傾向を，人間を受動的な存在にするものと見なして批判している．

　ルナチャルスキーが「宗教」という用語を用いるのは，世界観に人間の能動性，価値観，感情を導入するためである．著書『宗教と社会主義』において，宗教を「生の法と自然の法とのコントラストを心理的に解決するような，世界についての思考であり，世界感覚」と定義付け，この視点からマルクス主義を新たな宗教思想としてとらえ直す．古い宗教が人間と自然との矛盾を，世界を解釈することによって解決してきたのに対し，マルクス主義は積極的に世界をつくり変え

ることによって解決する，とされる．

　ルナチャルスキーは宗教的感情が人々に及ぼす作用も強調し，宗教に特有の感情と熱狂こそが，人々を団結させることによって個人主義を克服し，さらに人々を自主的で積極的な行動へと駆り立て，集団的創造を可能にすると主張する．また，ゴーリキーは創造の力を集団にしか認めないが，宗教を民衆の経験の組織化と見なし，宗教こそが人々の集団的創造力を体現するものと考えている．

❀人間と自然の進化　建神主義者たちは，人間の能動的な活動を通じて，人間と自然が連動して進化すると説く．彼らによれば，現在の人間は生物として進化の途上にある．自然もいまだ非組織的で盲目的なもので，法則や合理性が欠如している．彼らは，人間が全自然をつくり変えて理性によって支配し，自然に合理性と合目的性を与えることを主張する．そして，人間が自然の抵抗を克服した暁には，人間の理性と宇宙とが調和を獲得し，人間はより調和の取れた完全な生物となり，死さえも克服する，と予言する．建神主義が信仰の対象とするのは，ほかならぬこの進化した人類であり，それは個人主義を廃した社会主義的な人類である．こうした人間と自然の進化の構想は，ゴーリキーの論文「個性の崩壊」(1909)に簡潔に示されている．

　建神主義者たちは死の克服を訴える．その際，彼らは個人的な不死を強く否定し，集団的な不死を唱える．それは，個人の自我がその死後も集団の中に保たれるというにはとどまらず，人類の進化による文字通りの肉体的な不死も念頭に置かれている．ゴーリキーの小説『懺悔』では，団結して一つの身体のようになった無数の群衆の祈りの持つ奇跡的な力によって，一人の少女が文字通り肉体的に生き返る様子が描かれている．

　建神主義者たちは政治的にはボグダーノフとともに，ボリシェヴィキの分派「フペリョート」派を形成してレーニンと対立し，1909年にボリシェヴィキから追放された．「ロシア・マルクス主義の父」と称される革命家・思想家ゲオルギー・プレハーノフやレーニンは，建神主義を20世紀初頭のロシア知識人の間で高まったいわゆる「新たな宗教意識」とりわけ既成の東方正教に代わる新たなキリスト教を目指す「求神主義」と同種のものと見なし，断罪した．

　建神主義はそれ自体としては長くは続かず，10年代初頭には終息する．かつてのソ連の公式歴史学では，05年革命後の反動期における知識人の宗教と神秘主義への一時的逃避にすぎないと見なされてきた．しかし，近年のロシア文化史研究において，新たな集団主義的人間を創造しようとする建神主義の理念が，十月革命後のソ連のイデオロギーやさまざまな文化事象に影響を与えていることが明らかにされるようになった．プロレタリア文化運動（プロレトクリト），社会主義儀礼や祭祀の導入の試みなどがあげられる．レーニン崇拝や社会主義リアリズム文学に対する影響を指摘する研究者もいる．　　　　　　　　　　［佐藤正則］

名の哲学・賛名派

　ロシア思想史において「名の哲学」と総称されるのは，宗教思想家セルゲイ・ブルガーコフ，パーヴェル・フロレンスキー，アレクセイ・ローセフらを中心として20世紀初頭に形成された，「名」をめぐる言語哲学・言語思想上の潮流のことである．これらの思想家はいずれも，「名」や言葉は単に恣意的，便宜的な記号なのではなく，本来言葉の意味は，本質やイデアなど外部の超越的な実在とつながったものだと主張する．こうした考え方の背景にあり，「名の哲学」に関する議論を引き起こす直接のきっかけとなったのが，20世紀初頭にロシア正教会で起きた異端論争，いわゆる「賛名派」問題だった．

❋**「賛名派」問題**　この異端論争の発端となったのは，「神の名そのものが神である」と説く修道士イラリオンの著書『カフカス山脈にて』(1907)が，東方正教の聖地ギリシアのアトス山で修業するロシア人修道士たちのあいだに広まったことであった（図1）．この考え方は，「神の本質は不可知である」とする正教神学の教義に反するものとして，1910年代初期には異端と認められたが，イラリオンの著書を支持する修道士たちは，「賛名派」と名乗ってこれに激しく抵抗し，13年には多数の賛名派修道士がロシアに強制送還される事態となった．この問題はロシア本国でも議論を呼び，ブルガーコフやフロレンスキー（図2），ローセフら，賛名派を擁護する態度を表明していた思想家たちは，「神の名そのものが神である」という「賛名派」の宗教的直観を哲学的，論理的に裏付ける言語哲学や言語の一般理論の構築をそれぞれの立場から試みていったのである．

図1　『カフカス山脈にて』の著者，修道士イラリオン

　例えばフロレンスキーは，17〜18年頃から20年代にかけて「言語のアンチノミー」「ターム」「言葉の構造」「言葉の魔術性」などの草稿を書き，賛名派の観点の理論化を模索した．また，ローセフも，現象学の方法を取り入れながら賛名派の言語観を理論化した『名の哲学』を23年に執筆，27年に刊行する．ブルガー

図2　フロレンスキー（左）とブルガーコフ（右）．ミハイル・ネステロフ〈哲学者たち〉(1917，部分)

コフも 18 年以降『名の哲学』の執筆に取り組んでいたが，出版されたのは彼の死後の 53 年のことだった．

✿「ヘシュカスム」との関係　これらの思想家たちによる「名の哲学」に共通するのは，前述のように，言葉の意味は本質やイデアなど外部の超越的な実在とつながったものだ，という考え方である．そうした言語観の根底には，無限で超越的な神の本質が，有限で物質的な体をまとうことで自己を表現し，無限なものが有限なものの中に内在化され得るとする，「ヘシュカスム」と呼ばれる東方正教の神秘思想があった．そのことは，イエスが神の無限の本質を備えながら，有限な人の体を持って現世に姿を見せたことに象徴的に示されているが，同様に言葉もまた，イデア的な本質としての「意味」が，言語の物理的音声形式という有限な「体」に包まれて現れたものと理解され，これにより，神的・超越的な世界と，有限な体を持った私たちとの出会いが可能となるのである．

✿世界と私の存在とをつなぐものとしての「名」　この意味で「名の哲学」では，言葉や「名」は，私たちの外部にある超越的でイデア的な存在と，私たち個人の実存とを媒介し，私たちの存在や生に意味や価値を与える重要なものだった．「名は生命なのであり，言葉においてのみ私たちは人々や自然と交流することができ，名のなかにのみ，社会性の最も深い本性があますところなく基礎づけられ」「人間は言葉であり，動物は言葉であり，生命のない物も言葉である．というのも，これらはすべて意味であり，その表現だからだ」とローセフは書く．そもそも，私たちが生きる世界のなかで，周囲にあるものはすべて，これは「机」である，これは「猫」である，「夫（妻）」「子ども」「友人」「恋人」である，というように，私たちにとっての名＝意味や価値として現れてくる．このように「名」は世界に存在するものの意味や価値を私に表現してくれるものであると同時に，そうした意味や価値の中で，「私」の存在を外側から世界（社会）の中に位置付け，意味付けてくれるものでもある．

　私たちにとって，こうした言語観は現在でも示唆的なものであり続けている．忘れてはならないのは，超越的なものと有限な生の実存との媒介という存在論的な言語理解が，やはり 20 世紀初頭に広まった，言語学者フェルディナン・ド・ソシュールの言語学や，後の記号論・構造主義における，言葉はあくまで恣意的な記号にすぎないという機能主義的な言語観に対する強力な批判となっている点だろう．さらに，「名の哲学」の存在論的な言語理解が，哲学者マルティン・ハイデガーや美学者ヴァルター・ベンヤミン，文芸学者ミハイル・バフチン，身体論の哲学者モーリス・メルロ＝ポンティ，精神分析家ジャック・ラカンなど，言葉を生きた存在者の身体やその外部の世界との媒介としてとらえる 20 世紀以後の重要な思想と多くの点で類似していることもまた，見逃すことのできない事実なのである．

[貝澤　哉]

フォルマリズム・記号論

「フォルマリズム（形式主義）」も「記号論」も一般名詞であるが，本項では，1910年代半ばに興り20年代末には終止符が打たれ，後に「ロシア・フォルマリズム」と呼び習わされる文芸学の運動と，60年代に勃興し，70年代末には邦訳が幾つかが出される程度には世界的にも名をはせ，80年代半ばには終息していった「モスクワ＝タルトゥ学派」の記号論について述べる．両者はまったく異なるものとはいえ，共通する基本線としては，人文学を「科学」たらしむことを目指していたことがあげられ，その際，人文科学のモデルとして言語学に大きな役割を付与した点が特徴である．

❁**ロシア・フォルマリズム**　その担い手はペテルブルグのオポヤズ（詩的言語研究会）とモスクワ言語学サークルのメンバーたちであるが，統一的な理念のもと，みずから「ロシア・フォルマリズム」をかかげて活動していたわけではない．緩やかに共有されていた考えは，科学＝学問として文芸学を志向すること，そのためには文学ではなく文学性（＝ある作品を文学作品たらしめる性質）に焦点をあてること，作品の内容や思想などではなく「手法＝形式」を研究の中心に据えることくらいであろう．とはいえ，文学の科学を目指したという点で，彼らの具体的な成果は，世界的な視座での現代文学理論の端緒に位置付けられもする．この二つのグループはともに1915年頃から活動を始めており，主要メンバーは，前者はヴィクトル・シクロフスキー，ボリス・エイヘンバウム，ユーリー・トゥイニャーノフら，後者は，ロマン・ヤコブソン，ピョートル・ボガトゥイリョフらがあげられよう．両者は盛んに交流していたため双方の活動に携わる者も多く，ヤコブソンはオポヤズでも中心的な役割を担った．ただし，両者の性格は随分異なっており，例えば，反アカデミズム／アカデミズム，批評的／学術的，詩学／言語学といった対比で両者を語ることもできる．レフ・トロツキー『文学と革命』（1923）で批判的に取り上げられて以降，「フォルマリズム」への風当たりは次第に強まっていくが，30年にはオポヤズのリーダー格のシクロフスキーが，これまでのフォルマリズム的傾向に対する自己批判風エッセイ「科学的誤謬の記念碑」を発表．彼らはその後もさまざまに活動を続けてはいくものの，文芸学における理論面での探究は，この30年をもってほぼ終わった．

図1　『詩学　詩的言語論集』（1919）

❋モスクワ＝タルトゥ学派　「雪どけ」期には学術の世界でも大きな変動があり，その時期，西側で展開していたサイバネティクスや情報理論，計算言語学などがソ連に入り，次第に定着していく．そうした流れの中で，1962年，スラヴ学研究所とサイバネティクス会議の共催で，記号システムの構造分析に関するシンポジウムがモスクワで開かれた．そこにはボガトゥイリョフ，ヴャチェスラフ・イワノフ，ウラジーミル・トポロフらが参加していたが，すでに60，61年からエストニアのタルトゥ大学で構造主義詩学に関する講義をしていたユーリー・ロトマンは，このシンポジウムに強い関心を持ち，参加者たちにタルトゥ大学をベースにした共同研究を呼び掛けた．モスクワ＝タルトゥ学派の誕生である．その活動は，討議の場を創出する「サマー・スクール」の開催や，64年に刊行され，現在も続いている『記号システム論集』へと結実していく．ロトマンが「文学研究は科学でなければならない」（1963）で述べているように，初期のモスクワ＝タルトゥ学派における科学モデルは言語学や数学であった（モスクワ側の参加者たちの多くの専門領域でもある）．その後，この方法論は文学・芸術作品を含めた文化事象全般へと適用され，文化記号論として展開されていくことになる．そこで想定されていたのが，「第2次モデル形成システム」という考え方である．自然言語を，いわゆる「現実」を分節してモデル化する第1次モデル形成システムととらえると，その「現実」の個別的側面をモデル化する文化事象は，自然言語の上部構造のようなかたちで，第2次的な記号システムとしてあると見なすことができる．それが彼らの文化論の重要な前提の一つである．

❋理論のはらむ歴史と文化　ロトマンやイワノフをはじめ，モスクワ＝タルトゥ学派の論者たちはロシア・フォルマリズムをみずからの記号論的アプローチの先駆者と見なしている．その初期段階に強かった構造主義言語学のプレゼンスに鑑みれば，モスクワ＝タルトゥ学派の記号論は，とりわけヤコブソンに代表されるモスクワ言語学サークルの流れを汲んでいるといえよう（ヤコブソンは招待を受けて1966年の第2回サマー・スクールに参加している）．もっとも，モスクワ＝タルトゥ学派が直接的にロシア・フォルマリズムの遺産を継承したというよりは，その遺産をモスクワ＝タルトゥ学派が再評価し，自分たちの先駆者として位置付けたと考えるべきだ．しかも，例えばイワノフは，「記号論前史」として，ロシア・フォルマリズムに限らず，主に19世紀末から1930年代前半に至るいわゆるロシア・アヴァンギャルドの時代の文学，思想，芸術，映画といったあらゆる文化的営為にみられる，記号論につながるような発想を次々に指摘していったのであった．翻って，こうした「汎記号的」ともいえるロシア文化の特性を考えるに際しても，今後は，理論としての「フォルマリズム・記号論」を成立させた歴史的・文化的条件（例えば，記号論と後期ソ連社会のメンタリティの相関など）を明らかにすることが，ロシア文化研究には必要となってくるだろう．　［八木君人］

亡命ロシア哲学

　「亡命ロシア哲学」は，ロシア革命後に亡命や国外追放などでロシアを離れた哲学者たちが国外で展開した哲学思想である．ロシアの哲学者たちは国外に出てから世界のさまざまな都市に分散し，その後も職を求め，またナチスを逃れて空間的な移動を続けることになる．そのため，ベルリンやパリやプラハなど亡命哲学者が多く集まった都市でも統一的な傾向が生み出されることはなかった．唯一の例外は，ブルガリアのソフィアで生まれ，後にヨーロッパ全体に広がった「ユーラシア主義」だが，これは哲学を主とする運動ではない（☞項目「ユーラシア主義」）．結局，「亡命ロシア哲学」はさまざまな都市に散らばっていた亡命哲学者たちの個別的な哲学的営為の集合に対する総称だといえる．ナチスの影響で哲学者が離散を余儀なくされ，また同じ頃に著名な哲学者が他界し始めることもあり，20世紀半ばぐらいから亡命哲学の輪郭は次第に薄れていった．

図1 「哲学の船」．1922年，革命政権に批判的な多くの知識人が国外追放処分を受け，2隻の船でドイツに移送された．追放者には多くの哲学者が含まれたため，2隻の船は「哲学の船」と呼ばれるようになった

❋亡命哲学者たち　亡命哲学者はおよそ三つの世代に分けられる．第1世代は亡命前からロシア哲学の中心で活躍していた1870年代生まれの人々が中心で，日本でも名前が知られているニコライ・ベルジャーエフやレフ・シェストフを始め，セルゲイ・ブルガーコフ，セミョーン・フランク，ニコライ・ロースキー，パーヴェル・ノヴゴロッツェフなどが含まれる．第2世代は哲学者としての活動を始めた頃に亡命を余儀なくされた80年代生まれの人々が中心で，イワン・イリイン，レフ・カルサーヴィン，ボリス・ヴィシェスラフツェフなどが含まれる．それに対して第3世代は亡命後に思想家として本格的に活動し始める90年代生まれの人々が中心で，ユーラシア主義の創設に関わった人々，またそれぞれフランスとアメリカで社会学者として活躍したジョルジュ・ギュルヴィチやピティリム・ソローキンなどがこの世代に含まれる．さらにそれより1世代後になると，そのヘーゲル論でフランス現代思想に大きな影響を与えた1902年生まれのアレクサンドル・コジェーヴがいる．このように亡命哲学者を世代別に見ることで気付くのは，第1世代と第2世代の間にはほとんど傾向の違いが見られないのに対して，第3世代には前世代との違いが見られるということである．実証主義や唯物論などの批判から出発した第1世代は形而上学的なものへの強い志向を持って

おり，第2世代にもそれが継承されているのに対して，第3世代になるとそうした志向がなくなり，経験的なものへの回帰が顕著になってくる．歴史的なものや空間的なものを重視するユーラシア主義はその典型である．

✹主要な傾向　ユーラシア主義を除くと，亡命哲学には理論的，実践的に統一された傾向は存在しなかったといえるが，あえていえばシェストフとベルジャーエフが亡命後に「ロシアの実存主義者」として有名になったという事実がある．しかし，彼らは亡命後に実存主義者になったわけではなく，彼らの哲学にはもともと実存主義と重なり合うところがあった．この二人の思想家に限らず，20世紀初頭のロシア哲学は生の哲学やプラグマティズムの影響下に世界を動的な生成のプロセスとしてとらえようとする傾向を持ち，世界を内的に完結した閉じた合理的な体系と見なす西欧の意識の哲学や理性の哲学に批判的であった．そうした体系を破壊し，事実存在を，それを拘束する本質存在から解放しようとする点でロシア哲学は実存主義と重なりあっている．とりわけこの解放に人間主体の問題を関わらせるベルジャーエフの哲学は実存主義との親和性が大きかったといえる．

　しかし，ロシア哲学には実存主義とは異質なところもある．ロシアの哲学者たちは本質存在に対して事実存在を優位に置いているが，彼らが想定している事実存在は，近代の実存主義のように個的な人間存在だけを意味するのではなく，中世哲学と同じようにすべての存在を含んでいる．彼らは人間存在のみを特殊な存在として合理性や必然性から解放しようとしたのではなく，生成する世界のすべてを人間的な合理性の網の目から解放しようとしていた．また，ロシア哲学の中にもさまざまな傾向があり，ブルガーコフのソフィア論，フランクの全一の哲学，ロースキーの直観主義などは，やはり事実存在を合理性から解放しようとするものの，その事実存在の根源により高次の神的な合理性を想定していた．そのため，彼らにとって最終的に優位に立つのは神的な合理性，つまり神的な本質存在であり，彼らの哲学は事実存在に優位を置く実存主義とは根本的に異質なものになっている．彼らが実存主義を名乗らなかったのもそのためだろう．

　こうした特徴に基づいて，亡命ロシア哲学の諸傾向を整理することは可能だが，それは亡命前のロシア哲学にも見られた特徴であり，亡命哲学のみに固有の特徴であるとはいえない．しかしいずれにせよ，同時代の西欧の実存主義との比較は，亡命ロシア哲学の独自性を解明し，哲学史一般におけるその位置付けを明らかにするうえで優れた手引きになるといえるだろう．

✹亡命哲学と現代　亡命哲学は冷戦期の西側諸国でロシア独自の実存主義哲学として，またロシアの伝統的な宗教思想の正統な継承者として関心を持たれ，ソヴィエト崩壊後には新たなアイデンティティを求めるロシアの人々に失われたロシア哲学の遺産として受け入れられた．しかし現代においては，ロシアでも西側諸国でも亡命哲学に対する関心は低下しつつあるように思われる．　　　［北見　諭］

ユーラシア主義

ユーラシア主義とは，1920～30年代にかけて，ロシア革命によってヨーロッパ各地に亡命を余儀なくされた知識人の間に生まれた思想・政治運動である．ロシアを「ヨーロッパでもアジアでもないユーラシア」と定義し，ヨーロッパとアジアを結ぶ独特の多民族空間としてその存在意義を論じたことで知られる．主要なメンバーには，言語学者ニコライ・トルベツコイとロマン・ヤコブソン，地理学者ピョートル・サヴィツキー，

図1 （左）トルベツコイ［Trubetzkoy, 1991］，（右）サヴィツキー［Anikina, T., 2008］

宗教学者ゲオルギー・フロロフスキーとレフ・カルサーヴィン，歴史学者ジョージ・ヴェルナツキー，文学者ドミートリー・スヴャトポルク＝ミルスキー，音楽評論家ピョートル・スフチンスキーなど，そうそうたる面々が名を連ねた．直接運動には参加していなかったものの，思想を継承したとしてソ連時代の歴史家レフ・グミリョフをこの系譜に連ねる研究者もいる．

※**ユーラシア主義の思想** 19世紀末までロシア知識人の間では，ロシアをヨーロッパの一部ととらえる発想が主流であった．これに対して，ヨーロッパとの決別を打ち出したところにユーラシア主義の特徴の一つがある．ヨーロッパはみずからを人類文明の最高の到達点と見なし，非ヨーロッパ世界を植民地化してきた．第1次世界大戦後の「西欧の没落」が喧伝される知的雰囲気を背景に，彼らはヨーロッパのこの「自己中心主義」を批判し，グローバルな規模で進展するヨーロッパ化が世界の画一化，平準化をもたらすと危惧した．翻って，「ロシア＝ユーラシア」は，西からはヨーロッパ（カトリック文化圏），南からはビザンツ，東からは遊牧民との交流を通じてアジアからの影響を受けつつ，独特な文化的多様性を築き上げてきたとして，これをヨーロッパ化による均質化や排他的ナショナリズムの対極に位置付けた．また，同様の観点から，ロシア帝国をモンゴル帝国の継承国家とする歴史観が強調された．

ほかにも，18世紀以来定着していたウラル山脈を境にロシアを東西に分ける発想に対抗し，植生や地形などを根拠に地理的一体性の証明を試みたり，ロシア＝ユーラシアに根付いてきた（西欧型の議会制民主主義とは異なる）政治体制として「理念統治」と経済的自給自足（アウタルキー）の相応しさを唱えたりもしている．

ユーラシア主義の思想において，ロシア革命とソ連をどう考えるかは難問であった．彼らは一方においては社会主義革命をヨーロッパ化の完遂と見なし，特にその無神論を一貫して非難した．しかし他方で，ソ連という国家が存続し，次々と国際的承認を受けていく現実と向き合い，ソ連が展開する反帝国主義外交，多民族地域における連邦制，「理念統治」モデルに近い政治体制に対しては肯定的な評価を与えた．

❋**ユーラシア主義をめぐる解釈**　ユーラシア主義をめぐっては幾つもの解釈が加えられてきた．革命に続く内戦，干渉戦争によって瓦解しつつあったロシア帝国を維持，正統化しようとする保守思想であったというものや，戦間期に影響力を持った（西欧モデルの）「一民族一国家」イデオロギーへの批判だというもの，19世紀から続くアイデンティティ論争においてロシアとアジアの親近性を認めた思想と位置付ける説もあれば，無神論をかかげる社会主義に対抗して宗教（ロシア正教）の復活を訴えた側面を強調する説もある．西欧文明批判に注目して，今日のグローバリゼーション批判や「オリエンタリズム」論にも通ずる議論として再評価する研究者もいる．

ロシア思想（特にスラヴ主義）の系譜に位置付ける伝統的なアプローチに対して，近年は戦間期ヨーロッパを舞台にしたユーラシア主義者と他地域の知識人・活動家との交流や，同時代の思想との比較の観点からの再検討が進む．例えば，ドイツ保守革命，汎トルコ主義，日本のアジア主義との関係を論じた研究があげられる．

❋**ネオ・ユーラシア主義との関係**　ソ連時代，ユーラシア主義は「反革命」亡命者の思想としてタブー視されていた．1980年代末からグラスノスチ（情報公開）の影響を受けて初めてソ連国内で紹介され，専門家・研究者のみならず広く一般にも知られるようになった．90年代になると，アレクサンドル・ドゥギンを始めとする右派イデオローグが「ネオ・ユーラシア主義」として知られるようになる．その主張は極端な反欧米主義，地政学的発想と勢力圏拡大志向，強国ロシア復活の野望等に特徴付けられ，ドゥギン個人のプーチン政権に対する影響力が憶測を持って語られもする．

（古典的）ユーラシア主義とネオ・ユーラシア主義との関係はしばしば論争を巻き起こしてきた．しかしながら，後者が前者の思想に部分的な着想を得たであろうことはほぼ間違いないものの，両者の間には幾つもの根本的な差異が認められ，ネオ・ユーラシア主義を（古典的）ユーラシア主義の後継と見なしたり，同一視したりすることには，現段階では学問的な賛同を得られていない．とはいえ，こうした論争が示すのは，欧米とは異なる「ユーラシア国家」としてのロシアの存在意義を唱える思想が，現代ロシアの人々にとっても内外の研究者にとっても魅力的であるということだろう．　　　　　　　　　　　　［浜　由樹子］

異論派（ディシデント）

　帝政時代からプーチン体制下の現在に至るまで，自由を抑圧する体制に抗する知識人の殉教者的な行動がロシアでは繰り返されてきた．インテリゲンツィアというロシア語とも結び付いたこの現象は，ロシア史に流れる一つの文化的伝統とすらいえるのかもしれない．その中でも世界的に大きな関心を集めたのが，スターリン後の時代に登場した異論派（ディシデント）であった．

　首都モスクワに生まれた異論派は，その一人，リュドミラ・アレクセーエワの回想に従えば，カンパニヤと呼ばれる親密な仲間の集まりに起源を有した．スターリン死後の政治社会の変化を受けて，新たな文学作品の登場をはじめとしたさまざまなテーマにつき意見を交わし，議論する空間が誕生し，活性化したのである．そのようなプロト公共圏が公然たる活動に転じる大きな契機となったのが，二人の作家，アンドレイ・シニャフスキーとユーリー・ダニエルがそれぞれペンネームで作品を国外発表し，1965年9月に逮捕され，「反ソ宣伝・煽動罪」で裁かれた事件である（判決は1966年2月）．その逮捕に抗議し，公正かつ開かれた裁判を要求する示威行動が65年12月にプーシキン広場で敢行され，その場に集まった西側特派員を通じて，世界にも伝えられた．

※異論派の行動—1968年の市民的不服従の文脈で　自由の拡大を願い，異論派への迫害や裁判に対するデモンストレーションはその後も行われたが，最も有名なのは，ソ連軍を中心としたワルシャワ条約機構軍によるプラハの春への軍事介入に抗議してモスクワの赤の広場で行われた示威行動であった．1968年8月25日の正午に，そこに集った8人によって行われたこのデモでは，チェコスロヴァキアの改革を圧殺する動きに抗し，改革運動に連帯を示すスローガンが掲げられた．その一つ「あなたたちと私たちの自由のために（За вашу и нашу свободу）」は，デカブリスト運動に共鳴し，ツァーリ体制下のロシアからの独立を求めたポーランド知識人の言葉に由来するもので，彼らと深い親交のあったアレクサンドル・ゲルツェンとも結び付けられて異論派の間で流布した．赤の広

図1　赤の広場デモの現場（上）と50周年の集い（下：中央右がリトヴィノフ）［著者撮影］

場デモに加わり，のちに精神病院に送られた詩人，ナタリヤ・ゴルバネフスカヤ
は，デモの前に，このスローガンを書き付けたプラカードをみずからつくり，現
場でそれを参加者の一人パーヴェル・リトヴィノフに渡した．ゲルツェンがリト
ヴィノフの「お気に入りのヒーロー」であり，それを「私の」スローガンと呼ん
でいたことを知っていたからである．ゴルバネフスカヤ自身にとっても，それは
「私のお気に入りのスローガン」であった．この点からすると，彼らを革命前の
西欧派知識人の流れに位置付けることが可能だろう．

　なお，リトヴィノフは，この抗議行動を彼が当時共鳴していたマハトマ・ガン
ジーの非暴力思想やアメリカのキング牧師の市民権運動などと同列に位置付けて
いる．言い換えれば，赤の広場デモは，68年に世界的な広がりを見せた市民的不
服従，グローバルな人権規範・実践の胎動といった文脈でもとらえられるもので
ある．

❀ソ連の人権擁護運動からグローバル人権規範・実践へ　このデモに参加したリ
トヴィノフ，ゴルバネフスカヤ，ラリーサ・ボゴラズらは逮捕され，シベリアに
流刑になり，あるいは精神病院に収監されたが，その後も異論派の活動は続いた．
一般に，ソ連の異論派には，ロシアその他の民族主義的主張から西欧のリベラル・
デモクラシーの流れに位置付けられうるような主張まで各種の潮流があり，異論
派知識人の間での論争や対立も顕著であった．それでも，表現の自由を核とした
人権の価値は，各潮流の間でおおむね共通の土台となり得る重要なコンセプトで
あった．アンドレイ・サハロフらが1970年に設立した「ソ連人権委員会」の活
動はその典型例である．活動家はディシデントという言葉よりも，プラヴォザ
シートニキ（人権擁護者）という言葉を好んだ．このようなソ連の人権擁護活動
は，75年のヘルシンキ最終議定書に人権関連条項が盛り込まれる一つの背景をな
している．

　ヘルシンキ議定書の調印を受けて，ソ連や東ヨーロッパ諸国では人権条項を盾
にした異論派の活動が活発化したが，当局の取締りや著名な活動家の国外追放・
移住なども作用し，70年代末以降，ソ連の異論派の活動は停滞期を迎え，国民か
らの支持も目立たなくなった．80年代後半のペレストロイカ期には異論派の存在
に注目が集まり，サハロフをはじめとして彼らは道徳的な権威を獲得したが，ソ
連亡き後，忘れられた存在になった感がある．

　もっとも，異論派の歴史的な意義はロシア・ソ連史内で完結するものではな
い．越境的，国際的なインパクトを考慮し，グローバルな人権規範の確立・実践
と結び付けてその意義を考える必要がある．サミュエル・モインの著書『最後の
ユートピア—歴史の中の人権（*The Last Utopia: Human Rights in History*）』
（2010）はソ連の異論派にも一つの章を割いた代表的な試みであり，一読に値す
る．　　　　　　　　　　　　　　　　　　　　　　　　　　　　　　［松井康浩］

現代思想

ペレストロイカからソ連崩壊直後のロシアは，それまで公式には認可されてこなかった思想の出版ラッシュに沸いた．とりわけ注目を集めたのは，20世紀前半の正教哲学と，1970年代以降の欧米の哲学・文化理論である．ロシアのナショナルな伝統に根差した前者と，先進国からの輸入文化である後者との緊張関係を背景に，ソ連崩壊後のロシアの現代思想は展開してきた．

❋**グミリョフとロトマン**　これら二つの流れを，ペレストロイカ期にそれぞれ代表した思想家として，レフ・グミリョフ（図1）とユーリー・ロトマンがいる．二人ともソ連では，完全な非公認ではなかったものの，アカデミズムの傍流に抑圧され，その一方，西側では著作が翻訳されるなど評価を受けていた．そうした「抑圧された思想家」としての経歴が，ペレストロイカ期には逆に脚光を浴び，二人は時事評論やテレビ出演などで活躍する（ソ連崩壊後間もなく相次いで死去）．グミリョフは，中世ロシアの歴史研究をベースに，戦間期の亡命ロシア人によるユーラシア主義を継承した

図1　カザフスタンで発行されたグミリョフの記念切手（2012）

（☞項目「ユーラシア主義」）．その著作は，ペレストロイカ期にベストセラーとなって以来，現在まで版を重ね，ユーラシア主義をロシア外交の基本イデオロギーといえるほどにまで押し上げた．一方，ロトマンが主導した記号論は（☞項目「フォルマリズム・記号論」），欧米の現代思想受け入れの基盤となった．

❋**ユーラシア主義とロシア民族主義**　ソ連崩壊後，マルクス・レーニン主義の支えを失ったロシアで，それに代わって多民族国家をまとめるイデオロギーとして，ユーラシア主義は脚光を浴びた．それは，多くの民族を包含する寛容性，いわば「不純性」をロシアの本質と見なす，特異なナショナリズムである．その一方，ユーラシア主義とは対照的に，ロシアから他民族を排除し「純血化」していこうとする，ロシア民族主義も強まる．多民族国家のロシア・ソ連で，狭義のロシア民族は他民族の犠牲になってきた，という被害者史観がそのベースになっている．他民族とは具体的には，西欧派知識人に多くみられるユダヤ人や，都市部への人口流入が反感を呼んでいるコーカサス・中央アジア系の諸民族である．特に

反ユダヤ主義は，ユーラシア主義のグミリョフにも顕著であり，ロシアはいまだ反ユダヤ主義がなかば公然と語られる状況にある．

また，ソ連時代には抑圧されていた正教会が，新生ロシアでは国民統合の支えとして大きな存在感を持った．正教哲学の基本概念であるソボールノスチ（☞項目「ソボールノスチ（霊的共同性）」）が，ユーラシア主義の説く他民族への寛容の根拠として持ちだされることもある．その一方で，20世紀前半の正教哲学を新たに発展させるような思想的展開は目立たない．

❋同化と独自性のはざまで 欧米の現代思想をロシアに導入したのは，近代的市民社会を理想とするリベラリストたちだった．記号論・構造主義以後に欧米で発展した思想を応用することで，彼らはソ連の全体主義を反省しようとした．代表的な試みとして，フランスの哲学者ジャック・デリダが唱えた「ロゴス中心主義」批判に倣った，「文学中心主義」批判があげられる．ソ連では，文学を中心とする社会主義リアリズムの規範によって，言葉にならない身体の領域が抑圧された，というのである．抑圧され，忘れられた身体や欲望の領域を，言葉のなかに探り当てたり，映画や美術といった視覚文化を評価したりする動きが強まった．しかし，ロシアを「欧米並み」のリベラルな社会にしようとするこうした運動は，資本主義の急激な導入でロシア社会が混乱に陥り，欧米への不信が広がるにつれ行き詰まりを迎える．また，外来思想をロシアに当てはめるだけでは，欧米の側からも注目されるような独自の成果は生まれ難い．

こうした状況に伴い，2000年代以降になると，ロシア史が誇る欧米に対する独自性——共産主義の過去に，改めて思想的資源が求められるようになった．それは，ロシア社会全体に広がったソ連回帰の雰囲気と並行するものではあるが，冷戦思考に戻ろうということではなく，欧米の現代思想に寄与するような源泉を，ソ連の遺産から汲み取ろうとするものである．そうした志向の代表者として，ソ連時代に西ドイツに亡命した美術批評家のボリス・グロイスがいる（図2）．資本主義の市場経済に侵食された欧米の現代美術界に対し，そのアウトサイダーとして振舞い，美術と市場の結び付きを分析する仕事によって，グロイスは世界的名声を獲得した．『共産主義への追伸』（2005）では，ソ連の公式イデオロギーであった弁証法的唯物論を，現代社会に対立や矛盾を再導入するものとして評価している．自国の歴史の独自性を，国家をまとめ上げる道具として内向きに唱えるのではなく，外向きに戦略的に演出するこうした志向には，今後の可能性が期待できるだろう．

図2 グロイス

［乗松亨平］

ソロヴィヨフ

　ウラジーミル・ソロヴィヨフは19世紀後半の思想家で詩人でもあるが，その独創的な思想をもって，スラヴ派，西欧派に代表される19世紀前半の思想家と，20世紀初頭の思想家（セルゲイ・トルベツコイ，レフ・ロパーチンなどの哲学者，アンドレイ・ベールイ，ヴャチェスラフ・イワノフなど象徴主義者，ニコライ・ベルジャーエフ，セルゲイ・ブルガーコフなどの通称「道標派」）との結節点をなす．ちなみに，ソロヴィヨフ自身は，世に出た1870年代にはスラヴ派に近かったが（後に訣別），その父，モスクワ大学ロシア史教授（後年学長）セルゲイ・ソロヴィヨフ（1820～79）は西欧派陣営に与していた．

図1　ソロヴィヨフ

　❋伝記　1853年1月16日にモスクワで生まれた．この年クリミア戦争が始まるが，彼の成長期はアレクサンドル2世の「改革の時代」で，ギムナジウムも大学も改革と反動がせめぎ合う時代の風にさらされており，彼の教育履歴も屈曲している．モスクワ大学理学部に入学するも3年後には中退，聴講生として文学部に入り直し，翌1年間モスクワ神学大学に自主聴講生の資格で在学して学位論文（マギストル）『西欧哲学の危機（実証主義者達に抗して）』を執筆し，74年にペテルブルグ大学で公開審査を通り，学界のみならず社交界の脚光を浴びるのである．同年モスクワ大学哲学講座の准教授に選任され，翌75年22歳で講壇に立つが，この年6月にはロンドンに在外研修に赴く．彼の詩に謳う，いわゆる「永遠の女性」を大英博物館読書室で見かけ，「エジプトへゆけ」との指示で10月末にはカイロに着く．1か月後「私は砂漠だ」との声に従い，そのまま徒歩で砂漠へと赴き，ベドウィンに捕まり，砂漠のただ中で夜を過ごし，「永遠の女性」と邂逅する．晩年ソロヴィヨフはこの経験を「今までの生涯で私の身に生じたことのうち最も重要な出来事」と呼び，98年には「彼女」との再会を求めて再びエジプトに発つのである．ソロヴィヨフのこの神秘経験は，アレクサンドル・ブローク，ベールイら象徴派詩人を魅了した．76年夏にモスクワ大学の講座に復帰するが，教授会の内紛（リュビーモフ事件）を厭い翌年大学を退職，文部省教育委員会委員として首都に移り，作家ドストエフスキーなどと親交を結ぶ．78年には公開で12回連続の『神人性に関する講義』を行い評判となり，80年ペ

テルブルグ大学で『抽象原理批判』の公開審査を経て博士号を取得する．アレクサンドル2世が暗殺された81年3月1日の1カ月後ある公開講義の中で皇帝暗殺者たちの助命を訴え，公職を辞し，翌年ペテルブルグを去る．以後は在野に身をおくが，80年代には独自の理念に基づき正教会とカトリック教会との合同を唱道し，政府の民族主義政策，反ユダヤ人対策を非難するといった具合に，宗務院長ポベドノフツェフを股肱とするアレクサンドル3世政治に逐一逆らい，公開講演と国内での著書出版を禁止される．そのため『神政制の過去と未来』(1887)はザグレブで，『ロシアと普遍公教会』(1889)はパリで出版を余儀なくされる．90年代は国内外を転々とし，1900年7月31日トルベツコイ公爵のモスクワ郊外の別邸ウースコエで永眠する．

❀**思想**　『西欧哲学の危機』は，スコラ学を淵源にデカルトからライプニッツに至る流れと，ベーコンからヒュームに至る英国経験論の流れに理性と客体の二元論の克服の試みを見て，ヘーゲルの論理学をその帰着とし，この絶対形式からの脱出の可能性をショーペンハウエルとハルトマンの哲学に探り，西欧哲学がその発展の末に得た真理は，東方神学の霊的観照に通ずると結ぶ．若き哲学者はこのスラヴ派的結論に止まらず，カバラ，グノーシス文献からベーメ，スウェーデンボルグまで古今東西の神秘思想を渉猟し，真存在（神）と存在（自然）との関わりを存在論的かつ認識論的に体系付けようと試み，『全一的知識の哲学原理』（未完，1877），『神人性に関する講義』，『抽象原理批判』で，「ロゴス」「イデア」「ソフィヤ」をキイワードとした，彼の謂う「自由神智学」の構築を目指す．その後哲学体系構築の試みからは遠ざかるが，現実政治を視野に，上掲論文にも登場した「自由神政制」の理念を発展させ，また「普遍公教会」の思想を唱道する．これはスラヴ派の雄アレクセイ・ホミャコーフが唱えた「一つの教会」「ソボールノスチ」の理念に通じるが，それよりはるかに宇宙論的でソフィヤ論にまで及ぶ．しかもスラヴ派とは正反対にカトリシズムに接近し，理念としてのローマ教皇を評価する．晩年には理想と現実との懸隔を痛感し，人間生得の普遍的特性として善を精緻に正当付けようと大著『善の基礎付け』(1897)を著す一方で，戦争，外交的和平等の現実問題を会話形式で論じた末，黄禍論的傾向も持つ終末論「反キリスト物語」で結ぶ『三つの会話』(1900)を白鳥の歌として残す．

❀**詩人として**　「永遠の女性」を謳った一連の詩が有名だが，抒情詩も素晴らしい．アファナシー・フェートと私的な親交を結ぶが，その抒情詩はフェートより，むしろ叙情と観念が調和したフョードル・チュッチェフに近い．20世紀初頭の象徴派詩人たちに作法の面でもテーマや世界観においても多大の影響を与えるが，とりわけベールイの『第二シンフォニヤ』とブロークの『美しき婦人の歌』はソロヴィヨフへのオマージュといってよい．だが，ソロヴィヨフ自身は，ブリューソフに代表される新詩運動の流れをデカダンとみなし，批判した．［御子柴道夫］

ベルジャーエフ

　ニコライ・ベルジャーエフ（1874〜1948）は，キエフの軍人貴族の家系に生ま
れ，初めは陸軍幼年学校で学んだが，文学や哲学への強い関心から道を転じ，
1894年にキエフ大学に入学した．この時期に匿名でマルクス主義関連のドイツ語
文献を翻訳しながら，哲学的・倫理学的に確固たる基盤を持った社会改革思想を
模索するようになる．98年に社会民主主義者の摘発で逮捕され流刑に処される．
その間にドイツ語の論文「F. A. ランゲと批判哲学」（1899）をカウツキー編集の
『ノイエ・ツァイト』に寄稿，ピョートル・ストルーヴェの序文を付した『社会
哲学における主観主義と個別主義』（1901）を発表し，カントの批判哲学とマルク
ス主義を結合した立場の論客としてデビューした．同時に，善き社会を築くには
精神的価値を肯定する倫理思想も重要と考え，論集『観念論の諸問題』（1902）
に「哲学的観念論における倫理的問題」を寄稿する．ここではフリードリヒ・
ニーチェの超人との対比で神を目指して上昇する神人を理想とするなど，後の宗
教哲学的構想の萌芽も見えている．1905年革命後は論集『道標』（1909）に参加，
論文「哲学の真理とインテリゲンツィアの正義」で暴力革命を批判し，精神的な
価値を尊重する社会改革を訴えた．同時期にスラヴ主義の思想家アレクセイ・ホ
ミャコーフやロシアを代表する宗教哲学者ウラジーミル・ソロヴィヨフらの業績
を再評価するとともに，ヤーコプ・ベーメやヨアキムス・フロレンシスなどのキ
リスト教神秘思想にも私淑する．『創造の意味』（1916）でキリスト教的人間論と
文明史的展望を備えた歴史哲学を提示し，宗教哲学者としての基盤を確立した．
　第1次世界大戦中は社会評論も精力的に行うが，ボリシェヴィキの政権奪取を
激しく批判したため22年に国外追放となる．その後はパリに拠点を置き，セル
ゲイ・ブルガーコフと雑誌『道』（1925〜39）を刊行するとともに，『ドストエフ
スキーの世界観』『歴史の意味』『不平等の哲学』（ともに1923），『新しい中世』
（1924），『自由な精神の哲学』（1927），『人間の使命について』（1931），『私と客体
の世界』（1934），『精神と現実』（1937），『ロシア的理念』（1946）などを発表，没
後にも『自己認識』（1949），『ロシア共産主義の起源と意味』（1955）が刊行され
た．第2次世界大戦後は実存主義の哲学者として世界的に知られ，ソ連崩壊後は
ロシアでもキリスト教的宗教哲学の代表者として再評価された．

※思想形成　ベルジャーエフが最初に思想的な関心を寄せたのは，進歩や道徳的
行為の担い手として歴史における個人（人格**личность**）の意義を強調したナロー
ドニキの思想家ミハイロフスキーの主観主義的観点である．だが，マルクス主義に
おいては社会的環境が個人の思想を規定するとされるため，主観的観点から客観

的な真理をとらえるのは困難であり，既存の社会体制を否定しない限り新たな社会は構想できないとも解釈できる．これを乗り越えるため，現実に存在するものを正確に認識し思考できる立場，すなわち「存在と思惟の同一」を保証する哲学的立場と，いまだ存在しない理想的な社会を構想し得る道徳的な立場が求められた．そこでカントや新カント主義の哲学を援用し，認識論的にはわれわれに現象するものがわれわれの認識の一切を構成するものであり，その限りで正しい認識が可能だとする認識一元論の立場と，人間の理性的本性が命じる道徳法則から正しい行為を規定し，その実現による人格の確立と社会的理想を追究する立場が模索された．その際，ベルジャーエフは少数の優秀者が歴史をつくるとするエリート主義には批判的で，個々人がそれぞれの仕方で歴史の過程に参加することを重視した．それゆえ，社会改革を実現するには多くの人が理想とし得る道徳や社会像を提示することが必要となるが，歴史的にこの課題に先んじて応えたものとしてキリスト教の宗教的洞察の意義が認識されるようになる．しかし，伝統的なロシア正教では人間の罪深さの認識と救いをもたらす神への絶対的な帰依が強調されるため，それが人間の能動的な行動を否定するときには，消極的な現状肯定か暴力的な変革かの両極端な対応を導くとも考えられる．ベルジャーエフのロシア革命批判は社会主義革命の根底にこうした宗教的精神性を見いだしたものである．

❀キリスト教宗教哲学の展開　キリスト教においてベルジャーエフが注目したのは神-人両性を持つとされるイエス＝キリストの意義である．贖罪のためにみずからの生命を犠牲にした後に復活したイエスは神の積極的な啓示を体現するもので，神の似姿として創造された人間もみずからの罪の自覚と，その克服のために内なる自由と可能性を承認し，神の世界創造を継続する創造的行為によって神化の道を歩むべきだとした．ここでの自由は法権利としての自由ではなく，カント倫理学と同じ人間の意志的な行動を可能にする根源的な自由であるが，それを創造されざる自由と考える点でベーメに近い．だが，このような人間論は，神化の道へと召命されているはずの人間が有限な生に束縛され，多くはその使命を果たさずに死にゆく運命にあるという矛盾に直面する．それゆえ，歴史における人間の運命がベルジャーエフの歴史哲学の根本問題となる．彼は歴史を客観的な事実の総体としてではなく，人々の過去の行為の記憶である神話としてとらえ，それを引き受け主体的に生きることで個人が直接経験できるものを超えた歴史的運命に参与するとした．この歴史哲学的観点は認識論にも還流し，存在をみずからの外部に客体化する認識ではなく，個別的なものへみずから参与する交流的な認識，具体的には認識を存在の意味の把握として，主体による創造的な意味付与としてとらえる実存主義的な立場が主張されるようになる．こうしてキリスト教的な人間論と創造論に立脚した認識論＝存在論と，終末論的な色彩を持つ歴史哲学から成るベルジャーエフの哲学が成立したのである．　　　　　　［大須賀史和］

バフチン

思想家ミハイル・バフチン（1895〜1975）は，独自の「対話の哲学」を 1920 年代に構築するとともに，それを哲学の枠内に限定することなく文学研究，言語論，心理学，文化論そのほかの領域にも適用していった．しかしバフチンが世界的に注目されるに至ったのは，60 年代に出版された『ドストエフスキーの詩学』（1963）や『フランソワ・ラブレーの作品と中世・ルネサンスの民衆文化』（1965）で展開されたポリフォニー論，カーニヴァル論を通してであった．またそれを機会に，バフチン・サークルの仲間たちの名で公刊されていた著作における「イデオロギー学としての記号論」なども再評価された．

図1　バフチン（1925年撮影）
［Бахтин, M.M., 2002］

❋**対話原理とポリフォニー**　普通，「対話」は向かい合って話し合うことを意味しているが，バフチンのいう「対話」は人間の在りようそのものを指していることが多い．「在るということは，対話的に交通するということなのである．対話がおわるとき，すべてはおわる．したがって，対話は実際におわることはありえないし，おわるべきではない」と述べている．バフチンによれば，われわれの人格も，他者との関係を通して初めて形成される．そもそも，私が存在するのは，考えたり意識するからではなく，他者からの呼び掛けに私が応答するからにほかならない．他者を欠いては私を意味付けることはできない．バフチンは，意識や真理すらも対話的な交通の過程でのみ生まれてくることを強調している．文化もまた同様であり，異文化の眼差しに照らされて初めてみずからを明らかにする．にもかかわらず，近代以降は，文化や社会の諸現象を一つの中心から一方通行的に評価するようなモノローグ原理が支配的になっていると批判する．

　バフチンは，こうした対話原理を芸術において実践した例としてドストエフスキーの長篇小説を取り上げ，「ポリフォニー小説」と名付けた．その特徴は，作者もまた主人公と対等に対話的関係に入っていることにある．作者は，主人公をモノローグ的に客体化するのではなく，主人公と能動的に対話することによって，主人公の自立性や内的自由，未完結性，未決定性を保証している．また，ポリフォニー小説にあっては，外に表れた対話と自己の内なる対話との交錯・共鳴・遮り合いが特徴的であり，主人公たちの考えや言葉は複数の声を通過しなが

ら，それぞれのなかで異なる響きを立てている．これに対して，ドストエフスキー以前の小説の主流はモノローグ小説であって，そこでは各登場人物の生や死が作者の視野・声のなかでのみ意味づけられている．要するに，作者が神のような位置にいるというわけである．

✿カーニヴァルと民衆の笑い　バフチンが主にラブレー論で展開したカーニヴァル論や「民衆の笑い」も，文学や文化の研究に多大な影響を与えた．バフチンは，中世の人々が教会や封建領主に支配された「公式文化」の中だけでなく，時空を限られていたとはいえ「非公式文化」ないし「民衆の笑いの文化」の中にも生きていたことを強調している．とりわけ，自由で無遠慮な触れ合いが幅を利かせていたカーニヴァルの広場では，人々は日常生活で不可能な「カーニヴァル的世界感覚」に貫かれており，それを表現する独特の「言語」を用いていたという．支配的な真実や権力を相対的なものであると見なし，交替・更新が可能であるとする世界感覚を伴った言葉・身振り・行動・衣裳そのほかは，裏返し，反対，上下転倒などを特徴としており，その最たる例は道化的な戴冠と奪冠であった．

　バフチンは，カーニヴァルのような祝祭の広場に典型的にみられる笑いを，「民衆の笑い」ないし「カーニヴァルの笑い」と呼んでいる．それは，皆が笑い，皆が笑われるような「広場の笑い」であって，特定の一個人が滑稽なのではなく世界全体が滑稽なるが故に笑うものであった．また，この笑いは両面価値的（アンビヴァレント）であり，否定一辺倒ではなく，否定すると同時に肯定もする，あるいは笑殺する一方で新たな生を伴って甦生させるものであって，近代の諷刺的な笑いとは根本的に異なっていた．

　また，「カーニヴァル的世界感覚」と「民衆の笑い」を基礎とする陽気な「グロテスク・リアリズム」の意義も強調していた．近代の気味悪いグロテスクとは異なり，それは，日常的にはあり得ない組合せなどを駆使して，視野の狭い生真面目さを打ち破り，必然性に関する観念を相対化する一方，人間の意識や思考，想像力を新しい可能性に向けて解放するものでもあった．

✿生成　バフチンが扱ったテーマは多岐にわたっているが，いずれにおいても「生成の場」が重視されている．例えば言語に関しても，文法的な単位の「文」ではなく，相互主体的な場にあり評価や能動的な応答を伴っている「発話」を扱うべきとしている．異言語混淆（一定のイデオロギー的視点と結び付いたさまざまな言語形式の併存）への着目も同様である．また，記号との出会いは，同一性の再認ではなく，能動的な了解，新たな意味付けであり，世界は，規範を反復するのではなく，絶え間なく意味生成を続け未完成な状態にあるという．かくして，常に動的な対話原理でもって，別の世界の可能性が探られていた．

　バフチン特有の対話原理は，昨今では教育現場や精神医療，異文化交流その他の分野でも再評価され，実践的に応用されている．　　　　　　　　［桑野　隆］

マルクス＝レーニン主義

マルクス主義の思想潮流のうち，ロシア革命の経験を経てウラジーミル・レーニンが独自に発展させたものが，特にマルクス＝レーニン主義と呼ばれる．ロシア・マルクス主義，ボリシェヴィズムもほぼ同義で使われる．

※形成と概要　レーニン自身の意識としては，マルクス＝エンゲルスの学説をロシアの文脈に応用しつつ，彼らの革命思想の正統的な後継者たらんと欲しており，独自のマルクス主義を打ち立てようとする意図はなかった．しかし，第1次世界大戦の勃発に際し，社会主義革命の実現に最も接近していると見られていたドイツ社会民主党が戦争反対を貫けず，第2インターナショナルが崩壊するという状況のなかで，レーニンは，みずから先頭に立って本来の革命的マルクス主義を再建せねばならないと自覚するようになる．そうした意図を持つ代表的なテクストが『帝国主義論』であり，1917年のロシア二月革命の勃発，亡命先からの帰国という文脈上で書かれた代表的な著作が『国家と革命』である．十月革命の成功によるソヴィエト連邦の成立とコミンテルンの結成により，レーニンの理論は世界各国の共産主義運動の指導原理として受け取られるようになる．

「マルクス＝レーニン主義」という言葉は，レーニン没後に流通し始め，権力闘争に勝利したヨシフ・スターリンがその定式を与えることとなる．24年4月に行われたスヴェルドロフ大学での講義，「レーニン主義の基礎について」によると，マルクス＝レーニン主義とは，「帝国主義時代とプロレタリア革命の時代のマルクス主義」であり，「マルクス主義をいっそう発展させた」ものであるとされる．スターリンはまた，「レーニン主義は，一般的にプロレタリア革命の理論と戦術であり，特にプロレタリアートの独裁の理論と戦術である」とも定義している．

スターリンが与えた定式のうちで特に重要なものは，その党組織論である．それによれば，マルクス＝レーニン主義の党とは，労働者階級の組織された前衛部隊，プロレタリアートの階級組織の最高形態，プロレタリア独裁の道具であると定義され，日和見主義者を排除し，鉄の規律が貫徹される，分派を許容しない組織であるとされた．こうした党組織論は，コミンテルンを通じて世界の共産主義運動に強い影響を与え，しばしば教条主義をもたらすこととなる．

だが，権力闘争に敗れて亡命，後に暗殺されるレフ・トロツキーをはじめとして，スターリンによるレーニン主義の我有化に対する非難は尽きず，とりわけスターリン批判以降，マルクス＝レーニン主義の定義をめぐる議論は百家争鳴状態となり，世界的な権威を有する定義は存在しなくなった．また，中国では毛沢東

主義が，北朝鮮では金日成による主体思想が，マルクス＝レーニン主義をそれぞれの国の現実に適合したかたちでさらに発展させたものであると定義された．

✹レーニンにおけるマルクス＝レーニン主義　レーニンがマルクス主義の思想潮流に対して付け加えた要素は次のように整理できる．

①帝国主義の時代への適用．レーニンは，第1次世界大戦の勃発に直面して，マルクス『資本論』が描いた資本主義の発展法則から逸脱した現象が生じていると考えた．最も顕著なのは，自由競争が終焉し独占資本が形成されることであり，その下で過剰に蓄積された資本の輸出先をめぐる競争が必然的に世界戦争を引き起こした，と論じた．こうした状況を「資本主義の最高の段階」であると規定し（『帝国主義論』），帝国主義戦争を社会主義革命へと転化せよと説いた．

②マルクス学説の社会主義革命の綱領への具体的転化．マルクスは，資本主義社会の分析としての『資本論』を遺す一方で，資本主義を終わらせる社会主義・共産主義革命を具体的にどう遂行するのか，またその革命が何を行い，どのような政体を樹立すべきかに関して記述した事柄はわずかだった．レーニンは，マルクス＝エンゲルスの断片的記述を素材に，革命党の具体像やプロレタリア独裁の具体像を描き出すことに注力した．党組織についての代表的著作が『何をなすべきか』であり，プロレタリア革命についての代表的著作が『国家と革命』である．『国家と革命』は，マルクスが主題的には論じなかった国家論を展開しているという点で，マルクス主義の理論史のなかで重要な地位を与えられてきた．レーニンは，国家を「階級対立の非和解性の産物であり，その現れである」と定義し，階級なき共産主義社会が実現されたときには国家が存立根拠を失って消滅すると論じることによって，マルクス主義の階級闘争論と国家論を一貫させた．

革命の7年後に他界したレーニンは，ソ連邦の本格的建設に着手することはできず，共産主義社会をどのようにして実現すべきか，具体的実践を通して提示することはできなかった．故に，スターリンの時代における，計画経済や農業集団化，さらには個人崇拝といった，マルクス自身の言説からは引き出せない制度や政策が，マルクス＝レーニン主義の実質を意味するようになっていった．

③全一的社会観としてのマルクス主義理論の確立．マルクスの史的唯物論には，そもそも近代社会をトータルに把握する理論的枠組みを与えようとする構えがあった．レーニンは，みずからの専門領域を政治と経済に限定する傾向があったが，それでも，ロシア革命の成就により，マルクス主義は，政治経済はもちろんのこと，法学や社会学といった社会科学，哲学，芸術学などの人文科学に及ぶ，およそ人間性に関係するあらゆる知的分野を貫通する原則的視角を与えるものである，というパラダイムが成立した．ソ連崩壊後，マルクス主義の退潮がいわれるなかでも，資本主義と階級闘争を分析の主軸に据える方法は，多かれ少なかれマルクス＝レーニン主義の影響を受けている．　　　　　　　　［白井　聡］

モスクワ第三ローマ説

　いわゆる「モスクワ第三ローマ説」とは，16世紀20年代にプスコフのエレザロフ修道院の修道士フィロフェイが案出した歴史観である．これは当時のロシアに伝わったラテン世界の占星術に基づく予言に反駁を加える際に現れた．フィロフェイによると，人類の歴史は星の動きではなく神意に基づいており，まずはキリスト教を受容したローマ帝国が繁栄を享受した．しかしこの国は正しい信仰から逸脱し，破滅した．その結果，正しい信仰を保持し続けたギリシア（ビザンツ）帝国が第二のローマ帝国になった．ところがこの国も信仰を裏切り，その結果トルコ人の手に落ちて滅びた．こうして第三の，最後のローマ帝国であるロシア国家においてこそ正しい信仰が保持されており，その統治者であるツァーリは正しいキリスト教を奉じる唯一の君主である．そして第四のローマは存在しない．以上の内容から理解できるように，「第三のローマ」とは，専門家の間で意見に多少の相違があるものの，都市モスクワを意味するというよりも，むしろ正しい信仰が保持されている場としてのロシア国家やロシア教会（および信仰の中心であるモスクワのウスペンスキー聖堂）をさすのである．このことは先行研究で幾度も指摘されているところであるが，誤解を生みやすい「モスクワ第三ローマ説」という用語は括弧付きでいまだ散見される（本コラムのタイトルも現状を考慮した）．だがこの説の射程を考慮するなら，単に「第三ローマ説」と呼ぶ方が適切である．

　また，この説を当時のロシア国家の公式の政治イデオロギーや外交理論のごとく見なす向きに対しても幾度も批判が行われてきた．そうした批判の正しさは，フィロフェイの主張を詳細に見ることで理解できる．前述のように，彼は人類の歴史が「永遠のローマ」の転移を境に三分されるとした．その際，第一のローマの時代はキリスト教の受入れで始まり，9世紀にカール大帝や教皇フォルモススが正しい信仰から離れたことで終わるとする．次の時代の区切りについても，1453年のビザンツ帝国の滅亡よりも，むしろ帝国がカトリックの合同を決め，正教を捨てた39年のフィレンツェ会議に重点が置かれている．誤解を恐れずに言えば，フィロフェイの歴史観における三つの「ローマ帝国」は，現実の国家ではなく，正しい信仰が保持されている状態を具現化したものであり，その意味できわめて宗教色が強い．

　ところが，フィロフェイの説はその後，再解釈の渦に巻き込まれる．新たな時代の新たな状況のもと，さまざまな著者たちがフィロフェイの説の「当初の内容」に縛られずにこれを恣意的に発展させた．例えば，早くも16世紀前半のうちに，ツァーリ権力による教会財産権の侵害の動きに対し，教会の守り手としてのツァーリの使命をフィロフェイの説から導いて君主を説得して諫める文書が現れた．16世紀末の総主教座の設置時には，第二のローマの没落を曖昧にした「説」が出現し，17世紀の古儀式派の環境でも再解釈が行われることになる．思想は生き物であることの好例であろう．　[宮野　裕]

インテリゲンツィア

　インテリゲンツィアとは，一般には自立的に思考して価値・規範・文化の創造と継承にたずさわる人々や知的労働・芸術的創作により報酬を得る社会層をさすが，特に19世紀後半以降に高等教育を受けた者たちで，権力に抗して民衆の利益の代弁者・庇護者の役割を引き受けると自任した人々をさす．ラテン語の動詞「知る」から派生し，原義は理解・理性・知識・理念を指し，ロシア語でも当初は高度な知的能力という意味で用いられた．18世紀後半には肉体から解放された知性の最高状態という意味や，19世紀初頭には哲学用語として理性的精神をさした．

　1836年には詩人ワシーリー・ジュコフスキーが西欧的知性を持ちながらも目の前の民衆の不幸に共感を示そうとしない首都ペテルブルグの最上級の貴族層に対して皮肉を込めて「全ロシアのヨーロッパ的インテリゲンツィア」と呼ぶ一方で44年にポーランドの哲学者カロリ・リベルトは「高等教育を修めて学者・官吏・教師・聖職者・産業人として民族を先導する者」と積極的な意味で定義した．60年代初頭にスラヴ派のイワン・アクサーコフが民衆から遊離して外来の価値を志向する西欧派知識人に対して否定的な意味で用いた．作家ピョートル・ボボルィキンが66年に用いた時は旧来の知性という意味だった．知的社会集団という意味でのこの語が普及したのは70年代以降のことで，初めて見出し語として採用した『ダーリ大ロシア語詳解辞典』第2版（1881）はこの語を「理性的で教養があり知的に発達した住民層」と定義した．当初，貴族・聖職者身分出身者が多数を占めていたが，19世紀後半以降から20世紀初頭にかけて，町人・商人・農民身分出身が増大した結果，彼らは雑階級インテリゲンツィアとも呼ばれ，技師・専門技術者・医師・教師・大学教員・地方自治体職員・統計学者・農学者・弁護士・編集者・新聞記者・画家・作家などをさした．その思想信条は，君主主義者，自由主義者からナロードニキやマルクス主義者に至るまで多様でありピョートル・ラヴローフは知識人の知性は民衆の労働の犠牲の上に成り立っていると説き，イワノフ＝ラズームニクは個人の全面的な解放を目指し新しい理想の実現に取り組む超階級的集団として定義したが，保守主義者のコンスタンチン・レオンチエフは西欧由来の新規なものを素朴に信じ込む人々であると批判した．

　1905年革命後には論集『道標』の論者が現実社会に対して無責任な政治的急進派という意味で批判したが，これに反対して立憲民主党から社会革命党・ボリシェヴィキまで広範な政治的立場の論者たちが民衆の解放を目指す社会・政治活動家という肯定的な意味でその役割を擁護し，文学では保守・反動に反対しブルジョワ精神やプチブル的俗物主義を拒否する高い知性と倫理性を備えた人々として描かれた．ソ連時代には多くの芸術家・作家・学者が追放され弾圧されたが，権力に奉仕せず高い倫理性を持った知識人の伝統は異論派に継承され，ペレストロイカやソ連崩壊に際して積極的に活躍した．

[下里俊行]

弁証法的唯物論

　弁証法的唯物論は，ソ連において共産党そして国家の基本的世界観を成すとされた哲学的体系である．カール・マルクス，フリードリヒ・エンゲルス，ウラジーミル・レーニン（スターリン時代にはこれに加えてスターリン）が発展させた進歩的世界観とされていたが，この哲学体系について述べる際に実際に参照されたのは多くの場合，エンゲルスの『自然弁証法』（1870～80年代に書かれた手稿群）およびレーニンの『唯物論と経験批判論』（1908）であり，これらの書物における自然哲学的記述からかなりの程度，弁証法的唯物論の基本的立場を読み取ることができる．あらゆる教義がそうであるように，この体系も細部においては曖昧さを残しており，解釈に揺らぎが生じることもあった．とはいえ，幾つかの標準的主張を取り出して定式化するのは難しいことではない．

　まず，弁証法的唯物論は唯物論と名乗る通り，意識に対する存在の先行を主張し，物質こそ第一の存在物とする（もっとも，物質とは何かというのは問題となり得る）．さらに，物質の自己運動を強調し，物質と運動が切り離せないものとし，これが機械論的唯物論との相違だとされた．物質の自己運動の主張は無神論と（等しくはないにせよ）親和的であり，この点でも弁証法的唯物論はソ連公定イデオロギーの根幹を支持するものとなっている．

　弁証法的唯物論は意識からの外部客観世界の独立性を主張すると同時に，このただ一つの客観世界の，意識による認識は可能であるとする．すなわち，ソ連公定イデオロギーから不可知論は排撃される．この認識過程は終結することはないとされる．

　弁証法的唯物論は外部世界の階層性を重視し，還元主義を否定する．これもまた機械論との相違だとされる．そのため，例えば生命現象を物理化学的次元に完全に還元して説明しようとする方針は歓迎されない．かといって生気論が容認されたわけではなく，これはこれで神秘主義的であるとして退けられる．

　もう一つ，エンゲルスらの古典的著作からは必ずしも明らかではない点として，哲学的世界観が個別科学を方向づけていることの主張があげられる．1920年代には個別科学の発展を事後的に確認・特徴付けることにのみ哲学はみずからの役割を限定すべきとの主張もあったが，こうした立場は機械論的とされ30年代以降は顧みられなくなり，諸科学の発展を先導する役割をも弁証法的唯物論は担っているとされた．この立場は個別科学に対する容喙（見かたによっては「イデオロギー的抑圧」）を正当化したが，一方で，マルクス主義的ではない科学哲学者によっても後に主張された，観測の理論負荷性などに関する洞察がここから展開されていたことは見過ごせない．

　上述した最後の点を除いて，総じて弁証法的唯物論は自然科学者の多くにとって受け入れ可能な主張により構成されていた．このことは，自然科学者による自身の分野に関する「ボリシェヴィキ語」の習得を比較的容易なものとしたと考えられる．　　　　［金山浩司］

15. 学術・技術

学術や技術は，世界中どこでも同様の形態や方法をとる普遍的な側面と，地域ごとの特性が反映される非・普遍的な側面の双方を常に併せ持つ．ロシア・ソ連という特定地域における学術や技術にもその両面は当然あるわけで，各分野・領域にこの地域ならではの特性がどのように反映されているのかは，興味深い研究対象であろう．ロシアないしソ連が広大な地理的空間を内包していること，先進諸国に対抗する理念・イデオロギーを旨として研究開発が行われる局面が多かったこと，20世紀後半の一時期には超大国として特定分野を先導し，あるいは独自の試みを多く行ったことなどを考え合わせれば，学術・技術はますます魅力ある対象として現れてくる．

本章では，最も抽象的に見える数学から，個別的対象を扱う歴史学までの各種学術分野，そして個別性と特殊性が常に混合される傾向にある各種技術を，文化的側面をもにらみつつ叙述したエッセイの数々を読むことができる．［金山浩司］

物理学

　20世紀初頭から1950年代頃にかけては，自然科学の中で最も脚光を浴びていた分野が物理学だった．ロシア・ソ連史において同時期は，ロシア帝国末期の動乱期から革命期を経てソ連が大国として存在感を発揮するに至ったそれに相当する．まさにこの時期に，ロシア・ソ連の物理学はアカデミックなごく小規模な集団により研究される分野から，国内の科学技術セクターの中で最も目立つ，最も成功した総合的領域の一つへと変貌を遂げていった．

❋革命前—1920年代　帝政期を通じてロシアの物理学は，質量ともにささやかなものであり，産業部門との連携も進んではいなかった．1917年革命時の国内物理学者の数は，多く見積もっても50人程度であっただろう．ピョートル・レベジェフによる光の圧力に関する実験を除き，帝政期の物理学に最先端の科学的業績としてはさほど見るべきものはない．

　ロシア革命以降，物理学部門は徐々に花開いていった．各種研究所が工学部門との連携をもくろむという名目で新設され，新政権より出資を取り付けた．なかでもアブラム・ヨッフェ率いるレニングラード物理工学研究所の功績は大きい．当初教育人民委員部から，後には重工業人民委員部からの資金援助を得つつ，ヨッフェはピョートル・カピッツァやレフ・ランダウといった次世代の物理学者を育てていき，新生国家内での地歩を築いていった．

❋前期スターリン時代　1930年代以降，ソ連物理学は多極化の時代を迎える．レニングラード物理工学研究所および各地（ハリコフなど）の物理工学研究所に加え，モスクワに移転した（1934）科学アカデミーの物理学研究所，そして34年以降ソ連にとどめ置かれたカピッツァのために新設されたモスクワの物理問題研究所などが，続々と成果を出していっている．この中でレニングラード物理工学研究所の存在感は相対的に下落していったほか，ヨッフェはイデオロギー論争などの場面でしばしば批判されるようになる．かわって物理学者集団とソヴィエト政権との仲介役として台頭してきたのが，45年以降科学アカデミー総裁ともなるセルゲイ・ヴァヴィーロフであった．

　30年代には世界的成果も出せるようになり（例としては34年のチェレンコフ＝ヴァヴィーロフ効果の発見などがある），厚い層の物理学者集団が形成されてきた．同時期に若い学生・研究者の国外留学の機会は制限されていったものの，そもそも留学の必要性も薄れてきたともいえる．このように発展をみたとはいえ，核物理学の具体的応用の目途はいまだ立っておらず（ウラン核分裂の発見は38年暮れである），工業との結び付きもいまだ不明瞭であり，この時期の物理学

はソ連社会においてとりたてて特権的な分野であったわけではない．粛清は他の社会集団同様物理学者集団をも襲い，1900年代生まれの若い世代には特に犠牲者が多かった（辛くも生還したものの1年間にわたりルビャンカの監獄につながれていたランダウの例がとりわけ有名である）．哲学イデオロギー論争も30年代には激化した．ただし，この論争は諸理論に対する特定の哲学的解釈の否認という帰結を主にもたらし，相対性理論や量子力学といった新たな物理学理論の丸ごとの否定は排された．

❋**後期スターリン時代**　戦前期，多極化したとはいえモスクワとレニングラードにかなり集中していた物理学研究の場は，戦時期には各地へと疎開することで分散し，戦勝と帰還を経て，戦後は再び，各種閉鎖都市（デュブナ，オブニンスクら）にも散っていった．米国が核兵器開発において先んじているという状況の中，この方面で米国に追いつく必要に迫られたソ連政権は物理学者たちを最大限利用しようとし，ラヴレンチー・ベリヤが同部門を率いた．軍学複合体の中に，戦後ますますソ連物理学界は組み込まれていったことになる．

　冷戦期初期の文化的統制の波は，ほかの文化・学術分野と同様，物理学をも襲った．1940年代末の批判ないしキャンペーンは，表面的には戦前と同様のイデオロギー的正当性をめぐっての哲学的論争であったように見える．実態は，戦時期を経て醸成された，大学に属する物理学者たちのアカデミー系の同僚たちに対する不公平感に起因する対立という側面があった．これら論争に関して，すでに核開発プロジェクトが動いていた状況下で，指導的な物理学者が国家にとっての物理学の有為性を盾に圧力をはねのけ，物理学の健全な発達の余地をもたらしたといわれることがある．ただ，この説にはさほど史料的な根拠がなく，この時期に限らず（また物理学に限らず），「ボリシェヴィキ語」を獲得する努力を含めた妥協などもまた，事態を動かす力として働いていた可能性が見過ごせない．

❋**金の時代—1950〜60年代**　この年代には，物理学ないし物理学者の権威は最高潮に達した．同時期の権威上昇は世界的にみられるとはいえ，核兵器による加害者でも被害者でもなかったソ連において，物理学に対しての公衆の楽観主義がなおさら嵩じていたとしても驚くにはあたらない．恵まれた地位・権威を盾に物理学者集団はソ連国内では例外的な自由闊達な市民社会をつくり上げていたといわれることもある．ロシアの物理学史家ヴィズギンはこの時期を指して物理学の「金の時代」と呼んでいる．

　1970年代以降，これも全世界的傾向だが，物理学が自然科学の中で第一の権威を持つ時代は終わりを告げた．しかし今なお，20世紀半ばの物理学史は偉大なる成果・華やぎを思い起こさせるものとして，その魅力を旧ソ連の人々に向けて放っている．

[金山浩司]

生物学

　18～19世紀ロシアの生物学ではリンネを始めとする欧州の博物学と同じく，採取・標本・分類を基本とする植物学，動物学が発展した．スイス生まれの植物学者ヨハン・アンマンはリンネとも親交を持ちサンクト・ペテルブルグに植物園をつくり，エカチェリーナ2世によって科学アカデミー教授に招かれたペーター・パラスは数々の蒐集のための遠征に出掛けロシアの植物学・動物学の発展に寄与した．19世紀になるとクリスティアン・ステーヴェン（植物学，昆虫学），ニコライ・トゥルチャニノフ（植物学），アレクサンダー・ブンゲ（植物学），ヴィクトル・モチュルスキー（昆虫学）など多くのロシア人博物学者によって動植物の蒐集と標本化，分類が進められた．19世紀後半にはロシア植物学者の父と呼ばれたアンドレイ・ベケトフや極東アジアの植物相の研究に大きな業績を残したカール・マキシモヴィチなど自然科学の方法論を身につけた研究者によって植物分類の体系化，植物相の研究，植物地理学の確立などが進められた．

❋ **ロシア・ダーウィニズムの伝統**　1860年代以降，ロシアの生物学は進化論と結び付き急速に活性化した．チャールズ・ダーウィン『種の起源』の露訳が64年に出版され，生物学者や自然科学者だけでなくドミートリー・ピーサレフのような社会評論家も含めダーウィンの理論（ダーウィニズム）は広く支持された．クリミヤ戦争での敗北を契機にしたロシアの近代化への熱望や皇帝アレクサンドル2世による「農奴解放」下での科学主義的急進主義の台頭などがその社会的背景である．植物生理学の創始者クリメント・チミリャーゼフによるダーウィン理論解説書は多年にわたりロシアの生物学者に影響を与え続けた．古生物学者ウラジーミル・コワレフスキーは蹄の形態変化の研究を行い自然選択説によって馬の進化を説明した．彼の兄のアレクサンドル・コワレフスキーは発生学者でありイリヤ・メチニコフとともに系統発生学の創始者である．メチニコフは白血球の食作用の発見を通して免疫学の先駆者となり，条件反射を発見したイワン・パヴロフとともにノーベル生理学医学賞を受賞した．

図1　コワレフスキーが解明した馬の進化　[モスクワ，ダーウィン博物館，著者撮影]

　しかし，ロシアの生物学者の多くはダーウィンを讃えながら彼の「生存闘争」については批判的であった．動物地理学を発展させたニコライ・セヴェルツォフ

は，「種内競争」と同時に「種内協調」の重要性を指摘した．動物学者カール・ケスラーもダーウィンの理論を賞賛したが，魚類生態学の研究をもとに食の要求が「種内競争」をもたらし，繁殖の要求が「種内協調」をもたらすとする「相互扶助論」を唱えた．皇帝による農奴解放に幻滅したナロードニキの思想家たちもマルサス主義がダーウィンの学説に紛れ込んだとして「生存闘争」を非難した．その後ミハイル・フィリッポフ（自然哲学者），ウラジーミル・ベフテル（神経生理学者），ピョートル・クロポトキン（地理学）らはマルサス主義抜きのダーウィニズム，つまり生存闘争ではなく相互扶助を基本とする進化理論を追い求めた．

❀ソヴィエト時代の遺伝学論争とルイセンコ主義の台頭　メンデルの法則再発見（1900）後のロシアでは遺伝学文献の露訳の出版やユーリー・フィリプチェンコによる遺伝学講座（1913）の開設など，徐々にメンデル遺伝学が浸透していった．欧州ではメンデル遺伝学の支持者とダーウィニストとの間で激しい対立が起こったが，ダーウィニズムの伝統を持つロシアではメンデル遺伝学は自然選択説と対立することなく受け入れられた．ロシア革命前後，実験生物学研究所をモスクワに設立したニコライ・コリツォフは革命政府から援助を受け，遺伝学実験室（1922）を設け家畜の遺伝学的研究と同時にショウジョウバエを使った遺伝子研究を進めた．これらの研究はセルゲイ・チェトヴェリコーフを中心に行われ，そこで確立した野外集団遺伝学はソ連遺伝学派を象徴するものとなり1950年代に確立した総合説の先駆的研究となった．

　他方，競争より協調を重視してきた伝統的なロシア・ダーウィニズムの中には自然選択よりも獲得形質の遺伝を進化のメカニズムとして重視する傾向があった．相互扶助論とは一線を画していたクリメント・チミリャーゼフら古典的ダーウィニストですら，メンデル遺伝学に批判的な立場をとった．しかし，エリー・ボグダーノフやニコライ・コリツォフら若い世代の生物学者は遺伝学を擁護した．革命後のマルクス主義的論争の中で獲得形質の遺伝を重視する機械論的ラマルク主義者と遺伝子説に立つ遺伝学派は20年代後半に激しい論争が繰り広げ，遺伝学派が勝利した．ソ連遺伝学派には農業科学アカデミー総裁ニコライ・ヴァヴィーロフ，総合説の創始者のテオドシウス・ドブジャンスキーやニコライ・チモフェーエフ＝レソフスキーらがいる．

　29年末にスターリン政権が強行した農業集団化は農業不振をもたらし奇跡的な農業技術の向上が求められた．小麦の春化処理で頭角を現した農業技術者トロフィム・ルイセンコは，発育段階説を提唱し発生初期段階の生育条件の変化が新種を生むと主張した．遺伝子の存在を否定し獲得形質の遺伝を唱えたルイセンコ説は30年代末にソ連政府の公認の理論となり国際的にも大きな影響を及ぼした．60年代初めのルイセンコ失脚までソ連の遺伝学・生物学は停滞を余儀なくされたが，ニコライ・ドゥビーニンらの活躍で現代水準に復帰した．　　　　［藤岡　毅］

数　学

　ロシアの数学研究はさまざまな歴史的事情により西欧に遅れて始まった．サンクト・ペテルブルグで活躍したスイス出身のオイラー達を除くと，一般の数学史に最初に現れるのは19世紀前半のロバチェフスキーである．19世紀後半にはペテルブルグでチェブイショーフ（以下，慣用に従いチェビシェフ）とその弟子たち，またモスクワでエゴロフらが活動を始め，さらに彼らの弟子たちにより20世紀初頭からロシア革命を経て第2次大戦までの間に世界で数学研究の最も盛んな国の一つに急速に成長した．大戦後はさらにその弟子たちが加わりソ連数学の黄金時代が築かれた．なかでもゲリファント（以下，ゲルファント）は数学の幅広い分野に影響を与え20世紀後半の最高の数学者の一人に数えられる．

❋ 19世紀まで　ロシアでは16世紀まで高等教育機関の普及はポーランドなどに比べ遅れていたが，ピョートル大帝の近代化策の一環としてサンクト・ペテルブルグ科学アカデミーが1725年に設立され，西欧の著名な学者が招聘された．とりわけ大きな足跡を印したのがオイラー（1707～83）で，膨大な研究成果を残し，その全集は今も編纂作業が続いている．教育機関としての大学は，モスクワ（1755），カザン（1804），ペテルブルグ（1819），またウクライナでハリコフ（1805），キエフ（1834），オデッサ（1865）とつくられ，それらの予科としてギムナジウムが各地に開校されていった．19世紀始めまではドイツなどからの外国人が教授陣の核を成し，また直接ドイツやフランスに留学して学位を取る者もいた．19世紀中頃にはこれらの大学の卒業生による後継者養成も軌道に乗り始め，ロシアの数学研究も次第に形を成してゆき数学史に名を残すような人たちが現れた．

　ニコライ・ロバチェフスキー（1792～1856）はカザン大学でガウスの友人のドイツ人バルテルスの指導下で研究を始め，1822年に母校の教授となった後，26年に双曲的非ユークリッド幾何学を発見した．ユークリッドの原論における平行線の公準の表現が他の公準に比べ複雑だったため，実は他の公準から証明できるのではという疑問とその試みが2000年ほど続いていた．彼は他の公準をすべて満たし，かつ与えられた直線と交わらない直線が直線外の任意の点から二つ以上引けるような幾何学を構成し，平行線の公準の独立性を示した．これは独立に同じ発見をしたハンガリーのボヤイより早かった．

　ソフィヤ・コワレフスカヤ（1850～91）はロシア初の女性数学者で，そのドラマ的生涯で知られている（☞コラム「コワレフスカヤ」）．当時女性の高等教育に対する障壁のため，ドイツでワイエルシュトラスに私的に師事し1874年論文提出によりゲッチンゲン大学から学位を得た．業績の一つが偏微分方程式の初期値

問題の解析解の一意存在でコーシ-コワレフスカヤの定理と呼ばれている。だが
ロシアの大学では就職できず、研究中断の後ストックホルム大学のミッタグ＝レ
フラーに講師として招かれ、後に教授となったが、その2年後に客死した。その
間88年には業績として二つ目に有名な「コワレフスカヤのコマ」の名で知られ
る運動方程式の新しい解を発見し、パリ学士院から賞を得た。

❈ロシア数学の確立と興隆　チェビシェフ（1821～94）はモスクワ大学に学び、
サンクト・ペテルブルグ大学の教員となってよく知られたチェビシェフの不等式
を与え、これを用いて確率論の大数の法則を初めて一般的に証明し、またチェビ
シェフ多項式と呼ばれる直交多項式系を構成するなど、今も広く使われる業績を
あげた。さらに彼は多くの弟子を育て、モスクワ数学会の創設にも関わって、解
析学のロシア学派の伝統の礎を築き、ロシア数学の父と称される。弟子では、マ
ルコフ連鎖で広く知られるマルコフ、力学系の安定性理論を創始し諸概念に名を
残すリャプノーフが特に有名である。後者の弟子がペテルブルグにつくったソ連
科学アカデミーのステクロフ研究所は、後に数学部門が分離し名称を継いでモス
クワに本部を移し研究・教育の拠点となった。他方モスクワ大学ではエゴロフ
（1869～1931）が世界的な業績をあげるとともに、ルージン、ペトロフスキーなど
を育て次の世紀への引き継ぎ役を果たした。特にルージンの私的なセミナー「ル
ジタニア」には、位相幾何学のパヴェル・アレクサンドロフ、確率論を現代化し
たコルモゴロフなどが集い、自身の活躍に加え、ポントリャーギン、ゲルファン
ト、アーノルドなどの優秀な弟子を育てた。これらの人たちにより第2次大戦後
にソ連数学は最盛期を迎えたが、論文の発表はロシア語に限られ域外への旅行も
困難になって閉鎖性が強まった。超一流の数学者は上記以外にも戦後ノヴォシビ
ルスク大学の創建に尽力し関数空間にその名を残すソボレフなど数多いが、ロシ
ア／ソ連の数学を精細に見ると、さらにそれらの背後に各種工科大学や研究所に
所属するあまたの数学者たちが、数学の種を育て豊かで魅力的なものにしてきた
ことがうかがえる。

❈ソ連の衰退と崩壊　1970年代に入ると経済の減速につれて種々の矛盾も表面化
し、また一部の不遇なユダヤ人数学者の国外移住が生じた。1991年のソ連崩壊後
は経済危機のため多くの数学者が一時または永久に国外流出した。数学で最も有
名なフィールズ賞の受賞者は執筆時点で（旧ソ連邦も含め）9人と、米、仏に次
ぎ第3位だが、40歳未満という受賞資格のため、この数はソ連社会の閉鎖性の影
響で過小評価されていると思われる。実際、5人は1998年以後の受賞で、うち4
人はソ連崩壊後に外国の大学で博士号を取り認められた。3次元ポアンカレ予想
を解いたペレリマンもその一人だが、フィールズ賞もクレイ数学研究所の100万
ドルの賞金も辞退したことで注目された。現在は経済情勢も落ち着き国の科学研
究奨励策により流出した若手数学者の帰還も始まったようである。　　［金子　晃］

ロケット工学・宇宙開発

❋**初期の開発**　コンスタンチン・ツィオルコフスキーは19世紀末から20世紀初頭にかけて，多段式ロケットの構想を含む重要な論文を発表し，宇宙開発の理論を確立していった彼の構想は若い世代を魅了し，そうした世代によってロシア／ソ連における初期ロケット開発が進められることになる．

　1927年設立された民間の防衛援助団体，「防衛援助＝航空・化学振興協会（オソアヴィアヒム）」内の「反動エンジン研究グループ（ГИРД）」はフリードリフ・ツァンデルを初代の長に，セルゲイ・コロリョフら有能な研究者を集め，ロケット・エンジンの開発研究を進めた．33年8月，11月には相次いで液体燃料と液体酸化剤を利用したロケット，ГИРД-09（液体酸素とベンジン），ГИРД-10（液体酸素とアルコール）を開発した．同研究グループは「気体力学研究所」と合同し，重工業人民委員部所管の「反動科学研究所」となった．所長イワン・クレイメノフの指導のもと，ゲオルギー・ランゲマークやコロリョフらの活躍によって，同研究所はロケット砲弾M-8, M-13などを開発，それらは37年のハルヒン＝ゴルでの戦闘（日本ではノモンハン事件と呼ばれる）で飛行機から発射されて大きな戦果を上げた．さらに，地対地ロケット弾212型，216型，217型，空対空ロケット弾201型を相次いで開発したものの，37〜38年に突然の停滞を迎える．同研究所のパトロンともいうべきミハイル・トハチェフスキー元帥の粛清に連座するかたちでクレイメノフ，ランゲマークは銃殺され，コロリョフ，ヴァレンチン・グルシコらは収容所に送られた．

❋**東西冷戦のなかで**　第2次世界大戦後，長距離ロケット開発は，もともと大砲や戦車など砲兵装備の製造を担当していた装備省に引き継がれる．大臣ドミートリー・ウスチーノフは，コロリョフら技術者の反対を押し切り，あえて，コントロールの不正確性や高コストが問題視されていたドイツのV-2ロケット（正式呼称はA-4）の完全なコピーから作業を開始させた．終戦から冷戦本格化までのごく短期間進められた経済の民需転換に失敗し，新たなレゾン＝デートルを探していた装備省にとって，ロケット開発は"溺れるもの"が掴む"ワラ"であった．同省第88科学研究所で設計・製造されたР-1ロケット（その実，ドイツのV-2ロケットのコピー）は1948年，成功裏に発射実験が実施された．その後，

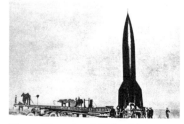

図1　ソ連のロケット開発の嚆矢，Р-1ロケット（1948年．内実はドイツのV-2のコピー）[А.В. Минаева. 1999]

核弾頭の小型化が進んだ50年代半ば以降になって，ロケットは現代核兵器体系の一翼を担う重要な兵器と位置付けられようになった．ウスチーノフの焦燥は"先見の明"に転化した．P-7をはじめ，ソ連が次々と開発した大陸間弾道弾ミサイル（ICBM）はアメリカ市民の心胆を寒からしめた．とりわけ，70年代後半に登場したP-36Mヴォエヴォーダ（ロシア語で「軍管区司令官／知事」の意．NATOコードネームは「サタン」）は1万600 kmの射程，破壊力18〜20メガトン級核弾頭1発（ないし，0.55メガトン級弾頭10発）積載可能な最強の兵器であった．

❀ "平和的"宇宙開発競争　ロシア革命40周年となる1957年の10月4日にソ連は世界初の人工衛星，「スプートニク（ロシア語で「同伴者」の意）」1号を打ち上げる．同機は電離層の観測を行った後，打ち上げから57日後に大気圏に再突入して消滅した．アメリカは人工衛星の打ち上げでソ連に先を越されたことから，科学技術最先進国としてのプライドを傷付けられ（"スプートニク・ショック"），その後猛烈な勢いで宇宙開発を進めることとなる．60年のスプートニク5号で宇宙空間に犬などの動植物を送り，それに成功すると，ソ連は有人宇宙飛行計画を進める．「ヴォストーク（ロシア語で「東方」の意）」1号はユーリー・ガガーリン少佐を乗せて，61年4月12日にバイコヌール宇宙基地から打ち上げられ，ガガーリンは無事地球に生還した．その後も「ヴォストーク」は初の女性宇宙飛行士ヴァレンチナ・テレシコワなど宇宙飛行士を何人も宇宙空間に送り出した．その後，長期にわたり宇宙空間に滞在し，種々の観測・調査を行う宇宙ステーションの開発を進め，71年にはその第1号，「サリュート（ロシア語で「花火／礼砲」の意）」1号が打ち上げられた．1980年代後半からは，宇宙空間で設備や居住区の追加が可能なモジュール構造の宇宙ステーション，「ミール（ロシア語で「世界／平和」の意）」に世代交代した．こうした宇宙ステーションの登場に伴い，有人宇宙ロケットも，宇宙ステーションとの連携を前提としたシリーズ，「ソユーズ（ロシア語で「同盟」の意）」に交替した．

❀ ソ連解体後　アポロ11号の月面着陸飛行（1969年7月）によって逆転されてしまうとはいえ，宇宙開発は世界に卓越した分野であり，今日に至るまで多くのロシア市民にとって"ナショナル・プライド"ともなっている．ソ連解体後の深刻な経済的困難のなかでも宇宙開発は，継続され，その過程で，かつてのライバル，アメリカとの協力も構築されるようになった．

　ロシアは現在，大規模な宇宙観測や宇宙空間での種々の実験を行う巨大な有人施設，国際宇宙ステーション（ISS）の事業に参加し，中心的な役割を果たしている．プーチン政権は，2014年には，ソ連解体後いったん民営化した宇宙産業を再度国有化し，さらに16年には国家機関である連邦宇宙局と統合し，巨大な国営企業，「ロスコスモス」社を発足させ，ロケットの打ち上げサービス，宇宙飛行士の訓練などで国際的にビジネス展開することを目指している．　　　［市川　浩］

核開発

　独ソ戦勃発直前になると，地球化学者ウラジーミル・ヴェルナツキー，化学者ニコライ・セミョーノフ，物理学者ゲオルギー・フリョーロフら，ソ連の科学者のなかにも原子力の軍事利用の構想を持つようになったものが現れた．また，密かに進められた対英米諜報活動によって，ソ連政府は英米による原爆開発に関する情報をえた．ラブレンチー・ベリヤ内相のスターリン宛書簡（1942年3月）を端緒に政府部内で検討が進み，戦況に余裕が生まれ始めた1943年2月11日，国家防衛委員会（臨時の最高戦争指導機関）は物理学者イーゴリ・クルチャートフを指導者とする「ウラン問題」プロジェクトを発動．4月12日には，そのための研究拠点，科学アカデミー「第2研究所」が発足した．

❋ソ連初の原子爆弾　ヒロシマ，ナガサキの事態を受けて，計画は仕切り直され，45年8月20日，ソ連人民委員会議第一総管理部など研究開発推進諸機関が設置され，原爆開発に向けた国家的な体制が整備された．46年12月25日，ソ連初の原子炉，Φ-1が臨界に達した．直ちに，ナガサキ型原爆の"火薬"となるプルトニウムを取り出す実用炉の建設が着手された．

　南ウラル・クィシュティム近郊に，突貫工事で建設された「コンビナート第817」（チェリャビンスク-40，後の65）に設置された初の実用炉＝「$\overset{\text{アー}}{\text{A}}$」炉は，燃料管を水平に装填するアメリカ型でなく，縦方向に装填する独自の設計を採用した点に特徴があるが，ウランや黒鉛の熱膨張による冷却水流路圧迫を原因とする故障の続発に苦しめられた．無謀なスケール・アップの帰結であった．同地に設けられた沈殿法によるプルトニウム分離工場，「$\overset{\text{ベー}}{\text{Б}}$」工場はウラン-プルトニウムの硝酸溶液，大量の核分裂生成物，高レベル放射性廃棄物を扱い，その工程の危険性は抜きん出ていた．実際，53年にはプルトニウム溶液がこぼれ，その中のプルトニウムが自発核分裂を開始するに至るという大事故が発生した．爆発事故には至らなかったものの，この処理の過程で作業員が2名命を落としている．原爆の組み上げは，「第11設計事務所」（アルザマス-16）で行われた．フリョーロフのグループはプルトニウムの臨界条件を探るためプルトニウム半球2つを近付けたり，遠ざけたりする危険な実験すら実施した．こうして，49年8月29日，セミパラチンスク実験場（ポリゴン）で初の原爆実験が成功裏に行われた．

❋その後の核兵器開発　一方，後回しにされたヒロシマ型原爆（核分裂連鎖反応を起こすウランの同位体，ウラン235を高濃縮した爆弾）の開発は，主に気体拡散法を，補助として電磁分離法を利用する計画で進められた．また，1949年6月には，重水素など軽い元素の核融合を利用した水素爆弾の開発が始まり，若い物

理学者アンドレイ・サハロフの，重水素をリチウムに含ませて層状に配置し，原爆のエネルギーで核融合反応を引き起こす「スロイカ」(ロシア風パイ) 型水爆のアイデアにより，早期に実戦配備可能な，軽量の水爆が開発され，アメリカを恐怖させた（現在では，水爆ではなく，強化型原爆に分類されている).

　冷戦が激化するのに伴い，軍用原子炉は15基にまで増え，核兵器製造拠点は最終的に10箇所近くに増加，そこに70万人を超える人々が暮らすまでになった（1991年時点). ソ連解体後，軍民転換が図られなければならなかったが，それはなされず，混乱と紆余曲折の後，現在では，巨大な政府系企業体で，世界有数の原子力企業体「ロスアトム」に統括されている.

✼原子力発電の展開　チェルノブイリ原発事故で世界に知られるようになった黒鉛チャンネル炉（旧ソ連型）は本来，軍民両用ともいうべき性格を持っているが，商用炉としては世界初の原発，オブニンスク原子力発電所の原子炉が1954年6月27日に臨界に達した. 出力は30メガワット（電力は5メガワット）に過ぎず，むしろデモンストレーション用であった. しかし，燃料管の気密性維持が困難で，内部の気体膨張を防ぐため過剰冷却しがちで不効率であった.

　初の本格的な原発，ベロヤルスク原子力発電所1号炉（1963年9月3日，臨界）はチャンネル（黒鉛に縦に穿った，水冷却系を個別に装備した燃料管を挿入する穴）が998もあるものであったが，①水-蒸気混合体が冷却材であるため，気泡による熱学的不安定性がそもそも問題である上に，②事故があっても修理できない部分があり，③水循環をマクロで制御できないなどの問題点もほぼ同時に指摘されるようになった. しかし，黒鉛チャンネル炉は，①スケール・アップが容易で，②格納容器が不要（資材の節約）で，③燃料交換が容易にでき，④他の炉型（特に軽水炉）より信頼性があったために旧ソ連では重宝がられた. 73年12月21日，レニングラード原子力発電所で1,693本もの燃料チャンネルを装備した「РБМК-1000」炉が臨界に達し，74年11月1日には1,000メガワットを達成した. こうして，化石燃料の価格が相対的に安い旧ソ連で初めて経済性の壁を越えたのである. 80年代になると「РБМК-1000」は大流行を見せ，1983年の新政策＝「エネルギー綱領」で高い位置付けを与えられるようになる. こうした"原子力（＝黒鉛チャンネル炉）ブーム"のなか，上記の指摘が不幸にして現実となり，86年，4月26日，ついにチェルノブイリ原発事故を迎えるのである（☞項目「チェルノブイリ」).

　以前から，東欧諸国などに向けては，核不拡散の立場から，良質のプルトニウムが取り出しにくい軽水炉をもっぱら輸出していたが，チェルノブイリ事故以降は国内向けにも軽水炉に炉型を絞り，現在「ロスアトム」の主力商品として積極的に建設と輸出を行っている. また，核燃料の提供，使用済み核燃料の再処理サービスの提供などでも，世界市場で大きなシェアを占めている.　　　　[市川　浩]

科学アカデミー

❋ロシアにおける科学発展の枠組み　科学アカデミーとは，科学振興を目的に，主に絶対王政期欧州各国で結成された学術団体である．王権はしばしば，科学の成果の囲い込みを目的にこれを庇護した．多くの場合，西欧近代社会において科学アカデミーは，科学者という社会的集団の形成，その社会層としてのアイデンティティの確立に大きな役割を果たしながらも，絶対王政の衰退とともに学術研究の中心としての実体を失い，急速に名誉職機関と化していった．しかし，ロシアでは，現代史においてさえ科学アカデミーが国の学術研究機能を総括する，実践的な機関として科学者の上に君臨し続け，ロシア，およびソ連における科学発展全般の重要な特徴，制度的枠組，いわば"個性"となった．科学アカデミーは，ほとんどが教育義務から解放された数万単位の研究者（2017年には4万4842名，職員総数は12万3691名）を擁し，傘下に多数の先端的な学術研究機関（2012年時点，653機関）を集めることで，一国の研究活動全般の展開に圧倒的な影響力を発揮する，他の国にはない特有の組織となった．また，ロシアは長く国家機構に科学技術官庁を欠いていた．科学アカデミーがその代わりを果たしていたのである．

❋ボリシェヴィキと科学アカデミー　ロシアにおける科学アカデミーは，サンクト・ペテルブルグ帝室科学アカデミーとして，1724年，ピョートル1世治下の「啓蒙の時代」に設立された．19世紀になると実践性を失い，顕彰機関化の傾向を見せるものの，第1次世界大戦期，ドイツの「カイザー・ヴィルヘルム協会」などをモデルに科学アカデミーの傘下に多数の研究所・研究室を設けることによって，その復権・強化を目指した有力な科学者，ウラジーミル・ヴェルナツキーらの戦略的行動が功を奏し，実践的性格を回復した．こうして強化された科学アカデミーはボリシェヴィキ政権に引き継がれてゆく．ボリシェヴィキ政権はその成立の最初期から科学者をはじめとする専門家の協力を要した．しかし，1927年の外交危機（中国蒋介石政権の反共主義への転換とイギリスの対ソ断交など）に端を発するスパイ摘発キャンペーンに，旧専門家層排斥キャンペーンを伴う「文化革命」が加わると，権力は科学（者）の包摂を望みつつも，科学者との間に緊張に満ちた相互関係を生み出すようになっていった．この過程で，後に科学アカデミー総裁として強い指導力を発揮するセルゲイ・ヴァヴィーロフら，権力と科学（者）を媒介する有力な科学者＝科学行政家の登場とその活躍が大きな役割を果たしていた．ヴァヴィーロフは権力と，時には微妙となりつつも，全体として良好な関係を築くことに成功し，権力に対する科学（者）側のファシリテーターと

なった．科学者層内部におけるアレクサンドル・トプチエフ（化学者）ら"内通者"を通じた統制も試みられるようになった．猖獗を極めた大粛清期において実施された，もとレーニンの秘書にして，現職の科学アカデミー常任書記であったニコライ・ゴルブノーフの排除と銃殺（1938）の背後には，時に粗暴な振る舞いに及んだゴルブノーフを忌避した科学者たちとの新たな調和関係の確立という方向性も看取できる．こうした紆余曲折を経つつ，科学アカデミーは，スターリン体制下での権力と科学者の対抗と協調の，一つの枠組みとなった．

❀ロシア／ソ連における大学　他方，ロシア／ソ連では大学はついに研究大学として発展することはなかった．ロシア最初の大学は，サンクト・ペテルブルグ帝室科学アカデミーに附設された「大学」であるとされるが，これは実態を伴わず，1755年設立のモスクワ国立大学（当時は帝室モスクワ大学）が実質的に最初の大学であった．20世紀初頭，世界の多くの大学で研究大学としての発展が見られたが，ロシアの大学は戦争，革命，内戦によって大きく混乱し，このような動きに立ち遅れてしまった．さらに，1929年からの「文化革命」によって極度の速成教育が導入され，大学・高等教育は機能停止の淵にまで追いやられた．31年には大学・高等教育本来の機能の回復，さらに大学の研究大学への発展が図られることになったが，科学アカデミーのモスクワへの移転に伴う組織拡張とその結果としての優秀な研究者のアカデミー系諸機関への集中，および大粛清の混乱によって，こうした方向性は未展開のまま，第2次世界大戦を迎える．開戦に伴い，モスクワやレニングラードから大量の研究機関，大学・高等教育機関が疎開したが，疎開期間中，大学・高等教育機関はその研究機能を否定され，教育機能＝要員養成機能に特化することを余儀なくされた．戦後，科学アカデミーと大学の研究条件における格差は克服可能な範囲を超えていた．かくして，実際の科学研究においても，科学アカデミーは現代科学の水準に照応した研究成果を上げられ得る唯一のセクターとなったのである．

❀落日の科学アカデミー　その後，科学に対する，史上最も気前のよいパトロンとなったニキータ・フルシチョフの治世下，権力と科学者は"蜜月"関係に入り，巨額を投じた学術研究都市，アカデムゴロドク建設をみるに至るが，このころから科学アカデミーはその組織の肥大化と硬直化に歯止めが掛からなくなり，さらに，ネポティズム（身内びいき，縁故による採用・昇進）の蔓延，ソ連解体直後の頭脳流出，経済的困難による設備の老朽化により研究能力を著しく低下させていった．プーチン政権は"国際標準"に準拠した学術体制を目標に，大学を支援する方向に大きく政策を転換し，2013年9月の「科学アカデミー再編法」で，科学アカデミーの農業科学アカデミー，医科学アカデミーとの統合，連邦科学機関庁による科学アカデミーの資産管理，予算配分権限の掌握，予算の大幅縮減と，科学アカデミーに対する解体的な方針をとっている．　　　　　　[市川　浩]

科学都市

　独自の科学技術力で世界を驚かせてきたロシア．その底力を担ってきた高度な人材と研究基盤のほとんどは，特定の都市に集約されている．他国同様，首都モスクワをはじめとする大都市にも研究機関や専門家は集まっているが，比較的人口の少ない都市や集落に最先端の研究機関・人材が集積されてきた点にロシアの科学都市の特異性が見られる．

☀法的な定義　ソ連崩壊後の混乱期，ロシアの科学研究基盤は弱体化し，外国への頭脳流出が社会的な問題となった．こうした危機感を背景に，研究機関や人材の集中する複数の都市の行政府などが共同で国への働きかけを行った結果，1999年4月7日には「科学都市（Naukograd）の地位に関するロシア連邦法」が施行された（2015年までに5回改正）．この法律によると，科学都市とは「都市の基幹を成す科学生産施設を伴う高い科学技術ポテンシャルを擁する市域の格を有する自治体」である（同連邦法第1条．場合によって自治体全域でなく一部が指定されることがある）．科学都市発展への国家的な支援の姿勢が明確にされたかたちであるが，具体的な支援策は一定年度にわたる補助金の支出（同連邦法第8条1項）などに限られており，各地域の学術的・人的な基盤を維持・発展させるという政策目標がどこまで達成できたかについては議論の分かれるところである．2000年5月6日のオブニンスク（1954年に世界最初の原子力発電所が稼働）を皮切りに，2019年までに累計70余りの都市・集落が科学都市に認定されてきた．

☀地理・人口・産業　全体の約30都市がモスクワ州内にあり，残りの都市はロシア欧州部，ウラル，シベリア各地域に分布している．南コーカサス（南カフカス），極北，極東の各地域には法的に認められた科学都市は存在しない．1,500人程度の集落から20万人近い都市に至るまで人口規模はさまざまである．各科学都市には，核兵器の開発・製造・解体，原子力開発・発電，宇宙開発，化学・生物研究，特殊機械開発・製造などを行う施設が所在している．研究開発を経済の柱に据えている点で，科学都市はロシアの中小都市に典型的なモノゴロド（単一の企業・産業に経済的に依存する都市）の一種と目されており，スターリンが進めた急速な工業化政策の副産物といえる（☞項目「スターリン」）．

☀旧「秘密都市」（閉鎖行政領域）　ソ連時代，核関連の研究所，核ミサイル基地，原子力潜水艦基地は，国家機密の流出を恐れた政府によって他の社会とは隔絶された環境に置かれ，公刊される地図に記載されることもなく，周辺住民にすら存在が伏せられていた．このため「秘密都市」と表現されることもあるが，ソ連崩壊後に機密解除されている．1992年7月14日付「閉鎖行政領域（ZATO）に関す

るロシア連邦法」によって大量破壊兵器の開発，製造，保管，廃棄の安全な実施，放射性物質等の取り扱い，国家機密の保護を名目にして一般社会からの隔離政策が続けられている（同法第1条）．約40の都市が閉鎖行政領域に指定されており，そのうち核兵器の開発・製造を行う10都市は科学都市にも名を連ねている．ロシア連邦核センターの称号を冠する核兵器開発の2大研究所がニジェゴロド州サロフ市とチェリャビンスク州スネジンスク市にある．残りの8都市は核物質の製造，核廃棄物の処理および処分，核弾頭の製造・解体，機械製造等を受け持っている．「ソ連原爆の父」イーゴリ・クルチャトフ，水爆開発で功績をあげながら後に反核運動に転じたアンドレイ・サハロフなどが秘密都市に住んでいた（☞項目「核開発」）．

❀**宇宙開発の関連都市**　ソ連・ロシアのロケット発射場として有名なバイコヌール宇宙基地はカザフスタン国内にある．ロシア国内ではミールヌィ市（プレセツク発射場）とズナメンスク市（カプスティン・ヤル発射場）の2箇所に打上げ施設があり，両市とも閉鎖行政領域である（2019年現在．他にアムール州で建設中のヴォストーチヌィ宇宙基地で2017年から打ち上げ開始）．また，モスクワ市郊外には宇宙飛行物体の管制を行うクラスノズナメンスク市，有人宇宙船ソユーズの開発で知られるエネルギヤ社の所在地コロリョフ市など，宇宙開発関連の科学都市が多い．宇宙飛行士の訓練施設のある科学都市「星の街」（zvyozdnii gorodok）もモスクワ市郊外にあり，ロシアのロケットで打ち上げられる日本人宇宙飛行士の訓練はここで行われている（☞項目「ロケット工学・宇宙開発」）．

❀**アカデムゴロドク，テクノパーク**　シベリアの4都市，イルクーツク，クラスノヤルスク，トムスク，ノヴォシビルスクにあるアカデムゴロドク（学術小都市）は研究者用に設計された街である．このうちノヴォシビルスク州のアカデムゴロドクが最も大規模かつ著名であり，単にアカデムゴロドクといった場合，科学アカデミー・シベリア支部および国立大学を中心としたノヴォシビルスクの事例を指す．市内中心部から約25 km離れた森林中に教育・研究機関建物と研究者用の住宅が計画的に整備され，住民が「海」と呼ぶ広大な貯水池に面して砂浜も造成されるなど，住環境にも恵まれている．ロシアでは2000年代半ば頃からテクノパークと称される造成計画が増加しており，近年では科学都市においても起業が重視される風潮が強まっている．

図1　アカデムゴロドク航空写真．モルスコイ（海）大通りに続く貯水池（通称，海）
[m-nsk.ru]

［片桐俊浩］

ソ連崩壊以降（90年代）の科学技術体制

　ロシアは20世紀の100年間に11人の自然科学系ノーベル賞受賞者を輩出した．そして人類初の人工衛星スプートニク1号，ユーリー・ガガーリン少佐による初の有人宇宙飛行，初の宇宙ステーション・サリュート，ミールの運用などの輝かしい成果をあげた科学大国であった．その一方で，チェルノブイリ原発事故（1986）を引き起こしその威信を失墜もさせてきた．1940年代の「ルイセンコ問題」に象徴されるような，旧ソ連の政治イデオロギーが科学研究を歪曲させるような事態をも引き起こした．20世紀の旧ソ連の科学が被ってきた国内外の毀誉褒貶は計り知れない．そして91年末のソ連崩壊は，国家予算丸抱えで運営されてきたロシアの科学技術体制に深刻な衝撃をもたらした．本項では，ソ連崩壊から市場経済移行期（1990年代）のロシアの科学技術体制に焦点を当て記述する．

　※棺桶の中のロシアの科学　新生ロシアが旧ソ連から継承した科学技術体制は全面的に国家予算によって賄われていた．連邦科学アカデミー，大学，政府産業省付属研究機関，そのすべてが国営セクターであった．ソ連崩壊直前から直後にかけて，ゴルバチョフ大統領とエリツィン大統領によってさまざまな制度改革が市場経済化に向けて行われ，膨大な国家財政赤字（1993年にはGDPの1割強）削減のための厳しい財政支出抑制が行われた．科学研究支出も例外ではなく国家予算に依存してきたロシア科学技術体制は大打撃を受けた．研究開発費の対GDP比は1990年の2.03％から93年には0.8％に低下した．政府予算以外の民営化企業等からの研究資金調達も，ロシア経済の不振によって，ごくわずかなものであった．

　この結果，甚大なカタストロフィ（破局）がロシア科学技術体制を襲った．まず多くの研究機関が資金不足によって事実上開店休業の状態に陥った．ただでさえ低かった科学者の賃金の遅配欠配が常態化し，多くの科学者は副業を余儀なくされ，必要な研究施設・資材購入のための予算確保もまったく絶望的となった．本項の写真の科学者らが肩に担いでいるものは棺桶である．棺桶には「ロシアの科学」と記されている．彼らは科学研究への予算増額が

図1　モスクワにおける科学者達の科学予算増額要求集会（1996年10月10日撮影）〔ロイター・サン提供．小林, 2005〕

なされなければロシアの科学は棺桶の中に入ることになるであろうと訴えていたのである.

✺科学者の頭脳流出 カタストロフィによって，1990年から94年までにロシアの科学技術研究従事者は221万人から112万人に半減した．予算不足による研究機関の人員削減の影響も大きいが，科学者自身が研究職に見切りを付けて，市場経済移行期の中で興隆した流通・金融・保険等各種サービス業への転職が増加したからでもある．この現象は「国内頭脳流出」とも呼ばれた．同時に海外への頭脳流出も深刻化した．優秀な科学者であれば，海外の研究機関に就職できる可能性は高かった．日本でも93年に設立された福島県立の会津大学にコンピュータ論理回路設計学の世界的権威ヴィクトル・ワルシャフスキー教授が7人のスタッフごと招聘され，当時国内でも広く報道された．89年に950人であった科学者の出国者数が92年には2,100人と倍増した．ロシア科学アカデミーの調査によれば，移住科学者の55.9％が博士候補であり，40歳未満の若手科学者であった．これは次世代を担うロシア知的人材の重大な損失であった．

　92年10月には，モスクワのシェレメチエボ国際空港において北朝鮮（朝鮮民主主義人民共和国）へ向けて出国しようとしていたロシア人核開発技術者36人が，ロシア公安当局によって身柄を拘束されるという衝撃的な事件が発生した．92年末から93年前半にかけての時期は，21世紀の今日に続く北朝鮮の核開発が国際問題化した時期である．この事件に震撼したロシア，日本，米国，EU諸国等各国政府は「国際科学技術センター（ISTC）」を94年3月にモスクワに設置し，ロシア人核開発技術者を対象に財政的・組織的支援を行うことにより彼らの海外流出を阻止する努力を続けている．

✺息を吹き返しつつも体質転換ができていない 2000年以降，ロシアの主要輸出産品である原油価格の上昇による経済の復調とプーチン大統領のハイテク重視政策に支えられて，政府のみならずロシア国内民間企業からの科学技術研究開発費が一定増加した．しかしながら，主に国家予算によって賄われる宇宙開発，原子力，軍事技術研究がロシア科学の基幹という旧ソ連から引き継いだ構造は21世紀の今日もあまり変わっていないし，こうした基礎科学の研究成果を産業のイノベーションにつなげることが十分にできないという点もロシア科学のウィークポイントであり続けている．さらに2000年代のロシア経済の復調も，08年のリーマンショックによる原油価格の低落でダメージを受けたこともあり，プーチン・メドヴェージェフの両政権は，こうしたウィークポイントの克服のために，ロシア版シリコンバレーの創出を目指す「スコルコヴォ計画」の策定（2010年6月）やナノテクノロジーの産業応用促進のためのロシア政府出資株式会社ロスナノの設立（2011年3月）などの諸施策に注力し体質転換を図ろうとさまざまな努力を続けている． 　　　　　　　　　　　　　　　　　　　　　　　　　　　　　　[小林俊哉]

理数系教育

　理数系教育とは，国家教育スタンダードで示されている教科（科目）の「数学・情報学」（数学，代数，解析基礎，幾何，情報）および「自然科学」（物理，化学，生物）の教育を指す．本項では，物理・数学を主とする．現在のロシアの理数系教育の基礎は，1960年代の科学教育現代化期に，数学者アンドレイ・コルモゴロフなどの著名なアカデミー会員が主導した教育改革によって築かれた．その特色は，公正性，卓越性，そして大衆性であるといえる．公正性とは，一人ひとりの生徒の興味や能力に応じて学ぶ制度が整えられていることである．卓越性とは，中等教育学校上級学年（10～11年）を中心に，特定の分野を深く学ぶ制度が設けられていることである．そして，大衆性とは，課外の補充教育が充実し，学校を超えて学ぶ体制が充実していることである．種々の理数系の啓蒙雑誌も発行されており，ネットワークを利用した遠隔学習システムを補助としつつ，学びたいと希望する者が時間と空間を超えて，無償で学べる体制が発達している．

❋**理数系科目を深く学ぶ学校**　旧ソ連の社会主義体制下で「労働と教育の結合」が重視されるなか，コルモゴロフら著名な科学者が，冷戦下における科学技術の優位性を説き，1968年にはモスクワの第57番学校などの「物理・数学学校」と呼ばれる理数系科目を深く学ぶ学校の開設を支援し，彼自身もモスクワ大学附属第18番寄宿生学校を開校した．こうした理数系科目を深く学ぶ学校や寄宿制学校は，旧ソ連全体に設置されるとともに，種々の教科書や教材が開発された．新体制のロシアでは，こうした動向をさらに発展させ，多くの普通教育学校の上級学年では，自然科学，物理・数学，人文，情報等の重点分野別のプロフィール教育（特定の教科・領域を深く学ぶコース）が行われる．また，伝統的な理数系の重点校はそのステータスを高めた．例えば，サンクト・ペテルブルグ第239番物理・数学学校は，ポアンカレ予想を解決したグリゴリー・ペレリマンの出身校であるが，2014年には「大統領物理・数学リセ」（図1）となり，第5, 8, 10学年で英才生徒を選抜し，独自教材を用いて普通学校の約1.5倍の時数の重点科目の教科を教えている．

図1　大統領リセ第8学年の幾何の授業

　大学附属寄宿制学校も，研究大学である連邦大学を中心に「特別学術研究セン

ター」という名称として設置され，大学の一部局として大学教員が教育を行う.

❉**学術オリンピックを中心とした補充教育制度** 旧ソ連時代よりピオネール宮殿などで無償の補充教育が行われており，ロシアにおいてもその伝統は充実している．理数系教育では，校外の補充教育施設よりも，学校自体で各教科（科目）のサークルが組織され，主として学術オリンピックを視野に入れた講座を無償で開講している．リセなどの重点学校や「特別学術研究センター」では，サークルのみを担当する多数の教員や大学院生を独自に雇用し自校で補充教育を行っている．ロシアには，伝統的な学術オリンピックに加えて，実にさまざまな形態のコンテスト，長期休業中の学術キャンプ，生徒向け学術会議等が開催さ

図2　サマースクールの講義

れ，第一線の研究から学ぶ機会も多い．例えば，毎年夏にはドゥブナの原子力研究機構の保養所で「現代数学」というサマースクールが12日間にわたり開催され，学術オリンピック入賞者から成る約100名の高学年と大学2年生が，約40名のモスクワ大学・モスクワ高等経済大学・欧米の大学のロシア人の第一線の研究者（フィールズ賞受賞者，図2）の講義とセミナーに参加する.

補充教育と数学の大衆化に関して，1970年には物理学者イサアク・キコーインとともに，前述のコルモゴロフは，物理・数学の啓蒙雑誌「クヴァント」を発行し，数学サークル，オリンピック，サマーキャンプなどの補充教育制度の充実に貢献している．また，2012年には，モスクワ継続数学教育センターが，主として基礎学校（5～9学年）向けの自然科学啓蒙書『クヴァンチク』を毎月刊行している．問題や記事は，読者や科学愛好家からの投稿から成っており，数学の啓蒙に取り組んでいる.

❉**理数系教育を支える充実した組織** 広大なロシアにおいて，実に多様な理数系教育が展開されており，それを支える中心的な組織として，例えば，2007年にモスクワ市が設置した補充専門教育機関「教育卓越センター」がある．同センターは，モスクワ市や連邦レベルのオリンピックを統括するだけでなく，補充教育講座を提供したり，遠隔教育システムを用いてソチオリンピック会場を利用した英才教育施設「シリウス」と連携して，理数系の英才教育を実施したりしており，ロシア連邦全体の理数系補充教育の拠点としての機能を果たすとともに，高等経済大学と共同で数学教育講座と教職大学院を開設し，理数系の重点学校やサークルを専門に担当する教員養成や現職教育を行っている．また，同センターはモスクワ継続数学教育センターとモスクワ自由大学という補充教育施設を有し，理数系教育の大衆化を行っている．

［大谷　実］

インターネット文化

　インターネットは，ロシアでも今や不可欠の生活のインフラとなっている．2017年の調査によると，15〜74歳の住民の83.7％がインターネットを利用しており，69.9％は携帯電話・スマートフォンを利用しているが，年齢層による差が大きい．インターネット利用者は15〜24歳では98.2％，25〜34歳で97.2％だが，65〜74歳では41.7％，55〜64歳では66.8％にとどまる．教育水準によるインターネット利用率の差もある．

✳ SNSの利用　インターネットの利用目的としては，「SNSへの参加」が78.1％，「動画・音楽のダウンロード」が53.3％，「商品・サービスの検索」が51.7％，「ネットを通じた通話」が48.8％，「電子メールの利用」が44.1％である．通販サイトの市場も拡大しているが，SNSが利用目的の首位を占めている．SNSの利用目的に関する2018年1月の調査では，インターネット利用者の75％は「友人との交流」と回答し，続いて「親類との交流」が51％，「情報・ニュースを探す」が36％，「音楽を聴く」が30％となっている．

　SNS上では親しい人たちの間でアネクドートやパロディーの画像・動画などが頻繁に交換されており，マスメディアでは流通しない情報が共有されることも少なくない．また，反政府行動などの呼びかけに利用されることもあるが，SNSの利用者全体で見れば政治性は希薄で，親しい人々とのコミュニケーションや娯楽目的が圧倒的である．なお，SNSの利用にも世代差があり，18〜29歳ではインターネット利用者の97％がSNSを利用しているが，50歳以上では73％にとどまる．

　SNSの種類で見ると，2017年12月の時点でSNS利用者の65％が「VK」（ВКонтакте）を利用しており，「アドノクラスニキ」（Одноклассники：同級生という意味）が63％，Instagramが23％，Facebookが20％の順になっている．

　「VK」はロシアで独自に開発されたこともあり，情報やコンテンツの分類や検索方法がロシア語話者にとって使い勝手がよいことが人気の理由の一つである．また，VKは若年層の利用者が多く，2018年10月の調査では投稿者の4割以上が24歳以下で，25〜34歳が3割以上であった．こうした年齢層に対応した情報・コンテンツが充実していることもある．

　「アドノクラスニキ」は，25〜30歳の年齢層に利用者が多いと見られる．やはりロシア製のSNSで，その名の通り同級生が卒業後にかつての学校の結び付きを再開することを期待して参加する例が多く，若年層の利用者の割合は少ない．「友達」を見つけやすいという利点があるものの，コンテンツの種類や使い勝手は「VK」に劣るという評価がある．

Instagramの利用は急拡大しており，「インスタ映え」する写真の投稿を競う利用者は年々増加し，7割以上が女性と見られる．

❀政治権力とインターネット　ニュースの情報源として見ると，インターネットとSNSは，ロシア全体で見ればテレビに対抗するメディアになっていない．2016年12月の調査では「国内外のニュースを主にどこで知りますか」という質問に対して，86％がテレビをあげており，インターネットの配信（新聞・雑誌のポータルサイトを含む）は25％，SNSは19％にとどまる．情報の信頼性においてもSNSはテレビの後塵を拝する．国内の出来事の情報メディアとして信頼するかという質問に対して，テレビは49％から信頼（完全に10％＋かなり39％）を得ているのに対し，SNSは25％の信頼（完全に4％＋かなり21％）にとどまる．ただし，ニュースの情報源は世代による差が顕著である．18〜24歳ではインターネットが73％，テレビは60％であるのに対して，55歳以上ではインターネットが9％，テレビが93％になる．

テレビは長らくマスメディアの中心にあり，中高年以上の世代には今でも影響力がある．それゆえ権力からの圧力を受けやすい位置にあったが，インターネットに対する規制は相対的に緩かった．しかし若年層を中心にインターネットがテレビに代わる情報源となるにつれ政権の対応は変化してきた．グーグルなどの検索サイトやネットワーク管理者に対する，政府の「通信・情報技術・マスコミ監督局（Роскомнадзор）」からの有害情報・違法サイトの削除要求件数は増加している．政府の方針は「有害な」情報を拡散するSNS利用者やウェブサイト開設者を個別に摘発・閉鎖する方法から，SNS運営企業やネットワーク管理者に圧力をかけて対応を迫る方法へと変わりつつある．

2018年4月には，テロ行為の被疑者に関する情報提供を拒否したことから，メッセージシステム「テレグラム」がネットワークから遮断された．2014年の「ウクライナ危機」以降，インターネット上ではロシア語・ウクライナ語のフェイクニュースが急増したのは事実で，テロ対策や犯罪摘発を理由としたインターネットへの管理強化は欧米でも同様に見られる．憲法第23条で信書の秘密，第29条で検閲の禁止が保障されているのは重要だが，法律の恣意的な運用による言論の自由への抑圧が懸念される．2019年4月に成立したいわゆる「主権インターネット法」は，ネットワーク管理者への統制を強化し，非常時には政府が特定の地域または国全体をネットワークから遮断することを可能にしており，国内外で批判がある．

ロシアのインターネット上では，刊行物・動画・音楽などの違法コピーが蔓延しているという別の問題もある．Facebookは著作権を侵害する投稿への対応が厳格で，それが利用者が増えない理由ともいわれている．著作権・知的財産権を保障する法整備と規制もまたロシア社会の重要な課題である．　　　　［鈴木義一］

権力と科学者たち

　権力と科学者との関係をいかに理解するか？　この問題は，社会主義国家における科学の成長と停滞のシステムを解明するために考察する価値がある．本項では特に科学者と権力の関係が高い緊張状態にあったスターリン体制期を中心に取り上げるが，はじめにこの問題を見る上での代表的な視座を二つ紹介しよう(図1).

❋**権力による科学(者)の圧殺モデル**　まずは所与の問題をめぐる古典的な見かたとして，権力による科学の圧殺モデルを取り上げる．スターリン体制期のソ連ではその国是たるマルクス主義イデオロギーがあらゆる生活領域に浸透し，科学分野も例外でなかった．この場合に重要なことは，原則客観的な観測事実に基づいて得られるべき科学の学説がイデオロギー的解釈による脚色を受けて歪曲される事態が起こったことである．正統イデオロギーの観点からみて相応しくない研究課題を選択したり，不適格な学説を支持する学者集団は，公開の学問論争の場において痛烈な批判を浴び，逮捕・追放の危険にさらされ，時に身体的抹殺の悲劇に見舞われた．科学の圧殺モデルではこうした権力の抑圧に抵抗する科学者

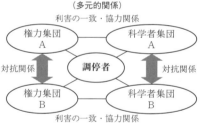

図1　科学と権力の関係をめぐる二つのモデル

の抵抗を描こうとし，その記述においては必然的に権力対科学の明瞭な二項対立図式が採用され，身の危険を顧みず科学的真理を護ろうとした指導的立場の科学者の英雄的行動が強調される．ここで暗黙に共有されるのは，学問的真理に身をささげながらも権力による不当な圧殺を被った科学者たちの名誉回復である．

❋**科学と権力との共生モデル**　ソ連崩壊後に公開された文書館史料の調査を経て，ニコライ・クレメンツォフが自己の著書『スターリン主義科学(*Stalinist Science*)』(1997)で提示したアプローチが，科学と権力の共生モデルである．このモデルでは，政治権力側と科学者側の双方のさまざまな集団が，おのおの相対的に高い自立性を発揮しながら相互の利益実現を目指して関係を築いていたことを主張し，科学者と権力の関係をより多元的にとらえようとする．こうした視座を取ることによって，権力集団と科学者集団の間の利害や主張を調停する役割を果たし

た科学者や，一方の権力の側でも，特定の科学者集団のパトロンとして彼らの研究環境の改善に積極的に着手した政治家や科学行政官が存在したことがわかってきた．科学の圧殺モデルでは，ソ連の科学者が権力側から政治的従属を強いられながらも高水準の研究成果を収められたことの説明を，表立って権力に反発の意思を示す少数の科学者の個人的気概やその傑出した研究遂行能力に求めがちであった．一方の共生モデルは，ソ連の科学者たちが政権側とも手を結んで多種多様な利益集団を形成し，自身の学派への承認や優遇措置を巧みに引き出すことにより，正常かつ高水準の研究活動を維持してきた様子を説明するのである．

❀ルイセンコ事件とソヴィエト権力　科学と権力の共生モデルが今日のソ連科学史家の間で説得力を得ている一方，権力による科学の圧殺の典型事例として解せられてきたのがルイセンコ事件である．1930年代半ばに生物学・農学界での地位を確立した育種学者トロフィム・ルイセンコは，48年8月の農業科学アカデミー総会でメンデル遺伝学の研究教育の撤廃を宣言した．総会前に最高権力者のスターリンがみずからルイセンコの報告原稿に手を加え，ルイセンコ説の主張内容に賛意を示していた事実から，この総会は初めから結論ありきの茶番劇にして遺伝学の公開弾圧の場であったと見なされた．では，なぜスターリンをはじめソ連権力は世界的に高い評価を得ていたソ連の遺伝学者を見限ってルイセンコを支持したのか？　キリル・ロシヤーノフが指摘するように，スターリンは「科学の階級性」や「社会主義科学の西側科学に対する優位」のようなイデオロギー的な背景からルイセンコ説を支持したのではなかったし，遺伝学理論に無関心であるが故にルイセンコの農業提案をめぐる甘言につられたのでもなかった．それとは対照的に，権力者たちは遺伝学と農業の問題をめぐり自身の内在的な価値判断を有していた．スターリン自身も遺伝の問題に非常に高い関心を示し，モスクワ郊外の別荘に設けた温室で果実の品種改良に熱中していたことが知られている．アレクセイ・コジェヴニコフはソヴィエト政権が自然科学に対してア・プリオリに大きな信頼を置いていたことを，マルクス主義と自然科学の同盟という言葉で表現している（コジェフニコフ, 2016）．こうした権力側の信頼は自然科学の一分野である遺伝学に対しても寄せられていたのであり，始め権力側は遺伝と農業に関する問題の解決を遺伝学者自身の手に委ねていた．ところが彼らが農業問題の有効な解決方法を提案できない状況に業を煮やすうちに遺伝学者への信頼が薄れ，その反動で遺伝学論争への介入とそこで実践を強く訴えるルイセンコ説の承認に至ったと考えることができる．このように，ルイセンコ事件さえも権力による一方的な科学の圧殺事例として単純には扱いきれないことがわかる．権力と科学者をめぐる問題を正しく把握するためには，時として権力側が個々の科学理論に認めていた価値評価にまで踏み込んだ分析が必要となることを，ルイセンコ事件は示している．

[齋藤宏文]

科学主義・科学技術信奉

　科学技術信奉は広く見られた現象であり，ロシア／ソ連邦にのみ起こったものではない．しかし，20世紀においてこの地域の科学技術信奉が，幾つかの政治的文化的条件によりとりわけ目立つ熱狂的なものになっていたのも確かである．1920年のウラジーミル・レーニンによる有名な言葉「共産主義とはソヴィエト権力プラス全国の電化である」に象徴される技術ユートピア的発想は，その後長くソ連の政治・文化の基調であり続けた．

❀なぜ信奉されたか　一つには国全体の社会経済的後進性があった．第1次世界大戦は科学技術動員の必要性をヨーロッパ各国に知らしめると同時に，ヨーロッパ人のみずからの文明に対する懐疑をも引き起こしたが，西欧の先進国に追いつき，あるいはみずからの力を見せつけたい国々においては，科学技術文明への賛美はおおむね，そのまま保持された．こうした国としてはベルギーがあげられるが，ロシア・ソ連もまた同様のグループに属する国であった．後進性が科学技術信奉を呼び起こした事例としては，技術信奉を基盤の一つとする未来派芸術運動が最も盛んだった国がいずれも工業化の遅れていたイタリアとロシアであったことをあげてもよいだろう．

　もう一つには，1917年革命とそれに引き続く諸事件により，マルクス主義が新生国家の国是とされたことがある．マルクス主義イデオロギーは「科学的」であること，自然科学的成果を盛り込んでいることをみずからの強みの源泉に含めていた．啓蒙主義の伝統を強く意識し，みずからこそが西欧の最良の各種遺産を発展させられると規定宣伝したのがボリシェヴィキ政権の特徴の一つだが，科学技術もまた，自国でこそ最も正しい方策で，正しい世界観に基づいて発展させることができるとのイデオロギーが，ソ連国家を支える精神的支柱となっていた．

　ただ一方で，マルクス主義を根幹に置いた独自の方法に基づく科学（プロレタリア科学）を発達させるべきという考えは，提唱されたことはあるが，さほど普及しなかった．「ブルジョア」の科学技術であれ，正しかったり有効であることは結局取り入れるべきとされた．このことは西欧的価値観やその産物を否定して独自性を訴えていくはずのソ連の全般的方策に一部風穴を空け，複雑さと矛盾とを持ち込むことになる．

❀ソ連における科学者・技術者　科学技術の発展には当然，訓練された専門家集団（それも多数に上る）が必要とされる．ソ連初期ではボリシェヴィキからみて政治的に疑わしい専門家にいかに対処するかが問題となった．人文系知識人に対するのとは異なり，ソ連政権は基本的には科学者・技術者の政治的出自や見解に

は目をつぶる策をとっている．無論，「ブルジョア専門家」たちへの締め付けが厳しくなった局面はあり，例としては1928年に炭鉱における破壊活動の咎で技術者が粛清されたシャフティ事件や，関連して第1次五カ年計画時における科学技術部門における世代交代を図る政策（登用抜擢政策）があげられる．しかしこうした局面は長続きせず，科学者・技術者への物質的・精神的支援の大きさは総じてソ連国家の特徴の一つであり続けた．科学と技術は社会進化の象徴であり，さまざまな社会的要請に応えてくれる道具でもあった．80年代には，ソ連は世界で最も多数の科学者・技術者を抱える国であった．

技術教育を受けた者が後期社会主義時代のソ連の政治上層部に多いことはよく知られている（党政治局局員の中に占める割合は56年で59％，86年には89％）．このこととソ連がとってきた全般的政策との関連性については慎重にみなければならないにせよ，技術官僚が政治決定に及ぼした影響力の大きさを指摘することができる．例えば，重工業人民委員などを歴任したヴィヤチェスラフ・マルィシェフは54年の時点で来るべき核戦争の破壊性を警告しており，これが56年のニキータ・フルシチョフによる平和共存路線の提唱に影響したとされる．

❋文化における科学技術信奉　近代技術ないしそれを用いた生産のモチーフは，ロシア／ソ連芸術の中にしばしば見られる．ロシア・アヴァンギャルドが華やかなりし1920年代には，テーラー主義が称揚された．新たなるプロレタリア文化の唱道者の一人であったアレクセイ・ガスチェフは，機械と人間の融合までも謳っている．大衆向けプラカートにしばしば登場する黒い煙を吐き出している工場は，労働者が守るべき財産のイメージであり，技術文明の持つ進歩的要素の象徴であった．音楽でこうした工場をモチーフとしたものとしては，モソロフの《工場―機械の音楽》（1926年，日本語では《鉄工場》が一般的）が名高い．

ソ連文化政策の転換後も，科学技術文明の礼賛やそれに基づく未来への夢は重要な一要素であり続けていた．とりわけ宇宙開発は，ロシアにおける着想以来の歴史の長さと最終的な成功ぶりにより，過去へのノスタルジーから未来のユートピアまでを包含する題材として用いられ続けている．　　　　　［金山浩司］

図1　トルカチョフによるガスチェフの肖像（1923）

図2　「宇宙飛行士の日」の記念切手（1964）

心理学

　ロシア／ソ連の心理学を語る上で欠かせない人物はレフ・ヴィゴツキーである．彼は，1924年からおよそ10年間，モスクワ大学の実験心理学研究所を拠点にして，同僚であったアレクサンドル・ルリヤ，アレクセイ・レオンチエフとともに新しい発想による心理学研究を展開している．ヴィゴツキーは37歳の若さで夭折をするが，彼の思想は「ヴィゴツキー派」として今日でもなおその影響を与え続けている．彼が活躍していた当時，心理学で優勢だったのは，ゲオルギー・チェルパーノフの人間の意識を個人が直接感じたことをそのまま報告する内観法による観念的研究であったり，他方では，パヴロフ条件反射学をそのまま人間心理の研究に当てはめるウラジーミル・ベヒテレフの「精神反射学」があった．

　ヴィゴツキーは条件反射学のような客観的な行動の指標だけでは人間心理には迫れないと批判する．特に「精神反射学」では，言語を客観的な研究の手段として扱わなかったが，ヴィゴツキーは，人間心理の解明には言語活動が不可欠なものと位置付けるべきだとした．他方，主観的な意識研究だけでは客観性に欠けるものだと批判する．人間心理を科学的に解明していく方法を模索した結果，ヴィゴツキーは思考活動と言語活動を表裏一体なものとして統一的に論じることで人間の心理に迫っていけるとした．これが彼の『思考と言語』(1934) の主張である．

❊個人・社会二項対立の克服　ヴィゴツキーは思考活動という個人的・主観的な側面と，言語という本源的に社会的な活動の手段であり，また文化的な道具として社会に外在的にあるものとは相互連関しているとして論じるが，そこには，個人・主観対社会・客観という二項対立的な発想を超える発想があった．この視点から彼は人間の精神的活動のさまざまな側面で論じている．発達・学習という個人の活動に属するものと教授活動とは表裏一体の中で起きていることを定式化した「発達の最近接領域論」は，何の援助もない孤立した中で人が学ぶことには限界があることを指摘したものである．あるいは「文化的道具論」でも，人は外部にある道具を媒介にして活動しているという人間の日常の活動にある本質を指摘している．彼は外部にあるものを自己のものにしていくという「内化」が発達と学習を実現していくという．彼の「発達の自己運動論」である．

　ヴィゴツキーの初期の研究である「文芸論」や「演劇論」では，外部世界と自己の内的世界との間を弁証法的な関係としてみる発想を具体的に展開している．例えば，『芸術心理学』(1925, 68) では，文学を作品の形式歴構造と分析に主眼を置いたロシア・フォルマリズムに対して，文学の素材が与えている心理的作用

も同時に考慮すべきと批判し，また演劇論でも俳優の演劇表現は俳優の内的感情とそれを精製していく表現技法の二つが融合することで実現しているという．このような背景には，文学ではアクメイストと呼ばれ，具象性を重視した詩作を行なったオーシプ・マンデリシタームム，演劇ではコンスタンチン・スタニスラフスキーとの交流があった．また，映画の分野では大きな役割を果たしたセルゲイ・エイゼンシュテインの映画論にヴィゴツキーの心理学研究が大きな影響を与えていた．

＊行為論的接近　ロシアの心理学を語る時に，欠かせない人物にアレクセイ・レオンチエフとルリヤがいる．レオンチエフは，人間心理を主体的な目標に向かった行為として位置付け，随意的行為や記憶の問題について独自の理論を出し，人間の能動的活動が歴史・文化を創造する役割を担っているという「活動理論」を提唱している．ロシアの心理学には，注意，知覚，思考や意志などの心理的活動を主体の行為や随意的活動として論じることがある．この考えを背景にして，アレクサンドル・ザポロージェツが知覚の成立を視覚行為から論じ，ピョートル・ガリペリンが学習者の目的指向を制御するかたちで教授・学習過程を組織化する多段階行為論を完成している．

　ルリヤはヴィゴツキーの言語発達理論を引き継ぎながら，独自の研究を展開している．ルリヤは言語による行動制御の可能性や，言語の発達は適切な言語使用を意識したり，それが求められる状況の中でうながされることを実験的に検証した．さらに，ルリヤは失語症の問題にも取り組み，この分野では今日でも注目される研究を残している．ルリヤの失語症の研究は，第2次世界大戦の対独戦で脳に損傷を受けて失語症になった人の治療によるものだが，そこでは脳の局在論とは異なった独自の理論を背景にしている．人間の脳機能は，それぞれの心理的機能を果たしている局在はあるが，それらが個別に働いているのではなく，全体として機能間が連関し合いながら一つのシステムとして働いているという．これが「体系的力動的局在論」で，機能間の連関を重視する考えである．

　今日のリハビリテーションの分野でも，治療の基本的な考えとして，「機能系の再編成」がある．例えば脳梗塞などで自由が失われた手足の運動を回復させていくリハビリテーションでも，脳そのものの改変ではなく，脳に向かっていく身体運動の求心系によって脳に刺激を与えていくことで改善を目指すというものである．この理論的基礎にはロシアの運動学の基礎になっている運動学者のニコライ・ベルンシュテインの考えや，学習は行為間の新しい結び付きによるという機能再編成の理論を完成させた生理学者のピョートル・アノーヒンの研究がある．アノーヒンはパヴロフの条件反射学を発展させたものである．このように，ロシアの心理学の成果は今日でも心理学のみならず他の分野にも大きな影響を与えている．　　　　　　　　　　　　　　　　　　　　　　　　　　　　　　［佐藤公治］

歴史学

ロシアに専門的な歴史研究が確立するのは，1860年代に始まる大改革の時代である．学術研究と教育の自由化のなかで科学的方法で社会を分析しようとする知識人の活動は活発化し，歴史学の分野では66年にロシア歴史協会が結成された．その後，キエフ，ハリコフ，サンクト・ペテルブルグ，カザンの各大学にも歴史協会が創設され，51〜76年には，ロシアの歴史研究を発展に導く灯台と呼ばれたセルゲイ・ソロヴィヨフによる大部のロシア史の通史が発表された．

その伝統を受け継ぎながら，歴史学の対象を社会と経済の問題に拡大したのはワシーリー・クリュチェフスキーである．その研究は皇帝の治世としての歴史だけでなく，社会経済史や政治社会史，社会分化史などさまざまな領域へと歴史家の目を向かわせ，代表作の『ロシア史講義』（1904〜22）は，自由主義と民主主義への関心の高まりを背景として，歴史学以外の分野の専門家や革命家たちの関心をも引きつけた．

クリュチェフスキー自身はカール・マルクスを否定的に評価していたが，後に立憲民主党（カデット）の幹部となるピョートル・ストルーヴェや，クリュチェフスキーの教えを受け，亡命先のアメリカでロシア研究の基礎を築くジョージ・ヴェルナツキーは，マルクスの著作を読む以前にすでにクリュチェフスキーの著作から経済的要因の重要性を学んだと述べている．十月革命後，新政権の政治的理念を共有する数少ない歴史家として学術教育政策に携わったミハイル・ポクロフスキーもクリュチェフスキーのもとで歴史学を学んだ学生の一人だった．

❋体制転換と歴史家たち　十月革命後，帝政期に歴史学の専門教育を受けた歴史家たちは概してソヴィエト政権に否定的な立場を示した．しかし，政治的立場にかかわらず，少なくない歴史家が研究・教育を続け，各地で文化遺産の保護や公文書館，図書館の設置に積極的に協力する歴史家も現れた．1920年代には，中世における信仰や死，社会心理，日常生活といった政治史とは異なるテーマを扱う研究も次々と発表された．

歴史研究への政治の介入が最も強まったスターリン期においても，帝政期に教育を受けた歴史家を排除することは不可能だと考えられた．クリュチェフスキーの教えを受けた歴史家のうち2名は最も権威のあるスターリン賞を受賞し，5名が科学アカデミーに所属した．科学アカデミー歴史研究所の所長に就任したボリス・グレーコフも，帝政期の歴史学の伝統を体現する歴史家だった．師のアレクサンドル・ラッポ＝ダニレフスキーはソヴィエト政権の不承認を訴える『学者たちの呼び掛け』（1917）を起草したことで知られ，不遇の晩年を過ごしたが，グ

レーコフは彼のもとで学んだことを幸福な運命だったと回想している．もう一人の弟子アレクサンドル・アンドレーエフもモスクワ国立歴史・古文書学院の授業で師の著作を利用し続け，次世代の歴史家にその功績を伝えた．

こうしてソ連の歴史家たちは，20世紀初頭までの歴史学が生み出した実証研究の手法と社会経済史，文化史への関心，そしてその課題を受け継いだのである．

❀個人の記憶と集団の歴史　ソ連の歴史家たちが継承した課題の一つは，ロシア・ソ連のすべての人々が共有し得るアイデンティティを提供する歴史像の構築であった．20世紀初頭の歴史家たちは，公開講座や奨学金の創設など，歴史学を通じて社会に貢献しようと試みた．しかしその影響は小規模にとどまり，社会から孤立したエリート集団の枠を超えることはなかった．さらに非ロシア人を含む帝国内のすべての民族と地域を包摂する自国史研究も，未刊のままであった．こうした問題意識は十月革命後，自然環境や経済，言語，文化，慣習なども含めた地域史の研究や，一般の人々が書き残した回想や日記，手紙などを資料とする歴史研究へと歴史家の関心を向かわせた．

さらに，筆記文字を持たない少数民族や，筆記能力のない農民，革命運動と内戦の参加者，工場労働者への聞き取り調査も各地で行われた．この経験は，革命後に組織された「十月革命と共産党の歴史委員会」の活動や，独ソ戦のさなかにイサアク・ミンツの提案で結成された「大祖国戦争史委員会」による兵士への聞き取り調査にも取り入れられた．これらの活動の目的は，革命や内戦，戦争といった国家の歴史を，個人の視点から分析することにあった．それはときに公式の自国史像と矛盾し，発表を禁じられる場合もあった．しかし，歴史を国家の視点だけでなく，個人や身近な地域の視点から検証しようとする動きはソ連時代を通じて継続した．例えば1960年代には歴史文化遺産の保護を目的として全ロシア歴史文化遺産保護協会が結成され，歴史家たちもその活動に積極的に参加している．

図1　ソ連の歴史家たちの論争の場となった『歴史の諸問題』誌（1956）

ペレストロイカ期には自国史像が全面的に再検討されるなかで，オーラル・ヒストリーに関する学術会議が相次いで企画された．そしてソ連の解体前後には，ソ連時代を生きた人々の日記や回想，手紙などを収集・保存する専門家の試みが広まった．これらの事例が示すように，個人の記憶と集団の記憶をつなぎ，ロシアのアイデンティティを構築しようとする歴史家たちの挑戦は，90年代の体制転換と政治改革を経て現代ロシアの歴史学にも継承されている．　　　　　［立石洋子］

民族学

　民族学は，内なるわれわれと外なる他者との優れて「微妙な」線引きの上に成り立つ知識の一形態である（本項では，英語のethnographyにほぼ相当するロシア語のetnografiiaの訳語としてこの語を用いる．また，ロシア・フォークロア研究とは別に，ロシア民族学の発展に寄与してきたシベリア民族学を中心にして記す）．「私」は外に他者を見いだし，その他者のありさまを，内に持つわれわれの視線をそこに投影して明らかにしつつ，われわれのありさまを逆照射する．ロシア民族学の系譜が複雑であり，それゆえ強い興味を起こさせるのも，こうした知識の特徴がロシア史の流れと深く関連し合っているからである．

　ロシアは一言でいうと，西ではカトリック勢力の攻勢を打ち返し，東ではアジア系遊牧民族の攻略を撃退し続けながら，地続きのなかで自己を打ち立ててきた．その上で展開した歴史とは，（海水で本土と植民地が分け隔てられ，それゆえわれわれと他者との境が明確で，他者が「外部」にあるような海洋型ではなく）大陸型帝国として，みずからの「内部」に他者を取り込んで拡張していく歴史であった．毛皮の獲得を目的とした17世紀の進出により，ロシアはシベリアをその内部に呑み，19世紀には中央アジアをもみずからの支配下に置いた．

✳帝政時代　帝国のなかで民族学も，他の関連諸科学と同様，学として発展していくのと同時に国家の近代化の中で一定の役割を果たすこととなった．その主な特徴は次の2点にまとめれる．第一に，主にドイツ系の学者によりロシア，シベリアが記述されるという構図を打破し，ロシアの学者みずからが帝政ロシア内部の諸民族について観察し，記述するという構図を獲得した．ピョートル大帝の国外視察の結果として成立した人類学・民族学博物館（通称，クンストカーメラ〈芸術室，珍品収集室〉）は，その意味でもロシア自身が「見る」立場に立とうすることを示すシンボルであったといえよう．19世紀後半にもなると，被支配周辺地域の中から，民族知識人の一形態としての民族学者も輩出するようになる．この歴史は大陸型帝国の歴史の一面にほかならず，英仏が海洋型帝国として「外部」の異文化の記述から文化・社会人類学を発展させていったのに対し，ロシアはみずからを，「私」が「内部」の他者を，書き綴るかたちで民族学という知識の形態を生み出し，拡大していったということである（ロシアにおける民族学研究の総本山，ロシア科学アカデミー民族学・人類学研究所に記念名を与えているニコライ・ミクルホ＝マクライは，1870年代にニューギニアを調査したが，これは例外といってよい）．

　第二に，民族学と深い関係にあった帝立ロシア地理学協会の設立（1845）とその

発展に，帝国の知識統治，すなわち統治技術として特定の知識とその蓄積形態が活用される仕方の現れを指摘できつつも，他方で，帝国統治の手法とは異なるベクトルを民族学が持っていた点である．シベリア民族学者となった多くの者は，もともと帝政批判の思想と意図を持ち，検挙され，シベリアに流刑になった者（デカブリスト，ナロードニキなど）であり，一部の者は流刑先で民族学を実践すること自体が「民衆の中に（ヴ・ナロード）」の運動実践に連なると考えていた．帝政に対する別の地点や視座の確保という点で，「別の何か」として，地方や民族の慣習や制度への関心を強めたのである．シベリアでフィールドワークに携わり，後にロシア民族学の近代化・専門化に大きく寄与したレフ・シテルンベルグも，ウラジーミル・ボゴラズも，そうした「革命家あがり」であったし，地理学協会にしてもシベリア支部やウクライナ支部では民族運動と連携するところもあった．

❋**ソ連時代**　ロシア革命後，ロシア民族学は諸民族の統治方法をめぐって半ば実学的な役割を与えられつつ，急速に制度化していったが，それは民族学の国学化ともいえるものであった．ソヴィエト民族学の誕生は，地域的特殊性を超えて民族と民族文化を論じる共通の枠組の模索という意味では学としての精緻化ではあったが，その反面，共通の枠組の言語としてマルクス＝レーニン主義の語法を課せられるという点でソヴィエト化，時には似非科学化でもあった．フィールドワーカーとしても理論家としても卓越した能力を持ち，世界的に見ても第一級の民族学者セルゲイ・シロコゴロフは，民族を生成・消滅する動的現象とみなす「エトノス理論」の種をソ連に残しつつ，結果的に中国に移住することになった．

　ソ連時代，ソ連に居住する諸民族の民族誌的データを総合的に解釈し，ソヴィエト多民族社会のネガともポジとも取れる言説体系を，「エトノス理論（直訳すれば「民族理論」）」として提出し，ソ連末期まで学的実権を握ったのがユリアン・ブロムレイである．さまざまな諸民族を同じエトノス（etnos）として把握し，エトノスの形成を史的に考察しながら，「エトノス過程」としてエトノス間の接触とそれによるエトノスの変容を見るこの壮大な立論は，ソヴィエト・イデオロギーの単純な反映として切り捨てられるものではなく，今後，冷静な検証が必要とされる．特に，民族やエスニシティについて扱う分野として新規に勃興した「民族社会学（etnosotsiologiia）」とソヴィエト民族学がどのように「すみ分け」たのか，ソ連における民族問題の可視化と対応との関連含めて，注目されよう．

❋**現在**　ペレストロイカ期からソヴィエト民族学は，ソ連の民族政策との「共犯関係」を自己批判していった．民族やエスニシティに関する西欧の構築主義的なアプローチの「輸入」，ロシア・ソヴィエト民族学史の検証などにより「エトノス理論」を中心としたパラダイムは弱まったが，西欧，特に英米系人類学との差は今なお明瞭に認められ，ロシア民族学の独自の軌跡は今後も目が離せない．

［渡邊日日］

言語学

　ロシアの言語学史に名をとどめている代表的人物の一人に，ニコライ・マール（1864〜1934）がいる．「名」というよりも「悪名」というべきかもしれない．1920年代末からソ連言語学界に君臨したマール言語学は，科学がイデオロギーに屈したスターリン時代を象徴する代表的な例の一つであった．印欧祖語を否定する非科学的な言語起源・発達論や「言語は上部構造であり，社会構造の交替に応じて変化する」といった類いの論から成る，マールの「言語に関する新学説」の支配は，50年まで続いた．この年の6月，それまでマール言語学にお墨付きを与えていたヨシフ・スターリンみずからがそれを覆す論考を発表することにより，終焉を迎える．その間，他の言語学は萎縮を強いられていたわけであるが，実は，それ以前のロシアの言語学はきわめて多様性に富んでいた．とりわけ10〜20年代には，西欧と同様，「言語とは何か」「言語はどのような働きをしているのか」といった問題が活発に論じられている．言語への高い関心を示していたのは，言語学者に限らない．ロシア・フォルマリズムの詩的言語論の形成には，言語学者と文学研究者の協力があった．思想家ミハイル・バフチンの対話原理や記号論，心理学者レフ・ヴィゴツキーの発達心理学などにおいても，言語が重要な役割を果たしている．また，通常の語義とは別の「深い」意味に注目する「言語の内的形式」論が，文学，哲学，そのほかの分野でさまざまに変奏された．さらには，宗教哲学者の間では，神と固有名との関係をめぐり「名の哲学」が展開されていた（☞項目「名の哲学・賛名派」）．

❀19世紀までの言語学　狭義での言語学に絞った場合，本格的な展開は，ミハイル・ロモノソフの『ロシア文法』（1755）そのほかの著作に端を発している．この後も，幾人かの優れた学者がロシア語の文法書や辞書，比較文法の著書などを公刊していくが，ロシアにおける比較言語学や理論言語学のレベルを飛躍的に高めたのは，アレクサンドル・ポテブニャ（1835〜91），フィリップ・フォルトゥナトフ（1848〜1914），ヤン・ボードゥアン・ド・クルトネ（1845〜1929）である．フンボルトの影響を強く受けていたポテブニャは，言語を動的な活動と見なす一方，言語現象を個人心理学の立場から論じた．また，フンボルトの内的形式論を活かした詩的言語論は，象徴主義の言語観にも影響を与えている．フォルトゥナトフは，19世紀末から20世紀初頭にかけて理論言語学の発展に大きな役割を演じた．比較言語学の大家でもあったフォルトゥナトフは，形式に重きを置いた言語学潮流の基礎を据えるとともに，文法的形式が体系を成していることを強調した．

しかし近代言語学の発展への貢献という点では，ボードゥアン・ド・クルトネの率いるカザン学派（1875～83）が一頭地を抜いている．ボードゥアン・ド・クルトネは，ラングとパロール，共時態と通時態の区別の必要性をソシュールに先立って説いていただけでなく，音素概念の成立にも貢献した．また，弟子のミコワイ・クルシェフスキは，言語における類似連合と隣接連合の区別の必要性をいち早く強調したことで知られる．

❋20世紀以降の言語学　ボードゥアン・ド・クルトネは，勤務した各大学で優れた弟子を育てた．なかでも1910年代半ばから20年代前半のペテルブルグ学派（レフ・シチェルバ，エヴゲーニー・ポリヴァノフ，レフ・ヤクビンスキーなど）は，大きな影響を受けている．意識的なるものと無意識的なるものの区別や，機能の多重性の重視などは，ロシア・フォルマリズムにおける日常言語と詩的言語の区別にも活かされた．フォルマリズムの詩的言語論の展開に関しては，ロマン・ヤコブソン（1896～1982），グリゴリー・ヴィノクール，ピョートル・ボガトゥイリョフに代表されるモスクワ言語学サークルも，大きな役割を果たしている．

ヤコブソンは1920年代初頭に当時のチェコスロヴァキアに移住した後，ニコライ・トルベツコイ（1890～1938），セルゲイ・カルツェフスキー（1884～1955）といったロシア出身の優れた言語学者たちとともに，20年代後半からプラハ言語学サークルの中心的メンバーとして活躍し，構造主義言語学の発展に貢献した．プラハ時代以降もヤコブソンの活躍は目覚ましく，「われは言語学者なり，こと言語に関するものにしてわれに無縁のものなしとす」とみずから述べている通り，一般言語学，比較対照言語学，音韻論，詩学，文学研究，記号論，フォークロア，神話学，失語症，児童言語そのほか，実にさまざまな分野に業績を残している．また，トルベツコイは，『音韻論原理』（1939）により世界の言語学史上に名を刻しているだけでなく，文学研究者，ユーラシア主義の思想家としても知られていた．

図1　ヤコブソン（左）とトルベツコイ（右）1933年撮影
[Jakobson, R. 1975]

そのほか，ロシアでは20年代は，ロシア革命の影響もあって，言語と社会の関係も活発に論じられており，当時の成果は社会言語学の先駆として見直されている．また，ヤクビンスキーやヴィノクールは，すべての人が言語の能動的使用者となれるよう目指す「言語技術学」なるものも提唱していた．

こうした独創性や多様性は，やがてマール主義の支配によって表舞台から消えることになるが，言語をめぐってロシアで展開されたさまざまな理論や見解が宿す可能性は，今なお再検討の余地を残している．　　　　　　　　　　[桑野　隆]

教育・学校制度

学校制度 学校の体系は2018年現在，図1のようになっている．学校段階で日本の小・中・高校に相当するのがそれぞれ4年・5年・2年の教育段階である．実際には一つの学校内で学ぶ．義務教育は11年間である．以下，主に普通教育制度を取り上げる．

普通学校の全国総数は2015年時点で約42,600校であり（うち市街地に約17,300校，農村部に約25,300校），1995年の約7万校から減少の過程にある．

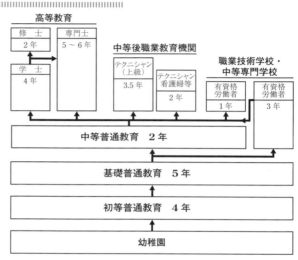

図1　ロシアの学校制度

生徒総数は2015年で1,550万であるが，同じく約450万人減少した結果である．この背景にはソヴィエト期以来続く人口減少と学校統廃合の趨勢に加えて1990年代の一時的な出生減がある．私立学校は2005年の初等学校入学者の0.3％を占めるが，学校数・生徒数とも増加の傾向を続ける一方，そのモスクワへの集中をあらわにしている．学校には6歳か7歳で入学する．国営の普通教育学校の教育は無料である．ロシアの教育行政の構造は，国がほとんどの教育サービスを提供し，教育・科学省を通して学校教育を統制し，地域当局が連邦法令の全般的枠組みの中でその管轄区域内の教育を受け持つものである．

教育の内容 これを教科名で示すと，言語（言語＋文学），数学，社会，理科，人文，労働教育，身体文化（体育），芸術の8教科で，さらに科目名を対応学年と地域差を含めて示すと，次のようになる．

言語 書き方：1年，母語：1～11年（土地の言語をもつ共和国など），ロシア語：1～9年，読み方：1～4年，文学：5～11年，外国語：2～11年（英仏独西から．ウクライナ語・中国語なども可．大学入試要件は4か国語の1）．**数学** 数学：1～6年，代数：7～11年，幾何：7～11年，情報処理：5～11年．**社会** 歴史：5～11年，地理：5～11年．**理科** 周りの世界：1～4年，地理（自然）：5～

11年, 生物：5〜11年, 天文：10または11年, 物理：7〜11年, 化学：8〜11年, 生命の安全の基礎：5〜11年. **人文** 歴史, 公民：5〜11年, 社会科：5〜11年, 宗教文化と世俗倫理の基礎：4年（2012年必修化. ここに「正教文化の基礎」「イスラーム文化の基礎」「仏教文化の基礎」「精神・道徳文化の基礎」などを含む）. **労働教育** 作業：1〜4年, テクノロジー：5〜11年. **身体文化** 身体文化：1〜11年（スポーツ授業：チェス, バレーボール, 卓球, サッカー, バスケットボール他設備・条件で）. **芸術** 音楽：1〜7年, 表現（描画）：1〜7年, 世界の芸術文化：10〜11年, 芸術：8年など.

　したがって, 例えば5年生の, ある学校の1週間の科目と時間数は次のようになる. ロシア語：5, 文学：3, 外国語：3, 数学：5, 社会科：1, 精神・道徳文化の基礎：1, 歴史：2, 生物：1, 地理：1, 音楽：1, 表現芸術：1, テクノロジー：2, 身体文化：3, 合計29時間.

❀教育政策の変遷（ソヴィエト以後）　1990年からのエリツィン期は, ドネプロフ教育相の自由主義的政策と連邦教育法にみる国の関与の限定（義務教育を9年化. 10学年進学に入試）, 私立校も含むさまざまな教育機関の創出・相互対等化による質競争・向上の期待などを特色とした. これは旧体制からの脱却, 教育市場の形成など一定の成果を生んだ. しかし教育行財政の混乱, 青少年の学校外放置（約150万人が路頭に）などの教育危機を生んだ. 96年から10学年入試廃止, 「教育の優先」宣言などで路線を修正するものの, ペレストロイカ以来の多元主義理念の行き過ぎ, 教育機関人員不足などを克服できず, 「改革派」の過ちが認知される. プーチン政権のもと, 学校教育の目的を社会の安定と世界からの立ち遅れ克服とに重点を移す. 2011年の「国家教育スタンダード」は教育内容の連邦・地域要素の合理的バランス化を重点とし, 13年からの現行連邦教育法は普通教育の目的として社会化と自覚的な職業選択に必要な知識・能力・技能の獲得を強調している.

❀教育の国際評価　経済協力開発機構（OECD）の教育調査は2015年, ロシアの生徒の数学と科学の学力を世界34位とみなし, スウェーデンとアイスランドの間に位置付けた. しかし, ロシアの「中等教育国家スタンダード」はヨーロッパから国際等価性で不承認扱いを受ける.

❀現在の課題, 困難　教育に関するロシアの出費は国内総生産（GDP）比で13年の3.8%まで増大したがOECD加盟国平均（5.2%）を下回ったままである. 学校数減少とともに教師数も激減し, 15年間で70万人減った結果, 2015・16年には約105万人になった. 教員の平均年齢も上昇した. 大学入試の公平・透明化を一つの目的に2000年代に導入が始まった国家統一試験（中等教育修了資格試験）の方は, 有力諸大学から一貫してその意義を認められず, 入試では考慮されないなどの矛盾が続いている.

[所　伸一]

博物館

ロシアには，歴史や科学や軍事などに関する巨大な博物館がある一方，小説家などの家を保存した小規模な博物館も多い．後発国のロシアでは，博物館は伝統的に啓蒙の機能を強く担い，政治の動向にも翻弄されてきた（本項はA.スンディエヴァ「博物館」『新ロシア百科事典』1巻，2003年刊を参考にした）．

❋帝政期 ロシア最初の博物館は，1714年にピョートル1世が創設したクンストカメラである．鉱物コレクションや動物標本など，多様な博物学的収蔵品がその中心をなす．学術的な博物館は，72年開設の鉱山専門学校付属天然資源室が最初である．地方初の博物館は，82年にイルクーツクにつくられた（現在のイルクーツク州郷土誌博物館）．同地で大黒屋光太夫を助けたことで知られる，博物学者キリル・ラクスマンの鉱物コレクションが収蔵品の土台をなした．

図1 国立中央ロシア現代史博物館（モスクワ，1924年開設）．旧ソ連国立革命博物館．建物は帝政期のイギリス・クラブ［著者撮影］

19世紀に入るとフランス革命の影響で，博物館の公開が次第に始まった．クレムリンの武器庫も，1806年に公開の博物館になった．首都の博物館の多くは宮内省か国民教育省の管轄であった．60年代の大改革期以降は，重要な一連の博物館が生まれた．特にモスクワでは，ルミャンツェフ博物館（その附属図書館が現在のロシア国立図書館）が61年，赤の広場にそびえ，伝統建築の再解釈に基づくネオ・ロシア様式でつくられた赤煉瓦の歴史博物館が72年，工芸博物館も同年にできた．19世紀後半には軍事学校教育博物館（1864）を皮切りに，教育目的をもった博物館（ロシアに起源をもつとされる）も登場した．

19世紀末からは，人物や史実の顕彰にあてられた博物館も目立ち始めた．セヴァストーポリ防衛博物館（1869），首都のニコライ騎兵学校のミハイル・レールモントフ博物館（1883），ヴォログダの「ピョートル大帝の小屋」博物館（1885），ペテルブルグ大学付属ドミートリー・メンデレーエフの家博物館（1911）などである．レフ・トルストイが死去した翌年の1911年には，両首都にトルストイ博物館ができた．革命に先立つ時期，ロシアには213の博物館があった．

❋革命後 1917年の二月革命で帝政が崩壊した後は，帝室のコレクションや博

物館は国有化された．ついで，十月革命後，教育人民委員部のもとに博物館行政を一元的に担う機関が初めてつくられた．18〜20年にかけて246の博物館がつくられ，うち186は地方においてであった．ソヴィエト政権のもとで，貴族の邸宅が接収され，博物館となるものもあった．教会・修道院も閉鎖され，祭儀品は博物館へと移された．23年にペトログラードにつくられた「廃毀された崇拝の博物館」が，そのような博物館のうち代表的なものである．20年代には郷土誌研究と地方の博物館が手に手をとりあって発展した．

　20年代末に「上からの革命」が始まると，博物館の役割についても政治啓蒙的な意義がより強調されるようになった．レニングラードの聖イサク寺院は28年に閉鎖された後，31年には反宗教博物館となり，科学による信仰批判の場となった．32年にはカザン寺院の建物に宗教史博物館が開かれ，前述の「廃毀された崇拝の博物館」の展示品を引き継いだ．ただし，第2次世界大戦中に政権がロシア正教会と和解したことを受け，48年に旧イサク寺院は聖イサク寺院博物館へと改組され，寺院の歴史的・文化的価値が重視された内容となった．

　30年代には文学者関連の博物館の整備も進み，41年までにその数は約100を数えた．例えば，ウラジーミル・マヤコフスキー博物館（モスクワ，1938），ヴィッサリオン・ベリンスキーの邸宅博物館（ペンザ州，1938），ドミートリー・マーミン＝シビリャークの家博物館（エカチェリンブルグ，1949）などである．30年代後半の大テロルでは多くの学芸員が犠牲になった．第2次世界大戦関連の博物館は，レニングラード防衛博物館（1946）が他都市のモデルになったが，同博物館は政治弾圧であるレニングラード事件により一時閉鎖された．58年にはノヴゴロド，コストロマ，ゴーリキー（現ニジニ・ノヴゴロド），ウラジーミルに，自然や民俗を保存する特別景観区が博物館として初めて設けられた．

図2　フョードル・ドストエフスキーの家博物館（スタラヤ・ルッサ，1981年開設）．起源は1883年にさかのぼる．スタラヤ・ルッサは『カラマーゾフの兄弟』の舞台で，同作はこの家で書かれた［田中まさき撮影］

　ソ連崩壊後，博物館への国家予算は大きく削減され，国有から自治体の管理に移ったものも多い．修理・修復活動が停止し，コレクションの損壊や盗難も見られた．博物館から教会に戻るケースも多かった．レーニン博物館など，政治的理由で閉鎖される博物館も少なからずあった．時代に翻弄されながら，博物館員・学芸員は博物館を維持し，展示物を充実させるための努力を続けている．2000年にロシアには1,964の博物館があり，訪問客は6,800万人を超えた．　　［池田嘉郎］

図書館

ロシアの図書館といえば，社会主義時代にレーニンカと愛称された，モスクワのロシア国立図書館（РГБ，図1）が日本でも知られているだろう．また，帝政時代の首都だったサンクト・ペテルブルグには，ロシア国民図書館（РНБ，図2）がある．前者の蔵書数は4,700万点，後者は3,300万点に及び，両館ともロシア語の書籍や定期刊行物だけでなく，手稿や書簡などの歴史的な文書，ソヴィエト連邦を構成した諸共和国の民族言語による出版物も所蔵する．

国立図書館には，他に歴史図書館（ГПИБ），子供図書館（РГДБ），外国文学図書館（ВГБИЛ）などがある．また，科学アカデミーや大学をはじめとする学術機関の図書館，地方自治体の運営する図書館もある．ヨーロッパ部からシベリアを経て極東に至る広大なロシア全土に，図書資料の収集・保管・提供を行う施設が分布しているのである．

❊**ロシアの図書館史**　このように全国的な図書館網がつくられるには，長い時間を要した．1037年にヤロスラフ賢公がキエフのソフィア大聖堂に設置した，ロシア最古とされる図書館は措くとしても，およそ300年前には，すでに近代的な図書館が現れている．すなわち，ピョートル1世によって創建された図書館（1714，科学アカデミー附属図書館БАНの前身），モスクワ大学付属図書館（1756），そして帝立公共図書館（1795年創立，1814年開館，現在の

図1　モスクワのロシア国立図書館

図2　サンクト・ペテルブルグのロシア国民図書館本館［nlr.ru 図3も同］

図3　1980年代末の閲覧室

РНБ）である.

19世紀半ばには，モスクワにルミャンツェフ博物館附属図書館（1862，現在の РГБ）が開設され，また，地方の県都，郡都にも図書館が建設された．とはいえ，利用者への閲覧・貸出業務は必ずしも活発ではなかった．農奴解放後に識字普及活動に取り組んだゼムストヴォや啓蒙協会はこれを批判し，1890年代以降，民衆のための小規模な図書室を開室した．民衆図書館は，1898年には約3,000館に及んだとされる.

図書館の活動を効果的にするために，「読者心理」も研究されるようになった．図書館の増加により，読書の慣行は，貴族，聖職者，官吏という身分制エリートから商人，都市中間層，労働者層へと広がっていった．ただし，農村部には充分に浸透しなかった.

民衆啓蒙の努力は1917年の十月革命後も継続された．読書普及のために図書館網を拡充する中心的な役割を担ったのは，教育人民委員アナトーリー・ルナチャルスキーとレーニンの妻ナジェージダ・クループスカヤだった．そして第2次世界大戦後にようやく，農村部にも図書館網が及び，ロシア全土での利用が可能になった．80年には，ソ連邦全体で35万館，蔵書40億冊に達し，利用者は延べ2億人に達したという．ソ連解体後は多くの図書館が，名称・機構の変更，経営上の困難，読者の嗜好の変化や読書離れを経験しながらも，現在に至るまで運営を続けている.

❋ロシア社会における知の拠点として ロシアの国立図書館は閉架式の形態をとることが多く，閲覧や複写にも制約を課すため，情報公開に必ずしも積極的ではない印象を与えることがあった．しかし近年では，各館が所蔵資料の一部を電子化してオンラインデータベースとして公開している．さらに，全国の図書館のデジタル資料を集約してウェブ上で提供する国立電子図書館（НЭБ，2004年創立）や，他館が電子化した歴史的資料をインターネット公開するエリツィン記念大統領図書館（Президентская библиотека，2009年創立）も開設された．図書館は情報へのアクセスを，相当程度容易にしたといえる.

この変化の背景には，主要な国立図書館が書誌学，図書館学などの研究部門を持ち，国際シンポジウムや共同研究を通じて，資料電子化の世界的な潮流に早くから参画してきたという事情がある.

また，図書館と社会との連携も見られる．ペレストロイカの時代には，地区の図書館が非公認文学の朗読会に場所を提供した．現在もなお，各地の図書館が講演会や音楽会を催している．全国の児童・青少年向け図書館は，若年層に読書をうながすための多様な取組みをしている．ロシアの図書館は歴史的に，書物の収蔵施設であるばかりでなく，知の発信拠点ともなってきたのである．[巽 由樹子]

メイドインUSSR

　ソ連は1930年代以降，少なくとも表向きは，共産主義版の消費文化をつくり出そうと試みていた．ただしソ連時代を通して，大多数の人々が手に入れられるような商品は質が悪く，不便で，不衛生で，時には危険ですらあった．ソ連崩壊によって人々の生活が一変すると，ほかの東欧各国と同様に，共産主義時代の消費財を懐かしむ潮流が生まれる．そしてこれは共産主義時代を生きた人にとどまらなかった．冷戦期のソ連でつくられた商品は，「レトロフューチャー」と呼ばれる特徴的なデザイン，独自に遂げた進化，貧しくもたくましい日常を思わせるエピソードによって，時代や場所を超えて多くの人々にノスタルジーを感じさせている．

❈ソーダ自動販売機　1959年のアメリカ訪問から帰国したニキータ・フルシチョフが，ソ連でも自動販売機を普及させるべきだとしてつくられたのが，ソーダ自動販売機である．ただしこれは設置されているグラスを共用するもので，皮肉にも冷戦期のソ連の非衛生性を象徴するものとなっていく．このグラスはコンクリートに落としても割れないという丈夫な12面体のカットグラスで，スターリン時代のシンボル〈工場労働者と集団農場女性労働者〉で知られる彫刻家ヴェーラ・ムーヒナがデザインしたという都市伝説がある．このグラスをベンドステージ（カップ置き場）の右側に置き，1コペイカを入れると炭酸水が，3コペイカを入れるとシロップ入りのソーダが，自動的にグラスに注がれた．飲み終わったら，飲み口を下にしてベンドステージの左側にグラスを置くと，下から水が出てきてグラスを簡単に洗うという仕組みである．

❈「ザポロージェッツ」（乗用車）　アメリカ人の自動車所有率の高さに追いつくため，党中央委員会はウォッカ1,000本の値段で購入できる自家用車製造を指示した．これは当初はモスクワで，後に南ウクライナのザポリージャ（ロシア語では「ザポロージエ」）にあるザポリージャ自動車製造工場で，フィアット600を基礎に組み合わせてつくられることとなった．1960年に売り出されたザポロージェッツ第1号モデルは2人乗りの小型車で，これまで自動車を買えなかった多くの家庭がこぞって購入した．ただし軍用車両のエンジンが使われていたために音が大きく，それでいて最高出力はかなり低かった．エアインテークが車の両サイドについていたため，前から見ると耳が出ているように見えたため，「チェブラーシカ」という愛称でも呼ばれていた（略称のザポールが一般的ではあったが，ロシア語で「便秘」の意味になることもあり，別のさまざまな愛称で呼ばれた）．助手席の下のフロアパネルが取り外し可能になっていたモデルもあり，自動車の中にいながら氷上釣りを楽しむことができた．

❋「ロケット」（掃除機・腕時計）　世界初の人工衛星スプートニク1号の打上げ（1957）によって幕をあける「スペース・エイジ」には，宇宙旅行をモチーフにした多くの家電製品が売り出された．それに先駆けていたのは，1953年に販売された掃除機「ロケット（ロシア語でラケータ）」だ．水色のロケットを模したこの掃除機は，大きな音の割には吸引力が悪かったが，ロケットのようにとてつもなく頑丈で，いまだに現役で使われているものもある．スペース・エイジに突入するとさまざまな商品が「ロケット」というブランド名で発売されたが，なかでも有名なのが精密技術石細工工場でつくられていた腕時計「ロケット」（1966年販売開始）だ．この腕時計は24時間表記の腕時計「ロシア」の後続モデルで，さらに薄く，耐水性・耐磁性で，衝撃への耐久に優れたものとなっており，宇宙飛行にも耐えられる仕様になっていた．

❋「アエリータ2号」（ヘアドライヤー）　有人宇宙飛行を描いた最初期の映画として，アレクセイ・トルストイ原作のSF映画「アエリータ」（1924）がある．主人公がロケットで火星に脱出し，火星の王女アエリータに魅せられながら共産主義革命を起こすという物語だが，構成主義芸術家たちによる舞台美術や衣装の斬新な近未来的デザインでも有名だ．1985年に発売された「アエリータ2号」は，そんな近未来の美が，ヘアドライヤーという最新技術によって手に入ると謳うものだ．濡れた頭にピンク色のフードボンネットを被せ，本体のスイッチを入れると，ホースから吹き出す熱風がフードボンネットを膨らませ，髪を乾かしてくれる．タイマー機能は付いていたものの，風力や温度の設定などはできず，髪が焦げてしまいそうなくらい熱い空気しか出なかった．

図1　アエリータ2号の広告［Idov, M. ed., 2011］

❋「ロモLC-A」（インスタントカメラ）　冷戦の表舞台が宇宙開発競争だとすれば，裏舞台はCIAとKGBによる諜報合戦である．レニングラード光学器械合同（頭文字をとって「ロモ」と呼ばれる）は，当時，スパイカメラを製造していたメーカーの一つだった．ロモは1980年代，日本の光学機器メーカーのコシナ社が製造していたコシナCX-1を模倣して，35ミリ判コンパクトカメラ「ロモLC-A」をつくった．薄型レンズで高コントラストの写真を撮影することができたが，カメラの重さと画質の粗さのために諜報活動用ではなく，84年からは商品として売り出されることとなった．ロモLC-Aは自動露出方式であるが適正露出にならないことが多く，絞りの程度が偶然に左右されていた．スパイ活動には致命的な特徴であるが，その一回性と高コントラストゆえのノスタルジックな世界観は「ロモグラフィー」と呼ばれ，愛好者たちから絶大な人気を博すこととなる．ロシアでの製造中止以降もオーストリアで後続モデルが製造されている．　　　　［亀田真澄］

武器・兵器

❋ロシアの軍需産業　ロシアは世界有数の武器開発国として知られる．軍服や小銃から始まり，戦闘車両，軍用機，原子力艦艇を含む艦船，長距離弾道ミサイル，核兵器などをすべて自国で開発・生産できる国は，ほかに米国・フランス・中国程度しか存在しない．こうした幅広い武器開発・生産能力を支えるロシアの軍需産業基盤は，国防生産コンプレクス（OPK）と総称され，数千社の企業と数百万人の従業員がそこに関与していると見られる．

　ソ連時代の武器開発・生産体制においては，基礎研究を担当する国立研究機関，具体的な開発・設計作業を担当する設計局，実際の生産を担当する工場がそれぞれ別組織として運営されていた．ソ連崩壊後，設計局や工場の多くは民営化され，株式の持ち合いによる企業グループが形成されたが，プーチン政権下の2000年代半ば以降にはこれらを国家主導で再編する動きが進んだ．具体的には，統合航空機製造コーポレーション（OAK），統合造船コーポレーション（OSK）といった国有持ち株会社を設立し，関連する設計局や工場を，株式支配を通じて統合するという方式である．これ以外には戦略的重要産業を統合する国家コーポレーション（GK）という統合形態も存在しており，核兵器を含む原子力分野ではロスアトム，弾道ミサイルや軍事衛星を含むロケット・宇宙分野ではロスコスモスが設立された．ウラジーミル・プーチン大統領に近い実業家セルゲイ・チェメゾフが設立したロステフも国家コーポレーションに指定されており，ヘリコプター，ジェットエンジン，ミサイルなどの広範な軍需産業分野を傘下に収めている．

❋ロシア軍の装備近代化　ロシア軍の装備更新は1990年代の経済混乱によって長らく停滞していたが，2000年代に入ると経済回復の恩恵によって一定の進展が見られるようになった（☞項目「軍隊・準軍隊・警察・保安機関」）．当初は旧式装備の近代化改修が主であったが，2007年以降には新規装備の調達が増加し，18年から開始された「2027年までの国家装備プログラム」（GPV-2027）の場合，10年間でおよそ20兆ルーブル（2018年半ばのレートで約35兆円）を投じて武器・兵器の開発・生産・近代化改修などを実施する予定である．GPV-2027はそれ以前の国家装備プログラムと同様，戦略核戦力の整備を最優先課題としている．戦略核戦力は通常戦力（特にハイテク戦力）の劣勢下で抑止力を確保できる唯一の手段と見なされており，新型の長距離弾道ミサイル，空中発射巡航ミサイル，弾道ミサイル搭載原子力潜水艦などの調達が早いペースで進められてきた．今後は米国のミサイル防衛システムの突破能力を高めた極超音速グライダー型核弾頭の配備など，さらなる質的近代化も見込まれる．第二の重点は，これまで遅れ気味

図1 （左から）S-300VM防空システム［2016年，ロシア国防省イベントで撮影］，ウラン-9無人戦闘車［同］，オルラン-10無人偵察機［2018年，国防省の軍事愛国公園パトリオートで著者撮影］

であった精密誘導兵器や指揮通信システム，無人航空機などのハイテク分野である．ことに精密誘導兵器の導入は急務とされており，国防政策の指針である『軍事ドクトリン』2014年版には，核兵器に依存しない「非核戦略抑止力」という語も初めて登場した．このほか，第5世代戦闘機，第4世代戦闘車両といった新兵器の調達が予定されている．

ただし，2010年代半ば以降のロシア経済の減速によって国防費は2017年から抑制傾向（年間2兆8000億ルーブル内外）へと転じている．GPV-2027で計画されている20兆ルーブルの支出を平均すると，年間約2兆ルーブルを装備品の研究開発，調達・近代化改修・修理などのために支出しなければならないが，実際の装備関連支出は年間1兆5000億ルーブル程度でしかない．今後も装備関連支出がこのレベルに抑制された場合，GPV-2027の目標は一部未達となる可能性が指摘されている．特にGPV-2027では海軍の優先順位が低下したと伝えられることから，空母や原子力水上艦艇などの外洋艦艇の調達は先送りとなり，当面は沿岸での作戦を念頭に置いた小型艦艇の調達が主となると見られる．

❋**積み残された課題** ソ連の崩壊は，当時の開発・生産ネットワークの崩壊でもあった．このネットワークはソ連全土に広がっており，ソ連が崩壊すると重要な開発拠点やサプライヤーが突如として外国企業になってしまったためである．例えば，ウクライナには航空宇宙産業を始めとする先端軍需企業が集中していたため，ソ連崩壊後のロシアは，大陸間弾道ミサイルからヘリコプター用エンジンに至る多くの技術をウクライナからの供給に依存しなければならなくなった．2014年以降には，ウクライナ政府がロシアに対する軍需品の供給を停止したことに加え，西側諸国もロシアに対する軍需品や軍民両用（デュアルユース）技術の供給を制限するようになったことから，近年では武器の開発・生産を外国に依存しない態勢づくり（輸入代替）が急務とされている．

もう一つの課題はロシアの軍需産業が苦手としてきたハイテク分野の遅れである．遅れを取り戻すための努力は続いているが，ロシアの経済力や基礎的な科学技術水準を考慮すれば，西側先進国との差を埋めるのは容易ではない．［小泉　悠］

メンデレーエフ

　ロシアの化学者，ドミートリー・イワノヴィチ・メンデレーエフ（1834〜1907）は周期律，すなわち，元素の性質がその「原子量」（当時．現在は原子番号）に従って，周期的に変化するという法則を発見し，未発見の元素の存在予測や原子構造論研究をはじめ，後世の化学，物理学に圧倒的な影響を与えた．

　メンデレーエフは，西シベリアの古い，小規模の都市，トボリスクに教育者の息子として生まれ，サンクト・ペテルブルグ高等師範学校を卒業した後，パリやハイデルベルクに留学し，1861年の帰国後，サンクト・ペテルブルグ大学で教鞭を執った（1890年退職）．

　ロシアにおける近代化学の受容と展開は，多くがドイツ出身の教師による教育に始まり，彼らに教育を受け，留学し，本格的な実験研究を知りながら，過度の

図1　メンデレーエフ

教育負担などによって研究能力を十分開花できなかった第2世代を経て，メンデレーエフら第3世代に受け継がれる．第3世代が活躍した60年代はクリミア戦争敗北後，ロシアの近代化を目指した「大改革」の時代にあたり，近代化を担う専門的人材の養成を目的に高等教育機関の研究・教育環境は大きく改善され，アカデミックポストの増加，学協会の設立・発展，専門学術誌の刊行，科学出版の充実などが進展した．科学研究と産業との本格的な結び付きも生まれてきた（メンデレーエフも，酒税改革を背景とするアルコールの濃度測定や土壌分析や肥料効果の研究などの農業の改良研究などに取り組んでいる）．他方，化学研究の世界では，60年代，スタニスラオ・カニッツァーロの原子量体系やアオグスト・ケクレらの有機化合物の構造理論が発表されるなど，化学の体系的な理解を必要とする展開が見られた．68年に執筆を開始した教科書『化学の原理』を直接の動機としつつも，こうしたものの総体がメンデレーエフによる周期律発見のスプリング・ボードとなった．

　周期律を発見した後は，最晩年に至るまで，周期律を応用した，（当時）未知の元素の存在予見，石油組成・分解法の研究，溶液論，火薬研究など，多様な研究に従事した．第2次世界大戦後旺盛に進められた，超ウラン元素を人工的に生成しようとする一連の研究の中で，1955年，アメリカのアルバート・ギオルソ，グレン・シーボーグらによって発見された101番元素は，彼の名にちなみ「メンデレビウム」（Md: menderevium）と名付けられた．

[市川　浩]

コワレフスカヤ

ソフィヤ・コワレフスカヤは，数学者，作家，女性解放論者であり，またロシア初の女性大学教授（ヨーロッパ全土でも3人目）に就任する快挙を果たしている．「コワレフスカヤのコマ」「コーシー＝コワレフスカヤの定理」などの業績は今日においても高く評価され，またフランス科学アカデミーから権威あるボルダン賞を受賞するなど，名実ともに19世紀の最も偉大な数学者の一人である．

コワレフスカヤは1850年に軍人の父ワシーリー・コルヴィン＝クルコフスキーとドイツ系貴族出身の母エリザヴェータ・シューベルトの次女としてモスクワに生まれた．56年に父は軍隊を引退し，領地経営に専念するために故郷パリビノ村（現在のベラルーシとの国境近く）に家族

図1 コワレフスカヤ

とともに移住する．数学との出会いは，当地の屋敷の子供部屋の壁紙として父がかつて収集したオストログラッキーの微分積分についての講義録が貼られており，これを彼女が解読しようと日々何時間も眺めていたことである．幼少期から天才的な数学の才能を見せていたといわれるが，当時，ロシアでは女子の大学進学が認められていなかったため，彼女は海外への移住を決意し，そして古生物学者ウラジーミル・コワレフスキーと偽装結婚しドイツへ移住することに成功する．

コワレフスカヤは初めハイデルベルグ大学で聴講生となり，さらなる学究のため解析学の権威ワイエルシュトラス教授の指導を求めてベルリン大へ移行することにする．同大学も女性の聴講を認めなかったものの，彼女の才能にほれ込んだワイエルシュトラスは，特別に個人教授を引き受け，以後4年間の指導を行っている．そして74年にゲッチンゲン大学は，コワレフスカヤの「偏微分方程式論のために」「ある特定の第三種アーベル積分の楕円積分への還元について」「土星の環の形に関するラプラスの研究についての補足的研究と見解」という三つの論文に対し博士号を授与した．学位を得た彼女はロシアに帰国したが，満足な仕事は得られず，また夫の自殺など不遇の時代が長く続いた．しかし84年に転機が訪れる．ワイエルシュトラス門下のミッタグ＝レフラーの後押しもあって，同大学の講師として招かれたのであった．その後は88年に「固定点周りの剛体の回転について」の研究によりボルダン賞を受賞し，これを受けついに89年には念願の大学の正教授の地位を得ることになった．また作家としても，翌年に発表した自伝『少女時代の思い出』（1890）と，それを元にした小説『ラエフスキー姉妹』（1898）は大反響を呼び，彼女の最も創造性豊かな時期であったといえる．しかし91年1月29日，風邪を悪化させて発症した化膿性筋膜炎のため急逝してしまう．41歳の若さだった．

[北井聡子]

パヴロフ

ロシアの偉大な生理学者イワン・パヴロフについて語ろうとすれば, 思いつくままでもロシア人初のノーベル賞受賞者 (1904年生理学医学賞) となったこと, 「パヴロフの犬」で知られる唾液分泌の実験と条件反射の発見, 動物の精神活動の客観的研究に路をひらいた高次神経活動に関する学説など, 研究面の話題が中心にあがるだろう. しかしながら, パヴロフの業績の科学史的な意義よりも, 本コラムでは一般に知られていないパヴロフの政治的な実像, とりわけソヴィエト政権との距離感と, 死後に背負わされた虚像について述べたい.

19世紀後半以後ロシアを襲った目まぐるしい社会変化を目撃した知識人の例に漏れず, パヴロフもまた激動の時代を生きる中で自身の社会的見解を形成していった. 日露戦争の敗北に憤慨し, ロシアの低迷理由を後進的な科学の状態に求めていたパヴロフにとって, 二月革命に続く民主化は科学教育の民衆への門戸開放のため是が非でも実現が望まれるものであった. 新しい時代への胸の高まりは次の言葉に表れている. 「民衆の中の傑出した知性の持ち主が科学活動に参加するようになって, ロシアの科学は新しい巨大な人的資源を得るのである.」ところが, 十月革命の勃発後ボリシェヴィキが暴力的な政策に転じたのを見て彼の期待は失望へ変わる. 革命政権にノーベル賞の賞金を没収される憂き目に遭いパヴロフは国外移住も考えたが, 偉大な頭脳の国外流出を危ぶんだソヴィエト政権は研究活動の全面的支援を約束しパヴロフの引き留めを図る. 指導者のレーニン自身, パヴロフの進める高次神経機能の研究が, 共産主義社会に適合する人間育成の一環の感情教育に貢献することを期待していた. パヴロフ自身も優生学的方法の科学的な意義を認めていたようで, 獲得された条件反射やその学習性が次世代へと遺伝する条件を探索していた. 獲得形質の遺伝が起こり得るという誤解は彼が遺伝学の専門家でなかったためであり, 友人の遺伝学者ニコライ・コリツォフの説得により後にこの考えを訂正している.

晩年のパヴロフのソヴィエト政権への態度は軟化したものの, 社会主義の野蛮性に対する反発心は変わらなかった. ところが, パヴロフの死後「社会主義体制の意識的な信奉者にして, 外的作用の生体への影響の研究に唯物論的指針を示した祖国の科学者」といった政治的虚構を交えた紹介が学術出版物を飾ることになる. 特にスターリン期に盛んに行われた科学論争の場では, パヴロフの名を同じ生物学分野の学問的権威である植物学者クリメント・チミリャーゼフと並べて称賛することにより, 論者は自身の学問的・政治的正当性を訴えた. こうしたパヴロフの扱いの中に我々は, 英雄に祭り上げられた科学者がソ連の学術文化において担わされた偶像の役割をみることができるだろう.

[齋藤宏文]

ガガーリンとテレシコワ

　ソ連はあらゆる領域に情報統制を敷いていたが，特に宇宙開発の分野はほとんどが国家機密だったといっても過言ではない．人々の興味を一手に引き受けることになったのが，宇宙飛行士たち．スターリンという「父」の後の時代を象徴する「息子」たちと一人の「娘」を生み出したのは，1930年代の英雄飛行士ニコライ・カマーニンだ．カマーニンは彼らの代わりにスピーチを書き，自伝を捏造し，着る服や私的なスケジュールも管理下に置くことで，生きた記念碑をつくり出した．

　ユーリー・ガガーリン（1934年生）は1961年4月，ヴォストーク1号によって世界初の有人宇宙飛行を達成した．小柄で親しみやすい笑顔のガガーリンは，ソ連中の人々から，家族を呼ぶときのように愛称形で「ユーラ」「ユーラチカ」と呼ばれていた．ただしガガーリン本人にとって，つくられたガガーリン像は「吐き気がするほど甘い」ものだった．突然の世界的名声と自由のない生活に疲れたガガーリンはアルコールに逃避するようになったが，世界的スターの酔いつぶれた姿を見たがった党幹部たちが，ガガーリンにアルコールを強要していたという側面もある．人々はガガーリンのことを噂するのが好きで，特に第22回共産党大会に傷を負った顔で現れた時には，女性関係だろうと囁かれた．実際にその傷は，ガガーリンが浮気中，妻がその部屋に駆けつけたことを知ってバルコニーから飛び降りてできたものだった．そして69年，ガガーリンを死へと追いやった飛行機事故の原因をめぐっても，いまだにさまざまな臆測がなされている．

図1　テレシコワの結婚式にて，ガガーリンと（『Советский Союз』1963年）

　織物工のヴァレンチナ・テレシコワ（1937年生）は，趣味のスカイダイビングの腕が認められ，63年にヴォストーク6号での地球周回飛行を行い，女性として，そして非軍人として世界初の宇宙飛行士になった．テレシコワは飛行中にひどい宇宙酔いをしていたが，その合間を縫ってソ連のテレビでは宇宙船からの生中継映像が流され，初の女性宇宙飛行士の誕生にソ連中が沸き立った．カマーニンによると，テレシコワは能力ではなく顔と雰囲気が秀でていた．ヴォストーク3号の宇宙飛行士アンドリアン・ニコラエフも，すぐにテレシコワに魅了された一人だ．それを知ったカマーニンはプロパガンダにはうってつけであると強く後押しし，半年後には二人の結婚式が国家イベントとして催された（後に離婚）．テレシコワも当初はカマーニンのつくる宣伝塔としてのイメージに違和感を覚えていたということだが，ソヴィエト女性委員会の委員長を20年以上にわたって務め，女性の社会進出の象徴として政治的地位を築いていく．

［亀田真澄］

テトリス

　1984 年，ソ連科学アカデミーのプログラマーであったアレクセイ・パジトノフは，幼い頃に遊んだパズルゲーム「ペントミノ」にヒントを得，ブロックを構成する正方形を五つ（ペンタ）から四つ（テトラ）に減らした上で競技性を高めた PC 用ゲームを，勤務時間の合間を縫って開発した．魅力的なキャラクターもストーリーも持たない一見地味なこのゲームを，パジトノフは「テトラ」と，ゲームとしての楽しみをイメージさせる「テニス」から「テトリス」と命名する．パジトノフの勤務先は，当時のソ連としては最高のコンピューター環境を有してはいたが，それでも西側の最新設備に比して 10 年は遅れており，派手なグラフィックや音楽の使用は望むべくもなかった．しかしテトリスに限っては，図らずもこうした技術的制約こそが，このゲームをよりシンプルで洗練された，中毒性の高い娯楽たらしめる役割を果たしたのだといえる．

　ソ連国内では商品化のあてもなく，パジトノフの職場で内々に楽しまれていたテトリスは，彼の上司によりハンガリーの研究機関に紹介されたことを皮切りに国外にもその魅力が知れわたると，権利関係の処理に曖昧な部分を残したまま「鉄のカーテン」の向こう側で市場に出回り始めてしまう．最終的には日本の任天堂が，携帯用ゲーム機「ゲームボーイ」のソフトとして世界的ヒット商品へと押し上げることになるが，これは日英米のゲーム会社が，テトリスの商業的価値の大きさに気付いたソ連側が交渉の場に送り込んだ，テクノロジーの輸出入管理を一手に担う「技術電子機構」（ELORG）と激しい駆け引きを繰り広げた末のことであった．

　テトリスの売り上げは公式版だけで 10 億ドルともいわれ，その後のパズルゲーム開発に与えた影響も計り知れない．しかしソ連には知的財産の創案者個人がその権利を保有し利益を得る仕組みが存在しなかったために，パジトノフがみずからの創作物から金銭的な見返りを得たのは，ソ連崩壊後の 1996 年になってようやくのことであった．アメリカで出版されたパジトノフの評伝から浮かび上がるのは，世界で最も有名なソ連製品の開発者でありながらソ連の官僚機構の硬直性に苦しんだ純朴なクリエイターとしての彼である．一方ロシアにはパジトノフを，開発当時の協力者を顧みず，西側の企業と手を組んだ抜け目ない人物と見なす意見も存在し，実際，16 歳という若さで科学アカデミーに出入りし，初期の PC 版に制作協力者としてクレジットされたこともあるワジム・ゲラシモフは，まったく報酬を受け取っていないと述べる．事の真相は定かでないが，東西冷戦による分断の構図が，この伝説的ゲームの作者の人生を翻弄し続けたことは間違いない．

　もっとも，抽象美の極みともいうべき傑作ゲームがプレイヤーにそうした歴史的背景を垣間見せることはなく，ゲームボーイ版 BGM のロシア民謡《コロベイニキ》の響きだけがかろうじて，ゲームの生まれ故郷の方角を告げている．　　　　　　　　　[笹山 啓]

コンピュータ・サイエンス

　初期のコンピュータ開発者の一人であるボリス・マリノフスキーによって，当事者へのインタビューを使った歴史書が 1995 年にキエフで公刊され，さらにその英語版が 2005 年にウェブ公開されてから，ソ連のコンピュータ開発史は，世界的に広く知られるようになった．第 2 次世界大戦中と戦後間もなくはコンピュータ開発にほとんど予算を割いていなかったソ連でも，独自の研究・開発が進んでいたことが現在では，認められている．特にウクライナで 1948〜51 年にかけて，セルゲイ・アレクセーヴィチ・レベジェフのもとで開発された MESM は，大型汎用コンピュータのシリーズの嚆矢となった代表例である．このコンピュータの設計は，ソ連がコンピュータ開発に乗り出してから，幾つかのグループによる競合をくぐり抜け，科学アカデミーに認められてモスクワで本格的実装に入り BESM の製造につながった．このほかにも，イサーク・セミョノヴィチ・ブルークが率いたグループによる小型コンピュータ M-1 は，科学・技術の研究室用を意図して設計された機種であるが，その後のさまざまな軍事用コンピュータの雛形になったことで知られる．ただし，大型汎用コンピュータは 60 年代半ばに政府の方針により，IBM360 互換機製造に路線変更を余儀なくされ，独自性は失われた．また，冷戦期には対共産圏輸出統制委員会の規制により一定の性能以上のコンピュータは西側から輸入できなかったが，MSX と呼ばれる入門用パーソナルコンピュータは輸入されており，初等教育などで活用されていた．
　コンピュータネットワークの観点からは，アメリカの全米防空システムである SAGE に刺激をうけて，軍事的なネットワークが構築され，60 年代初頭に稼働し始めたトランジスタコンピュータのネットワークによる指揮統制システムと，システム A と名付けられた防空システムが稼働していた．またスターリン時代には否定的にとらえられていた，コンピュータ科学に関わる科学思潮であるサイバネティクスが，フルシチョフ時代に肯定的に取り上げられるようになった．こうした事情については，スラヴァ・ゲロヴィチによる研究で詳しく検討されており，特にソ連では計画経済との親和性から，国家規模で経済データを集め，シミュレーションをもとに自動的に将来計画を行うシステムの有効性が議論された．この分野のソ連におけるパイオニアの一人であるヴィクトル・ミハイロヴィチ・グルシュコフは，インターネットの母胎となったことで知られるアメリカの ARPA ネットの稼働を契機に，統一的ネットワーク計画 OGAS を政府に提出した．しかし五カ年計画が策定されるたびに，計画が再検討されたが，長らく検討されている間に，実際には多数の互換性のないネットワークが実装されていき，結局国家的な統一ネットワークは実装には至らなかった．

[喜多千草]

16. ロシアと世界

　ロシアと世界との関係は，何層もの入れ子構造のようだ．ユーラシア大陸北西部に生まれたロシア国家は，地続きに広がる中で，外界のさまざまな勢力を取り込んできた．モスクワ大公国時代にはヴォルガ沿岸やウラル地方，シベリアに広がり，帝政期には沿バルト地方，フィンランド，ポーランド，コーカサス，中央アジアを編入した．革命で帝国は解体したが，ソ連として復活し，モンゴルや東欧を支配圏に入れた．20世紀の終わりにソ連はふたたび解体したが，現在のロシアにとって旧ソ連諸国は，「近い外国」という特別な相手である．

　入れ子の壁が，内と外を厳密に仕切ってきたとも限らない．ロシアは外国嫌いであるといわれるけれど，外からの影響はこの国に深く浸透した．モンゴルに支配されたこともあれば，西ヨーロッパの思想からも大きな衝撃を受けた．ユダヤ人のように，国境を越えたつながりをもつ人々も多かった．こうしたロシアと世界との重層的な関わりを，本章ではとりあげる．　　　　　　　　　　　［池田嘉郎］

ロシアの謎と魅力

　1939年，第2次世界大戦勃発時にイギリスの政治家ウィンストン・チャーチルは，ロシアは「謎（エニグマ）の中の神秘（ミステリー）に覆われた謎（リドル）だ」と，その謎めいた性格を誇張して表した．それ以来，欧米では「ロシアの謎」という表現はほとんど慣用句のようになってしまった．しかし，ロシアの何がそれほど謎めいて見えるのだろうか？

❋西欧人の見たロシア　19世紀前半に西欧人によって書かれた数々のロシア旅行記の中でも，最も有名なものは，フランス人の作家アストルフ・ド・キュスティーヌ侯爵による『1839年のロシア』（1843）だろう．キュスティーヌは3カ月ほどのロシア滞在と観察の結果，この国についておおよそ強く否定的な評価に至った．その見解を要約すると——ロシアは正教を取り入れたことにより，西洋と切り離されて異質な世界となってしまった．そして，西欧から遅れて西欧文明を模倣することしかできず，過去4世紀の間ヨーロッパとアジアの間で揺れながら，いまだに人間精神の歴史にみずからの文明の成果を刻み付けられない．圧倒的な権力が皇帝一人に集中し，国民は過度に画一化された悲惨な生活を送っている．

　この旅行記は不可解な国ロシアに対する西欧の関心に応えるものとして読者に歓迎され西欧で広く読まれたが，ロシアでは禁書とされた．なお現代ロシアの映画監督アレクサンドル・ソクーロフの『エルミタージュ幻想』（原題「ロシアの方舟」2002）には，キュスティーヌが全体の案内役として登場する．

　キュスティーヌの旅行記と並んで重要なのは，ドイツ人の農政学者アウグスト・フォン・ハクストハウゼンによる『ロシアの内部事情，民衆生活ならびにとりわけロシアの農村制度に関する研究』（全3巻，1847〜53）である．彼はロシア政府の援助を受け，1843〜44年にかけてロシアを旅行し，特に農業制度を詳しく調査した．その結果，西欧には見られないロシア独自の「ミール」と呼ばれる農村共同体を発見し，それが構成員全員に平等に土地利用の権利を与える「健全な有機体」であると高く評価した．この見方は後のロシアで展開する，ミール共同体を基礎とする社会主義を目指す思想につながるものになった．

❋ルネッサンスの有無とロシアの異質性　キュスティーヌとハクストハウゼンはロシア旅行後それぞれまったく異なったロシア観を持つに至ったが，どちらにも共通しているのは，ロシアが西欧とは根本的に異なっているという認識である．ロシアの異質性に関しては，実は当のロシア人たちもはっきり自覚していた．作家のフョードル・ドストエフスキーは「ロシア文学に関する一連の論文」（1861）の冒頭で，西欧人にとってロシアは，中国や日本よりも不可解な国だと主張し，

「ロシアはヨーロッパにとってスフィンクスの謎の一つだ（……）．今では月のほうがロシアよりもよっぽどよくわかっているくらいだ」とまで言っている．

　モスクワやペテルブルグは地理的にはヨーロッパ・ロシアにあるが，なぜロシアがこれほど西欧と異質と見なされる世界になったのか．歴史的には，同じキリスト教でもカトリックではなく正教を受け入れたことと，中世にモンゴルに支配された時期があること（いわゆる「タタールのくびき」）が大きな要因だと考えるのが普通だが，文化の観点から見ると，西欧世界が共通して経験したルネサンスの展開がロシアには及ばなかったという点が決定的に重要である．普通はルネサンスを経てヨーロッパは中世から近代へと変容し，発展したと考えるわけだが，アレクサンドル・ソルジェニーツィンなどは，ルネサンスにこそ現代人類の危機の根源があり，西欧はその結果「合理主義の精神のために神を拒否し，自分を世界の中心に置いてしまった」と西欧を批判する（「ハーバード大学講演」1978）．彼のいささか極端な主張によれば，ロシアはルネサンスとは無縁の，西欧とは違う道を歩んだからこそ，独自の精神文化を保持できたのである．

❈謎のロシアの魂　ロシアの独自の精神文化に関連してしばしば使われる言い方に，「ロシアの魂」というものがある．この表現はニコライ・ゴーゴリやフョードル・ドストエフスキーなどの作品に触発されたロシア人がみずからのアイデンティティを探求するうちに定着したものだが，それが西欧ではやはり「謎めいた」という形容とともにロシアの特徴として認識されることになった．「ロシアの魂」についてしばしばいわれるのは，それが極端から極端に走りやすく，異常なまでに幅が広く，普通だったら両立しないものを同居させる器量の大きさを持っているということだろう．ドストエフスキーの長編『カラマーゾフの兄弟』の三人兄弟の長男ドミートリーは「いや，人間は広い．広すぎるくらいだよ．俺は狭めてやりたいくらいだ」と言っているが，考えてみるとこの作品自体が，「ロシアの魂」の巨大な振幅を描いた作品だったとも要約できるだろう．

　西欧の読者にロシア文学の魅力を発見させ，その流行に火を着けたのは，フランスの元外交官・評論家ウジェーヌ・メルキオール・ド・ヴォギュエによる評論集『ロシア小説』（1886）だった．ここにも「ロシアの魂」が登場し，それこそが衰えつつある西欧の「血の活力」を取り戻させてくれるものだと絶賛されている．ロシアは西欧からは遅れた野蛮な世界だと見られることが多かったが，「野蛮」だからこそ衝撃的な力を持ったのだともいえるだろう．20世紀に入ると，ロシアはまず1913年にバレエ・リュスによる《春の祭典》のパリ初演によって西欧のそれまでの芸術観を根底から揺るがし，17年にロシア革命によって世界を文字通り震撼させた．芸術と政治の両極端でともに革命的な衝撃をもたらしたものの源こそ「ロシアの魂」であり，その魂の巨大な振幅がロシアの測り知れない可能性を生み出す場となっている．

[沼野充義]

ロシアとヨーロッパ

　「ロシアとヨーロッパ」は，ロシアが西欧化に着手した18世紀以来，知識人によって論争されてきたテーマだった．ロシアはまず西欧文明の全面的な受容を，その後西欧の欠陥を修正しながらの受容を目指した．ただし，ヨーロッパを規範とし，その文化を取り入れる姿勢には大きな変化はなく，やがて「古き良きヨーロッパ」の擁護者とまで呼ばれるようになった．19世紀中頃の「スラヴ派」対「西欧派」の論争も，ともにロシアがヨーロッパの一部であることに異論はなく，あくまでも，どのようにヨーロッパ的な発展を目指すのかが議論された．転換点の一つがクリミア戦争におけるヨーロッパの主要勢力との対立であり，論壇においてもヨーロッパへの疑念が深まることになった．

❉『ロシアとヨーロッパ』(1871)　ニコライ・ダニレフスキーによるこの著作は，クリミア戦争に敗北したロシアが再建によってヨーロッパにリベンジを果たそうとする時期に書かれた．ロシア人を中心とするスラヴ人の歴史文化をロマン・ゲルマン人のそれに対峙させ，前者の優位性や将来性を説き，ヨーロッパという普遍的なモデルではなく，ロシアには独自の道があると主張した．すなわち，西欧文化および西欧化ロシアへの批判，具体的には西欧の技術・制度の単なる移植や盲目的な模倣への批判が展開された．本書で表明されたヨーロッパへの敵意の背後には，国際関係におけるロシアとヨーロッパの現実的な対立があったが，とりわけドイツの膨張が脅威であった．ダニレフスキーはスラヴ諸民族をゲルマン主義に対峙するための同盟者とし，汎スラヴ連邦構想を提示した．

❉「ヨーロッパと非ヨーロッパ」　ダニレフスキーは「ロシアとヨーロッパ」という問題を「ロシアかヨーロッパか」というかたちで，両者の狭間のスラヴ諸民族にも投げ掛けた．ユーラシア主義の創始者の一人ニコライ・トルベツコイはこの思想を部分的に継承し，『ヨーロッパと人類』(1920)において，ヨーロッパ文明の優越性とヨーロッパ中心主義への懐疑や批判を展開し，「ヨーロッパ」対「非ヨーロッパ（の全人類）」という対立軸を提示したが，同時に汎スラヴ主義的な考え方もまた，特定の民族の至上主義に陥る危険性を持つという有意義な指摘をしている．ユーラシア主義者が提唱した諸民族の水平的関係に基づく協力というテーゼは，文明の頂点としてのヨーロッパを超克して社会主義を目指したソ連の民族論とも一定の共通性を有していた．トルベツコイはロシア革命後にヨーロッパへ亡命したことで，現地でヨーロッパ至上主義に挑戦し続けた．論文「人種主義について」(1935)，「インドヨーロッパ問題について」(1937)はそれぞれ，人種論，言語論の観点からナチスドイツを批判したものであった．ただし，ヨー

ロッパではない空間としてロシアを位置付けたユーラシア主義は「ヨーロッパ」という概念抜きでは成り立たない思想でもあった.

☀「ヨーロッパ」の分断　第2次世界大戦の東部戦線は,「ロシア対ヨーロッパ」の構図が戦後において再び鮮明化していく契機の一つとなった. かつてダニレフスキーが汎スラヴ連邦構想の同盟者としたドイツとロシアの狭間のスラヴ民族の多くは, この戦争に巻き込まれ, ドイツを打倒したソ連の支配下に置かれた. そして冷戦時代にヨーロッパはアメリカとソ連によって東西に分断され, それぞれの影響圏に入ることになった. この政治的文脈において, ソ連にとっての「ヨーロッパ」は西欧にアメリカを加える「欧米」となった.

　ソ連末期のゴルバチョフ期からソ連崩壊後の90年代半ばにかけて, 再びヨーロッパとしての道が模索されたが, これまでの流れは完全には覆らなかった. かつての敵側のやり方に追従することへの拒否反応, 新生ロシアの再建を欧米から学ぶべきではないという主張が現れ始めた. では, スラヴ派の道はどうか.

　冷戦期にソ連の影響下にあった国々は欧米に接近し, ロシアは「ヨーロッパの周縁」であることを突きつけられた. 旧東欧諸国による**EU／NATO**への加盟や, 旧ソ連諸国による2000年代のカラー革命などは「ロシア離れ」と見なされることもある. つまり, 欧米に対抗するためにロシアがこうした国々をまとめるといった汎スラヴ主義的な考え方は, 現状では矛盾や限界を孕んでいる. そこで, ロシアをヨーロッパとは異質の存在とし, 欧米中心の世界ではなく多極世界を志向するネオ・ユーラシア主義が, 一部の知識人や運動家の間で支持されている. 実際, ロシアは欧米の影響力が及びにくい中国や中東諸国などの非ヨーロッパ世界に対し, 独自の役割を果たそうとしているように見える.

☀「非ヨーロッパ・シフト」　ネオ・ユーラシア主義者の主張は, 厳密には「反ヨーロッパ」ではなく「反大西洋」である. つまりアメリカと結び付いたヨーロッパや自由主義的価値観に反発している.「古き良きヨーロッパ」にロシアを加えた「ユーラシア」の共通の運命は, アメリカの利害によって分断されたと, 彼らは考えている.

　そのネオ・ユーラシア主義者が, ドイツ, チェコ, ハンガリーやバルカン諸国の極右勢力と連携しているという指摘がある. 規範としての「欧米」への反抗という,「ヨーロッパの周縁」の同盟といえようか. 一方で, 時に「アジア・シフト」と評される最近のロシアの国際関係上の動きは, 果たしてヨーロッパとの決別を意味するのだろうか. 規範としてのヨーロッパへの反発というサイクルをロシアが繰り返しているとすれば, これを「非ヨーロッパ・シフト」と見なすこともできよう. ヨーロッパ自体が揺らぎ, 多様化する中で, 今のロシアがヨーロッパの模倣者であるとは言いがたい. とはいえ, ロシアは今後もヨーロッパとの関係の中で自己を規定し続けるだろう.

[斎藤祥平]

ロシアと東洋（学）

　ロシアは西か東か？　ヨーロッパから見ればキリスト教も文化も西から受け入れた「東の辺境」，アジアから見れば「西の大国」．ウラル山脈を越え広大なシベリアのどちらへ向かっても地続きにアジアに着く．エカチェリンブルグなどウラル山脈沿いの町に「ヨーロッパとアジアの境界」というオベリスクがある．1880年代にEuroとAsiaを合わせた概念としてユーラシアという言葉が生まれるとトムスクなどの都市が「ユーラシア大陸の真ん中」を名乗ったが，シベリアにはまだ「シベリアの真ん中」「アジアの真ん中」もあり，ロシアのアイデンティティのぶれは顕在している．ロシアの「東洋」への想いは単純ではない．

図1　アジアとヨーロッパの境界

❋西洋の対極―ユートピアとしての東洋　17世紀末にロシア人がようやくオホーツク海に到達するまで東は「地の果て」であったが，1世紀以上にわたりコサックによる探検隊が幾度も派遣され，シベリア庁には断片的ながら地図や記録が蓄積されていった．また中世オランダの地図学者ゲラルドゥス・メルカトールの『アトラス』(1569) の一部は皇帝ミハイルの勅命によって露訳されたが，そこに日本についての記事も含まれていた．大陸の果てに立ったロシア人たちは，この海原の向こう側に日本がある，と改めて思いを馳せたに違いない．

　1653年モスクワ総主教ニコンが典礼改革を行い，旧来の慣行の一部が変更されると，改革前の古い信仰を護ろうとする「因循」な旧教徒は，近代化の妨げとして迫害の対象となり，帝国周辺に散らばった（☞項目「古儀式派とセクト」）．その一部が日本を目指したが，その際「ありとあらゆる大地の実りもある．ブドウやコメも育つ［…］金と銀が無限にあり，宝石や高価な真珠もきわめて多い．彼ら日本人は自国に何びとも入れず，どことも戦争を行わない．彼らの国は遠く離れているからである」「南アルタイのブフタルマから中国との国境を越え，さらに中国の彼方の海域に，ロシアから逃亡した旧教徒のロシア人が今なお古いしきたりに従って生活している」といった伝承が彼らの支えとなった．

❋東方神秘思想　18世紀以降，ピョートル大帝の西欧化政策により，ロシアはヨーロッパの一員になることを目指して短期間に生まれ変わったが，その一方で多くの内外の矛盾に苦しむこととなった．「ロシアは東か西か」という問いかけが，精神的「根」を失ってしまったと感じたロシア知識人によって絶えず再提起されることになった．フョードル・ドストエフスキーの時代に作家自身も含め

た「スラヴ派」対「西欧派」の激しい論争があったことは知られる（☞項目「ロシアとヨーロッパ」）．ウラジーミル・ソロヴィヨフ，ドストエフスキーの東方神秘思想を引き継いだニコライ・ベルジャーエフが唱えたロシアの召命「ロシアは西と東の間に存在し二つの世界，二つの異なった方向，二つの信仰を統一する」は熱心に継承され，その際西欧の人間中心主義，論理性に対して正教ロシアの神の絶対，神秘と奇跡が強調される傾向が強かった．

✸スキタイ人主義　ロシアは，13世紀から15世紀末までモンゴル（タタール）の支配下にあり，混血も進み，文化的にもみずからの中に多くの非西欧の要素を感じていた．その後版図を拡げアジア，コーカサスを含む多民族の帝国となったロシアにおいて，近代の強烈な西洋化路線の反動として（西欧に対するロシアの）文化の独自性を主張しようとする動きが起こるとき，それは自国の中の東洋性を打ち出すことに傾き，現れとしてオリエンタリズムに似た．音楽における「国民楽派」のモチーフは中央アジアやコーカサス，アラビアであると指摘される．文学におけるコーカサステーマも顕著であった．そんななかでロシア帝国（ソヴィエト連邦）全体の国民的祖先をどこに求めたか？　革命直後の1918年にアレクサンドル・ブロークは「スキタイ人」という詩を書き，「モンゴルとヨーロッパの間に挟まり楯を持って防戦一方の虐げられた民族」だったロシア人が立ち上がることを呼び掛けた．

「汝らは幾百万．われらは無数，無数，無数．／干戈をわれらと交えよ！／そう，われらはスキタイ人だ！　われらはアジアの民だ！／細く切れ上がった獰猛な目の！」

このスキタイ主義は1991年のソ連崩壊以降再び注目を集めている．

✸東洋学　東洋学という学問は，名称自体に「東洋とはどこを指すのか」という問い掛けを含んでいる．西欧にとっては，東洋（オリエント）学はみずからのキリスト教文化の根源である古代古典を研究することであり，アラブ，ペルシア，ユダヤ（聖書学としてのヘブライ学）を三本柱としている．それは比較的安定した「過去を学ぶ」領域といえ，後代コロニアリズムと批判されるような眼差しを涵養する傾きさえあった．

しかしロシアでは東洋学はその研究対象も時代とともに変化し，民俗学と文献学を包括する熱い学問であり続けている．1581年イワン雷帝の時代にドン・コサックの頭目エルマークがロシア人として初めてウラルを越えて以来，シベリア征服，極東進出，コーカサス併呑といった，帝国の膨張によって次々と発生する地域研究の必要もあって，東洋学は進展した．

現在，科学アカデミー東洋学研究所は次の研究科をおいている．「アラブ・イスラーム」「中央アジア，コーカサス（カフカス），ウラル・ヴォルガ沿岸」「東南アジア，オーストリア，海洋諸国」「インド」「日本」「イスラエルおよびユダヤ住区」「中国」「朝鮮，モンゴル」．　　　　　　　　　　　　　　　［加藤百合］

ロシアとユダヤ

18世紀末のポーランド分割でロシアは数十万に上るユダヤ教徒を抱えた．20世紀初頭にはおよそ600万という世界最大のユダヤ人がいたロシアだが，現在旧ソ連諸国全体でユダヤ人の数は30万人程度と見積もられている．この100年余りでロシアのユダヤ人は激減した．その理由は，第一に帝政末期とソ連崩壊前後の大量出国であり，第二には，独ソ戦下でのホロコースト（ソ連だけで250万が殺害された）が原因であった．だがこの100年のロシア語・ロシア文化への同化，ユダヤ教離れ，交婚の進展などのために「ロシアのユダヤ人」数の推計は困難である．

図1　ポクロンナヤ丘のモスクワ勝利広場．ホロコーストの犠牲者の記念碑〈諸民族の悲劇〉（ツェレテリ作，1997）［著者撮影，2012］

ロシア・ユダヤ人の歴史にとって大きな転換期となったのは，①1917年のロシア革命，②独ソ戦「大祖国戦争」，そして③91年のソ連の崩壊であった．ロシアとユダヤの関係は時に「運命共同体」であり，時には「敵」となる．

❋**アメリカ・ユダヤ人とロシア**　ユダヤ人は帝政期も現代も，ロシアの右翼からは，自由主義，社会主義，革命運動という大衆とは無縁の「外来」思想をロシアに持ち込む「張本人」と見なされた．帝政末期のユダヤ人が革命運動に身を投じ重要な役割を演じたのは事実だが，ロシアの秘密警察がねつ造し，あらゆる諸悪の根源を「ユダヤの陰謀」とした偽書『シオン長老の議定書』（1905）はロシア革命後，動乱や戦争がユダヤの陰謀であることを示す証拠として世界中に拡散した．

ロシアとユダヤの関係を語る上で重要なのはアメリカのユダヤ人である．日露戦争ではアメリカのユダヤ系銀行家ジェイコブ・シフが対日支援のために多額の戦債を購入したことはよく知られている．1911年にはロシアの反ユダヤ差別に抗議してアメリカのユダヤロビー（アメリカ・ユダヤ人委員会）が両院を動かし，アメリカは米露通商条約破棄を決定した．アメリカ・ユダヤ人のロシアに対するこうした「圧力外交」はロシア革命後になると大きく変化した．アメリカ・ユダヤ人は米ソ国交樹立（1933）より前に，ニューヨークのユダヤ系組織「ジョイント」を通して20年代初頭からソヴィエト政府との密接な関係を維持し，ソ連ユダヤ人の経済的支援のために数百万ドルに及ぶ多額の援助を行った．なかでもクリミア半島で大規模ユダヤ人農業入植を推進するために，「ジョイント」は最

新のアメリカ製トラクターや農業機械を大量導入し，ソ連農業の機械化に大きな役割を演じた．ソ連共産党とユダヤ人ブルジョアとの間の蜜月は37年のヨシフ・スターリンによる大テロルの時代まで続いた．

独ソ戦の時代，ナチスドイツと戦うソ連とユダヤ人の関係は再び改善し，同盟関係へと発展した．45年1月にアウシュヴィッツを解放したのは赤軍であり，ユダヤ人にとってソ連は紛れもなく「解放者」であった．戦後パレスチナ委任統治に失敗し撤退するイギリスに代わって，国連で主役を演じたのはソ連である．ソ連はパレスチナ分割案に賛成し，「ユダヤ人国家」建設に強力な支援を行った．だがロシアとユダヤの友好関係は冷戦の進展と同時に短命に終わった．スターリン晩年の53年にユダヤ人医師によるクレムリン要人暗殺疑惑が捏造された．この「医師団陰謀事件」では，アメリカの「ジョイント」が事件の黒幕とされ，「アメリカ国務省の手先」として名指しで非難された．

図2　トルカチェフ作「救世主」(1945)．画家トルカチェフは赤軍に随行し，1944～45年のマイダネク，アウシュヴィッツ絶滅収容所の解放を描いた．解放者たる赤軍を「救世主」と歓迎する子供たち〔ヤド・ヴァシェム美術館所蔵〕

❊**イスラエルとロシア**　1959年の国勢調査によればソ連のユダヤ人は228万を数えた．ホロコーストを生き残った東欧のユダヤ人の多くが新生イスラエルに移民したのとは対照的に，出国を認めないソ連にはヨーロッパ最多のユダヤ人が残った．戦後ソ連の「ユダヤ人問題」の焦点は出国問題となる．出国運動はソ連におけるユダヤ人の立場を悪化させた．「頭脳流出」防止を理由に，ユダヤ人に対して高等教育入学制限が行われ，研究機関や機密を要する職業からも排除された．戦後長期に及んだユダヤ人の出国運動は，「裏切り者」「愛国心の欠如」というユダヤ・イメージをロシアで強めることになった．出国問題は冷戦下の東西両陣営の懸案となり，ソ連における人権抑圧として国際問題へと発展した．

冷戦の終結とソ連崩壊により出国が自由化すると，旧ソ連諸国の社会不安や経済状況の悪化に影響され，イスラエルには100万を越える「ロシア語話者のユダヤ人（RSJ，旧ソ連出身のユダヤ人）」が殺到した．イスラエル総人口約800万のうちRSJは130万（16％）を占め，ロシア語・ロシア文化への強い愛着がその特徴である．ロシア・ユダヤ人は現代イスラエルの政治，経済，社会に大きな影響を及ぼしている．ロシア・イスラエル関係は複雑な中東情勢の中で緊張を孕みながらも改善し，ホロコースト「アウシュヴィッツ」はロシアとイスラエルが共有する歴史認識となりつつある．

〔高尾千津子〕

ロシアと旧帝国周辺民族①中央アジア

　中央アジア北部方面からロシアへの遊牧諸勢力の進出や，中央アジア南部の諸都市とロシアの交易といった面では，中央アジアとロシアの関係は古くから存在するが，ロシアが中央アジアに深く関与し始めるのは，カザフのアブルハイル・ハンが1731年にロシア皇帝に臣従してからである．臣従といっても当初はごく緩やかな関係だったが，19世紀に入るとロシアはカザフ草原統治を確立させていき，1860年代には中央アジア南部（トルキスタン）の主要部分を征服するに至った．

図1　1934年に創立され現在も活動する，クルマンガズ記念カザフ国立アカデミー民俗楽器オーケストラ［kurmangazy.com］

❋ロシア帝国期の中央アジアとロシア文化　19世紀ロシア文学においてコーカサス（カフカス）が好んで描かれたのに比べると，中央アジアの取り上げられ方は小さかった．アレクサンドル・プーシキンの小説『大尉の娘』(1836)にカザフ草原がかすかに描き込まれた程度である．ただしトルキスタン征服の際にはワシーリー・ヴェレシチャーギン（後に日露戦争で死亡）が，戦闘場面や中央アジアの風俗を赤裸々に描いた絵で人気を博した．ロシア軍に守られるキャラバンを主題としたアレクサンドル・ボロディンの交響詩「中央アジアの草原にて」(1880)も有名である．

　他方，中央アジアへのロシア文化の影響は19世紀半ば以降徐々に強まっていった．ロシア軍人で民族学者・地理学者のカザフ人ショカン・ワリハノフは，オムスクに流刑されていた小説家フョードル・ドストエフスキーと1854年に知り合い，親交を結んだ．口承文芸を基盤とするカザフ文学が近代文学として確立するにあたっても，詩人アバイ・クナンバエフがプーシキンやミハイル・レールモントフの詩をカザフ語に抄訳・意訳するなど，ロシア文学の影響をさまざまなかたちで受けた．

　20世紀初頭には，社会の近代化を目指す知識人が中央アジア各地に現れ，ロシア人やタタール人などから取り入れた文学・芸術の諸様式を用いて，改革・啓蒙思想を宣伝した．トルキスタンのジャディード（イスラーム改革派）知識人たちは，文字の読めない人々に対しても効果の大きい演劇に特に熱心だった．

❋ソヴィエト的民族文化の発展　ソ連時代には教育の普及と識字率向上に伴い，ロシア文化の影響が大衆にも及んでいった．同時に，ロシア・西欧文化をモデルとし社会主義イデオロギーと適合させながら，諸民族文化の発展と定型化が図ら

れた．各民族語で小説が量産されたほか，民族楽器が大規模な合奏に適するよう
ロシアの楽器に似せて改変され，民族音楽オーケストラが創設されたり，民族的
なモチーフによるオペラやバレエが創作されたりした．1930年代後半には，こう
したソヴィエト的民族文化を披露する芸術旬間（デカーダ）もモスクワで相次い
で開かれた．第2次世界大戦中，ソ連中央部から文化・学術機関が中央アジアに
疎開したことも，地元の文化人に刺激を与えた．カザフスタンのアルマトゥに疎
開したソ連の二大撮影所，モスフィルムとレンフィルムはその代表例であり，セ
ルゲイ・エイゼンシュテインの「イワン雷帝」(1944) はここで撮影された．

　中央アジアを題材としたソ連時代のロシア芸術作品としては，荒涼とした砂漠
に生きる人間の悲しみと幸せを描いたアンドレイ・プラトーノフの小説『粘土砂
漠』(1934) と『ジャン』(1935年執筆)，中央アジアの伝統的・後進的な生活と鉄
道建設がもたらす新生活を対比させた映画「トルクシブ」(1929)，ロシア革命後
に反ソ勢力と戦うロシア人兵士を主人公にしたソ連版西部劇「砂漠の白い太陽」
(1969) などがある．今日の眼から見ればオリエンタリズム的偏見と思える要素も
少なくないが，「砂漠の白い太陽」のような娯楽映画は現地でも好んで観られた．

　美術の世界では，中央アジアに移住したロシア人画家も現地人の画家も，中央
アジアの風景や人を描いた．多くは社会主義リアリズム的な絵画だったが，一部
では，規制が比較的緩い状況を利用し，ソ連中央で30年代以降抑圧されていた
ロシア・アヴァンギャルドを引き継ぐ作風の創作をする者もいた．ウズベキスタ
ン西部で暮らしたロシア人画家イーゴリ・サヴィツキーは，そうした作品に加え
ロシア・アヴァンギャルドそのものの名作も多数収集し，彼がヌクスに創設した
サヴィツキー美術館は，アヴァンギャルドの一大コレクションで知られている．

　ソ連時代後半には，中央アジアの文学者の作品がロシア語に訳されたり，彼ら
自身がロシア語で創作したりすることが増え，ロシア語の文学という意味でのロ
シア文学の一部になった．最も有名な例は，日本語にも多く訳されているクルグ
ズ（キルギス）人の小説家チュングズ（チンギス）・アイトマートフである．

❋ソ連解体後の展開　1991年の中央アジア諸国独立以降，各国政府が民族語・民
族文化を重視し，ロシア人のロシアへの再移住が進み，ロシア以外の諸外国との
交流も発展する中で，ロシア文化の影響はソ連時代ほど圧倒的ではなくなってい
る．それでもロシア語は民族間の共通語であり続け，ロシアのテレビ番組や流行
歌の人気は高い．タシケントのイルホム劇場のように，ロシアの前衛芸術の飛び
地のような拠点も存在する．また2000年代以降，ウズベキスタン，タジキスタン，
キルギスから多くの労働移民（出稼ぎ）がロシアに行っているため，地方出身者
にとってのロシア語の必要性はかえって増している．労働移民がロシアでの生活
を詩に詠むなど，ロシアと中央アジアの文化交流は新たな展開を見せている．

[宇山智彦]

ロシアと旧帝国周辺民族②コーカサス

　コーカサス（ロシア語でカフカス）とは，西アジアとヨーロッパを分けるコーカサス山脈を中心とした地帯をさす．現在，ロシア連邦の最南部，スタヴロポリ地方以南の諸共和国，およびソ連から独立したグルジア（ジョージア．原語ではサカルトヴェロ），アルメニア（原語ではハイアスタン），アゼルバイジャンをまとめて呼ぶときに使われる．平原の民であるロシア人，ミハイル・レールモントフやレフ・トルストイなどはこの峻険な山並みに魅せられ，この地を舞台にした作品を著した．元来，この地域は地中海やイランの文明の色彩が濃かったが，19世紀以降ロシアや西欧の文化的影響を受け，独自の景観を呈している．

❀諸民族の山　コーカサスはまさに宗教のモザイクだ．キリスト教では正教や非正教系の東方教会（アルメニア使徒教会など）に加え，正教の異端とされるモロカン教徒，キリスト教やイスラーム教などが習合した宗教を信じるヤズィーディー教徒などの宗教的少数派がいる．イスラーム教ではアゼルバイジャンではシーア派，コーカサス山脈北側はスンナ派が多数派だが，宗派を超え，回旋舞踊や聖者崇拝といった特徴的な宗教実践を伴うイスラーム神秘主義の伝統が強い．

　言語も同様で，近隣地域に広がる印欧語族やテュルク語族の言語に加え，グルジア語やチェチェン語，アディゲ語など，近隣のどの有力語族にも属さないコーカサス諸語まである．山がちな地形を反映して方言差も大きく，バルカン半島並みに複雑な言語世界を成している．ロシアの征服後はロシア語が民族間交流語として普及し始め，ソ連時代に北コーカサスではロシア語の日常語化が進んだ．

❀共通する生活文化　宗教や言語は多様でも，この地域に共通する生活文化はある．西洋のパンも今は普通に見掛けるが，伝統的な平べったいナン系統のパンも健在だ．遊牧文化の影響でチーズやヨーグルトなど乳製品の種類が多く，金串で具材を刺したバーベキュー（シャシリク）は，コーカサスの諸民族のもてなし文化の象徴となっている．男性の礼服として知られる，いわゆるチェルケスカは，各民族間で意匠の違いこそあれ，毛皮の帽子，腰紐のついたコート風の形状が基本だ．女性の礼服の特徴であるレースの掛かった被り物は，日本ではとかくイスラーム文化と結び付けられるが，これは宗教に関係なく広く見られる．また，二階建ての民家には，イラン建築の影響でベランダが付いていることが多い．

❀ロシア進出以降の歴史　ロシアがこの地に進出するまで，コーカサス山脈の北側は遊牧騎馬民族が支配する地域だった．13世紀にモンゴル帝国がキプチャク草原を平定した後，その後継国家であるキプチャク・ハン国などの支配を受けた．一方，山脈の南側は地中海に勢力を張る帝国とイラン高原に基盤を置く国家の境

界に位置し，近世ではオスマン朝とサファヴィー朝が覇を競う中，グルジア系諸王朝が両国のバランスの上に辛うじてその命脈を保っていた．1762年にグルジア東部で成立したカルトリ・カヘティ王国は，当時ガージャール朝イランの度重なる遠征に悩まされ，83年にロシア帝国の庇護下に入ったが，1801年にアレクサンドル1世は王国を併合した．ロシア軍はその勢いでイラン領やオスマン領に侵入し，28年までに現在の南コーカサス三国にほぼ等しい領域を獲得した．

　現地のキリスト教徒には，同教の国ロシアに協力的な有力者もいた反面，11年にはグルジア正教会がロシア正教会に併合されたことで，グルジア人の中にはロシアに恨みを抱く者もいたことが，後年のグルジア人の自立志向に遺伝したともいえよう．これに対し，北コーカサスの原住民はキリスト教帝国の軍門に下ることを潔しとせず，激しく抵抗したため，ロシア軍は17年から約半世紀かけてこの地を平定した．その結果，チェルケス人やアブハズ人の多くはオスマン帝国へ亡命し，チェチェン人などは山岳地帯で独自性を保った．

　ロシア革命後の1918年にロシアの内地が内戦に陥る頃，オスマン軍が旧ロシア帝国領南コーカサスに侵攻した．これに応じて，同年5月末にグルジア，アルメニア，アゼルバイジャンは各国の民族主義政党の主導で独立した．だが，ロシア赤軍が19年に，白軍支配地域の北コーカサスを平定し，20年にはアゼルバイジャンとアルメニア，21年にはグルジアを占領し，共産党政権が成立した．ウラジーミル・レーニンは，少数民族の取り込みは革命の推進に不可欠と考え，少数民族文化の育成や現地民族からの共産党の幹部登用を推奨した．これは，19世紀末より民族主義が高まっていたコーカサスで共産党政権を根付かせるには効果があった一方で，22年秋にソ連邦の結成を模索する際に，ヨシフ・スターリンがロシアによる他共和国の吸収合併を提案したのに対し，グルジア共産党が民族共和国との対等合併を主張するといった政争の原因にもなった．

　20年代に北コーカサスも含めて少数民族のための自治領域が入れ子細工のように形成され，民族文化が興隆したが，グルジア領内の自治共和国アブハジアやアゼルバイジャン領内のアルメニア人の自治州ナゴルノ・カラバフなど，後年に禍根を残す境界設定が見られた．30年代後半の国家テロルでは旧民族主義政党系の幹部要員が処刑され，第2次世界大戦中に北コーカサスの諸民族が，対独協力の懲罰として中央アジアに追放されるなど，暴力的な中央集権化が進んだ．ペレストロイカ期になると，従来の民族政策への異議申し立てとして，ナゴルノ・カラバフをアルメニアに帰属替えする運動，アブハジアや南オセチア自治州の自立運動，さらには57年以降に故郷に帰還したチェチェン人と追放後に入植していたロシア人との対立を背景に，チェチェンの独立運動が発生し，91年の連邦崩壊を機に深刻な地域紛争に発展した．現在治安は安定化傾向にあるものの，和平交渉の遅れは，南コーカサス地域の域内協力の足かせとなっている．　　　　［吉村貴之］

ルーシの歴史とウクライナ

❀ビザンツ時代　8世紀，イスラーム勢力の伸張により，欧州キリスト教勢力は地中海の制海権を失った．その東方では，ドニエプル川，ネマン川などをつなぐことにより，ビザンツ帝国とバルト・スカンジナビア地方を結ぶ交易路が成立した．この交易路上に生まれた公国を緩やかに束ねるかたちで成立したのがキエフ・ルーシである．キエフ・ルーシはキリスト教を受け入れて，ビザンツ共同体の一員となった．コンスタンチノープル（現イスタンブル）の世界総主教座はキエフに府主教を派遣した．公国の連合体であったルーシにあって，キエフ府主教座は，ルーシ全体を覆う唯一の行政組織となった．後にモンゴル帝国が，ビザンツ帝国など容易に征服できたのにそれをあえてしなかったのは，世界総主教座に，草原の道の西部要衝であるルーシをコントロールさせるためだった．

モンゴル侵攻後のルーシの発展経路は東西に分かれた．14世紀，世界総主教座は，ルーシの教会をキエフ府主教座とマロルーシ府主教座に分けた．前者は，荒廃したキエフを嫌って北東のウラジーミルに，やがてモスクワへと拠点を移した．後者は，ガリツィヤ・ヴォルィニ公国を管轄した．ここで初めて出現した「マロルーシ」という呼称は「ルーシの中核部」を，他方，「ヴェリコルーシ（大ルーシ）」は「ルーシの辺境」を意味していた．これは，ヘレニズム世界を大ヘラス，ギリシアを小ヘラスと呼び，クラコフ周辺を Lesser Poland と呼ぶのと同じである．15世紀に入ると，世界総主教座は，ローマ・カトリック教会と合同することで十字軍を再開させ，オスマン帝国から救ってもらおうと画策した．モスクワ大公国およびキエフ府主教座は，この合同運動に反発し，世界総主教座から追ん出してしまった．約140年経って，ボリス・ゴドゥノフの治下で世界総主教座とルーシの正教会の関係は正常化されたが，その際，ゴドゥノフは，モスクワ総主教座の独立を古代総主教たちに認めさせた．つまり，ルーシの教会の中心が名実ともにキエフからモスクワに移ったのである．

❀ポーランド時代　ガリツィヤ・ヴォルィニ公国は，南下してくるポーランドとリトアニア大公国に分割された．ヴォルィニを取ったリトアニア大公国はさらに南下し，こんにちのウクライナをほぼ併呑した．こうして，西ルーシの伝統は，今やリトアニア人とルーシ人の連合国家となったリトアニア大公国に引き継がれた．ところが，イワン雷帝とのリヴォニア戦争で疲弊したリトアニアは，1569年のルブリン合同によってポーランドにウクライナを譲ってしまう．折からのカトリック反宗教改革と相まって，西ルーシの支配階級のポーランド化，ラテン化，カトリック化が進み，カトリックにいきなり移行するのが難しい庶民に対しては

合同教会が強制された．これに対する反感から，17世紀半ば，ボフダン・フメリニツキーの指導下でコサック反乱が起こった．その状況は，ニコライ・ゴーゴリの『タラス・ブーリバ』(1962年にアメリカで，2009年にロシアで映画化) に形象化されている．この小説では，コサック青年がポーランド人の恋人のためにポーランド側に寝返り，それに怒った父ブーリバは息子を殺してしまう．通常，恋人のために祖国を裏切る男性はいないし，祖国を裏切ったからといって息子を殺す父親はいないから，一見シュールなストーリーである．これは，ポーランド人（優位）とウクライナ人（劣位）の間の特殊な感情を知らなければ理解できない．なお，ポーランドのノーベル賞作家であるヘンリク・シェンケヴィチの『火と剣とをもって』(1999年にポーランドで映画化) も同反乱を描いている．

　フメリニツキー反乱の結果，ウクライナ東部はモスクワ大公国の支配下に入った．このときポーランドに残った西部（右岸ウクライナ）がロシアに移るのはエカチェリーナ大帝下のポーランド分割の結果なので，約130年の差がある．ここから「親露的な東部，親欧米的な西部」などといわれるが，実際には，ソ連解体時に東部と右岸ウクライナの間に政治意識の差はあまりなかった．突出していたのは，かつてハプスブルク帝国とポーランドの支配下にあったガリツィヤ（ハリチナ）であった．ガリツィヤが反露的なのは，独ソの談合で実施されたソ連への併合が残虐な抑圧を伴ったからである．エカチェリーナ時代にロシアが南進すると，ウクライナでコサックという屯田兵制度を維持する必要もなくなったので，コサック自治は廃止された．その代償か，19世紀前半，ヴィクトル・コチュベイらのマロルーシ系高級官僚がロシア政府内で活躍した．

❋ロシア時代　19世紀後半，ウクライナでもさまざまな民族プロジェクトが生まれた．当初は，大ルーシ人，マロルーシ人，ベラルーシ人は同じ民族の3支族であり，結束してポーランド人やユダヤ人と闘うべきとする汎ルーシ主義が優勢だった．この主張は，ポーランド支配の残滓が色濃い右岸ウクライナで特に支持された．次第に，ウクライナ人を独自民族とするウクライナ主義も伸張したが，これが汎ルーシ主義に民主的な選挙などで勝ったわけではない．ウクライナ・ソヴィエト社会主義共和国が生まれたのは，革命という特殊状況下で多くの左派活動家がウクライナ主義を支持し，ボリシェヴィキがこれを取り入れたからである．

　昨今のウクライナ動乱の中で，ウクライナから分離してロシアと合同しようとする人々が，自分たちの主張を「ノヴォ（新）ロシア主義」と定義したが，これは歴史地理的にはおかしい．前述の通り，汎ルーシ主義は，帝政期には右岸ウクライナを拠点としており，当時の新ロシア（南ウクライナ）は，むしろルーム（オスマン系）ギリシア人など非スラヴ系住民の多さに特徴付けられた．また，ポーランド分割後もユダヤ人は旧ポーランド領に封じ込められたが，新ロシアだけは，急速な経済発展の必要から，ユダヤ人の居住が許される地域となった．　　　[松里公孝]

ロシアとスラヴ諸国

❋スラヴ諸国とは　スラヴ系住民を主要民族として形成される国々をスラヴ諸国と呼ぶことができる．具体的には，ロシアと直接国境を接するウクライナとベラルーシ，またロシア領カリーニングラードを介してロシアと接するポーランド，中欧のチェコ，スロヴァキア，そしてバルカン半島のブルガリアおよび旧ユーゴスラヴィア構成国のセルビア，クロアチア，ボスニア，モンテネグロ，マケドニア，スロヴェニアがそれらにあたる．

ロシアとスラヴ諸国の関係は，一方で言語的近似性，文化・宗教的結び付き，他方で領土的接触に起因する対立や，近代以降の政治イデオロギー支配といったさまざまな要素の組合せによって構築され，錯綜した様相を示す．過去においても現在も，ロシアと比較的親密な関係を持つ国がある一方で，明示的に対立する国もあり，ロシアとスラヴ諸国の間の相互認識のあり方は多様である．

❋言語的近似性と汎スラヴ主義　ロシアとスラヴ諸国を結び付ける要素の中で最も原初的なのは，言語的近似性である．ロシア語も含めてスラヴ語派に属する諸言語をまとめてスラヴ語と称すると，それらの祖先にあたるスラヴ祖語の時代が紀元後数世紀まで続いたことから，現在でもスラヴ語間には明確な類似性が認められる．この起源的同一性に由来する言語上の近さは，話者たちの間にスラヴ民族という共通意識を生み出し，これは19世紀のスラヴ民族主義興隆期に至って「汎スラヴ主義」と呼ばれる運動に発展した．この潮流の中ではスラヴ民族の文化的，また政治的連帯が謳われたが，実際に主張された「スラヴの連帯」は，反ドイツ・オーストリアなど非スラヴ民族への対抗を表明するという点でわずかに共通するとはいえ，発言者の立場によってまったく異なる内容のものだった．チェコやスロヴァキアなどの知識人の提唱する汎スラヴ主義は，オーストリア帝国内のスラヴ人の連帯を目指しており，そこには反ロシア姿勢さえ含まれていたが，ロシアの主張するそれは，ロシア主導で西欧に対抗しようというものだった．

❋東方教会圏という要素　東方正教会文化もまた，歴史的に，ロシアとスラヴ諸国との関係構築に関与する要素であった．ロシアの正教文化は，キエフ・ルーシ時代の10世紀末にビザンツ帝国から公式にキリスト教を受容したことに始まり，以後，ロシア革命までの900年余り，ロシアの精神文化の核となった．同じくキエフ・ルーシ時代のキリスト教受容をその正教文化のルーツとするウクライナやベラルーシ，またロシアに先立って東方正教を国教としたブルガリアやセルビアは，この点でロシアと同じ文化を共有する．そして実際，南スラヴ域の正教諸国は，後々もロシアと親密な関係を築いた．初期教会文献の多くは，ビザンツから

まずブルガリアに入りそこでスラヴ語に訳され，東方教会圏各国にもたらされた．ロシアではこの時代の文語伝統が，後のロシア文語の発展に大きく寄与することになる．この文化的つながりは，近代に至っては，ロシアのバルカン半島進出の契機となり，アドリア海への出口となる小国モンテネグロには財政的支援をももたらした．また20世紀末から起きたユーゴ戦争では，セルビアに対する連帯表明として政治化するなど，ロシアにとって西欧との対抗姿勢を示すためのカードにもなった．

❋ロシアとの対立　同じように東方正教文化から始まり，その後もロシアと直接的に関わってきたベラルーシとウクライナの対ロシア姿勢は対照的である．ベラルーシがロシア帝国時代からソ連時代，またソ連解体以後現在に至るまで，政治・経済・文化のさまざまな領域で従ロシア的であるのに対し，ウクライナはロシアとの関係を複雑化させ，現在では明確に反ロシア的政策をとる．この背後には，ソ連崩壊以後に顕在化したウクライナ独自の歴史認識，とりわけ，ロシア帝国時代からソ連時代に至る間に受けたとされる弾圧や被害の記憶があり，さらに21世紀に入って強まったウクライナの西欧志向が対ロシア関係の複雑化に拍車をかけた．2013年のユーロマイダンに端を発するウクライナの政治潮流は，その後のクリミア問題やウクライナ東部紛争に連なり，ロシアとウクライナの関係の今後は不透明である．

　しかしながら，ロシアとの関係が最も対立的なのは間違いなくポーランドであろう．国家の始まりを10世紀のピアスト朝におくポーランドの歴史記述では，ロシアはポーランドにとって，建国当初から敵対する隣人であった．中世におけるキエフ・ルーシの弱体化はポーランドの拡張に利するが，しかしロシア帝国台頭後は領域的拡張をめぐって対立する関係となり，18世紀からのポーランド分割では，ロシアはポーランド人にとって国土を奪う敵であった．二つの大戦を含む20世紀も，ポーランドの反ロシア感情を増幅させ，東欧民主化以後ポーランドは西欧寄りの姿勢を示し，ロシアへの警戒心を隠していない．

❋現代のスラヴ諸国　スラヴ諸国はいずれも20世紀後半において社会主義体制下にあり，東欧共産圏を構成したという点で，ロシアと歴史を共有する．ユーゴスラヴィアのみは，ヨシップ・ティトーとヨシフ・スターリンが決裂したことから，ソ連型社会主義とは一線を画した政策をとったとはいえ，旧ユーゴ諸国もまた，共産主義イデオロギーの支配など，東欧社会主義体制下のスラヴ諸国と類似した体験を持った．第2次世界大戦前には，スラヴ諸国の少なからぬ知識人や活動家が，ロシアに趣きコミンテルンに参加するなど，共産主義を信奉したのも事実である．しかしこの歴史は，1968年のチェコ民主化弾圧など，スラヴ諸国にとってネガティヴな記憶を残して終焉し，現在はほぼすべてのスラヴ諸国が，欧米諸国との安全保障上また経済上の結び付きを志向する状況に至っている．　[三谷恵子]

亡 命

　主に政治的理由から故国を離れ，他国に暮らす「亡命」は，17世紀イギリスの名誉革命，18世紀のフランス革命あたりから広まったとされるが，ロシアにおいては，19世紀から帝政に反対する左翼知識人や，差別・迫害を逃れるユダヤ人の亡命が始まる．しかし，本格的な亡命が始まるのは20世紀，とりわけロシア革命以降であり，それは幾つかの大きな波となって現在まで続いている．

❋「亡命」という語をめぐって　一般に「亡命者」とはみずからの意志で故国を去った人を指し，さまざまな事情から国外に暮らすことになった「難民」とは区別される．しかし，ロシア革命以降の国外移住者を見ると，居住地がロシア（ソ連）ではなくなった人々，戦争捕虜，非帰国者など内実はさまざまであり，本項では「亡命」を広い意味で使っている．なお，近年「ディアスポラ」「在外ロシア」などの語も，「亡命」に代わって用いられ始めている．

❋ 19世紀の政治的亡命者たち　1847年に国外に出て，ロンドンで「自由ロシア出版所」を設立し，新聞『鐘』を創刊したアレクサンドル・ゲルツェン，40年に出国した後，ドイツ，スイスなどを回って政治的活動を行ったアナーキストのミハイル・バクーニンをはじめ，亡命した政治活動家は少なくない．なお，20世紀に入っても，ウラジーミル・レーニンをはじめ多くの革命家が一時的に国外に逃れ，亡命者の境遇を味わっている．

❋ユダヤ人の大量出国　1880年代からウクライナを中心にユダヤ人の大量虐殺（ポグロム）が本格化し，ユダヤ人を差別する法律が制定されると，ユダヤ人の大量出国が始まる．うち約7割がアメリカに移住したとされ，東欧全体からの移民の数は80年からの30年間で300万人に近かったともいわれる．

❋芸術家たちのパリ　20世紀初頭，多くの芸術家たちが絵画，彫刻を学びにパリに出た．後にエコール・ド・パリの中心をなす画家のマルク・シャガール，ハイム・スーチン，彫刻家のオーシプ・ツァトキンらだが，やがて名声を得た彼らはそのまま異国で芸術活動を続ける．なお，少し前に国外に出た画家のワシーリー・カンディンスキーはドイツを中心に活躍した（シャガールとカンディンスキーは，第1次世界大戦から1920年代初めまではロシアに滞在している）．

❋バレエ・リュス　革命前にすでにパリで活躍していた芸術家集団としては，セルゲイ・ディアギレフ率いるバレエ・リュスがよく知られている．ワツラフ・ニジンスキーの驚異的な跳躍，アレクサンドル・ベヌアやレオン・バクストの華麗な舞台美術，イーゴリ・ストラヴィンスキーの独創的な音楽などを売り物に，バレエ・リュスは1909年から20年間にわたってヨーロッパ中を席巻した．

ぼうめい

❋ **革命後の大量亡命** 革命と続く内戦の時期, 100万を超す人々がロシアを離れて, ヨーロッパ, 極東をはじめ世界各地に散らばった. ヨーロッパでは, 1920年代前半には, やがて帰国する人々と亡命者となる人々が共存していたドイツ, 20年代後半から30年代には, 雑誌『現代雑記』や新聞『最新ニュース』が愛読されたフランスが亡命文化の拠点となるが, トマーシュ・マサリク大統領の下で亡命者への援助が積極的に行われたチェコスロヴァキアも, 学術・教育の面で重要な位置を占めていた. またバルカン諸国も多くの亡命者を受け入れ, セルビアのスレムスキ・カルロヴツィには亡命ロシア正教会が置かれていた. 極東ではハルビンをはじめとする中国や日本でも亡命者はさまざまな足跡を残している.

図1 『現代雑記』67号の表紙
(1938年, パリで刊行)

❋ **帰国運動** 一時的だと考えられていた国外居住が一時的でないと実感され始めた1920年代前半から,「道標転換」や「ユーラシア主義」と呼ばれる帰国運動が(一部は本国からの資金援助を受けて)高まりを見せた. しかし, スターリン体制が強まるに従って, 本国と在外ロシアを隔てる壁は堅固になり, 亡命者たちの存在自体がソ連では否定されるようになる. ただ芸術家の小規模な帰国はその後も続き, 30年代にも音楽家セルゲイ・プロコフィエフ, 作家アレクサンドル・クプリーン, イラスト画家イワン・ビリービンらがソ連に帰国している.

❋ **亡命の第二の波** 第2次世界大戦中やその直後に, ソ連に帰国することを拒んだ戦争捕虜が中心となって起きた第二の波の中心地はアメリカであり, ここでは雑誌『新雑記』が1942年に創刊されているほか, 亡命者による「チェーホフ出版社」が本国では出版されない本を積極的に出版していた.

❋ **地下出版と第三の波** 1970年代には緊張緩和(デタント)の影響を受けて, ユダヤ人を中心とする多くの市民の出国が許されるようになる. またこの時期には, 60年代から自作を地下出版(サムイズダート)で流通させていた反体制作家も, みずから進んで, あるいは追放されて国外に出た. これが第三の波で, 作家にはアレクサンドル・ソルジェニーツィンやアンドレイ・シニャフスキー, 音楽家にはチェリストのムスチスラフ・ロストロポーヴィチらがいる.

❋ **第四の波** 1980年代半ばからペレストロイカが始まると, 出国・帰国は大幅に自由になり, 経済的な理由や自分のキャリアの向上のために, 何百万もの人々が国外で長期的に暮らすようになる. 本国との行き来が自由な彼らを「亡命者」と呼ぶことはできないが, ボーダーレスな現代社会を反映するものとして, その存在に注目しないわけにはいかないだろう.

[諫早勇一]

ロシア人と時間

　本来「時間」は，ニュートンの絶対時間やカントの感覚の形式としての時間のように，特定の文化的・経験的内容を捨象した普遍的な形式であるとされる．時間は空間と並んで物質が運動する形式であるというウラジーミル・レーニンの定義は，ソ連時代の公式見解となった．だが人々の時間の感覚は生得的で均質で普遍的なものではなく，属する文化によって異なり，時間の諸形式には文化によって特定の意味が込められることになる．ロシア文化にも独自の時間の感覚・観念があり，この文化特有の世界像を構成する要素として形成・継承されている．

❋循環型時間・不可逆的時間と共同主観的な時間感覚　ロシア文化における時間観は他の文化と同じく，循環・反復型時間と直線的に一方向に進む不可逆的時間とに区別される．循環型時間である時刻，朝昼夕晩，日，週，月，季節などは，キリスト教受容以前の土着信仰や農事暦に由来する民俗行事・宗教儀礼と結び付いている．時刻の特徴は，首都のモスクワ時間（UTC＋3時間）が全連邦規模の交通・通信の標準とされながらも，UTC＋2時間のカリーニングラード時間からUTC＋12時間のカムチャツカ時間まで1時間ずつ時差を持つ11の時間帯に区別され，時間の相対性の感覚が強い点である．不可逆的時間は王朝の系譜やキリスト教の聖書・年代記，そこから派生した歴史学に特有であり，世俗社会では西暦（グレゴリオ暦）を用いるが，ロシア正教会ではロシア（ユリウス）暦など宗派ごとに独自の暦法を用いている．不可逆的時間として，宗教的な創造・摂理・終末の時間，啓蒙主義的進歩観，生物的・社会的進化論，ヘーゲル・マルクス的な発展史観，近代化論などがある．それとともに時間を超越した永遠という観念が重視される．いずれも個人の主観を超えた存在論的時間観である．

　辞典類では，存在論的時間を指す「時間は飛ぶ，時間は思い通りにならない」といった文例と並んで「時間は時に鳥のように飛び，時には芋虫のようにゆっくりと進むけれども，人間にとっては時間が経つことに気がつかない時がよい」といった時間を忘却することを肯定する文例や「人の最も大切なものは生だが，この生そのものをもっと詳しく見るならば最も大切なのは時間だ．なぜなら生は時間，時と分から成り立っているからだ」といった，時間を生の本質と見なす文例がある．ことわざの「時は金なり」「早起きする者に神は恵みを与える」は，定刻通りや先取り的な行為を高く評価する価値観を表すとともに，定刻通りでないことは異常事態であっても必ずしも否定的な含意を持たず「遅くてもやらないよりはまし」のように遅延は無為よりもよいとされる．ロシア語の時を表す「今」「1秒」「1分」「後で」は，しばらく待って欲しいという趣旨でよく用いられるが，

用件を後回しにしたい願望の表れであるという指摘もある．しかし格言「急げば人から笑われる」「ゆっくりと，だが確実に」というように，緩慢さは拙速ではなく丹念だという意味で肯定的な含意を持っている．ソ連時代の小噺には，スイスでは時間感覚は分・秒単位であるがロシアでは「夕方8時頃」のような大雑把な単位だとする紋切り型の理解があった．このような時間観の背景には共同主観的な多元的時間観，つまり同時に複数の行為に焦点を当てることができ，状況次第で予定は変更可能であり，事物はゆっくり進行し，時間は無尽蔵の資源であるという観念があるとされ，そのことが期限設定を控える姿勢やしばしば遅刻・遅延が生じる原因であるという指摘もある．「ロシア的時間は長い」という言い回しのような時間に対する「気前のよい，ゆとりある，鷹揚な」態度は，ロシアの郵便ポストでの「手紙の回収は1日1回で午前9時から午後8時まで」という表記に典型的に示されている．

❊哲学的・形而上学的時間　時間を相対的・多元的なものと見なす傾向を持つロシア文化の中で，哲学者たちは有限の時間の克服，超時間的永遠の探求を主題の一つとしてきた．ウラジーミル・ソロヴィヨフは，時間という形式はそれを意識し始めるところですでに存在しており，時間とは有限な存在としての私たちの内面的・外面的な経験と思考の基本条件である以上，それを経験的に説明したり合理的に定義したりすることは不可能であって，時間を哲学的に定義しようとすれば形而上学的なものにならざるを得ないと指摘した．人間を物質的な有限な時間内の存在であると同時に永遠の精神的存在として神と結び付いていると考える思想の先駆者ピョートル・チャアダーエフは，意志の努力によって人間は空間的・時間的有限性を克服した完成状態，すなわち「日や時や刹那的瞬間に区分けされていない無限の状態，永遠に一つで動きも変化もなく，あらゆる個別の存在者が互いの中に消失している状態」という世界感覚に達することができる能力を持っていると主張した．レフ・トルストイは，人間の肉体的出自とは区別される理性的意識の出自を，時間・空間を超越した理性的存在者との合一に見いだした．ニコライ・ベルジャーエフは，時間を二重にとらえ，時間が創造の産物であるとともに全体性の喪失の結果であり不安と恐怖の源泉であると見なし，過去・現在・将来へと分断された時間を一体的なものとして現在において変容させることを要求し，その際，過去を保持する保守的・伝統的態度ではなく過去を将来と永遠の中に導くような姿勢，客観化された時間を超時間的永遠に従属させる創造的な生き方を要求した．セミョーン・フランクは，人間の経験的な生が永遠の生に従属しているのと同じように，社会の歴史的・時間的な在り方も社会の超時間的な真の本質の派生的形態であると考えた．これらの思想は，人間の生の形式である時間を，客観化・中立化せずに，超時間的な理想的状態を目標にする人間の倫理的行為と結び付けて積極的に意義付けようとする点に特徴がある．　　　　[下里俊行]

世界で活躍するロシア人

　洋菓子のモロゾフの創業者フョードル・モロゾフ，巨人軍のピッチャーだったヴィクトル・スタルヒン，芸術家オノ・ヨーコの叔母でヴァイオリン教師だった小野アンナ，民俗学者のニコライ・ネフスキーや世界的な日本研究者でアメリカの駐日大使エドウィン・O・ライシャワーのハーバード大学時代の恩師でもあるセルゲイ・エリセーエフなど日本文化の周辺にも今も多くのロシア人の痕跡が存在している．

　日本だけでもロシア人の与えた影響を子や孫世代まで見ていくと，大鵬幸喜や大泉晃，ロックバンド THE YELLOW MONKEY のボーカルの吉井和哉までもロシア人の血筋の上に語ることができる．国外でもハリソン・フォードや映画「ウエスト・サイド物語」のナタリー・ウッドもロシア亡命者の子孫である．

　「ロシア人」の定義を語り始めると出生地や言語，民族など一様でない問題が出てくるのでここでは触れないが，分野ではクラシックバレエや音楽，自然科学，最近では情報技術分野でもロシア人の世界的活躍は目覚しく，スポーツにおいても冷戦時代からのスポーツ大国である．

　また2017年8月31日に長者番付で有名な経済誌『フォーブズ』のロシア版は「過去100年間で最も影響力のあるロシア人100名」を発表した．ロックバンド「キノー」のリーダーのヴィクトル・ツォイ，作家のアレクサンドル・ソルジェニーツィンやミハイル・ブルガーコフ，革命家のレフ・トロツキーといった20世紀の歴史上の人物とともに，21名の現代人も入っており，ノーベル物理学賞のジョレス・アルフョーロフ，バレエのミハイル・バリシニコフ，仮想通貨「イーサリアム」の発明者のヴィタリック・ブテリン，テニス選手のマリヤ・シャラポワ，グーグルの共同創業者セルゲイ・ブリン，SNSのVK（フコンタクテ）とテレグラム・メッセンジャー創業者パーヴェル・ドゥーロフ，2010年にポアンカレ予想を解決した後に失踪した数学者グリゴーリー・ペレリマンなどがあげられていた．

　クラシック音楽のワレーリー・ゲルギエフやウラジーミル・アシュケナージ，フィギュアスケートのエヴゲーニー・プルシェンコ，エヴゲニア・メドヴェージェワ，アリーナ・ザギトワや，映画のアレクサンドル・ソクーロフやアンドレイ・ズビャギンツェフといった有名人を輩出するロシアの伝統的に強い分野以外にも，最近ではファッションのゴーシャ・ラブチンスキー（英語読み．正確にはルプチンスキー）やウイルスソフトの開発者ユージン・カスペルスキーは名前がブランド名や商品名でもあるので広く知られている．コンピューターゲーム「テトリス」の開発者のアレクセイ・パジトノフもその作品は世界的に知られている（☞コラム「テトリス」）．

　アニメーターのユーリー・ノルシュテインは度々日本も訪れ，その作品とともに広く知られている．若い世代ではイラストレーターのイリヤ・クブシノブ（正確にはクフシノフ）は日本で画集も刊行し広く知られている．　　　　　　　　　　　［中野幸男］

17. ロシアと日本

　ロシアと日本の距離は近い．東京や新潟から飛行機で2時間ほど乗れば，もうウラジオストクである．この近さは，近現代の両国の歴史においては，友好を助長するよりは，緊張を高める方に強く作用した．18世紀末以来，通商を求めるロシア船に，日本の統治者や知識人は脅威を覚えた．19世紀半ばに国交を開いたのちも，両国は，東アジア全体を巻き込みながら，日露戦争からシベリア出兵を経て，張鼓峰事件，ノモンハン事件，それに第2次世界大戦末期の日ソ戦争まで，頻繁に武力衝突を起こした．シベリア抑留もその延長線上にあった．

　だが，距離の近さは，友好や協力の機会も両国にもたらした．大黒屋光太夫の漂着と帰還は，最も代表的な事例であろう．また，日本ではロシア文化への憧憬が長く見られたが，今日のロシアでも日本文化への関心は高い．日本とロシアが，距離の近さを活かして実りある関係を築いていく可能性は，今後に開けている．

[池田嘉郎]

ロシアの日本学

ロシアの日本学が本格化したのは，日本の開国によって両国が隣国として互いを強く意識したことによる．ロシア帝国末期の日本学は，明治日本のロシア学と緊密に絡み合い，互いに人材を供給し合いながら急激に進展したが，ロシア革命により冬の時代に入った．革命，「粛清」期，両大戦，冷戦期といった時代に日本を研究していくことは困難かつ危険なことだった．

図1 （前列左から）金田一京助，ネフスキー，柳田國男，（中列左端）折口信夫

❋**日本人教師たち**　1870年ペテルブルグ大学東洋学部において「日本語」授業が開設された時，授業を担当したのは橘耕斎である．彼は，洪庵塾に学んだ元武士で，日露和親条約を締結したエフィーム・プチャーチン提督の帰国に伴い，まだ鎖国中の日本からロシアに密航していた．橘の後は西徳二郎，安藤謙介と在露日本大使館勤務の外交官が日本語を教授し，その後を88年に黒野義文が引き継いだ．西と黒野は72年に神田駿河台に開校された宣教師ニコライの露語学校に学んでおり，73年に東京外国語学校開設とともに移籍した．1期生として外語を卒業した黒野は，7年間同校で教鞭を執り二葉亭四迷らを教えた後，単身シベリアを徒歩で横断してペテルブルグに渡ったのである．

❋**ペテルブルグ大学からの日本留学生たち**　日露戦後，西欧一辺倒だったロシア人の目が一種の尊敬を持って日本に向いた．ペテルブルグ大学東洋学部において，この機に日本へ官費留学生を派遣し，彼らの帰国とともに日本学科を啓こうと粘り強く建議がなされた様子がアーカイブ資料からうかがえる．その結果，仏教哲学（倶舎論）研究のためサンスクリット分科から移籍されたオットン・ローゼンベルグ（滞日1911～17年），続いて帝国大学において日本語，日本文化，日本および中国思想を学ぶためニコライ・コンラッド（同1914～17年），そして神道・民俗学研究のためニコライ・ネフスキー（同1915～29年）が，将来の教授候補として派遣された．また，これに先立ち，ギムナジウム卒業後ベルリン大学で予備教育を受けた後来日し，1908年東京帝国大学文科大学に正規生として入学し4年後（課程は3年）卒業したセルゲイ・エリセーエフ（同1908～12年）もいる．彼は在学中漱石およびその門下生と親しく付き合ったことが知られる．そのほか短期留学生もこの期間幾人も来日し東京の町を着物姿のロシア青年が闊歩した．

機運というのか，ロシアの最高学府が選りすぐりの英才を派遣する巡り合わせとなった日本留学は目覚ましい成果を見せる．16（大正5）年にローゼンベルグは日本で仏教研究者向『仏教研究名辞集』（秀英舎）および7,600字超収録の『五段排列漢字典』（興文社）という二大著作を上梓した．これらにはローゼンベルグが工夫した独自の排列法が応用されており，現在もその学問的価値を失っていない．ネフスキーは，まず祝詞に関心を寄せ，神道が日本人の生活の中でどのようなかたちで生きているか調査しようと志した．そして中山太郎，柳田國男，折口信夫，金田一京助などと知り合い，彼らに兄事しつつともに日本の民俗学研究の基礎を築いた（図1）．創刊された『土俗と伝説』誌には，第1号から日本語で書いた民俗学研究論文を載せている．

❋革命後の動向　1917年の二月革命直前に官費留学生は急遽帰国する（ネフスキーだけは結核のためこのとき帰国しなかった）．帝政が覆る劇的な祖国の変化に立ち会った彼らは，十月（ボリシェヴィキ）革命以後内戦が収まらず，元貴族やインテリ階級に対する締め付けが強まると，生命と学問の危機を感じるようになっていった．ネフスキーの才能に期待し留学に送り出した中国学の碩学ワシーリー・アレクセーエフは，この年の終わりには「石にかじりついても日本を離れないで，滅びの道へ向かっている国に帰ってはいけません」と愛弟子に手紙を送っている．

　エリセーエフは19年に拘束され，釈放後フィンランド経由で亡命，以後ハーバードとソルボンヌで教鞭を執り，二度と帰国しなかった．ローゼンベルグも19年亡命出国を試みる途中で病没．エヴゲーニー・ポリヴァーノフは中央アジアへ追われ同地で38年に「粛清」されて亡くなった．

　29年に帰国し，33年に日本人の妻と一人娘を呼び寄せたネフスキーは，37年に夫婦とも「粛清」されて亡くなったことが現在では明らかになっている．ただ一人無事で日本学の灯をつないだと見られていたコンラッドも，強制収容所に送られ，「粛清」目前で大戦前に召喚されて復職していたことが近年判明した（図2）．

図2　東洋学研究所廊下に貼られていた，粛清された東洋学者の記録［著者撮影］

　日本人との接触やフィールドワークが不可能な時代，コンラッドは記紀や祝詞に始まる日本の古典の翻訳を弟子とともに着実に進め，カリキュラムを整備して，モスクワとペテルブルグ（レニングラード）の両大学で日本学教育を継続した．

❋現在，そして未来　現在，政治経済の研究はモスクワに集中しており，通訳，外交官の育成もモスクワが中心で，東洋学研究所のレニングラード支部は，東洋文献研究所となり，歴史文献の管理研究の比重が高い．　　　　　　［加藤百合］

日露交流史

　ロシアは，日本に最も影響を与え続けた国であった．江戸時代においては，北からの脅威として日本人はロシアを恐れ，ソ連が成立してからは社会主義という異なる体制の，そして実態を知ることのできない国家だった．冷戦時代には最も近くにいる敵国だった．しかし，日露の交流が絶えることはなかった．

❀ロシアとの交流　アダム・ラクスマンが，1792年に根室に来航し，ロシア船が長崎に入港できる可能性が記された「信牌」を得て帰国した．この「信牌」を持ってニコライ・レザノフが，1804年，長崎に来航したものの条約は結ばれなかった．レザノフは，日本の対応に不満を抱き部下のニコライ・フヴォストフらにサハリン島とエトロフ島を攻撃させた．

　なぜ，ロシアは日本との関係を希求したのであろうか．ロシアは日本との通商関係を結ぶことでロシア領アメリカ（アラスカ）・クリル列島・オホーツク海で得た魚や油を日本に輸出し，日本からはこれらの地域の住人のための食糧の確保を目指した．すなわち，日露交流の黎明は，ロシアのロシア領アメリカ（アラスカ）経営と関係していた．

　ワシーリー・ゴロヴニーンらが11年にクナシリ島で日本側に捕縛され，その報復としてロシアは場所請負商人（蝦夷地の漁場経営者）の高田屋嘉兵衛を拘束した．幕府は，この事件後，ロシアとの交流をできるだけ回避するために千島列島のウルップ島を「空島」にしてロシア人も日本人も立ち入らせないようにしようとした．

❀開国とロシア　1853年に来日したエフィーム・プチャーチンは，マシュー・ペリーが締結する条約の内容をロシアにも適応させるように指示されていた．彼の派遣を検討した特別委員会は，ロシアがカムチャツカ半島やロシア領アメリカ（アラスカ）に食糧や物資を輸送するために日本との条約の締結が必要である，と議事録に記しており，この段階にあっても日本との交流の必要性はロシア領アメリカ（アラスカ）経営との関係から生じていた．ロシア領アメリカ（アラスカ）は，67年にアメリカに売却される．

　日本とロシアは，55年にロシア条約（下田条約）を締結した．これにより下田・箱館・長崎の3港が開かれた．プチャーチンはクリミア戦争のなかで，イギリスとフランスからの攻撃を回避しながら条約を締結した．彼が，この時，地震でデイアナ号を失い，戸田村で日本人の船大工たちの支援を得て帆船（ヘダ号）を完成させたのは日露交流の友好的なシーンの一つである．

　ロシアは，58年に領事館を箱館に開設し，初代の領事にヨシフ・ゴシケビッチ

を任命し日露交流の拠点とした．その後，ロシア海軍は60年に北京条約で獲得した沿海州地域に結氷しない港湾がないことから対馬をその補給地として利用しようと考えた．そして，ポサドニック号を派遣して61年2月から6カ月にわたりここを占拠した．この時，日本人の農民がロシアとの紛争で死亡したことは日露交流の悲劇的なシーンであるとともに，明治以後のロシア脅威論を生み出す要因になった．

❋**明治時代と日露交流** 沿海州地域を獲得したロシアは，東方を支配するという意味を持つウラジオストク（図1）を拠点に太平洋地域での活動を活発化させていった．同地は，1871年にはシベリア小艦隊の主要港になった．日本は，同地に瀬脇寿人（手塚律蔵）を初代の貿易事務官として派遣し，ロシア極東における日本人の活動を支えた．貿易事務官が日露交流に果たした役割の中で特に重要だったのは，日露戦後のポーツマス条約で獲得したロシア極東海域での漁業権に基づいて出漁した北洋漁業者たちへの対応だった．また，函館・新潟・長崎など太平洋沿岸地域の人たちはウラジオストクを拠点にロシア極東での商業活動を展開した．ウラジオストクが長期にわたり自由貿易港制度を採用して関税が免除されていたことも日本人を引き寄せる要因になった．

図1　ウラジオストク［著者撮影］

78年にモスクワで設立された義勇艦隊（平時には運送船で戦時には軍艦の役割を担う）がオデッサを起点としてウラジオストク・サハリン島・カムチャツカ半島に兵士・農民・囚人さらに物資を運送した．この義勇艦隊から環太平洋における海運の覇権を奪うために日本政府は，新潟〜ウラジオストクと函館〜コルサコフ（サハリン島）に逓信省の補助航路を96年に設定し，日露交流を促進するとともに環太平洋の物流を掌握しようとした．一方，シベリア鉄道が，イルクーツク〜ハバロフスクを除く区間が97年に，1916年には全面開通するに伴い，日本はウラジオストクをヨーロッパへの玄関としてとらえるようになる．

日露戦争が04年に開戦となり，ポーツマス条約が05年に結ばれ日露関係は新たな局面を迎えた．特に，日本は南樺太を領有し，日露は国境を接するようになった．また，10年の日韓併合以後，日本人と植民地下の朝鮮人がロシア沿海に出漁し，ロシア側から威嚇や拿捕されるようになり，日露交流は厳しい局面を迎える．

❋**ソ連の成立と日露関係** ロシア革命が，1917年に起こると日本は翌年の18年にシベリアに出兵した．日本は，22年にシベリアから25年に北樺太から撤兵する．

日ソ中立条約が，41年に締結されていたが，ソ連は条約に違反して8月に参戦し，千島列島や南樺太に侵攻した．第2次世界大戦後には，シベリアに多くの日本人抑留者を生むことになった．

［麓　慎一］

漂流民

　　海難事故に遭い漂流した人々は生還しないと記録に残らないので実数把握は容易ではない．出帆年1695年から1850年までの間に日露の記録に残った漂流は13件である．海難事故被害者総数は192人になるが，文字を持たない民族の土地に漂着した者などを含めると，実際はもっと多いと思われる．

❀日本の「鎖国」とロシアの東方進出　日本は四方を海に囲まれているので，漂流は昔から多かったが，江戸時代には急増した．その理由は，第一に全国市場の形成による海上輸送の増大，第二に鎖国政策による往時の外洋航海技術の忘却，第三に大波を受けても壊れない和船の堅牢性である．北に流された場合は，カムチャツカ半島や千島列島，アリューシャン列島，北太平洋沖に流された．漂流による日露の接触が断続的に記録され始めたのは，日本における海運事情を反映するだけでなく，文字を持つロシアが領土を拡大してカムチャツカ半島に達し，北太平洋にまで進出したことから，漂流民を発見する機会が増大し，記録に残ったからである．

❀漂流の諸相　記録に残るロシアへの漂流船は商船13件で伝兵衛とサニマに関しては船名が不明である．3件目から出帆地と船名が，薩摩若潮丸，南部多賀丸，伊勢神昌丸，仙台若宮丸，南部慶祥丸，摂津歓喜丸，薩摩永寿丸，尾張督乗丸，越後五社丸，越中長者丸，紀州天寿丸とわかっている．漂着した場合と洋上で救出された場合がある．伝兵衛，サニマ，若潮丸漂流民，歓喜丸漂流民の4件がカムチャツカ半島．多賀丸漂流民，慶祥丸漂流民，永寿丸漂流民の3件が千島列島．神昌丸漂流民，若宮丸漂流民の2件がアリューシャン列島．五社丸漂流民1件がハワイ諸島に漂着している．督乗丸漂流民1件がメキシコ沖でイギリス船に，長者丸漂流民と天寿丸漂流民の2件が北太平洋沖でアメリカ捕鯨船に救出されている．帰還の有無と日露交流に果たした役割に関しては，第一段階の伝兵衛，サニマ，若潮丸漂流民，多賀丸漂流民の4件は帰還できず，日本語教育に従事した．第二段階は5件目の神昌丸漂流民からで，ロシア船により送還されるようになった．そのうち神昌丸漂流民と若宮丸漂流民は対日通商関係樹立交渉の際のカードとして送還された．慶祥丸漂流民1件はニコライ・レザノフの対日交渉決裂により送還中止となり，逃亡し，千島列島を自力で縦断し帰国している．第3段階になると北太平洋に流されても第三国の船に救出され露米会社の船で送還されている．西洋列強が北太平洋に進出したことにより洋上で救出されるようになった．

❀伝兵衛　記録に残るロシアへの最初の漂流民は伝兵衛である．1697年にカムチャツカの征服者ウラジーミル・アトラソフが原住民のもとに住んでいた異邦人

を引き取った．アトラソフの報告ではインド帝国支配下のウザカ国のデンベイが商品輸送中に遭難したと認識されていた．モスクワで再聴取され，大坂から江戸に航行中に漂流した伝兵衛であることが判明した．彼自身の報告は日本人による最初の日本情報であり，黄金伝説を裏付けるかのような情報もあった．ピョートル大帝は彼を謁見し，ロシア語の読み書きを覚え，ロシア人子弟に日本語を教えるように命じた．ロシア人のカムチャツカ征服から日露の断続的な交流が始まり，ロシアでは18世紀初頭に日本語教育が開始された．伝兵衛は日本人最初のロシア正教徒になった．その後3件の漂流が報告されているが，いずれも日本語教師に従事したりロシアの千島探検の水先案内や通訳を務めたりしたが，帰国できた者はいなかった．

❋光太夫　最初にロシアから帰還した漂流民は光太夫である．彼が帰還できたのは類まれなコミュニケーション能力による．1783年，7カ月余の漂流の果てに光太夫一行はアリューシャン列島のアムチトカ島に漂着した．そこはラッコなどの毛皮獣の棲息地で，毛皮商会から派遣された狩猟者たちが原住民を搾取していた．光太夫一行は帰国嘆願のためカムチャ

図1　光太夫一行のアムチトカ島漂着
［『魯西亜国漂舶聞書』1792～1828頃写］

ツカに渡り，東方植民地経営の冬季飢饉対策不備による極限状態に置かれ，仏教徒の肉食禁忌を破り生き延びる．帰国嘆願のためオホーツク，ヤクーツクを経て，シベリア総督府のあるイルクーツクに到着した．そこでは南部多賀丸漂流民の子供が日本語教師をしていた．学者であるキリル・ラクスマンの知己を得て，帰国嘆願書を三度提出するが成功しなかった．光太夫はラクスマンに同行してシベリア大陸を横断しペテルブルグに上京し，エカチェリーナ2世に直談判し，帰国を許可される．首都滞在中はパラスの『欽定全世界言語比較辞典』に訂正を施し，日本の地図を書いた．彼の蔵書はロシア科学アカデミー東洋古籍文献研究所に光太夫文庫として保管され，所持品は人類学・民族学博物館に保存されている．光太夫，磯吉，小市はアダム・ラクスマン第1回遣日使節によって送還され，漂流民送還を名目として対日通商関係樹立交渉を行う漂流民送還外交の先駆けとなった．

❋日露文化交流　漂流民は外交交渉のカードとしてロシアの対日戦略に組み込まれただけでなく，文化交流面で大きな役割を果たした．ロシアでは日本語辞典や日本情報書を著し，キリシタン弾圧に基づく残忍な日本イメージを是正した．日本ではロシア情報を提供し，種痘技術や西洋式造船技術を伝え，ロシア研究，ひいては洋学の発展に寄与した．ロシアイメージは赤蝦夷から西洋文明国に変わり，ピョートル大帝やエカチェリーナ2世への強い関心が芽生えた．［生田美智子］

ニコライと日本における正教会

　ニコライとはロシア正教会の聖人，日本の光照者・亜使徒聖ニコライ（1836〜1912，本名イワン・カサートキン）のことである．亜使徒とは使徒と同等の功績を上げた聖人の称号であるが，彼は日本に正教を伝えたのみならず，聖書や礼拝や祈祷に必要なすべての典礼書を日本語に翻訳し，半世紀ほどの間に3万3000人もの日本人信徒を生み出した功績により，1970年のロシア正教会地方公会において聖人の列に加えられた．

図1　アメリカ正教会の亜使徒聖ニコライのイコン
[pravoslavie.ru]

❋**その生涯と大聖堂建立の偉業**　スモレンスク県のベリョーザ村に輔祭の子として生まれた．幼少期より非凡な才能を発揮し，官費給付生としてペテルブルグ神学大学を卒業するにあたり，掲示板で宗務院が領事館付管轄司祭として日本に派遣する候補者を卒業生から募集していることを知り，日本で自分の運命を神に委ねる決意を固める．1860年6月24日，イワンは剪髪式を受けて修道名ニコライとなり，6月29日には修道輔祭，翌30日（十二使徒祭）に修道司祭への按手を受け，1年後の夏に来日を果たす．ところが，江戸時代よりの禁教令が続いており，外国人の入国が認められる73年まで布教活動に入ることはできなかった．当時のニコライは，領事館やロシア艦隊での礼拝や聖務のほか，日本語と日本文学，さらに仏教を学び，文語と口語に関しては日本人並みの知識を身につけたといわれる．

　しかしある時，領事の継子に剣術を教えていた土佐藩出身の沢辺琢磨がニコライに憎しみを抱いて，殺そうと考え，彼の居室に闖入したことがあった．しかし，ニコライは彼にキリスト教の神について，罪と霊の不死について説き，沢辺がそれに興味を抱いたことから，日本正教の礎はこのニコライの刺客たるサムライの回心を持って始まることとなった．彼はパウェルの名で洗礼を受けたのみならず，同時に友人の医師の酒井をもイオアンの名でキリスト教に改宗させている．

　1868年，ニコライは一時帰国し，日本にロシア宣教団を設立すべく宗務庁に許可を求めた．70年，府主教インノケンチーの勧めによって宗務庁は設立を認め，ニコライをその主管として掌院の位に就けた．72年，ニコライはみずからの協力者として来日した修道司祭アナトーリーを函館に残して，宣教本部を東京の駿河台に移転することを決意する．75年にはカムチャツカより函館に主教パウェル（ポポフ）が来訪し，パウェル澤辺を司祭に，イオアン酒井を輔祭に叙聖した．

78年には，6人の日本人司祭，27人の伝教者，50人の協力者が聖職者名簿に名を連ねている．いよいよ日本人聖職者を叙聖するために，日本教会にも主教の擁立が待望されるようになった．候補者は掌院ニコライをおいてほかになかった．80年3月30日，ペテルブルグのアレクサンドル・ネフスキー大修道院内のトロイツキー聖堂において掌院ニコライの主教への昇叙式が府主教イシドルによって執り行われた．帰国後は84年にロシア人建築家シュルーポフの設計に基づく東京復活大聖堂（ニコライ堂）の建設が起工され，91年に竣工した．その成聖式には19名の日本人司祭に4,000人以上の信徒が集まった．

❋**晩年と日本正教会の発展への願い**　日露戦争（1904～05）は日本の正教会にとっても大いなる試練となった．愛国心の高揚は日本人の間にロシア人への憎悪を生み出したからである．ニコライ主教は霊の子たちに「真のハリスティアニンは真の愛国者でなければならない」と教えていた．そのため，戦争が続く間，彼は日本人に自国の天皇に神が勝利をもたらすよう祈ることを許したが，自分はロシア人であるため，日本の勝利を願う祈祷に参祷しなかった．だが，日本に送られてきた多くのロシア人捕虜を慰安する組織が主教によって組織され，日本人信徒が数多く参加したことは，戦争に対して教会が示し得る唯一の解決方法であった．

ニコライは1910年の日本着任50周年祭に合わせて大主教の位に昇叙された．こうして彼の正教布教活動は日本の天皇からも高い評価を受けて，ロシアのみならず，日本の刊行物でも取り上げられるようになっていった．だが，ニコライはすべての自由時間を聖書や祈祷書などの翻訳に費やしていた．彼は「印刷された言葉こそ宣教団の霊となるべきである」と書くなど，翻訳こそ宣教活動に不可欠な仕事と見なしていた．宣教団の出版活動はニコライによって創設された「翻訳者協会」が担っていたが，「プーシキンやゴーゴリ，レールモントフを知れば，ロシアを好きにならざるを得ない」との理由から，世俗的な作品の翻訳も許した．50周年記念祭の挙行を許したのも，日本という田畑を耕し，開拓するために必要な「鋤（すき）」を新たに生み出す必要性を痛感していたからにほかならない．

ニコライのキリスト教の宣教事業は，カトリックやプロテスタントのような西欧文化一辺倒のものではなく，日露の文化や両民族の相互理解を促進するための架け橋となることを同時に志向していた．「真のキリスト教を受け入れるならば日本は幸福になる．［中略］真のキリストの教えのみが，国家の安定と安寧にとって強固で揺るぎない基盤をつくる」と主教は自著『日本とロシア』の中で書いている．

1912年の2月3日，76年に及ぶ大主教の地上の生活にも福たる最期が訪れた．彼は心臓麻痺を起こして永眠し，東京の谷中墓地に葬られた．何千人もの正教徒と異教徒が彼を見送ったが，墓前には彼が生涯大切にしていた，故郷の象徴でもあるスモレンスクの生神女（しょうしんじょ）のイコンが懸けられた．　　　　［清水俊行］

大津事件

　1891年（明治24年）5月11日（露暦4月29日），訪日中のロシア帝国皇太子ニコライ・アレクセヴィチ・ロマノフが滋賀県大津市で沿道警備にあたっていた滋賀県警察官津田三蔵に襲撃された．襲撃は，警察官サーベルを用いて行われ，ニコライは頭部2箇所を負傷した．受けた傷は，幸いにも軽く，生命に関わるものではなかった．現場で身柄確保された津田三蔵は，全治4週間の重傷であった．この出来事は，日本政府と社会に大きな反響を呼んだ．不平等条約改正を課題とする政府は，事件の国際的影響，ロシアとの関係悪化を怖れたからである．国内に反露の動きがあったので連鎖も懸念された．事件は，国家を揺るがす問題となった．

❋訪日の経緯　ではこの時期に皇位継承者ニコライが日本を訪問した理由は何だったのだろうか．ニコライは，後の皇帝アレクサンドル3世と妻マリヤの長男として1868年に生まれた．興味深いのは，ロマノフ家がヨーロッパの王室ネットワークに組み込まれていた点である．母マリヤはデンマーク王室出身で，姉はイギリスに嫁いだ．したがって後の国王ジョージ5世は，ニコライとは母方の従兄弟となる．またマリヤの兄は，ギリシア国王ゲオルギウス1世となったので，訪日に同行するその次男ゲオルギウスとも従兄弟関係である．さらにニコライの妻となるアレクサンドラの母は，ヴィクトリア女王の娘でアレクサンドラは女王の孫となる．

　こうしたヨーロッパ王室ネットワークの中でニコライは，77〜89年にかけて皇位継承者として経済，政治，国際法，軍事などの帝王教育を受け，その修了に合わせて視察旅行が計画された．これには二つのプランがあり，一つは日本訪問後太平洋を横断し米国に向かうものだったが，皇太子の希望で日本訪問後ウラジオストクからシベリアを横断して首都に戻るプランが選択された．こうして90年秋から翌年8月まで足かけ10カ月の外遊が始められた．同行者は，弟ゲオルギー，ギリシア親王ゲオルギウスで，いずれも20歳そこそこの若者であった．旅程は，ペテルブルグからウィーン，トリエステまで列車を利用し，そこで軍艦アゾフ号他3隻からなる訪問艦隊に移った．寄港地アテネでギリシア親王が加わった後，スエズ運河を通過し，カイロに達してエジプトに1カ月滞在した．その後ボンベイ，セイロンを経て東南アジア諸地域を歴訪し，香港，上海を経て日本に到着した．インドの滞在は2カ月の長期である（ここで弟ゲオルギーは病を得て帰国）．この旅程は，ロシアが大陸で国境を接する地域を海沿いにたどるものであり，かつ寄港地はタイと日本を除けばいずれもヨーロッパ強国が植民地化を進める地域である．そうするとこの旅は，確かにニコライの異国情緒への憧れを満

たすものであるが，それ以上にヨーロッパ諸国が有する植民地視察の意味合いを持っていたとも考えられる．当時ロシアは，帝国内の移住・植民解禁の方針に転換し，シベリア，極東に進出するところであった．シベリア鉄道建設も推進策の一つである．アレクサンドル3世は，「この豊かだが，なおざりにされてきた地方」へのこれまでの政府の無策を嘆いていた．他方で日本ではヨーロッパ諸国のアジアへの関心の強まりに注意が向けられ，ことにロシアを警戒する気分が顕著だった．幾つかの新聞，雑誌は，ニコライ訪日目的は「軍備視察」にあるとの記事を掲載した．津田三蔵は，事件後の取り調べで襲撃の動機を露国皇太子は，「日本国を横領するの野心ある」ものと考えたと述べている．この事件は，したがって日本国内に生まれた反ロシア・ナショナリズムを背景にしていた．

図1　インド滞在中のニコライ．右隣がギリシア親王ゲオルギウス

❋**経過と影響**　事件の一報を受けた明治天皇は，首相松方正義に「暴行者」の迅速な処罰を指示し，これを受けて内相西郷従道は，「外交に関わる事件」を報じる新聞雑誌の事前検閲を命じた．事件の5日前に発足したばかりの松方内閣は，「黒幕会議」とも揶揄されるほど伊藤博文，山県有朋ら首相経験者の影響が強く，犯人を死刑に処すべきとの方針を取った．法的根拠は，天皇，三后，皇太子への危害およびその企てに死刑を規定する刑法に置かれた．これに対して司法は，同規定は日本皇族を対象にしたもので外国人皇族に適用できないと死刑要求を斥けた．こうして行政部と司法部の対立が生じた．この状況で外相青木周蔵は，駐日露大使に死刑を要求して圧力を加えるよう求めた．司法省，検察庁の働きで審理は重大事犯として大審院に移された．公判は，事件後わずか2週間余の5月27日に開かれ，即日結審した．適用されたのは謀殺未遂罪で，津田三蔵は無期懲役となった．大審院は政府の要求を跳ねつけたのである．これを聞いた西郷法相は，「戦争」になると慨嘆したとされる．この後法相は，内相ともども責任を取り辞任した．ニコライは，襲撃後も日本滞在を続ける意向であった．しかし，日本政府から知らせを受けて驚愕した皇帝・皇后の勧めで即刻帰国することとなり，18日にアゾフ艦に赴いた明治天皇と昼食をともにした後ニコライは帰国の途に就いた．ウラジオストクでニコライは，シベリア鉄道起工式に立ち会った後シベリア各地を視察し，8月にペテルブルグに帰着した．ニコライは，出迎えの駐露公使西徳二郎に日本への悪感情はないと述べた．またアレクサンドル3世は，有栖川宮をはじめ日本滞在中にニコライの接遇にあたった人々に勲章を贈って謝意を表した．これにより大津事件をめぐる問題は一件落着となった（保田，2009），といわれる．

[加納 格]

日露戦争

朝鮮半島と中国東北部（満洲）の利害をめぐって，1904〜05年にロシアと日本の間で戦われた戦争．露日両国の間ではこの地域をめぐる利害調整のための交渉が進められたが，交渉は実らず，04年1月26日（西暦2月8日）夜，旅順港に停泊するロシアの艦船に対する日本側の奇襲攻撃で戦端が開かれた．

❋**戦争の過程**　開戦前ロシアの常備軍は100万人を超える大軍であったが，極東について見てみると，日本軍と比較してかなり劣勢にあった（表1）．このため，開戦によって満洲軍総司令官となったアレクセイ・クロパトキンは，兵力の十分な結集を待って攻勢に出るという防衛的な方針をとった．ロシア中央部から遠隔の戦場に軍需物資，兵員を輸送・移送するためには鉄道が重要であったが，シベリア横断鉄道・中東鉄道は単線であった．そのため開戦後に待避線の建設などが急ピッチで推進され，単線としては限界まで輸送力が高められることになったが，戦地に赴く将兵にとって1カ月近くに及ぶ長距離の移動は大きな負担であった．

戦争が始まるとロシアは満洲で日本を迎え撃つ準備に終始したため，朝鮮半島はほとんど抵抗なく日本が占領した．こうして満洲を舞台として露日両軍が戦うことになったが，ロシア側は総じて受身の対応を取り，退却を繰り返した．これは最後の大規模な陸戦となる奉天の会戦（ロシアではムクデンの戦い，1905年2月）においても同様であった．兵力は温存されていたとはいえ，緒戦以来明確な戦勝のないこうした戦い方は国内での不満を呼び，体制批判が強まる一因となった．他方，日本側は奉天の会戦によって戦闘能力は限界に達し，講和の道を探ることになった．

開戦の舞台であった旅順では海から旅順要塞を攻略することが困難と見ると，日本は陸からの攻略に着手した．ロシアは数次の猛攻撃に耐えたが，ついに04年

表1　開戦直前のロシア・日本の戦力［I.I.ロストーノフ著，大江他訳，2009年より作成］

陸軍兵力

ロシア極東軍	兵士	9万4,586人	士官	3,249人
日本軍	兵士	14万2,663人	士官	8,082人

海軍力

	戦艦	装甲巡洋艦	軽巡洋艦	駆逐艦	小型水雷艇	機雷敷設艦	砲艦	合計	総トン数
ロシア太平洋艦隊	7	4	7	27	10	2	6	63	19万トン
日本連合艦隊	6	8	12	27	19	—	8	80	26万トン

12月20日旅順は陥落した．旅順の陥落は，日本側にとって，この要塞攻略に携わっていた兵力を満洲の部隊に振り向けることが可能となったこと，旅順の艦隊とバルト艦隊が合流して連合艦隊に立ち向かう可能性を排除したことによってその後の戦局に影響を及ぼすことになった．

04年10月にリバウ（現ラトヴィアのリエパヤ）から出航した太平洋第2艦隊いわゆるバルト艦隊は，喜望峰回りの長い航海の末，05年5月14日から15日，対馬沖で連合艦隊との戦闘に至った．結果はバルト艦隊がほぼ壊滅するというロシア側の完敗であった．1月以来の不穏な国内情勢（第1次革命）もあって，ついにロシア側も講和交渉につかざるを得なくなった．

❋**ポーツマス講和会議**　アメリカ大統領セオドア・ローズヴェルトの仲介のもと，講和会議はアメリカ合衆国ニューハンプシャ州ポーツマスにおいて，ロシアの全権，セルゲイ・ウィッテおよびロマン・ローゼン駐米大使，日本の全権，小村寿太郎外相および高平小五郎駐米公使によって行われ，8月23日（西暦9月5日）に講和条約が調印された．ロシアは日本の朝鮮における優先的権利を認め，また南満洲のもろもろの利権，樺太の南半分を日本に譲渡したが，賠償金の支払いは回避することに成功した．

図1　絵中の英文「サハリンの半分の割譲」，テーブルの上の紙の字には「償金はゼロ，カラフトは半分」ポーツマスのウィッテと小村［『東京パック』］1905年12月15日］

❋**戦争の影響**　ロシアでは日露戦争以前にすでに専制批判の声が強まっていた．1905年1月9日首都ペテルブルグで「血の日曜日」事件が起こると，ロシア国内は第1次革命と呼ばれることになる混乱状態に陥った．混乱は軍隊にも波及し，ロシアの戦争継続にも影響を及ぼすことになった．戦争終結後に起こった全国政治ゼネストの結果，10月17日皇帝は詔書（いわゆる10月詔書）を出して，市民的自由や立法権を持つ国会の開設を約束するに至った．他方日本では，ポーツマス条約の内容が，戦勝のあかつきには巨額の賠償金を獲得できると信じ込まされていた国内で大きな不満を呼び，日比谷焼打ち事件を引き起こすことになった．

国際的には，日露戦争開戦によって軍事的に韓国を制圧した日本は，韓国の植民地化を押し進め，ついに1910年同国を併合するに至った．日露戦争における日本の勝利は欧米帝国主義に苦しむアジア諸民族に勇気を与えたことは事実だが，この過程で明らかになったのは，日本も植民地を支配する帝国主義列強の一員となったということであった．ヨーロッパにおいては，日露戦争による極東からのロシアの勢力後退とドイツの強硬な世界政策は英露の接近（英露協商）をもたらし，その結果独墺伊の三国同盟と英仏露の三国協商という，第1次世界大戦につながる対抗関係が形成された．

[土屋好古]

シベリア出兵

シベリア出兵は，主にバイカル湖以東のシベリアと，サハリン島北部，カムチャッカ半島沿岸，満洲（中国東北部）などで繰り広げられた，日本軍を中心とする連合国（協商国）による軍事行動を指す．日本の歴史教科書では，1918年に始まり，22年に日本軍がウラジオストクから撤退したことで終了した，とする記述が多い．しかし実際には，後述する尼港事件の補償を求めて，サハリン島北部の占領が25年5月まで続いた．

❀出兵の始まり　日本が出兵したのは，1917年のロシア革命で共産主義国家が成立し，共産主義が東へと浸透してくるのを防ごうとしたからだ，というのは俗説である．より直接的には，翌年3月に，ソヴィエト政府とドイツおよびその同盟国との間で，単独講和条約が結ばれたことが発端である．ロシアが大戦から脱落するのを嫌った英仏などの連合国は，ソヴィエト政府を打倒し，ロシアをドイツと再戦させ，ロシアへ援助した武器弾薬は回収するため，東西からの干渉を計画した．東側，つまり沿海州への出兵を要請されたのが日米である．両国は出兵に消極的だったが，チェコスロヴァキア軍団の救出を名目に，アメリカが姿勢を転換．日本もそれに追随する．こうして日米両国などは，18年8月に出兵宣言を発して，ウラジオストクへ大規模な陸軍部隊を上陸させた．最盛期は7万人を越えた．

派兵を決定したのは寺内正毅内閣である．しかし，長州閥のリーダーで元老の山県有朋の後押しがあって，ようやく実現した．寺内に代わって首相となった原敬は，以前から出兵を批判していた．そこで原は，首相となると，段階的な撤兵を進める．しかし，撤兵を完了できずに，21年11月に暗殺された．結果的に，およそ7年に及んだシベリア出兵のうち，半分は原内閣のもとで過ぎた．原が完全撤兵を決断できなかったのは，参謀本部の抵抗などもあるが，原本人が，ソヴィエト政府や極東共和国と交渉して，撤兵の代償を得ることにこだわったためである．基本的に，原に続く首相達も同じ立場を踏襲した．

❀誤算続きの出兵　シベリア各地に展開した日本軍に対して，ロシア人たちは正面から武器を持って戦うことは避けた．パルチザンと呼ばれた彼らは，夜間に電話線や鉄道といったインフラを破壊するゲリラ戦で，出兵した各国の軍隊を悩ます．これに対し，日本軍は農村まで展開して関係者を摘発した．その結果，パルチザンとのつながりを疑われた農民やその家族が，日本軍に虐殺される事件も起きている．アムール州ロマノフカ村はその代表例である．これに対し，各国の軍隊はシベリア鉄道や都市など，主要地点を守ることに徹し，日本と他の連合国とで足並みはそろわなかった．

シベリアの状況は，1919年までは反革命派に有利だった．特に，コルチャーク
の政権がオムスクに首都を置き，赤軍の展開を阻んでいたことが大きな要因であ
る．しかし，19年夏からコルチャーク軍は連戦連敗で，翌年2月にはコルチャー
クもイルクーツクで銃殺される．この状況を見た英米仏など各国は，シベリアから
撤兵し，東進する赤軍と戦火を交えるのを避けた．しかし原内閣は，逆に追加
派兵を行い，崩壊する各地の反革命政権を支え続けた．赤軍もまた，優勢な日本
軍との直接対決を避けて，イルクーツク以東には積極的に進出しなかった．

こうして訪れた小康状態を利用して，極東共和国が建国される．この共和国は，
バイカル湖以東を領土として宣言した．日本軍とソヴィエト政府の緩衝地帯をつ
くることを目的としていたため，緩衝国家と呼ばれることが多い．極東共和国を
建国した面々には，この国を独立国家として育てていこうと，理想に燃える人々
もいたが，実態はソヴィエト政府の傀儡であった．そのため，ウラジオストクか
ら日本軍が撤兵すると用済みとなり，ソヴィエト政府に直ちに合併されている．

✺出兵の終焉 ロシア各地では，連合国の支えを失った反革命派が後退を重ね，
シベリアではウラジオストクを残すのみとなった．1922年10月，この街に迫った
極東共和国軍は，日本軍と協定を結び，日本軍は海路から整然と退却する．こう
して，ウラジオストクは陥落した．シベリアに住み，商売に従事していた日本人
移民も，これを機に，多くが日本へと引き揚げていった．

しかし日本軍は，サハリン島北部の占領をなおも続けた．ここにある石油は艦
艇の燃料資源になると，特に日本海軍が固執していたためだ．この地域の占領
は，20年に起きた尼港事件の直後に始まった．尼港事件とは，アムール川の河口
にあるニコラエフスクで，日本人住民と駐留軍がパルチザンに虐殺されたことを
指す．日本は謝罪と石油利権の譲渡を得られるまでとして，「保障占領」を始め
た．東京とモスクワの交渉は，ウラジオストク陥落前から重ねられたが，この地
域からの撤兵期日と，撤兵の代償の内容で決裂を繰り返す．日ソ基本条約が結ば
れて，撤兵期日と石油利権などの譲渡が決まるのが25年1月である．

総じて，シベリア出兵が残した爪痕は，日本よりもソ連での方が深い．死者数
などは確定していないが，7年間にわたって外国軍の占領が続いたことで，ソ連
の国家統合は遅れた．また，建国当初から日本の侵攻を受けたことで，日本への
不信感が植え付けられた．以後，日本との緊張が高まると，この件が引合いに出
される．一方で，シベリアは赤軍に武力によって征服されたことで，この地域の
自治を求める動きが圧殺される結果も招いた．極東共和国とともに，この運動の
再評価が進むのは，80年代のペレストロイカ以降である．

日本では，戦後に「大正デモクラシー」のイメージが浸透すると，この時代は
戦前の束の間の平和の時代と考えられ，シベリア出兵は米騒動の後景に退いて，
忘れられてゆく．現在も日露の歴史認識の溝は深い．　　　　　　　［麻田雅文］

白系ロシア人

　1917年のロシア革命後，内戦終了の21年までに約200万人のロシア人がソヴィエト政権を受け入れず，国外へ亡命した（☞項目「亡命」）．これらの人々は内戦時に旧帝政ロシアの白衛軍の一員としてソヴィエト政権の赤軍と戦い，あるいは白衛軍を支持したので，「白系ロシア人」と呼ばれる．

　日本を亡命先に選んだロシア人もいたが，その数は少数にとどまる．彼らは主として函館，東京，横浜，神戸，長崎などに居住した．25年1月に

図1　ニコライ堂のプーシキン名称ロシア初等国民学校（東京，1930年代）［著者所蔵］

日ソ基本条約が調印されて日ソの国交が回復すると，彼らはわが国で無国籍人と見なされ，公文書には「旧露国人」と表記された．日本在留白系ロシア人の数が最高に達するのは30年のことで，1,666名である．だがこれ以外に登録されていないロシア人や，日本は単なる中継地にすぎないロシア人も少なからずいた．かつ，来日したロシア人の多くは最終的に日本にとどまらず，第三国へと移住した．少数にもかかわらず，彼らとその2世が日本の社会と文化に与えた影響は計り知れず大きい．

❋**日常生活の分野**　白系ロシア人がよく従事した職業の一つがラシャ売りである．ロシア人によるラシャ売りの行商は日本人の洋服化をある程度促進した．東京新宿の「中村屋」は，白系ロシア人のパン職人を雇い入れてロシアパンを提供し，後に元ロシア皇室付製菓技師スタンレー・オホツキーを雇ってピロシキやロシア・ケーキ，ロシア・チョコレートも製造，販売した．神戸に定住したモロゾフ父子の「コスモポリタン製菓」は，高級チョコレートを日本人に提供した．また白系ロシア人によって少なからぬ数のロシア料理レストランが日本各地に開かれた．

　ハルビンで生まれたエヴゲーニー・アクショーノフは，東京都港区で世界保健機関（**WHO**）指定の「インターナショナル・クリニック」を開業し，在日外国人や日本訪問中の要人の診察にあたった．日本に10年間暮らしたベアテ・シロタ＝ゴードンは，第2次世界大戦直前にアメリカに留学し，終戦後連合国最高司令官総司令部（**GHQ**）の一員として来日して，新しい日本国憲法に「男女平等」

の条項を盛り込んだ.

❀芸術の分野　日本でピアノを教えたロシア人としては，レオ・シロタ，レオニード・クロイツァー，レオニード・コハンスキー，ポール・ヴィノグラードフ，アレクサンドル・ルーチン，マクシム・シャピーロなどがいる．小野アンナは日本人留学生と結婚して来日し，前橋汀子，諏訪根自子など多くの日本人バイオリニストを育てた．アレクサンドル・モギレフスキーもバイオリンを教えた．エマヌエル・メッテルは大阪フィルと京都大学オーケストラの指揮者に就任した.

　日本のバレエの発展の点では，エリアナ・パブロバとオリガ・サファイアの功績が大きい．前者は1919年に来日し，鎌倉七里ケ浜にバレエ・スクールを開設して，多くの日本人バレリーナを育成した．後者は日本人外交官と結婚して，36年に来日．正統的なクラシック・バレエを日劇のダンシング・チームに教えた．キティー・スラーヴィナは松竹キネマ合名社に入り，20年から23年の関東大震災まで映画のヒロインを演じた．14年に設立された宝塚少女歌劇団は，国際的雰囲気を重視し，多くの白系ロシア人に職場と演奏会の場を提供した.

　小野アンナの姉ワルワーラ・ブブノワはかつてペテルブルグ帝室美術アカデミーで学び，ロシア・アヴァンギャルド美術家のグループに加わって活動したが（☞項目「ロシア・アヴァンギャルド芸術」），独自の技法の石版画で日本の画壇に新風を吹き込んだ．また画家で詩人のダヴィド・ブルリュークはヴィクトル・パリモフとともに日本各地で展覧会を開催して，ロシア未来派の絵画を日本に紹介した（☞項目「未来派」）．芸能界ではロシア系タタール人のロイ・ジェームスがラジオの「意地悪ジョッキー」のべらんめえ調の司会で評判になり，佐賀にわかの一座の座長・筑紫美主子と，元ファッションモデルで小沢征爾夫人・入江美樹は，白系ロシア人の父と日本人の母の間に生まれた.

❀教育・学術の分野　日本全国の大学，商業学校，専門学校のロシア語，ロシア文学の教育において，白系ロシア人が果たした役割は絶大である．文豪レフ・トルストイの娘アレクサンドラ・トルスタヤは2年間日本に滞在して，トルストイ文学の普及に努めた（☞項目「トルストイ」）．大泉黒石はロシア人を父に，日本人を母にもつ作家で，俳優の大泉滉はその三男である．ニコライ・ネフスキーは日本の民俗学や西夏語の研究に従事した．ピョートル・ヴェイマルンはセルロイドの研究で有名だが，彼の幾つかの発明と発見は日本の産業界で実用化された.

❀スポーツの分野　ヴィクトル・スタルヒンは日本最初のプロ野球チーム「大日本東京野球倶楽部」（現読売ジャイアンツ）に入団し，投手として活躍，通算303勝をあげた．日本人の父と白系ロシア人の母の間に生まれた古賀ヴィクトルは，無敵のサンボ選手である（☞項目「サンボ」）．優勝32回の記録を樹立した第48代横綱・大鵬幸喜にも，白系ロシア人の血が半分流れている．　　　　［沢田和彦］

シベリア抑留

　日本の敗戦直前の1945年8月9日にソ連が2月のヤルタ密約に基づいて参戦し，14日のポツダム宣言受諾後も戦闘をやめず，捕縛した関東軍将兵ら約60万人をソ連に移送し，2〜5年，長い者は11年も強制労働に就かせたことをいう．

　8月23日のソ連国家防衛委員会決定（戦時中の最高決定機関）により捕虜を極東・シベリアなどの各地に移送したことは，降伏後の速やかな祖国帰還を謳ったポツダム宣言に違反している．ソ連は大戦で失った労働力を穴埋めすべく，「労務賠償」としてドイツおよび同盟国軍捕虜約270万人のみならず，ソ連に物的・人的損害を加えていない日本軍の捕虜までも移送，使役した．さらに，抑留されたのは軍人・軍属だけではなく，ソ連が占領した南樺太，北朝鮮，旅順・大連の居留民合計70万人を当地に足止めしたことも，民間人の抑留と見るべきである．

　抑留問題は多面的だが，①捕虜の「三重苦」，②ソ連の政治教育と捕虜の文化活動，③帰還者運動と冷戦激化，④日ソ共同宣言とその後，に整理し叙述する．

❋捕虜の「三重苦」　「三重苦」とは，飢え，酷寒，重労働のことである．寒冷な気候に慣れていない日本人は防寒具も支給されず，収容所のバラックの暖房は不十分，ろくな給食を受けず，しかも極寒の中での屋外作業のため，体力が衰え，栄養失調症と住居の不潔，医療の不備に起因する各種の伝染病により，バタバタと死んでいった．遺体は打ち棄てられ，ジュネーヴ条約（1929）の「丁寧な埋葬」どころではなかった．すでに満州の野戦収容所で1万5986人が死亡，捕虜収容所，特別病院では1947年2月時点で3万728人が死亡した（合計で56年12月までの全死者の78％）．

　捕虜は，ソ連の規定にも足りない1日パン300gと薄いスープの給食に甘んじ，仲間同士で奪い合う「餓鬼道への転落」が横行した．しかも，ソ連側が日本軍の階級制度を温存し，その指揮命令系統を利用して作業にあたらせたため，上官によるイジメ，ろくに働きもせずに給食は優遇されることに対する兵卒の怒りが反軍闘争となり，収容所の民主的運営が課題とされた．

❋ソ連の政治教育と捕虜の文化活動　すでにソ連はドイツ人捕虜などに対する「反ファシスト政治教育」を実施しており，日本人捕虜にも『日本新聞』を配布していた．しかし，それが効果を発揮するのは最初の冬の飢餓と無気力状態を脱してからであり，反軍闘争をきっかけに『日本新聞』友の会が結成されてからであった．友の会を通じて兵卒の発言権が増し，将校の影響力が減じ，1947年春には「反ファシスト民主委員会」へと衣替えされ，アクチヴ（親ソ活動家）が収容所運営の日本側の主導権を握るに至った．収容所経営や労働組織も安定し始め，

娯楽や趣味から合唱，演劇に及ぶ文化活動も行われるようになった．文化活動は，収容所当局やアクチヴにとっては政治教育の補助的手段にすぎなかったが，捕虜たちはそこに慰め，「生き甲斐」を見いだした．彼らの川柳や俳句には，ソ連への怒りと皮肉，望郷の思い，苦難に耐え抜く精神が見て取れる．詩人石原吉郎「望郷と海」(1972) の描く深い精神世界には心打たれる．香月泰男らは帰国後に抑留生活をテーマに絵画を描き，人々に感銘を与えた．捕虜が習い覚えた歌は日本に持ち帰られ「ロシア民謡」として普及した．

❋帰還者運動と冷戦激化　1946年12月の米ソ協定に基づく日本人送還の進展に伴い，「民主運動」は収容所の民主化から「祖国の民主化」に重点を移し，各収容所とナホトカの送還収容所では政治教育が徹底された．「反動分子は帰さない」と称して「吊し上げ」や「人民裁判」が行われた．多くの帰還者は「民主運動」に同調し，「スターリンへの感謝状」に署名さえしたが，給食の増配や帰国の順位繰り上げが動機だった．

アクチヴに率いられた彼らの舞鶴港での言動は出迎えの家族を困惑させ，世論に「シベリア帰りはアカ」の印象を与えた．49年最初の帰還，6月末の舞鶴での革命歌高唱，デモや集会がそれである．折しも，冷戦激化の中で，占領軍の指導のもと日本政府が「逆コース」を歩み始めていた頃で，50年4月には国会で保守派がリードして「徳田要請」問題（共産党書記長の徳田球一がソ連に「反動分子は帰さない」よう要請したとされる）が大々的に取り上げられた．

その頃，50年1月のコミンフォルム（共産党・労働者党情報局）による批判をきっかけに日本共産党は分裂し，6月の朝鮮戦争勃発で非合法化された．共産党系の帰還者団体も分裂，衰退した．50年4月のソ連による「送還は戦犯を除き完了」声明に対しては，占領軍，日本政府，保守派の帰還者団体が反発し，ソ連残留者の数を意図的に過大評価する対抗キャンペーンが張られた．こうして，抑留問題は米ソ冷戦と国内冷戦の道具になってしまった．

❋日ソ共同宣言とその後　1951年のサンフランシスコ平和条約以降，それに調印しなかったソ連とは国交が途絶したが，捕虜・抑留者送還は両国赤十字社の交渉で53年12月から再開され，国交回復の日ソ共同宣言（1956年10月）後の12月に完了した（南樺太からの帰還は1959年に完了）．しかし，同宣言で「請求権の相互放棄」が規定され，捕虜たちの労働に対するソ連による補償義務が消滅した．

捕虜たちの団体は79年に再建され，日本政府による補償（1949年改訂ジュネーヴ条約に根拠）を求めて運動してきた．この要求は実現されず，裁判所も「国民の受苦」は等しく，他の戦争被害者と異なる特別扱いはできないと提訴を却下した．結局，2010年の「特措法」で「慰謝の」涙金が支給されたにとどまった．しかも日本軍で戦った朝鮮人，台湾人と，民間人抑留者で長く無視されてきた南樺太，北朝鮮などからの引揚者にも支給されなかった．　　　　　　［富田　武］

日露領土の境界

クリル南部は90年間，同北部は70年間，サハリン南部は40年間，日本の統治下にあった．クリル諸島部は北海道庁が管轄した．1897年までの国郡制下では「千島国」に帰属し，同制度廃止後は根室支庁に編入された．「千島」という呼称は行政文書でも使用される通称として残った．なお，歯舞群島は一貫して根室管内にあり，千島には含まれない．

❋境界変動の歴史　日露領土の最初の境界画定は，1855年の下田条約（通称，日露和親条約，日魯通好条約とも）による．クリルについては択捉島以南を日本領，得撫島以北をロシア領とした．日本政府が今日，択捉島以南の4島を「固有の領土」と主張する根拠は，同条約以前にそれらが他のどの国の領土にもなったことがない，という点に求められている．サハリンについては境界を分けないこととした．その後67年にサハリン島仮規則が合意され，国境線を引かず，日露で共同領有することとされた．75年，サンクト・ペテルブルグ条約（通称，樺太千島交換条約）が締結され，サハリンは全島ロシア領に，クリルは，得撫島以北を含む全島が日本領となった．

外交交渉の場であった19世紀中の日露領土の境界は，20世紀に入ると戦争による暴力的変更の場となる．日露戦争は最終盤の1905年7月，日本軍の上陸によりサハリンに波及した．上陸に際して日本は，同島の呼称を樺太と定めた．全島を占領下においた日本は結果的に，ポーツマス条約によって北緯50度以南のサハリン南部を獲得した．以後45年まで，同地は日本領樺太となる．

20年5月，シベリア出兵中の日本軍は，対岸のニコラエフスク（尼港）で在留邦人700名以上が赤軍パルチザンに殺害された尼港事件の報復措置として，サハリン北部を占領する．占領は5年間続き，その間サハリンは全島が事実上日本の統治下にあった．25年の日ソ基本条約で占領は解除され，以後20年間，北緯50度線を境界とした日ソによる分有が続く．

❋日本領千島と樺太　日露領土の境界は，サハリン島とクリル諸島（千島列島）およびその周辺海域をめぐって展開する．この地域は現在ロシア連邦の実効支配下にあり，連邦構成主体としてのサハリン州を構成している．そのうち，歯舞群島，色丹島，国後島，択捉島について日本政府は領有権を主張し，ロシア連邦と係争中である．

他方，樺太には樺太庁という独自の行政府が置かれた．戦前の帝国日本では，大日本帝国憲法発布（1889）時点で日本領だった領域を内地，それ以降に獲得した領域を「外地＝植民地」と区分し，法制度に差異を設けていた．ただし樺太は，

1943年に内地に編入された．45年時点での樺太は法的には「内地＝本土」である．

45年8月，日ソ領土の境界は再び戦場となる．8日，日ソ中立条約を破棄して日本に宣戦布告したソ連軍は，翌9日，北緯50度線を越えて日本領樺太に侵攻を開始した．樺太での戦闘行動が終了するのは8月25日である．一方，千島では18日，ソ連軍が北端の占守島(しむしゅとう)に上陸し激戦が展開された．南端の国後・色丹は9月2日，歯舞は9月5日に無血占領され，日ソ戦争は終了する．日本領歯舞・千島・樺太は，ソ連領サハリン州が実効支配する領域となった．

千島・樺太での戦闘の事実は，日本の戦争神話を二つの点で解体しよう．すなわち，8月15日に決して「終戦」してはいない．そして，日本国内での地上戦は，沖縄だけでなく，北海道である千島，内地に編入された樺太でも行われたのである．

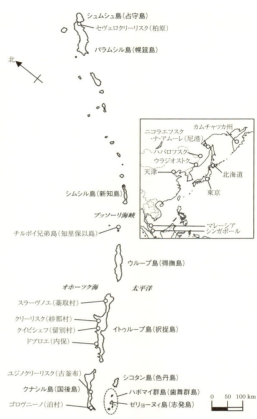

図1　クリル諸島地名図．現在のロシア語地名（日本領時代の地名）［中山大将作製］

❋「北方領土」の誕生　1951年に締結されたサンフランシスコ平和条約で日本は千島・樺太の領有権を放棄した．しかし，ソ連は同条約に調印しておらず，その後も日ソ・日露間で平和条約が締結されないまま今日に至る．その結果，日本が領有権を放棄した領域は，国際法的にはいまだ帰属未定であるというのが日本政府の公式見解である．

ただし，放棄した千島のうち国後・択捉・色丹の3島，および歯舞について日本は「固有の領土」としての領有権を主張し，返還を要求している．異なる行政区分に属していた4島を一括した地域に括るため，64年，外務省は「北方領土」という呼称を使うこととした．日露領土の境界に「北方領土」と括られる係争地が創出され，日本人の地理認識に定着するのはこれ以降のことである．

［天野尚樹］

ロシアの日本趣味（ジャポニズム）

　　ジャポニズムという名称は，フランス語のjaponismeに由来する．ジャポニズムは19世紀末から20世紀初頭にかけてのロシア・モダン芸術文化における現象であり，日本芸術，またフランスとドイツをはじめとするヨーロッパから入ってきた「日本趣味」の，受容・研究の影響下に成立した．ロシア・ジャポニズムの出発点となったのは，1896年にサンクト・ペテルブルグの芸術アカデミーで開催された，セルゲイ・キターエフのコレクションをもとにした日本の伝統芸術の展示会である．ニコライ・レーリヒとアンナ・オストロウーモヴァ（後にオストロウーモワ＝レーベジェワ）も，この展示会に足を運んだ．1890年代末にはムスチスラフ・ドブジンスキー，イーゴリ・グラバーリ，セルゲイ・シチェルバートフが，ドイツ留学の際に，日本芸術（何よりも色彩木版画である浮世絵）を研究し，その作品の収集を始めた．

❋日本趣味の高まり　日本芸術，総じて日本への関心は，1904〜05年にかけての日露戦争の結果，急激に強まった．当時，象徴主義者の主導的な雑誌である『天秤座』に集った，ヴァレーリー・ブリューソフを筆頭とするモダニストたちは，「兵士たちの国」と「画家たちの国」を，「歌麿の国」と「大山（巌）の国」を区別するように呼び掛けた．キターエフ・コレクションによる日本芸術作品の展示会が05年に開かれると，以前よりもずっと大きな反響を呼んだ．アンドレイ・ベールイは長編小説『ペテルブルグ』(1913) の中で，日本のことをロシアとは異質な文明に属する自然の猛威（「黄禍」）として描く傍ら，首都の上流階層がその日常生活において，日本趣味に魅惑されている情景を風刺的に描いたのだった（ソフィヤ・リフーチナとそのサロンの描写が特にそうである）．

❋ロシア美術　ロシア美術においてジャポニズムは，一方では，日本芸術からの主題とモチーフの直接の借用として現れた．その例としては，レーリヒの「極東にて」，パーヴェル・クズネツォーフの「日本版画のある静物画」，ワジム・ファリレーエフの「シェクスナー川への帰還」，そのほかをあげることができる．他方では，日本芸術の手法の創造的修得としても現れた．そこには広重の影響を受けた，「抑制された色彩系列」「コンポジションの意外性」「景観の装飾性」が認められる．その例としては，1900年代のドブジンスキーおよびオストロウーモワ＝レーベジェワによるペテルブルグの風景画，またマクシミリアン・ヴォローシンの水彩画をあげることができる．

❋ロシア文学　ロシア文学においてジャポニズムは，ほとんどもっぱら詩作に現れた．それは二つの形態をとった．第一の形態は，日本を主題とした詩作であっ

図1 （左上から右）ニコライ・レーリヒ〈極東にて〉（1904，絵葉書，モロジャコフ蔵），ワジム・ファリレーエフ〈シェクスナー川への帰還〉（Романов, н., 1923），アンナ・オストロウーモヴァ＝レーベジェワ〈フォンタンカ運河と夏の庭園〉（1929），ムスチスラフ・ドブジンスキー〈ペテルブルグーイズマイロフスキー連隊の街にて〉（1903，絵葉書，モロジャコフ蔵），ワジム・ファリレーエフ〈カプリ島の波〉（Романов, н., 1923）

て，その中には日本訪問（1915年のアレクセイ・マサイノフ，16年のコンスタンチン・バリモント，17年のマリヤ・モラーフスカヤとミハイル・ツェートリン，19年のアリイ・ラネ，20〜22年のダヴィド・ブルリューク）の個人的な印象を含むものもある．そこでは日本は通常，美しくエキゾチックな「芸者と侍の国」として描き出された．それは芸術面と生活面において自己の伝統を保っている一方で，東方的でアーカイックな，まったく異質の型の文明に属している国なのであった．

　第二の形態は，翻訳的な方法に基づいた，ロシア語による独自の短歌と俳句の製作である．それには日本の古典的な詩を，そのエキゾチズムと民族的・文化的独自性に力点を置いて様式化するという場合もあれば（ブリューソフ，アンドレイ・グローバ，ヴャチェスラフ・イワノフ），ロシア文学にとって新しい芸術形式を，日本との直接的な主題上のつながりなしに，修得するように試みる場合もあった（ベールイ，ヴェネディクト・マールト，ヴャチェスラフ・コヴァレフスキー，オリガ・チェレムシャーノワ）．水彩の風景画にヴォローシンが書き添えた詩は，画に詩を書く日本の伝統を反映している．

❋ジャポニズムのその後　第1次世界大戦，ロシア革命，それにロシア極東への「連合国」の干渉を含む内戦といった諸事件は，ロシアにおける日本の芸術的受容に実質的には変更をもたらさず，それ故ジャポニズムにも影響しなかった．ソヴィエトの批評界において「唯美主義的」「異質」な芸術現象として受け止められたことで，ロシア・ジャポニズムは1920年代末までにその存在を終えた．1960〜70年代，ロシアにおいて伝統的な日本文化への熱中の波が高まり，「銀の時代」のロシア文化への関心が復活することによって，ジャポニズムは再び関心を集めることとなった．　　　　　　　　［ワシーリー・モロジャコフ／池田嘉郎訳］

日本におけるロシア文学の受容

　学者によって世界文学の権威を示すために翻訳紹介された古典文学が明治日本の青年の心を打つことは少なかった．一方，既存の作家たちは，一般読者の受容を考えて異国の文学を思う存分換骨奪胎し，情話，心中もの，復讐ものなどに「翻案」して利用した．そんななか，ロシア文学は若き文学青年が全身全霊を懸けて翻訳し，同時代の若者を揺さぶるという幸運な例外を輩出してきた．

❋**二葉亭四迷訳「あひびき」(1888)**　二葉亭は原文の音楽的な詩情を何とか伝えたいと辛苦刻苦し，日本語を破綻させることもいとわず原文に忠実であろうとした．「コンマ，ピリオドの一つをも濫りに棄てず［中略］原文の調子を移さうとした」(「余が翻訳の標準」1906〈明治39〉年)という回想はあまりに有名であるが，『露国奇聞　花心蝶思録』といった外題まがいの訳題を被せずСвиданиеを「あひびき」としたことがすでに「翻案」の否定なのだ．

図1　『露国奇聞　花心蝶思録』(1883，法木書屋)に大蘇(月岡)芳年が描いた挿絵．原作はプーシキン『大尉の娘』

読者は初めて文学中に異国のレアリアと異文化の感受性を読み取った．国木田独歩や柳田国男，田山花袋などが強い影響を受け，東京近郊の武蔵野の林野の詩情を発見し，武蔵野を逍遥して，明治30年代の浪漫主義詩歌を興した．またイワン・トゥルゲーネフ『猟人日記』を訳すというのが文学修業とされ，(ほとんどは英訳からの重訳であったが)百篇に及ぶ部分訳が大勢の手によってなされた．

❋**内田魯庵訳『小説　罪と罰』巻之一(1892)　巻之二(1893)**　魯庵の訳は英訳からの重訳，しかも全体のほぼ半分までであるが，傑出した訳としてあげたい．丸善に入った英訳本を坪内逍遥，森田思軒そして魯庵が買った，という挿話は真偽不明ながら当時の文学状況を伝える．雷に撃たれるような「甚深の感動」を受けた魯庵は翻訳を開始し，二葉亭も協力し，次第にその関与を強めてゆく．巻之二ではロシア語原本を二葉亭が英訳本を魯庵が持って夜を徹して議論を尽くしながら訳は進んだ．この翻訳は評判となったが「弱志の人は之に対して厭世の念起るべく」(逍遥)「血の滴るような」(紅葉)同作には拒否感を示す者もまた多かった．中断は売れ行き不振のためである．しかし，例えば北村透谷がラスコーリニコフをみずからに重ねて次のように語っていたことは，島崎藤村が『春』(1908〈明治41〉年)の中に書きとどめている：「俺は考へて居たサ．［中略］内田さんが訳した

『罪と罰』の中にもあるよ，銭取りにも出掛けないで一体何を為て居る，と下宿屋の婢に訊かれた時，考へることを為て居る，とあの主人公が言ふところが有る．彼様いふことを既に言ってる人が有るかと思ふと驚くよ．考へることを為て居る——丁度俺のは彼なんだね」．また幸徳秋水なども，前半を魯庵訳後半を英訳本で読み継いだという．魯庵は二葉亭との協同訳の試みを継続し，トルストイ『復活』も訳したが，これも二葉亭の死後中断してしまった．

❋**昇曙夢訳『露西亜現代代表的作家　六人集』(1910)，『露国新作家集　毒の園』(1912)**　二葉亭亡き後は，ニコライの神学校出の昇曙夢がロシア文学翻訳を牽引した．世紀末から1905年の革命前後に開花した一群のモダニズム文学を翻訳紹介した『六人集』『毒の園』が曙夢の明治40年代の仕事を代表する．30代の曙夢が同世代のコンスタンチン・バリモント，ボリス・ザイツェフ，アレクサンドル・クプリーン，ミハイル・アルツィバーシェフ，レオニード・アンドレーエフらの，欧米はおろかロシア本国でも無名に近い作品を自分の感覚だけを頼りに初出雑誌から見いだして訳出した．『六人集』「自序」に曙夢は書いている：「現代文学の精神は現代人の精神である．打ち砕かれた，脆い，弱弱しい，反応的な精神である．それで居て，何物とも調和しない，何物にも安んずることの出来ない，永久に悶搔いて，永久に落付く所のない精神である．[中略] 此の精神の現はれて居ない文学は，たとへ現に生きて居る人の作物でも訳者は現代文学とは認めない」と．この翻訳集は時代精神のマニフェストとして読まれる価値を今日も減じない．広津和郎，宇野浩二，武者小路実篤，小川未明などが熱狂的に読み耽り，「青年期の憧憬の的」であり「僕らを文学者にした」「胸の血の熱するを」覚えた，と後に回想している．大正文学を胚胎させたといえよう．また米川正夫，中村白葉など当時外国語学校露語科在籍中だった若者が曙夢の許に教えを受けに通い借り受けた本を訳し始めた．世紀末文学は「不良青年の文学」であったが，その幻想性から大正期には児童文学への翻案も行われた．

❋**トルストイ，ドストエフスキー全集刊行**　大正元年（1912）に卒業した米川正夫が中村白葉，原久一郎らとともに職業的翻訳家としての旺盛な活動を始めた折しも「ドストエフスキイ全集」など作家の全集が企画され，ロシア文学の網羅的完訳が目指されるようになった．彼らが執念ともいえる粘りで，二大戦期を挟むおよそ半世紀間訳し続け，数々の作家の全集を完成させたことが，ロシア文学の広大な森へ分け入る自由をその後日本人に与えてくれたといえる．

❋**そして今なお**　手塚治虫，黒澤明，大江健三郎らは，ドストエフスキーのファンであると公言した．また村上春樹が「世の中には二種類の人間がいる．『カラマーゾフの兄弟』を読破したことのある人と，読破したことのない人だ」（『ペット・サウンズ』あとがき）と挑発したおかげで，ロシア文学は日本人にとって，いまだに登頂すべき最高峰の「ザ・文学」であり続けている．　　　　　[加藤百合]

現代日本文化のロシアにおける受容

　1991年にソ連が崩壊し，西側資本主義陣営の文化が堰を切って流れ込んだロシアにおいて，同時代の日本文化は，高度消費社会の文化的特徴とアジアのエキゾチックなイメージとが混じり合う新鮮な驚きの対象であった．なかでも村上春樹『羊をめぐる冒険』の翻訳出版と，テレビアニメ「美少女戦士セーラームーン」の放映は，ロシアでの日本文化の受容に関し特記すべき出来事といえる．

❋**村上春樹ブームとその後**　1997年，ドミートリー・コワレーニンによってウェブ上で公開された『羊をめぐる冒険』のロシア語訳は，有志らによるインターネット文学賞にノミネートされ人気に火がついた．ソ連崩壊後，資本主義の理念が社会的混乱を招いたと考えるロシアの人々にとっては，アメリカ文化の影響下にある瀟洒な都市生活を享受してなお孤独に苛まれる主人公が，空虚な時代に生きる自分たちの似姿とも映り，なかには作家の「禅」的思想を取りざたする批評家もいた．当初ロシアでは無名の日本人作家を手掛けようという出版社は現れなかったが，その後ファンからの資金援助を受けて98年に書籍化され，著名な批評家たちから絶賛によって迎えられる．60年代から芥川龍之介，川端康成，大江健三郎，安部公房といった書き手たちが紹介されてはいたものの，ロシアでベストセラーとなった日本人作家は村上春樹が初であり，現在では主要な長編・短編集のほとんどが翻訳され書店に並ぶ．

　『羊をめぐる冒険』の商業的成功の後，「第二のムラカミ」を求め日本文学の翻訳ブームが発生した．そこで村上龍や吉本ばななといった村上春樹と同世代の作家たちが一定の反響を生み，その後も島田雅彦，多和田葉子，川上弘美，山田詠美など多くの作家が翻訳されたが，現時点では村上春樹と他の作家の評価の間には大きな懸隔があるといわざるを得ない．

❋**ロシアにおける日本アニメ**　アニメーション制作の長い伝統を誇るソ連では，日本のアニメにも持続的な関心が払われてきた．1960～80年代にかけては，石ノ森章太郎原作で宮崎駿が作画スタッフとして関わった「空飛ぶゆうれい船」，中沢啓治原作「はだしのゲン」，手塚治虫原作「火の鳥」などの上映が行われた．

　とはいえ日本アニメの受容が本格的に開始されるのは，ソ連崩壊を経て資本主義世界の文化への門戸が開き，各家庭にテレビとビデオが普及してからのことである．この時期の人気作品としては「魔法使いサリー」や「みつばちマーヤの冒険」などがあがるが，多くのロシア人にとって日本アニメの原体験となったともいわれるのが「美少女戦士セーラームーン」である．96年に第1シリーズが放映されると，その後2006年まで第1～3シリーズが繰り返し放映されて人気を博し，

「セーラームーン」のファンを指す「ムニャーシュカ」なる造語も生まれた．従来テレビアニメといえば児童向けの娯楽という意識の強かったロシアにおいて，ラブロマンス的性格の濃さ，シリーズ後半に進むにつれ複雑化するストーリー，ロシアの文化ではなじみの薄い「生まれ変わり」の設定などが視聴者に混乱をもたらす要因ともなったようであるが，それでもミニスカートで悪役と戦う目の大きい少女たちの与えた印象は，とりわけ若い世代の女性たちにとって強烈であった．17年にロシア代表のスケート選手が作中の衣装をまとい演技を見せたことが話題になるなど，現在も支持は根強い．

2000年に「ポケットモンスター」が放送される頃には，日本語の「アニメ」という単語がそのまま定着し，確固たる存在感を示すようになる．現在では10年に放送された「NARUTO」や「BLEACH」のような日本的意匠を凝らした作品の知名度が高い．また劇場アニメとしては，宮崎駿率いるスタジオジブリの諸作品や，新海誠「秒速5センチメートル」「君の名は。」などの評価が高く，これらの作風を模してアニメ制作を行う若いアーティストも登場しつつある．暴力や性に関する開け広げな描写を用い文学的なテーマを表現する日本のアニメは，ロシアでも青少年を中心とする新たなファン層の開拓に成功した．しかしそうした刺激の強さが，アニメ作品の悪影響を危惧する親世代の声を後押ししていることも事実で，12年にアニメのテレビ放映に関する法規制が施行された結果，日本のアニメも軒並み年齢制限を課されるなど影響を受けた．

❀ **そのほかのポップカルチャー**　アニメに比較すると漫画に対する関心は低調である．これには，ロシアに娯楽としての漫画出版の伝統が存在しなかったこと，翻訳にアニメより高度な日本語の知識が要求されることなどの理由が指摘されている．近年では『DEATH NOTE』『進撃の巨人』『バクマン。』などのロシア語訳が出版されているが，十分な市場が形成されているとは言い難い．

一方，ロシアで着実に浸透している日本発のポップカルチャーがコスプレである．「コスプレ」もまた日本語がそのままロシア語に借用された例で，ロシアではアニメやゲームのキャラクターに扮するだけでなく，参加者が舞台上で作中の一場面をパロディにして演じ観客の評価を競うなど，自己表現の場としての性格を強めている．2000年にボロネジでロシア初の日本アニメイベント「全ロシア日本アニメフェスティバル」が開催されると，その後もモスクワを中心とする各都市で大型のアニメ・コスプレ関連のイベントが続々と登場し，数千人規模のファンたちの交流の場として機能している（図1）．

図1　モスクワのコスプレイベント「トグチ」で「BLEACH」のコスプレをする少年たち

〔笹山　啓〕

演劇における日露交流

✸20世紀初頭の日本演劇との交流　演劇史に残る最初期の日露演劇の交流は19世紀後半期に始まる（日本の軽業師佐々木虎吉らがオペレッタ《ミカド》上演に手を貸したなど）が，本格的には20世紀になってからということになろう．川上音二郎一座がヨーロッパを巡演，ロシアにも訪れて公演するのが1902年，また太田花子一座がロシア公演を行うのは09年のことである．いわば「正統的」な歌舞伎俳優ではなかった貞奴や花子の「歌舞伎」風演技は，それでも多くの演劇人や芸術家にインスピレーションを与えることになり，スタニスラフスキー，メイエルホリド，エブレイノフといった演劇の形式的な革新に野心的であった演出家たちに深い印象をもたらし，実際に彼らの演劇にさまざまなかたちで援用されていった．

　これらの傾向は広い文脈ではこの時代の「日本趣味」ブームを背景とするものでもあり，同時にこの時期のロシア演劇の志向した「伝統主義」的刷新と軌を一にするものでもあった．これらの日本演劇への関心は，14年から3年間東京大学で研究したニコライ・コンラドなどの本格的な研究などによって深化され，ロシアにおける日本の伝統演劇理解の土壌を築いた．これは「正統的」な歌舞伎の最初の海外公演であった28年の市川左團次一座の訪ソ公演を下支えする理解の地平を形成した．

✸日本近代演劇初期のロシア演劇の移植　他方，同時代の日本近代演劇においてロシアとの交流が果たした役割は大きかった．小山内薫と二代目市川左團次が創設した自由劇場では1910年にゴーリキー《どん底》（邦題《夜の宿》）を小山内みずからドイツ語から重訳し演出した．その後小山内は12年に訪露し，同時代のリアリズム演劇の先端を示していたモスクワ芸術座に感銘を受け，とりわけそのスタニスラフスキーの演出を克明に記録して持ち帰り，みずからの演出に役立てた．小山内が努力したことは日本演劇に「演出」の観念を導入し移植する最初の試みであったといえよう．24年に創設された日本近代演劇の最初の本格的劇団である築地小劇場の時代になっても，引き続きチェーホフ，ゴーリキー，アンドレイエフなどロシア戯曲は多いに上演されて日本近代演劇を確立する源泉の一つになった．

　30年代にはメイエルホリドやそのほかの構成主義演劇をはじめとする革命後のソヴィエト演劇の革新的な理念が昇曙夢，米川正夫，熊澤復六，八住利雄，金田常三郎などというロシア文学者たちによって盛んに紹介が行われた．またこの時期には実際にソヴィエトの劇場で研修，研究を積む努力も始まり，土方与志は

33年から4年間モスクワの革命劇場において，佐野碩も同時期にメイエルホリド劇場において，それぞれ演出補として働き，土方は日本にその経験を持ち帰るが，佐野はその後メキシコにおいて新劇活動に身を投じていく.

　しかしこれら日本近代演劇初期においては，上演を支える演技技法について実際にロシアに留学するケースはまだほとんどなく，書籍の翻訳から始まっている．リアリズム演技法の体系である「スタニスラフスキー・システム」の導入は，日本においては43年に《俳優修業》の英語版からの重訳が山田肇によって始められる．その後日本の近代演技の基本はこのスタニスラフスキー・システムに準じていくが，日本の演劇人が実際にロシアにおいて本格的にそれを学ぶことはなかった．58年には来日したモスクワ芸術座は《桜の園》《三人姉妹》《どん底》《検察官》などを上演したが，スタニスラフスキー・システムの具現化された舞台として，同時代の演劇人に絶大な印象を残した．最初にロシアに留学して本格的な実践教育を受けるのは，70年代の演出家の和田豊まで待たねばならない.

❋ロシア劇団の日本公演と　80年代以降，ロシアの主要劇団が来日上演する機会は増えていく．モスクワ芸術座はその後68年，88年と都合3度の来日を果たしている他に，83年と88年に演出家トフストゴーノフ擁するレニングラード・ボリショイ・ドラマ劇場が，89年にレフ・ドージン率いるレニングラード・マールイ劇場が，90年にはモスクワ・マールイ劇場が来日し，ロシア演劇の層の深さを見せた．91年にはグルジアのマルジャニシヴィリ・ドラマ劇場，93年には反体制演劇の拠点タガンカ劇場が来日公演を行い，ペレストロイカ以後のロシア世界を映し出した．1990年代には，いわゆるペレストロイカ後に誕生した小劇場である「スタジオ劇団」や前衛劇団も来日するようになる．例えば，タバコフ劇場（1993），ユーゴ・ザーパド劇場（1990，1993），アナトーリー・ワシーリエフの劇芸術スクール劇場（1993，1997），ポクロフカ劇場（2001），ピョートル・フォメンコ工房（2002）など枚挙にいとまがない.

　また演出家アナトーリー・エーフロスを招聘した劇団東演での《桜の園》（1981）を皮切りに，ロシア人演出家が日本の劇団で演出をする機会も増えていき，ユーゴ・ザーパド劇場のヴェリャコーヴィチが劇団東演（1997）や兵庫ピッコロ劇団（2003）で，フォーキンが俳優座（1987），レオニード・アニシモフが2004年に日本人俳優を使って上演を行っている.

　80年代以降日本の劇団のロシア公演も増える．2007年には兵庫県立尼崎青少年創造劇場（ピッコロ劇団）がモスクワで別役作品を，06年にはモスクワ芸術座で鈴木忠志が《リア王》を演出，04年には木山事務所が堤春恵作品を，1993年には東京演劇アンサンブルがモスクワで《かもめ》を上演するなど活発になり，日露演劇交流は新しい局面を迎えている．　　　　　　　　　　　　　　　　［永田　靖］

日本におけるロシア民謡

　第2次世界大戦敗戦後，1950年代にかけての日本では，戦時下の抑圧からの解放の空気の中でさまざまな文化運動が展開された．合唱ブームもその一つであり，学校や職場などを主な拠点に多くの合唱団がつくられたが，そこで中心的なレパートリーの一つとなったのが，《ともしび》《カチューシャ》《トロイカ》といったロシア民謡であった（近年の日本語の「民謡」の語感とは異なり，その大半は伝統的に歌われてきた民謡ではなく，比較的最近につくられた民衆歌であった）．

　ロシア民謡が日本に定着する最大の要因となったのは「うたごえ運動」である．狭義の「うたごえ運動」は，ソヴィエト連邦の文化政策をモデルとした合唱運動であり，戦前からプロレタリア音楽運動に関わってきた関鑑子（1899～1973）を指導者として，さまざまな労働運動や，内灘，砂川などの米軍基地反対闘争などと結び付きながら全国組織に発展し，53年から毎年「全国日本のうたごえ祭典」が開催されるようになった．その中でロシア民謡は中心的なレパートリーとしての位置を獲得していったが，うたごえ運動の本来の目的はロシア民謡を歌うこと自体にあったわけではなかった．グリンカら，ロシアの作曲家たちが民衆音楽の音楽語法をとり込みつつ「国民音楽」を確立していったモデルに倣って日本の「国民音楽」を確立することが最終目的であり，ロシア民謡はあくまでもその最初のステップという位置付けにすぎず，実際，地元の民謡を掘り起こし，それを現代的なものに練り上げていくような活動も行われた．しかし，48年に日本で公開されたソヴィエト映画「シベリヤ物語」の中で民衆たちに歌われる《バイカル湖のほとり》などの曲が強烈な印象を与えたこともあり，ロシア民謡のブームは，狭義の「うたごえ運動」の枠をはるかに越えた広がりを持つようになるとともに，ロシア民謡を歌うこと自体の比重が急速に高まっていった．

　そのような動きの最大の受け皿となったのが「うたごえ喫茶」であり，50年代中頃を中心に，新宿の「灯」「カチューシャ」など，大都市を中心に数多くの店が相次いで開店した．また，50年にシベリア抑留からの帰還者であった北川剛を中心に活動を開始した合唱団白樺のような，ロシア民謡を専門的に研究して歌うことを中心的な目的とした合唱団がつくられる一方で，ダークダックスなどのコーラスグループが，ロシア民謡ブームを背景に，大衆音楽の領域での地位を確立するなどの動きもみられた．総じてこの時期のロシア民謡ブームは，東西冷戦構造下での東側陣営の文化政策の一環という側面を持ちつつも，日本の文化状況に由来する多様な要因が作用するなかで，そのような狭い限定をはるかに超えた性格を与えられていったとみることができよう．　[渡辺　裕]

付　録

①国旗と国章　　　　　　　720
②社会・政治・文化 年表　　725

付録① 国旗と国章

❋国旗 1693年，ピョートル大帝が北海航海時に白・青・赤の三色旗をかかげた．一説ではオランダの国旗がそのもとになった．1705年，大帝はロシアの商船にこの三色旗をかかげることを義務付けた．以後，白・青・赤の三色旗がロシアの旗として広く用いられるようになった．他方，黒・黄・白の旗も使われた．国章の色に対応していることから，アレクサンドル2世は1858年の勅令でこれのみを正しい国旗とした．だが，83年のアレクサンドル3世の即位を機に，再び白・青・赤の旗が国旗となった．二月革命後，臨時政府は最終決定を憲法制定会議に委ねつつ，この旗を引き継いだ．

十月革命後，1918年のRSFSR（ロシア社会主義連邦ソヴィエト共和国）憲法において，RSFSRの金文字の入った赤旗が国旗とされた（図1）．他のソヴィエト共和国もこれを基本デザインとして踏襲した．22年末，RSFSRをはじめとする4共和国によってソヴィエト連邦が結成された．24年に制定された最初のソ連憲法は，金色の鎌とハンマー，その上に金で縁取られた赤色の五芒星の入った赤旗をソ連国旗に定めた（図2）．縦横の比率は1：2であった（現行のロシア国旗は2：3）．その後，RSFSRの旗の方は文字の配置が変更された．さらに47年，ソ連国旗を基本とし，個別の特徴を加えることで，各共和国の旗を新たに定めることが求められた．49〜53年にかけて各共和国で新国旗が制定され，最後に54年にRSFSRでも，ソ連国旗のデザインの左端を薄青とした国旗が採用された．なお，自治共和国は，各自が所属する共和国の旗に，自治共和国の名称が入ったものを国旗とした．

ソ連末期の91年11月に，RSFSRでは十月革命以前に使われていた三色旗が共和国の国旗となった．ただし，旗の色は白・青・赤ではなく，白・紺青・鮮紅となった．縦横の比率は1：2である．ロシア独立後の93年，エリツィン大統領は大統領令「ロシア連邦の国旗について」で，三色旗の色を再び白・青・赤に改め，縦横の比率を2：3とした．これが現行のロシア国旗である（図3）．ソ連時

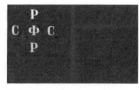

図1 ロシア社会主義連邦ソヴィエト共和国（RSFSR）国旗

図2 ソ連国旗

図3 ロシア国旗（現行）

代に連邦・共和国・自治共和国の国旗が基本図案を共有していたのとは対照的に，「共和国」(自治共和国から改称）をはじめとするロシアの構成単位は，ロシア国旗を各自の旗の基礎にすることは許されない．三色旗の色についての公式の説明はない．

❋国章　ロシア国家の国章は，槍によって蛇（竜）を退治する騎士（14世紀末から）と，双頭の鷲（わし）（15世紀末から）を基本的な要素とした．双頭の鷲は，イワン3世がヨーロッパの諸君主と対等であることを示すために，神聖ローマ帝国の紋章を真似たものである．17世紀のアレクセイ・ミハイロヴィチ帝の治世に，鷲の翼は上部に広がり，脚には笏杖（じゃくじょう）と，十字架のついた黄金の球体の形の権標が描かれるようになった（図4）．18世紀のエカチェリーナ1世の時代に，黄の地を背景とした黒い鷲と，赤の地を背景とした騎士という色が決められた．1730年には騎士が，モスクワの守護聖人である聖ゲオルギーを表すとされた．1832年の勅令で，鷲の翼にカザン・アストラハン・シビルの3王国（旧ハン国），ポーランド王国，タヴリーダ王国，フィンランド大公国の国章がかかげられるようになった．翼の国章の数はその後増える．二月革命後，臨時政府は最終決定は憲法制定会議に委ねつつ，双頭の鷲を国章のデザインとして引き継いだ（図5）．ただし翼は控えめに降ろされ，これまであった帝冠，騎士，笏杖，権標はなくなった．鷲の下には，国家ドゥーマ（下院）の議場であり，二月革命の象徴となったタヴリーダ宮が描かれた．後述の通り，現行のロシア国章（図6）は帝政期のデザインを引き継いでいる．

十月革命後のソヴィエト国家の国章は，交差させた鎌とハンマーを中心的な要素とする．この図案の最初期の事例は，サラトフ県執行委員会が1917年11月〜12月につくったサラトフ市章に見いだせる．国章のデザインは18年夏のRSFSR憲法で定められた．黄金色の鎌とハンマーが交差し，赤色の背景に太陽の光が描かれ，穀物（小麦）の穂で縁取りされ，「ロシア社会主義連邦ソヴィエト共和国」と「万国のプロレタリア，団結せよ！」の文字が入っている．原案には鎌とハン

図4　ロシア帝国国章

図5　臨時政府期国章

図6　ロシア国章（現行）

マーのほかに剣も記されていたが、レーニンの反対で外された。1922年末にソ連が結成されると、翌年、RSFSRの国章を原型としてソ連の国章も制定された（図7）。太陽の光と穂は同じだが、鎌とハンマーは地球を背景とし、構成共和国の言葉で「万国のプロレタリア、団結せよ」と記され、上部には五芒星が配された。五芒星は後にRSFSRの国章にも取り入れられた（図8）。

図7　ソ連

図8　RSFSR

❊ **ソ連と15共和国の国章**　ソ連を構成した各共和国の国章は、RSFSRとソ連のものを土台としつつアレンジが加えられ、特にそれぞれの産業や自然を象徴する意匠が採用された。ウクライナ共和国の国章の図案はRSFSRと基本的に重なる（図9）。ベラルーシ共和国では穀物はライ麦で、クローバーと亜麻も描かれる（図10）。グルジア共和国の国章は氷雪を頂く山脈を背景とし、葡萄の房と蔓が前景

図9　ウクライナ共和国

図10　ベラルーシ共和国

図11　グルジア共和国

図12　アルメニア共和国

図13　アゼルバイジャン共和国

図14　カザフ共和国

付録①

図15 ウズベク共和国

図16 キルギス共和国

図17 トルクメン共和国

図18 タジク共和国

図19 ラトヴィア共和国

図20 リトアニア共和国

図21 エストニア共和国

図22 モルドヴァ共和国

に配され，グルジア的様式の装飾が外延を取り囲む（図11）．アルメニア共和国の国章は小麦の穂と葡萄に加え，大小二つのアララト山が描かれているのが最大の特徴である（図12）．アララト山はトルコ領に属するのだが，アルメニア人の故地であり，民族的シンボルである．アゼルバイジャン共和国の国章は油井やぐらを中心的な意匠とし，穀物の穂と綿花で縁取りされる（図13）．バクーの油田は経済的富をもたらすだけではなく，労働運動の拠点でもあった．カザフ共和国の国章はRSFSRと多くの点で共通する（図14）．ウズベク共和国では小麦の穂

と並んで綿花が描かれている（図15）．キルギス共和国の国章は山の連なりを中心に，綿花と小麦の穂を左右に配する（図16）．トルクメン共和国の国章は穀物の穂，綿花，葡萄に加え，工業施設と掘削塔（石油と天然ガスが豊富），さらに絨毯と賑やかである（図17）．タジク共和国の国章は綿花と小麦の穂で縁取られる（図18）．ラトヴィア共和国の国章は，穀物の穂を縁取りに，海が描かれているのが大きな特徴である（図19）．リトアニア共和国では穀物の穂とともに，同国に多く茂る樫の木の葉も描かれている（図20）．エストニア共和国の国章は針葉樹の枝とライ麦の穂を左右に配する（図21）．モルドヴァ共和国の国章は穀物の穂，トウモロコシ，葡萄とそのほかの果実（種類は明示されていない）が豊かに描かれている（図22）．

　ソ連崩壊後，93年に大統領令によって，ロシアの国章が定められた．図案は帝政期の国章を土台にしている．赤色の楯を背景にして，黄金色の双頭の鷲が描かれている．鷲はピョートル大帝の三つの冠を被り，脚には笏杖と権標が記されている．さらに鷲の胸部に，槍で竜を退治する騎士が描かれる．　　　　　［池田嘉郎］

付録② 社会・政治・文化 年表

	社会・政治	文　化
前7〜 前3世紀		黒海北岸を中心とする草原地帯にスキタイ文化栄える（全盛期は前4世紀）. なおヘロドトスの『歴史』において「農耕スキタイ」と呼ばれている人々は, スラヴ系諸部族であろうといわれている
前2〜 後2世紀		ポレシエ地方にザルビンツィ文化. スラヴ人の文化であったと推定される
2〜4世紀		黒海北岸にチェルニャホフ文化. イラン系サルマート人, ゲルマン系ゴート人, スラヴ系諸民族による混合文化であったと思われる
6世紀末〜 10世紀		ハザール人, カスピ海北方, 北カフカースに遊牧国家を築く. 9世紀初頭, 支配層（テュルク系）はユダヤ教を国教として受容
862	ヴァリャーギのリューリク, ノヴゴロドに到来	
882	オレグがキエフを占領, キエフ・ルーシが始まる	
863		ビザンツの哲学者キュリロスがグラゴール文字をつくり, 兄のメトディオスとともにモラヴィアで布教を始める
886		メトディオスの弟子たちがバルカン各地に逃れ,（第1次ブルガリア帝国領内の）オフリド, プレスラフがスラヴ文化の中心となる. この地でつくられたキリル文字は, 10世紀前半までにはルーシにも伝えられる
968	トルコ系遊牧民ペチェネグ, キエフを包囲	
988	ウラジーミル大公の受洗	
1015	ウラジーミル没, 息子らの権力闘争が始まる（〜1019）	
1019	ヤロスラフ賢公即位（〜1054）	
11世紀前半		「ヤロスラフの法」（「ルースカヤ・プラウダ」最古の部分）編まれる
1039		キエフ聖ソフィア大聖堂成立
1056〜57		輔祭グリゴリー, ノヴゴロド市長官オストロミールのために福音書を筆写する（『オストロミール福音書』）

	社会・政治	文化
1068	トルコ系遊牧民ポロヴェツが襲来	
1097	リューベチ諸侯会議	
1111	ルーシ諸侯軍，ポロヴェツに大勝	
1113	ウラジーミル・モノマフ大公即位（～1125）	『過ぎし歳月の物語』（『原初年代記』あるいは『ネストルの年代記』とも）の初版編まれる
1117頃		キエフ大公ウラジーミル・モノマフ（在位1113～25）『子らへの庭訓』
1120～30年代	ノヴゴロド，ヴェーチェ（民会）中心の共和制成立	
1139	キエフ大公ヤロポルク2世没，公位請求者分立	
1147	『イパーチー年代記』にモスクワの呼称が初出	
1156	モスクワに初の城壁が築かれる（後のクレムリン）	
1169	ウラジーミル・スーズダリ公アンドレイ，キエフを攻略	
1187頃		『イーゴリ軍記』成立
1223	ハルハ河畔の戦い，南ロシア諸侯軍，モンゴル軍に完敗	
1237	バトゥ麾下のモンゴル軍が侵入	
1240	モンゴル軍によりキエフ陥落／アレクサンドル・ネフスキー，ネヴァ河畔でスウェーデン軍を撃退	
1242	モンゴル軍撤退／アレクサンドル，チュード湖上でドイツ騎士団を撃破（氷上の戦い）	
1243	キプチャク・ハーン国の成立．「タタールのくびき」始まる（～1480）	
13世紀半ば～15世紀半ば		ルーシ，ジョチ・ウルス（キプチャク・ハン国）の支配下に入る．モンゴル＝テュルク文化はルーシにさまざまな影響を与え，社会制度や借用語など，後のロシア文化にも痕跡が残る
1261	サライ主教座創設	
1283	ダニール，モスクワ公となる（～1303）	
1304	ウラジーミル大公位をめぐるモスクワとトヴェーリの争い始まる	
1325	イワン1世（カリタ），モスクワ大公となる（～1340）	

	社会・政治	文化
1331	モスクワ大公イワン, ウラジーミル大公となる (〜1340)	
1340頃		セルギー・ラドネシスキーがモスクワ北北東の地にトロイツェ・セルギエフ修道院創設. 後にこれを中心として, セルギエフ・ポサードが形成される
1359	ドミトリー (ドンスコイ), モスクワ大公となる	
1362	ドミトリー, ウラジーミル大公となる	
1380	クリコヴォの戦い. ドミトリー, モンゴル軍を破る	
14世紀末〜15世紀前半		ブルガリアやセルビアなどの聖職者たちが, 「第2次南スラヴの影響」と呼ばれる修辞的文体を, 聖者伝などの教会文献にもたらす
15世紀前半	モスクワ大公位をめぐる内戦が激化	イコン画家ルブリョフの活躍
1448		ロシア正教会がコンスタンチノポリス総主教座より独立
1462	イワン3世, モスクワ大公に (〜1505)	
1472	イワン, コンスタンティノス11世の姪ゾエと結婚	
1478	モスクワ, ノヴゴロドを併合	
1497	イワン3世の「法典」成立, 農民の移転の自由を制限	
15世紀後半		イワン3世, クレムリンの改修にイタリアの建築家たちを用い, 宮殿や教会建築にルネサンス風様式をもたらす
15世紀末〜16世紀初		ロシア教会内でヨシフ・ヴォロツキー派と非保有派 (ニル・ソルスキーら) の論争・対立
1533	イワン4世 (雷帝), モスクワ大公に (〜84)	
1547	1 イワン, 公式にツァーリを称する	
1549	2 最初のゼムスキー・ソボル招集	
1551	ストグラフ会議, 100章の法規を決定	
1552	10 カザン・ハン国併合	モスクワ府主教マカーリー 『大聖者伝集成』
1555		モスクワのワシーリー大聖堂着工 (〜61). グーリー, カザンの大主教に着任
1556	アストラハン・ハン国併合	

	社会・政治	文　化
1558	1　リヴォニア戦争（～83）	
1564		イワン・フョードロフが最初の印刷本『使徒行伝』出版
1565	2　オプリチニナ体制（～72）	
1579	イェルマークのシベリア遠征開始	
1581	農民移転最初の「禁止の年」	
1589		モスクワ総主教座創設
1596		ポーランドに東方帰一教会が成立
1598	9　リューリク朝断絶，ボリス・ゴドゥノフがツァーリに選出される．スムータ始まる（～1613）	
1601	ボリス・ゴドゥノフ，フョードル・ロマノフ（フィラレート）を修道院に送る	
1606	ボロトニコフの乱（～07）	
1610	ポーランドによるモスクワ占領	
1612	10　ミーニンやポジャルスキーらの国民軍，モスクワを解放	
1613	2　ミハイル・ロマノフ即位（～45），ロマノフ朝が成立	
1631		キエフ府主教モヒラ（モギラ），神学校設立（～1817）
1645	アレクセイ即位（～1676）	
1648	モスクワの「塩一揆」，諸都市での暴動／フメリニツキーの対ポーランド反乱	
1649	『会議法典』が編まれ，農奴制が法的に完成	
1654		総主教ニコンの典礼改革，分離派（ラスコーリニキ）発生
1667	1　アンドルソヴォ条約	
1670	ラージンの乱（～1671）	
1676	フョードル3世即位（～1682）	
1682	4　ピョートル1世即位（～1725）	分離派の指導者アヴァクム，火刑に処される
1687		シメオン・ポーロツキーによりモスクワにロシア最初の高等教育機関スラヴ・ギリシア・ラテン学院創立

	社会・政治	文 化
1689	ピョートル, 実権掌握／8　中国とネルチンスク条約	
1697	3　西欧へ「大使節団」派遣	
1698	9　ピョートル, 銃兵隊の反乱を鎮圧, ソフィアを投獄	
1700	8　スウェーデンと北方戦争（～21）	
1702		日本の漂流民デンベイ（伝兵衛）がピョートル1世に謁見
1703	5　サンクト・ペテルブルグ建設開始	
1709	6　ポルタヴァの戦いでスウェーデンに圧勝	
1713	モスクワからペテルブルグへ遷都	
1721	9　ニスタット条約	総主教制廃止, 宗務院（シノド）設置
1725		科学アカデミー創設／ベーリングの第1次北方探検（～30）
1727	5　ピョートル2世即位（～30）／9　中国とキャフタ条約	
1730	1　アンナ即位. 所謂「ビロン体制」始まる	
1739		シパンベルグ指揮下のロシア船が日本沿岸に到来
1741	11　エリザヴェータ即位（～62）	
1743		カザフ草原の西にオレンブルグ要塞を建設
1753	国内関税を廃止	イルクーツクに日本語学校
1755		モスクワ大学創立
1757	七年戦争に参戦	
1762	ピョートル3世, 「貴族の自由に関する布告」発布／6　エカチェリーナ2世即位（～96）	
1767	エカチェリーナ, 『訓令』執筆, 立法委員会召集	
1770～90年代		ロシア・中央アジア間の貿易激増
1772	7　ポーランド分割始まる（～95）	
1773	9　プガチョフの乱（～75）	
1774	7　トルコとキュチュク・カイナルジャ条約. 黒海へ進出	

	社会・政治	文　化
1783	クリム・ハン国併合	工藤平助『赤蝦夷風説考』
1785	4　貴族と都市に「特権許可状」下賜	
1789		ウラル山麓のウファにムスリム宗務協議会（後のオレンブルグ・ムスリム宗務協議会）開設
1790		ラジーシチェフ『ペテルブルグからモスクワへの旅』
1791		日本の漂流民大黒屋光太夫がエカチェリーナ2世に謁見
1792		ロシア使節ラクスマンが根室に来る
1796	11　パーヴェル1世即位（～1801）	
1797	4　新帝位継承法	
1798	第2回対仏同盟に参加. ウシャコフ提督, アドリア海制圧. スヴォーロフ将軍, イタリア・スイスを転戦	
1801	1　グルジア王国併合／3　パーヴェル暗殺. アレクサンドル1世即位（～25）	
1804		ロシア使節レザノフが長崎に来る／カザン大学創立
1805	11　アウステルリッツの三帝会戦	
1806		ロシア人フヴォストフらがサハリン（樺太）, クリル（千島）を襲撃
1807	6　ティルジット条約／10　英国と断交, 大陸封鎖に加わる	
1808		間宮林蔵, サハリンを探検
1809	スペランスキーの国家改造案	
1810	国家評議会発足／大陸封鎖から離脱	
1811		ツァールスコエ・セローに貴族子弟のための教育機関リツェイ開設
1812	6～12　ナポレオンのモスクワ遠征（祖国戦争）	
1813	10　イランとゴレスターン条約, アゼルバイジャン北部併合	
1814	3　ロシア軍, パリ入城	
1816	アラクチェーエフ時代	カラムジン『ロシア国家史』（～29）／ゴロヴニン『日本幽囚記』

	社会・政治	文化
1817	カフカス（コーカサス）戦争（〜64）．ロシア軍，北カフカスへ進出	
1819		ペテルブルグ大学創立
1824		ペテルブルグでネヴァ川大洪水
1825	12　ニコライ1世即位（〜1855）／12　デカブリストの乱	モスクワのボリショイ劇場（1776年開設），現在地に開場
1828	2　イランとトルコマンチャーイ条約，アルメニア東部併合／4　露土戦争（〜29）	
1830	11　ポーランド11月蜂起（〜31）／『ロシア帝国法律大全』（全45巻）編まれる	
1831		グリボエードフ《知恵の悲しみ》，ペテルブルグのアレクサンドリンスキー劇場にて上演
1832	『ロシア帝国法律集成』（全15巻）編まれる／ウヴァーロフ「専制・正教・国民性」の三位一体論	プーシキン『エヴゲーニー・オネーギン』完成
		チャアダーエフ『哲学書簡』（第一書簡）発表／スラヴ派と西欧派の論争／ゴーゴリ《検察官》初演／グリンカ《皇帝に捧げた命》初演
1837	ロシア初の鉄道，ペテルブルグ〜ツァールスコエ・セロー間で開通	
1847		ネクラーソフ，前年に買い取った『現代人』誌を月刊誌として発行．チェルヌイシェフスキー，ドブロリューボフらを編集陣に加える
1849	8　ロシア軍，ハンガリー独立運動圧殺	ペトラシェフスキー事件
1851	モスクワ〜ペテルブルグ間の鉄道開通	
1853	10　クリミア戦争（〜56）	
1854		サンクト・ペテルブルグ大学に東洋語学部創設
1855	2　アレクサンドル2世即位（〜81）	プチャーチン来日，下田で日露通好条約締結
1856	3　パリ条約	
1857	農奴解放の準備開始	ロンドンにてゲルツェン，オガリョフにより『コロコル（鐘）』創刊（〜67）
1858	5　瑷琿条約，アムール北岸獲得	
1859	シャミーリ降伏	ゴンチャロフ《オブローモフ》，オストロフスキー《雷雨》マールイ劇場で初演

	社会・政治	文　化
1850年代末 ～1870年代		「屈強な一団」（仏「五人組」），評論家スターソフを理論的指導者として国民音楽を創作
1860	11　北京条約，ウスリー川東岸獲得	
1861	2　農奴解放令．大改革の開始	
1862		トゥルゲーネフ『父と子』
1863	1　ポーランド1月蜂起（～64）	チェルヌイシェフスキー『何をなすべきか』／ウラジーミル・ダーリ『生きた大ロシア語詳解事典』初版（～66）
1864	1　ゼムストヴォ設置／ 11　司法改革	
1865	6　タシケント占領，コーカンド・ハン国併合	
1866		ドストエフスキー『罪と罰』
1867	3　アラスカ売却	イリリンスキーらが聖グーリー兄弟団結成
1868	5　ブハラ・アミール国を保護国とする	ネクラーソフ『祖国雑記』誌の編集長に．同誌は1870年代にはナロードニキ運動の指導的雑誌となる
1869		トルストイ『戦争と平和』
1870～ 90年代		美術アカデミーを脱退した若い芸術家たちがクラムスコイを中心に移動展派を結成／鉄道王マーモントフがモスクワ郊外アブラムツェヴォの地所を購入し芸術家村をつくる
1871	パリ条約黒海条項の破棄，海峡問題	
1872		『資本論』第1巻ロシア語訳
1873	3　ヒヴァ・ハン国を保護国化／ 10　三帝同盟結成／ヴ・ナロード運動（～85）	レーピン『ヴォルガの舟曳き人夫』／岩倉使節団，ペテルブルグ来訪
1874		マリインスキー劇場でムソルグスキーのオペラ《ボリス・ゴドゥノフ》初演．ピアノ組曲《展覧会の絵》も作曲される
1876	「土地と自由」結成	
1877	4　露土戦争（～78）	
1878	3　ザスーリチによるペテルブルグ市長官暗殺未遂／ 7　ベルリン会議	
1879	モスクワの人口が100万を超える／ 8　「土地と自由」分裂，「人民の意志」結成	
1880	5　ロリス＝メリコフ，最高指揮委員会長官となる	

	社会・政治	文　化
1881	3　「人民の意志」によるアレクサンドル2世暗殺. アレクサンドル3世即位 (〜94)	
1882	5　人頭税廃止	
1883		ガスプリンスキー, クリミアで新聞『テルジュマン (翻訳者)』創刊
1884		新大学令で大学自治を撤廃. ガスプリンスキー, バフチサライに「新方式学校」を創立 (ジャディード運動始まる)
1887	6　独露再保障条約	
1888		『ステップ地方新聞』オムスクで創刊
1889	ゼムスキー・ナチャーリニク制導入	
1890	6　独露再保障条約失効／6　ゼムストヴォ法改正	
1891	大飢饉／シベリア鉄道建設開始 (〜1905)	
1892	8　ウィッテ, 蔵相となる (〜1903)	トレチヤコフが絵画コレクションをモスクワ市に寄贈
1893		メレシコフスキー, 評論「現代ロシア文学の衰退の原因と新しい潮流について」を発表. これがロシア象徴主義の宣言書となる
1894	1　露仏同盟／10　ニコライ2世即位 (〜1917)	
1895	4　対日三国干渉に参加	チャイコフスキー作曲《白鳥の湖》, ペテルブルグのマリインスキー劇場でペチパとイワノフの振付けにより上演. 大成功を収める
1896	6　ペテルブルグの綿業労働者によるゼネスト	
1897	初の全国国勢調査	
1898	3　ロシア社会民主労働党第1回大会	『芸術世界』誌創刊 (〜1904). モスクワ芸術座, チェーホフ《かもめ》の再演により成功を収める
1901	8　エスエル (社会主義革命家) 党結成	
1902	レーニン『何をなすべきか』／4　シピャーギン内相暗殺	ゴーリキー《どん底》, モスクワ芸術座により初演
1903	7　社会民主労働党第2回大会. ボリシェヴィキとメンシェヴィキに分裂	
1904	1　日露戦争 (〜1905)／7　プレーヴェ内相暗殺	チェーホフ《桜の園》, モスクワ芸術座により初演

	社会・政治	文　化
1905	1　血の日曜日事件／ 8　ドゥーマ設置法発布／ 9　ポーツマス条約／ 10　「十月詔書」発布／ 10　ウィッテ，首相となる	
1906	4　国家基本法発布／ 4　第1ドゥーマ召集／ 7　ストルイピン，首相となる	タタール語新聞『ワクト』オレンブルグで創刊／メイエルホリド，ペテルブルグのコミサルジェフスカヤ劇場において，メーテルランク《修道女ベアトリーチェ》，アンドレーエフ《人間の一生》，ブローク《見世物小屋》など斬新な演出に取り組む（～07）
1907	2　第2ドゥーマ開会／ 6　ドゥーマ解散，選挙法改正（「6月3日クーデター」）／ 7　第1次日露協約／ 8　英露協商／ 11　第3ドゥーマ開会	
1908		1　タタール語雑誌『シューラー（評議会）』オレンブルグで刊行
1909		ディアギレフがバレエ・リュスを旗揚げ，パリで第一回公演（29年まで活動）
1910		立体未来派，文集『裁判官の生簀』刊行. 1912年には『社会の趣味への平手打ち』を出す
1911	9　ストルイピン暗殺	
1912	11　第4ドゥーマ開会	
1913	2　ロマノフ朝300年祭	カザフ語新聞『カザク』，オレンブルグで創刊／ベールイ『ペテルブルグ』，この年から翌年にかけ三分冊で刊行（単行本は16年出版）／シャンゼリゼ劇場（パリ）でのバレエ・リュスの公演でストラビンスキー作曲《春の祭典》初演（ニジンスキー振付，P. モントゥー指揮）
1914	7　総動員令／ 8　タンネンベルクの戦い／ 8　ペテルブルグ，ペトログラードと改称	
1915		モスクワ言語学サークル結成. 翌年にはペトログラードでオポヤーズ（「詩的言語研究会」略）結成，文学研究においてフォルマリズムと呼ばれる新しい潮流が起こる（～20年代末）
1916	7　中央アジア民族反乱／ 10　首都で労働者の反戦スト／ 12　ラスプーチン暗殺	
1917	2　二月革命／ 3　ニコライ退位／ 10　十月革命. 臨時政府打倒，「平和に関する布告」「土地に関する布告」／ 10　人民委員会議成立／ 12　チェカー創設／ 12　左派エスエル入閣	

	社会・政治	文 化
1918	1　憲法制定会議の召集と解散／1　「勤労・被搾取人民の権利宣言」／1　赤軍創設／3　ブレスト・リトフスク条約／3　左派エスエル下野／3　モスクワ遷都／5　食糧独裁令, 大工業国有化令／7　左派エスエルの反乱／8　日米のシベリア出兵宣言. 対ソ干渉戦争開始／8　レーニン暗殺未遂／9　赤色テロル遂行宣言	1　ブローク, 叙事詩「十二」執筆／2　グレゴリオ暦の適用開始／7　プロレトクリト(1917年結成)の中央機関紙『プロレタリア文化』創刊／11　マヤコフスキー作, メイエルホリド演出《ミステリヤ・ブッフ》上演
1919	3　コミンテルン創立／3　第8回共産党大会. 政治局・組織局創設／10　白軍, モスクワ攻勢失敗	1　エセーニンら「イマジニスト宣言」
1920	3　ロシア国家電化委員会(ゴエルロ)創設／8　タンボフ県にてアントーノフの反乱(～21)	タトリン『第三インターナショナル記念塔』(案)／ヴァップ(全ロシア・プロレタリア作家協会)結成／党指導部, 前衛芸術の諸潮流の古い文化に対する"ニヒリスティックな"態度を批判／メイエルホリド, 「演劇の十月」を宣言
1921	2　赤軍, グルジア侵攻／2　国家計画委員会(ゴスプラン)創設／2～3　クロンシタット反乱／3　第10回党大会. 労働組合論争, 党内分派の禁止, 新経済政策(ネップ)採択／12　コミンテルン, 統一戦線戦術を決定／ヴォルガ流域の飢饉	1～3　ザミャーチン, シクロフスキーら「セラピオン兄弟」グループ結成／6　『赤い処女地』刊行開始(編集長ヴォロンスキー)／7　『芸術と革命』(編集長ルナチャルスキー)刊行開始／8　グミリョフ銃殺される
1922	4　スターリン, 書記長に就任／4　ラパロ条約. ドイツと国交樹立／12　ソヴィエト社会主義共和国連邦結成	教会に対する裁判の開始. ベルジャーエフ, ブルガーコフ, ブーニン, バリモント, メレシコフスキーら亡命／6　グラヴリト設立, 検閲体制の成立／12　プロレタリア作家グループが「十月」グループとして統一
1923		トロツキー『文学と革命』／3　マヤコフスキーら『レフ』刊行開始(～25)／6　「十月」グループ『ナ・ポストゥ(哨所に立って)』刊行開始
1924	1　レーニン死去／1　ペトログラード, レニングラードに改称／1　憲法公布／4　スターリン『レーニン主義の基礎』／12　スターリン「一国社会主義論」	「峠(ペレヴァール)」派結成(ヴォロンスキー, プラトーノフら)／ザミャーチン『われら』(英語版)
1925	1　トロツキー, 軍事人民委員解任／12　第14回党大会. 社会主義的工業化方針	エイゼンシテイン「戦艦ポチョムキン」／1　第1回全連邦プロレタリア作家大会, ラップ組織化, レフに対する攻撃, トロツキーら批判／12　エセーニン自殺
1926	4　トロツキー, ジノヴィエフら合同反対派結成／10　トロツキー, 政治局追放／11　スターリン『レーニン主義の諸問題』	『ソヴィエト大百科事典』(第1版)刊行開始(～47)／11　全連邦プロレタリア作家大会拡大総会"極左的誤謬"批判
1927	11　トロツキーとジノヴィエフ, 党除名／12　第15回党大会. 合同反対派壊滅, 第1次五カ年計画作成を指令, 農業集団化の任務に関する決定／年末までに穀物調達危機発生	レニングラードで文学, 演劇, 映画, パフォーマンスのグループ「オベリウ」結成／1　『新レフ』刊行開始(～28)

	社会・政治	文 化
1928	2 政治局，穀物調達における非常措置行使の指令／4 スターリン派とブハーリン派の対立／5 シャフティ事件，「ブルジョア専門家」攻撃／11 スターリン，「右翼的偏向」批判	ショーロホフ『静かなドン』（〜40）／ゴーリキー，亡命先イタリアから一時帰国
1929	2 トロツキーを国外追放／3 穀物調達における「ウラル・シベリア方式」の全国的適用／4 第1次五カ年計画採択（〜32）／秋頃に全面的農業集団化，対クラーク（富農）闘争開始／11 スターリン「偉大なる転換の年」宣言／11 ブハーリンを政治局から追放	バフチン『ドストエフスキーの創作の諸問題』／4 反宗教法成立
1930	3 スターリン「成功による幻惑」／6〜7 第16回党大会「五カ年計画を四カ年で」／11 失業消滅の宣言／11〜12 チャヤーノフら「勤労農民党」裁判	4 マヤコフスキー自殺／11 赤の広場にレーニン廟完成・公開
1931	3 メンシェヴィキ裁判／10 スターリン『プロレタリア革命』誌に書簡“自由主義”と“トロツキズム”に関して非難	ザミャーチン「スターリン宛の書簡」／救世主キリスト大聖堂，爆破解体
1932	9 リューチン事件／ウクライナ等の穀物地帯で飢餓（〜34）	4 党中央委員会の決定により「ラップ」突然解散させられる
1934	1〜2 第17回党大会（「勝利者の大会」）．第2次五カ年計画採択（〜1937）／9 国際連盟加入／12 キーロフ暗殺事件	8〜9 第1回全ソ作家大会で作家同盟が正式発足，「社会主義リアリズム」を「基本的創作方法」であると承認
1935	2 農業アルテリ模範定款／7〜8 コミンテルンにて人民戦線戦術採択／8 スタハーノフ運動開始	ルイセンコ学説発表／5 モスクワに地下鉄開通
1936	歴史学での公然たるポクロフスキー批判開始／8 第1次モスクワ裁判（大テロル）／9 エジョフ，内務人民委員に就任／12 「スターリン憲法」採択	1 『プラウダ』で「形式主義論争」が始まり，文学者・芸術家に対する大テロルの幕開く／6 ゴーリキー死去
1937	1 第2次モスクワ裁判／6 トハチェフスキーら8人の将軍を処刑／8〜9 極東の朝鮮人に対する強制移住命令	ショスタコーヴィチが《交響曲第5番》で名誉回復
1938	3 第3次モスクワ裁判／10 スターリンら『全連邦共産党史小教程』刊行／12 「労働手帳」導入／12 「社会主義労働英雄」称号制定	メイエルホリド劇場閉鎖
1939	3 第18回党大会．第3次五カ年計画採択／5 リトヴィノフ外務人民委員を解任，後任モロトフ／ノモンハン事件／8 独ソ不可侵条約／9 ポーランド侵攻／9 独ソ友好条約／11 ソ・フィン戦争始まる／12 国際連盟除名	6 詩人ツヴェターエワが亡命先から帰国
1940	6 ルーマニアからベッサラビア・北ブコヴィナを獲得／7 バルト三国併合／8 トロツキー，メキシコで暗殺	メイエルホリド処刑

付録②

	社会・政治	文　化
1941	4　日ソ中立条約調印／5　首相にスターリン，副首相にモロトフ就任／6　独ソ戦（大祖国戦争）開始／6　国家防衛委員会創設／9　レニングラード攻防戦開始（～44.1）／9　独軍，モスクワ攻撃	
1942	6　独軍，東部戦線で大攻勢／7　スターリングラード攻防戦開始	
1943	2　スターリングラードで独軍壊滅／4　カティン事件発覚／5　コミンテルン解散／7　クルスク会戦．独軍に大打撃／対独協力を理由としたコーカサス（カフカス）・クリミア・ヴォルガ流域等の少数民族強制移住	
1944	1　レニングラード解放／ソ連軍の東欧進攻	エイゼンシテイン《イワン雷帝》（第1部）（46年の第2部はスターリンの激しい批判を浴びる）
1945	2　ヤルタ会談／5　ドイツ降伏／7～8　ポツダム会談／8　対日参戦	
1946	ウクライナの飢饉（～47）	8　党中央委員会決定．アフマートワとゾーシチェンコを「反ソ的」と非難（ジダーノフ批判の開始）
1947	6　ヴァルガの戦後資本主義論が改良主義と批判される／9　コミンフォルム設立／12　通貨改革	
1948	5　イスラエル承認／6　ユーゴスラヴィアをコミンフォルムから除名	2　党中央委員会，ショスタコーヴィチとプロコフィエフを「ブルジョワ的傾向」と批判／8　農業科学アカデミー総会でルイセンコ学説"勝利"／12　芸術界で「コスモポリタニズム批判」本格化
1949	1　コメコン設置／8　第1次核実験／レニングラード事件／コスモポリタニズム批判でユダヤ人攻撃開始	
1950	1　政治犯の死刑復活／2　中ソ友好同盟相互援助条約	トワルドフスキー『新世界（ノーヴィ・ミール）』編集長に／6　スターリン『マルクス主義と言語学の諸問題』（マールを批判）
1951	第5次五カ年計画採択	
1952	10　スターリン「ソ連における社会主義の経済的諸問題」	
1953	1　医師団陰謀事件発表／3　スターリン死去，マレンコフ，首相に／6　ベリヤ処刑／8　第1次水爆実験／9　フルシチョフ，第一書記に就任	12　マヤコフスキーの《風呂》，四半世紀ぶりに上演

	社会・政治	文　化
1954	3　処女地開墾キャンペーン／3　KGB発足／6　原子力発電所の操業開始	エレンブルグ『雪どけ』／12　第2回作家同盟大会，無葛藤理論を批判
1955	2　マレンコフ首相が辞任，後任ブルガーニン／5　ワルシャワ条約機構成立	バーベリ，ブルガーコフ，メイエルホリド，コリツォフら名誉回復．ナボコフ『ロリータ』パリで出版（アメリカ版1958年）
1956	2　第20回党大会．フルシチョフ，秘密報告でスターリン批判／9　フルシチョフがユーゴ訪問，自主路線を認める共同宣言／10　日ソ共同宣言／10　ハンガリー事件	5　作家同盟書記長ファジェーエフ自殺
1957	2　シェピーロフ外相解任，後任グロムイコ／6　マレンコフら反党グループ追放／8　ICBM実験成功／10　スプートニク打上げ成功／10　ジューコフ国防相解任	4　スターリン賞をレーニン賞と改称
1958	3　フルシチョフ，首相を兼任／3　MTS改組	1　米ソ文化交流協定／10　『ドクトル・ジヴァゴ』でノーベル文学賞を授与されたパステルナークを作家同盟が除名，受賞辞退
1959	9　フルシチョフ訪米，キャンプ・デーヴィッド会談	
1960	5　U2型機事件	
1961	4　ガガーリン，ヴォストーク1号で地球一周／10　第22回党大会．新党綱領採択（全人民国家論），第2次スターリン批判	
1962	6　ノヴォチェルカッスク事件／9　リーベルマン「計画，利益，報酬」／10　キューバ危機	タルコフスキーの映画《僕の村は戦場だった》／11　『新世界（ノーヴィ・ミール）』がソルジェニーツィンの処女作『イワン・デニーソヴィチの一日』を掲載／12　フルシチョフが抽象画を見て"ロバの尻尾"と酷評
1963	6　中ソ論争／8　部分的核実験禁止条約調印	
1964	10　フルシチョフ失脚．第一書記にブレジネフ，首相にコスイギン	2　詩人ブロツキーに対する裁判／エストニアのカアリクで開かれた第1回夏季研修会をきっかけとして，モスクワ・タルトゥ学派形成
1965	歴史家ネクリチ『1941年6月22日』出版（1967年党除名）／9　「コスイギン改革」	2　遺伝学研究所長ルイセンコ解任／10　ショーロホフにノーベル文学賞
1966	4　第一書記を書記長に改称	2　作家ダニエル，シニャフスキーに対する裁判／11　ブルガーコフ『巨匠とマルガリータ』出版（作者没後26年）
1967	5　アンドロポフ，KGB議長に就任／6　イスラエルと国交断絶	ソルジェニーツィン『収容所群島』完成（73〜76年パリで刊）／5　ソルジェニーツィンが第4回作家同盟大会に検閲廃止などを訴える公開書簡を送付

	社会・政治	文 化
1968	R. メドヴェージェフ『歴史の審判によせて』完成／7　核拡散防止条約調印／8　チェコスロヴァキア事件	1　ギンズブルグ，ガランスコフらに対する裁判／8　リトヴィーノフ，ダニエル夫人らがソ連軍のチェコスロヴァキア侵入に抗議して赤の広場でデモ
1969	3　ウスリー川で中ソ衝突／3　ヤキール，キム，ガバイがスターリン主義復活批判の公開状	ソルジェニーツィンが作家同盟を除名される
1970	11　「ソ連人権委員会」設立	2　トワルドフスキーが『新世界（ノーヴィ・ミール）』編集長を解任される／10　ソルジェニーツィンがノーベル文学賞受賞（授賞式には出席せず）
1971	3〜4　第24回党大会，第9次五カ年計画採択	
1972	5　SALT　I（戦略兵器制限交渉）に調印／9　シェワルナゼ，グルジア党第一書記に就任	
1973	6　ブレジネフ訪米，核戦争防止協定に調印／9　ヤキール，クラーシンに対する裁判	Zh. メドヴェージェフがイギリス滞在中にソ連市民権を剥奪される
1974	バイカル・アムール鉄道着工	2　ソルジェニーツィンに対して市民権剥奪・国外追放の処分
1975	7　ヘルシンキ宣言	10　サハロフがノーベル平和賞受賞
1976	5　地下核実験制限条約調印	
1977	6　ポドゴルヌイ最高会議幹部会議長解任，後任ブレジネフ／10　「ブレジネフ憲法」採択	
1978		7　ギンズブルグ，シチャランスキーに対する裁判
1979	6　SALT　II調印／12　アフガニスタン侵攻	ブレジネフにレーニン文学賞／地下出版文集『メトロポーリ』刊行
1980	10　コスイギン首相辞任，後任チーホノフ	7　オリンピック・モスクワ大会開催（ソ連のアフガニスタン侵攻に抗議して日・米など64カ国が参加ボイコット）／ヴィソツキー死去，葬儀に20万人が集まる
1981	6　START（戦略兵器削減交渉）開始	
1982	11　ブレジネフ死去，アンドロポフ，書記長に就任	
1983	ザスラフスカヤの「ノヴォシビルスク覚書」	
1984	2　アンドロポフ死去，チェルネンコ，書記長に就任	7　オリンピック・ロサンゼルス大会をソ連など14の社会主義国がボイコット／タルコフスキー，亡命

	社会・政治	文 化
1985	3 チェルネンコ死去. ゴルバチョフ, 書記長に就任／5 反アルコール・キャンペーン開始／7 グロムイコ, 最高会議幹部会議長に就任. シェワルナゼ, 外相に就任	文学者たちがパステルナークの復権を要求
1986	2〜3 第27回党大会.「加速化」路線承認, 新党綱領・規約採択／4 チェルノブイリ原発事故／11 個人労働活動法	ザルイギン『新世界（ノーヴィ・ミール）』編集長となり自由化推進（〜98）. コローチチ『アガニョーク』編集長となる／6 『新世界（ノーヴィ・ミール）』にアイトマートフ『処刑台』掲載／10 スターリン時代をテーマとしたアブラーゼの映画《懺悔》プレミア公開
1987	6 国営企業法, 独立採算制等／12 INF（中距離核戦力）全廃条約調印	『諸民族の友好』誌, スターリン時代をテーマとしたルィバコフの長篇『アルバート街の子供たち』を4〜6月号に掲載／アメリカ在住の亡命詩人ブロツキーにノーベル文学賞
1988	3 アンドレーエワ論文「原則は譲れない」／4 アフガニスタン和平協定調印／5 協同組合法採択／大テロル犠牲者の名誉回復進む	1 『新世界（ノーヴィ・ミール）』にパステルナーク『ドクトル・ジヴァゴ』掲載／4 『ズナーミャ』にザミャーチン『われら』（1924）掲載／5 一時帰国したリュビーモフがタガンカ劇場で《ボリス・ゴドゥノフ》演出／6 ロシア正教会1000年式典／12 外国短波放送に対する電波妨害を停止
1989	3 複数候補制による人民代議員選挙／4 トビリシ事件／5 ゴルバチョフ訪中, 中ソ関係正常化／5〜6 第1回人民代議員大会／12 マルタ会談. 冷戦の終結を宣言	ロシア・ペンセンター創設／1 スターリン時代の抑圧の記録を掘り起こす「メモリアル」結成／3 作家同盟に対抗し, 改革派グループ「四月」旗揚げ／5 『外国文学』誌（モスクワ）に三島由紀夫『金閣寺』ロシア語訳掲載／カネフスキー監督「動くな, 死ね, 蘇れ！」カンヌ映画祭カメラ・ドール賞受賞／7 ソルジェニーツィン『収容所群島』解禁の決定（『新世界（ノーヴィ・ミール）』誌8号より連載）. ナボコフ『ロリータ』ロシアで初めて出版／9 最高会議の中継放送開始
1990	1 バクー事件／3 第3回臨時人民代議員大会. 大統領制の導入, ゴルバチョフが就任／3 リトアニア, 独立宣言／6 ロシア共和国の主権宣言／8 市場経済移行の「500日計画」案作成開始／10 ゴルバチョフ, ノーベル平和賞受賞	1 マクドナルド第1号店がモスクワに開店／3 リトアニア, エストニアの作家同盟がソ連作家同盟から脱退／5 『文学新聞』表紙からゴーリキーの肖像が消える. ラトヴィア, グルジアの作家同盟がソ連作家同盟から脱退／6 新聞雑誌の自由な活動が法的に保証される. 『新世界（ノーヴィ・ミール）』, 部数270万部を超える／7 ヴィクトル・V・エロフェーエフの論文「ソヴィエト文学の追悼」

	社会・政治	文　化
1991	1　リトアニアで「血の日曜日事件」／6　エリツィン，新設のロシア大統領に当選／6　コメコン解体／7　ワルシャワ条約機構解体／7　START条約調印／8　8月クーデター失敗，ソ連共産党解散／9　臨時人民代議員大会. バルト三国の独立承認／9　レニングラード，サンクト・ペテルブルグに改称／12　ソ連消滅，独立国家共同体（CIS）創設／12　ロシア連邦発足	7　改革派作家60余名による「独立作家同盟」設立宣言／10　改革派による独自の組織「ロシア作家同盟」設立
1992	1　価格・貿易自由化開始／3　ロシア連邦条約調印／5　CIS集団安全保障条約／6　ロシア，IMF加盟／7　複数為替相場制廃止／10　バウチャー民営化開始	3　改革派作家による「作家同盟友好協会」設立／6　第9回ソ連作家同盟大会でソ連作家同盟の解散を正式決定，保守派による「国際作家同盟共同体」設立／12　第1回ロシア・ブッカー賞（ハリトーノフが受賞）
1993	1　CIS憲章調印／4　エリツィン大統領信任投票／9　エリツィン，人民代議員大会と最高会議を廃止／10　最高会議ビル砲撃／12　ロシア新憲法採択	7　「フォメンコ演劇工房」発足／10　ロートマン死去
1994	7　キャッシュ民営化開始／10　ルーブル暴落（暗黒の火曜日）／12　ロシア軍，チェチェン侵攻	1　独立テレビ（NTV）放送開始／3　国家演劇賞「ゴールデン・マスク」創設／5　ミハルコフ「太陽に灼かれて」カンヌ映画祭グランプリ／ソルジェニーツィン帰国
1995	7　コリドール制導入	2　ボリショイ劇場の芸術総監督グリゴローヴィチ辞任，ヴァシリエフ就任／12　『独立新聞』によるアンチ・ブッカー賞の設立
1996	8　チェチェン和平合意文書に調印	1　ブロツキー，ニューヨークで死去／4　ペレーヴィンの長篇『チャパーエフとプストタ』／8　ゲルギエフ，マリインスキー劇場(旧キーロフ劇場)の芸術総監督に
1997	5　ロシア・NATO基本文書調印／10　GUAM結成	6　オクジャワ死去／8　リヒテル死去／9　モスクワ建都850年祭
1998	3　エリツィン，全閣僚解任／7　ニコライ2世とその家族の遺骨，ペテルブルクに帰還／8　通貨・金融危機	4　村上春樹『羊をめぐる冒険』のロシア語訳刊行，現代日本文化に対する関心が高まる／5　ゲルマンの映画「フルスタリョフ，車を！」フランスで初公開／10　モスクワ芸術座創立100年／12　ミハルコフ，全ロシア映画人同盟の議長に
1999	9　チェチェン紛争再燃／12　連合国家創設条約調印／エリツィン大統領辞任，プーチンが大統領代行に	5　ソクーロフ「モロク神」カンヌ映画祭脚本賞受賞／プーシキン生誕200年祭がロシア各地で盛大に祝われる

	社会・政治	文 化
2000	3 プーチン, ロシア大統領選勝利／8 クルスク沈没事故	現代ロシアで最大『正教会百科事典』刊行開始(2019年時点で52巻)／5 国際ペン大会, モスクワで初めて開催／6 「メディア・モスト」のグシンスキー逮捕(政府とテレビ局の対立が顕在化)／8 救世主キリスト大聖堂再建. ニコライ2世一家, 聖人に列せられる／12 アクーニン, アンチ・ブッカー賞(カラマーゾフ賞)受賞
2001	12 「統一ロシア」党発足	2 メイエルホリド演劇センター開設／3 新しい国歌の歌詞が制定される／12 ウリツカヤ, 女性作家初のロシア・ブッカー賞受賞
2002	5 戦略核削減条約調印／10 モスクワ劇場占拠事件	上原彩子第12回チャイコフスキー国際コンクール」ピアノ部門で女性史上初の第1位を獲得／7 青年団体「共に歩む」, ポルノ流布罪でソローキンら作家を提訴／11 静岡にて第1回日露演劇祭開催
2003	10 ホドルコフスキー事件	アンドレイ・ズヴャギンツェフ監督の映画「父, 帰る」ベネチア映画祭「金獅子賞」受賞／7 チュクチ自治管区知事で実業家のアブラモヴィッチ, 英国のサッカークラブ「チェルシー」を2億3000万ドルで買い取る／9 第60回ヴェネツィア国際映画祭でズヴャギンツェフ「父, 帰る」が金獅子賞と新人監督賞を受賞
2004	3 プーチン大統領再選／9 ベスラン学校占拠事件／10 地方首長を公選制から任命制に	
2005	11 「国民統一の日」(11月4日)を祝日に(1612年のモスクワ解放の日)	6 国家言語法採択
2006	10 ポリトコフスカヤ殺害事件	セレブレンニコフ「被害者を演じて」ローマ国際映画祭でグランプリを受賞／ウリツカヤ『通訳ダニエル・シュタイン』
2007	4 エリツィン元大統領死去	5 モスクワと全ルーシの総主教アレクシー2世と在外ロシア正教会を率いるラヴル府主教が, ロシア正教会の一体性回復に関する文書に調印
2008	5 メドヴェージェフ大統領就任(プーチン首相との「タンデム体制」)／8 南オセチア紛争	5 ベオグラードで開催されたコンクール「ユーロビジョン2008」でロシアの歌手ビランが優勝／8 ソルジェニーツィン死去／12 総主教アレクシー2世死去
2009	7 カジノ営業(1989年に開始)の認可を四つの特別ゾーンに制限(アルタイ地方, プリモルスキー地方, クラスノダール地方, カリーニングラード州)	10 ロシアの人権活動家アレクセエワ, オルロフ, コワリョフ, 2009年のアンドレイ・サハロフ記念賞の授与決定

	社会・政治	文化
2010	1 ユーラシア関税同盟発足(ロシア,ベラルーシ,カザフスタン)／4 新START調印	シーシキン『手紙』
2011	12 下院選挙での不正疑惑に対する大規模抗議デモ,数万人が参加	9 ソクーロフ『ファウスト』,第68回ベネツィア国際映画祭で金獅子賞を獲得
2012	5 プーチン,大統領に復帰／6 地方首長の公選制復活	3 女性パンクグループ「プッシー・ライオット」のメンバー4名,2月に救世主キリスト大聖堂で行ったパフォーマンスにより警察に連行.8月,3名に2年間の自由剥奪宣告／ヴォドラスキン『聖愚者ラヴル』
2013	12 ホドルコフスキーに恩赦	1 ボリショイ劇場バレエ団の芸術監督フィーリンが顔に酸を掛けられ重体に
2014	3 クリミア併合(クリミア危機),ウクライナ東部紛争	2 冬季オリンピック(ソチ)大会開催
2015	9 シリア空爆	ベラルーシの作家・ジャーナリスト(ロシア語で執筆)のアレクシエーヴィチがノーベル文学賞を受賞／3 ロシア正教の信者たちがノヴォシビルスク国立バレエ劇場の近くで,オペラ《タンホイザー》(演出クリャビン)上演に反対するピケを行う
2016	2 モスクワでキオスク一斉撤去	11 映画「マチルダ」上映反対運動が始まる(翌年公開)
2017	7 モスクワの住宅刷新(レノヴァーツィア)法成立(大規模な住宅明け渡しを伴う)	モスクワのゴーゴリ・センターで芸術監督を務める演出家セレブレンニコフが,公金横領の疑いで拘束／映画「ラブレス」(ズヴャギンツェフ)カンヌ映画祭審査員賞
2018	3 プーチン大統領再選	6〜7 サッカーW杯,ロシア各地で開催
2019	5 プーチン,外国とのインターネット通信の規制強化法に署名／8 INF(中距離核戦力)全廃条約失効	1 コンスタンチノープル総主教庁,ウクライナ正教会のロシア正教会からの独立を承認

[制作:勝又勇登,東 和穂.協力:ヴェヴュルコ(坂上)陽子]

引用・参照文献

＊五十音順ならびにアルファベット順に掲載
＊［参］と示したものは参照文献．それ以外は引用文献

【1章　歴史】

❀ ロシアという国の成立
［参］中沢敦夫（2002）『ロシアはどこからやって来たか―その民族意識の歴史をたどる』ブックレット新潟大学，新潟日報事業社
［参］三浦清美（2003）『ロシアの源流―中心なき森と草原から第三のローマへ』講談社選書メチエ

❀ タタールのくびき
［参］栗生沢猛夫（2007）『タタールのくびき―ロシア史におけるモンゴル支配の研究』東京大学出版会
［参］ハルパリン，C. J.（著），中村正巳（訳）（2008）『ロシアとモンゴル―中世ロシアへのモンゴルの衝撃』図書新聞

❀ ロマノフ朝
［参］ウォーンズ，D.（著），栗生沢猛夫（監修），月森左知（訳）（2001）『ロシア皇帝歴代誌』創元社
［参］土肥恒之（2016）『興亡の世界史　ロシア―ロマノフ王朝の大地』講談社学術文庫

❀ 蜂起
［参］アヴリッチ，P.（著），白石治朗（訳）（2002）『ロシア民衆反乱史』彩流社
［参］豊川浩一（1992）「プガチョーフ反乱」野崎直治（編）『ヨーロッパの反乱と革命』山川出版社，pp.177-200

❀ 19世紀のロシア帝国
［参］Kivelson, V. A. and Suny, R. G.（2017）*Russia's Empires*. Oxford University Press
［参］Weeks, T. R.（2011）*Across the Revolutionary Divide: Russia and the USSR, 1861-1945.* Wiley-Blackwell

❀ 農奴解放
［参］鈴木健夫（2009）「十九世紀ロシアの嵐」谷川　稔他（著）『近代ヨーロッパの情熱と苦悩（第3部）』中公文庫

❀ ロシア革命
［参］池田嘉郎（2017）『ロシア革命―破局の8か月』岩波書店
［参］池田嘉郎他（編）（2017）『世界戦争から革命へ（ロシア革命とソ連の世紀①）』岩波書店

❋ 戦争

[参]シュテュルマー，ミヒャエル（著），池田嘉郎（訳）（2009）『プーチンと甦るロシア』白水社

[参]和田春樹（2009, 2010）『日露戦争——起源と開戦（上・下）』岩波書店

❋ レーニン

Штейн М. Г.（1997）Ульяновы и Ленины. Тайны родосло вной и псевдонима. ВИРД

[参]サーヴィス，ロバート（著），河合秀和（訳）（2002）『レーニン（上・下）』岩波書店

[参]シャギニャン，マリエッタ（著），伊東　勉（訳）（1969）『レーニン家の人びと』未来社

❋ スターリン

[参]中嶋　毅（2017）『スターリン——超大国ソ連の独裁者（世界史リブレット人）』山川出版社

[参]横手慎二（2014）『スターリン——「非道の独裁者」の実像』中公新書

❋ 大テロル

[参]石井規衛（1995）『文明としてのソ連——初期現代の終焉』山川出版社

[参]富田　武（1998）『スターリニズムの統治構造——1930年代ソ連の政策決定と国民統合』岩波書店

❋ 冷戦

[参]ドックリル，マイケル・L.，ホプキンズ，マイケル・F.（著），伊藤裕子（訳）（2009）『冷戦1945-1991』岩波書店

[参]藤澤　潤（2019）『ソ連のコメコン政策と冷戦——エネルギー資源問題とグローバル化』東京大学出版会

❋ 雪どけ

Парфенов, Л. Г.（2015）Намедни. Наша эра. 1946-1960. КоЛибри. С.248

[参]松戸清裕（2011）『ソ連史』ちくま新書

[参]米田綱路（2010）『モスクワの孤独——「雪どけ」からプーチン時代のインテリゲンツィア』現代書館

❋ 停滞

[参]高橋沙奈美（2018）『ソヴィエト・ロシアの聖なる景観——社会主義体制下の宗教文化財，ツーリズム，ナショナリズム』北海道大学出版会

[参]ユルチャク，アレクセイ（著），半谷史郎（訳）（2017）『最後のソ連世代——ブレジネフからペレストロイカまで』みすず書房

❋ ペレストロイカからソ連の解体へ

[参]ゴルバチョフ，ミハイル（著），工藤精一郎・鈴木康雄（訳）（1996）『ゴルバチョフ回想録（上下）』新潮社

[参]ブラウン，アーチー（著），小泉直美・角田安正（訳）（2008）『ゴルバチョフ・ファクター』藤原書店

❋ プーチン

kremlin.ru　[kremlin.ru/events/president/news/56477/photos/51889（2019年8月14日閲覧）]

[参]朝日新聞国際報道部他（2015）『プーチンの実像―証言で暴く「皇帝（ツァーリ）」の素顔』朝日新聞出版

[参]プーチン, V. V.（述）, ゲヴォルクヤン, N. 他（著）, 高橋則明（訳）（2000）『プーチン, 自らを語る』扶桑社

❋ 官僚制
[参]久保英雄（2005）『歴史のなかのロシア文学』ミネルヴァ書房
[参]横手慎二（編著）（2015）『ロシアの政治と外交』放送大学教育振興会

❋ 勲章とメダル
[参]小川賢治（2009）『勲章の社会学』晃洋書房

❋ 指導者（皇帝）崇拝
[参]瀧口順也（2017）「スターリニズムの表象と社会動員」浅岡善治他（編）『人間と文化の革新―ロシア革命とソ連の世紀（第4巻）』岩波書店, pp.125-149

[参]Wortman, R. S.（1995-2000）*Scenarios of Power: Myth and Ceremony in Russian Monarchy (vol.1-2)*. Princeton University Press

❋ 農民
Obolensky, C.（1979）*The Russian Empire, A Portrait in Photographs*. Random House

❋ コサック
Пиратский, К.К.（1862）Перемены в обмундировании и вооружении войск российской Императорской армии, Военная типография, 1857-1881

[参]阿部重雄（1981）『コサック』教育社歴史新書
[参]小山　哲・中井和夫（1998）「貴族の共和国とコサックの共和国」伊東孝之他（編）『ポーランド・ウクライナ・バルト史』山川出版社, pp.115-174

❋ 決闘と舞踏会
[参]*Востриков, А.В.*（2014）Книга о русской дуэли. АЗБУКА
[参]*Захарова, О.Ю.*（2016）История балов императорской России. Центрполиграф

❋ 社会主義・共産主義
[参]メイリア, マーティン（著）, 白須英子（訳）（1997）『ソヴィエトの悲劇―ロシアにおける社会主義の歴史1917〜1991（上・下）』草思社
[参]和田春樹（1992）『歴史としての社会主義』岩波新書

❋ 流刑
[参]ケナン, ジョージ（著）, 左近　毅（訳）（1996）『シベリアと流刑制度Ⅰ, Ⅱ』叢書・ウニベルシタス, 法政大学出版局

❋ 収容所
[参]アプルボーム, アン（著）, 川上　洸（訳）（2006）『グラーグ―ソ連集中収容所の歴史』白水社

引用・参照文献　　747

［参］シャラーモフ，ヴァルラム（著），高木美菜子（訳）（1999）『極北コルィマ物語』朝日新聞社

☀ 軍隊・準軍隊・警察・保安機関
［参］乾　一宇（2011）『力の信奉者ロシア―その思想と戦略』JCA出版
［参］小泉　悠（2016）『軍事大国ロシア―新たな世界戦略と行動原理』作品社

☀ ピョートル大帝
［参］土肥恒之（2013）『ピョートル大帝―西欧に憑かれたツァーリ（世界史リブレット人）』山川出版社

☀ エカチェリーナ2世
［参］小野理子（2004）『女帝のロシア』岩波書店
［参］田中良英（2009）『エカチェリーナ2世とその時代』ユーラシア・ブックレット，東洋書店

☀ ニコライ2世
［参］保田孝一（2009）『最後のロシア皇帝ニコライ二世の日記』講談社
［参］リーベン，ドミニク（著），小泉麻耶（訳）（1993）『ニコライⅡ世―帝政ロシア崩壊の真実』日本経済新聞社

【2章　大地と人】

☀ 気候・気象
気象庁「世界の天候データツール（ClimatView月統計値）」data.jma.go.jp　［http://www.data.jma.go.jp/gmd/cpd/monitor/climatview/frame.php（2018年6月16日閲覧）］
［参］飯島慈裕・佐藤友徳（編）（2014）『北半球寒冷圏陸域の気候・環境変動（気象研究ノート）』日本気象学会
［参］白岩孝行（2011）『魚附林の地球環境学―親潮・オホーツク海を育むアムール川』地球研叢書，昭和堂

☀ 水域
［参］加賀美雅弘（編）（2017）『ロシア（世界地誌シリーズ9）』朝倉書店
［参］高橋　裕他（編）（2013）『全世界の河川事典』丸善出版

☀ 森
Минприроды России（2018）Государственный доклад 《О состоянии и об охране окружающей среды Российской Федерации в 2017 году》. Министерство природных ресурсов и экологии Российской Федерации
［参］白岩孝行（2017）「広大な国土と多様な自然」加賀美雅弘（編）『ロシア（世界地誌シリーズ9）』朝倉書店，pp.10-18
［参］セレーブリーニ，L.（著），田辺　裕（監訳），木村英亮（訳）（1998）「自然地理」『ロシア・北ユーラシア（図説大百科 世界の地理14）』朝倉書店，pp.1914-1923

❋ 植物

[参]井上幸三（1996）『マキシモヴィッチと須川長之助―日露植物学界の交流史』岩手植物の会
[参]高橋英樹（2015）『千島列島の植物』北海道大学出版会

❋ 動物

[参]関　啓子（2018）『トラ学のすすめ―アムールトラが教える地球環境の危機』三冬社

❋ 農業

[参]長友謙治（2011～）『カントリーレポート・ロシア（平成23年度以降毎年公表）』農林水産政策
　　研究所［http://www.maff.go.jp/primaff/seika/kokusai/russia.html］
[参]山村理人（1997）『ロシアの土地改革：1989～1996年』多賀出版

❋ 村落―農民文化の揺籃

ロシア統計年鑑（2014）Российский статистический ежегодник 2014, Росстат, С.93
[参]野部公一・崔　在東（編著）（2012）『20世紀ロシアの農民世界』日本経済評論社
[参]野部公一（2016）「分化進むロシア農村―周辺集落の消失」『専修経済学論集』50（3），pp.103-
　　115，専修大学経済学会

❋ 狩猟・漁労・牧畜

[参]アクサーコフ，S. T.（著），貝沼一郎（訳）（1989）『釣魚雑筆』岩波文庫
[参]*Бедель，В. В. ред.*（1998）Русская охота энциклопедия. Большая российская
　　энциклопедия

❋ ロシア的狩猟の今昔

spb.aif.ru　［http://www.spb.aif.ru/society/people/dnevniki_matilda_i_ohota_7_interesnyh_faktov_
　　iz_lichnoy_zhizni_nikolaya_ii（2019年8月14日閲覧）］
[参]*Бутромеева，В.П.，Бутромеева，В.В. ред.*（2017）Русская охота.
[参]*Ерофеев，С. Н.*（2017）Энциклопедия охоты.
[参]*Кутепов，Н.И.*（1896）Великокняжеская и царская охота на Руси с X по XVI век.

❋ 住民

[参]関　啓子（2002）『多民族社会を生きる―転換期ロシアの人間形成』新読書社

❋ 地域・民族・文化②北ロシア

[参]プリーシヴィン，ミハイル（著），大田正一（訳）（1996）『森と水と日の照る夜―セーヴェル民
　　俗紀行』成文社
[参]望月哲男（2003）「ロシアの北／北のロシア」『現代文芸研究のフロンティア（Ⅳ）（スラブ研究
　　センター研究報告シリーズNo.93）』スラブ・ユーラシア研究センター，pp.89-100

❋ 地域・民族・文化③シベリア・極東

[参]加藤九祚（2018）『シベリアの歴史　新装版』紀伊國屋書店
[参]永山ゆかり・吉田　睦（編）（2018）『アジアとしてのシベリア―ロシアの中のシベリア先住民
　　世界』勉誠出版

❀ 地域・民族・文化④沿ヴォルガ

[参]望月哲男・前田しほ（編）（2012）『文化空間としてのヴォルガ』北海道大学スラブ研究センター

❀ 地域・民族・文化⑤コーカサス・黒海沿岸

[参]北川誠一他（編著）（2006）『コーカサスを知るための60章』明石書店

❀ 極地の探検と開発

[参]南極OB会編集委員会（編）（2015）『北極読本―歴史から自然科学，国際関係まで』成山堂書店

[参]ホランド，クライブ（著），太田昌秀（訳）（2013）『北極探検と開発の歴史―完全版』同時代社

❀ モスクワ

igormukhin.com　[http://igormukhin.com/album/moscow/（2019年8月21日閲覧）]

[参]木村　浩（1992）『モスクワ（世界の都市の物語11）』文藝春秋

[参]ギリャロフスキー，B. A.（著），村手義治（訳）（1990）『帝政末期のモスクワ』中公文庫

❀ クレムリン・赤の広場・レーニン廟

[参]亀山郁夫（2003）『熱狂とユーフォリア―スターリン学のための序章』平凡社

[参]ズバルスキー，イリヤ・ハッチンソン，サミュエル（著），赤根洋子（訳）（2000）『レーニンをミイラにした男』文藝春秋

[参]メリデール，キャサリン（著），松島芳彦（訳）（2016）『クレムリン―赤い城塞の歴史（上・下）』白水社

❀ サンクト・ペテルブルグ

[参]大石雅彦（1996）『聖ペテルブルク』水声社

[参]近藤昌夫（2014）『ペテルブルク・ロシア―文学都市の神話学』未知谷

❀ シベリア鉄道

[参]地球の歩き方編集室（編）（2019）『地球の歩き方　極東ロシア　シベリア　サハリン』ダイヤモンド・ビッグ社

[参]藤原　浩（2008）『シベリア鉄道―洋の東西を結んだ一世紀』ユーラシア・ブックレット，東洋書店

❀ 都市と交通の空間

[参]鳩山紀一郎（2016）「都市―ロシアの都市インフラ・ビジネスの可能性」塩川伸明・池田嘉郎（編）『社会人のための現代ロシア講義』東京大学出版会，pp.169-197

❀ 公共交通

[参]エロフェーエフ，ヴェネディクト（著），安岡治子（訳）（1996）『酔どれ列車，モスクワ発ペトゥシキ行』国書刊行会

[参]ブルガーコフ，ミハイル（著），水野忠夫（訳）（2015）『巨匠とマルガリータ』岩波文庫

❈ 記念碑

[参]エトキント, アレクサンドル (著), 平松潤奈 (訳) (2018)「ハードとソフト」『ゲンロン』7, pp.159-183

[参]前田しほ (2015)「スターリングラード攻防戦の記憶をめぐる闘争：象徴空間としての戦争記念碑」『思想』岩波書店, 1096, pp.153-170

❈ 祝典とパレード

Архипов, В. М., Репин, И. П. ред. (1987) Военные парады на красной площади. Военное Издательство

❈ 聖地・世界遺産

[参]櫻間 瑛 (2012)「文明の交差点における歴史の現在―ボルガル遺跡とスヴィヤシスク島の「復興」プロジェクト」望月哲男・前田しほ (編)『文化空間としてのヴォルガ (スラブ・ユーラシア研究報告集)』北海道大学スラブ研究センター, pp.157-174

[参]高橋沙奈美 (2018)『ソヴィエト・ロシアの聖なる景観―社会主義体制下の宗教文化財, ツーリズム, ナショナリズム』北海道大学出版会

❈ 環境問題

Государственный доклад (2018)《О состоянии и об охране окружающей среды Российской Федерации в 2017 году.》Минприроды России ［http://www.mnr.gov.ru/upload/medialibrary/doklad_2017.pdf (2019年4月19日閲覧)］

Государственный доклад (2018) О состояние окружающей среды Российской Федерации в 2017 году. Минприроды России. C.15

РИА Новости (31.08.2018) В России площадь лесных пожаров в 2018 году составила три миллиона гектаров ［https://ria.ru/20180831/1527616962.html (2019年4月19日閲覧)］

UNFCCC INDC (2015) Russian Submission INDC, United Nations Framework Convention on Climate Change (UNFCCC) (01.04.2015) ［https://www4.unfccc.int/sites/submissions/INDC/Published%20Documents/Russia/1/Russian%20Submission%20INDC_rus.doc (2019年4月19日閲覧)］

[参]菊間 満・林田光祐 (2004)『ロシア極東の森林と日本』ユーラシア・ブックレット, 東洋書店

[参]德永昌弘 (2013)『20世紀ロシアの開発と環境―「バイカル問題」の政治経済学的分析』北海道大学出版会

❈ チェルノブイリ

chnpp.gov.ua ［https://chnpp.gov.ua/ru/component/phocagallery/category/8-avariya-1986-roku-2 (2018年6月25日閲覧)］

[参]尾松 亮 (2016)『3.11とチェルノブイリ法―再建への知恵を受け継ぐ』東洋書店新社

[参]チェルノブイリ法の正式名称

Закон РФ от 15 мая 1991 г. N 1244-I ""О социальной защите граждан, подвергшихся воздействию радиации вследствие катастрофы на Чернобыльской АЭС""

[参]馬場朝子・尾松 亮 (2016)『原発事故 国家はどう責任を負ったか―ウクライナとチェルノブイリ法』東洋書店新社

引用・参照文献 751

❈ ロシアの空間的自己イメージ
[参]望月哲男（2008）「ロシアの空間イメージによせて」松里公孝（編）『講座スラブ・ユーラシア学3ユーラシア―帝国の大陸』講談社
[参]Ely, Christopher（2002）*This Meager Nature: Landscape and National Identity in Imperial Russia.* Northern Illinois UP

❈ 白樺と熊
Рябова Т.（2012）Медведь как символ России: социологическое измерение // «Русский медведь»: История, семиотика, политика / под ред. О. В. Рябова и А. де Лазари. НЛО, С. 338

❈ サハリン島
北海道（2016）「平成27年北海道の対ロシア貿易概況（確報値）」pref.hokkaido.lg.jp　［http://www.pref.hokkaido.lg.jp/kz/ksk/h27oueki.pdf（2018年6月27日閲覧）］
[参]原　暉之（編著）（2011）『日露戦争とサハリン島』スラブ・ユーラシア叢書，北海道大学出版会
[参]原　暉之・天野尚樹（編著）（2017）『樺太四〇年の歴史―四〇万人の故郷』全国樺太連盟

【3章　信仰】

❈ スラヴの神々
infourok.ru　［https://infourok.ru/prezentaciya-po-literaturnomu-chteniyu-slavyanskie-bogi-3307357.html（2019年8月14日閲覧）］
[参]三浦清美（2004, 2005）「中世ロシアの異教信仰ロードとロジャニツァ」『電気通信大学紀要（17, 18巻）』（web閲覧可能）

❈ ロシア正教会
[参]クリメント北原史門（2016）『正教会の祭と暦』群像社
[参]高橋保行（1980）『ギリシャ正教』講談社学術文庫

❈ 正教会とその習慣
[参]クリメント北原史門（2016）『正教会の祭と暦』群像社
[参]高橋保行（1980）『ギリシャ正教』講談社学術文庫

❈ ロシア正教会の聖歌
[参]クリメント北原史門（2016）『正教会の祭と暦』群像社
[参]コワリョフ（著），ウサミナオキ（訳）（1996）『ロシア音楽の原点―ボルトニャンスキーの生涯』新読書社

❈ 教会建築
[参]Brumfield, W. C.（2004）*A History of Russian Architecture.* Univ. of Washington Press

❀ 修道院

[参]阪本秀昭・中澤敦夫（編著）(2019)『ロシア正教古儀式派の歴史と文化』明石書店

[参]三浦清美 (2003)『ロシアの源流—中心なき森と草原から第三のローマへ』講談社選書メチエ

❀ 歴史的な聖堂

sofiyskiy-sobor.polnaya.info ［http://sofiyskiy-sobor.polnaya.info/arhitectura_i_rozpisi_
　　sofiyskogo_sobora.shtml (2018年6月9日閲覧)]

[参]廣岡正久 (2013)『東方正教会・東方諸教会（キリスト教の歴史3)』山川出版社

[参]*Аксенова, М. глав. ред.* (2006) Русские Храмы. Мир Энциклопедий

❀ 巡礼

[参]中西裕人 (2017)『孤高の祈り—ギリシャ正教の聖山アトス』新潮社

[参]*Громыко, М.М., Буганов, А.В.* (2000) О воззрениях русского народа. Паломник

❀ 聖人・聖愚者

[参]ヴォドラスキン，エヴゲーニー（著），日下部陽介（訳)(2016)『聖愚者ラヴル』作品社

[参]高橋沙奈美 (2017)「レニングラードの福者（ブラジェーンナヤ）クセーニヤ—社会主義体制
　　下の聖人崇敬」『宗教研究』91 (3)，pp.25-48

[参]三浦清美 (2011)「ボリスとグレープの列聖」『エクフラシス（1号)』早稲田大学ヨーロッパ中
　　世・ルネサンス研究所，pp.138-152

❀ 聖遺物崇敬

vestiregion.ru ［http://vestiregion.ru/2011/02/25/moshhi-prepodobnogo-serafima-sarovskogo-
　　dostavleny-vo-vladivostok/ (2018年6月8日閲覧)]

pravoslavie.ru ［http://www.pravoslavie.ru/sas/image/100877/87759.b.jpg (2018年6月8日閲覧)]

[参]秋山　聰 (2009)『聖遺物崇敬の心性史—西洋中世の聖性と造形』講談社選書メチエ

[参]御子柴道夫 (1993)『ロシア精神のゆくえ—聖と俗の対話』NTT出版

❀ ラスプーチン

ラジンスキー，エドワード（著），沼野充義・望月哲男（訳)(2004)『真説ラスプーチン（上下)』日
　　本放送出版協会，巻頭写真より

[参]ユスポフ，フェリクス公爵（著），原　瓦全（訳)(1994)『ラスプーチン暗殺秘録』青弓社

❀ 救世主キリスト大聖堂

[参]有宗昌子 (1995)「モスクワ救世主ハリストス大聖堂再建論争」『えうゐ—ロシアの文学・思想』
　　27・28合併号，pp.103-108

[参]*Иванова, Г.А. сост.* (1992) Храм Христа Спасителя в Москве. Планета

[参]*Чибинеев, С.М. сост.* (2004) Храм Христа Спасителя. Триада

❀ 現代のロシア正教会と信者

wciom.ru ［https://wciom.ru/news/ratings/odobrenie_deyatelnosti_obshhestvennyx_institutov/
　　(2019年5月22日)]

[参]高橋沙奈美 (2019)「つながりロシア　第6回　ウクライナ正教会独立が招いたさらなる分断」

『ゲンロンβ』ゲンロン，（36），pp.58-111

[参]津久井定雄・有宗昌子（編著）（2009）『ロシア―祈りの大地』大阪大学出版会

❊ 古儀式派とセクト

Таранец, С. (2012) Старообрядчество в российской империи (конец XVII – начало XX века). Т.1. Киев. С. 216

[参]阪本秀昭・伊賀上菜穂（2007）『旧「満州」ロシア人村の人々―ロマノフカ村の古儀式派教徒』ユーラシア・ブックレット，東洋書店

[参]中村喜和（1997）『聖なるロシアの流浪』平凡社

[参]ニコリスキー，N. M.（著），宮本延治（訳）（1990）『ロシア教会史』恒文社

❊ 世界主要宗教諸派

[参]長縄宣博（2017）『イスラームのロシア―帝国・宗教・公共圏1905 – 1917』名古屋大学出版会

[参]Werth, P. W.（2014）*The Tsar's Foreign Faiths: Toleration and the Fate of Religious Freedom in Imperial Russia.* Oxford University Press

❊ イースターエッグ（パスハの卵）

[参]*Афанасьев, А. Н.*（2014）Мифы древних славян. РИПОЛ Классик

[参]*Шмелев, И.С.*（1990）Лето господне. Богомолье. Московский рабочий

【4章　民衆文化】

❊「民衆」とフォークロア

[参]伊東一郎（編）（2005）『ロシアフォークロアの世界』群像社

[参]ヤーコブソン，ロマーン・ボガトゥイリョーフ，ピョートル（著）（1985）「創造の特殊な形態としてのフォークロア」川本茂雄（編），千野栄一（監訳）『ロマーン・ヤーコブソン選集』3，大修館書店

❊ 農村の暮らし

高倉浩樹（2000）『社会主義の民族誌―シベリア・トナカイ飼育の風景』東京都立大学出版会

[参]高倉浩樹（編）（2012）『極寒のシベリアに生きる―トナカイと氷と先住民』新泉社

❊ 伝統的な遊びと踊り

[参]ロシア・フォークロアの会なろうど（編著）（2018）『ロシアの歳時記』東洋書店新社

[参]ロシア・フォークロア談話会（編）（1984）『なろうど（特集―遊び）』(9)，ロシア・フォークロアの会

[参]大林太良他（編）（1998）『民族遊戯大事典』大修館書店

❊ マースレニツァと春迎え

Некрылова, А.Ф.（1984）Русские народные городские праздники, увеселения и зрелища. Конец XVIII – начало XX века. Л. Искусство

2017年，チュメニでのマースレニツァ 72.ru　[https://72.ru/text/gorod/397921392840705.html（2018

年 6 月 17 日閲覧）]
［参］ロシア・フォークロアの会なろうど（編著）（2018）『ロシアの歳時記』東洋書店新社

✺ トロイカと馬
［参］伊東一郎（2006）「ルサルカと馬－『河童駒引考』への傍注として」『なろうど』（52），ロシア・
　　フォークロアの会
［参］伊東一郎（2018）「二つの「トロイカ」」『なろうど』（76），ロシア・フォークロアの会

✺ 神々と悪魔
「捕らえられたレーシー」（18 世紀のルボーク）bestiary.us ［https://www.bestiary.us/images/
　　chudo-lesnoe-pojmano-vesnoju（2018 年 6 月 27 日閲覧）]
「ヴォジャノイ」（イワン・ビリービン画 1934 年）bestiary.us ［https://www.bestiary.us/images/
　　vodjanoj-risunok-ibilibina（2018 年 6 月 27 日閲覧）]
「ドモヴォイ」（イワン・ビリービン画 1934 年）bestiary.us ［https://www.bestiary.us/images/
　　domovoj-risunok-ivana-bilibina（2018 年 6 月 27 日閲覧）]
「ルサールカ」（イワン・ビリービン画 1934 年）bestiary.us ［https://www.bestiary.us/images/
　　rusalka-v-tradicionnom-slavjanskom-predstavlenii-risunok-ivana-bilibina（2018 年 6 月 27 日
　　閲覧）]
「金持ちの夢に現れた悪魔たち」（1894 年のルボーク）grafika.ru ［http://grafika.ru/item/07-
　　005138?r=62665（2018 年 6 月 27 日閲覧）]
［参］伊東一郎（2002）「スラヴの神話伝説」吉田敦彦他（共著）『世界の神話伝説―総解説』改訂増
　　補版，自由國民社
［参］齋藤君子（著），スズキコージ（画）（1999）『ロシアの妖怪たち』大修館書店
［参］佐野洋子（2008）『ロシヤの神話』三弥井書店

✺ 呪術と占い
Gazeta.ru（Газета.ru）による 2016 年 10 月 31 日 11:26 の報道
　　「調査結果：三分の一以上のロシア国民が呪術と呪いを信じている（Опрос: более трети
　　россиян верят в колдовство и порчу）」［https://www.gazeta.ru/social/news/2016/10/31/
　　n_9279221.shtml（2019 年 8 月 23 日閲覧）]
［参］藤原潤子（2010）『呪われたナターシャ―現代ロシアにおける呪術の民族誌』人文書院
［参］Ryan, W. F.（1999）*The Bathhouse at Midnight: An Historical Survey of Magic and Divination
　　in Russia.* The Pennsylvania State University Press

✺ 魔女
［参］アファナーシエフ，A. F.（編），中村喜和（編訳）（1987）『ロシア民話集（上下）』岩波文庫
［参］栗原成郎（1996）『ロシア民俗夜話―忘れられた古き神々を求めて』丸善ライブラリー
［参］白石治朗（1997）『ロシアの神々と民間信仰―ロシア宗教社会史序説』彩流社

✺ 女性の装い
Соснина, Н., Шангина, И.（1998）Русский традиционный костюм:Иллюстрированная
　　энциклопедия. Искусство
Шангина, И.И.（2003）Русский традиционный быт. Энциклопедический словарь. Азбука-

クラシカ

[参]ルイーンジン，V.（編），芹川嘉久子（訳）（1974-1976）『ロシアのコスチューム Ⅰ - Ⅴ』丸ノ内出版

[参]ロシア・フォークロアの会なろうど（編著）（2018）『ロシアの歳時記』東洋書店新社

❋ 男性の装い

Виноградова, Н.（1969）Русский народный костюм（Мужской костюм Архангельской губернии）. Москва, Худ. Изд-во Изобразительное искусство

Соснина, Н., Шангина, И.（2006）Русский традиционный костюм: Иллюстрированная энциклопедия. Искусство

[参]ロシア・フォークロアの会なろうど（編著）（2018）『ロシアの歳時記』東洋書店新社

❋ 木工芸の伝統

Бобринский, А.А.（2011）Народные русские деревянные изделия: предметы домашнего, хозяйственного и отчасти церковного обихода. Издательство В. Шевчук

Богуславская, И.Я.（2007）Народное искусство. Путеводитель. Русский музей

Богуславская, И.Я.（2009）Русское народное искусство. Краткая энциклопедия. Русский музей

[参]ロシア・フォークロアの会なろうど（編著）（2018）『ロシアの歳時記』東洋書店新社

[参]Hilton, A. L.（1995）*Russian Folk Art*. Indiana University Press

❋ マトリョーシカとその他民芸品

[参]ゴロジャーニナ，スヴェトラーナ（著），有信優子（訳）（2013）『ロシアのマトリョーシカ』スペースシャワーブックス

[参]鈴木伊佐夫・松沢孝明（2007）『ロシア陶磁器グジェーリ―白とコバルトブルーの魅力』ユーラシア・ブックレット，東洋書店

❋ ブィリーナと歌物語

[参]伊東一郎（編）（2005）『ロシアフォークロアの世界』群像社

[参]熊野谷葉子（2017）『ロシア歌物語ひろい読み』慶應義塾大学出版会

❋ 昔話

[参]アファナーシエフ，アレクサンドル・N.（編），中村喜和（訳）（2006）『ロシア好色昔話大全』平凡社

[参]中村喜和（編訳）（1987）『アファナーシエフ　ロシア民話集（上下）』岩波文庫

[参]プロップ，ウラジーミル（著），齋藤君子（訳）（1983）『魔法昔話の起源』せりか書房

[参]プロップ，ウラジーミル（著），齋藤君子（訳）（1986）『ロシア昔話』せりか書房

[参]プロップ，ウラジーミル（著），北岡誠司・福田美智代（訳）（1987）『昔話の形態学』白馬書房

[参]*Афанасьев, А.Н.*（1865-69）Поэтические воззрения славян на природу.Т.1-3. издание К. Солдатенкова.

[参]*Бараг, Л.Г., Березовский, И.П., Кабашников, К.П., Новиков, Н.В. сост.*（1979）Сравнительный указатель сюжетов. Восточнославянская сказка. Л［http://www.ruthenia.ru/folklore/sus/index.htm（2019 年 8 月 23 日閲覧）］

❋ ことわざ

[参]栗原成郎 (2007)『諺で読み解くロシアの人と社会』ユーラシア・ブックレット，東洋書店

[参]八島雅彦 (編著) (2011)『ロシア語名言・名句・ことわざ辞典』東洋書店

❋ アネクドート （小咄）

「アネクドート人気キャラクター top10」(2008 年，雑誌『ロシア・レポーター』）［http://www. rusrep.ru/2008/28/geroi_anekdotov (2018 年 6 月 27 日閲覧)］

[参]今田和美 (2001)「ソ連アネクドート研究史観」『現代文芸研究のフロンティアⅡ （北海道大学スラブ研究センター研究報告シリーズ No.76)』北海道大学スラブ研究センター，pp.32-45

[参]川崎 浹 (1999)『ロシアのユーモア―政治と生活を笑った三〇〇年』講談社選書メチエ

[参]さとう好明 (2007)『ロシアのジョーク集―アネクドートの世界』ユーラシア選書，東洋書店

[参]ユルチャク，アレクセイ (著)，半谷史郎 (訳) (2017)『最後のソ連世代―ブレジネフからペレストロイカまで』みすず書房

❋ チャストゥーシカ （小唄）

[参]伊東一郎 (編) (2005)『ロシアフォークロアの世界』群像社

[参]熊野谷葉子 (2007)『チャストゥーシカ―ロシアの暮らしを映す小さな歌』ユーラシア・ブックレット，東洋書店

❋ バラライカ

[参]柚木かおり (2006)『民族楽器バラライカ』ユーラシア・ブックレット No. 88，東洋書店

[参]柚木かおり (2016)「ロシアの民俗バラライカの演奏文化の再興」『東洋音楽研究』(81)，pp.137-150

【5章　生活】

❋ 憲法とロシア人の法意識

[参]渋谷謙次郎 (2015)『法を通してみたロシア国家―ロシアは法治国家なのか』ウェッジ

[参]森下敏男 (2001)『現代ロシア憲法体制の展開』信山社

❋ 世論調査にみるロシア人の価値観

[参]鈴木義一 (2007)「ロシア社会と世論」『ロシア・ユーラシア経済―研究と資料』ユーラシア研究所，(900)，pp.76-87

[参]横手慎二・上野俊彦 (編) (2008)『ロシアの市民意識と政治 (叢書 21COE-CCC 多文化世界における市民意識の動態 41)』慶應義塾大学出版会

❋ 新聞・雑誌とテレビ

[参]飯島一孝 (2009)『ロシアのマスメディアと権力』ユーラシア・ブックレット No.133，東洋書店

[参]袴田茂樹 (2012)「ロシアのマスメディアは内政・国際情勢を如何に論じ，報じているか(3)」『青山国際政経論集』87，pp.71-217

✤ 年金制度

cartoon.kulichki.com ［http://cartoon.kulichki.com/money/money443.htm（2019年3月30日閲覧）］

［参］大津定美（2006）「プーチン年金改革と福祉現金化政策の挫折：ロシア年金改革動向2003-5年」『大阪産業大学経済論集』7（3），pp.437-454

［参］大津定美（2012）「高齢化と年金保障―危機的問題構造の日本とロシアの対比」『龍谷大学経済学論集』51（4），pp.41-55

［参］篠田　優（2003）「第五章　ロシアの新年金制度」『プーチン政権におけるロシア社会・労働法制の改革（平成14年度外務省委託研究報告書）』日本国際問題研究所，pp.85-105

✤ エチケット

［参］マルガリータ冨田（著），井桁貞義（訳）（2000）『ロシア・エチケットへの旅―ロシアの人々と楽しく，気楽につきあうための7章』ユーラシア・ブックレット，東洋書店

✤ 友達付き合い

［参］ヴィエルジュビツカ，アンナ（著），谷口伊兵衛（訳）（2009）『キーワードによる異文化理解』而立書房（ロシア語の「友情」に関する詳細な言語学的分析を含む）

✤ 住居

Баранов, Д.А., Баранова, О.Г., Мадлевская, Е.Л. идр. （2004）Русская изба（Внутреннее пространство, убранство дома, мебель, утварь）Иллюстрированная энциклопедия. Искусство. С. 31

Раппопорт, П.А. （1975）Древнерусское жилище.// Археология СССР：свод археологических источников / под общей редакцией Б.А. Рыбакова. Е1-32. С.158

コムナルカの見取り図 kommunalka.colgate.edu ［http://kommunalka.colgate.edu/photo_lg/kk_pl001_dobr.jpg（2019年6月25日閲覧）］

［参］島　之夫（1974）『ソビエトの民家と社会』古今書院

［参］ムラギルディン，リシャット（2002）『ロシア建築案内』TOTO出版

✤ 蒸風呂（バーニャ）と暖炉（ペーチ）

Баранов, Д.А., Баранова, О. Г., Мадлевская, Е. Л. идр. （2004）Русская изба（Внутреннее пространство, убранство дома, мебель, утварь）Иллюстрированная энциклопедия. Искусство, С. 49

Бломквист, Е.Э. （1956）Крестьянские постройки русских, украинцев и белорусов （поселения, жилища и хозяйственные строения）. //Восточнославянский этнографический сборник. Труды института этнографии. 31, С. 343

Ровинский, Д. （1900）Народные русские картинки. Т.1. С. 156

［参］リピンスカヤ，V. A.（編），齋藤君子（訳）（2008）『風呂とペチカ―ロシアの民衆文化』群像社

［参］ロシア・フォークロアの会なろうど（編著）（2018）『ロシアの歳時記』東洋書店新社

✤ 別荘（ダーチャ）と菜園の恵み

artchive.ru/artists ［https://artchive.ru/artists/1059~Boris_Mikhajlovich_Kustodiev/works/26061~Na_terrase（2019年4月1日閲覧）］

Росстат ［http://www.gks.ru/wps/wcm/connect/rosstat_main/rosstat/ru/statistics/enterprise/

economy/# （2019 年 4 月 19 日閲覧）]

ВЦИОМ ［https://infographics.wciom.ru/theme-archive/society/religion-lifestyle/leisure/article/
russkaja-dacha-milyi-dom-bez-udobstv-gaza-i-podezdnykh.html （2019 年 4 月 21 日閲覧）]

Lovell, S.（2003）*Summerfolk : a history of the dacha, 1710-2000.* Cornell UP

［参］荻野恭子・沼野恭子（2006）『家庭で作れるロシア料理—ダーチャの菜園の恵みがいっぱい』
河出書房新社

［参］豊田菜穂子（2013）『ダーチャですごす緑の週末—ロシアに学ぶ農ある暮らし』WAVE 出版

［参］福間加容（2011）「ロシアの田園詩，ダーチャ」『ロシア文化の方舟—ソ連崩壊から 20 年』東洋
書店

❋ 医療制度

［参］衣川靖子（2015）「ロシアの保険医療事情と政策・制度の動向」『海外社会保障研究』191,
pp.16-30

［参］衣川靖子（2016）「ロシアの医療事情と政策の動向—改革の歪みが表面化した 2015 年（特集 保
健医療ビジネスのフロンティア）」『ロシア NIS 調査月報』61（2），pp.28-42

❋ 民間療法

［参］藤原潤子（2010）『呪われたナターシャ—現代ロシアにおける呪術の民族誌』人文書院

［参］リピンスカヤ，V. A.（編），齋藤君子（訳）（2008）『風呂とペチカ—ロシアの民衆文化』群像社

［参］*Толстой, С.М. отв. ред.*（1995-2012）Славянские древности. Т.1-5. Международные
отношения

❋ ジェンダーとセクシャリティ

ロシア統計局資料 Росстат（2016）Женщины и мужчины России 2016

ISSP 2002 Family and Changing Gender RolesIII statmath.wu.ac.at ［http://statmath.wu.ac.at/
courses/CAandRelMeth/issp02.pdf（2019 年 3 月 26 日閲覧）]

ISSP 2012 Family and Changing Gender Roles IV: Questionnaire Development gesis.org
［https://www.gesis.org/fileadmin/upload/forschung/publikationen/gesis_reihen/gesis_
methodenberichte/2014/TechnicalReport_2014-19.pdf（2019 年 3 月 26 日閲覧）]

レヴァダセンターウェブサイト levada.ru ［http://www.levada.ru/03-07-2013/dominiruyushchee-
bolshinstvo-rossiyan-protiv-propagandy-gomoseksualizma（2015 年 9 月 6 日閲覧，現在閲覧不
可）

Novayagazeta ウェブサイト novayagazeta.ru ［https://www.novayagazeta.ru/news/2018/01/11/
138536-levada-tsentr-dolya-osuzhdayuschih-odnopolye-svyazi-rossiyan-vpervye-za-20-let-
prevysila-80（2019 年 3 月 26 日閲覧）]

［参］伊藤公雄・牟田和恵（編）（2015）『ジェンダーで学ぶ社会学』世界思想社

［参］上野千鶴子（2015）『セクシュアリティをことばにする—上野千鶴子対談集』青土社

❋ 恋愛・結婚・離婚

ステパノワ，オリガ（2018）「ロシアの離婚統計（2018 年 3 月 11 日）」［http://sudsistema.ru/
category-19/statistika-razvodov-v-rossii-2018.php（2018 年 6 月 27 日閲覧）]

ロシア連邦統計局資料ロシア人口統計年鑑（2017）［http://www.gks.ru/free_doc/doc_2017/
demo17.pdf（2018 年 6 月 27 日閲覧）]

HeadHunter（2012）ria.ru　[https://ria.ru/society/20120706/693275007.html（2018年6月27日閲覧）]
SPUTNIK（2018）「ロシアで婚姻件数が上昇した意外な理由とは」[https://jp.sputniknews.com/life/201802124567172/（2018年6月27日閲覧）]

❋ 結婚儀礼
mu.sastawork.ru　[http://mu.sastawork.ru/svadba-russkie-tulskaya-gub-1902-g-fondy-rem（2018年6月26日閲覧）]
[参]伊賀上菜穂（2013）『ロシアの結婚儀礼—家族・共同体・国家』彩流社
[参]コトシーヒン, G. K.（著），松木栄三（編訳）（2003）『ピョートル前夜のロシア—亡命ロシア外交官コトシーヒンの手記』彩流社

❋ 家庭生活・子育て
[参]油家みゆき・阿部昇吉（2015）『子育てのロシア語』スラヴァ書房
[参]松川直子（2013）「ロシアの子育て事情」『カスチョール』（31），pp.60-65
[参]マルガリータ冨田（著），井桁貞義（訳）（2003）『ロシア人・生まれてから死ぬまで—その習慣・儀礼・信仰』ユーラシア・ブックレット，東洋書店

❋ 葬儀と墓地
golos.io　[https://golos.io/mapala/@manavendra/sankt-peterburg-aleksandro-nevskaya-lavra-nekropol]
[参]中堀正洋（2010）『ロシア民衆挽歌—セーヴェルの葬礼泣き歌』成文社
[参]ロシア・フォークロアの会なろうど（編著）（2018）『ロシアの歳時記』東洋書店新社

❋ 度量衡と世界観
[参]*Каменцева, Е.И.*（1975）Устюгов Н.В. Русская метрология. Высшая школа.
[参]*Романова, Г.Я.*（2017）Объяснительный словарь старинных русских мер. Университет Дмитрия Пожарского

❋ カレンダー
[参]クリメント北原史門（2015）『正教会の祭と暦』ユーラシア文庫，群像社
[参]スイチン, イワン（著），松下　裕（訳）（1991）『本のための生涯』図書出版社

❋ 切手と貨幣
[参]*Зверев, А.В.*（2018）Каталог почтоых марок Российской империи, РСФСР и СССР 1857-1960. RussianStamps.ru

❋ 冬の暮らし
artpoisk.info　[http://artpoisk.info/museum/chastnaya_kollekciya/korovin_konstantin_alekseevich_1861/russkaya_derevnya_zimoy/ （2018年6月28日閲覧）]
og.ru　[https://og.ru/society/2015/12/24/krasnuyu-ploshchad-v-novogodnyuyu-noch-zakroyut-dlya-prostyh-moskvichey（2018年6月28日閲覧）]
Russiabeyond rbth.com　[https://www.rbth.com/arts/lifestyle/2017/08/08/6-russian-habits-you-should-adopt-asap_818786（2018年6月28日閲覧）]

spb.kp.ru〔https://www.spb.kp.ru/photo/gallery/71972/（2018年6月28日閲覧）〕

［参］ロシア・フォークロアの会なろうど（編著）（2018）『ロシアの歳時記』東洋書店新社

❋ 毛皮

ロジオノフ，V.（責任編集），大久保加菜（訳）（2006）『トレチャコフ美術館』国立トレチャコフ美術館，p.36

viart-tm.ru 〔http://www.viart-tm.ru/large_print/canvas_print/fotobank_kartin_hudozhnikov/ivanov_sergey/〕

［参］西村三郎（2003）『毛皮と人間の歴史』紀伊國屋書店

［参］森永貴子（2008）『ロシアの拡大と毛皮交易—16～19世紀シベリア・北太平洋の商人世界』彩流社

❋ 現代ファッション

Аксенова, М.（председатель редакционного совета）（2008）Современная Энциклопеция: Мода и стиль. Мир энциклопедий Аванта +

［参］カターソワ，エレーナ（著），鍋谷真理子（訳）（2011）「ロシアン・ファッション—現代の解釈」長塚英雄（責任編集）『ロシアの文化・芸術—ソ連崩壊20年後のロシアにおける新しい傾向とロシア芸術の魅力の基本的特徴』生活ジャーナル，pp.225-240

［参］松下隆志（2018）「ファッションとポストソ連文化」『ゲンロンβ』（ウェブマガジン）（30）

❋ 行列と日用品の欠乏

片岡靖子・中川正夫（編）（1991）『ロシア・ソビエト事典（週刊ポストデラックス）』小学館

［参］佐藤経明（1975）『現代の社会主義経済』岩波新書

［参］ヤーノシュ，コルナイ（著），盛田常夫（編訳）（1984）『「不足」の政治経済学』岩波現代選書

❋ 読書と「書き取り検定」

［参］ロシア図書庁の出版統計 〔http://www.bookchamber.ru/statistics.html〕

［参］トターリヌィ・ディクタントの公式HP 〔https://totaldict.ru/〕

❋ ニヒリストとスチリャーギ—ロシアのカウンターカルチャー

［参］神岡理恵子（2010）「1950年代の若者文化と現代における最受容の問題—ソ連のスチリャーギをめぐって」『れにくさ』東京大学文学部現代文芸論研究室，（2），pp.86-104

［参］ヒングリー，ロナルド（著），向田　博（訳）（1972）『ニヒリスト—ロシア虚無青年の顛末』みすず書房

【6章　食】

❋ 食文化—飽食と粗食の大きな振れ幅

［参］スミス，R.E.F.・クリスチャン，D.（著），鈴木健夫他（訳）（1999）『パンと塩—ロシア食生活の社会経済史』平凡社

［参］沼野充義・沼野恭子（2006）『ロシア（世界の食文化19）』農文協

❁ 家庭料理と外食

[参]荻野恭子・沼野恭子（2006）『家庭で作れるロシア料理—ダーチャの菜園の恵みがいっぱい』
河出書房新社

❁ 伝統的食材

Похлебкин, В.（2000）Кухня века. Полифакт

[参]スミス, R. E. F.・クリスチャン, D.（著），鈴木健夫他（訳）（1999）『パンと塩—ロシア食生活の
社会経済史』平凡社

[参]沼野充義・沼野恭子（2006）『ロシア（世界の食文化19）』農文協

[参]*Ковалев, В.М., Могильный, Н.П.*（1900）Русская кухня: Традиции и обычаи.
Советская Россия

❁ パンとカーシャ（粥）

[参]クラウス, S. V.・ユソフ, S. M.（著），藤野美香（訳），原田昌博・井上好文（監修）（2018）『伝
統から学ぶロシア製パン』J・I・B

[参]スミス, R. E. F.・クリスチャン, D.（著），鈴木健夫他（訳）（1999）『パンと塩—ロシア食生活の
社会経済史』平凡社

[参]沼野充義・沼野恭子（2006）『ロシア（世界の食文化19）』農文協

❁ ボルシチとピロシキ

[参]荻野恭子（2018）『荻野恭子が伝えるロシア，大地が育む家庭料理』文化出版局

[参]沼野充義・沼野恭子（2006）『ロシア（世界の食文化19）』農文協

[参]リャホフスカヤ, リディア（2000）『ロシア料理』美術出版社

❁ 肉と魚の料理あれこれ

[参]荻野恭子（2018）『荻野恭子が伝えるロシア，大地が育む家庭料理』文化出版局

[参]リャホフスカヤ, リディア（2000）『ロシア料理』美術出版社

❁ スメタナとクリーム

[参]沼野恭子（2009）『ロシア文学の食卓』NHKブックス

[参]ロシア・フォークロアの会なろうど（編著）（2018）『ロシアの歳時記』東洋書店新社

❁ ベリーとキノコ

[参]荻野恭子（2016）『ロシアの保存食』Wave出版

[参]ロシア・フォークロアの会なろうど（編著）（2018）『ロシアの歳時記』東洋書店新社

[参]*Вишневский, М.В.*（2018）Настольная книга начинающего грибника. Проспект. 15 изд.
Переработ. и доп

[参]*Зуев, Д.*（1988）Дары русского леса. Лесная примышленность

❁ ウォトカとビール

[参]エロフェーエフ, ヴェネディクト（著），安岡治子（訳）（1996）『酔どれ列車, モスクワ発ペトゥ
シキ行』国書刊行会

[参]狩野　亨（2005）『ほろ酔い加減のロシア—ウォッカ迷言集』ユーラシア・ブックレット，東洋

書店

❀ お茶とクワスとジュース

[参]スミス，R.E.F.・クリスチャン，D.（著），鈴木健夫他（訳），（1999）『パンと塩―ロシア食生活の社会経済史』平凡社

[参]野中　進他（編）（2011）『ロシア文化の方舟―ソ連崩壊から二〇年』東洋書店

[参]沼野充義・沼野恭子（2006）『ロシア（世界の食文化19）』農文協

❀ サモワール

[参]沼野恭子（2009）『ロシア文学の食卓』NHKブックス

[参]ロシア・フォークロアの会なろうど（編著）（2018）『ロシアの歳時記』東洋書店新社

[参]*Бритенкова, Л. В. и др.*（2009）Самовары России. Хобби Пресс

❀ キャビアと前菜（ザクースカ）

[参]川端香男里他（監修）（1989）『ロシア・ソ連を知る事典』平凡社

[参]米原万里（2004）『旅行者の朝食』文春文庫

❀ スイーツいろいろ

[参]コレヴァ，マリーナ・イヴァシコヴァ，タチアナ（著），神長英輔・大野斉子（訳）（2018）『メイド・イン・ソビエト―二十世紀ロシアの生活図鑑』水声社

[参]米原万里（2004）『旅行者の朝食』文春文庫

❀ 斎戒期の食事

m.ru.sputnik.md　［https://m.ru.sputnik.md/infographics/20180219/17293784/Velikij-post2018-kalendar-pitanija.html?mobile_return=no（2019年3月26日閲覧）］

tass.ru　［https://tass.ru/oprosy-obschestvennogo-mneniya（2019年3月26日閲覧）］

[参]佐藤靖彦（訳）（1984）『ロシアの家庭訓―ドモストロイ』新読書社

[参]沼野充義・沼野恭子（2006）『ロシア（世界の食文化19）』農文協

[参]ロシア・フォークロアの会なろうど（編著）（2018）『ロシアの歳時記』東洋書店新社

❀ ロシアの寿司ブームと村上春樹の人気

[参]沼野充義（2006）「ロシアの村上春樹」『文學界（2006年5月号）』60（5），pp.108-129

[参]沼野充義・沼野恭子（2006）『ロシア（世界の食文化19）』農文協

【7章　娯楽とスポーツ】

❀ 笑いと芸能

[参]マクレイノルズ，ルイーズ（著），高橋一彦他（訳）（2014）『「遊ぶ」ロシア―帝政末期の余暇と商業文化』法政大学出版局

❀ テレビドラマと人気番組

ドラマ「春の十七の瞬間」　kino-teatr.ru　［https://www.kino-teatr.ru/kino/movie/sov/6348/annot/

（2018年6月27日閲覧）］

子供番組「おやすみなさい，こどもたち」spokoinoinochi.ru ［https://www.spokoinoinochi.ru/video2017（2018年6月27日閲覧）］

❀ サーカス
［参］大島幹雄（2015）『「サーカス学」誕生—曲芸・クラウン・動物芸の文化誌』せりか書房
［参］クズネツォフ，エヴゲニイ（著），桑野　隆（訳）（2006）『サーカス—起源・発展・展望』ありな書房

❀ 観光・保養
［参］高橋沙奈美（2018）『ソヴィエト・ロシアの聖なる景観—社会主義体制下の宗教文化財，ツーリズム，ナショナリズム』北海道大学出版会
［参］マクレイノルズ，ルイーズ（著），高橋一彦他（訳）（2014）『「遊ぶ」ロシア—帝政末期の余暇と商業文化』法政大学出版局
［参］Gorsuch, A.E. and Koenker, D.（eds.）（2006）*Turizm: The Russian and East European Tourist under Capitalism and Socialism.* Cornell University Press

❀ 博覧会
［参］池田嘉郎（2010）「ユーラシアの地政学としてのソヴィエト建築学—モスクワ，ノヴゴロド，北京」『地域研究』10（2），pp.90-108
［参］八束はじめ（2015）『ロシア・アヴァンギャルド建築　増補版』LIXIL出版

❀ オリンピックとパラリンピック
［参］里見悦郎（1991）『最新ソビエトスポーツ研究—その歴史と制度』不昧堂出版
［参］リオーダン，ジェームス（著），藤原健固（訳）（1979）『ソビエトのスポーツ—ロシアとソビエト社会主義共和国連邦における体育・スポーツの発達』道和書院

❀ 伝統的遊戯と運動
ゴロトキ jp.rbth.com ［https://jp.rbth.com/arts/sport/2013/05/20/43083（2019年3月31日閲覧）］
［参］阪本秀昭（2009）『ロシアの祭り—民衆文化と政治権力』ユーラシア・ブックレット，東洋書店
［参］ロシア・フォークロアの会なろうど（編著）（2018）『ロシアの歳時記』東洋書店新社

❀ チェス
kasparov.com ［http://www.kasparov.com/gallery/829-2/（2018年6月26日閲覧）］
［参］ウェイツキン，フレッド（著），若島　正（訳）（2014）『ボビー・フィッシャーを探して』みすず書房
［参］ル・リヨネ，フランソワ（著），成相恭二（訳）（1977）『チェスの本』文庫クセジュ，白水社

❀ 新体操とフィギュアスケート
［参］里見悦郎（1991）『最新ソビエトスポーツ研究—その歴史と制度』不昧堂出版
［参］村田隆和（2006）『フィギュアスケート王国ロシア』東洋書店

❈ サッカーとアイスホッケー

[参]宇都宮徹壱（2002）『ディナモ・フットボール—国家権力とロシア・東欧のサッカー』みすず書房

[参]大平陽一（2002）『ロシア・サッカー物語』ユーラシア・ブックレット，東洋書店

❈ サンボ

[参]古賀　徹（2006）『サンボ—ユーラシアに生まれた格闘技』ユーラシア・ブックレット，東洋書店

[参]和良コウイチ（2010）『ロシアとサンボ—国家権力に魅入られた格闘技秘史』晋遊舎

❈ 遊園地・子供の遊び場

[参]油家みゆき・阿部昇吉（2015）『子育てのロシア語』スラヴァ書房

【8章　言葉】

❈ ロシア語の歴史

[参]ヴィノクール，G.O.（著），石田修一（訳編）（1996）『ロシア語の歴史』吾妻書房

[参]佐藤純一（2012）『ロシア語史入門』大学書林

❈ 古教会スラヴ語

[参]木村彰一（1985）『古代教会スラブ語入門』白水社

[参]*Хабургаев, Г.А.* （1974）Старославянский язык. Просвещение

❈ スラヴ語としてのロシア語

[参]三谷惠子（2011）『スラヴ語入門』三省堂

[参]Townsend, C.E. and Janda, L.（1996）*Common and Comparative Slavic: Phonology and Inflection with special attention to Russian, Polish, Czech, Serbo-Croatian, Bulgarian.* Slavica Publishers

❈ ロシア語の特徴

[参]亀井　孝他（編著）（1998）『ヨーロッパの言語（言語学大辞典セレクション）』三省堂

[参]東郷正延他（編）（1988）『研究社露和辞典』研究社

[参]Cubberley, P.（2002）*Russian: A Linguistic Introduction.* Cambridge University Press

❈ ロシア語の文字

pushkininstitute.ru　[https://pushkininstitute.ru/news/2040（2019年3月20日閲覧）]

[参]神山孝夫（2012）『ロシア語音声概説』研究社

[参]小林　潔（2010）「スラヴの文字と文化—グラゴール文字とキリル文字の来歴が示すもの」桑野　隆・長與　進（編著）『ロシア・中欧・バルカン世界のことばと文化』成文堂, pp.38-56

[参]小林　潔（著），阿部昇吉（編）（2016）『ロシア文字への旅』スラヴァ書房（電子版）

❈ ロシア人の名前

Журавлев, А.Ф.（2005）К статистике русских фамилий. I. // Вопросы ономастики. №2. С. 134

Унбегаун, Б.О. (1995) Русские фамилии. Издательская группа «Прогресс».

[参] 国本哲男他（訳）（1987）『ロシア原初年代記』名古屋大学出版会

[参] 鳴海完造（編）（1979）『ロシア・ソビエト姓名辞典』ナウカ

[参] *Журавлев, А.Ф.* (2005) К статистике русских фамилий. I . // Вопросы ономастики. №.2. С. 126-146

✳ ロシアの地名

Иванов, Б.Ю., Ряховская, И.С. науч. ред. (2006) Санкт-Петербург: энциклопедия, 2-е изд., испр. и доп. Международный благотворительный фонд им. Д.С. Лихачева. С. 337

[参] カチャーロヴァ，A.A.・寺田吉孝（2008）「ロシアの地名について（1）―ヴラヂーミル市のゴドニーミヤ ГОДОНИМИЯ の形成過程に関する問題」『開発論集』82，pp.211-216

[参] 竹内啓一他（編）（2012-2017）「第4-6巻ヨーロッパ・ロシア1-3」『世界地名大事典』朝倉書店

✳ 方言

[参] ヴィノクール，G.O.（著），石田修一（編訳）（1996）『ロシア語の歴史』吾妻書房

[参] 亀井　孝他（編著）（1998）『言語学大辞典セレクション ヨーロッパの言語』三省堂

[参] Cubberley, P. (2002) *Russian: A Linguistic Introduction.* Cambridge University Press

✳ ロシア連邦内のさまざまな民族語

[参] 呉人徳司・呉人　恵（2014）『探検言語学―ことばの森に分け入る』北海道大学出版会

[参] マーチン，テリー（著），荒井幸康他（訳）（2011）『アファーマティヴ・アクションの帝国―ソ連の民族とナショナリズム，1923年～1939年』明石書店

✳ 世界の中のロシア語

Арефьев, А.Л. (2012) Русский язык на рубеже XX – XXI веков. Министерство образования и науки Российской Федерации

[参] 小田桐奈美（2015）『ポスト・ソヴィエト時代の「国家語」―国家建設期のキルギス共和国における言語と社会』関西大学出版部

[参] 中澤英彦・臼山利信（訳編）（2008）『世界のロシア語2003（ロシア連邦外務省報告書，上巻）』第二版，東京外国語大学語学研究所・筑波大学外国語センター

✳ 日本語に入ったロシア語

[参] 時代研究会（編纂）（1994）『現代新語辞典（近代用語の辞典集成）』（1919年刊復刻），大空社

[参] 服部嘉香・植原路郎（1994）『新しい言葉の字引（近代用語の辞典集成）』（1925年刊増補改版復刻），大空社

✳ ロシア人と外国語

[参] 秋草俊一郎（2011）『ナボコフ訳すのは「私」―自己翻訳がひらくテクスト』東京大学出版会

[参] マキーヌ，アンドレイ（著），星埜守之（訳）（2000）『フランスの遺言書』水声社

✳ 世相や国際情勢を反映した現代語

[参] *Кузнецов, С. А.* (1998) Большой толковый словарь русского языка. Норинт

[参] *Лопатин, В.В.* (2012) Словарь русского языка. Эксмо

[参]Фокин, Н.И., "Экономика: В начале было Слово" ［http://dictionary-economics.ru/word/%D0%A1%D0%B0%D0%BD%D0%BA%D1%86%D0%B8%D0%B8］

❋「翼の生えた言葉」―日常的に使われる名句
[参]Ашукин, Н.С., Ашукина, М.Г.（1966）Крылатые слова. Изд. 3-е. Издательство «Художественная литература»（アシューキン，アシューキナ『羽の生えた言葉』）

【9章　文学】

❋読書文化・出版文化
[参]浦　雅春（1993）「メディアの興亡―19世紀ロシアの文芸ジャーナリズム（メディアの政治力―明治40年前後〈特集〉）」『文学』4（2），pp.91-100
[参]マーカー，ゲーリー（著），白倉克文（訳）（2014）『ロシア出版文化史―十八世紀の印刷業と知識人』成文社

❋詩の伝統
[参]中沢敦夫（2005）『ロシア詩鑑賞ハンドブック』群像社
[参]法橋和彦（1987）『プーシキン再読』創元社

❋中世文学
『16世紀絵入り年代記集成』 «Лицевой летописный свод XVI века. Голицынский том. л. 18（РНБ F.IV.225）»
[参]金田一真澄（編著）（2007）『ロシア文学への扉―作品からロシア世界へ』慶應義塾大学出版会
[参]中村喜和（編訳）（1970）『ロシア中世物語集』筑摩書房

❋イーゴリ軍記
『ラヂヴィール年代記』1186年の記事 ［Радзивиловская летопись л. 232 об.（БАН 34.5.30）］
[参]木村彰一（訳）（1983）『イーゴリ遠征物語』岩波文庫
[参]森安達也（訳）（1987）『イーゴリ遠征物語―悲劇のロシア英雄伝』筑摩書房

❋18世紀文学
Сумароков, А.П.（1957）Избранные произведения［Библиотека поэта. Большая серия. Изд. 2-е］. Л.: Советский писатель.
[参]金沢美知子（編訳）（1999）『可愛い料理女―十八世紀ロシア小説集』彩流社
[参]カラムジン，ニコライ（著），福住　誠（訳）（1995）『ロシア人の見た十八世紀パリ』彩流社

❋文学と国民性・国民文学
domgogolya.ru ［http://www.domgogolya.ru/chrono/detail/index.php?ELEMENT_ID=2566（2019年3月29日閲覧）］
[参]川端香男里（1981）「ヴォギュエの『ロシア小説』をめぐって」『薔薇と十字架―ロシア文学の世界』青土社，pp.335-367
[参]ドストエーフスキイ，F. M.（著），米川正夫（訳）（1959）「プーシキン論」『作家の日記（六）』

岩波文庫，pp.169-195

❋ 自伝文学
[参]中村唯史・大平陽一（編著）（2018）『自叙の迷宮—近代ロシア文化における自伝的言説』水声社

❋ ロマン主義
[参]川端香男里（1977）「ロシア・ロマン主義をめぐって（ロマン主義）」『文学』岩波書店，45（10），pp.1289-1297

❋ リアリズム文学
[参]乗松亨平（2009）『リアリズムの条件—ロシア近代文学の成立と植民地表象』水声社
[参]ヤーコブソン，ロマン（著），谷垣恵子（訳）（1988）「芸術におけるリアリズムについて」桑野隆・大石雅彦（編）『ロシア・アヴァンギャルド6　フォルマリズム—詩的言語論』国書刊行会，pp.49-57

❋ 象徴主義
[参]ブローク，アレクサンドル（著），小平　武（訳）（1979）『ブローク詩集』彌生書房
[参]ベールイ，アンドレイ（著），川端香男里（訳）（2000）『ペテルブルグ（上・下）』講談社文芸文庫

❋ 未来派
Жукова, Л.Г., Карпов, Д.В. сост.（2001）Книги А. Е. Крученых кавказского периода из коллекции Государственного музея В. В. Маяковского: Каталог. ГММ
[参]亀山郁夫（2009）『甦るフレーブニコフ』平凡社ライブラリー
[参]亀山郁夫・大石雅彦（編）（1995）『ロシア・アヴァンギャルド5　ポエジア—言葉の復活』国書刊行会

❋ ユーモア・風刺文学
[参]ハルムス，ダニイル（著），増本浩子・グレチュコ，ヴァレリー（訳）（2010）『ハルムスの世界』ヴィレッジブックス
[参]リハチョフ，D. S. 他（著），中村喜和・中沢敦夫（訳）（1989）『中世ロシアの笑い』平凡社

❋ 大衆文学
（著者名なし）（1908）Китайские идолопоклонники. Шерлок Холмс. Развлечение
Verbitskaya, A.（Author），Holmgren, B. and Goscilo, H.　（trans.and ed.）（1999）*Keys to Happiness.* Indiana University Press, p.2
[参]久野康彦（編訳）（2017）『ホームズ，ロシアを駆ける—ホームズ万国博覧会 ロシア篇』国書刊行会
[参]セミョーノフ，ユリアン（著），伏見威蕃（訳）（1991）『春の十七の瞬間』角川文庫

❋ ソ連文学
グロイス，ボリス（著），亀山郁夫・古賀義顕（訳）（2000）『全体芸術様式スターリン』現代思潮新社
Добренко, Е.（1999）Формовка советского писателя. Социальные и эстетические истоки

советской литературной культуры. Академический проект

[参]沼野充義（1989）『永遠の一駅手前—現代ロシア文学案内』作品社

❊ 亡命文学
[参]川端香男里（編）（1996）『ロシア文学史』東京大学出版会
[参]藤沼　貴他（2000）『新版ロシア文学案内』岩波文庫

❊ 多民族的なロシア文学
[参]イスカンデル，ファジリ（著），浦　雅春・安岡治子（訳）（2002）『チェゲムのサンドロおじさん』国書刊行会
[参]沼野充義（2002）『徹夜の塊—亡命文学論』作品社

❊ 詩の20世紀
[参]岡林茱萸（2017）『ロシアの詩を読む—銀の時代とブロツキー』未知谷
[参]安井侑子（1989）『ペテルブルグ悲歌—アフマートワの詩的世界』中央公論社

❊ 歴史・ノンフィクション文学
[参]アレクシエーヴィチ，スヴェトラーナ（著），松本妙子（訳）（2016）『セカンドハンドの時代—「赤い国」を生きた人びと』岩波書店
[参]越野　剛（2005）「ナポレオン戦争と歴史小説」『スラブ研究センター21世紀COE研究報告集』9，pp.69-87
[参]藤沼　貴（2009）「ロシア文学における歴史小説—その前史とカラムジン，プーシキン，トルストイ」『岩波講座文学9フィクションか歴史か』岩波書店，pp.101-122

❊ SF・幻想文学
[参]オドエフスキー，V. F. 他（著），深見　弾（訳）（1979）『ロシア・ソビエトSF傑作集　上下』創元SF文庫
[参]沼野充義（2003）『ユートピア文学論』作品社

❊ 現代文学
[参]岩本和久（2007）『トラウマの果ての声—新世紀のロシア文学』群像社
[参]沼野恭子（2007）『夢のありか—「未来の後」のロシア文学』作品社

❊ 児童文学
[参]田中友子他（編）（1991～2017）『カスチョール（1～33・34）』カスチョールの会
[参]松谷さやか（監修）（2005）『ロシア児童文学の世界—昔話から現代の作品まで—国立国会図書館国際子ども図書館展示会』国立国会図書館国際子ども図書館

❊ 言葉の力と文学の権威
[参]川端香男里（1976）「ヴォギュエの『ロシア小説』をめぐって」木村彰一（編）『ロシア・西欧・日本』朝日出版社，pp.556-564
[参]沼野充義（1989）『永遠の一駅手前—現代ロシア文学案内』作品社
[参]ヒングリー，R.（著），川端香男里（訳）（1984）『19世紀ロシアの作家と社会』中公文庫

❊ 余計者

feb-web.ru ［http://feb-web.ru/feb/lermenc/lre-abc/lre/lre-1016.htm?cmd=p&istext=1（2019 年 3 月 22 日閲覧）］

［参］ゴンチャロフ，I. A.（著），井上 満（訳）「オブローモフ」／ドブロリューボフ，N. A.（著），北垣信行（訳）「オブローモフ気質とは何か?」（1959）『ゴンチャロフ；レスコフ（世界文學大系 30）』筑摩書房

［参］ヒングリー，ロナルド（著），川端香男里（訳）（1984）『19 世紀ロシアの作家と社会』中公文庫

❊ 検閲・イソップの言葉

［参］ゴールドスティーン，ロバート・ジャスティン（著），城戸朋子・村山圭一郎（訳）（2003）『政治的検閲―19 世紀ヨーロッパにおける』叢書ウニベルシタス，法政大学出版局

［参］ドストエフスキー，F. M.（著），亀山郁夫（訳）（2012）『悪霊 別巻―「スタヴローギンの告白」異稿』光文社古典新訳文庫

［参］*Добренко, Е.*（1999）Формовка советского писателя. Социальные и эстетические истоки советской литературной культуры. Академический проект

❊ 戦争と文学

［参］グロスマン，ワシーリー（著），齋藤紘一（訳）（2012）『人生と運命』みすず書房

［参］松下隆志（2014）「アイロニーの終焉―ポストソ連ロシアにおけるチェチェン戦争表象」『ロシア語ロシア文学研究』（46），pp.37-54

❊ 女性と文学

Ванеева, Л.Л.（1990）Не помнящая зла. Московский рабочий ［http://www.ras.ru/rusacademy/abf95f1c-f2f3-4910-9f43-1ec943c79e5d.aspx］

［参］土居紀子（2002）『ロシアの女性詩人たち』ユーラシア・ブックレット，東洋書店

［参］トーカレワ，ヴィクトリヤ他（著），沼野恭子（訳）（1998）『魔女たちの饗宴―現代ロシア女性作家選』新潮社

❊ 都市と文学

［参］近藤昌夫他（2005）『都市と芸術の「ロシア」―ペテルブルク，モスクワ，オデッサ巡遊』水声社

［参］望月哲男（編著）（2007）『創像都市ペテルブルグ―歴史・科学・文化』スラブ・ユーラシア叢書

❊ 農村と文学

［参］ブーニン，イワン（著），望月哲男他（訳）（2014）『村／スホドール（ブーニン作品集）』群像社

［参］ラスプーチン，V. G.（著），安岡治子（訳）（1994）『マチョーラとの別れ』群像社

❊ 吟遊詩人

［参］安井侑子（1987）『青春―モスクワと詩人たち』晶文社

［参］山之内重美（2002）『黒い瞳から百万本のバラまで』ユーラシア・ブックレット，東洋書店

❊ プーシキン

tretyakovgallery.ru ［https://www.tretyakovgallery.ru/collection/portret-poeta-aleksandra-sergeevicha-pushkina-1799-1837/（2018 年 6 月 17 日閲覧）］

museumpushkin.ru ［http://www.museumpushkin.ru/kollekcii/originalnaya_grafika.html（2018
　　年6月17日閲覧）］

［参］プーシキン，アレクサンドル（著），草鹿外吉他（訳）（1972〜74）『プーシキン全集（全6巻）』
　　河出書房新社

［参］プーシキン，A. S.（著），望月哲男（訳）（2015）『スペードのクイーン／ベールキン物語』光文社
　　古典新訳文庫

✳ゴーゴリ

［参］ナボコフ，V.（著），青山太郎（訳）（1996）『ニコライ・ゴーゴリ』平凡社ライブラリー

［参］マン，ユーリイ（著），秦野一宏（訳）（1992）『ファンタジーの方法──ゴーゴリのポエチカ』群
　　像社

✳ドストエフスキー

［参］バフチン，ミハイル（著），望月哲男・鈴木淳一（訳）（1995）『ドストエフスキーの詩学』ちく
　　ま学芸文庫

✳トルストイ

［参］トルストイ，L. N.（著），加賀乙彦（編）（2016）『トルストイ』集英社文庫

［参］藤沼　貴（2013）『トルストイと生きる』春風社

✳ナボコフ

Boyd, B.（1990）*Vladimir Nabokov: The Russian Years.* Princeton University Press

［参］秋草俊一郎（2018）『アメリカのナボコフ──塗りかえられた自画像』慶應義塾大学出版会

［参］ボイド，ブライアン（著），諫早勇一（訳）（2003）『ナボコフ伝──ロシア時代（上・下）』みすず
　　書房

✳ソルジェニーツィン

［参］川崎　浹（1999）『「英雄」たちのロシア』岩波書店

［参］バーグ，D.・ファイファー，G.（著），栗原成郎・村手義治（訳）（1976）『ソルジェニツィン伝』
　　河出書房新社

✳旅行記

［参］チェーホフ，A. P.（著），原　卓也（訳）（2009）『サハリン島』中央公論新社

［参］レールモントフ，M. Y.（著），中村　融（訳）（1981）『現代の英雄』岩波文庫

✳ロシア文学とエロス

［参］アファナーシエフ，A. N.（著），中村喜和（訳）（2006）「ロシア好色昔話大全」『文學界（2006年
　　5月号）』60（5），pp.108-129

✳ブルガーコフ

Кривоносов, Ю.（2011）Михаил Булгаков: Фотолетопись жизни и творчества. Эксмо

［参］ブルガーコフ，ミハイル（著），増本浩子・グレチュコ，ヴァレリー（訳）（2015）『犬の心臓・運
　　命の卵』新潮文庫

[参]ブルガーコフ，ミハイル（著），水野忠夫（訳）(2015)『巨匠とマルガリータ（上・下）』岩波文庫

❀ プラトーノフ
[参]プラトーノフ，アンドレイ（著），亀山郁夫（訳）(1997)『土台穴』国書刊行会
[参]プラトーノフ，アンドレイ（著），原　卓也（訳）(1992)『プラトーノフ作品集』岩波文庫

❀ パステルナーク
[参]イヴィンスカヤ，オリガ（著），工藤正広（訳）(1982)『パステルナーク詩人の愛』新潮社
[参]パステルナーク，ボリス（著），江川　卓（訳）(1989)『ドクトル・ジバゴ（上・下）』新潮文庫

❀ ロシアにおける外国文学の翻訳
[参]高橋知之(2019)『ロシア近代文学の青春―反省と直接性のあいだで』東京大学出版会
[参]乗松亨平(2009)『リアリズムの条件―ロシア近代文学の成立と植民地表象』水声社

【10章　舞踏・演劇】

❀ 近代ロシアバレエ
[参]薄井憲二(1999)『バレエ―誕生から現代までの歴史』音楽之友社
[参]フォンテーン，マーゴ（著），湯河京子（訳）(1986)『バレエの魅力』新書館
[参]森田　稔(1999)『永遠の「白鳥の湖」―チャイコフスキーとバレエ音楽』新書館

❀ チャイコフスキーの三大バレエ
[参]村山久美子他(2009)『華麗なるバレエ　第1, 4, 10巻』小学館
[参]森田　稔(1999)『永遠の「白鳥の湖」―チャイコフスキーとバレエ音楽』新書館

❀ バレエ・リュス
[参]グリゴリエフ，セルゲイ（著），薄井憲二（監訳），森　瑠依子他（訳）(2014)『ディアギレフ・バレエ年代記 1909-1929』平凡社
[参]バックル，リチャード（著），鈴木　晶（訳）(1983-1984)『ディアギレフ―ロシア・バレエ団とその時代』リブロポート

❀ ロシア革命後のソ連・現代ロシアバレエ
[参]赤尾雄人(2010)『これがロシア・バレエだ！＝ История современного русского балета』新書館
[参]村山久美子(2013)『二十世紀の10大バレエダンサー』東京堂出版

❀ モイセーエフ・バレエ団
moiseyev.ru　[http://www.moiseyev.ru/（2019年8月16日）]
[参]斎藤慶子(2018)「バレエと政治―チャイコフスキー記念東京バレエ学校（1960–1964）と冷戦期のソ連の文化外交」『境界研究』(8)，pp.55-88

❀ 名バレリーナ・バレエダンサー

赤尾雄人（2010）『これがロシア・バレエだ！ = История современного русского балета』新書館

[参]スマコフ，G.（著），阿部容子（訳）（1986）『バリシニコフ―故国を離れて』新書館

[参]プリセツカヤ，M.（著），山下健二（訳）（1996）『闘う白鳥―マイヤ・プリセツカヤ自伝』文藝春秋

❀ バレエ教育と劇場システム

vaganovaacademy.ru ［http://www.vaganovaacademy.ru/academy/history/vaganova.html（2018年6月26日閲覧）］

[参]野崎韶夫（1993）『ロシア・バレエの黄金時代』新書館

[参]ワガノワ，アグリッピナ（著），村山久美子（訳）（1996）『ワガノワのバレエ・レッスン』新書館

❀ オペラ・バレエ劇場

[参]赤尾雄人（2010）『これがロシア・バレエだ！ = История современного русского балета』新書館

[参]鈴木　晶（1994）『踊る世紀』新書館

❀ パフォーマンス・アート

[参]上田洋子（2016）「ロシア語で旅する世界 #5　メディアとしてのアクションとパフォーマンス」『ゲンロン 2』pp.284-289

[参]ビショップ，クレア（著），大森俊克（訳）（2016）『人工地獄―現代アートと観客の政治学』フィルムアート社

❀ 民衆演劇

[参]井桁貞敏（編著）（1974）『ロシア民衆文学　下』三省堂

❀ 近代演劇の勃興

[参]コバヒゼ，マイヤ（著），荒井雅子（訳）（2013）『ロシアの演劇―起源，歴史，ソ連崩壊後の展開，21世紀の新しい演劇の探求』生活ジャーナル

[参]矢沢英一（2001）『帝政ロシアの農奴劇場―貴族文化の光と影』新読書社

❀ ドラマ劇場

[参]岩田　貴（1994）『街頭のスペクタクル―現代ロシア = ソビエト演劇史』未来社

[参]コバヒゼ，マイヤ（著），荒井雅子（訳）（2013）『ロシアの演劇―起源，歴史，ソ連崩壊後の展開，21世紀の新しい演劇の探求』生活ジャーナル

❀ 近代戯曲の名作①ロマン主義からリアリズムへ

[参]川端香男里（編）（1986）『ロシア文学史』東京大学出版会

[参]矢沢英一（2001）『帝政ロシアの農奴劇場―貴族文化の光と影』新読書社

❀ 近代戯曲の名作②チェーホフと 20 世紀初頭の演劇

[参]浦　雅春（2004）『チェーホフ』岩波新書

[参]沼野充義（2016）『チェーホフ—七分の絶望と三分の希望』講談社

❀ 劇作家オストロフスキー

[参]ゾールカヤ，ネーヤ（著），扇　千恵（訳）（2001）『ソヴェート映画史—七つの時代』ロシア映画社

❀ スタニスラフスキー

スタニスラフスキー，コンスタンチン（著），蔵原惟人・江川　卓（訳）（2008）『芸術におけるわが生涯（下）』岩波文庫

[参]スタニスラフスキー，コンスタンチン（著），岩田　貴他（訳）（2008-2009）『俳優の仕事—俳優教育システム（第1〜3部）』未来社

[参]スタニスラフスキー，コンスタンチン（著），蔵原惟人・江川　卓（訳）（2008）『芸術におけるわが生涯（上・中・下）』岩波文庫

❀ モスクワ芸術座とその系譜

[参]スタニスラフスキー，K. S.（著），蔵原惟人・江川　卓（訳）（1983）『芸術におけるわが生涯（上下）』岩波書店

[参]ベネディティ，ジーン（著），高山図南雄・高橋英子（訳）（1997）『スタニスラフスキー伝—1863-1938』晶文社

❀ メイエルホリド

24smi.org　［https://24smi.org/celebrity/photo/21493-vsevolod-meierkhold/507786/］

[参]トフストノーゴフ（著），中本信幸（訳）（1983）『演出家の仕事〈2巻〉』理論社

[参]トフストノーゴフ（著），牧原　純（訳）（1983）『演出家の仕事〈1巻〉』理論社

[参]ブローン，エドワード（著），浦　雅春・伊藤　愉（訳）（2008）『メイエルホリド演劇の革命』水声社

[参]メイエルホリド，フセヴォロド（著），諫早勇一他（訳）（2001）『メイエルホリド・ベストセレクション』作品社

❀ 実験劇場の系譜

aif.ru　［http://www.aif.ru（2017年5月24日閲覧）］

[参]岩田　貴（1994）『街頭のスペクタクル—現代ロシア＝ソビエト演劇史』未来社

[参]浦　雅春他（編）（1988〜89）『ロシア・アヴァンギャルド1　テアトルⅠ—未来派の実験』，『ロシア・アヴァンギャルド2　テアトルⅡ—演劇の十月』国書刊行会

❀ タガンカ劇場とリュビーモフ

[参]ゲルシコヴィチ，アレクサンドル（著），中本信幸（訳）（1990）『リュビーモフのタガンカ劇場』リブロポート

[参]堀江新二（1999）『したたかなロシア演劇—タガンカ劇場と現代ロシア演劇』世界思想社

❀ ソ連時代の劇作家たち

[参]ブルガーコフ，M.（著），村田真一（監訳），大森雅子・佐藤貴之（訳）（2017）『新装版　ブルガーコフ戯曲集Ⅰ・Ⅱ』日露演劇会議叢書，東洋書店新社

[参]ブローン，エドワード（著），浦　雅春・伊藤　愉（訳）（2008）『メイエルホリド演劇の革命』水声社

❀児童演劇
サーツ記念音楽劇場のホームページより teatr-sats.ru ［http://teatr-sats.ru/o-teatre/110-letie-so-dnya-rozhdeniya-natalii-sac（2019年4月8日閲覧）］
[参]オブラスツォーフ，セルゲイ（著），大井数雄（訳）（1984）『人形劇—私の生涯の仕事（続）』晩成書房
[参]サーツ，ナタリヤ（著），斉藤えく子（訳）（1990）『私が見つけた「青い鳥」—ナターリヤ・サーツ自伝』潮出版社

❀俳優列伝
マールイ・ドラマ劇場HP mdt-dodin.ru ［http://mdt-dodin.ru（2018年6月22日閲覧）］
[参]コバヒゼ，マイヤ（著），鍋谷真理子（訳）（2016）『ロシアの演劇教育』成文社
[参]宮澤俊一（2002）『ロシアを友に—演劇・文学・人』群像社

❀現代ロシア演劇のさまざまな様相
[参]上田洋子（2011）「実験演劇の伝統と更新」野中　進他（編）『ロシア文化の方舟—ソ連崩壊から二〇年』東洋書店
[参]コバヒゼ，マイヤ（著），荒井雅子（訳）（2013）『ロシアの演劇—起源，歴史，ソ連崩壊後の展開，21世紀の新しい演劇の探求』生活ジャーナル

❀クシェシンスカヤとニコライ皇太子の恋
[参]クシェシンスカヤ，M.F.（著），森　瑠依子（訳），関口紘一（監修）（2012）『ペテルブルグのバレリーナ—クシェシンスカヤの回想録』平凡社
[参]プティパ，マリウス（著），石井洋二郎（訳）（1993）『マリウス・プティパ自伝』新書館

❀ペレストロイカと文化
[参]井桁貞義（編）（1991）『ソビエト・カルチャー・ウォッチング（季刊窓　別巻）』窓社
[参]岩田　貴（1994）『街頭のスペクタクル—現代ロシア＝ソビエト演劇史』未来社

❀キャバレー
Эфрос, Н. Е.（1918）Театр "Летучая Мышь" Н. Ф. Балиева, Светозар

【11章　映画】

❀ロシア映画の黎明—サイレント映画
[参]小川佐和子（2015）「映画と視覚芸術—帝政期ロシア映画における空間の画家エヴゲーニイ・バウエル」『人文学報』（107），pp.1-29
[参]小川佐和子（2016）『映画の胎動—1910年代の比較映画史』人文書院
[参]ゾールカヤ，ネーヤ（著），扇　千恵（訳）（2001）『ソヴェート映画史—七つの時代』ロシア映画社

✺ エイゼンシュテインとヴェルトフ

Кинопоиск. Кдры/ Броненосец «Потемкин» ［https://www.kinopoisk.ru/film/481/stills/（閲覧日6月23日）］

［参］エイゼンシュテイン（著），岩本憲児（編）（1986）『エイゼンシュテイン解読—論文と作品の一巻全集』フィルムアート社

［参］エイゼンシュテイン，セルゲイ・M.（著），エイゼンシュテイン全集刊行委員会（訳）（1973-1993）『エイゼンシュテイン全集（全9巻）』キネマ旬報社

［参］大石雅彦・田中　陽（編）（1994）『ロシア・アヴァンギャルド3—キノ　映像言語の創造』国書刊行会

［参］大石雅彦（2015）『エイゼンシテイン・メソッド—イメージの工学』平凡社

✺ スターリン時代の映画

Пырьев, И.А. глав. ред. （1959）Мосфильм. Выпуск I. Искусство

［参］シュニッツェル，リュダ他（編），岩本憲児他（訳）（1987）『回想のロシア・アヴァンギャルド—インタヴュー・ソヴィエト映画を築いた人々』新時代社

［参］ゾールカヤ，ネーヤ（著），扇　千恵（訳）（2001）『ソヴェート映画史—七つの時代』ロシア映画社

✺ 文芸映画

［参］佐藤千登勢（2008）『映画に学ぶロシア語—台詞のある風景』東洋書店

［参］ゾールカヤ，ネーヤ（著），扇　千恵（訳）（2001）『ソヴェート映画史—七つの時代』ロシア映画社

✺「雪どけ」期の映画—ソ連のニューウェーヴ

［参］貝澤　哉（2011）「液状化するスクリーン—雪解け以後のソ連《ヌーヴェルヴァーグ》映画」『スラヴ文化研究』10．pp.28-39

［参］ゾールカヤ，ネーヤ（著），扇　千恵（訳）（2001）『ソヴェート映画史—七つの時代』ロシア映画社

✺ ミハルコフとタルコフスキー

flickr.com ［https://www.flickr.com/photos/mcatarifa/8033226904/（2019年8月16日閲覧）］

［参］西　周成（2011）『タルコフスキーとその時代—秘められた人生の真実』アルトアーツ

［参］西　周成（2019）『失われた映画大陸—現代ロシアの映画文化』アルトアーツ

✺ パラジャーノフとレンフィルムの鬼才たち

［参］カザルス，パトリック（著），永田　靖・永田共子（訳）（1998）『セルゲイ・パラジャーノフ』国文社

［参］国際交流基金他（1992）『レンフィルム祭—映画の共和国へ』川崎市市民ミュージアム

✺ 多民族的ソ連・ロシアの映画の世界

Ромм, М. и др. （ред.）（1940）Советское киноискусство 1919-1939.

和田春樹（編）（1987）『ペレストロイカを読む—再生を求めるソ連社会』御茶の水書房

［参］はらだたけひで（2018）『グルジア映画への旅—映画の王国ジョージアの人と文化をたずねて』

未知谷

❋ 娯楽映画

[参]ゾールカヤ，ネーヤ（著），扇　千恵（訳）（2001）『ソヴェート映画史──七つの時代』ロシア映画社

❋ ノルシュテインとチェブラーシカ

[参]井上　徹（2005）『ロシア・アニメ──アヴァンギャルドからノルシュテインまで』ユーラシア・ブックレット，東洋書店

[参]キッソン，クレア（著），小原信利（訳）（2008）『「話の話」の話──アニメーターの旅──ユーリー・ノルシュテイン』未知谷

[参]柴田勢津子（編）（2012）『チェブラーシカとロシア・アニメーションの作家たち』イデッフ

❋ 映画の名台詞

[参]*Елистратов, В.С.*（1999）Словарь крылатых слов（русский кинематограф）. Русские словари

[参]*Кожевников, А.Ю.*（2004）Крылатые фразы и афоризмы отечественного кино. Нева

【12章　美術・建築】

❋ イコン・宗教美術

Гусакова, В.О.（2012）Словарь русского религиозного искусства. СПб.: Аврора. С. 103

[参]鐸木道剛・定村忠士（1993）『イコン──ビザンティン世界からロシア，日本へ』毎日新聞社

[参]北海道立函館美術館他（編）（1998）『山下りんとその時代展──日本～ロシア/明治を生きた女性イコン画家』読売新聞社

❋ 美術アカデミーと近代絵画

[参]ベズルコーワ，デ・ヤ（著），本田純一（訳）（1976）『ロシアの美術──トレチャコフ美術館物語』新潮社

[参]籾山昌夫（2014）「イリヤ・レーピンの絵画の特質について──《皇女ソフィヤ》と《新兵の見送り》を中心に」『神奈川県立近代美術館年報2012』pp.55-57

❋ 移動派とリアリズム絵画

Лебедев, А.К.（Ред.）（1949）И.Е. Репин и В.В. Стасов: Переписка. т. 2（1877-1894）. М.-Л., «Искусство».

[参]モスクヴィノフ，モルグノワ＝ルドニツカヤ（著），本田純一（編訳）（1973）『美術選書　レーピン──19世紀ロシアの画家』美術出版

[参]籾山昌夫（2018）『レーピンとロシア近代絵画の煌めき』東京美術

❋ モデルンとヴルーベリ

[参]植田　樹（2016）『デーモンの画家ミハイル・ヴルーベリ──その生涯と19世紀末ロシア』彩流社

[参]海野　弘（2017）『ロシアの世紀末──「銀の時代」への旅』新曜社

🌸 森と海

[参]福田新生（1956）『レヴィタン伝』洋々社

[参]福間加容・望月哲男（2005）「ソローキンと絵画―小説『ロマン』と19世紀ロシア美術」『「スラブ・ユーラシア学の構築」研究報告集』北海道大学スラブ研究センター，（9），pp.41-68

🌸 越境する美術―カンディンスキーとシャガール

[参]カンディンスキー，W.（著），西田秀穂（訳）（1979）『カンディンスキー著作集1〜4』美術出版社

[参]シャガール，マルク（著），三輪福松（訳）（1985）『シャガール―わが回想』朝日選書

🌸 エルミタージュ美術館

[参]五木寛之・NHK取材班（編著）（1989）『美の宮殿エルミタージュ』日本放送出版協会

🌸 トレチヤコフ美術館

tretyakovgallery.ru ［https://www.tretyakovgallery.ru/（2019年8月16日閲覧）］

[参]岡部昌幸（2002）『近代美術の都モスクワ―トレチャコフ美術館とプーシキン美術館』ユーラシア・ブックレット，東洋書店

🌸 ロシア・アヴァンギャルド芸術

[参]五十殿利治・土肥美夫（編）（1991）『ロシア・アヴァンギャルド4　コンストルクツィア―構成主義の展開』国書刊行会

[参]タラブーキン，ニコライ（著），江村　公（訳）（2006）『最後の絵画』水声社

🌸 アヴァンギャルドと建築

（著者名なし）（1929）Дом сотрудников Наркомфина // Современная архитектура. No.5. Госиздат. С. 158

Корнфельд, Я.（1933）Рабочие клубы, дворцы культуры // Советская архитектура. No.2. Госиздат. С. 29

Cooke, C. and Ageros, J.（1991）*The Avant-Garde: Russian Architecture in the Twenties.* Academy Editions

[参]本田晃子（2014）『天体建築論―レオニドフとソ連邦の紙上建築時代』東京大学出版会

[参]八束はじめ（2015）『ロシア・アヴァンギャルド建築（増補版）』LIXIL出版

🌸 ポスター

[参]神奈川県立近代美術館他（編）（2013）『ユートピアを求めて―ポスターに見るロシア・アヴァンギャルドとソヴィエト・モダニズム―松本瑠樹コレクション（展覧会カタログ）』東京新聞

[参]東京都庭園美術館（編）（2001）『ロシア・アヴァンギャルド展―ポスター芸術の革命―ステンベルク兄弟を中心に』東京都歴史文化財団

🌸 社会主義リアリズム芸術

[参]エリオット，デイヴィッド（著），海野　弘（訳）（1992）『革命とは何であったか―ロシアの芸術と社会1900-1937年』岩波書店

[参]オクチュリエ，ミシェル（著），矢野　卓（訳）（2018）『社会主義リアリズム』文庫クセジュ，白水社

❈ スターリン時代の建築と都市計画

(著者名なし)(1937) Архитектурно-технический проект Дворца Советов Союза ССР // Архитектура СССР. No.6. Госиздат. С. 26

Луначарский, А. В.(1933) Социалистический архитектурный монумент // Строительство Москвы. No.5-6. Госиздат. С.3

[参]本田晃子(2014)『天体建築論―レオニドフとソ連邦の紙上建築時代』東京大学出版会

[参]ムラギルディン, リシャット(2002)『ロシア建築案内』TOTO出版

❈ ソ連期のアンダーグラウンド芸術

Bulatov, E.(2006)*Vot.* WAM

Wallach, A.(1996)*Ilya Kabakov: The Man Who Never Threw Anything Away.* Harry N. Abrams

[参]カバコフ, イリヤ・カバコフ, エミリア(著), 鴻野わか菜・古賀義顕(訳)(2009)『プロジェクト宮殿』国書刊行会

[参]沼野充義(編著)(1999)『イリヤ・カバコフの芸術』五柳書院

❈ 現代美術

[参]鴻野わか菜(2018)「世界のコレクティブレポート：ロシア」『美術手帖 4月・5月合併号』美術出版社, pp.102-105

[参]八木君人(2017)「ポスト・ソヴィエト的左翼芸術の闘争―芸術を政治化し, パブリックを起動する」『ゲンロン7：ロシア現代思想Ⅱ』ゲンロン, pp.92-111

❈ モスクワの地下鉄駅

[参]岡田 讓(2009)『モスクワ地下鉄―「地下宮殿」の世界』東洋書店

[参]斎藤 建(1948)『モスクワの地下鉄』社会書房

[参]鈴木常浩(2003)『モスクワ地下鉄の空気―新世紀ロシア展望』現代書館

❈ 現代美術のシステム

[参]鴻野わか菜(2017)「ロシア現代美術におけるフェミニズムとLGBT」『美術手帖』69(1061), pp.110-113

[参]野中 進他(編)(2011)『ロシア文化の方舟―ソ連崩壊から二〇年』東洋書店

❈ 絵本

[参]田中友子(2011)「ロシアの絵本」中川素子他(編)『絵本の事典』朝倉書店

[参]田中友子(2014)『ビリービンとロシア絵本の黄金時代』東京美術

❈ アーティスト・ブック

[参]亀山郁夫(2009)『甦るフレーブニコフ』平凡社

❈ 写真

Lavrentiev, A.(1995)*Rodchenko: Photography 1924-1954.* Könemann

[参]河村 彩(2014)『ロトチェンコとソヴィエト文化の建設』水声社

[参]河村 彩(2019)『ロシア構成主義―生活と造形の組織学』共和国

❁ 彫刻
[参]ゾートフ, A. I.（著）, 石黒　寛・浜田靖子（訳）（1976）『ロシア美術史』美術出版社
[参]*Алленов, М.М.*（2000）Русское искусство XVIII - начала XX века. Трилистник

❁ ウサージバ・庭園
[参]リハチョフ, ドミトリイ（著）, 坂内知子（訳）（1987）『庭園の詩学―ヨーロッパ, ロシア文化の意味論的分析』平凡社
[参]Roosevelt, P.（1995）*Life on the Russian Country Estate. A Social and Cultural History.* Yale UP

❁ 女性芸術家たち
[参]河本真理（2017）「コラージュ／女性／戦争―ロシア・アヴァンギャルドの女性芸術家たちとブック・デザイン」鈴木杜幾子（編著）『西洋美術―作家・表象・研究―ジェンダー論の視座から』ブリュッケ, pp.21-55
[参]沼野恭子（2003）『アヴァンギャルドな女たち―ロシアの女性文化』五柳叢書

【13章　音楽】

❁ 民族音楽・民謡
[参]井上頼豊（1951）『ロシアの民謡』筑摩書房
[参]ポポノフ, V. B.（著）, 広瀬信雄（訳）（2000）『新版　ロシア民族音楽物語』新読書社

❁ 近代音楽の勃興とグリンカ
[参]アードイン, ジョン（著）, 亀山郁夫（訳）（2005）『ゲルギエフとサンクトペテルブルグの奇蹟』音楽之友社
[参]日本・ロシア音楽家協会（編）（2006）『ロシア音楽事典』河合楽器製作所出版部
[参]マース, フランシス（著）, 森田　稔他（訳）（2006）『ロシア音楽史―《カマーリンスカヤ》から《バービイ・ヤール》まで』春秋社

❁ ロシア五人組
[参]音楽之友社（編）（1995）『作曲家別名曲解説ライブラリー　ロシア国民楽派』音楽之友社
[参]森田　稔（2008）『ロシア音楽の魅力―グリンカ・ムソルグスキー・チャイコフスキー』ユーラシア選書, 東洋書店

❁ チャイコフスキー
[参]小松佑子（2017）『チャイコーフスキイ伝―アダージョ・ラメントーソはレクイエムの響き（上・下）』文芸社
[参]森田　稔（1998）『新チャイコフスキー考―没後一〇〇年によせて』日本放送出版協会

❁ スクリャービンとラフマニノフ
[参]サバネーエフ, レオニード（著）, 森松晧子（訳）（2014）『スクリャービン―晩年に明かされた創作秘話』音楽之友社

[参]ハリソン，マックス（著），森松晧子（訳）（2016）『ラフマニノフ─生涯，作品，録音』音楽之友社

✦ ストラヴィンスキーとプロコフィエフ
[参]デームリング，ヴォルフガング（著），長木誠司（訳）（2001）『大作曲家 ストラヴィンスキー』音楽之友社
[参]プロコフィエフ，セルゲイ（著），エレオノーラ，サブリナ・豊田菜穂子（訳）（2009）『プロコフィエフ短編集』群像社ライブラリー

✦ ショスタコーヴィチ
[参]梅津紀雄（2006）『ショスタコーヴィチ─揺れる作曲家像と作品解釈』ユーラシア・ブックレット，東洋書店
[参]千葉　潤（2005）『ショスタコーヴィチ』音楽之友社

✦ 音楽教育
[参]一柳富美子（1987.01.-1988.01）「才能は育てられるか（連載全7回）」『ピアノの本』草思社
[参]一柳富美子（2011）「ロシア・ピアニズムの系譜」『ショパン』ショパン，pp.18-25

✦ ソ連・ロシアの大衆歌謡
[参]蒲生昌明（2018）『ソ連歌謡─共産主義体制下の大衆音楽』パブリブ
[参]久野康彦（2007）「ロシアのポピュラー音楽の歴史─大衆歌謡，VIA，吟遊詩人の歌，ロック，現代のポップス」柴田元幸（編著）『文字の都市─世界の文学・文化の現在10講』東京大学出版会，pp.43-62

✦ 名指揮者・名演奏家たち
[参]ヴィシネフスカヤ，ガリーナ（著），和田　旦（訳）（1987）『ガリーナ自伝─ロシア物語』みすず書房
[参]タシー，グレゴール（著），天羽健三（訳）（2009）『ムラヴィンスキー─高貴なる指揮者』アルファベータ

✦ ロシア・ピアニズム
[参]ネイガウス，ゲンリッヒ（著），森松晧子（訳）（2003）『ピアノ演奏芸術─ある教育者の手記』音楽之友社
[参]原田英代（2014）『ロシア・ピアニズムの贈り物』みすず書房

✦ ロシア・オペラの世界
[参]一柳富美子（2018）「オペラ鑑賞ガイド」「ロシア音楽の魅力と歴史」『地球の歩き方』ダイヤモンド社，pp.514-517

✦ ジャズとロック
[参]鈴木正美（2006）『ロシア・ジャズ─寒い国の熱い音楽』ユーラシア・ブックレット，東洋書店
[参]トロイツキー，アルテーミー（著），菅野彰子（訳）（1991）『ゴルバチョフはロックが好き？─ロシアのロック』晶文社

❋テルミン

gettyimages.co.jp ［https://www.gettyimages.co.jp/license/3311852（2019年8月16日閲覧）］
［参］尾子洋一郎（2005）『テルミン―ふしぎな電子楽器の誕生』ユーラシア・ブックレット，東洋書店
［参］Glinsky, Albert（2000）*Theremin : Ether Music and Espionage.* University of Illinois Press

❋ロシア周辺出身の多民族的な現代作曲家たち

Taruskin, R.（1997）*Defining Russia Musically: historical and hermeneutical essays.* Princeton University Press
［参］日本・ロシア音楽家協会（編）（2006）『ロシア音楽事典』河合楽器製作所出版部
［参］Hakobian, L.（2017）*Music of the Soviet Era: 1917-1991, Second Edition.* Routledge
［参］Schmelz, P.（2009）*Such Freedom, if Only Musical: Unofficial Soviet Music during the Thaw.* Oxford University Press

❋国歌

［参］小川政邦（2001）「テレスコープ 新しいロシア国歌／最近語」『窓』（116），pp.59-63，ナウカ
［参］日本・ロシア音楽家協会（編）（2006）『ロシア音楽事典』河合楽器製作所出版部

【14章　思想】

❋母なるロシア，母なる大地

［参］ハッブズ，ジョナサン（著），坂内徳明（訳）（2000）『マザー・ロシア―ロシア文化と女性神話』青土社
［参］三浦清美（2006）「中世ロシアの異教信仰ロードとロジャニツァ日本語増補改訂版（後編 分析）」『電気通信大学紀要』18（34），pp.59-88

❋終末論

［参］ソロヴィヨフ，V. S.（著），御子柴道夫（訳）（2010）『ソロヴィヨフ著作集⑤　三つの会話―戦争・平和・終末（改訂版）』刀水書房
［参］中村喜和（1999）「ロシアにおける終末論とその社会運動―旧教徒の場合を中心に」『歴史学研究』（724），pp.13-21

❋ナショナリズム，ショーヴィニズム

［参］西山美久（2018）『ロシアの愛国主義―プーチンが進める国民統合』法政大学出版局
［参］山本健三（2016）『帝国・〈陰謀〉・ナショナリズム―「国民」統合過程のロシア社会とバルト・ドイツ人』法政大学出版局

❋フリーメイソン

Серков, А.И.（2001）Русское масонство. 1731-2000: Энциклопедический словарь. РОССПЭН
［参］笠間啓治（1997）『19世紀ロシア文学とフリーメーソン』近代文芸社
［参］ホフマン，シュテファン＝ルートヴィヒ（著），山本秀行（訳）（2009）『市民結社と民主主義 1750-1914』岩波書店

❋ デカブリストと自由思想

cs624822.vk.me　[http://cs624822.vk.me/v624822975/340da/FsOWw2PE5M4.jpg（2018年6月4日閲覧）]

[参]マズーア，A. G.（著），武藤　潔・山内正樹（訳）（1983）『デカブリストの反乱―ロシア革命の序曲』光和堂

[参]松村岳志（2017）「デカブリスト叛乱直前の下士官兵をとりまく社会関係―ロシア国軍第2軍の場合」『社会経済史学』83（3），pp.355-380

❋ 西欧派

[参]杉浦秀一（1999）『ロシア自由主義の政治思想』未来社

[参]竹中　浩（1999）『近代ロシアへの転換―大改革時代の自由主義思想』東京大学出版会

❋ スラヴ派

[参]ヴァリツキ，A.（著），今井義夫（訳）（1979）『ロシア社会思想とスラヴ主義』未来社

[参]高野雅之（1989）『ロシア思想史』早稲田大学出版局

❋ ナロードニキ

art-catalog.ru　[http://www.art-catalog.ru/picture.php?id_picture=4323（2018年6月18日閲覧）]

[参]佐々木照央（2001）『ラヴローフのナロードニキ主義歴史哲学―虚無を超えて』彩流社

[参]下里俊行（1997）「『ナロードニキ』概念の再考」『ロシア史研究』60，pp.5-20

❋ アナーキズム

[参]アヴリッチ，P.（著），野田茂徳（訳）（1971）『ロシア・アナキズム全史』合同出版

[参]山本健三（2013）「М・А・バクーニンにおけるアジア問題―G・マッツィーニ批判と「黄禍」」『スラヴ研究』（60），pp.123-152

❋ ソボールノスチ（霊的共同性）

mpda.developer.stack.net　[http://mpda.developer.stack.net/site_pub/4811654.html（2019年6月22日閲覧）]

bolshoevoznesenie.ru　[https://bolshoevoznesenie.ru/7958-chto-takoe-sobornost/（2019年8月19日閲覧）]

[参]ウェア，ティモシー（著），松島雄一（監訳）（2017）『正教会入門―東方キリスト教の歴史・信仰・礼拝』新教出版社

[参]御子柴道夫（2011）『ウラジーミル・ソロヴィヨフ―幻視者・詩人・哲学者』岩波書店

❋ コスミズム

[参]ヴェルナツキイ，ヴラジーミル・イヴァノヴィチ（著），梶　雅範（訳）（2017）『ノースフェーラ―惑星現象としての科学的思考』水声社

[参]セミョーノヴァ，S. G.・ガーチェヴァ，A. G.（著），西中村浩（訳）（1997）『ロシアの宇宙精神』せりか書房

❋ 神智学・神秘思想

gallery.facets.ru　[http://gallery.facets.ru/show.php?id=966（2019年3月29日閲覧）]

[参]杉本良男（2014）「第7章　周縁からの統合イデオロギー──マダム・ブラヴァツキーと南アジア・ナショナリズム」望月哲男（編著）『ユーラシア地域大国の文化表象』ミネルヴァ書房

[参]中村唯史（2014）「第8章　マイトレーヤとレーニンのアジア──無国籍者レーリヒの世界図」望月哲男（編著）『ユーラシア地域大国の文化表象』ミネルヴァ書房

[参]藤野幸雄（2015）『モスクワの憂鬱──スクリャービンとラフマニノフ』彩流社

❋ 女性解放思想

[参]チェルヌィシェーフスキイ，N.G.（作），金子幸彦（訳）（1978）『何をなすべきか』岩波文庫

[参]橋本伸也（2004）『エカテリーナの夢ソフィアの旅──帝制期ロシア女子教育の社会史』ミネルヴァ書房

❋ ユダヤ人問題

[参]赤尾光春（2007）「帝政末期におけるロシア作家のユダヤ人擁護活動──ソロヴィヨフ，トルストイ，ゴーリキー，コロレンコを事例として」『ロシア語ロシア文学研究』39, pp.43-50

❋ 建神主義

[参]佐藤正則（2000）『ボリシェヴィズムと「新しい人間」──20世紀ロシアの宇宙進化論』水声社

[参]廣岡正久（1988）『ソヴィエト政治と宗教──呪縛された社会主義』未来社

❋ 名の哲学・賛名派

isihast.ru　［http://www.isihast.ru/?id=384&iid=741（2019年3月27日閲覧）］

klin-demianovo.ru　［http://klin-demianovo.ru/http:/klin-demianovo.ru/analitika/96299/russkiy-leonardo/（2019年3月27日閲覧）］

[参]フロレンスキイ，P.A.（著），桑野　隆他（訳）（1998）『逆遠近法の詩学──芸術・言語論集（叢書・二十世紀ロシア文化史再考）』水声社

[参]渡辺　圭（2005）「ロシア正教会における二〇世紀初頭の異端論争「賛名派」問題──その思想的特徴と「アトス山の動乱」の背景」『ロシア史研究』76, pp.77-99

❋ フォルマリズム・記号論

[参]桑野　隆・大石雅彦（編）（1988）『ロシア・アヴァンギャルド6　フォルマリズム──詩的言語論』国書刊行会

[参]ロトマン，Yu.（著），磯谷　孝（編訳）（1979）『文学と文化記号論』岩波現代選書

❋ 亡命ロシア哲学

rbth.com　［https://www.rbth.com/history/326731-philosophy-steamer-lenin（2018年6月16日閲覧）］

[参]諫早勇一（2014）『ロシア人たちのベルリン──革命と大量亡命の時代』東洋書店

[参]御子柴道夫（編）（2006）『ロシア革命と亡命思想家』成文社

❋ ユーラシア主義

Anikina, T.（2008）*Dom v izgnanii. Ocherki o russkoi emigratsii v Chekhoslovakii 1918-1945.* Praga: RT + RS servis

Trubetzkoy, N. S. and Liberman, A.（ed.）（1991）*The Legacy of Genghis Khan and Other Essays on Russia's Identity.* Michigan Slavic Publications

[参]塩川伸明他（編）（2012）『ユーラシア世界1 「東」と「西」』東京大学出版会
[参]浜 由樹子（2010）『ユーラシア主義とは何か』成文社

✸ 異論派（ディシデント）
[参]ユルチャク，アレクセイ（著），半谷史郎（訳）（2017）『最後のソ連世代―ブレジネフからペレストロイカまで』みすず書房
[参]米田綱路（2010）『モスクワの孤独―「雪どけ」からプーチン時代のインテリゲンツィア』現代書館

✸ 現代思想
[参]東 浩紀（編）（2017）「特集・ロシア現代思想I」『ゲンロン』ゲンロン，6，pp.21-149
[参]東 浩紀（編）（2017）「特集・ロシア現代思想II」『ゲンロン』ゲンロン，7，pp.39-203
[参]乗松亨平（2015）『ロシアあるいは対立の亡霊―「第二世界」のポストモダン』講談社選書メチエ

✸ ソロヴィヨフ
[参]ソロヴィヨフ，V. S.（著），御子柴道夫（訳）（2010）『三つの会話―戦争・平和・終末』刀水書房
[参]御子柴道夫（2011）『ウラジーミル・ソロヴィヨフ―幻視者・詩人・哲学者』岩波書店

✸ ベルジャーエフ
[参]ベルジャーエフ，ニコライ（著），田口貞夫（訳）（1982）『ロシヤ思想史』ぺりかん社
[参]ベルジャーエフ，ニコライ（著），青山太郎（訳）（2000）『ベルジャーエフ著作集IV 創造の意味―弁人論の試み』行路社

✸ バフチン
Бахтин, М.М. (2002) Беседы с В. Д. Дувакиным. Согласие
[参]クラーク，カテリーナ・ホルクイスト，マイケル（著），川端香男里・鈴木 晶（訳）（1990）『ミハイール・バフチーンの世界』せりか書房
[参]桑野 隆（2011）『バフチン―カーニヴァル・対話・笑い』平凡社新書

✸ マルクス＝レーニン主義
[参]サーヴィス，ロバート（著），河合秀和（訳）（2002）『レーニン（上・下）』岩波書店
[参]トロツキー，レフ（著），藤井一行（訳）（1992）『裏切られた革命』岩波文庫

✸ モスクワ第三ローマ説
[参]栗生沢猛夫（1977）「モスクワ第三ローマ理念考」金子幸彦（編）『ロシアの思想と文学―その伝統と変革の道』恒文社
[参]三浦清美（2014）「終末論としてのローマ―「モスクワ第三ローマ理念」をめぐって」甚野尚志，踊 共二（編著）『中近世ヨーロッパの宗教と政治―キリスト教世界の統一性と多元性』ミネルヴァ書房

引用・参照文献　　　785

❀ インテリゲンツィア

[参]ブルガーコフ，セルゲイ他（著），長縄光男他（訳）（1999）『道標　ロシア革命批判論文集』現代
　　企画室

❀ 弁証法的唯物論

[参]桑野　隆（2017）『20世紀ロシア思想史―宗教・革命・言語』岩波書店
[参]ボヘンスキー，J. M.（著），國嶋一則（訳）（1962）『ディアマート―弁証法的唯物論』みすず書房

【15章　学術・技術】

❀ 物理学

[参]市川　浩（2007）『冷戦と科学技術―旧ソ連邦1945〜1955年』ミネルヴァ書房
[参]金山浩司（2018）『神なき国の科学思想―ソヴィエト連邦における物理学哲学論争』東海大学
　　出版部

❀ 生物学

[参]トーデス，ダニエル・P.（著），垂水雄二（訳）（1992）『ロシアの博物学者たち―ダーウィン進
　　化論と相互扶助論』工作舎
[参]藤岡　毅（2010）『ルィセンコ主義はなぜ出現したか―生物学の弁証法化の成果と挫折』学術
　　出版会

❀ 数学

[参]ガッセン，マーシャ（著），青木　薫（訳）（2009）『完全なる証明―100万ドルを拒否した天才数
　　学者』文藝春秋
[参]ワロンツォーワ，L. V.（著），三橋重男（訳）（1975）『コワレフスカヤの生涯―孤独な愛に生きる
　　女流数学者』東京図書
[参]*Юшкевич, А.П.*（1968）История математики в России до 1917 года. Наука. C. 591

❀ ロケット工学・宇宙開発

Минаев, А.В.（Ответ. ред.）（1999）Советская военная мощь. Военный парад. C.213
[参]市川　浩（2007）「第4章　ロケット開発と装備省」『冷戦と科学技術―旧ソ連邦 1945-1955年』
　　ミネルヴァ書房
[参]冨田信之（2012）『ロシア宇宙開発史―気球からヴォストークまで』東京大学出版会

❀ 核開発

[参]市川　浩（2007）「第1章　旧ソ連邦初の原子爆弾開発計画の全体像」『冷戦と科学技術―旧ソ
　　連邦1945-1955年』ミネルヴァ書房
[参]ホロウェイ，デーヴィド（著），川上　洸・松本幸重（訳）（1997）『スターリンと原爆 上下』大
　　月書店

❀ 科学アカデミー

[参]市川　浩（編）（2016）『科学の参謀本部―ロシア／ソ連邦科学アカデミーに関する国際共同研

究』北海道大学出版会

[参]市川　浩（2017）「6科学―〝強大なソヴィエト連邦〟の背後に」浅岡善治・中嶋　毅（責任編集）『人間と文化の革新　ロシア革命とソ連の世紀第4巻』岩波書店

❋ 科学都市

ノヴォシビルスク博物館HP　m-nsk.ru　[http://m-nsk.ru/istoriya-goroda/istoriya-razvitiya/2001-2008-gg/（2019年3月24日閲覧）]

[参]片桐俊浩（2010）『ロシアの旧秘密都市』ユーラシア・ブックレット，東洋書店

[参]Josephson, P. R.（1997）*New Atlantis Revisited: Akademgorodok, the Siberian City of Science.* Princeton University Press

❋ ソ連崩壊以降（90年代）の科学技術体制

小林俊哉（2005）『ロシアの科学者―ソ連崩壊の衝撃を超えて』ユーラシア・ブックレット，東洋書店

[参]林　秀幸（編著）（2014）『ロシア科学技術情勢―模索続くソ連からの脱皮』丸善プラネット

❋ 理数系教育

[参]ガッセン，マーシャ（著），青木　薫（訳）（2009）『完全なる証明―100万ドルを拒否した天才数学者』文藝春秋

[参]フレンケル，エドワード（著），青木　薫（訳）（2015）『数学の大統一に挑む』文藝春秋

❋ インターネット文化

ロシア連邦統計局（2018）Информационное общество в Российской федерации 2018. статистический сборник. НИУ ВШЭ

❋ 権力と科学者たち

コジェフニコフ，アレクセイ（著），金山浩司（訳）（2016）「ソヴィエト政体を共同制作した科学」市川　浩（編）『科学の参謀本部―ロシア/ソ連邦科学アカデミーに関する国際共同研究』北海道大学出版会，pp.125-155

[参]メドヴェージェフ，ジョレス（2003）「スターリンとルィセンコ」メドヴェージェフ，ジョレス・メドヴェージェフ，ロイ（著），久保英雄（訳）『知られざるスターリン』現代思潮新社，pp.228-250

[参]ロシヤーノフ，キリル（著），齋藤宏文（訳）（2016）「1948年全連邦農業科学アカデミー8月総会におけるルィセンコ派の勝利―歴史解釈の問題」市川　浩（編）『科学の参謀本部―ロシア/ソ連邦科学アカデミーに関する国際共同研究』北海道大学出版会，pp.313-329

❋ 科学主義・科学技術信奉

[参]佐藤正則（2000）『ボリシェヴィズムと「新しい人間」―20世紀ロシアの宇宙進化論』水声社

❋ 心理学

[参]佐藤公治（2015）『ヴィゴツキーの思想世界－その形成と研究の交流』新曜社

[参]佐藤公治・長橋　聡（著）（2019）『ヴィゴツキーからドゥルーズを読む―人間精神の生成論』新曜社

✹ 歴史学

[参]立石洋子（2011）『国民統合と歴史学—スターリン期ソ連における『国民史』論争』学術出版会
[参]土肥恒之（2000）『岐路に立つ歴史家たち—20世紀ロシアの歴史学とその周辺』山川出版社

✹ 民族学

[参]クレイノヴィチ，E. A.（著），枡本　哲（訳）（1993）『サハリン・アムール民族誌—ニヴフ族の生活と世界観』法政大学出版局
[参]渡邊日日（2008）「ロシア民族学に於けるエトノス理論の攻防—ソビエト科学誌の為に」高倉浩樹・佐々木史郎（編）『ポスト社会主義人類学の射程』国立民族学博物館調査報告，（78），pp.65-109

✹ 言語学

Jakobson, R.（ed.）（1975）*N.S, Trubetzkoy's letters and notes.* Mouton
[参]桑野　隆（1979）『ソ連言語理論小史—ボードアン・ド・クルトネからロシア・フォルマリズムへ』三一書房
[参]ホーレンシュタイン，エルマー（著），川本茂雄・千葉文夫（訳）（1983）『ヤーコブソン—現象学的構造主義』白水社

✹ 教育・学校制度

[参]*Отв. ред.: Безбородов, А.Б.*（2014）История России в новейшее время 1985-2009 гг. Изд-во "Проспект"

✹ 博物館

[参]阿部公彦他（編）（2016）『世界の文豪の家』エクスナレッジ

✹ 図書館

nlr.ru　［http://nlr.ru/nlr_history/history/9.html（2019年4月21日閲覧）］
nlr.ru　［http://nlr.ru/nlr_visit/RA233/rnb-photos（2019年4月21日閲覧）］
[参]巽　由樹子（2019）『ツァーリと大衆—近代ロシアの読書の社会史』東京大学出版会

✹ メイドインUSSR

Idov, Michael（ed.）（2011）*Made in Russia: Unsung Icons of Soviet Russia* New York: Rizzoli, p.181
[参]コレヴァ，マリーナ・イヴァシコヴァ，タチヤナ（著），神長英輔・大野斉子（訳）（2018）『メイド・イン・ソビエト—20世紀ロシアの生活図鑑』水声社

✹ 武器・兵器

[参]塩原俊彦（2003）『ロシアの軍需産業—軍事大国はどこへ行くか』岩波新書
[参]伏田寛範（2012）「ロシアにおける軍需産業の近代化とグローバル化—航空機産業を例に」『ロシアにおけるエネルギー・環境・近代化』日本国際問題研究所，pp.155-173

✹ メンデレーエフ

[参]梶　雅範（1997）『メンデレーエフの周期律発見』北海道大学図書刊行会
[参]梶　雅範（2007）『メンデレーエフ—元素の周期律の発見者』ユーラシア・ブックレット，東洋

書店

✹ コワレフスカヤ

［参］コヴァレフスカヤ，ソーニャ・レフラー（著），野上弥生子（訳）（1933）『ソーニャ・コヴァレフスカヤ―自伝と追想』岩波文庫

［参］前木祥子（2010）『コワレフスカヤ―ロシアの天才女性数学者』ユーラシア・ブックレット，東洋書店

✹ パヴロフ

［参］トーデス，ダニエル・P.（著），近藤隆文（訳）（2008）『パヴロフ―脳と行動を解き明かす鍵』大月書店

✹ ガガーリンとテレシコワ

（1963）Советский Союз.（12），p.9

✹ テトリス

［参］アッカーマン，ダン（著），小林啓倫（訳）（2017）『テトリス・エフェクト―世界を惑わせたゲーム』白楊社

✹ コンピュータ・サイエンス

［参］Gerovitch, S.（2008）InterNyet: why the Soviet Union did not build a nationwide computer network. *History and Technology,* 24（4），pp.335-350

［参］Malinovsky, B. N.（2010）*Pioneers of Soviet Computing.* SIGCIS［https://www.sigcis.org/malinovsky_pioneers］

【16章　ロシアと世界】

✹ ロシアの謎と魅力

［参］ヴォギュエ，E.M.（著），川端香男里（訳）（1975）「『ロシア小説』序文」『世界批評体系4』筑摩書房，pp.324-351

［参］肥前榮一（2018）『独露比較農民論の射程―メーザーとハクストハウゼン』未來社

✹ ロシアとヨーロッパ

［参］池田嘉郎（2015）「20世紀のヨーロッパ―ソ連史から照らし出す」近藤和彦（編）『ヨーロッパ史講義』山川出版社，pp.224-243

［参］栗生澤猛夫（2017）「『胚胎期』ロシアにおける『統治理念』―『ロシアとヨーロッパ』問題について」『北東アジア研究（別冊第3号）』島根県立大学北東アジア地域研究センター，pp.59-74

［参］高野雅之（2004）「二つの西欧文明批判―ロシアの思想家レオンチェフとダニレーフスキイ」鈴木健夫（編）『ロシアとヨーロッパ―交差する歴史世界』早稲田大学出版，pp.3-26

［参］鳥山成人（1994）『ロシアとヨーロッパ―スラヴ主義と汎スラヴ主義』白日書院

［参］浜　由樹子（2010）『ユーラシア主義とは何か』成文社

✳ ロシアとユダヤ

yadvashem.org ［http://www.yadvashem.org/yv/en/exhibitions/art-liberation/tolkatchev.asp（2018年6月24日閲覧）］

［参］高尾千津子（2006）『ソ連農業集団化の原点―ソヴィエト体制とアメリカユダヤ人』彩流社

［参］高尾千津子（2014）『ロシアとユダヤ人―苦悩の歴史と現在』ユーラシア・ブックレット，東洋書店

✳ ロシアと旧帝国周辺民族①中央アジア

kurmangazy.com ［http://kurmangazy.com（2019年8月19日閲覧）］

［参］宇山智彦（編著）（2010）『中央アジアを知るための60章（第2版）』明石書店

［参］シンメルペンニンク＝ファン＝デル＝オイェ，デイヴィド（著），浜　由樹子（訳）（2013）『ロシアのオリエンタリズム―ロシアのアジア・イメージ，ピョートル大帝から亡命者まで』成文社

✳ ロシアと旧帝国周辺民族②コーカサス

［参］北川誠一他（編著）（2006）『コーカサスを知るための60章』明石書店

［参］木村　崇他（編）（2006）『カフカース―二つの文明が交差する境界』彩流社

✳ ルーシの歴史とウクライナ

［参］服部倫卓（2004）『不思議の国ベラルーシ―ナショナリズムから遠く離れて』岩波書店

［参］松里公孝（2014）「ウクライナ政治の実相を見誤るな（特集 ウクライナの選択とビジネスの可能性）」『ロシアNIS調査月報』59（1），pp.1-8

✳ ロシアとスラヴ諸国

［参］萩原　直（監修）（2015）『新版 東欧を知る事典』平凡社

［参］森安達也（編）（1986）『スラヴ民族と東欧ロシア（民族の世界史10）』山川出版社

✳ 亡命

［参］諫早勇一（2014）『ロシア人たちのベルリン―革命と大量亡命の時代』東洋書店

［参］塩川伸明他（編）（2012）『ディアスポラ論（ユーラシア世界2）』東京大学出版会

✳ ロシア人と時間

［参］下里俊行（2014）「『望遠鏡』編集発行人ナデージュヂンの永遠・時間・歴史概念」『ロシア語ロシア文学研究』46，pp.1-17

✳ 世界で活躍するロシア人

［参］沢田和彦（2007）『白系ロシア人と日本文化』成文社

［参］スタルヒン，ナスターシャ（1991）『ロシアから来たエース―巨人軍300勝投手スタルヒンの栄光と苦悩』PHP文庫

［参］forbes.ru ［http://www.forbes.ru/special/100/vote/（2018年6月29日閲覧）］

【17章　ロシアと日本】

❀ ロシアの日本学
［参］加藤百合（2008）『ロシア史の中の日本学』ユーラシア・ブックレット，東洋書店
［参］メーチニコフ，L. I.（著），渡辺雅司（訳註）（1987）『回想の明治維新——ロシア人革命家の手記』岩波文庫

❀ 日露交流史
［参］五百旗頭　真（編）（2015）『日ロ関係史』東京大学出版会
［参］真鍋重忠（1978）『日露関係史—1697-1875』吉川弘文館

❀ 漂流民
［参］生田美智子（1997）『大黒屋光太夫の接吻—異文化コミュニケーションと身体』平凡社選書
［参］木崎良平（1991）『漂流民とロシア—北の黒船に揺れた幕末日本』中公新書

❀ ニコライと日本におけるロシア正教会
pravoslavie.ru　［http://pravoslavie.ru/41331.html（2018年8月21日閲覧）］
［参］柴山準行（編）（1998）『聖人ニコライ事蹟伝』日本ハリストス正教会教団府主教庁
［参］高橋保行（2000）『聖ニコライ大主教』日本基督教団出版局

❀ 大津事件
保田孝一（2009）『最後のロシア皇帝ニコライ二世の日記』講談社学術文庫
［参］尾佐竹　猛（著），三谷太一郎（校注）（1991）『大津事件－ロシア皇太子大津遭難』岩波文庫

❀ 日露戦争
石　和静（著），金　容権（訳）（2010）『風刺画にみる日露戦争』彩流社，p.266
　　（原典は『東京パック』1905年12月15日）
ロストーノフ，I.I.（著），大江志乃夫（監修），及川朝雄（訳）（2009）『ソ連から見た日露戦争』原書房
［参］土屋好古（2012）『「帝国」の黄昏，未完の「国民」—日露戦争・第一次革命とロシアの社会』成文社
［参］日露戦争研究会（編）（2005）『日露戦争研究の新視点』成文社

❀ シベリア出兵
［参］麻田雅文（2016）『シベリア出兵—近代日本の忘れられた七年戦争』中公新書
［参］原　暉之（1989）『シベリア出兵—革命と干渉1917-1922』筑摩書房

❀ 白系ロシア人
［参］沢田和彦（2007）『白系ロシア人と日本文化』成文社
［参］中村喜和他（編）（2016）『異郷に生きるⅥ　来日ロシア人の足跡』成文社

❀ シベリア抑留
［参］高杉一郎（1950）『極光のかげに—シベリア俘虜記』目黒書店
［参］富田　武（2016）『シベリア抑留—スターリン独裁下，「収容所群島」の実像』中公新書

❋日露領土の境界

[参]秋月俊幸（2014）『千島列島をめぐる日本とロシア』北海道大学出版会

[参]サヴェーリエヴァ，エレーナ（著），小山内道子（訳），サハリン・樺太史研究会（監修）（2015）『日本領樺太・千島からソ連領サハリン州へ——一九四五年——一九四七年』成文社

❋ロシアの日本趣味（ジャポニズム）

Романов, Н.И. （1923）В. Фалилеев. М. - Пг.:Государственное издательство

[参]パスカル，ピエール（著），川崎 浹（訳）（1980）『ロシア・ルネサンス——1900 – 1922』みすず書房

[参]モロジャコフ，ワシーリー（著），村野克明（訳）（2011）『ジャポニズムのロシア——知られざる日露文化関係史』藤原書店

❋日本におけるロシア文学の受容

プーシキン，A. S.（著），高須治助（訳）（1883）『露国奇聞——花心蝶思録』法木書屋

[参]加藤百合（2012）『明治期露西亜文学翻訳論攷』東洋書店

[参]柳 富子（編著）（2001）『ロシア文化の森へ－比較文化の総合研究』ナダ出版センター

❋現代日本文化のロシアにおける受容

[参]柴田元幸他（編）（2006）『世界は村上春樹をどう読むか』文藝春秋

[参]西田裕希（2013）『美しすぎるロシア人コスプレイヤー——モスクワアニメ文化事情』ユーラシア・ブックレット，東洋書店

❋日本におけるロシア民謡

[参]河西秀哉（2016）『うたごえの戦後史』人文書院

[参]渡辺 裕（2010）『歌う国民——唱歌，校歌，うたごえ』中公新書

【付録①　国旗と国章】

（1963）Советская историческая энциклопедия. Т. 4. Советская энциклопедия

（1973）Советская историческая энциклопедия. Т. 14. Советская энциклопедия

（1987）Гербы и флаги СССР. Avots

Новая российская энциклопедия. Энциклопедия

事項索引

＊英数字，五十音順に掲載（英数字の和読みも五十音順内に掲載）.
＊頁数は，各用語が含まれる項目の冒頭頁を表す.
＊項目見出し語になっている用語の頁数は，太字で表示.

■数字

12音技法　додекафония　542, 560
『1830年のトボリスク散策』　"Прогулки вокруг Тобольска в 1830 г."　82
18世紀文学　литература XVIII века　**330**
1905年革命（ロシア第1革命）　революция 1905-го года　14, 18, 56, 570, 588, 592, 608
『200年をともに』　"Двести лет вместе"　392
2027年までの国家装備プログラム　Государственная программа вооружений-2027（ГПВ-2027）　658
《25の前奏曲》　"25 прелюдий"　536
40人の受難者の日（ソーロキ）　День памяти сорока Севастийских мучеников　262
41°　41°　342

■A〜Z

AES+F　AEC+Ф　512
GTO（体力検定システム）　ГТО（Готов к труду и обороне）　276, 288
NTV　HTB　268
RCA（アメリカ・ラジオ会社）　Radio Corporation of America　558
SF文学　научно-фантастическая　348, **358**
SNS　социальная сеть　144, 420, 636
VIA（Vocal Instrumental-Ensemble）　ВИА（вокально-инструментальный ансамбль）　548, 556
VK　ВКонтакте　636

■あ

挨拶　приветствия　158, 196, 202, 252, 298, **306**
愛称形　короткие и уменьшительно-ласкательные формы　196, 302, 663
アイスホッケー　хоккей　32, **286**
愛智会　Общество любомудрия　336, 576
『愛について』　"Что к чему..."　362
アヴァンギャルド　авангард　106, 348, 444, **500**, **502**, 508
アヴォーシカ　авоська　232
アウシュヴィッツ　Auschwitz（Освенцим）　674
アウトクラトール（神の代理人）　самодержец　130
アエリータ2号　Аэлита-2　656
『赤い車輪』　"Красное колесо"　356, 392
アカデムゴロドク　академгородок　628, 630
赤の広場　Красная площадь　28, 90, **92**, 104, 106, 108, 142, 420, 460, 602, 652
亜寒帯　субполярный пояс　58
悪魔　нечистая сила　**162**, 164, 346, 406, 442, 522
アクメイズム　акмеизм　324, 354, 374, 454
『悪霊』　"Бесы"　44, 338, 386, 566
アグロホールディング　агрохолдинг　68
アシグナーツィヤ　ассигнация　224
亜使徒　равноапостольный　136, 696
アストラハン　Астрахань　4, 84, 258
アゼルバイジャン　Азербайджан　86, 274, 678
遊び（伝統的な）　традиционные развлечения　**156**

事項索引

新しいアナーキズム　Новый анархизм 580

『新しい道』　"Новый путь"　340

新しいリアリズム　Новый реализм　360

厚い雑誌（トールストイ・ジュルナール）тольстый журнал　322, 574

アーティスティックスイミング（シンクロナイズドスイミング）　артистическое плавание（синхронное плавание）**282**, 284

アーティスト・ブック　книга художника **522**

アトス山　гора Афон　134, 138, 326, 582, 594

アドノクラスニキ　Одноклассники　636

アナーキズム　анархизм　578, **580**

アニメ　мультфильмы　182, 268, **474**, 476, 714

アネクドート（小咄）　анекдот　**182**, 192, 478, 636

アフガン戦争　Афганская война　370

アブハジア　Абхазия　86, 352, 678

アブハズ人　абхазы　678

アブラムツェヴォ　Абрамцево　172, 488

『アポロン』　"Аполлон"　340

アマチュア芸能活動　художественная самодеятельность　186, 412

アムール川　Амур　58, 60, 66, 99, 228

アムールトラ　амурский тигр　66, 110

アラル海　Аральское море　29, 60, 110

アルザマス-16（第11設計事務所）Арзамас-16　626

アルシン　аршин　220

アルミャク　армяк　170

アルメニア　Армения　84, 86, 182, 396, 468, 470, 678

アルメニア撮影所　Арменфильм　468

アルメニア使徒教会　армянская апостольская церковь　148, 424, 678

アレクサンドリンスキー劇場　Александринский театр　94, 426, 432, 448

アレクサンドル・ネフスキー大修道院

アレクサンドロ-Невская Лавра　134, 218, 696

アレクサンドルの円柱　Александровская колонна　104

アレクサンドロフスク　Александровск 118

『哀れなリーザ』　"Бедная Лиза"　330, 376

アンガルスク　Ангарск　96

アンズタケ　лисичка　250

アンダーグラウンド芸術　андеграундное искусство　354, **510**, 512, 522

「アンドレイ・ルブリョフ」　"Андрей Рублев"　466, 482, 496

異化　остранение　114, 388

尉官小説　Лейтенантская проза　370

異教　язычество　42, 120, 150, 160, 442, 564

育児休暇　отпуск по уходу за ребенком 216

イクラ　икра　240, 258, 316

異言語混淆　разноречие　610

イコノスタス　иконостас　128

『イーゴリ軍記』　"Слово о полку Игореве" 120, **328**

《イーゴリ公》　"Князь Игорь"　328, 418, 536, 554

イコン（聖像画）　икона　124, 214, **482**, 564

医師団陰謀事件　дело врачей　674

イースターエッグ　пасхальные яйца　124, **150**, 230

イスラーム　ислам　10, 84, 108, 144, 148, 676, 678, 680

《イスラメイ》　"Исламей"　536

イソップの言葉　эзопов язык　362, **368**, 462

遺伝学　генетика　620, 638, 662

移動派　передвижники　484, **486**, 490, 496, 506, 526

移動美術展覧会組合　Товарищество передвижных художественных выставок　486

『犬の心臓』　"Собачье сердце"　399, 462

イノシシ　кабан　66, 74

『イノニア』 "Инония" 376

イマジニズム имажинизм 342

「いまに見ていろ！」 "Ну, погоди!" 474

イリヤー・ムーロメツ Илья Муромец 176

医療制度 система здравоохранения 76, **206**, 216

イルクーツク Иркутск 60, 96, 98, 228, 630, 694, 702

イルホム劇場 театр Ильхом 676

異論派（ディシデント） диссиденты 28, 234, **602**

イワン・クパーラの日 Иван Купала 156, 166, 222

イワン大帝の鐘楼 колокольня Ивана Великого 92

『イワン・デニーソヴィチの一日』 "Один день Ивана Денисовича" 26, 50, 380, 392

『イワンとふしぎなこうま』 "Конек-Горбунок" 82

「イワン雷帝」 "Иван Грозный" 676

インターネット文化 Интернет-культура **636**

インテリゲンツィア интеллигенция 254, 316, 364, 528, 602, 608, **615**

インフラ инфраструктура 50, 70, 154, 514, 636, 702

《ヴァイオリン協奏曲》 "Концерт для скрипки с оркестром" 538, 560

ヴァレーニエ варенье 236, 238, 250

ヴィラ вилла 70

飢え голод 62, 154, 180, 706

ヴェルジェニエ вержение 220

ヴェルショク вершок 220

ヴェルスタ верста 220

ヴェルテープ вертеп 422

ヴォジャノイ водяной 120, 162

ヴォストーク1号 Восток-1 624, 663

ヴォストーチヌィ港 порт Восточный 96

ウオッカ（ウオトカ） водка 246, **252**, 316

ヴォルガ川 река Волга 18, 60, 78, 80, 84, 114, 198, 274, 304

ヴォルガ・ブルガール волжские булгары 84

ヴォルクタ Воркута 50

ヴォルゴグラード Волгоград 84

ヴォロス Волос 120

ヴォロネジ Воронеж 68, 78, 310, 400

ウクライナ Украина 2, 10, 30, 42, 48, 76, 86, 112, 310, 312, 344, 470, 590, **680**, 682

ウサージバ（貴族屋敷） усадьба **528**

ウシャンカ ушанка 170

ウスペンスキーの斎 Успенский пост 262

うたごえ運動 движение «Поющие голоса»（ウタゴエ） 160, 532

歌と踊りのアンサンブル ансамбль песни и пляски 412

歌物語 былина **176**

宇宙開発 ракетостроение, космонавтика **624**, 630, 632, 640, 656, 663

美しい隅（クラースヌィ・ウーゴル） красный угол 200, 202, 218, 482

ウハー уха 236, 244, 246, 262

ウマ（馬） лошади 42, 156, **160**, 162, 172, 176, 224, 254, 270, 490, 620

海 море 60, 66, 72, 88, 94, 110, **490**, 708

ウラジオストク Владивосток 58, 62, 98, 304, 692, 702

〈ウラジーミル街道〉 "Владимирский тракт（Владимирка）" 490

占い гадания **164**, 226

ウラル Урал 8, 72, 110, 256, 310

ウラル諸語 уральские языки 296, 312

ウリヤノフスク Ульяновск 84

「ウルガ」 "Урга — территория любви" 466

運動（伝統的な） традиционные виды спорта **278**

『運命の卵』 "Роковые яйца" 358, 399, 462

《運命の力》 "Сила судьбы" 554

「運命の皮肉」 "Ирония судьбы, или С легким паром!" 288, 478, 548

映画 фильмов **456**, 464, 470, 478

映画人同盟 Союз кинематографистов

498

永久凍土　вечная мерзлота　58, 62, 82, 110

叡知圏　ноосфера　584

『エヴゲーニー・オネーギン』　"Евгений Онегин"　44, 336, 338, 390, 538, 570

駅　逓　почта　160, 224

エクスカーション　экскурсия　272

エコール・ド・パリ　Парижская школа　492, 684

エコロジー的近代化　экологическая модернизация　110

エスエル　партия социалистов-революционеров　14, 19, 579

エストラーダ　эстрада　266

エチケット　этикет　**196**, 212

エチルアルコール　этиловый спирт　252

絵付け　роспись　172, 174

エーテル　эфир　558

絵　本　книги с картинками　362, **520**

エリスタ　Элиста　84

エリツィン記念大統領図書館　Президентская библиотека имени Б.Н. Ельцина　654

エルサレム　Иерусалим　122, 134, 138, 176

エルマーク　Ермак Тимофеевич　82, 672

エルミタージュ　Эрмитаж　54, 94, 104, 484, **494**, 518

「エルミタージュ幻想」　"Русский ковчег"　94, 468, 668

エロス　эротика　**398**

沿ヴォルガ　Поволжье　**84**, 110, 146, 168

遠隔教育　дистанционное обучение　634

演劇人同盟　Союз театральных деятелей　453, 498

演劇の10月　Театральный Октябрь　438

演出家　режиссеры　420, 430, 434, 436, 438, 440, 442, 444, 446, 450, 716

宴　席　застолье　198

演奏家　дирижеры и музыканты　532, 534, **550**

燕　麦　овёс　242

黄金のオルダー　Золотая орда　4

黄金の環　Золотое кольцо России　60, 78

欧州選手権　Чемпионат Европы по футболу　286

オオカミ（狼）　волк　72, 74, 162, 176, 178, 180

大津事件　инцидент в Оцу　**698**

大　麦　ячмень　68, 220, 240, 242

オカルト小説　оккультные романы　346

オクローシカ　окрошка　248

オーコロ劇場　театр Около дома Станиславского　440, 450

『オストロミール福音書』　"Остромирово Евангелие"　292, 322

オスマン帝国　Османская империя　10, 16, 87, 148, 396, 678, 680

《音の絵》　"Этюды-картины"　540

踊り（伝統的な）　традиционные танцы　**156**, 186

踊り歌　плясовая песня　184

帯　пояс　170

オブニンスク原子力発電所　Обниская атомная электростанция　626

『オブローモフ』　"Обломов"　320, 366, 376

オペラ　опера　404, 408, **418**, 424, 432, 534, 536, 536, 538, **544**

オペラ・セリア　опера-сериа　534

オベリウ　Объединение Реального Искусства（ОБЭРИУ）　342, 362, 444, 520

オホーツク海　Охотское море　60

オポヤズ（詩的言語研究会）　Общество изучения поэтического языка / Общество изучения теории поэтического языка（ОПОЯЗ）　596

オラジ　оладьи　238

オリヴィエ　оливье　238

オリョール　Орел　78, 114, 528

オリンピック　Олимпийские　**276**, 286, 634

『音韻論原理』　"Grundzüge der Phonologie（Основы фонологии）"　648

音楽学校　детская музыкальная школа　216, 536, 546

音楽教育 музыкальное образование 536, **546**

音節内音韻調和 внутрислоговой сингармонизм 296

■か

外国語 русские и изучение иностранных языков 312, 314, **318**, 650, 690

外国文学 перевод зарубежной литературы в России 336, **402**, 462, 654

カイザー・ヴィルヘルム協会 Kaiser-Wilhelm-Gesellschaft zur Förderung der Wissenschaften（Общество кайзера Вильгельма по развитию науки） 628

外 食 еда вне дома 236, **238**, 264

会 堂 капелла（часовня） 128, 482

街 道 большая дорога 160

海 氷 морской лед 58, 60, 88

カイマク каймак 248

外来語 заимствование 298, 300, 319

カウンターカルチャー контркультура **234**

科 学 наука 164, 358, 580, 584, 596, 616, 618, 620, 622, 624, 628, 630, **632**, 634, **638**, 640, 662

科学アカデミー Академия наук **628**, 630, 633, 638, 644, 654, 665

科学技術信奉 вера в науку и технику **640**

科学主義 сциентизм 620, **640**

科学主義的急進主義 радикальный сциентизм 620

科学都市 наукоград **630**

「鏡」 "Зеркало" 466

書き取り検定 чтение и диктанты **233**

格 падеж 180, 296, 298

学園都市 академгородок 426, **630**

核開発 атомный проект 25, 618, **626**, 632

学術オリンピック олимпиада 634

格闘技 боевые искусства **288**

カザーク казачество 8

カザン Казань 16, 18, 84, 108

カザン大聖堂 Казанский собор 132, 304

カーシェアリング каршеринг 100

カーシャ（粥） каша 180, 236, 238, **242**

カスピ海 Каспийское море 84

河川輸送 речной（внутренний водный） транспорт 60, 96

火 葬 кремация 166, 218

仮 装 ряжение 158, 222, 226, 422

家 族 семья 76, 196, 198, 204, 210, 212, 216, 238, 422

家族年 Год семьи 216

学 校 школа 154, 184, 198, 216, 314, 378, 650

学校制度 система образования, школы 378, 546, **650**

『家庭訓』 "Домострой" 248, 254, 262

家庭生活 семейная жизнь 152, 212, **216**, 262, 532

家庭幼稚園 семейный детский сад 216

家庭料理 домашняя еда **238**, 260

カトリック教会 Католическая（Римско-католическая）церковь 122, 138, 148, 582

家内工業 кустарь 40

カーニヴァル карнавал 137, 386, 610

ガビーマ театр Габима 444

カービン銃 карабин 74

カ ブ репа 240, 254

カフタン кафтан 170

貨 幣 деньги 40, **224**, 494

髪 волосы 42, 120, 138, 214, 658

神 духи **120**, 130, 132, 136, 138, **162**

神の叡智（ソフィア） Премудрость Божия（София） 132

神の代理人（アウトクラトール） самодержец 130

神の御母 Богородица 564

「カメラを持った男」 "Человек с киноаппаратом" 458

『かもめ』 "Чайка" 434, 440, 448

粥（カーシャ） каша 180, 236, **242**

カラヴァイ（儀礼パン） каравай 214, 236,

242

カラマーゾフ的性格　карамазовщина　320

ガリツィヤ・ヴォルィニ公国　Галицко-Волынское княжество　680

カリーニングラード　Калининград　304, 392, 682, 686

カルーガ　Калуга　78, 146, 584

カルトゥズ　картуз　170

ガルプツィ　голубцы　248

カルムイク共和国　Республика Калмыкия　84

ガルモニ　гармонь　184, 532

《カレイドスコープ》　"Калейдоскоп"　536

カレンダー　календарь　222, 250, 262, 458

カン　хан　2, 4

環境問題　проблемы окружающей среды　28, 100, **110**, 244

還元主義　редукционизм　500, 616

観　光　туризм　78, 80, 84, 86, 108, 134, **272**, 508

寒　帯　полярный пояс　58

官等表　Табель о рангах　34

『観念論の諸問題』　"Проблемы идеализма"　608

カンパ　кампания　316

ガン病棟　Раковый корпус　392

官僚制　бюрократия　**34**, 344, 454, 580

キエフ　Киев　2, 40, 176, 224, 300, 680

キエフ撮影所　Киевская киностудия　468

キエフ洞窟大修道院　Киево-Печерская Лавра　130, 138

キエフ風カツレツ　котлеты по-киевски　246

キエフ府主教座　Киевская кафедра митрополита　680

気　温　температура воздуха　58, 110, 226

機械ダンス　танцы машин　410

機械論的ラマルク主義　механоламаркизм　620

気候・気象　климат, погода　**58**

記号論　формализм, семиотика　324, 594, **596**

キジ島　остров Кижи　108, 128, 172

希少動物　редкие животные　66, 74

キセーリ　кисель　254, 250

貴　族　дворянин　6, 10, 12, 34, 44, 72, 236, 528

貴族屋敷（ウサージバ）　усадьба　**528**

北ロシア　Русский Север　**80**, 172, 176, 202, 226, 376

キックスケーター　самокат　100

切　手　марки　**224**, 604, 640

記念碑　памятник　98, **104**, 218, 508, 526, 674

機　能　функция　34, 170, 178, 202

キノコ　грибы　154, 180, 204, 238, 240, **250**, 262

キノプラウダ　Киноправда　458

キビ（黍）　просо　242

キプチャク・ハン国　Золотая Орда　84

木彫り　резьба по дереву　172, 526

キャバレー　кабаре　380, 444, **454**

キャビア　черная икра и закуски　240, 246, **258**, 316

キャフタ条約　Кяхтинский договор　228, 254

義勇艦隊　Добровольный флот　692

救済同盟　Союз спасения　572

救世主キリスト大聖堂　Храм Христа Спасителя　**142**, 508

教　育　образование　34, 52, 368, **378**, **416**, 588, **650**

教育卓越センター　Центр педагогического мастерства　634

教　会　церковь　2, 28, **122**, **132**, 134, 212, 214, 294, 300, 326, 482, 582, 614, 696

教会建築　церковная архитектура　108, **128**, 144, 172

教会スラヴ語　церковно-славянский язык　126, 144, 292, **294**, 326, 382

共産主義　коммунизм　12, 24, 26, **46**, 106, 358, 400, 580, 612, 656, 702

教師の日　День учителя　196

強制収容所　концентрационный лагерь

（コンツラゲリ） 20, **50**, 392, 548, 690

矯正労働　исправительный труд　50

強制労働　принудительный труд　50, 706

『兄弟姉妹』　"Братья и сестры"　198, 216, 426, 440

共同体（ミール）　мир, община　12, 40, 624

京都議定書　Киотский протокол　110

行　列　очереди и дефицит товаров народного потребления　124, 214, **232**

極　地　полярные экспедиции　64, 66, **88**

極　東　Дальний Восток　62, **82**, 96, 110, 702

極東共和国　Дальневосточная республика（ДВР）　702

駅　者　ямщик　160

『巨匠とマルガリータ』　"Мастер и Маргарита"　90, 102, 268, 364, 374, 399, 442

漁　労　рыбный промысел　42, 66, **72**, 154

キリスト教　христианство　2, 86, 120, 134, 164, 590

キリル文字　кириллица　294, 296, 300, 326

キルギス　Киргизия　352

儀　礼　обряд　38, 116, 152, 208, **214**, 218, 262, 422, 532

儀礼パン　каравай　214, 236, 242

儀礼歌　обрядовая песня　152

銀　серебро　220, 256

《金鶏》　"Золотой петушок"　536

金　属　металл　60, 220, 256

近代演劇　театр в XIX веке　**424**, 716

近代音楽　музыка в XIX веке　**534**, 536, 550

近代化　модернизация　12, 20, 40, 94, 186, 206, 236, 272, 300, 366, 368, 386, 500, 508, 528, 566, 568, 620, 622, 646, 658, 660, 672, 676, 686

近代絵画　Академия художеств и живопись XIX века　**484**, 486, 490

近代戯曲　пьесы Нового времени　**428**, **430**, 432

近代ロシアバレエ　становление балета в России　404

金の時代　Золотой век　324, 340, 354, 618

銀の時代　Серебряный век　318, 324, 340, 354, 358, 504, 586, 710

吟遊詩人　менестрель, бард　532, 548, **380**

『金羊毛』　"Золотое руно"　340

禁漁区　заказник　72

空　道　кудо　288

グジェリ　гжель　174

クスターリ　кустарь　40, 274

グースリ　гусли　532

クチヤー　кутья　242, 262

クマ（熊）　медведь　74, **116**, 180

クラーク　кулак　40, 48, 106

グラーグ　Главное управление лагерей и мест заключения（ГУЛАГ）　50

グラゴル文字　глаголица　294, 300

『クラシック舞踊の基礎』　"Основы классического танца"　416

グラスノスチ（情報公開）　гласность　30, 110, 182, 190, 192, 288, 368, 453, 600

クラッシュ　куреш　288

グリヴナ　гривна　220

クリコヴォの戦い　Куликовская битва　4, 16

クリスマス　Рождество　156, 164, 222, 226, 422

クリーチ　кулич　158

グリブニーク　грибник　250

クリミア　Крым　10, 12, 16, 224, 319, 370, 670

クリミア併合　присоединение Крыма к Российской Федерации　32, 276, 452

クリーム　сливки　226, 240, **248**, 260

グリャーシ　гуляш　238

グリャーニエ　гулянье　156, 422

クリン　Клин　78, 540

グルジア（ジョージア）　Грузия　16, 30, 86, 104, 122, 126, 468, 470, 548, 678

グルジア撮影所　Грузия-фильм　468

クルスク　Курск　78

グルーズジ　груздь　250

《くるみ割り人形》　"Щелкунчик"　406, 404, 418

「グルーモフの日記」 "Дневник Глумова" 432

クレムリン Кремль 28, 54, 78, 90, **92**, 108, 142, 508, 674

『黒いめんどり，あるいは地下の住人』 "Чёрная курица, или Подземные жители" 362

グロテスク・リアリズム гротескный реализм 610

クロテン（黒貂） соболь 66, 72, 228, 254

クロポトキン委員会 Кропоткинский комитет 580

クロライチョウ тетерев 66, 74

クロンシュタットの反乱 Кронштадтское восстание 580

クワス квас 236, 238, 240, 248, **254**

軍楽隊 военный оркестр 44

軍事ドクトリン военная доктрина Российской Федерации 658

軍事パレード военный парад 28, 92, 106

勲 章 ордена 36, 698

軍 隊 войска 52, 106, 288, 370, 658, 702

警 察 полиция 52, 368, 674, 698

芸術家クラブ Артистический кружок 432

『芸術心理学』 "Психология искусства" 642

『芸術世界』 "Мир искусства" 340, 336, 362, 408, 488, 520

『芸術におけるわが生涯』 "Моя жизнь в искусстве" 434

芸 能 эстрада **266**, 412, 422, 704

啓蒙思想 Просвещение 336, 344, 570, 572, 676

啓蒙所 притвор 128

毛 皮 мех 66, 72, 74, 154, 168, 170, **228**

毛皮のコートを着たニシン селедка под шубой 238, 240 246, 248

劇作家 драматурги 384, 399, 424, 430, 434, **444**, 450

劇 場 театры 94, 266, 404, 412, **416**, 418, 422, **426**, 440

劇場システム система театров **416**

結 婚 брак **212**, 214

決 闘 дуэли 44, 324, 382

ケフィール кефир 238

県 губерния 8, 34

検 閲 цензура 184, 308, 322, 364, **368**, 498, 518

検閲制度 система цензуры 364, 368, 444, 518

言 語 язык 650

言語学 лингвистика **648**

言語技術学 технология речи 648

言語法 языковой закон 312, 314

《検察官》 "Ревизор" 384, 428, 438, 448, 716

原始主義 примитивизм 542

拳 銃 пистолет 44

建神主義 богостроительство **592**

『建設のソ連邦』 "СССР на стройке" 524

《幻想小曲集》 "Пьесы-фантазии" 540

《幻想ソナタ》 "Соната-фантазия" 540

幻想文学 фантастическая литература **358**

現代建築 о современной архитектуре 502, 516

『現代雑記』 "Современные записки" 350, 684, 390

現代思想 современные направления общественной мысли 598, **604**

『現代の英雄』 "Герой нашего времени" 336, 390, 396

現代美術 современное искусство **512**, **518**

現代ファッション современная мода **230**

現代文学 современная литература 360, 510, 566

現代ロシア演劇 современный российский театр **450**

現代ロシア文学 современная русская литература 318, 394

建 築 архитектура 502, 508, **516**

県知事 губернатор 34

憲 法 Конституция **188**, 206, 572

権　力　власть　2, 14, 18, 20, 32, 38, 104, 106, 188, 348, 346, 368, 382, 442, 506, 568, 570, 580, 628, **638**, 668

元老院　Сенат　34, 94, 484, 526, 572

古アジア語　палеоазиатские языки　312

工業化　индустриализация　10, 12, 20, 22, 40, 46, 47, 70, 200, 274, 286, 376, 500, 630, 640

交響楽的バレエ　симфонический балет　410

公共交通　общественный транспорт　100, **102**, 216

公共交通指向型開発　транзитно-ориентированное проектирование　100

航空輸送　воздушный транспорт　96

合計特殊出生率　суммарный коэффициент рождаемости　76, 216

交差点　перекресток　100

口承文学　устное творчество　422

降水量　осадки　58, 110

構成主義　конструктивизм　444, 500, 502, 504, 514

光線主義　лучизм　500

紅　茶　чай　236, 238, 254, 256

交　通　транспортное　84, 96, 98, **100**, **102**, 154, 272, 508

交通事故　дорожно-транспортное происшествие（ДТП）　100, 216

皇帝（指導者）崇拝　императора правителя（культ）　**38**

《皇帝の花嫁》　"Царская невеста"　536

光明週間　Светлая седмица　156, 158, 222

こうもり（座）　Летучая мышь　454

荒野修道院　пустынь　130

公用語　официальный язык　86, 312, 314

コーカサス（カフカス）山脈　Кавказские горы　86, 594, 678

コーカサス（カフカス）　Кавказ　**86**, 310, 382, **678**

五カ年計画　пятилетка　20, 28, 460

古儀式派　старообрядцы　8, 54, 80, 130, **146**, 310, 566

古教会スラヴ語　старославянский язык　292, **294**, 300

黒鉛チャンネル炉　реактор большой мощности канальный（РБМК）　626

酷　寒　мороз　392, 706

国際アマチュアサンボ連盟　International SAMBO Federation（FIAS）（Международная федерация самбо（ФИАС））　288

国際科学技術センター　International Science and Technology Center（ISTC）（Международный научно-технический центр（МНТЦ））　632

国際女性デー　Международный женский день　196

国際標準化機構　International Organization for Standardization（Международная организация по стандартизации（ИСО））　314

国際連合　United Nations（Организация объединенных наций（ООН））　276, 314

国際労働者協会（第1インターナショナル）International Workingmen's Association（First International）（Международное товарищество трудящихся（Первый интернационал））　580

国防生産コンプレクス　оборонно-промышленный комплекс（ОПК）　658

国民性　национальный характер　320, **332**, 520, 568

国民文学　национальная литература　152, 330, **332**, 344

穀　物　хлеб　68, 242

穀物醸造酒　хлебное вино　252

国立電子図書館　Национальная электронная библиотека（НЭБ）　654

ココーシニク　кокошник　168, 230

ゴーゴリ・センター　Гоголь-центр　426, 440

『心と理性のための子どもの読み物』
　　"Детское чтение для сердца и разума"
　　362

コサック　казаки　10, **42**, 82, 228, 672, 680

五旬祭（聖神降臨祭，トロイツァ）
　　Пятидесятница, День Святой Троицы
　　156

コスイギン改革　косыгинские реформы
　　28

コストロマ　Кострома　78, 172, 652

ゴスフィルモフォンド（ロシア国立映画保存
　　所）　Госфильмофонд России
　　（Государственный фонд
　　кинофильмов Российской
　　Федерации）　456

コスプレ　косплей　714

コスミズム　космизм　566, **584**

子育て　воспитание детей　154, **216**, 260,
　　588

子だくさん家庭　многодетная семья　216

国　歌　государственный гимн　38, 362,
　　466, **562**

黒　海　Черное море　60, **86**, 96

黒海沿岸　побережье Черного моря　16,
　　66, **86**

国家学派　государственная школа　4, 574

国家教育スタンダード　федеральный
　　государственный образовательный
　　стандарт（ФГОС）650

国家語　государственный язык　312, 314

国家親衛軍　войска национальной
　　гвардии Российской Федерации　52

国家統一試験　Единый Государственный
　　Экзамен（ЕГЭ）650

『国家と革命』　"Государство и революция"
　　18, 46, 612

コテージ　коттедж　70

古典主義　классицизм　128, 336

子供年　Год ребенка　216

《子供のための16の歌》　"16 песен для
　　детей"　538

ことわざ　поговорка, пословица　**180**, 202,

242

小咄（アネクドート）　анекдот　**182**, 192,
　　478, 636

コーヒー　кофе　238, 248, 254, 264, 516

コペイカ　копейка　224

コミッサルジェフスカヤ劇場　Театр имени
　　В.Ф. Комиссаржевской　438

コミンテルン（共産主義インターナショナル）
　　（第3インターナショナル）　Коминтерн
　　（Коммунистический интернационал）
　　（Третий интернационал）612, 682

小　麦　пшеница　68, 242, 260

『コムソモーリスカヤ・プラウダ』
　　"Комсомольская правда"　190

コムナルカ　коммуналка　198, 200

米　рис　242, 244, 252, 262

固有種　эндемик　60, 66

娯楽映画　развлекательные фильмы　460,
　　472, 676

コルサコフ　Корсаков　118

古ルーシ　Древняя Русь　326

コルシェ劇場　театр Корша　424

ゴルスチ　горсть　220

コルホーズ　колхоз　40, 68, 70, 106, 194, 198,
　　274, 376, 472, 528, 656

ゴレルキ　горелки　278

コロコーリチク　колокольчик　160

ゴロトキ　городки　156, 278

《コロベイニキ》　"Коробейники"　664

婚　姻　брак　6, 77, 158, 168, **212**, **214**, 226,
　　588

コンスタンチノープル　Константинополь
　　132, 134, 680

コンバットサンボ　боевое самбо　288

コンピュータ・サイエンス　компьютерные
　　науки　**665**

■さ

菜　園　огорода　70, **204**, 516, 528

斎戒（精進）　пост　156, 214, 236, 244, **262**

彩色卵　пасхальное яйцо　158

サイレント映画　немое кино　**456**, 458

サヴィツキー美術館　Государственный музей искусств Республики Каракалпакстан им. И. В. Савицкого　676

ザーウミ　заумь　342, 354, 374, 430, 522

サーカス　цирк　266, **270**, 422, 438, 440, 454, 460, 472

魚　рыбные　60, 66, 72, 154, 162, 236, 238, 420, **246**, 258, 262, 316, 320, 692

『魚の王様』　"Царь-рыба"　82

魚料理　рыбные блюда　238, **246**, 248

ザクースカ（前菜）　закуска　236, 244

《桜の園》　"Вишневый сад"　204, 430, 436, 448, 716

サークル　школьные кружки　82, 217, 348, 402, 432, 488, 522, 524, 574, 576, 596, 634, 648

鎖国　закрытие Японии　272, 690, 694

サージェニ　сажень　220

サッカー　футбол　276, 278, **286**, 412, 650

作家性　теория авторского кино　462, 466, 474, 524

作家同盟　Союз писателей　498

作家の映画　авторское кино　466

作曲家　композиторы　126, 406, 534, 536, 538, 540, 542, 544, 554, **560**

雑誌　журналы　74, 83, **192**, 287, 322, 340, 344, 346, 350, 356, 362, 382, 392, 400, 498, 574, 588, 534, 584, 710, 712

サトコー　Садко　176

サ　ハ　Саха　58, 154, 312, 470

「砂漠の白い太陽」　"Белое солнце пустыни"　676

サハリン　Сахалин　48, **118**, 352, 702

『サハリン島』　"Остров Сахалин"　118, 396

サービス業　обслуживание　198, 632

ザベーリャ　забеля　248

サポギ　сапоги　170

ザポロージェッツ　Запорожец　656

サマーラ　Самара　84

サムイズダート　самиздат　192, 322, 380, 522, 524

ザモスクヴォレーチエ　Замоскворечье　432

サモワール　самовар　78, 204, 236, 254, **256**

サラトフ　Саратов　84, 270, 304, 446

サラファン　сарафан　168, 532

三一致の法則　правило трех единств　428

産　院　родильный дом（роддом）　216

参議会　коллегия　34

サンクツィイ　санкции　319

サンクト・ペテルブルグ　Санкт-Петербург　32, 40, 64, 78, 80, 90, **94**, 96, 102, 108, 114, 136, 204, 218, 302, 304, 330, 374, 382, 384, 390, 406, 414, 416, 418, 420, 484, 486, 494, 516, 534, 566, 572

サンクト・ペテルブルグ音楽院　Санкт-Петербургская государственная консерватория имени Н.А. Римского-Корсакова　534, 536, 538, 542, 546, 552, 558

サンクト・ペテルブルグ港　порт Санкт-Петербург　96

サンクト・ペテルブルグ条約　Санкт-Петербургский договор　708

サンクト・ペテルブルグ大学　Санкт-Петербургский университет（СПбГУ）　18, 94, 384, 542, 588, 606, 622, 652, 660, 690

産前産後休業　отпуск по беременности и родам　216

散弾銃　дробовик　74

サンフランシスコ平和条約　Сан-Францисский мирный договор　706, 708

サンボ　самбо　**288**, 704

賛名派　имяславие　**594**

シーア派　шииты　86, 678

《シェエラザード》　"Шехеразада"　536

ジェットコースター　американские горки　290

シェレメチェフ家　Шереметевы　528, 534

ジェンダー　гендер　36, **210**, 284, 530

塩　соль　180, 242

塩漬けキュウリ　соленые огурцы　236, 240

シオニズム　сионизм　590

『シオン長老の議定書』 "Протоколы сионских мудрецов" 590, 674

自我未来派 эгофутуризм 342

時　間　русские и время **686**

識字能力 грамотность 233

指揮者 дирижеры 418, 534, 544, **550**, 705

資源開発 разработка ресурсов 88

『思考と言語』 "Мышление и речь" 642

司祭派／有僧派 поповцы 146

《持参金のない娘》 "Бесприданница" 432

市場経済移行 переход к рыночной экономике 30, 68, 632

シーズン・レパートリー制 репертуальный театр 426

至聖所 алтарь 128, 482

自然改造 преобразование природы 62, 110, 358

自然保護区 заповедник 72, 110

ジダーノフ批判 критика Жданова 344, 542, 544

シチー　щи 160, 180, 236, 238, 240, 244, 248, 262

シチェポチ щепоть 220

市町村道 автомобильные дороги местного значения 96

失　業　безработица 30, 154, 190

実験劇場 экспериментальный театр 410, 418, **440**, 450

実存主義 экзистенциализм 598, 608

疾病証明書 больничный лист 216

自伝文学 автобиографическая литература **334**

私　道　частные автомобильные дороги 96

児童演劇 детский театр **446**

指導者（皇帝）崇拝 культ правителя （императора）**38**

自動車輸送 автомобильный транспорт 96

児童文学 детская литература **362**, 446, 474, 712

シニャフスキー・ダニエル事件 дело Синявского и Даниэля 26

詩の20世紀 поэзия XX века 354

《死の島》 "Остров мертвых" 540

詩　поэтические 20, 26, 94, 114, 152, 160, 176, 180, 184, 292, 318, **324**, 330, 334, 336, 340, 342, 350, 352, **354**, 372, 380, 382, 384, 390, 430, 522, 606, 646, 672, 692, 712

シーバックソーン облепиха 250

シビル・ハン国 Сибирское ханство 228

ジプン зипун 170

シベリア Сибирь 19, 42, 48, 50, 60, 62, **82**, 96, 98, 110, 140, 228, 386, 572, 630, 712

『シベリアからの手紙』 "Письма из Сибири" 82

シベリア出兵 иностранная военная интервенция в Сибири 16, **702**, 708

シベリア（横断）鉄道 Великий Сибирский путь / Транссибирская магистраль 62, 96, **98**, 700

『シベリアの灯火』 "Сибирские огни" 82

「シベリアのドストエフスキー」 "Достоевский в Сибири" 82

シベリア抑留 сибирское интернирование 316, **706**, 718

シベリア流刑 ссылка в Сибирь 19, **48**, 364, 386, 572

『シベリア歴史概説』 "Историческое обозрение Сибири" 82

下田条約 Симодский договор 708, 692

社会主義 социализм 14, 18, 20, 22, 24, 28, 30, 40, **46**, 232, 272, 274, 276, 314, 334, 344, 348, 356, 358, 362, 386, 392, 400, 420, 440, 458, 462, 500, 502, 504, 562, 568, 570, 574, 578, 586, 590, 592, 600, 612, 638, 640, 668, 676, 680, 682, 692

社会主義リアリズム социалистический реализм 338, 348, 354, 358, 362, 377, 410, 436, 440, 442, 453, 478, 496, 498, **506**, 508, 510, 512, 514, 520, 526, 530, 605, 676

社会保障 социальная защита 36, 112, 206

ジャガイモ картофель 68, 205, 238, 240, 244

シャク　шаг　220
邪　視　сглаз　166, 208
シャシリク　шашлык　236, 238, 246, 678
写　真　фотография　91, 421, 504, 512, 518, **524**, 636
ジャズ　джаз　234, **556**
ジャーナリスト同盟　Союз журналистов 498
シャフトィ事件　Шахтинское дело　640
ジャポニズム（日本趣味）　японизм　492, **710**, 716
「十月」　"Октябрь"　458, 548
十月（グループ）　группа Октябрь　524
十月革命　Октябрьская революция　14, 19, 27, 36, 42, 106, 228, 286, 300, 392, 401, 410, 494, 500, 562, 580, 588, 590, 612, 644, 652, 654, 662
十月革命と共産党の歴史委員会　Комиссия по истории Октябрьской революции и РКП（б）644
十月詔書　Октябрьский манифест　700
住　居　жилье　**200**, 204, 516, 528
宗教美術　икона, религиозное искусство **482**, 494
周期律　периодический закон　660
計画経済　плановая экономика　28, 46, 70, 110, 232, 315, 613, 664
集団住宅　квартира　200
自由思想　вольнодумство　331, 337, **572**
自由主義　либерализм　12, 14, 324, 368, 382, 569, 572, 574, 576, 615, 644, 650, 650, 670, 674
自由神政制　свободная теократия　606
自由神智学　свободная теософия　606
集団化　коллективизация　22, 46, 48, 72, 377, 48, 460, 502, 620
集団行為　коллективные действия　420
集団農場　коллективное хозяйство　22, 40, 68, 198, 527, 544
修道院　монастырь　81, 108, 122, 128, **130**, 132, 218, 250, 326, 482
『修道女ベアトリーチェ』　"Сестра

Беатриса"　448
修道制　монашество　130
周辺民族　народы бывшей　244, **676**, **678**
終末論　эсхатология　356, 374, **566**, 608
住　民　жители　10, 68, 70, **76**, 102, 112, 118, 200, 204, 319, 518, 630
宗務庁　Священный Синод　696
収容所　лагерь　20, **50**, 348, 380, 392, 446, 624, 690, 706
『収容所群島』　"Архипелаг ГУЛАГ"　50, 350, 392
祝　典　празднества　**106**, 142, 534
主権宣言　Декларация о государственном суверенитете　30
呪　術　колдовство　**164**, 208
呪術師　колдун, колдунья　164, 208
ジュース　сок　**254**, 260
出版文化　книгоиздания　**322**
出没母音　беглые гласные　296
受難週間　Страстная неделя　158, 262
呪　文　заговор　152, 164, 208
狩　猟　охота　66, **72**, **74**, 228
春化処理　яровизация　620
準軍隊　военизированные организации **52**, 658
巡　礼　паломничество　**134**
巡礼（者）　калеки перехожие　152
ジョイント（アメリカ・ユダヤ人共同配給委員会）　Американский еврейский объединенный распределительный комитет（Джойнт）674
省　министерство　19, 34, 50, 52, 274, 368, 378, 538, 624, 650, 658
ショーヴィニズム　шовинизм　**568**
蒸気浴　парение　202
少女小説　романы для девочек　362, 346
生神女　Богородица　124, 132, 134, 138, 142, 696
象徴主義　символизм　324, **340**, 354, 430, 710
象徴派　символисты　334, 340, 566, 586, 606
小児科クリニック　детская поликлиника

216

商　人　купец　496

小品劇場　театр миниатюр　444

蒸留酒　крепкие спиртные напитки　252, 316

植　物　растения　58, 62, **64**, 172, 174, 262, 620

食文化　пищевая культура　**236**, 258, 264

『植民地としてのシベリア』　"Сибирь как колония"　82

叙事詩　эпос　152

抒情歌　лирическая песня　184

抒情の散文　лирическая проза　334

ジョストボ　Жостово　174

女　性　женщины　**168**, 212, **372**

女性解放思想　феминизм　**588**

女性解放論者　феминист　661

女性芸術家　женщины - деятели искусства　**530**

女性向けロマンス　любовные романы для женщин　346

ジョチ・ウルス　Улус Джучи　4

諸民族語　языки народов　300, **312**

所有派　стяжатели (иосифляне)　130

シラカバ（白樺）　береза　90, **116**, 156, 172, 174, 202, 220, 252, 490

白樺樹皮　береста　172

白樺文書　берестяные грамоты　116

シリウス　Сириус　634

ジレット（ベスト）　жилет　170

人　格　личность　12, 56, 572, 608, 610

シンクロナイズドスイミング　синхронное плавание　**282**, 284

新経済政策（ネップ）　Новая Экономическая Политика (НЭП)　18, 274, 504

人　権　права человека　188

人口移動　миграция населения　76

人口動態　естественное движение населения　76

新古典主義　неоклассицизм　104, 275, 325, 484, 486, 490, 510, 542

『新雑記』　"Новый журнал"　350, 684

『神人性に関する講義』　"Чтения о Богочеловечестве"　606

人心の支配者　властитель дум　364

新生ウクライナ正教会　Православная церковь в Украине　144

『神政制の過去と未来』　"История и будущность теократии"　606

『新世界（ノーヴィ・ミール）』　"Новый мир"　360, 392, 394, 401, 498

新体操　художественная гимнастика　282, **284**

神智学　теософия　346, 540, **586**

新ドイツ人村　Новая Немецкая слобода　54

人頭税　подушная подать　8, 40, 42, 54, 160

新　年　Новый год　222, 226, 238, 262

《神秘劇》　"Мистерия"　152, 422, 540

神秘思想　мистицизм　492, **586**

新　聞　газеты　20, 106, 182, **192**, 208, 316, 368, 498, 574, 615, 698, 706

シンボリズム（象徴主義）　символизм　324, 336

人民の意志　Народная воля　578, 586, 588

「人民の中へ」運動　"В народ"　578

心理学　психология　210, 610, **642**, 648

《森林》　"Лес"　438

森林火災　лесной пожар　58, 62, 66, 110

森林伐採　обезлесение　62, 66, 110, 432

新ロシア様式　неорусский стиль　488

水　域　водные объекты　60, 86

スイーツ　сладости　248, **260**

スイルニキ　сырники　238

スヴェートピシ　светопись　524

スヴォーリン劇場　театр Суворина　424

数　学　математика　**622**, 661

スヴャートキ　Святки　222, 226

『過ぎし歳月の物語』　"Повесть временных лет"　120, 254

スキタイ人主義　скифизм　672

スコモローヒ　скоморох　176, 270, 422

スコルコヴォ計画　проект Сколково　632

スコルピオン　скорпион　340
寿　司　суси　238, **264**
「スズゲ - シベリア伝説」゛Сузге.
　　　Сибирское предание゛　82
スーズダリ　Суздаль　78, 90, 108, 482
スタニスラフスキー・システム　система
　　　Станиславского　410, 434, 436, 448, 716
スターリン・アンピール様式　сталинский
　　　ампир　514
スターリン賞　Сталинская премия　394,
　　　544, 558, 644
スターリン崇拝　культ личности Сталина
　　　20, 38, 506
スターリン批判　осуждение Сталина　26,
　　　38
スチェクロフ数学研究所　Математический
　　　институт им. В.А.Стеклова　622
スチェンカ　стенка　278
スチリャーギ　Стиляги　**234**, 472
ステパン・ラージンの乱　восстание
　　　Степана Разина　42
ストリボグ　Стрибог　120
ストロガノフ家　Строгановы　82, 228, 246
頭脳流出　утечка мозгов　628, 630, 632, 674
スノーショー　сНежное шоу　266
スパス（救世主）　Спас　222, 262, 564
スパルタキアード　Спартакиада　276
スパルタク　Спартак（Москва）　286
ズビーチェニ　сбитень　254
スプートニク　Спутник　358, 624
スプレマチズム　супрематизм　500, 504,
　　　520
《スペードの女王》　゛Пиковая дама゛　418,
　　　456, 538, 554
スポーツ　спорт　650
炭　уголь　252, 256
スムータ　смута　6, 432, 564
ズメイ　змей　178
スメタナ　сметана　240, 244, 246, **248**, 260
スモレンスク　Смоленск　78, 218, 488, 534,
　　　696
スラヴ語　славянский　220, 292, **294**, **296**,

300, 304, 326, 382, 682
スラヴ語派　славянские языки　296, 300,
　　　682
スラヴ諸国　Россия и другие славянские
　　　страны　**682**
スラヴの神々　славянские боги　120
スラヴ派　славянофилы　190, **576**, 670, 672
『スラブ人の詩的自然観』゛Поэтические
　　　воззрения славян на природу゛　178
スリーフキ　сливки　248
スワイカ　свайка　278
スンナ派　сунниты　678
姓　фамилия　196, 302
聖遺物　реликвии　136, 138, 142
聖遺物崇敬　почитание реликвий　**138**
西欧化政策　европеизация　44, 214, 424,
　　　534, 554, 672
『西欧哲学の危機（実証主義者達に抗して）』
　　　゛Кризис западной философии
　　　（против позитивистов）゛　606
西欧派　западники　**574**, 576, 670
聖　歌　песнопения Русской
　　　Православной Церкви　**126**, 540, 560
聖画像論争　иконоборческий спор　130
正　教　греческое православие　122, 150,
　　　190, 300, 608, 668, 678
生　業　жизнеобеспечение　72, 74, 154,
　　　222
正教会　Православная церковь　**122**, **124**,
　　　126, **144**, 680, **696**
聖愚者　юродивые　**136**, 344, 360
制　裁　санкции　319
生産主義　продуктивизм　504, 506
聖枝祭　Вербное воскресенье（Вербное
　　　воскресенье）　158, 262
聖宗務院　Святейший синод　136
聖　所　неф（храм, средняя часть храма）
　　　128, 482
聖　人　святые　136, 208
聖人伝　житие святого　294, 322, 326
聖セルギー三位一体修道院　Свято-
　　　Троицкая Сергиева лавра　130, 564

聖像画　икона　224

聖体礼儀　Божественная Литургия　124, 132, 134, 142, 158

聖　地　святые места　**108**, 134, 138, 174, 396

聖　堂　храм（собор）　128, 582

青銅の騎士　Медный всадник　94, 104, 526

生の哲学　философия жизни　598

聖不朽体　святые мощи　134

生物学　биология　**620**, 638

聖母就寝祭　Успение Пресвятой Богородицы　262

聖務会院　Святейший Правительствующий Синод　122

聖ヨハネ祭（イワン・クパーラ）　Иванов день（Иван Купала）　156, 166, 222

精留塔　ректификационная колонна　252

聖　霊　Святой Дух　116, 128, 222, 582

聖ワシーリー大聖堂　храм Василия Блаженного　92

セヴァストポリ　Севастополь　12

世界遺産　мировое наследие　60, 78, 84, 92, **108**, 172, 219, 494

世界総主教　Вселенский Патриарх　144, 680

世界チェス連盟　Fédération Internationale des Échecs（Международная шахматная федерация：ФИДЕ）　280

石　棺　саркофаг　112

藉　身　воплощение　134

石　炭　уголь　40, 50, 60

石油ショック　нефтяной кризис　28

セクシャリティ　сексуальность　**210**

セクト　сектантство　140, **146**

『セチュアンの善人』　"Добрый человек из Сезуана"　440, 442

セミーク　Семик　156

『せむしの仔馬』　"Конёк-Горбунок"　362

ゼムストヴォ　земство　10, 34, 172, 206, 654

セルギエフ・ポサード　Сергиев Посад　78, 108, 172, 174

全一性（ソボールノスチ）　соборность　**582**

全一の哲学　философия соборности　598

『全一的知識の哲学原理』　"Философские начала цельного знания"　606

「戦艦ポチョムキン」　"Броненосец Почёмкин"　458

全国会議　Земский собор　6

前菜（ザクースカ）　закуска　236, 244, **258**

先住民　коренная нация　76, 88

戦勝記念　Победа　28, 104, 106, 268, 460

戦　争　война　**16**, **370**

『戦争と平和』　"Война и мир"　338, 570

全ソ国立映画大学　Всесоюзный（ныне Всероссийский）государственный институт кинематграфии（ВГИК）　466

全ソ連邦元徒刑囚・流刑囚協会　Всесоюзное общество политкаторжан и ссыльнопоселенцев　580

全地公会議　Вселенский собор　122, 134, 582

『善の基礎づけ』　"Оправдание добра"　606

洗礼祭　Крещение　208, 222, 226, 262

全ロシア史跡・文化財保護協会　Всероссийское общество охраны памятников истории и культуры（ВООПИиК）　28

全ロシア創作工房連合　Всероссийское объединение "Творческие мастерские"（ВОТМ）　453

全ロシア世論研究センター　Всероссийский центр изучения общественного мнения（ВЦИОМ）　190

全ロシア歴史文化遺産保護協会　Всероссийское общество охраны памятников истории и культуры（ВООПИиК）　644

ソヴィエト愛国主義　советский патриотизм　106

ソヴィエト宮殿　Дворец Советов　142, 508

ソヴィエト・モンタージュ派　советский

モンタージュ　монтаж　456

葬　儀　похороны　**218**

相互扶助論　Взаимопомощь как фактор
эволюции　580, 620

創作家の同盟　союзы писателей　**498**

総主教　патриарх　122, 136, 138, 142, 144,
146, 680

祖国戦争　Отечественная война　10, 16,
38, 190, 336, 356, 370, 562, 564, 566, 576, 674

ソーダ自動販売機　автомат с газированной
водой　656

ソチ・オリンピック（五輪）　Олимпийские
игры в Сочи　276, 634

ソッツ・アート　соц-арт　506, 510

ソ　ハ　соха　220

ソバ（蕎麦）　гречиха　238, 240, 242, 244

ソフィア大聖堂（キエフ）　Софийский
собор（Киев）　126, 132, 422, 654

ソフィア論　софиология　598

ソフホーズ　совхоз　40, 68, 70, 154, 528

ソボールノスチ（全一性／霊的共同性）
соборность　576, 582, 604, 606

ソユーズ　Союз　274, 624

ソリャンカ　солянка　236, 248

ソ連遺伝学派　советские генетики　620

ソ連解体　от перестройки к распаду
СССР　30, 38, 144, 188, 676

ソ連科学アカデミー　Академия наук
СССР　190, 210, 622, 664

ソ連共産党　Коммунистическая партия
Советского Союза　26, 30, 34, 674

ソ連式フリースタイルレスリング
советская борьба вольного стиля　288

ソ連文学　советская литература　**348**, 352,
378, 400

ソ連崩壊　распад СССР　154, 206, 314, **632**

ソ連邦国家映画委員会　Государственный
Комитет СССР по Кинематографии
（ГОСКИНО СССР）　466

ソロヴェツキー島　Соловецкий остров　50

ソローカ　сорока　168

ソーロキ（40人の受難者の日）　День

памяти сорока Севастийских
мучеников　262

ソロコウモフスキー家　Сорокоумовские
228

ゾロトニク　золотник　220

ソロフキ修道院　Соловецкий монастырь
80, 130

ソロフキの石　Соловецкий камень　104

存在と思惟の同一　тождество бытия и
мышления　608

村　落　деревни, поселки　**70**, 120, 218

■た

第1革命（1905年革命）　Первая
российская революция　14, 18, 56, 570,
588, 592, 608

第1次世界大戦　Первая мировая война
14, 16, 18, 46, 224, 274, 370, 456, 500, 504,
600, 612, 628, 640, 684, 710

第2研究所　Лаборатория №2　626

第2次世界大戦　Вторая мировая война
14, 16, 24, 26, 42, 84, 94, 112, 144, 190, 214,
224, 232, 274, 276, 350, 392, 464, 508, 524,
548, 624, 652, 665, 670, 684, 704

第2次南スラヴの影響　второе
южнославянское влияние　292

第2次モデル形成システム　вторичная
моделирующая система　596

第三ローマ　Третий Рим　90, 374, 566, **614**

滞　貨　избыток товара　232

タイガ　тайга　58, 62, 64, 68, 72, 82

大改革　Великие реформы Александра II
10, 12, 48, 70, 368, 644, 652, 660

対抗文化　контркультура　234

大コーカサス山脈　Большой Кавказ　86

大　斎　Великий пост　156, 158, 214, 222,
262

大使節団　Великое посольство　54

大衆歌謡　эстрада　548

大衆文学　массовая литература　**346**, 348,
356

大聖堂　собор（храм）　92, 126, 128, 132,

142, 482, 696

大祖国戦争　Великая Отечественная война　16, 38, 190, 370

大祖国戦争史委員会　Комиссия по истории Великой Отечественной войны　644

大テロル　Большой террор　22, 50, 274, 286, 370, 460, 466, 470, 652, 674

第七全地公会議　Седьмой Вселенский собор　134

「太陽に灼かれて」　"Утомленные солнцем"　466

《太陽の征服》　"Победа над Солнцем"　420

大陸間弾道弾ミサイル　межконтинентальная баллистическая ракета　624

体力検定システム（GTO）　ГТО（Готов к труду и обороне）　276, 288

対話原理　диалогизм　610, 648

ダーウィニズム　дарвинизм　620

他界　тот свет　160

タガンカ劇場　Московский театр на Таганке　440, **442**

ダゲスタン　Дагестан　87, 275, 312, 512

ダジボグ　Дажбог　120

「ただ憧れを知る者のみが」　"Нет, только тот, кто знал"　538

タタール　татары　2, **4**, 8, 310, 312, 568

タタールスタン　Татарстан　32, 84, 274, 470

タタールのくびき　монголо-татарское иго　**4**, 16, 80, 668

ダーチャ（別荘）　дача　70, **204**, 216, 516, 528

脱ロシア化　дерусификация　314

ダニエル＝シニャフスキー裁判　дело Даниэля и Синявского　28

『煙草入れの中の町』　"Городок в табакерке"　362

タブー　запрет　18, 208, 210, 380, 510, 601

タマゴテングタケ　бледная поганка　250

玉葱屋根　луковичная глава　128

多民族国家　многонациональное

государство　76, **352**, **470**, **560**

タムイズダート　тамиздат　322

多様式主義　полистилистика　560

タラシキノ　Талашкино　172, 488

『タラス・ブーリバ』　"Тарас Бульба"　384, 680

探検　полярные экспедиции　42, **88**, 228, 586, 672, 694

タンデム体制　правящий тандем　32

暖炉（ペーチ）　баня и печь　**202**, 242, 244, 256

チェコ事件　советское вторжение в Чехословакию　28, 286

チェス　шахматы　**280**, 650

チェチェン　Чечня　16, 678

チェチェン紛争　Чеченская война　360, 370, 512

チェトヴェルチ　четверть　220

チェブラーシカ　Чебурашка　182, **476**, 478

『チェヴェングール』　"Чевенгур"　400

チェリャビンスク-40　Челябинск-40　626

チェルヴォネツ　червонец　224

チェルケスカ　черкеска　678

チェルケス人　адыги／черкесы　678

チェルノブイリ　Чернобыль　30, **112**

チェルノブイリ原子力発電所　Чернобыльская атомная электростанция　110, 112, 626, 632

チェルノブイリ法　чернобыльский закон　112

チェチェン戦争　чеченская война　370

地下出版（サムイズダート）　самиздат　192, 348, 350, 368, 380, 684

地下鉄　метро　91, 102, 586, 508, **514**

地球温暖化　глобальное потепление　58, 88, 110

地球の肺　легкие земли　62

畜産　животноводство　68, 70, 78, 72, 154

チタ　Чита　96

チダオバ　чидаоба　288

血の日曜日事件　Кровавое воскресенье　94, 700

地方道　автомобильные дороги регионального или межмуниципального значения　96

地　名　топонимы России　90, 304

茶　чай　172, 204, 236, **254**, 256

チャストゥーシカ（小唄）　частушка　152, 156, 182, **184**, 186

「チャパーエフ」　"Чапаев"　478

チュヴァシ人　чуваши　352

中央アジア　Центральная Азия　10, 397, 471, **676**

抽象絵画　абстрактная живопись　492

『抽象原理批判』　"Критика отвлеченных начал"　606

中世文学　древнерусская литература　176, 328, 364, **326**

チュクチ人　чукчи　352

チュルチヘラ　чурчхела　260

彫　刻　скульптура　142, 173, 484, **526**

チョウザメ　осетровые　67, 72, 118, 240, 246, 258, 316

超能力者　экстрасенс　162, 164, 268

徴　兵　призыв　4, 16, 52, 184

直観主義　интуитивизм　598

チョールト　черт　162

ツァーリ（皇帝）　царь　2, 6, 8, 12, **38**, 54, 78, 130, 136, 228, 236, 357, 388, 496, 602, 614

ツァールスコエ・セロー　Царское Село　55, 526

追善供養　поминки　218

土小屋　землянка　200

翼の生えた言葉　крылатые слова　320, 478

『罪と罰』　"Преступление и наказание"　366, 374, 386, 462, 712

《罪なき罪びと》　"Без вины виноватые"　432

紡ぎ板　прялка　172

「鶴は翔んでゆく」　"Летят журавли"　464, 470

ツングース諸語　тунгусо-маньчжурские языки　312

テアトル.doc　Театр.doc　450

ディアスポラ　диаспора　684

帝位継承法　Указ о престолонаследии　6

《ディエス・イレ》　"Dies irae（День гнева）"　540

庭　園　сад　90, 284, 290, **528**

帝国美術アカデミー　Императорская Академия художеств　482, 484, 494, 526

帝室劇場　Императорские театры　404, 406, 408, 416, 418, 424, 426, 434, 554

ディシデント　диссиденты　234, **602**

帝政期　имперский период　36, 104, 274, 394, 456, 504, 618, 644, 652, 674

帝政ロシア（ロシア帝国）　Российская империя　10, 16, 34, 36, 38, 82, 86, 94, 104, 140, 146, 148, 194, 224, 252, 260, 276, 300, 318, 324, 396, 407, 524, 548, 704

停　滞　застой　**28**, 440, 506, 560, 624, 638, 658

ディナモ　Динамо　286, 288

テイラー主義　тейлоризм　438, 640

出稼ぎ労働　отходничество　12, 40

デカブリスト　декабристы　362, 382, 570, **572**

デカブリストの乱　восстание декабристов　94, 324, 336, 368, 428, 570

鉄道輸送　железнодорожный транспорт　96

テトリス　Тетрис　**664**, 688

テュルク諸語　тюркские языки　86, 298, 310, 312, 678

テルミン　Термен　**558**

テレビ　телевидение　**192**, 210, 232, 266, **268**, 460, 498, 636, 714

テレビドラマ　телесериалы　192, **268**, 464

テン（貂）　куница　66, 72, 74, 82

電　化　электрификация　28, 154, 558, 640

電　車　поезд／электричка　102, 198

伝　承　традиция　120, 122, 150, 152, 162, 166, 422

伝統的な食材　традиционные продукты　**240**

天然ガス　природный газ　60, 88, 118

『天秤座』　"Весы"　340, 710

展望のない農村　неперспективная деревня　70

《展覧会の絵》　"Картинки с выставки"　536

銅　медь　256, 484, 522, 526

統一ロシア　Единая Россия　16, 32, 188, 190

トヴェリ　Тверь　2, 78, 304

東欧革命　революции в Восточной Европе　314

冬宮　Зимний дворец　95, 104, 430, 494

《冬宮奪取》　"взятие Зимнего дворца"　420, 430

東京復活大聖堂（ニコライ堂）　Воскресенский собор（Николай-до）в Токио　696, 704

道化歌　скоморошина　176

同志　товарищ　16, 196, 460, 578

《堂々たるコキュ》　"Великодушный рогоносец"　438

トウヒ　ель　64, 172

『道標』　"Вехи"　608, 615

「道標転換」　"Смена вех"　684

動物　животные　**66**, 72, 74, 110, 116, 152, 160, 166, 178, 180, 269, 270, 520, 620, 652, 662

動物相　фауна　66, 72

逃亡司祭派　беглопоповцы　146

東方進出　Продвижение России на Восток　694

東方神秘思想　мистическое богословие Восточной Церкви　672

東洋学　востоковедение в России　328, 466, **672**, 690

東洋学研究所　Институт Востоковедения　690, 672

トゥーラ　Тула　78, 256

《トゥーランドット姫》　"Принцесса Турандот"　440

トゥルプ　тулп　170

道路交通法　Правила дорожного движения（ПДД）　100

読書　чтение　233, **322**, 372, 654

読書文化　культура чтения　322

独ソ戦　война между СССР и Германией　17, 20, 79, 92, 106, 370, 460, 544, 562, 626, 674

『ドクトル・ジヴァゴ』　"Доктор Живаго"　26, 374, 401, 498

特別学術研究センター　специализированный учебно-научный центр（СУНЦ）　634

独立国家共同体　Содружество независимых государств　30

独立正教会　автокефальная церковь　122

都市計画　градостроительство　100, **374**, 472, **508**

土壌主義　почвенничество　386, 576

図書館　библиотеки　95, 322, 644, **654**

『ドストエフスキーの詩学』　"Проблемы поэтики Достоевского"　610

土葬　погребение　218

トターリヌィ・ディクタント　Тотальный диктант　233

『土台穴』　"Котлован"　400

土地総割替　Черный передел　578

土地と自由　Земля и воля　578

トデス　Тодес　282

ドニエプル川　река Днепр　78, 680

トマト　помидор　236, 240, 248

ドムラ　домра　532

ドモヴォイ　домовой　120, 162

ドモストロイ　Домострой　244, 262, 564

友達　друг　**198**, 306, 636

ドラマ芸術学校　театр Школа драматического искусства　440

ドラマ劇場　драматический театр　**426**, 440, 442, 449, 716

度量衡　единицы измерения　**220**, 544

トルカーチ　толкач　232

「トルクシブ」　"Турксиб"　676

トルストイ主義　толстовство　388

トールストイ・ジュルナール（厚い雑誌）
トルストゥイ・ジュルナール толстый журнал　322
トレウフ　треух　170
トレチヤコフ美術館　Государственная Третьяковская галерея　**496**, 506, 518
トロイカ　тройка　103, **160**, 718
トロイツエ・セルギエフ大修道院　Троица-Сергиева Лавра / Свято-Троицкая Сергиева Лавра　78, 130, 132, 134, 482
トロリーバス　троллейбус　102
ドン・コサック合唱団　Хор донских казаков　532
《どんな賢者にも抜かりがある》　"На всякого мудреца довольно простоты"　432

■な

内　戦　Гражданская война　14, 16, 18, 22, 34, 40, 42, 50, 108, 370, 34, 399, 470, 504, 550, 590, 600, 628, 644, 628, 690, 704, 710
内務人民委員部　Народный комиссариат внутренних дел（НКВД）　22, 48, 50
中村屋　Накамурая　704
泣き歌　причитание　152, 214, 218, 328, 532
仲　人　сват, сваха　214
ナゴルノ・カラバフ　Нагорный Карабах　86, 678
ナショナリズム　национализм　7, 9, 18, 25, 302, 332, **568**, 604, 698
《七つの歌曲》　"Семь романсов"　538
『何をなすべきか』　"Что делать?"　512, 588, 612
名の哲学　философия имени　**594**, 648
名の日　именины　302
ナホトカ　Находка　96, 706
ナポレオン戦争　Наполеоновские войны　79, 332, 357, 370, 372, 374, 382, 388, 354, 554, 574, 576
名　前　русские имена　196, **302**
ナロード　народ　80, 152, 316, 376, 422, 590, 564
ナロードニキ　народники　46, 338, **578**, 586,

588, 615, 620
ナロードノエ・グリャーニエ　народное гулянье　422
南方結社　Южное общество　572
二月革命　Февральская революция　14, 18, 300, 368, 390, 392, 452, 494, 562, 568, 580, 588, 612, 652, 662, 690
肉食期　мясоед　262
肉料理　мясные блюда　236, 242, **246**, 258
尼港事件　Николаевский инцидент　702, 708
ニコライ堂（東京復活大聖堂）　Воскресенский собор（Николай-до）в Токио　696, 704
西スラヴ語群　западнославянские языки　296
ニジニ・ノヴゴロド　Нижний Новгород　84
二重権力　двоевластие　188
二重信仰　двоеверие　120
日用品　очереди и дефицит товаров народного потребления　232, 504
日露交流　японо-российский обмен　692, 694, **716**
日露交流史　история российско-японских отношений　**692**
日露戦争　Русско-японская война　14, 16, 42, 56, 224, 696, **700**, 708, 710
日露都市環境問題作業部会　Российско-японская рабочая группа по развитию городской среды　100
日露領土の境界　территориальные границы между Японией и Россией　118, **708**
日ソ共同宣言　Советско-японская совместная декларация　706
ニヒリスト　нигилисты　**234**, 568
日　本　Япония　22, 50, 58, 62, 64, 94, 98, 118, 160, 264, 288, 316, 398, 412, 416, 474, 518, 532, 542, 672, ならびに17章
日本学　японоведение　**690**
日本共産党　Коммунистическая партия

Японии 706

日本語　японский язык　298, 312, **316**, 692, 694, 714

日本語教育　преподавание японского языка　94, 694

日本趣味（ジャポニズム）　японизм　**710**, 716

日本文化　японская культура　264, 688, 690, 710, **712**, **714**

ニューウェーヴ　Новая волна　464

乳製品供給施設　молочная кухня　216

人気番組　популярные телепередачи　**268**

任天堂　Nintendo　664

ヌーヴォー・ロマン　Nouveau roman （новый роман, антироман）　388

ヌメリイグチ　масленок обыкновенный　250

ネオプリミティヴィズム　неопримитивизм　500

ネオ・ユーラシア主義　неоевразийство　576, 600, 670

ネオ・ロシア様式　неорусский стиль　504, 652

熱波　жара　58

ネフスキー通り　Невский проспект　94, 132

《眠れる森の美女》　"Спящая красавица"　404, 406, 408, 418

ネルチンスク条約　Нерчинский договор　228, 254

年金制度　пенсионная система　**194**

年代記　летопись　2, 82, 90, 120, 202, 220, 304, 326

ノーヴァヤ・ドラマ　новая драма　450

ノヴォシビルスク国立大学　Новосибирский Государственный Университет　233

ノヴォロシア　Новороссия　680

ノヴォロシースク港　порт Новороссийск　96

農家　изба　200

農業　сельское хозяйство　12, 18, 40, **68**,
70, 130, 154, 204, 274, 376, 620, 638, 660, 668, 674

農業企業　сельскохозяйственное предприятие　68, 70

農業集団化　коллективизация сельского хозяйства　20, 40, 50, 106, 214, 460, 470, 612, 620

納骨堂　колумбарий　218

ノヴゴロド（共和国）　Новгородская республика　80, 116, 176

農村　деревня　**154**, 184, 214, **376**

農村共同体　сельская община　70, 574, 576, 668

農村派　деревенщики　82, 110, 348, 360, 376

農奴解放　освобождение крестьян　10, **12**, 40, 303, 322, 332, 346, 620

農奴劇場　крепостной театр　44, 424, 534

農奴制　крепостное право　8, 22, 40, 48, 56, 152, 330, 376, 382, 424, 428, 572, 574, 576, 578

農民戦争　крестьянская война　8

ノーベル文学賞　Нобелевская премия по литературе　27, 3242, 342, 350, 360, 372, 392, 394, 462

ノーメンクラトゥーラ　номенклатура　34

「野良犬」　"бродячая собака"　454

ノリリスク　Норильск　50, 62

ノルマ　норма　20, 50, 316

呪い　порча　164, 208, 406, 472

ノンフィクション文学　историческая, документальная литература　**356**

■は

バイカルアザラシ　байкальская нерпа　66

バイカル・アムール鉄道（バム鉄道）　Байкало-Амурская магистраль　50, 62, 96

バイカル湖　озеро Байкал　60, 98

パイプライン　трубопровод　88, 96

俳優　актеры　**440**, 450, 453, 454, 464, 466, 478, 498, 642

バウチャー　ваучер　272

バウハウス　Bauhaus　492
《パガニーニの主題による狂詩曲》
　　"Рапсодия на тему Паганини"　540
『白衛軍』　"Белая гвардия"　399, 704
『白痴』　"Идиот"　344, 374, 386, 448, 462
《白鳥の湖》　"Лебединое озеро"　406, 414,
　418
博物学　естествознание　620, 652
博物館　музеи　78, 92, 94, 108, 172, 646, **652**,
　695
博覧会　выставка　230, **274**, 484, 486
《はげ山の一夜》　"Ночь на Лысой горе"
　536
ハザール　хазары　84
バザーロフ主義　базаровщина　234, 320
バシキール人　башкиры　8, 76, 312
バ ス　автобус　90, 100, 102, 196
パスチラ　пастила　260
パスハ　Пасха　124, 150, 158
パスハの物語　пасхальный рассказ　150
発育段階説　теория стадийного развития
　620
発 音　произношение　296, 298, 310, 316
白海・バルト海運河　Беломорско-
　Балтийский канал　50
白系ロシア人　белая эмиграция　704
発酵キャベツ　квашеная капуста　240
パトリオティズム　патриотизм　568
「話の話」　"Сказка сказок"　474, 476
パネル工法　панельное домостроение
　516
母なる祖国　Родина-мать　526
母なる大地　Русь-матушка　376, **564**
母なるロシア　Матушка-земля　**564**
バーバ・ヤガー（ヤガー婆さん）　Баба-яга
　152, 166, 172, 178, 520
ハバロフスク　Хабаровск　51, 58, 96, 98,
　116, 228, 693
パフォーマンス・アート　перформанс
　420, 512
バブキ　бабки　278
バーブシュカ　бабушка　210

ハプスブルク帝国　Габсбургская
　монархия　680
バム鉄道（バイカル・アムール鉄道）
　Байкало-Амурская магистраль　50,
　62, 96
《バヤデルカ》　"Баядерка"　404
薔薇十字団　розенкрейцеры　570
バラード　баллада　160, 176
バラライカ　балалайка　184, **186**, 412, 532
パラリンピック　Паралимпийские игры
　276
パリ協定　Парижское соглашение　110
「パリの王様」　"Король Парижа"　456
ハルヴァ　халва　260
バルト艦隊　Балтийский флот　700
バルド（吟遊詩人）　бард　380, 532, 548
《春の祭典》　"Весна священная"　408, 542,
　586, 668
春迎え　встреча весны　**158**, 262
バレエ　балета　**404, 406, 410, 418**
バレエ学校　балетная школа　404, 416, 418,
　546
バレエ教育　система балетного
　образования и театров　412, **416**
バレエダンサー　танцоры балета　**414**
バレエ・リュス　Русский балет Дягилева
　230, **408**, 542, 684
パレード　парады　29, 92, **106**, 440, 454, 460
パレフ　Палех　174
バレリーナ　балерины　404, 412, **414**, 442,
　452, 704
バロック　барокко　128, 374, 526, 534, 550
パ ン　хлеб　180, **242**
ハンガリー事件　Венгерское восстание
　26
汎スラヴ主義　панславизм　568, 576, 670,
　682
ピオネールキャンプ　пионерский лагерь
　210
ビオメハニカ　биомеханика　420, 432, 438,
　440, 448
東スラヴ語群　восточнославянские языки

296

悲喜劇　トラギコメディヤ　444

非教会文字　гражданский шрифт　300

悲劇的ファルス　траги фарс　444

美山節（クラースナヤ・ゴールカ）　Красная горка　158

ビザンツ帝国　Византия　130, 614, 680

美術アカデミー　Академия художеств　482, **484**, 486, 490, 496, 526, 704

美術家同盟　Союз художников　498

非常事態省　Министерство Российской Федерации по делам гражданской обороны, чрезвычайным ситуациям и ликвидации последствий стихийных бедствий　52

「美少女戦士セーラームーン」　"Сейлор Мун（Прекрасная воительница Сейлор Мун）"　714

非正教系東方教会　Дохалкидонские церкви　678

《悲愴》　"Патетическая"　538

ビーツ　свекла　240, 244

『羊をめぐる冒険』　"Охота на овец"　264, 714

『ヒッポクレネとなるイルティシ』　"Иртыш, превращающийся в Ипокрену"　82

『火と剣とをもって』　"Огнем и мечом"　680

『火の鳥』　"Жар-птица"　408, 520, 542, 714

ヒバリ　жаворонок　262

ビーフストロガノフ　бефстроганов　240, 246, 248

秘密都市　закрытый город　630

ピャチ　пядь　220

病　院　больница　70, 166, 206, 208, 216

病　気　болезнь　112, 164, 166, 202, 208, 216, 386, 482, 566

漂流民　потерпевшие кораблекрушение　228, **694**

ビール　пиво　246, **252**, 504

ピローグ　пирог　180, 236, 238, 242, 244, 258, 260, 262

ピロシキ　пирожки　**244**, 260, 704

フィギュアスケート　фигурное катание　276, 282, **284**, 688

ブィリーチカ　быличка　162

フィリップの斎　Филиппов пост　262

ブィリーナ　былина　**176**, 532

フィンランド人　финляндец　8, 88, 148

フォークロア　фольклор　**152**, 160, 162

フォト・オーチェルク　фотоочерк　524

フォト・シリーズ　фотосерия　524

フォト・モンタージュ　фотомонтаж　504

フォメンコ演劇工房　Мастерская Петра Фоменко　426

フォルマリズム　формализм, семиотика　324, 524, **596**, 642, 648

プガチョフの反乱　Пугачевское восстание　8, 40, 42, 55, 84, 356, 382

武　器　вооружение　24, 44, 52, 256, 288, 494, 652, **658**, 702

不朽体　мощи　128, 134, 136, 138

福祉同盟　Союз благоденствия　572

複数政党制　многопартийность　30

父　称　отчество　196, 302, 306, 384

婦人医療相談所　женская консультация　216

父祖の土曜日　родительские субботы　218

復活祭　Пасха　124, 156, 158, 222, 226, 262

仏　教　буддизм　8, 85, 148, 360, 586, 690, 694, 696

プッシー・ライオット　Пусси Райот（Pussy Riot）　420

フット　фут　220

物理学　физика　498, 558, **618**, 626, 634, 660, 688

ブテルブロード　бутерброд　238

プード　пуд　220, 254

舞踏会　балы　**44**, 140, 406, 534

普遍公教会　Вселенская Церковь　606

不滅の連隊　Бессмертный полк　106

『冬に記す夏の印象』　"Зимние заметки о летних впечатлениях"　396

『プラウダ』　"Правда"　20, 438, 544

プラグマティズム　прагматизм　598

プラハ言語学サークル　Pražský lingvistický kroužek（Пражский лингвистический кружок）　648

プラハの春　Пражская весна　26, 380, 602

ブランコ　качели　100, 156, 158

『フランソワ・ラブレーの作品と中世・ルネサンスの民衆文化』　"Творчество Франсуа Рабле и народная культура средневековья и Ренессанса"　610

フリーメイソン　масонство　**570**, 572

プリャニク　пряник　260

ブリン（ブリヌイ）　блин（блины）　158, 180, 236, 238, 260, 262, 308

フルシチョフカ　хрущевка　200, 318, 516

プロストクワシャ　простокваша　238

プロテスタント　протестантизм　124, 140, 144, 148, 696

プロパガンダ　пропаганда　456, 460, 526

プロフィール教育　профильное обучение　634

《プロメテウス：火の詩》　"Прометей（Поэма огня）"　540

フロラ　флора　64

プロレトクリト　Пролеткульт　592, 348, 420

文化革命　культурная революция　628

文学　литература　**332, 352, 374, 376, 378**, 386, 650

文学賞　литературная премия　27, 324, 342, 350, 354, 360, 372, 392, **394**, 401, 462, 714

文学大学　Литературный институт им. А.М. Горького　378

文学中心主義　литературоцентризм　364

文化自由会議　The Congress for Cultural Freedom（CCF）（Конгресс за свободу культуры）　401

文芸映画　экранизация литературных произведений　456, **462**

フント　фунт　220

文法　грамматика　180, 292, 294, 296, 298, 310, 324, 378, 610, 648

兵器　военная техника　624, 630, **658**

平均寿命　ожидаемая продолжительность жизни при рождении　76, 28, 208

閉鎖行政領域　закрытое административно-территориальное образование（ЗАТО）　630

閉鎖都市　закрытый город　84, 618

ヘシュカスム　исихазм　594

ベズヴィズ　безвиз　319

ペーチ（暖炉）　печь　242, 244

ペチェネグ　печенеги　84

別荘（ダーチャ）　дача　70, 182, **204**, 216, 376, 498, 638

ペテロの斎　Петров пост　262

ペトラシェフスキー会（サークル）　кружок Петрашевского　386, 402

ペトラシェフスキー団　петрашевцы　574

《ペトルーシュカ》　"Петрушка"　408, 422

ペトログラード　Петроград　94, 304, 416, 420, 446, 500, 520, 652

ヘラジカ　лось　66, 74

ベリー　ягоды　154, 172, 204, 238, 240, **250**, 260, 262

ペリメニ　пельмени　248

ベルーガ　белуга　258

ベルゴロド　Белгород　78

ペルミ　Пермь　116

ヘルメット形ドーム　шлемовидная глава　128

ペルーン　Перун　120, 162

ベレスタ（ベリョスタ）　береста　174

ペレストロイカ　перестройка　28, **30**, 38, 82, 182, 188, 192, 194, 210, 266, 350, 358, 360, 414, 440, 450, **453**, 468, 470, 510, 524, 650, 604, 678, 716

ベロクリニツキー派　Белокриницкая иерархия　146

弁証法　диалектика　604, 616, 642

弁証法的唯物論　диалектический материализм　604, **616**

鞭身派　хлыстовство　140, 146

ペントミノ　пентамино　664

保安機関　органы обеспечения безопасности **52**, 658

《ホヴァンシチナ》　"Хованщина"　536

法意識　отношение к закону　**188**

蜂　起　восстание　2, 6, **8**, 14, 18, 36, 40, 382, 570, 572, 574

方　言　диалект　292, **310**, 312, 344, 376, 678

法ニヒリズム　правовой нигилизм　188

法の支配　верховенство права　188

亡　命　эмиграция　**684**, 704

亡命文学　литература русского зарубежья **350**, 360, 390

亡命ロシア哲学　философия русского зарубежья　**598**

ポーロヴェツ　половцы　84

《牧神の午後》　"Послеполуденный отдых фавна"　408

牧　畜　скотоводство　42, **72**, 116, 154, 222

「僕はモスクワを歩く」　"Я шагаю по Москве"　464

ポグロム　погром　568, 590, 684

『ポケットモンスター』　"Покемон"　714

母　語　родной язык　10, 76, 310, 312, 318, 352, 394, 560, 650

母国の母　Родина-мать　104

ポサドニック号　Посадник　692

ポシジェールキ　посиделки　156

星の街　Звездный городок　630

補充教育　дополнительное образование 634

ポスター　постер　300, **504**, 588

ポストソ連時代　постсоветский период 182

ポストモダン文学　постмодернистская литература　360

墓　地　кладбище　92, 137, 154, 158, **218**, 490, 696

ポチカ　почка　220

北極海　Арктическое море　58, 60, 64, 66, 80, **88**, 110, 118, 228, 316, 708

北極海航路　Северный морской путь　80, 88

北極圏　Северный полярный круг　20, 82, 88, 154

ポツダム宣言　Потсдамская декларация 706

北方結社　Северное общество　572

『北方報知』　"Северный вестник"　340

北方領土　Северные территории　708

ポーツマス講和会議　Портсмутская мирная конференция　700

ポーツマス条約　Портсмутский мирный договор　304, 390, 693, 700, 708

ポニョーヴァ　понева　168

墓　碑　надгробие　218

ポフリョープカ　похлебка　244

ホフロマ　хохлома　172, 174, 230

ポモーリエ　Поморье　80, 146

保　養　отдых　28, 86, **272**, 516

ポラーチ　полати　202

ポーランド　Польша　54, 680, 682

ポーランド11月蜂起　Powstanie listopadowe (Польское восстание 1830-1831 годов) 36

ポーランド人の陰謀　польская интрига 568

ポーランド反乱　Польское восстание　568

ポーランド分割　раздел Польши　10, 16, 55, 148, 590, 674, 680, 682

ボリシェヴィキ　большевики　14, 38, 50, 138, 144, 192, 300, 354, 368, 452, 526, 580, 590, 592, 608, 618, 628, 640, 680

ボリシェヴィズム　большевизм　136, 558, 586, 612

ボリショイ・ドラマ劇場　Большой драматический театр имени Г. А. Товстоногова（БДТ）　426, 448, 716

ボリショイ劇場　Большой театр　404, 406, 412, 414, 416, 418, 472, 550, 554

《ボリス・ゴドゥノフ》　"Борис Годунов" 418, 442, 536, 554

ポリフォニー　полифония　386, 610

捕虜収容所　лагерь для военнопленных 50, 706

ボルシチ　борщ　228, 236, 240, **244**, 248
ホレオドラマ　хореодрама　410, 414
ポロヴェツ人　половцы　328, 408
ホロヴォード　хоровод　156, 278
ホロコースト　Холокост　370, 674
ポロネーズ　полонез　44, 534
翻　訳　перевод　192, 220, 294, 300, 312, 318,
　　326, 332, 342, 362, 390, 394, 401, **402**, 424,
　　604, 696, 712, 714, 716

■ま

マイニンゲン公一座　Мейнингенский
　　театр　434
マグニティズダート　магнитиздат　380, 556
魔　女　ведьма, колдунья　152, **166**
マスキ　Маски　266
《貧しさは罪ではない》　"Бедность не
　　порок"　432
マースレニツァ　Масленица　156, **158**, 222,
　　262, 278
『マチョーラとの別れ』　"Прощание с
　　Матерой"　82, 376
マツ（松）　сосна　64, 172, 250, 254
マート　мат　**308**, 398
マトリョーシカ　матрешка　**174**, 230
魔法昔話　волшебные сказки　152, 160,
　　166, 178
マーモントフ家　Мамонтовы　172
マヨネーズ　майонез　240
マリインスキー劇場　Мариинский театр
　　94, 406, 418, 452, 550, 554
マリーナ　малина　250
マールイ・ドラマ劇場　Малый
　　драматический театр - Театр Европы
　　（МДТ）　426, 440, 448
マルクス主義　марксизм　14, 38, 46, 70, 388,
　　592, 598, 608, **612**, 620, 638, 640
マルクス＝レーニン主義　марксизм-
　　ленинизм　558, 604, **612**, 646
《マンフレッド交響曲》　Симфония
　　"Манфред"　538
未開人　дикарь　272

《ミステリア・ブッフ》　"Мистерия-буфф"
　　430, 440
《見世物小屋》　"балаган"　430, 438, 448
道　дорога　**96**, 100, 102, 118, 154, 160, 226,
　　303, 396, 465, 508
『三つの会話』　"Три разговора"　566, 606
南オセチア　Южная Осетия　86, 678
南スラヴ語群　южнославянские языки
　　296
ミミクリーチ　МИМИКРИЧИ　266
未来派　футуристы　**342**, 354, 522
ミール（共同体）　мир, община　12, 40, 624,
　　668
民間療法　народная медицина　**208**
民芸品　матрешка и другие виды
　　народных промыслов　**174**, 488
民　衆　народ　6, 8, 14, 56, 80, **152**, 246, 320,
　　322, 324, 336, 346, 346, 376, 382, 432, 500,
　　504, 556, 572, 578, 610, 615, 646, 718
民衆演劇　народный театр　**422**, 424
民衆の笑い　народный смех　610
民主運動　демократическое движение
　　706
民族音楽　народная музыка　184, **532**, 538,
　　676
民族学　этнология　82, 214, **646**, 676
民俗学　этнография　80, 152, 332, 564, 672,
　　690, 704
民族楽器オーケストラ・アンサンブル
　　оркестр / ансамбль народных
　　инструментов　186, 412, 532
民族（民俗）舞踊　народный танец　404,
　　412
民　謡　народная музыка и песни　152,
　　160, 184, **532**, 718
昔　話　сказка　152, **178**
『昔話の形態学』　"Морфология сказки"
　　178
無司祭派／無僧派　беспоповцы　80, 146
蒸風呂（バーニャ）　баня　**202**, 214
無所有派　нестяжатели　130
《六つの歌曲》　"Шесть романсов"　538,

540

ムニャーシュカ　муняшка　714

ムルマンスク　Мурманск　88

メイエルホリド・センター　Центр им. Вс.
Мейерхольда　440

名台詞　знаменитые цитаты　320, **478**

メイドイン USSR　сделано в СССР　**656**

「メキシコ万歳！」　"Да здравствует
Мексика!"　458

メダル　медали　**36**, 276, 540

メーデー　Первое мая　92, 106, 112, 420, 460

メンシェヴィキ　меньшевики　14, 18

モイセーエフ・バレエ団　Балет Игоря
Моисеева　**412**

もう一つの散文　другая проза　372

モコシ　Мокошь　120, 564

文　字　русский алфавит　86, 152, 196, 292,
294, 296, 298, **300**, 312, 312, 322, 326, 378,
384, 420, 422, 644, 694

モスクワ　Москва　2, 40, **90**, 108, 304, 496

モスクワ・アクショニズム　московский
акционизм　420

モスクワ‐ヴォルガ運河　Канал Москва
— Волга имени Сталина　508

モスクワ・オリンピック（五輪）
Олимпийские игры в Москве　276

モスクワ音楽院　Московская
государственная консерватория
имени П.И. Чайковского　536, 538, 540,
546, 552

モスクワ芸術座　Московский
Художественный академический
театр（МХАТ）　424, 434, **436**, 440

モスクワ言語学サークル　Московский
лингвистический кружок　596, 648

モスクワ建築ビエンナーレ　Московская
биеннале архитектуры　516

モスクワ国立大学　Московский
государственный университет
（МГУ）　628

モスクワ国立舞踊アカデミー　Московская
государственная академия

хореографии　416

モスクワ・コンセプチュアリズム
московский концептуализм　510, 512,
522

モスクワ・シティ　Москва-Сити　100

モスクワ青少年劇場　Московский театр
юного зрителя（МТЮЗ）　440

モスクワ総主教座　Патриарх Московский
и всея Руси　120, 144, 680

モスクワ大公国　Московское великое
княжество　2, 4, 8, 16, 40, 78, 120, 130,
305, 680

モスクワ第三ローマ説　Москва - Третий
Рим　**614**

モスクワ＝タルトゥ学派　тартуско-
московская школа　120, 596

モスクワ中央環状鉄道　Московское
центральное кольцо（МЦК）　100

モスクワ・マルチメディア・アート・ミュー
ジアム　Московский Мультимедиа
Арт Музей（ММАМ）　524

モダニズム　модернизм　444, 542

木工芸　традиция изготовления изделий
из дерева　**172**, 174

モデルン　модерн　**488**, 496, 526

モノゴロド　моногород　630

モノロギズム　монологизм　388

モミ（樅）　пихта　172, 226

モラヴィア　Моравия　294

森　леса　**62**, **490**

モルス　морс　238, 250, 254

モンゴル　Монголы　40, 312

モンタージュ　монтаж　388, 458, 504

モノマフの帝冠　шапка Мономаха　228

■や

ヤガー婆さん（バーバ・ヤガー）　Баба-яга
152, 166, 172, 178, 520

ヤキトリヤ　Якитория　264

ヤサク　ясак　228

ヤースナヤ・ポリャーナ　Ясная Поляна
78, 376, 378, 528

ヤマドリタケ　белый гриб　250

ヤマル半島　полуостров Ямал　88

ヤロスラヴリ　Ярославль　78, 98, 108, 116, 274, 328, 424, 426

唯物論　материализм　234, 574, 592, 604, **616**, 662

遊園地　парк развлечений, парк аттракционов　**290**

遊戯(伝統的な)　традиционные игры　**278**

郵　便　почта　154, 224, 401, 686

湯　灌　обмывание　218

歪んだ鏡　Кривое зеркало　444, 454

雪どけ　оттепель　26, 28, 48, 210, 324, 334, 354, 360, 380, **464**, 544, 596

「雪の女王」　"Снежная Королева"　474

《雪娘》　"Снегурочка"　432

ユーゴ・ザーバド演劇スタジオ　Московский театр на Юго-Западе　440

ユーゴスラヴィア　Югославия　682

ユダヤ　Россия и Иудея　18, 48, 148, 392, 444, 492, 560, 568, **590**, 604, **674**, 684

ユートピア　утопия　358, 400

輸入代替　импортозамещение　658

ユーラシア主義　евразийство　4, 576, 598, **600**, 604, 670, 684

ユリウス暦　юлианский календарь　142, 222

「陽気な連中」　"Весёлые ребята"　460, 556

幼稚園　детский сад　154, 216, 238, 278, 546, 650

幼年教育の部　дошкольное отделение　216

余計者　лишний человек　336, **366**, 382

ヨージキ　ежики　248

装　い　одежда　**168, 170**

ヨールカ　елка　156, 226

ヨーロッパオオライチョウ　глухарь　74

ヨーロッパ式修繕　евроремонт　516

ヨーロッパ・ロシア　европейская, центральная Россия　12, 48, 68, **78**, 98, 114, 154, 226, 528, 668

世論調査　опрос общественного мнения　93, 144, 188, **190**, 205, 210, 262

■ら

《雷雨》　"Гроза"　432

ライフル銃　винтовка　74

ライ麦　рожь　220, 236, 240, 242, 252, 254

『ラエフスキー姉妹』　"Из русской жизни. Сестры Раевские"　661

ラクルス　ракурс　524

ラーゲリ　лагерь　50, 216

ラッコ　калан (камчатский бобр)　228, 694

ラテン語　латинское название　134, 174, 220, 254, 292, 298, 316, 319, 615

ラドニ　ладонь　220

ラプタ　лапта　156, 278

ラープチ　лапти　170

ラヨーク　раек　422

《リア王》　"Король Лир"　448, 462, 716

リアノゾヴォ派　Лианозовская школа　354

リアリズム　реализм　324, 334, 336, **338**, 340, 360, 366, 382, 384, 388, 410, 428, 438, 440, 448, **486**, 504, **506**, 520, 526, 610, 716

リアリズム絵画　реалистическая живопись　484, **486**, 490, 504

リアリズム文学　реализм в литературе　334, **338**, 358, 360, 386, 592

リクビダートル　Ликвидатор　112

離　婚　развод　76, **212**, 363, 470, 588, 663

理数系教育　научное образование　**634**

リツェジェイ　ЛИЦЕДЕЙ　266

立憲主義　конституционализм　188, 575

立体未来主義　кубофутуризм　342, 374, 500

リトアニア大公国　Великое княжество Литовское　292, 680

リャザン　Рязань　78, 274, 392, 584

留　学　стажировка за границей　126, 416, 484, 490, 546, 618, 622, 660, 690, 704, 710, 716

猟　銃　охотничье ружье　72, 74

『猟人日記』　"Записки охотника"　74, 78, 256, 338, 376, 712

料　理　блюда　74, 236, 238, 240, 244, **246**, 248, 258, 262, 264, 704

旅行記　путевой очерк　272, 327, 330, 372, **396**, 532, 668

旅　順　Порт-Артур　98, 700, 706

ルィージク　рыжик　250

ルイセンコ事件　лысенковщина　620, 632, 638

ルーブリ　рубль　74, 224

流　刑　ссылка　**48**, 118

ルサールカ　русалка　156, 162

ルーシ　Русь　2, 74, 80, 115, 120, 122, 124, 130, 132, 134, 143, 150, 176, 220, 228, 292, 300, 322, 326, 328, 422, 526, 566, **680**, 682

ルースカヤ・プラウダ　Русская Правда　572

「ルスランとリュドミーラ」　"Руслан и Людмила"　336, 534

ルチェヨーク　ручеек　278

ルーテル教会　лютеранство　148

ルネサンス　Ренессанс（Возрождение）　104, 128, 330, 340, 560, 564, 668

ルバーハ　рубаха　168

ルブリン合同　Люблинская уния　680

ルボーク　лубок　162, 270, 322, 504, 520

霊　歌　духовные стихи　176

冷　戦　холодная война　30, 670

冷　帯　субарктический пояс　58

霊的共同性（ソボールノスチ）　соборность　582

霊的キリスト教　духовное христианство　146

礼拝堂派　часовенное согласие　146

霊　廟　мавзолей　92

レヴァダセンター　Левада-Центр　32, 190, 210

歴史学　история　650, **644**

歴史歌謡　историческая песня　152, 176

歴史文学　историческая литература　**356**

レーシー　леший　162

レジャンカ　ледянка　290

「レスラーと道化師」　"Борец и клоун"　270

レッドデータブック　Красная книга　64

レニングラード　Ленинград　23, 94, 102, 304, 419, 470, 510, 520, 544, 550, 618, 628, 690, 652, 716

レニングラード光学器械合同（ロモ）　Ленинградское оптико-механическое объединение（ЛОМО）　656

レニングラード撮影所　киностудия Ленфильм　468

レニングラード物理工学研究所　Ленинградский Физико-технический Институт: ЛФТИ　618

レーニン賞　Ленинская премия　394

レーニン像　памятники Ленину　104, 142, 214, 508, 526

レーニン廟　Мавзолей Ленина　**92**, 138, 516

レノヴァーツィヤ　реновация　319

レパートリー劇場　репертуарный театр　440, 453

レ　フ　Левый фронт искусств（ЛЕФ）　342, 348

恋　愛　романтические отношения　45, 153, 176, **212**, 324, 346, 354, 382, 386, 398, 452, 544

『煉獄のなかで』　"В круге первом"　392

レンフィルム　Ленфильм　**468**, 676

連邦教育法　основная образовательная программа　650

連邦道　автомобильные дороги федерального значения　96

『六人集』　"Рокунисню（Сборник шести авторов）"　712

ログハウス　сруб　128

ロケット　Ракета　52, 224, 584, 624, 630, 656, 658

ロケット工学　ракетостроение, космонавтика　584, **624**, 630

ロコチ　локоть　220

ロシア1　Россия 1　192, 268

ロシア・アヴァンギャルド　русский авангард　334, 352, 438

ロシア・アメリカ会社　Российско-Американская компания　228

ロシア・オペラ　русская опера　534, **554**

ロシア音楽協会　Русское музыкальное общество　536

ロシア化　русификация　314, 528, 568

ロシア革命　Российская революция　4, 12, **14**, 34, 40, 50, 92, 106, 138, 144, 194, 224, 322, 399, **410**, 438, 456, 528, 542, 580, 586, 598, 600, 612, 668, 670, 674, 684, 704, 710

ロシア教会スラヴ語　церковнославянский язык русского извода　292

ロシア共産党　Коммунистическая партия Российской Федерации　92, 188

ロシア軍　Вооруженные Силы Российской Федерации　4, 16, 52, 88, 370, 658, 676, 678

ロシア語　русский язык　292, 296, 298, 300, 310, 314, 316

ロシア国民図書館　Российская национальная библиотека　654

ロシア国立サーカスカンパニー　Российская государственная цирковая компания (Росгосцирк)　270

ロシア国立図書館　Российская государственная библиотека　652, 654

ロシア五人組　Могучая кучка　**536**, 538

ロシア式セルヴィス　Service à la russe (русская сервировка)　236

ロシア正教会　Русская Православная Церковь　2, 78, **122**, 124, 124, 132, 136, 138, 142, **144**, 164, 212, 222, 388, 420, 566, 566, 582, 594, 652, 678, 686, 696

ロシア宣教団　Российская духовная миссия　134, 696

ロシア帝国　Российская империя　10, 614

『ロシアと普遍公教会』　"Россия и Вселенская церковь"　606

『ロシアの意志』　"Воля России"　350

「ロシアは誰に住みよいか」　"Кому на Руси жить хорошо"　376

ロシア・バレエ団　Русский балет Дягилева　542

ロシア・ピアニズム　русский пианизм　540, **552**

ロシア・フォルマリズム　русский формализм　596, 642, 648

ロシア文学　русская литература　398, 714

「ロシア文学という法廷の前に立たされるシベリア」　"Сибирь перед судом русской литературы"　82

ロシア領アメリカ　Русская Америка　228, 692

ロシア歴史協会　Русское историческое общество　644

ロシアン・メソッド　русская фортепианная школа　546

ロージャニツァ　Рожаница　120

露清密約　Союзный договор между Российской империей и Китаем　98

ロスアトム／ロスコスモス　Росатом　626, 658

ロスタの窓　Окна РОСТА　184, 504

ロスナノ　Роснано　632

ロック　рок　234, **556**

肋骨レコード　рок на костях　556

ロード　Род　120, 564

ロトチェンコ写真マルチメディア学校　Московская Школа фотографии и мультимедиа имени Родченко　524

ロブノエ・メスト　Лобное место　92

ローマ　цыгане　532

ローマ・カトリック教会　Римско-Католическая Церковь　122, 680

ローマ帝国　Римская империя　44, 86, 122, 126, 130, 614

ロマノフ朝／ロマノフ家　династия Романовых　6, 10, 14, 40, 78, 80, 106, 122, 136, 224, 254, 452, 420, 468, 564, 698

ロマン主義　романтизм　80, 120, 152, 324,

334, **336**, 338, 356, 384, 366, 372, 382, 384, 402, 404, 404, 406, 424, **428**, 488, 490, 576

ロモ（レニングラード光学器械合同）
Ленинградское оптико-механическое объединение（ЛОМО）　656

■わ

ワガノワ記念ロシア・バレエ・アカデミー
Академия Русского балета имени А.Я. Вагановой　416

「私は野の草ではなかったか」 "Я ли в поле да не травушка была"　538

「私は20歳」（「イリイチの哨所」）"Мне двадцать лет（Застава Ильича）"　464

罠　капкан　72, 74

笑　い　смех　182, **266**, 342, 344, 478, 610

ワリョンカ　валёнка　170

ワールドカップ（W杯）　Чемпионат мира по футболу　282, 286, 304

ワレンキ　валенки　170

人名索引

＊五十音順に掲載.
＊頁数は，各用語が含まれる項目の冒頭頁を表す.
＊見出し語になっている用語の頁数は，太字で表示.

■あ

アイヴァゾフスキー，イワン　Иван
　Константинович Айвазовский　94,
　484, 490

アイギ，ゲンナジー　Геннадий Николаевич
　Айги　352, 354, 394

アイトマートフ，チンギス（チュングズ）
　Чингиз Торекулович Айтматов　352,
　378, 394, 676

アヴァクーム（長司祭）　Аввакум　146, 334

アヴァクーモフ，ユーリー　Юрий Игоревич
　Аввакумов　516

アウアー，レオポルト　Леопольд
　Семенович Ауэр（Leopold Auer）　538,
　546, 550

アクサーコフ，イワン　Иван Сергеевич
　Аксаков　615

アクサーコフ，セルゲイ　Сергей
　Тимофеевич Аксаков　74, 250, 334

アクショーノフ，ワシーリー　Василий
　Павлович Аксенов　348, 380, 394

アザドフスキー，マルク　Марк
　Константинович Азадовский　82

アシュケナージ，ウラジーミル　Владимир
　Давидович Ашкенази　552, 688

アスターフィエフ，ヴィクトル　Виктор
　Петрович Астафьев　82, 378, 394

アタマーノフ，レフ　Лев Константинович
　Атаманов　474

アダモヴィチ，アレシ　Алесь Михайлович
　Адамович　356

アトラソフ，ウラジーミル　Владимир
　Васильевич Атласов　694

アナニアシヴィリ，ニーナ　Нина
　Гедевановна Ананиашвили　414

アノーヒン，ピョートル　Петр Кузьмич
　Анохин　642

アファナーシエフ，アレクサンドル
　Александр Николаевич Афанасьев
　150, 178, 398

アフマドゥーリナ，アリョーナ　Алена
　Асфировна Ахмадуллина　230

アフマドゥーリナ，ベーラ　Белла Ахатовна
　Ахмадулина　354, 372

アフマートワ，アンナ　Анна Андреевна
　Ахматова　94, 192, 318, 324, 354, 372, 454

アブラゼ，テンギズ　Тенгиз Евгеньевич
　Абуладзе　470

アブラーモフ，フョードル　Федор
　Александрович Абрамов　376, 426,
　440

アムヴローシー（長老）　Амвросий　146

アラーヤ，フランチェスコ　Франческо
　Арайя　534

アリペルト，マックス　Макс
　Владимирович Альперт　524

アリョーヒン，アレクサンドル　Александр
　Александрович Алехин　280

アルヴァートフ，ボリス　Борис Игнатьевич
　Арватов　504

アルチェフスカヤ，フリスチナ　Христина
　Даниловна Алчевская　322

アルツィバーシェフ，ミハイル　Михаил
　Петрович Арцыбашев　712

アルフョーロフ，ジョレス　Жорес
　Иванович Алферов　688

アルマンド，イネッサ　Инесса Федоровна

アーマンド　18
アレクサンドル1世　Александр I
　Павлович　6, 10, 16, 104, 142, 254, 368,
　494, 566, 570, 572, 678
アレクサンドル2世　Александр II
　Николаевич　6, 10, 12, 56, 74, 142, 206,
　222, 368, 386, 390, 418, 486, 546, 572, 574,
　578, 586, 588, 606, 620
アレクサンドル3世　Александр III
　Александрович　6, 56, 74, 98, 142, 254,
　368, 452, 568, 578, 606, 608
アレクサンドロフ，グリゴリー　Григорий
　Васильевич Александров　460, 472,
　478, 556
アレクシー2世（総主教）　Патриарх
　Алексий II　142
アレクシエーヴィチ，スヴェトラーナ
　Светлана Александровна Алексиевич
　356, 360, 370, 372, 394
アレクセーエワ，リュドミラ　Людмила
　Михайловна Алексеева　602
アレクセーエフ，ニキータ　Никита
　Феликсович Алексеев　510
アレクセーエフ，ワシーリー　Василий
　Михайлович Алексеев　690
アントコリスキー，マルク　Марк
　Матвеевич Антокольский　526
アントニー（ペチェルスキー）　Антоний
　Печерский　130
アンドレーエフ，アレクサンドル
　Александр Игнатьевич Андреев　644
アンドレーエフ，レオニード　Леонид
　Николаевич Андреев　394, 430, 712
アンドレーエフ，ワシーリー　Василий
　Васильевич Андреев　186
アンドロポフ，ユーリー　Юрий
　Владимирович Андропов　28
イエス・キリスト（イイスス・ハリストス）
　Иисус Христос　120, 122, 124, 138, 176,
　400, 564, 582
イオアノヴナ，アンナ　Анна Иоанновна
　404, 416, 526, 534

イオセリアーニ，オタール　Отар
　Давидович Иоселиани　470
イグナトヴィチ，ボリス　Борис
　Всеволодович Игнатович　524
イグームノフ，コンスタンチン　Константин
　Николаевич Игумнов　552
イーゴリ公　Игорь Святославич　328, 418,
　536, 554
イシドル　Исидор　696
イスカンデル，ファジリ　Фазиль
　Абдулович Искандер　352
市川左團次　716
五木寛之　234
イブン・ルスタ　Ибн Руста　202
イラリオン（修道士）　Иларион
　（схимонах）130, 326, 594
イリインスキー，イーゴリ　Игорь
　Владимирович Ильинский　446, 448
イリフ＆ペトロフ　Илья Ильф и Евгений
　Петров　344, 462
イワノフ，アレクサンドル　Александр
　Андреевич Иванов　384, 484, 490
イワノフ，ヴャチェスラフ　Вячеслав
　Иванович Иванов　340, 540, 596, 606,
　710
イワノフ＝ラズームニク　Разумник
　Васильевич Иванов-Разумник　615
イワノフ，レフ　Лев Иванович Иванов
　406
イワノフ＝ワノー，イワン　Иван Петрович
　Иванов-Вано　474
イワン・カリタ　Иван I Данилович Калита
　2
イワン3世（大帝）　Иван III Васильевич
　92, 130
イワン4世（雷帝）　Иван IV Васильевич
　（Грозный）8, 16, 48, 78, 84, 132, 136,
　176, 228, 248, 254, 326, 564, 576, 680
インノケンチー　Иннокентий　696
ヴァインベルグ，モイセイ　Моисей
　（Мечислав）Самуилович Вайнберг
　544

ヴァヴィーロフ，セルゲイ　Сергей
Иванович Вавилов　618, 628
ヴァヴィーロフ，ニコライ　Николай
Иванович Вавилов　620
ヴァサリア，デムナ　Demna Gvasalia　230
ヴァスネツォフ，ヴィクトル　Виктор
Михайлович Васнецов　488, 496
ヴァラン・ド・ラ・モート，ジャン＝バチスト
Jean-Baptiste Vallin de La Mothe（ジャン
バチスト ミシェル ヴァレン-デラモト）
484
ヴァルラーモフ，アレクサンドル
Александр Владимирович Варламов
556
ヴァンピーロフ，アレクサンドル
Александр Валентинович Вампилов
444
ヴィクチュク，ロマン　Роман Григорьевич
Виктюк　453
ヴィゴツキー，レフ　Лев Семенович
Выготский　642, 648
ヴィシネフスカヤ，ガリーナ　Галина
Павловна Вишневская　550
ヴィソツキー，ウラジーミル　Владимир
Семенович Высоцкий　380, 442, 448,
478
ウィッテ，セルゲイ　Сергей Юльевич
Витте　98, 586, 700
ヴィルィパーエフ，イワン　Иван
Александрович Вырыпаев　450
ウヴァーロフ，セルゲイ　Сергей
Семенович Уваров　568, 576
ヴェセロフスキー，アレクサンドル
Александр Николаевич Веселовский
178
ヴェルトフ，ジガ　Дзига Вертов　456, **458**,
470, 474
ヴェルナツキー，ウラジーミル　Владимир
Иванович Вернадский　584, 626, 628
ヴェルナツキー，ジョージ　Георгий
Владимирович Вернадский　644, 600
ヴェルヌ，ジュール　Jules Verne（ジュール

Верн）　358, 584
ヴェルビツカヤ，アナスタシヤ　Анастасия
Алексеевна Вербицкая　346, 372
ヴェレシチャーギン，ワシーリー　Василий
Васильевич Верещагин　142, 498, 676
ヴェンゲーロフ，セミョーン　Семен
Афанасьевич Венгеров　332
ヴォギュエ，ウジェーヌ＝メルキオール・ド・
Eugène-Melchior de Vogüé（エジェン-
メルヒオール デ ヴォギュэ）　332, 364, 668
ヴォドラスキン，エヴゲーニー　Евгений
Германович Водолазкин　94, 233, 360,
394
ヴォルコフ，フョードル　Федор
Григорьевич Волков　424, 426
ヴォルコワ，ロッタ　Лотта Волкова　230
ヴォローシン，マクシミリアン
Максимилиан Александрович
Волошин　710
ヴォロビヨフ，ウラジーミル　Владимир
Егорович Воробьев　92
ヴォロビヨフ，マクシム　Максим
Никифорович Воробьев　490
ウスチーノフ，ドミートリー　Дмитрий
Федорович Устинов　624
ウストヴォーリスカヤ，ガリーナ　Галина
Ивановна Уствольская　544
ウスペンスキー，エドゥアルド　Эдуард
Николаевич Успенский　362, 476
内田魯庵　712
ウチーチェリ，アレクセイ　Алексей
Ефимович Учитель　452
ウチョーソフ，レオニード　Леонид
Осипович Утесов　460, 472, 556
ウッド，ナタリー　Natalie Wood　688
ウーモフ，ニコライ　Николай Алексеевич
Умов　584
ヴャーゼムスキー，ピョートル　Петр
Андреевич Вяземский　336
ウラジーミル1世（公，大公）　Владимир I
Святославич　2, 132, 224, 482
ウラーノワ，ガリーナ　Галина Сергеевна

ウラノワ　Уланова　410, 414

ウリツカヤ, リュドミラ　Людмила Евгеньевна Улицкая　372, 394

ヴルーベリ, ミハイル　Михаил Александрович Врубель　**488**, 496

エイゼンシュテイン, セルゲイ　Сергей Михайлович Эйзенштейн　432, 456, **458**, 460, 642, 676

エイフマン, ボリス　Борис Яковлевич Эйфман　410

エイヘンバウム, ボリス　Борис Михайлович Эйхенбаум　374, 596

エヴレイノフ, ニコライ　Николай Николаевич Евреинов　420, 430, 444, 454

エカチェリーナ2世（女帝）　Екатерина II Алексеевна (Великая)　6, 16, **55**, 146, 148, 224, 248, 254, 268, 330, 344, 368, 372, 494, 534, 564, 570, 680, 694

エゴロフ, ドミートリー　Дмитрий Федорович Егоров　622

エジョフ, ニコライ　Николай Иванович Ежов　22

エセーニン, セルゲイ　Сергей Александрович Есенин　498

エプシテイン, ミハイル　Михаил Наумович Эпштейн　360, 394

エフトゥシェンコ, エヴゲーニー　Евгений Александрович Евтушенко　354, 364, 544

エフレーモフ, オレグ　Олег Николаевич Ефремов　436, 446

エフレーモフ, イワン　Иван Антонович Ефремов　358

エーフロス, アナトーリー　Анатолий Васильевич Эфрос　442, 716

エリザベータ（女帝）　Елизавета Петровна　148

エリザロフ, ミハイル　Михаил Юрьевич Елизаров　360

エリセーエフ, セルゲイ　Сергей Григорьевич Елисеев　688, 690

エリツィン, ボリス　Борис Николаевич Ельцин　30, 32, 68, 188, 218, 308, 632, 650

エリヤ（イリヤ）　Илия　120

エルショーフ, ピョートル　Петр Павлович Ершов　82, 362

エルドマン, ニコライ　Николай Робертович Эрдман　444, 460

エルマーク　Ермак Тимофеевич　228, 672

エルモゲン　Гермоген（Ермоген）　132

エルモラーエワ, ヴェーラ　Вера Михайловна Ермолаева　520

エルモーロワ, マリヤ　Мария Николаевна Ермолова　448

エレンブルグ, イリヤ　Илья Григорьевич Эренбург　26, 350, 358, 396, 442, 454

エロフェーエフ, アンドレイ　Андрей Владимирович Ерофеев　518

エンギバロフ, レオニード　Леонид Георгиевич Енгибаров　266

エンゲルス, フリードリヒ　Friedrich Engels（フリドリヒ・エンゲルス）　616

オイストラフ, ダヴィッド　Давид Федорович (Фишелевич) Ойстрах　550

オイラー, レオンハルト　Leonhard Euler（レオナルド・エイラー）　622

大泉黒石　704

大江健三郎　712, 714

大田黒元雄　542

オクジャワ, ブラート　Булат Шалвович Окуджава　102, 356, 380, 394, 442

小山内薫　436, 716

オシェプコフ, ワシーリー　Василий Сергеевич Ощепков　288

オシポフ, ニコライ　Николай Петрович Осипов　344

オステル, グリゴーリー　Григорий Бенционович Остер　362

オストロフスキー, アレクサンドル　Александр Николаевич Островский　428, **432**, 438, 462, 472

オストロフスキー, ニコライ　Николай

Алексеевич Островский　334, 348, 378

オスモロフスキー, アナトーリー　Анатолий
　Феликсович Осмоловский　512

オドエフスキー, アレクサンドル
　Александр Иванович Одоевский
　362, 432

オドエフスキー, ウラジーミル　Владимир
　Федорович Одоевский　358, 566

小野アンナ　Анна Дмитриевна Бубнова-
　Оно　688, 704

オブラスツォーフ, セルゲイ　Сергей
　Владимирович Образцов　446

オリガ（キエフ大公妃）　Ольга　136, 202

折口信夫　690

オリシヴァング, ヴァレンチン　Валентин
　Алексеевич Ольшванг　520

オルローワ, リュボーフィ　Любовь
　Петровна Орлова　460, 472

■か

ガイスーモフ, アスラン　Аслан Гайсумов
　512

ガイダイ, レオニード　Леонид Иович
　Гайдай　472, 478

カヴェーリン, コンスタンチン　Константин
　Дмитриевич Кавелин　574

カヴォス, アルベルト　Alberto Cavos
　（Альберт Катеринович Кавос）　418

カヴォス, カッテリーノ　Катерино
　Альбертович Кавос　534

ガウク, アレクサンドル　Александр
　Васильевич Гаук　550

カガノーヴィチ, ラーザリ　Лазарь
　Моисеевич Каганович　20

ガガーリン, ユーリー　Юрий Алексеевич
　Гагарин　302, 624, 632, **663**

カガン, オレグ　Олег Моисеевич Каган
　550

カザコフ, ユーリー　Юрий Павлович
　Казаков　334, 378, 394

カサートキン, ヴィクトル　Виктор
　Иванович Касаткин　398

カサートキン, ニコライ　Николай
　Алексеевич Касаткин　482, 696

ガスチェフ, アレクセイ　Алексей
　Капитонович Гастев　640

カスパロフ, ガルリ　Гарри Кимович
　Каспаров　280

カスペルスキー, ユージン　Евгений
　Валентинович Касперский　688

ガーチェフ, ゲオルギー　Георгий
　Дмитриевич Гачев　398

カチャーノフ, ロマン　Роман Романович
　Качанов　474, 476

カチャーロフ, ワシーリー　Василий
　Иванович Качалов　448

カトコーフ, ミハイル　Михаил
　Никифорович Катков　568, 574

カナエワ, エヴゲニヤ　Евгения Олеговна
　Канаева　284

カネフスキー, ヴィタリー　Виталий
　Евгеньевич Каневский　468

ガネーリン, ヴャチェスラフ　Вячеслав
　Шевелевич Ганелин　556

カバエワ, アリーナ　Алина Маратовна
　Кабаева　284

カバコフ, イリヤ　Илья Иосифович
　Кабаков　476, 496, 510, 512, 520, 522

カピッツァ, ピョートル　Пётр Леонидович
　Капица　618

カマーニン, ニコライ　Николай Петрович
　Каманин　663

カーメネフ, レフ　Лев Львович Каменев
　486

カラトーゾフ, ミハイル　Михаил
　Константинович Калатозов　464, 470

カラムジン, ニコライ　Николай
　Михайлович Карамзин　218, 272, 330,
　336, 356, 362, 382, 396, 576

カリク, ミハイル　Михаил Наумович
　Калик　470

ガーリチ, アレクサンドル　Александр
　Аркадьевич Галич　380

ガリペリン, ピョートル　Петр Яковлевич

Гальперин　642

ガーリン, エラスト　Эраст Павлович
　Гарин　448

カルサヴィナ, タマーラ　Тамара
　Платоновна Карсавина　408, 414

カルポフ, アナトーリー　Анатолий
　Евгеньевич Карпов　280

カレリン, アレクサンドル　Александр
　Александрович Карелин　276

カンディンスキー, ワシーリー　Василий
　Васильевич Кандинский　444, **492**,
　586, 684

カンテミール, アンチオフ　Антиох
　Дмитриевич Кантемир　330

北村透谷　712

ギッピウス, ジナイーダ　Зинаида
　Николаевна Гиппиус　340, 372

キプレンスキー, オレスト　Орест
　Адамович Кипренский　484

キム, アナトーリー　Анатолий Андреевич
　Ким　352

キュイー, ツェーザリ　Цезарь Антонович
　Кюи　536

キュスティーヌ, アストルフ・ド　Astolphe
　Louis Léonor Marquis de Custine　668

キリール（総主教）патриарх Кирилл　144

キレエフスキー, イワン　Иван Васильевич
　Киреевский　332, 576, 582

キレエフスキー, ピョートル　Петр
　Васильевич Киреевский　332

キーロフ, セルゲイ　Сергей Миронович
　Киров　22

ギンカス, カマ　Кама Миронович Гинкас
　440

金田一京助　690

クインジ, アルヒープ　Архип Иванович
　Куинджи　116, 484, 486, 490

クシェシンスカヤ, マチルダ　Матильда
　Феликсовна Кшесинская　404, 414,
　452

クストージエフ, ボリス　Борис
　Михайлович Кустодиев　256

クズミーン, ミハイル　Михаил Алексеевич
　Кузмин　444

クーセヴィツキー, セルゲイ　Сергей
　Александрович Кусевицкий　550

グートマン, ナタリヤ　Наталия
　Григорьевна Гутман　550

クナンバエフ, アバイ　Абай Кунанбаев
　676

クニッペル, オリガ　Ольга Леонардовна
　Книппер-Чехова　436, 448

グバイドゥーリナ, ソフィア　София
　Асгатовна Губайдулина　352, 560

クブシノブ, イリヤ　Ilya Kuvshinov　688

クプリーン, アレクサンドル　Александр
　Иванович Куприн　150, 394, 684, 712

グミリョフ, レフ　Лев Николаевич
　Гумилев　600, 604

グラーニン, ダニイル　Даниил
　Александрович Гранин　356, 394

グラノフスキー, チモフェイ　Тимофей
　Николаевич Грановский　574

クラムスコイ, イワン　Иван Николаевич
　Крамской　142, 484, 486, 496

クラムニク, ウラジーミル　Владимир
　Борисович Крамник　280

クリーク, オレグ　Олег Борисович Кулик
　420, 512

グリゴリーエフ, アポロン　Аполлон
　Александрович Григорьев　382, 576

グリゴリャン, ユーリー　Юрий
　Эдуардович Григорян　516

グリゴローヴィチ, ユーリー　Юрий
　Николаевич Григорович　410

グリシコヴェツ, エヴゲーニー　Евгений
　Валерьевич Гришковец　450

グリボエードフ, アレクサンドル
　Александр Сергеевич Грибоедов　44,
　320, 424, 428

クリュチェフスキー, ワシーリー　Василий
　Осипович Ключевский　644

クリョーヒン, セルゲイ　Сергей
　Анатольевич Курехин　556

クリレンコ, ニコライ　Николай Васильевич Крыленко　280

グリンカ, ミハイル　Михаил Иванович Глинка　78, 408, 418, **534**, 536, 554, 562, 554

グリングムト, ウラジーミル　Владимир Андреевич Грингмут　568

グリンベルグ, アレクサンドル　Александр Данилович Гринберг　524

クルィロフ, イワン　Иван Андреевич Крылов　218, 344, 362

グルシュコフ, ヴィクトル　Виктор Михайлович Глушков　665

クルチャートフ, イーゴリ　Игорь Васильевич Курчатов　626

クルチョーヌイフ, アレクセイ　Алексей Елисеевич Крученых　342, 420, 430, 522

クルツィス, グスタフ　Густав Густавович Клуцис　500, 504

クループスカヤ, ナジェージダ　Надежда Константиновна Крупская　18, 92, 498, 654

クールベ, ギュスターヴ　Gustave Courbet　484

グレク, フェオフォン　Феофан Грек (Θεοφάνης)　482

グレーコフ, ボリス　Борис Дмитриевич Греков　644

クレショフ, レフ　Лев Владимирович Кулешов　458

グレゼル, アレクサンドル　Александр Давидович Глезер　510

グレベンシチコフ, ボリス　Борис Борисович Гребенщиков　556

クレーメル, ギドン　Гидон Маркусович Кремер　550

グロイス, ボリス　Борис Ефимович Гройс　92, 348, 394, 604

黒澤　明　62, 430, 712

グロスマン, ワシーリー　Василий Семенович Гроссман　370

クロート, ピョートル　Петр Карлович Клодт　484

黒野義文　690

クロパトキン, アレクセイ　Алексей Николаевич Куропаткин　700

クロピヴニツキー, エヴゲーニー　Евгений Леонидович Кропивницкий　510

クロポトキン, ピョートル　Петр Алексеевич Кропоткин　580, 620

ケスラー, カール　Карл Федорович Кесслер　620

ゲー, ニコライ　Николай Николаевич Ге　484

ゲラーシモフ, アレクサンドル　Александр Михайлович Герасимов　506

ゲリツェル, エカテリーナ　Екатерина Васильевна Гельцер　414

ゲリンガス, ダヴィッド　Давид Гилевич Герингас　550

ゲルギエフ, ヴァレリー　Валерий Абисалович Гергиев　94, 550, 688

ゲルツェン, アレクサンドル　Александр Иванович Герцен　334, 366, 378, 572, 574, 578, 602, 684

ゲルファント（ゲリファント）, イズライル　Израиль Моисеевич Гельфанд　622

ゲルマン, アレクセイ　Алексей Юрьевич Герман　468

ケレンスキー, アレクサンドル　Александр Федорович Керенский　14, 18, 570

コヴァレーニン, ドミトリー　Дмитрий Викторович Коваленин　264

皇帝ミハイル　Михаил Федорович Романов　672

コーガン, レオニード　Леонид Борисович Коган　550

ゴーゴリ, ニコライ　Николай Васильевич Гоголь　42, 94, 160, 166, 233, 320, 334, 344, 364, 374, 382, **384**, 399, 428, 668, 680

ココリーノフ, アレクサンドル　Александр Филиппович Кокоринов　484

コーザク, ロマン　Роман Ефимович Козак

453

コジェーヴ, アレクサンドル　Александр Кожев 598

ゴシケビッチ, ヨシフ　Иосиф Антонович Гошкевич 692

コージノフ, ワジム　Вадим Валерианович Кожинов 576

コージン, ワジム　Вадим Алексеевич Козин 548

コズロフスキー, オーシプ　Осип Антонович Семенович Козловский 534, 562

コズロフスキー, ダニーラ　Данила Валерьевич Козловский 448

コチュベイ, ヴィクトル　Виктор Павлович Кочубей 680

ゴドウィン, ウィリアム　William Godwin（ウィリャム・ゴドヴィン）580

ゴドゥノフ, ボリス　Борис Федорович Годунов 6, 382, 680

コナシェーヴィチ, ウラジーミル　Владимир Михайлович Конашевич 520

コニョンコフ, セルゲイ　Сергей Тимофеевич Коненков 526

コマル, ヴィターリー　Виталий Анатольевич Комар 510

コミサルジェフスカヤ, ヴェーラ　Вера Федоровна Комиссаржевская 430, 448

ゴーリキー, マクシム　Максим Горький 50, 334, 348, 356, 362, 400, 426, 436, 430, 442, 462, 592

ゴリーツィン, ニコライ　Николай Борисович Голицын 534

コリツォフ, ニコライ　Николай Константинович Кольцов 620, 662

ゴリデンヴェイゼル, アレクサンドル　Александр Борисович Гольденвейзер 552

コーリナ, イリーナ　Ирина Валерьевна Корина 512

コールジェフ, ゲーリー　Гелий Михайлович Коржев 506

コルチノイ, ヴィクトル　Виктор Львович Корчной 280

コルチャーク, アレクサンドル　Александр Васильевич Колчак 702

コルニロフ, ラヴル　Лавр Георгиевич Корнилов 14

ゴルバチョフ, ミハイル　Михаил Сергеевич Горбачев 24, 30, 38, 46, 88, 190, 368, 388, 414, 442

ゴルバネフスカヤ, ナタリヤ　Наталья Евгеньевна Горбаневская 602

ゴルブキナ, アンナ　Анна Семеновна Голубкина 496, 526

ゴルブノフ, ニコライ　Николай Петрович Горбунов 628

コルモゴロフ, アンドレイ　Андрей Николаевич Колмогоров 622, 634

ゴレイゾフスキー, カシヤン　Касьян Ярославич Голейзовский 410

ゴロヴニーン, ワシーリー　Василий Михайлович Головнин 692

コロリョフ, セルゲイ　Сергей Павлович Королев 624

コロレンコ, ウラジーミル　Владимир Галактионович Короленко 334

ゴロワーノフ, ニコライ　Николай Семенович Голованов 550

コロンタイ, アレクサンドラ　Александра Михайловна Коллонтай 588

コワレフスカヤ, ソフィヤ　Софья Васильевна Ковалевская 372, 622, **661**

コワレフスキー, アレクサンドル　Александр Онуфриевич Ковалевский 620

コワレフスキー, ウラジーミル　Владимир Онуфриевич Ковалевский 620, 661

コンスタンティノス（キュリロス）　Константин 294

ゴンチャロワ, ナタリヤ　Наталья Сергеевна Гончарова 500, 564

ゴンチャロフ, イワン　Иван
　　Александрович Гончаров　84, 320,
　　338, 366, 376, 396, 432
コンチャロフスキー, アンドレイ　Андрей
　　Сергеевич Кончаловский　466
コンドラシン, キリル　Кирилл Петрович
　　Кондрашин　550
コンラッド, ニコライ　Николай
　　Иосифович Конрад　690

■さ

ザイツェフ, ヴャチェスラフ　Вячеслав
　　Михайлович Зайцев　230
ザイツェフ, ボリス　Борис
　　Константинович Зайцев　350, 712
サヴィツキー, ピョートル　Петр
　　Николаевич Савицкий　600
サヴラーソフ, アレクセイ　Алексей
　　Кондратьевич Саврасов　114, 486, 490
ザギトワ, アリーナ　Алина Ильназовна
　　Загитова　284, 688
ザゴスキン, ミハイル　Михаил
　　Николаевич Загоскин　356, 370
佐々木虎吉　716
サーツ, ナタリヤ　Наталия Ильинична
　　Сац　446
佐野　碩　716
サハロフ, アンドレイ　Андрей
　　Дмитриевич Сахаров　602, 626, 630
サフォーノフ, ワシーリー　Василий Ильич
　　Сафонов　552
サフチェンコ, イーゴリ　Игорь Андреевич
　　Савченко　460, 470
ザポロー ジェツ, アレクサンドル
　　Александр Владимирович Запорожец
　　642
ザミャーチン, エヴゲーニー　Евгений
　　Иванович Замятин　348, 358
サモスード, サムイル　Самуил Абрамович
　　Самосуд　550
サモフヴァーロフ, アレクサンドル
　　Александр Николаевич Самохвалов

506
サリアス, エヴゲーニイ　Евгений Андреевич
　　Салиас-де-Турнемир　356
サルティコフ＝シチェドリン, ミハイル
　　Михаил Евграфович Салтыков-
　　Щедрин　344, 432
沢辺琢磨（パウェル）　Такума（Павел）
　　Савабэ　432, 696
サンギ, ウラジーミル　Владимир
　　Михайлович Санги　82
サン＝レオン, アルトゥール　Артур
　　Сен-Леон　404
ジェイムズ, ヘンリー　Henry James　338,
　　364
シェヴィリョフ, ステパン　Степан
　　Петрович Шевырев　332
シェストフ, レフ　Лев Исаакович Шестов
　　340, 598
シェフチェンコ, タラス　Тарас
　　Григорьевич Шевченко　42
シェーフテリ, フョードル　Федор
　　Осипович Шехтель　488
ジェムチュゴーワ, プラスコーヴィヤ
　　Прасковья Ивановна Ковалева-
　　Жемчугова　424
シェリホフ, グリゴリー　Григорий
　　Иванович Шелихов　228
シェリング, フリードリヒ　Friedrich
　　Wilhelm Joseph von Schelling　576
シェレメーチェフ, ニコライ　Николай
　　Петрович Шереметев　424
シェンケヴィチ, ヘンリク　Генрик
　　Сенкевич　680
シェンゲラーヤ, ゲオルギー　Георгий
　　Николаевич Шенгелая　470
シェンゲラーヤ, ニコライ　Николай
　　Михайлович Шенгелая　470
シクロフスキー, ヴィクトル　Виктор
　　Борисович Шкловский　374, 388, 520,
　　596
シーシキン, イワン　Иван Иванович
　　Шишкин　80, 114, 484, 486, 490

ジダーノフ, アンドレイ　Андрей
Александрович Жданов　460
シチェドリン, シルヴェストル　Сильвестр
Феодосиевич Щедрин　490
シチェプキン, ミハイル　Михаил
Семенович Щепкин　424, 448
シチューキン, ボリス　Борис Васильевич
Щукин　448, 466
シテルンベルグ, レフ　Лев Яковлевич
Штернберг　646
シテレンベルグ, ダヴィド　Давид
Петрович Штеренберг　520
シニャフスキー, アンドレイ　Андрей
Донатович Синявский　26, 348, 442,
602, 684
ジノヴィエフ, グリゴリー　Григорий
Евсеевич Зиновьев　20, 22
シフ, ジェイコブ　Jacob Henry Schiff
（ジェイコブ・ヘンリ・シフ）　674
シメリョフ, イワン　Иван Сергеевич
Шмелев　150
シーモノフ, コンスタンチン　Константин
Михайлович Симонов　370, 394
シャイヘト, アルカージー　Аркадий
Самойлович Шайхет　524
シャガール, マルク　Marc Chagall（Марк
Захарович Шагал）　492, 684
シャギニャン, マリエッタ　Мариэтта
Сергеевна Шагинян　18, 372
シャラポワ, マリヤ　Мария Юрьевна
Шарапова　688
シャリャーピン, フョードル　Федор
Иванович Шаляпин　184, 408, 532
ジュヴァネツキー, ミハイル　Михаил
Маньевич Жванецкий　266, 344
ジュガーノフ, ゲンナジー　Геннадий
Андреевич Зюганов　188
ジュコフスキー, ワシーリー　Василий
Андреевич Жуковский　336, 362, 370,
402, 562, 615
シューセフ（シチューセフ）, アレクセイ
Алексей Викторович Щусев　90, 92,

シュティルナー, マックス　Max Stirner　580
シュニトケ, アルフレート　Альфред
Гарриевич Шнитке　550, 544, 560
シューホフ, ウラジーミル　Владимир
Григорьевич Шухов　90
シュミャツキー, ボリス　Борис Захарович
Шумяцкий　460
シュリパ, スタニスラフ　Станислав
Витальевич Шурипа　518
シュルーポフ, ミハイル　Михаил
Арефьевич Шурупов　696
シュワーロフ, イワン　Иван Иванович
Шувалов　484
ショスタコーヴィチ, ドミートリー
Дмитрий Дмитриевич Шостакович
62, 418, **544**, 560
ショパン, フレデリック　Frédéric Chopin
（Фредерик Шопен）　540, 546
ショーロホフ, ミハイル　Михаил
Александрович Шолохов　42, 348, 370,
394, 462
ジラール, ルネ　René Girard　386
シロコゴロフ, セルゲイ　Сергей
Михайлович Широкогоров　646
シロタ＝ゴードン, ベアテ　Beate Sirota-
Gordon（Беата Сирота-Гордон）　704
新海　誠　714
スイチン, イワン　Иван Дмитриевич
Сытин　222
スヴィリードフ, ゲオルギー　Георгий
Васильевич Свиридов　544
スヴェトラーノフ, エヴゲーニー　Евгений
Федорович Светланов　550
ズヴェーレフ, ニコライ　Николай
Сергеевич Зверев　540, 552
スヴォーリン, アレクセイ　Алексей
Сергеевич Суворин　192, 364, 568
スヴャトスラフ（キエフ公）　Святослав
Всеволодович　328
スクリャービン, アレクサンドル
Александр Николаевич Скрябин

552, **540**, 586

スコット, ウォルター　Walter Scott　356

鈴木忠志　716

スターソフ, ウラジーミル　Владимир
　Васильевич Стасов　486, 536

スタニスラフスキー, コンスタンチン
　Константин Сергеевич
　Станиславский（Алексеев）　218, **434**,
　436, 438, 440, 448, 642

スターリン, ヨシフ　Иосиф
　Виссарионович Сталин　16, 18, **20**, 22,
　26, 38, 40, 46, 88, 92, 104, 144, 274, 309, 348,
　368, 400, 436, 440, **460**, 470, 472, **508**, 544,
　612, 638, 648, 662, 674, 678, 682

スタルヒン, ヴィクトル　Виктор
　Константинович Старухин　688, 704

スタレーヴィチ, ヴラディスワフ
　Владислав Александрович Старевич
　474

スタロスチン, ニコライ　Николай
　Петрович Старостин　286

スーチン（スーティン）, ハイム　Chaïm
　Soutine（Хаим Соломонович Сутин）
　684

ステパーノワ, ワルワーラ　Варвара
　Федоровна Степанова　230, 530

ステンベルグ兄弟　братья Стенберги　504

ストラヴィンスキー, イーゴリ　Игорь
　Федорович Стравинский　408, 534,
　542, 586, 684

ストルイピン, ピョートル　Петр
　Аркадьевич Столыпин　40, 188

ストルーヴェ, ピョートル　Петр
　Бернгардович Струве　608, 644

ストルガツキー兄弟　братья Стругацкие
　358, 468

スパスキー, ボリス　Борис Васильевич
　Спасский　280

ズバルスキー, ボリス　Борис Ильич
　Збарский　92

ズビャギンツェフ, アンドレイ　Андрей
　Петрович Звягинцев　468, 688

ズビョーズドチキン, ワシーリー　Василий
　Петрович Звездочкин　174

スピリドノフ, ヴィクトル　Виктор
　Афанасьевич Спиридонов　288

スホヴォ＝コブイリン, アレクサンドル
　Александр Васильевич Сухово-
　Кобылин　428

スマローコフ, アレクサンドル　Александр
　Петрович Сумароков　330, 424, 428

スミスロフ, ワシーリー　Василий
　Васильевич Смыслов　280

スモクトゥノフスキー, インノケンチー
　Иннокентий Михайлович
　Смоктуновский　448

スモトリツキー, メレチー　Мелетий
　（Максим Герасимович）Смотрицкий
　292

スーリコフ, ワシーリー　Василий
　Иванович Суриков　142, 466, 484, 486

スロフツォーフ, ピョートル　Петр
　Иванович Словцов　82

聖クセーニヤ　Ксения Петербургская
　136

聖ニコラ（ニコライ）　Николай
　Чудотворец　120, 696

聖マトローナ（モスクワの）　Матрона
　Московская　136

セヴェルツォフ, ニコライ　Николай
　Алексеевич Северцов　620

セミョーノワ, スヴェトラーナ　Светлана
　Григорьевна Семенова　584

セルギー（ラドネジの）　Сергий
　Радонежский　108, 116, 130, 326

セルゲーエンコ, ウリヤナ　Ульяна
　Викторовна Сергеенко　230

ゼレーニン, ドミートリー　Дмитрий
　Константинович Зеленин　564

セレブリャコワ, ジナイーダ　Зинаида
　Евгеньевна Серебрякова　530

セレブレンニコフ, キリール　Кирилл
　Семенович Серебренников　426, 432,
　440, 450

セローフ, ヴァレンチン　ヴァレンチン
　　アレクサンドロヴィチ・セロフ　486, 496
瀬脇寿人　692
センチン, ロマン　ロマン・ヴァレリエヴィチ・
　　センチン　360
ソクーロフ, アレクサンドル　アレクサンドル・
　　ニコラエヴィチ・ソクーロフ　94, 462, 468, 668,
　　688
ゾシチェンコ, ミハイル　ミハイル・
　　ミハイロヴィチ・ゾシチェンコ　344
ソシュール, フェルディナン・ド　Ferdinand
　　de Saussure（フェルディナン・ド・ソシュール）
　　594, 648
ソフィア・アレクセーエヴナ　ソフィア・
　　アレクセーエヴナ　6, 44, 54
ソプチャク, アナトーリー　アナトリー・
　　アレクサンドロヴィチ・ソプチャク　32
ソフロニツキー, ウラジーミル　ウラジーミル・
　　ウラジーミロヴィチ・ソフロニツキー　552
ソーモフ, コンスタンチン　コンスタンチン・
　　アンドレーエヴィチ・ソモフ　488
ソルジェニーツィン, アレクサンドル
　　アレクサンドル・イサエヴィチ・ソルジェニーツィン
　　26, 318, 348, 350, 356, 364, 380, **392**, 668
ソロヴィヨフ, ウラジーミル　ウラジーミル・
　　セルゲエヴィチ・ソロヴィヨフ　340, 566, 582, 584,
　　586, 590, **606**, 608, 672, 686
ソロヴィヨフ, セルゲイ　セルゲイ・
　　ミハイロヴィチ・ソロヴィヨフ　574, 606, 644
ソローキン, ウラジーミル　ウラジーミル・
　　ゲオルギエヴィチ・ソローキン　358, 360, 374, 394
ソログープ, フョードル　フョードル・クジミチ・
　　ソログープ　340, 430

■た

大黒屋光太夫　532, 652, 694
大鵬幸喜　コキ・タイホ（イワン・
　　マルキヤノヴィチ・ボルィシコ）　704
武満徹　542
ダーシコワ, エカチェリーナ　エカチェリーナ・
　　ロマノヴナ・ダシコワ　372
タタールスキー, アレクサンドル

アレクサンドル・ミハイロヴィチ・タタルスキー
　　474
橘　耕斎　コサイ・タチバナ（ウラジーミル・
　　イオシフォヴィチ・ヤマトフ）　394, 690
タトリン, ウラジーミル　ウラジーミル・
　　エヴグラフォヴィチ・タトリン　430, 496, 500, 502,
　　520, 526
ダニエル, ユーリー　ユーリー・マルコヴィチ・
　　ダニエル　26, 602
ダニルキン, レフ　レフ・アレクサンドロヴィチ・
　　ダニルキン　264
ダニレフスキー, グリゴリー　グリゴリー・
　　ペトロヴィチ・ダニレフスキー　356
ダニレフスキー, ニコライ　ニコライ・
　　ヤコヴレヴィチ・ダニレフスキー　576, 670
ダニーロフ, キルシャ　キルシャ・ダニロフ
　　176
ダネリヤ, ゲオルギー　ゲオルギー・
　　ニコラエヴィチ・ダネリヤ　464, 470, 472
タバコフ, オレグ　オレグ・パヴロヴィチ・タバコフ
　　436, 448, 450
タラーソフ, ウラジーミル　ウラジーミル・
　　ペトロヴィチ・タラソフ　556
タリヴェルディエフ, ミカエル　ミカエル・
　　レオノヴィチ・タリヴェルディエフ　548
ダーリ, ウラジーミル　ウラジーミル・
　　イヴァノヴィチ・ダーリ　178, 242, 332
タリ, ミハイル　ミハイル・ネヘミエヴィチ・タリ
　　280
タルコフスキー, アルセーニー　アルセニー・
　　アレクサンドロヴィチ・タルコフスキー　102, 266
タルコフスキー, アンドレイ　アンドレイ・
　　アルセーニエヴィチ・タルコフスキー　464, **466**, 468,
　　476, 566
ダルゴムィシスキー, アレクサンドル
　　アレクサンドル・セルゲエヴィチ・ダルゴムィジスキー
　　536, 554
タワーシエフ, ロスタン　ロスタン・
　　ロスタノヴィチ・タヴァシエフ　512
チアウレリ, ソフィコ　ソフィコ・
　　ミハイロヴナ・チアウレリ　470
チアウレリ, ミハイル　ミハイル

エディシェロヴィチ　Чиаурели　470

チェカーシン, ウラジーミル　Владимир Николаевич Чекасин　556

チェビシェフ（チェブイショーフ）Пафнутий Львович Чебышев　622

チェーホフ, アントン　Антон Павлович Чехов　36, 60, 90, 118, 204, 244, 256, 344, 374, 396, **430**, 434, 436, 528

チェーホフ, ミハイル　Михаил Александрович Чехов　448

チェメゾフ, セルゲイ　Сергей Викторович Чемезов　658

チェルヌイシェフスキー, ニコライ　Николай Гаврилович Чернышевский　84, 338, 578, 588

チェルパーノフ, ゲオルギー　Георгий Иванович Челпанов　642

チゴーリン, ミハイル　Михаил Иванович Чигорин　280

チジェフスキー, アレクサンドル　Александр Леонидович Чижевский　584

チシコフ, レオニード　Леонид Александрович Тишков　512, 518, 520, 522

チチェーリン, ゲオルギー　Георгий Васильевич Чичерин　586

チチェーリン, ボリス　Борис Николаевич Чичерин　574

チートワ, アンナ　Анна Владимировна Титова　518

チホミーロフ, ワシーリー　Василий Дмитриевич Тихомиров　414

チーホン（総主教）Патриарх Тихон　138, 142

チミリャーゼフ, クリメント　Климент Аркадьевич Тимирязев　620, 662

チム, ワシーリー　Василий Федорович Тимм　572

チモフェーエフ＝レソフスキー, ニコライ　Николай Владимирович Тимофеев-Ресовский　620

チャアダーエフ, ピョートル　Петр Яковлевич Чаадаев　148, 574, 576, 686

チャイコフスキー, ピョートル　Петр Ильич Чайковский　44, 78, 126, 160, 218, 404, **406**, 418, 432, **538**, 546, 550, 554, 562, 578

チャパーエフ, ワシーリー　Василий Иванович Чапаев　182

チャプーリン, イーゴリ　Игорь Вячеславович Чапурин　230

チャルーシン, エヴゲーニー　Евгений Иванович Чарушин　520

チュコフスキー, コルネイ　Корней Иванович Чуковский　362, 520

チュッチェフ, フョードル　Федор Иванович Тютчев　114, 318, 320, 324, 336, 606

チュフライ, グリゴリー　Григорий Наумович Чухрай　464

チュプリーニン, セルゲイ　Сергей Иванович Чупринин　364

チョールヌイ, ダニイル　Даниил Черный　482

ツァトキン（ザッキン）, オーシプ　Ossip Zadkine（Осип Алексеевич Цадкин）684

ツィオルコフスキー, コンスタンチン　Константин Эдуардович Циолковский　78, 358, 396, 584, 624

ツヴェターエワ, マリーナ　Марина Ивановна Цветаева　318, 324, 354, 372, 444

ツェハノフスキー, ミハイル　Михаил Михайлович Цехановский　474, 520

ツォイ, ヴィクトル　Виктор Робертович Цой　524, 556, 688

津田三蔵　698

ツファスマン, アレクサンドル　Александр Наумович Цфасман　556

ディアギレフ, セルゲイ　Сергей Павлович Дягилев　230, 340, 408, 414, 542, 684

ディオニーシー　Дионисий　132

ティーシチェンコ, ボリス　Борис

人名索引

Иванович Тищенко　544

ディドロ，シャルル＝ルイ　Шарль-Луи
Дидло　404

デイネカ，アレクサンドル　Александр
Александрович Дейнека　496, 506,
514, 520

手塚治虫　714

テニシェワ，マリヤ　Мария Клавдиевна
Тенишева　172, 488

デミードワ，アッラ　Алла Сергеевна
Демидова　442, 448

デリュギナ，イリーナ　Ирина Ивановна
Дерюгина　284

デルジャーヴィン，ガヴリーラ　Гаврила
Романович Державин　330

テルミン，レフ　Лев Сергеевич Термен
558

テレシコワ，ヴァレンチナ　Валентина
Владимировна Терешкова　624, **663**

伝兵衛　ダンベイ　694

トゥイニャーノフ，ユーリー　Юрий
Николаевич Тынянов　358, 374, 596

ドゥギン，アレクサンドル　Александр
Гельевич Дугин　600

ドゥゴシュ，ヤン　Jan Długosz（ヤン
ドルゴシュ）　120

ドヴジェンコ，アレクサンドル　Александр
Петрович Довженко　458, 470

ドゥナエフスキー，イサーク　Исаак
Осипович Дунаевский　460

トゥハチェフスキー，ミハイル　Михаил
Николаевич Тухачевский，　624

ドゥビーニン，ニコライ　Николай
Петрович Дубинин　620

トゥフマーノフ，ダヴィド　Давид
Федорович Тухманов　548

ドゥブロヴィン，アレクサンドル
Александр Иванович Дубровин　568

ドヴラートフ，セルゲイ　Сергей Донатович
Довлатов　344, 350, 352

トゥルゲーネフ，イワン　Иван Сергеевич
Тургенев　74, 78, 234, 256, 320, 338, 356,

366, 376, 428, 462, 528, 712

ドゥーロフ，パーヴェル　Павел Валерьевич
Дуров　688

トカチョーフ，ピョートル　Петр Никитич
Ткачев　578

ドージン，レフ　Лев Абрамович Додин
440, 426, 448, 716

ドストエフスキー，フョードル　Федор
Михайлович Достоевский　44, 82, 94,
218, 320, 322, 324, 330, 332, 334, 364, 374,
382, **386**, 388, 396, 400, 410, 432, 462, 564,
566, 576, 584, 652, 668, 672

トドロフスキー，ヴァレリー　Валерий
Петрович Тодоровский　464, 472

ドネプローフ，エドゥアルド　Эдуард
Дмитриевич Днепров　650

ドブジャンスキー，テオドシウス　Феодосий
Григорьевич Добржанский　620

ドブジンスキー，ムスチスラフ　Мстислав
Валерианович Добужинский　488,
710

トプチエフ，アレクサンドル　Александр
Васильевич Топчиев　628

ドブロリューボフ，ニコライ　Николай
Александрович Добролюбов　338,
366, 432

トポロフ，ウラジーミル　Владимир
Николаевич Топоров　596

トマシェフスキー，ボリス　Борис
Томашевский　378

ドラグンスカヤ，クセーニヤ　Ксения
Викторовна Драгунская　446

ドラグンスキー，ヴィクトル　Виктор
Юзефович Драгунский　446

ドルゴルーキー，ユーリー　Юрий
Владимирович（Долгорукий）　90

トルスタヤ，タチヤーナ　Татьяна
Никитична Толстая　360, 372, 394, 566

トルストイ，アレクセイ　Алексей
Константинович Толстой　44, 344, 350,
356, 428, 446, 656

トルストイ，レフ　Лев Николаевич

Толстой　12, 42, 90, 146, 192, 233, 318,
334, 364, 370, 374, 378, **388**, 428, 446, 528,
566, 570, 580, 652, 686

トルベツコイ，セルゲイ　Сергей Петрович
Трубецкой　572, 582, 606

トルベツコイ，ニコライ　Николай
Сергеевич Трубецкой　600, 648, 670

トルベツコイ，パーヴェル　Павел（Паоло）
Петрович Трубецкой　526

トレジアコフスキー，ワシーリー　Василий
Кириллович Тредиаковский　330, 402

トレチャク，アレクサンドルヴィチ
Владислав Александрович Третьяк
286

トレチヤコフ，セルゲイ　Сергей
Михайлович Третьяков　356, 524

トレチヤコフ，パーヴェル　Павел
Михайлович Третьяков　486, 496

トロツキー，レフ　Лев Давидович
Троцкий　14, 20, 22, 92, 596, 612, 688

ドローニナ，タチヤーナ　Татьяна
Васильевна Доронина　436, 448

トン，コンスタンチン　Константин
Андреевич Тон　142, 484

ドンスコイ，ドミートリー　Дмитрий I
Иванович（Донской）　2, 4, 92

■な

中村白葉　712

ナセトキン，ウラジーミル　Владимир
Никитович Наседкин　518

ナッペリバウム，モイセイ　Моисей
Соломонович Наппельбаум　524

ナボコフ，ウラジーミル　Владимир
Владимирович Набоков　318, 350, 374,
384, **390**, 400, 401, 528

ナポレオン（1世）　Napoléon Bonaparte
（Наполеон I）　10, 16, 104, 328, 332, 336,
356, 370, 494, 534, 564, 566, 572

ナールブト，ゲオルギー　Георгий
Иванович Нарбут　520

ニキーチン，アキム　Аким Александрович

Никитин　270

ニクーリン，ユーリー　Юрий
Владимирович Никулин　266, 478

ニコライ1世　Николай I Павлович　6, 12,
16, 40, 142, 146, 192, 368, 386, 388, 484, 494,
562, 568, 572, 574

ニコライ2世　Николай II Александрович
6, 14, 38, 40, **56**, 98, 134, 136, 140, 150, 228,
248, 254, 256, 364, 368, 404, **452**, 698

ニコラーエフ，レオニード　Леонид
Владимирович Николаев　552

ニーコン（総主教）　Патриарх Никон　146

ニジンスカ，ブロニスラヴァ　Бронислава
Фоминична Нижинская　408

ニジンスキー，ヴァーツラフ　Вацлав
Фомич Нижинский　408, 414, 542, 684

偽ドミートリー1世　Лжедмитрий I　6

ニル　Нил Сорский　130

ヌレエフ，ルドルフ　Рудольф Хаметович
Нуреев　414

ネイガウス，ゲンリフ　Генрих Густавович
Нейгауз　552

ネクラーソフ，ヴィクトル　Виктор
Платонович Некрасов　370

ネクラーソフ，ニコライ　Николай
Алексеевич Некрасов　324, 372, 356,
376

ネフスキー，アレクサンドル　Александр
Ярославич Невский　2, 90

ネフスキー，ニコライ　Николай
Александрозич Невский　688, 690, 704

ネミロヴィチ＝ダンチェンコ，ウラジーミル
Владимир Иванович Немирович-
Данченко　434, 436, 438, 448

ノヴィコフ，チムール　Тимур Петрович
Новиков　510

ノヴィコフ，ニコライ　Николай Иванович
Новиков　344, 362, 402, 570

昇　曙夢　712, 716

ノルシュテイン，ユーリー　Юрий
Борисович Норштейн　474, **476**, 520,
688

■は

ハイデガー，マルティン　Martin Heidegger
（Мартин Хайдеггер）　594

ハイフェッツ，ヤッシャ（ヨシフ）　Яша
（Иосиф Рувимович）Хейфец　550

バイロン，ジョージ・ゴードン　George
Gordon Byron　336, 364, 366, 384

パウエル（ポポフ）　епископ Павел
（Попов）　696

バウエル，エヴゲーニー　Евгений
Францевич Бауэр　456

パウストフスキー，コンスタンチン
Константин Георгиевич Паустовский
334, 378

パヴレンスキー，ピョートル　Петр
Андреевич Павленский　420

パヴロフ，イワン　Иван Петрович Павлов
620, 642, **662**

パヴロワ，アンナ　Анна Павловна
Павлова　408, 414

ハクストハウゼン，アウグスト・フォン
August Franz Ludwig Maria Freiherr
von Haxthausen　668

バクスト，レフ（レオン）　Леов（Леон）
Николаевич Бакст　230, 340, 408, 492,
504, 684

バクーニン，ミハイル　Михаил
Александрович Бакунин　402, 578,
580, 684

バザーロフ，ウラジーミル　Владимир
Александрович Базаров（Руднев）
592

パシケーヴィチ，ワシーリー　Василий
Алексеевич Пашкевич　534

パジトノフ，アレクセイ　Алексей
Леонидович Пажитнов　664, 688

バシラシヴィリ，オレグ　Олег
Валерианович Басилашвили　448

パステルナーク，ボリス　Борис
Леонидович Пастернак　26, 204, 318,
324, 352, 354, 374, 380, **401**, 442

バダニナ，ターニャ　Таня（Татьяна）
Баданина　518

バダロフ，バビ　Babi Badalov　512

バトゥ　Бату（Батый）　2, 4, 84, 130

バトーリ，ステファン　Stefan Batory
（Стефан Баторий）　564

パニン，ニコライ　Николай
Александрович Панин-Коломенкин
276, 284

ババーノワ，マリヤ　Мария Ивановна
Бабанова　448

バフチン，ミハイル　Михаил Михайлович
Бахтин　78, 374, 386, 388, 594, **610**, 648

パブロバ，エリアナ（霧島エリ子）　Елена
Николаевна Павлова（Эрико
Кирисима）　704

パホーモフ，アレクセイ　Алексей
Федорович Пахомов　520

バラキレフ，ミリイ　Милий Алексеевич
Балакирев　536

パラジャーノフ，セルゲイ　Сергей
Иосифович Параджанов　462, **468**, 470

パラースケヴァ・ピャートニツァ
Параскева Пятница　120

原　敬　702

バラーノフ，アレクサンドル　Александр
Андреевич Баранов　228

原久一郎　712

バランシン，ジョージ　Джордж Баланчин
408, 410

バリシニコフ，ミハイル　Михаил
Николаевич Барышников　414, 688

バリモント，コンスタンチン　Константин
Дмитриевич Бальмонт　318, 340, 586,
710, 712

バーリン，アイザイア　Isaiah Berlin（Исайя
Берлин）　401

バルコフ，イワン　Иван Семенович Барков
308, 398

バルシャイ，ルドルフ　Рудольф Борисович
Баршай　550

ハルデイ，エフゲニー　Евгений Ананьевич

Халдей　524

パルナフ, ヴァレンチン　Валентин
Яковлевич Парнах　556

バルネット, ボリス　Борис Васильевич
Барнет　270, 458

パルフョーノワ, タチヤーナ　Татьяна
Валентиновна Парфенова　230

ハルムス, ダニイル　Даниил Иванович
Хармс　256, 342, 344, 444, 446, 520, 522

ハルラモフ, ヴァレリー　Валерий
Борисович Харламов　286

ハルランピエフ, アナトーリー　Анатолий
Аркадьевич Харлампиев　288

バンザロフ, ドルジ　Доржи Банзаров　82

パンシン, アレクサンドル　Александр
Никитич Паншин　284

ハンドシキン, イワン　Иван Евстафьевич
Хандошкин　534

ピークリ, ヴァレンチン　Валентин Саввич
Пикуль　356

ヒトルーク, フョードル　Федор
Савельевич Хитрук　474, 476

ビューロー, ハンス・フォン　Hans von
Bülow（ガンス・フォン・ビューロフ）　538

ヒョードル（格闘家）　Федор
Владимирович Емельяненко　288

ピョートル1世（大帝）　Петр I Алексеевич
（Великий）　6, 16, 38, 40, 48, **54**, 92, 94,
146, 204, 244, 254, 292, 300, 330, 382, 534,
566, 574, 628, 652, 654, 672, 694

ピリニャーク, ボリス　Борис Андреевич
Пильняк　348, 374

ビリービン, イワン　Иван Яковлевич
Билибин　162, 166, 504, 520, 684

ファンガー, ドナルド　Donald Fanger　364

ブイコフ（ブイカウ）, ヴァシリ　Василь
Владимирович Быков（Быкаў）　370

フィッシャー, ボビー　Bobby（Robert
James）Fischer　280

ブイピン, アレクサンドル　Александр
Николаевич Пыпин　332

フィラートフ, ヴァレンチン　Валентин
Иванович Филатов　270

プイリエフ, イワン　Иван Александрович
Пырьев　274, 460

フィリプチェンコ, ユーリー　Юрий
Александрович Филипченко　620

フィールド, ジョン　John Field（ジョン
フィルド）　534, 546, 552

フィロフェイ　Филофей　614

フェート, アファナシー　Афанасий
Афанасьевич Фет　78, 324, 606

フェドートフ, パーヴェル　Павел
Андреевич Федотов　486

フォーキン, ヴァレリー　Валерий
Владимирович Фокин　440

フォーキン, ミハイル　Михаил
Михайлович Фокин　408, 410, 414, 542,
716

フォード, ハリソン　Harrison Ford　688

フォミーン, エフスティグネイ　Евстигней
Ипатьевич Фомин　534, 554

フォルトゥナトフ, フィリプ　Филипп
Федорович Фортунатов　648

フォレッゲル, ニコライ　Николай
Михайлович Фореггер　410, 420

フォンヴィージン, デニス　Денис
Иванович Фонвизин　330, 396, 424,
428

フォン・メック, ナジェージダ　Надежда
Филаретовна фон Мекк　538

ブカシキン（ブカシキンじいさん）　Старик
Букашкин　522

プガチョフ, エメリヤン　Емельян
Иванович Пугачев　8, 40, 42, 84

ブクシャ, クセニヤ　Ксения Сергеевна
Букша　360

プーシキン, アレクサンドル　Александр
Сергеевич Пушкин　44, 94, 182, 256,
272, 292, 308, 318, 324, 332, 334, 336, 356,
362, 364, 366, 374, **382**, 384, 390, 396, 428,
528, 566, 570

二葉亭四迷　690, 712

プチャーチン, エフィーミー（エフィーム）

Евфимий Васильевич Путятин 228, 396, 690, 692

プーチン，ウラジーミル Владимир Владимирович Путин 16, **32**, 34, 38, 68, 92, 138, 188, 192, 194, 196, 308, 368, 378, 392, 632, 650, 658

フツィエフ，マルレン Марлен Мартынович Хуциев 464

プティパ，マリウス Мариус Иванович Петипа 404, 406, 408, 410, 414, 416, 418

ブテリン，ヴィタリック Vitalik Buterin（Виталий Дмитриевич Бутерин） 688

プトゥシコ，アレクサンドル Александр Лукич Птушко 472, 474

プドフキン，フセヴォロド Всеволод Илларионович Пудовкин 458

ブーニン，イワン Иван Алексеевич Бунин 78, 350, 376, 300

ブハーリン，ニコライ Николай Иванович Бухарин 20, 22

フメリニツキー，ボグダン（ボフダン） Зиновий Богдан Михайлович Хмельницкий 36, 42, 470, 680

ブルーニ，フョードル Федор Антонович Бруни 484

フョードロフ，イワン Иван Федоров 222, 322, 362

フョードロフ，ニコライ Николай Федорович Федоров 92, 566, 584

ブラヴァツキー，ヘレナ（マダム） Елена Петровна Блаватская 540, 586

ブラーヴィン，コンドラーティ Кондратий Бравин 8

プラストフ，アルカジー Аркадий Александрович Пластов 506

プラトーノフ，アンドレイ Андрей Платонович Платонов 78, 348, 358, **400**, 444, 482, 676

ブラートフ，エリク Эрик Владимирович Булатов 496, 510, 520

フランク，セミョーン Семен Людвигович Франк 582, 598, 686

ブランデス，ゲーオア Georg Morris Cohen Brandes 332

ブリーク，オーシプ Осип Максимович Брик 504

プリゴフ，ドミートリー Дмитрий Александрович Пригов 510

プリセツカヤ，マイヤ Майя Михайловна Плисецкая 410, 414, 442

プリヤシコ，パーヴェル Павел Николаевич Пряжко 450

ブリューソフ，ヴァレリー Валерий Яковлевич Брюсов 340, 430, 566, 710

ブリューロフ，カール Карл Павлович Брюллов 484

フリョーロフ，ゲオルギー Георгий Николаевич Флеров 626

プリレーピン，ザハール Захар Прилепин 233, 360, 370

ブリン，セルゲイ Sergey Brin（Сергей Михайлович Брин） 688

ブルガーコフ，セルゲイ Сергей Николаевич Булгаков 582, 584, 594, 598, 606, 608

ブルガーコフ，ミハイル Михаил Афанасьевич Булгаков 90, 102, 268, 344, 358, 364, 374, **399**, 442, 444

ブルガーリン，ファデイ Фаддей Венедиктович Булгарин 344, 356

プルシェンコ，エヴゲーニー Евгений Викторович Плющенко 284, 688

フルシチョフ，ニキータ Никита Сергеевич Хрущев 26, 28, 38, 46, 182, 378, 464, 514, 628, 640, 656

フルジャノフスキー，アンドレイ Андрей Юрьевич Хржановский 474

ブルック，イザアク Исаак Семенович Брук 665

プルトコフ，コジマ Козьма Петрович Прутков 344

プルードン，ピエール＝ジョセフ Pierre Joseph Proudhon（Пьер-Жозеф Прудон） 580

フールマノフ，ドミートリー　Дмитрий Андреевич Фурманов　370, 478

ブルリューク，ダヴィド　Давид Давидович Бурлюк　342, 504, 704, 710

フレイシマン，ヴェニアミン　Вениамин Иосифович Флейшман　544

プレシチェーエフ，アレクセイ　Алексей Николаевич Плещеев　402

ブレジネフ，レオニード　Леонид Ильич Брежнев　28, 36, 46, 182

ブレーネル，アレクサンドル　Александр Давидович Бренер　512

プレハーノフ，ゲオルギー　Георгий Валентинович Плеханов　46, 578, 592

ブレヒト，ベルトルト　Berthold Friedrich Brecht（ベルトルト・ブレヒト）　440, 442

フレーブニコフ，ヴェリミール　Велимир Хлебников　84, 152, 324, 342, 348, 354, 374, 430, 444, 522

ブローク，アレクサンドル　Александр Александрович Блок　324, 334, 340, 354, 430, 438, 448, 544, 566, 606, 672

プロクジン＝ゴルスキー，セルゲイ　Сергей Михайлович Прокудин-Горский　524

プロコフィエフ，セルゲイ　Сергей Сергеевич Прокофьев　218, 446, **542**, 684

プロタザーノフ，ヤーコフ　Яков Александрович Протазанов　456

ブロツキー，イサアク　Исаак Израилевич Бродский　506

ブロツキー，ヨシフ　Иосиф Александрович Бродский　318, 324, 348, 350, 354, 408

プロップ，ウラジーミル　Владимир Яковлевич Пропп　178

ブロムレイ，ユリアン　Юлиан Владимирович Бромлей　646

フロレンスキー，パーヴェル　Павел Александрович Флоренский　184, 584, 594

フロロフ，ワジム　Вадим Григорьевич

Фролов　362

ベケトフ，アンドレイ　Андрей Николаевич Бекетов　620

ペステリ，パーヴェル　Павел Иванович Пестель　570, 572

ベストゥージェフ＝マルリンスキー，アレクサンドル　Александр Александрович Бестужев-Марлинский　332, 396

ベズルーコフ，セルゲイ　Сергей Витальевич Безруков　448

ベックリン，アルノルト　Arnold Böcklin　540

ベートーヴェン，ルートヴィヒ・ヴァン　Ludwig van Beethoven　534, 552

ペトルシェフスカヤ，リュドミラ　Людмила Стефановна Петрушевская　372, 444, 476

ペトロシアン，チグラン　Тигран Вартанович Петросян　280

ペトロフ＝ヴォトキン，クジマ　Кузьма Сергеевич Петров-Водкин　160, 564

ベヌア（ブノワ），アレクサンドル　Александр Николаевич Бенуа　382, 408, 488, 520, 684

ベリャーエフ，ミトロファン　Митрофан Петрович Беляев　540

ベリャコーヴィチ，ヴァレリー　Валерий Романович Белякович　440

ベリヤ，ラヴレンチー　Лаврентий Павлович Берия　50, 286, 470, 618, 626

ベリョースキン，ユーリー　Юрий Евгеньевич Березкин　178

ベリンスキー，ヴィッサリオン　Виссарион Григорьевич Белинский　332, 338, 366, 384, 402, 574, 652

ベールイ，アンドレイ　Андрей Белый　90, 324, 340, 350, 354, 374, 394, 606, 710

ベルジャーエフ，ニコライ　Николай Александрович Бердяев　566, 584, 590, 598, 606, **608**, 672, 686

ペルト，アルヴォ　Arvo Pärt（Арво Августович Пярт）　560

ベルンシュテイン, ニコライ　Николай
Александрович Бернштейн　642

ペレーヴィン, ヴィクトル　Виктор
Олегович Пелевин　360, 374, 378, 482

ペレツ, ウラジーミル　Владимир
Николаевич Перетц　332

ペレリマン, グリゴリー　Григорий
Яковлевич Перельман　622, 634, 688

ペロー, ジュール　Jules-Joseph Perro（ジ
ュール-ジョゼフ ペロー）　404

ペローフ, ワシーリー　Василий
Григорьевич Перов　486

ベンヤミン, ヴァルター　Walter Benjamin
594

ボガトゥイリョフ, ピョートル　Пётр
Григорьевич Богатырев　596, 648

ボグダーノフ, アレクサンドル　Александр
Александрович Богданов
（Малиновский）　592

ポグレブニチコ, ユーリー　Юрий
Николаевич Погребничко　426, 432,
440, 450

ポクロフスカヤ, タチヤーナ　Татьяна
Николаевна Покровская　282

ポクロフスカヤ, マリヤ　Мария Ивановна
Покровская　588

ポクロフスキー, ミハイル　Михаил
Николаевич Покровский　644

ポクロンスカヤ, ナタリヤ　Наталья
Владимировна Поклонская　452

ボゴラズ, ウラジーミル　Владимир
Германович Богораз　646

ボゴラズ, ラリーサ　Лариса Иосифовна
Богораз　602

ボゴリュブスキー, アンドレイ　Андрей
Юрьевич Боголюбский　2, 132

ポゴレーリスキー, アントニー　Антоний
Погорельский　362

ホダセーヴィチ, ウラジスラフ　Владислав
Фелицианович Ходасевич　350, 498

ポターニン, グリゴリー　Григорий
Николаевич Потанин　82

ポテブニャ, アレクサンドル　Александр
Афанасьевич Потебня　648

ボードゥアン・ド・クルトネ, ヤン　Jan
Ignacy Niecisław Baudouin de
Courtenay（Иван Александрович
Бодуэн де Куртенэ）　648

ボトヴィニク, ミハイル　Михаил
Моисеевич Ботвинник　280

ボトキン, ワシーリー　Василий Петрович
Боткин　402, 574

ポノマリョフ, アレクサンドル　Александр
Евгеньевич Пономарев　90, 512, 518

ポフリョプキン, ヴィリヤム　Вильям
Васильевич Похлебкин　252, 258

ポベドノスツェフ, コンスタンチン
Константин Петрович Победоносцев
56, 568

ポポーワ, リュボーフィ　Любовь
Сергеевна Попова　230, 530

ホミャコーフ, アレクセイ　Алексей
Степанович Хомяков　576, 582, 606,
608

ボヤールスカヤ, エリザヴェータ
Елизавета Михайловна Боярская
448

ポリヴァーノフ, エヴゲーニー　Евгений
Дмитриевич Поливанов　648, 690

ボルトニャンスキー, ドミートリー
Дмитрий Степанович Бортнянский
126, 534, 562

ポルーニン, ヴァチェスラフ　Вячеслав
（Слава）Иванович Полунин　266

ポレーノフ, ワシーリー　Василий
Дмитриевич Поленов　90, 114, 484,
486, 490

ボロヴォイ, アレクセイ　Алексей
Алексеевич Боровой　580

ボロディン, アレクサンドル　Александр
Порфирьевич Бородин　418, 536, 546,
554, 676

ボロトニコフ, イワン　Иван Исаевич
Болотников　8

ボンダレフ，ユーリー　Юрий Васильевич
　　Бондарев　370

■ま

マイスキー，ミッシャ　Миша Майский
　　550
マーヴリナ，タチヤーナ　Татьяна
　　Алексеевна Маврина　520
マカーニン，ウラジーミル　Владимир
　　Семенович Маканин　370
マカレーヴィチ，アンドレイ　Андрей
　　Вадимович Макаревич　556
マキシモヴィッチ（マクシモーヴィチ），カー
　　ル　Карл Иванович Максимович　64,
　　620
マクシモワ，エカチェリーナ　Екатерина
　　Сергеевна Максимова　410
マコフスキー，ウラジーミル　Владимир
　　Егорович Маковский　484, 486
マサリク，トマーシュ　Tomáš Garrique
　　Masaryk（トマシュ ガッリグ マサリク）
　　684
マシコフ，ウラジーミル　Владимир
　　Львович Машков　448, 450
マチューシン，ミハイル　Михаил
　　Васильевич Матюшин　420, 430
マトヴェーエフ，アレクサンドル
　　Александр Терентьевич Матвеев
　　526
マニゼル，マトヴェイ　Матвей Генрихович
　　Манизер　514
マハチェワ，タウス　Таус Османовна
　　Махачева　512
マフノ，ネストル　Нестор Иванович
　　Махно　580
マミシェフ＝モンロー，ウラジスラフ
　　Владислав Юрьевич Мамышев-
　　Монро　530
マーミン＝シビリャーク，ドミトリー
　　Дмитрий Наркисович Мамин-
　　Сибиряк　652
マーモントフ，アナトーリー　Анатолий

Васильевич Мамонтов　174
マーモントフ，サッヴァ　Савва Иванович
　　Мамонтов　488
マヤコフスキー，ウラジーミル　Владимир
　　Владимирович Маяковский　184, 270,
　　324, 334, 342, 348, 354, 362, 430, 440, 444,
　　504, 520, 652
マララス，ヨハンネス　Иоанн Малала　220
マリツェフ，アレクサンドル　Александр
　　Евгеньевич Мальцев　282
マリノフスキー，ボリス　Борис
　　Николаевич Малиновский　665
マリヤ・フョードロヴナ　Мария
　　Федоровна　698
マリューチン，セルゲイ　Сергей
　　Васильевич Малютин　174, 488
マルクス，カール　Karl Marx（カール ゲンリフ
　　Маркс）　10, 46, 458, 580, 590, 616, 644
マルコ，ニコライ　Николай Андреевич
　　Малько　550
マルシャーク，サムイル　Самуил
　　Яковлевич Маршак　78, 362, 394, 446,
　　520
マルトス，イワン　Иван Петрович Мартос
　　526
マール，ニコライ　Николай Яковлевич
　　Марр　648
マレーヴィチ，カジミール　Казимир
　　Северинович Малевич　92, 342, 420,
　　430, 492, 496, 500, 502, 504, 522
マレンコフ，ゲオルギー　Георгий
　　Максимилианович Маленков　26
マンデリシターム，オーシプ　Осип
　　Эмильевич Мандельштам　324, 334,
　　354, 642
ミクルホ＝マクライ，ニコライ　Николай
　　Николаевич Миклухо-Маклай　646
ミケシン，ミハイル　Михаил Осипович
　　Микешин　526
ミコヤン，アナスタス　Анастас Иванович
　　Микоян　20
ミーシン，ヴァレリー　Валерий Андреевич

ミシン 510

ミトゥーリチ, マイ　Май Петрович
Митурич-Хлебников 520

ミハイロフスキー, ニコライ　Николай
Константинович Михайловский 578,
608

ミハイロフ, ボリス　Борис Андреевич
Михайлов 524

ミハルコフ, セルゲイ　Сергей
Владимирович Михалков 466, 562

ミハルコフ, ニキータ　Никита Сергеевич
Михалков 432, 464, **466**

宮崎 駿 474, 712

ミャソエードフ, グリゴリー　Григорий
Григорьевич Мясоедов 12, 114, 486

ミルシテイン, ナタン　Натан Миронович
Мильштейн 550

ミローノフ, エヴゲーニー　Евгений
Витальевич Миронов 448

ミンツ, イサーク　Исаак Израилевич
Минц 644

ムサコフ, ズルフィカール　Зульфикар
Мусаков 470

ムーシン＝プーシキン伯爵　Алексей
Иванович Мусин-Пушкин 328

ムソルグスキー, モデスト　Модест
Петрович Мусоргский 166, 408, 418,
486, 536

ムーヒナ, ヴェーラ　Вера Игнатьевна
Мухина 46, 506, 526, 530, 656

ムーヒン, イーゴリ　Игорь Владимирович
Мухин 90, 524

ムラヴィヨーフ＝アポストル, セルゲイ
Сергей Иванович Муравьев-Апостол
572

ムラヴィヨーフ, ニキータ　Никита
Михайлович Муравьев 572

ムラヴィヨーワ, イリーナ　Ирина
Вадимовна Муравьева 446

ムラヴィンスキー, エヴゲーニー　Евгений
Александрович Мравинский 544, 550

村上春樹 **264**, 712, 714

村上 龍 714

ムローヴァ, ヴィクトリア　Виктория
Юрьевна Муллова 550

メイエルホリド, フセヴォロド　Всеволод
Эмильевич Мейерхольд 270, 340, 430,
436, **438**, 440, 442, 444, 448, 454, 500

メチニコフ, イリヤ　Илья Ильич
Мечников 620

メドヴェージェフ, ドミートリー　Дмитрий
Анатольевич Медведев 32, 188, 518,
632

メドヴェージェワ, エヴゲニア　Евгения
Армановна Медведева 688

メトディオス　Methodius（Мефодий
Моравский） 294

メラミード, アレクサンドル　Александр
Данилович Меламид 510

メリニコフ, コンスタンチン　Константин
Степанович Мельников 90, 274, 502

メルカトール, ゲラルドゥス　Gerardus
Mercator 672

メルロ＝ポンティ, モーリス　Maurice
Merleau-Ponty（Морис Мерло-Понти）
594

メレシコフスキー, ドミートリー　Дмитрий
Сергеевич Мережковский 340, 356,
566

メレチンスキー, エレアザール　Елеазар
Моисеевич Мелетинский 178

メンデレーエフ, ドミートリー　Дмитрий
Иванович Менделеев 252, 652, **660**

モイセーエフ, イーゴリ　Игорь
Александрович Моисеев 412

モジューヒン, イワン　Иван Ильич
Мозжухин 456

モスクヴィン, イワン　Иван Михайлович
Москвин 448

モソロフ, アレクサンドル　Александр
Васильевич Мосолов 640

モチャーロフ, パーヴェル　Павел
Степанович Мочалов 424

モロゾフ, パヴリク　Павлик（Павел

Трофимович）Морозов 362

モロゾフ，フョードル Федор Дмитриевич
Морозов（Fedor Dmitrievich Morozoff）
688

モロホヴェツ，エレーナ Елена Ивановна
Молоховец 262

■や

ヤグディン，アレクセイ Алексей
Константинович Ягудин 284

ヤクビンスキー，レフ Лев Петрович
Якубинский 374, 648

ヤクーロフ，ゲオルギー Георгий
Богданович Якулов 500

ヤーコヴレフ，ウラジーミル Владимир
Игоревич Яковлев 510

ヤコブソン，ロマン Роман Осипович
Якобсон 328, 596, 600, 648

ヤードリンツェフ，ニコライ Николай
Михайлович Ядринцев 82

柳田國男 690, 712

ヤーノシュ，コルナイ Kornai János（ヤノシュ
コルナイ） 232

ヤーヒナ，グゼリ Гузель Шамилевна
Яхина 233

ヤールブソワ，フランチェスカ Франческа
Альфредовна Ярбусова 520

ユージナ，マリヤ Мария Вениаминовна
Юдина 552

ユスーポフ，フェリクス Феликс
Феликсович Юсупов 140

ユダシキン，ヴァレンチン Валентин
Абрамович Юдашкин 230

ユルチャク，アレクセイ Алексей
Владимирович Юрчак 28, 560

吉本ばなな 714

ヨッフェ，アブラム Абрам Федорович
Иоффе 558, 618

米川正夫 712, 716

■ら

ラヴローフ，ピョートル Петр Лаврович

Лавров 578, 615

ラカン，ジャック Jacques Lacan（ジャック
Лакан） 594

ラクスマン，アダム Адам Кириллович
（Эрикович）Лаксман 228, 692, 694

ラクスマン，キリル Кирилл（Эрик）
Густавович Лаксман 652, 694

ラザレンコ，ヴィタリー Виталий
Ефимович Лазаренко 270

ラジーシチェフ，アレクサンドル
Александр Николаевич Радищев
330, 336, 376, 396

ラージン，ステンカ Степан Тимофеевич
Разин 8, 40, 42, 84, 532

ラスプーチン，ヴァレンチン Валентин
Григорьевич Распутин 82, 110, 348,
376

ラスプーチン，グリゴリー Григорий
Ефимович Распутин 136, 140

ラズモフスキー，アンドレイ Андрей
Кириллович Разумовский 534

ラビン，オスカル Оскар Яковлевич Рабин
510

ラブチンスキー，ゴーシャ Гоша
Рубчинский（Георгий Александрович
Рубчинский） 688

ラフマニノフ，セルゲイ Сергей
Васильевич Рахманинов 126, 540,
542, 552

ラーマノワ，ナジェージダ Надежда
Петровна Ламанова 230

ラリオーノフ，ミハイル Михаил
Федорович Ларионов 342, 408, 500

ラングマン，エレアザル Елеазар
Михайлович Лангман 524

ランデ，ジャン＝バプティスト Jean-
Baptiste Landé（ジャン-バチスト ランデ）
416, 418

ランパス，ポクラス Покрас Лампас 300

リヴォーフ，アレクセイ Алексей
Федорович Львов 562

リヴォフ，ゲオルギー Георгий Евгеньевич

Львов 14

リシツキー, エリ　Эль（Лазарь Маркович）
Лисицкий　502, 504, 520

リトヴィノフ, パーヴェル　Павел
Михайлович Литвинов　602

リハチョフ, ドミートリー　Дмитрий
Сергеевич Лихачев　328, 364

リヒテル, スヴャトスラフ　Святослав
Теофилович Рихтер　552

リベルト, カロリ　Кароль Либельт　615

リマシェフスカヤ, ナタリヤ　Наталья
Михайловна Римашевская　210

リムスキー゠コルサコフ, ニコライ
Николай Андреевич Римский-
Корсаков　126, 176, 536, 542

リモーノフ, エドゥアルド　Эдуард
Вениаминович Лимонов　506

リャザーノフ, エリダール　Эльдар
Александрович Рязанов　268, 432, 464,
472, 478

リュビーモフ, ユーリー　Юрий Петрович
Любимов　380, 440, **442**, 448, 450

ルイコフ, アレクセイ　Алексей Иванович
Рыков　20

ルイセンコ, トロフィム　Трофим
Денисович Лысенко　620, 632, 638

ルイトヘウ, ユーリー　Юрий Сергеевич
Рытхэу　312, 352

ルィプキン, オレーグ　Олег Алексеевич
Рыпкин　426

ルイブニコフ, パーヴェル　Павел
Николаевич Рыбников　176

ルイレーエフ, コンドラーチー　Кондратий
Федорович Рылеев　336, 572

ルーコフ, レオニード　Леонид Давидович
Луков　470

ルージン, ニコライ　Николай Николаевич
Лузин　622

ルナチャルスキー, アナトーリー　Анатолий
Васильевич Луначарский　270, 300,
418, 446, 498, 542, 586, 592, 654

ルバーキン, ニコライ　Николай

Александрович Рубакин　322

ルービナ, ジーナ　Дина Ильинична
Рубина　233

ルビンシテイン, アントン　Антон
Григорьевич Рубинштейн　536, 538,
546, 552

ルビンシテイン, ニコライ　Николай
Григорьевич Рубинштейн　536, 538,
546, 552

ルビンシテイン, レフ　Лев Семенович
Рубинштейн　510

ルプチンスキー, ゲオルギー　Гоша
（Георгий Александрович）
Рубчинский　230, 688

ルブリョフ, アンドレイ　Андрей Рублев
482

ルリヤ, アレクサンドル　Александр
Романович Лурия　642

レヴィターン, イサアク　Исаак Ильич
Левитан　114, 490

レオンチェフ, コンスタンチン　Константин
Николаевич Леонтьев　576

レオンチェフ, アレクセイ　Алексей
Николаевич Леонтьев　642

レザノフ, ニコライ　Николай Петрович
Резанов　692, 694

レジツキイ, ウラジーミル　Владимир
Петрович Резицкий　556

レスコフ, ニコライ　Николай Семенович
Лесков　78, 80

レーニン, ウラジーミル　Владимир Ильич
Ленин　14, **18**, 38, 46, 48, 92, 104, 138, 192,
224, 302, 348, 360, 368, 388, 430, 452, 456,
468, 558, 592, 612, 616, 640, 662, 678, 684,
686

レーピン, イリヤ　Илья Ефимович Репин
94, 484, 486, 578

レベジェフ, アレクセイ　Алексей
Павлович Лебедев　284

レベジェフ, ウラジーミル　Владимир
Васильевич Лебедев　520

レベジェフ, セルゲイ　Сергей Алексеевич

Лебедев　618, 665

レーミゾフ，アレクセイ　Алексей Михайлович Ремизов　340, 350

レーリヒ，ニコライ　Николай Константинович Рерих　230, 408, 586, 710

レールモントフ，ミハイル　Михаил Юрьевич Лермонтов　44, 272, 320, 324, 334, 336, 366, 378, 390, 396, 428, 462, 488, 652, 676, 678

ロゴシュキン，アレクサンドル　Александр Владимирович Рогожкин　472

ローザノフ，ワシーリー　Василий Васильевич Розанов　340, 576

ローザノワ，オリガ　Ольга Владимировна Розанова　522, 530

ロジェストヴェンスキー，ゲンナジー　Геннадий Николаевич Рождественский　550

ロジオーノフ，ボリス　Борис Николаевич Родионов　252

ロースキー，ニコライ　Николай Онуфриевич Лосский　582, 586, 598

ロストロポーヴィチ，ムスチスラフ　Мстислав Леопольдович Ростропович　550, 684

ロズネル，エディー　Эдди（Адольф Игнатьевич）Рознер　556

ローセフ，アレクセイ　Алексей Федорович Лосев　594

ロセーンコ，アントン　Антон Павлович Лосенко　484

ロゼンタリ，ジトマル　Дитмар Эльяшевич Розенталь　300

ローゼンベルグ，オットン　Оттон Оттонович Розенберг　690

ロチャーヌ，エミーリ　Эмиль Владимирович Лотяну　470

ロックモア，クララ　Clara Rockmore（Клара Рокмор）558

ロトチェンコ，アレクサンドル　Александр Михайлович Родченко　500, 504, 524

ロドニナ，イリーナ　Ирина Константиновна Роднина　284

ロトマン，ユーリー　Юрий Михайлович Лотман　44, 596, 604

ロバチェフスキー，ニコライ　Николай Иванович Лобачевский　622

ロバチ，マリーナ　Марина Викентьевна Лобач　284

ローパーチン，レフ　Лев Михайлович Лопатин　606

ロプホーフ，フョードル　Федор Васильевич Лопухов　410, 414

ロマノフ，ミハイル　Михаил Федорович Романов　6, 78, 114, 228, 254

ロモノーソフ，ミハイル　Михаил Васильевич Ломоносов　114, 218, 298, 324, 330, 398

ロンム，ミハイル　Михаил Ильич Ромм　466

■わ

ワガノワ，アグリッピナ　Агриппина Яковлевна Ваганова　414, 416

ワシーリエフ，アナトーリー　Анатолий Александрович Васильев　426, 440, 450, 716

ワシーリエフ，ウラジーミル　Владимир Викторович Васильев　410, 414

ワシーリエフ兄弟　братья Васильевы　478

ワシーリエフ，フョードル　Федор Александрович Васильев　490

ワフタンゴフ，エヴゲーニー　Евгений Богратионович Вахтангов　436, 440, 448

ワリハノフ，ショカン　Шоқан Шыңғысұлы Уәлиханов（Чокан Чингисович Валиханов）676

ロシア文化事典

令和元年 10月20日　発　行

<table>
<tr><td rowspan="3">編　者</td><td>沼　野　充　義</td></tr>
<tr><td>望　月　哲　男</td></tr>
<tr><td>池　田　嘉　郎</td></tr>
</table>

発行者　池　田　和　博

発行所　丸善出版株式会社

〒101-0051 東京都千代田区神田神保町二丁目17番
編集：電話(03)3512-3266／FAX(03)3512-3272
営業：電話(03)3512-3256／FAX(03)3512-3270
https://www.maruzen-publishing.co.jp

©Mitsuyoshi Numano, Tetsuo Mochizuki, Yoshiro Ikeda, 2019

組版印刷・株式会社 日本制作センター／製本・株式会社 星共社

ISBN 978-4-621-30413-6　C 0522　　　　Printed in Japan

JCOPY〈(一社)出版者著作権管理機構 委託出版物〉
本書の無断複写は著作権法上での例外を除き禁じられています．複写
される場合は，そのつど事前に，(一社)出版者著作権管理機構(電話
03-5244-5088，FAX03-5244-5089，e-mail：info@jcopy.or.jp)の許諾
を得てください．

ロシア文字と発音

大文字	小文字	文字の名称	発　音 （国際音声記号 IPA）	ローマ字 への転写
А	а	[a] ア	[a]	a
Б	б	[bɛ] べ	[b]	b
В	в	[vɛ] ヴェ	[v]	v
Г	г	[gɛ] ゲ	[g]	g
Д	д	[dɛ] デ	[d]	d
Е	е	[jɛ] イェ	[je]	e, ye
Ё	ё	[jo] イョ	[jo]	yo
Ж	ж	[ʐɛ] ジェ	[ʐ]	zh
З	з	[zɛ] ゼ	[z]	z
И	и	[i] イ	[i]	i
Й	й	イ・クラートカヤ（短いイ）	[j]	i, y
К	к	[ka] カ	[k]	k
Л	л	[ɛl] エル	[l]	l
М	м	[ɛm] エム	[m]	m
Н	н	[ɛn] エヌ	[n]	n
О	о	[o] オ	[o]	o
П	п	[p] ペ	[p]	p
Р	р	[ɛr] エル	[r]	r
С	с	[ɛs] エス	[s]	s
Т	т	[tɛ] テ	[t]	t
У	у	[u] ウ	[u]	u
Ф	ф	[ɛf] エフ	[f]	f
Х	х	[xa] ハ	[x]	kh
Ц	ц	[t͡sɛ] ツェ	[t͡s]	ts
Ч	ч	[t͡ɕe] チェ	[t͡ɕ]	ch
Ш	ш	[ʂa] シャ	[ʂ]	sh